翁礼华 著

DADAOZHIXING

ZHONGGUO CAIZHENGSHI

中国财政史

大道之行

上

经济科学出版社

图书在版编目（CIP）数据

大道之行：中国财政史/翁礼华著．—北京：经济科学
出版社，2009.8
ISBN 978 - 7 - 5058 - 8492 - 2

Ⅰ．大… Ⅱ．翁… Ⅲ．财政 - 经济史 - 中国 Ⅳ．F812.9

中国版本图书馆 CIP 数据核字（2009）第 142709 号

责任编辑：刘明晖　孙旭明
技术编辑：董永亭
装帧设计：刘　炜

大 道 之 行
——中国财政史
翁礼华　著

经济科学出版社出版、发行　新华书店经销
社址：北京市海淀区阜成路甲 28 号　邮编：100142
总编室电话：88191217　发行部电话：88191540
网址：www. esp. com. cn
电子邮件：esp@ esp. com. cn
北京中科印刷有限公司印装
800 × 1092　16 开　77 印张　770000 字
2009 年 8 月第 1 版　2009 年 8 月第 1 次印刷
印数：0001—5000 册
ISBN 978 - 7 - 5058 - 8492 - 2　定价：380. 00 元（上、中、下）

目　录

第十一章 民国财政 757

第十三章　继往开来的新中国财政　965

代序：财经与人生的文化透视

主　　题：财经与人生的文化透视
演讲人：翁礼华
时　　间：2007 年 3 月 13 日
地　　点：北京大学经济学院公共财政论坛

非常高兴今天给大家讲一讲"财经与人生的文化透视"这个话题。

人类的三大终极目标

大家知道，人有三大终极目标，其中两个终极目标是人的天性。第一个是追求自由。所有的动物都是追求自由的，没有一匹马希望自己被马络头套住，没有一只小狗希望有一个项圈把自己的脖子圈住；人也一样，也希望自由，所以让人坐监牢就成为一种刑罚。

同时人还有少数动物所拥有的天性，也就是第二个终极目标，追求财富。羊是不追求财富的，它在大草原吃完草以后就跑了，没有想到要把草带点回去。人不光想把草带回去，而且还要把它变成钱，进而变成信用卡。也有少数动物跟我们人类差不多，经常跟我们住在一起，我们互相感染，共同成长，所以也追求财富。比如说老鼠，以前我们住的砖木房子里，老鼠是跟我们紧密生活在一起的，只不过作息时间与我们相反，我们睡觉的时候它才开始追求财富的活动。还有我们住在砖瓦结构的房子里，假如饭掉在地上，你就会看到有一批动物把这些饭搬走，这是什么？蚂蚁。但是老鼠和蚂蚁追求财富的最大特点是追求自然财富，它们不可能创造新的财富，而人却可以创造这个新的财富。

创造财富，一个人能创造吗？不能创造，比如说我们要把山上砍伐下来的木头搬下来，这个大木头一个人的肩膀扛不了，得好多人一起来扛，扛那个木头的时候，肯定会有人来喊口令"一二、一二"，才能步调一致，把木头扛下来。

我们学过经济学的都知道，资源是有限的，而人的欲望却是无限的，要让有限的资源进行合理的配置，只有通过优化配置以后才能产生效益，这是我们经济学所研究的主要问题。进而就提出一个新的问题，人跟人有着协调的问题，这就是如何处理人际关系。

和谐是人类从自由和财富两个天性里派生出来的第三个终极目标。因为所有人都喜欢自由，而创造财富又不能让大家太自由，得有约束、规范和协调，所以才产生了和谐。那么什么叫和谐？象形汉字和谐的"和"左边的"禾"就是粮食，右边是个"口"，这是什么意思？就是人人有饭吃。"谐"是什么？左边是个"言"右边是个"皆"，就是人人能讲话。人人有饭吃，是生存权，人人能讲话，是民主权。有了这两条，社会就和谐了。大家知道吃饭的"饭"字怎么写，左边是一个"食"，右边是一个"反"，这是什么意思？有食就是饭，没有食，就会出现有人登高一呼"要饭吃的跟我来"，那就造反了。所以"稳"字由"禾"和"急"两个偏旁组成，只要有粮在手，生存问题解决了，人心也就稳定了。中国的社会主义是初级阶段，中国的文字也是初级阶段。世界上所有文字开始的时候都是象形字，后来才慢慢上升为抽象文字。英文就是一种抽象文字，它的字义与字形无关。而汉字至今还是象形字，它有好处，不管全国各地有多少种方言，对同一个字的发音尽管存在差异，但只要是中国人看到同样的方块字都能理解，从而扩展为对国家的认同感，保证了中国两千多年来的基本统一。而使用抽象文字的欧洲，由于发音的差异产生了文字的差异，进而在一小块土地上衍化为很多国家，直到今天才开始研究欧洲的一体化问题。当然使用象形字虽给中国人带来了很好的形象思维，但毕竟是初级阶段的文字，千百年来影响了中国人的逻辑思维能力，进而影响了中国的科学技术发展，因为科学技术是对自然界的一种抽象。

人性差异源于文化不同

人有男女之别，也有中西差异。在现实生活中，男女在智力上没有高低之分。毛泽东曾经说过，时代不同了，男女都一样。这是指在政治上、经济上的平等，而不是说男女没有生理及由此产生的文化差别。既然上帝造了女人又造了男人，男女还应该是有差别的。人的大脑分为左右两半，左脑部位与人的语言和手工活动关系密切；右脑与人的空间能力和思考能力息息相关。由于男人的大脑右半球占优势，女人以左半球为主导。所以，男人一般以空间思维、推理及思考能力占优势，女人一般以运用语言和技巧取胜。这就带来男重概括，女重分析；男较果断，女多慎重的不同。但这些差异并不说明优劣，而是各有千秋。

男女之别大致表现在五个方面。首先，在对待生活的态度上，富于理性的男人容易把生活当成戏，而富于感性的女人则容易把戏当成生活，极易进入角色。其次，在交谈表现上，善于观察的女人专注对方的表情较为细腻，而男人则更关心对方的谈话内容和原则。第三，在思维差异上，女性一般长于形象思维，男性则长于逻辑思维。　第四，在脾气上，男性大多较为沉稳，不擅发泄，而女性则易激动、喜唠叨、爱发泄，常被小事烦恼，免不了出现"女人脾气好像天气"的突变情景。第五，在选择与占有的区别上，女性喜选择，男性重占有。女人折磨男人最好的办法是领他逛商场，让他在没完没了的选择中去烦恼。

中西人性差异很明显，在当前个人所得税报税中，就反映出来了。大家知道，国家税务总局通知，个税申报到2007年3月31号截止。到3月6日只有40万人报税。这个数字跟税务局掌握的人数相差几倍，甚至几十倍。最早报税的人不少是有西方文化背景的人，有港商，有华侨，还有外国人。中国人为什么不争先报税？这是中国传统文化影响的关系。中国人认为"木秀于林，风必摧之"，先报税的人是"出头椽子"会"头先烂"，所以他就不敢先报，这也是中国人的一个特点，叫恐后不争先。什么叫恐后不争先？譬如机关干部开会，来得早的人，绝对不坐第一排，因为他认为第一排是领导坐的，他要显得谦卑一点坐在后面几排。同样开会发言的时候，也会万事开头难，出现冷场，很少有人主动发言，弄得主持人只好指定某人先发言。而当会议快结束的时候，大家反而都争着发言了，这就叫恐后不争先。

在领导机关，电梯出口谦让得没有人敢先走。大家认为要像报税、让坐一样，让作为尊者的领导先行。这便是中国人的内敛文化。内敛是什么意思？我们用筷子吃饭就是内敛思想的外化，筷子夹菜要往里使劲，而外向文化的西方人跟我们不一样，他们使用刀叉吃饭，往外使劲。古代的中国人相见时两手抱拳，内敛地作揖打躬；而西方人则外向地握手拥抱。中国人崇尚内敛，反对张扬，连年纪大了吃饭都得慢慢吃，走路也得慢慢走，才显得稳重。对待客人也会以"慢慢吃"、"慢慢走"的内敛语表达对客人的关心和尊重。

有一次，参加浙江作家节的著名作家唐浩明先生来到我的办公室，我就问他："你是'曾学'专家，写过很多关于清代名臣曾国藩的书，能否用最简单的话概括一下曾国藩的特点？"他不假思索地用五个字告诉我："低调，不张扬。"

我们现在提倡以人为本，而曾国藩他们所尊崇的儒家思想并不以人为本，而是以道理为本。"道理"一说来源于北宋的"道学"，南宋和明朝的"理学"，这是北宋"五子"周敦颐、邵雍、张载、程颢、程颐，南宋的朱熹，明朝的王阳明等学者将西汉董仲舒原本神学化的儒家思想哲学化的成果。儒家思想重视人的社会价值，它要求一个人为了实现一个崇高目标，不惜牺牲自己的生命。

在是与非的问题上，中国人和西方人有认知的差异。假如是非是一个圆，外国人会通过圆心画一条竖线，把它分割成两个半圆，他们认为一半是 NO 一半是 YES，是非分明。而中国人却在圆中间画条 S 形的线，分割成首尾相继的两条阴阳鱼，阴鱼里有阳眼睛，阳鱼里有阴眼睛。古代《易经》将这种阴中有阳，阳中有阴的现象称之为"互藏其宅"，即你中有我，我中有你。这就是说，中国人认为对中有错，错中有对，是并非全是，非并非全非。例如，在日常生活中，有客人来访，主人一定会问他喝什么，咖啡、绿茶、红茶或者矿泉水，外国客人会肯定地回答，而中国的客人只会客气地说"随便"，让主人自己揣摩。所以外国人做人比较简单，中国人做人就比较复杂。

大家知道人性的差异也是一种文化的差异。那么什么叫文化呢？广义地说，人类所创造的一切都是文化。自从1871年英国人类学家泰勒在《原始文化》一书中给"文化"下了"包括知识、信仰、艺术、道德、法律、习俗和任何人作为一名社会成员而获得的能力和习惯在内的复杂整体"的定义以来，至今文化的定义已有数百种之多。因为早在1952年两位美国学者收集到的从1871年至1951年前后80年间世界上对文化的定义就已有164种。其实人的言行举止都是文化。假如把文化说得狭义一点，我们就能理解饮食文化中什么是饮食，什么是文化。宴会就餐的时候，喝的酒，吃的菜都是饮食，它落到胃里，而南瓜雕出来的凤凰，萝卜雕成的山羊则是文化，因为它不能落胃，但能走进你的眼睛，使你内心感到愉悦，两者合而称之，就成了饮食文化。可见，文化也是人化，是人类由心而生的自觉。凡是动物不会干，只有人能干的事就是文化。如动物不抽烟，人能抽烟就是烟文化；动物不喝酒，人能喝酒，就是酒文化；动物不喝茶，人能喝茶，就是茶文化……人因为有文化，菜肴丰富，餐具繁多；而动物没有文化，既无餐具可言，也无品种繁多的菜和花色齐全的主食。例如，在丰盛的宴会结束后，餐桌上剩余的饭菜统统倒进泔水桶，那就成了猪的饲料。饲料与饭菜的差别就在于讲不讲究色香味形，讲不讲究专业化细分。一般来说，混在一起吃下去的是饲料，讲究色香味形，分开来一样一样吃下去的便是饭菜。酒水饭菜是人的饮食，饲料是动物的食物，人们常见的菜泡饭就是离饲料不远的一种饭菜。人的文化也是游手好闲的产物，那些已经解决了温饱问题的人才有可能潜心研究文学、艺术、书法、绘画、音乐等与生存没有直接关系的东西，难怪中国古代文化人大多产生于鱼米之乡和富裕家庭，诸如明清两代201科会试，竟有102名状元出自富裕的江浙两省。

不同民族的饮食文化也不同。就拿餐具文化来说，西方人用刀叉，中国人用筷子，也有一些民族直接用手抓。至于吃饭，中国人习惯于聚桌共餐，按尊卑关系排好位置，先请长者、尊者入座，人齐了才能动筷。动筷也有次序，尊长者先夹菜，但也只能象征性地夹一点，不能夹得太多，以示其高雅。而且这顿饭不会像西方人那样实行各自付款的ＡＡ制，而由一个有身份的人埋单以示其大方。西方人大多不聚桌共餐，即使聚会也是各点各的菜，各花各的钱，不吃别人的菜，分得很清楚，个人意愿颇受尊重，看起来每个人都很平等，这就是文化差异。

世界上的文化，大致分为三大类，一类是大陆农耕型文化，我们中国的文化应该是这类文化。另一类是海洋商业型文化，主要是欧洲，也包括现在受欧洲影响的美洲文化。还有一类是沙草游牧型文化，主要是中亚、西亚、北非一带的文化。

大家知道历史环境影响文化。中国有个"公"字，跟中国古代的税收制度有关。在商周时代实行井田制，"井"怎么写，两横两竖，分割成九个方块。当中这个方块是公田，边上八块为私田。当时税收制度规定，八户人家要把当中这块公田种好，收获的农作物上缴给国家作为税收。所以就有了这个"公"字。上面是八户人家的"八"，下面是私营的"厶"。这就意味着"八私为公"。为什么现在的"私"字左边有"禾"偏旁，古代没有"禾"偏旁呢？这是社会专业化发展的结果。就像以前的大学专业分工很粗，民国初期数理化是一个系，今天光数学就可以分出包括力学、计算机等很多学院一样，以前一个字也能代表多种意思。现在随着专业化分工越来越细，也成了一字一义。如第三人称原来只有一个"他"，后来根据对象不同分成了"他"、"她"、"牠"、"它"四个字，分别代表男、女、动物、物体四个第三人称。如"牠"在民国时期的文学作品里我们常常能看到，后来人们认为分得太细了，用起来不方便，于是把"牠"与"它"合并了，简化为用"它"来代表动物和物体的第三人称。

大家知道商周时代，中国是一个实行井田制度的农耕国家。一井八户人家必须集体劳动，共同耕作。为了获得好收成，人们还在实践中摸索出了农时变化的"二十四节气"，找到了耕耘、育苗、插秧、灌溉、施肥、培育、收获的农业生产规律。从而使强调循序渐进、顾全大局的集体主义成了中国人的文化。而西方人的文化是什么？它源于希腊文化。希腊是地中海西北部的一个山区国家。人们不是靠上山打猎，就是靠下海捕鱼来谋生，因此个人的技能非常重要，从而产生了张扬的个人主义文化，他们认为"小河有水大河满"，而中国人则与之相反，认为"大河有水小河满"。

大家知道汉字的"心"字，由三点一钩组成。我曾开玩笑说，如果三点中中间一点是儒家文化，两边两点分别代表佛家文化和道家文化。然后用一个钩子钩起来，就是中国传统文化。它解决什么问题？就是解决人心的问题。儒家文化是中国传统文化的主体，佛家和道家文化起着相辅相成的作用，犹如一只展翅飞翔的鸟，大身是儒家文化，两翼分别是佛家和道家文化。儒家文化重视人的社会价值，"将相本无种，男儿当自强，朝为田舍郎，暮登天子堂"这首《神童诗》把它的要义阐述得淋漓尽致。这首诗是北宋两浙路鄞县凤岙乡一个叫汪洙的神童写的，他长大后也淹没在茫茫的人海之中，"江郎才尽"也许是大多数神童人生轨迹中的最后结局。

道家文化重视人的自然价值，提倡清静无为，与民休息，注重养生，道法自然。这对老年人十分有用，它使老年人远离世俗的得失之争，活得更自然、更潇洒，能达到延年益寿的神效。道家祸福相倚，物极必反的辩证思想与孔子的道德文章一样启迪了无数中国人的智慧。

佛教是从印度传过来的外来宗教，宗教是一种哲学，但哲学并非都是宗教。佛教认为人生是苦，人生无常，善恶相报，四大皆空，同时它又告诉你死后能投胎转世。世界各地都有宗教，因为宗教能保证你灵魂不死。中国化的佛教对惨遭不幸的家庭、对离死亡不远的老年人有很大的吸引力，为了善有善报的来世，他们积善积德，忍辱负重，憧憬着无限美好的极乐世界。

不同民族、不同国家都有它自己的文化。就不同文化来说，它首先是多样性，并没有先进落后之分。例如美洲本土的印第安文化与来自欧洲的欧美文化，不能以落后和先进来区分，如果说印第安文化是落后的文化，来自欧洲的文化是先进的，那么就会得出欧洲人屠杀印第安人、消灭印第安文化的行为是合理的结论。显然这是个谬论。对不同文化而言，存在就是合理的。而且文化没有大小之分，只有繁荣萧条之别。对同种文化而言，才有先进落后之分。例如中国人过去出恭的茅厕不用水冲，臭气冲天，现在向西方人学习改用抽水马桶，形成了比过去先进的厕所文化。

文化随着经济全球化的推进正在逐步地融合，如中国老一辈人请客通常是请客者埋单，你请得起就请，请不起就用不着瞎咋呼，不搞ＡＡ制。而现在，中国的年轻人就餐时ＡＡ制很流行，今天我在餐馆里看到北大学生用餐基本上都是ＡＡ制。

耻于言利的儒家文化

有人说儒家文化是一种宗教，所以又叫儒教，与道教、佛教合称为"三教"。儒教的教主就是皇帝，有一个故事就与清代的康熙皇帝有关。故事说康熙皇帝下江南来到扬州，当时有一个老和尚陪着他，他就问那个老僧，运河上有这么多船来来往往，到底有多少条船？这个和尚回答他说河上只有两条船，一条是利船，一条是名船。康熙皇帝又问他，你怎么知道只有两条船？他说，我当小和尚的时候师父曾经让我天天去看运河里到底有多少船，我看了好几年，开始时从早到晚认真地把过往船只的数目记下来，师父都说不对，后来慢慢才领悟到人生只有名利两条船。那天向师父汇报时，师父高兴得直点头。可见，儒教教主眼中也是有名有利的。

儒家文化表面上崇尚伦理，耻于言利，以显示其崇高，其实也并不是不需要利益。孔子就曾经说过"富与贵，是人之所欲也"，"富而可求也，虽执鞭之士，吾亦为之"。司马迁在《史记》里更明了地说"天下熙熙皆为利来，天下攘攘皆为利往"，这句恰似文学语言的话比西方经济学所说的"人都会寻求利益最大化"要生动得多。可见，不同文化对某些问题会有不同切入点和说法，但在本质上却往往有相通之处。

人来自动物，但又超越动物，所以人与动物一样，有追求利益的一面，但又有超越动物的人性。只不过，儒家为了建立"尊卑、长幼、男女"有序的伦理秩序，而不得不强调重义轻利。犹如金木水火土五行中缺金缺木的人会用金木当名字，还不是世界一流的大学才会把"创建世界一流大学"的标语写在墙上作为自己的努力方向。孔子在《论语》中提倡"贫而乐"，"贫而无怨"，"富贵于我如浮云"，把"君子喻于义，小人喻于利"的思想发挥到极致。以至于造成中国人怕露富、富者不仁的心理。富人的利益被侵害，甚至被人打伤打死，旁观者常常都会幸灾乐祸地说"活该"！

大家知道儒家重面子，讲客气，视口是心非为觉悟。比如说我们到刘怡教授家里去，刘老师就会忙着给我们倒水，我们一定会口是心非地说"坐一会儿就走，用不着倒水"，倘刘老师真的不倒水了，我们心里一定会直嘀咕，刘老师真的这么不客气吗？在西方人看来这种心口不一是一个人不诚实的表现，长此以往会导致精神分裂。而中国人则认为这种心口不一的客气，是一个人应有的修养和水平，是善于处世的表现。

中国人的这种假客气源远而流长。早在大禹建国的夏朝，就把向部落强制征收的税收称之为自愿的"贡献"，而把不愿贡献的部落酋长又以开会迟到之名将其残忍地处死。众所周知，中国的地形西高东低，其国土落差是世界各国平均落差的三倍，所以水流特别湍急，最容易发生自然灾害，特别是水患不绝。因此中国在建立国家的时候就推选了著名的治水专家大禹担任首任国家元首。为了保证国家机器的运转，大禹决定向各部落强制地、固定地、无偿地征税。为了把话说得好听一点，他就把税收客气地称之为"贡献"，看起来很尊重你的意愿。结果有一个统治今浙江德清境内的部落酋长望文生义，拒不贡献。对这种犯上作乱的行为大禹极为不满，于是他在今浙江绍兴柯桥开了一个相当于今天的税收汇算清缴会议。不想贡献的防风氏没有准时到会，大禹便三番五次地派人渡过钱塘江催他参加，而姗姗来迟的防风氏进会场后不仅不认错，还态度傲慢地拒绝补税，大禹一怒之下将其判处死刑并立即执行。防风氏成了中国历史上第一个由于不纳税而被中央政府杀头的地方长官。由于儒家文化耻于言利，崇尚伦理，认为以不纳税之名将人杀头显得不够高尚，而以开会迟到的犯上作乱之名将人杀头才符合伦理。因此西汉司马迁在《史记·孔子世家》中用儒家精神记述了这件事："昔禹致群神于会稽山，防风氏后至，禹杀而戮之，其骨节专车，此为大矣。"历史上的防风氏就成了开会迟到被杀的典型，其实迟到是罪不至死的。会后，大禹把这座原来叫茅山的山脉改名为会稽山，古代一字多义，"稽"与"计"同义，将山改名反映了大禹对"会计"工作的重视。

今天，学校向择校生收费也与大禹收税一样是强制的、固定的，但同样会以好听的"赞助费"之名向家长征收。至于清政府在太平天国起义期间也以自愿捐助之名在交通要道设卡，向过往客商征收 1% 的商品通过税，还美其名曰"捐厘"。

孟子说"有恒产者有恒心"。随着财富的增长，人们都希望有神灵保佑他的财富增长得更快。古代中国原本没有财神一说，到南宋时，由于商品经济迅速发展，商人开始供奉财神。这时的财神无名无姓，没有具体落实到人，是抽象的综合财神。到了明清时代，商品经济有了进一步发展，财神就功能各异地具体化了。文财神有比干、范蠡，武财神有赵公明、关羽，还有东南西北中五路财神。其中尽人皆知的武财神赵公明在成为财神之前是一个瘟神。为什么把出身不好的赵公明安排为财神呢？这与中国西汉武帝时代把百姓按"士、农、工、商""四民"分类有关，当时的商人是最贱的，他们连丝绸的衣服都不能穿，这就难怪明清时特地安排曾经是瘟神的赵公明担任财神。其实不仅财神如此，就连佛教的五百罗汉也同样是改邪归正的产物。在印度佛教传入中国之初就有五百强盗成罗汉的传说，但纯属虚拟而无具体名称。南宋时，有个名叫高道素的人倾毕生精力一一落实名号，并碑刻《江阴军乾明院五百罗汉名号碑》，从此中国佛教有了有名有姓的五百罗汉。今天的北京碧云寺就有五百罗汉的塑像，其中最后一位是济公。济公是南宋时在杭州出家的和尚，原籍今浙江天台。他平时玩世不恭，如痴如狂，提拔为罗汉后又姗姗来迟，找不到自己的位置，只好趴在梁上办公。

财神庙前常常写着这样一副对联："颇有几文钱，你也求，他也求，给谁是好？不做一点事，朝也拜，夕也拜，教我如何？"可见，财神虽然法力无边，号称"有求必应"，但以有限财力面对人的无限欲望，其内心世界也充满着"有求难应"的困惑和无奈。

儒家的伦理文化就是等级文化。中国人做什么事都要想办法给它分出个等级来，就是吃饭开会也不例外。以前中国人用正方形的八仙桌吃饭，有上首下首之分，尊者长者坐在上首，卑者幼者坐在下首。后来人们发现八仙桌每桌能坐的人数有限，最多只能坐八位，而外国人召开圆桌会议的大圆桌却能坐很多人。于是在清末就被中国人引进为餐桌。中国人为了分出位置的尊卑，不惜绞尽脑汁把面对门口的那个位置确定为主位，然后右边是第一贵宾，左边是第二贵宾，背对门口的那个位置为副位，右边第三贵宾，左边第四贵宾。本来为了使与会者能平等相处的圆桌到中国就被改造成为不平等的餐桌。至于当今开会主席台排位置更是让负责排位的人伤透脑筋。如果排得不妥有失某人面子，轻则不满意，重则发脾气。

文化影响财经政策走向

大家知道，传统文化也影响财经政策的走向。和谐是儒家文化的最高追求，它由三方面组成：一是人与自然的和谐，即"天人合一"；二是人与社会的和谐，即伦理道德；三是人与自己内心世界的和谐，《论语》对此作了专门的阐述。在座诸君，你们只要自己跟自己过得去，达到自己内心世界的和谐，那世界上就没有人会跟你过不去的。

中国的儒家思想起源于孔子、孟子和荀子等大儒，他们的思想观点大体相同，但不完全一致，是求同存异的典范。比如孟子强调"民贵君轻"的民本思想，与孔子"君君、臣臣、父父、子子"都应实副其"名"的"正名"主张存在着差异；荀子在人性问题上，提出"性恶论"，否认天赋的道德观念，强调后天环境和教育对人的影响，与孔孟的"人之初，性本善"也截然相反。以老子五千字的《道德经》为理论基础的道家文化，强调清静、无为、自然，不仅给我们带来了放之四海而皆准的辩证法，还使"轻徭薄赋"成了历代王朝长治久安的仙丹妙药。连同出于儒家文化的中庸思想、源于亲情的仁义道德和基于伦理的上尊下卑，这些传统文化观念都以它不同的方式影响着国家财经政策的走向。

首先，综合分成是中庸文化在财政上的反映。改革开放以后，国家实行"分灶吃饭"的财政体制，通过"你中有我，我中有你"的综合分成方式调动了地方发展经济的积极性。所谓综合分成，就是中央财政按事先与各省市自治区商定的比例与地方实行财政收入分成，其特点是水涨船高。例如，1993年安徽省财政收入与中央财政按 77.5%：22.5% 的比例分成；上海市若不超过 165 亿元财政收入，只要保证向中央上缴 105 亿元，其余收入均由地方留用，若收入超过 165 亿元，超过部分地方与中央按五五分成。由于各地出于藏富于民、增强后劲的考虑，扩大了减免税范围，以减少地方收入的办法，减少了对中央财政的上缴。那时每年全国财政总收入增长 200~300 亿元，地方上缴中央只增长 20~30 亿元，从而使 20 世纪 90 年代初的中央财政陷入了困境。为此，1994 年 1 月 1 日开始，中央下决心实行分税制的财政体制改革。改革由税制改革和财政体制改革两方面组成，其最终目标是让中央税和地方税按税种划分，分得更清楚，以便 1994 年 8 月开始分设的各地国税局和地税局能够各征各的税。结果十多年来的走向表明，由于中庸文化的影响，财政体制不是向分税制的方向前进，而是向综合分成回归，很多税种都成了中央和地方综合分成的产物，只不过改革前按总收入进行的综合分成，成了按税种进行的分项综合分成罢了。

这里我举几个例子，加以说明。一是所得税回归综合分成。1993 年全国只有不起眼的25亿个人所得税收入和293亿地方企业所得税收入，于是中央就把它下放给地方，作为地方收入。税种恰如猪种，原来不大的小猪让地方养，地方通过尽心照料，很快就养大了。两个所得税也不例外。结果到了2000年这两项收入分别达到510亿元和1005亿元，是1993年收入的20倍和4倍。于是中央便在2001年推进所得税改革，2002年所得税收入中央和地方按五五分成，2003年进一步提高中央收入比例，按六四分成。

二是出口退税负担回归。1993年出口退税的财力由中央财政和地方财政共同负担，其比例分别是中央财政80%、地方财政20%。1994年实行分税制财政体制改革后，为了形成全国统一市场，中央把原由地方负担的20%部分按1993年的基数上划，并且规定从1994年开始出口退税由中央财政全额负担。由于这一规定既没有让地方承担责任，也没有体现"你中有我，我中有你"的中庸文化精神，结果各地骗税案频发，没有几年便出现了大规模的欠税。到2002年为止，拖欠税额高达2477亿元。为了解决这一棘手难题，中央财政不得不重新考虑让地方政府承担责任，于是从2004年开始，出口退税由中央负担75%，地方负担25%。结果当年欠税额大幅下降，但同时由于地方政府负担过重，出现了限制外贸出口的倾向。如宁波市2004年新增财力38亿元，而出口退税负担按全年计算为19亿元，占地方新增财力的一半。2005年中央财政重新调整了地方出口退税负担比例，将地方从原来负担25%降低为7.5%，中央财政由原来负担75%提高到92.5%。由于这一比例相对合理，"你中有我，我中有你"的中国传统文化终于使中国出口退税回归到良性循环的新阶段。

其次，中国价外税常以价内形式征收是儒家"施仁义"在税收上的反映。儒家以亲情作为"仁"，理性谓之"义"。两者之间的相互关系是："仁者，义之本也"，

"义者，仁之节也。"只有当理性的"义"大大超越亲情的"仁"时，才能"大义灭亲"，否则在一般情况下，就只得讲"子为亲隐"一类的亲情了。这种亲情使得在商品零售环节向人征税成了一种不仁，从思想上很难被买卖双方所接受，以至于我国的价外税不得不改用价内税的形式间接征收，来保证国家的收入。

我们经济学院的同学都知道，世界上有一百多个国家实行增值税，它是一种价外税，购买商品时由顾客自行支付并在发票上标明税额，即价值100元的商品按中国现行增值税率17%计征，顾客总共需支付117元，其中100元是货款，17元是税收。而在中国如果这样做的话，就会有人通过现金交易不开发票的办法来达到逃税的目的。为了保证国家财政收入不流失，我们不得不将增值税放在工商环节征收，使购买者在零售环节上感觉不出征收增值税的痕迹。

还有燃油税，全世界都在车辆加油的零售环节征收，而在中国这一办法很容易引发现金交易的逃税。因此，1998年研究开征燃油税时，一开始就考虑在炼油厂和海关进口环节征收。这样就出现了一个问题，汽油和柴油不仅有车用的也有船用和工业用油，如何将源头所征的燃油税合理地返还给船用和工业用油单位就成了一大难题，也是导致燃油税迟迟没有出台的原因之一。

20世纪80年代，国家出台了两个小税种，一个是筵席税，另一个是印花税。至今前者无疾而终，后者兴旺发达。中国人重视吃喝，国家强调"民以食为天"，老百姓相遇，第一句话便是："饭吃过了吗？"人们的交往更离不开饮酒吃饭，所以征收筵席税不仅消费者不愿意，就是餐馆也不配合。1988年全国只收了100万元，直到1993年偌大一个浙江省也只收了9万块钱，还不够印发票的成本。当时，鉴于这一得不偿失的窘境，我作为浙江省财政厅厅长不得不宣布1994年起停征筵席税。

长期受专制统治的中国，政府一直处于强势，所以中国百姓办事订合同都希望官府能给予认可，而在文本上黏贴印花的印花税恰恰符合了人们这一心理需求。从而使印花税不仅在中国大行其道，而且征收税额与时俱进，1988年全国印花税收入3.57亿元，占全国1579.6亿元财政收入的0.22%，为当年筵席税收入的357倍。2006年达到了379.56亿元，增长了近100倍，占全国财政收入的1%，比例上升了0.78个百分点。

再次，税负不均是上尊下卑的儒家伦理在财税政策上的反映。税收是国家凭借政治权力，按照法律预先规定的标准，强制地、无偿地、固定地向人们征收的收入，其与人们赞助某项事业完全不同，它既没有名，也没有利，仅仅是一种义务而已。所以，如果没有法律的硬性规定，是没有人会自愿纳税的。尤其在盛行尊卑文化的中国，只要位尊权大者都希冀获得减免税的特权，例如满脑子"一人得道鸡犬升天"思想的明代开国皇帝朱元璋就曾在洪武初年给了他的58位宗族亲藩以这样的特权，导致这些肆无忌惮的宗族亲藩不仅人口成倍繁衍，而且贪得无厌地大量兼并土地，结果不到200年便造成全国一半耕地优免不纳税的局面，使国家财政陷入了严重的危机之中，迫使不敢得罪宗族亲藩的朝廷自天启年间（公元1621年—1627年）开始屡次向普通百姓加派"三饷"，明目张胆地增税以解燃眉之急。面对不公平的苛重税负，大批无地或少地的农民难以忍受，只好流亡到外地"趁食"，最多时流民人数高达600万人之巨，几乎占当时全国总人口数的1/8。随着流民力量的积聚，民怨沸腾最终导致大规模农民起义的爆发和明王朝的毁灭。

人们都知道经济是政治的基础，而反映经济状况的财政更是维持政权正常运转的强大后盾。正因为历代统治者深知没有财力就等于没有权力的道理，所以他们都十分重视生产的发展和财力的集聚，尤其是那些开国之君没有一个不亲自关注生财、聚财和理财之道的，并且历史证明不知道理财者就不懂得治国。最典型的便是明末造反 18 年却只当了 18 天大顺皇帝的李自成。他提出"均田免粮"和"追赃助饷"的口号，不走正常的征税理财之路，利用吃大户的办法来剥夺富裕，获得不能细水长流的一次性财力，从而使自己从人们焚香点烛把他迎入北京算起仅仅只有 18 天，便被骚扰得受不了的北京百姓所憎恨，不得不漏夜逃出北京城，走上了失败之路。

时至今日，这种由尊卑文化衍化而成的特权思想仍然大行其道，只不过时代不同了，其表现形式有所不同罢了。如外资企业所得税从 20 世纪 80 年代开始享受 15% 税率和两免三减半的优惠待遇，在改革开放初期，这是引进外资和国外技术的必要措施。但随着经济的发展和国内资本逐步积聚，继续让内资企业所得税税率以高达 33% 征收，显然十分不合理了。因此早在 1998 年财政部就要求合并内外企业所得税，实行国际上通行的国民待遇，将内外资企业所得税税率统一为 25%。由于人们头脑中固有的尊外卑内的文化理念难以消除，以至于经历了整整 8 年的努力，《中华人民共和国企业所得税法（草案）》才姗姗来迟，于 2006 年 3 月 16 日上午递交十届五次全国人民代表大会表决。

我刚才收到一张纸条，说：翁老师请你讲一讲，为什么明代苏州地区的赋税负担特别重？是的，历史上有"苏松财赋半天下"之说，苏州、松江两府的田赋位居全国榜首，其上缴中央的钱粮总额超过了浙江全省。这主要是苏州、松江一带官田太多，百姓除了缴纳农业税以外还要向政府交田租的缘故。首先这与南宋景定四年（公元 1263 年），宰相贾似道买公田有关。当时朝廷为了解决财政困难，筹措军饷，行公田法，将浙西（钱塘江以西的苏南、浙北地区）百姓逾限田产，抽 1/3 回买以充公田，虽百亩之家也在所难免。当时不但压低田价，而且还以会子、官告、度牒等纸币和纸币性质的有价证券给付。平江府（今江苏苏州）、江阴军（今江苏江阴）、安吉州（今江苏吴兴）、嘉兴、常州、镇江六郡，共回买公田 350 多万亩。其次是由于苏松地区土地肥沃，经济发达，贵族和官僚会用种种手段设法兼并、占有大量土地。而每当政局逆转，权贵被推翻时，他们所占有的土地便被没收，成了官田。这样，周而复始，苏州的官田也就越来越多，官粮也随之越交越多；再次是土豪与官吏勾结作弊，利用拒缴、拖欠、转嫁等手法，"民田多归豪右，官田多留于贫民"，即将畸重的负担留给贫民。贫穷者因负担不起官粮，就拖欠；拖欠捱不下去就卖田逃亡；逃户的官粮就摊派给未逃亡户，造成更大弊端，形成了恶性循环。因此造成全国各地农业税负担均在收成的 10% 以下，有的还不及 5%，南直隶（辖区为今江苏、安徽两省）的溧阳县其税率不及收成的 1%，而苏松农民的负担接近收成的一半。其实当时负担最重的不是苏州府而是松江府，当时松江的面积是苏州的 1／3，而赋税额却是苏州的一半。

对这一负担过重的情况，当时不少官员都很清楚，只不过无人敢冒风险为民请命。直到明宣宗时，被任命为苏州府知府的况钟，才出头为民请命，减轻税负。他多次上奏，据理力争，请皇帝减免官田租。功夫不负苦心人，获准后，减去官田粮 721600 石，荒田租 15 万石。况钟还实行折征减负，即将粮税折合成布匹交纳的办法每年为人民减租 156 万石。由于况钟不遗余力地为苏州百姓减轻税负，从而与北宋仁宗年间为衢婺两州百姓减免身丁钱（一种人头税）的工部侍郎胡则一起成了中国历史上为民请命减税的好官。直至今日，浙江永康方岩之巅尚有纪念胡则的胡公大帝庙，足见老百姓对减免税的重视，对为民请命官员的永志不忘。

同时，轻徭薄赋是道家文化在税收上的反映。大家知道，中国的道家思想，强调与民休息，把轻徭薄赋当作无为而治的重要经济措施。若有悖于此者，就会成为历史的罪人，秦始皇即是典型。纵观历史，秦始皇是一个很有贡献的皇帝，他在灭六国后通过统一度量衡，统一文字，建造万里长城，修筑遍布全国的驰道（相当于今高速公路），把岭南纳入中国版图，建立了史无前例的中央集权制的大帝国。但由于他实行横征暴敛的财税政策，导致他后来的身败名裂。当时，他征收的农业税叫田租，税率高达66.7%；人头税叫算赋，每人每年征到1000钱；名义上每丁每年一个月的徭役，变成了无期限。当时全国只有2000万人，男劳力只有400万人，被征服役的竟超过300万人。以至于传说孟姜女为寻找丈夫哭倒长城。结果，貌似强大的秦王朝仅仅存续了15年就被农民大起义的浪潮摧毁了。由于横征暴敛被人不齿，再加上焚书坑儒的罪行，建于明代嘉靖年间的北京历代帝王庙，把秦始皇排除在外，所以直到今天作为秦朝开国皇帝的秦始皇在阴间的社会保障问题也没有解决。

代秦而起的刘邦，建立了汉王朝。他吸取了秦始皇以法家思想治国，实行横征暴敛的财税政策导致亡国的惨痛教训，改以黄老之学的道家思想治国。汉代的农业税开始为十五税一，即税率6.7%，后来降为三十税一，税率仅为3.3%，分别为秦王朝的1/10和1/20；人头税征收分为大人和小孩两类，15岁至56岁的成人征算赋，开始每人每年为120钱，后来降为40钱，7岁至14岁征口赋每人每年为20钱，分别为秦王朝的1/25和1/50；徭役严格控制为每年30天。由于轻徭薄赋的财税政策贯穿于汉王朝的始终，从而使汉王朝获得了长治久安，据有天下四百年之久。

中国历史上有三个开国领导人对农民最了解，一个是汉代开国皇帝刘邦，另一个是明代开国皇帝朱元璋，还有一个是当代的毛泽东。刘邦是农村基层干部出身，担任过亭长，其职位接近于今天的副乡长；朱元璋作为雇农和游方僧，是中国历史上出身最卑贱的皇帝。当过小学教师的毛泽东则是一个以农民运动取得天下的革命领袖。他们的共同特点是重视"三农"，重视农村建设。一是赐民以地，二是重典治吏，三是重农抑商，四是轻徭薄赋，五是群众专政。甚至在组织农民集体下地干活的思路也几乎相同，只不过朱元璋提倡击鼓下地，20世纪50年代末的大跃进年代中国农民吹军号下地，后来有了广播，改为喇叭响起下地。

中国历史上风起云涌的革命其进军路线也与财富有关，一般起义者都会从不发达地区起兵，然后向发达地区进军，这样战士越战越勇，胜利的希望也会越来越大。如明代曾任过驿卒（相当于武警战士）的李自成在陕西省延安府发动起义后，从西方向东方的北京前进，如果不是吴三桂引清兵入山海关，他下一步必将向更加富裕的江南挺进。清代洪秀全在广西桂平发动金田起义后就挥师北上，往比较富裕的两湖地区进军，然后沿着长江向东挺进直抵最富饶的江浙地区。占领南京后，洪秀全也曾派兵北伐，由于越往北越贫瘠军队战斗精神也就大打折扣，最后以失败告终。跟随洪秀全起义的主要力量是客家人。客家人是北方战乱时避难至南方的中原人士，有西晋末、唐末、北宋末、明末等不同时期南下的客家人，东晋著名书法家王羲之属于第一批南下的客家人。客家人有自己特别的文化，至今还有定期召开的世界客家人大会。历史上第一次显示客家人强大力量的是太平天国起义，第二次是中国工农红军，江西中央苏区的主力部队就是以客家人为骨干的队伍，英勇善战，表现出大无畏的战斗精神。

2000年起动的农村税费改革，开始时决策者基于农业税是维系农民与国家关系的唯一纽带的儒家思想，以并税为目标制订实施方案。浙江省接到这一方案后，我作为财政厅厅长兼地税局局长，感到有可能劳而无功，跌入历史上并税改革使农民负担愈来愈重的窠臼。于是建议省领导以"君子动口不动手"的办法另找新方案，因为随着社会经济的迅猛发展，在民国时期还是国家主要财政收入的农业税今天已不足全国财政收入的 1% 了，废除农业税不再是财政的财力问题，而是思想认识上的文化问题了。浙江省是 2001 年在全国第一个停征农特税的省，也是早在 2001 年就酝酿在一个省的范围内取消农业税的省份。

财税政策与佛教中国化

大家知道佛教是印度传过来的，印度的佛教徒是苦行僧，穿粪扫衣，以乞讨为生。印度是处于热带和亚热带的国家，平时不需要穿很多衣服，由于气候温和，雨水充足，自然界的食物很丰富，生存很容易。而在中国中原地区处于北温带，四季分明，冬天天气较冷，食物也很难寻觅。印度佛教徒的生存方式很难在中国复制。所以中国佛教徒要穿衣，要吃饭，要居住，就必须依靠施主施舍。南北朝时，南朝梁武帝就是一个慷慨的施舍者，他四次舍身同泰寺（即今天南京的鸡鸣寺），大臣们为此花费国家财政 3 亿铜钱，才好不容易把要在寺庙当奴隶的梁武帝赎买出来。这样，得到大笔金钱的寺庙就有了开当铺、油坊、米坊和经营其他工商业的资本。由于佛教僧尼不但不纳税，也不服役，而且还可以得到社会的大量资助，成了一个不劳而获的特殊阶层。再加上南北朝时期战乱频仍，百姓生死未卜，为了避难，越来越多的人遁入空门。如北周时，全国 900 万人中就有僧尼 200 万，占总人口的 22%。从而使国家不仅缺少了从事生产的纳税户，还缺少了服劳役和兵役的青壮年。再加上有些忘乎所以的佛门寺院还参与政治斗争，因此引发了中国历史上著名的"三武一宗灭佛"。这四次冲突分别发生在公元5世纪、6世纪、9世纪和10世纪。其中首次冲突发生在北魏，当时太武帝下令全国50岁以下的僧人必须还俗，服兵役，缴纳赋税，这样朝廷便与僧人发生了冲突。后来在北魏向外扩张，进兵到北凉国，北凉的僧人拿起刀枪，为北凉君主死守都城。城破后，有三个僧人被俘，太武帝气愤地说，和尚不去礼佛，放弃修行，手拿刀枪作贼，实在可恨！当即下令要杀掉他们，幸亏有个大臣为他们说情，太武帝才免他们一死，罚为苦役。不久北魏首都平城侦破一起未遂政变，发现两个高僧竟是策划者，太武帝一怒之下当即下令斩首示众。在镇压卢水胡（匈奴的一支。卢水为地名，胡指匈奴。）盖吴起义时，在长安（今陕西西安）一家大寺院内发现藏有大量兵器、财物、酿酒器具，还有僧人与贵族妇女淫乐的密室。这一系列事件促使太武帝于大平真君七年（公元446年）二月在长安下"灭佛"诏，诛杀僧人，焚毁佛像。

第二次是北周时，武帝下令同时废止佛教和道教，将寺观庙塔分给王公，财物分给臣下，200余万僧道全部还俗。建德六年（公元577年），灭齐后武帝进入邺都，出于对国家财税问题的考虑，还是下决心毁灭齐境的佛教，下令原齐境内8个州的4万多所寺院全部改作宅第，300多万僧人统统勒令还俗，佛经佛像一律焚毁，财物全部由政府财政部门接收。

第三次是唐武宗时，为缓和国家财政危机，保住政权，他不得不在会昌五年（公元845年）七月，下决心合并佛寺，减少僧尼，夺回佛利，规定：长安、洛阳及其左右两街各留两所寺庙，每寺留30个僧人；节度使、观察使治所（相当于今之省会城市）及同、华、商、汝州各留一所寺庙，留僧5—20人不等；其余僧尼一律还俗，其余寺庙限期拆毁，资产充公；衣冠士庶之家，所有佛像限一月之内缴官，如有违反，按朝廷颁行的禁铜法处分。八月再次颁诏，陈述佛教自传入中土以来给社会造成的弊害。在前后短短的一个月"灭佛"时间内，全国各地拆毁寺庙4600多座，僧尼住房4万多间，收回良田数千万顷，其他被国家财政没收的寺院财产更不可胜数；还俗僧尼26万多人，释放奴婢约15万多人，两者相加共增加纳税户约41万多人。

第四次是后周世宗时，为实现富国强兵、统一中国的理想，出于减少赋税流失、增加财政收入的考虑，于显德二年（公元955年）对境内佛教进行了一次严厉的整顿。他规定，凡天下寺院，未经朝廷批准的一律废除，僧尼还俗；铜佛像一律销毁，用于铸钱。在拆毁违建寺庙中，他还亲自砍破一尊谁也不敢毁坏的佛像。通过这次整顿，废除了境内未敕准的寺庙3万多座，使北周朝廷获得了大量劳动人手和田地财产，财政减少了赋税流失，国力大为增强。

连续四次灭佛，使一度翘起尾巴的佛教遭到了沉重打击，以至于不得不一改以施舍为生的生存方式，走上了自己种地自己打柴自己碓米的自力更生之路。著名的百丈禅师还提出"一日不作，一日不食"的口号，并且随着公元11世纪突厥人入侵南亚，印度佛教迅速衰败，中国佛教失去了源头，从而兴起了两全其美的居士佛学，那些信佛的富人可以像当今老板在职读博士一样，无需遁入空门修行，享尽天伦之乐。具有中国特色的佛教不但使出家为僧者大为减少，缓和了在赋役问题上与朝廷的矛盾，并且通过提倡"庄严国土"和高呼"当今皇上万岁，万岁，万万岁"的口号改善了佛教与政府的关系。产生于隋唐时代的八大宗派，也通过斗争和融合走上"禅净合一"的人间佛教之路，佛教徒不再沉湎于读诸多的经书，而是在于"众生是佛，佛即我心"的领悟，这对长于悟性、短于逻辑的中国人来说，不啻是一大福音。在财税政策的影响下，承受生存压力的佛教终于变压力为动力，彻底地走上了中国化之路。

什么是悟性？悟性就是一种直觉，是人脑对外部世界非逻辑推理的高速反应。那些大富大贵者的崛起与他们的悟性有关。正如我们在座的经济学院的师生有知识但不一定都能做生意；生意做得好的人很多没有学过经济学。文字是一种符号，佛教本身与文字无关。佛教禅宗用非理性的手段让你在莫名其妙的过程中顿悟。什么叫顿悟？我们只要用一个真实的佛门小故事就可以把它说得一清二楚。故事说一个老和尚对一个12岁的小和尚鼓了一下掌，问小和尚这是什么？小和尚回答说是鼓掌之鸣。老和尚说："你说得对。你回去再想一下，什么是孤掌之鸣？"小和尚白天想晚上想，一天晚上睡觉的时候听到艺妓的表演之声就跟老和尚说，这是不是孤掌之鸣？老和尚摇摇头。后来他不断地以高山流水之声，青蛙之鸣，猫头鹰的叫声作为孤掌之鸣，老和尚听了后都说不对。有一天半夜他醒来时什么声音都没有，第二天他就跟老和尚说："师父，没有声音的声音就是孤掌之鸣。"老和尚拍拍他的肩膀："终于顿悟了。"

佛教对中国人的现实生活有很大的影响。如"临时抱佛脚"使中国人产生了急功近利的思想。"善有善报，恶有恶报"使我们中国人忽略了对建立机制的重视。"有求必应"成了只要有要求就能使其遂愿，而不分好人坏人，好事坏事，丧失了办事的原则性。要烧香点蜡烛孝敬，菩萨才肯帮忙，带来了中国人遇事不送礼就办不成事的送礼陋习。现在民间连看个医生、开个刀都要找熟人，送红包，才能放心，不能不说这是佛教给我们带来的"功德"。同样，佛教给我们带来的众生平等思想，对风起云涌的中国革命也起到了推波助澜的作用。在种姓制度下的印度承受得了的贫富差距在中国就难以承受，这不能不说是佛教对中国社会的一种平等观的贡献。

隋唐以前，中国人视死如视生。百姓的墓葬里都要带上谷仓、灶台、陶猪、陶牛、陶羊等日常用品和牲畜，而帝王将相的坟墓还要带上车马侍卫。如秦始皇的兵马俑就是视死如视生的产物。到佛教深入人心的隋唐时代，人们知道坟墓只是亡灵的招待所，是转世投胎的过渡，因此墓葬里只有少数陪葬品，那些品种繁多，体积庞大的谷仓、猪圈就不见了。

从南北朝开始和尚和尼姑都要登记并领取身份证。唐朝安史之乱后，由于国家财政困难，唐肃宗在宁夏灵武即位后让人拿空白的度牒到太原去出卖，结果生意很好，卖了100万贯。从此和尚尼姑和道士道姑的度牒就成了国家财政的生财之道。在宋代，空白的度牒是比货币更保值的硬通货。苏东坡向中央财政要了100张空白度牒疏浚了杭州西湖，建起了著名的苏堤。岳飞要了200张空白度牒为部队发军饷。小说《水浒》中鲁提辖在打死镇关西后靠一张空白度牒到五台山当和尚，躲过了官司。可见度牒在当时是一个十分有用的有价证券。

快乐是人生的智慧

大家知道，小平说过"发展是硬道理"，这是对社会而言。对个人来说，快乐是硬道理。人生是单程旅游，旅游是双程人生，年纪大的人只能说我曾经年轻过，但不可能倒过来从少年时代重新过一遍。如果可以重过，我们大家都会变成魔鬼，因为失去了童心的儿童太可怕了。如果说不同时代的人存在着代沟，这个代沟不是年轻人挖的，一般是老年人挖的，所以在人生历程中上帝往往要把老年人先PK掉，因为年轻人象征着未来，代表着社会进步的方向。可见人生是一个过程，不管你官做得多大，钱赚得多多，都是一个过程，其意义在于丰富多彩。

人生要有欲望。人假如没有欲望的话，社会是不会进步的。所以古人都希望自己飞起来，阿拉伯人想站在飞毯上升空，欧洲人让自己长出会飞行的翅膀；中国人以孙悟空为代表，赤膊上阵，一个跟斗十万八千里。千百年来人类为这个欲望不懈奋斗，终于在20世纪造出了飞机，还进一步发明了宇宙飞船。只不过由于中国人的器物观念太差，没有首先由我们发明而已。但是人的欲望也不能太大，欲望太大了就会实现不了，你就会感到很痛苦，人的能力跟欲望相比，欲望永远比能力大，"谋事在人，成事在天"，唯有知足才能常乐。

　　钱是人生的一部分，人生绝对不是钱的一部分。人生没有钱是不行的，我们从北大到王府井你说没有钱，我们能打的、乘公交吗？不可能，你能吃饭吗？也不可能。但是当钱超过你需要的时候，就会成为你的包袱。

　　世界上所有东西都是人想出来的，比如说手机也是人想出来的，开始想出手机来的人是为了相互之间的信息沟通，方便自己的生活，弄到最后掌控手机的人反而被手机所掌控。现在大家知道我们几乎都落到手机手里，被手机牵着鼻子走。

　　钱也一样，它是人为了方便商品交换想出来的一般等价物。现在有人反而被钱所控制，很多有钱人天天都在想赚更多的钱，他们主观为自己及家人，客观为社会，做钱的奴隶，还怕被人谋财害命。实际上任何超过你需要的东西都是你的包袱，有些人肚皮很大，里边全是板油，他把这块板油从很遥远的地方带到我们北京大学，然后带到宿舍里，带到教室里，带到食堂里，连弯腰上床都困难，这个充满皮下脂肪的肚皮又有什么用呢？

　　大家知道人生没有受不了的罪，只有享不了的福。1957年反右，不少"右派分子"整整受了20年苦，都活了下来。而平反后却有人由于过于激动而死于心肌梗塞。

也有人由于忘乎所以而犯罪坐牢。改革开放后，不少知识分子走上了领导岗位，如出身贫苦的成克杰、胡长清、许运鸿、王仲麓在艰苦岁月都表现不错，而在走上领导岗位后却由于贪赃枉法而被处决和判刑。可见，人是缺乏自知之明的动物，往往会过高地估计自己而犯下了遗恨千古的错误。有些车祸事故，不就是想抢区区一二秒钟时间而送掉性命的吗！

我们要重视细节，尤其是大方向确定后，细节将决定成败。如英国政府最近呼吁驾车者：调整开车习惯，以减少二氧化碳等废气的排放。被要求改变的习惯都是些不起眼的细节，例如给轮胎打足气，别让发动机旋转过度（即尽可能稍微提前一刻换挡变速），及时清理车中杂物以减轻车子载重，等等。其目标之一是：促使英国在2050年之前削减60%的二氧化碳排放量。但一个人也不能迷失在细节中。四川籍的著名画家张大千年轻时就养着胡子，到年老时甫垂及腹。有一天，一位好奇的小伙子就问他张老先生你晚上睡觉的时候胡子放在被子里边还是被子外边的？当时，为之一惊的大千先生说，我从来没有注意过，我晚上睡觉时注意一下，再告诉你，好吗？结果这天晚上觉得胡子放在里面也不行，放在外面也不行，整夜睡不着觉。第二天头昏脑涨，连画都不能画了。当这个小伙子又跑进来的时候，大千先生告诉他的并不是昨晚胡子放在哪里，而是告诉他，人生不能迷失在细节中。

天圆地方是中国人的哲学思想，它反映在古代钱币的铸造上是外圆内方的方孔圆钱。这种钱币的形状也是我们待人处世的一种原则，就是说对待任何人都要有一个"外圆"的良好态度，但在解决具体问题上则要保持"内方"的原则性。因为良好的态度"长"在自己的脸上，只要吃饱饭就可以无穷无尽地产生，而解决实际问题的人、财、物却要受到资源有限性的制约，是个人自身力量所难以企及的。

中国人常讲万事如意，并把背部挠痒痒用的"不求人"作为"如意"的实物象征。久而久之，金玉做的如意就成了富贵人家珍藏的艺术品。的确，富贵是中国人千百年来梦寐以求的理想，但什么是富贵？并不是每个人都明白。在物欲横流的今天，无数人沉浸在物的世界里，为追求财富不惜以生命博取金钱，认为有了富就会有贵，因为有钱可以用来购买名誉，甚至能活动到一官半职的"贵"。其实花钱买地位、买名誉也仅仅是富的延伸。一个人只拥有"物"的财富，没有"心"的精神，那只能说有"富"而无"贵"。贵是人内在的一种修养，学问、艺术、道德无一不是修养，无一不是真善美三种价值的体现。只有那些具备了高尚精神世界的人才称得上"贵"。所以，作为北大师生在追求物质财富的同时，千万不可忘掉陶冶自身的精神情操，只有这样才能成为有心有物的富贵者。

所谓"贵"意味着拥有内涵的人生。内涵有四个从低到高的不同层次：最低一层是知识，比知识高一层的是文化，比文化高一层的是思想，比思想更高的是境界。以茶为例，种茶、采茶、制茶是知识，当成品茶叶进了茶馆，和水结合被施以茶艺便成了文化。唐宋时佛教徒通过品茶冥思苦索产生了顿悟的禅宗就到达了思想层次，若一个人进一步提高到以出世之心，行入世之事，做到宠辱不惊，那便进入了最高层次——境界。可见人生不仅要拥有知识，更要超越知识。汉字的"超"字意味着"走"在"刀""口"上，"越"字意味着"走"在" "（斧头）上，也就是说，一个人要"贵"到"超越"的地步犹如行走于刀山、斧刃之上，艰苦卓绝，并非易事！

有一个同学给我递了张条子，说幸福和成功是什么？我说是一种感受，它不完全是物质标准。几年前，我与财政部的学智司长到欧洲考察。当天晚上到达德国的法兰克福，第二天上午我们准备乘火车到奥地利的首都维也纳。火车一小时一班，我们到车站时前一班火车刚开走。于是我们就在附近街道上溜达。因晚上环境噪声太大没睡好觉的学智司长一路上不断地打哈欠，抱怨说头痛脑涨，这时我看到附近路边上躺着两个德国乞丐，在阳光照耀下呼噜呼噜地睡得正香。这时我猛然间领悟到幸福并非是物质标准，而是人们内心世界的感受。昨天晚上学智司长住在四星级宾馆里还睡不着，痛苦死了，而睡在街上的乞丐，却能在梦乡中感受幸福。可见，幸福是一种感受。但幸福也有成本，乞丐的幸福成本低，他不需要床，只要有一席之地就可以了。学智司长的幸福成本高，不但要有席梦思的床，还要有周边安静的环境。

大家知道，每个人都希望成功。当一个将军带领千军万马攻克敌人的阵地，让胜利的旗帜在山头飘扬的时候，他肯定感到成功了。同样，当一个捡破烂的人，看到垃圾车倒下很多易拉罐和可乐瓶的时候，他奋不顾身地冲向垃圾堆并捡到这些有用的破烂时，他也同样会找到成功的感觉。这两种成功仅仅是表现形式不同，作为胜利者内心世界的兴奋却是相似的。而且捡破烂者要比将军的兴奋频率高，因为垃圾车每倒一次垃圾都会给他带来无比的兴奋和成功的快乐。

在讲座开讲以前有个同学跟我说，他很希望将来从政，我说当官与当艺术家不一样，前者 30% 是才能，70% 靠机遇，后者 70% 是才能，机遇只有 30%。很多人都具备当官的才能，但由于没有机会始终当不了官。这就叫"谋事在人，成事在天"。当官相对比较容易，只要有一纸公文，你就能成为一个官，而且越大越容易。如清末只有 3 岁的溥仪可以当宣统皇帝，而 3 岁的小孩是绝对当不了泥水匠、木匠的，因为他连泥刀和斧头都拿不动，怎么能当呢？皇帝则不然，饭来张口，衣来伸手，什么事都有人帮他干。所以说官当得越大，你不注意提高自己的自理能力，就会变得越来越傻，不会开车，不会用电脑，不会用手机发短信，时间一久，你连当普通百姓的资格都没有了。因此，我告诉他，如果你将来有机会从政，在自己的官位上要坐得牢，不要贪赃枉法犯错误，离开官位时也能站得起来，也就是说有自己拿得起的生存能力和谋生手段。因为你当官的时候，很多所谓的"朋友"看中的不是你的血肉之躯，而是你的位置。当你的位置被别人取代的时候，你在他们的心目中就是一双被人遗弃的敝屣。

走进教室的时候我又跟这位同学说，也许机会不好，你永远当不了官，也不要怨天尤人。人，不管经历多大的艰难困苦都不能埋怨生活。因为生活本身就是一种经历。"生"是对人的体肤而言，"活"是对人的心灵而语。一个人一生最值得回忆和骄傲的往往不是波澜不惊的生活，而是在痛苦煎熬中的九死一生。战士值得回忆的是火线上的生死瞬间，探险家和登山运动员值得回忆的是千钧一发，革命者值得回忆的是牢狱里的铁窗烈火……作为人生经历的生活，它对我们来说永远是得到的多，失去的少，哪怕是极其痛苦的经历也不失为宝贵的财富。

一个人的命运在很大程度上是由性格决定的。例如《三国演义》里边，关羽骄傲得很，大意失荆州、走麦城，最后丢了性命。周瑜心胸狭隘最后被活活气死了。张飞性格暴躁，逼着部下完成三天完成不了的任务，结果被忍无可忍的部下杀死了。诸葛亮事必躬亲，什么事情都自己干，最后五十四岁就累死了。

人是环境的产物，人只能适应环境而不能让环境适应人。有一位女士，她的丈夫是一个单位的领导。20 世纪 90 年代分房时，她丈夫第一个挑选，选了一个朝东的四楼，不仅楼层最优，而且东面视野所及正好是一条景色秀丽的小河。这位女士入住后，欣喜之心难以言状，逢人便夸自己的住房好。过了几年，城市为了解决交通拥堵，在其房子的东面建造了一条高达 10 米的立交桥，不但原先风景优美的小河看不见了，而且将安静的环境污染成 24 小时噪声不断的交通要道。这位女士为此气愤万分，逢人便诉说其痛苦，时间一长人们同情之心也不再如开始时那么强烈，这位女士也感到再倾诉下去便会成为鲁迅笔下的祥林嫂，于是在先生的劝导下，她开始改弦易辙，以适应环境。因为，她慢慢认识到，要么搬家，迁居到安静的小区；要么让自己的心态去适应环境。由于亲戚朋友都在附近居住，买新房又要一大笔钱，她不能迁居也不想迁居，于是，她不得不选择了改变自己的心态。通过心态的逐渐调整，她对来往的车辆不再反感，而是作为一个个生动的画面来欣赏；烦躁的车辆噪声也慢慢演变成一曲曲雄壮的城市交响乐，她终于通过调整心态，让自己走上了适应环境之路。时至今日，她如果听不到这样的声音，看不到这样的景象，反而难以入睡了。

雕塑艺术家在创作泥塑作品时，不断将泥巴往上添，做的是加法；创作雕塑作品时，不断将材料往下切割，做的是减法。可见，对雕塑艺术家来说，有加有减才是艺术，人生作为一种自我经营过程亦有相似之处，一生中有加有减才能感受生活艺术之美。

其实，用经济学的成本与收益来衡量人的一生，除了要主动地取得收益外，更多的是需要主动放弃。浙江有一位著名的汪姓民营企业家，在上世纪 80 年代曾被上级指定承包自己担任技术工作的集体所有制企业，签合同时他并不很情愿，结果在年底结算时发现按合同个人可得奖金 200 多万元。按当时的物价这是一笔数量不菲的巨款！在当时人们的思想并不太开放的形势下，若按合同履行，个人一下子拿这么多钱会失去职工的人心，如放弃会获得今后长期的个人威信。在两难之中的他，最后选择放弃，决定将款项给每位职工定购一套西装。由于有了这一放弃，使他奠定了90年代把企业改制为民营的基础，才成为今天拥有亿万资产的名人。由此可见，人生要使自己每天的生活都充满阳光，实现收益大于成本的真快乐，办法之一就是舍得花费机会成本，懂得放弃！

人生在世，跳不出幸福、痛苦、平淡三种感受。诚如人们所知，物极必反，幸福是相对于痛苦而言的极端感受，而且由于人类欲望的无限性，决定了幸福感持续的短暂性。犹如在戈壁滩上顶着烈日行走的路人，饥渴难忍，当其内心痛苦无以言状之时，倘有人突然让他进入遮阴的帐篷里歇息，并递上一杯凉水、一片面包，此时，他的幸福感油然而生。但当他喝够了水，吃饱了饭，不再饥渴时，幸福感也就慢慢消失于无形之中，渐渐地归于平淡。可见，幸福永远是短暂的，比幸福多的感受是痛苦，比痛苦更多的感受则是平淡。这也许就是人们常常使用有痛苦垫底才有快乐的"痛快"和"平安是福"一类字眼来形容人生的根本原因。

幸福是一种感受，也被人称为享受。享受分为两类：一类是肉体的物质享受；另一类是心灵的精神享受。人既有肉体就不能排斥肉体享受，物质的富足会给人以幸福感，但这种纯粹的物质享受不是人类独有的高尚享受，而是人类与牛马鸡犬所共有的享受，换句话说，物质享受是动物性的享受，是所有动物都能感受到的享受，只不过人作为两百多万种动物之一种也不例外罢了。至于人之所以能超越禽兽，在于人拥有心灵的享受，拥有禽兽感受不到的内心幸福。这种心灵享受或内心幸福包括充满科学精神的"真"，终极关怀的"善"和人文情怀的"美"。

这就是说，人之所以区别于一般动物，在于人有感情、有道德，有正义之心、有感恩之情。我们常说的"尊师重教"、"孝敬长辈"就是中华传统文化中的感恩思想。"赠人玫瑰，手留余香"，古人非常重视感恩。因此，先辈们常常告诫我们："滴水之恩，当以涌泉相报。""投我以木桃，报之以琼瑶。"

感恩，是中华民族的优良传统，也是一个人的基本品格。人的一生，有父母的生养之恩，老师的教育之恩，工作单位的知遇之恩，亲朋好友的关爱之恩，社会各界的扶持之恩，长辈领导的提携之恩。尽管，很多父母、老师、同事、朋友、长辈、领导并不渴望得到回报，但作为子女、学生、同事、小辈、下属却不能忘记感恩。要感激生育你的人，感激抚养过你的人，感激教育过你的人，感激关怀过你的人，感激帮助过你的人，感激提携过你的人，甚至还要感激那些找过你麻烦使你接受教训的人。感恩是一种美好的情怀，是人性和人的高贵所在，是一种做人的道德，是一种处世的哲学。只有坚持与睿智者同行，我们的人生才能走得更远。

主动、认真和坚持是人生进步的阶梯。我们经济学院的每个师生只有在内涵上主动向境界超越，事业上认真地把工作做成作品，生活上坚持常怀感恩之心，幸福就会常驻，人生永远美好！展现在人们面前的也将是一个具有稳定的人格、宽阔的胸襟、自强不息的精神、愈挫愈奋的斗志和受人尊重的北大精英形象！

谢谢大家，祝大家永远幸福！

引言：
折射人性的财政史给人以智慧

世界上没有永恒的朋友，也没有永恒的敌人，只有永恒的利益。利益及其诱惑，对于人类社会来说是一种雷霆万钧、无坚不摧的力量。人是追求利益的动物，正是千百万人追求利益所形成的强大力量，才推动着整个社会不断前进。因此，调控人类社会相互间的利益关系，就是调节社会前进的动力和发展的方向。由于人类源于公共需要所产生的财政及其政策是其中最有效的调控手段之一，所以研究财政史及其政策的成败得失具有承前启后的历史意义和现实意义，因为它把人的本性及其对不同财政政策的反映和历史实践的启示紧紧地融合在一起，成了一种智慧。

无论从西文文献、中文典籍还是佛教经书来看，智慧都内含敏锐的洞察力、健全的判断力和旺盛的创造力。智慧有囊括四海之胸怀，举重若轻之气度，高瞻远瞩之预见，明察秋毫之眼力，事半功倍之绝技。智慧消弭了主体与客体、精神与物质、此岸与彼岸、有限与无限、相对与绝对、现实与可能、实然与应然、天道与人道、理性与情感、必然与自由、可说与不可说等等的二元对立，超越了两者之间不可逾越的鸿沟。智慧是真、善、美的统一，是真、智、乐的会通，知、情、意的和谐——它把诸多"三位一体"尽集于一身。其实，早在古希腊时代，智慧就被视为真知之基、众美之源和道德之魂。在茫无际涯的幽邃而诡谲的宇宙中，智慧只不过是漫漫长夜的一线亮光。但是，正是这一线亮光即是一切。

当然智慧也离不开知识并基于知识——知识经过"哲人之石"的点化，才能成为智慧，即整合的知识本体。这种"哲人之石"就是理性和情感的珠联璧合，就是科学和人文的相得益彰，就是真与爱和美的水乳交融。因为前者以物观之；后者主要是以我观之；只有智慧才是物我为一，以道观之，从而独具立足现实、超越现实之慧眼。可见，折射人性的财政史给人以智慧，足以启迪后人扬长避短，不断前进。

与猿相揖别的直立人

人类是地球上200多万种动物之一种。众所周知，大凡两条腿的动物都长有翅膀且会飞翔，如今日农村里早已退化的鸡、鸭、鹅一类的家禽即使不能展翅高飞，但扑腾一下还是能飞上农家的篱笆和矮墙，而拥有两条腿而没有翅膀的人却完全不可能作同样的扑腾，连桌子也飞不上去。这就是说人其实不是两条腿的动物，而是四条腿着地的哺乳纲灵长类动物。只不过人为了站得高看得远，为了把着地走路的前腿省下来变成能操纵工具的手，才从古猿中分化出来，成了高瞻远瞩、且能使用工具的立行动物。至于动物的爪与人类的手是人与动物相区别的重要标志，因为只有人才有手，所有的动物只有爪。爪不能对指，也就是大姆指不能与食指、中指、无名指、小指分别一一相对，而不能对指就意味着无法巧妙地运用工具和自己的聪明才智创造财富。所以有人说，人之所以成为人，是由于人有手，而其他动物就由于没有手不得不低三下四地屈从于人，被人所驾驭和役使。

人类从站起来到有了手是一个重要的进化过程，经考古研究这一过程大约经过了1000多万年的漫长岁月。在非洲发现的南非古猿化石，距今400万年到100万年，虽然还保留着若干类似猿的原始特征，但已经十分清晰地显示出向人类进化的趋势，他们能够直立行走，脑容量在440—520毫升之间。

据迄今为止的发现，地球上最早的人类是东非的能人。这一变化是肯尼亚考古学家、古人类学家路易斯·利基在东非坦桑利亚奥杜瓦峡谷完成的。能人体质形态比南方古猿显得进步，但比后来的直立人显得原始。由于他们能双足直立行走，并能制作石器工具，被人类学家判定为最早的人类。

中国境内发现的最早人类是元谋人。1965年在云南省元谋县上那蚌村发现，据测定，距今约170万年，先后出土元谋人制作和使用的石制品七件；发现碳屑及烧过的骨头表明，元谋人已能用火。

稍后是蓝田人，1963年至1964年发现于陕西省蓝田县陈家窝和公王岭，据测定，一个是距今约100万年，另一个是距今约80万年到75万年。能使用石器及火。从体格形态比较，蓝田人比爪哇人、北京人都古老。

北京人发现于北京附近的周口店龙骨山，距今约50万年。属于直立人发展阶段，具有明显的现代蒙古人种的特征。在北京人的遗址，先后发现石片、石器10万多件，有人工打击制作的痕迹，表明北京人已能制作并使用石器；遗址中有很厚的灰烬，其中有烧过的兽骨，表明北京人能用火，且能保留火种。

至于1980年至1981年发现于安徽省和县陶店镇江家山的和县人，头骨形态和北京人相似，距今约40万年至30万年。

元谋人、蓝田人、北京人、和县人都属于直立人。从直立人向早期智人过渡的类型，有陕西大荔人、辽宁营口金牛山人、山西襄汾丁村人、山西高阳许家窑人、广东曲江马坝人，分别距今为 20 万年至 3.5 万年之间。

在我国境内，发现于几十个地点的包括直立人、早期智人、晚期智人的考古资料，构成了一条相对完整的中国古人类进化链，证明中国古人类体质特征发展具有连续性。而且也进一步表明中国人的主体部分是东亚大陆的土著居民，并非来自非洲大陆的移民。

财政反映人性的追求

人，从诸多动物中脱颖而出的那一天，就成了特殊的存在。人本质的生成是作为动物的自然属性不断弱化和作为人的社会属性不断增强的过程。表现为人的社会属性不断改造人的自然属性，促使人逐步脱离自然界赋予的动物属性，提升和完善人的社会属性。可见，人从来就无法避免自然属性与社会属性的矛盾对立，同时具有从自然属性出发的生存需求和从社会属性出发的超越追求。作为财政的聚财、理财、用财就是人类在这一背景下产生的公共需要。表现为劳役、实物、货币形式的财政收入及其不同分配原则下所产生的财政支出，既有它形而下的物质意义，也有形而上的理财思想所折射出来的精神意义，是人类超越其他动物的一种崇高追求。所以，研究财政史既离不开对财政收支本身及其理财思想和制度演变的研究，更离不开对人性、对人的生活世界及其历史的研究。

一、人是财政的出发点和归宿

人是社会关系的总和，由于人的存在及其活动才产生了公共需要的财政。随着国家而产生的财政不断发展和壮大，才使人类社会变得更加丰富多彩。把复杂问题简单化的是大师，把简单问题复杂化的是专家。创造汉字的古人仓颉就是这样一位把复杂问题简单化的大师。他先造最重要的字而且把它造得非常简单，例如一、二、三，大、中、小，人、犬、牛……这些重要字的笔画都是非常简单的。尤其是人很重要，仓颉先生就只用一撇一捺两个笔画来表达。由于龟、鳖之类的动物与人相比显得不那么重要也不常用，所以仓颉先生就用比较多的笔画来表达，繁体"龟"字有 17 画，而"鳖"字竟有 22 画之多。而唐诗名句"两个黄鹂鸣翠柳，一行白鹭上青天"中"鹂"的繁体字有 32 画，"鹭"的繁体字也有 25 画之多。可见笔画越多的东西在仓颉先生眼中越不重要。

汉字的"人"，一撇一捺，形象地表达人要互相支持，没有一撇，一捺要倒掉，没有一捺，一撇也要倒掉。并且"人"字的结构也说明在开始书写时一撇一捺是连在一起的，人们之间的差距并不大，随着岁月的推移，有人成一撇，有人成一捺，人的差距也就逐渐拉大，越到后面差距越大。六七十岁的老人倘是名人，工作生活仍如日中天，若是普通百姓则赋闲在家含饴弄孙，安度晚年，两者社会影响的差别犹如同一屋檐下起飞的燕雀各自分出了高低，不可同日而语。可见，人类既有共性，也有差别，尤其是人与人个体之间的差别远远超过所有同类动物之间的相互差别。

由于财政是因人而产生，这就意味着人是财政的出发点和归宿，而人的一举一动又被人性所支配，因此，只有参透人性，理解人的共性，才能掌握人在生活世界中的活动规律，为做好包括财政税收在内的诸项研究工作打下坚实的基础。

就生活世界中人的共性而言：首先，人是万物之灵长。在自然界 200 多万种动物中，人的单项技能大都不如动物。如狗的嗅觉、跳蚤的弹跳、马的奔跑、鸟的飞翔、青蛙的游泳都超过人类，但综合技能和智力，没有一种动物会比人更有优势、更具竞争力、更聪明。例如，人的奔跑速度不如马，但可以制造出比马跑得更快的汽车、火车；人的游泳不如青蛙、鱼自如快速，但可以制造出比青蛙、鱼游得更快更远的轮船和飞艇；人不如鸟那样能飞翔，但人能制造出飞机、火箭和宇宙飞船；人的嗅觉不如狗灵敏，但人能制造出检测各种固态、液态、气态物质的仪器；人的弹跳能力不如跳蚤，但人能制造出高速电梯以极快的速度登上高楼。

其次，人是有思想的动物。动物没有思想，所以谁也没有听说过狗的思想、鸡的思想、鸭子的思想，但动物拥有感情，如狗与主人的感情忠贞不二。人由于有思想，会做不同的利益比较，因此感情不可能像狗与主人那样始终不渝。狗不会因主人由富变穷而离开，也不由于别人富裕而改换门庭。有人开玩笑说中国汉字是象形字，"人"挑一副担子就成了"大"，"大"字可以在右上角或左下角加点。在左下角加点是"太太"的"太"，在右上角加点是"犬"，由于犬比太太忠诚，所以把右上角那个点加给了犬。太太和丈夫作为人之所以没有像犬那样忠诚，就是他们有思想，会比较利益。人作为动物之一，不仅有着与其他动物相似的趋利性，而且在不断追求自身利益的最大化方面，远比其他动物执著，贪婪之心可谓有过之而无不及。羊在大草原上吃完草从没有想过把草背回羊圈，更没有想到把草变为钱。而人不仅要把草背回去还要把草变成钱，进而还把钱打进信用卡成为方便携带的电子货币。同时，人也具有其他动物所不具备的思想性，有着超越其他动物的修养自觉，如周代产生的周礼、汉代的儒学、宋明的理学等等，都是不同时代对人们的修养要求。这种思想性是其他动物难以企及的。

再次，人是群居的动物。世界上凡是个体十分强有力的动物都是寡居的，例如老虎、豹子。凡是个体比较弱小的动物都是群居的，例如大雁、蚂蚁。人的凶猛不如虎，人的奔跑不如马，也属于比较弱小的动物，所以人也不得不以群居而生存。正因为群居，人才能互相学习，共同提高，创造了无与伦比的社会文明；也正因为人的群居特点，不可避免地产生了人与人之间的不同关系和各种摩擦，形成了其他动物所难以比拟的人类社会，包括产生提供社会公共需要的财政。从而使处理人际关系成为国家、政府以及各种社会组织的头号问题。

第四，人是环境的产物。在不同的环境下，往往产生不同的人。一个独生子，在家里得到几代人的宠爱，从不需要自己动手干活，因此也没有做家务的意识和习惯。而出国留学后，由于身边无人照料，白天读书，晚上打工，虽艰辛备至，但也不得不自己料理生活，诸如租房、买菜、洗衣，慢慢养成了自立更生的习惯。作为在国内的母亲闻儿在国外吃苦，往往潸然泪下，恨不得赶往国外效"犬马之劳"。可见懒惰是人的天性，勤劳是环境使然。不同环境下产生不同的人，只有经历过艰苦的环境才能使人生有所历练，有所进步。

第五，人是文化的沉淀。文化是人类所独有，动物没有文化可言。有人说汉字的"家"由上下两个偏旁组成，上面这个偏旁代表房子，下面这个偏旁是古代的"猪"字，这说明有猪才有家。凡是猪在干的事都不是文化，而猪不会干只有人在干的才是文化。如人抽烟猪不抽烟就叫"烟文化"，人喝茶猪不喝茶就叫"茶文化"，人喝酒猪不喝酒就叫"酒文化"，人穿衣猪不穿衣就叫"服饰文化"，人吃饭把酒、茶、饮料和菜肴一一分开，就叫"饮食文化"。而当人吃完饭把桌子上的东西统统倒进一个大桶里让猪去吃，那就没有文化了。猪吃的东西只能被称为饲料。由此推断人吃的菜泡饭与饲料的距离有点相近。可见所谓文化就是"人化"。人化的文化表现在人的内心世界以及外化的一举一动、一招一式。例如有两个有钱的女士，一个是高学历、有文化，一个是低学历、缺文化。后者往往会以最时髦的化妆、最新潮的服饰来打扮自己，显示自己有钱；前者则会以个性化的发型和服饰来表现自己，以显示自己高雅的内涵。可见，一个人的所作所为与文化素养有关，文化素养涵盖学历，但学历并不能完全反映文化素养，所以在市场经济条件下小农经济思想浓厚，有贪欲弱点的官员极易在经济上犯错误，因为他们穷怕了，看到钱就眼睛发亮，不知道人世间还有法律。而有些人自己当了官员，文化素养也有了提高，但由于其家眷的文化素养没有提高，见钱眼开，仍然会帮倒忙、犯错误。因为他们不知道人的生存需求是有限的，无非是睡一张床，吃一碗饭而已，超过这一基本需求的东西只是一种奢华和与人攀比的虚荣心罢了。

第六，人是自己观念的产物。一个人的精神往往由自己的观念所支配，正确的观念能产生一种符合社会发展需求的精神，错误的观念往往会逆时代潮流而动。如西汉晚期的王莽为了解决贫富差距过大的问题，不是向前看而是向后转，复古改制，推行王田，企图重新回到先秦三代的井田制，结果以失败告终，成了中国古代贻笑大方的"社会主义皇帝"。就个体而言，一个人属于自身形象的发型、服饰、行为举止是自己观念的反映，其工作思路、工作方法、工作作风，乃至专业技术人员的设计思想、审美观点，也是观念的反映。甚至审视一个人的住房装饰风格，从中也能窥见主人的气质风貌。例如，一个注重实用的农村女子担心什物无处摆放，所装修的住房往往会安排很多橱柜；而一个城市女子注重室内风格，所装修的住房会极其简洁。同样，一个女性对自己的发型、服饰都非常满意的时候，她走起路来一定会精神抖擞，自信非凡；反之她就会垂头丧气，羞于见人。这不是她自己观念的产物又是什么呢?

第七,人是最敏感的动物。人不但对事物具有审视分析能力,还能凭借他人的语言、举止、表情等举手投足的表现,作出见微知著的辨别、判断和预测。例如,一个熟人你只要凭他的背影、脚步声甚至一声咳嗽就能知道他的到来,这就是古人所说的闻声而知人;同样,年轻男女找不到感觉,追求三年五载都无结果;若找到感觉,一霎那便成情人。可见人的敏感是很多动物难以达到的。在财政工作上也有同样的事例。如近几年中央财政对种粮农民的直补尽管金额不大,全中国农民都找到了感觉;而中央财政对不发达县和种粮大县的"三奖一补"尽管金额不少却由于没有直接发放给农民,农民也就没有找到感觉。可见成功的财政政策要尽可能让普通百姓既受益又能找到感觉。

第八,人是有时间观念的动物。人有时间观念,而动物则没有时间观念。在大草原上,蓝天白云下的牛羊不知老之将至,更不知死期不远,优游自得,愉快非凡,毫无紧迫感可言。人由于有时间观念,对人生、对岁月都会有很多感慨。早在春秋时代的大学问家孔子就曾经在江边对着川流不息的江水叹息:"逝者如斯夫!"感叹人生易老,时光似江水般流逝。同样,古人的一首《长歌行》也咏叹人生的短暂:"百川东到海,何时复西归。少壮不努力,老大徒伤悲。"深刻地反映了学海无涯、人生苦短、时不再来的历史紧迫感和作者对年轻人只争朝夕努力学习的殷切希望。

第九,人有趋利避害的本能,也有利他的善举。善与恶是一对孪生兄弟,在一个人身上都会有不同程度的反映。不少人在危急关头经常会作出利他的善举,甚至在有损于自身利益的情况下帮助他人。几乎在每次国内外重大自然灾害暴发时,都会出现一批感人事件,有人置自己的家庭于不顾,奋不顾身地救助陌生人;有人明知险情，仍会赴汤蹈火，在所不辞，冒着极大风险救人，以至于为此献出了自己宝贵的生命。例如世人皆知的 2001 年美国"9·11 事件"中，纽约不少消防队员，为让他人脱险献出了自己的宝贵生命。同时，人在危急的关头，也都会表现出保护自身安全的本能；在有利可图的时候，很多人也都会趋之若鹜。例如，在突发车祸时驾驶员的本能避让，附近居民对车上散落物资的不道德哄抢，就是这种趋利避害本能的表现。

第十，人是嫉妒的动物。嫉妒是动物的自然属性，你如果有机会到杭州"花港观鱼"用面包屑喂鱼的时候，就会发现那些已经接近食物的鱼会把面包屑往边上推，不让其他鱼接近它以便独享其成。同时有些鱼看到其他鱼已经抓到食物时也会以"嫉妒的心理"去夺取。比较狡猾的鱼就会比其他鱼得到更多的食物。同样嫉妒也是人的自然属性，是动物性的反应。但由于人有人性，有修养，其嫉妒有积极的一面，例如他人比我好，我要百般努力，排除万难，争取干得比别人更好，从而成了推动人们发奋图强的动力。除了积极的嫉妒，人也有动物一样的消极嫉妒，甚至比动物有过之而无不及。例如我不想超过你，但又怕你超过我，因此就千方百计找你的岔子，甚至想方设法把你拉下来、弄垮你，让你掉进泥淖之中。在中国固有文化中，这种消极嫉妒史不绝书，还往往成为嫉妒的主流，从而导致"干事的不如看着的，看着的不如捣蛋"的不正之风日益滋长。例如，明代首辅、大学士张居正万历九年（公元 1581 年）推行的"一条鞭法"，对明王朝财政实力的增长起到了起死回生的作用，但他的反对者为了贬低他，竟不惜在他死后的第二年，以清查大太监冯保贪污为名发动对他的清算，通过败坏他的名誉来诋毁"一条鞭法"。这一消极的嫉妒，直到明末王朝生死存亡之际才渐渐消散，张居正改革的重要性终被崇祯皇帝所认识，"愿以深心奉尘刹"的张居正才得以平反昭雪。

第十一，人是具有攻击性的动物。在草原上人们从来没有发现羊把羊咬死、马把马咬死；在山林中人们也没有发现过老虎把老虎咬死、豹子把豹子咬死，但人们可以发现人在不同的场合会攻击别人，甚至把人打死。这说明人是具有攻击性的凶恶的动物，难怪德国在一个野生动物园里建造了一个小木屋，门上写着两句话：一句是："你知道世界上最凶恶的动物是什么？"第二句是："答案就在木门里边。"有游客说世界上最凶恶的动物是狮子、老虎，就没有想到人。当人们打开木门时发现迎面是一块大镜子，上面写着"这就是世界上最凶恶的动物"。科学家早就发现，人和其他动物在漫长的进化过程中出于本能被多种力量所驱动——饥饿、性欲、攻击、逃避……这些本能皆为天造地设与生俱来，其中尤以攻击性最可怕。它不仅导致血腥与毁灭，还可以独立于其他本能而孑然自傲。当你把一只喂饱的猫放在房中并放出几只老鼠时，猫仍会奋力扑咬，而且往往是扑咬跑得最快最远的那只老鼠。人类除了与其他动物一样会猎杀非其族类的动物以外，有过之而无不及的是会发动自相残杀的各种战争。正因为如此，那些有良知的人们为了抑制攻击性研制了不少文化禁忌，诸如：道德、良知、法律。只不过道德有时沉默，法律有时虚伪，良知又有赖悟性并非人人具备，致使世界一次次地陷入无休止的战争之中，如20世纪就发生了两次世界大战。在战场上直接战死的人超过1000万，上亿的人间接死亡。中国在抗日战争中间接和直接死亡的人多达3500余万，其中"南京大屠杀"中被日本侵略者杀死的中国人就达30万之众。当今，幸亏模拟战争的足球运动与现代的电视直播技术密切结合，才使占全球人口2/3的球迷得以投入这种不带武器的战争，使由肾上腺和荷尔蒙驱动的攻击性得以和平发泄，避免了世界性的大战。

第十二，人的活力在于危机。汉字的词语常常由两个字组成，第一个字是生理表现，第二个字是心理反应。如"视察"中第一个字"视"是人眼的生理功能，而第二个字"察"是人内心的心理感觉。危机也是如此。有危险才会有机遇，有机遇才有活力，危险是一种客观现象，机遇则是一种心理把握。用"辩证法"看危机，没有危机就没有活力。有一个例子，叫做鲶鱼效应。据说有一个船长专事运输活鱼，但每次到码头交货，活鱼的死亡率都很高，由于鱼死得多，不仅拿不到运输费还要赔偿死鱼的损失，得不偿失的船长实在没办法，就去请教一位水产专家，专家告诉他只要在每个水箱里放进一两条鲶鱼就能大大降低运输过程中活鱼的死亡率。心领神会的船长就认真地按照水产专家的意见办理，鱼的死亡率果然大为降低。因为这些鱼看到鲶鱼都很紧张，怕鲶鱼咬死它，为了活命只好不断地躲避，"生命在于运动"，死亡率反而大大降低。可见，"危机"一直包含着"危险"与"机遇"的两方面内容，只是我们习惯性地只看到"危险"而看不到其中的"机遇"罢了。由于危机随时都会在人生的旅途中出现，所以人总是在烦恼中度过他的一生。反观这几年社会上为什么有那么多的官员贪污腐败出问题，其根本原因就是我们的体制权力过分集中，财政上缺乏必要的制衡，造成一些当权者养尊处优，为所欲为，以致失却应有的危机感所致。

第十三，人是最可爱也是最卑鄙的动物。人是善恶系于一身的动物，其爱憎分明，爱之可以给予一切，甚至不惜殉以生命；恨之则必欲去之而后快。春秋战国时期孟子的母亲为了使自己的孩子受到良好的教育，不惜三次搬家寻找道德高尚的邻居，被誉为"孟母三迁"。东汉上虞烈女曹娥为寻找失足落水的父亲不惜投江背负父尸，成为千古孝女，被历代百姓供奉。同时人也有卑鄙的一面，如浙江金华一个叫徐力的高中生厌烦其母成天滔滔不绝地要他努力学习，竟一怒之下杀死他的母亲，成了毫无人性的卑鄙典型。

第十四，人的道德是恐惧的产物。人要有所畏惧，才会有道德。有人专门用猴子作了个试验。在滴水成冰的冬季把猴子放进一个上面挂着桃子的牢笼，桃子上面连着冰冷的水龙头，只要碰到桃子水龙头就会喷冷水。开始时放进五只猴子，它们看到这么好的桃子纷纷一跃而上，结果桃子没有摘到却淋了一身冷水。试了几次这些猴子不但没有摘到桃子反而被冷水喷淋得频临死亡。一批又一批的猴子经过这样的训练后，就有了公家的桃子不能摘的道德认知。作为具有动物性的人，除了具有修养外，也还有动物的自然属性。动物要生存、发展，必然要追求利益最大化，人也不例外。所以司马迁早在2000多年前就曾指出"天下熙熙，皆为利来；天下攘攘，皆为利往"。我们远的不说，就说夫妻结合，也是优势互补的功能利益结合，若一旦失去功能互补作用，夫妻关系就会处于紧张以至破裂状态。有些家庭尚能维持，也无非是囿于人伦道德，不好意思解体罢了。由此可知，为何古代中国有纳妾制，西方有情人制（基督教强调实行一夫一妻制）作为补充的渊源所在了。那么，为什么人作为利益的动物，却具有道德呢？因为追求超越规定的利益就要受到惩罚，包括舆论的谴责、纪律的处分和法律的制裁，最终权衡利弊，要是得不偿失，他就不敢这样做罢了。可见，道德是恐惧的产物，世界上什么都不怕的人一定是人类中最可怕的人。

第十五，善和美是后天教化的结果。人首先是动物，然后才是人。美国科学家研究发现：人与猿猴的DNA遗传差异只有1%至4%；而人身上还有1%至3%极为落后的遗传基因，这种遗传基因与非脊椎动物的遗传基因相似，如低能的毛毛虫或我们称之为鼻涕虫之类的基因。这种远古时代我们的祖先遗传给我们的落后，已存在于人身上长达两亿年之久了。这就是说，人的遗传基因并不会因为经济发展了，社会进步了而随之改变。秦始皇时代中国人的基因跟现代中国人的基因不会有很大的差别。因为两千多年在人类历史的长河中太短了，要改变基因至少要数十万年以至于上百万年之久。今天，人类所表现出来的追求崇高、自强不息、锲而不舍及博爱精神，都是教化的结果，并非与生俱来。没有人生下来就是耶稣，也没有人生下来就是圣徒。英国科学家做过实验，让两个不同母亲生的婴儿吸取一个母亲的奶，那个吸着母乳的婴儿会用脚踹另一个婴儿，反之亦然。可见，恶是动物的本性，善和美是后天教化的结果。"人之初，性本善"这句儒家思想名言，只是一种欲盖弥彰的激励而已，人类的恶习并非都是后天生长出来的，而善良和美好恰恰是后天的教化。同样，公共财政的出现和对民生的重视也不是官员们与生俱来的天性，而是人民的呼声和社会舆论使然。

第十六，人是适于"四两拨千斤"的动物。人有生理需求和心理需求，这两个需求并不大。但人的潜能却远远超过他的需求。就生理需求而言，古人认为是有限的，因此古人曰："家有良田千顷，日食白米一升"，古代以一百亩为一顷，这就是说有十万亩良田之家可收获无数石大米，但主人每天仅仅需要一升米而已。两者相比足见人生理需求多么微小。古人还说："家有华屋千间，只需六尺之床。"它告诉我们一个人不可能把头放在第一间，然后将腿伸开到第九百九十九间，直至一千间，这说明一个人的居住需求也十分有限。同样人的心理需求也是容易满足的，尤其是虚拟的心理需求更容易满足。如幼儿班小朋友只要老师口头表扬和奖励一朵小红花即可使其欢呼雀跃，年长者只需给一个"理事"、"委员"、"代表"、"贵宾"一类的头衔即可令其不远万里来参加会议，甚至是来参加一个烈日曝晒的露天会议。尽管一个人的生理需求和心理需求都很有限，但他的创造力和破坏力却极其巨大，如诺贝尔发明的ＴＮＴ炸药用于战争可导致千百万人死亡，用于建设能使整座山头定向爆破。科学家对原子能的研究成果更是威力无穷，用于建设可推动科技进步和工农业生产，如原子能发电站即是一例；用于战争只须小小一弹即可使一个城市如日本长崎、广岛一样毁于一旦。可见人的个人需求与其发挥的潜力相比，完全是"四两拨千斤"的杠杆关系。

第十七，人过度依赖工具，自身能力在减退。当人跟动物在一起的时候其自身能力不断强化，他不但能预测自然灾害还能预知天气变化。随着人从动物中脱颖而出，人开始用他的思维和工具制造各种仪器，代替肢体感受，更准确地作出科学预测。可见科学技术的进步和现代化的发展，人借助工具的能力不断增强，与此同时，人自身的能力却随之下降。2004年12月印度洋海啸事件即是其中最典型的事例。由于这一灾难发生前印度洋沿岸各国事先没有及时侦知和发布警报，导致过度依赖仪器的人类受灾死亡逾20万，而其他动物却能依靠自身直觉，觉察预兆事先逃逸，生命几乎没有受到威胁。那些带着狗的游客其命运反而不如狗，因为没有灾害直觉的人看到波涛汹涌的潮水迎面而来欢欣鼓舞，忘记了危险，而具有直觉的狗知道危险就在眼前，拼命往后跑，得以保全生命。可见智者千虑必有一失。

第十八，人体凡是对称的器官都有主次之分。哲学告诉我们，任何矛盾都有主次之分，人体也不例外。人们熟知的主手，医学上称为优势手，其所起的作用最大，一般人皆以右手为优势手，少数人以左手为优势手，由于动不动便拿起左手，表现与众不同，常被人戏称为"左撇子"。优势手不仅比非优势手有力气，而且做起事来干脆利落，比非优势手做得更漂亮。实际上，不仅手有主次之分，就是耳朵也分优势耳和非优势耳，眼睛也同样分为优势眼和非优势眼，只不过这些差别没有引起一般人的注意而已。确定优势眼的办法是：拿一只手的大姆指和食指做一个圆圈，放在距离两只眼睛前面二三十厘米处，对准一个物体，圈内的物体两眼都看得见。这时，将一只眼睛闭起来另一只睁着的眼睛能同样看得见圈内的物体，此眼便是优势眼；另一只发现物体跑到圈外的眼睛即是非优势眼。非优势眼不仅在视力上起辅助作用，而且常常看东西亮度也低于优势眼。更值得人们注意的是，当近视眼经过激光手术，原先视力很差的非优势眼变得比优势眼视力更好的时候，病人就会感到不舒服，因为主次视力颠倒，看起来就不习惯、不协调了。可见在人类世界不仅存在着差别而且只有差别存在才能有序的工作。财政的收入和分配也不例外，根据不同的需求和条件要有所差别。

第十九，人是自然界唯一躯体结构设计与功能应用不配套的动物。人之初，作为灵长类动物其力学设计是爬行，后来为了腾出前腿改造为手，才有了"人猿相揖别"的进步，站起来变成了立行的动物，使脊梁骨成了脊椎骨。站起来的结果使我们高瞻远瞩，有了人才拥有的手，但由于当时没有对人体结构作力学上脱胎换骨的相应改变，以至于今人的颈椎、腰椎、心脏、血管壁还不能完全适应人体直立行走的需要，引发了由于脊梁变成脊柱所产生的颈椎病、腰椎病以及由于人立行后心脏位置提高带来的血压升高而引发的心脏病、出血性中风等诸多结构性疾病。这些疾病在其他动物身上是极其鲜见的。如长颈鹿脖子很长但从来没有颈椎病，大象很高大也从来没有高血压、心脏病。

二、要从生活世界中理解财政

古人说："见微而知著。"人们对财政的认识和理解也不例外。财政既是经济基础，也是上层建筑，归根到底它是一个与个人的感受直接相关的社会问题。因此，人们对财政及其政策的认识和理解，其实就是对生活世界的具体感受和进一步抽象。对于人的存在而言，自然科学的观念不是占据绝对的位置，也不能解决人类生活所面临的一切问题。因为自然科学的观念对于人所存在的世界来说，同样需要预设一种更为基本和必要的经验，即生活世界的经验。

生活世界是所有知识的根基和基础。包括财政税收在内的所有知识不管其抽象或普遍，都是建立在人如何经验生活世界基础之上的，人最终在相关于生活世界的起源上理解这种抽象或普遍。对于涉及亿万民众公共需求和切身利益的财政来说更是如此。千百年来，人们都会从自身纳税和服役的负担中去体会轻徭薄赋的意义，从教育、医疗、就业、扶贫、赈济、救灾抢险、社会保障、城乡建设、交通运输等诸多方面对自身生活关联程度中去理解国家财政对百姓的作用。

历史给人以智慧

一、有人类便有历史

从人站立起来与猿猴相揖别，前腿的爪逐渐进化为手的时候开始，人类就有了历史，但历史学的出现则迟至文字的出现。

中国早在殷商甲骨文中就有"史"字，其字形仿佛人手握笔记事。这个"史"，就是殷商专门掌管祭祀和记事的官员，即所谓的史官。以后，西周时的太史、内史，春秋时的外史、左史、南史，都是专掌记事的史官。正如《礼记·玉藻》所说："动则左史书之，言则右史书之。"史官们为后人留下了历史记录或历史著作，孔子说他"述而不作，信而好古"，其本意就是说他一生只整理历史而不创作。《诗》、《书》、《礼》、《乐》、《易》、《春秋》，便是孔子学习和整理历史的产物，也是孔门讲学授徒的教材。其中最具历史学特征的著作当推《春秋》，它是孔子依据当时鲁国史官所编《春秋》加以整理修订而成的一本春秋时代的编年史，成为后世编年史的滥觞。当《春秋》由"史"升格为"经"以后，又派生出注释《春秋》的"三传"：《左传》、《公羊传》、《穀梁传》，大大丰富了这部春秋时代编年史的内涵。

从西汉司马迁撰写第一部纪传体通史《史记》开始，中国历史学进入了一个新阶段，史学成为显学，蔚为大观。从此连绵不绝，以官修的二十四史为主线，留下了号称"汗牛充栋"的历史著作，其规模之庞大、品种之丰富、卷帙之浩繁、衔接之紧密，在世界文明史上绝无仅有。

二、历史给人以智慧

历史是前人创造的，对后人有什么作用呢？它给人以智慧，教人运用具有历史纵深感的深邃眼光去看待过去、现在和未来，而不被眼前短暂岁月所局限，沦落为目光短浅的庸碌之辈。因为，只有深刻地认识过去，才能进一步理解现在发生的一切，才有助于选择一条正确的前进道路，才能创造美好的未来。历史并不是一些人眼中的"老古董"。历史是常学常新的。史学家的职责并非简单地复原历史，而是对历史不断作出新诠释，为当代人提供足资借鉴的"前车之鉴"，一种考虑全局、展望未来的政策思路。从这个意义上讲，"一切历史都是当代史"。

毫无疑问，任何人轻视历史，不仅意味着数典忘祖，而且意味着否定自身存在的价值。因为现在正发生的一切，明天都将成为历史，载入史册。如果我们的后人也以轻视历史的态度来对待我们这个时代，那么我们当代人所作出的艰苦卓绝的努力和卓越的贡献，都将变得毫无意义，其后果将是多么严重。

财政史是治国的镜子

　　财政随着国家的出现而产生，由于史学界通常将公元前 2070 年夏朝诞生的那一天作为中国出现国家之始，所以财政在中国的出现已经长达 4000 余年。而现代中国人日常生活中所说的"财税"常指财政与税收，从大财政的角度来看财政包括收入和支出两大方面，税收只不过是财政收入的主要来源而已，因此财政涵盖税收。难怪在全世界绝大多数国家和地区税务局及海关都是财政部内部的职能部门，而将财政与税收分设为两个互不统属的部级单位的国家仅仅是中国、加拿大等少数国家而已。这也就是为什么本书只能称为《中国财政史》，不能称为《中国财税史》的理由。

一、财政文化

　　"财政"这个词由"财"和"政"两个字组成，"财"字有"贝"与"才"两个部首，左偏旁的"贝"指南海齿贝，是最早使用的货币。当时人们还将 10 贝称为"朋"，而朋以后又衍生出名词"朋友"，由此可见，朋友并非仅仅只有友谊，还应该有一定的经济基础。后来随着生产力的发展，自然界齿贝在数量上满足不了市场流通的需要，人们便用黄金、白银、青铜等有色金属铸造形状似贝的替代品作为补充，其中数量最大的是铜贝。此后随着岁月的推移和手工业的发展，人们用青铜铸造了不少铲、刀、戈等不同形状的生产工具和武器，并在市场上用以交换粮食、牲畜等农牧产品。这时人们才发现除了铜贝以外，铸造形体小于实际使用的生产工具和武器的青铜铸件也能成为人们实现市场交换的等价物，于是市场上就出现了所谓铲币、刀币、布币等新货币。由于这些工具形和武器形的货币造形，多有锋利的棱角，容易刺伤人体，携带也不方便，到战国晚期人们便根据中国人"天圆地方"的哲学思想，开始制造方孔圆钱，当时为了保证钱币含铜量与交换物等值，钱币都以重量计算，如秦半两、汉五铢钱，到了唐高祖武德四年（公元621年）才将重量制改为通宝制，使标志社会财富的钱币向象征性意义上迈进了一大步。此后人们所看到的中国钱币都叫"某某通宝"、"某某重宝"、"某某元宝"，如人们常见的唐代玄宗时的"开元通宝"、宋代徽宗时的"大观通宝"、清代咸丰时的"咸丰元宝"。

到了宋代，一方面开国皇帝赵匡胤"不抑兼并"的政策，有力地推动了生产力的发展，使市场上货币需求量大为增加；另一方面由于佛教的兴盛，民间多将铜钱捐献给寺院用于铸造铜佛像和宗教器具，从而造成了流通货币大幅度减少。为了解决铜钱奇缺的通货紧缩问题，北宋政府不得不以生铁铸钱应付"钱荒"。由于铜作为有色金属的价值大于黑色金属的铁，为了取得百姓的信任，铁钱不得不比铜钱做得大一点，重一些。当时的铁钱重量分为大小两种，大铁钱每10贯（即1000钱）重量为120斤，小铁钱则为65斤。如此沉重的铁钱，对商人来说腰缠万贯简直不可思议，1万贯的大铁钱有12万斤重，即使车载船装也十分艰难，于是四川16家富商联合起来发行称为交子的纸币。宋仁宗天圣元年（公元1023年），朝廷看到了纸币发行有利可图，决定收为官办，并将交子改名为钱引，还扩大了流通范围，在全国发行。南宋继续发行纸币，称为关子、会子。元代更变本加厉禁止金银、铜钱交易，实行纯纸币流通制度，其纸币品种主要有中统元宝交钞、至元通行宝钞。明朝政府开始也发行称为大明通行宝钞的纸币，后来由于这种无准备金和实物作保证的纸币造成了极其严重的通货膨胀，为了避免重蹈元朝大量发行纸币导致政权倾覆的厄运，明中叶以后开始实行银本位制。一方面由于国内银矿的开采量增大有了这种可能，另一方面白银作为低熔点可分割的贵金属有着非常适合作为主要货币的优良性能，更加上哥伦布发现美洲新大陆后墨西哥银矿的大量开采，为中国在中西贸易中获得白银提供了方便。因此晚明至清，中国民间大额支付皆用白银，小额支付才用铜钱。到晚清也开始使用银元，并发行过大清宝钞和户部官票，即后来人们把纸币通称为"钞票"的最初来源。但这些为数不多的宝钞和官票的发行并没有从根本上动摇银本位制的货币格局，直到1934年美国通过购银法案导致中国白银大量外流，以至于1935年南京国民政府不得不宣布白银国有，实施法币政策，禁止各种银元流通，中国货币的银本位制才宣告结束，完全彻底地进入了纸币时代。

　　财政的"财"字中"贝"代表货币，"才"为人才，足见创造文字者的良苦用心在于有才能者才会拥有更多的财富。财政的"政"字按孙中山先生的解释就是"众人之事"，"财"与"政"合而称之则应该是"为众人理财"的意思，也就是说财政要把为人民大众服务作为它的目标。实行世界上多数国家所认同的"公共财政"，即财政要从事企业和个人干不了或不能干的事，如环境保护是企业和个人干不了的大事，司法、国防和社会治安则是企业和个人不能干的事，这些都应该进入公共财政的领域。

　　从公元前21世纪国家诞生的那天开始，中国同时产生了财政。但历史上中国人并没有将其命名为财政，而是称之为"度支"、"理财"、"国计"、"国用"，直到光绪二十四年（公元1898年）光绪皇帝才在诏书中第一次使用"改革财政，编制国家预算"的文字。诏书中的"财政"一词是外来文化，它是在继东汉、南北朝佛教文化大规模进入中国后的第二次外来文化传入高潮中，与科学、文化、体育、卫生、社会、革命等词汇一起自日本传入的。

二、税收文化

税收之"税"，从"禾"，从"兑"乃实物税之义，产生于公元前594年鲁宣公实行的"初税亩"。中国文化有个特点，统治者往往喜欢拣好听的字眼来对付百姓。早在公元前2070年，大禹建立夏王朝之初所征之农业税为收获量的10%，但它并不称为税，而是使用极其美妙的字眼叫"贡"，即"贡献"。也就是说，这是无人强迫和自觉自愿的，其与清末民国的"捐"，当今的"赞助"是一脉相承的传统文化。类似这种中性的称谓还有租、赋等都是税的意思，其中租产生于秦，赋产生于西周。"赋"，从"贝"，从"武"，乃兵车之费，作军事之用。卅始向居住在城巾中的贵族征收，后来扩展到所有老百姓，以至于今日人们还常常将赋与税合而称之曰"赋税"。不过赋到西汉的时候开始异化，不仅是税收的称谓，也成为介于散文与诗歌之间一种文学形式的称谓，如当时著名文学家司马相如就曾写过《子虚赋》等作品，这些作品直至今日还脍炙人口，如"子虚乌有"成了人们对捏造事实者的不屑一顾。而且在汉代的赋发展到顶峰时，与此后唐代的诗，宋代的词，元代的曲，明清的小说齐名，共同走向中国文学史的高峰。尽管当年的"租"在今天已与"税"的概念相距甚远，但它的使用仍然十分广泛，尤其是经济学家始终念念不忘地把它与"设"、"寻"两字分别合在一起称为"设租"、"寻租"，而且如何避免有人"设租"、"寻租"则成了市场经济条件下反腐倡廉的关键。

三、财政史是治国镜子

财政学是研究政府理财的学问，它既是一门科学，也是一门艺术。由于财政政策在同样条件下能够复制，所以具有科学性；但由于它面对无数不同文化背景、不同类型的自然人和法人，其接受政策的程度会有差异，因此要有所调节，这就赋予了财政学的艺术性。

财政史不同于普通历史，而是一种专史。它涉及政治、经济、军事、文化等诸多方面，关乎国家兴衰存亡。而中国财政史研究则是中华文化遗产的一部分。我国历代当政者和理财家对于财政皆有不同程度的精深研究与建树。因此，研究中国财政史，不但有助于发掘中华文化宝藏，也有助于历史文化为现实服务。

历史是一面镜子，回顾我国历朝历代的财政税收政策，皆有得有失，有成功有失败。成功的核心是"天下为公"，它可使朝代兴盛；失败的教训往往是"营私舞弊"，导致朝代灭亡。自夏至清上下逾四千年，纵览历朝历代财政政策，招致国家兴亡事例可谓史不绝书。倘我们透彻理解、正确运用中国财政史的前车之鉴，就能接受历史的教训，避免历史重演，若不接受历史教训，惨痛的历史也会重演。尤其在当今构建和谐社会的历史性时刻，学习和研究中国财政史对于当前实现社会成功转型的意义更为重大。

第一章

三皇五帝与财政萌芽

三皇五帝是传说，也是古人在没有创造文字以前口耳相传的历史。由于中国近代重考据，轻神话传说，产生了疑古思潮，不如西方人重视传说的历史。传说中的"三皇"一般指伏羲、女娲、神农。"五帝"指黄帝、颛顼、帝喾、唐尧、虞舜。

传说中，伏羲氏与女娲是兄妹成婚而产生人类，以后他们禁止兄妹通婚，反映了原始血缘婚向族外婚的过渡。伏羲，又称庖羲。伏羲是传说中人类文明始祖，被尊为"三皇"之首。据说他是个大发明家，发明了一种原始的记事方法——八卦，还发明"结绳为网以渔"，造福于民。女娲，据说在她以前，天塌地陷，灾害不息，经过她的工作，一切就序了。她也就成了传说中整理天地的神。这个故事反映了远古人类与自然界的艰苦斗争。女娲的名字最早出自屈原的《天问》："女娲有体，孰制

黄帝，姓公孙，名轩辕，号轩辕氏、有熊氏。传说中古帝王，中华民族始祖。像载《历代古人像赞》，明弘治十一年刻本。

匠之？"意思是：女娲的身体，是谁造出来的。传说女娲炼七彩石补天，并造就了人类。这是母系神话的社会反映。

由于伏羲氏与女娲是一家人，也有将燧人氏取代女娲作为三皇之一的说法，燧人氏是传说中发明钻木取火的人。最早的人类还不知道利用火，捕猎所得的野兽和海鲜也是生吞活剥，连毛带血地食用，因而伤害消化器官，常常致病。实际上自然界早就存在火。火山爆发，有火；打雷闪电的时候，树林里也会起火。可是人类开始看到火时，不但不会利用，反而怕得要命。后来偶尔捡到被火烧死的野兽，拿来一

伏羲，又号皇羲，风姓。传说中远古帝王。作八卦，教民结网，从事渔猎畜牧。

尝，味道极香，且食后不易致病，于是人们渐渐学会用火烹饪食物，并且设法把火种保存下来，使它常年不灭。后来，燧人氏发现用坚硬而尖锐的木头，在另一块硬木头上使劲地钻，能钻出火星来；把燧石敲敲打打，也能敲出火来。这就开始懂得了人工取火的方法。从那时候起，人们不但随时可以吃到烧熟的东西，而且食物的品种也增加了。据说，燧人氏还教人捕鱼。原来像鱼、鳖、蚌、蛤一类东西，生的有腥臊味不能吃，有了取火的办法，就可以随时烧熟来吃了。当人类不懂得用火之前，仅有1/3的人能活到20岁左右，其余的只能活到15岁左右。自从懂得使用火之后，人类的寿命才得以延长。

传说中的炎帝，号神农氏，生于姜水（今陕西岐山东，渭河的支流），姓姜。相传他牛头人身，可能是以牛为图腾的氏族首领。最初，这个氏族活动于渭河流域，后来进入黄河中游，与九黎族发生了长时期的冲突。传说九黎族的首领叫蚩尤，兽身人言，铜头铁脖子，头上有角，耳上生毛硬如剑戟，能吃砂石，可能是以某种猛兽为图腾的氏族。他有兄弟81人，即81个氏族，是勇悍善战的强大氏族部落。蚩尤把炎帝驱逐到涿鹿(今河北西北桑干河流

大道之行
中国财政史

神农，即炎帝。姜姓，传说中古帝王，原始社会姜姓部落首领。尝百草，教民耕作，故号神农。像载《三才图会》，明万历刻本。

域），炎帝向黄帝求援，双方在涿鹿大战，蚩尤请风伯雨师兴风作雨，造了大雾使黄帝的士兵迷失方向，黄帝请旱神女魃，把天气放晴，造了"指南车"辨别方向。这场激烈战争的结果是蚩尤失败，被杀死了。传说炎帝是中国的太阳神，又说他是农业之神，教民耕种，他还是医药之神，相传就是神农尝百草，创医学。传说神农死于试尝的毒草药。这大概是指原始社会农业开始发展的氏族名称。据记载，当初人们吃生肉，喝兽血，穿兽皮。神农认为人们这样生活下去，是难以维持的。于是，他"尝百草之实，察酸苦之味，教民食五谷"，他和他所领导的氏族部落，发明了农业、医药、陶器。实际上农业生产知识是上古人类实践经验的积累。

黄帝是公认的传说中中华民族的始祖。黄帝姓公孙，居轩辕之丘，故号轩辕氏。国于有熊，亦称有熊氏。黄帝生性灵活，能说会道，道德情操高尚，被拥为西北方游牧部族的首领。他联合炎帝，打败蚩尤率领的九黎族的入侵，代神农而成为部落联盟的首领，成为"黄帝"。黄帝打败蚩尤后又与炎帝族在阪泉发生三次大战，黄帝统率以熊、罴、貔、貅、虎等野兽为图腾的氏族参加战斗，打败了炎帝部落，进入黄河流域。从此，黄帝部落定居中原，并很快发展起来。图腾（totem）是印第安语，意为他的亲族。原始人相信每个氏族都与某种动物、植物或其他自然界事物有亲缘或其他关系，便把它作为自己的保护者或本氏族的象征。这种早期的宗教信仰称为图腾崇拜（totemism）。被打败的蚩尤和炎帝部落不断往南迁徙，蚩尤部落一直迁居到今贵州、云南以及东南亚一带；炎帝部落迁居到今湖南、江西一带，今湘东的炎陵县城郊还有炎帝的坟墓。

史书记载"黄帝之子二十五宗，其得姓者十四人，为十二姓"，说明这些部落形成了巨大的部落联盟。黄帝后代与其他部落共同融合，形成中华民族，黄帝轩辕氏被看成是华夏族的始祖。后来，中国人自称是"黄帝子孙"。

相传黄帝时期有许多创造和发明，如养蚕、舟车、文字、音律、算术、医学等。正是这个原因，后人把许多发明创造都传作是黄帝的功绩，说他用玉作兵器，造舟车弓箭，染五色衣裳。他让妻子嫘祖教人民养蚕，命令大臣仓颉造文字，大挠造干支，伶伦制作乐器等等。历史上尧、舜、夏、商、周，都是黄帝的后裔，故称"轩辕后裔"，"炎黄子孙"。

颛顼，姓姬，号高阳氏，黄帝之孙，昌意之子。居住河南濮阳县一带，相传是黄帝的儿子昌意的后代。古书记载，"高阳氏有才子八人"，可能这是八个氏族。颛顼对九黎族信奉巫教、杂拜鬼神的风尚进行了治理，逼迫他们顺从黄帝族的教化。后来，有个部落的首领共工对颛顼非常不满，愤怒地用头撞倒了不周山。顿时，撑着天空的柱子斜了，拴着大地的绳子断了，于是天向西北倾斜，日月星辰移动，地在东南洼陷，江河随之东流。这是说共工改造自然，成了胜利的英雄。颛顼20岁时，黄帝将帝位传给了他。颛顼即位后，进行政治改革，又进行了一次重要的宗教改革，促进了族与族之间的融合。他在位78年，死时90多岁，颛顼子孙很多，屈原就自称是颛顼的后裔。

帝喾，姓姬，号高辛，黄帝的曾孙。帝喾在位时人才济济，把天下治理得很好。帝喾在位70多年。

尧帝，姓尹祁，号放勋。因封于唐，故称"唐尧"，由于他德高望重，人民倾心于帝尧。他严肃恭谨，光照四方，上下分明，能团结族人，使邦族之间团结如一家，和睦相处。尧为人简朴，吃粗米饭，喝野菜汤，自然得到人民的爱

帝尧，名放勋，传说中古帝王，原始社会部落联盟首领。

大道之行
中国财政史

禅授光明心学切要九官公忠萬世大考 帝舜

舜帝，姚姓，名重华，号有虞。传说中古帝王，原始社会部落联盟首领。

戴。尧到年老时，由"四岳十二牧"推举部落联盟军事首长继承人，大家一致推荐了舜。尧帝把自己两个女儿嫁给了舜，又对他进行了长期的考察，合格后才放心禅让。

舜帝，姓姚，传说目有双瞳而取名"重华"，号有虞氏，故称虞舜。舜之父瞽叟，其弟名象。《尧典》所记舜的主要事迹有：命后稷按时播植百谷；挖沟开渠以利灌溉；疏通河道，治理洪水；公布五刑，除去四凶族。舜知人善任选用能人，如舜任命了许多官职：命禹作司空，主平水土，相当于今水利部长；命弃作后稷，主管农业，相当于今农业部长；命契作司徒，主管五教，相当于今教育部长；命皋陶管理五刑，相当于今司法部长等等。舜为首领时，把各项

工作都做得很出色，开创了上古时期政通人和的和谐社会，所以舜成为中原最强大的盟主。正如《史记》所云："天下明德，皆自虞帝始。"实际上，当舜之时，国家机器的雏形已经具备了。死后，禅位于禹。

"三皇五帝"的活动区域基本上都在黄河中下游，也都集中在河南境内。"三皇五帝"时期，从黄河流域到长江流域的先民大都进入部落联盟的时期，氏族社会即将解体，"三皇五帝"就是这一历史时期通过传说保留在古文献中的英雄人物。

人与动物的差异之一，是人能创造和使用工具，而动物不会使用工具，更不会创造工具。所以，创造和使用工具的程度，就成了衡量人类进步的尺度。人类考古学表明，三皇和五帝是前后两个不同时代，其表现形式是人类使用工具的器质不同。按照人类使用工具的器质，人类早期的历史可区分为石器时代、青铜时代、铁器时代。东汉袁康所著《越绝书》中，引用战国时代风胡子的话："轩辕、神农、赫胥之时，以石为兵，断树木为宫室"；"至黄帝之时，以玉为兵，以伐树木为宫室，斫地"；"禹穴之时，以铜为兵，以斫伊阙，通龙门，决江导河"；"当此之时，

作铁兵，威服三军"。也就是说，三皇是使用石器的时代，距今不少于五万年；从黄帝开始的五帝时代是使用玉器的时代，距今已有六七千年；禹以后的夏商周三代为铜器时代，距今已有三四千年；春秋战国为铁器时代，距今已有二三千年。

石器时代一般区分为旧石器时代和新石器时代。前者以采集经济为特征，后者以生产经济为特征。

第一节　旧石器与采集经济

旧石器时代，人类开始以打击石器为生产工具，其年代大致起于二三百万年前，迄于一万年前。在旧石器时代中前期，一般是把一块石头或燧石打成石片，所剩的石核用来作为石斧。到旧石器时代末期，石片才被运用为

中国旧石器时代，在距今250万年至1万年之间，石器的出现表明当时的人们已经广泛使用石制器具，进入了比较普遍的石器时代。

石刀或矛头。旧石器时代文化在世界范围内分布十分广泛，由于地域或时代的不同，文化面貌有相当大的差异。

发现于山西芮城县西侯度村附近的西侯度文化，距今约180万年，是中国目前已知最早的旧石器时代遗存。西侯度遗址位于黄河中游左岸高出河面约170米的古老阶地上。出土的石器包括石核、石片和经过加工的石器，其制作方法包括锤击、砸击、碰砧，石器种类有刮削器、砍斫器、三棱大尖状器。西侯度文化的发现，提早了中国旧石器时代的历史，以及人类用火的历史。

发现于贵州黔西县沙井观音洞的观音洞文化，与北京人文化有明显的差别，但在个别特征上又有相似之处。华南旧石器时代晚期的一些遗存，如贵州桐梓岩灰洞、兴义猫猫洞的石器都可能与观音洞文化存在一定的联系。观音洞文化与北京人文化分别是中国南方、北方旧石器时代早期有代表性的重要文化。两者之间的差别表明，早在旧石器时代早期，不同地区的文

化已显示出复杂化、多样化的趋势。

旧石器时代中期可以丁村人文化为代表。生活在汾河流域的丁村人，使用的生产工具仍是木器和石器。他们从河谷和山沟里采集砾石，用交互打击的办法，制成各种砍砸用的石器。他们把厚而平的石灰岩质砾石，打制成大大小小的球形投掷器，以供打猎之用。丁村人所使用的大部分是石片石器，除单边刃和多边刃的砍砸器，还有尖状器、刮削器。丁村人的石器和西侯度遗址的石器有某些共同点，表明了两者之间的发展联系，但是，从石器的种类来说，丁村人的石器有了显著的增加，制作技术也有大幅度提高。丁村人不仅在体质上比北京人有了相当的发展，在石器制作上也比北京人有了相当的提高。

旧石器时代后期可以山顶洞文化为代表。从山顶洞人制作的装饰品，可以推测他们已经使用相当进步的石器，因为这些装饰品的制作必须经过选材、打制、钻孔、研磨、着色等工序。尤其值得注意的是，山顶洞人已能制作骨针，针身圆滑，针尖锋芒毕露，针眼窄小。骨针的出现表明，当时的人类已能缝制兽皮衣服。山顶洞人主要从事渔猎，以采集作为辅助手段。他们获得食物后带回洞穴，燃起篝火，御寒并烧烤食物。山顶洞人的装饰品"小石珠"，色彩缤纷，反映了原始艺术达到了相当水平。山顶洞人没有私有财产观念，他们共有的财产就是周围可供狩猎、捕鱼、采集的自然界。山顶洞人居住的洞穴分为"上室"和"下室"，上室是公共住地，下室是公共墓地。墓地死者身上的赤铁矿粉粒和随葬品，反映了当时人们的原始宗教信仰——对生命和灵魂的一种虚幻认识。

原始社会初期，采集和狩猎为两大主要生产部门。由于当时生产工具多为粗笨的石器和木器，生产力极为低下，因而生产劳动只能依靠集体力量来完成。无论是野外采集，或是在江河湖泊中捕捉鱼虾，尤其是到森林中狩猎，必须依靠集体力量才能完成。这种简单的协作，在原始社会生活中具有十分重要的意义，它既能使人在共同劳动中获得最低生活资料，以维持自身生存；又能以群体的力量来弥补个体自卫能力的不足，保卫个人生命不致受到伤害。距今10万年前后，随着生产力的发展，逐渐形成母系氏族社会。那是一个以生产资料公有为基础，以母系血缘为纽带的血缘集团，它既是生产单位，又是生活单位，最先仍以采集和渔猎为生。

在人类早期历史上，最后的 10 万年尤为重要，其突出成就是生产工具制作技术进步。集中表现为石器刃部的细加工，从安把到镶嵌装柄一系列复合工具的出现，带柄斧、梭镖、弓箭延长了人的手臂，人类进入了一个新时代。以骨针为代表的缝纫技术的发明，不仅解决了皮衣的缝制问题，而且由于可以御寒，使人们有可能离开洞穴走向平原，远赴寒冷的北方，越过白令海峡走向另一个大陆，走向世界各地。

由旧石器时代向新石器时代过渡，出现了人类文明的曙光：农业起源，农牧业的分工，以及农牧业代替渔猎而成为社会经济的主要部分，随之出现了定居的村落——人类最早的聚落，进而发展到陶器的制作，家畜的饲养，半地穴式建筑和地面建筑的出现。

祈求丰收的壁画

大约距今1万年，人类进入新石器时代，农业、畜牧业产生，磨制石器以及陶器、纺织的出现，标志着人类进入到生产经济阶段。在此以前人类只是食物的采集者，而新石器时代的人类开始转变为食物的生产者。耕种土地、饲养禽畜为人们提供了可靠的食物来源，间或还有剩余。这种生态环境促进了人口增长、生活稳定和配套的社会

新石器时代裴李岗文化齿刃石镰，生产工具的一种。

制度的形成。这不啻是一场巨大的社会和经济革命，对这场革命的重要性与深远影响无论如何评价都不会过分。由"采集食物"一跃为"生产食物"，被称为"产食革命"。相对于近代西方"工业革命"，这场革命堪称"农业革命"。农业革命最突出的标志是产生了"定居"的新生活方式，以及制陶、纺织、建房等新生产方式。考古学家伍德（R.Braid Wood）根据碳14测定，推测农业的诞生时间距今约1.2万年至1万年之间，其发生地点在近东的两河流域。

近人的研究证实，中国农业的起源，具有特殊的区域性和独立性，并非两河流域传入。大量考古成果表明，中国史前农业是独立起源、自成一体的。黄河流域是以粟为主的旱地农业的发源地，长江流域是以稻为主的水田农业的发源地。

古人之所以选择农业，既有其自然环境的原因，也是其历史发展的必然。从中国地形、地貌看，西高东低，北为荒漠，西和西南为高原，东和东南是大海；境内有长江、黄河流贯东西，大小河流遍布其间；气候温润，土地比较肥沃，是适于农耕的环境。而神农氏之所以选择农业，则是当时的生产生活条件发生变化所致。

《白虎通》载："古人民皆食禽兽肉至于神农，人民众多，禽兽不足，于是神农因天之时，分地之利，制耒耜，教民农耕。"《淮南子》则称："古者

新石器时代的穿孔石斧，是当时主要的生产工具之一。

民茹草饮水，采树木之实，食蠃蠬之肉，时多疾病毒伤之害，于是神农乃始教民播种五谷，相土地，宜燥湿肥硗高下。"强调之所以选择农业种植业，基于人民众多，禽兽不足，生活资料供需失衡；以及传统的采集果木之实，食蠃蠬之肉，伤害身体等原因。其中，食物不足是主要原因。神农选择了适合于定居、有选择和发展空间的农业作为主业。并且，通过长时期的采集生活，发现了某些植物的生长规律，并曾尝试着栽培。

自汉以来，一般学者都认为神农即炎帝，有炎帝神农之称。据《易·系辞》所记："神农氏作。斫木为耜，揉木为耒，耒耨之利，以教天下。"据考证，至迟在距今6000年前后，耜耕技术已有相当发展。黄河流域以石耜为主，长江流域，除石耜外，浙江余姚河姆渡遗址还出土了大量骨耜。关于耒耜的广泛使用，一直到西周未变，《诗经》记"三之日于耜，四之日于趾。"《毛传》解释说，"于耜"即修理耒耜；"于趾"是用脚踏耜柄横木掘土，即下地劳动了。《淮南子》说："织者日以进，耕者日以却"，生动地描绘了耕者翻土的过程。由于用耜农具耕作过的土地，结构疏松，有利于提高作物的产量，并能

延长土地使用寿命；而且用耜开沟排水，引水灌溉也比较方便，所以南方水稻栽培的历史最早，地域较广。据对河姆渡遗存的稻谷和稻壳堆积层的探测，应为距今7000年左右的实物。神农氏首创木制的耒耜，被认为农业发明之始。传说中，炎帝发明了医药。《史记·补三皇本纪》说："神农始尝百草，始有医药"，《世本》说"神农和药济人"，《淮南子》还说到神农为了搜寻治病草

新石器时代的河姆渡文化曾使用大量骨耜来翻地。

骨耜是古代的一种农具。

大道之行
中国财政史

药，"尝百草之滋味，水泉之甘苦"，结果"一日而遇七十毒"。炎帝还发明了陶器，《太平御览》引《周书》说"神农耕而作陶"。陶器是与农耕同时出现的，被誉为继火的使用之后的又一大创举。

由于生产工具的局限，当时还不能大规模"伐林启壤"，开垦耕作，开辟土地的方法只能先在土地上放火焚烧，用简单的木制农具耒耜松土，然后撒播种子，任其自然生长。古籍中有所谓"烧山林"、"烈山泽而焚之"的记载，便是当时的写照。神农氏之所以称为炎帝，其族民称"烈山氏"，都反映了刀耕火种的原始农业与火有密切的关系。正因为如此，神农氏时代的原始农业是一种游移性农业，由于土地肥力递减，必须不断更换耕地，经常迁徙。神农氏的这种游移性在传说中也有所反映，据说他起于厉山（今湖北随县厉乡），后迁河南，再徙山东。

炎帝的后裔中，一支是烈山氏，其子名柱，会种谷物和蔬菜，被后人尊奉为稷神——谷物神。炎帝的另一支后裔是共工氏，其子后土，治理洪水成功，被后人尊奉为社神——土地神。水利是农业的命脉，原始农业时代更是如此。这种传说与农业文明密切相关，

西周以后人们祭祀社神、稷神，以后又把社稷引申为天下，成了封建国家政权的代称。

传说中的黄帝，比炎帝要晚。黄帝部落从北方南下到达黄河流域时，已发展成拥有六个部落的特大型部落联盟了。

传说中，黄帝时代发明了铜器。《史记·封禅书》说："黄帝采首阳山之铜，铸鼎于荆山之下。"黄帝不仅发明了铜器，而且以铜编钟为乐器演奏音乐，《吕氏春秋》说："黄帝又命伶伦与荣将铸十二钟以和五音。"黄帝时代发明了舟车，《易·系辞》说："黄帝、尧、禹垂衣裳而天下治……刳木为舟，剡木为楫；舟楫之利，以济不通……服牛乘马，引重致远，以利天下。"《古史考》说："黄帝作车，引重致远。"

关于黄帝在衣、食、住、行方面的创造发明传说亦很多，其中杵臼釜甑的制作传说，反映了谷物加工以及熟食器皿的进步；衣冠扉屦的制作与"以衣裳别尊卑"的传说，反映了原始的纺织与缝纫的兴起，也显示了社会组织的意义；舟车制作的传说，表示原始交通工具的使用，以及人们活动范围的扩大。

黄帝时代比神农时代的农业有所

生动展示我们祖先刀耕火种时代的狩猎和集体采集生活的崖画。

发展，最突出的标志是黄帝时代已发明了历法，使农业生产能适应季节和气候的变化。《史记·五帝本纪》说黄帝"时播百谷草木"，《史记正义》对此作这样的解释："言顺四时之所宜而布种百谷草木也。"这一点也可以从《尚书·尧典》找到印证：尧在位时，曾命人分别到四境实地观测星象，以定春、夏、秋、冬，随四季变化安排农业生产，所以播种收获皆有定时。传说中黄帝与蚩尤大战于涿鹿之野，反映了各农业部落初次联合起来共同对付草原游牧部落南侵的史实。炎帝、黄帝时代的这些传说，并非穿凿附会的想象或虚

构，它已被裴李岗文化、仰韶文化的考古发掘所证实。

据说黄帝部落有姬、酋、祁、己、滕、蔚、任、荀、僖、姞、儇、依十二姓，其中比较突出的有姬、祁、任、姞四姓。姬姓相传为黄帝的嫡系，后来发展成相当大的一支。祁姓有传说中的陶唐氏，即唐尧所属的氏族部落。传说中黄帝的后裔夏后氏，是夏朝创立者的祖先；而黄帝后裔姬一支，则成了周朝的创建者。值得注意的是，黄帝部落的十二姓中有一些北方的氏族部落——戎人、狄人，后来融合于华夏族。由于这些缘故，黄帝才被尊奉为华夏族的始祖。

从黄帝时代到尧、舜、禹时代，持续了数百年。黄帝后裔进入黄河流域后，逐渐同夷人部落和羌人部落结成新的部落联盟。这种部落联盟已经超出了血缘关系，而成为地缘关系的共同体，具备了国家的雏形。

部落联盟由参加联盟的各氏族部落的首领组成联盟议事会，讨论重大事务，推举联盟首领。尧、舜、禹就是由联盟议事会民主推举产生的。

尧年老时，在联盟议事会上提出

继任人选问题，让大家讨论，众人推举了舜。舜继位后，征得联盟议事会同意，任命八元管土地，八恺管教化，契管人民，伯益管祭祀，皋陶管刑法。国家的雏形更加明朗化了。由于禹治理洪水有功，当舜年老让位时，联盟议事会一致推举禹担任首领。这就是传说

新石器时代的骨耜。1977年第二次发掘河姆渡遗址时在第四文化层出土，是用牛肩胛骨制作的翻土工具。

中尧、舜的"禅让"传统，可谓是"天下为公，选贤与能"的大同社会，被后人引为美谈，成为嫄儒家津津乐道的理想社会。

第三节　经济发展和产品剩余

一、生产工具和技术的改进

　　大约在距今10万年前后，中华民族已进入母系氏族时期。自从氏族公社代替原始群这一历史发展阶段后，人类以农业为中心的经济生活方面开始了重大变化。首先是农具的改进。当时，播种

和中耕用的尖木棒和木手锄，翻土用的石锄、石耜（半坡出土）、骨耜（河姆渡出土）；收割等用的石刀、陶刀（半坡出土）等已开始出现。

　　距今5000年前，随着生产力的发展，社会分工的扩大，男子逐渐在生产中居于主导地位，推动了农具的进一步改进和耕作技术的提高。

　　当时所使用的石器均较前精致。一是翻地农具多样化，石耜和骨耜普遍增加，石铲和双赤木耒的使用，是开荒的有力农具。二是中耕技术推广，北方出土了许多石锄和鹿角制的鹤嘴锄，南方也出土很多石锄和耘田器，在太湖地区还出土了木制的千篰，是戽水灌溉和捻河施肥的重要工具。收割工具也成倍增长，除了大量沿用前期所用的长方形有孔石刀外，还普遍使用石镰、蚌刀和骨镰。镰刀的广泛使用，不仅提高了收割效率，还能将粟秆收割回来使用。

二、粮食作物的广泛栽培

　　相传舜命弃为后稷，播种百谷。后稷之母姜嫄，为有邰氏之女，其后后稷又复封于邰，其地在今陕西武功县境，所以后世把谷物发祥地定在陕西。武功饶水利，故后稷及其子孙借此从事农耕。又陕为秦地，古秦字从"春"从

"禾"。《史记·货殖列传》记述："关中自汧、雍以东，至河华，膏壤沃野千里。自虞夏之贡，以为上田。"此事《诗经》也有记载："诞降嘉种，维秬维秠，维穈维芑，恒之秬秠，是获是亩，是任是负，以归肇祀。"这里是指后稷培养了多种可供食用的粮食：秬为黑黍；秠为黑黍的一种，一谷有二米；穈为红色高粱；芑为白色高粱。这里没有提稷，说明稷是早于后稷之前就已培育成功。在黄河流域的河北、河南、山东、山西、甘肃、青海以及东北辽宁等省的文化遗址中，多次发现了粟。北方之所以多种黍稷，是因黍稷耐干旱，无论地力沃

陕西西安半坡遗址出土的人面鱼纹盆，反映了原始农耕时期高超的彩陶制作技术。

瘦，只需将土地疏松即可下种，春种秋收，即有收获。所以舜以弃主农，官名后稷；古以农立国，后世则以社稷为国家代名词。

在南方，长江流域分布有野生稻，是水稻的主要发源地。浙江余姚县河姆渡遗址不仅出土了狗、鸡、猪、羊等遗骨，还发现了稻谷和堆积很厚的稻壳。其他如安徽肥东大陈墩、湖北放鹰台、湖北京山屈家岭、浙江湖州钱山漾以及湖南、广东、广西、云南和四川等地遗址中，都有稻谷发现，有些地方的稻谷甚至是成堆出土的，这说明长江流域是世界上最早栽培水稻的主要地区之一。据《周礼·职方氏》所记，中国的九州各有种植作物：东南扬州，"其谷宜稻"；正南荆州，"其谷宜稻"；河南豫州，"其谷宜五种"（黍、稷、菽、麦、稻）；正东青州，"其谷宜稻麦"；河东兖州，"其谷宜四种"（黍、稷、稻、麦）；正西雍州，"其谷宜黍稷"；东北幽州，"其谷宜三种"（黍、稷、稻）；河内冀州，"其谷宜黍稷"；正北并州，"其谷宜五种"。

三、畜牧业和手工业的发展

这一时期，粮食生产除了满足人们的基本口粮之外，还出现了剩余，从大汶口出土的各种酒器如陶盉、陶杯、高柄杯等大量酒器，说明人们已用粮食酿酒。仪狄酿酒，禹恶旨酒的传说，证明了当时酿酒、饮酒过度，既浪费粮食又妨碍生产、影响生活，引发了当局的不满和干预。此外，从各地出土遗存

中，发现有大量的家畜遗骨，说明粮食生产为家庭饲养业的发展提供了条件。西安半坡遗址和浙江河姆渡遗址的出土物中，就有狗、鸡、猪、羊等动物遗骨，有的地方还发现了不少水牛骨。在河南陕县庙底沟文化的 26 个灰坑中，也有大量的鸡、猪、狗、山羊和牛的遗骨，有的遗址中还有马骨。说明家畜数量增多，家畜品种也空前增加。而家畜饲养的增加，正是农业产量的提高和农副产品增多，能为家畜饲养提供所需饲料的结果。

家畜饲养的结果，为氏族成员增加了食物和财富：家畜不仅为人们提供美味肉食、为人类提供御寒皮毛、为农业生产提供畜力、为交换提供原始货币职能，同时，也为祭祀提供了重要的祭品，各氏族墓地中，猪、羊、狗等作为祭祀和随葬的现象比较普遍。

农业和家居生活使家庭手工业的发展有了可能。相传"神农耕而作陶"，说明农耕和制陶有不可分割的联系。从仰韶出土的炊煮用的釜、罐、甑、灶和鼎，贮粮用的瓮、罐，饮食用的盆、钵、碗、盘和杯等，到大汶口文化的白陶罐和黑陶背壶，说明制陶工艺在进步。家庭纺织业，也在编织的基础上出

现了，从西安半坡和华县泉护村出土的麻布痕迹、江苏苏州草鞋山出土的葛布、河姆渡出土的织机零件看，至少在距今六七千年前我国已有了织布机和纺织业。而在南京北阴阳营等地出土的制作精美的玉器和泰安大汶口出土的象牙器，其制作技术都达到了前所未有的水平。特别是甘肃永登连城和山东胶县三里河出土的小型铜器，证明了中国包括开矿、冶炼、铸造和加工在内的冶铜技术始于父系氏族时期。

第四节　公共需求和财政萌芽

一、商品交换和私人占有

随着制陶、纺织、制玉、冶铜等专门手工业的出现，农业与手工业开始分离，从而促进了直接以交换为目的的商品生产。最初的交换，是氏族之间偶发性的物物交换，《易·系辞下》记："日中为市，致天下之民，聚天下之货，交易而退，各得其所。"

人是不断寻求利益最大化的动物。正是因为当时一个人所生产的产品除维持自己基本生活需要之外，还能提供一些剩余产品用于商品交换，这就意味着劳动产品私人占有有了一定的物质前提。当时处于"近水楼台"

的氏族首领和其他担任"公职"者，便在主持对内分配和对外交换的过程中，顺理成章地从中"多得月"，攫取利益，将共有财产据为己有。由于耜耕农业的发展，使个体家庭能独立进行农业生产；随着野兽被驯化为家畜，个体家庭也能饲养家畜，从而出现了个体经济，农业产品和畜产品都归个体家庭支配；这时，私有财产增加了，除生产工具外，粮食、家畜、手工业产品等都变成了私有财产，私有制得到普遍发展。与此相呼应的是制陶、骨器、冶铜等专业手工业的出现，随着生产领域的扩大，直接以交换为目的的商品生产发展了。而个体经济和商品交换的发展，既加速了贫富两极分化，也瓦解了氏族公有制。据对大汶口133座墓地随葬牲畜等的统计：随葬猪头、猪下颚骨的墓有45座，一般随葬品的墓80座，没有随葬品的墓8座。贫富差别之大，不言而喻。

二、公共需求和财政萌芽

人是动物中最贪婪，也是最具攻击性的。为了取得利益，人可以不惜杀人害命来谋取他人财富。到了氏族社会，由于剩余产品的产生和财产的私人占有，也就导致氏族内部和氏族之间为掠夺财富而争斗。在他们眼里，掠夺获得的财富比自己劳动获得财富更容易甚至更荣耀。与今日北欧人仍然对当年祖先的海盗行径津津乐道，几乎是异曲而同工。

当时，一些部落首领经常发动掠夺其他部落的财产和人口的战争，导致另一些部落不得不为了防御而联合若干相邻部落组成部落联盟，以保卫自身安全。组成部落联盟后，自然而然地产生了不少公共事务，这些事务包括对外掠夺和防止其他部落前来掠夺的战斗准备，农业气象预测，农作物的种植和收获、储存，土地开发、水利灌溉，财产纠纷的处理，以及宗教传播，对外联络交往等，于是联盟中便相应形成了处理这些事务的领导班子，分工管理农业、军事、水利、宗教、分配等各类事务。这些负责分管氏族联盟公共事务的首领，最初是由氏族成员临时选举产生的；后来，因为在掠夺或反掠夺战争中，树立了各军事首领的权威，同时也为了保护各自的既得利益，一个强有力且长期掌权执政的统治集团便顺理成章地形成了。

历史上部落之间的流血冲突，规模之大、战斗之残酷，以神农之后、黄帝之时最为突出。《庄子·盗跖》说："然而黄帝不能致德，与蚩尤战于涿鹿之野，流血百里。"《商君书》说："神农既殁，以强胜弱，以众暴寡，故黄帝内行刀锯，外用甲兵。"司马迁在《史记》中说："天下有不顺者，黄帝从而征之，平者去之。披山通道，未尝宁居。东至于海，登丸山及岱宗；西至于空同，登鸡头；南至于江，登熊、湘；北逐荤粥，合乎釜山，而邑于涿鹿之阿。"至"尧舜作，立群臣"。

司马迁在《史记》中还说，至尧当政时，"天下犹未平"，加以"洪水横流，泛滥于天下"，致"五谷不登，禽兽逼人"。于是，尧举舜治理，舜以益掌火，益烈山泽而焚之，驱走禽兽，播种五谷，恢复农业；使禹疏九河，安定民居，一个强有力的领导集体，在中原大地形成。据传说，直到禹之时，部落联盟领袖虽仍由氏族成员选举产

涿鹿之战示意图

生，但是已有传子的意向。如"尧知子丹朱之不肖，不足授天下，于是乃权授舜"；同样，"舜子商均亦不肖，舜乃预荐禹于天"，禹传位于子。在选举的背后，争夺十分激烈，不免刀光剑影。如黄帝与炎帝战于阪泉，与蚩尤战于涿鹿之野，"共工与颛顼争为帝"，"舜流共工于幽州"；《韩非子·说疑》还说："舜逼尧，禹逼舜，汤放桀，武王伐纣"，把尧、舜、禹、汤之事并列；而禹传子，有扈氏不服，启伐之，遂灭有扈氏。在国家出现以前，禅让制逐渐被世袭制取代。为部落服务的公共事务机构也随之演变成主宰者统治氏族成员的专政工具。可见，历史的进步是恶的结果。原始民主制度的崩溃预示着国家诞生的前夜已经到来，财政萌芽露出了地平线，社会进步的

曙光开始映照中华大地。

　　早期财政萌芽，其财务支出大致有四项：首先，战争的军费开支。史传黄帝"以师兵为营卫，官名皆以云命，为云师。"这时的战争规模不大，每次作战的时间也不长，更没有脱离生产的"常备军"，开支不会很大。其次，对僚属的补偿。黄帝"置左右大监，监于万国"；"举风后、力牧、常先、大鸿以治民"。至尧时又以后稷为农师，舜时正式置"农师"为职官，这些脱离生产的人，是要财力给予补偿的。再次，祭祀费用。如史传"帝颛顼……洁诚以祭祀"，黄帝的"鬼神山川封禅与为多"，皆属于此类财力支出。第四，各项工程支出。《周易·系辞下》载："黄帝、尧、舜，……刳木为舟，剡木为楫，舟楫之利，以济不通，致远以利天下，盖取诸涣。服牛乘马，引重致远，以利天下，盖取诸随。重门击柝，以待暴客，盖取诸豫。断木为杵，掘地为臼，臼杵之利，万民以济，盖取诸小过。弦木为弧，剡木为矢，弧矢之利，以威天下，盖取诸睽。上古穴居而野处，后世圣人易之以宫室，上栋下宇，以待风雨，盖取诸大壮。古之葬者，厚衣之以薪，葬之中野，不封不树，丧期无数，后之圣人，易之以棺椁，盖取诸大过。上古结绳而治，后世圣人易之以书契，百官以治，万民以察，盖取诸夬。"表明当时部落联盟的领导人利用财力做了不少改善交通、建造房屋、制造武器、恤民厚葬等诸多好事，对社会进步，经济发展起到了促进作用。

第二章

夏商西周时期的财政

第一节 时代背景

一、 夏的时代背景

传说中，黄帝的后裔夏后氏，是夏部落联盟的创始者。相传在尧舜时，中原遭遇特大洪水，《尚书》记载："洪水滔天，浩浩怀山襄陵，下民昏垫。"此时，禹被舜任命为相当今水利部长职位的"司空"，奉命治水。他充分利用疏导的手段，疏通江河，导流入海；开凿沟渠，整治土地；划区分治，安定民生。经过13年艰苦卓绝的奋斗，率领民众治服了肆虐的洪水，因而受到民众的崇拜，把他看作神灵的化身，继舜作为部落联盟首领。

夏人活动的地区，西起今河南西部和山西南部，沿黄河东至今河南、河北、山东三省交界的地方，南接湖北，北入河北。今河南西部的河、洛流域是

青玉铲
铲原为劳动工具，采用青玉制作时已经不再作为实用工具，而是礼器的一种。

夏人居住的中心，夏的重要都城斟鄩，就在嵩山西北的洛阳平原东部。夏人聚居的另一个地区，是今山西南部，特别是汾水以东今翼城附近，后世称为"夏墟"。

夏已进入了青铜时代，考古发掘证实了传说中禹的时代"以铜为兵"，以及禹铸九鼎等。但铜器用于农业生产的可能性很小。当时主要的农具还是木器、石器和一部分骨器、蚌器。农具有耒、耜等。耒是一根前端弯曲、有双尖的木棒；耜为宽刃形起土工具，有木、石、骨制三种。从禹治洪水的传说中可以看到当时已有原始的灌溉技术。《论语·泰伯》说，禹"尽力乎沟洫"；《孟子·滕文公上》说，"禹疏九河"，"然后中国可得而食也"。表明当时已知道开通沟洫、排洪泄涝，是农业生产的命脉。

夏人在不断积累农业生产经验的同时，天文历法知识也逐渐丰富。当时已有了明确的日、月、年的概念，把一年分为12个月，以冬至后两个月的孟春之日作为一年的开始。同时还出现了以60甲子（干支）记日的方法，夏朝后期的几个王，如胤甲、孔甲、履癸（桀）等以日干为名，便可窥知一斑。《左传·昭公十七年》引用《夏书》中的一段记载："辰不集于房，瞽奏鼓，啬夫驰，庶人走"，表明夏人观测到发生于房宿位置上的一次日蚀时击鼓奔走的情景。这是见于记载的世界上最早

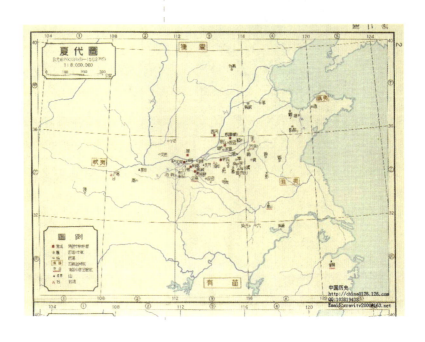

夏朝地图

的日蚀记录。《竹书纪年》中有"夏帝十五年，夜中星陨如雨"的记载，是夏人观测到流星雨的最早记录。

对于夏文化的探索，可以追溯到汉朝的历史学家司马迁，他为了写《史记·夏本纪》，作了实地考察。在《史记·太史公自序》中，他如此回忆道："年二十二南游江淮，上会稽，探禹穴。"夏部落联盟发展为中国历史上第一个王朝——夏，当时大约是公元前2070年。从传说中的禹开始，到桀灭亡，共传14世、17王，约470多年。由于缺乏文字记载，显得扑朔迷离，鉴于《史记·殷本纪》关于商朝世系的记载，已被安阳殷墟出土的甲骨文证实为信史，由此推断，《史记·夏本纪》关于夏朝历史的记载是有根据的。

儒家典籍把夏朝建立之前称为"大同之世"，把夏朝建立之后称为"小康之世"，其根本区别就在于：前者是"天下为公"的社会，后者是"天下为家"的社会。这种转变的关键，就是夏朝的建立者禹在移交王位时，传子而不传贤，从此"天下为公"变为"天下为家"，公天下变为家天下。

在传说中，尧、舜时有"禅让"的传统，尧老传位于舜，舜老又传位于当时担任司空（相当于今水利部长）的

山东嘉祥县武梁祠东汉画像石大禹像。

禹，都是传贤不传子，即"选贤与能"。禹年老时，在部落联盟议事会上提议讨论继任人选，大家先举荐皋陶，皋陶死后又举荐伯益。但禹在暗中培植他儿子启的势力，企图由儿子继位，果然禹死后启杀死伯益，继承了禹的职位，从此出现了"家天下"的夏王朝。这是私有制、阶级分化、国家机器出现之后的必然结果。

二、 商的时代背景

文字的发明和使用是文明的标志，也是史前时期与历史时期的分水岭。世界上早先的文字都是象形字，后来有的慢慢进步为抽象文字。迄今为止

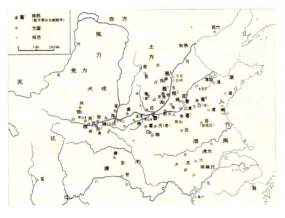

商代地图

学者大多认为世界上最早的文字出现在古埃及。古埃及的象形文字从公元前3500年逐渐形成，一直使用到公元2世纪。这种文字通常被刻在庙墙和宗教纪念物上，因而在古希腊文中称为"神圣的雕刻"或"圣书"。这种象形文字由原始的图画符号演变而来，形成表意文字（意符）和表音文字（音符）。

自从1899年甲骨文最初在河南安阳小屯村（即殷墟）发现之后，经过百年的考古发掘及研究，有力地证明中国有文字可考的历史是从商开始的，大约是在商朝建立的公元前1600年。如果把商朝建立前的先商时期包括在内，那么有文字可考的历史还可以上溯四五百年。

商，是一个有着悠久历史的子姓部落，长期居住在黄河下游。商的世祖名契，传说其母简狄吞吃了玄鸟（燕子）的蛋而生下了契。《史记·殷本纪》说："殷契母曰简狄，有娀氏之女……三人行浴，见玄鸟堕其卵，简狄取吞之，因孕生契。"这种神话传说表明，商族把玄鸟（燕子）作为自己的崇拜对象；甲骨文中祭祀高祖王亥的卜辞，在"亥"字上加了鸟图腾符号，写作"𪅃"，可作为一个旁证。

商与夏同时并存于世。依照神话传说，夏的始祖禹源于黄帝子孙颛顼这一支，而商的始祖契源于黄帝子孙帝喾这一支。依照《史记》的说法，夏商周三代的祖先禹、契、后稷，都在尧、舜的朝廷里服务，他们都是黄帝后代。从比较可靠的历史资料来看，商在灭夏以前，早已有了自己轰轰烈烈的历史，即所谓先公先王时代。《诗·商颂·

颛顼像
颛顼，号高阳氏，黄帝之孙，昌义之子。传说中古帝王。像载《历代古人像赞》，明弘治十一年刻本。

长发》说："相土烈烈，海外有截"，表明商人曾在海外打过胜仗。据说，契曾随禹治水，后来商人冥又作了夏的水官，表明夏朝统治黄河中下游时，商一直臣服于夏。

从契到汤，传了14世，正相当于夏朝末年。由汤完成了灭夏的事业，建立了商朝，共传17世，31王，约600年。

商人从事农业生产的同时，维持了强劲的流动性，从契到汤的四五百年中，他们集体迁徙了8次，大抵从山

商朝开国之君商汤，建都于亳。

东到河北到河南。

商建都于亳（今河南商丘），翦除夏的屏障，按照丞相伊尹的谋画，停止对夏的贡纳。夏的统治者桀大怒，发兵征讨。夏商两军大战于鸣条（今河南封丘）之野，桀被打败，汤乘胜追击，灭亡夏。

西周利簋
该簋的铭文为司马迁在《史记·周本纪》中所载周武王克商的牧野之战的日期是在甲子日提供了有力的佐证。

商朝建立后，一度中衰，王室内部连续发生争夺王位的纷争，"兄终弟及"制度遭到破坏，都城也几经迁徙，统治很不稳定。到商王盘庚的时候，为了扭转局面，迁都于殷（今河南安阳西北），进行改革，"行汤之政"，政治中兴。商的历史以此为转折点，《竹书纪年》说："自盘庚迁殷，至纣之灭，二百七十三年，更不徙都。"表明了统治日趋稳定和定居农业已占主导地位。

盘庚所迁的殷地，无论对于经济、军事抑或社会生活，都具有优越的地理条件。其都城沿洹水而建，便于用水和防卫。紧靠洹水南面是宫殿、宗庙区，迄今考古发掘了50多座宫殿、宗庙遗址，比较集中地分布在小屯东北。它的东面、北面毗邻洹水，且地势较高，不仅在水源上占有利地位，而且可以防御洹水泛滥。宫殿区的西面、南面挖掘了环绕宫殿的壕沟，既可以分流洹水，又可与洹水连成一体作为防御设施。

盘庚迁殷后，商朝政治、经济各方面都有所发展，特别是到武丁统治时期，达到了顶峰，《诗经》中的《玄鸟》篇、《殷武》篇，便是对武丁的颂歌。在此期间，首先是农业得到较大发展。农

中兴商代的武丁，在位59年。

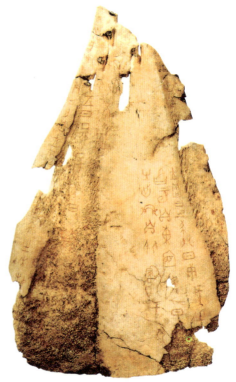

安阳出土的商代卜骨
正面四条记载商王武丁时期的各种事件，背面记载天象情况。

业是商代的经济基础，商王对"受年（收成）"寄予很高的预期，不仅亲自去各地巡查，还委派管理农业的官员下基层督促农业劳动，希望东、南、西、北各方土地都能获得好收成。

商代的农业生产工具，据考古证明，仍以木、石为主，如木耒、石铲、骨铲、蚌铲、石镰、石铚等，由于农具的原始和技术的落后，所以农业劳动一般都采取大规模协作方式即集体耕作的形式进行。从甲骨文中的"耤"字和"犁"字看，当时也有踏耒而耕的，

商代云雷纹青铜提梁卣。
提梁卣是酒器的一种，商代出土的大量青铜酒器见证了商人饮酒之风的盛行。

并已开始用牛拉犁耕种。

农作物的种类，据卜辞所记，有禾、黍、稷、麦、秈（稻）等。由于农业生产发展，粮食充裕，商代贵族才有了极盛的饮酒之风。畜牧和狩猎，在商代仍有一定地位，其中驯养的家畜有马、牛、羊、鸡、犬、豕等，而祭祀所用的牛，有时一次就动用上百头之多，考虑到商代统治者祭祀活动频繁，足见当时家畜饲养之多。

商代的手工业，首推青铜冶铸。从出土的车马饰物和容器、酒器、工具、武器、乐器等祭祀用的青铜器来看，不仅数量多，品类也很多，而且制作精美，其中不少是价值很高的艺术珍品。也恰在此时，人们对陨铁的锻制和利用有了认识。制陶工业仍是商代重要的手工业生产部门，制作技术有了新的提高，其中白陶色泽洁白，形制美观，艺术价值也很高。商代的丝织业也有新发展，出土的暗花绸（即绮）说明商代已有比较高的织造技术。此外，商代的漆器、制骨和琢玉等，工艺也达到很高水平。

随着经济的发展，特别是手工业生产的大发展，促进了商王和贵族的奢侈和贪欲，商品交换无论从品种，或是交换范围来看，到后期都有大的发展。海螺、海贝的大量发现，仅山东益都苏埠屯 1 号墓中随葬的贝就有 3790 枚，说明交换数量扩大。而车、舟、马等交通工具的大量出土，说明交通工具在推进交换、活跃商品流通中起了重要的作用。

商朝行政有"内服"、"外服"之分。"内服"指王朝而言，"外服"指诸侯而言，表明当时的政治地理结构中，存在着商王直接管辖区和通过贵族官吏的间接管辖区。甲骨卜辞中，把直接管辖区称为"天邑商"、"大邑商"或"大邑"；间接管辖区称为"四方"、"四土"。由于商王武丁不断对外用兵，使商朝的疆域日趋扩大。所谓"大邑商"，大体包括今河南大部、山西省南部、河北省北部及山东省西南部。所谓"四土"，大体位于幽燕以南、汉水淮水以北、甘肃以东、苏皖以西。所谓"四方"，是指边疆地区的方国、部落，如西北舌方、土方、马方，西面的羌、氐，南面的楚、百越，东面的人方（东夷、淮夷）。

商朝之所以灭亡，除了其他因素外，与它实行人祭人殉和酗酒无度有关。商代不仅商王要向他的祖先和神灵"献俘"，各地贵族也要向王廷"献俘"，透过商王供献给他们的祖宗和神灵。这种"献俘"便是人祭，通常一次要杀数十人到数百人。人祭的方式，或以割钩颈而死，或剖腹陈尸，或割取人头祭神。安阳小屯宗庙宫寝遗址南部的祭坛，就有用人、畜作为牺牲的遗迹。建造宗庙时，要活埋幼儿来奠基。每座宗庙的大门口，都活埋人殉。在宗庙的前面，有成排的活人连同车马一

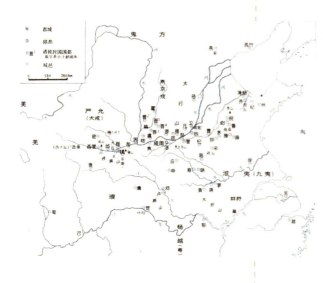

西周地图

起殉葬。一些大墓往往有几十至上百个被杀殉葬的人。武官村的一座大墓，据碳14测定距今3050±100年，生殉、杀殉、杀祭的男女侍从达三四百人。同时，商朝贵族饮酒成风，而且愈演愈烈，不但消耗大量粮食，而且导致政治腐败。纣王帝辛在邯郸以南、朝歌以北修建许多离宫别馆，有"酒池"、"肉

林"，饮酒作乐，通宵达旦。西周时的铜器铭文揭露，商代大小官僚"率肆于酒"，个个嗜酒成癖，甚至平民也不例外，出现了"庶群自酒，腥闻在上"的怪现象。到商朝末年，酗酒的风气更是不可收拾，以致周灭商后，不得不专门颁布了禁酒的中央政令以端正社会风气。由此可见，商朝历史上人祭人殉和无度酗酒两个不得人心的做法是导致其走向灭亡的重要因素。

三、 西周的时代背景

周是一个古老的部落，大约夏朝末年活动于现今陕西、甘肃一带。传说中周的始祖弃做过夏朝的农官，可见它是一个精通农耕的部落。周人是一个姬姓部落，和姜姓部落世代通婚，周的始祖弃就是有邰氏的女子姜嫄所生。姬姓的周人和以羊为图腾的姜姓，也许是同族的两个不同部落，他们居住在渭水流域，离"夏墟"不远。

相传烈山氏之子柱，又名农，能种植五谷，被尊奉为五谷之神的稷，弃继承了善于经营农业的传统，"教民稼穑"，被后人祀为农神后稷。他们在适合于生产黍、稷的黄土高原上经营农

业，达到了前所未有的高度。

其间因为受到游牧部落戎狄的侵袭和逼迫，周人一度放弃农业，到了后稷三世孙公刘时，"复修后稷之业，务耕种"，定居于豳（今陕西旬邑）。从《诗经·大雅·公刘》篇可以看到，公刘领导族人，凭借从事农业的积累，不断开疆拓土，是一位成功的部族移殖领袖。自公刘起又传了9世，到了古公亶

周文王像
周文王，姬姓，名昌，商末周初周族领袖，灭商建周奠基者。

父时代，周人又受戎狄侵袭和逼迫，从豳迁居到岐山之南的周原。

周原土地肥沃，适宜农耕，周人在此定居下来，从此他们自称为周人。古

公亶父在周原建都设宫，所以后来的周人称他为太王，推崇他为周王朝的奠基人。

到古公亶父幼子季历即位时，周人已发展为以农耕为主要经济基础，并有宫室宗庙及比较制度化政治组织的阶段了。周人不仅在关中的泾、渭流域建立了国家，而且光复旧域，把山西汾水流域的故地重新收入势力范围，诸戎的听命，使周人在今山西、陕西一带建立了权威。商周如同舅甥关系，文王的母、妻都具有商王室的血缘，周一方面接受商政治文化的影响，另一方面，在社会组织上独树一帜，始终保留自己的特色，使蕞尔小邦得以崛起于西隅。

商王文丁为了遏制周的势力，杀了季历。后来，季历之子昌——即周文王继位，在他治理的50年中，一方面名义上保持商朝属国的地位，以求生存；另一方面积极扩充实力作灭商的准备。在一系列战争之后，文王把势力深入到商朝的中心地区，并继续向东发展，在沣水西岸建造了新的都城——丰京（今陕西长安西北）。文王迁都丰京后，对商从韬光养晦的低姿态转而采取主动进攻的高态势。他们一面濒水高筑城墙，一面宣扬这里原本是夏禹

大道之行
中国财政史

的故土，打出禹的旗号，自称为夏王朝的继承者与复仇者，为讨伐殷商找到了最佳的借口。文王临死前嘱咐太子发——即后来的周武王，准备取商朝而代之。

周武王继位后，在盟津大会诸侯，检阅军队，作伐商前的大规模军事演习。商朝贵族微子、箕子和王子比干等人，对商纣王反复进谏，遭纣拒绝，比

周武王像
周武王，姬姓，名发，西周建立者。

干被杀，箕子被囚，微子逃亡，商朝土崩瓦解。武王见时机成熟，率军渡过盟津，进抵牧野（今河南淇县南），距离商朝末年的都城朝歌仅70里。沉迷于歌舞酒筵的纣王仓促应战，在牧野惨败逃回，登鹿台自焚而死。周武王乘胜占领朝歌，宣告商朝灭亡、周朝建立，时约公元前1027年。从武王开始到幽王，共传12王，约至公元前770年，史称西周。

周克商时，各部落方国向武王臣服的据说有652国。为了稳定被征服的地区，周朝实行大规模的分封制，当时称为"封建"，即"封邦建国"或"封建亲戚"。这种做法从武王时开始，到武王子成王时，由辅佐成王的叔叔周公旦进一步推行，共分封了71国，其中多数是与周王室同姓的"姬"姓诸侯，少数是异姓诸侯，目的是"封建亲戚，以藩屏周"。这就是当时所谓"封建"。

周公推行的分封制，既消解了殷商遗民的势力，翦除了再次发生叛乱的潜在危险，又有效地建立了受中央政府调控的行政机构。分封制不仅

作战时用于防卫的装备
——西周青铜素面胄。

达到了周人统治天下的目的，还在中国政治制度史上留下极其深远的影响，它意味着一种新的国家政体在历史舞台上登场了。

灭商后，周王朝继承了商代的文明，迅速发展起来。农具虽多为石器、骨器和蚌器，且青铜农具也不多，但耕作技术有很大提高，能运用中耕施肥、育苗、杀虫等农作技术，并实行轮流休耕制，以增进地力；农作物种类有所增加，见于《诗经》一书中的有黍（黄米）、稷（小米）、粱、麦、稻、菽（大豆）和桑、麻等多类农作物。在西周，原有的畜牧和狩猎仍受重视，有相当的经济地位。

西周的手工业，是在商代高度发展的基础上发展起来的，因而比前规模更大、分工更细，种类也有增多，其中青铜冶铸业地位最为重要，从后世出土的周代青铜器铭文中，可以看到周代经济的发展和社会的进步。在农业生产发展的同时，周代纺织业发展也很快，缫丝、织帛、染色、刺绣等手工技术已发展到一个新的水平。

由于农业和手工业的发展，产品品种、数量均超出贵族自身的需要，于是，市场交换扩大，商人势力及影响力也随之增大。据《左传》记载，西周末

年，郑国商人曾和封君郑桓公立过盟誓，产生了商人不背叛郑国，而郑桓公亦不干涉商人的经营活动的契约。

第二节　夏商西周的财政收入

中国国家财政萌芽于三皇五帝末期的氏族社会，因为当时的部落联盟发生许多公共事务，需要一部分人力和财力去完成，从而出现了对剩余产品的再分配。可见，财政分配伴随氏族共同需要而产生，公共性不仅是古代产生财政的出发点，也是当今社会财政的归宿。

从舜到禹，财政有了可喜的萌芽，夏王朝建立后，国家财政分配形态仍处于原始状况，常常与经济分配相混淆。从夏至西周，财政收入来自五方面：一是土地税收入；二是部落和诸侯的贡献；三是徭役征发，中国与西方国家不同，历史上一直把徭役作为财政收入的一部分，徭役分为力役和兵役两种形式；四是杂税收入，产生于西周，主要是关市之赋、山泽之赋；五是战争缴获的人、财、物。其中土地税收入是比较规范的财政收入。

一、土地税

古代经济基础在农业，夏商西周时期人少地多，所以《诗经》载："溥天之下，莫非王土。"实行公有制的土地制度，其财政收入亦多属于土地税，且常用地租的形式征收。由于古代劳动生产力极其低下，最初的地租只能是劳役地租。随着生产工具的改进和生产技术的提高，再从劳役地租演进到实物地租。

夏商西周时期土地税的征收形式，最早见于孟子的著作。他在《孟子·滕文公上》中用简洁的语言将其概括为："夏后氏五十而贡，殷人七十而助，周人百亩而彻，其实皆什一也。"据测算，当时每亩土地面积仅相当于今日1/5亩左右。

（一）夏代的贡法

"夏后氏五十而贡"，载于《孟子》一书。夏即"夏后"，是我国历史上第一个国家政权，它是夏后氏部落领袖禹所建立的。

孟子（约公元前372年—前289年）是战国时代的人，与禹的时代相差1700—1800年，他是根据当时的传说，再讲给滕文公听的。

禹在帝舜时，即为掌管水土的官，称为"司空"，相当于今水利部部长。后因治水有功，继舜做了部落联盟领袖。禹治水时，顺便观察土色，识别土质，把田土按肥瘠分为九等，并参酌土地广狭与人口疏密，定出九等的田赋，田土等级与田赋的等级并不一致。土壤虽好，而人功较少，田赋的等级必然较低。依据《禹贡》的记载，中国农业的发祥地为山西溪间低地，治水也由冀州着手；冀州田土的等级虽低，但开发较早，人功较多，于是田赋的等级自然较高，为第一等。

据《尚书·禹贡》及《通典》记载，"禹定九州，量远近，制五服，任土作贡，分田定税，十一而赋，万国以康。故天子之国内，五百里甸服，百里（按：第一个百里）赋纳总（禾藁曰总，供饲马），二百里（按：第二个百里，下类推）纳铚（禾穗），三百里纳秸服（秸，藁也；服，藁役），四百里粟，五百里米。"也就是说，按照贡法规定，税率为10%，即十分税一的"什一税"。征收原则：一是各地的土产；二是以实物交纳；三是按各地的运输条件和距离远近确定缴纳标准。

当时的国土根据离王城距离不同分为五服，即甸服、侯服、绥服、要服、荒服。甸服是在王城外面五百里，规方一千里；侯服是甸服外五百里；绥服是侯服外五百里；要服是绥服外五百里；荒服是要服外五百里。这是说，以王城为中心，将距离王城500里范围内分为五个纳税区，每100里为一区，离王城最近的100里内纳全禾（连谷子带禾秆一起交），离王城200里（100里外，200里内，下类推）地方交禾穗，300里地方交禾秆，400里地方交带壳的谷子，500里地方交去壳后的米。这种视道路的远近和运输的难易，定品类的精粗；路远的使纳精品，路近的使纳粗品，借以调节运输的难易的做法具有相当合理性，符合税收均平原则。

不过也有人根据税收征收规律的基本走向对夏代的贡法提出疑问。因为初期的土地税，均会以地租的形式出现的。而地租的形式总是由劳役地租进化为实物地租，然后再进而为货币地租，决不可能一开始便实行实物地租。尤其是农业生产力的发展尚未达到较高的程度时，客观条件限制了实物地租的出现。所以在这个意义上，"夏后氏五十而贡"也应该是一种劳役地租制度。

（二）商代的助法

"助法"便是商代的税法，孟子所说的"殷人七十而助"。什么叫"助"？《礼记·王制》解释是"古者公田藉而不税"。郑玄注，"藉之言借也，借民力治公田，美恶取于此，不税民之所自治也"。就是说，把定量土地（一"井"）

分成九块，将周围的八块分给八家作"私田"（份地），由八家自己耕种，收入归各家，国家不收税；中间一块为"公田"，由八家共同耕种，收入全部上交国家。这个"助"就是既包括了田制，也包括了税制。田制方面，正如朱熹在《孟子·滕文公上》一书所做的注解，"商人始为井田之制，以六百三十亩之地，画为九区，区七十亩，中为公田，其外八家各授一区"。税制方面，"但借其（八家）力以助耕公田，而不复税其私田"。

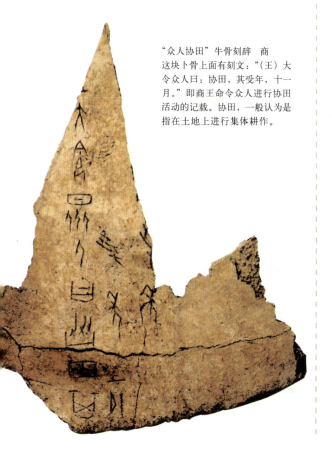

"众人协田"牛骨刻辞 商
这块卜骨上面有刻文："（王）大令众人曰：协田，其受年，十一月。"即商王命令众人进行协田活动的记载。协田，一般认为是指在土地上进行集体耕作。

助法是在井田制的基础上来推行的，即助法与井田制是分不开的，所以孟子引《诗经》的话而加以论断说："《诗》云，'雨我公田，遂及我私'，惟助为有公田。"这公田便是指井田之中间的一区，它没有分给谁，保留下来为劳役田，由八家共耕。所以那时的田制是井田，那时的税法是助法。助法是劳役地租性质。税与租不分，也可说是以租代税。

助法的优点，在于借民力以耕公田，而丰歉与民共，故龙子谓"治地莫善于助"云。助法的税率，《孟子》中说是什一，而南宋理学家朱熹的注解却推算为九一（"惟助法乃是九一"）。从统治者来说是1/9，即11.1%的税率；而在农民来说，乃纳了12.5%的剩余劳动（即1/8），总之，实际上比"什一"的税率略高一些。

（三）西周的彻法

西周实行彻法。彻法是由助法演化过来的、建立在井田制的基础之上的税法。所谓井田制，乃《孟子》所载："方里而井，井九百亩，其中为公田，八家皆私百亩，公事毕，然后敢治私事。"

彻法是在井田制度上所施行的税法，那便是说，田制是井田，税法是彻法。何谓"彻法"?《孟子》上只说了个"彻者,彻也"。这里"彻者,彻也"的第二个"彻"字,是劳役地租还是实物地租,后人有很多推测:一,"彻"是通的意思。《论语》郑注:周法什一而税,谓之彻。彻为天下之通法。二,"彻"是征收之意,耕田百亩,彻取十亩为赋。三,"彻"是通力合作之意。朱熹认为彻是指八家通力合作,计亩征收,大约民得其九,公取其一。四,"彻"是

贡、助两法并行。郑玄认为是畿内用夏朝贡法,税夫,无公田;邦国用殷之助法。通贡助之法叫彻。之所以产生井田助法,是由于劳动上没有余裕,生产没有剩余,即劳动生产率极端低下,故为了榨取,必须保留公田,采取劳役地租的方式,这就是助法。

助法是劳役地租,即《周礼》所载"巡野观稼,以年之上下出敛法"。税无常额,一般是以什一为准。彻法的原则近乎助法,但其形式已有改进,成为后来春秋时期初税亩的前提。

有人认为郑玄所说比较接近西周实际情况,周在灭商前属于西部小国,经济并不发达,其土地税是按土地肥瘠分等征收实物。武王灭商后,并未立即统一田赋制度。对原属商代统治区仍行助法,后来逐步统一实行彻法,即对百亩之田所收之物,按什一税率征税。

其实,从税收必然从劳役地租进步为实物地租的生产力发展轨迹来看,朱熹"通力合作,计亩均收,大率民得其九,公取其一"

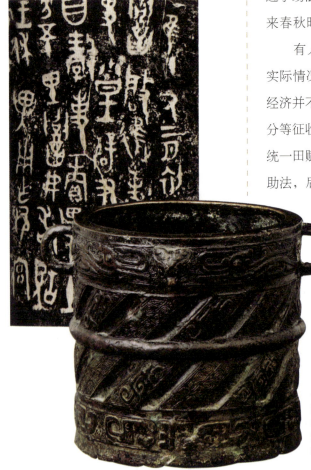

召卣

西周 盛酒器 器内有铭文44字,记述周王将位于毕地的土地"方五十里"赏赐给召。以方里作为计算土地的单位,是研究井田制的重要材料。

的说法更为准确。周朝在开始时也实行劳役地租性质的助法，大抵在共和（公元前841年—前832年）后，由于铁制农具的广泛使用，生产力有了进一步发展，人均耕种田亩数也从70亩增为100亩，加上助法行久弊深，边际效益不断下降，人作为寻求利益最大化的动物，出现了对私田耕作全力以赴，对公田耕作出工不出力，应付了事的问题。为了确保国家财政收入，王畿内的助法不得不顺应潮流，改为彻法。《孟子·滕文公上》所说的"方田而井，井九百亩，其中为公田。八家皆私百亩，同养公田；公事毕，然后敢治私事"就是指这种彻法。也就是说实行"彻田为粮"，彻，意为抽取。彻法是一种在合作制度下的什一实物租赋制度。在耕种时，由一井农民"通力而作"，收获时不论公私都"计亩而分"，即将实物总产量依公私田亩数量的比例予以分配。这样，可以防止农民耕作公田不力之弊，使公田、私田都能以同等的劳动耕种。从此，劳役田租的形式有了实物田租的内容，为日后井田制的消亡和走向履亩而税的完全实物地租制度打下了基础。

二、贡献

史家称，先王授民以田，则责之赋；授诸侯以国，则责之贡。

（一）夏代的贡

《尚书·禹贡》载，禹"任土作贡"，就是说夏王朝命令各部落联盟（方国）向中央政府贡献其土特产品。当时全国有冀、兖、青、徐、扬、荆、豫、梁、雍九个州，其中冀州系王都所在地，有赋无贡外，其他八个州都要按现定贡献。兖州富漆林、蚕桑，贡物为漆盒丝织品（锦、绮）。青州出产丰富，贡物有盐、絺（细葛布）、海产品，以及泰山山谷出产的丝、枲（麻）、铅、松和怪异之石；属放牧之地的莱夷，贡檿丝。徐州贡五色土、黑色细缟、羽山山谷的夏翟、峄阳（邳县）的孤桐（可作琴瑟）、泗水出产的磬石，淮夷生产的宾珠（蚌珠）和鱼。扬州贡金三品、瑶琨（似玉之石）、筿（可作矢）、簜（可作乐器）、齿、革、羽毛、织锦以及岛夷所产的草葛、木棉之属；此外，有王命时贡橘、柚。荆州贡羽毛、齿革、金三品、　　、干、栝、柏、砺砥、砮、丹、菌、　　、　　、辰溪青茅、玄　　、玑组（不圆之珠）等，有王命时贡九江所产大龟。豫州贡漆、丝、枲、絺、纻、纤纩（细绵）等物，奉命方贡石磬。梁州贡璆、铁、银、镂、砮、磬以及熊、罴、狐、狸之皮及毛织品。雍州贡璆、琳、琅玕以及昆仑、析支、渠搜等国所产的毛织品。为此《左传》专门作了记载："昔夏之方有德也，远方图物，贡金九牧，铸鼎象物，百物而为之备。"

除了经常性的岁贡之贡外，夏时还有非常之贡。如诸侯会盟或朝会时有贡，史传"禹合诸侯于涂山，执玉帛者万国"。还有周边的方国、部落（少数民族）之贡，《竹书纪年》还有后相七年，于夷来宾；少康即位，方夷来宾；后芬三年，九夷来御；后发元年，九夷宾于王门等等临时性的贡献。

（二）商代的贡

由于贡在体现主从的政治关系和在保证中央财政收入中的重要作用，商汤伐夏得天下后，商王即与丞相伊尹研究确定了贡献"以地势所有为贡"的原则。为此伊尹受命担任主持贡献的"四方令"。商代之贡，甲骨文中有不少记载，所贡之物，不仅有牲畜、以羌人为主的战俘，还有贵重财货、弓矢以及卜骨卜甲等。《诗经》中说："昔有成汤，自彼氐羌，莫敢不来享，莫敢不来王，曰商是常。"

（三）周代的贡

周代的贡有邦国之贡和万民之贡两种。

一是邦国之贡。它是由诸侯贡献给天子的。诸侯在其领土内，向民众征税，将其中一部分缴给天子。其办法如《周礼》所载：

"诸公之地，封疆方五百里，其食者半。诸侯之地，封疆方四百里，其食者参之一。诸伯之地，封疆方三百里，其食者参之一。诸子之地，封疆方二百里，其食者四之一。诸男之地，封疆方百里，其食者四之一。"

这就是说天子封诸侯，公五百里，侯四百里，伯三百里，子二

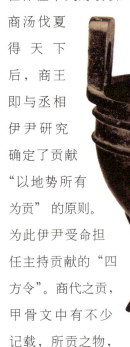

西周·颂鼎
铭文记载颂向周王奉献瑾璋的贡纳行为。当时，贡纳是国家收入的重要来源之一。

百里，男一百里。他们在各自的封地取得的税收则是公留1/2，侯留1/3，子男留3/4，以供就地之用，其余1/2至1/4为供天子之用。诸侯必须以之市取美物，贡之天子称为邦国之贡。

邦国之贡有九种，故称九贡。由于由太宰管辖亦称太宰九贡。具体内容见下表：

二是万民之贡。由于太宰以九职任万民，万民之贡则充作国库准备金之用。根据《周礼》所载共有九种：

九 贡		
一	礼贡	牺牲包茅之属（一年一贡）
二	嫔贡	皮帛之属（二年一贡）
三	器贡	宗庙之器（三年一贡）
四	币贡	绣帛（四年一贡）
五	材贡	木材（五年一贡）
六	货贡	珠贝自然之物（六年一贡）
七	服贡	祭服
八	斿贡	羽毛
九	物贡	九州以外，各以所贵为

九 职		
一	三农	贡九谷
二	园圃	贡草木
三	虞衡	山泽之材（贡其物）
四	薮牧	养蕃鸟兽（贡鸟兽）
五	百工	饬化八材（贡器物）
六	商贾	阜通货贿（贡货贿）
七	嫔妇	化治丝枲（贡布帛）
八	臣妾	聚敛疏材
九	闲民	无常职转移执事

三、徭役

（一）夏代徭役

早在夏代就有徭役征派，只不过当时无文字，后人在史书里也没有提到，但从其征战及工程建设来看，民众应该有徭役负担。

（二）商代徭役

由于商代已有文字，其徭役征派多以甲骨文记载。一是力役记载：《甲骨文合集》中有"令多子族比犬侯凿周（琱）古王事"，是说征派子族同犬侯、仓侯等采玉并运送到指定地点；此外，还有参加田猎，筑城，押送俘虏以及巡逻等事。二是兵役征集：商朝军队中的甲士和步卒，来自下层贵族和具有自由民身分的"众"，军中杂役由奴隶充任。殷墟西区平民墓中，有农具、手工业工具，相当一部分成年男性墓主随葬有青铜兵器，说明这些自由民聚居在城市及其周围地区，平时种地做工战时应征当兵。商朝后期，王室常因战争需要而驱使称之为"多仆"的奴隶参战，但他们并不是编入师、旅的国家军队成员。商朝前、中期，军队的兵员大体实行临战征集制。甲骨卜辞有一次"登人"1000、3000、5000人、乃至超过万人出征的记录，《甲骨文合集》5760和751中分别有"登射（射手）百"、

"登射三百"参战的记载，说明战时要根据需要进行"登人"、"登射"，即征兵。商朝后期，不再见有"登人"的卜辞，这可能是随着战争和军队组织的发展，征集兵员开始由临战征集向固定兵员的方式转变，或平时预定军籍，明确编制和隶属关系，战时按编征集，或军队已有常员，一般战争无需临时大量征兵。

（三）西周徭役

到西周，徭役的征发已构成国家财政的重要收入。从《周礼》所载"小司徒"和"遂人"的职责条件看，自夏至西周，都贯彻了"兵农合一"的原则，并将人口、劳动力和占有田土的等级等因素都放在一起考虑。据《周礼·小司徒》记载："上地家七人，可任也者家三人；中地家六人，可任也者二家五人；下地家五人，可任也者家二人。凡起徒役，毋过家一人，以其余为羡。惟田与追胥竭作。"这里的"可任"，即指可从事力役的强壮劳力，因古代女子亦在服役之列，则上地家七人中，除年老或年幼者外，可承担力役的男女为三人。

关于服役者的年龄，据《周礼》"乡大夫"条称："国中自七尺以及六十，野自六尺以及六十有五皆征之。"古代的

师寰簋　西周

铭文记载了周王命令师寰 率领虎臣和齐国、莱国等
联军征伐停止向中央王朝纳贡并制造叛乱的东方淮
夷诸国。师寰的军队取得了战争的胜利，并消灭了淮
夷诸国的四个首领。"国之大事，在祀与戎"。三代统
治者宣扬"君权神授"，祭祀也因此成为国之大事。
祭祀活动极为频繁，耗费甚巨，成为财政支出的一
项重要内容。这一时期征战不断，战争成为掠夺财
富和扩张势力范围的有效途径，保证军事开支则成
为财政支出的又一项重要任务。

"七尺"是指年 20 岁者。《后汉书·班
超传》引《韩诗外传》说："二十行役，
六十免役。""六尺"，指年满15岁。《论
语》称"可以托六尺之孤"。郑注云"年
十五以下"。据《周礼》称服役的年龄，
国中（城区）与野（农村）之所以不同，
一是因为国中地近役多，故宜晚征而
早舍；野则地远役少，故宜早征而晚
舍。二是国中役者少，野外役者多，所
以国中征宜迟而舍宜早，野外征宜早

而舍宜迟。

服役的天数，根据每年农业生产
收成情况确定。《王制》称："用民之力，
岁不过三日。"　《周礼·均人》称："凡
均力政，以岁上下，丰年则公旬用三日
焉，中年则公旬用二日焉，无年则公旬
用一日焉，凶札则无力政。"

免役根据个人的素质、地位、年龄
和家庭情况不同来确定，据"乡大夫"
条所载："国中贵者、贤者、能者、服
共事者、老者、疾者皆舍。"《王制》称：
"八十者一子不从政，九十者其家不从
政；废疾非人不养者，一人不从政；父
母之丧，三年不从政；齐衰大功之丧，
三月不从政；将徙于诸侯，三月不从

政；自诸侯来徙家，期不从政。"《礼记》也载有免役年龄："五十不从力政，六十不与服戎。"

力役之征，其征发目的根据《周礼》的记载，主要从事三类工作：一是"作田役"，即从事狩猎；二是"比追胥"，即追寇贼；三是"令贡赋"，即运送贡物。

西周后期，徭役负担相当沉重，《诗经》称周幽王时"何草不黄，何日不行"？"哀我征夫，朝夕不暇"。导致"大东小东，杼柚其空"。

四、关市之赋

夏商无杂税记载。周代始有随工商业发展而征收的杂税记载，当时称为"杂征敛"，主要有关市之赋与山泽之赋两种。

关市之赋出于商贾，关以征其货之出入，市以征其货之所在，合起来便是征商。这在夏商时代，乃至周文王治岐的时代，不论关税与市税，都是不征收的，故《孟子》说："文王之治岐也……关市讥而不征。"也就是，道路设关，无非苛察异言异服之人，而不征商贾之税；都邑成市，但赋其市地之廛。

到了周初，经济发展，商贾初兴，有了征收市税的可能与必要。所以《孟子》说："古之为市也，以其所有，易其所无者，有司者治之耳。有贱丈夫焉，必求龙（垄）断而登之，以左右望而罔市利，人皆以为贱，故从而征之，征商自此贱丈夫始矣。"可知征收市税的初衷在于抑商重农，并非在于增加财政收入。后来由于财政上的需要，才开始征关税，故《孟子》又说："古之为关也，将以御暴，今之为关也，将以为暴。"可见，随着经济的发展，税收增加是历史的必然。

《周礼》所载的关市税内容：一为商品堆放税。其征收机关为廛人。"廛"为市内邸舍，商人停物其中，公家税其舍，不税其市所卖之物，故廛为公舍租金的性质。征收这个廛的机关是廛人，相当于今之商税征收所。他们所征之税称为五布，布即钱币，亦别称为泉。五布一是絘布，为列肆之税，系商铺税

《周礼》

的性质；二是总布，为守斗斛铨衡者之税，系牙税即交易中介税性质；三是质布，为质人所罚之款。质人为职掌平价之官，相当于今工商管理人员，如不能依法尽职，要接受处罚，此项罚款便是质布；四是罚布，为犯市令者所出。司市有教令，其人犯之，当使罚布，相当于今日违反市场规定者之罚款；五是廛布，为货贿诸物邸舍之税，行旅中官有邸舍，人有置物于中，则使之出税，相当于今日之货物堆放租金。由于五布之中，廛布收入为大宗，故其征收机关亦被定名为廛人。

二是商品通过税。其征收机关为司关。关为道路之关，或为国境之关。开始设关主要是为了稽查，即使征些税亦不过充稽查费用而已，后来逐渐转化为以征收货物出入的关税为主，成了一种商品通过税，有了财政增收之目的。《周礼》载，司关之官，掌国货之节，即检查进出口凭证的"货节"以联门市，司货财的出入而征其税。如有逃税，则没收其货，并罚其人。如果是碰到凶年，即出现财货不足政府鼓励进口的年份，则对出入关口之财货给予优惠，不征关税，相当现代之零关税，但仍要加以稽查，办理有关免征手续。

五、山泽之赋

西周以前，山林薮泽均为公有，未有赋税。设官分职的目的，主要是为了管理，保证王室的需要，不是为了收税。如山虞、林衡执掌山林的政令和禁治，盐人执掌盐的生产和供应，角人、羽人、兽人执掌鸟兽管理，掌葛主管绨、绤之材，渔人、鳖人管理川泽水产等。他们按时禁发，与民共采。因多种经营有利可图，至周厉王时（公元前877年—前841年在位）让荣夷公专其

格伯簋
西周　盛食器　内铸有铭文82字，记述格伯用4匹马与人交换土地30亩，双方剖券为凭，并实地勘定田界，具结交换事宜。这篇铭文反映了西周时期的土地交换情况。

利，激起民怨。《史记》记载大夫芮良夫曾劝阻说："夫利，百物之所生也，天地之所载也，而有专之，其害多矣。天地百物，皆将取焉，何可专也？……匹夫专利，犹谓之盗，王而行之，其归鲜矣。"厉王不听，导致国人暴动，厉王狼狈出逃失国，王室专利也就此作罢。

直到西周后期，由于管理和财政的需要，才开始正式对山泽产品征税。此时课征的物品范围较广，包括山林出产的木材、薪材、草、葛、野兽肉、兽皮、兽骨、野禽羽毛和野果、野蔬，河湖池泽出产的盐、鱼、虾、鳖、龟、蚌等，场圃出产的果蔬等物，内容庞杂，多征实物。纳税人主要是采樵者、猎户、放牧者、捕鱼者和园户等。这里既有专业户，又有农业副业。所以说，山泽之赋，主要是对农民从事副业生产的产品征税，相当于现代的农业特产税。山泽产品的税率，没有统一规定。《周礼》仅载，当时场圃收入为二十税一，漆林之税为二十税五，税率分别为5%和25%。

第三节　夏商西周的财政支出

一、神灵崇拜和祭祀支出

由于古代生产力低下，人们对大自然的认识极其浅陋。对风暴、雷电、地震、山洪以及所遇所见的各类自然灾害，皆不知其原委。因此，不特对动物、矿物，即使是植物，亦认为有神、有灵，而产生敬畏之情。因而中国人崇尚多神信仰，甚至对直接影响其生活的生存环境产生执着的崇拜。在我们中国人眼中，物物是神，处处有神，什么天神、地神、日神、月神、风神、雨神、旱神、火神、山神、河伯……不一而足，即使是烧火做饭的灶头也有灶王爷把守，家门口则有门神守护。难怪在《墨子》一书中，墨子神秘兮兮地说："有天鬼，亦有山水鬼神者，亦有人死而为鬼神者。"正因为古人视各物皆有神灵，而神灵又在十分遥远的天上、地下，普通人难以沟通，只有巫帅能知其所在，并因神可降附于巫师之身进行沟通，于是便顺理成章地产生了祭祀。可见，古代祭祀中因神而生的祭祀起源很早，而祭祀的目的则在于消灾避难，《郊特性》一书说"祭有祈焉，有报焉，有由辟焉"，就强调祭祀有祈望、有报答谢恩、有远离罪戾、弭灾消灾等等作用。

这就是说，在科学尚未昌明的古代，人们普遍认为，神灵崇拜和祭祀支出是为国家求昌盛，百姓保平安

遂公盨　西周

西周中期青铜器，上有铭文"天命禹敷土，随山浚川，差地设征……"
这可以和文献《尚书·禹贡》的序相对照，指的是原始的贡赋制度，
是我国关于贡赋制度最早的记载。

遂公盨铭文拓片

的公共需要，与现代的教育、医疗、社会保障一样，属于构建和谐社会的公共财政。而当时祭祀所需要的各种礼器、建筑也与现代的各种科学仪器、设备和公共建筑相似，是构建和谐社会必不可少的硬件。只不过随着时代的推移和科学技术的进步，人们才慢慢把这些以青铜器为主的礼器视为艺术品和文物，而不是为大众消灾祈福的重要器具了，更没有人会想到这些支出曾是古代公共财政支出的一部分。

夏商西周统治者把祭祀作为国家的头等大事，"国之大事，在祀与戎"。据《曲礼》所载，祭祀的内容为："天子祭天地，祭四方，祭山川，祭五祀，岁遍。诸侯方祀，祭山川，祭五祀，岁遍。大夫祭五祀。士祭其先。"《礼记·祭法》强调，因"日月星辰，民所瞻仰也，山林川谷丘陵，民所取材用也"，故每逢战争前后，以及外出打猎、春种之前、秋收之后等等

重大活动、重要日期都要举行祭祀活动。凡不祭祀者，都被认为是对天地神灵的不敬，要受到严厉的惩罚。如商汤伐夏前，首先翦灭夏的属国葛，而伐葛理由是葛伯不举行祭祀，是大逆不道，违反天意，应遭征讨。

由于古人一直以为神灵和人一样，"神嗜饮食"、"鬼犹求食"，于是以最好的食物，配置最好的礼器供奉。因此，每逢重大祭祀，大量杀牲，常常多至数百头。也有用人作祭品的，殷墟王陵东区191个祭祀坑考古中就发现埋有1178个奴隶。从出土甲骨文中，也载有用人作为牺牲，进行祭祀的事实。

德方鼎　西周
铭文记载某年三月，周王自镐京来到成周举行祭祀活动，德参加祭祀活动后，王赏赐德贝20朋。"国之大事，在祀与戎"，当时，祭祀活动极为频繁，耗费甚巨，成为财政支出的一项重要内容。

西周时，民间邑、里的神灵崇拜也十分兴盛。《周礼》说："九夫为井，四井为邑。"西周时的邑、里，就是农村公社。"社"字从"示"从"土"，乃当方土地之意。邑、里所奉祀的社神，最早是与祖先崇拜联系在一起的，后来社神作为土地神，即按地缘而不是按血缘结成的农村公社的保护神。邑、里奉祀社神的地方称为"社"，于是农村公社的组织也称为"社"。社神是邑、里中最重要的神祇，每年春秋及岁终举行隆重的祀典，用以祈年报功。平时遇有大事，祈祷丰收，消除灾害，也要祭祀。社就成了人们公共宗教活动的场所，祭祀土地神"社"和谷物神"稷"。在社的祭场皆种植大树，除了定期祭祀与求雨止雨、禳救日蚀等农事祭祀之外，还举行其他的公社内部公共性集会。到清代，土谷两神合祠为"土谷祠"。鲁迅在《阿Q正传》中就曾写过："阿Q没有家，住在未庄的土谷祠里。"文中的土谷祠就是西周时代社神崇拜在近代浙江绍兴地区的反映。今日中国农村村头皆种大树，并且村民在树底下纳凉、集会议事，也同样是历史的继续，并且从"村"字以"木"和"寸"为偏旁，似乎告诉人们村是种有大树的地方，人们能够在树底下有分寸地议事。

二、兵农合一和战争支出

中国有常备军始于秦代。秦始皇以前中国没有常备军，实行"兵农合一"的民兵体制，作战部队皆以"井"为单位征调，被征调的平民、贵族都要自备刀矛箭簇等武器和牛马战车等装备以及军粮油盐。

夏商西周时期的战争频繁，尤以夏、商两代为多。战争目的，几乎都涉及利益，不是掠夺土地、财富和奴隶，就是抵御外族的侵犯。因为每次战争都关系到政权巩固、部族存亡的大事，所以交战双方往往都不惜动员全国的力量参与战斗。但由于当时战争目的单一，交战国之间距离也不远，又处于冷兵器时代，所以战争规模都不大。

商代铜戈

据史书记载，周有六师，全国共有军队1.5万人；也有说周有六军，每军1.25万人，共有军队7.5万人。武王伐纣时，倾国而出，全部人马才4.5万人。这些人在当时并非专业军人，都是以平民组成的民兵队伍。

由于战争所需的人、物、财都由出征者负担，所以在国家财政支出中没有直接军事支出项目，只有战争所需的旗幡鼓角等具有公共性质的财政开支。

三、水利建设和工程支出

自古以来，中国以农立国，作为农业命脉的水利建设受到历朝历代统治者的高度重视。其中夏代让治水专家禹出任首任国家领导人就是极其有力的证明。

在禹以前，相传尧经历了九年洪水，洪水灾害使夏族十分重视水利排灌工程的修建。孔子曾说，禹对宫室要求很低，花钱很少，建筑十分简朴；而对农田水利基本建设却十分重视，在井田的各个方块田之间，开挖了纵横交错的沟渠水网，以利排、灌。同样，商代不仅自始祖契始教民耕作，播种百谷；而且契的后代"冥"还不惜为治水献出了自己宝贵的生命。

财政除水利建设投入外，还有其他工程支出。一是交通建设。《国语》称"禹开九州，通九道"，"桀尝以十月，发民凿山穿陵以通河"。二是都城建设。

古公亶父止于岐下，"筑城郭室屋"；"作丰邑"，徙都于丰；"天子之城高九仞，公侯七仞，伯五仞，子男三仞"等。三是宫殿建设。桀、纣"侈宫室，广园囿，穷五采之变，极饰材之工、困野兽之足，竭山泽之利"；"纣作顷宫，七年乃成，六十里，高十丈"。四是构筑园囿。"文王之囿方七十里，刍荛者往焉，雉兔者往焉"。

四、国家财政与王室支出

在秦始皇以前，中国国家财政与王室财政是没有区别的。也就是说夏商周时代，国王即国家，王及王室支出与国家财政支出混淆在一起。按现代财政分类标准划分，除国王及其亲属日常衣、食、住、行等有关费用开支作为王室开支外，其他以国王名义举行的国务活动，都应该划分为国家财政支出。诸如：祭祀、宴宾、赏赐、赈灾等公务活动以及宫殿、园苑、陵墓建设及维护支出，尽管都是为国王服务的，但从财政支出的性质来看，应属国家机器职能范围的支出，不应属于王室财政支出。

从考古发掘出的宫室遗址、墓葬遗存看，王及王室生活是十分奢侈的。据记载，夏之桀、商之纣为历史上最荒淫的国王。《帝王世纪》揭露商纣王，造寝宫，作琼室瑶台；《淮南子·俶真训》称纣王"铸金柱"；《世本·作篇》称他"为玉床"；《史记·殷本记》指出他"以酒为池，悬肉为林"，"使师涓为新淫声，北里之舞，靡靡之乐"；《周书·世俘解》记载"凡武王俘商旧玉，亿有百万"。根据考古发现，连商王一名高级武官，其墓葬也殉人 15 名，狗 15 条，青铜器、玉器等随葬品 570 多件。

其他财政支出：一是宾客饮宴费用。《周礼》载："敌国宾至……侯人为导，乡出郊劳；司里授馆……虞人入材，甸人积薪，膳宰致飧，廪人献饩，司马陈刍，工人展车，百官以物至，宾至如归……贵国之宾至，则以班加一等。"

二是赈济支出。《周礼》载：对鳏、寡、孤、独"此四者，天下之穷民而无告者，文王发政施仁"，"必先斯四者"；"武王为殷初定未集……命南宫扩散鹿台之财，发钜桥之粟，以赈贫弱萌隶"。

五、设官分职和官俸支出

中国古代最早设立职官的朝代是夏朝。当时由于奴隶制处于萌芽阶段，国家机构还很简单，因此，职官主要是"三正"：一是"牧正"，掌管农业、畜牧业的官员；二是"车正"，掌管全国车辆制造的官员；三是"庖正"，管理王族后勤供应的官员。

从西周开始，建立国家职官品级制度，以确定全国公职人员的职务地位。《周礼》中记载："官者管也，职者值也"，即是说官吏负有管理的责任，确立官吏的品级制度，是要明确官吏权责的大小、事务的繁简。因此，西周"以九仪之命，正邦国之位"，以九个等级的名称来确定全国官吏的职位。九个品级分别为：公、侯、伯、子、男、公卿、大夫、上士、中士。因此，《国语·周语》称西周"外官不过九品"，中国历代职官九品制由此创立。官员从周朝起就分为九等，称为命，最高是九命，最低是一命，后世所谓朝廷"命官"一词即源于此。

夏商西周时期，俸禄支出在国家财政支出上没有直接反映，因为那时实行的是"分田制禄"的爵禄制，官吏就食于田地，国家不需要直接支出实物形式的俸禄。《孟子》中述及，孟子在回答北宫琦关于西周制定的官爵和俸禄制度时说，天子直接管理的土地纵横各 1000 里，公、侯各 100 里，伯 70 里，子、男各 50 里。他们按爵位分配土地，其各自土地上的收益便是应得的俸禄。大体上，一个下士的俸禄和在公家当差的"庶人"相同，其收入可养活 5 — 9 人。这就是说，当时的土地分赐即为间接的财政俸禄支出。

第四节　夏商西周的财政管理

一、管理机构及职官分工

为适应社会发展需要，中华民族从氏族社会末期就开始选举管理人员，加强对部落及其联盟的管理。国家形成后，则在更大范围内设官分职，分工管理。《国语》称"有虞氏官五十，夏后氏官百，殷二百，周三百"。《荀子》说："古者天子千官，诸侯百官。"

由于时代的进步，社会的发展，夏商周三代相比，周代的管理体制比夏商两代完整。根据《周礼》记载，周设六官，即天官、地官、春官、夏官、秋官、冬官。在六官中，与财政有关的主要是天官和地官两大系统。就具体工作职能分

工来看，天官系统主抓中央（王室）财政，如大宰、小宰主抓社会分工的九职，经常性收入的九赋，诸侯献给天子的九贡，不同财政支出用途的九式，总司国家财政收支；大府、玉府、内府、外府等四府掌国家财货收、支、保管贮藏；甸师掌王之藉田，供王祭祀；司徽、司书、职内、职岁、职币五职主掌财政的收入、支出并进行稽核，以保国家收支的准确、有效。地官系统主掌全国生产和分配。大司徒、小司徒主掌全国土地、人民、诸侯国和采邑的分布，是土地分配和贡赋的总负责；乡大夫、遂人、载师、闾

西周农具铜铲

师、先师、均人、旅师、土均、司稼 等负责所在地区或分管范围内的赋 税征收、入库和减免；委人、廛人、 司关、泉府等主掌进入流通领域的货 物的税收。

天官中的财务职官及其职能

类 别	名称	职　能	备　注
总司财用之职者	大宰	大宰的职责很多，其中有关财政的，乃掌九职、九赋、九贡以利国用。	天官冢宰，掌国用大权，为六官之总，故称冢宰。冢，大也，冢宰即大宰之意，有类似后世的首席部长——宰相。其属官有大宰、小宰、宰夫。可见大宰与小宰的职责是一般的总司财用，宰夫的职责则偏重于财务会计方面。
总司财用之职者	小宰	小宰是大宰之副手，其在财政方面的职责是"执邦之九贡、九赋、九职之贰，以均财节邦用"。	
总司财用之职者	宰夫	计财政的出入，"岁终则令群吏正岁会，月终则令正月要，旬终则令正日成，而以考其治"。	
分司出入及余财之职者	职内	司登记百官所领之国币，即"掌邦之赋入，辨其财用之物而执其总，以贰官府都鄙之财入之数"。	
分司出入及余财之职者	职岁	司岁出的分类账，即"掌邦之岁出，以贰官府都鄙之财，出赐之数，以待会计而考之"。	
分司出入及余财之职者	职币	司公用余款的登记，即"振（检查）掌事者之余财，皆辨其物而奠其录以书楬之，以诏上之小用赐予"。	

类 别	名称	职 能	备 注
专司会计之职者	司会	是一国的总会计，主天下大计，为计官之长，以九贡、九职、九功、九式之法，掌各种财用，听其会计，"以参互考日成，以月要考月成，以岁会考岁成"。那便是核算财用，做出决算。	
	司书	会计以后的簿籍，掌于司书；司书予以整理，做出统计，"三岁则大计群吏之治，以知民之财，器械之数，以知田野夫家六畜之数，以知山林川泽之数，以逆群吏之征令"。	
专司府库之职者	大府	掌"受其货贿之入，颁其货于受藏之府，颁其贿于受用之府"。这便是由大府总司收纳、分藏各府。	为专司各种财物的出纳
	玉府	掌金玉、玩好以及良货贿之藏。	
	内府	这是积储货贿，以待朝觐时的颁赐，即"掌受九贡、九赋、九功之货贿……以待邦之大用"。	
	外府	内府所积储之物，是待大用，外府所积储之物，是待一般之用，即"掌邦布之入出，以共百物，而待邦之用"。	

大道之行
中国财政史

地官中的财务职官及其职能

类 别	名 称	职 能
总司赋税之 职者	大司徒	即均平土地，区五地之物产，分上中下各三则以制贡赋，亦即是"以土均之法，辨五物九等，制天下之地征，以作民职，以令地贡，以敛财赋"。
	小司徒	均土地以稽其人民，周知上地、中地、下地可任之徒役（壮丁可任力役）；经土地而井牧其田野，以任地事而令贡赋，凡税敛之事。
分司赋税之 职者	载师	任地而分各等之征。
	闾师	"掌国中及四郊之人民，六畜之数，以任其力，以待其政令，以时征其赋。"
	县师	"掌邦国、都鄙、稍甸、郊里之地域，而辨其夫家人民田莱之数，及其六畜、车辇之稽。"
	遂人	"以岁时登其夫家之众寡，及其六畜，车辇"，以令其赋。
	遂师	"各掌其遂（按：地区名称）之政令戒禁，以时登其夫家之众寡、六畜、车辇，……以徵财征，作役事"。
	廛人	征收各种财物，分别解交于各府，即"掌敛市纵布、总布、质布、罚布、廛布而入于泉府，凡屠者敛其皮角筋骨，入于玉府，凡珍异之有滞者，敛而入于膳府。"
司杂税及平衡 财货的机关	泉府	是敛赊财货的业务机关。敛是收买余货之意，赊是赊贷财货以济人民的需要。故泉府除"掌以市之征布"外，还收买"市之不售，货之滞于民用者"，以待不时而买者，这便是敛的内容。赊贷的对象，主要是祭祀与丧祭的当事人，前者以十日为期，后者以三月为期。凡赊贷皆有利息，即计日服国事以为息。这可见泉府所入之布，不直接充作国用，乃作为运用资财。因运用而发生盈余时，才纳入国库。这是后世平准法的滥觞。

陶贝　商代中期

石贝　商代中期

玉贝　商代中期

石贝　商代中期

玉贝　商代中期

二、体制和预、决算制度

夏、商、西周时期，虽然生产力低下，也同样存在财权的划分问题。总体上讲，它们实行的是原始的分税制财政体制。夏商时代是部落联盟国家，部落联盟及其下属部落在完成贡赋任务后完全有权自行支配自有财力，是一种包干性质的原始分税制。

在天子之下，实行封邦建国制度的西周也同样实行包干性质的原始分税制。西周的财权划分是通过以分封的名义分配土地来进行的。各级政权的财权，皆按血缘关系规定等级，按等

级分封土地，而不是按各级收支需求划分财力。只要诸侯得到周天子的封地，就同时获得封地上的政治、经济、军事、民政等权力。这就是说，只要有封地，就能取得独立的财政收入。这意味着土地的多寡不仅体现了诸侯的地位和权力，构成了代表中央政府的天子同地方诸侯和平民的贡纳关系，同时也在一定程度上固定了中央同地方的财力分配比例，从而产生了亲者必贵，贵者必富的地方财政。由于地方各级在完成其规定的贡纳义务，即包干的上缴任务之后，中央无权插手它们的财政的再分配，从而自然而然地形成了天子和各地诸侯包干性质的原始分税制财政体制。

中国古代学者往往把政治与经济混为一谈，所以只有在谈政治的史料中我们才能找到有关经济的资料。同样，古代中国的财政预算、决算制度，也源于中央对各级官吏的政绩的考核。相传尧舜时，"三岁一考功，三考绌

陟"，这种考绩，包括人口增殖、农业生产、财政收入等方面。到西周时，已有比较详细的规定。首先，设置了主管财政、财务会计的机构，配备了主管官吏，如司会辅佐大宰按九贡、九赋、九功、九式之法，掌各项财货出入之数，并按日、按月、按年进行汇总，上报冢宰及王。司书职司对王畿内户籍、土地和国中各项财物收支情况，逐一登记入账，进行核算。在进行核算的基础上，由冢宰编制国家预算。史称："冢宰制国用，必于岁之杪，五谷皆入，然后制国用。用地大小，视年之丰耗。以三十年之通制国用，量入以为出。"这里包括预算编制时间、编制机关、编制依据以及编制原则等内容。如将《周礼·天官·冢宰》的九赋、九式进行对称排列，则是一个十分简明的国家预算图式。

三、量入节用的理财原则

首先，实行量入为出的理财原则。据《礼记》载商周时代"冢宰制国用，必于岁之杪，五谷皆入，然后制国用。用地大小，视年之丰耗。以三十年之通制国用，量入以为出。……丧祭，用不足曰暴，有余曰浩。……国无九年之蓄，曰不足；无六年之蓄，曰急；无三年之蓄，曰国非其国也！三年耕，必有一年之食（积余），九年耕，必有三年之食"。这就是说，寓财政于经济，遇丰年财政可以多用，歉收只能少用。由于贯彻量入为出的理财原则，所以必须于岁之杪，五谷皆入，然后才可编预算。

之所以实行这一原则，首先是夏商西周实行的是实物财政，财政的支出必须建立在已经征收入库的基础上。在没有入库的条件下，财政是无法透支的。其次是在生产工具落后、生产力发展水平很低、农业丰歉难以预料的历史条件下，统治者不能提前动用实物，否则会前吃后空，造成青黄不接或灾年时人们饥饿而死。所以，量入为出的理财原则，既是实物财政条件下的客观要求，也是统治者为了求生存的理性思考结果。

其次，均财节用原则。均平、合理的税收征收原则是收入上的均财节用。《周礼》称，田赋的征收首先根据土地的肥瘠、地势高下、劳动力多少等因素来确定，根据土地的使用情况和出产物用途制定不同的税率；按年成的丰歉决定减免；徭役亦按年成丰歉组织征发；而对诸侯方国的贡赋，也按亲疏、远近、封地大小等因素规定贡赋比例。这些制度规定，符合税收的均平、合理原则。

至于定额管理和专款专用，则是节约支出的体现。以九赋之入抵充九式之出的专款专用原则是均财节用典型之一。《周礼》的记载，为了均财节用，由太宰规定九式、九赋，然后主管收支的太府遵照执行。当时，之所以要实行这一原则，除了统治者有均财节用的认识以外，实物财政也是一大因素。因为，古代财政收入的财货品种、单位不同，不像现代市场经济条件下的货币财政可以随时换算、换购，所以只能分别筹划，实行专款专用制度。一般开国即位初期，统治者对专款专用制度执行得较好，到了末年则常常随心所欲，恣意破坏制度，如《礼记》载，"厉王即位三十年，好利，近荣夷公，大夫芮良正谏厉王曰，王室其将卑乎？夫荣公好专利，而不知大难；夫利百物之所生也，天地之所载也，而有专之其害多矣"。

适当储备，以充府库是另一个均财节用的典型。农耕时代，难免有灾荒凶年，所以实物储备是十分必要的。其储备的方法，按明代丘睿《大学衍义补》所述是将"每岁所入析为四分，用途其三而储积其一；每年余一，三年余三，积三十年，则余十年矣。以三十年融通之法，常有九年储蓄之赀"。

周代专款专用的九赋九式

序号	九赋收入	课税性质	课税地区	最高税率(%)	专用九式支出
1	邦中之赋		城　郭	5	宾客之式（招待）
2	四郊之赋		去国一百里	15	刍秣之式（饲料）
3	邦甸之赋	收益税性质的田赋	去国二百里	20	工事之式（工程）
4	家削之赋		去国三百里	20	匪颁之式（分赐）
5	邦县之赋		去国四百里	20	币帛之式（货币）
6	邦都之赋		去国五百里	20	祭祀之式（祭祀）
7	关市之赋				羞服之式（膳服）
8	山泽之赋	工商税性质的物产税		25	荒服之式（丧纪）
9	币余之赋				好用之式（赐予）

四、会稽与政府会计制度

我国的政府会计制度，相传起于夏禹。史载：夏禹，会诸侯于茅山，大会计，更名其山曰会稽。也就是说，当年为了纪念国家财政年度审计会议的召开，大禹下令把会场茅山改名为会稽山，以示国家重视会计工作。可见古代"会稽"与当今的"会计"是同义词，会稽山的传说与中国古代政府会计制度的产生有着千丝万缕的联系。

当时的会计官吏，有司会与司书。司会为总会计，核算财用，做出总预算；司书凭会计后的簿籍，作出统计，司会对于君主私人的细小用途，并不核算，即所谓"惟王不会"。但对包括君主的私用在内的支出总数，虽王亦会。所以《周礼》说："凡上之用财用，必考于司会。"此外，职岁职币等官，亦有协助司会的工作职责。

第五节　禹杀防风公案的是非

《国语·鲁语》载："仲尼曰：'丘闻之，昔禹致群神于会稽之山，防风氏后至，禹杀而戮之。'"《竹书纪年》中记述："帝禹八年春，会诸侯于会稽，杀防风氏。"《述异记》卷上说："昔禹会涂山，执玉帛者万国。防风氏后至，禹

诛之。"有人说仅仅因为开会迟到就将人处死，似乎不合情理，也许还有更重要的原因。其中一种说法便是防风氏拒绝缴纳什一税，作为中央政府的代表禹为严肃法纪震慑地方各部落酋长才不得不下令将其处决。而作为儒家的《国语》、《竹书纪年》和《述异记》等著作的作者秉承儒家"崇尚伦理，耻于言利"的指导思想，将防风氏之死归结于藐视国家元首的迟到之罪，而不是地方政府拒绝向中央政府缴纳税收的经济问题。自西汉武帝采纳董仲舒的建议"罢黜百家，独尊儒术"以来，防风氏死于迟到一说更成了历史定论。

其实，人们从绍兴当地自古以来口耳相传的民间传说中可以知道防风氏并非死于迟到。绍兴的传说认为，大禹当年在今绍兴柯桥召开会议，亲自审计税收收入时发现不少部落不愿纳税，其中最为著名的抗税部落酋长便是居住在今浙江德清一带的防风氏。直到年终，他仍然我行我素，既不补缴税收，也不出席会议。心中十分恼怒的大禹不得不三番五次派人渡过钱塘江去德清催请，而姗姗来迟的防风氏到达柯桥会场时，竟然态度十分傲慢，不但拒不认错，还以受灾为名抗拒纳税，藐视国家政令。在势

不两立的情况下，为了杀鸡儆猴树立中央权威，大禹才下令将身材十分高大的防风氏当场处以死刑。由于绍兴刽子手身材矮小无法用石刀将其斩首，不得不筑一土塘垫高位置以便行刑，因此他被处死的地方被人们称之为刑塘。可见，由于拒绝纳税，导致禹杀防风的可能性更大。因为人是追求利益的动物，一旦利益受到极大损害就会不顾一切地采取决绝的行动。尽管迟到也是犯上，但毕竟构不上死罪。

当然由于所处的立场不同，对防风氏之死至今钱塘江两岸的百姓还持有不同的看法，以德清为中心的钱塘江北岸百姓站在地方政府的立场上，认为防风氏为救灾而开会迟到和欠缴税款是为民而死，禹杀防风是一桩冤案应予平反。为此，五代临安籍的吴越国国王钱镠就为防风氏在今德清封禺两山之间建了一座十分壮观的防风庙以示平反昭雪；而代表中央政府利益的钱塘江南岸百姓认为大禹杀防风氏有理，故当年防风氏受刑处仍称"刑塘"。后来为了文雅一点在"刑"字下面加了一个"土"字，成为"型塘"。据说明朝人在柯桥建造纪念唐代诗人贺知章祠时还挖到过防风氏长达7市尺的小腿骨，因此建成后的祠堂又俗称"七尺庙"，其位置就在今柯桥酒厂仓库。

中国财税博物馆古代财税历史陈列展厅"禹杀防风"场景照片。

第三章

春秋战国时期的财政

第一节 时代背景

一、列国争霸的非常时期

周朝从成王、康王、昭王、穆王到共王，出现了太平盛世，以后逐渐衰微。公元前841年，国人暴动，厉王逃亡，朝政由诸侯共管，史称"共和行政"。这一年就成为共和元年（即公元前841年），是中国历史上有准确纪年的开始。

春秋各诸侯国地图

公元前 770 年，周平王在一些贵族和诸侯护卫下，从镐京（今陕西长安）东迁到洛邑（今河南洛阳）。周初建立东都（即所谓成周），原是为了控御东方，周朝的真正基地仍在镐京（即所谓宗周）。西周末年宗周旧地天灾人祸不断，人心惶惶，而以洛邑为中心的东土有发展余地。东迁之初，宗周故地并未完全丧失，到后来周室衰微，号令不行，周王成了徒有其名的共主，其实力已不足以维持封建制度中的天下共主的地位。历史学家把这一年之后的周朝叫做东周，以区别于此前的西周。从此周朝失去了控制四方诸侯的力量，进入了一个动乱时期，即春秋（公元前 770 年—前 476 年）。春秋时代共有 140 多国，其中大的也有 10 多国。

西周时代，列国封君久居封地，国人与土著民的结合构成了各地的新族群，继承并融合了各地传统文化，发展成为相对独立的地方势力。平王东迁之后，原有王权失去了约束力，于是各国受当地文化及自身利益的驱使，纷纷产生离心倾向，企图代替周王成为中央，从而形成了列国争霸的局面。

中国历史上开始争霸的手腕都不外乎"挟天子以令诸侯"。打着周天子的旗号，积极发展自己的势力。在争霸中最先胜出的是齐桓公。他任用管仲为相，改革内政，国力日趋强盛，在吞并了一些小国后，又以"尊王攘夷"相号召，打击夷狄。公元前 651 年，齐桓公大会诸侯于葵丘（今河南兰考），参加

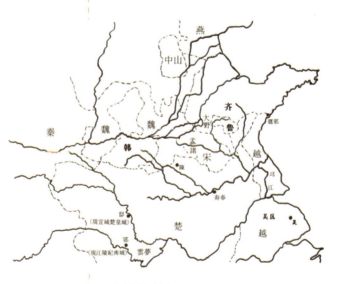

东周列国图

盟会的有鲁、宋、郑、卫等国的代表，周天子也派代表赴会。会议决定，凡同盟之国，互不侵伐，必须共同对付外敌。会后齐桓公一跃成为中原地区合法的霸主。

晋文公复国图
南宋李唐绘，现藏美国大都会博物馆。绢本。描绘了晋公子重耳出奔时，狐偃、赵衰、介子推、先轸等大臣随行的场面。

正当齐国争霸中原时，晋国亦开始兴起。公元前636年，流亡在外19年的晋公子重耳回国继位，是为晋文公。他整顿内政，发展经济，增强军备，争取霸业。这时周王室发生了王子带之乱，周襄王流亡外地。晋文公认为这是"取威定霸"的好机会，便联合其他诸侯，出兵击败王子带，护送襄王回国。于是晋国抓到了"襄王"这张王牌，开始了他"挟天子以令诸侯"的霸业。公元前632年，晋与楚在城濮（今山东鄄城临濮集）发生大战，这就是春秋时期最大的一次战争。《左传》中关于城濮之战有十分生动的描述：晋军看到楚军来势凶猛，故意退避三舍，当时以30里为一舍，三舍为90里。楚军中许多人看到晋军撤退，也停止前进。楚将子玉刚愎自用，盲目冒进，士气大为低落。晋军则抓住楚方将骄兵疲的弱点，首先集中兵力歼其右翼，然后吃掉其左翼，取得大胜。战后，晋文公在践土（今河南原阳西南）会盟诸侯，参加会盟的有齐、鲁、宋、卫等七国，周天子也被迫亲自参加会议，并册命晋文公为"侯伯"。"伯"乃"长"，侯伯意为诸侯之首。晋国因而成为周天子认可的中原霸主。

在晋国称霸中原时，楚国向东扩展，灭了一些小国，转向北方，争霸中原，控制黄河流域一些小国。楚庄王是一位雄才大略的君主，改革内政，国力大振。公元前606年，楚庄王征伐陆浑之戎，观兵于周郊，并派人向周王问九鼎之轻重，意欲吞并周室。此后几年中，楚庄王先后发兵击败陈国、郑国、宋国，晋国因派兵救郑时遭到惨败，当宋国求救时，畏缩不敢出兵，楚庄王因而自动成为中原霸主。

秦国在灭掉一些西方小国后发展起来，到秦穆公时向东争取霸业，遭到晋国的遏制，转而向西发展，成为西方一霸。

于是形成了西面是秦，东面是齐，长期争霸中原的主要是晋、楚的格局。双方势均力敌，终于出现了结束大国争霸的"弭兵"局面。所谓"弭兵"，就是双方妥协并划分势力范围，平分霸权。用现代语言来概括这就是"政治"，因为曾任美国总统的尼克松先生以毕生的体会强调："政治"就是"妥协"。

在"弭兵"之后，争霸已近尾声，长江下游即今江浙沪地区崛起了对立的吴、越两国。吴王夫差击败越王勾践，然而越王勾践在卑身事吴时，卧薪尝胆东山再起，"十年生聚，十年教训"，在范蠡和文种的辅佐下一举击败吴国，一时号称霸主。不过越国那时已是强弩之末，很快就被楚国所灭。

争霸的结果，各种力量分化瓦解和不断改组，最后只剩下了燕、赵、韩、魏、齐、楚、秦七个大国和十几个小国，历史进入了战国时代（公元前476年—前421年）。这是一个社会大变革时期，原本显赫而不可一世的贵族沦落为庶民，名不见经传且一文不名的布衣却一跃成为高官显宦、富商大贾。强有力的变革几乎摧毁了春秋时代绝大多数的世家大族，他们作为一个社会阶层无形之中烟消云散，被新的阶层取而代之。战国时代各国新兴的统治者，无不关注如何维护自己的权威。这一时代，中华大地纵横捭阖，波诡云谲，兼并战争不断，各国都必须集中一切力量，发展经济，增强实力，为生存和扩张而斗争。

二、百家争鸣的灿烂文化

中国历史上凡是社会不安定的纷争时期，各派力量都忙于扩充实力争夺天下，顾不上对文化人的"说三道四"进行打压和控制，从而形成了一个时局混乱，但文化却极其辉煌的现象。与此相反的是一统天下的朝代，当局为了巩固政权，反而利用手中之权全力控制社会舆论，压制不同思想，导致"乱世出大师，盛世少人才"的局面。无论是春秋战国，还是后来的三国魏晋南北朝，以至近代的民国，都是这样一个百花齐放，百家争鸣，人才辈出，群星璀璨的乱世。

唯一例外的是宋代，尽管是一统天下的社会，但由于开国皇帝赵匡胤一开始便坚持"与士大夫共天下"的舆论开放国策，作为文人的士大夫，即使有不同意见，也没有杀身之虞，还可以拉着要退朝的皇帝辩论，士大夫犯错误者也无非是贬官而已。因此形成了极其繁荣昌盛的南北宋文化。三百多年间除了岳飞一案外，没有出现过重大冤假错案，而且岳飞被杀亦与其要迎回被金人俘虏的徽钦二帝威胁赵构的地位有关，否则南宋高宗赵构不会借秦桧之手把岳飞从肉体上消灭掉。

（一）春秋时代的文化

春秋时代社会剧烈变动，各派政治力量大分化大改组，社会中不尽如人意的弊端暴露无遗，思想家们力图提出稳定社会和安抚人心的原则，出于对现实的不满，他们不是向前看而

老子行教像。
描绘了老子西出函谷关时，为关令尹喜作《道德经》五千余言的故事。

是向后看，复古与怀旧成为一股思潮。老子和孔子便是这一思潮的代表人物。

老子姓李，据说由于出生时耳朵大而下垂故名耳，字聃，是中国古代哲学的开创者。他春秋末期出生于楚国苦县（今河南鹿邑县）曲仁里，曾担任过周王朝的"守藏室之史"，相当于今国家图书馆馆长。由于古代图书馆的职能十分宽泛，不仅要管理图书，还要掌阴阳天时礼法，参与国家各种祭祀、礼仪活动及从事档案管理、史实记录等诸多工作，这一切都为他后来辞官归隐从事哲学研究打下了坚实而广博的知识基础。难怪《汉书·艺文志·诸

子略》中有"道家者流，盖出于史官"之说。今天人们常将那些专搞研究的人形容为"坐以论道"，这个"道"在中国数千年之久的文明史中还是老子第一个提出来的。老子生卒年不可考，大约比孔子早几十年。据说孔子还曾当面向老子请教过。

由于老子对世事感到厌倦，便西行出关去西部山中寻求清静。相传，他由于没有出关的通行证，又无买路钱，不得已替关令尹（相当于今日之关长）写就五千字的《道德经》获得放行。《道德经》亦称《老子》，其文字简略，字义晦涩，是一本似是而非的著作，颂扬"道"而贬低"人"，充满了浪漫的、神秘的、反理智的精神。他不但把"道"说得尽善尽美，而且把远古先民的原始生活理想化，认为没有文明，用结绳记事而不是文字，极乐无知的生活远比现在美好。他鼓吹"无为"，是针对当时社会变革中的"有为"而发的。他认为任何进步都会招致祸乱，生产发展增长人们的贪欲，而贪欲是争斗的根源；文化提高会增长人们的智慧，而智慧是争斗的工具。也就是说，社会文明发展会使人变坏，因此他主张取消一切物质文明与精神文明，回到浑浑噩噩的"小国寡民"世界，"老死不相往来"的"无为"状态，即无是非、无知识的人类童年时代。尽管这是一种对现实绝望的复古主义，但在当今无序的市场经济产生尔虞我诈穷富差距拉大的情况下，这一思想仍然具有潜在的影响和共鸣。

然而老子在阐述其"无为"思想时，闪现出前所未见的哲学思辨火花。他指出世上的万事万物都是对立统一的，如正与奇、福与祸、刚与柔、强与弱、多与少、上与下、先与后、实与虚、荣与辱、智与拙、巧与愚。对立的双方不仅矛盾，而且可以互相转化，他说："有无相生，难易相成，长短相形，高下相盈"；又说："祸兮福之所倚，福兮祸之所伏。"他以这种方式阐述的"道"，给中国传统文化带来了深远的影响，因此后人把他创立的学派称为道家。"世界从何而来？"在《老子》中概括为"无，名天地之始；有，名万物之母"；"天下万物生于有，有生于无"；"道生一，一生二，二生三，三生万物"，阐明了宇宙、自然与时俱进的哲学命题。

和老子主张"无为"截然相反，孔子主张"有为"。孔子名丘，字仲尼，约公元前551年至前479年时人。他祖上原是宋国贵族，因内讧逃到鲁国。到孔丘时，家境破落，所以他自称"吾少也贱"。司马迁在《史记》中说，孔子的父亲叔梁纥64岁时与颜家少女"野合而生孔子"，由于孔子是个老夫少妻苟合而生的私生子，从生物学角度来看属于优化组合，所以生性特别聪颖，拥有超人智慧，与现代著名科学家爱因斯坦有相似之处。

孔子20岁时当上了鲁国贵族季氏的家臣，担任管理仓库的委吏、管理牛羊的乘田等小差使。他受过良好的传统武士教育，熟悉礼、乐、射、御、书、数六艺，因此从小喜欢祭祀礼仪，长大善于射箭驾车，孔武有力。由于他通晓

孔子像
孔子，名丘，字仲尼，鲁国陬邑人。思想家，教育家，儒家之祖。图为马远所绘孔子像。

礼仪，30岁时开始招收学生讲学，50岁以后出任过鲁国相当于今工程部长的司空、司法部长的司寇，但时间都很短，总共才不过三年，此后一直从事民办教育。

孔子虽然从政时间不长，但一直热衷于政治，总想当官，只是不合时宜，未能如愿以偿。因此他把郁积于心中的政见在讲学时抒发出来，不断评论时事，独抒己见。从他身上折射出中国古代知识分子朝思暮想的"修身、齐家、治国、平天下"的普遍心态。

孔子生活的鲁国，保存了西周的典章制度，他苦心钻研，沉醉于西周的礼乐文明之中，非常崇拜"制礼作乐"的周公，自命为当代周公。他十分不满于当时的"礼崩乐坏"，对违反周礼的行为以及改革旧制度的举措，多持反对态度，明确提出："非礼勿视，非礼勿听，非礼勿言，非礼勿动。"齐景公向他问政，他回答"君君，臣臣，父父，子子"，以贵贱尊卑之礼抨击夺取政权的田氏。晋国铸刑鼎，他反对说："晋其亡乎！失其度矣。"这个"度"，就是周礼的贵贱有序，晋国铸刑鼎，以法治国，就是"贵贱无序"。鲁国贵族季氏用了周天子的乐舞，他认为是"僭越"；季氏征收土地税推行"田赋"，他认为

这违反了井田制"藉而不税"的"周公之典"。他一再表示:"郁郁乎文哉,吾从周。"这种捍卫礼乐文明的向后看的政治观点和思想方法,渗透了怀旧的保守主义倾向,给后世儒家以深远影响。与此相联系,孔子是畏天命的,他说:"君子有三畏:畏天命,畏大人,畏圣人之言。"基于这种观念,他对社会变革的态度必然是守旧的。在他看来,天命是不可违抗的,这就是他为什么要说"五十而知天命"的原因。因此他主张:"不怨天,不尤人,下学而上达,知我者其天乎。"

孔子是儒家的创始者,但儒或儒者早在孔子之前就已存在。"儒"从"人"从"需",乃人之需要也。在重死轻生的古代中国,儒是死者葬仪的设计主持者。所以墨子说,儒者特重礼仪、声乐,特别是丧礼,他们有一套繁杂的仪节与学问,又自视甚高,不从流俗。孔子在回答鲁哀公的咨询时,一口气列举了16种"儒行",如"儒有席上之珍以待聘,夙夜强学以待问,怀忠信以待举,力行以取……"最后总结说:"儒者有不陨获于贫贱,不充诎于富贵,不惑君王,不累长上,不闵有司,故曰儒。"由此可见,儒与儒家不是一个概念。儒指以教书相礼等为职业的

一种人,儒家指先秦诸子中的一学派。儒为儒家所自出,儒家之人或亦仍操儒之职业,但两者并不是一回事,所以孔子不是儒的创始者,而是儒家的创始者。

孔子为儒家构建了一个体大思精的政治伦理思想体系,具有普遍的永恒的价值,影响之深远,是中国任何一个思想家或学派所无法比拟的。

孔子主张"仁","仁者爱人"是他的思想核心;"克己复礼为仁"是政治理想;"己所不欲,勿施于人"是处理人际关系的准则;"节用而爱人,使民以时"是对执政者的要求。

他长期从事民办教育,"弟子三千","精通六艺者七十二人"。他的教育思想已越出教育的范畴,而成为一种道德规范。如"学而不厌,诲人不倦";"三人行,必有我师焉,择其善者而从之,其不善者而改之";"有教无类"等等。

他主张学生要学社会、学历史,所以他说自己"述而不作,信而好古"。近则夏商周三代,远至大同之世,无所不学。他整理的源自周朝巫史所掌的典籍——《诗》、《书》、《礼》、《乐》、《易》、《春秋》,既是他学习历史的凭借,也是孔门讲学的教材,成为后世称为"六

大道之行
中国财政史

滕侯赎之歌钟　春秋晚期

春秋晚期滕国编镈，现存一套四件，大小相近，钲上有铭文"滕侯求之
歌钟"。战国时期，滕国国君滕文公曾向孟子问政，两人的讨论涉及三
代施行贡、助、彻的十一制税法。

孔子周游列国图

坏"时代，对礼加以改造，使礼、仪由外在的规范转为人心内在的要求，把强制性规定提升为自觉的理念，使伦理规范与心理欲求融为一体。

《乐》即《乐经》，已失传。

《易》即《周易》，或称《易经》，是一部巫史的占卜用书，借以预卜吉凶休咎。此书是周朝史官为断筮卦之凶吉逐渐集结而成的，也可以说是巫史们在占卜时所留下的记录。孔子对于《易》的贡献在于，把巫术占卜之书变为一部集道德、政治、哲学之书，赋予了思辨色彩。

《春秋》是鲁国的编年史《鲁春秋》，孔子作了删削修改。孔子在作《春秋》时，搜集了周朝与春秋列国的史书，编年纪事，迥然不同于以前的《春秋》，其目的不是交通人神，而是突出政治，正如他自己所说："我欲载之空言，不如见之行事之深切著明也。"后来解释《春秋》的有《左传》、《公羊传》、《穀梁传》。

孔子死后葬在曲阜城北泗水旁，弟子们为他守孝服丧之后，散游各地，出于对他的道德学问的钦仰，以各种

经"的儒家经典。

《诗》即《诗经》，包括风、雅、颂三部分。就其制作之初而言，与宗庙祭祀的乐舞有密切关系。今《诗》三百篇中，以《周颂》为最早，它原为宗庙祭祀时所唱乐歌，可能出自巫史之笔。而《玄鸟》、《长发》、《生民》、《公刘》等篇，作为商周史诗，则可能出丁史官之手。据说原有3000多篇，孔子作了删削，定为305篇。

《书》即《尚书》，或称《书经》，是古代历史文献汇编。就其内容而言，是史官所记录保存的政府档案，孔子搜集了这些讲演、诏命、誓词等文献，经过整理编纂，改造成突出儒家民本主义精神的经典。

《礼》包括《周礼》、《仪礼》、《礼记》。《周礼》由孔门学者编纂而成，《礼记》（包括《大戴礼记》）是孔门后学讨论礼制的论文集。孔子处在"礼崩乐

大道之行
中国财政史

方式把它发扬光大。曾子、子思在他们的著作《大学》、《中庸》中，分别发挥了诚正修齐治平之道。

（二）战国时代的文化

到了战国时期，伴随着政治、经济方面激烈而深刻的变革，统治者不仅对社会舆论放松了控制，而且还以宽容的态度鼓励学者百家争鸣。如齐国专门在国都稷门外的稷下设立学宫，招徕各派学者前来著书立说、议论政治，从而使思想文化领域出现了各种思潮、学派的交锋与激荡的繁荣局面，形成了中国历史上一个百家争鸣、群星灿烂的辉煌时代。

当时被称为"士"的知识分子游说之风很盛，一个名不见经传的知识分子——士，通过游说，一经国君赏识，便可鲤鱼跳龙门，一跃而为执政大臣。例如商鞅本是魏相国公叔痤的家臣，入秦游说秦孝公，不断升迁，竟担任了秦国最高官职大良造；张仪本是魏人，入秦游说，做到了秦惠王的国相。一介布衣，凭借三寸不烂之舌，发表一通议论，不仅能平步青云，直达天庭，还足以影响一国之命运，使后世知识分子钦羡不已，从而导致历代中国知识分子大多不愿潜心研究科学技术和艺术美工，而是欲穷毕生之力去研究"治平"之学，希冀有朝一日被君王赏识，从而一步登天实现其治国平天下的伟大理想。

士，原是贵族的最低阶层，有一定数量的"食田"，受过"六艺"教育，能文能武，战时可充当下级军官，平时可作卿大夫的家臣。春秋、战国之际，士发生了分化，既无田可食，又失去原来的职守，成为传授知识的教师，或主持仪式的赞礼人，于是士就成为知识分子的通称。当时的大气候和小气候都为学派的蓬勃发展和互相竞争提供了良好条件。官学垄断的局面被打破，私学兴起，聚徒讲学成为一时风尚，著名学者无不聚徒讲学，知识分子也把从师作为进入仕途的门径。另一方面，各国有权势的大臣都私家养士，培植学派。齐的孟尝君田文、赵的平原君赵胜、魏的信陵君魏无忌、楚的春申君黄歇、秦的文信侯吕不韦，门下食客动辄数百上千人。这些食客中，有各学派的士，为主人出谋划策，奔走游说，著书立说。于是，各学派之间互相诘难辩论，形成了百家争鸣的局面。

当时所谓的诸子百家，汉初的司马谈把它概括为阴阳、儒、墨、名、法、道德六家，西汉末的刘歆又概括为儒、墨、道、名、法、阴阳、农、纵横、杂、小说等十家。这十家中，除了属于文学的小说家、讲合纵连横的纵横家、讲君民并耕和农业技术的农家以及综合各家学说的杂家，主要的是儒、墨、道、法、名、阴阳六家，而尤以儒、墨、道、法四家对后世影响最大。

战国时代，儒家的继承人为孟子。孟子名轲，邹人，生于公元前390年，卒于公元前305年。他是孔子孙子子思的再传弟子，故又称思孟学派。他生活在中国历史上最不安定的时代，因此，他对治国方略研究极深，造就了他如何治理社会的政治伦理学，极具雄辩力、说服力、影响力，为孔子所不及。由于当时各国都在谋求富国强兵之道，关注相互间攻伐的胜负，孟子仍一味大谈夏商周三代的德政，不合时宜而郁郁不得志，孟子的游说当时几乎得不到任何人响应。

但在大一统王朝时代，孟子的处境就大不相同了。尤其是他的"效法先王，实行仁政"、"民贵君轻"、仁者才是人，仁是人的本性，人的本性就是亲亲等思想就备受重视。从北宋开始，《孟子》一书升格为"经"，取得儒家经典的地位，南宋朱熹把《孟子》和《论语》、《大学》、《中庸》合称四书。儒家思想终于成了历代帝王巩固统治的指导思想。尽管此后造反者起而革命时，都会将孔孟之道打翻在地；而一旦取得政权，站在执政的岗位上就会重拾孔孟之道以建立秩序。所以说，孔孟和儒家思想既是老话题，也是新话题，在中国它将是永恒的话题，只要是中国人谁也回避不了。

墨家和儒家当时都号称显学，儒、墨显学之争是百家争鸣的发端。墨家学说的创

孟子，字子舆，邹人。思想家，儒家代表人物之一。画像藏我国台北"故宫博物院"。

始人墨子，名翟，宋国人，长期居住于鲁国，生卒年约为公元前467年至前376年。他出身贫贱，生活俭朴，所谓"量腹而食，度身而衣"，和孔子"食不厌精，脍不厌细"的生活态度截然不同。鲁国

墨子学派发明的攻城云梯

是儒家的大本营，墨翟最初从孔门弟子学习儒家之业，后来发现其中的问题才转而批判儒家，另创墨家。他一生中除了著书立说、教授门徒，也曾游说诸侯，一度成为宋国的大夫，还到过卫、齐、楚、越等国。

墨子提出了十大主张：兼爱、非攻、尚贤、尚同、尊天、事鬼、非乐、非命、节用、节葬。他用兼相爱反对儒家的爱有差等，用交相利反对儒家的罕言利，用非命论反对儒家的天命论，用事神鬼反对儒家的不事神鬼，用节葬反对儒家的厚葬，用非乐反对儒家的礼乐。墨子的非命、非乐旨在强调人力的作用，在动乱的社会中，"赖其力者生，不赖其力者不生"，"强必饱不强必饥"。他不同意儒家的亲亲主张，提

倡尚贤，即选拔贤人来治国，主张"不别贫富、贵贱、远迩、亲疏"，"虽在农与工肆之人，有能则举之"，做到"官无常贵，而民无终贱"。他认为社会动乱的原因在于人与人之间不能互爱互利，因此提倡"兼相爱、交相利"，以缓和冲突。由"兼爱"发展到"非攻"，认为攻人之国最为不义。在这点上墨家与儒家主张一致，具有共同语言。

墨子不仅是思想家也是科学家，他的门徒在数学、物理学、医学、逻辑学方面都有所建树。后期墨家走向独树一帜的道路，放弃政治，埋首科学，在探索物质结构等方面做出了引人注目的贡献。

老子创立的道家，在齐国稷下各

学派的交融中，分化改组，成为一个足以与儒、墨显学相抗衡的学派。齐国的稷下之学，把道家创始人老子同齐国尊奉的始祖黄帝结合起来，称为稷下黄老之学。所谓黄老之学是假托黄帝的名义，"拉虎皮作大旗"，吸取老子的"虚静"、"物极必反"等思想加以改造，形成一个思想流派。

战国时代真正继承和发挥老子思想的是庄子。庄子，名周，约公元前369年至前280年时人。他在宋国家乡做过漆园吏，拒绝楚庄王的聘请，过着隐居生活。《庄子》一书把《老子》的简约哲言具体化为生动的哲理寓言，主张率性、适己，在文采斐然的汪洋恣肆中展现其博大精深的思想。庄子认为，道是宇宙万物之源，是不可知的。世上本无事物，由道派生出天地、帝王、一切事物以及真伪是非。你有你的是非，他有他的是非，是非是难以分辨的。"彼亦一是非，此亦一是非"，就是他的名言。在庄子看来，世俗的见解

如儒家、墨家所宣扬的学说，都只是相对的是非，相对的是非不能作为绝对判断的标准。道是变幻不定的，分什么彼此，分什么是非？不如浑浑沌沌，一切听其自然。这是一种与世无争的消极思想，逃避现实，追求个人精神自由。必须做到无己、无名、无功，甚至忘记自身的存在，达到与天地万物浑然一体的境界，才能获得绝对的精神自由。庄子主张天人合一，以"天地与我并生，而万物与我为一"为最高精神境界。这种"无差别境界"是可望而不可及的。

法家由于其务实精神，主张以严刑峻法治乱世，对政治学术有精深的研究，深受各国统治者赏识。法家中"任法"一派以商鞅为代表，讲究法律和赏罚的执行；"用术"一派以申不害为代表，讲究对官吏选拔、监督、赏罚及驾驭的方法；"重势"一派以慎

其有战国时期典型特征的朱绘陶豆

大道之行
中国财政史

到为代表，讲究运用国家的权势，保持国君的地位。韩非认为他们各有长处，也有所不足：秦用商鞅之"法"，国富兵强，但"无术以知奸"，因而秦强盛数十年而"不至于帝王"；韩昭侯用申不害之"术"，但法令不统一，使奸臣有机可乘，韩国"不至于霸王"。因此，韩非主张取长补短，把"法"、"术"、"势"三者结合为一体，并由此制订出治国方略。首先，要加强中央集权，"事在四方，要在中央。圣人执要，四方来效"，必须用"术"剪除私门势力，选拔法术之士，"因任而授官，循名而责实；操杀生之柄，课群臣之能"。其次，以法为教，以吏为师，禁止私学。再次，厉行赏罚，奖励耕战，谋求国家富强。

韩非是韩国的贵族，他和李斯都是荀子的学生，讲究法家之学。他曾多次上书劝谏韩王，未被采纳。秦王嬴政读到他所著《孤愤》、《五蠹》等篇，极有共鸣，大为赞赏。公元前234年，他替韩国出使秦国，向秦王上《存韩书》，这与雄心勃勃的秦王扫灭六国、统一天下的政治谋略是相悖的，秦王把韩非的《存韩书》交给李斯去处理。李斯怕韩非入秦受重用会影响自己的仕途，出于嫉妒而下狠心杀死韩非。韩非虽死，但他的理论却成了秦国治国的指导思想，引导嬴政灭六国平天下，开创大一统的秦王朝，登上了始皇帝的宝座。

三、技术进步带动的发展

春秋战国时代是中国历史上一个光辉灿烂的时代，大动荡、大分化、大改组带来了大变革。各种力量为了自身的生存都使出浑身解数，从而推动了全社会的巨大进步。首先，科技进步让人们步入了铁器时代，促进了生产力的发展。考古表明早在春秋末年，我国已掌握了较高的生铁冶铸技术，春

春秋战国铁制农具
铁器的出现极大地推动了生产力的发展。

秋、战国之际又发明了生铁柔化处理技术，春秋中期又发明了冶铸生铁技术，这一发明比欧洲早了1900多年。

这一时期已能根据不同用途，采用各种冶炼技术和工艺，如用"块炼法"炼出熟铁锻造铁器，生铁铸造铁器等，使铁器制作达到了较高水平。当时的铁已被广泛应用于各个方面，如制

作农具：铲、锛、镢；制作工具：削、凿、斧、锤；制作兵器：戟、剑等。根据文献记载，春秋初期，齐国已有铁农具用于生产；进入春秋中期冶铁业有了进一步的发展。《叔夷钟》铭文记载，齐灵公一次就赏给叔夷四千冶铁工奴。尤其是当代在广西壮族自治区平乐县银山岭和田东县锅盖岭出土了战国时期的铁制农具，更进一步说明铁农具的使用已不限于中原地区，边远地区也开始使用。

由于铁器逐步推广到各地、各个生产领域，特别是在农业生产领域的大量使用，促进了农业生产技术的改革。《管子》说："农之事，必有一耜、一铫、一镰、一椎、一铚，然后成为农。"可见当时一户农民必备五种铁制农具。考古发现也表明，铁制农具铲、锛、锸、镢推广使用后，可以深耕，为牛耕的推广创造了条件。战国时，用牛耕地比较普遍，也有人用马耕地。孔子的学生冉伯牛名耕、司马耕字子牛，晋国有力士名牛子耕。牛与耕相连，用作人名，可见当时用牛耕田早已司空见惯。由于用畜力代替人力劳动，人们有了休整体力的机会，从而能够开动脑筋提高耕作技术，诸如 "深耕易耨"，中耕除草；还注意肥料的配合使用，不同土

劝农耕作的木牍
出土于四川青城的战国古墓，其中正反两面都记载了秦武王二年（公元前309年）命令丞相甘茂主持修订有关农田法律的资料，可见当时统治者对劝农耕作的重视程度。

壤用不同的动物骨头煮汁拌种，施绿肥、灰肥以及人畜粪肥田等等。由于精耕细作，育种施肥，大幅度地提高了粮食单产，当时北方亩产粟可达一石半（一石相当于今1/5石），最高竟能达到六石。

铁制农具加上牛耕以及随之而来的精耕细作，标志着战国时代农业生产技术有了新的飞跃，使农业生产由集体共同经营发展为个别零星经营，使一家一户为单位的小农经济逐步形成，这是中国农业史上划时代的大变革。它的直接后果是土地的私有化，以及井田制的瓦解。

由于农业生产的迅速发展，工商业也进入一个新的发展时期。代表商周文化的青铜器，各国已摆脱王室的束缚，礼器讲究富丽美观，器具制作更多属于轻便、适用的日常用具，春秋后期更趋向世俗化和商品化，而煮盐业，冶铁业（齐）、髹漆业（楚），其产品已深入到人们生活的各个领域。进入战国后，冶铁、煮盐、青铜、漆器、丝织、纺织、制陶、竹木、皮革、制玉、酿酒等手工业，不仅门类增多，技术提高，

体现酿酒业繁荣的战国陶缸
七孔大滤缸的发现，足以证明当时酿酒业的规模和繁荣。

规模也扩大了。如果说，春秋时期"工商食官"制度并未完全打破，那么进入战国后，随着商品交换活动的频繁，商品交换活动范围的扩大，为了适应农业手工业和商业发展的需要，各国都发行了样式不同的货币，先前"工商食官"的格局终于被冲破，在官手工业之外，出现了私手工业。宋国的个体手工业者，有固定的住址、常来的主顾，操着世代相袭的职业。春秋战国之际的个体手工业者鲁班（又名公输般）以精湛的技艺闻名遐迩，被奉为木匠的祖师，直至今日中国不少城市评定最佳建筑工程时，还设置"鲁班奖"。

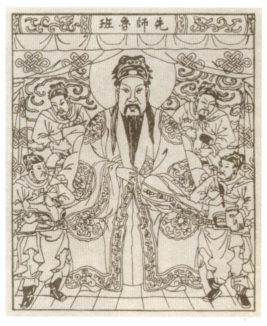

木工祖师鲁班，清代年画。

伴随手工业的私有化，商业也开始私有化，官商已不能垄断贸易，私商出现了。孔子的学生子贡，周游列国做生意，并参与各国政治活动，能和诸侯们"分庭抗礼"。孔子能顺利地周游列国，商人子贡的经济资助起了很大作用。越国的大夫范蠡，弃官下海从商，周游于江湖之间，成为"三致千金"的富商，号称"陶朱公"，被后世商人引为楷模。"陶朱公"因而成为富商大贾的代名词和中国历史上著名的"文财神"。

总之，春秋战国时期，在技术进步带动下的整个社会经济处于向前发展之中，特别是战国时期，随着众多小国被兼并，阻碍商货流通的关隘被打通，使商品经济发展进一步加速。而全国农业、手工业和商业的发展，物质财富的不断增加，又为大一统帝国的建立奠定了良好的物质基础。

第二节　变法生财的图存改革

一、变革就是图存求生

代商而起的西周为了防范原来商贵族势力的反抗，开始封邦建国，即把周王京畿以外的广大地区，分赐给自己的叔伯、兄弟及有功之臣以为屏藩。当时，赐予王族、勋戚、臣下的土地仅仅拥有食租税的使用权，并没有所有权，所有权仍属于周王。但自平王东迁后，随着王权的日益衰落，对国有土地的控制权也随之削弱，正如《史记》所

土字平肩弧足空首布
春秋后期　晋国造

"安邑一釿"桥足布
战国中期　魏国造

载，听"诸侯恣行，淫侈不轨"。"溥天之下，莫非王土"的土地制度发生了动摇。诸侯以求赐之名变相夺天子之田，诸侯之间，诸侯同卿大夫之间，大夫与大夫之间展开了一场激烈的争田夺地的斗争。《左传》对这种明抢暗斗的争夺战作了不少称为予田、赏田、夺田、争田、取田、赂田的记载。

以国君之间互相争夺田地为例，就有桓公二年（公元前710年），晋"哀侯侵陉庭之田"；僖公二十八年（公元前632年），晋文公讨曹，分其地；僖公三十一年（公元前635年）春，"取济西田，分曹地也"；襄公八年（公元前565年），"莒人伐我（鲁）东鄙，以疆鄫田。"

以贵族之间互相抢夺田地为例，就有成公三年（公元前588年），"秋，叔孙侨如围棘，取汶阳之田"；襄公十年（公元前563年），"初，子驷为田洫，司氏、堵氏、侯氏、子师氏皆丧田焉"；昭公九年（公元前533年），"周甘人与晋阎嘉争阎田"；昭公二十八年（公元前514年），"秋，晋韩宣子卒，魏献子为政，分祁氏之田以为七县，分羊舌氏之田以为三县"。

在农业社会，土地和人口就是实力，随着直接控制土地的缩小，周王朝不仅权势日益失落，而且财政收入也难以维持原来支出的规模，以至于平王死后到鲁国"求赙"，桓王死后筹措七年方能下葬，襄王死后到诸侯处低三下四地去求金才得以安葬。

尽管当时的中央政府在财力上难以为继，且显得有点寒酸，甚至狼狈，但就当时的形势来说，周天子还是名义上的天下之共主，诸侯霸主们各自所控制的，仅仅是周边的几个弱小的属国而已。因此，《左传》说"周德虽衰，天命未改"。所以，诸侯霸主有所行动，还是不得不打着"尊王"的旗号。因此他们对周王室的求助都不能完全置之不理，还得有所表示。

为了争霸和生存，春秋战国时期的大小国家都在居安思危，都不得不重新审视原有的国家经济政治制度，从中寻找变革自强之路。以便积聚力量，在大分化、大改组的战争中取胜。

这一改革犹如鹰之重生。鹰是世界上寿命最长的鸟类，它一生的年龄可达70岁，但是在40岁的时候它却要面临一场劫难。这个时候，它的喙变得又长又弯；它的爪子开始老化，无法有效地捕捉猎物；它的羽毛变得又浓又厚，使得翅膀越来越沉重。这个时候鹰只有两种选择：要么等死，要么经历一

马饰　战国
战国时期各国的兼并战争此起彼伏，军费支出占了各国国家财政的极大比例。

次痛苦而漫长的蜕变。在这个充满煎熬的蜕变过程中，它必须很努力地飞到山顶，用它的喙击打岩石，直到其完全脱落，然后静静地等待新的喙长出来，再用新长出的喙把爪子上老化的趾甲一根一根拔掉，留下斑斑血迹。在新的趾甲长出来后，还要用新的趾甲把身上的羽毛一根一根拔掉。五个月后，新的羽毛长出来了，鹰可以重新开始振翅飞翔，度过后面30年的岁月。

当时的各个诸侯国家几乎都像40岁的鹰，需要击喙、去趾、换羽，获得重生，即需要对各自原有的经济政治制度进行一番脱胎换骨的变革，才能重新积聚力量，参与竞争。历史明白无误地昭告他们，在这场生死存亡的斗争中，谁能在变革过程中战胜自己，谁就有可能战胜别人，谁能力敌群雄，谁就能取代周王成为天下共主。

二、春秋诸国财政改革

（一）齐国改革

齐桓公即位（公元前685年）后，用管仲为相，进行改革。管仲利用齐国近海，富鱼、盐资源的优势，采取了多种改革措施，《国语·齐语》记载主要有：（1）制国为21乡：工商之乡6，士乡15；（2）官山海，对盐实行寓税于价的专卖政策；（3）相地衰征，按土

战国货币齐法化刀

地肥瘠及出产多寡以确定赋税轻重等级。《管子》记载"赋禄以粟，案田而税，二岁而税一：上年什取三，中年什取二，下年什取一；岁饥而不税，岁饥弛而税。"即平均税率为1/10，对灾歉减免，视情况而定，受灾者减免，未受灾者收税。

（二）晋国改革

1.作爰（辕）田，作州兵。《左传》记载晋惠公六年（公元前645年）九月十四日，秦、晋战于韩源，晋惠公战败后下令作爰田，将大量公田分赏众人，改变旧有田土界限；国中大夫又吸取此次丧师的教训，作州兵，扩充甲兵，改革兵制。

2.通商宽农。《国语》载："元年春，公及夫人嬴氏至自王城。……公属百官，赋职任功，弃责薄敛，施舍分寡，救乏振滞，匡困资无；轻关易道，通商宽农；懋穑劝分，省用足财。"周襄王十六年（公元前636年）春，晋文公即位，在王城会合百官，授职任功，确定各项政策措施，在财经方面有减轻税赋，救济贫乏，修整道路，便利商施，宽待农民，省用足财等内容。

（三）鲁国改革

1.实行"初税亩"。鲁宣公十五年（公元前594年），改革旧有田赋征收制度，实行按田亩多少征税的履亩税。《左传》称："初税亩，非礼也。谷出不过藉，以丰财也。"

2.作丘甲。《左传》说："元年春……为齐难故，作丘甲。"也就是说，在鲁成公元年（公元前590年）三月，改革军赋制度，使丘（丘16井，144户）中之人，各按耕种田地面积分摊军赋。

3.用田赋。鲁哀公十一年（公元前484年），季孙欲改革军赋（丘赋），使冉有征求孔子意见，孔子不赞成。故《左传》载："季孙欲以田赋，使冉有访诸仲尼。仲尼曰：'丘不识也。'面私于冉有曰：'君子之行也，度于礼，施取其厚，事举其中，敛从其薄。如是，则以丘亦足矣。若不度于礼，而贪冒无厌，则虽以田赋，将又不足。且子季孙若欲行而法，则周公之典在；若欲苟而

春秋鲁国铜盨

行，又何访焉？'"因此，拖到次年春，鲁国军赋才改按田（亩）征收。

（四）楚国改革

《左传》载楚康王十二年（公元前548年），"楚艿掩司马，子木使庀赋，数甲兵。甲午艿掩书土、田，度山林，鸠薮泽，辨京陵，表淳卤，数疆潦，规堰猪，町原防，牧隰皋，井衍沃，量入修赋，赋车藉马，赋车兵，徒卒、甲楯之数。既成，以授子木。"也就是说楚艿掩为司马，令尹子木整治赋税，实行"量入修赋"制度。

（五）郑国改革

1."为田洫。"郑简公三年（公元前563年），（卿）子驷整修水利和田界；《左传》称："子产使都鄙有章，上下有服；田有封洫，庐井有伍。"这就是说，简公二十三年（公元前543年），子产主政，整顿相关制度，划分田界，征收赋税。

2."作丘赋。"郑简公二十八年（公

王字铜衡
度量衡制度是稳定国家经济的重要方面，战国时各国都有各自的度量衡标准。寿县出土的楚国铜衡形制相同，体扁长，衡杆背都刻有"王"字。

元前538年）九月，郑子产作丘赋，使丘中之人按田出军赋，遭到国人咒骂。《左传》记录："郑子产作丘赋，国人谤之，曰：'其父死于路，亡为虿尾，以令于国，国将若之何？'……子产曰：'何害？苟利社稷，死生以之。'"

（六）赵国改革

山东临沂银雀山出土的竹简表明，早在春秋末年赵国就把百步为亩改为二百四十步为亩，这种新亩制有利于生产力的发展和小农经济的形成。

三、战国魏楚赵秦改革

（一）魏国改革

魏国是公元前403年韩赵魏三家分晋称侯之一。公元前445年，魏文侯即位，任用李悝为国相，主持变法。李悝是法家的创始人，主张以法治国。他收集各国现行法律，编成《法经》，成为中国历史上最早、最系统的一部法典。《法经》共分盗法、贼法、囚法、捕法、杂法、具法等六编。盗法针对侵犯私有财产，贼法针对包括杀伤在内的人身侵犯，囚法用于断狱，捕法用于捕亡，杂法用于惩罚轻狡、越城、博戏（赌博）、借假（欺诈）、不廉、淫侈、逾制等六种违法行为，具法是根据具体情况加重或减轻刑罚的规定。《法经》的本意是以法治来保障社会变革的有序进行，然而它的影响超越了魏国。商鞅从魏入秦，帮助秦孝公实行变法，便是依据这部《法经》行事的；后来的《秦律》《汉律》都是在《法经》的基础上逐步扩充而成的。

李悝执政后废除官爵世袭制，按照"食有劳而禄有功"的原则选择人才，确定俸禄等级。

李悝既是法家，更是农家，他不但主张五口之家治百亩之田承担什一税，而且在变法时特别注意开垦荒地、兴修水利、发展农业生产。他主张：地方百里，提封九万顷，山泽邑居三分去一，为田六百万亩，治田勤谨则亩益三升，不勤则损亦如之。李悝还要求政府"尽地力之教"，派遣得力官员督责农民加紧生产，增产者赏，减产者罚。为

此必须杂种五谷：稷（小米）、黍（黍子）、麦、菽（大豆）、麻，充分利用空闲土地，多种蔬菜瓜果，栽树种桑，扩大副业生产。

在李悝的时代，小农经济已初步形成。粮价涨跌已对国计民生有了重大影响。《汉书》说，李悝认为，粮食"籴甚贵伤民，甚贱伤农；民伤则离散，农伤则国贫。故甚贵与甚贱，其伤一也。善为国者，使民无伤而农益劝"。因此，他主张采用"取有余以补不足"的手段，"使民适足，价平而止"。在全国范围内实行"平籴法"，以平抑粮价防止大起大落引发社会动荡。

李悝的平籴法分收购和出粜两个不同程序。如何收购？《管子》载："善平籴者，必谨观岁有上中下孰；上孰，其收自四，余四百石；中孰自三，余三百石，下孰自倍，余百石。小饥则收百石，中饥七十石，大饥三十石；故大孰则上籴三而舍一，中孰则籴二，下孰则籴一，使民适足，贾平则止。"

入籴操作表

年 成	每百亩增收量	官家收购量	农家剩余量
上 孰	400	300	100
中 孰	300	200	100
下 孰	100	50	50

如何凶年时平价以粜，《汉书》载：　　之所敛，大饥则发大孰之所敛，而粜

"小饥则发小孰之所敛，中饥则发中孰　　之。"

出粜操作表

年　成	收　获　量	出　粜　之　数
小　饥	100	50（发小孰之所敛）
中　饥	70	200（发中孰之所敛）
大　饥	30	300（发大孰之所敛）

魏信陵君夷门访贤

《汉书》强调因为实行此法，"故虽遇饥馑水旱，籴不贵而民不散，取有余以补不足也，行之魏国，国以富强"。

（二）楚国改革

楚悼王的改革，是在楚声王被杀、楚国接连被三晋和秦打败的内忧外患的形势下，被迫进行的。

公元前401年，楚悼王即位后，启用法家吴起为楚令尹（相当于今国家总理），实行变法。吴起变法为时不长，但对集中国家财力，增强实力上有重要意义。他的指导思想是"损其有余而继其不足"，即剥夺旧贵族的权力和财产，扶植新兴势力。凡封君子孙已传三代以上的，收回爵禄；裁汰无能无用之官，节约开支，供养"选练之士"以便"厉甲兵以时争天下"；把已出五服的旧贵族迁徙到荒凉地区，"实广虚之地"，达到充实与开发那些落后地区的经济目标。

吴起针对楚国官场当时盛行的歪风邪气，大力整顿，明确规定："使私不害公，谗不蔽忠，言不取苟合，行不取苟容，行义不顾毁誉"；"塞私门之请，一楚国之俗"；"破横散纵，使驰说之士无所开其口"。目的在于提倡公而忘私，禁止私门请托，不准纵横家进行游说，扰乱视听。

军事实践和理论家吴起
吴起（公元前440年—前381年），战国初期卫国人。先后在鲁国、魏国、楚国做官，军事、政治才能卓越。

吴起变法雷厉风行，成效卓著，很快使正在走下坡路的楚国迅速强大起来。但由于吴起的改革过于激烈，损害了以旧贵族为首的既得利益集团的切身利益，遭到了猛烈的反抗，一时之间反对变法的舆论甚嚣尘上，攻击吴起是"祸人"，楚悼王"逆天道"。待楚悼王一死，守旧派便迅速集结力量，发动叛乱，失去新国王支持的令尹吴起被车裂肢解而死。可见，大起大落是战国时代知识分子的命运特点，既有平步青云、一步登天的机会，也同时存在着一落千丈、死于非命的可能，吴起和此后的商鞅都逃脱不了这样的命运。

（三）赵国改革

公元前403年，赵烈侯用公仲连为相国，进行改革，在"选练举贤，任官使能"、"节财俭用，察度功德"的同时，"以仁义，约以王道"。也就是说，按照法家的理论选拔人才、处理财政、考核臣下，按照儒家的理论教化民众。

此后，赵武灵王为了加强军力，改革军制——"胡服骑射"，建立骑兵。他学习胡人的骑射与服式，并驳斥反对派说："夫服者，所以便用也；礼者，所以便事也"，"法度制令各顺其宜，衣服器械各便其用"。这种因时制宜的改革，使赵国由此而日趋强盛。

（四）秦国改革

秦在商鞅变法前，地广人稀，同东方各国相比，无论从政治上、经济上、文化上，各方面都比较落后，因而遭到东方六国诸侯的排斥。不能参加各国会盟，还经常遭到魏国的侵袭。这一切，迫使秦国不得不进行改革。秦简公七年（公元前408年）实行"初租禾"，按田亩征收实物税；秦献公七年（公元前378年），"初行为市"，活跃商品经

商鞅方升　战国时期
为了提高国力，避免亡国的命运，各国纷纷实行变法。在秦孝公的支持和重用下，商鞅于公元前359年和公元前350年先后两次在秦国主持变法。变法的主要内容有：废除奴隶制的井田制，实行土地私有制度，准许民间买卖土地；奖励军功，建立军功爵制；重农抑商，奖励耕织；迁都咸阳，推行县制；建立什伍连坐制；统一度量衡。变法使原来比较落后的秦国一跃而成为强国，为后来统一六国奠定了基础。以秦国的商鞅变法为标志，土地私有制度开始形成。

大道之行
中国财政史

济；但到秦孝公即位时（公元前361年），秦国仍处于内外压迫的羸弱之中。立志改革的秦孝公认为："诸侯卑秦，丑莫大焉。"为此，发布求贤诏令，征求"能出奇计"使秦强盛的贤才。商鞅就在此时从魏国前往秦国应聘。

商鞅，本名卫鞅，也称公孙鞅，因在秦国变法有功，被封于商（陕西商县东南商洛镇），号为商君，故后人称为商鞅。

商鞅带了李悝《法经》，在秦国进行了两次变法，使秦国一跃而为强国。他首先反驳了守旧派"法古"、"循礼"的主张，提倡"治世不一道，便国不法古"；"当时而立法，因事而制礼"。经过三年准备，于公元前356年进行第一次变法。（1）公布、实施李悝的《法经》，增加了"五家为伍，十家为什"的连坐法，对轻罪用重刑，"以刑去刑"，张扬法律的威慑力；（2）废除旧的世卿世禄制，实行依军功授田宅的新法，把军功分为20等，论功行赏，授官赐田宅；（3）实行奖励垦荒、重农抑商、奖励耕织的政策。秦国地广人稀，凡从事耕织

秦铁权

成效显著者，可免徭役；凡弃农从事商业、手工业不力而破产者，连同其妻子儿女一同罚作官奴，（4）焚烧儒家经典，禁止私门请托、游说求官。

公元前350年，商鞅进行第二次变法，涉及面更深更广：（1）废除秦国境内的井田制，把原来"百步为亩"的阡陌和百亩为顷的封疆统统破除，开拓为二百四十步为一亩，重新设置阡陌、封疆，并且正式承认土地私有和买卖的合法性；（2）把秦国的乡、邑、聚（村落）合并为县，作为地方一级行政机构；（3）为争取中原，向东发展，而把都城从雍迁到咸阳。（4）统一度量衡，颁布度量衡标准器；（5）开始按户按人口征收军赋，一家有两个成年男子必须分家另立户口，否则要加倍征赋，刺激一夫一妻为生产单位的小农经济。杜佑称此为"舍地而税人"。

商鞅变法是各国变法中最全面、最彻底、最有成效的，它有力地促进了秦国农业生产的发展，充实了国家财政，增强了军队战斗力，同时也使社会

车裂商鞅
明末刻本《新列国志》插图。

秩序得到稳定。史称"数年间，国富兵强，天下无敌"，为秦国日后兼并六国、统一全国奠定了政治和经济基础。正如汉代王充在《论衡》中所说："商鞅相孝公，为秦开帝业。"

商鞅变法剥夺了旧贵族的特权，损害了他们的利益，遭到嫉恨，一场殊死的较量势不可免。因为太子犯法，商鞅对太子的师傅公子虔予以严惩，以示法不阿贵的严肃性，使矛盾更趋激化。公元前338年秦孝公死，太子即位为秦惠王。公子虔等人见时机成熟，诬告商鞅谋反，迫使他回到封地商邑，举兵抵抗。商鞅被秦兵杀死后，又被处以车裂的极刑。商鞅的

悲惨结局表明，以暴力手段推行改革者，自身一定会被暴力所报复，即使一心为公者也不例外。不仅商鞅如此，历代改革者如唐代改革家刘晏和杨炎被杀，明代改革家张居正死后次年被抄家等，其悲惨命运无不证明这一结论的无比正确性！

与商鞅变法差不多同一时候，韩国任用申不害，齐国任用邹忌，先后变法，都取得了成效。尤其值得一提的是，齐国邹忌变法中，巧妙地设置决策咨询论坛——稷下学馆，吸引各方有识之士进行百家争鸣，起到了极其重要的舆论先行作用。齐威王还任用军事家孙膑，讲求练兵，重振装备，收到明显的效果，逐渐强大起来的齐国和秦国曾一度互称东帝和西帝，成为中华大地上的一时之霸。

第三节 井田制度破坏与初税亩

我国自古以来就以农立国，实行土地公有。从夏代算起经殷商到西周建立封建制度，土地公有的井田制已完全制度化了。井田制前后实行长达近1700年之久，它既是一种土地制度，也是一种赋税制度。由于井田制以土地农耕产出为政府财政最主要收入，

从而导致土地公有制度成为财政的主要政策。然而，到了历史大转折的春秋战国，土地公有制度就开始发生变化，以至于最后走向崩溃。

首先，随着人口的增加，耕地面积已不够分配。井田制是产生于人口与土地比例均衡基础上的土地公有制，若土地增加不多，而人口却大幅度增加，这一制度便会面临公有土地跟不上人口增长，难以继续维持下去的局面。《后汉书·郡国志》称周初人口有1370万，春秋战国时期，尽管因战争频仍，人口伤亡甚多，但由于各国奖励生育的人口政策，使春秋战国时代人口仍然有显著增加。若按战国时军备700万兵员估算，则当时人口数至少也有2000万以上。这样，势必导致部分百姓不能充分取得土地，从而影响了他们的生计。为了生存，他们便自然而然地产生了开垦新耕地的愿望和行动。由于开垦新耕地是艰辛的劳动，垦耕者为了确保自己的劳动果实不被当局剥夺，遂要求其新垦耕地私有。

其次，战争频繁，军费支出猛增，"什一税"已不敷财政支出的浩繁需要。作为既是土地制度，也是赋税制度的井田制有其特点：一是土地平均分配给农民；二是农民平均负担10%的

税收；三是农民受灾时，纳税亦相应减少。因此在井田制度下的农民负担不重。但是到了春秋战国，各国战争迭起，不但农民且战且耕，而且政府军费支出日益增大，什一税率的收入已不足应付军费支出的需要。因此，各国纷纷打破什一税的税率限制，竞相加税，以增强自身财力，从而破坏了代表井田制度核心精神的什一税。

再次，周室衰微，列国争雄，土地争夺战破坏了周代的井田制度。春秋战国时代，土地是主要的生产资料，也是财富最大的标志。为了争夺土地，战争频仍，结果是强有力的诸侯拓疆辟土，领地迅速扩张；弱小的诸侯，不是根本被消灭，便是以附庸的形式，卵翼于大国的保护之下。所以在周初分封的几百个诸侯，到了春秋时代，只剩下几十个，这几十个当中，确实强有力者不足十个而已。在西周时代，诸侯的土地不过百里，到春秋时代土地争夺兼并的结果，小的诸侯被吞并了，所存的大国，其土地领域之大，有大至数千里。土地战争争夺结果，破坏了周代的井田制度。

同时，随着个人财富增加，带来对土地私有的诱惑。由于农业和手工业经济的发展，促进了工商业的发达和

记录西周土地契约的散氏盘
盘通常作为盛水之器，散氏盘盘
内大量铭文记载了周厉王时期
散、矢两个封国在周王使臣的监
督下，订立土地契约，以示互不
侵犯的过程。此器具有重大的史
学价值。

货币的交换，从而使一部分人口转移出农业开始从事工商业，并比从事农业生产更为迅速地获得了财富。而追求自身利益最大化又恰恰是人的天性，因此，运用货币买卖土地，并使土地据为己有，成了这些首先致富者的强烈愿望和极大诱惑。

由于上述原因，盛行于西周的井田制，到春秋时，已开始崩溃。文献记载，首先破坏井田制度的是鲁国。《左传》说："鲁宣公十五年，初税亩。"又说："鲁成功元年，作邱甲。"又说："鲁哀公十二年，用田赋。"到战国时代，以法律形式规定土地私有的则是秦国。《商君列传》记载："孝公既用卫鞅……定变法之令，……民有二男以上不分异者，倍其赋……大小僇力本业，耕织

致粟帛多者后其身。……令民父子兄弟同室内息者禁。……为田开阡陌，封疆而赋平。……居五年，秦人富强。"又《通典·田制》载董仲舒之言曰："秦用商鞅之法，改帝王之制，除井田，民得买卖，富者田连阡陌，贫者无立锥之地。"这又说明了在土地私有制度之下，发生了土地兼并现象。

尽管初税亩和土地私有在历史上推动了生产力的发展和社会进步，但由于其在当时毕竟是破坏了周代的制度，也即破坏了周礼，所以在实行初税亩制度和土地私有制之初，这一行为不仅受到社会舆论的指责，还被认为是反对周天子的大逆不道。因此，《左传·宣公十五年》猛烈抨击："初税亩，

非礼也，谷出不过藉，以丰财也。"

第四节　货币地租的发端

以货币缴纳赋税，发端于春秋战国时期。这是税收形态从劳役地租过渡到实物税，然后再从实物税向货币税发展的必然现象。在西周，由于货币的铸造和使用，开始以货币缴纳市税，其他各税仍以劳役和实物完纳。

到春秋战国时，由于工商业的进一步发展，货币使用日渐普及，少数诸侯国为了课征便利，便开始把征收实物地租的土地税改为征收货币。《管子·轻重篇》载："管子入复桓公曰：'终岁之租金，四万二千金。'"《史记·滑稽列传》载："魏文侯时，西门豹为邺令，豹往到邺，会长老，问民之所疾苦，长老曰：苦为河伯娶妇，以故贫。

有文铜贝是楚国的青铜贝币，称为蚁鼻钱或鬼脸钱。这种名称并不是楚国贝币原来的名称，而是约定俗成的一种称呼。最早记录这种铜仿贝为蚁鼻钱是宋代洪遵《泉志》，他说："此钱上狭下广，背平，面凸，有文如刻镂又类字，也谓之蚁鼻钱。"

豹问其故，对曰：邺三老廷掾，常岁赋敛百姓，收取其钱，得数百万，用其二三十万为河伯娶妇，与祝巫共分其余钱持归。"这些记载，有力地说明齐魏两国开始以货币完纳赋税。不过这不是春秋战国时代各国的普遍现象，而是发生在工商业比较发达的少数诸侯国而已。

第五节　春秋战国的财政收入

一、专卖

春秋战国财政政策有两大改变：第一是土地私有制度的建立，第二是专卖政策的产生，这两种政策上的改变与创制，对于后世的经济财政产生了极大的影响。土地私有制度有文字记载的发端是鲁国的"初税亩"，法律意义上的全面实施创制于秦国，专卖制度的产生和创制则始于齐国。

专卖制度创始人管仲，为齐桓公时的国相，他的理财思路，一是主张实施无税政策；二是实行专卖政策。专卖政策是寓税于价的国营商业政策，它以专卖利益的收入代替向人民直接课征赋税，在我国财政史上不失为一大创举。

《管子·轻重甲》载："楚有汝、汉

记录管子遗说的《管子》。

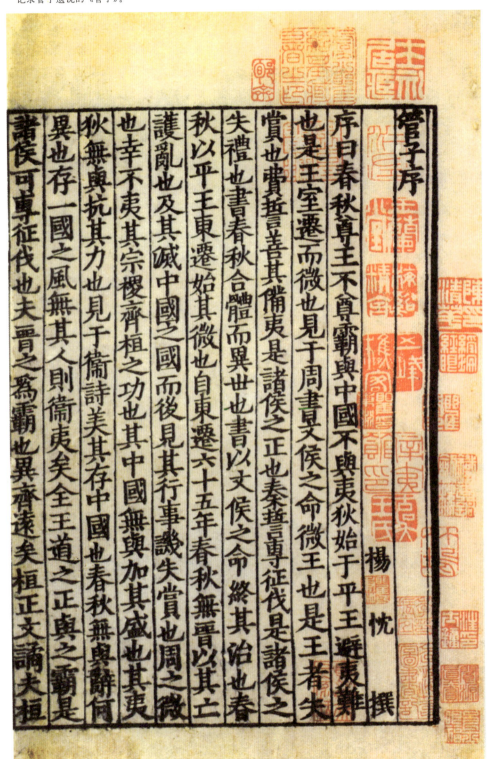

管子序

楊憐忱撰

序曰春秋尊王不貴霸與中國不與夷狄始于平王避夷難
也是王室遷而微也見于周責文侯之命微王也是王者失
賞也費誓言善吾其備夷是諸侯之正也秦誓言專征伐是諸侯之
失禮也書春秋合體而異世也書以文侯之命終其治也春
秋以平王東遷始其微也自東遷而後見其行事譏失賞也周之微
護亂也及其滅中國之國而後見其中國無與加其盛也其夷
也幸不夷其宗櫻齊桓之功也其中國無與加其盛也其夷
狄無與抗其力也見于衛詩美其存中國也春秋無與辭何
異也存一國之風無其人則衛夷矣全王道之正與之霸是
諸侯可專征伐也夫賈之為霸也異齊遠矣桓正文謂夫桓

之黄金，而齐有渠展之盐，燕有辽东之煮"，而且齐国还有甾石（铜）。因此，管仲认为，齐国只要伐菹薪（用作燃料的柴草），"煮沸水为盐，征而积之"，即可富国。实际上，《左传·成公六年》载，晋国的郇瑕之地（今山西运城解州盐池），沃饶而近盐，国利君乐。晋人以山、泽、材、盐，视为国家之宝。故齐为称霸诸侯，对盐铁实行专卖。因盐和铁是农家的生产和生活必需品，无论男、女、老、少，不分官、民，均需食盐，万乘之国，人口千万，日食盐千钟，每升盐加2钱，则一月就是6000万，相当于两个万乘之国的人口税；对铁也如此，如每根针加价一钱，则30根针的加价等于一个人的人头税；其他如一把剪刀加价6钱，则5把剪刀的加价即为一人的人头税；一个犁铧加价10钱，则3个犁铧的加价等于一个人的人头税。即只需对铁器具略有加价，便可免除直接对人征税，是寓税于价的做法。

对外，也可开展贸易战。利用农闲组织农民伐柴、草煮盐，由国家收购，从十月至来年正月，可得盐3.6万钟。孟春时，全国忙于农事，在此期间，禁止一切非农活动，包括官员不许修理坟墓、宫室，建筑亭台、墙垣，沿海之民不得煮盐，等等，因数月无盐供应，则盐价坐涨；梁、赵、宋、卫、濮阳，都是不产盐的地区，无盐则病，乘贵而粜，则可成金1.1万斤。此时，齐国可令各诸侯在朝聘、会盟时必须献金，从而导致金价上涨百倍。如此，齐国只需控制盐铁，即可把财富尽归于齐。

盐铁专卖之制，春秋时似未普及全国。进入战国时，随着工商经济的发展，出现了许多大私营盐铁商，如大盐商猗顿、大铁商郭纵，"与王者埒富"，其他如蜀卓氏、程郑、宛孔氏、曹邴氏等，都是以冶铁致富，或富"倾滇蜀"，或"富至巨万"。

二、关税

古之关卡多设于国与国之间的水陆交通要道和边陲要隘，最先是稽查往来人员，为国家安全而设，纯粹出于军事和政治需要，并无经济上征收关税、增加国家收入之目的。到春秋战国时，手工业发达，商品交换频繁，更加交通便利，国与国之间贸易也随之扩大，进出关卡的货物渐增。此时，人们才发现对商品征税是国家财政的一大财源。于是，各国开始在关口对过往商贾征收商品通过税。

齐国管仲非常重视收入，《管子·问篇》载："关者，诸侯之陬隧也，而外财之门户也，万人之通行也；明道以重告之，征于关者勿征于市，征于市者勿征于关，虚车勿索，徒负勿入，以来远人，十六同道。"《管子·幼官篇》又称"关税百取一"。可见，当时齐国关道很多，其税率为值百取一（即税率1%），关税成了齐国的重要税源。《左传》载齐景公时，于靠近国都的关卡收税，"逼介之关，暴征其私；承嗣大夫，强易其贿。布常无艺，征敛无度，……内宠之妾，肆夺于市；外宠之臣，僭令于鄙，私欲养求，不给则应"。楚国对贩运牛、马、羊等牲畜的征收，其收入归国君大府，不在关卡征税；只有一般货物出入关卡时，才在关卡征收。

鄂君启节 战国
自铭"金节"，是楚怀王颁发给鄂君启运输货物的免税通行凭证。节的正面阴刻栏文九行，每行都有精美的错金铭文，详细记录了楚王对鄂君启进行水陆路运输的种种规定，它说明除了田赋收入，商业税也成为各国赋税体系中一个重要组成部分。

在魏国，信陵君建议魏王从韩的上党到魏的安城途中，设关"出入者赋之"。关税收入，"足以富国"。

作为儒家的孔子、孟子和荀子，对征收关税极为反感。孔子指责臧文仲三不仁中，其中之一是废六关。鲁本无此关，臧文仲置关以收税。孟子在其著作《孟子》中骂道："古之为关也，将以御暴；今之为关也，将以为暴。"此处之暴，即暴敛之意。说明当时关税之重近乎苛捐杂税。荀子在其著作《荀子》中也认为："今之世不然，苛关市之征，以难其事。"强调关税是对商旅往来的一种刁难。

春秋战国时，由于国家小，即使是国境关税也纯粹是一种内地关税，并非后世大国之国境关税可比。因为这种极小范围内的关税征收，客观上不利于商品流通，阻碍了商品经济的发展，并且开启了我国在内地设卡征收所谓"常关税"之恶例。

三、市税

市税，是对进入市场的手工产品所征之税，属于商税范畴。中国古代征商始于西周后期。随着岁月的流逝，历史推移到春秋战国时期，社会生产力有了长足的进步，不仅农业发展了，手工业门类增多了，而且资源开发利用及其加工技术也有了很大提高。《史记·货殖列传》称："山西饶材、竹、谷、𬘘、旄、玉石；山东多鱼、盐、漆丝、声色；江南出楠、梓、姜、桂、金锡连、丹砂、犀、齿、玳瑁、珠、玑、革；龙门、碣石北，多马、牛、羊、旃裘、筋角；铜铁则千里往往山出棋置。"充分反映了当时商品经济的繁荣景象。于是，活跃的商人便通过周游列国、交通王侯贩运这些特产，从中牟取厚利。《管子·七臣七主》就记载"政有急缓，故物有轻重；岁有凶败，故民有义不足；时有春秋，故谷有贵贱"反映商人如何利用差价乘时谋利。

对市税的征收，孟子在其《孟子·公孙丑》中认为："古之为市也，以其所有，易其所无者，有司者治之耳。有贱大夫焉，必求龙断而登之，以左右

望，而罔市利，人皆以为贱，故从而征之。征商自此贱大夫始矣。"强调市税既对商人逐利行为而征，也对其商利而征。由于利益所在，齐景公时，"内宠之妾，肆夺于市"。战国时以城市工商税作为封君"私奉养"。秦之穰侯，赵之奉阳君和齐之孟尝君，都要争夺宋国的陶邑作为封邑，因陶为当时最大商业城市之一，市税较多。此外还有军市。赵国"市租皆输入莫（幕）府，为士卒费"，即用于李牧供应军士和赏赐。

对市税税负轻重的掌握，管仲在《管子》一书中主张"征于关者勿征于市，征于市者勿征于关。虚车勿索，徒负勿入，以来远人"，即是一物一税，税其一不及其二，反对关、市并税。《礼记·月令》称"四方来集，远乡皆至，则财不匮，上无乏用，百事乃遂"，强调以轻税招商引民，国家获利。至于市税的税率，据文献所记，有轻有重。《管子·幼官》记载，桓公在三会诸侯时，订定"田租百取五，市赋百取二，关赋百取一，毋乏耕织之器"，符合轻税招远客的原则。《管子·大匡》记载："桓公践位十九年，弛关市之征，五十而取一。"

同时，战国时也有利用重征市税

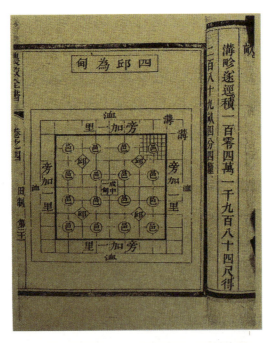

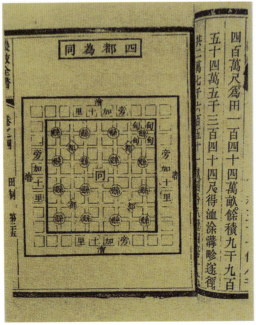

井田沟洫图
禹战胜洪水后，低洼的仍有积水，他又率领人们开沟排水，这种排水沟发展成为田间沟洫。沟洫到西周时已发展成涝能排、旱能灌、大小水渠配套的田间排灌系统。这种沟洫对当时农业生产的发展起了很大的作用。

以抑商业的法令，例如秦国商鞅变法，为了以农养战不惜"贵酒肉之价，重其租，令十倍其朴，然则商贾少"，通过"重关市之赋"达到将农民固定于土地之上，实现其富国强兵目的。

四、山泽

在古代，起先山林川泽资源供官民放任共用，随着自然资源不断被人开发利用以及人口的逐步增加，自然资源的有限性和人类开发利用欲望的无限性矛盾日益突出，此时，优化资源配置，提高其利用效益成了政府不得不面对的大事。为了保护自然资源的有效使用，不约而同地设官管理，"以时禁发"。《周礼》称：山虞掌山材之政令，泽虞掌国泽之政令，卝（"矿"的古字）人掌金玉锡石之地，以时取之，角人掌以时征齿角，凡骨物于山泽之农，羽人掌以时征羽翮之政于山泽之农，掌葛掌以时征絺绤之材于山农，掌染草掌以春秋敛染草之物，掌炭掌灰物炭物之征令，掌荼掌以时聚荼，掌蜃掌敛互物蜃物。委人掌敛野之赋敛薪刍，凡疏材木材，凡畜聚之物。《礼记·月令》

大道之行
中国财政史

亦载："季冬，命水虞渔师收山泉池泽之赋。"

在春秋前期，对设官管理后的山林川泽资源是实行专利政策，还是实行互利政策尚有不同意见，因此，各诸侯国内的政策，前后也有变化。据《管子·戒》载：管仲与桓公盟誓"山林梁泽，以时禁发，而不正也。草封泽盐者之归之也，辟若市人"；《荀子·王制》称："山林泽梁，以时禁发而不税"；鲁庄公二十八年（公元前666年）"山林薮泽之利，所以与民共也，虞之，非正也"；鲁襄公十一年（公元前562年）四月，鲁、晋、宋、卫、曹、齐等十余国伐郑，秋七月，同盟于亳，载书曰："凡我同盟，毋蕴年，毋壅利"，将不积谷不恤灾和不专利写入盟书之中。此时，一些卿大夫，为取得民心，也采取了一些让利于民的做法，如昭公三年（公元前630年）晏子对叔向说，齐陈氏"以家量贷，而以公量收之。山木如市，弗加于山；鱼、盐、蜃、蛤，弗加于海"，实行同产地同价格收购。后来，随着生产的发展，创造的财富不断显现，许多采伐、捕捞产品，已有了课征税收的可能，于是设官收税亦应运而生。

随着设官收税，专利同互利的矛盾便突出起来，因为自然资源一经开发就成了财富，人是利益的动物，其对利益的占有欲望是任何动物都难以比拟的。为了保护国君自身的既得利益，春秋时的各国国君，多取财于山泽之利，如齐桓公（公元前685年—前643年）时"官山海"；楚康王（公元前559年—前545年）用芳掩为司马，使子木治赋税，其中一个重要的内容是山林薮泽的出产（金、木、竹箭、龟、珠、皮、角、羽毛之类）；齐景公（公元前547年—前490年在位）亦专山泽之利，"山林之木，衡鹿守之；泽之萑蒲，舟鲛守之；薮之薪蒸，虞侯守之；海之盐蜃，祈望守之"。总之，富山林之利的国君，因"山林川泽之实"，是他"器用之资"，所以加强了控制和税收征管。至战国时，商鞅改革财政，山泽税成了一大收入，《盐铁论》记大夫之言曰："昔商君相秦也，……外设百倍之利，收山泽之税，国富民强，器械完饰，蓄积有余。"

五、贡纳

古人言，贡以征信。贡纳，既有政治上明尊卑的统属意义，也有经济上尊上输财的财政意义。贡纳分为经常性的定期贡纳和非经常性的不定期贡纳两种。其礼仪颇为讲究，《周礼》规定，有春朝、秋觐、时会、时聘等。三年一次的朝贡，起到明尊卑长幼的作用，《左传》称为"间朝以讲礼"。六年一会，起到训上下、制财用的作用，《左传》称为"再朝而会以示威"。十二年一盟以昭信义，《左传》称为"再会而盟以显昭明"。诸侯纳贡礼，天子有赏赐，起到了加强上下沟通，巩固政权的政治和财政作用。

进入春秋时期，由于周王朝日益衰弱，在诸侯眼中已不是有权威的中央政府，朝王者也就越来越少了。如鲁国，本是西周的重要封国，前后12公，240余年中，仅僖公因晋文之霸两度朝王；成公因伐秦之役去了一次京畿。在隐公、桓公（公元前722年—前694年）的29年中，周天子派使者来鲁不断，而两公却不曾朝王。隐公二年（公元前720年）三月，周平王死，至秋未葬，由于鲁未供王祭，故周大夫武氏派人到鲁国"求赙"；文公九年（公元前618年）春，因襄王自去年秋天死后，未能安葬，故使毛伯卫来鲁求金，以供襄王葬事。这是周室两次向鲁求助，说明王室经济来源短缺，王权亦十分衰弱。

在春秋时期，由于周王还是名义上的天下共主，其正统作用仍然存在。那些强大的诸侯霸主还需借用"尊王"旗号以行其私，所以也需向周王贡纳

财货，以达到其"挟天子以令诸侯"的目的。《史记·越世家》载，周元王三年（公元前473年），勾践灭吴后，与齐晋诸侯会于徐州（今山东滕县南），致贡于周。周元王派人赐勾践胙，命为伯。

对不遵命朝贡者，常常会招致大国惩处。隐公九年（公元前714年），"宋公不王，郑伯为王左卿士，以王命讨之。伐宋"。僖公四年（公元前656年）春，齐侯打着尊王旗号，以诸侯之师伐楚。首先是周王授权："昔召康公（召公奭）命我先君大公（太公望）曰：'五侯（公侯伯子男）九伯（九州之方伯），女实征之，以夹铺周室'"；其次，楚三年不贡成了齐伐楚的理由："尔贡苞茅不入，王祭不共，无以缩酒，寡人是征。"

春秋时期最大的变化是小国除向周天子进贡外，还需向大国进贡；不仅向霸主进贡，还需向周边强国进贡。《左传》一书中就有不少此类记载：宣公十四年（公元前595年）"小国之免（罪）于大国也，聘而献物"。襄公八年（公元前565年）"（楚伐郑）民急矣，姑从楚，以纾吾民。晋师至，吾又从之。敬共币帛，以待来者，小国之道也。牺牲玉帛，待于二竟（境），

大道之行
中国财政史

以待强者而庇民焉"。襄公二十二年（公元前551年），郑子产说"四月，又朝以听事期。不朝之间，无岁不聘，无役不从。以大国政令之无常，国家罢病，不虞荐至，无日不惕，岂敢忘职？"襄公二十九年（公元前544年），"鲁之于晋也，职贡不乏，玩好时至，公卿大夫相继于朝，史不绝书，府无虚月"。《国语》也记载"王曰：越国南则楚，西则晋，北则齐，春秋皮币、玉帛、子女以宾服焉，未尝敢绝"。此外，西南少数民族也要向大国进贡。如《秦本纪》载"巴人致贡"、"蜀人来赂"、"蜀人来朝"等。

春秋战国时，列国纷争，弱肉强食，强行索取贡物事例亦不少见。如桓公十三年（公元前699年），宋国向郑国厉公索要贡品；昭公十六年（公元前526年），晋宣子向郑商索取玉环；昭公二十年（公元前522年），齐侯田于沛，招虞人以弓。同时，大国也常常以小国不贡而出兵征讨。例如，僖公十一年（公元前649年）"黄人不归楚贡，冬，楚人伐黄"；文公二年（公元前625年）"晋人以公（鲁）不朝来讨，公如晋"；宣公七年（公元前602年）晋立新君，鲁国不朝，又不派大夫朝聘，"晋人止公于会"，鲁赂晋，方获释而归；宣公

十三年（公元前596年）春，因莒恃晋（越）而不事齐，齐师伐莒。《墨子·非攻中》说："东方有莒之国者，其为国甚小，间于大国之间，不敬事于大国，大国亦弗之从而爱利，是以东者越人夹削其壤地，西者齐人兼而有之。"结果，《战国策·齐策五》说："莒恃越而灭。"

春秋战国可供贡献的物品，最初是仅指本地所产。"苟有明信，涧、溪、沼、沚之毛，苹、蘩、蕴藻之菜，筐、筥、锜、釜之器，潢 、行潦之水，可荐于鬼神，可羞于王公。"但一般来说，充当贡品者多为贵重稀缺之物，如隐公七年（公元前716年）所记，戎朝周王时，又访问公卿，按周制，先见于祖庙，再私见，均有礼物，如玉马、皮、圭、璧、帛之类。僖公三十年（公元前630年）冬，周王派周公阅来鲁索聘，"飨有昌歜（以昌蒲根腌的菜）、白黑（熬煮的稻、黍）、形盐（盐形似虎）"。鲁仍觉难以承受。又如弱国对强国，"楚子入飨于郑，九献，庭实旅百。加笾豆六品。飨毕，夜出，文芈送于军。取郑二姬以归"。这是楚成王三十四年（郑文公三十五年，公元前638年），郑对楚王以上公之礼。"庭实旅百"又是诸侯献王的内容。庭实是指陈于庭中

的礼品，车、马之类；旅百，指赠物之多。加笾豆是九献之外的礼物，笾为凌、芡、栗、脯，豆指芹、菹、兔醢，深蒲、豚胉、 菹、雁醢、笋菹、鱼醢。

六、田赋

夏、商、西周时，土地税率皆行"田野什一"，税率10%，税负较轻。但是到了春秋战国，由于周室衰微，这种税制就被打破了。当时，各国互不相统属，不可能有统一的财政政策，更没有划一的赋税制度。只是为了争雄需要，在重征赋税，增强自身实力方面，各国间基本取向是一致的。

如《左传·昭公三年》载：鲁昭公三年（公元前539年），齐国"民三其力，二入于公，而衣食其一；公聚朽蠹，而三老冻馁"。这就是说，齐国农民2/3的收获被征为税收，自己所能留用的，仅仅只有收获量的1/3而已，这种税率已超过了6/10以上，说明百姓负担极重。同样，晋国也是"道殣相望"，"民闻公命，如逃寇仇"。《七国考·秦食货》载战国时，商鞅变法，"收泰半之赋，三分而税一，咸阳民力殚矣"。

对不按规定交纳赋税或缺金短升者，秦国规定罚"官啬夫"。如一桶（斛）相差二升以上，一斗相差半升以上，罚交铠一件；一桶相差二升至一升，一斤相差三铢以上，罚交盾一件。

对少数民族纳税，中国历来有安抚传统。春秋战国时，有的国君就明文规定实行优惠政策。《后汉书》载秦昭公时（公元前306年—前251年），对朐忍夷人"顷田不租，十妻不算"。

又据《左传·襄公十一年》载："季氏使其乘之人，以其役邑人者，无征，不入者倍征。"这说明鲁国当时征赋已无一定税则定规，完全受权贵所操纵，顺者可以免征，不顺者要加倍课征。

春秋时代，权贵操纵税收，诸侯家臣及大夫的职能之一，便是替诸侯征管税收。因税无定制，则难免萌生中饱恶念。到战国时代，诸侯们争夺结果，有些国家版图扩大，税官的任用比以前增加。他们一方面向百姓征收远比定额为多的租税，另一方面在上缴诸侯时又比定额为少，这样一进一出，他们便可从中获利，中饱私囊。韩非子谈及此，十分气愤："赵简主出，税者吏请轻重，简主曰：'勿轻勿重，重则利入于上，若轻则利归于民，吏无私利而正矣。'薄疑谓赵简主曰：'君之国中饱。'简主欣然而喜曰：'何如焉？'对

大道之行
中国财政史

曰：'府库空虚于上，百姓贫饿于下，然而奸吏富矣。'"

　　至于在重征前提下的税收征收，春秋战国时期也有相对合理的具体办法。例如，春秋齐国管仲的"相地衰征"。首先，按土地质量好坏分为三等：上腴之壤、间壤和下壤，以此为基础"相壤定籍"规定赋税等级。楚芋掩治赋使子堤木"度山林（计算山林出产）、鸠薮泽（聚河湖沼泽所出）、辨京陵（区别高地、丘陵）、表淳卤（标帜盐硷地）、

农具一组　春秋战国
由于公田的事实上占有和私田的大量开辟，一些国家为了扩大财政来源，逐渐承认私田的合法性。铁质农具的使用又极大地促进了社会生产力。

数疆潦（刚硬地及水潦地）、规偃猪（陂池堤堰）、町原防（治防间小块土地）、牧隰皋（低下水草地）、井衍沃（开阔之地划分井田），量入修赋，赋车兵、徒兵、甲楯之数"。就是说，田赋的征收，是按地形、地势、土质好坏和水利情况而分等征收的。

七、卖官爵、赎罪、罚款

春秋战国时期的财政还有卖官爵、赎罪、罚款等非税收入。秦王政四年（公元前243年），蝗灾、瘟疫，令百姓内粟千石，拜爵一级为卖官爵收入。魏惠王时，"良民十万而联于图国"，可通过贿赂免死或免刑为赎罪收入。乡官编报户籍错漏或不实要罚出盾或甲为罚款收入。《管子》一书曾谈及齐桓公欲对台榭、树木、六畜、人等征税。

第六节　春秋战国的财政支出

一、祭祀

春秋战国的争霸，首先要有取得战争胜利的军事实力，同时也得有称霸的舆论准备。舆论准备的重要内容，就是通过祭祀宣扬王权神授，自己之所以能称霸是授命于天的"天意"所归。

春秋战国与西周不同的是各诸侯国对祭祀不仅比原来重视，而且还暗暗加上了争霸天下的祈求内容。其仪式排场之大、层次之高都超越以往，祭祀成了诸侯列国之大事。《国语》中展禽说："夫祀，国之大节也"；晋献公对宁喜说："政由宁氏，祭则寡人。"

从出土文物看，无论大国还是小国，富国还是穷国，凡遇祭祀皆不敢失礼，几乎都不惜血本，以敬神灵。如1955年从安徽寿县蔡侯墓出土的几百件文物中，大型贵重的簋、鼎、大盂姬盥缶、蔡侯镈、甬钟、盘、编钟等青铜礼器达百余件之多。春秋时，蔡国是居于吴、楚之间的弱国，须同时向吴、楚两国进贡，才能求得生存，所以国家财政十分拮据，但其用于祭祀、墓葬方面的财政支出，竟能如此大手大脚，足见当时诸侯国重视祭祀的程度，若是大国祭祀，可以想象其耗费肯定更为巨大了。

二、军事

春秋战国时期，为了争霸，各国普遍通过增建防御工程和改善装备以增强自身的竞争力，从而导致财政军事开支不断扩大。

春秋时，各国为了加强对边境地区水陆交通要道的控制，纷纷建立关塞。如楚国在春秋时北有冥厄、大隧、直猿三塞（今河南信阳），东有昭关（今安徽含山）；战国时，楚在西边设有扞关（今湖北宜昌），东北有符离塞（今安徽宿县），南方设有五假关（今湖南长沙）、历门塞（今广西平乐），重在防秦、防齐。秦、赵、燕等国亦在要地设关。《吕氏春秋·有始览》列举当时天下有九塞：大汾（魏），冥厄、荆阮、方城（楚），郩（秦），井陉、句注（赵），令疵、句庸（燕）。

进入春秋，由于各国间不仅战争日益频繁，而且战争规模扩大，随着攻击能力的增强，筑长城固守被提到了议事日程。早期的长城大多利用各国山脉或水利堤防工程改建而成，如楚长城（方城），东半部建于春秋时期，地在今河南鲁山和泌阳境内，连山带水（堤防）而成；西半部筑于战国时期，地在今鲁山、栾山、邓县一带，"累石为固"；其他如齐长城、魏长城、赵长城和燕国南面的长城，基本都是利用济水、汶水、洛水、漳水、滏水、易水等原有堤防连接扩建而成。从这些长城所在地域就可看出，秦防魏、魏防秦、楚防秦、晋防齐、齐防晋、楚；到战国后期，因东胡、匈奴、林胡、楼烦等游牧民族的崛起，燕、赵、秦三国又北筑长城以防其侵袭。

这一时期，随着战争的扩大，各国

曾仲之孙来且铜戈，春秋晚期，1975年随县涢阳出土。有铭文"曾仲之孙来且用戈"。

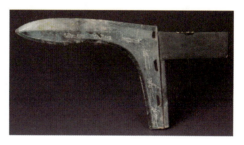

铜戟，战国早期。1955年南漳出土。上有鸟篆体铭文"新弨自毁弗戟"。

铜戈，战国早期。1988年团山出土。有铭文"玄翏敔铝之用"。

纪年铜戈，战国晚期。2007年襄樊岘山出土，为楚秦之战中的兵器。专家确定为秦器，佐证了秦灭楚的历史事实。

在重要的关塞都派军队驻守，以供守望。《战国策·魏策一》记载："魏地方不至千里，卒不过三十万……卒戍四方，守亭、障者参立，粟粮漕庾不下十万。"于是，戍守开支成了国家财政的一大支出。

战争规模扩大化，带来了财政支出的增加。春秋时期，一般来说大战用兵不过两三万人，后期兵力有了较大增加，楚、晋、鲁等国已拥兵十余万。进入战国后，各大国的兵力，少者数十万，多者如秦、楚二国，都有带甲、执戟百万之众，车千乘、骑万匹之多；每次用兵，皆不下十万；十万之师，"日费千金"。而到中期后，每次大战斩首数，即有十几万，秦昭襄王四十七年（公元前260年），长平之战，秦俘虏赵军四十余万，都被白起坑杀，秦军亦死伤过半。由于各国兵力都有数十万人，而军队装备也多铜、铁器、犀甲、铁甲之类；战争时间，已不再是几天见胜负，而是长期对抗。以至于《孙子兵法》所说："日费千金，然后十万之师举矣"。所以齐闵王用孟尝君先攻楚，后困秦，导致"民憔悴"。因为，一场旷日持久的大战后，死伤无数，死者的安葬、抚恤，伤者的医治，诸如车、马、武器装备的补充，都要有财力为后盾，

其财政开支之大，《战国策·齐策五》称，虽"十年之田不能尝也"。

三、王室

春秋战国时，周王室日益没落，财政拮据，开支规模亦渐趋缩小。反其道而行之的则是诸侯国君及其家室开支迅速膨胀。其支出内容主要是宫室建筑营造、日常生活消费和死后之墓葬。《墨子闲诂·七患》载："以其极赏，以赐无功；虚其府库，以备车马衣裘奇怪；苦其役徒，以治宫室官乐；死又厚为棺椁，多为衣裘；生时治台榭，死又修坟墓，故民苦于外，府库单（殚）于内，上不厌其乐，下不堪其苦。"文章以生动的语言，把王室的各项奢华支出和老百姓为之所付出的艰难困苦，描绘得淋漓尽致。

关于诸侯国宫殿建筑之奢华，史不绝书。例如，鲁庄公二十三年（公元前671年）秋"丹桓宫之楹"，"刻其桷，皆非礼也"。晋襄公七年（公元前621年），晋有"铜鞮之宫数里，而诸侯舍于隶人"；晋灵公十四年（公元前607年），"晋灵公不君，厚敛以雕墙"；楚灵王（公元前540年—前529年在位）为章华之台，《国语》称伍举说"今君为此台也，国民罢焉，财用尽焉，年谷败焉，百官烦焉，举国留之，数年乃

成"。秦之宫室如文公居西垂宫，造长安宫；武公居平阳封宫；德公初居大郑宫；宣公居阳宫；穆公筑霸宫等等，《本纪》和《七国考》多有记载。至于君、王生活，更是侈糜腐化，郑简公（公元前565年—前530年在位）嗜酒，专筑有地下室，夜饮酒击钟助乐，群卿来朝，尚饮酒未止。《左传》记载吴王夫差，"次有台榭陂池焉，宿有妃嫱嫔御焉。一日之行，所欲必成，玩好必从，珍异是聚，观乐是务；视民如雠，而用之日新"。《墨子·辞过》篇中对"今之主"的生活作了充分描述："厚作敛于百姓，以为美食刍豢蒸炙鱼鳖；大国累百器，小国累十器。美食方丈，目不能遍视，手不能遍操，口不能遍味；冬则冻冰，夏则饰馑，人君为饮食如此。"关

于食列方丈，举《周官》膳夫之职可以证明。"膳夫，掌王之食饮膳羞，以养王及后世子。凡王之馈，食用六谷，膳用六牲，饮用六清，羞用百有二十品；珍用八物，酱用百有二十瓮。王日一举，鼎十有二物，皆有俎，以乐侑食。"

中国民间自古以来重死轻生，行厚葬之风。春秋战国的王室贵族有过之而无不及。再加上佛教传入中国以前，中国人不知道人死后会转世的教义。所以一直认为，人死后与活着一样生活，因此，向有"事死如事生"的礼仪。春秋战国时，为此耗费巨大，以1978年发现的湖北随县擂鼓墩曾侯乙墓为例，其墓规模大，陪葬器物很多，出土文物达7000多件。其中，青铜乐器及其他器物250多件，编钟64件，编磬32件；出土兵器（戈、矛、戟、殳、箭、弓、盾、甲等）4500多件，车马器1000多件。从送礼名单中获知：赠车的有大臣及楚

云纹金盏
1978年曾侯乙墓出土，重达两公斤多，是先秦金器中最大最重的一件。

国封君，赠马的有宋国的封君大臣等，足见其奢。

四、工程

（一）城市建设

古代的城墙，既是军事防御的重要工程，也是城市建设的组成部分。由于春秋战国时期战争频繁，商业繁荣，以建造城池为主要内容的城市建设自然而然地成了各国财政的一大支出。

由于中国自古以来是一个等级分明的社会，所以城邑规制同样毫不例外地贯穿了这一原则，不准越级非"礼"。一般来说，都城规制远较一般城邑为高。例如，《左传》称昭公三十二年（公元前510年）秋，议扩建成周城。这是一个·规制高、规模大的首都建设。当年冬大，"士弥牟营成周，计丈数，揣高卑，度厚薄，仞沟洫，物土方，议远迩，量事期，计徒庸，虑材用，书糇粮，以令役于诸侯。属役赋丈，书以授帅，而效诸留子。韩简子临之，以为成命"。也就是说，先由土弥牟拟定都城工程设计方案，通过计算城墙的长度、高低、厚度、基础深度、取土方位及运输距离远近确定工程量，再算出施工工期以及所需人工、材料及工程口粮，然后以这一概算向有关诸侯摊派；按国家之大小分配相关任务，确定劳役多寡，工程量若干，指定主持官员，告知刘文公；并由韩简子负责整个工程进度和质量的监管。

至于一般城邑建设，在春秋战国时也十分普遍。《左传》称，鲁宣公十一年（公元前598年），楚令尹艻艾猎筑沂（在今河南正阳或湖北鄂城）城。"使封人虑事，以授司徒。量功命日，分财用，平板干，称畚筑，程土物，议远迩，略基址，县糇粮，度有司。事三旬而成，不愆于素"。说明由于预算精确，组织得力，一个月就得以如期完成。

（二）水利工程

春秋战国时，由于列国争雄，扩大水利灌溉发展农业生产，用"以农养战"之术增强国力已成为各诸侯国的共识和普遍做法。因此，在这一时期形成了一个大规模役使民工兴修水利灌溉工程的高潮。

吴王夫差十年（公元前486年），吴国在邗（今江苏扬州西北）筑城，在长江与淮河之间开凿运河，称邗沟。十四年（公元前482年），又从淮河开一运河，北通沂水，西通济水，从而沟通了长江和黄河两大水系，便利了航运和灌溉。

魏文侯时（公元前446年—前397年），西门豹治邺（河北磁县东南），在邺开凿 12 条渠道，引漳水灌田，使盐碱地去碱成良田。魏惠王（公元前 370 年—前 319 年）十年，通过组织民工开凿鸿沟，从黄河开凿运河通向圃田（今河南中牟县西之大湖），再从圃田泽开沟渠引水灌溉；三十一年（公元前 339 年），又从大梁北部开凿大沟，用圃田水灌田。此外还有支流丹水，睢水、（浍）水等的治理，由于充分利用地形、地势，构建了济、汝、淮、泗之间的水利交通网。此后，中原地区各诸侯国也相继兴修水利，史称"自是之后，荥阳下引河东南为鸿沟，以通宋、郑、陈、蔡、曹、卫，与汝、济、淮、泗会；于楚，西方则通渠汉水、云梦之野，东方则通鸿沟、江淮之间；于吴，则通三江五湖；于齐，则通甾、济之间"。总之，各国通过竞相进行的水利工程建设，不仅促进了农业生产的发展，也便利了水上交通运输。

秦昭王（公元前 306 年—前 251 年在位）以李冰为蜀守，建都江堰水利灌溉工程；用郑国从仲山（今陕西泾阳西北）引泾水向西到瓠口，引水向东经富平注入洛水，全长 300 里，溉田千万余顷；秦灭楚后，为了配合对岭南的军事行动，秦王政又命史禄开凿灵渠，沟通湘江同漓江交通，这一工程不仅使长江与珠江两大水系连为一体，对中国广袤国土的形成起到了举足轻重的作用，还有利于中原与岭南的文化交流，使南疆与北国通过灵渠这一水道纽带紧紧地连结在一起。

这一时期，黄河、济水等大河流沿线各国还以自身的财力，组织民工加固了各自的堤防。齐、赵、魏各国，沿黄河建筑了一条离河 25 里的长堤防，以防河水泛滥。从而，使黄河两岸堤防间，形成了一条 50 里宽的滞洪区，由于河水带来的大量泥土沉积在滞洪区，形成了一片极为肥美的带状土地。总而言之，不管出自何种目的所展开的工程，或"各以自利"，或军事，或商业，都同样起到了"壅防百川"保护两岸农业和农民的作用。到战国时，水利工程较春秋时期规模更大，堤防更长，对农业生产的促进作用更为显著。

五、官俸

春秋战国以前，官员任职的报酬，实行世卿世禄的食邑制。春秋战国开始，直隶国君的郡县制相继出现，郡县长官皆由国君任命，他们不但官职不能世袭，也没有了采邑，全靠国君颁给俸禄，从而打破了世卿世禄制度。

职官俸禄制，始行于春秋中后期。孔子弟子中，有以谷粟计俸禄者。进入战国，随着郡县制的推行，各国大都采用俸禄制，齐、魏等国用"钟"计（"食禄千钟"），秦、燕等国用"石"计。《史记》记载燕王哙三年（公元前318年）为让位于相国子之，"王因收印自三百石吏已上而效之子之"，就是以石计禄的。但当时也同时存在着以田计禄的食邑制，如《孟子》所记，陈仲子为齐之世家，有世代相传的禄田，其兄戴从盖邑收的俸禄，即有几万石之多。

六、赏赐

春秋战国时期，对臣下及有功之臣的赏赐很多，《左传·宣公十二年》记载赏赐原则，"举不失德，赏不失劳"。赏赐方式，除封官晋爵外，一般为赐予土地、金玉及其他财物。

（一）赏赐功臣

鲁襄公二十七年（公元前546年）卫宁喜专权，免余请杀之，公以免余忠诚，赏赐其60邑。《史记·赵世家》载，公元前262年，秦攻韩，韩上党郡守冯亭把上党郡17邑献给赵国，赵国为此"以万户都三封守……吏民皆益爵三级"。秦孝公任商鞅变法，颁行按军功赏赐20等爵制，按军功大小定奖励等级，按爵位高低而定其应得权利，如土地、住宅、官职等。《境内篇》载："訾由丞尉能得爵首者，赏爵一级，益田一

顷，益宅九亩，一除庶子一人。"所以，《韩非子》说："商君之法曰：斩一首者爵一级，欲为官者为五十石之官；斩二首者为二级，欲为官者为百石之官。官爵之迁与斩首之功相称也。"《吕氏春秋·异宝篇》载，楚国在通缉伍员时，称如捕获伍员，给予最高爵位（执圭），禄万石，金千镒。

（二）礼遇使节

诸侯朝天子，各国君所遣使臣往来，均有礼品赏赐。按周制规定，王命诸侯有严格等级区别，名位不同，所赐之物也有所差异。至于对他国过往本国国境的名人，或留或送，或赠或不赠，也有不同。如晋公子重耳（后来的晋文公）于僖公五年奔狄，取季隗，十二年离开，过卫，卫文公不礼；出于五鹿，乞食于野人；及齐，齐桓公妻之，有马二十乘（四匹马为一乘）；及宋，宋襄公赠之以马二十乘；及郑，郑文公亦不礼；后至秦。总之，由于关系不同，接待规格及所赠礼品都有差异。

七、养士

春秋战国时，凡"赐邑"、"赐税"至六百家的大夫、卿，即可养士。如齐国的孟尝君（田文）、魏国的信陵君（魏无忌）、赵国的平原君（赵胜）、楚国的春申君（黄歇）都养有人数众多的食客

大道之行
中国财政史

为其出谋划策，人称食客三千。秦之吕不韦，既有食客三千，又有家僮万人。至于国家养士，多备顾问，且多属临时性质。因新兴地主阶级取得政权后，推行各种改革，需要各方面人才，于是各国国君"礼贤下士"，招徕并敬重贤士，以为自己服务。因之，文人学士游说之风兴起。如孔子周游列国，《孟子·滕文公下》说，孟子本人亦"后车数十乘，从者数百人，以传食于诸侯"。农学家许行，到小国滕，亦"徒数十人"。孟子认为这不过分，因为他为该国做出了贡献。

八、文教

相传周代即设有学校，"帝入太学，乘师问道"，以政府财政支出，为贵族培养子弟。春秋晚期，开始兴起民间讲学之风，邓析在郑国聚徒讲法律之学；孔子在各国聚徒讲六艺之学，相传有弟子三千，《史记·孔子世家》称其中"身通六艺者七十二人"。

春秋战国时期，由于生产力的发展，财政收入的不断增长，使脱产从事文学艺术创作成为可能。这一时期，小篆文字日渐规整，文化日益昌盛，《春秋》、《国语》、《诗经》等古文献的编辑整理，以及诗歌、散文、楚辞、小说的创作日见辉煌，绘画、雕刻、音乐（钟、

磬）等出现了惊人成就。到战国时，从事聚徒讲学，著书立说等文教事业成了一种社会时尚。

同时，由于财政的支持，春秋战国时期在科学技术上也取得了重大进步。诸如冶铁、铸铁技术的提高，渗碳钢的出现；用于战争的连弩之车、云梯的发明；农业栽培上的土壤改造；数学上运用勾股定理进行土地测量，计算租税的比例运算日趋成熟；力学上已能运用杠杆原理制车、桔槔、滑车；天文上创立二十四节令，促进了农业生产；春

湖北荆门郭店楚国竹简
这批竹简共804枚，收录了16篇儒、道两家的重要文献，说明了楚文化自古就是南北文化交融的结果。

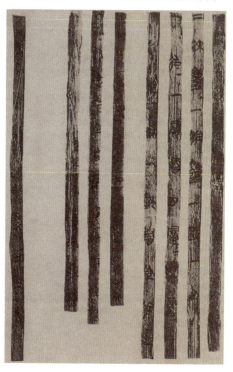

秋战国医药学的成就，在当今长沙马王堆出土的五种经书中，亦有了高度的反映。

九、赈赎

中国自古以来，就十分重视财政的赈灾、恤民。《春秋》载：僖公十三年（公元前647年）秋，"晋荐饥，使乞籴于秦"。秦伯问百里，百里回答说："天灾流行，国家代有。救灾、恤邻，道也……秦于是乎输粟于晋。"吴王阖闾时（公元前514年—前496年在位），"天有灾疠，亲巡孤寡耳共其困乏，……勤恤其民，而与之劳逸，是以民不罢劳，死之不旷"，即对死于公事者国家有抚恤。齐国的救恤办法是以工代赈。《管子·乘马》说："若岁凶旱水灾，民失本，则修宫室台榭，以前无狗，后无彘者为庸。"以工代赈成之法，不仅古代行之有效，对后世影响很大，即使时至今日，仍不失其实际作用。

古代人多地少，拥有劳动力就会拥有税收，也就拥有当兵打仗的兵员。为此，在春秋战国时，财政还有赎民任务。当时，鲁国的法律规定：如果鲁国人在外国沦为奴隶，有人出钱把他们赎出来，可以到国库中报销赎金。孔子的学生子贡是一个成功的商人，

集大儒和巨商于一人的子贡
卫国人，孔子弟子，经商曹鲁之间。

也是最有钱的孔门弟子，他在商业营运中周游列国，有机会也有经济实力赎出在外国沦为奴隶的鲁国人。子贡有一次遇到了这样的机会，在外国赎回了一个沦为奴隶的鲁国人，回来后他不但不去领取国家赔偿给他的赎金，当有关官员找到他落实政策时，他也断然拒绝了。

孔子知道后大为震怒，他当面批评子贡："端木赐（子贡之名），你这样做是不可以的。因为你带了个坏头，从今以后，鲁国人就不肯再替沦为奴隶的本国同胞赎身了。你收回国家抵偿你的赎金，不会损害你行为的价值；你不拿国家抵偿的赎金，就破坏了鲁国的那条国家财政代偿赎金的好法律。"

正因为子贡有经济实力，所以他能够拒绝国家把他付出的赎金还给他。

更由于他是孔子的学生，受到了孔子的道德感化，所以他才会拒绝收回代偿的赎金。他大概以为孔子会表扬他，不料竟遭到孔子公开斥责，因为子贡误解了孔子不能以道德取代法律的思想。

孔子认为，大多数人没有子贡这么雄厚的经济实力，不可能不在乎这笔赎金，因为一般人如果白白付出这笔赎金，他自己的基本生活就可能受到影响，甚至难以为继。如果都以子贡为榜样放弃取回自己代付的赎金，那么他们即便看到鲁国人在外国沦为奴隶，有机会把同胞救出火坑时，大多数人也会放弃这一善举，不再为本国同胞赎身。

由此可见，子贡的"道德"行为是反道德的。首先，他把原本平淡无奇、应该人人都能够做到的道德，超拔到了大多数人难以企及的高度。既然"道德"标准如此之高，那么本来符合道德底线的报销所支付赎金的做法，就变成"合法"而"不道德"的了。因为"道德舆论"会对收回赎金的人说：你什么也没有付出，算是做什么好事？跟人家子贡比，你简直就是个自私自利的家伙！于是，子贡式的"无私道德"，最终使"道德"变成了只说不做的东西，成了纯粹的高调。因为做了一件为奴隶赎身的大好事的人，得到的却是"自私自利"的"不道德"评价，谁还会去做呢？社会效果不是恰恰适得其反吗？

第七节　春秋战国的财政管理

一、量出收赋的理财原则

夏商西周财政，皆奉行"量入以为出"的理财原则，也就是实行以收定支的原则，通过适时调整支出以适应收入。春秋战国时期，由于列国争霸，战争频仍，为了支应浩繁的军费支出，各国不得不改变传统的"量入以为出"的理财原则，相继采取"量出收赋"的理财原则，千方百计增加赋税收入。

《左传·襄公二十五年》载有"量出收赋"的文字，所谓"量出收赋"就是"量出以为人"，实施重税政策。《孟子》称，战国时期，各国皆有"辟土地，朝秦楚，莅中国而抚四夷"的企图，为了争霸业，各国相继将重征赋税、储备粮食作为重要国策。所以《刘向·杂事篇》称："魏文侯曰：'吾土地非益广，人民非益众，人何以三倍？'"

战国时期，理财原则的转变，不仅违背了中国"政在节财"的"薄赋敛"

传统，给人民带来了沉重的负担和极大痛苦，也是此后秦王朝成功与失败的关键所在。因为没有当年的重税政策，秦始皇不可能集聚力量消灭六国，一统天下；同样也正因为统一中国后的秦始皇继续好大喜功，横征暴敛，实行重税政策，才导致不堪负担的百姓揭竿而起，爆发了以陈胜吴广为首的农民大起义，推翻了貌似强大的秦王朝，使梦想从一世至万世永续统治的秦朝，成了中国历史上寿命最短的统一王朝。

二、财政管理机构

春秋时期，王权衰落，纪纲败坏，虽然一些旧制度名义上仍在维持，但也在逐渐走向衰微。表现在政府机构上，由于宗法制度遭到破坏，行政官员的作用日益强化。当时，主持政务的宰相和司徒、司马、司空、司寇等官府机构，地位日显，实权扩大。《荀子·王制》记载：宰爵掌宾客、祭祀、飨食、牺牲之牢数，司徒掌城郭、器械之数，司马掌军队甲兵车马之数，司空掌修堤防、沟渠水利；被称为治田的农官，负责按高、下、肥、瘠不同进行土地分配以及管理作物培育、农具改革、产品收藏；虞师掌山林薮泽草木鱼蟹的养、捕、砍伐，按时禁伐；乡师掌本乡的民事、农事和礼教；工师掌百工制造、城建、利用诸事，治市掌道路交通、商贸流通和社会治安。在其他文献的记载中，我们还可以发现战国时已有田部吏、大府、内史等专门财税职官的设置，从而表明财税的地位有所提高，其机构亦逐渐从一般行政机构中独立出来，成为专设机构。

三、财政管理制度

春秋战国是一个纷争时期，也是一个强化财政管理的转折时期。这一时期，不仅呈现出诸侯各国各自为政的分权局面，也表明了各诸侯国各自在财政管理上先后建立了一整套相对合理的制度。诸如财务管理制度、年终考核制度的完善和实施，为战国后期逐渐走向统一的国家财政管理打下了基础。

（一）均输常平

《汉书》载李悝为魏文侯作平籴法，认为"籴甚贵伤民，甚贱伤农。民伤则离散，农伤则国贫，故甚贵与甚贱，其伤一也，善为国者，使民毋伤而农益劝"。李悝根据农业丰歉，"上孰（熟）其收自四，余四百石；中孰自三，余三百石；下孰自倍，余百石。小饥则收百石，中饥七十石，大饥三十石。故大孰则上籴三而舍一，中孰则籴二，下

金银镶嵌狩猎纹镜
战国后期作品　图形用金银以点描式镶嵌法制成。
此镜反映出战国后期金属工艺制作已达到了较高
水准。

孰则籴一，使民适足，贾平则至。小饥
则发小孰之所敛，中饥则发中孰之所
敛，大饥则发大孰之所敛，而粜之。故
虽遇饥馑水旱，籴不贵而民不散，取有
余以补不足也”。

《七国考·秦食货》载，秦王政四
年（公元前243年）七月，立长太平仓，
“丰则籴，欠则粜，以利民也”。说明自

魏和秦，皆行平籴制度。

《越绝书》也有均输的记载：“吴两
仓，春申君所造。西仓名曰均输，东仓
周一里八步”，说明当时的仓储规模很
大。

（二）管理制度

由于财政的地位随着争霸的需要
而提高，从而推动了各项相关管理制
度的建立。《秦律·法律答问》中便记
载着战国时期秦国严格的管理制度。
如“田律”规定了农田林苑管理、田税

定额、牛马饲料供给；仓律包括田税实物进出仓库保管、种子发放和刑徒食粮定额；金布律指钱币使用、布匹长宽、官民间债务、官府间财务交往；司空律指对服役的罪人、刑徒、被罚款者、负公债者的管理；徭律指与徭役有关的制度；傅律指户籍登记的管理；效律指官吏考绩和监督，等等。

（三）户地籍管理

由于关系到土地分配、田赋缴纳、徭役征发的户籍，与国力强弱息息相关，开始争霸的春秋时代，各国一改等闲视之的态度，普遍加强了户籍的管理。秦国规定，国境之内，男、女户口皆要登记造册，"举民众口数，生者著，死者削"。也就是说，户口登记内容，要包括家庭人口数，成年男子姓名、年龄等。

《礼记·月令》述及田地登记造册时说："季冬之月，天子命宰历卿大夫，至于庶民，土

明刻本《战国策·魏策》的提倡禁酒文字
大禹饮仪狄所酿美酒后语言"后世必有以酒亡其国者"，因而"疏仪狄，绝旨酒"。战国时期，酒文化更是十分兴盛，有识之士已深刻意识到其危害。

110

田之数。"此处的"历"，指的是统计和登记。

由于户籍和地籍的管理，关乎国家兴衰，所以在当时是一件十分重要的工作。管仲把这一工作的重要提到非常高的高度来认识。他在《管子》一书中强调："户籍、田结者，所以知贫富之不訾也。故善者必先知其田，乃知其人，田备然后民可足也"。

（四）上计考核

古代的上计，是对官员业绩的考核。西周规定，上计在年末进行。届时，各地诸侯和中央国家机关各部门，必须把次年土地开垦、赋税收支等预计数，写在称为"券"的木简上，送到天子或国君那里。天子或国君将券剖分为二，自己执右券，臣下执左券。到年末，各地长官或上计吏，径赴都城参加考绩性质的上计。上计主持者一般为天子或国君，特殊情况下才由相来主持。

考核后，根据业绩优劣，进行奖罚。《荀子》记载："年终奉其成功，以效于君，当则可，不当则废。"即是说完成任务好的受奖或升官；否则受罚，太差的则收玺免官。

到战国时，由于财政收入多寡决定国力，从而大大提高了财政收入在

考绩中的地位。诚如《商鞅》一书所说："强国知十三数，竟内仓口之数，壮男壮女之数，老弱之数，官士之数，以言说取食者之数，利民之数，马牛刍稿之数。欲强国，不知国十三数，地虽利，民虽众，国愈弱。"

中国文化传统，从来是"上有所好，下必甚焉"，越是强调实事求是，弄虚作假越能大行其道。战国时的上计也不例外，如《七国考·魏琐征》载魏文侯时（公元前446年—前397年），东阳上计钱布十倍；《韩非子·难二》述及李兑（克）治中山，苦陉（今河北无极）令上计而入多。李克说："无山林泽谷之利而入多者，谓之窕货。君子不听窕言，不受窕货，子姑免矣。"

第八节　诗书礼易理财论述

古代中国政经不分，重伦理、耻言利，凡是政治、经济、财政、伦理与道德，皆混于一谈，所以很少有单独的经济学著作，至于财政学论著更是少见。所以有关财经历史只能散见于各种书籍，仅由政治家和学者零星论述，甚至常常只有只言片语。其中春秋战国时期的《诗经》、《尚书》、《周礼》、《易经》就是此类书籍，尚能找到散见于其中

的理财论述。

一、《诗经》论财

（一）田制

我国土地制度与农业税制有着密切关系。《诗经》记述，古代中国农耕始于夏，禹既治平洪水，后稷乃教民播种百谷，以苏民困。同时，《诗经》大田诗中"雨我公田，遂及我私"的诗句，说明周代实行井田制度，土地有公田和私田之分，公田的收获是国家的税收，私田的收成才是百姓自己的

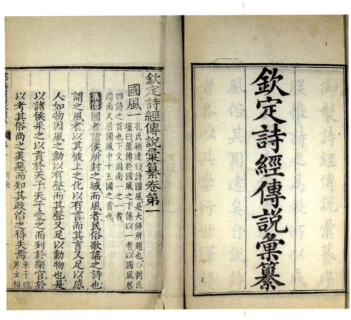

《诗经》

收入。

（二）赋税

《诗经》记述赋税有两处：一是《诗经》之《公刘》章有"彻田为量"一语，

说明周代实行彻法的农业税。联系到孟子在《孟子·滕文公上》所说："夏后氏五十而贡，殷人七十而助，周人百亩而彻，其实皆什一也"，可以更明了彻法是政府授一夫百亩之田，而征收1/10的农业税，古人常称其为"什一税"，即农业税率为10%。

二是鸣不平，责苛赋。《诗经》文字中屡次讽刺重赋，其中最有名的是《大东》及《硕鼠》二章。大东系指东方诸侯之国，困于赋役烦多，而伤于财。谭大夫遂作《大东》以揭示其病，诗中大意说，在上者厚敛，年贡不均，大小皆取之于东，各种产品，亦都被谭国国王搜刮一空，以至于民困至极点。

二、《尚书》论财

（一）王道政治

财政离不开政治，《尚书》的政治思想是王道政治。什么叫做王道？《洪范篇》说："无偏无党，王道荡荡；无偏无党，王道平平；无反无侧，王道正真。"所以王道思想，是中国古代政治、经济与财政的思想总

纲。

（二）重视民生

《尚书》认为，古代帝王，除夏桀、商纣、以及周幽、厉二王外，都重视民生。所以，分别在《六禹谟篇》记述"正德利用厚生"、"政在养民"；《洪范篇》记述"三八政：一曰食，二曰货"；《吕刑篇》记述"稷降播种"等文字，都与人民生计有关，这也是古人数千年前强调关心人民生活，建立和谐社会的具体体现。

（三）贡法税制

《尚书·禹贡篇》，记述大禹治水而定九州之后，百姓安居乐业，于是就地取材，以资国用。大禹将冀州、兖州、青州、徐州、扬州、荆州、豫州、梁州、雍州等九州土地与赋级各分为九等，其税率之高低，依其等级而分，实行"任土作贡"的税收制度。并且视离王城距离不同分纳实物，制度设计十分严密。

（四）减轻民负

《尚书·无逸篇》记述了周公戒成王的话，强调"先知稼穑之艰难，乃逸，则知小人之依"，"以万民惟正之供"。也就是说，政府除征收所必需的粮食税收之外，务须体念百姓之艰辛，不得有任何额外之聚敛。

（五）论食货

《尚书·洪范篇·八政》中所论食货，是后代《食货志》之始。所谓"食货"之"食"是指农殖嘉谷，可供食用的农作物；之"货"是指布帛金刀龟贝之属，其中包括钱币。故食货合而称之是指粮食、货物与货币，为民生之根本。因为只有食足货通，然后安邦富民，才能收到教化的功效。

《尚书》中记述我国古代通用货币有二处：一处为贝，见于《盘庚》中篇："兹予有乱政同位，贝乃贝玉。"据说，早在虞舜时代，古人就以贝为交易的媒介，也正因贝是最早的货币，所以"财"字，由"贝"和"才"两个偏旁组成，意味着有才能者才能拥有财富。

另一处见于《尚书·吕刑篇》："墨辟疑赦，其罚百锾。"这是说用罚金以赎其刑的意思。可知当时罚金以"锾"计算，可见，锾是当时的钱币。

三、《周礼》论财

（一）井田和授田

井田制度是孟子（《滕文公上》）乃至儒家所主张的土地制度，但是《周礼》所说的井田制度与孟子所述之井田制度不同。孟子偏重于征税，《周礼》论述井田制度偏重于防止兼并，以免有人流离失所。这可从秦商鞅开阡陌废井田，实行土地私有制度后产生的土地兼并中，看到井田制度对于加强工商各业管理和稳定社会的政策作用。

《周礼》定官制，主管土地事务的官为"地官"。《周礼》所述及的井田制度，是根据土质高下，每户人口多寡，分配土地，实行管理。如大司徒："凡造都鄙，制其地而封沟之，以其室数制之，不易之地（上地）家百亩；一易之地（中地）家二百亩；再易之地（下地）家三百亩。"这是规定依照土地土质高下，每家所得的土地亩数。又如小司徒："乃经土地而井牧其田野，九夫为

反映孔子思想的《周礼》。

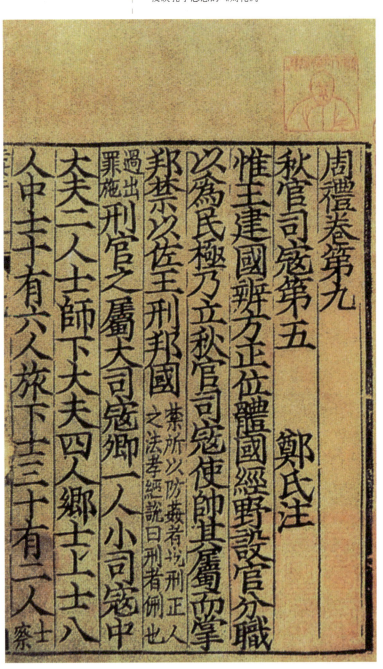

井，四井为邑，四邑为丘，四丘为甸，四甸为县，四县为都，以任地事而令贡赋。"这是说明地方行政组织，以配合地政及税收。又小司徒："乃均土地以稽其人民而知其数。上地家七人……中地家六人……下地家五人……"

与井田制度有关的地政是授田。周代的土地为国家所有，实行井田制度，这就势必产生政府给农民授田的问题。当时规定国中之民自20岁授田至60岁还田于政府，野自15岁授田至65岁还田于政府。关于授田亩数，管子、荀子、孟子等均称百亩，但是《周礼》则强调以土质之高下，家庭人数之多寡授田，每户授田面积亦不止百亩。

（二）税收徭役

井田制度既是当时的土地制度，也是一种税收制度。获得耕地的农民，除了缴纳属于农业税性质的土地税以外，还要服徭役。

首先，《周礼·小司徒》称："乃经土地而井牧其田野，九夫为井，四井为邑，四邑为丘，四丘为甸，四甸为县，四县为都，以任地事而令贡赋，凡税敛之事。"这就是说，当时的社会结构是以耕地为单位组织，其主要任务无非

是完成规定的贡赋及税收。

其次，《周礼》说："凡任地，国宅无征；园廛二十而一，近郊十一，远郊二十三而三，甸稍县都皆无过十二；唯其漆林之徵二十而五。"明确规定，官地免税，园圃及无谷园之宅地纳税税率为1/20，即5%。与孟子及春秋公羊学者所说的"什一税"并不一致。

《周礼·载师》记载："凡宅不毛者有里布。凡田不耕者出屋粟。"说明当时政府就重视对土地的充分利用，明确规定不种庄稼的耕地也要纳税。

《周礼》记述："乃会万民之卒伍而用之：五人为伍，五伍为两，四两为卒，五卒为旅，五旅为师，五师为军，以起军旅，以作田役，以此追胥，以令贡赋。乃均土地以稽其人民而周知其数：上地家七人，可任者家三人；中地家六人，可任者二家五人；下地家五人，可任者家二人……"可见，《周礼》所定徭役是以农家为单位编制，其任务在于服兵役及征税收；徭役之征，视农家人口数量而定。

（三）财政制度

《周礼》称地官："太府掌九贡九赋九功之贰，以受其货贿之入，颁其货于受藏之府，颁其贿于受用之府。……凡颁财，以式法授之。关市之赋，以待王

之膳服；邦中之赋，以待宾客；四郊之赋以待稍秣；家削之赋以待匪颁；邦甸之赋以待工事；邦县之赋以待币帛；邦都之赋以待祭祀；山泽之赋以待丧纪；币余之赋以待赐予。凡邦国之贡以待吊用。凡万民之贡以充府库。凡式贡之余财以共玩好之用。"说明《周礼》记载的财政制度，并无国家的公共财政，只有王室宫廷之私财政，因为当时各级职官均以封土采邑作为俸禄，无须国家财政支出。

四、《易经》论财

（一）辨义利之源

《易经》言利，可见于乾卦"元亨利贞"，坤卦"元亨利牝马之贞"等处。在经济学和财政学上看，利益具有非常重要的地位，离开了"利益"便不成其为经济学和财政学。即使孔子罕言利，孟子以仁义代替利，也并不是反对利，而是强调不能仅求一己之利。

古人对义利解释为"利者义之和也"。利者，生物之遂，各得其宜，不相妨害，于人则为义，而各得其分之和。这是说明各得其利，各得其分，不相妨害，就是义之和。这与孔子先富后教，以杜绝致乱之源的主张是相一致的。

（二）论理财之道

《易经》主张理财要节欲崇俭。一是主张节欲。如"象曰：山下有雷，颐。君子以慎言语，节饮食。"强调慎言语，节饮食是君子养生之道。

二是主张节欲崇俭。人只有节制欲望，才能节俭。"否卦"说："象曰：……君子以俭德辟难，不可荣以禄。""节卦"强调："象曰：节，亨。刚柔分而刚得中。苦节不可，贞，其道穷也，说以行险，当位以节，中正以通。天地节而四时成。节以制度，不伤财，不害民。"说明不但对食色要加以节制，而且对财用亦要加以节制。虽然要节俭，但是却不可过分吝啬而反乎中正之道，因为节俭与吝啬不同，当用不用才是吝啬，为百姓服务，用款得当不浪费就是俭朴。这完全符合现代理财原则。

儒家主张节欲，所以也主张节用。儒家同时教人追求合理的财富，而不可受之不义之财，为避免被物欲所诱惑，必须实行节欲之德。

（三）谈政经关系

《易经》认为政治与经济，具有不可分的关系，当经济处于发展高潮，政府财政充裕，表现于政治上各种措施，则不可吝啬。例如"萃卦"谈到经济繁荣时，国王祭祀祖庙，可使用大牲畜；而当财政匮乏的时候，要俭朴，祭祀只用两种祭器就行了。

（四）论财税政策调控

《易经》谈财政政策的重要性较为深刻。首先，《易经》"节卦"称："不伤财、不害民。"说明政府若对人民暴敛课重税，以充作财政上的浪费，对国家必然有害无疑。其次，"大有卦"说："九四，匪其彭，无咎。"指出政府经费，不应过分扩张，以免形成基数，今后难以为继。再次，"损"、"益"二卦也述及，政府应实施保护政策，使人民得以养生生息，这同样是国家利益所在。

《易经》论税收亦有三卦：首先，"颐卦"认为国王、贵族、及士族等国家管理阶层以农民缴纳之税收为其生活来源是顺理成章的。其次，"颐卦"说："六二、颐、征凶。"以及"六三、……十年勿用。"强调收税与战争有密不可分的关系，因为自古及今，没有金钱则不能

1975年，在湖北云梦县睡虎地秦墓中发掘出土秦国竹简1100多枚。竹简大部分保存完好。其内容涉及当时的政治、经济、军事、文化等各方面。

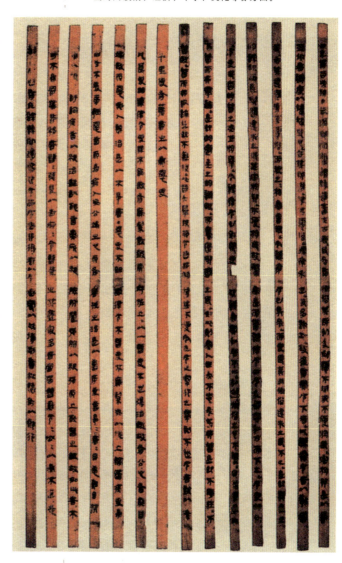

进行战争，但不能长期课重税以充战费，仅仅满足暴君之欲而忽视老百姓的疾苦，所以必须减轻或废止重税政策。再次，如"临卦"所指出的，税收对于农工商各业均应公平。

（五）谈均贫富意义

中国自古以来以儒家思想治国，将合理分配凌驾于生产之上，"不患寡而患不均"便成了国人数千年来挥之不去的崇高理想。"谦卦"说："象曰……人道恶盈而好谦。"又说："象曰……君子以衰多益寡，称物平施。""损卦"载："象曰……损刚益柔有时。""益卦"强调："象曰……益，损上益下。"这些都说明"均贫富"思想是我国传统经济思想，利用专卖政策和采取相应的财税政策都是防止两极分化，建立和谐社会的重要手段。

第九节　诸子百家理财思想

一、法儒道理财思想演变

在公元前 2 年佛教传入中国以前，儒、墨、道、名、法、阴阳、农、纵横、杂、小说等十家组成了中国传统文化，而其中法、儒、道三家对国家理财思想的产生影响最大。由于所处的时代不同，三家的影响亦有很大差异。首先，春秋战国时期，法家的影响最大。因为当时群雄角逐，诸侯称霸，皆欲取周室而代之，他们所面临的历史任务是要迅速强大起来，因此能够帮助他们富国强兵的法家思想成了时代的最强音。严刑峻法，帮助秦始皇灭六国，一统天下的法家思想随着岁月的推移，边际效益下降，激起了民怨，不久横征暴敛的秦王朝被陈胜、吴广发动的农民大起义所推翻。代秦而起的汉高祖为了恢复生产，巩固政权，不得不适时地以道家思想取代法家思想作为理财的指导思想，实行与民休息治国方略。直到放任自流的道家理财治国思想，在开国 70 年后引发了社会两极分化，贫富差距拉大的严重问题，危及汉王朝巩固时，汉武帝才接受董仲舒的建议，"罢黜百家，独尊儒术"，改弦易辙，实行以儒家思想理财治国的指导方针。

从此，儒家思想作为中国传统文化的主流，影响国家政治、经济、社会伦理道德达 2000 多年。由此可见，在中国既不能走严刑峻法的法家理财国之路，也不能走过度放任的道家理财治国之路，只能走不偏不倚的儒家思想治国的中庸之道，把建设和谐社会作为终极目标。

按題上空五格

按紅筆俱不足據泉

韓非子卷第一

初見秦第一　存韓第二

難言第三　愛臣第四

主道第五

此篇與國策所載大略相同見秦文之擬作者

初見秦第一

臣聞不知而言不智知而不言不忠爲人臣不忠當死言而不當亦當死雖然臣願悉言所聞唯大王裁其罪臣聞天下陰燕陽魏燕北故曰陰魏南故曰陽連荆固齊收韓而成從將西面以與秦强爲難臣竊笑

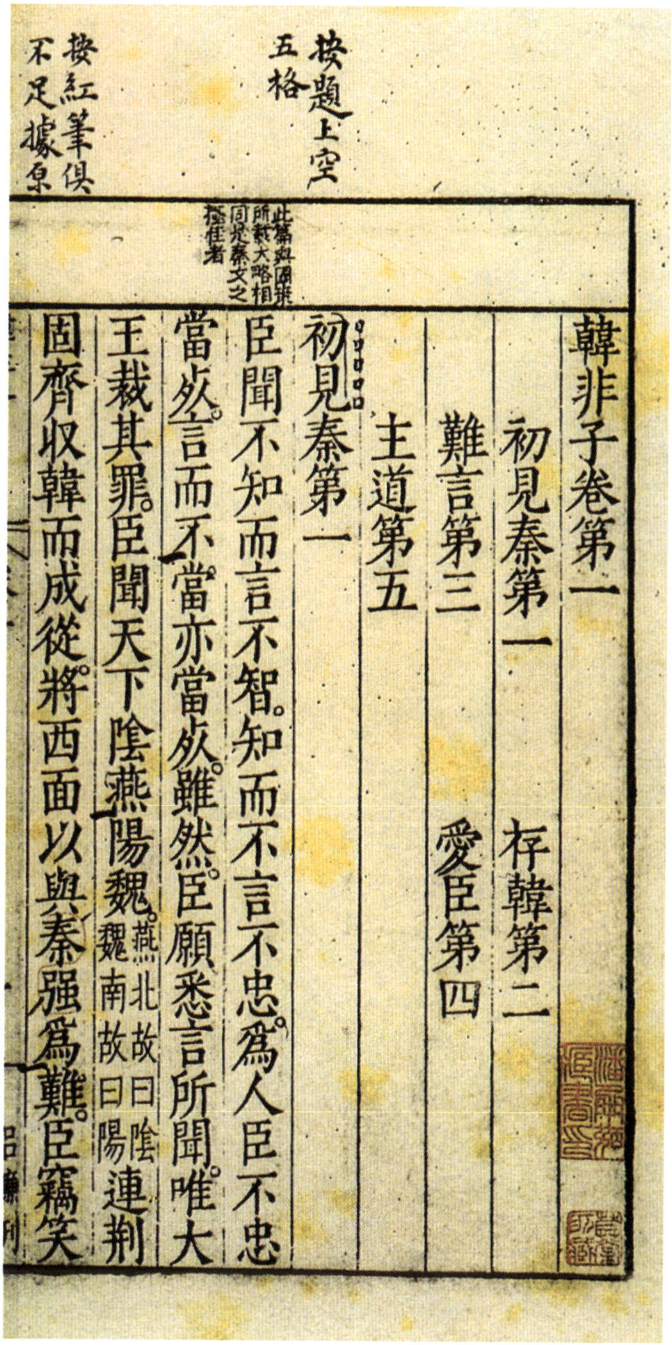

法家思想的集中体现——《韩非子》

二、法家管仲商鞅谈理财

儒家理财思想是以“义”为出发点，所以儒家主张轻徭薄赋，以减轻人民的负担。法家理财思想是以“术”为手段，直截了当主张免税，以寓税于价的专卖和国有营利代替税收。这一办法，看起来人民无须直接交税，其实早已通过提高销售价格将负担间接转嫁给老百姓，由于这种价格负担表面上看不出来，人民不会有直接感受，因此不会引发民怨。这就是法家理财与儒家理财手法明暗不同之处。

（一）　管仲理财思想

法家鼻祖管仲，名夷吾。他秉承姜太公治齐之成规而出任齐相，以富国强兵为手段，以完成霸业为目的，为齐国的发展和日益强大做

出了卓越贡献，被齐桓公尊称为仲父。

管仲既是思想家，也是具体政策的制定者和实行者。他的理财思想以功利主义为基础，强调经济与道德的密切关系。战国时，有人将管仲的理财治国思想整理成书，书名称为《管子》，因此，后人也常常尊称管仲为管子。

1．论生产

管仲认为，欲富国必须先论生产。他在《管子·八观篇》中说："彼民非谷不食，谷非力不生，地非民不动，民非作力毋以致财。"也就是说，生产有劳力和土地两大要素，人民使用土地，以自己的劳力发展生产，才有可供食用的粮食和财货。

2．论消费

《管子·八观篇》中说："国侈则用费，用费则民贫。"这就是说，君主如果奢华无度，就会增加人民负担，导致人民贫困。同时，他也反对过度节约，限制消费。《管子·乘马篇》说："俭则伤事。"在《侈靡篇》又说："与时化若何？莫善于侈靡。""通于侈靡，而士可戚。"认为君主与人民应该有适当的消费，以刺激生产，繁荣经济。

3．均贫富

管仲对于分配问题，亦极为重视，《管子·轻重甲篇》中说："民人之所食，

人有若干步亩之数，然而有饥饿不食者何也？谷有所藏也。"认为在生产富庶的均衡状态之下，不应造成太多贫民。社会之所以发生贫富不均现象，是由于兼并所致。

4．平物价

管仲主张稳定和平抑物价。《管子·国蓄篇》中说："岁有凶穰，故谷有贵贱；令有缓急，故物有轻重。然而人君不能治，故使蓄价游市，乘民之不给，百倍其本。"反映了他在经济思想上的真知灼见：在物价波动的时候，会加速社会贫富差距，助长兼并，因此政府必须设法随时调节。

同时，管仲也主张政府必须注意调剂供需关系。《管子·国蓄篇》中说："夫物多则贱，寡则贵。""夫民有余，则轻之，故人君敛之以轻，民不足则重之，故人君散之以重。……而财之扩可得而平也。"他认为，物以稀为贵是必然的，既然政府握有财力，在货物充斥的时候，应收购贮藏，在货物缺乏的时候，以增价出售，这样不但能收稳定物价之效，而且政府也有获利收入，以充实财力。

5．兼重工商

管仲既重视农业，同时也重视工商业。《管子·治国篇》中说："夫富国

大道之行
中国财政史

多粟生于农，故先王贵之。"《管子·侈靡篇》又说："市也者劝也，劝者所以起本。"这是管子说明商与农关系的言论。又《史记·货殖列传》说："太公望封于营丘，地泻卤，人民寡，于是太公劝其女功，极技巧，通鱼盐，……其后齐中衰，管子修之。……"这说明管仲在以农业为基础的前提下，把国民经济的发展视为整体，强调农工商各业都发达了，政府收入才能增加，财政也就自然充裕。

6．主张无税

管子主张国家财政收入，不以课税为手段。因为课税只会抑制生产力发展，剥夺国民所得和招致人民对政府的怨恨。

《管子·国蓄篇》称："以室庑籍，谓之毁成；以六畜籍，谓之止生；以田亩籍，谓之禁耕；以正人籍，谓之离情；以正户籍，谓之养赢……故王者遍行而不尽也。"这就是说：征收房屋税，不啻毁人之厅室；征收六畜税，将影响六畜的繁殖；征收田亩税，无异禁人耕稼；征收人丁税，将失民心；征收户税，将使正户逃亡而为大贾所役以增其利。这些税课都不利于国民经济，严重影响生产力发展。

《国蓄篇》又说："今人君籍求于

民，令曰：十日而具，则财物之贾什去一。令曰：八日而具则财物之贾什去二。令曰：五日而具，则财物之贾什去半，朝令而夕去，则财物之贾什去九，先王知其然，故不求于万民，而籍于号令也。"强调征税剥削国民所得，影响国民收入。

《国蓄篇》还说："民予则喜，夺则怒，民情皆然。先王知其然，故见予之形，不见夺之理。故民爱可洽于上也，租籍者，所以强求也；租税者，所虑而请也。王霸之君，去其所强求，废其所虑而请，故天下乐从也。"说明租税剥夺人民所有，会招致人民的怨恨。

7．专卖政策

政府为执行其职务，必须有收入以供支出。管仲既主张无税，不赞成课税以供国家支出，那么政府的财政收入来自何处呢？他设计了一个寓税于价的专卖政策。

《管子·海王篇》中说："十口之家，十人食盐，百人之家，百人食盐。"说明食盐是人人不可或缺的生活必需品，其专卖利益极大。所谓食盐专卖，也就是煮盐公营，计口授盐，由政府控制，专买专卖。即盐之出口由国营，盐之入口也由国营，所得专卖利益，以充国家经费，减轻人民负担。计口授盐的具体做法：一是提高盐价，其差价相当于税收即可增加国家收入；二是计口授盐人人都得负担，纵使拥有千万人口的大国，亦将无一人可以逃避。

8．国营政策

管仲主张"官山海"，在盐专卖的基础上，实行铁矿、森林、粮食国营以增加财政收入，加强政府对社会的控制。

《管子·地数篇》中说："山上有赭者，其下有铁；上有铅者，其下有银；上有丹砂者，其下有金；上有慈石（同磁），其下有铜，此山之见荣者也，谨封而为禁。"强调矿产应归国家所有，人民不得自由开采。政府设官以司其事，谓之"铁官"。欲参与开矿的百姓在获得批准后，方可开采，其分利政策为"民得利之十，君得利其三"。 由于人民见有利可图，必然踊跃采掘冶铁，这样政府和人民可共同分得铁矿的收益。

《管子·轻重甲篇》中说："为人君而不能

谨守其山林菹泽，草莱不可以立为天下王，山林，菹泽，草莱者，薪蒸之所出，牺牲之所起也，故使民求之，使民籍之，固以给之。"《管子·权修篇》中又说："一年之计，莫如树谷；十年之计，莫如树林；终身之计，莫如树人。一树一获者，谷也；一树十获者，木也；一树百获者，人也。"《管子·八观篇》还说："行其山泽，观其桑麻，计其六畜之产，而贫富之国可知也。"强调森林的重要，因而主张森林国有；并以树林大小，分以等级，对外出租；同时，主张造林保林，防范山林火灾。尤其管仲用观察一国之山野物产，则可知国家贫富的观点，非常符合现代环境保护和国民经济发展的要求。

"国以民为本，民以食为天。"中国自古以来重视粮食的生产、贮藏、流通和消费。管仲对粮食问题十分重视，《管子·国蓄篇》中说："凡五谷者，万物之主也，谷贵则万物必贱，谷贱则万物必贵，两者为敌，则不俱平，故人君御谷物之迭，相胜而操事于其不平之间。故万民无籍，而国利归于君

管仲像

也，……中岁之谷，粜石十钱……岁困谷贵，粜石二十钱，……一人廪食，十人得余；十人廪食，百人得余；百人廪食，千人得余。视物之轻重而御之以准，故贵贱可调，而君得其利。"主张政府应把握米谷并操纵米谷买卖权，国家用货币买卖米谷，以调节其价格，从中取得利益，作为政府收入，而不直接课税于人民。这种办法，就是政府以雄厚的资本，操纵一国米谷市场，把握一国粮食数量。当丰年旺收的时候，政府则购进米谷积存，当中岁每石值10钱，凶岁每石值20钱的时候，政府即依照市价出售。这样人民在丰年谷多的时候，由政府收购，免受谷贱价格下跌的损失；在中岁凶年谷贵的时候，政府则以市价出售，一方面人民不致饥饿，一方面政府可有盈利收入。这种调节粮食供需及国有盈利收入的粮食政策，直至今日都有其现实意义。

9. 征收关税

管仲的无税政策，并不是对内对外完全免税。《管子·问篇》说："关者，诸侯之陬隧也，而外财之门也，……征于关者，勿征于市，征于市者，勿征于关，虚车勿索，徒负勿入，以来远人。"可见，所谓无税政策，是政府经由盐专卖与铁矿、森林、粮食国有政策，以获得财政收入，间接课税于人民；对外则有关税收入政策的主张。不过管子的关税政策，除财政收入外，主张尽量减低税率，以发展对外贸易。

10. 货币与物价

管仲主张处理好货币与物价的关系。《管子·国蓄篇》说："夫物多则贱，寡则贵，散则轻，聚则重，人君知其然，故视国之羡不足，而御其财物，谷贱，则币予食，布帛贱则予币予衣，视物之轻重，而御之以准，故贵贱可调。"又说"夫民有余则轻之，故人君敛之以轻，散之以重，故君必有什倍之利，财之扩可得而平也。"《管子·山国轨》又说："上下令曰：贳家假币，皆以谷准币，直币而庚之，谷为下，币为上，百都百县轨，据谷坐长十倍，环谷而应假币，国币之九在上，一在下，币重而万物轻，敛万物应之以币，币在下，万物皆在上，万物重十倍，官府以市扩出，万物隆而止，国轨布于未形，据其以成，乘今而进退，无求于民，谓之国轨。"说明货币流通数量的大小，对于物价的高低，具有决定性的作用。一国货币的供应量不能太多，太多则导致通货膨胀；不能太少，太少则银根奇紧，通货紧缩。

他主张以货币稳定物价，当物价

高涨的时候，政府乃收缩货币数量，促使物价下跌；反之，当物价下跌的时候，政府则散货币于市场，增加货币数量，促使物价上升；当物价升高到一定程度，政府再收缩货币，使物价稳定于一定水平。

至于一国货币量，究竟需要若干，始能供求相应，物价接近平衡呢？《管子·山至数篇》说："桓公问管仲曰：'请问币乘马。'管子对曰：'始取夫三大夫之家，方六里为一乘，二十七人而奉一乘，币乘马者，方六里，田之美恶若干，谷之多寡若干，谷之贵贱若干，凡方六里，用币若干，谷之重用币若干，故币乘马者，布币于国，币为一国陆地之数，谓之币乘马。'桓公曰：'行

《管子》
管子的言论，见于《国语·齐语》，图为唐房玄龄注《管子》。

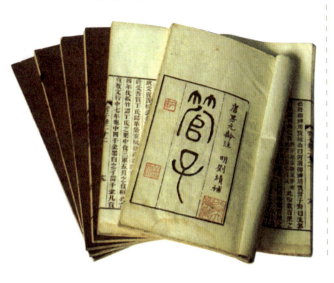

币乘马之数奈何？'管子对曰：'士受资以币，大夫受邑以币，人马受食以币，则一国之谷资在上，币资在下。……今刀布藏于官府，巧币万物轻重，皆在贾之，彼币重而万物轻，币轻而万物重，彼谷重而谷轻，人君操谷币全衡，而天下可定也，此守天下之数也。'"又在《国轨篇》说："……管子对曰：'某乡田若干？食者若干？某乡之女事若干？'谨行州里曰：'田若干，人若干，人众田不度，食若干，田若干，余食若干，必得轨程，此调是泰轨也，然后调立环桑之币，田轨之有余于其人食者，谨置公币焉。'"主张对全国的田谷和各种财币，作一统计，先知道物量若干，依物量铸币，物量多则增加币量，物量减而减少币量，使之相协调，从而达到以调节货币发行量稳定市场物价目的的。

（二）商鞅理财思想

商鞅本姓公孙，原为卫国的庶孽公子，因此称为卫鞅。卫鞅因有功于秦王，被封于商地，故称为商鞅或商君，生年不详。商鞅著《汉志》二十九篇，即为《商君书》。其理财思想多散见于书中。

1．变法利民

他主张变法利民。在秦孝公三年

大道之行
中国财政史

（公元前359年），实行第一次变法，变法结果，秦国所得的利益是："道不拾遗，山无盗贼，家给人足，民勇于公战，怯于私斗，乡邑大治。"第一次变法收效后，到秦孝公十二年（公元前350年），又进行第二次变法，这次变法结果，使秦国成为当时最强大的国家，确立了秦吞并六国，统一中国的基础。

2．控制百姓

商鞅重视农战和对百姓的控制。《商君书》画策第十八说："昔之能制天下者，必先制其民也；能强敌者，必先胜其民也。故胜民之本在制民。"在《商君书·农战》中又说："……战之所以兴者，农战也。"

强调国家为求富国强兵，政府则必须利用权力，控制人民。而农战为主，实施农战分工，则是组织强大国家主要手段。因为农业是国民经济基础，也是取得争霸战争胜利之本。因此，要以农业生产为中心，令民先依于农，其次则依于法，再次则依于战，对内则重农，对外则用兵，二者兼而用之。通过控制人民发展农业生产，平均人民负担，促进国家富强。

3．重农轻商

商鞅一贯重农轻商，为了增加农业人口，他曾明令减少商贾技巧人数。

《商君书》去疆第四中称："圣人知治国之要，故令民归心于农，归心于农，则民朴而可正也。"在算地第六中又说："治国贵民壹，民壹则朴、朴则勤、勤则富。"都反映他"壹民于农"、"搏民于农"的重农思想，因为农战不仅是经济的需要，也是当时争霸战争的军事需要。

4．移民生财

春秋战国时代的秦国，地广人稀，人力不足，地不能尽其利，国家难以致富。商鞅深知人口为决定一国国力之要素，无人力则不能开发地利。因此，他主张移民政策，利用邻国劳力，吸收他国人口以增强本国财力。

5．两次变法

商鞅两次变法，对秦国的财政经济产生了重大影响。首先，改革田制。将贵族封土地的独占权，改归为平民所私有，改耕者世有其田为自由买卖，以确立中国土地私有制度。其次，合理负担。依照农民收获的多寡，以定农民对政府赋税的负担，而使官取之于民有一定的限度。再次，奖勤罚懒。对于每家游惰坐食而不从事业生产的人口，征以重税。第四，限制高消费。对于酒肉消费品，课以重税，使其价昂，以防止官民趋于奢侈。第五，重农抑商。令商人依人口数充役，并禁止使用家奴。减少商贾技巧人数，努力增加农业人口。加重关市税，以加重商人负担而鼓励农业生产。第六，禁止游惰。统制管理山泽，使人民非从事农业则无由得食。禁止雇人代兴土木，代耕土地，以防止奢侈游惰。第七，平籴平粜。由政府平籴平粜以调剂民食，使商无得籴，农无得粜，以免商人囤积居奇，农民偷懒。第八，移民生财。实施移民政策，召民开垦，以尽地利，发展经济。第九，统一度量衡。平斗桶，权衡丈尺，实行统一全国度量衡制度。

6. 改革田制

《左传》说："鲁宣公十五年（公元前594年），初税亩。"秦国的商鞅鉴于井田制度不能再存在下去的历史背景，为削弱诸侯的力量，加强国君对地方行政的直接统治，在秦孝公十二年（公元前350年）开始推行郡县制，并同时开阡陌废止井田制度。秦废止井田制度后，把公有土地归人民私有，不但耕者得世有其田，又得自由买卖，有力地推动了生产力的发展。随着秦始皇统一中国，历史上第一次土地私有制度从此确立。

三、儒家孔曾孟荀谈理财

儒家思想从汉武帝以降，一直作为统治者治理国家的正统思想，影响中国政治、经济、社会与伦理道德长达2000年之久，其对我国财政理论及其具体政策的影响更为深刻。

（一）孔子理财思想

孔子是哲学家也是教育家。他一生最大的志愿是参与政治，而其最大的成就与辉煌，却不是政治，而是学术与教育。由于古代中国政经不分，孔子论述政治，必然论及经济与财政，因此，孔子的经济思想、财政理论，多包含在其政治、伦理的言论之中。其财政理论的核心是藏富于民，培养财源与节用爱民。

1. 轻徭薄赋，安民富民

孔子所处的时代，正是"横征暴敛、战祸连绵"的春秋时期，他所创立的儒家学说，正是试图解救这一社会危机的思想产物。所以在经济政策上，孔子认为治国理财离不开轻徭薄赋，安民富民。

他反对统治者对百姓的无厌搜刮即"聚敛"，主张"施取其厚，事举其中，敛从其薄"。当他的学生冉求帮助鲁国大夫季孙增加税赋时，孔子就指责他是"为之聚敛而附益之"，不承认他是自己的学生，甚至还要其他学生"鸣鼓而攻之"。在租税问题上，孔子强调培养税源，反对竭泽而渔，认为只有发展生产使百姓富足，国君才能富足，他的这一观点是通过学生有若的一段议论反映出来的——"哀公问于有若曰：'年饥，用不足，如之何？'有若对曰：'盍彻乎？'曰：'二，吾犹不足，如之何其彻也？'对曰：'百姓足，君孰与不足？百姓不足，君孰与足？'"这是中国有文字记载的历史上首次明确提出的重视培养税源的思想。

《礼记·檀弓下》记载：有一天孔子经过泰山山麓时，见一妇人在坟墓边上哭得很伤心，孔子便叫学生子路去问明原因，妇人说她的公公、丈夫和儿子都被老虎害了。孔子便问她为什么不早些离开此地，妇人答道："因为这里没有苛政。"于是借题发挥的孔子对他的弟子说，你们要记住，苛政猛于虎。所以孔子一生特别强调统治者要克己以施仁政，实行低税率政策。他说："君子之行也，度于礼，施取其厚，事举其中，敛从其薄，如是则丘亦足矣。"

2．允许欲望，讲究节制

欲望，既是人类生存和进步的原动力，也是社会经济发展和壮大的出发点。正因为无论是个人还是国家，都需要获得财富来满足自身的欲望，而涉及财富收支的财政恰恰是人们满足欲望的必需手段之一，所以不但经济学要讲欲望，财政学同样要讲欲望。

《书经》公然声称："呜呼！惟天生民有欲。"而孔子对于欲望的见解则更为透彻，他不加掩饰地说："饮食男女，人之大欲存焉。"自称"食不厌精，脍不厌细"的孔子本身也不能例外。但是，他也深刻地认识到与任何事物都不能走向极端一样，欲望也不能过度泛滥。为此，他在《论语》中主张"君子食无求饱，居无求安"。主张适当节制欲望，即所谓以礼节制欲。

3．量入为出，节用爱民

孔子对国家理财主张"量入为出"。《孔子世家》说，孔子述三王之法，明周召之业，主张薄赋敛、轻田赋，量入为出。在《论语》颜渊第十三篇中记载孔子的话"哀公问于有若……"明确地表达了他"民富国亦富，要藏富于民，坚决反对聚敛，反对政府向百姓征收重税"的理财思想。孔子的轻徭薄赋，不是主张不征税，而是主张取民以十分取一为限的"什一税"，也就是继承夏、商、西周时代税率10%的标准，后来作为古代农业税的什一之税，也就成了儒家传统的观点，为后代反对重税开了先河。至于负担，孔子主张平均分配，强调："不患寡而患不均。"对于国家财政支出，孔子则主张"政在节财"，强调节用爱民。《孔子世家》记载，齐景公问政于孔子时，孔子就曾毫不含糊地说"政在节财"。

4. 先富后教，培养财源

在《论语》子路第十三篇中记载"子适卫，冉有仆。子曰：'庶矣哉！'冉有曰：'既庶矣，又何加焉？'子曰：'富之。'曰：'既富矣，又何加焉？'曰：'教之。'"这是孔子指出政治、财政、教育的措施，必先求人民富有。受孔子思想影响很深的唐代杜佑在其所撰的《通典》郑重其事地指出："理财之先，在乎行教化，教化之本，在乎足衣食。"进一步深化了孔子的理论。

藏富于民，是孔子财政思想的出发点，而培养财源则是他理财思想的核心。他的弟子曾子在所著的《大学》中说："生财有大道，生之者众，食之者寡，为之者疾，用之者舒，则财恒足矣。"充分反映了他的理财思想。至于《吕氏春秋》在解释孔子的思想时更进一步强调："国无游民，则生之者众，朝无幸位，则食之者寡，不夺民时，则为之者疾，量入为出，则用之者舒。"《中庸》又说："凡为天下有九经，……时使薄敛，所以劝百姓也。日省月试，既禀称事，所以

劝百工也……"都明确地指出，保障农业生产，振兴工商业，才有可能充足财富，培养用之不竭的财源。

5. 均衡贫富，实现和谐

孔子所处的时代是社会纷乱、贫富不均、民生凋敝的春秋战国时代，为了克己复礼，恢复西周时的社会秩序，他非常渴望实现均富、和谐的社会理想。

在《论语》季氏第十六篇中，孔子说："丘也闻有国有家者，不患寡而患不均，不患贫而患不安。盖均无贫，和无寡，安无倾。"主张平均税负，缩小贫富差距，走共同富裕之路。这种均贫富，实现和谐的社会理想，是孔子遗留给我们后人的宝贵遗产，直至今日仍然有巨大的现实意义。后代思想家、政治家之所以主张轻薄赋敛，均平赋税，大多受到孔子这一思想的影响。

（二）曾子理财思想

孔子虽有三千弟子，但多为关注政治之士，很少有研究经济、财政的学者。子贡与冉求算得上屈指可数的佼佼者，其中子贡既是贱买贵卖的精明商家，也是能言善辩的政治说客；冉求为季氏宰，为季氏搜刮民财，专讲聚敛，虽为孔子所不悦，但毕竟擅长理财。可惜这两位弟子虽有理财之能，却

无著述传世，以至于我们今日无从研讨其理论。而有经济理论与财政思想著述传世的只有曾子与子思而已。

作为孔子弟子的曾子，名参。其重要著作为《大学》与《孝经》二书。《大学》论修身治国之本，直接传授孔子经济财政理论，全书以明德为发凡，经济理论为结束，以私利为非，极言理财之重要。

1．重视民生，反对藏富于国

他说："财聚则民散，财散则民聚。是故言悖而出者，亦悖而入；货悖而入者，亦悖而出。"主张财富不能集中于君主手中，继承了儒家藏富于民的传统理财思想。

2．耻于言利，反对聚敛之臣

他说："与其聚敛之臣，宁有盗臣。"这里所指的"盗臣"就是为君王理财的臣子。他还说："长国家而务财用者必自小人矣。"这两句话对后世影响很大，以至于后世均以言利者为小人，甚至为国理财者亦被视为奸臣劣吏。这种"耻于言利"观念，严重影响了中国古代商品经济的健康发展。

3．提倡创富，强调足民裕国

《孝经》称："天下和平，灾害不生。"又说："有人此有土，有土此有财。"还说："因地之利，以顺天下。"进一步说："未有府库财而其财者也。"这里曾子首先强调了社会安定的重要性，同时也阐明了在社会安定条件下，人民、土地、农业三个生产要素的合理运用与积聚财富之间的辩证关系。他认为，财为人民所公有，非一人可得为私有，上以裕下，下更有以下奉上，则国用无不足。同时，他还认为，财为国有，唯有不贪的君子，才可以掌理一国财政大权，再从振兴农业以生财，则民食足而裕国用。

（三）孟子理财思想

孟子名轲，后人尊称为亚圣。孟子的理财思想与孔子一脉相承，都主张实行先富后教、轻徭薄赋等富有儒家色彩的财政政策。

1．准确划分土地

《孟子·滕文公上》说："夫仁政，必自经界始。经界不正，井田不均，谷禄不平……经界既正，分田制禄可坐而定也。"这就是说，要明确土地四至方位的经界才能合理确定各自的土地面积，达到公平税负的目的。孟子之所以对井田地政有正经界的明确主张，在于他对井田制度的深入研究和反思。

2．简税薄赋富民

《孟子》载："有布缕之征，粟米之征，力役之征，用其二而民有殍，用其三而父子离。"其意思是由于赋税种类繁多，造成人民死亡和父子离散。因此，《孟子》称："易其田畴，薄其税敛，民可使富也。"这就是说，征税必须轻简才能做到不扰民，薄赋敛才能富民，否则百姓不是饿死就是离崩。《孟子》又说："夏后氏五十而贡，殷人七十而助，周人百亩而彻，其实皆什一也。"说明孟子他赞成什一税，即征收税率为10%的土地税。《孟子》说："清野九一而助，……方里而井，井九百亩，其中为公田，八家私百亩，同养公田。"同时，孟子还主张："市廛而不征，法而不廛。则天下之商皆悦而不愿藏于其市也。关，讥而不征，则天下之旅皆悦而愿出路矣。耕者，助而不税，则天下之农皆悦而愿耕于其野矣。廛，无夫里之布，则天下之民皆悦而愿为之氓矣。"就是说，只有对市场上货栈不征税，货物按规定办法出售也不征税，关卡只稽查行旅而免征关税，对农民实行助耕公田而不征农业税，并取消力役钱和宅地税，才能使老百姓安居乐业。

由于孟子"去私利"、"节俭"、"寡欲"与"惠民"的理财思想以救民为出发点，所以富民政策是他的核心思想。

孟子不反对富民大利，他与梁惠王论利，一方面否定争权夺利的私利，另一方面则力陈谋取大利之重要。《孟子》中记载他对梁惠王所说的话："是故明君制民之产，必使仰足以事父母，俯足以畜妻子，乐岁终身饱，凶岁免于死亡，然后驱而之善，故民之从之也轻。今也制民之产，仰不足以事父母，俯不足以畜妻子，乐岁终身苦，凶年不免于死亡，此惟救死而恐不赡，奚暇治礼义哉！"就明确反映了他的富民思想。

同时，孟子也强调若实行富民政策，藏富于民，不但可使本国富强，而且还可以王天下而得民心。这在孟子告梁惠王的话可以清楚地看出来，他说："天下仕者，皆欲立于王之朝，耕者皆欲耕于王之野，商贾皆欲藏于王之市，行旅者皆欲出于王之涂，天下之欲疾其君者，皆欲赴诉于王。"

此外，孟子所阐述的富民政策，可分为"恒产"、"重农"、"井田"、"薄敛"、"荒政"与"劳民"等六项。由于孟子继承了孔子先富后教的论说，认为社会经济问题获得解决，人民富庶，才能讲究礼义廉耻。所以，他始终对战国时代的人君不知讲求富民政策，致成为乱世之源怀有极大的愤慨。

（四）荀子理财思想

荀子名况，士人尊称为卿，故曰荀卿。为战国后期赵国人，生卒年不详。其主要的政治、学术活动时间约在公元前298年至前238年之间，他曾到齐国的稷下讲学，后又做过楚国的兰陵令，晚年在兰陵著书，并卒于兰陵。他的著作只存于《荀子》一书中。

荀子作为儒家，其理财思想强调裕民、爱民、利民、养民；经济改革首重"民生"，这些都与孔孟的儒家理财思想一致。其所不同之处在于对"利"的阐述。

1. 公开言利

儒家虽然不反对言"利"，就如孟子言"利"，其态度也不甚明朗，以致被后世曲解为儒家不言"利"。但是荀子则率直不讳地言"利"。荀子对利字的解释，尤有精湛的言论，他在《荀子·大略篇》中说："义与利者，人之所两有也，虽尧舜不能去民之欲利。"他又以求利不但为人之常情，并且为民德的一种，所以他在《荀子·儒效篇》中说："以从俗为善，以财货为宝，以养生为己至道，是民德也。"他又以为君子与小人的分别，不在其"求利"与"不求利"的分别，而是在求利方法上的不同。所以他在《荀子·荣辱篇》中说："……好利恶害，是君子小人之所同

也，所其所以求之，之道则异矣。"

2. 富国之策

荀子所著的《荀子》一书，共计三十二篇，其理财思想多散载于《富国》、《大略》、《儒效》、《王制》诸篇。《荀子·富国篇》"第十"中说："下贫则上贫，下富则上富。""足国之道，节用裕民……裕民则民富。此无他故焉；生于节用裕民也。""士大夫众则国贫。"还说："不知节用裕民则民贫……此无它焉，不知节用裕民。""厚刀布之敛以夺其财，重田野之税以夺之食，苛关市之征以难其事……百姓晓然皆知其污漫

荀子像

131

暴乱而将其大危亡也。"这些富民才能富国,减少冗员才能节用,轻税才能巩固国家政权的思想直至今日都不失其光辉,具有前车之鉴的作用。此外,荀子还认为"务本节用财无极",强调努力发展生产,节约费用,财富才会不断积累,极大丰富。揭示了只有生财有方,用财有度,才能聚财有效的辩证关系。

荀子认为,富国之策在于开源节流,他用"水"比作经济,用"源"形容生产、收入,用"流"形容费用、开支,并提出"开其源"和"节其流"必须结合,方能充盈国库,增强国力。这个道理,对后世的理财仍然有着启示作用。"源"与"流"是一个问题的两个方面,"源"决定其"流",没有"源"的丰盈,就没有"流"的不息。反过来,"流"又反作用于"源","流"的无尽无度,"源"就会枯竭而止。因而,我们不仅要花力气开源,充裕财力,而且要加强核算,节支堵漏,使源泉不竭,川流不息。

3. 裕民优恤

《荀子·王制篇》强调政府的责任,曰:"王者富民。"并提出"裕民"的措施,说:"裕民则民富,民富则田肥以易,田肥以易则出实百倍。"荀子也和孔子、孟子一样地主张轻税薄敛,实行"裕民"政策。其主要内容是,"轻田野之税,平关市之征,省商贾之数,罕兴力役,无夺农时,如是则国富矣"。他还主张:"田野什一,关市讥而不征,山林泽梁,以时禁发而不税,相地而衰征……"就是说按田地产量征收1/10,即10%的租税;对关卡和市集,只进行检查而不征税;对山林湖泽按照季节实行禁闭和开放,也不征税;依据土质好坏和地形地貌,有差别地从轻课税。值得一提的是,荀子新颖地提出了"上以法取焉"和"王者之法,等赋"。君主要按照法度征收赋税,规定赋税等级。不能随意滥征多派。在当时"厚刀布之敛以夺之财,重田野之税以夺之食,苛关市之征以难其事"的情况下,荀子能把"法"这根准绳呈给君王,不能不说他的税收思想比"至圣"的孔子和"亚圣"的孟子都前进了一步。

除了轻税主张外,荀子还提出要对老弱废疾者减免赋役负担,《荀子》记载:"八十者一子不事,九十者举家不事,废疾非人不养者,一人不事。父母之丧,三年不事;齐衰大功,三月不事。从诸侯不与新有昏,期不事"。荀子认为,凡是符合上述条件的,可以长期或定期免服劳役,这种体现社会政策的减免优恤思想，早在汉代就纳入国家财税法规之中，并对此后的税制设置继续产生深远影响。

4. 什一税制

荀子对土地税的征收，见解为：一是公田税率，主张课征 1/10 的税，即采取什一税制；二是对公田以外的其他土地的税率，则要视土地的好坏及其产出情况，决定课征税率的高低。

不过与任何人都有其历史局限性一样，荀子的理财思想中也有其历史局限性。例如《荀子·富国篇》"第十"中说"工商众则国贫"的抑商主义，与经济发展的内在要求相违背，因为流通渠道的畅通无阻才能推动社会经济的快速发展。

四、道家老子的理财思想

老子主张清静无为，道法自然，心目中的理想国家是小国寡民，西方学者常将其称之为无政府主义者。由于财政属有组织的政府行为，

因此老子谈及的财政理论很少，其他道家学者论述也不多见。

（一）绝欲望

欲望是人类发展、经济扩张、财政运作的原动力。论欲望，孔子主张节欲；孟子主张寡欲；老子则干脆主张绝欲。他在《道德经》第三章中说："常

老子像
老子，姓李名耳，春秋末年思想家，道家创始人。此画像元代赵孟 绘，藏北京故宫博物院。

使民无知无为。"到宋代在儒学哲学化的过程中，理学家们进一步发展了老子的思想，提出"存天理，去人欲"的绝欲论。

（二）强俭啬

对于理财，老子在《道德经》第三十三章中说，"知足者富"。在第六十七章说："我有三宝，恃而保之，一曰慈、二曰俭、三曰不敢为天下先。……俭故能广。"在第五十九章说："治人治事莫如啬。"老子所谓的"俭"和"啬"就是韩非所说的"智士俭用其财则家富。……民众则国广，是以举之曰俭故能广"和

"静者少费，少费谓之啬"的意思，也就是节省和不要浪费的意思。所以老子的啬并不是吝啬，因为财政支出要有节制，不应有吝啬，若吝啬则失掉财政的公共功能。

（三）轻民负

道家与儒家一样都主张轻徭薄赋。老子在《道德经》第五十七章说："民之饥，以其上食税之多，是以饥。民之难治，以其上之有为，是以难治。"老子认为，人民之所以赋税负担沉重，就是管理社会的官员太多，造成大批不事生产的众多食税者，导致民不聊生。因此，他主张轻徭薄赋，减轻民负，这与现代财政

老子帛书
1973年马王堆汉墓3号墓出土，为目前所见最早的《老子》版本。

大道之行
中国财政史

原则相一致。同时，他也认为，民之所以难治，是由于政府官员太想有作为的缘故，这与当前建立和谐社会的要求是相一致的。因为大搞劳民伤财的政绩工程，损害群众利益的强行拆迁，都会引起人民群众的不满，从而产生民难治的诸多问题。

第十节　中国传统理财思想要点

中国传统理财思想以儒家为主，杂以法家，大致可归纳为节用爱民、轻徭薄赋、简税便民、重商税轻农税、力主国营专卖五点。

首先，是节用爱民。在生产力发展水平低下的古代，以务农为生的百姓忍饥挨饿，勒紧裤腰带，在极其微薄的收入中挤出相当比例缴纳皇粮国税；而帝王贵胄却花天酒地，穷奢极欲，一掷千金，糜费国帑。这种令人不堪入目的反差，引发了历代具有责任心的学者、政治家抑制政府支出，珍惜民脂民膏的良知，从而使节用爱民成为学者、政治家是否以民为本的分水岭和试金石。

其次，是轻徭薄赋。轻徭薄赋，往往作为节用爱民的配套措施提出来的理财思想。因为在君主专制时代，天下是一人之天下，帝王或为兴建宫殿，或因军事需要，往往横征暴敛，使民不聊生，最后激起沸反盈天，导致无数王朝被农民起义所推翻。为了长治久安，巩固政权，维护自身的长远利益，历代学者、政治家大多主张轻徭薄赋，以减民负。

再次，简税便民。税重伤民，税繁则扰民。在王朝建立之初，大多开国君主实行与民休息的让步政策。随着政权巩固，后来的统治者已将前朝亡国教训抛之脑后，于是会不断开征苛捐杂税，增加税种，加上税吏滋意扰民，成了猛于虎的苛政。为了王朝的稳定和延续，历代学者、政治家大多主张简税便民，即不仅税要轻，而且税种要少，同时方便老百姓缴纳。

范蠡像

第四，重商税轻农税。中国自古以来以农立国，重农业轻商业不仅是朝廷的国策，也是儒家思想最重要的经济思想。为了推动农业发展多以轻税鼓励之，为了限制商业多课以重税。且在汉武帝以降，将商人排为"士农工商"四民之末位，在政治上加以歧视。这种重农抑商的理财思想，一直影响到近代中国的发展和现代化进程，其后果极其严重。

第五，力主国营专卖。国营专卖思想始于管子，最早实行于齐国。国营专卖其实就是"寓税于价"，其具体做法是：凡有大利可图的人民生活和生产必需品，如春秋战国时的盐，汉代的铁与酒，唐代的茶，都实行国营专卖，以增加国库收入。国营专卖是我国从春秋以来筹措国家财力的主要财政政策，被视为富国强兵之道。尽管后来这一政策常常变为解决军费来源的财政政策，但其在中国两千多年历史上的深远影响仍然不可忽视。

清末　杨柳青年画
成书于西汉时期的《穀梁传》就将百姓按职业分为士农工商。

第四章

秦汉时期的财政

第一节 秦一统天下的时代背景

一、统一是地理和时代要求

公元前221年，秦王嬴政结束了中国长期割据局面，建立了历史上第一个中央集权的统一王朝——秦。它是一个以咸阳为首都，东、南至大海，西至今甘肃、四川，南至岭南，北至河套、阴山、辽东的大一统王朝。

秦的大一统是春秋战国时代的历史、地理、气象大趋势的反映。首先是黄河流域土壤地理的大趋势。黄河流域的最大特色是黄土和黄河，像面粉一样细的黄土既给耕作带来了方便，也带来了黄河泥沙沉积的灾难。一般说来，河流的泥沙沉积率达到5%就是高的，亚马逊河在夏季的泥沙沉积率高达12%，然而黄河的泥沙沉积率高

秦代疆域图

达 46%，其支流在夏季时泥沙沉积率达 63%，令人震惊。河床不断提高，决堤的危险不断威胁两岸，何况水量在雨季、旱季有大幅度变化，令人难以防范。这就需要强有力的中央集权的国家来统筹处理水利工程。《孟子》一书关于水利的谈话有 11 次之多，每次都涉及洪水泛滥殃及邻国，暗示国家统一将带来安定与安全，因为治理黄河不能由流域的各国各自为政，必须统筹规划。战国时代，各国割据称雄，往往"壅防百川，各以为利"。例如齐和赵、魏以黄河为界，赵、魏地势高，齐地势低，河水常泛滥，齐就在沿黄河 25 里处筑了堤防，从此河水泛滥时"西泛赵、魏"，于是赵、魏也在沿黄河 25 里处筑起堤防。在黄河两岸 50 里间，河水时来时去，南奔北突，给人民生命财产带来威胁。只顾自己利益的各自为政，其结果无非是遇到天旱就争夺水源，故意阻塞别国水源；遇到洪水就放水到邻国，这就是孟子所说的"以邻国为壑"，也就是后世"以邻为壑"成语的由来。更为严重的是处于战争状态的各国，还把决堤放水作为进攻或防御的手段，造成严重后果。从公元前 332 年到前 272 年的 60 年间，黄河三度为灾，便是以人祸为主所带来的灾难。

这种手法不仅古人用过，就是近现代的抗日战争中也有汤恩伯花园口决堤延缓日军进攻之事例。

其次是气象地理的大趋势。对风向（季风：东南风、西北风）与雨量的研究表明，年 380 毫米等降水量线，从中国的东北地区中部到中原地区，几乎与长城平行，弯向西南时，又恰好在中原与青藏高原的分界线上。它大体反映了游牧与农耕的边界。北方诸国为了抗击游牧民族入侵而修筑的土垒长城，以及秦统一后修筑的长城，都体现了国防的需要。与年 380 毫米等降水量线几乎一致的国境线，是中国农业社会必须置于强有力的中央集权体制之下的一大自然标志。

战国时代，秦、赵、燕三国以北强悍的游牧民族如林胡、楼烦、东胡、匈奴等不断南下侵扰，对农业区形成极大的威胁。为了抵御匈奴的侵扰，秦、赵、燕三国动用了 50 万大军驻扎北方边境。由于各国忙于兼并战争，削弱了边防，匈奴乘机向南移动，占领了河套一带的草原。因此迫切需要统一的中央集权国家集中力量，强化北方边防。

再次，统一是商业和交通发展的要求。战国时代中原地区与周边地区的联系和交往也比以往更为密切，正如《荀子》所说，当时已出现"四海之内若一家"的状况。各国的变法虽有程度不同的差异，但总体目标是一致的，这种同一性为建立一个中央集权国家奠定了基础。况且分裂割据不利于经济、文化的交流，各国各阶层都渴望统一。

二、统一大任落在嬴政身上

统一是必然的，但统一的大任落在谁身上却是主客观的巧合。历史的机遇让秦王嬴政赢得了这一重任。战国初期的近百年中，秦国偏隅西方，不得参与中原各国之间的事务。商鞅变法后，秦一跃而成为七国中实力最强的国家。秦国的崛起引起了东方诸国的密切关注，联手抵制，要打破这一格局，除了战争，别无他途。秦惠王、秦武王时即初试牛刀，有所斩获；到秦昭王时，已着手实施统一战争。秦昭王用魏冉为相，白起为将，屡获大胜。等到魏、赵、韩、楚、燕五国合纵攻秦时，由于燕将乐毅攻破齐国，秦、齐两国对峙局面被打破，从此秦成为唯一强国，而且势力日益强大，以至于一发而不可挡。

很多人以为热兵器时代的现代战争比古代冷兵器时代战争死人要多，其实不然。作为冷兵器时代的古代，由于战争直接刀刃相向，战斗时间又比较长久，死亡人数反而比现代战争为多。例如，秦昭王时代的统一战争就极其残酷，死亡人数亦十分惊人。公元前293年伊厥之战，白起大胜韩、魏联军，斩首24万；公元前279年鄢之战，白起引水灌城，淹死楚国军民数十万；公元前273年华阳之战，白起大胜赵、魏联军，斩首15万；公元前260年长平之战，白起坑杀赵军主力45万。其惨烈犹如《孟子》所说"杀人盈野"、"杀人盈城"，起到了严重削弱这些国家军

战国时秦国军事家白起。

事实力的直接作用，有力地奠定了后来秦国取得统一战争胜利的基础。

公元前247年，嬴政即秦王位。其父秦庄襄王是秦孝文王的次子，由于大商人吕不韦的活动被立为太子。秦庄襄王即位后，吕不韦一跃而成为相国，封为文信侯，嚣张权势盛极一时。由于嬴政即位时年仅13岁，各项政务皆由其母即太后做主，相国吕不韦继续大权独揽，并被尊称为"仲父"。据说，秦王嬴政是生母邯郸姬与吕不韦的私生子，他即位之初，邯郸姬与吕不韦继续私通，并豢养"大阴人"嫪毐，封为长信侯，门下宾客千余，家僮数千，结党营私，争权夺利。公元前238年，22岁的秦王嬴政从咸阳到旧都雍的宗庙举行冠礼，嫪毐发动宫廷政变，但才能非凡的秦王嬴政成功地平定了突发的叛乱，处死嫪毐，幽禁太后，免除吕不韦的职务，起用尉缭、李斯，稳定了政局，并通过继续推行商鞅变法以来的诸多富国强兵政策，使险遭不测的秦王朝继续沿着日益富强的道路前进。

从公元前230年开始，日趋成熟的嬴政，凭借强大的国力，加紧了灭亡六国的战争步伐。到公元前221年，陆续灭亡了韩、赵、燕、魏、楚、齐六国。从此"海内为郡县，法令由一统"，秦始皇终于在中国历史上第一次建立了大一统的中华帝国。

三、下基层勤政事的秦始皇

秦始皇显然强烈地意识到他作为一个史无前例的统一大帝国的创建者非同寻常的作用，倾注全力励精图治，不敢稍有懈怠。《史记·秦始皇本纪》说："天下之事无大小皆决于上，上至以衡石量书，日夜有呈，不中呈，不得休息。"这就是说，秦始皇作为历史上第一个皇帝，事无巨细都要亲自裁决，每天要批阅几百斤的公文，才能上床睡觉。公文之所以用重量计，是因为当时中国尚未发明纸张，直到东汉蔡伦时才发明造纸术，所以那时的公文都写在竹简或木简上，十分沉重。后人曾对古人"学富五车"的成语作过测算，五车竹简或木简上的字数约有10万之多。由此推算秦始皇每天批阅公文至少有数千字之多，其工作量之大可见一斑。

同时，秦始皇为了加强对帝国疆域的控制，炫耀皇帝至高无上的威权，还多次下基层，深入到全国各地视察，风尘仆仆地四处奔走。公元前221年至前210年的12年间，秦始皇前后出巡五次，几乎走遍了他的辽阔国土。根据

秦始皇嬴政
秦始皇嬴政，秦王朝建立者，像载《三才图会》，明万历刻本。

秦始皇

姓嬴名政始目始皇乙卯即王位庚辰併天下稱皇帝

在位三十七年居王位二十五年即帝位十二年壽五十

史料记载，他当皇帝后的大部分时间都是在旅途中度过的，在当时的交通和装备条件下，这是非常难能可贵的。当然，我们后人亦可从中窥见秦始皇当年勤于政事的工作作风。

第二节　为建立中华帝国的变革

一、创皇帝名号立中央集权体制

秦始皇吞并六国后，把人们口耳相传的三皇、五帝尊号中的"皇"与"帝"结合起来，自称"皇帝"，以显示自己至高无上的地位。他利用了当时已具有浓厚的政治色彩，而又保持了与远古神祇圣哲强烈联想的这个称呼，恰当地象征了一个人的政治成就，这种成就几乎是超人的。他自称"始皇帝"，后世子孙世代相承，递称二世皇帝、三世皇帝……直至千秋万代。尽管秦王朝只延续了两代，仅及二世而亡，但此后历代王朝统治者并没有废弃秦始皇创建的制度，仍然把"皇帝"作为自己的崇高称谓。

善于拔高最高统治者形象的秦始皇，不惜把皇帝的"命"称为"制"，"令"称为"诏"，印称为"玺"，皇帝自称为"朕"，以反映自己与众不同的崇高。例如，"朕"字在秦以前是一般人都可以用的领格，秦始皇则将其用作主格，并规定只限于帝王专用。同时，他还制定了一整套尊君抑臣的朝仪和文书制度，利用与众不同的形式来提高皇帝的职权和崇高形象，开创了中国官场形式主义之先河，其影响愈演愈烈，直至今日仍然上行下效，驱之不散。

为了替皇帝制度寻找理论依据，秦始皇把阴阳家和法家结合起来，采用邹衍的五德始终说，自以为秦属于水德，必然要取代属于火德的周，并以十月为一年中的第一个月；用黑色为正色，礼服旌旗都用黑色；与水德相应的数是"六"，所以凡事都用六来记数，今人皆以"六六"为顺，亦渊源于此。

无所不用其极的秦始皇在咸阳所营建的豪华宫殿，不但是天下一统的象征，而且模仿想象中的天上宫阙，俨然是人间上帝的居所。他还在骊山预建陵寝，用水银制成百川、江河、大海模型，上具天文，下具地理，这和他采用皇帝名号一样，表示他在人间的权力无所不包，完全可以与上帝在天上的权势相比拟。

皇帝之下是由三公九卿组成的中央政府。三公即丞相、御史大夫、太尉。

丞相协助皇帝处理全国政务；御史大夫是副丞相，协助皇帝掌管图籍章奏、监察百官；太尉协助皇帝掌管全国军事。三公之下有九卿：廷尉掌管司法，治粟内史掌管租税收入和财政开支，奉常掌管宗庙祭祀礼仪，典客掌管民族事务与对外关系，郎中令掌管皇帝侍从，少府掌管皇室财政与官手工业，卫尉掌管宫廷警卫，太仆掌管宫廷车马，宗正掌管皇室宗族事务。三公九卿分工负责，一切事由皇帝裁决。

在商鞅推行 20 等爵制，奖励军功，推行县制，加强中央集权的基础上，秦王朝在统一战争中兼并的新地区内，普遍推行郡县制，并推行 20 等爵制。秦王嬴政采纳李斯的主张，拒绝王绾、淳于越分封诸王的建议，以郡县制取代分封制。

统一后，秦始皇在地方全面实行郡县制，把全国分为 36 郡，以后又增至 40 余郡。郡设郡守、郡尉、郡监（监郡御史），郡尉是郡守的副职，郡监则直属于中央的御史大夫。郡监的设置，并直属中央的监察主官——御史大夫，不仅是秦始皇监察地方官员的一种创造，也是此后中国两千多年封建社会行之有效的监察措施之一，因为为了防止失控和腐败，对公共权力进行监督和制约，是人类历史上任何国家所必不可少的。即使时至今日，我们仍然实行相似的制度，而且中央对地方的管监关系尚不能达到秦代的水平，即监察官员直隶上一级机关管理，并由上一级机关直接发放俸禄。秦始皇还规定郡下辖若干县，县按大小设县令或县长。县下有乡，乡设三老掌教化，啬夫掌赋税诉讼，游徼掌治安。乡下有亭、里，亭设亭长，里有里正。皇帝的政令，可以通过中央的三公九卿，直达于地方的郡、县、乡、亭、里，一竿子贯彻到底，从建构上解决了大帝国行

秦虎符
陕西西安出土的虎符，为战国时秦国将领所执之物。

政渠道如何畅通无阻的问题。

二、泰山封禅和石敢当

秦始皇登基后确定了一套与皇帝地位相当的祭典及封禅大典，不许臣民僭越。本来齐、鲁两国的儒生有一套"封禅"学说，到泰山顶上祭祀上帝叫做"封"，在泰山下小山（即梁父）祭祀叫做"禅"。泰山信仰的起源可以追溯到远古先民的山岳崇拜，高耸入云的山被看作上天之路，山上丰富的资源是人们生活所资，因此山就成了"万民之所瞻仰"的圣地。泰山的祭祀早就出现，大抵有旅祭、柴祭、望祭、地主之祭等。对泰山的封禅则始于秦始皇，它包括封泰山与禅梁父两部分组成。此后，以泰山为祭祀天地的场所和祭祀对象，来敬天神和地祇的礼制及其仪式，也被称之为"封禅泰山"。直至今日，遍布全国各地的东岳庙及其所供奉的东岳大帝便是秦始皇泰山封禅在全国各地的延伸和继续。公元前219年，秦始皇出巡到泰山，为了表示自己出于"天命"，召集儒生、博士讨论"封禅"礼仪。尽管秦始皇当时没有采纳儒生们所拟议的祭礼，但还是按照儒家封禅学说举行了典礼，成为第一个实践儒家封禅学说的皇帝。

其实自古以来，中华民族就有"泰山安，天下安"之说。相传古时，黄帝、炎帝、蚩尤三足鼎立，其中以蚩尤最为残暴，他头角坚实，无人能敌。一次他登上泰山，声称无人敢当，黄帝的妻子女娲遂投所炼之补天石以制其暴，由于补天石上有"泰山石敢当"字样，从此"泰山石敢当"便成为民间辟邪镇煞的神石。此后，人们常将刻有"石敢当"或"泰山石敢当"字样的石碑或石人，立于桥道要冲或砌于房屋墙壁，祈求平安、吉祥。在福建莆田发掘出一块唐代大历年间的石刻上，刻有"石敢当，镇百鬼，压灾殃，官吏福，百姓康，同教盛，礼乐张"的字样。

历史上的"泰山石敢当"习俗先后经历了萌发、变异、兴盛三个阶段，经历了自然崇拜、人格神化和分支合流的过程。它起源于上古时期的灵石崇拜。唐朝以后，石敢当习俗与泰山文化联系在一起，借助泰山的神威，加重了分量，并被人格化，用它来镇鬼压殃、去除疾病、防止家财损失、制止饥荒发生、保佑宅主升官、平息家庭纠纷等等。

今天，当我们漫步在齐鲁的石街、闽粤的幽巷、蜀都的古墙、江浙的宅院、三秦的村寨，人们不时会看到砌在村落、巷口、民宅上的刻有"泰山石敢

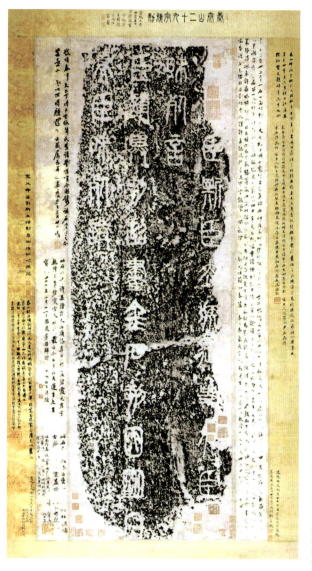

泰山刻石
亦称《封泰山碑》。秦始皇二十八年（公元前219年）
登泰山，丞相李斯等为歌颂秦始皇统一中国的功绩
而刻的石碑。

当"的石碣和石人。作为被华人普遍认同的"平安符"、"保护神"的"泰山石敢当"，早在古代就被广泛传播到全国各地，并播散到东南亚各国以及朝鲜、日本、韩国，以及欧洲和美国的唐人街。在日本的"石敢当"雕刻遗存总共有600多块，内容有"泰山石敢当"、"石敢当"、"山石敢当"等。在泰国首都曼谷，多处庭院刻有"泰山石敢当神之位"的碑石；在马来西亚，"泰山石敢当"矗立在槟城蛇庙外……凡是有华人和受到华人文化影响的地方，就有"泰山石敢当"。

"泰山石敢当"所蕴涵的"吉祥、平安"之意，承载着华人的共同心理，形成的习俗被世代延续。人们说，有块"泰山石敢当"，就等于把泰山带在了身边。2005年4月22日，中国驻美国大使馆新馆舍奠基，其奠基石就来自泰山。另外，20世纪50年代北京天安门广场人民英雄纪念碑和人民大会堂的基石，也都特意选用了吉祥平安的泰山石。

当今，"泰山石敢当"作为民俗事象，逐步革除了迷信色彩，表达着人们向往与追求平安、和谐与吉祥之意。2006年，"泰山石敢当习俗"被列入"我国第一批非物质文化遗产名录"，专家们认为"泰山石敢当"的"平安"文化内涵，与现实构建和谐社会有着许多相通之处，对增强中华民族文化在世界上的影响力，颇具现实意义。

三、变土地公有为私有

战国以前，实行土地公有的井田制度，秦商鞅变法时开始"废井田，开阡陌"，实行土地私有制。由于南北向之路称为"阡"，东西向之路称为"陌"，所谓"开阡陌"指的是以纵横交错的田间小道分割各家各户的土地边界。因而，"开阡陌"也成了秦国允许土地私有的代名词。

在商鞅变法时，土地私有制仅仅局限在秦国统治区内推行。统一全国后，为了巩固中央集权制统治，秦始皇决定将它推向全国。始皇三十一年（公元前216年），下令"黔首自实田"，即令地主和自耕农向官府呈报自己实际占有土地的数量。这一命令，等于宣告在全国范围内承认土地私人占有，从法律上受到政府保护。同时，申报结果也使中央政府掌握了全国耕地的数量。

四、统一度量衡等制度

在商鞅变法的基础上，进一步统一法律、度量衡、货币、车轨、文字、历法，基本上以秦法秦制作为统一的标准，至于文字则采用小篆和民间流行的隶书为标准。

度量衡不统一，不仅容易引起民间经济纠纷，同时还会危及赋税实物征收的准确度量。因此，秦统一规定度制：寸、尺、丈、引，皆为十进制；6尺为步，240步为亩。量制：合、升、

秦铜量器
外壁刻有秦始皇二十六年统一度量衡的40字诏书，为当年秦统一的标准量器。

斗、石，亦皆为十进制。衡制：16两为斤，30斤为钧，4钧为石，即一石折合120斤。朝廷明文规定凡度量衡器，一律由官府统一制造，并刻上诏书文字，以防伪乱。

鉴于战国时期各国钱币制度不统一，其形状、大小、轻重、计算单位各异等混乱情况，秦统一后，便着手调查

大道之行
中国财政史

整顿。此后，统一规定：黄金为上币，以镒为单位，一镒等于 20 两；铜钱为下币，外圆内方，面有"半两"字样。珠、玉、龟、贝、银、锡之类作为器饰

半两钱 秦
始皇统一全国后，规定黄金为上币，单位为镒，铜为下币，单位为半两，其形制为方孔圆钱。自此，中国的货币形态基本上固定下来，两千余年未有大的改变，影响深远。

宝藏用品，不作为货币。币制统一后，不仅换算便捷，而且对商品流通、经济交往和赋税征收也提供了方便。至于"镒"字，尽管随着后来重量单位名称的改变与现代人久违了，但从后世有人常以"万镒"取名中，我们仍然能感受到它的原意。

秦始皇为了统一交通，下令拆除战国时代各大国在险要地区修建的关塞、堡垒和内地长城。并从公元前 220 年开始建造以首都咸阳为中心的帝国公路——驰道和直道，规定驰道一般在平原地区，道宽 50 步，相当于今 69 米；每隔 3 丈栽一棵树，相当于今每 7 米间距种树一株；道路两旁皆用金属锥夯筑厚实，并在路中间留出车道以便皇帝出巡时专用。直道宽度在 30 — 60 米之间。

五、移民实边修筑长城

为了抗击匈奴的侵扰，秦始皇还派蒙恬率 30 万大军进攻匈奴，同时开始大规模地修筑长城。它是在战国时代赵、燕、秦三国原有长城的基础上连接而成的。这条在北方连绵延伸、雄姿挺拔的边防工事，在当时或后世，无论在物质上抑或在精神上都具有无与伦比的价值，不失为中华民族的骄傲。

秦始皇曾多次组织移民。移民分为三种不同性质：一种是迁徙各地豪富至咸阳，以达到分散其个人财产，缓和贫富矛盾，便于就近控制，进而活跃京师经济的目的。秦始皇二十六年（公元前 221 年），将全国各地的豪富之家 12 万户迁到咸阳；卅五年（公元前 212 年），"徙三万家丽邑，五万家去阳"。这是两次规模很大的迁徙。在统一前，秦王每破灭一国，即徙其王室和豪富至异地，以削弱其力量。另一种是移民实边。秦始皇卅六年（公元前 211 年），在北伐匈奴，夺回河套南北地区后，设郡置县，从内地移民 3 万户到北河、榆中（今内蒙伊金霍洛旗北）一带屯垦，以

便开发边疆巩固边防。同时，秦始皇迁徙罪犯至新占领区。他在北征匈奴之后，在新开拓的黄河以北直到阴山的广大地区内，设置34县，归三四个郡分别管辖，陆续迁徙有罪官吏（包括部分内地民众）前往开垦。以开拓百越为目标的南征取胜之后，又在那里设置了闽中、南海、桂林、象等四郡，并把50万罪徒谪戍到那里，戍边屯垦。

六、焚书坑儒恶名千载

焚书坑儒则是秦始皇2000多年来跳进黄河洗不清的罪名，它的直接起因是公元前213年博士淳于越提出分封诸子的建议，秦始皇让大臣们讨论，

焚书坑儒图

于是引发了李斯与淳于越关于郡县制与分封制孰优孰劣的一场大辩论。李斯认为搞"私学"的人"不师今而学古","道古以害今",因而建议焚烧私人所藏《诗》、《书》等典籍,"以古非今者"要灭族。秦始皇批准了这一建议,其目的在于统一舆论,维护中央集权体制。所谓焚书,决没有销毁全部书籍的意图,其实际损失也没有历来想象的那么严重。所谓坑儒,是处死私下诽谤秦始皇的方士与儒生460余人。焚书坑儒的本意在于维护皇帝制度的权威,由于其手段过于残酷,才引起后人无尽的非议和抨击。以至于秦始皇死后也不能进入明代朱元璋所设置的历代帝王庙内配享,连死后在阴间的社会保障问题都难以解决,焚书坑儒、横征暴敛所带来的后果之严重是秦始皇生前所始料不及的。

第三节　秦代的财政收入

一、田赋

世界上凡是能做到公私两利的财政政策都会有一定的生命力,且能在双赢的条件下不断得到推广。春秋战国后期,各国政府之所以逐步承认土地私有,实行履亩而税,也是双赢的结果。由于实施这一政策不仅使老百姓开垦私田从不合法变成合法,且在公田之外开辟私田又可以获得更多的收入;而政府通过对本来不缴税的私田征收税收,也无形中增加了一块额外的财政收入。因此,这一公私两利的政策成了政府和百姓皆大欢喜的政策。秦孝公十四年(公元前348年)"初为赋",按土地出产征收实物税,指的就是这一类税率为1/10的田赋。

后来随着统一战争的推进,税收已不限于税率为10%的"什一税"。《汉书·食货志》说:"至于始皇,遂并天下,内兴功作,外攘夷狄,收泰半之赋,发闾左之戍。男子力耕,不足粮饷,女子纺绩,不足衣服,竭天下之资财以奉其政,犹未足以澹其欲也。海内愁怨,遂用溃畔。"按"泰半"的原意,即为三分取二,折合农业税的税率为66.7%之多。董仲舒则说,"秦用商鞅之法,改帝王之制,除井田,民得卖买,富者田连阡陌,贫者亡立锥之地……田租、口赋,盐铁之利,二十倍于古。或耕豪民之田,见税什五"。《文献通考·卷一·田赋考》亦称"秦田租口赋盐铁之利二十倍于古"。可见,秦始皇时代的田赋征收税率是很高的,至于全国普遍税率是否都高达

琅邪台刻石记述秦始皇功业。

部化妆就知道人物的定位。由于秦始皇在历史上以残暴著称，是典型的暴君，有着丑角的脸谱，人们不免对他所制订的各项政策都带有贬低以及夸大其问题的极端成分。

三、徭役征发

古代劳动生产力低下，徭役是国家进行各项军事行动和工程建设的重要筹措手段。徭役分为兵役和力役两块，前者用于军事，后者用于工程。按董仲舒所说，秦从商鞅变法以后，加重了徭役负担。"月为更卒，已复为正，一岁屯戍，一岁力役"。就是说，一个成年男子，每年要为官府服徭役一个月，轮流更换；同时规定，一生要到京师或边境戍守一年，为官府服力役一年。这比古代一年服役三日的规定当然重得多。据估算，秦代人口约计2000万，男女劳动力约800万人，其中男劳力为400万人，每年征发徭役，大致估算，当在300万左右，则服役人数占全部男劳力的3/4，

66.7%，则有待于进一步研究和考证。

二、口赋

口赋又称"人头税"，是按人头征收的税收，始见于战国。《史记·货殖列传》称："齐、秦皆有口赋。齐以丁计，岁三百六十文；秦以户计，岁二百文，是齐之税重于秦。"秦统一全国后，仍有口赋之征。其征收额度，西汉董仲舒有"秦口赋二十倍于古"的记载，因此就有秦始皇每丁每年征一千钱的推测。中国传统文化对人的评价犹如演戏，非常脸谱化，反角就是反角，正角就是正角，用不着你分析研究，一看脸

为全国总人口的15%以上，即五口之家，基本上有一个人在服役。由于徭役负担重，男子不足，妇女也被征调去运输粮草。有地无人耕，老弱无人养，冻馁而死者不计其数。《文献通考·卷一·户口考》称秦代徭役"月为更卒，已复为正，一岁屯戍，一岁力役，三十倍于

刑徒墓志　秦
出土于秦始皇陵西侧赵背户村西修陵人墓地中。瓦上刻有"东武遂、赣榆距"6字。"遂"和"距"是劳役者的名字，"东武"和"赣榆"是这两个人的籍贯。这块墓志瓦是秦代征发劳役的产物。力役之征是收入与支出同时进行的一种财政行为，具有中国早期赋役制度的重要特征。

古"，但仍入不敷出。

四、工商税

战国时期，秦国的经济已有较大发展，其中冶铁业、青铜冶铸、纺织、制陶、制革等手工业都很发达，为了进一步加强管理，设置了"左采铁"、"右采铁"等职官，专业从事铁器生产管理。同时战国以来，秦国的商业也有了较大发展，出现了不少大商人，因此秦也设置市官以加强市场管理。秦律中不仅有物品价格的记载，违禁犯令的罚款记载，还有进入市场收费的条令，如《关市律》载："为作务及官府市，受钱必辄入其钱缿中，令市者见其入，不从令者赀一甲。"可见，秦代政府不仅对山林池泽产品征税，而且在关、市也征收工商税。

第四节　秦代的财政支出

一、养兵战费

在秦以前的战国时期，各国没有常备军，兵民合一，平时种田，表现为农民身份；战时从军，则表现为军人身份。由于武器皆由从军者自备，按地区出戎马、兵车、牛，所以秦以前的财政支出没有养兵之费，即使有军费，也表现为战费。

秦始皇统一中国后始有
常备军。当时的边防军队和
野战用兵，大致近200万，《文
献通考》称："是时北筑长城四
十余万，南戍五岭五十余万，骊山、阿
房之役各七十余万，兵不足用，而后发
谪矣，其后里门之左，一切发之。"也
就是说，除南戍五岭长达八九年的50
万人，以罪徒谪戍外，筑长城、修骊山
始皇陵和阿房宫的军人即有180万以
上。从当时全国2000万人口中能应役的
男丁也只有400万看，不仅人数非常可
观，而且财政支出极大。

就防御工程来说，首推长城。战国
时期，七国多修筑有长城，秦统一全国
后，为便利交通和商旅往来，将阻碍内
地流通的原六国关、塞全数拆毁。对北
方的边城，为防御匈奴入侵，不但继续
保留，还将其整修增补成一条新的长
城。这条长城，西线沿用秦昭襄王时所
筑的长城，西起临洮（今甘肃岷县），向
东经陕西安塞至内蒙古托克托的十二连
城附近；东北线对赵、燕两国为防匈奴
而修筑的长城进行修筑和增补，这样就
连接成了一条西起临洮、东至辽东、全
长5000余里的北方屏障——"万里长
城"。秦始皇之所以不遗余力地修建万
里长城，是因为战国时期，北方的少数

秦铁钳和铁桎，陕西临潼郑庄秦石料加工场出土。锈
迹斑斑的刑具见证了秦国严酷的法律。

民族已开始崛起，秦始皇三十二年（公
元前215年），虽北伐匈奴，收回河套地
区，但并未根本上解除匈奴对内地的威
胁，为此，秦始皇决定修建这一巨大的
国防防御工程，以保障内地人民生产和
生活。尽管从长远的观点看，修建万里
长城有其必要性，但由于这一工程所耗
费的人力、物力、财力超越了当时国力、
民力所能承受的限度，所以遭到了当时
百姓的强烈反对，以至于出现了孟姜女
为寻找被强拉去修筑长城的新婚丈夫万
喜良，而悲愤交加哭倒长城的民间故
事，对秦始皇的形象起到了巨大的控诉
和"抹黑"的作用。

秦始皇不仅在灭六国时大量用兵，
就是在统一后，还是好大喜功，大量对
外用兵。例如，派尉屠睢率军50万进
攻东南及南方的"百越"，当年攻取东
瓯和闽越；三十二年（公元前215年），

派大将蒙恬率兵 30 万抗击匈奴，在夺回河套南、北阴山一带后，在这一地区设置了 34 个县，并重建九原郡（治所在今内蒙包头西）。《汉书·主父偃传》称，秦始皇三十二年，发"尝逋亡人、赘婿、贾人略取陆梁地（今广东、广西南），数十万军队长年在外作战，北击匈奴十余年，南戍五岭八九年，耗用财力无数，转运粮草供应潼关以东、黄河以北戍守之需，使天下飞刍挽粟，"率三十钟而致一石"。由于秦始皇及二世胡亥的残暴统治，爆发了农民起义，史称百姓"欲为乱者，十室而五"。秦军虽把陈胜、吴广起义镇压下去了，但最终没有逃脱为刘邦等武装力量所消灭的命运。

二、营造宫殿

尽管秦国首都咸阳和故都雍，原先就已修建了不少宫殿，但好大喜功的秦始皇绝不因此而满足于现状，他为了纪念其统一中国的历史功绩，在兼并六国战争中，每攻掠一国，即仿照被灭之国的宫殿式样，在咸阳"北阪"辟地新建一座。《史记·秦始皇本纪》称，秦始皇气吞六合，灭亡六国后，"自雍门以东至泾、渭，殿屋复道周阁相属"，并于渭水南岸作咸阳宫（亦称：信宫）；始皇三十五年（公元前 212 年），"营朝宫于渭南上林苑中"，宫"可受十万人"。《三辅黄图》称："车行酒，骑行炙，千人唱，万人和；销锋镝以为金人十二，立于宫门"，以彰显其威严与崇高。朝宫前殿为阿房宫，"东西五百步，南北五十长。上可以坐万人，下可以建五丈旗。周驰为阁道，自殿下直抵

明·无名氏绘《阿房宫》图局部。

南山，表南山之巅以为阙。为复道自阿房渡渭，属之咸阳，以象天极，阁道绝汉抵营室也"。此外，秦王朝还修建了不少宫殿，《史记》称"关中计宫三百，关外四百余"，而"咸阳之旁二百里内，宫观二百七十"，宫殿间复道甬道相连。显然，当时秦始皇营造宫殿的建设规模，完全超越了国力与民力所能承受的极限，秦王朝仅二世而亡的悲惨结局也就难以逃脱了。

三、修建陵墓

在佛教传入中国并深入人心以前，中国人并没有人死后会另行投胎转世的观念，认为死人与活人一样生活，所不同的仅仅是阴间与阳间两个世界不同而已。因此，以佛教中国化的转折点——唐朝为分界线，其以前

秦始皇陵兵马俑

各朝的陵墓，无不充斥着一应俱全的地位、威权、随从和生活用品配置，从而确保死人在阴间的权势、生活无虞。在如此观念下的秦始皇营陵，其所耗资财，必定十分巨大。

《史记·秦始皇本纪》称，秦始皇即位不久，即下令在咸阳郊区骊山建设他死后继续享乐的阴间宫殿——陵寝。统一后，国家财力大为增强，从而导致其建陵工程进一步扩大，秦始皇将征调民工增至70万人，前后持续施工长达39年，直到秦亡，陵园还未全部竣工。

规模巨大的秦始皇陵外形平面呈长方形，有内外垣墙。内垣墙南北长1355米，东西宽580米。外垣墙南北长2165米，东西宽940米，覆斗形坟丘现存高度87米。坟丘东西北三面都发现墓道。内城北半部有相当规模的寝殿建筑遗址，陵园东有秦始皇公子、公主墓，还有规模宏大的兵马坑。

墓内有宫殿及百官排序位置，陈列着名目繁多的各色"奇器珍异"，同时，"以水银为百川江河大海，机相灌输，上具天文，下具地理"。所谓"上具天文"，即秦陵地宫主宫室顶部有比较精确的天文星宿图像；所谓"下具地理"，是模拟中国地貌及36郡的地理位置。为了防止盗墓，特地命工匠制作了机关弩矢，只要有人接近，便会自动射击；用鲸鱼油制作的"人鱼膏"为烛，制作长明灯，照耀地宫使其如同白昼。富有想象力，且凡事都要力争天下第一的秦始皇，竟然把生前的阳间威风统统搬进了死后的阴间宫殿之中，不仅充分反映了唐朝以前中国人的生死观，也反映了秦始皇的穷奢极欲。

举世震惊的秦始皇兵马俑的地下坑道建筑，位于陕西省临潼县西杨村西南。这个秦始皇陵的随葬陶俑军阵，西距秦始皇陵陵园东垣墙1公里，正当陵园东门大道北侧。1974年春，当地一位普通农民偶然发现了深埋于地下的兵马俑，随即推动了政府组织的正规发掘，并于1977年就地建成了遗址类博物馆——秦始皇兵马俑博物馆。馆内的一号俑坑是战车与步兵混合排列，二号坑是战车骑兵、步兵及弩兵组成；按照古代军阵排列，一号坑为右军，二号坑为左军，四号坑为中军，三号坑有鼓车、礼仪性长兵器及祭祀活动遗址，为指挥部，即古代的军幕，现代的司令部。兵马俑完整的军阵编列，象征着秦始皇生前的宿卫部队，组成了强有力的陵墓卫戍体系。

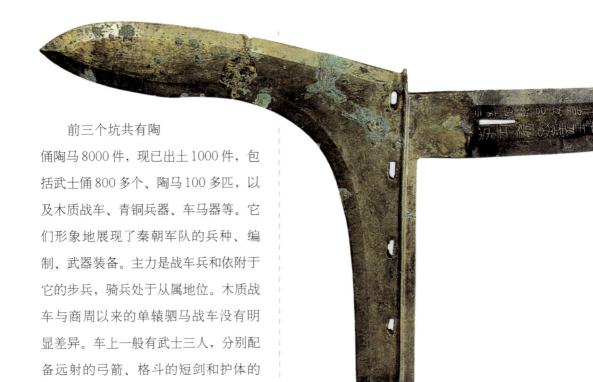

前三个坑共有陶俑陶马8000件，现已出土1000件，包括武士俑800多个、陶马100多匹，以及木质战车、青铜兵器、车马器等。它们形象地展现了秦朝军队的兵种、编制、武器装备。主力是战车兵和依附于它的步兵，骑兵处于从属地位。木质战车与商周以来的单辕驷马战车没有明显差异。车上一般有武士三人，分别配备远射的弓箭、格斗的短剑和护体的盾甲。战车后面跟随步兵，使用长木柄的戈、矛、铍、戟。骑兵执剑或弓箭。这些与真人一般高大的兵马俑，不仅从全景看规模宏大、气势磅礴，而且从细部看每个人的衣着表情各异，反映了秦的国力，也反映了当时达到的生产、科技、艺术水平足令人叹服，让人想到秦的统一决非偶然。

文明产生于财富的绝对增长和相对集中，历史的进步是恶的结果。今天看来，没有秦始皇当年的穷奢极欲，在其死后的陵墓上花费了如此巨大的投资，就没有今天西安旅游的辉煌。近年来兵马俑与秦始皇陵引起了全世界的关注，先后有上百个国家元

秦代青铜戈
出土于在秦俑一号坑里，木柄已不复存在，但戈却依旧锋利如初，甚至连上面的铭文也还十分清晰。

首或政府首脑参观了秦兵马俑坑，他们对这一"世界第八大奇迹"惊讶万分，叹为观止。陕西省西安市仅仅开放参观秦始皇陵的兵马俑部分全年旅游收入即逾10亿元人民币，而且今后还会越来越多。死去2000多年的秦始皇生前怎么也没有想到他纯粹为自己阴间享受所修建的陵墓还能为人民服务，为当今的旅游事业发展继续发挥余热，作出自己持续不断的贡献。秦始皇啊，你主观为自己，客观为社会，

你的陵墓投资真没有白花，比当今那些不伦不类的政绩工程和豆腐渣工程强多了！

四、求仙问药

没有人想死，但只要是人都不能不客观地面对随时随地都有可能来临的死亡，因为人都有一死。秦始皇服膺法家，也深受道家、阴阳家的影响，他比普通人更强烈地感受到创建大一统王朝的重任与个人生命短暂的矛盾，希望利用至高无上的皇帝职权实现其长生不老的个人愿望。

《史记·秦始皇本纪》载："……齐人徐（即徐福）等上书，言海中有三神山，名曰蓬莱、方丈、瀛洲，仙人居之。请得斋戒，与童男女求之。于是遣徐发童男女数千人，入海求仙人。"

《史记·淮南衡山列传》称："（始皇）又使徐福入海求神异物，还为伪辞曰：'臣见海中大神，言

曰：'汝西皇之使耶？'臣答曰：'然。''汝何求？'曰：'愿请延年益寿药。'神曰：'汝秦王之礼薄，得观而不得取。'……于是臣再拜问曰：'宜何资以献？'海神曰：'以令名男子，若振女，与百工之事，即得之矣。'秦皇帝大悦，遣振男女三千人，资之五谷种种，百工而行。徐福得平原广泽，止王不来。"这些记载表明，公元前219年秦始皇首次

明刻本《帝鉴图说》中秦始皇入海求仙。

巡幸到山东海滨并在琅邪立碑时，遇到了鼓吹到海上仙山可以找到令人万寿无疆的仙药的方士徐福（徐　），请求派他去海上探险，寻找神仙居住的三个琼岛。当时的方士即为东汉以后的道士，祈求长生不老心切的秦始皇当即答应了徐福的要求，以国家财政资助其出海。于是出现了历史上十分壮观的一幕：原籍今江苏省赣榆县金山乡徐阜村的徐福携带耕织冶炼等各种工匠，以及童男童女几千人，跨海东渡，一去不复返。

《三国志》记述黄龙二年（公元230年）孙权派将军卫温、诸葛直率甲士万人浮海至夷洲、亶洲，卫温、诸葛直返回传言："亶洲在海中，长老传言秦始皇帝遣方士徐福将童男女数千人入海，求蓬莱神山及仙药，止此洲不还，世相承有数万家。"《异称日本传》卷下摘抄《日本国纪》与新井白石《同文通考》，认为澶洲是指日本列岛之一本洲岛的中部，因为那里是传说中徐福祠、墓的所在。《日本国纪》说："秦始皇遣徐福入海求仙，福遂至纪伊州居焉"；"相传纪伊国熊野山下飞鸟之地，有徐福坟。"《同文通考》说："现在熊野附近有个叫秦住的地方，据当地人传说是徐福的故居。距该地七至八里处有个

徐祠（新宫），其间有古坟，属家臣坟，古迹至今尚存。这里既然住有秦的人，那么他们之间的来往也是必然之事。"

五代后周时，日本僧人弘顺来到中国，对僧人义楚说，徐福居日本富士山麓，其子孙自称秦姓。义楚把此事写入了有名的《义楚六帖》之中："日本亦名倭国，东海中。秦时，徐福将五百童男五百童女，止此国也。今人物一如长安。又东北千余里有山，名富士，亦名蓬莱。其山峻，三面是海，一朵上耸，顶有火烧……徐福止此，谓蓬莱，至今子孙皆曰秦民。"

清末曾任驻日参赞的黄遵宪在其《日本国志》一书中也记录了关于徐福遗迹的见闻："今纪伊国有徐福祠，熊野山有徐福墓，其明证也。"

五、修建国道

秦代财政交通支出主要包括陆路与水路两部分。秦始皇从公元前220年开始，建造以首都咸阳为中心的帝国公路——驰道，向东直通燕齐地区，向南直通吴楚地区。《汉书·贾山传》告诉我们，宽69米的秦驰道是中国历史上最早的"国道"。公元前212年，秦始皇又命将军蒙恬建造强化北方边防的公路——直道，其宽度为30至60米，起于咸阳之北不远的秦皇夏宫云阳，

朝北进入鄂尔多斯地区，然后跨越黄河的北部大弯道，以达九原（今内蒙包头西北）。这条直道全长1400多公里，当年征发了数万民工，经过长达两年半的时间，推土运石，堑山湮谷，修筑而成。虽然历经千载兴亡更替，沧桑巨变，秦直道的痕迹至今仍然依稀可辨。在今内蒙古自治区东胜市西南45公里处的漫赖乡，就有路面宽度22米，路基厚1米至1.5米的残存秦直道100多

米。不过秦直道真正发挥它的战略作用不是在秦代，而是在汉代。当年汉武帝遣大将卫青、霍去病三次大规模反击匈奴时，就循着这条道路进军前线的。秦以咸阳为中心，向南、向北、向东都次第修筑陆路。首先是对西南地区（云南、贵州）的百濮、百越。在战国时，秦国的势力已伸及云南北部；统一全国时，派常頞在原僰道的基础上，修筑了一条直通云贵的"五尺道"（路宽五尺），从而把云、贵、川连接起来。其次修驰道。据《汉书·贾山传》记载：秦始皇二十七年（公元前220年），"为驰道于天下，东穷齐、燕，南极吴、楚，江湖之上，濒海之观毕至。道广五十步，三丈而树，厚筑其外，隐以金椎，树以青松，为驰道之丽至于此"。这是从咸阳出发，一条

秦始皇的专用御道——秦直道遗址。

通向今河北山东地区，一条向东南通向安徽江苏，这条路很宽，似为专用道。再次是向北修了一条"直道"以防匈奴。始皇三十五年（公元前212年），从咸阳向北不远的云阳开始，经陕西淳化、子午岭、定边、东胜至今包头市西南秦九原郡治所，全长1800里，前后只用了不到三年时间。此外，在今江西、湖南和广东、广西之间修筑有"新道"，从而构成以咸阳为中心的四通八达的道路交通网。

为便捷交通，秦始皇还疏通了水路。秦始皇在碣石刻石上有"堕坏城郭，决通川防，夷去险阻"之句，证明是对江河进行了治理的。从秦始皇多次巡视边防和封禅活动看，有时也是顺江而下。如秦始皇二十八年（公元前219年）的巡行，在泰山封禅后，从南郡到湘山祠（今岳阳县西）是利用长江水道浮江而行，因遇风受阻而伐湘山之树；秦始皇三十七年（公元前210年），又一次巡行，出武关，沿丹水、汉水至云梦，沿长江东下，又利用水道和运河至钱塘（今杭州）。

五、百官俸禄

秦始皇统一中国以前，各诸侯国皆行分封食邑制，国家分配土地给他们，让他们以地租为生，国家财政无直接俸禄支出。秦始皇统一中国后废分封行郡县制，官员皆以财政俸禄为生。

当时，中央政府有三公九卿，地方有36郡（后为46郡），郡下为县，县下为乡、亭。"大率十里一亭，亭有长。十亭一乡，乡有三老、有秩、啬夫、游徼"。由于废除了分封食邑制，官吏皆给俸禄，自丞相以爵秩万石至斗食不等。万石和斗食只是一种大小不同的称呼而已，实际上万石之官决非给他

秦二号铜车马——秦始皇出行专用马车。

一万石，斗食之官也不只给他一斗。据《汉书·百官公卿表》颜师古注引《汉官名秩簿》称"斗食者岁奉不满百石，计日而食一斗二升，故云斗食也"。从居延出土的《汉简》记述中可知，乡啬夫的俸禄为"斗食"级。秦代改分封食邑的俸田制为俸禄制，强化了中央政府对地方行政的直接控制，对此后中国历代中央集权政治体制的形成，产生了极其巨大而深远的影响。

六、水利工程

在农业社会，水利是农业的命脉。深知国家的强大离不开水利的秦始皇，在其元年（公元前246年），即启用韩国籍的水工郑国负责兴修水利，开挖渠道。工程从仲山（今泾阳西北）引泾水至狐口向东，经今三原、富平、蒲城等县，进入洛水，全长300余里，后世以开渠负责人郑国之名为渠名。郑国渠的作用，如《史记·河渠书》所说："用注填淤之水，溉泽卤之地四万余顷"（约合今280万亩）。就是说，过去关中地区渭河流域少雨多旱，农业产量低的情况得以改变，盐卤之地变为良田，亩产可达一钟（约合今390斤），而且旱涝保收。

秦兼并六国后，在向南方进军中，由于江南地区崇山峻岭，陆路交通不

灵渠

如北方，但由于江河遍布，利于水道运输。为从水路将中原与岭南连在一起，以利军事行动，秦始皇适时命令监御史史禄在湘水和漓水之间开凿一渠，分湘江水入漓水。工程于秦始皇二十八年（公元前219年）完工，保证了秦始皇对岭南用兵的粮道畅通，取得了战争的胜利。由于漓水又称灵河，故渠名灵渠；又因此渠地处广西兴安县境，亦称兴安运河。灵渠的开凿将长江与珠江两大水系连接在一起，对拓展中国的南方疆域，密切岭南和中原的关系，促进南北文化交流起到了重要作用。

七、巡狩封禅

秦始皇统一全国后，东方反秦势力仍然很强，而秦朝的暴政急敛，又使人民生活失去安全保障，社会并不稳

定。为加强对全国的控制，秦始皇在统一全国后的十几年中，五次出巡，第一次从咸阳以西，至甘肃平凉；第二次先到泰山祭天封禅，然后到南郡取道汉水而回；第三次至琅玡、上党；第四次沿黄河原韩、魏、赵等国境至碣，北经右北平、渔阳、上谷、代、雁门、云中而归，回咸阳后，派蒙恬北击匈奴；第五次是沿汉水至云梦，再到浙江祭大禹。在返途中死于沙丘平台（今河北巨鹿县东南）。一路车驾、军马护卫，大臣随行，虽然了解了民情，作出了不少有利于国家统一的重要决策，利大于弊，但国家财政支出之巨大亦当属实。

秦始皇病死沙丘
此图出自元刻本《并六国平话》，讲述了秦始皇病死沙丘，赵高与胡亥伪造遗诏杀扶苏篡位的故事，此故事在民间广为流传。

第五节　严刑峻法王朝的厄运

一、假诏立庶埋下祸根

秦始皇最后一次下基层视察，由海滨返抵京城咸阳的途中，突然在沙丘（今河北平乡县附近）患病身亡。时值公元前210年，也是他即位的第37年，当皇帝的第12年，终年50岁。他的遗体被秘密地护送回咸阳，与此同时一个政治阴谋也同时在悄悄地展开。陪同秦始皇视察的宦官赵高、丞相李斯、秦始皇次子胡亥，扣下了秦始皇弥留之际命令正在北方边陲的长子扶苏立即返京继位的真遗诏，另外伪造指定胡亥继位、指责扶苏不忠命其自杀的假遗诏。于是，胡亥在咸阳即位，称二世皇帝。

人都有一死，不可一世的秦始皇也不例外。他生前所做的努力，终于使中央集权体制渐趋完备，秦虽国祚短促，中央集权化体制却一直被历代王朝所沿袭和发展。秦始皇开创了皇帝

大道之行
中国财政史

制度及中央集权化体制，在历史上功不可没。直至近代，英文里"中国"（China）一词，还渊源于两千年前的"秦"（Chin）。遗憾的是作为千古第一帝的秦始皇仅仅活了半个世纪就撒手西去了，比普通百姓的寿命都不如。不过，因为他是始皇帝，灵柩能够埋葬在骊山宏伟的陵墓里，成了举世瞩目的秦始皇陵。

二、苛暴触发反秦起义

以阴谋手段取得皇位的秦始皇次子胡亥昏庸残暴，"法令诛罚，日益刻深"，"赋敛愈重，戍徭无已"，导致民怨鼎沸，"欲为乱者，十室而八"。整个社会犹如干柴烈火，处于一触即发的危险境地。

人言"法严弊深"，意味着过分严厉的法律也会走向其反面，秦王朝的灭亡就昭示着这一真理。由于秦律过于严酷，一次偶然的延误触发了一场农民大起义，将貌似强大的秦王朝摧毁了。事件发生在公元前209年，当时担任屯长的陈胜、吴广等一行900人被征发到渔阳（今北京密云西南）屯戍，当行至营县大泽乡（今安徽宿州郊区）时，遇上连日大雨滂沱，难以按期抵达渔阳，按秦代法律规定违期要杀头。与其被处死不如铤而走险，陈胜、吴广以

"大楚兴、陈胜王"为口号率众起义，陈胜自立为将军，吴广为都尉。起义军"斩木为兵，揭竿为旗"，吸引了成千上万的愤怒百姓参加起义队伍。不久，这支队伍发展成拥有战车六七百辆，骑兵上千人，步兵数万人的大军。反秦的洪流一时间泥沙俱下，鱼龙混杂，被秦征服的六国旧贵族也乘机而起，企图"报父兄之怨，而成割地有土之业"。有的独树旗帜，如田儋之流；有的加入陈胜的队伍，如张耳、陈余之流。貌似强大的秦王朝在农民大起义的浪潮中，摇摇欲坠，岌岌可危了。

三、分封制的死灰复燃

犹如物理学中的惯性，任何政治变革都有一个戛然而止，又有一个缓冲的继续过程，否则就会产生人亡车毁的严重事故。这一调节过程在政治上就叫"妥协"。

秦统一后，虽然以郡县制取代了分封制，确立了以皇帝制度为核心的中央集权体制，但基础并不牢固，法律秩序与政治制度并未深入人心，分封制的习惯势力仍然十分强大。如陈胜队伍中的旧贵族张耳、陈余就反对陈胜称王，认为他的卑贱出身，没有当王的资格，希望他拥立六国的后裔；投奔陈胜的孔子八世孙孔鲋也主张恢复秦

统一前的六国体制。满脑子"帝王将相宁有种乎"的陈胜没有接受，自称楚王，立国号为张楚。但是，贵族割据的分封制正在死灰复燃，秦始皇创建的大一统中央集权体制经受着严峻的考验。果然，时隔不久，武臣在张耳、陈余鼓动下，自立为赵王；田儋自立为齐王。陈胜失败后，秦嘉立楚国贵族景驹为楚王；响应陈胜起义的项梁，接受范增的建议，立楚怀王孙熊心为王。被打败的六国拥有各自的传统势力，在他们原先的辖区仍有相当大的影响力和号召力。犹如抗日战争胜利后，有人提议以张学良为东北行政长官，属异曲同工之举，因为张学良及其父亲张作霖在东北多年经营，有着极大的影响力和号召力。

项梁的侄子项羽在反秦战争中充当了这种政治动向的代表人物。他为了给六国贵族复仇，一把火点燃了秦始皇陵园及咸阳宫城，大火焚烧长达三个月，终于焚毁了全部地上建筑。从而开创了中国农民起义，一旦攻入城内便以焚毁前朝建筑为能事的先河。公元前206年，项羽自立为西楚霸王，把梁楚九郡作为自己的直属领地，同时分封了18个诸侯王，大都是六国旧贵族和项羽部将。原先各路军约定，先

汉高祖刘邦像

进咸阳者应封王于关中，项羽违反诺言，改封刘邦为汉中王，仅占汉中、巴蜀一带；另封秦朝降将章邯为雍王、董翳为翟王、司马欣为塞王，号称"三秦"，以牵制刘邦。

刘邦，沛县（今江苏沛县）人，曾任秦朝的亭长。秦制，十里一亭，设亭长，掌治安理民事，相当于现代之公安派出所所长，且多以服过兵役者担任。陈胜、吴广起义后，刘邦在沛人的拥戴下聚众起义，后来投奔了项梁。

在反秦战争席卷之下，秦朝危在旦夕，李斯上书秦二世，揭露赵高有

"危反之行"。秦二世听信赵高的诬告，把李斯腰斩，并诛三族。赵高果然有"危反之行"，不久发动宫廷政变，强迫秦二世自杀，另立秦二世的兄子公子婴为秦王。子婴不愿听任赵高摆布，杀了赵高。

刘邦即在此时率军由武关进军咸阳，于公元前206年进抵咸阳附近的灞上。刚当了40多天皇帝的子婴，在刘邦兵临城下时，捧着皇帝的印玺投降，秦朝灭亡了。项羽对刘邦先他攻下咸阳心有不甘，依仗军力优势攻破函谷关，屯军鸿门（今陕西临潼东北），与刘邦直接对峙。由于刘邦无力与项羽决战，只得听从萧何、张良建议暂时忍耐，到鸿门与项羽言和求好，先到汉中就王位，伺机反攻"三秦"，可望进而统一天下。这一事件便是历史上著名的鸿门宴，充分反映了项羽借酒宴所设下的阴谋和刘邦不吃眼前亏的智慧。也使酒在代表热烈美名的同时，第一次有了导致阴谋诡计的丑恶，这一丑恶与赵匡胤的"杯酒释兵权"等历史故事紧紧地联系在一起。

项羽的分封，终于导致了割据战争。此时，从强势转化为弱势的项羽派人向刘邦求和，双方约定以鸿沟为界：以西为汉，以东为楚。从此，在中国人的生活中，"鸿沟"就成了形容人与人的关系有隔阂的特定词语；"楚河汉界"更成了中国象棋棋盘双方交战的边界。

一、击败项羽汉代秦而起

牙齿与舌头，前者硬后者软，作为硬者代表的牙齿往往难以坚持到最后，五六十岁时便纷纷脱落；而代表软的舌头则能坚持到人生的最后时刻，70岁、80岁、90岁乃至100岁，完成人生遗言的最后表达。楚汉相争，项羽是硬的代表，刘邦是软的代表，最后取胜的是刘邦，他代表着软的胜利。

不久，暂时以屈求伸的刘邦看到了转机，他适时采纳了韩信具有战略眼光的建议，利用将士"日夜企而望归"的心情，率军东向，与腹背受敌的项羽决一胜负。战争形势开始向有利于刘邦的一边转化。公元前202年，越过鸿沟的刘邦率军大举进攻，并约韩信、彭越会师。项羽兵败，退至垓下（今安徽灵璧南沱河北岸），被汉军包围。夜深人静，汉军中高唱楚歌，项羽误以为汉军尽占楚地。半夜时分，项羽无法入睡，起身饮酒，陪伴他的是宠妾虞姬和一匹名叫"骓"的骏马。非英雄不嫁的美女虞姬是项羽起义前"一举两得"的产物。当年项羽起义招兵之时，为了显示自身的力量，在广场上以无比巨大之力把一口大鼎高高举起，这时不但使无数年轻人当场折服而投军，也同时获得了在旁观看的绝色美女虞姬的爱情。由于有了这一令人叹绝的过程，才有了"一举两得"，即"一得军队，二得美女"的民间传说。当时项羽听着四面袭来的楚歌，触景生情也慷慨悲歌："力拔山兮气盖世，时不利兮骓不逝，骓不逝兮可奈何！虞兮虞兮

项羽像

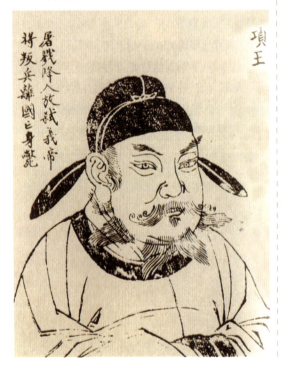

奈若何！"项羽反复高歌自己即兴创作的诗篇，虞姬在旁应和，英雄末路其凄惨情景令一代英豪黯然泪下。走投无路的项羽，不得已率800骑兵突围，至乌江（今安徽和县西北）自刎。由于这一悲壮的历程催人泪下，才有了中国历史上脍炙人口的故事"霸王别姬"。在世界上一个人要成为英雄，有时不但要献出生命，还要以失去自己的事业为代价，才会受到人们的足够同情和敬仰，秦末的项羽如此，南宋的岳飞如此，明代的于谦也如此！

如果说项羽的分封是为了迎合六国贵族的复辟愿望，倒行逆施，终于自食其果，那么刘邦分封异姓诸侯则是出于委曲求全的无奈。他为了击败项羽，不得不满足人的劣根性——私欲，分封了一批功臣宿将，诸如：楚王韩信、淮南王英布、梁王彭越、赵王张敖、韩王信、燕王臧荼、衡山王（后改称长沙王）吴芮。然而，人毕竟是欲壑难填的动物，不少人对欲望的满足仅仅是暂时的，刘邦在调动他们积极性的同时，也为反叛和分裂埋下了危险的种子。公元前202年刘邦重建大一统的帝国——汉，最初建都洛阳，不久迁至长安（今陕西西安西北），新王朝出现之后，这一矛盾日趋尖锐化。这七

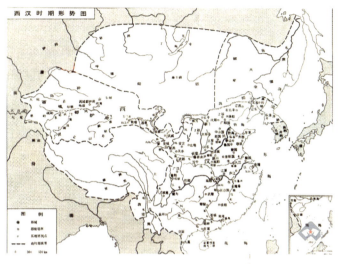

西汉地图

个异姓诸侯王的封地几乎相当于战国时期六国的全部疆域，他们自恃开国功臣，又拥有强大的兵力，与朝廷分庭抗礼。

燕王臧荼首先反叛。他是原燕国大将，迫于形势助汉击楚，但对于平民出身的刘邦称帝很瞧不起，刘邦刚登上帝位，他就起兵反叛。第二个反叛的是韩信。楚王韩信在封国陈兵出入，被人告发，刘邦把他贬为淮阴侯。后来韩信阴谋反叛，被处死并夷三族。彭越由于没有检举劝他谋反的人，刘邦以"反形已具"，把他枭首示众，夷三族。以后刘邦又把其他各王一一翦除，只有势力最弱的长沙王得以保全。这与后世官场逆淘汰规律的出现几乎是异曲同工：凡是能力强对上司或同僚构成

潜在威胁者，常被人以莫须有之名，最先淘汰出局，而不具潜在威胁者，即使无能力也会受到意想不到的重用。

班固在《汉书》中说，各诸侯王的反叛是刘邦逼出来的，他们"见疑强大，怀不自安，事穷势迫，卒谋叛逆"。正如韩信所言"狡兔死，走狗烹；蜚（飞）鸟尽，良弓藏；敌国破，谋臣亡"，极其生动而形象地勾画出汉高祖刘邦那种疑神疑鬼、寡恩刻薄的嘴脸。其实当时形势对于刚建立的汉朝而言是十分严峻的，不翦除这些异姓诸侯王，后果不堪设想，正如刘邦在当时所说："天下匈匈，劳苦数岁，成败未可知。"刘邦的手段或许过于苛急，但不如此不足以稳定大局，不足以维护大一统的汉帝国。刘邦战胜英布后，路过家乡沛县，约请故人、父老、子弟一同欢饮。刘邦在宴会上酒酣气振，手舞足蹈，敲打乐器，引吭高歌："大风起兮云飞扬，威加海内兮归故乡，安得猛士兮守四方！"歌词反映了刘邦重建大一统帝国的志得意满，也隐约流露出股肱之臣一个个被杀不免感慨系之的内心不安。

167

二、庶民王朝和一国两制

汉朝是中国历史上第一个由庶民建立的王朝，汉高祖刘邦只是秦朝农村的基层干部——亭长，两名相国萧何、曹参不过是县衙里的小吏，大将军陈平则是屠夫出身，另一大将军韩信年轻时还讨过饭，黥布、彭越曾经以偷盗为生。这种由社会底层人员所组成的庶民皇帝、布衣将相格局，与六国贵族迥然不同，他们没有历史的体制传承，也没有任何文化包袱，唯有讲求实际，因此，为汉承秦制提供了可能。

刘邦接受了皇帝的称号，皇帝之下设三公九卿，与秦制完全一样。地方行政系统仍是郡、县、乡、亭、里。郡有郡守（后更名为太守）、郡尉等，分掌政治、军事、监察之权。县分大小，万户以上设县令，万户以下设县长，下设丞、尉，分掌文书、治安之权。基层组织是里，十里为亭，有亭长；十亭为乡，有掌教化的三老、掌诉讼和征税的啬夫、掌治安的游徼。

刘邦鉴于秦朝短期内过度集权化导致"孤立而亡"，又要根绝战国的地域纷争温床，只好采用折衷主义推行郡县与分封两种制度兼而有之的郡国制。在消灭了异姓诸侯王之后，分封了九个同姓诸侯王：燕、代、齐、赵、楚、梁、吴、淮南、淮阳，欲依仗刘氏宗室的血缘关系，构筑皇权的屏障。

然而，人毕竟是追求利益的动物，绝对不会因为是同姓而有所例外，从他们自身都拥有的高贵血统来看，对权力的争夺甚至会有过之而无不及。由于当时所封建的诸侯国辖区大，权力重，逐渐尾大不掉成了独立王国。这些王国与郡县同时并存，形成了奇特的郡国混合制。这种一国"两制"的体制是不得已而为之的体制，是历史前进中的一种妥协和倒退，不久就遭到吴楚七国之乱的惩罚。

汉高祖死后，诸侯王国与中央的矛盾逐渐明朗

汉"长乐未央"瓦当
汉初的轻徭薄赋使社会稳定，经济生产得到逐步发展。

化，诸侯王认为大家同为刘邦后代，凭什么你能当皇帝，我不能当皇帝，从而给文帝、景帝带来了很大的麻烦。这些王国的封地很大，最大的齐国领有73县，而中央的直辖区不过15郡。王国可以经营盐铁、征收赋税、铸造钱币、任免官吏，随着私欲的不断膨胀，独立倾向日益强烈。文帝采纳贾谊的意见，把一些王国分小，以削弱其势力，又把自己的儿子封在梁国作为屏障，仍然无济于事。

此时，有远见卓识的御史大夫晁错向景帝提出了获得长治久安的"削藩"的主张。他说：现在削藩，诸侯王要反；不削也要反，削则早反，不削则迟反，早反祸小，迟反祸大，权衡利弊不如抓紧"削藩"。景帝批准了晁错的削藩策，采取断然措施。于是，酝酿已久的诸侯王反叛终于以此为借口爆发了。

公元前154年，汉高祖的侄子吴王刘濞纠集吴、楚、赵、胶东、胶西、济南、淄川七国，发动武装叛乱。刘濞早就图谋反叛，妄想取景帝而代之，这时便打出"请诛晁错、以清君侧"的旗号，向中央摊牌。"清君侧"是历代欲夺取皇位者的惯用语，不仅汉代的刘濞用过，明代的朱棣也用过，所不同的是朱

棣成功了，而刘濞却失败了。成者为王，败者为寇，历史上的刘濞永远被钉在耻辱柱上不得翻身。

吴楚七国之乱被平定后，景帝把王国的行政权、官吏任免权收归中央，王国的独立地位被取消，诸侯王成为只有爵位而没有实权的贵族，王国基本上相当于中央直辖的郡县了。

汉武帝继续实行景帝的削藩政策，颁布"推恩令"，让王国分割为许多侯国，只能衣食租税，不能过问政事。从此王国的封地愈来愈小，中央统辖的地盘愈来愈大。汉初郡国制带来的严重后果，终于彻底消除。从此对地方势力块块分割的"分而治之"，成了缺乏英雄权威的后代皇帝加强中央集权统治的有效办法和宝贵经验，直至现代仍然盛行不衰，并且进一步发展为将部门的职能也通过不断分割的办法，实现条条"分而治之"与块块"分而治之"相得益彰。

三、黄老治国和经济恢复

刘邦建国之初，面对的是经过多年战火洗劫后的中原大地，不仅民人死伤数百万，同时又遭遇荒年，"米石五千，人相食，死者过半"。"大城名都，民人散亡，户口可得而数十二三，是以大侯不过万家，小者五六百户"。在人

大道之行
中国财政史

少地多的古代农业社会，农贫则国贫，作为财富生产者的百姓死亡过多，势必对社会经济的发展带来严重影响，国家面貌呈现残破景象。西汉建国之初，府库空虚，财政极端困难，"自天子不能具醇驷，而将相或乘牛车，齐民无盖藏"。为了巩固自己的统治，汉初一反秦始皇横征暴敛的法家思想，转而崇尚黄老之学，实行无为而治。

黄老之学本是战国时齐国稷下学馆的一派，是以道为主兼有法、儒的杂合思想。这个学派主张，道生法，守道就是遵法，法和礼并用，从而达到"清静无为"。这种"无为而治"，反映了人民厌恶暴政，渴望和谐安定的情绪。汉高祖刘邦鉴于秦朝用法家理论与政策治国，专任刑法，为政苛暴，导致仅及二世而亡的惨痛教训，转而采纳了黄老思想的"无为"主张。

推行黄老思想的著名人物是曹参。他在担任齐国相时，谋士们议论纷纭，莫衷一是，后来听说有一位盖公专门研究黄老之学，对治国大有裨益，于是他便把盖公请来，学识渊博的盖公说："治道贵清静而民自定"，曹参照此办理，齐国果然大治。据《史记·乐毅列传》说："河上老人教安期生，安期生教毛翕公，毛翕公教乐瑕公，乐瑕公教乐臣公，乐臣公教盖公。"从河上老人传到盖公，已有五代。可见黄老之学并非一时之学，而是历史悠久、源远流长的学派。

萧何去世后，曹参调升至中央政府接任丞相，继续奉行清静无为思想，"一遵萧何约束"，"举事无所变更"，无为而治。从而使"萧规曹随"，成了千古美谈和历久弥新的成语。所谓"萧规曹随"的"无为而治"，并非当政者无

曹参像

171

所作为，而是遵照刘邦、萧何制定的制度、政策，不作更张。当时民谣说："萧何为法，讲若划一；曹参代之，守而勿失。载其清靖，民以宁一。"刘邦死后，惠帝、吕后、文帝、景帝时期仍一如既往，贯彻黄老的治国之道。史载，汉文帝本人"好刑名之言"，长期担任丞相的陈平则崇尚黄老之术，文帝的皇后窦氏也好黄老之学，强令其子景帝及其他子弟都学习黄老学派的著作。

在黄老之学的治国思想指导下，汉初制订了一系列恢复经济的恤民兴农政策。由于在人少地多的古代农业社会，劳动力就是生产力。要发展农业生产，就要增加农业劳动力。为此，刘邦同时从裁兵归农以及召回流亡、解放奴婢以及减轻赋税等几个方面入手。

首先，是裁兵归农。刘邦在统一战争结束后，下令除部分军卒继续在军队服现役外，上百万"兵皆罢归家"，"以有功劳行田宅"。规定：凡在关东参军入关灭秦的人，如愿留在关中为民的，享受免徭役12年的优惠待遇；如愿回关东务农的，享受免徭役6年的优惠待遇。凡军吏卒没有军功爵位，或者爵位在大夫（第五级）以下者，一律晋爵为大夫；原爵位在大夫以上者，加爵一级，并一律免除本人及全家的徭役。凡爵位在七级以上的，赏给田宅，并给予若干户租税的封赏，即"食邑"。由于实行优惠政策，调动了大批军人复员归农的积极性，不仅减轻了国家财

汉代水稻移栽技术的发明，大大提高了粮食产量。

政负担，而且还为农业生产增加了大量劳动力。随着大批享受优惠政策的复员军人安心务农，附着于土地，对恢复和发展农业生产，增加国家财政收入起到了不可估量的作用。

其次，是召回流亡和解放奴婢。秦末汉初为了躲避战火，有人隐匿山林，流落他乡，也有人饥寒交迫，为了不冻饿而死，自愿卖为奴婢。对这两部分人，处理好了能成为社会的积极力量，处理不好，也会成为社会的不稳定因素。农村基层干部出身的刘邦，对社会低层情况了如指掌，《汉书·高帝纪下》称，他当机立断下诏书："今天下已定，令各归其县，复故爵田宅。……民以饥饿自卖为人奴婢者，皆免为庶人。"这就是说，在规定的期限内返还原籍的，承认其秦始皇时期的原有爵位、田宅；在战争中耕种他人土地者，如果原主未回，或无人认领者，国家也承认其所有权；对因饥饿自卖为奴婢者，一律免为庶人，无条件恢复自由，成为平民。此外还规定，对遁入山林且犯有危害社会行为者，也实行既往不咎政策，原有土地房产亦不受损失。所有这些政策措施不仅增加了农业生产的劳动力，也促进了社会安定。尤其是刘邦能承认秦始皇时期百姓所获得的爵位，是

西汉时冶铁技术有了很大发展，在辽宁三道壕西汉村遗址中，发掘出铁制生产工具265件，农业生产工具占一半以上，铁铧即其中的一件。

非常难能可贵的，因为这是极有包容度的政策，其宽阔胸怀对汉代立国400多年起到了至关重要的作用。推而广之，对任何领导者甚至是个人而言，你的包容度有多大，与你所能做的事业有多大是相一致的，因为一个人的事业很大程度上是由他的心眼决定的！

再次，减轻赋役，实行与民休息的政策。由于古代的各项工程都是征发百姓，从事劳役来完成的。因此，要减轻百姓的赋役负担，就要减少各种工程建设项目。为此，自汉高祖至惠帝、吕后，很少安排大型工程建设。汉惠帝几次征发民工修筑长安城，每次为期也不超过一个月，而且都安排在冬季农闲时节进行。文帝（公元前179年—前157年在位）、景帝（公元前156年—前141年在位）统治时期，劝课农桑，

继续实行"与民休息"政策。由于长期实行轻徭薄赋政策，使汉初户口增加很快，农业得到迅速恢复和发展。史载文帝初年，每石"谷至石数十钱"甚至"粟至十余钱"，粮价较汉初大为降低；加上又"弛山泽之禁"，"除关无用传"，不仅促进了手工业的发展，也活跃了商业流通。鉴于商人在统一战争期间以及开国之初的不合作行为，西汉王朝继续实施前朝的重农抑商政策。规定商人不许穿丝绸衣服，不许拥有兵器，不许乘车骑马，也不许做官；为了限制商人兼并农民土地，对商人加重征收称为算赋的人头税。

同时，西汉王朝还修改前秦酷法，实现社会和谐。汉惠帝四年（公元前191年），修改妨碍吏民的法律，并除"挟书律"；吕后元年（公元前187年），"除三族（父族、子族、妻族）罪，妖言令"，酷刑得以减轻。

从西汉初黄老之学的无为而治中我们可以看出，所谓无为而治并非无所作为而是有所为，有所不为。例如，对增加财政支出的挥霍浪费，绝对不能为；而对增加劳动人手，鼓励农民发展生产的积极性一定要有所为。同时，对照汉初始终如一的执政理念，纵观后世多变的当政者，真得好好学习"萧

规曹随"的治国思想。若每个执政者都将自己手里出政绩作为晋升的阶梯，从而不择手段，视长期规划为儿戏，不惜换一届提一个口号，实施一批新项目，其所造成的后果既使长期规划失去了应有的严肃性，也加重了人民的负担，浪费了大量的社会资源，甚至造成环境破坏，贻害子孙万代，可谓一害百姓，二害地方，三害国家，除了有一己升官之利外，对老百姓而言真是有百弊而无一利。

四、与时俱进和独尊儒术

自然界，无论是动物还是植物都有与时俱进互相适应的问题，适者生

清·民间年画《萧曹尊神》

存，不适者必然被淘汰。同样，一个国家的领导人与社会发展的关系也在于互相适应，而不在于其个人道德何等高尚、志向何等远大，只要是不脱离实际、一切从实际出发的领导者，就能有效地推动社会前进。西汉前期的几位执政者大体上都合乎这一客观要求，从而有效地推动着当时的社会蓬勃发展。

开国皇帝汉高祖刘邦，是流氓无赖出身的大英雄，豁达大度而又不脱秦汉之际社会下层人物特有的流气，从而能够依靠他所拥有的特殊气质，吸引和率领一批气味相投的草莽好汉、布衣将相，勇往直前，不怕牺牲，打下江山。无为而治的文帝、景帝始终贯彻节俭治国的精神，嫔妃们衣不曳地，宫中帷帐不用纹绣，营建宫室不用金银铜的装饰；匈奴发兵进犯，仅令军队固守，只作防御，决不发兵追击。这都是从当时国家财力有限、百姓不富的实际情况出发所作出的正确决策。景帝时宽刑法，减官吏，省徭役，倡农桑，也是从连年遭灾歉收，百姓衣食困难的状况着眼，政府尽量少扰民。由于中央政府注意藏富于民，保护和发展生产力，国家财政府库亦日益充盈。《史记·平准书》称，到了景帝晚年"京师

之钱累百巨万，贯朽而不可校。太仓之粟陈陈相因，充溢露积于外，腐败不可食"，国家出现了空前富庶的景象。可见，西汉前期几代皇帝的才能和治国理念能够与时俱进，适应了当时社会发展要求，从而推动社会不断向前发展。

汉初奉行黄老思想，无为而治，最大的贡献是培养国力，但不适合于统一大帝国的治理。到了汉武帝时代，他所面对的不再是贫弱的王朝，而是富有的王朝，所以他的目标和手段，不能再是无为、退让、节俭，而是有为、进取、开拓。

为了从意识形态方面维护中央集权体制，汉武帝采纳大儒董仲舒的建议，罢黜百家，独尊儒术。出身低贱凭借武力打天下的开国皇帝刘邦一向对儒家持轻蔑态度，常骂儒生是"竖儒"、"腐儒"。秦末高阳儒生郦食其怀才不遇，托沛公（刘邦）麾下骑士引荐，骑士对他说："沛公不好儒，诸客冠儒冠来者，沛公辄解其冠，溲溺其中。"就是说刘邦曾把儒生的帽子解下来当作拉尿的夜壶，对儒生蔑视到如此不屑程度，不听劝告的郦食其仍要去谒见他。刘邦在高阳传舍召见郦食其时，正坐在床边让两个婢女为他洗脚，极其

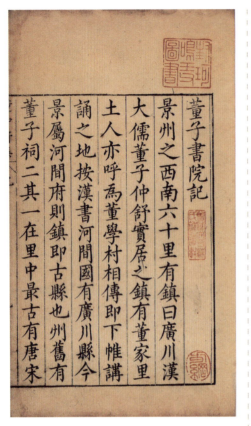

董仲舒的家乡为河北景县大董故庄，有董子祠，毁于元代，明代重修。图为李东阳所撰的《重修董子书院记》。

倨傲不恭。郦食其也干脆将计就计，放弃儒生的礼节，长揖而不拜，并有礼有节地反诘道："足下希望诛灭无道之秦，岂可倨见长者。"刘邦才掇洗更衣，请为上宾。

不过他身边也有一些颇知变通的儒生，陆贾、叔孙通便是其中不死守儒家教条的佼佼者。陆贾常在他面前称赞《诗》、《书》，刘邦以为陆贾不明时势："乃公居马上而得之，安事《诗》、

《书》！"陆贾申辩道："居马上得之，宁可以马上治之乎？"刘邦以为他言之成理，就让陆贾总结研究秦朝之所以失去天下的原因。陆贾冥思苦索，日以继夜，写成《新语》十二篇，说秦朝专任刑法是它迅速灭亡的主要原因，因而主张"行仁义，法先王"，其要旨在于以"教化"劝善，以"法令"诛恶，实行"无为"政治：稳定得像没有什么事那样，安静得像没有什么喧闹声那样，有官府而不扰民像没有官吏那样，各村各户过着恬静的生活像没有什么人那样。刘邦听了以后，十分欣赏，认为这就是他所梦寐以求的理想社会。

叔孙通也是一个颇知变通的儒生，他为了不让刘邦厌恶，取得他的好感，不惜放弃儒生舒适的宽袖大袍改穿紧束的短装。然后在一次偶然的机会施展了自己的才华，取得了皇帝的信任。事情发生在汉初，由于开国功臣和刘邦皆同起于民间，在同吃同住同战斗的年代里，有着与众不同的战斗友谊和"脚碰脚"的亲密关系。再加上当时礼制未立，庶民皇帝与布衣将相平等得不知君臣礼仪，常在大殿上饮酒喧哗，拔剑击柱，与农夫村童游戏无异，这使身为皇帝的刘邦感到尊卑不分，"威重不行"而烦恼万分。此时，早已

成竹在胸的叔孙通就对刘邦说："儒者难与进取，可与守成。"为此他制订了一套兼采古礼和秦礼的朝仪制度。叔孙通讲究伦理，区分尊卑的朝仪制度实施后，效果很好，刘邦作为至高无上的皇帝天天显得威风凛凛，于是不无得意地说："吾乃今日知为皇帝之贵也。"可见，礼仪、形式只要不沦落为主义，在人类社会中还是十分有用，也是十分必要的。若沦落为主义则会走向反面，如当今围绕官本位所设计的

种种前呼后拥的形式不仅败坏了官民关系，甚至危及执政基础。

其实由"无为"到"有为"，由道（黄老）到儒的转化是一个量变到质变的过程，不仅汉高祖时已有兼而有之的迹象，就是在文帝、景帝时期，也在悄然进行。建元元年（公元前140年）汉武帝即位，这位年仅16岁的少年皇帝颇想有所作为，接连三次下诏向有识之士策问古今治乱之道和天人关系，其中景帝时曾任博士的董仲舒所作出的策问深得汉武帝之心。董仲舒是春秋公羊学大师，毕生专门研究公羊高的《春秋公羊传》，声称他的学说都是从这部经典中推导出来的。其实他所写的《春秋繁露》一书，吸收了当时颇为流行的阴阳家的阴阳五行学说，重新解释了《春秋》的微言大义，阐发"天人感应"思想。通过在天空或地上显示奇异的天象，天能向它的儿子——天子即皇帝——指出他施政不当的性质和程度。因此地必须服从天，卑必须服从尊，下必须奉上，臣必须忠君，这就是"礼"。礼的原则主要是"以人随君，以君随天"，"屈民而

西汉哲学家董仲舒
董仲舒（公元前179年—前104年），西汉儒学大师。提出三纲五常封建伦理，著有《春秋繁露》及《董子文集》。此图出自清末《历代名臣像解》。

伸君，屈君而伸天"。董仲舒的尊君与大一统主张，最直接地反映了汉武帝时代中央集权帝国的政治需求。具体化为伦理道德，便是"三纲"：君为臣纲、父为子纲、夫为妻纲，以及"五常"：仁、义、礼、智、信。三纲五常对于整合社会不同阶层的价值观，对于农业社会人们的安身立命，提供了一个可资利用的行为规范和心灵归依。直至今日，杭州等市县还有以"五常"作地名的地区，可见其影响之深远。

董仲舒认为儒家经典都是王道，而《春秋》则是"王道之大者"，包含了万事万物兴衰的道理，规范了政治秩序、人伦道德。他把《春秋》的微言大义系统化，提高了《春秋公羊传》的地位，神化孔子和《春秋》。董仲舒使儒学走上了宗教化的道路，成为儒教。

汉武帝刘彻是继秦始皇之后又一位雄才大略的皇帝，他深知世界上不同领域里的人各有其天赋和专长，有权力的政治家并非都具备思想家的素质，因此，他采用孔孟之道治国，而没有用自己的思想治国，因为他知道两

者之间存在着极其巨大的跨度，思想家靠智慧，政治家靠机会，任何侥幸获得权力的君王，都不可能同时获得超人的智慧自动地成为思想家。

汉武帝大展宏图的物质基础是汉初70多年的休养生息、积累财富所形成的强大国力。汉武帝一生的又一个重要贡献在于，把秦始皇创建、汉高祖重建的中央集权体制进一步强化、完善，建立起空前强大和统一的中央集权大帝国。

首先，汉武帝千方百计提高皇帝的威权。一是采用分而治之的手段，有意裁抑丞相的职权。一方面，提高太尉职权，改太尉为大司马，又冠以大将军称号，大司马大将军分割了丞相的军权；另一方面，又任命一些高级侍从——侍中、给事中，可以直接与皇帝讨论国家大政方针；还参用宦官为中书，掌尚书之职——出纳章奏，操持机柄。于是形成一个宫内决策机构，称为"中朝"或"内朝"，以丞相为首的政府机关则称为"外朝"，只不过是执行一般政务而已。二是汉武帝为了提高皇帝的威权还把原先人们用于死期和欢呼的说法和口号——"万岁"，改为皇帝专用的尊称和祝愿。三是汉武帝通过首创年号，加深百姓对在位皇帝的印象，他在

汉代量具——长柄龙首铜量。

位54年(公元前140年—前87年)先后用过建元、元光、元朔、元狩、元鼎、元封、太初、天汉、太始、征和、后元等11个年号。

其次，汉武帝为了加强对地方的控制，创设了刺史制度，分全国为13州，每州派一名

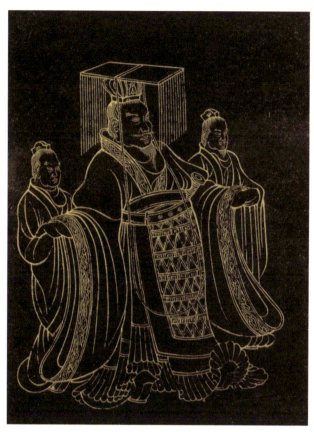
汉武帝刘彻

刺史，巡行郡国，代表中央负监察之责。这种监察权包括"省察治状，黜陟能否，断治冤狱"，以督察郡国守相、强宗豪右为宗旨。秦的郡级行政区只有49个（内史和48郡），西汉增至108个郡国，都由中央直接管理太困难，刺史部的设置便成为解决这一难题的最好选择。刺史部就是监察区，一个刺史部包括若干郡国。然而刺史是小官，俸禄仅六百石，郡国守相是高官，俸禄二千石，以小官监察大官，既防止监察区变

成一级行政区，又收到中央管理之效，可谓一举两得。直至今日汉武帝创立的巡视制度和小官监察大官的办法不仅行之有效，而且不少部门和地区还作为一种新鲜经验进行推广。

再次，为了改变汉初军队分散于全国各地而首都内外并无重兵的状况，汉武帝设立了中央常备兵。先是设立期门军、羽林军，选拔陇西、天水等六郡的所谓"良家子"组成；后又训练阵亡战士子弟，称为羽林孤儿。中央常备军的建立，开创了重中央轻地方的"内重外轻"兵制，强化了汉代的中央集权体制，为历代王朝所继承和运用。

同时，汉武帝任命桑弘羊为治粟都尉，实行盐铁官营，打击少数地方豪

强操纵盐铁经营，把生产与销售盐铁的权利收归国家垄断，以加强中央集权的基础。汉武帝采纳桑弘羊的建议，实行平准均输政策。平准法是由中央政府在首都长安设平准官，接受均输货物，按长安市场价格的波动情况，贵卖贱买，从而调剂供需、控制市场。均输法是由中央政府在各地设均输官，把应由各地运往首都的物资，由产地运往别处出售，再在别处收购物资易地出售，这样辗转贩卖，把关中所需物资运至长安。均输的功用，除了补给军需供应，支持都市消费，维持仓库积储，还包括赈济灾区贫民等内容，即所谓"流有余而调不足"。平准均输政策打击了商人囤居奇、哄抬物价，由国家统一调剂运输，平抑物价。桑弘羊是当时一名理财家，他继承并发扬了李悝的理论，解决了农产品的市场贩卖问题，维护了农民的利

朱雀纹瓦当

益，而且有利于国家财政收入的增加，这就是所谓"民不益赋而天下用饶"。

为了进一步推动经济发展，增强国力，据《汉书·食货志》记载，汉武帝晚年悔征伐之事，封丞相为富民侯，又下诏说，方今之务在于力农，并为此采取了不少行之有效的措施。例如，任命农学家赵过为搜粟都尉（掌管军粮的官职）。赵过不负重望发明了耦犁耕作法，"用耦犁，二牛，三人"，即两犁并耕，前面两人牵两牛，后面一人掌犁，掘土可宽过一尺。耦犁的出现显示了前所未见的人力、牛力协作的扩大，大幅度地提高了劳动生产率。赵过的另一发明是耕播合一的耧犁，用一牛牵三犁，一面犁田一面播种，是中国农业史上最早的播种器。这种新技术，对于拥有较大面积耕地、较多畜力与人力的农家，具有极大优势。

与耦耕具有同样意义的是代田法，《汉书·食货志》说："一亩三甽，岁代处，故曰代田。"这就是说，把一亩土地分成三条甽，宽一尺、深一尺，甽上是陇（垄），也宽一尺。甽陇相间，把种子播在甽里，发芽长叶后，除去陇边杂草，拨陇土培附苗根，既抗风又抗旱，是旱地农作的好方法。它的特点是在一亩土地上实现甽陇相代的间作休耕法，即今年的甽明

西汉时期形象生动的彩绘陶鸡，汉景帝阳陵南区从葬坑出土。

年便是陇，今年的陇明年便是甽，一亩土地整体上并不休耕，局部上却实现了休耕。代田法比不分甽陇的缦田法产量至少可以每亩多收一斛，多的甚至可以增产一倍。

与代田法各有千秋的是区田法。它的优越性在于，在小面积土地上以精耕细作的方法提高产量。代田法必须使用两牛三人的耦犁耕作，才能开出深宽各一尺的甽、陇，单靠人力不能胜任。区田法则不然，它对于缺乏耕牛或在发生牛疫时期，收效尤为明显。《齐民要术》引《氾胜之书》详细介绍了汉朝的区田法。氾胜之，西汉成帝时任议郎，在三辅地区教农耕作。此书仅佚文3000余字，关于区田法的记载最有特色。坎种作为标准的区田法，是在一亩耕地上区划成一尺五寸见方的棋盘状，在一尺五寸见方的土地上，掘方六寸、深六寸、间隔九寸的"区"（读作ou，坎之意）。一亩可作成3840区或3700区至1072区不等，

每区播种粟二十粒，加粪一升。秋收时每区可收粟三升，一亩即达百斛。

在重视对土地开发的同时，汉武帝注意农器具的改进和提高，而铁器官营的结果，形成了完整的生产、推广和销售网络，使铁制农具如钁、锄、镰、铧等在全国传播更为迅速和广远；在耕作方法上，牛耕和马耕不仅广泛应用

汉"单于和亲"瓦当。

于中原地区，同时，随着移民实边，实行屯田政策的结果，牛耕技术也传播和推广到了西北地区。

水利是农业的命脉。为了提高农

业生产水平，汉武帝还大力兴修河渠水利，以利漕运和灌溉；为治理黄河，堵塞决口，加固堤坝，汉武帝曾亲到现场进行督导，以鼓舞士气，从而使黄河在此后数十年间没有出现过大灾难。由于西汉王朝对农业的高度重视，使土地得到开发，农业技术得到提高，水利灌溉面积得到扩大，西汉农业生产得到很大发展。据史料记载，西汉末年，全国有1220多万户，达5900多万人口；全国垦田数达827万余顷，这一数字表明了当时已经形成中国史无前例的农业规模。

在手工业发展方面，由于西汉政府垄断盐、铁的生产和经营，所以无论从资金上和技术上，都是私营手工业主所难以比拟的。西汉的铁冶，在冶制技术、

汉代马王堆墓中的云纹漆鼎。

铁器具（铁制工具、铁农具和兵器等）的种类、数量和质量上，都比战国及秦有重大提高。西汉的重要手工业之一的丝织业，特别是官营丝织业，其生产技术又达到了新的水平，巨鹿陈宝光的绫机"用一百二十四镊"。京师长安，齐郡临淄和陈留郡襄邑（河南睢县）等

解盐图

大道之行
中国财政史

官营手工业作坊，规模尤大，织工人数有的多达数千人。西汉的丝织物品类多，织造精美，花色绚丽，具有高度的工艺水平。其精美织物通过互市、馈赠等方式，大量输往边境各少数民族以及亚洲各国，被誉为"丝之国"。西汉的漆器业，轻巧精致，官府作坊多集中在蜀（今四川成都）、广汉（今四川金堂）、河内（今河南武陟西南）等郡以及京师长安。《盐铁论·散不足》称，由于制造工序复杂，分工精细，"一杯棬用百人之力，一屏风就万人之工"，产品价格昂贵，多入王侯富贵之家，今朝鲜、蒙古等地贵族墓中也有漆器和扣器出土。此外，西汉的制陶、造船、造车和酿造等手工业，无论公、私作坊，在生产规模和制作技术上都超过前代。

西汉承秦制，重农抑商，但《汉书·食货志上》载，晁错对文帝说："今法律贱商人，商人已富贵矣。"可见，当社会上一种倾向掩盖另一种倾向，你要想改变的时候，已经非常困难了，古代如此，现代也不例外。《史记·货殖列传》述及，随着农业、手工业的发展，

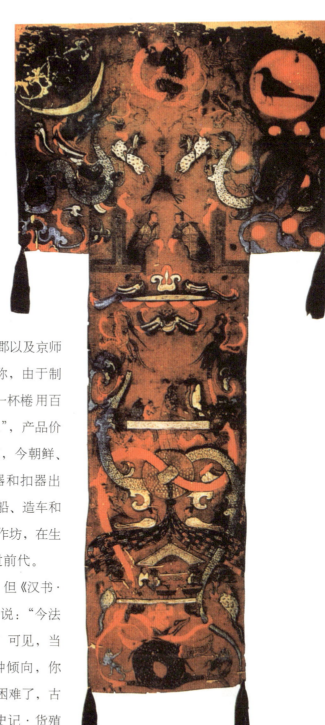

汉代马王堆墓中的 T 字帛衣。

王侯、贵族生活的追求，平民百姓日常的需要，加以汉初政策的宽松，"汉兴，海内为一，开关梁，弛山泽之禁，是以富商大贾周流天下，交易之物莫不通，得其所欲"。当时，以京师为中心，四周郡县的经济各有特色：关中，膏壤沃野千里，在虞夏时即为上田，"关中之地，于天下三分之一，而人众不过什三，然量其富，什居其六"。其中京师长安，城周长65里，内有9市，是全国各地手工业产品和农副产品的集散地。三河地区虽在天下之中，然地狭人众；燕"有鱼、盐、枣、粟之饶"；"齐带山海，膏壤千里，宜桑麻，人民多文采布帛鱼盐"；邹、鲁"颇有桑麻之业，无林泽之饶"；西楚"地薄，寡于积聚"；东楚

"东有海盐之饶，章山之铜，三江五湖之利"；南楚"合肥受南北朝潮，皮革、鲍、木输会也。……江南……多竹木，豫章出黄金，长沙出连锡，……番禺亦其一都会也，珠玑、犀、玳瑁、果、布之凑"；宛"业多贾"。各地所产，通过水、陆道路交通相连，因而，不论酿造业、屠宰业、制船业、造车业、冶铁铸铜业、畜牧业、纺织业、漆器业、渔业、皮革业以及借贷商、牙商，都能富比千乘之家；而蜀卓氏、程郑、宛孔氏、曹邴氏、刀间、师氏、宣曲任氏、桥姚、无盐氏、关中田啬、田兰、韦家栗氏、安陵杜杜氏等等，都是自秦以来的大商人。"千金之家比一都之君，巨万者乃与王者同乐"，其情其景与当今市场经济时代的社会现象，何等相似乃尔。

汉武帝时，为合击匈奴，不仅派张骞两次出使西域，分别联络大月氏（今阿姆河流域、阿富汗北）和乌孙（今新

西汉敦煌张骞出使西域壁画摹本
建元二年，张骞应诏出使大月氏，途中被匈奴俘获，留居十多年。元朔三年，回到长安，因功被封为博望侯。元狩四年，奉命出使乌孙。张骞出使西域，开辟了丝绸之路的官方往来和中西方文化的交流。

疆伊犁河和伊塞克湖一带），且先后动用骑兵120万人次，步兵90万人次，后勤补给人员1000万人次，借助武力大规模向外拓展，终于打通了一条通向欧洲和非洲的陆路通道。这条横跨亚欧非三大洲的通道，公元1877年被德国地理学家李希霍芬称之为"丝绸之路"。它由汉王朝的首都长安出发，向西经过甘肃、新疆，直达巴基斯坦、阿富汗、伊朗、伊拉克、叙利亚以及地中海东岸，中国的丝绸、铁器等商品循此路运往西方；西方的良种马、毛织品、葡萄、胡萝卜以及乐、舞蹈、魔术等也由此路传入中国。在西汉时期，由于交通工具的进步，也开通了通向日本、马来半岛、苏门答腊以及印度、缅甸、斯里兰卡等国的海上运输。

五、王莽改制和光武中兴

世界上最好的衣服是天衣，因为它没有缝，看不出制作的痕迹。同样，最好的领导方法是看不出方法的方法，因为这种潜移默化的方法，被领导者不但没有压抑感，更没有人因为被控制而感到不舒服。推而广之，做皇帝者看不出什么惊天动地大动作的皇帝才是好皇帝，因为他顺其自然地推动了社会的进步，不但老百姓能够安居乐业，而且由于没有被压迫的感觉，心情会特别舒畅。

好大喜功的汉武帝，一生轰轰烈烈，在位50多年间几乎年年四处出击，无所不为，可谓惊天地泣鬼神，搞得百姓不安宁。后来，由于征伐匈奴的惨败，国内又出现饥馑和动乱，晚年几乎沉浸在忏悔痛恨之中，他的一生也不得不以悲剧告终。

人生是一个过程，号称万岁的皇帝也不例外。公元前87年，70岁的汉武帝巡行到周至，一病不起，与他统治了54年的帝国诀别。接位的是年仅8岁的昭帝刘弗陵，大司马大将军霍光等大臣按武帝遗诏辅政。由于同时辅政的金日磾之死、上官桀被处决，形成

西汉名臣霍光

霍光一人代小皇帝摄政的局面。昭帝在位13年，死时还只有21岁，一切政务皆由霍光裁决。当霍光设法将自己的女儿嫁给昭帝成了皇后之后，霍光不仅是大权独揽的摄政大臣，也是小皇帝的老丈人，成了对内廷有举足轻重影响的外戚，从此开启了汉代外戚干预朝政的先河。不过，具有政治家远见卓识的霍光与后世专擅朝政的外戚有所不同，在他摄政时代以节约财政开支为特征，20年间不断减税，对匈奴的政策由征战转变为和平交涉，与好战的武帝时代成了鲜明对照。

元平元年（公元前74年）昭帝去世，霍光拥立汉武帝的曾孙——武帝太子刘据的孙子刘询为宣帝。霍光死后，宣帝亲政，奉行王道与霸道并用的统治术，一方面减免农业税、人口税，以及贫困户的徭役，另一方面"信赏必罚，综核名实"，以文法吏和刑名术监督各级官吏。他是武帝以后唯一能守成且有所建树的皇帝，一度曾出现了所谓小康中兴局面。不过他也敏锐地预感到汉家天下将要败在笃信儒术、优柔寡断的儿子手里。事实确实如此，昭宣时代尚能维持武帝时鼎盛局面，以后相继即位的元帝、成帝、哀帝、平帝，一代不如一代，终于导致外戚在宫

汉代铜镜

廷政治中发挥的作用越来越大，王莽篡夺政权就是这种形势从量变到质变的产物。

霍光摄政时外戚势力已初露锋芒，酿成祸害。宣帝接位后，很不是滋味，视霍氏家族如芒刺在背，霍光死后两年，皇帝利用阴谋告发，夺去了其妻子家族多人的性命，当时盛传："威震主者不畜，霍氏之祸萌于骖乘"。但由于皇帝是利用新外戚来削弱老外戚势力作为其巩固权力的手段，使得外戚在宫廷政治中的支配地位沿袭不变，只不过由老外戚霍氏变为新外戚王氏而已。王氏的外戚地位源于汉元帝的皇后王政君，即王莽的姑母。元帝死后相继即帝位的成帝、哀帝、平帝都是元帝之子，而成帝是王皇后所生，因此成帝时皇太后王氏的兄弟五人同日封侯，

显赫一时，担任大司马大将军，轮流执政。王莽凭借王家声势，广泛结交权贵和经师，装出一副"谦恭俭朴"、"勤学博览"的儒雅风度，博得人们的好感。他当了大司马不久，哀帝即位，外戚丁、傅两家得势，王莽罢官，闭门韬晦。哀帝死，幼小的平帝即位，王莽的姑母王太后临朝，王莽旋以大司马大将军身份重新掌握了大权，此时他唆使一些大臣提议拥立他的女儿为皇后，使他能够以大司马大将军兼国丈的特殊身份牢牢地控制住朝政。平帝死，王莽

一手包办，拥立2岁的孺子婴当皇帝，自己称为"摄皇帝"。公元8年，王莽干脆脱去伪装，赤膊上阵，自立为帝，改国号为"新"，从此篡位的王氏新朝取代了刘氏汉朝。

新莽铜环权
西汉初始元年（公元8年），王莽代汉称帝，强行复古，引发社会动荡。

王莽像

从王莽步入政坛到登上皇帝宝座，用了整整31年时间。由于正统思想作祟，这一段历史，在东汉官方钦定的《汉书》里，完全被扭曲了，把王莽写成乱臣贼子，连他在篡汉前所做的好事也一概成了虚伪做作。例如当时官吏贪污成风，王莽不但不贪，还一次次把自己的家产分给下属和贫民，自己过着清苦的生活，夫人的穿着打扮像个仆人。又如他的儿子杀死一个奴婢，为了表示法不阿贵，王莽竟勒令儿子自杀。这类异乎寻常的举动不能不令普通百姓感激涕零，作为一个政治家如果都愿意付出如此巨大的代价来"虚伪"，国家政治一定会清明得多。可

新莽铜方斗
新莽始建国元年（公元9年）铜方斗，此斗容量与战国时期商鞅方升相合，说明自秦统一后，度量衡曾长期处于稳定状态。

见，王莽在摄政期间的不少作为是可圈可点、难能可贵的，否则，当时的民众不会把王莽当成圣人、周公，当成救世主，也不可能受到那么多人真心实意的拥戴，仅仅靠刘歆等少数舆论高手炒作也绝对炒不出那么大的社会声势。

人，作为利益的动物，随着社会向前发展，特别在生产力没有达到高度发达的时期，会越来越强烈地表现出不择手段追求自身利益的欲望。这种欲望就其表现来看，是人变得越来越贪婪，行为越来越不讲道德，在操守品德方面越来越不如古人。这种现象就是人们常说的"历史的进步是恶的结果"。

王莽登基建立新朝时，所面临的是汉朝遗留下来一系列严峻的社会问题。其核心问题是生产力迅速发展，贫富两极分化却越来越严重，并且已经严重威胁着政权的存在。为了摆脱困境，王莽不得不着手进行改革。当时的改革有两条路径：一条是向前看，走新路；一条是向后看，走老路。王莽选择了后者，走托古改制之路。

这种改革着眼点不是向前看而是向后看，其一切理论根据就是一部儒家经典《周礼》。王莽言必称三代，事必据《周礼》，而为他提供经学依据的就是西汉末年经学大师刘向的儿子、后来成为新朝"国师公"的刘歆。还在平帝时，王莽就支持刘歆，把古文经立于学宫，设博士官；又叫刘歆依据《周礼》建立明堂——一种用于"正四时，明教化"的上圆下方建筑，还建立称为辟雍的祭祀场所。王莽篡汉后，刘歆成为四辅臣之一，任为国师，位居上公，用古文经学为新朝建立一套不同于今文经学的理论，用来托古改制。

托古改制所面临的首要问题是长期困扰社会的土地问题和农民问题，即土地兼并及其所带来的贫富两极分化问题。早在汉武帝时董仲舒就把当时出现的"富者田连阡陌，贫者无立锥之地"的贫富两极分化，归结为井田制废除后土地可以买卖的结果。他的理想是恢复井田制，但又鉴于井田制一时难以恢复，他便提出一个折衷方案——"限民名田"。所谓"名田"即"占田"，限民名田即限民占田，目的在于抑止土地兼并。在土地私有并可以买卖的前提下，企图限民名田不过是经学家闭门炮制的平均主义理想，化作泡影是必然的。哀帝时的辅政大臣师丹重复董仲舒的理论，再次提出限田建议，得到哀帝许可，丞相孔光、大司空何武制定了限田限奴婢的具体条例，引起一阵社会震动后，由于推行不下去，只好不了了之。

王莽改制的步伐比董仲舒、师丹、孔光之流更大，不仅是限田，而且是恢复井田制。他在始建国元年（公元9年）颁布的诏令中，宣布"更名天下田曰王田"，即取消土地私有制，一律收归国有，按照《周礼》所描绘的井田制，重新平均分配，人均不得超过一百亩，禁止买卖，并且严厉地规定："敢有非井田圣制，非法惑众者，投诸四裔，以御魑魅。"这种倒退的主张本身就注定了它是没有出路的。当时的情况下，不仅全国的耕地远远不够分配，而且土地的私有和买卖是当时蓬勃发展的小农经济的基础，符合历史前进的趋势，重新平均分配土地是倒行逆施，得不到社会上任何阶层的支持。因此，王莽不得不在王田令颁布的第三年再次颁布诏令，宣告"王田"可以买卖，不再依法处理，实际上承认了土地国有化改

新莽铜嘉量
王莽篡汉后改制度量衡，此器为他所定的嘉量。

革的破产。

在土地国有化改革的第二年，王莽根据刘歆的建议，推行一系列政府控制工商业的改革，其理论根据依然是《周礼》。改革的具体措施是五均六筦。所谓五均的要点是：在长安、洛阳、邯郸、临淄、宛、成都等大城市设五均官，代表国家对工商业经营和物价进行控制，包括平抑物价，用成本价收购滞销农副产品，经营赊贷等。所谓六筦的"筦"，相当于现代的"管"，其要点是：把盐、铁、酒、五均赊贷、名山大泽、铁布（币）铜冶等六种经济事业改由政府经营，实即国家专卖。五均六筦并不是新发明，它是汉武帝时代平准均输、盐铁官营的扩大化，其本意是想

重农抑商，但是，官商行为违背市场规律，成为政府与商人争利的手段。何况主持五均六筦的都是大商人出身的官员，唯利是图的本性促使他们营私舞弊，搞得一团糟，又迫使王莽不得不在垮台前一年宣布废除这项改革。

此外，王莽按照《周礼》改革币制，把早已失去货币功能的原始货币重新推向市场，他将货币按金、银、铜、龟、贝等五种币材分成"五物"，把黄金、银货、龟币、贝币、布、泉等六种货币叫做"六名"，把28种货币的交换币值称为"二十

稀有的新朝钱币

东汉酿酒图
汉武帝时期实行酒类专卖，由官府控制酒的生产和出售。图为1955年四川彭县出土的东汉画像砖酿酒图。

皇p18 东汉酿酒

八品"，由于陈旧的原始货币不为人们所接受，很难在市场上流通，再加上官方规定的各种货币换算比值又不合理，搞得币制混乱不堪。另一方面他还按照《周礼》，大改官制、官名，甚至分封了2000多个公、侯、伯、子、男，连官吏都搞不清楚那么复杂的名称，不但使政府机构难以运转，而且把太多的权力都集中到政府，使不法官吏有了越来越多的寻租机会，易如反掌的贪污成了国家机关的一道风景线。

作为2000年前的"社会主义皇帝"，王莽企图按照儒家经典重建一个乌托邦的"大同"世界，一劳永逸地解决长期棘手的土地兼并、贫富不均、商人盘剥农民等社会问题。然而，他的实践证明：要解决社会问题，倒退是没有出路的，因为后人绝不是前人，前人能接受的东西后人不一定都能接受，这就是人们常说的代沟。王莽倒行逆施的结果，不但无助于社会问题的解决，反而使它更加激化，加深了社会危机，引来了绿林、赤眉起义。他所建立的"新"朝，也只存在了短短的十几年，如

新莽钱币

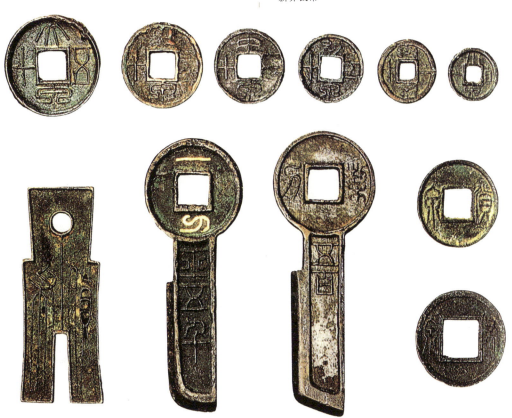

同流星般迅速消逝。光武中兴后，在东汉史臣的笔下，过分依赖古文经学的迂腐儒生王莽终于成了西汉腐败政治的替罪羊。由此可见，任何社会进步不能单靠良好的愿望来实现，高尚是高尚者的墓志铭，卑鄙是卑鄙者的通行证，历史的进步都是恶的结果。

当反对王莽的绿林军起义后，身居南阳的皇族刘縯、刘秀打着"复高祖之业"的旗帜，组成一支春陵军，响应绿林起义。此后又有一支赤眉军起义。公元25年，赤眉军逼近长安时，刘秀在鄗县（今河北柏乡北）县城南面的千秋亭，即帝位（汉光武帝），宣告光复汉朝，以这一年为建武元年。不久，刘秀攻下洛阳，并在洛阳建都。后世史家按城市的东西地理位置不同，把以长安为都的前汉称为西汉，把以洛阳为都的后汉称为东汉。

刘秀，字文叔，南阳郡蔡阳县（今湖北枣阳西南）人，汉高祖八世孙，他的六世祖长沙王刘发是景帝之子，刘发子刘买封为春陵侯。到他父亲刘钦时，家道中落，刘秀只身闯荡社会，进入太学，专心攻读《尚书》，回乡后又经历了种种生活磨难，为他参透社会、日后崛起打下了良好的基础。刘秀由于家道中落，长期为生活奔波，原本没

有远大理想，甚至在他游学京师，稍习经典的得意之时，也不敢有宏大志愿，只是扬言："作官当作执金吾，娶妻当娶阴丽华。"执金吾原是一种兵器，其形状为两端涂金的铜棒，官执此物以示权威，其意为执金以御非常，武帝时成了负责京都治安的长官官名，是一个品位不高的职位；阴丽华则是出身南阳富家的绝色美人，在刘秀起兵次年，这位土财主的千金便成了他的妻子。刘秀最后能在大浪淘沙的农民起义浪潮中胜出，成为东汉的开国皇帝，他自己连想都没有想过。由此可见，谋事在人，成事在天，天将降大任时你逃也逃不掉，没有机会时即使绞尽脑汁也无法获得。不过，大凡开国皇帝有一点是相同的，那就是他们都拥有丰富的经历，因为对任何人而言，经历是人生的宝贵财富。

刘秀重建汉朝，天下从乱走向治，从纷争走向统一，江山依旧，景况大变。王莽托古改制留下一个烂摊子，加之连年的内战，使元、成、哀、平四帝以来不景气的社会，变得更加凋敝不堪，急待重建的汉朝已今非昔比。刘秀以他非凡的胆识才干，遵循"以柔道治之"的方略："简政以安民，进贤以励治，集权以统一"，通过实施一系列"以

漢光武

汉光武帝刘秀

柔克刚"的有效措施，创造了光武中兴的辉煌业绩。

所谓简政，就是"解王莽之繁密，还汉世之轻法"，废除王莽的繁苛法令，恢复汉初的法简刑轻，以达到"务用安静"的局面。为此，屡次发布大赦令，平反冤狱，释放犯人。光武一朝刑法宽松，社会安定。简政的另一方面是裁减机构与官员，裁减了1/10的郡国，1/4的县级区划，9/10的官员，节省了财政开支，减轻了社会负担。

所谓进贤，就是健全人才选拔制度。首先恢复汉初的贤良方正制度，选拔官吏；其次把征辟制度加以发展，"征"即皇帝下诏特征某人为官，"辟"即地方推荐某人为官。为了防止舞弊，下诏以"四科"取士，一为品德高尚，二为博通经史，三为熟悉法令，四为能力才干。刘秀"理国以得贤才为本"的原则，为东汉王朝网罗了一批有用之才。他求贤若渴，诚意邀请隐居山野的老同学严子陵（名：光）到京都洛阳担任谏议大夫，严子陵不为所动，回到故乡，在富春江畔垂钓，颐养天年，一时传为佳话。至今浙江省桐庐县境内的富春江畔还有著名的名胜古迹——严子陵钓台。从严子陵拒绝当官以至名传千古的事例中，我们可以窥见中国知识分子既可从从政中博取名声，同样可以从拒绝当官的清高中获得声望。对严子陵而言，后者比前者效果更好，影响更大。

所谓集权，就是继承并发展汉武帝强化中央集权体制的方针。首先，西汉末年把刺史改称州牧，秩禄从六百石增至二千石，但职权未变，并无一定的治所。刘秀定制，州牧复称刺史，有固定治所，向12个州派出12名刺史，以"六条问事"，每年年底回京报告，中央据此对地方官作出升降任免的决定。但由于刺史权利过大，并且有了固定的治所，使州成为一级政

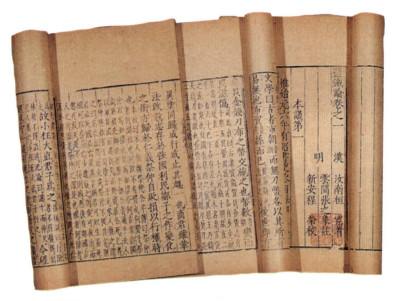

《盐铁论》
汉昭帝始元六年（公元前81年），会集各地推举的贤良文学等60人讨论盐铁官营的利弊。汉宣帝时（公元前73年—前49年），桓宽整理会议记录，编成《盐铁论》一书，分十卷六十篇，成为反映当时社会状况、经济思想等的珍贵资料。

区，为日后地方割据埋下了祸根，这是始料不及的。其次，西汉末年，丞相、太尉、御史大夫所谓三公改称大司徒、大司马、大司空，由于外戚专权，常居大司马大将军之位，大司徒、大司空形同虚设。刘秀恢复大司马为太尉，把大司徒、大司空的大字去掉，但矫枉过正，如仲长统所说"政不任下，虽置三公，备员而已"。把三公的职责移到本来替皇帝掌管文书的尚书台。但尚书令秩禄千石，三公秩禄万石，一个有权无位，一个有位无权，达到精神和物质的平衡，以此杜绝臣下由于名利双得而作威作福，从而开创了中国政坛小

官做大事，大官做小事，有权者名称小，无权者名称大的先河。通过尚书台控制中央政府，削弱太尉、司徒、司空等三公职权，使之成为虚位，不授予实权，日常政府事务由尚书台处理，直接对皇帝负责。皇权的加强，相权的削弱，在东汉前期正面效应是明显的；到了东汉后期，皇帝无能，其负面效应便凸显而出，终于导致外戚、宦官轮流挟主专权的后果，这也是当初始料不及的。这说明，任何体制若不能真正束缚住权力本身，权力都是靠不住的。不论何时何地，权力的天生属性都是一样的，由于它拥有价值，不是被人侵蚀，

大道之行
中国财政史

就是被人收买利用。因为，人们心中至高无尚的皇帝是利益，而不是任何肉体上存在的皇帝。

汉初，实行与民休息的黄老之学治国，对促进国民经济的恢复起到了巨大作用，但由于当局事先没有制定规则，经济发展只重结果，忽视过程，特别是对个人利益的狂热追逐，在推动历史进步的同时，也造成了极大的历史罪恶。尤其是造成了西汉末年穷富的两极分化，贫者无立锥之地，富者却田连阡陌。更可恶的是非法致富者无视国家法律，为所欲为，严重危及社会的稳定。王莽的托古改制之所以起先能获得那么多底层百姓的赞同，也是当时民心的反映，只不过托古改制的倒退难以为当时的社会所接受罢了。

例如，限制土地兼并以及农民沦为奴婢的问题，是西汉末年极其棘手且十分紧迫的社会问题，王莽曾作过限田限奴婢尝试，由于阻力太大，没有成功。刘秀力图以另一种方式来解决它。在东汉

初建的十几年中，他六次下诏解放奴婢，三次下诏禁止虐杀奴婢，收到了明显成效。但是在解决土地问题时却遇到了强大阻力，其阻力来自皇亲国戚，所以说，执行政策最难的不是普通百姓，而是领导者的亲近者，因为他们常常会有恃无恐。同样，一个王朝走上末路，也是这些有恃无恐者贪图自身利益，侵渔百姓，造成民怨沸腾所致。建武十五年（公元39年），光武帝下诏"度田"，即命州郡地方官检查核实垦田面积（顷亩）和户口年龄，如地方官夸大报告户口、垦田实绩，坐度田不实之罪。这是鉴于当时"天下田多不以实，又户口年纪互有增减"，致使国家赋税收入受到损失这一实际情况，而制订

清光绪年间出土的东汉画像石拓本，它充分表明了汉代官宦阶层的浮华奢靡。

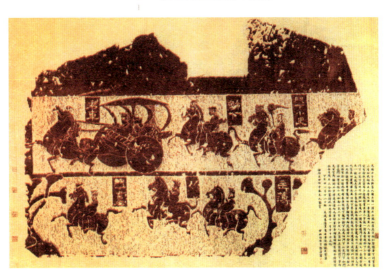

的一项抑制豪强地主的措施。很明显，检核垦田顷亩对豪强地主不利，他们百般阻挠；地方长官或慑于豪强的压力，或出于自身利害的考虑，并不认真度田，故意扰乱，出现了地方官"优饶豪右，侵刻羸弱"的不公平现象，以及虚报度田实绩的欺瞒现象。京师洛阳及皇室发祥地南阳抗拒度田的势力最大，地方官束手无策。光武帝在批阅度田报告时，见陈留吏牍上写道："颍川、弘农可问，河南、南阳不可问。"便诘问缘故，官员答道："河南（即洛阳）帝城多近臣，南阳帝乡多近亲，田宅逾制，不可为准。"一语道出了近亲、近臣这些最大的豪强地主，尽管田宅逾制，但无法检核的尖锐矛盾。光武帝装出一付颇不以为然的样子，派遣官员实地督查后，以"坐度田不实罪"，处死了有关郡守十余人。也许怕得罪支持自己上台的权贵和国戚，刘秀不敢进一步从源头上去严厉制裁那些有靠山的逾制豪强，以至于最后虎头蛇尾，不了了之，度田工作在不少地区走了过场。尽管度田措施没有从根本上解决检核垦田顷亩问题，但对于促进荒地的开垦还是发挥了作用，建武十八年（公元42年）汝南太守开垦鸿郤陂数千顷，不仅郡内殷富，而且利及他

郡，便是其中一例。

"光武中兴"还表现在文治上，文治的核心是对教育工作的重视。建国之初，刘秀就下令恢复汉武帝时期的五经博士，《易》立四博士，《尚书》立三博士，《诗》立三博士，《礼》、《春秋》各立二博士，共十四博士，分别教授学生，并在洛阳建立各类图书馆，诸如辟雍、东观、兰台、石室等，营造文化氛围。在此基础上他还复建了国立大学——太学。由国家奖励学问是从西汉开始的，太学始建于汉武帝。光武帝复建太学，规模更大。今洛阳太学遗址有两处：一处东西长200米，南北宽100米；与此邻近的另一处南北长200米，东西宽150米，有内外讲堂各一座，讲堂长10丈、宽8丈，讲堂附近建有太学生宿舍。太学生称为博士弟子或弟子，也称诸生，每年都要考试——射策和对策。与首都的太学相呼应，各地都办了地方学校——郡国学，全国上下重视教育蔚然成风。这使他成为中国历史上少数几个重视文治的帝王中的佼佼者。

中国历史上每个朝代都有自己的思想特点，汉朝思想的主要特点是儒家学说与阴阳五行学说相结合，以一种神秘主义的方式解释五经，于是形

举孝廉图
两汉时期，中国的封建专制统治得到进一步发展。这时，过去通过军功、养士选拔人才的办法已经不能适应现实的封建中央集权制度的需要了，于是，在新的历史条件下，在汉代逐渐确立了察举、征辟等选人任官途径。

成了一种谶纬之学。谶是伪托神灵的预言，常附有图，也称图谶；纬是与经相对而得名的，是假托神意解经的书。谶纬之学出现于西汉末年，当时流传谶纬图书 35 种，东汉初年更为盛行，谶纬图书增至 81 种。刘秀本人精通经学，也爱好谶纬，不仅称帝时利用谶纬《赤伏符》证明自己做皇帝是天命使然，并且在施政用人时也要引用谶纬，几乎言必称谶，事必依纬。中元元年（公元 56 年）光武帝宣布图谶于天下，使谶纬成为与五经具有同等地位的法定经典。为此他下令在洛阳建造宣扬谶纬之学的礼教性建筑——明堂、灵台。明堂是宣明政教的场所，朝会、祭祀、庆赏、选士、养老等重大典礼都在此举行，坐落于洛阳平城门外，建筑呈上圆下方，有9室、36门、72窗。在这里，自然宗教与国家礼仪互相融合，互为表里，为此后中国式的强势政府奠定了基础。灵台是天文观测台，在平城门外明堂大路西侧，东对明堂，它的功能远远超越了观测日月星象，而与社稷命运相关连。中元二年（公元57年），光武帝还没有来得及祀明堂、登灵台，

就魂归赤土，他的中兴大业为明帝、章帝所继承。此后，朝廷启用水利专家王景治理黄河，出现了80多年没有灾害的盛况；又解决了匈奴侵扰问题，使南匈奴归附中原；班超出使西域，稳定了边境形势。光武帝所开创的东汉王朝，前后延续了196年（公元25年—220年），与延续199年（公元前206年—

西汉匈奴的牧羊图

前8年）的西汉王朝相比，寿命旗鼓相当。

六、汉文化在整合中统一

汉是继秦之后建立的又一个统一王朝。它完成了秦所没有完成的历史使命，成功地结束了战国局面，不仅在全国实现了政治统一，也初步完成了文化整合，为中华民族"汉字"、"汉族"、"汉人"、"儒家学说治国"等一系列"汉文化"的形成作出了重要贡献。

战国以降，中国从分裂走向统一，从战争走向和平，从松散的分封制走向高度统一的中央集权制，是当时政治发展的大势所趋；也是古人对天下一统、风俗齐同的太平盛世的向往和追求，它左右着汉代朝廷政策的走向。秦汉之际，由于自然和地理条件的制约，全国各地政治、经济、文化发展很不平衡，以潼关为界，西部的关中和东部的关东存在较大差异和对立。关中地区在政治、军事上占有优势，关东地区则由于涌现了老子、孔子、孟子、荀子等众多思想家，在文化上占有优势。这一客观形势决定了政治的统一只能是自西向东，关中统一关东，西方兼并东方；而文化的统一必然是关东统一关中，东方压倒西方。

关中的政治、军事优势不仅在秦统一六国的战争中，清晰地展现出来；而且在汉重建帝业的过程中再次获得证明。关东的文化优势则在秦灭亡后才引起人们的重视，迟至汉武帝时被最高统治者所认识，随后在朝廷制定政策的过程中逐渐占据主导地位。汉能够战胜西楚霸王项羽再建帝业，关键在它得以承秦。汉能够避开亡秦覆辙，使其帝业巩固下来，固然与汉初70年之东西异制、清静无为的政策有关，但真正具有决定性意义的还是汉武帝"罢黜百家，独尊儒术"的政策转向和东汉定都洛阳使国家的政治和文化重心彻底向东方转移的结果。

汉魏洛阳图

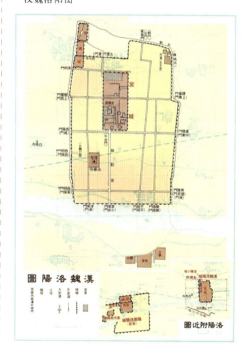

两汉在步秦后尘重建帝业的过程中，经过探索与实践，找到了如何在千差万别的民间乡俗、区域文化和民族传统之上实现文化整合的可行道路，并初步完成了汉文化在整合中归于一统的历史任务。尽管此后政治上的分裂和统一又反复了多次，但以儒家思想为中心的汉文化整合运动始终没有停止。汉代《公羊》家"以德化民"的说法虽然渐渐被后人所淡忘，但它冥冥中支配着"汉文化"整合运动基本方向的内在功能却始终在发挥作用。

七、承袭秦代的土地制度

由于人追求私利的劣根性，使得效率与公平成了一对矛盾。一个社会要有效率，须以利益诱导，久而久之，会导致两极分化，从而有失公平；反之过度重视公平，会影响能干者获利，从而削弱了他们创造性劳动的积极性，由于多劳不能多得，势必牺牲效率。正是因为重视效益难免失去公平，重视公平又总是影响效率，因此，在人类历史发展的长河中，效率与公平的政策

东汉画像石拓片——家庭纺织图。

大道之行
中国财政史

倾向不时有所侧重是社会发展过程中的必然，是一种必不可少的调节手段。

自古以来，中国的土地制度也逃脱不了这一规律，始终在公有制和私有制之间轮回转变，即公有——私有——公有。夏商周实行"溥天之下，莫非王土"的土地公有，实行井田制下的劳役田租制度；春秋战国时期出现私田开垦，始行初税亩；秦汉时期土地私有，实行田租口赋力役制度；三国后人口大量死亡，形成人少地多的局面，于是盛行均田，租庸调成了土地公有制条件下的税收制度；中唐后随着人口增加，为提高劳动生产率，又改行土地私有制；20世纪50年代为实现共产主义伟大理想，中国大陆推行"一大二公"的人民公社化，随着农村这一浪潮的席卷，又行土地公有制。

西汉沿袭秦朝制度，实行土地私有，但国家保有相当数量的公田。当时，国家之所以保留公田：一是为了适当调剂土地占有的余缺和安置由于战争、灾害带来的流民，以稳定社会秩序；二是以适量土地作为机动，供赏赐功臣，建立农垦基地等用途；三是以公有土地收入，作为政府非税收入，以支付政府的不时之需；四是公田构成的皇家苑囿，可供统治者娱乐、

东汉陶猪圈

休闲之用。

公田的来源，一是全国各地的山林、沼泽，及未开垦的无主荒地；二是前代贵族、皇族、罪徒的没收土地；三是各类后继无人的户绝田；四是王公、近臣为巩固自己的地位，贡献给朝廷的私田；五是戍边军人屯垦的土地。可见，汉代公田包括两部分：一为非耕地，包括山林、薮泽，未开垦的土地及宗庙、陵园等占地；另一为耕地，即供官府出租补充官用的土地和供赏赐臣下或贫民耕种的土地，后者属于再分配性质，最后由公田变为私田。

至于分田的数量，史书未有记载，但分田的对象却记载得十分明了：首先是数十万罢兵归乡的复员军人；其

次是因战乱而遁入山林，被刘邦允许回乡恢复故爵田宅的人；再次是新解放的奴婢；四是新王朝的王子、外戚、功臣等新贵，当时封爵并赏有食邑的，汉高祖时153人，惠文帝时3人，高后时31人，文帝时27人，景帝时22人，武帝时84人，昭帝时14人，宣帝时31人，元帝时32人，成帝时15人，哀帝时13人，平帝时22人。据史书所记，食邑户达57.7万；五是官僚、地主巧立名目侵蚀的公田。可见，西汉初年拥有土地的人包括各个阶级、阶层。

孟子曰："有恒产者有恒心"，这不啻是千古不易的真理。但是，在古代小农经济条件下，一家一户的个体经营十分脆弱，除了地势、土质、水源、日照、无霜期、水旱风雹虫蝗等自然因素影响农作物收成外，还有诸如赋役的轻重，官吏的贪、廉，地主商人的盘剥，以及生老病死等社会因素对百姓生存的影响。因此，当时的百姓一遇到难以抗拒的自然灾害和社会问题时，就会动用土地资源，买卖土地，从而使土地兼并成了土地私有制条件下无法医治的痼疾。到西汉末期，土地兼并现象十分严重，王莽为根除此病，强力推行"王田制"，希望用国有制的手段恢复井田制，但由于这一逆历史潮流而动的想法，不可能取得人们的普遍支持而失败；东汉后期朝廷亦曾实行"限田"，也由于利益集团的强烈抵制而付之东流，成了一纸空文。

第七节　汉代的财政收入

一、田赋

汉代田赋称田租，是国家向土地所有者征收的土地税。征收对象为土地的出产物，包括粮食和刍藁。秦、汉时期，刍藁的征收与粮食征收一样重要。因为刍藁不仅是当时政府和军队饲养牲畜、马匹的主要饲料，也是住房建筑材料和燃料的主要来源。

周代盛行什一税，认为中正，其实十分取一，税率10%，并不算轻。为何还称为中正呢?这是因为后世的田赋，常超过5/10，例如宋代的苏洵说："方今天下之田，在官者惟二：职分也，籍没也。职分之田募民耕之，敛其租之半，而归诸吏。籍没则鬻之；否则募民耕之，敛其租之半，而归诸公。"这便是周的什一，比之于后世的5/10，可说很低，自然是中正的税率了。

到了秦汉时代，秦因支出浩繁，田赋甚重，其税率达到"收泰半之赋"，即

202

三分取其二。汉高祖(公元前206年—前195年)时，因久经战乱，人口伤亡，流民失所，大城市的户口，亦只剩十之二三，故为劝农。《汉书·食货志上》称"天下既定……上于是约法省禁，轻田租什五而税一，量吏禄，度官用，以赋于民"。也就是说，按"与民休息"原则确定，将土地税税率定为1/15(税率6.7%)。文帝劝课农桑，十二年(公元168年)把田赋减为三十税一（税率3.3%），并一度免除田租达13年之久，其之所以能免赋在于朝廷"卖官鬻爵"的开源收入和"文帝以恭俭，节国用"的节流之功。东汉初，因战争未停，军费开支很大，改行什一税(税率10%)；建武五年(公元29年)，随着北方主要地区的收

复，征收面扩大，屯田有了收入，开始出现余粮，于是建武六年十二月朝廷下令恢复西汉"三十税一"的旧制。此后，直到汉献帝建安九年（公元204年），曹操改行田租、户调制度为止，土地税税率一直维持3.3%未变，其水平与2006年全面免除农业税以前浙江、江苏两省实征农业税税率大致相同。

田赋的征课方法，汉初是根据民户申报的每亩田地的收获量，经乡啬夫评定后，确定当地平均产量，再根据实有田亩数，乘以税率(1/15或1/30)得出应纳税额。此法是每年都要评定，比较繁琐，后来改为根据数年粮

西汉双虎纹画像砖

食产量情况，结合农业丰歉，确定一个每亩若干斤的固定税额，令民交纳。东汉章帝初(公元76年—88年在位)，又改为分等定税法，"诏度田为三品"，即令全国按土地肥瘠分为上、中、下三等，分别确定其常年应产量，按规定税率课税。

关于两汉田租的收入，大致可作如下推算：西汉垦田827万多顷，东汉垦田700余万顷，中熟之岁，每顷获百石，三十税一，则每顷征五石。国家岁入之额，西汉约4000万石，东汉约3500万石。

汉的田租，形式上以产量为标准，事实上是以面积为课税标准来征收的，因此到了汉献帝建安九年(公元204年)，曹操改革田租，便干脆不问土地的肥瘠，改为每亩田课税粟四升，此外尚课户税，每户绢二匹及绵二斤。曹操改制的目的，无非要谋税负的公平，而税率却可相应的降低，故其令文说："有国有家者，不患寡而患不均，不患贫而患不安。袁氏之治也，使豪强擅恣，亲戚兼并，下民贫弱，代出租赋，衒鬻家财，不足应命。……其收田租，亩四升，户出绢二匹、绵二斤而已。他不得擅兴发。郡国守相明检察之，无令强民有所隐藏，而弱民兼赋也。"

东汉在正税之外，还征收过临时加征的附加税，一是桓帝延熹八年(公元165年)八月，因对羌人用兵和南宫火灾，征收货币每亩铜钱十文；二是灵帝中平二年(公元185年)二月，因发生大疫灾和南宫火灾，每亩附课修宫钱十文。

与历代朝廷一样，为保护农业生产和提高农民战胜自然灾害的积极性，两汉时期朝廷也根据不同情况实行赋役减免措施。诸如：灾歉减免，如遇有重大水、旱、风、雹、虫、蝗灾害，根据受灾情况，酌情减免；贫困减免，成帝鸿嘉四年(公元17年)，诏令"民赀不满三万，勿出租赋"；恩幸减免，指国家举行大庆典或皇帝出巡，奖赏勋臣或免除沿途郡县当年租赋。此外，为鼓励农耕或其他原因，也时有减免租赋诏令下达。

汉代的轻税政策和适时的减免措施，有力地保护了农村生产力，促进了封建经济的迅速恢复和发展；而经济的日益繁荣，又使国家财政收入有了可靠来源，从而使得两汉据有四百年之久的天下。

正如人们对任何事物都会有不同看法一样，对汉代的土地税制度历史上也有不同看法。例如，王莽说："汉

大道之行
中国财政史

氏减轻田租，三十而税一，常有更赋，罢癃咸出，而豪民侵陵，分田劫假，厥名三十税一，实什税五也。父子夫妇终年耕芸，所得不足以自存。故富者犬马余菽粟，骄而为邪；贫者不厌糟糠，穷而为奸，俱陷于辜，刑用不错。"这就

湿仓平斛
湿仓平斛是新莽天凤元年的量器之一。

是说，田租本身虽是减轻了，但这只是有利于地主，农民仍得不到好处。因为农民所苦的，乃为付给地主的地租，不是付给国家的租税。也有人说，汉代的田租，名义上是三十税一，比之周代的什一而税，似乎很轻。但按之实际，农民的负担很重，生活很苦。这是因农民对于地主有沉重的地租负担，常高达50%以上，远过于地主对封建政府所纳的田租。因此，北宋苏洵就说过："周

之时，用井田；井田废，田非耕者之所有。而有田者不耕也。耕者之田，资于富民。富民之家，地大业广，阡陌连接，募召浮客，分耕其中；鞭笞驰役，视以奴仆，安坐四顾，指麾于其间。而役属之民，夏为之耨，秋为之获，无有一人违其节度以嬉。而田之所入，已得其半，耕者得其半。有田者一人，而耕者十人。是以田主日累其半，以至于富强，耕者日食其半，以至于穷饿而无告。"论述极为精辟。同时，对汉武帝时，每亩土地面积的变化，桓宽在其所著的《盐铁论·未通篇》中也有所叙述："御史曰，古者制田百步为亩，民井田而耕，什而借一，义先公而后己，民臣之职也。先帝哀怜百姓之愁苦，衣食不足，制田二百四十（方）步而一亩，率三十而税一，惰民不务田作，饥寒及己，固其理也。"这就是说，在古代，一亩田原为一百方步，汉武帝时改为二百四十方步。汉的步等于古代的步，所以亩的面积扩大了，但因税率前定，税额也不变，百姓的实际负担减轻了，如果再不务劳作造成饥寒那就是自己的责任了。

二、人头税

创造财富，关键是优化资源配置。

西汉青铜斧车

古代人少地多，人是财富多寡的决定因素，只要管住人头，国家便有了财力。汉代的人头税根据征收对象年龄不同分为：口赋和算赋。由于7岁至14岁儿童少年只会张口吃饭，不会挣钱养家称为"口"；15岁至56岁的成人，能挣钱养家称为"人"，从而使汉语有了"人口"一词。这与汉代首都长安南北向的朱雀大道两边建有东西两个市场，从而使买"东西"成了中国人购物的代名词一样，异曲而同工。

（一）算赋

先秦三代对于人身，只有役，没有税；到汉代则既有役又有税。因此，宋末元初学者马端临在其所著的《文献通考》中说："古之治民者，有田则税之，有身则役之，未有税其身者也。汉法，民年十五而算，出口赋，至五十六

而除。人二十而傅，给徭役，亦五十六赢除。是且税之且役之也。"

算赋是对成年人征的人头税。《汉书·高帝纪》载："汉王四年八月，初为算赋。"其实算赋始于秦代。《汉书·食货志上》载："至秦则不然，……田租口赋，盐铁之利，二十倍于古。"《史记》卷八十九载："秦为乱政虐刑，以残贼天下，数十年矣，……头会箕敛，以供军费。"这里"头会箕敛"，乃指"吏到其家，人头数数出谷，以箕敛之"，显然是人头税的性质，可见秦的收税，年龄不受限制；至高祖四年，年龄始有规定，即仅课于15岁以上，至56岁为止，且名之为算赋。汉高祖四年（公元前203年）"初为算赋"，规定凡年龄在15岁以上到56岁的成年男女，每人每年要向国家交纳120钱，称为一算，并指定算赋收入作为战备基金，购置车马兵器之用。到文帝时，由于经济的恢复，人口的增加，算赋总收入也有了很大增加，于是一算减为40钱，即减2/3。

武帝时，军费支出浩繁，国家财用不足，算赋每算恢复到120钱。宣帝甘

露二年（公元前52年）诏"减民算三十"，以九十钱为一算。汉成帝建始二年(公元前31年)减"算四十"，即每算八十钱，呈递减之势。

对西南边远地区的少数民族，人头税的征收标准不同。如武陵蛮夷地区，征收麻布，令人交费布成年人一匹，未成年人二丈。在板楯蛮地区，规定除罗、朴、督、郑、度、夕、龚七姓不输租赋外，其余各户，每口每年纳赉钱40。

汉代重农抑商，商为末业。算赋的课征，也被用作抑商的政策调控。一是为了限制商贾对农民的兼并，对商贾课以每人每年二算的重税，即要交纳240钱；二是为了保障农业生产有足够的劳力，限制富户过多蓄养奴婢，对奴婢也同样课以重税，每人每年二算；三是为鼓励人口增殖，对女子过15岁还不结婚者课以重税。惠帝六年(公元前189年)规定：将尚未结婚的15岁到30岁女子分为五等，每上升一等，加征一算。到30岁加到五算，每人每年交600钱。除此之外，还有体现照顾老年人和鼓励百姓回乡务农的税收减免制度，以及显示皇恩浩荡的一次性优惠，如武帝建元元年(公元前140年)，"年八十复二算"即民年达80岁，得免除其家

二口的算赋；元封元年(公元前110年)，武帝对巡幸所经县"无出今年算"即免除所视察地区的算赋；东汉章帝元和元年(公元84年)，人民无田，而迁徙他乡者，赐给官田，且于三年间免除算赋；翌年为鼓励生育，对产子者豁免其算赋三年，对怀孕者给予胎养谷，并免除其夫的算赋一年，等等。

（二）口赋

汉的口赋，又名口钱，是专对儿童征收的人头税。汉初规定，凡是7岁到14岁的儿童，不论男女，每人每年交纳20钱"以食天子"，属于皇室收入。其所以从7岁起征，是因为儿童有"七岁去齿"的生理变化。

武帝时期，由于长年对外用兵，军费开支浩繁，为了筹集战费，解决国家财用不足的困难，把口赋从7岁起征提早为从3岁起征。《汉书·昭帝纪》称"二十钱以食天子，其三钱者武帝加……以补车骑马。"也就是说，征收额由原来每人每年20钱，增为23钱，并规定增加的3钱，用以补车马兵器军费开支的不足。由于口赋加重，使民重困，《汉书·贡禹传》载"至于生子辄杀"，给人民带来了沉重的灾难。元帝时，采纳了贡禹的建议，口赋恢复7岁起征，但每人每年仍需交纳23钱。

口赋及算赋的征收，皆以户籍为基础，故每年八月要"算人"(调查户口)，制作簿籍。《后汉书》载："汉法，常因八月算人，遣中大夫与掖庭丞及相工，于洛阳乡中，阅视良家童女，年十三以上，二十以下，姿色端丽，合法相者，载还后宫。"李贤注："汉仪注曰，八月初为算赋，故曰算人。"这就是说，汉代算赋和口赋的征收，在每年农历八月举行，先由地方官吏按户登记人口，核实年龄，编成户口簿，作为征收算赋和口赋的依据。

由于朝廷规定算赋和口赋须以钱币缴纳，在收获季节百姓以粮换钱容易为奸商盘剥，在谷贱钱贵的通货紧缩时期，口赋和算赋更加重了百姓的负担。但规定以钱币缴纳算赋和口赋对推动社会商品交换却大有裨益。可见，人世间任何事物都有它的正面和反面，历史的进步却也有"恶"的推动。

三、户赋

汉代的列侯封君，其俸禄由朝廷指定封邑，通过征收辖区内的租税来解决。他们所征收的租税不止一种，而户赋为其中之一。户赋是按户计征的，即平均每户约征200钱，千户侯便可征钱20万，相当于当时一个拥有百万财富商贾的年赢利。所以《史记·货殖列传》中说："……封者食租税，岁率户二百，千户之君则二十万，朝觐聘享出其中，庶民农工商贾，率亦岁万息二千(按：即二分生息)，百万之家则二十万，而更徭租赋出其中，衣食之欲恣所好美矣。"封君在封邑内征收各种租税，主要的是田租，次要的才是户赋。所以汉高祖十二年(公元前195年)诏书中说："吾立为天子，帝有天下，十二年于今矣，与天下之豪士贤大夫共定天下，同安辑之，共有功者上致之王，次为列侯，下乃食邑(按：非列侯而特赐食邑)，而重臣之亲，或为列侯，皆令自置吏得赋敛。"这里以地方为食邑，自然主要是征收口赋。此外，"置吏，得赋敛"，便是说既可征收田赋，也可征收其他租税，包括户赋。户赋与后世的户税不同，户税始于东汉献帝建安九年(公元204年)曹操所创的绢绵税。户税多为实物税，而此处所谓户赋却是货币税。此外，对于富有的百姓，还实行按户摊派。如《后汉书》中载东汉顺帝时："永和六年(公元141年)……秋七月甲午，诏假民有赀者，户钱一千。"

四、徭役和更赋

(一) 徭役

徭役即孟子所谓"力役之征"。秦代的力役是很重的。据《汉书》载："至秦则不然，……又加月为更卒，已复为正，一岁屯戍，一岁力役，三十倍于古。"汉初，曾因袭秦法，后来方才改变。

汉代徭役，既包括在地方、京城和边境所服的各种兵役，还包括为皇室和郡县所服的各种劳役。尤其是后者名目繁多，如建筑宫室、陵墓、城池、边境和要冲的障塞，修建驰道，治理江河，建设大规模的农田水利灌溉工程，堵塞黄河决口，往边境转运粮草物资，军队出征时从事后勤运输，以及在皇帝出巡时修路、供应运输工具、招待随行人员等等。这些劳役项目，规模大小不等，服役者从数百人到几十万人；服役时间有长有短，少则几天，多则几年。

汉代朝廷规定：凡年达23，即有服役的义务，至56岁始免。《汉书》载：景帝时改23岁为20。昭帝又规定23岁起服役。《盐铁论》载："御史曰：'……今陛下哀怜百姓，宽力役之政，二十三始赋，五十六而免……'"

汉代的徭役，有正卒、更卒及繇戍（即戍边）三种：

1．正卒：正卒比更卒为正。从23岁以上到56岁，均有服役义务，每年一月。其不服役者，纳一定金额。所以，

宋末元初的学者马端临在《文献通考》中说："汉民凡在官三十二年，自二十三以上为正卒，每一岁当给郡县官一月之役，其不役者为钱二千，入于官以雇庸者；已上，戍中都官者一年，为卫士京师者一年，为材官骑士楼船郡国者一年。三者随其所长，于郡县中发之，然后退为正卒，就田里以待番上调发。"

2．更卒：25岁以上的男子，不管是否服正役，每年有一个月时间，轮番服役于郡县，此役谓之卒更或践更。若不去服役，缴纳代役钱，官府以所收款项，雇人代役，受雇人可获雇直钱。《后汉书》载："正卒无常人，皆迭为之，一月一更，为更卒也。贫者欲得雇更钱，次直者出钱雇之，月二千，是为践更也。"

3．繇戍：乃为戍边之意，到边境上去屯戍者，称为戍卒；到京城去服役者，叫做卫士。凡男子年满23岁，每年均须服役三天，此项服役，称为更。由于每年服役三天，多有不便，故可出钱，请人服役；而代役之人，为了收入，亦可终年服役，称为过更。《文献通考》载："天下人皆直戍边三日，亦名为更，律所谓繇戍也。虽丞相子亦在戍边之调，不可人人自行三日戍，又行者当自

成三日，不可往便还，因便住，一岁一更。诸不行者，出钱三百入官，官以给戍者，是为过更也。"可见，所谓过更，指的是此人已过本更之日，在替他人服役成为服役专业户了。

汉代除经常性的徭役之外，还有临时性的劳役，如治城郭、筑堤防及运输工作。有所不同的是这类劳役，均由政府给付工钱，称为雇役。

(二) 更赋

更赋是对应服役而未去服役的人所课征的代役钱。汉代规定，成年人都有服役义务。但因为适龄者众，实际用役者少，故在正常情况下，适龄者用不着人人都去做正卒，余下来的人便可出钱代役，向政府缴纳更赋。政府规定：正卒无常人，一月一更。如不服役，可交钱给官府，由官府雇人代役，一月二千。戍卒(徭戍)每人每年三日，不便往者，出钱三百纳官。由于政府开征更赋的目的，除了供役，还为了增加财政收入，如将免役者所纳之钱，全部给与代更者，那便不成其为收入，所以国家付给受雇者的钱，不是更赋的全部，只是其中的一部分，剩余部分为财政国库收入。

汉代的更赋，也按不同情况分别规定减免办法。汉高祖十一年(公元前196年)，为鼓励移民，规定从丰地徙关中者不服徭役，也不纳更赋。惠帝四年(公元前191年)规定，家庭和睦、致力农桑的免役、免更赋；武帝时，每逢封禅、祭祀和巡幸，为了"示恩"，也给予沿途之民以定期的租、赋减免。当发生水、旱、虫、雹等等自然灾害时，为了社会安定，不仅免除旧有积欠，还要根据灾情，减征或免征农民当年的更赋。此外，还有一些个别情况或特殊情况之下的减免，如对服丧(祖父、祖母、父母死亡)、家庭赤贫，积极捐敬赈贫，以及徙边人户，都在更赋上有所照顾，至于对皇帝宗室、诸侯王、功臣以及占据重要职位的官员，不仅本人有免役权，有时连其家属也免役免赋。

更赋，因征收过重，多有拖欠。例如《汉书·昭帝纪》载：昭帝"元凤四年(公元前77年)春正月，……三年以前，逋更赋未入者皆勿收"，表明当时拖欠更赋者不在少数。

五、盐铁专卖和盐铁税

周代已有专卖制度，但比较完备的专卖制度则始于西汉。汉初，为休养生息，对冶铁煮盐采取放任政策。到武帝时，为了反击匈奴入侵、固土扩边，以及抑制商人兼并保护农民不受伤害，朝廷采纳了桑弘羊的建议，改变长期

大道之行
中国财政史

以来的轻赋节流政策，实行广开财路，与商人分利的政策，把盐铁酒经营的权利收归国家所有，先实行盐铁专卖，稍后又扩大到酒的专卖。固然地方政府——吴，已于惠帝时实行盐的专卖，但中央政府的盐、铁专卖，则始于武帝元狩四年（公元前119年）。在此以前，作为山泽税之一种，征课盐税，以供帝室经费。

汉武帝于元狩三年（公元前120年），任用大盐商东郭成阳、大铁商孔仅主持盐铁专卖事业，在产盐和产铁的地方，分设盐官和铁官进行管理。据《史记》记载，汉代的盐铁专卖是官家

东汉盐场画像砖
1954年四川成都扬子山出土，这块画像砖反映了东汉时期井盐开采和生产的全过程。

招募百姓给与牢盆（煎盐之锅），由民自费制盐；制成后，官家定价收购；全国各地置有盐官，原有制盐业者多用为官吏，掌专卖业务。

关于铁的专卖，则于产铁地区置铁官，不产铁的地区置小铁官，管理采铁制铁；制成铁的器具后，亦卖之于官，由官发售。于是原有的制铁家及铁器制造业者，用为官吏，贾人之为官吏者大增，而其所使用的工人为数甚多。如有私制盐铁，则定有刑罚，且没收其器材。

原来在汉高祖时，商贾及其子孙，是不准做官的。到武帝时，起用商贾为官吏，要他们掌管盐铁专卖；除东郭成阳，本为齐之大盐商，孔仅为南阳大铁矿商外，就是桑弘羊也为贾人之子；他们做了官，专管盐铁专卖，其他的盐铁业者，也为政府做专卖事务，其结果如《汉书·食货志下》所载："吏道杂而多端……官职耗废（即耗乱）"，与后世为发展经济，用商人为官从事招商工作有相似之处。

盐官及铁官，西汉时属大司农，唯小铁官则属于所在之县。东汉时不置小铁官，所有铁官及盐官，分属于郡。汉代置盐官的地方，共有27郡、36县，如加上东平国，便有28个郡国。

武帝以后，元帝曾一度废止专卖，几年后，因财政困难，又恢复专卖。在东汉，只在章帝元和(公元84年—86年)中，因财政困难而实行过盐铁专卖。和帝即位（公元88年)后，即废专卖，改行征税。所以，在东汉，对盐铁主要是实行征税制。

专卖实行之后，效果很好。在各县，《史记·平准书》载："县官有盐铁缗钱之故，用益饶矣。"在国库方面，《盐铁论·轻重篇》载："当此之时，四方征暴乱，甲车之费，克获之赏，以亿万计，皆赡大司农，此皆扁鹊之力，而盐铁之福也。"由此可见，专卖对于财政增收卓有成效。

但专卖之中，由于官府主导产销，也产生了不少产品品种、质量和价格上的流弊，尤其以铁的专卖最为典型。当时官卖的铁器不仅式样呆板，售价高昂，而且粗制滥造，品质恶劣。由于实行强制销售政策，重苦人民，不为百姓所欢迎。为此，在盐铁会议上，贤良文学就曾加以猛烈抨击，《盐铁论》载：

"文学曰：……夫秦楚燕齐土力不同，刚柔异势，巨小之用，居局之宜，党殊俗异，各有所便。县官笼而一之，因铁器失其宜，而农民失其便。器用不便，则农夫罢于野而草莱不辟。草莱不辟，则民困乏。"

"贤良曰：……县官鼓铸铁器，大抵多为大器，务应员程，不给民用。民用钝弊，割草不痛。是以农夫作剧，得获者少，百姓苦之矣。"

"文学曰：昔文帝之时，无盐铁之利而民富；今有之而百姓困乏，未见利之所利也，而见其害也。"

由于煮盐和冶铁多在偏僻地带，官府常常征发民夫去煮冶或运输，也增加了人民的徭役负担。

六、酒专卖和酒税

酒专卖始于武帝天汉三年(公元前98年)，目的是为了增加政府的财政收入，以保证对外战争经费的需要。但后来酒专卖遭到了贤良文学的反对，《汉书·昭帝纪》载"昭帝始元六年（公元前81年）秋七月，罢榷酤官，令民得以律占租；卖酒，升四钱"。也就是说，昭帝被迫于始元六年盐铁会议后废止专卖，改行征税，每升酒税四钱。东汉时实行征税制，只是在发生较大的自然灾害时，为度过灾荒，确保粮食供

大道之行
中国财政史

汉代表现机织和酿酒的画像石
这幅画像石反映了汉代官僚地主庄园中的私人机织、酿酒作坊的情景。

应，才禁止卖酒。

七、缗钱税及车船税

缗钱税及车船税，是汉代的新税，始于武帝。因武帝对外用兵，财政开支浩大，入不敷出，故作为临时税来举办这些新税。这两种税除达到收入目的外，还体现了抑商政策。所以对搬运商品的车船及商品贩卖与积存，均课之以税。

《史记·平准书》所载颁行于汉武帝元狩四年(公元前119年)的缗钱令曰："诸贾人末作贳贷，买居邑，稽诸物，及商以取利者，虽无市籍，各以其物自占，率缗钱二千而一算。诸作有租及铸，率缗钱四千一算。非吏比者三老北边骑士，轺者以一算，商贾人轺车二算，船五丈以上一算。匿不自占，占不悉，戍边一岁没入缗钱，有能告者，以其半界之，贾人有市籍者，及其家属皆无得籍名田以便农，敢犯令没入田僮。"其内容为：一是对商人及高利贷者买卖物品、出贷金钱，按其交易额或贷款额征税，每二千钱一算，征取一百二十钱；二是积储手工业制品或加以贩卖者，依产品价值四千钱一算，征取一百二十钱；三是非官吏三老或北边骑士，而有轺车(小车)者一算，征一百二十钱，但其车主为商人时二算，即征二百四十钱；四是有船长逾五丈，一算，即一百二十钱；五是隐匿不报或报而不实者，处戍边一年，没收所有的缗钱，若有告发者，将没收的缗钱，分半予之；六是商人有市籍者，及其家属，皆不得有名田，违者没收其田与僮仆。

缉钱税与车船税，是根据缉钱令征收的，但车税始征于元光六年（公元前129年），当时仅课商贾所有之车，不课一般的车船。到了元狩四年（公元前119年），才课及一般车船，不限商贾，这就是说武帝时的缉钱税，开始时仅限于工商业，后来才扩大到其他百姓的财产。因此，宋末元初学者马端临在《文献通考》中说："其初亦只为商贾居货者设，至其后告缉遍天下，则凡不为商贾而有蓄积者皆被害矣。"明代学者丘浚在《古今图书集成·食货典·杂税部》中也说："缉钱之法，初为商贾设也，至其后乃算及民之舟车，遂使告缉者遍天下。则凡民有蓄积者皆为有司所隐度矣，不但商贾末作也。"

原来缉为贯钱之丝，铜钱一千，贯之以缉，而便于授受，故铜钱称为缉钱。缉钱税的对象起初是各种商品，后来是各人所有的财产，以钱计算，征之

汉代船只陶模
广州先烈路汉墓出土，反映了当时先进的造船技术。

以税，或对铜钱的放款额课之以税，故称算缉钱。

因富商大贾、高利贷者多隐瞒财产不报，于是武帝颁布告缉令，并派杨可主持告缉，直至元封元年（公元前110年）才停止。告缉的结果，大商人及豪富差不多全部破产，没收的"财物以亿计，奴婢以千万数，田大县数百顷，小县百余顷，宅亦如之。"国家财政因此而增加不少收入。

八、赊贷税

赊贷税亦称贳贷税，即资本利息税，乃指出贷金钱或粮食，收取利息，从而课之以税。赊贷税是国家对借贷商的本金所征的税。汉初，对借贷营利未加限制，商人乘机渔利，甚至可以达到"取倍称之息"。到景帝（公元前156年—前141年）末年始加以限制，规定最高为年利20%。即使如此，《史记·货殖列传》仍然指出："子贷金，钱千贯，……亦比千乘之家"；那便是说，有千贯资本的借贷商，其20%利息收入相当于千乘之君的收入，武帝时不仅对利息加以限制，不许过律，而且需交利息税，两千钱收一算（两千钱课一百二十钱）。赊贷税实

施于缗钱令之前,税率为6%。迨缗钱令施行后,赊贷税即成为缗钱令的组成部分。缗钱令废置于昭帝初年,赊贷法则一直推行到西汉末年。

九、关税

《史记·货殖列传》载:汉初,"开关梁,弛山泽之禁",不收关税。《汉书·武帝纪》载:武帝太初四年(公元前101年)"冬,徙弘农都尉治武关,税出入者以给关吏卒食"。即设关是为检查商旅,所征税收供守关吏卒,不入国库。但到了东汉末年,关税就颇为苛重了,《三国志》中便有这方面的记载:"庚戌令曰,关律所以通商旅,……重税非所以便民,……除池御之禁,轻关津之税,皆复什一。"可见原有的关税税率,均在1/10以上。

此外,在汉代亦有若干边境关市。例如《史记·匈奴传》记载:"孝景帝复与匈奴和亲通关市";"今帝(即武帝)即位,明和亲约束,厚遇通关市"。可见当时边境地方,多有关市,负责管理对外通商。至于贸易品是否课税及如何课税,则无从查考。

十、市租

汉代手工业发达,小商品增多,贸易繁兴,集市之区亦随之发展。于是在各郡市,多限定一些地域为集市之区,在此区内可以作商品的卖买。《文选·卷一·西都赋》描写长安城内:"九市开场,货别隧(道)分,人不得顾,车不得旋。阛城溢郭,旁流百廛,红尘四合,烟云相连。"《文选·卷一·西

西汉彩绘陶鹅

京赋》更进一步描写"尔乃廓开九市,通阛带阓,旗亭(市楼也,相当今工商局市场管理机构)五重,俯察百隧。……瑰货方至,鸟集鳞萃,鬻者兼赢,求者不匮。尔乃商贾百族,裨贩夫妇,鬻良杂苦,蚩眩边鄙"。市区既然发达,于是对市肆课之以税,便成为市租(古人之租,即为今日之税),所以市租含有营业税的性质。据《史记》记载,汉初在临菑即有市租,而且大于长安:

"齐临菑十万户，市租千金，人众殷富，巨于长安。"至于市租如何征收，如依《史记》所载，则似以商品出卖总额为标准来课税的，即"市租谓所卖之物出租"。对市租的课征大致分为两种情况：一是对居住在都市商业区、有市籍的商贾，按其交易总额课征；二是对流动于城乡或农民在市集出售农副产品或手工业品者，按成交额课税。市租与算缗钱有些相似，算缗钱乃对物品的贩卖课税，故亦须求出商品贩卖金额，这一点与市租无异。但市租在武帝以前即已存在，而算缗钱到武帝时才有，大概武帝时把市租的范围扩大而成为算缗钱，算缗实行之后，市租便没有存在的必要了。

十一、山泽园池

山泽园池收入是指对山海、江河、湖泊、草原、园池等的出产物征的税，秦代已课此项租税，汉亦沿袭征收。其收入在西汉归之帝室；诸侯列王，就封邑征收此税，皆供私用。在汉代，山泽出产主要有金、银、铁、铜、锡等矿产，珍禽异鸟等特产，江河湖海的鱼，湖、池的菱、藕和芦苇，苑圃中种植的果木、花草，豢养的珍稀动物和水禽之类。在特定的时间里(如灾荒年)，皇室或封君常将苑圃出借供民采集，并收

取适量的租金，叫"假税"。山泽税之中，又有海租。海租为渔业税，乃对渔户课税。宣帝五凤年间(公元前57年—前54年)，曾增海租三倍。汉有海丞官主海税，属于少府。元始元年(公元元年)六月，少府置海丞果丞各一人，前者主海税，后者掌管一切果品。东汉刘秀建立政权后，才把山川园池收入，划归国家财政属大司农管理。

十二、牲畜税

牲畜税在汉代称为马口钱，是对马的饲养者所课之税。在武帝以前，马匹缺乏，因鼓励养马，从未课税。汉武帝还于元鼎五年(公元前112年)，诏令边境人民养马，由官府借给母马，满三年后，十母马还官府一驹，于是天下马匹大增，《汉书·食货志》载："众庶街巷有马，仟佰之间成群，乘牸牝者，摈而不得会聚。"

马匹既增，自然具备了课税的条件。更兼武帝征伐四方，急需扩张骑兵，于是下令征课马匹。同时《汉书》中也记载了当时"征及六畜"、"赀及六畜"。汉代的"算马牛羊"的"算"，就是千输二十为一算。可见牲畜税的税率为2%，折算成钱的马口钱，乃依饲养马匹的价值，每一千钱课税二十钱。

十三、贡献

（一）土贡

"贡"原为诸侯对于天子，或小国对于大国的献礼，是帝室财政的一种收入。秦代废封建，改郡县，是否仍有"贡"的存在，无从查考。至于汉代的贡，为诸侯王对中央财政的一种负担。美其名曰"贡献"，实亦等于租税；不过一般租税直接取之于民，而贡则直接取之于诸侯王，再间接取之于民。

贡献在汉初，未有定制。至高祖十一年(公元前196年)，始规定诸侯王向人民征收货币，每人63钱，然后于每年十月收购郡中特产，进贡于中央。《汉书·高帝纪》载："十一年（公元前196年）二月诏曰，欲省赋甚，今献未有程，吏或多赋以为献，而诸侯王尤多，民疾之。令诸侯王通侯，常以十月朝献，及郡各以其口数率(计)，人岁六十三钱，以给献费。"

这是常贡。在荒歉的年头，会获得蠲免。例如《汉书·文帝纪》载：文帝"后元六年(公元前158年)夏四月，大旱蝗，令诸侯无入贡"，便是一个例子。

东汉的贡，大致因袭西汉，常贡之外，有的似乎是临时性质的。例如《后汉书·和帝纪》载：和帝时，"旧南海献龙眼荔支，十里一置(驿)，五里一侯，奔腾阻险，死者继路"。《后汉书·明帝纪》载：明帝时，永平十一年(公元68年)，"巢湖出黄金，庐江太守以献。"《后汉书·顺帝纪》载：顺帝时，永建四年(公元129年)"夏五月壬辰，诏曰，海内颇有灾异，朝廷修政，太官减膳，珍玩不御，而桂阳太守文砻，不惟竭忠

绿釉陶仓楼 汉

东汉时土地兼并愈演愈烈，豪强地主占有大量田地、奴婢和依附的农民，建立规模巨大的庄园，导致国家税源严重流失。光武帝曾经下诏丈量土地和清查人口以增加赋税，因遭到豪强地主的强烈抵制而被迫取消。

宣畅本朝，而远献大珠，以求幸媚；今封以还之"。

汉代除经常性的贡献之外，还有临时性的贡献和外国的贡献：临时性的贡献，用于满足皇帝的某种特殊需要；外国的贡献，一般属于外交礼节性的往来，互送礼品。

（二）酎金

诸侯的贡献中，还有称为"酎金"的特殊项目。汉朝制度规定，每年八月祀宗庙，大会诸侯，诸侯献金助祭。这种大祭叫做饮酎，酎为醇酒之意，这项供宗庙祭祀的助祭金，亦称为酎金。酎金献纳的金额，以诸侯王、列侯所管辖人口的多少为标准，每千口纳金四两，不满千口而在五百口以上的，亦为四两。封在边远地区的诸侯王，可以用符合规定标准的犀牛角、象牙、翡翠等代替。诸侯王如果不按规定交纳酎金，要受到惩罚。武帝时，列侯因献黄金助祭宗庙不如法被夺爵者106人，丞相赵周下狱死。这一制度，一直实行到汉末。

酎金的总收入，按照《汉书·地理志》的记载与各王国的人口数作一估计，西汉平帝元始二年(公元2年)之数，大致为合计酎金达24780两，即金十二石三钧一八斤十二两。汉制，金1斤，

等于钱1万文，即总数相当于钱1548万文。

诸侯王国数	人口合计(人)	酎金(两)
20	6372188	24780

此外，在元始二年时，还有2410个列侯之国，这些小国所交纳的酎金，亦有相当数量。

酎金，虽名为贡献，实际是强制征收的租税，形式上由诸侯王列侯献纳，实际上皆转嫁于辖区百姓。

"贡献"为古代中国国家的主要财政收入。到秦汉时，因其他的税收项目日多，使"贡献"在财政收入上所占的比重有所降低，但作为地方解缴中央的款项来说，仍有其超越经济的政治意义。

十四、均输平准

汉代实行商业官营，其形式是"均输"与"平准"，是国家财政的一种经营收入。

（一）均输

《汉书·百官志》载："大夫曰：往者郡国诸侯，各以其物贡辅，往来烦难，物多苦恶，或不偿其费。故郡置输官，以相给运，而便远方之贡，故曰均输。"《汉书·昭帝纪》载："孟康曰，均输谓诸当所有输于官者，皆令输其地

土所饶，平其所在时贾，官更于佗处卖之，输者既便而官有利也。"这就是说，汉初各地向朝廷贡献的土特产品，皆须长途运输到京城，要耗费大量的人力、物力，有的贡品，或不为朝廷所需要，或价值低廉，所值不足抵偿运费。为改变这种局面，汉王朝实行均输法。武帝元封元年(公元前110年)，桑弘羊奏请由大司农统一在郡国设置均输官，把当地进献的土特产品进行分类整理，凡属朝廷不需要的贡品，地方可以不再运送京城，而由工官制造运输工具，由均输官负责运到行市高的地方去销售，把销售所得到的钱交给中央。而京师所需要之物，则由均输官就近、就原产地处购买，既增加了政府的财政收入，使官得其利，又可以调节物价，防止商人牟取暴利。

（二）平准

平准是指平抑物价。桓宽在《盐铁论》中曾述及平准："开委府于京，以笼货物。贱即买，贵则卖。是以县官不失实，商贾无所贸利，故曰平准。"武帝元封元年（公元前110年），在长安设置平准官专管收集各地的货物，就像一个总商店，而各地设置的均输官又像分商店，全国组成了一个四通八达的商业网。平准官在京城统一组织

调配，物价贱时买进，贵时卖出，以调剂有无，平抑物价。这样，官府可以掌握大批物资，使商贾不能囤积居奇，国家也因此增加了财政收入。

均输始于元鼎二年(公元前115年)，但此时尚属试办性质。到元封元年(公元前110年)，京师置平准，乃作正式的推行，一直施行至西汉之末。东汉不行均输与平准之法，故从未设均输官；平准令虽有设置，亦仅管物价调查的事项而已。均输、平准法，一直实行到汉末王莽新朝，东汉未见推行。

十五、官田

秦汉时期，土地为地主所私有，封建王朝对土地课税，以获取财政收入。但另一方面，还保持若干官田与屯田，作为公产成为封建皇朝的直接财政收入。

汉代的官田，有籍田、弄田、公田三种。

（一）籍田：为皇帝亲耕之田。《汉书·文帝纪》载：籍田始于贾谊的建议，文帝感其言，于二年(公元前178年)"春正月丁亥诏曰，夫农天下之本也，其开籍田，朕亲率耕，以给宗庙粢盛"，"十三年(公元前167年)春二月甲寅诏曰，朕亲率天下农耕以供粢盛，皇后亲桑以奉祭服"。《汉书·文帝纪》还援引大

臣应劭的话："古者天子耕籍田千亩，为天下先。"强调皇帝以身作则，重视农耕的重要性。在汉代究竟有多少亩籍田并无记载，而所谓皇帝亲耕，也只不过是一个形式，形式过后还是借助民力耕种，收入归皇室财政所有。

（二）弄田：其性质亦为籍田，只因皇帝年幼，作为戏弄式的躬耕，故曰弄田。《汉书·昭帝纪》载：昭帝"始元元年(公元前86年)春二月……上耕于钩盾弄田。"《汉书·昭帝纪》援引大臣应劭的话说："时帝年九岁，未能亲耕，帝籍钩盾官者近署，故往试耕，为戏弄也。"

（三）公田：为国家模范农田或水利田。公田在汉初即已存在，至武帝时则大为增加。因为武帝禁止商人占有土地，行缗钱税时凡犯禁和逃税的人，均没收其财产，所以没收下来的土地很多，公田自然增加。这些公田被分配给少府、水衡、大司农、太仆等管理，所以《史记》中说："水衡、少府、火农、太仆各置农官，往往即郡县比没人田，田之。"《盐铁论》中也说："太仆、水衡、少府、大农，岁课诸入，田收之利。"除没收而来的公田之外，还有因开垦而得的公田。例如"渠田"，是发卒数万人开垦出来的。这些公田除官耕外，

亦可假与贫民或赐与功臣。《汉书·宣帝纪》说："宣帝地节元年(公元前69年)春正月，假郡国贫民田。"地节三年(公元前67年)诏："流民还归者假公田，贷种食。"又如苏武以"始元六年(公元前81年)春至京师，……拜为典属国，秩中二千石，赐钱二百万，公田二顷……"这是赐与功臣的官田。公田的租金，是帝室财政收入的一部分。由此

青铜铭文铺首钟　汉

可见，武帝以后财政的公田收入是相当多的。

两汉公田收入，凡属大司农管理的，其收入归入国家财政收入；凡属少

府、水衡管理的，其收入属于皇室的收入，不列入国家财政。

十六、屯田

汉代政府的屯田，有民屯与军屯两种，初行民屯，后行军屯，且多推行于边境地区。东汉初期，由于长年战乱，土地荒芜，人口大量死亡，当时的屯田，主要是在内地郡县进行。

（一）民屯：民屯起于文帝时晁错"寓兵于农，以防匈奴"的建议，他以为远方的兵卒，守边一年即行更迭，摸不透胡人脾气，不如选民常居，授予田宅农具与武器，一面耕作，一面守边，这样，因农为兵，充实边防，既可以省馈饷之烦，也相应增加了国家财政收入。

（二）军屯：始于汉武帝元鼎六年（公元前 111 年）。《史记·平准书》载："初置张掖酒泉郡，而上郡、朔方、西河、河西开田官，斥塞卒六十万人戍田之。中国缮道馈粮，远者三千，近者千余里，皆仰给大农；边民不足，乃发武库工官兵器以赡之。"《文献通考》又说：其后"汉昭帝始元二年（公元前 86 年），发习战射士，调放吏将屯田张掖郡"。宣帝（公元前 73 年—前 49 年）时与东汉光武帝（公元 26 年—27 年）时，亦均有军屯办法。《汉书》卷六十九《赵充国传》强调军屯的好处是："以逸待劳，……内有亡费之利，外有守御之备"；减省丁支出，亦即增加了收入。

实行屯田，对于财政很有好处，支出减省，使税收亦可减轻，所以《后汉书·光武帝纪下》载：建武六年时（公

居延汉简
汉武帝派驻军在西域屯田，为典型的军屯。图为内蒙古出土的居延汉简，是汉代屯田戍边的档案。

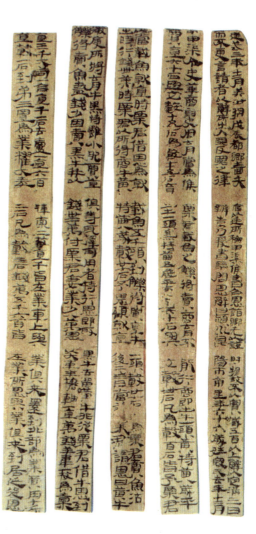

元 30 年)光武帝曾说,"顷者师旅未解,用度不足,故行什一之税。今军上屯田,粮储差积,其令郡国收见田租三十税一,如旧制。"西汉晁错徙民耕种屯田首推犯罪者,次为奴隶,最后才为庶人。东汉的屯田,亦多徙罪人囚徒以充之,所以屯田对统治者来说,亦不失是一种"治安"良策。

十七、卖官鬻爵

卖官鬻爵是获得非常收入的重要办法。秦始皇四年(公元前 243 年)内遇天灾,曾以爵换粟。《史记·秦始皇本纪》载:"(四年)十月庚寅,蝗虫从东方来,蔽天,天下疫,百姓内粟千石,拜爵一级。"

汉代的卖官鬻爵,始于惠帝六年(公元前 189 年)。《汉书·惠帝本纪》载:"令民得卖爵"。汉文帝时,因匈奴经常侵犯北部边境,为解决戍兵粮饷不足,听从晁错建议,实行卖虚爵办法。其价格按《汉书·食货志》所载:"文帝从(晁)错之言;令民入粟边,六百石,爵上造;稍增至四千石,为五大夫;万二千石,为大庶长。各以多少级数有差。"景帝时亦因天旱,修卖爵令,减价鬻爵,以广招徕。《史记·平准书》载:"景帝时,上郡以西旱,复修卖爵令,而贱其价以招民。" 武帝时,由于连年对

外用兵,国用、军需均感困难。为此,两次采取措施解决:元朔元年(公元前 128 年)规定,富人捐一定数目的奴婢给政府,可免除终身徭役;超过规定数目者可以为郎。原为郎官者,可以加俸禄。元朔六年(公元前 123 年),出卖武功爵,共 17 级,其价值总和是 30 万金。只能用黄金购买,买到一定武功爵位者,可以做官,可以除罪。《史记·平准书》载:"今上(武帝)即位,……干戈日滋,……财赂衰耗而不赡。入物者补官,出货者除罪,选举陵迟,廉耻相冒。……兴利之臣,自此始也。其后,……府库益虚,乃募民能入奴婢,得以终身复为郎,增秩及入羊为郎,始于此。"

至东汉后期,桓、灵二帝更是变本加厉,卖官以营私。公开在西园卖官,聚钱以为私藏。凡是要买官爵的人,都要到西园来商妥价钱。上至关内侯、公卿,下到一般的官职,按照职位的高低和利禄的多少,规定不同的价钱。公千万,卿五百万。二千石的官卖二千万,四百石的官卖四百万;县令或县长,按照该县物产是否丰富和土地的肥瘠程度各有定价,有钱的人先入钱,后补官;没钱的人,可以到任后加倍付钱。州郡官职有一个月卖上几次的。官吏到任

后，怕一旦失去搜刮的机会，捞不回买官的本钱，就拼命对人民进行榨取。

十八、买（卖）复

卖复是出卖免役权。武帝时规定，如能交一定数目的钱给官府者，可以不服徭役。

十九、赎罪

与卖官鬻爵相并行，入钱还可以赎罪。例如《汉书·武帝纪》载："天汉四年(公元前97年)"秋九月，令死罪入赎钱五十万，减死一等"。太始二年(公元前95年)"秋，旱，九月募死罪人(人)赎钱五十万，减死一等。"此外，如公孙敖及张骞，在对外战争中畏懦当斩，亦以出钱赎罪，得以免斩。反之，司马迁因为无钱赎罪，只好忍受宫刑之苦辱。可见，中国自古以来钱能通神，不仅能买官，同时还能免死。

二十、借债

汉代借债收入，发生在东汉顺帝、桓帝时期。有三种方式：一是国家向诸侯王借国租；二是国家向有资产的人民借债；三是国家向公卿百官借俸禄，就是以借为名停发百官俸禄。借债的原因，或是因为天灾，或是由于军需，总之是为了解决财政困难，从而开创

了封建政府靠借债度日的先例。

第八节 汉代的财政支出

一、军费

汉代同秦代一样，在全国设有众多的常备军，京师有南北军之屯，有卫将军、车骑将军、左右前后将军等军队，典京师兵卫，四夷屯警（即边疆戍军）以及各郡的地方部队。而且兵种亦有步兵、水军和骑兵等诸多种类，所以军费支出除了士卒的被服、轻便武器外，还有战车和楼船之类的大型军事装备，尤其是汉代武装楼船特大型的竟高达十余丈。国防的另一重大支出是北方和西北边境防御工事的修建和日常维护。汉代为了防御匈奴的侵扰，在西起敦煌，东至辽东，全长7000余里的长城线上，构筑了许多亭障。亭是驿站，障是要塞。在汉代，专称"塞外列城"，是外围防线。《史记》载："又兴十万余人，筑卫朔方，转漕甚辽远，自山东咸被其劳，费数十百巨万，府库益虚。"

《汉书》载，汉武帝元光五年(公元前130年)，亦曾发卒万人，治雁门阻险。汉武帝巡幸新秦中，发现那里"千里无亭徼"，"于是诛北地太守以下"的

223

西汉中期画像石"车马出行图"

许多官吏。可见，西汉王朝对国防工程建设的质量十分重视，对玩忽职守的官员往往处以极刑。北方边境，经过汉武帝等苦心经营，获得了十几年的安宁。东汉建武十二年（公元36年），又筑亭侯、修烽燧；建武二十一年（公元45年），为加强边境防御更遣中郎将马援，分筑烽燧。为了确保首都安全，汉惠帝三年（公元前192年）及五年（公元前190年），曾经两次筑长安城，每次动员人夫达145000千人以上，费时各30日。

汉初，休养生息70余年，经济恢复，国家情况大为改观。为汉武帝（公元前140年—前87年)固边拓土奠定了财政基础，从元光二年(公元前133年)到征和三年(公元前90年)40余年间，武帝屡兴大军，用兵不已。如武帝进兵只有30万人的小国大宛，竟然动员兵力6万之众。因路途遥远，仅动用运输牲畜便有牛10万头、马3万匹。在南方为了使西南地区归入西汉版图，武帝元鼎六年派兵攻破南越（地在今广东、广西）、东越。对此，《盐铁论》中就有当时朝议的记录："（文学曰）……师旅数发，戎马不足，牸牝入阵，故驹犊生于战地。六畜不育于家，吾谷不殖于野，民不足于糟糠，何橘柚之所厌？传曰：'大军之后，累世不复。'方今郡国，田野有陇而不垦，城郭有宇而不实，边郡何饶之有乎？"因为战费支出巨大，财政捉襟见肘，于是苛捐杂税随之繁兴。《盐铁论》中论及："……费用不足，于是兴利官，算车舡，以訾助边；赎罪告缗，与人以患矣。"

武帝以后，对外战争渐少，但昭帝（公元前86年—前74年)时还是有过4次用兵，即始元元年（公元前86年）、四年（公元前83年）、五年（公元前82年）、元凤三年（公元前78年）。最后一次战事前后长达 3 年之久。宣帝(公元前 73 年—前 49 年)之后,有过两次防御战争。《后汉书·赵充国传》载,仅赵充国一军,月用粮 199630 斛,盐 1693 斛,刍藁 250286 石。东汉光武(公元 25 年—57 年)时,对内用兵,对外避免作战。到章帝(公元 78 年—88 年)时,乃复收盐铁之利,以备战费。《后汉书》载:"先帝(指章帝)即位,务休力役,然犹深思远虑,安不忘危;探观旧典,复收盐铁,欲以防备不虞,宁安边境。"

《后汉书》载:安帝"永初(公元 107 年—113 年)以来,将出不少,覆军有五,动资巨亿",遂使和帝有"万里清荡,非朕小子砂身所能克堪"之叹。自安帝(公元 107 年—125 年)初年至灵帝(公元 168 年—189 年)初年,60 年间,战费所耗,异常庞大。《后汉书》云:"……兵连师老,不暂宁息;军旅之费,转运委输,用二百四十余亿,府帑空竭,延及内郡;边民死者不可胜数,并凉二州,遂至虚耗。"其后,到了顺帝永和(公元 136 年—141 年)之末,复经 7 年,又用 80 余亿。

此外,汉武帝财政拨款遣张骞通西域,《汉书》载:"拜骞为中郎将,将三百人,马各二匹,牛羊以万数,赍金币帛直数千巨万,乡持节副使,道可便,遣之旁国",花费了不少国家财力。《后汉书》说到,光武中兴,为了避免对外作战,常采怀柔政策;每年供给南单于费直(值)亿 90 余万,西域 7480 万。

二、皇室

汉代的皇室支出与国家财政分列,实行专款专用制度。《史记》中载:"山川园池市井租税之人,自天予以至于封君汤沐邑,皆各为私奉养焉,不领于天下之经费",就特别强调其收入与国家财政来源之不同。

汉初,鉴于秦始皇穷奢极欲导致亡国的教训,高祖、吕后及文帝、景帝诸帝后,自奉甚俭。但作为一个统一全国的大汉皇朝,不可能不进行宫殿建设,高祖八年(公元前 199 年),萧丞相作未央宫,立东阙、北阙、前殿、武库、太仓,达到了《史记·汉高祖本纪》所称的"非壮丽无以重威"的目的。完工后的壮丽宫阙,使高祖转怒为喜。西汉时期,累计兴建宫殿 73 所,台榭楼阁 31 所。东汉建都洛阳,又另造新的宫殿、苑囿。明帝、章帝时期,30 年间大修宫室不停,宫室、苑囿的建筑,到东汉末,共建达 60 多所。

到了武帝时代,财力充裕,骄奢之气日盛。《汉书》说:当时,由于宫女

225

增多，仅所需的缝衣工即有数千人之多，岁费数巨万；制金银器，岁各用五百万；三工官(考工室、右工室、东园匠)费五千万；东西织室亦然；厩马由百余匹，扩充到万匹；人民"大饥而死，死又不葬，为犬猪所食，人至相食，而厩马食粟，苦其大肥。"武帝死后，"又皆以后宫登于园陵"，这不但"内多怨女，外多旷夫"，而且"众庶葬埋，皆虚地上以实地下！"

作《汉书》的班固既称道汉武帝的雄才大略，又惋惜武帝的奢侈浪费，他指出：武帝"广开上林(苑)，……周袤数百里"，

东汉史学家班固

"修昆明池，列观环之；治楼船，高十余丈，旗帜加其上，甚壮，……作柏梁台，高数十丈"。可见武帝的生活，极尽奢华。记录在《汉书》中东方朔的话，更刻画了武帝豪奢的全貌："今陛下以城中为小，图起建章，左凤阙，右神明(台名)，号称千门万户，

木土衣绮绣，狗马被缋罽，宫人簪瑇瑁，垂珠玑，设戏车，教驰逐，饰文采，丛珍怪；撞万石之锺，击雷霆之鼓，作俳优，舞郑女。上为淫侈如此，而欲使昆独不奢侈失农，事之难者也。"

不仅如此，武帝还崇拜神仙，妄信方士之言。为祭神仙，建通天台、神明台、明光台等；大祀盛典，年年举行。他也与秦始皇同样喜欢巡游，且糜费程度有过之而无不及。例如《史记》载：元封元年(公元前110年)汉武帝第一次出巡，"北至朔方，东到泰山，巡海上，并北边以归。所过赏赐，用帛百余万匹，钱金以巨万计，皆取足大农"。

汉初，宫女较少(只十数人)，且姬妾无俸给之制。《汉书》载：至武帝时，"多取好女，至数千人，以填后宫"，并制定宫女称号；至元帝又有所增加，结果宫女分为十四等，各依等级而定爵禄。

汉元帝宫女爵禄表

称号	昭仪	婕妤	娙娥	容华	美人	八子	充依	七子
位	视丞相	视上卿	视中二千石	视真二千石	视二千石	视千石	视千石	视八百石
爵	比诸侯王	比列侯	比关内侯	比大上造	比少上造	比中更	比左更	比右庶长

称号	良人	长使	少使	五官	顺常	垂乌共和、娱灵、保林、良使、夜者
位	视八百石	视六百石	视四百石	视三百石	视二百石	视百石
爵	比左庶长	比五大夫	比公乘			

除表列有称号的宫女外，还有一批没有称号的宫女，《汉书》说，她们一岁所给不满百石，日食一斗二升。由于后宫人数既众，待遇又优，支出日增。所以《后汉书》中说："自武元之后，世增淫费；乃至掖庭三千，增级十四"，便是生动的写照。

东汉光武以后，为节省财政支出，取消宫女爵秩并减少了等级，支出膨胀的势头受到了有效的制约。但到后来又旧病复发，《后汉书》载：桓帝时，"采女数千，食肉衣绮，脂油粉黛，不可资计"；灵帝时"后宫采女数千余人，衣食之费，日数百金"。走上了"宫女积于房掖，国用尽于罗纨"的不归路。

汉皇室日常生活费用，也是一笔巨大开支。主要有膳食费、服装费、器物费、车马费、医药费、娱乐费、后宫费用等七方面支出组成。一是膳食费。皇室膳食由少府所属的太官、汤官和导官管理。据记载，直接为皇室生活服务的太官、汤官奴婢各3000人。膳食费用，一年约用20000万钱。二是服装费。皇室衣物服装，由御府令主管。京师东西织室负责"织作文绣郊庙之服"，临淄和襄邑的三服官负责制作宫廷被服，所需费用，"齐三服官作工各数千人，一岁费数巨万"，"三工官官费五千万，东西织室亦然"。三是器物费。汉代少府、水衡和一些地方郡县都设有考工、东园匠、尚方、技巧、六厩一类专门机构，制作宫廷需用的武器、用具、葬具等各种器物。据记载："蜀、广汉主金银器，岁各用五百万"。四是车马费。皇帝用马，高祖、文、景时有马百余匹；武帝时，天子包括军马在内的六厩马皆万匹，御马饲养费、车辆制造、维修诸费属于此类开支。五是医药费。少府所属太医令，下有"员医二百九十三人，员吏十九人"为皇室服务。六是娱乐费。宫中聚集人数众多的乐人、歌女、舞女以及唱戏、杂技等人员，专为宫廷服务。七是后宫费用。西汉前期，生活较俭朴，费用较少。后来随着统治阶级的奢侈享乐，费用日渐加大，妃嫔按等级给俸禄，无称号的家人子，其待遇同有秩斗食。东汉灵帝时，"后宫采女敷千余人，衣食之费，日数百金"。

古代中国人一直视死如视生，皇帝生前要享受人世间的奢侈生活，死后还要建造豪华陵墓享受阴间的至高无上。尤其是在佛教尚未深入人心的汉代，各朝皇帝，在即位一年以后，就开始造陵。皇帝的陵墓不仅规模大，而且其在人间的一切都要照搬至地下。陵墓包括陵寝与陵园两部分。汉初，崇尚节俭，文帝建霸陵，都用瓦器。武帝以后，日渐奢侈，建筑费与修葺费费用巨大，《唐会要》载："汉氏之法，人君在位，三分天下贡赋，以一分入山陵。"《晋书》载："汉天子即位一年而为陵，天下贡赋三分之，一供宗庙，一供宾客，一充山陵。"都说造陵费用差不多是全国贡赋的1/3。《汉书》以昌陵为

徐州狮子山汉楚王陵兵马俑

汉画像石《宴饮图》
汉制规定，每年元旦，群臣都要给皇帝朝贺，称为"正朝"，君臣饮宴欢度佳节。

例："陛下(成帝)即位，躬亲节俭，始营初陵，其制约小，天下莫不称贤明，及徙昌陵，增埤为高，积土为山，发民坟墓，积以万数；营起邑居，期日迫卒；功费大万(大万为亿)百余。死者恨于下，生者怨于上。"《晋书》以赤眉军盗武帝陵为例："汉武帝飨年久长，比崩，而茂陵不复容物，其树皆已可拱，赤眉取陵中物，不能减半，于今犹有朽帛委积，珠玉未尽。"这些都指出了皇帝陵建造的奢华。

皇帝的婚丧费用，更是令人震惊。《汉书·平帝纪》载：平帝取王莽女为妻，其聘金一项，即为黄金二万斤，为钱二万万。而高祖死亡时，赐给丧事

者，二千石钱二万，六百石以上万，五百石、二百石以下至佐史五千。各有等差，有所赐给。

至于皇帝平时的赏赐之费，全凭其个人感情随意确定，有时不仅数字巨大，甚至于有外戚王侯由于获得巨额赏赐，而一举成为千万富翁的。

三、工程

凿渠，是汉王朝进行农田水利建设的重要支出。汉武帝开凿渭渠(陕西)与汾渠(在山西)，均各发卒数万人，费时长达3年。最特别的是龙首渠，乃为井渠，井之深者达40丈，诸井相通，长达10里(自山西征县至商颜山)，系引洛水以利灌溉，因土松易崩，故用此地下水的方法。《汉书·沟洫志》载："自是之后，用事者争言水利，朔方西河，河西酒泉，皆引河及川谷以溉田，而关中灵轵成国沛渠引诸川，汝南九江引淮，东海引巨定，泰山下引汶水，皆穿渠为溉田，各万余顷，它小渠及陂山通道者不可胜言也。"以后又有六辅渠、白渠的开凿。白渠长300里，溉田4500余顷。总之，从武帝开始，在关中地区相继开凿了漕渠、龙首渠、六辅渠、白渠、

东汉墓壁画《君车出行图》，1971年河北安平逯家庄出土，描绘了墓主出行的车马仪仗。

渭渠、汾渠、成国渠、灵轵渠、韦渠等渠道；在关中以外的齐郡、汝南、九江等地，也相继开凿了不少用于灌溉的水渠。东汉时期，水利灌溉逐渐向东南发展，促进了农业的进步和发展。

治理黄河，也是西汉的一项重要工程。西汉时期，曾对黄河进行了几次大的治理。文帝十二年（公元前168年），河决东郡；武帝元光三年（公元前132年），黄河改道；元封二年（公元前109年），瓠子决口。黄河水害，严重威胁沿岸人民的生命和财产安全。汉王朝为此下了很大的决心，特别是堵塞瓠子决口，汉武帝亲临现场令将军以下人员全部参加堤防劳动，使以后80年间黄河未发生过大的水灾；成帝以后，黄河又开始决口。东汉明帝永平十二年（公元69年），派水利专家王景、王吴主持治理黄河，动用民工数十万。修筑、加筑从河南荥阳到山东千乘的千余里长堤，耗钱上百亿，终使黄河在此后800年中，没有再改道为害。除上述大的治黄工程外，平时对河堤的维修加固，费用也不少。《汉书·沟洫志》就谈到曹让奏言："今濒河十郡治堤，岁费且万万，及其大决，所残无数……今濒河堤吏卒，郡数千人，伐买薪石之费岁数千万。"可见财政支出之大。

道路交通，既利国防，又便商旅，西汉继秦之后，加强了对道路交通的修筑。《史记·平准书》载：武帝元光时(公元前134年—前129年)，发巴、蜀卒筑路，从僰道(今四川宜宾西南)至牂柯江，"唐蒙、司马相如开路西南夷，凿山通道千余里，以广巴蜀"；为通西南夷道，"作者数万人，千里负担馈粮，率十余锺致一石……"东汉时为便于岭南物资的调运，还修筑了零陵桂阳峤道。当时，岭南一带货物运输，皆通过东冶(今泉州一带)海运。由于海上风浪太大，常发生沉船事故。后经郑弘奏请开辟零陵桂阳峤道(峤为岭，即山路)，从此有了安全的陆上山岭通道。

四、俸禄

汉承秦制，汉代许多官职，诸如：相国丞相、太尉、御史大夫、奉常、博士、郎中令、卫尉、廷尉、治粟内史等，皆袭自秦。所以《汉书》说："秦兼天下，建皇帝之号，立百官之职，汉因循而不革；叫简易随时宜也。其后颇有所改。王莽篡位，慕从古官，而吏民弗安，亦多虐政，遂以乱亡。"有的官职则袭自周，如内史、司隶校尉等。有的官职则由汉创设，如水衡都尉、奉车都尉、诸侯王等，其中以袭自秦者为最多。

汉代的官秩，大致可以分为三类：

第一类——官阶在百石以上者：

官　阶	月　俸(斛)
万石（三公）	350
中二千石	180
二千石	120
比二千石	100
千石	90
比千石	80
六百石	70
比六百石	60
四百石	50
比四百石	45
三百石	40
比三百石	37
二百石	30
比二百石	27
一百石	16

第二类——斗食佐史之秩：

斗食	月俸十一斛，或岁俸不满百石，计日而食一斗二升，故称斗食
佐食	月俸八斛
少吏	(如亭长，三老，啬夫，游徼等)秩无规定

佐史以上(基本上为第一类官吏),除上列禄秩以外,还有俸钱、赏赐,为数甚巨。例如《汉书》载:贡禹"拜为谏大夫,秩八百石,奉钱月九千二百,廪食太官,又蒙赏赐四时杂缯绵絮衣服酒肉诸果物,德厚甚深,疾病侍医临治……(后)又拜为光禄大夫,秩二千石,奉钱月万二千,禄赐愈多"。可见大官的俸给,异常丰厚,难怪他们"家日以益富,身日以益尊"了。

汉初,国家机构并不庞大,官吏也未多设。《汉书》载:在财政开支上,遵循"量吏禄,度官用,以赋于民"的原则,俸禄总额不大。《汉书·食货志》载:汉高祖时(公元前206年—前195年),"漕转关东粟以给中都官,岁不过数十万石。"汉武帝以后,官员人数大增。哀帝(公元前6年—前1年)时,佐史以上(至丞相)共130285人,这数字内包括府都胥吏。东汉初,经战火之后,人口锐减,刘秀精简机构,并官省职,计裁并400多县,吏职减省9/10,调整后的东汉官员为7657人(内官1055人,外官6512人),加上内外诸色职掌人145419人,合计152986人。由于东汉时货币经济有所发展,薪俸不再全部发放粮食,而是半钱半谷。但到桓帝、灵帝时,由于大量卖官鬻爵,造成官职

冗滥,财政供给困难。东汉桓帝时,曾因财政困难,两次减发百官俸禄,甚至向百官借俸。

为了保证官俸供应,《汉书·食货志》载:到了宣帝五凤(公元前57年—前54年)中,便"岁漕关东谷四百万斛,以给京师,用卒六万人"。可见,与汉初相比,随着官吏人数及其俸粮的迅速增加,转运漕粮的兵丁亦随之大为增加。

由于中国自古以来国家管理缺少数字化记载,两汉俸禄支出,也同样没有详细记录可供研究,只有桓谭《新论》中有这样记载:"汉宣以来,百姓赋敛,一岁为四十余万万,吏俸用其半,余二十万万藏于都内为禁钱。"即百官俸禄支出总额每年为"二十余万"万钱。

五、漕运

西汉以长安为首都,至东汉才迁都洛阳。因此,西汉时须将关东之谷西运长安,以供百官、军队和城市居民食用。由于当时交通不发达,运费奇贵。秦时运一石谷便需要三十锺——"率三十锺而致一石";汉时运一石谷还需要十余锺——"率十余锺致一石"。漕运之费贵于漕运之物。同时,为了运输漕粮,还得筑仓造船,汉宣帝(公元前

73 年—前 49 年)时，一次开工便支出二万万余钱。

六、移民

汉代移民，一是实边，加强边疆屯戍，具有国防意义；二是赈济，遇灾害时，将灾区人民移于他区，以便度荒。例如《汉书》载："元朔二年(公元前127年)，……募民徙朔方十万口"，就是为了加强边防。《汉书》载：武帝建元"三年(公元前138年)春，河水溢于平原，大饥，人相食，赐徙茂陵者，户钱二十万、田二顷。"即对因灾迁徙茂陵的人，每户赐钱二十万，田二顷。平帝元始二年（公元二年），郡国大旱。"罢安定呼池苑，以为安民县。起官寺市里，募徙贫民，县次给食。至徙所，赐田宅什器，假与犁、牛、种、

食"。可见，汉王朝对关中和诸陵的移民，常予优厚待遇，不但事先为他们建造好房屋住宅，还要提供生产工具和生产资料，甚至还要帮助他们解决日常生活问题。

七、屯田

屯田支出多发放实物，即由官家发给衣食，建筑房舍，并购置农具。例如《汉书》载："为室屋，具田器，乃募罪人及免徒复作令居之。……不足乃募昆之欲往者……予冬夏农廪食，能自给而上"，指的是临时支出。在必要时，政府还按月拨给粮食与食盐，那便是经常性支出。例如《史记·平准书》载：武帝元鼎六年（公元前111年)，"初置张掖酒泉郡，而上郡朔方西

汉代画像石所反映的汉代民居

河河西开田官，斥塞卒六十万人戍田之。中国缮道馈粮，远者三千，近者千余里，皆仰给大农。边兵不足，乃发武库工官兵器以赡之。"两汉对于屯田，极其重视，推行役力，因此，财政支出颇多。

八、优恤

优恤鳏寡孤独或老人，以博取民心，是汉王朝稳定社会，巩固政权的重要措施。《汉书·文帝纪》载：文帝(公元前179年—前157年)时，"年八十已

两汉时期，特别是东汉时，水、旱、风、雹、蝗螟、地震等灾害发生次数很多。受灾地区，多在黄河中下游；受灾人数从数千到数万；灾情严重时，受灾面积达到方圆二三千里，受灾人数多至数十万户。为了稳定社会秩序，汉王朝对受灾严重或疾疫流行地区，或开仓赈济，或安排灾民异地就食，并贷给耕牛、种子、口粮，开放山林川泽，允许灾民进入皇家苑圃采摘等等；同时，减免田赋、算赋和口赋，以便灾民渡过

东汉画像石中表现的交易市场。

上赐米，人，月一石，肉二十斤，酒五斗；其九十已上，又赐帛人二匹，絮三斤，赐物及当禀鬻米者，长吏阅视，丞若尉致；不满九十，啬夫令史致，二千石遣都点循行。"《汉书·武帝纪》也载：武帝元狩元年(公元前122年)"年九十以上，及鳏寡孤独，帛人二匹，絮三斤；八十以上，米人三石。"

难关。

九、郊祀与封禅

郊祀与杂祀是祭祀天地、山川、鬼神，以祈求风调雨顺的丰收年景。活动相当频繁，祭天、祭地、祭祖宗。在京城长安的城郊或是在皇陵附近为各代皇帝立庙，仅太上皇、高祖、文帝和武帝4个人的宗庙，就分布在68个郡国，

共计167所。祭祀费用很大。"一岁祠，上食二万四千四百五十五，用卫士四万五千一百二十九人，祝宰乐人万二千一百四十七人，养牺牲卒不在敷中。"由于开支过大，元帝以后，对祭祀费进行缩减。

东汉初，在洛阳城南七里建立祭祀的场所，把包括天、地、五帝等在内的共计1514神，各设神位，合并一起祭祀。

封禅是指到泰山祭天。汉武帝为夸耀自己的文治武功，曾先后5次东封泰山。为求长生不死，武帝修五帝坛、起柏梁台、作露盘，汉武帝笃信方士巫人，曾派千人入海求仙采药，耗财无数。

十、赏赐及文教

汉代皇帝每年的赏赐费用开支很大，主要是对王侯卿相大臣的赏赐，也有对鳏寡孤独及老年人的赏赐。赏赐的内容，包括土地、金钱、奴婢及其他实物。因其目的不同，对象不同，所以每次赏赐的多少也不同。

尽管汉代财政用于文化教育方面的支出不多，但在汉武帝当政期间，还是比较注意人才的选拔和培养。如令郡国举贤良、方正、文学，在京师设立太学，在地方设郡国学。

"亿年无疆"瓦当·西汉

第九节　秦汉的财政管理

一、公私财政划分和机构设置

秦汉以前，国家财政与君主私人财政，没有区别。到秦汉时代，即有区别。所谓公财政，乃指皇帝用以统治国家的财政；所谓私财政，则是皇帝个人为满足其生活与地位所需要的财政。

秦汉时期，国家财政同皇室财政逐渐形成两大收支管理体系。管理国家财政的机构，秦和汉称为"治粟内史"，主掌国家田租和各种钱物的收支。景帝元年(公元前143年)，改称为"大农令"，武帝太初元年(公元前104年)，又称为"大司农"。大司农属官有太仓，管粮食、仓库；均输，管上解物资；平准，管理物价；都内，管理国家

235

仓库；籍田，管理公田。此外，还有长丞、斡官，管盐税；铁市，管铁税。王莽统治时期，改"大司农"为"羲和"，后又更名为"纳言"。东汉时置大司农卿一人，属官有太官、平准、导官司，盐铁官司该郡、均输等官并省。至于地方财政机构，郡县守令，总管该郡、县民政财政，具体则由若干负责征收事务史官办理。乡设啬夫，是基层的具体征收人员。

管理皇室财政的机构有少府秘水衡都尉。少府负责征收山海池泽之税，为九卿之一，管皇帝私财。下设有六丞，属官有太医、池官、导官、乐府、东西织室、东园匠等十六官令丞。水衡都尉为武帝元鼎二年（公元前115年）

司马迁像

初设置，下设辨铜、山林、均输等官。东汉时裁撤水衡都尉，仅设少府卿。属官的设置，沿西汉制度。

《汉书·食货志》谈到汉高祖、惠帝时代公私财政的划分时说："天下既定，……上于是约法省禁，轻田租什五而税一，量吏禄，度官用，以赋于民；而山川园地市肆租税之入，自天子以至封君汤沐邑，皆各为私奉养，不领于天子之经费。"也就是说，国家财政与皇室财政来源不同，国家收入有税（即田租）、有赋（算赋），这些收入均赋之于民，用以支付吏禄、官用。君主私人财政，叫做"私奉养"，则是来自山川、园池、市井的租税，即"工商虞衡"的收入。这些收入，用以供皇帝个人生活与宫廷所需之费用，诸如帝室的膳食、被服、器物、舆马、医药、宫女、赏赐以及乐府戏乐之费。

纵观秦汉两朝公私财政皆根据收入来源进行划分：田租、算赋、口钱（东汉灵帝时归为私财政）、专卖、官田屯田、均输平准、卖官鬻爵（西汉时用于养战士，但东汉灵帝时作为私财政），以及缗钱的大部分为公财政的财源。山泽园池的税、酒税、关市之征、贡纳及酎金、算缗钱的小部分、公田收入的一部分、口赋等为私财政的财源。根据汉初情况分析，经秦末战火洗劫及汉初数年大饥荒，人口大量死亡，户绝田、抛荒田很多；后来随着社会日渐稳定，人口增殖，荒地变良田，公田相应减少。所有这些公田，国家设水衡、少府、太仆、大农等机构进行管理。《史记·平准书》称："水衡、少府、大农、大仆，各置农官，往往即郡县比没入田田之。"

二、预决算和审监制度

《汉书·百官公卿表上》载：成帝（公元前32年—前7年）指示丞相翟方进，"百僚用度，各有数"，则可知汉代已有预算。由于有人违法乱纪，成帝曾加以批评说："君不量多少，一听群下言，用度不足，奏请一切增赋税。"由此可见，汉代已建立粗略的预算制度。

同时，汉代也有相当现代决算和审计制度的"上计"。它与周代的"岁终则会"的精神相仿。不过具体说来，它是地方官吏定期向君主报告民户税收数字的账目。这个办法就是：把一年税收预算数字写在木券上，剖而为二，王执右券，官吏执左券；国王根据右券在年终考核官吏，予以升降，这种制度叫"上计"。上计制度，始于萧何。汉初，萧何收天下图籍，知张苍善算，"故令苍以列侯居相府，领主郡国上计

者"。这便是专任一人，掌天下所上之计，而且是以列侯的身份"计相"的名义来做这工作的。不久，计相的名义又改为主计（官号），张苍任此官职达4年之久。

到了武帝建元三年（公元前138年），还遴选专业人才做会计工作，如

汉代金饼·西汉

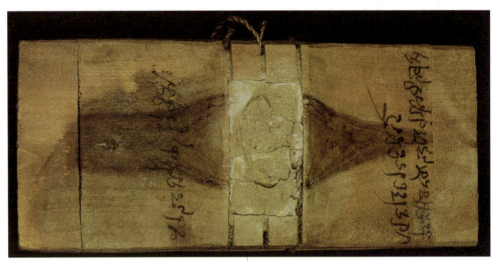

佉卢文木牍

时约东汉至魏晋。木牍保存完好，由上、下两片嵌合呈矩形。此件尚未启封。古代新疆精绝王国的函牍形式、封缄方式及官私文牍的传送制度由此可见一斑。

《古今图书集成·食货典》载："诏吏民有明当世之务，习先圣之术者，县次续食，会与计偕。"注云："计者，上计簿使也，郡国每岁遣诣京师上之。"但亦有郡守亲自出马上计者，例如严助"愿奉三年计最"，严助为会稽太守，本可委派下属进奉，竟亲自出马，进奉计簿，以示重视。除郡国上计外，有时皇帝亦可召集诸侯王，于京师受郡国计，或出巡郡国受计。例如《汉书·武帝纪》载：武帝在位50余年间，曾一次受计于帝都，三次受计于方岳。第一次为孝武元封五年（公元前106年）"三月，还至泰山，增封，……因朝诸侯王列侯，受郡国计"。第二次为太初元年（公元前104年）"春还，受计于甘泉（宫名）"。第三次为天汉三年（公元前98年）"三月，行幸泰山修封，祀明堂，因受计"。第四次为"太始四年（公元前93年）春三月，行幸泰山，……因受计"。随着岁月的推移，王朝日渐腐败，西汉到宣帝时，上计簿徒具虚名，成了摆设。所以，《汉书·宣帝纪》载：孝宣黄龙元平（公元前49年），"诏曰，方今天下少事……而民多贫，盗贼不止，其咎安在？上计簿具文而已。务为欺谩，以避其课。……御史察其计簿，疑非实者，按之，使真伪毋相乱"。

光武中兴，东汉伊始，对于上计工作，进行了一番整顿。《古今图书集成·食货典》载："岁终遣吏上计，遂为定制。正月旦，天子幸德阳殿，临轩受贺，而属郡计吏皆在列，置大司农掌之。"就是说，在西汉所谓郡国上计，只上计

大道之行
中国财政史

簿，而东汉除上计簿外，还得有属郡计吏到场以备咨询，这样东汉的制度似比西汉更为完备。至于究竟有多少，我们且引一些数字，以供参考：

至于汉代的财政规模，《汉书》记载了西汉元帝时公私财政收入的具体数字："孝元皇帝，奉承大业，温恭少欲，都内钱四十万万，水衡钱二十五万万，少府钱十八万万。尝幸上林，后宫冯贵人从，临兽圈，猛兽惊出，贵人前当之。元帝嘉美其义，赐钱五万，……故少府水衡见钱多也。"都内令为大司农管钱的属官，所以都内钱即大司农的钱，由此可见，私财政收入合计还大于国家之公财政收入。《太平御览》中《治道部》引桓谭所著《新论》（原书已佚）说："汉定以来，百姓赋敛，一岁为四十余万万，吏俸用其半，余二十万万藏于都内为禁钱，少府所领园池作务之八十三万万，以给宫室供养诸赏赐。"这就是说，国家财政收入为40万万，用了一半，尚余20万万，由大农保管，以待支用，名为禁钱。此外，帝室财政的收入为83万万，专供皇室之用。两者合计公私财政总收入为123万万。尽管这个数字与元帝时代"都内钱（国家财政）四十万万，水衡钱二十五万万，少府钱十八万万"的总额相差40

万万，但皇室之财大于国家之财，却是相同的。

秦、汉时期，在中央设御史大夫，负责纠察百官；对国家财政，也负有监察之责，每有违制之事，都由御史督责。史称，薛"宣考绩功

诙谐生动的说唱陶俑　汉

课，简在两府(丞相、御史府)"。如武帝时，令御史监督郡国执行算缗令；宣帝黄龙元年（公元前49年），"御史察其计簿，疑非实者，按之，使真伪毋相乱"。

三、铸币、漕运和常平仓制度

秦、汉时期，通行金属币，政府亦以货币的铸造发行赢利作为财政的补充手段。西汉初年，以黄老之学治国，朝廷对铸币采取自由放任政策，允许民间私铸，导致豪强地主乘机渔利，分裂势力亦以铸币敛财养兵，与中央抗衡。至汉武帝时，为了扩边拓土，中央政府不得不广开财源，通过整顿币制，收回铸币权，增加国家财政收入，同时

万石"。后来，随着工商经济的发展，城市人口的增多，转运粮食也越来越多。汉武帝元光六年(公元前129年)，漕转关东粮达100多万石；元狩四年(公元前119年)，增加到400多万石；元封元年(公元前110年)，最高时达600万石。每年要漕运大量的粮食，耗费大量的人力、物力、财力。所以，漕粮的组织和调运是国家实物财政管理的一项重要工作。

西汉五铢铜范

西汉五铢陶范

也促进了商品流通和市场繁荣。

古人称为京师的首都是封建国家政治、经济、文化的中心。由于人口众多，当地生产的粮食不足以保障皇室、官吏、军队和市民的供应，每年都要从各地调运进大量的粮食。因为这些粮食大部分是通过水道用船运载的，所以叫做漕运。通过漕路转运的粮食，叫做漕粮。西汉定都长安，初期漕运的粮食"岁不过数十

常平仓是汉代为"调剂粮价"、"备荒赈恤"所创设的国家仓库。汉宣帝时，大司农中丞耿寿昌建议设立常平仓，朝廷采纳后下令边郡都要构筑粮仓，谷贱时购进，谷贵时卖出，这对平抑物价、稳定市场、稳定社会秩序具有积极意义。

> ### 第十节　历史的启示：过分超前的体制改革导致秦王朝因孤立而灭亡

上层建筑要与经济基础相适应，过

大道之行
中国财政史

分超前和落后都会导致政权倾覆。历史上常常将秦朝灭亡的原因，仅仅归咎于秦始皇的焚书坑儒、严刑峻法、横征暴敛，过度役使民力修万里长城、修阿房宫、修始皇陵等暴政，其实这样解释并不全面，过分超前的国家体制改革才是导致秦王朝灭亡的最根本原因。

先秦三代实行分封制，到西周时分封制已十分完备。分封制下的受封者，既受益于分封的政治和经济利益，也承担着支持中央政府的义务，在国家危急存亡之秋，他们随时随地准备着为勤王而战，做天子忠勇的屏藩。

分封制下的君主作为国家最高领导人并不拥有控制全国的实际权力，例如征税权也只限于称为"王畿"的直接统治区，非直接统治区的税权都在不同的诸侯手中，所谓"天子"其实只是名义上的国家元首，真正掌握实权的还是各地的诸侯。由于利益并不完全集中在君主手中，如有战争也一般发生在各诸侯国之间，很少有人会直接发兵攻击称为"天下共主"的君主。

到了春秋战国时期分封制度开始瓦解，在周王属下的各诸侯国中，秦国首先通过商鞅变法最先废除了"世卿世禄"制度，推行直隶国君的郡县制度。统一六国后，秦始皇进一步采用了法家知识分子李斯的建议，将郡县制度推广到全国，并且运用"焚书坑儒"的铁腕从肉体上思想上消灭对手，回击来自儒家知识分子的反对，第一次在中国的土地上确立了以郡县为基础中央集权制。

人是利益的动物，为了追求利益，有人会无所不用其极。谁集中了利益，谁就会成为人们的众矢之的。秦始皇创建的中央集权制度将国家权力集中到皇帝一个人手里，毫无疑问皇帝的宝座就成了人们争夺的对象。追求利益的人们对争夺皇帝位置比争夺君主位置更有兴趣。

秦始皇力敌六国群雄，横扫宇内，建立起来的秦王朝并不像一般改朝换代那样简单，而是一场彻底的社会革命。它革的是那些在分封制下享受"世卿世禄"的贵族之命，从政治、经济和社会地位上触动了他们的根本利益，刻骨铭心的痛让他们随时随地都想伺机反扑，梦想着卷土重来。

由于秦始皇用郡县制取代了分封制，不再把自己的儿子或同姓宗族分封到各地为王，遇到其他人的攻击时，也就缺少了来勤王保卫中央政府的力量。再加上在冷兵器时代，作战武器极其落后，人们很容易在短时间内组织起武装力量来攻击政府，反对皇帝。因此，实行单一郡县制度的秦王朝在遇到陈胜吴广揭竿而起和旧贵族势力乘机反扑时，也就不可避免地迅速败亡了。

秦王朝在孤立中仅仅存续了15年便走向灭亡，而实行分封制度的先秦三代，由于上下呼应，形成合力，存续期都比较长。夏代先后存在了400年，商代存在了600年，周代存在了800年，都远比秦王朝长生久视。汉王朝替秦而起后，刘邦吸取了秦王朝在孤立中很快灭亡的惨痛教训，实行了以郡县制度为主体，以分封制度为辅助的社会制度，这种制度在保证国家主权集中的同时也有利于王朝建立之初的统治巩固，因此自汉朝到清朝的历朝历代也都采取了这种复合政治制度。即便如此，秦以降的各个朝代存续期也都比不上夏商周三代，最长的西汉和东汉加起来才400年、唐代不到300年、北宋和南宋300多年、明清两朝也无非200多年而已。

秦始皇二十六年（公元前221年）铜诏版，铭文为"廿六年，皇帝尽并兼天下诸侯，黔首大安，立号为皇帝，乃诏丞相状、绾，法度量，则不一，歉疑者，皆明壹之。"

三国魏晋南北朝时期的财政

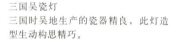

第一节　三国魏晋南北朝及其文化的形成

一、从割据到三国鼎立

魏晋南北朝，起自三国，迄于隋统一中国，前后长达370年之久。这一时期，中国是一个基本不统一的时代，首先是魏蜀吴三国的鼎峙，持续了四五十年；其次是名义上存在半个世纪，其实只有20年短暂统一的西晋；此后即入南北朝，当时，在南方有东晋、宋、齐、梁、陈的递嬗；在北方有北魏（后分裂为东魏和西魏）、北齐、北周的兴替。

正如任何王朝都会从腐败走向崩溃直至灭亡那样，东汉末年天灾人祸连续不断，整个社会秩序极其混乱，与西方罗马帝国晚期所发生的崩溃极其相似。灵帝中平元年（公元184年），爆

三国吴瓷灯
三国时吴地生产的瓷器精良，此灯造型生动构思精巧。

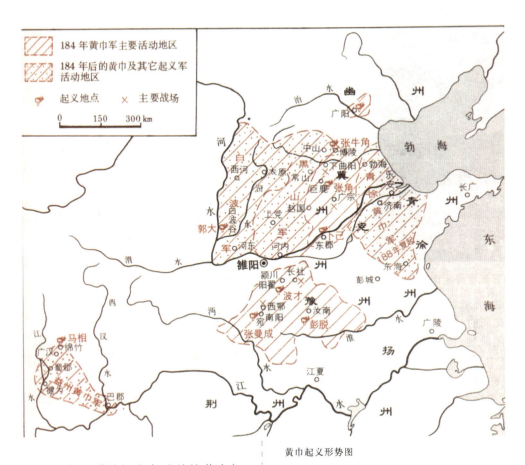

图例
184 年黄巾军主要活动地区
184 年后的黄巾及其它起义军活动地区
⚑ 起义地点　　× 主要战场

0　150　300 km

黄巾起义形势图

发了以太平道首领张角为首的黄巾起义。太平道是道教中奉黄帝和老子为教主的一个派别。

在多神信仰的中国，道教源于古代中国的巫术，是巫术与道家黄老之学相结合的产物。秦朝的神仙方士所倡导的巫术，在民间获得普遍的信仰，讲究炼丹、长生，追求个人脱胎换骨。出于对两汉之交（公元前 2 年）传入中国的印度佛教的抗衡，东汉初年巫术与道家合二为一，产生了中国本土的道教。先秦时代的巫，本来具有十分重

要的地位，到汉代，巫已被排斥于"良家"之外，但在民间，巫继续得到人们的信奉。巫与道教难于区分，称为道巫。东汉一代，谶纬迷信盛行，道教的各个派别正式形成。太平道教主张角与普通道士一样，也是一名巫医。在当时"巫"与"医"是两位一体的，《后汉书》中"巫医"一词的频繁出现就足以证明。太平道首领张角，系冀州巨鹿人，自称大贤良师。他学过道教经典《太平经》，熟悉医学知识，精通医术，

而他的两个弟弟张梁和张宝都是当时被尊称为"大医事"的名医，屡屡使人痊愈。张角利用治病进行传教，假托符水咒语的奇效，使百姓相信他"托有神灵"。其行医方法是巫术，即手拿九节杖画符咒，教病人叩头思过，为之祈祷。所谓九节杖，被道教视为灵物，是施行巫术的法器。

风起云涌的黄巾起义前后延续了20多年，使腐朽的东汉王朝陷于名存实亡之中。但是他们在政府军与地方豪强的联合夹击下，由于松散和寡不敌众，陆续失败，"黄天当立"的伟大理想终于成了泡影。

在镇压黄巾起义的过程中，各地的豪强纷纷组织武装力量，修筑坞堡，占据地盘，形成了大大小小的割据势力。充满幻想的青州黄巾军希望取得曹操的合作，投靠曹操，曹操则利用这种归附心理，迫使青州黄巾接受他的收编。

曹操自从收编了30万青州黄巾军以后，军事实力大增，以后又击败陶谦，把地盘扩展至海边。善于把握政治风云的他，又适时地把逃出董卓控制下的长安城的傀儡皇帝——汉献帝迎到许昌，取得了"奉天子以令不臣"的地位，俨然成为名存实亡的东汉正朝

的护法神。此后，又乘袁术与吕布互相攻击之机，各个击破，取得了他们的地盘。于是曹操成了在北方唯一能与兵多地广、号称四世三公门生故吏遍天下的袁绍相抗衡的势力。并通过官渡之战，最终消灭了袁绍的势力。

踌躇满志的曹操本以为凭自己所拥有的实力可以一举统一南方，便挥师南下。面对来犯的北方强敌，江东的孙权与荆州的刘备不得不捐弃前嫌，决定结盟，共御曹军。刘备派诸葛亮去柴桑(今江西九江)商议联兵抗曹事宜。诸葛亮分析当时形势，指出：曹军远道而来，犹如强弩之末，又不习水战，孙刘合作定能取胜；曹操败后势必北撤，三分天下的局面自然形成。

建安十三年(公元208年)冬，曹军战舰首尾相接，开到赤壁。孙、刘联军不过5万，与号称80万实际近20万的曹军相比，处于劣势。但曹军长途跋涉，又水土不服，军中发生传染病，士气低落，初次交战，即败退到江北。曹操针对北方籍士兵不习水战的弱点，把战舰用铁链锁在一起，减少晃动。联军方面决定火攻，黄盖巧施诈降计，用10艘战舰载满浸透膏油的柴草，借着冬季少有的东南风向江北疾驶，接近曹营时，火烧油草，曹军措手不及，一

第五章　三国魏晋南北朝时期的财政

时火焰滚滚、浓烟弥漫，锁在一起的战舰及岸上的军营很快葬身火海。联军水陆并进，曹操大败而逃。这就是历史上著名的以少胜多、以弱胜强的"赤壁之战"。当时指挥这一著名战役的"司令官"周瑜只有34岁，诸葛亮则只有28岁，两人运筹帷幄，挥洒自如，成了取胜的关键。

赤壁之战后，果如诸葛亮所言，神州大地出现了三足鼎立之势，原先势力最弱的刘备乘机攻占湖南一带，又派诸葛亮、关羽据守荆州，自己进军四川。不久，诸葛亮率张飞、赵云沿江而上，与刘备合围成都，取得了益州的立足之地。

在此之前，曹操修栈道，由陕西入汉中。刘备入川后，与曹操在汉中对峙。曹操采纳司马懿的建议，要孙权袭取关羽后方，孙权果然派吕蒙进攻公安，关羽败走麦城，被吴军所杀，荆州失守。诸葛亮原计划一路从荆州北进南阳、洛阳；另一路从汉中出关中，形成钳形攻势。这一宏伟计划，随着关羽败走麦城、刘备倾全力攻吴而付之东流。

孙权袭取刘备后方，杀害关羽后，非常害怕遭刘备报复，于是上书向曹

清末年画《新绘三国志前本曹兵百万下江南》。

大道之行
中国财政史

操称臣，劝曹操代汉立帝。曹操识破了孙权想把他放在火上烤的险恶用心，用厚礼安葬了孙权送来的关羽首级，避免了一场使自己成为矛盾焦点的闹剧。

建安二十五年（公元220年）曹操病死，其子曹丕即以禅让为名废汉献帝，自立为帝，国号魏，建都洛阳。中国历史上那些野心勃勃的权臣，既想篡位，又想逃避篡位的恶名，于是便上演"禅让"的闹剧：迫使皇帝主动让位，自己假惺惺推却一番，篡位终于美化成为禅让，双方都成为尧舜般的圣君。曹丕代汉便是开创者，"汉魏故事"成了禅让的代名词。第二年，刘备在成都称帝，国号汉。8年后，孙权称帝，从吴（苏州）迁都建业（南京），国号吴。从此，三国鼎立局面正式形成。

二、魏到西晋的统一

三国中，魏据中原，实力最强；汉所占据的天府之国拥有持久作战所需的足够资源；吴所占据的长江中下游则是当时中国经济勃兴之地，又强化了都城（今南京）的防备，还沟通了吴（苏州）与会稽（绍兴）的航道（今江南运河），这就注定三国要持续鼎立一段时间。

历史往往有惊人的相似之处。公

司马炎像

元220年，曹操之子曹丕逼汉献帝让位，自己称帝(魏文帝)。没有料到仅仅过了46年，公元266年，魏国权臣司马昭之子司马炎重演曹丕代汉的"禅让"故事，废魏元帝曹奂，自立为帝（晋武帝）。司马炎代魏，是"汉魏故事"的第一次翻版。

晋武帝司马炎并不以取代魏国为满足，他要统一全国。公元279年，他分兵六路大举攻吴，益州刺史王濬率水师顺流而下。此时在孙权之孙孙皓统治下的吴国，早已成为强弩之末，根本不堪一击。次年，晋军攻下建业，孙皓投降，吴国灭亡。诚如唐代诗人刘禹锡所言："王濬楼船下益州，金陵工气

曹丕像

文帝曹丕

黯然收。"魏、蜀、吴三国鼎立的局面终于被统一的西晋王朝所代替。

三、从东晋到南北朝

从汉献帝初平元年(公元190年)董卓之乱以后出现的分裂割据,延续了整整90年(公元190年—280年),至此又重新归于统一。然而这种统一是短暂的,到晋武帝的儿子惠帝统治的晚年,爆发了"八王之乱",统一局面再次崩溃,北方又陷入了分裂割据之中。

统一之所以不能持久,原因是统一的基础并不具备。曹氏代汉,司马氏代魏,固然避免了全面崩溃的危险,但基于诸多利益不平衡的社会危机并未获得调整,社会不安定是必然的。

果然,晋惠帝时矛盾激化了。祸根是晋武帝种下的"分封制",他为了保持司马氏的一统天下,恢复了古代的分封制以为政权的屏藩,大封司马氏宗室27人为王。这些王公贵族只考虑小集团利益,置国家社会于不顾,网罗党羽,扩充军队,闹独立,搞割据,成

了图谋篡夺中央政权的野心家。白痴皇帝司马衷一上台,就爆发了司马氏家族的大内讧:汝南王、楚王、赵王、齐王、长沙王、成都王、河间王、东海王为了争夺中央政权不惜刀兵相见,上演了一场长达16年之久的"八王之乱"(公元291年—306年),又一次把中原地区引入了分裂割据之中。诸王在混战中为了扩充力量,利用北方民族参加内战,使匈奴、鲜卑等族武装力量长驱直入中原,从此乱上加乱,北方地区出现了历史上空前绝后的大动乱。

北方大动乱,人民大批渡江南下。当时掌握朝廷大权的东海王司马越派琅邪王司马睿到建邺(南京)作退守南方的准备工作。此时匈奴人建立的汉国派兵攻入洛阳,俘虏了西晋的第三代皇帝——怀帝司马炽,不久又攻入长安,俘虏了西晋第四代皇帝——愍帝司马邺。司马懿的曾孙司马睿便于公元317年在建邺称帝(晋元帝),建立偏安于江南一隅的政权,延续晋的

1972年 出土于甘肃嘉峪关魏晋画像砖墓,反映了当时人从事农业生产的情景。

长沙走马楼纪年简牍
长沙走马楼出土简牍的时间跨度从东汉建安二十五年（公元220年）至三国吴嘉禾六年（公元237年），内容十分丰富，涉及到户籍、赋税、仓廪管理、钱粮收入、军民屯田等诸多方面。

正统，史称东晋。

西晋八王之乱以后，北方游牧民族南下，纷纷建立割据政权，中原陷入分裂状态，直到北魏统一，长达134年之久，史称五胡十六国。"五胡"即五个所谓"骑马民族"：匈奴、鲜卑、羯、氐、羌。"十六国"即这些骑马民族与汉族建立的政权：汉（其后是前赵）、后赵、前燕、成汉、前凉、前秦、后秦、后燕、西秦、后凉、南凉、西凉、北凉、南燕、北燕、夏。其中匈奴人建立的有汉（前赵）、北梁、夏；鲜卑人建立的有前燕、后燕、南燕、南梁、西秦；羯人建立的有后赵；氐人建立的有前秦、后梁；羌人建立的有后秦；汉人建立的有前凉、西凉、北燕。

五胡十六国从表面上看是一个大分裂大动乱时期，深入探究起来，其实是由分裂走向再统一的调整时期，这一时期的第一次统一是后赵石勒实现的，他统一了除辽西的前燕和凉州的前凉之外的北方地区，是北方短期的小统一。石勒在河北地区劝课农桑，恢复经济，建立学校，发展文化，都很有成效。第二次是前秦苻坚统一了整个北方，是北方短期的大统一。《晋书·苻坚载记》说："关农清晏，百姓丰乐，自长安至于诸州，皆夹路树槐柳，二十里一亭，四十里一驿，旅行者取给于途，工商贩贸于道"，出现了一片升平景象。淝水之战后，前秦瓦解，北方出现了更大的分裂局面。但是由于长期的民族融合，胡人汉化与汉人胡化的同步进行，终于走向了北魏的第三次统一北方。

公元534年，北魏分裂为东魏、西魏。东魏延续16年，西魏延续21年，演化为北齐、北周。其后北周吞并了北齐，隋又代周，继而灭了南朝的最后一个王朝——陈，终于完成了中国的统一大业。公允地说，统一局面形成于隋，基础却奠定于魏。

历史上秦始皇统一中国的道路，是由强有力的西方进军东方，再由强有力的北方兼并南方完成的。南北朝的再统一也毫无例外地遵循着这一规律，直至20世纪40年代末的再统一战争，也走过相似的历史轨迹。

四、魏晋风度和玄学的出现

三国魏晋南北朝是一个动乱而迷惘的时代，名士们思治而不得，苟全性命于乱世，心态发生了畸形的裂变，对文化、思想、社会风气产生了巨大的影

青龙　　　　　白虎

朱雀　　　　　玄武

响。传统的无形约束消失了，法律的明文制裁无效了，对天下对自己陷入了绝望，对人生对未来丧失了信心，摆脱名教而自命通达，形成了历史上著名的魏晋风度和玄学。魏晋玄学改变了两汉经学缺乏哲学思辨的缺陷，提出了一系列哲学命题，例如：有和无、动和静、一和多、体和用、言和意、自然和名教等，排除两汉经学的桎梏，探究深沉的哲理，注重义理分析、抽象思维。玄学取代经学，老子取代孔子，众贤取代一圣，道家超越儒家。最典型的是三国时期的曹操、诸葛亮、鲁肃、周瑜，都以书生在大乱中跃登政治舞台，他们虽身居高位，依然儒雅风流，不脱书生面目。诸葛亮、司马懿在五丈原，陆逊、羊祜在荆襄的对垒，成为历史佳话，以前只有春秋时期才有此高风雅趣。三国士大夫重朋友更重于君臣，苟

全性命于乱世，不求闻达于诸侯的诸葛亮肯出山为刘备鞠躬尽瘁，死而后已，固然有汉贼不两立的政治观点，但更主要的是为三顾茅庐这段朋友间肝胆相照的真诚所感动。这显然是道家态度，不是儒家精神。魏晋玄学家注重内在精神的自我完善，轻视外在瞬逝的功名、富贵，普遍具有内心旷达、形迹放浪的风度，正是这个时代思辨哲理的具体化。

从魏晋风度和玄学不满现实的反传统意义上来说，是一种从不自觉到自觉的思想解放运动。对当时的财税制度也产生了一定的影响，出现了诸如估税（相当于今契税）、赀税(相当于今财产税)、过桥税（相当于今贷款修桥过桥收费）等新税种，其影响直至今日。魏晋风度和玄学是一个畸形时代的产物。由于思想的解放，造就了可与春秋战国相比拟的群星灿烂的文化辉煌。

第二节　三国魏晋南北朝时期的财经特点

三国魏晋南北朝时期，尽管战争不断，政治局面动荡，经济上却没有停滞，更没有倒退，反而有较大的发展。其特点表现在人口的减少，农业生产率的提高，工商业的发展，江南经济的开发，屯田制的推行，占田制与均田制的实行，户调制度的推行等七个方面。

一、人口的减少

中国凡遇王朝末年，大多天灾与人祸俱至，整个局面土崩瓦解，东汉末年也不例外。当时，天灾流行，赤地千里；战事频繁，伤亡惨重，导致全国人口急剧减少。《文献通考》载，东汉恒帝永寿三年（公元１５７年），共有10677960户，56486856口。但到了魏晋南北朝时则明显减少，据《通典》数据列表如下：

汉末至南北朝人口变化表

年代		户数	口数	百分比	备注
汉恒帝永寿三年		10677960	56486856	100%	北魏末年每户口数按宋武帝大明八年5.17的比例推算
三国时代（合计）		1473433	7672881	13.6%	
晋武帝太康元年		2459840	16163863	28.6%	
南北朝	宋武帝大明八年	906870	4685501	8.3%	
	北魏末年	3375368	17439423	30.9%	

北朝牛车

可见，三国时代的人口，只及东汉恒帝时的13.6%。所以《三国志·魏书·武帝纪》载：曹操建安七年（公元202年）起兵时，只见"旧土人民，死丧略尽，国中终日行，不见所识"，以致曹操在《蒿里》诗中有"铠甲生虮虱，万姓以死亡，白骨露于野，千里无鸡鸣；生民百遗一，念之断人肠"之叹。后来经过曹操30多年的经营，北方一带才逐步恢复。至西晋统一中国以后，朝廷以财政手段奖励生育，人口才大为增加，比三国时增加一倍多，达到汉恒帝永寿三年人口数的28.6%。到北魏时随着生产发展，人口又有了进一步的增加，达到汉恒帝永寿三年人口数的30.9%。

二、农业生产率的提高

战争，是集体有组织地互相使用暴力。广义来说，并不是只有人类才有战争。蚂蚁和黑猩猩等少数生物都有战争行为。人类出现以来，战争就一直没有停止过。尽管战争带来了伤亡和灾难，但战争也同样伴随着社会革命，带来新的格局。古代各个部落之间的战争，促进了民族的融合和国家的形成。不可否认的是，战争也使人类急中生智，促进了科学技术进步和生产力的进一步发展。

三国魏晋南北朝时期，频繁的战争不但导致百姓流离失所，人口减少，而且战争对农产品供应所产生的迫切需求，使提高农业生产水平成了全社会的当务之急。这一时期，水利建设与农业先进技术推广受到重视。由于缺乏劳动力，大力推广和使用铁犁，用畜力耕种以代替人力成了提高农业生产率的有效措施。当时，不但农产品产量提高，而且种类也大为增加，如茶早在汉魏之际就栽培于华南及四川西部，六朝时，进一步扩展到长江以南。甘蔗于战国时已栽培于湖南，南北朝时扩种至浙江、江苏一带。木棉亦于汉魏时在岭南、福建等地种植。总结了当时农业生产技术与具体经验的《齐民要术》一书，也是由北魏的贾思勰所撰。

三、屯田制的推行

在古代中国，劳动力与土地的结合就是国家赋税之源。汉末，由于战争和天灾，人口骤减，土地荒芜，为了恢复经济，取得国家财政收入，曹操采纳了枣祗等人的建议倡行民屯。这是三国时期，曹操针对当时中原战乱频仍，灾荒流行，土旷人稀日甚一日的紧迫状况所能采用的唯一有效办法，它既解决了劳动力与土地结合的社会安定问题，也解决了军民粮食供应问题。在人口密度降低，生产力衰退，空荒地增多的情况下，屯田可以促进农业生产。

中国历史上的屯田有两种：最初是军屯，为西汉武帝首创；后来曹操倡行的民屯，亦被吴国和蜀国仿效推广。民屯并不像军屯设于边塞，而设于内地，一般是招民屯垦，而由中央派专官征收地租；后来曹操亦同时实行军屯，使其于平时耕田，战时打仗，用以减轻养兵的负担。由于屯田带有明显的集体性，不但有利于集约化耕种和水利工程兴建，而且还使汉代的区种法在屯田中得到推广，单位面积产量明显提高。《通典》称：建安元年（公元196年）募民屯许下（今河南许昌）得谷百万斛，……数年之中，所在积谷，仓廪皆满。其后，在洛阳、弘农、颍川、睢阳等20余处推广。可见，曹魏的屯田，起始阶段成效卓著，对战时财政大有裨益。但到了曹魏后期，由于统治者贪得无厌，对屯田客户剥削日重，导致生产效率降低，屯户逃亡，屯田土地日益为官僚大族所侵占。到了晋代，好端端的屯田制完全走向了反面，朝廷也干脆取消了屯田制。

四、工商业的发展

三国魏晋南北朝早期，土地荒芜，手工业衰落，商业极度倒退。但到后期，随着屯田政策成效显现，不但农业大有起色，而且手工业也取得了巨大进步，特别是孙吴在江南的手工业，如绩麻、丝织，均有长足发展。铜、铁的采冶，也较前发达，铜镜工艺水平很高，青瓷烧造亦有突出的成就。造船业随着商品水运的需要有了突破性的发展。各种手工业，常设专官，以专管其事。由于手工业与农业的发展，工业品与农产品产量大幅度增加，于是商业也随之繁荣起来。

三国吴永安五年神兽纹铜镜。

东晋以来，江南就有建康、京口、山阴、寿春、襄阳、成都、番禺等重要城市。由于当时的商人掌握着社会商品交换的主动权，获利颇丰，导致经商者越来越多，务农者日益减少，有些地方连粮食都发生困难。这一时期，由于商业发达，作为交易中介的货币亦颇受人重视，以至于后来的《晋书》还记载着鲁褒创作《钱神论》，辛辣地讽刺当时社会一切向钱看的社会时尚。同时，在这一时期，既有从货币经济倒退到以谷帛为主的实物经济的趋势，也

有货币（商品货币）所发挥的作用越来越大，日益受到人们重视的另一方面。因此可以说，社会经济向实物与货币两个极端发展，与当时社会文化同时向做作与放荡两个极端发展一样，是不正常的时代折射。

五、江南经济的开发

西晋末年，中原战乱，《晋书》载"洛京倾覆，中州士女，避乱江左者十之六七。"人口大量南迁，直至南朝，约200年间，没有停止过。这些移民，不但充实了南方地区的劳动力，也带来

了比较进步的生产技术，这使长江以南，形成了《宋书》所描绘的"地广野丰，民勤本业，一岁或稔，则数郡忘饥"的兴旺景象。江南地区原先地势卑湿，人口稀少，农民向用火耕水耨的方法。到六朝时，方才大力兴修水利，广辟泄水湖田，用粪作肥，以代旧法；培植桑树，以兴丝织，手工业方面亦随之有了较大发展。

表现厨事场面的西晋壁画。

随着农业的发展，土地亦日益集中。移民之中，有一部分是士族，他们过江之后，"求田问舍"，使地价日益抬高，所以《宋书》述及浙江一带的良田，亩值一金。江南的发展，为东晋立国奠定了雄厚的经济基础。

六、占田制与均田制的实行

秦汉以后国家实行土地私有，兼并日甚一日，富者田连阡陌，贫者无立锥之地。这样，既影响朝廷的税收收入，又危及社会安定。为了维持统治，历代执政者都不得不采取措施限制土地兼并。例如西汉哀帝提出限田，王莽提出王田，前者实行了4年，后者实行了3年，两者都由于豪强的反对而难以为继。到了战后治乱，人口稀少，土地宽广的西晋武帝时代，则有条件创设土地公有的占田制，至后魏则改行均田制。两者名称虽有不同，其目的只有一个，便是为了增加财政收入和稳定社会秩序，以政府制度化的力量限制兼并。

所谓占田，又称名田。《汉书·食货志上》说："限民名田，以澹不足。"颜师古注："名田，占田也。"《史记·平准书》说："贾人有市籍者，及其家属，皆毋得籍名田，以便农。"《索隐》云："谓贾人有市籍，不许以名占田也。"从以上典籍记载中我们可清晰地看到：占田就是名田，也就是以私人名义占用土地。

北魏时，因频年战乱，人口除死亡外，诸多逃亡，造成田荒草满，空地甚多，而国家赋税却由于民不着地而难以征收。为了克服财政困难，增加纳税人户，不得不实行均田制。

占田制与均田制，形似商周时代的井田制，其实两者的前提是不同的。推行井田制，是以社会生产力极不发达为前提，即人口稀少，农具和耕作方法原始，作物种类甚少等。而均田制的推行，则在社会生产力已较前发达得多，只是在人口因战乱而减少，社会经济因战事而被搞乱的情况下实行。

七、户调制度的推行

税制的设计和税收的征管与社会资源配置有关：在人口多而土地稀少时，各人所耕土地，由于优劣相差甚远，其田赋课征原则，不得不采用"因田制赋"的方法；但到了田多而人少的时代，各人皆可耕种优良土地，就可依丁课税或依户课税。依户课税，其实仍然是课丁，但为简便，化为依户，这就是户调制度的本质。南北朝时期，作为田制，实施占田与均田；作为田赋，实

施户调。户调成为田赋的主要部分，而田租反倒成了辅助税种。

八、黄白户籍及土断

黄白户籍，即黄籍与白籍的区别。西晋末年，由于匈奴、鲜卑、羯、羌、氐等五个少数民族入主中原，北方人民大举南迁。但南迁的人民总是念念不忘自己的故乡，而东晋政府又口口声声要光复中原，于是划定特别区域暂与居住，称为"侨郡、侨州"。而这些"侨郡、侨州"之民在北方原有户籍，西晋时北方户籍通常编写于竹简之上，其色偏黄，俗称"黄籍"；南方户籍，则编于纸上，其色偏白，俗称"白籍"。为了照顾远离家乡的北方人，凡黄籍者在南方可享受免除赋役的优惠，开始阶段南方百姓尚能理解，随着时间的

甘肃嘉峪关新城魏晋墓中的砖画
砖画表现了牧马、打猎、出行等生活画面。

推移光复无望，且北方南下者在南方已安土定籍，渐渐杂居，生活从不安定到安定，从贫困到逐渐富裕，导致南方人的强烈不满。一肚子怨气的南方人蔑称他们为"浮浪"或"荒伧"。尤其是南方大地主极为愤慨，遂发生土断问题。所谓土断是以土断其籍，也就是以土地定户籍，使民安其居。南朝土断问题，影响到士庶之分。东晋末年，要求寄居在南方的北方人，将黄籍改为白籍，仅限于庶民，北方来的贵族仍保持黄籍。为显示中央政府一碗水端平的精神，朝廷不得不将南方的贵族也由白籍改为黄籍，同样享有各种特权，至此，南北籍人士的歧视问题始告结束。

九、混乱的货币制度

处于战乱时代的南北朝不但经济凋敝，财政困难，而且货币制度也遭受严重破坏，不仅币值下跌，更突出地表现为币制杂乱。

（一）北魏币制

北魏自从魏孝文帝太和十九年（公元495年）起，开始铸造太和五铢，钱大直径一寸，重五铢，文曰：太和五铢，且诏令京师及各州镇流通使用。当时内外官吏俸禄，也皆准绢给钱，每匹定钱两百；同时又派遣铸币钱工到各处炉冶铸钱，百姓欲铸钱者，也准许委托官炉加工铸造。到宣帝永平三年（公元510年），又铸造五铢钱，私铸之风再起。孝庄帝之初，私铸日盛，钱更薄更小，有甚于南朝綖环钱入水不沉，因此到永安二年（公元529年），准秘书郎杨侃奏议，铸造"永安五铢"，并提高官钱价值，特令在京邑二市出售藏绢，其市价每300钱者，均降低为200钱，以提高官钱价格。而效果却适得其反，因有厚利盗铸者反而更多。

（二）北齐币制

北齐在高欢羁政之初，仍使用"永安五铢"，迁邺以后，私铸更多，钱形复杂，导致钱币不能流通使用于冀州以北的广大地区，以至于不得不以绢布代替钱币作为交易媒介。为了改变这一不正常现象，高欢下令收回国内铜钱及其他铜料，统一铸造"永安五铢"，使之流通国内。开始效果不错，由于供求关系不平衡，金融紧缩局面一时难以缓解，唯利是图者又乘机钻空子，千方百计铸造细薄之钱，造成盗铸伪钱再次蠹起。及至高洋，称文宣帝篡东魏而即帝位，天保四年（公元553年）废"永安五铢"，改铸精巧的常平五铢，仍难以遏制盛行的私铸，即使朝廷以行政手段命令抬高市场铜价，亦无济于事。到乾明、皇建年间（公元560年），

大泉当千 三国·吴

直（值）百五铢 三国·蜀

梁敬帝太平二年（公元557年）铸
"四柱五铢"，四柱同值二枚二柱。

陈世宣帝太建十一年（公元579年）铸"太货六铢"，与五铢并行当十。

太货六铢还发现钱文仅有"六铢"的省文钱。

北魏孝文帝太和年间（公元447年—499年）铸"太和五铢"。

六朝时多劣小五铢钱，南朝称"鹅眼五铢"，北朝称"鸡目五铢"。

梁元帝承圣年间（公元552年—555年）铸"两柱五铢"钱，两柱同值一准十。

北魏孝庄帝永安二年（公元529年），铸"永安五铢"。

北齐文宣帝高洋天保四年（公元550年）铸"常平五铢"。

私铸更是甚嚣尘上。

（三）北周币制

周初，仍用魏钱，至武帝保定元年（公元561年），方才铸造新钱，以一当五，并通行五铢钱，其后建德三年（公元574年），更铸造五行大布钱，以一当十，与布泉钱并行使用。至建德四年（公元575年），因边境地区盗铸大布钱太多，朝廷不得不禁止使用大布钱，规定大布钱不能出入四关，布泉钱则许入而不许出，后来，随着布泉贬值，至建德五年（公元576年）正月，终于把布泉钱也废止了。周灭齐后，山东尚使用齐旧钱，梁益地方杂用古钱，孝静帝大象元年（公元579年），铸造永通万国钱，以一当千使用。

（四）宋币制

在宋文帝元嘉七年（公元430年），立钱署铸造四铢钱，四铢钱重四铢，面文为四铢，形式完全与汉朝的五铢钱相同。到文帝二十四年（公元447年），因四铢钱盗铸者甚众，物价腾贵，因此改铸大钱，朝廷规定大钱一文相等于四铢钱二文。由于大钱形式不一，百姓使用不便，在文帝二十五年（公元448年）废大钱，又铸造五铢钱。宋孝武帝孝建元年（公元454年），又铸造四铢钱，其面文正面为"孝建"字样，背面

为"四铢"两字，后来除去四铢两字，仅有"孝建"字样，从此开创了中国历史上铜钱上铸年号的先河。由于此时"孝建"四铢钱，钱形甚小，轮廓不备，因此私铸之风大起。宋废帝永光元年（公元465年）二月，曾铸二铢钱，但行用时间很短，同年三月旋即废去；景和元年（公元465年），又行使二铢钱，然而形式转小，官钱每次废行，民间立即模仿私铸，钱轻薄小，每况愈下。在这时候，钱有别名：无轮廓而未加磨炉者，称为"耒子"；最轻薄者称为"荇叶"，通用于市井。同时，还有一种薄小的劣钱，叫做"鹅眼钱"或"綖环钱"。这种劣钱被《通典》称为："一千钱长不盈三寸，大小称此谓之鹅眼钱，劣于此者谓之綖环钱，入水不沉，随手破碎。"足见钱币材料之劣。到明帝泰始初年（公元465年），不得不禁用鹅眼钱与綖环钱，并禁止百姓私铸。泰始二年（公元466年），又普禁新钱，仅行使旧钱。

（五）梁币制

梁初唯有在京师及三吴、荆、郢、江、湘、梁、益等州用钱币，其余州郡以谷帛交易，恢复商品货币之自然经济状态，交广之地又以金银为货币。到梁武帝天监元年（公元502年），开始

铸造新钱，重量四铢三 二黍，肉好，均有周廓，面文为五铢，又另外铸造无肉廓者，谓之公式女钱（重量与新铸五铢同，面文也是五铢），二品并行。

（六）陈币制

陈朝初年，承梁代齐乱之后，铁钱不行，始使用梁末两柱钱及鹅眼钱。由于两柱钱重，鹅眼钱轻，两种钱币同值流通，造成投机者熔毁两柱钱改铸鹅眼钱获利者日多，又间用锡钱，并有以粟帛为交易的媒介，纷乱至极。到文帝天嘉三年（公元562年），朝廷改铸五铢，规定五铢一文当鹅眼十文使用，到宣帝太建十一年（公元579年），铸造大货六铢，以一当五铢之十，与五铢并行使用。后来又改为六铢以一当一使用，百姓拒不执行，岭南各地，便弃钱而改行盐米布实物交易，到太建十四年（公元582年）皇帝一命呜呼，才废六铢启用五铢。

第三节 三国魏晋南北朝的财政收入

三国魏晋南北朝时期财政收入由田租与户调，以及关市税、估税和"散估"税、通行税、专卖收入、矿冶诸税、赀税、口钱、徭役等九种税收组成，其中田租与户调为主要收入。

一、田租与户调

（一）三国的田赋

魏、蜀、吴三国鼎立时期，土地分为官田和民田两种。东汉末年，在中原地区，由于长期战火洗劫，造成无数百姓死亡流徙，无家可归，许多地主，也因战乱的原因，不得不丢弃原有的良田沃土，流亡南方。因此，北方地区出现了大量荒田荒地，无形之中都成了公田。

曹操像

挟天子以令诸侯的东汉丞相曹操为积粮备战，增强国家财力，利用荒田荒地，开设屯田，募民耕种成民屯，军队耕种为军屯，且以军屯为主。《三国·魏志·任峻传》称，曹操募民屯田许下，一岁得谷百万斛；以后又在州郡列置田官，数年中所在积粟，仓廪皆满。《三国·魏志·邓艾传》说，曹芳统治时，邓艾屯田淮河南北，且田且守，"水丰，常收三倍于西，计除众费，岁完五百万斛以为军资。六七年间，可积三千万斛于淮上，此则十万之众五年食也"。吴、蜀两国由于境内没有经常发生战争，百姓较少流离失所，所以荒地不多，私田多于公田，所辟屯田，相对来说，数量亦远较魏国为少。孙吴奠基于东南，西汉时，东南沿海一带地广人稀，东汉后期，人们为避战乱和寻求新的发展，人口开始南移，江南渐次开发。为确保军粮供应，孙吴在公田较多的长江沿岸屯田。由于屯垦时间长，效果十分显著，史称对军食和安置南移之民都起到了积极作用。《晋书·王浑传》说，王浑攻孙吴境内的皖城时"破诸别城，焚其积谷百八十余万斛"，可见吴国财政库存规模之大。户仅20余万，人口不足百万的蜀汉，屯田规模最小，主要屯田汉中，仅仅以解决军粮运输困难为目标。魏蜀吴三国的田赋收入，一般包括两部分，即公田田租收入和私田田赋收入。三国的公田收入多指屯田收入。

吴蜀的田赋制度承袭东汉，所以史书没有专门记载，记载的仅仅是曹操在中原地区所推行的租调制改革。

西晋晋南将军金印

（二）魏晋的租调

租是田租，调是户调。按亩收粟，谓之田租；按户收绢绵，谓之户调；合称为租调制。"调"起于东汉后期，当时财政支出浩繁，而国库极其空虚，政府为应付财政支出常额外征调所需物品。这种临时性的制度外勒索，被称为调。《文献通考》称灵帝时，又令"税天下田，亩十钱"。曹操鉴于战争频仍，各地户口不全，又难以实地估产，不可能再继续按常规的模式征税，不得不从实际出发，把两者加以固定化，按户征收绢绵。《晋书·食货志》载：建安九年（公元204年），魏武（即曹操，系其子称魏帝后对父亲尊之为"武"的谥称）"初平袁氏，以定邺都，令收田租，亩，粟四升；户，户绢二匹而绵二斤。余皆不得擅兴，藏强赋弱"。

在形式上，"调"与周代的"布缕之征"有些相似；但布缕之征为宅地之

大道之行
中国财政史

税（地税）而户调则为户税。从户调代替汉代口赋与算赋的功能来看，它显然是人头税。从田租征粟，户调征绢和绵来看，绢是当时主要的实物形态，具有商品货币的功能。

田租与户调，征收有难易之分。田地分布广泛，政府难以掌握；户口相对集中，政府容易统计，所以，在征收时常常出现避难就易，倾向从户而征。这样，为了避税，人们就自然而然地走上了累世同居，不肯分炊之路，造成了中国封建社会几世同堂的大家庭。

西晋武帝司马炎灭吴之后，始行占田制，实施"户调之式"。《晋书·食货志》载：按户课征的户调为"丁男之户，岁输绢三匹，绵三斤，女及次丁男为户者半输。其诸边郡或三分之二，远者三分之一。夷人输賨布，户一匹，远者或一丈"。所谓丁男、次丁男系以年龄为依据，按劳动力强弱划分："男女年十六以上至六十为正丁；十五以下至十三，六十一以上至六十五为次丁；十二以下，六十六以上，为'老小'，不事。"占田限

额为"男子一人占田七十亩，女子三十亩"。田租实际承担额为"丁男课田五十亩，丁女二十亩，次丁男半之，女则不课"。其差额土地面积不纳税，不啻是一种税收激励。

对少数民族税额确定为："远夷不课田者输义米，户三斛，远者五斗；极远者输算钱，人二十八文。"

对官僚按官品占田："其官品第一至于第九，各以贵贱占田：品第一者占五十顷，第二品四十五顷，第三品四十顷，第四品三十五顷，第五品三十顷，第六品二十五顷，第七品二十顷，第八品十五顷，第九品十顷。"

由此可知西晋时期的占田制实际为限田制。也就是说，在当时地广人稀的条件下，每一男子可以自由占有耕地70亩的最高限额。至于实际上是否占足，政府并不过问，但如超过限额，则为国家法律所不容。

在长期战乱、地多人少的历史条件下，西晋的占田制对社会经济发展有两个明显作用。首先，百姓获得了耕地，有了生

西晋青瓷鸭圈

产要素，从而国家税收有了来源；其次，遏制了豪强的土地兼并，从而使免税田无法任意扩大，国家税基也不至于受到严重侵蚀。总之，占田制对于扩大税源，增加国家财政收入起到了重要作用。

（三）东晋的租调

晋室南渡之初，国家经费临时取给。东晋成帝咸和五年（公元330年），

东晋青瓷羊头壶

始行度田收租制。《晋书·成帝纪》称，咸和五年"六月癸巳，初税田，亩三升"。《晋书·食货志》载"咸和五年，成帝始度百姓田取十分之一，率亩税米三升"。也就是说，朝廷按粮食收获量的1/10，即每亩米三升的税率征收农业税。这种不征粟而征米的从田而税，对地主来说虽可转嫁给农民，但与以前的从户而税相比，毕竟还是要多交税。因此，江南地主拒交滞纳，消极抵制，以致积欠至50余万斛。到哀帝隆和元年(公元362年)正月，不得不减为每亩二升。

中国古代的农业税不是从田而税，便是从户而税。凡从田而税，其税收负担为富多贫少，从户而税则富少贫多，所以从田而税较从户而税为合理。若从户而税，豪强占地广而纳税少，绝大部分税收，即转由农民负担。因此，东晋时代的地租，对土地不多的自耕农来说，较西晋时期有所减轻，而国家实际税收收入却反而有所增加。至于后来为什么又要把从田而税改为从丁而税呢？这是法久弊深的缘故，因为从田而税，不少人便动起了瞒田的脑筋，通过瞒田达到逃税目的。

为了确保财政收入不下降，《文献通考》说，至孝武帝太元元年(公元376年)，又废度田收租制，不再以占有的耕地面积为课税标准，即将从田而税改为从丁而税。规定王公以下，一口征米三斛，太元八年(公元383年)十二月，又激增至每口税米五石（每石为十斗）。

苛重的税负,遭到了百姓的反对,统治者为了缓解矛盾,不得不免除服徭役者的口税。这种不论田亩多少,课以同额的税米的办法,舍地而税人,拥有大量耕地的地主与耕地极少的平民同等纳税,其实际税收负担也是极不公平的。

东晋的户调征收大致和西晋一样,只不过征收范围较西晋有所不同。《隋书·食货志》载,"男女年十六以上至六十为丁,男年十六亦半课;年十八正课,六十六免课;女以嫁者为丁,若在室者(未婚),年二十乃为丁。"西晋时,男女亦以16岁至60岁为正丁,但东晋时年18正课,年16半课;又女子如未结婚,则直到年20才算丁,其征收范围显然较西晋优惠。

(四)南朝的租调

宋、齐时期的田租因袭东晋太元八年(公元383年)之制,即每人收租米五石。户调方面,据《宋书·孝武帝纪》载,朱孝武帝大明五年(公元461年)规定:"天下民户岁输布四匹。"较西晋规定"绢三匹、绵三斤"的税负轻一些。

宋、齐时征收户调的方法,仍是依贫富将民户定为九等,以后再依据户等高低而分派数量不等的户调,即所谓"九品相通"之制。当时定户等,主要是依据各家的土地、房屋、桑树等财产的多寡、好坏来确定。也就是说,越富的人户等越高,征税越多,百姓因为害怕提高户等,增加赋税,往往不敢发展生产,对社会生产力的发展起着遏制作用。因此,《宋书》卷八十二《周朗传》称,周朗针对这种征税方法向宋孝武帝上书说:"取税之法,宜计人为输,不应以赀。云何?使富者不尽,贫者不蠲。乃令桑长一尺,围以为价;田进一亩,度以为钱;屋不得瓦,皆责赀

南朝仪仗画像石

实。民以此树不敢种，土畏妄垦，栋焚
檐露，不敢加泥。岂有剥善害民，禁衣
恶食，若此苦者。方今若重斯农，则宜
务削兹法。"

《南齐书》卷四十《竟陵文宣王子
良传》载，齐武帝永明三年(公元485
年)萧子良也上书说："三吴奥区，地惟
河辅，百度所资，罕不自出，宜在蠲优，
使其全富。而守宰相继，务在裒克，围
桑品屋，以准赀课，致令斩树发瓦，以
充重赋，破民财产，要利一时。"

到了梁、陈时期，田租户调制发生
了较大的变化。《隋书·食货志》称：
"其课：丁男调布、绢各二丈，丝三两，
绵八两；禄绢八尺，禄绵三两二分。租
米五石，禄米二石。丁女并半之。"由
此可见，田租征收对象已不是按口，而
是按丁，并且有丁男、丁女的区别，渐
趋合理。征收的数量，每丁除纳租米五
石外，还要纳禄米二石，共纳七石米，
税负加重了。就调而言，魏、晋、宋、
齐是按户征收，故称户调，此时改为按
丁征收，故称丁调。因为调按户征收，
首先得评定户等，这对生产力的发展
极为不利，所以当时有不少人提出要
改革这种征收方法。梁武帝萧衍即帝
位后，罗研又请求"除其弊"。因此，在
梁武帝天监元年(公元502年)，统治者

就改变了征调的方法，"始去赀，计丁
为布"，把户调改成了丁调。调改成按
丁征收，固然避免了"评赀"时所产生
的流弊，但它只对地主阶级和较富裕
的农民有利，对贫穷的农民来说并无
多大好处。《隋书·食货志》说，当时
调的数量是每丁纳布二丈，绢二丈八
尺，丝三两，绵十一两二分；丁女减半。
在梁、陈时期，农民除纳丁租、丁调外，
还要缴纳"其田亩税米二升"的田租附
加税。

（五）北朝的租调

1. 北魏的租调

北魏的田租与户调的税率有两个
转折：首先，均田制施行以前的税率，
因百官俸禄制度不同，而有所不同；其
次，在均田制施行后，税率又有所不
同。

（1）均田制前的租调

在未行均田制，百官俸禄制度改
革之前，官吏无俸禄，《二十二史札记》
中载"其廉者贫苦异常，如高允草屋数
间，布被缊袍，府中唯盐菜，常令诸子
采樵自给。"狡黠者则通过受贿、经商
等获取收入，甚至于不惜运用挪用税
收、破坏财政的非法手段中饱私囊。此
时的租调制度为：每户总收帛二匹，絮
二斤，丝一斤，粟二十石。又另征帛一

匹二丈，纳于州库，称为调外之费。其征收的方法仍是因袭魏晋以来"九品混通"的做法。故《魏书》称："太和八年（公元484年），始准古班百官之禄，以品第各有差。先是，天下户以九品混通，户调帛二匹，絮二斤，丝一斤，粟二十石；又入帛一匹二丈，委之州库，以供调外之费。至是户增帛三匹，粟二石九斗，以为官司之禄。后增调外帛满二匹。"

百官俸禄改制后，官吏有了固定的收入。俸禄以谷帛支给，因此每户增征帛三匹，粟二石九斗，以充俸禄；又增征调外之帛二丈，每户成为二匹。故《魏书》载：太和八年"六月丁卯，诏曰，置官班禄，行之尚矣，……朕永鉴四方，求民之瘼，夙兴昧旦，至于忧勤。故宪章旧典，始班俸禄，罢诸商人，以简民事；户增调三匹，谷二斛九斗，以为官司之禄；均预调为二匹之赋，即兼商用；虽有一时之烦，终克永逸之益。禄行之后，赃满一匹者死，变法改度，宜为更始。其大赦天下，与之惟新。"由此可见，俸禄制施行前的粟二十石，与俸禄制施行后的粟二石九斗，均为田租，其余征收的皆为户调。一般来说，户调是征收帛絮及丝的；但产麻及麻布的地方，则改以麻及麻布纳税。帛（即绢织物）及麻布以阔二尺二寸、长四十尺为一匹；六十尺为一端。

北魏与曹魏、东晋时期租调的负担比较如下：

北朝连珠"胡王"锦
1964年吐鲁番阿斯塔纳18号墓出土，现藏新疆维吾尔自治区博物馆。该墓同时出土有高昌延昌二十九年（公元589年）唐绍伯墓表，描绘了牵驼过河时的情景，牵驼者和骆驼之间织出"胡王"两字。

田租比较表

曹魏	每亩　粟四升
东晋(成帝咸和中)	每亩　米三升
(哀帝隆和中)	二升
孝武帝太元元年	每口　米三斛
孝武帝太元八年	五石
北魏	班禄前　每户米四十石（相当于曹魏时期耕种一百亩地，每亩课粟四升）
	班禄后　每户米四十五点八石（北魏度量衡制度其容量相当于曹魏时期的两倍，即北魏的二十二点九石，相当于曹魏的四十五点八石）

户调比较表

曹魏	绢二匹　绵二斤
西晋(丁男之户)	绢三匹　绵三斤
(丁女及次丁男半之)	
北魏	班禄前　帛二匹，絮二斤，绵一斤，又调外之费，帛一匹二丈；合计帛三匹半，絮二斤，绵一斤，比西晋增加半匹
	班禄后　帛增加为两倍（即七匹）。比西晋增加三匹半，比魏几达四倍

为了显示宽严有度，北魏征收户调和田租时，常将民户划分为下贫、中等、富裕三类，使中等户与下贫者在3年间有所减免，以赢得民心。《魏书·太武帝纪上》所载，魏太武帝延和三年（公元434年）二月戊寅，"诏曰，……令州郡县，隐括贫富以为三级，其富者租赋如常，中者复二年，下穷者复三年"，就意味着贫困户3年皆有减免，中等户3年中享受2年减免，富户3年均须正

常缴纳。

北魏献文帝皇兴年间(公元 467 年—470 年),为均衡税品的运输负担,根据路途远近和户等高低对纳税实物作出不同规定,例如路近者征粟,路远者征米;上等的富户要将税品运输至京城,中等户则输至他州,贫下户仅输本州即可。《魏书·食货志》说,"因民贫富,为租输三等九品之制,千里内纳粟,千里外纳米,上三品户人京师,中三品入他州要仓,下三品入本州。"

(2)均田制的推行

北魏承战乱之后,地多人少。为发展生产,巩固政权,政府千方百计通过强迁、劝招等软硬兼施的手段动员百姓落地为农,造成很多地区半数以上人口均来自外地。这些外来移民常因土地关系混乱,引起争执,以致"良畴

北朝石雕双观音立像

委而不开,柔桑枯而不采"。因此,就有了"划地划野"分与百姓,使"土不旷功,民罔游力"的均田必要。《魏书·太祖纪》载,皇始(公元 396 年—397 年)时,"徙山东六州民吏及……百工伎巧十万余口,以充京师,……更选屯卫,诏给内徙新民耕牛,计口受田"。所谓计口授田,无非是要招徕人口来开垦土地,使劳动力与土地结合,从而不但有了国家的赋税收入,而且也有了劳役和兵役的征发之源。这一政策在道武帝拓跋珪时代就已开始推行,到孝文帝太和九年(公元 485 年),有了更为完备的规定,明确了如何授田、如何还田、如何课税。这样,一方面用以打击豪强,加强中央集权;另一方面,恢复小农经济,奠定税收基础。均田制的最初构思源于西晋的占田制,但又不同于占田制,是魏帝采纳了大臣李安世的建议

后，推行至全国的一种新型的土地制度。《魏书·食货志》及《通典》对此作了详尽的记载。

首先，均田制将天下之田分为露田(正田)、桑田与麻田，由官给予一定的土地，让百姓耕种。露田男子40亩，有夫之妇20亩，又有奴婢及耕牛者，另行增给，即奴婢之分，与良丁同额，耕牛之分，每头30亩，但最高额，以4头为限，这叫做正田。此外，露田在定额之外，尚有不易之田，与之同额；一易之田二倍，再易之田三倍；以供耕休及还授的盈缩，这叫做倍田。露田是栽培五谷，不种树木的。又桑田限于男子，授20亩，植桑50本，榆3本，枣5本。其地味不适于桑者，给一亩种榆及枣，限三年种毕。不毕者收回其不毕之地。在桑榆地分，杂种枣以外之果树，或多种桑榆，均不受禁止，但在应还的露田及麻田上，则禁植桑榆枣及果树。又在麻与麻布的生产地，男夫另给麻40亩，有夫之妇5亩，奴婢与良丁同额。

其次，人年十五以上授田，越七十或身死还田。奴婢及耕牛

之分，随着有无增减而还受。但桑田不还，永久为其家所有(麻田从还受之法)。若全家老小残疾者，无受田资格，年十一以上及疾者（男子），各授半夫之田，年逾七十者亦不还田，寡妇之守志者，虽免课田，亦授妇田。

再次，露田由官授予丁男40亩，授予妇人20亩，奴婢及耕牛，依数各授规定之额；既有定额，或多于定额，仍不得不受田。但桑田有定额以上者可不受田，亦不还田；不足者，得买入不足之分，定额之分不能出卖，定额以上亦不能多买。有定额以上的桑者，通入于倍田分，其面积虽超过倍田的定额，亦不许充露田之数。反之，入桑田于倍田，又不足倍田之定额，却有私有的露田者，则得以露田充倍田。

同时，田的还受，常以正月行之。若始受田而死亡，或买卖奴婢、耕牛者，至翌年正月得还受之。凡地广人稀之地，随力之所及，官借民力以耕作之，到后来有住户时，依法分授之。凡地狭人稠之地，有进丁受田而不愿迁至他乡者，则以其家之桑田为正田分，不给倍田；如斯尚有不足时，则减家内人之分以

北魏铁刀

给之，无桑之乡亦准此。如有狭乡之住民，希望迁至他乡者，则虽异州他郡，亦得逐空荒而移住。

此外，如有新居者，则每三口给地一亩，奴婢每五口给地一亩，作为宅基地。

均田制之所以能够得以推行，首先是当时存在着大量的无主荒地，使国家实行均田制有了足够土地；其次，通过均田限制豪强占田，消除隐户，促进了国家财政收入的增加；再次，少数民族统治者与汉族地主没有任何难以摆脱的利害关系，这与20世纪50年代我国台湾省能进行土地改革一样，因为从大陆入台的国民党政权与台湾本省地主也同样没有任何难以摆脱的关系；同时，通过均田制与租调法的实施，均衡了税负从而给北魏政权带来了安定的社会秩序。

（3）均田制推行以后的租调

随着均田制的推行，租调法也就随之改革，从户而税改为从丁而税；而且对奴隶与耕牛亦同样征税，不再蠲免。

北魏财政实行专款专用制度，上表所列的帛及布，十匹之中，以五匹为公调，二匹为调外之费，三匹充内外百官之俸。此外，尚征杂调。后来到了太和十九年（公元495年），帛一匹加征绵八两，布一匹加征麻十五斤。其后，绵麻之调，时有兴废。

（4）北齐的租调

《文献通考》卷二，《田赋考》二，《历代田赋之制》中称"北齐给授田令，仍依魏朝，每年十月，普令转授，成丁而授，老而退，不听卖易。"

至武成帝河清三年（公元564年），改行新制，同时改正租调法。根据《隋书·食货志》所载，河清三年的新令为："京城四面，诸坊之外三十里内为公田。受公田者，三县代迁户执事官，一品已下，逮于羽林武贲，各有差。其外畿郡，华人官第一品已下，羽林武贲已上各有差。职事及百姓请垦田者，名为永业田。""其方百里外及州人，一夫受露田八十亩，妇四十亩，奴婢依良人，限数与在京百官同。丁牛一头，受田六十亩（丁牛胜耕之半，收牛者得受其田），限止四牛，又每丁给永业二十亩，为桑田，……不在还受之限。……土不宜桑者，给麻田，如桑田法。"

（5）北周的租调

根据《隋书·食货志》所载："后周太祖（宇文泰）作相，创制六官，……司均，掌田里之政令，凡人口十以上宅五亩，口九以上宅四亩，口五已下（《通考》作以上)宅三亩。有室者田百四十亩，丁者田百亩。司赋，掌功赋之政令，凡人自十八以至六十有四，与轻瘝(《通考》作"疾")者皆赋之。其赋之法，有室者岁不过绢一匹，绵八两，粟五斛，丁者半之。其非桑土，有室者布一匹，麻十斤，丁者又半之。丰年则全赋，中年半之，下年一之(按：即1/3)，皆以时征焉。若艰凶札，则不征其赋。"可见，北周亦行均田制，征收租调。

北魏均田制推行以后的户调表

一夫一妇	帛一匹，粟二石；麻布之乡为布一匹，粟二石
年十五以上未娶的男子	四人所纳，与一夫一妇同额
奴任耕作、婢任纺织者	八口所纳，为未婚男子的四人分
耕牛	每二十头，为奴婢之八口分

北齐租调表

一夫一妇(一床)	调——绢一匹，绵八两
	垦租——二石　增征
	义租——五斗　增征
丁男无妻者	租调——有妻者之半额
奴婢	租调——良人之半额
耕牛	调绢二丈，垦租一斗，义租五升

北周与北齐授田比较表

北齐授田	一夫一妇	露田一百二十亩	合计一百四十亩
		桑田二十亩	
	无妻之丁男	露田八十亩	合计一百亩
		桑田二十亩	
北周授田	有室之男	一百四十亩(不设露田桑田之别)	
	无妻之男	一百亩	
	妇人	不授田	

北周与北齐租调比较表

北齐租调	一夫一妇	绢一匹，绵八两，垦租二石，义租五斗
	无妻者	半额
北周租调	有室之男	绢一匹，绵八两，田租粟五斛
	无妻者	半额

二、关税

关税是向商人征收的税收。古代关税与现代关税的差别，在于古代以境内关津所在，设卡征收为主，基本上是一种国内商品通过税；而现代的关税皆指国境关税。古代的市税，相当于现代的营业税。

东汉关税，税率较高。曹丕称帝(公元220年)以后，改为从价征收，十分税一，即税率10%。所以《三国志·魏志·文帝纪》载："庚戌令曰，关津所以通商旅，池苑所以御灾荒。设禁重税，非所以便民，其除池籞之禁，轻关津之税，皆复什一。"东吴、西晋征收关税，时或免除，时或免收一年。到了东晋，关税之征，还维持着什一税率。因此，《隋书·食货志》载："晋自过江，……都西有石头津，东有方山津，各置津主一人，贼曹一人，直水五人，以检察禁物及亡叛者。其荻炭鱼薪之类过津者，并十分税一，以入官，其东路无禁货，故方山津检察甚简。"

宋的关税，不但课征荻炭鱼薪，而且税及米谷；不但是征课一次，而且是征课多次，随地课征——重复课税。因此，《宋书·孝武帝纪》载：孝武大明八年(公元464年)诏，"东境去岁不稔，宜广商货，远近贩鬻米者可停道中杂税"。

南齐关税，不但增设了关卡，而且课及所有商品；又因税吏专横，税收负担和税外勒索过重，激起民愤，不得不下轻税优商之诏：《南齐书·明帝纪》载，建武元年(公元494年)冬十月己巳，诏曰，"顷守职之吏，多违曰典，存私害公，实兴民蠹，今商旅税石头、后渚，及夫卤借倩，一皆停息。"梁、陈之际，关税征收亦大抵相似。

北魏似不征收关税，故在《魏书》中只有太和七年(公元483年)三月，"弛关津之禁，任其去来"的记载，说明当时北魏朝廷是免征关税的。

北齐后主，因财政困难，才征收关税，以增收入。《北齐书·后主纪》载：

三国魏晋南北朝时期的财政 第五章

273

武平六年(公元575年)闰八月辛巳,"以军国资用不足,税关市、舟车、山泽、盐铁、店肆,轻重各有差"。又《隋书·食货志》载,北齐武平(公元570年—575年)之后,"黄门侍郎颜之推,奏请立关市、邸店之税,开府邓长颙赞成之,后主大悦。于是以其所入,以供御府声色之费;军国之用不豫焉。未几而亡"。可见,当时的关税收入,均供御府声色之费,未充军国之用,终于导致亡国。

三、市税

汉的市租,在魏、晋、南北朝时都征收不误。《晋书·武帝纪》称,泰始元年(公元265年)冬十二月,"复(免)天下租赋及关市之税一年"。说明西晋时曾实行过免除租赋及关市税一年的优惠政策。

到了东晋时,《隋书·食货志》载:"淮水北有大市百余,小市十余所,大市备置官司,税敛既重,时甚苦之。"刘裕即位之初,于永初元年(公元420年)"以市税繁苦,优量减降",要革除东晋的弊政。但是到南朝宋时,内地各州仍袭东晋旧制,课征市税,而且非常苛重,以至于《宋书·文帝纪》称,元嘉十七年(公元440年)十一月丁亥,诏曰:"州郡估税,所在市调,多有烦刻,山泽之利,犹或禁断。"

《南齐书》卷四十,《竟陵文宣王子良传》载,"司市之要,自昔所难,顷来此役,不由才举,并条其重赏(资),许以贾衒,前人增估求侠,后人加税请代,如此轮回,终何纪极。兼复交关津要,共相唇齿,愚野未闲,必加陵诳,

东晋牛车画像砖

罪无大小，横没赀载。"似乎表明南齐为了防止重复征税，对市税征收，实行包税制。《南史》载：至陈后主，则"税江税市，征取百端"。可见，南朝市税苛重，一直解决不了。这说明无论在什么时候，不解决财政节支问题，任何想减轻百姓负担的减税措施都是难以兑现的。

《魏书·食货志》载，孝昌二年(公元 526 年)，"税市，入者人一钱，其店舍又为五等，收税有差"。说明北朝市税的课征分为行商和坐商两种：行商要贩卖货物，进入市区，每人课一钱之税；坐商，则将店铺分五等课税。至于非商人，出入市区，并不课税。入市税与店铺税，西魏废帝(公元 552 年—553年)时曾予以废除，到北齐后主武平(公元 570 年—575 年)后，又复征收。北周对于入市税(市门税)，时兴时废。

四、估税与散估

估税与散估始于东晋。因为此时农业进步，手工业发达，商业与交通运输亦随之发展，于是地主阶级要追求高价的奢侈品，一般农民亦须出卖剩余的农产品以换得必需的消费品，于是出现了城乡交易繁兴的局面。当时对立有文据的大额交易，所课之税称为估税；对不立文据的小额交易，所课之税称为散估。估税为中国历史上契税之始，散估则似西方国家交易税的雏形。

据《隋书·食货志》载：所谓估税乃"晋自过江，凡货卖奴婢、马牛、田宅有文券，率钱一万，输估(税)四百入

东晋点彩盘口壶

官，卖者三百，买者一百"；所谓散估乃"无文券者，随物所堪，亦百分收四，名为散估"。

这就是说，对奴婢、马牛、田宅的买卖，价额较大，立有文据，所课之税，称为估税。而其他价额较小的物品买卖，不必一一立据，所课之税，称为散估。两者的税率，均为4%。不过前者的税额，由买卖双方三一分担，即卖方

东晋　山东灵岩寺辟支塔上的浮雕。

出 3/4，买方出 1/4。后者的税额，则只能由卖方支付，然后转嫁于买方。《隋书·食货志》称：此项税收制度，"历宋、齐、梁、陈如此，以为常"。说明宋、齐、梁、陈，皆沿袭施行，其税率亦无变化。

从估税与散估皆以卖方为主缴纳的制度安排来看，其征收目的表面上是为了抑商、励农和均输，实际上还是为了增加政府财政收入。所以《隋书》上说："人竞商贩，不为田业，故使均

输，欲为惩励，虽以此为辞，其实利在侵削。"

五、桥坝通行税

东晋的通行税相当于现代的道路、桥梁有偿使用收费，并非现代意义上的税收。成帝咸康年间（公元 335 年—342 年），东晋政府为了有利行人通过，在首都建康（即今南京）的秦淮河上建起了 24 座浮桥，由于当时人们把浮桥称之为桁或航，所以规模最大的 4 座桥分别称为朱雀桁、丹杨航、竹格渚航和骠骑航。《晋书》所载：东晋宁康元年

(公元 373 年)三月癸丑，"诏除丹杨、竹格等四桁税"，就是指皇帝下令对这 4 座重要桥梁实行收费制度。此项称为通行税的收费，直到宁康元年才停止征收。

此外，东晋时期还征收同样是使用费性质的牛埭税，埭是挡水之堰，古人称为堰，今人名为坝。坝截江流，通船较难，于是坝上备有水牛，牵(挽)船只过坝。过坝船只，要合理付费，这种过坝使用费，便是牛埭税。

作为使用费的牛埭税本来是无可指责的合理收费，所以《南齐书》载：时人称之为"公私是乐，……输直无怨"。但到后来，为了增加财政收入，其征收额不断提高，大大超过成本，从而使本来是使用费性质的牛埭税变成真正的通行税了。

《南齐书》所载，武帝永明六年(公元 488 年)，西陵戍主杜元懿奏请增加西陵牛埭税的定额，且把浦阳江的南津埭、北津埭及柳浦埭，亦归官管，且由西陵戍管理征收。根据杜元懿给皇帝的报告可知："西陵牛埭税官格(定额)，日三千五百。"即可增收一倍，一年累计可征收 100 万钱；若浦阳江的南北津埭，及柳浦，亦由改为官营，则四埭合计财政可增收 400 余万钱。

六、盐专卖

始于西汉武帝的食盐专卖，由于各方反对，再加专卖制度的腐败，占国家财政收入的比例不断下降，在东汉和帝(公元 89 年—105 年)时期被取消。到东汉末年，由于中原战乱，关中人口大量逃亡荆州。为了恢复生产，曹操采纳了荀彧的建议，重新实行食盐专卖政策，利用专卖收入，购置犁、牛等农具，招致人口还乡。所以到献帝建安(公元 196 年—219 年)初，在曹操统治区食盐又普遍推行民制官卖的专卖政策。

（一）三国时期

食盐专卖，从曹操的势力范围内恢复，后来逐步扩大到了吴蜀两国。《三国志·蜀志》中载，"及成都既平，以连为什邡令，转在广都，所居有绩，迁司盐校尉，较盐铁之利，利入甚多。有裨国用，……迁蜀郡太守，兴业将军，领盐府如故。""初，先主定益州，置盐府校尉，较盐铁之利，后校尉王连请义及南阳杜祺、南乡刘干等，并为典曹都尉。"《三国志·吴志》载：永安七年(公元 264 年)秋七月，"海贼破海盐，杀司盐校尉骆秀。"说明三国鼎立时期蜀国和吴国也都实行食盐专卖，以增财政收入。

（二）两晋时期

西晋沿袭魏国旧制，设有司盐都尉及司盐监丞之官，且定有法禁。《太平御览》载："凡民不得私煮盐，犯者四岁刑，主吏二岁刑。"东晋似未实行食盐专卖政策。

（三）南北朝时期

《陈书·世祖文帝纪》载：天嘉二年(公元561年)"十二月辛巳，……太子中庶子虞荔，御史中丞孔奂，以国用不足，奏立煮海盐赋及榷酤之科，诏并施行"。这里的"煮海盐赋"不是专卖，乃对制盐业者课之以税。可见，南朝陈对食盐实行征税制度。至于其他各朝则因无盐铁之制的记载，难以考证。

北朝北魏时，由于境内河东郡有盐池，盐利是财政的重要收入，所以一直置官专卖。到献文帝皇兴四年(公元470年)十一月，才取消专卖。此后时有兴废：孝明帝神龟初年(公元518年)又行专卖；到孝昌三年(公元527年)则改行征税。永熙（公元532年—534年）以后，北魏分裂为东西二魏，西魏继续实行征税制度，东魏则实行官制官卖。东魏之所以实行专卖，是其位于产盐区，有沧、瀛、幽、青四州沿海，皆设灶生产官盐，沧州设灶1484所，瀛州452所，幽州180所，青州546所，邯

郸4所，一年合计收盐209702.4斛，盐利对国家财政收入有着举足轻重的影响。

北齐沿用东魏制度，实行海盐专卖，直到武平六年(公元575年)改专卖为征税。北周对食盐实行专卖政策，太祖宇文泰为西魏丞相时，便为专卖创设载师、司均、司赋、司役、掌盐、司仓等六官，执掌盐政。《隋书·食货志》中载，"掌盐，掌四盐之政令：一曰散盐，煮海以成之；二曰盐，引池以化之；三曰形盐，物(一作"掘")地以出之；四曰饴盐，于戎以取之。凡盐形盐，每地为之禁，百姓取之，皆税焉"。文中形盐乃指井盐，北周时代，池盐与井盐是官卖的。至于文中"百姓取之，皆税焉"，似乎是实行征税制度，其实不然。《隋书·食货志》载："(隋文帝)开皇三年(公元583年)正月，帝入新宫。……先是，尚依周末之弊，官置酒坊收利，盐池盐井皆禁百姓采用。至是罢酒坊，通盐池盐井，与百姓共之。远近大悦。"由此可见，北周实行的是专卖政策，到隋初才废除专卖。

七、酒专卖

桓宽所著《盐铁论》，生动地记录了当年西汉昭帝(公元前86年—前74

年)亲自主持的最高国务会议，研究盐铁酒专卖政策的辩论实况。会议后昭帝决定征酒税，而废专卖。其后于魏及南朝，皆沿袭征税制度。《三国志·吴志》载，"吕壹、秦博为中书，典校诸官府及州郡文书，壹等因此渐作威福，遂造作榷酤障管之利"。可见，当时只有孙权在其吴国统治区实行酒专卖。《南齐书》称"京邑酒租，皆折使输金，以为金涂"。说明魏、晋、宋、梁各代均征酒税，直至于齐。至陈，天嘉二年(公元561年)十二月，立榷酤之科，改征税制为专卖制。

《文献通考》载："魏名臣传，中书监刘放曰，官贩苦酒，与百姓争锥刀之末，请停之，苦酒盖醋也。""醋之有榷，自魏已然，乃知不特近世也。"足见北魏时，醋也实行专卖制度。

《隋书·食货志》载，开皇三年(公元583年)："尚依周末之弊，官置酒坊，……至是罢酒坊。"由此可见，北周亦行酒的专卖，直到隋初才废除。

八、山泽矿冶税

在古代，铁、铜是重要的战略物资，既能制造武器，也能制造农业、手工业的生产工具，所以魏晋南北朝时，禁止私人开采铁矿，生铁由政府供应，甚至铜矿亦由政府官营，《三国志·吴志》中载，吴国"铸山为铜，煮海为盐，境内富饶。"可见当时铜的开采与冶炼，均由政府官营，不许百姓私人涉足。

随着战乱和南北朝的出现，政府的统治力量日益减弱。东晋时期，开始出现地方豪强侵占官属的山林川泽与水面，赢利自肥。成帝咸康二年(公元336年)，朝廷不得不下令予以严禁。由于豪强势力过于庞大，仍然屡禁不止，所以《宋书·武帝纪中》还记载着：直到晋安帝义熙九年（公元413年)二月，"先是山湖川泽皆为豪强所专，小民薪采渔钓皆责税直，至是禁断之"。

《宋书》称，"郡领银民三百余户，凿坊采砂，皆二三丈，功役既苦，不顾崩压；一岁之中，每有死者，官司检切，犹致逋违，老少相随，永绝农业，千有余口，皆资他食，……寻台邸用米，不异于银，谓宜准银课米，即事为便"。可见，南朝之宋，允许百姓开采银矿，政府仅仅征收银矿税而已。《魏书·食货志》载："世宗延昌三年(公元514年)春，有司奏长安骊山有银矿，二石(一石为120斤)得银七两。其年秋，桓州又上言，白登山有银矿，八石得银七两，锡三百余斤，其色洁白，有逾上品，诏并置银官，常令采铸。"足见北朝之北魏，金银矿是官营的。

魏晋南北朝时期，有山泽之禁，但并非一律禁止百姓开采；对于那些允许开采的山泽之利，只要照章纳税，就能取得开采权。

九、财产税

起于南朝宋文帝元嘉二十七年(公元450年)的赀税是一种财产税。《宋书》载，元嘉二十七年秋七月，"是岁军旅大起，王公妃主及朝士牧守，各献金帛等物，以助国用，下及富室小民，亦有献私财至数十万者，……有司又奏，军用不充，扬、南徐、兖、江四州，富有之民，家赀满五千万，僧尼满二千万者，并，过此率讨，事息即还。"这就是说，财产满5000万钱的富户和满2000万钱的僧尼，要"四分换一"借给政府，这种名为借用实为强制的献金，纯属无偿的征收。

《隋书·食货志》记载：北齐武平(公元570年—575年)之后，曾判"境内六等富人，调令出钱"。这就是说，当时的北齐政府根据百姓富裕程度，将人户分为九等，所谓六等富人，指上六等者为富户，这些富户都得出钱缴纳财产税。

十、口钱

口赋和算赋是汉代的人头税，曹魏以户调取代之。晋代魏后，亦继续征收户调，宋于征收户调之外，更征收人头税的口钱，自齐梁至陈，仍沿而未改。《南齐书》载：齐太祖即位的公元479年，"以谷过贱，听民以米当口钱，优评斛一百(即高评米价，一斛换算为钱一百文)"。可见，南朝在宋以来，政府把口钱当作一种常规税收。《梁书·武帝纪》也说：梁天监元年(公元502年)夏四月，诏曰，"逋布口钱，宿债勿复收"，可见梁时亦征收口钱。《文献通考》载，"蜀李雄簿赋其人，口出钱四十文，巴人谓赋为賨，因为名焉。賨之名旧矣，其赋钱四十则起于李雄也"。也就是说，十六国时代，蜀有口钱之制。

由于口钱征收，非常苛重，百姓难以承受，正如《南齐书》所载，建元(公元479年—482年)初，"……浙东五郡，丁税一千，乃有，以充此限，道路愁穷，不可闻见，所逋尚多，收上事绝，臣等具启闻，即蒙蠲原，而此年租课，三分逋一，明知徒足扰民，实自弊国"。弄得百姓质妻卖子，怨声载道，千方百计逃脱此税。

十一、兵役

从腐败的东汉末年走向三国分立，军阀混战数十年，百姓颠沛流离，苦难深重。《三国志·魏志·刘放传》注引

大道之行
中国财政史

宋文帝刘义隆

文帝在位八深崇道教

孙资别传说，魏散骑常侍孙资认为："夫守战之力，力役三倍"；赋役所加，负担沉重，民力难堪；《三国志·吴志·薛琮传》中，薛珝说蜀是"经其野，民皆菜色"；《三国志·吴志·贺邵传》称，吴国亦"老幼饥寒，家户菜色"。从三国所拥有的人口及动员兵力来看，基本上是平均两家有一人在长期服兵役，或以每家五口计，十个人之中，包括男、女、老、幼在内有一人服役。东吴后期，甚至让屯田兵也负担徭役，包括参加修筑宫室、从事长江运输等，为了逃避服役，弄得屯田兵只好弃子不养，以致父子相弃。

司马氏建立西晋政权后，于咸宁元年（公元275年）罢屯田官，太康元年（公元280年）又罢州郡兵，兵役减轻。东晋、南朝兵制，有事则征民为兵，无事则散而为农。东晋时，曾调发奴隶为兵。《晋书·简文三子道子传》称，晋安帝隆安三年（公元399年），元显为扬州刺史，将东土诸郡私奴转为客户，调入京师以充兵役，"人不堪命"。

南朝兵役较东晋又重。宋文帝元嘉二十七年（公元450年），大举伐魏，因兵力不足，对青、燕、豫诸地农民，五丁取三；齐自东昏侯（公元499年—501年）起，每同北魏交战，则于扬、徐二州就丁男三丁取二，对较远州郡的丁男，则令交米。

西晋以后，北方和巴蜀相继建立政权，割据者相互攻伐，百姓兵役负担沉重。如后赵石季龙行"三五"发卒法，五丁取三，四丁取二；汉刘渊曾"扫地为兵"。军需用品，皆由百姓负担，如石季龙为"南征"，命军士五人出车一乘，牛二头，米十五斛，绢十匹，置办不足者斩首。北魏初无定制。拓跋焘太平真君六年（公元445年）八月，"诏发天下兵，三分取一"。孝文帝延兴四年（公元474年），准备南征，州郡人民十丁取一。北魏甚至对士兵并非战争的役使和剥夺也无所不用其极，《通考·兵考三》载：孝明帝时（公元516年—528年在

十六国时期彩绘陶灯

位），对兵丁"穷其力，薄其农，用其功，节其食"，近乎奴役，无有归期，死于沟壑者十之八九。北齐兵制，18岁受田，20岁充兵，60岁免役；北周实行八丁兵制：将强壮男丁分成数批，每批八丁取一，轮流充兵。北周武帝改为十二丁取一轮值，即每年服役一个月。服役者享受免除租调的优惠。

北朝兵役开始皆由少数民族百姓充当，后来才征集汉人。《魏书·孝文帝纪》载："司州(即洛阳)之民，十二夫调一吏，为四年更卒，……以供公私力役。"就是说，北魏在洛阳居民中，每12人征集1人，4年交替服役；到了北周，"夏人半为兵"，即一半兵员在汉族百姓中征集，实行"十二丁兵"制度，即12人轮流服役，每人30日，合计为1年。《隋书·食货志》说，北齐武成帝时(公元561年—565年)规定："男子……二十充兵，六十免役。"

十二、劳役

曹魏、西晋时，徭役还不算太重。到了东晋，徭役便重，而且流弊很深。《晋书》载，西晋为稳定社会，巩固统治，对劳役有所规范，朝廷规定：男子16至60岁为正丁，15岁以下至13岁，60岁以上至65岁为次丁，老小免役。东晋初，沿用西晋的制度，男子16岁

起，服全役，13至15岁、60至65岁，还要服半役，随着不断的军事行动，其他力役名目越来越多，以至于"伤天理，违经典，困苦万姓。"役及稚弱，造成"四野百县，路无男人；耕田载租，皆驱女弱"的怪现象。庾和为丹阳尹时，曾请求废除重役达60余项。大臣范宁上书称："古者使人，岁不过三日，今之劳扰，殆无三日休停。致有残形剪发，要求复除，生儿不复举养，鳏寡不敢妻娶。"也就是说古代服役，每年不超过3日，今调发服役，则无3日休停。由于劳役苦重，生男不敢养育，鳏寡不敢婚嫁，有的被迫自残，或削发为僧。《文献通考》称，"(宋)孝武大明(公元457年—464年)中，王弘上言：旧制民年十三半役，十六全役，当以十三以上自能营私及公，故以充役。而考之见事，犹或未尽；体有强弱，不皆称年。……十五至十六宜为半丁，十七为全丁。帝从之。"这就是说在南朝宋时，大臣王弘称旧制为13岁半役，16岁全役，是为弊政，建议改为15—16岁为半丁，17岁全役，孝武帝听从了他的意见。宋文帝于元嘉八年(公元431年)遣使简息徭役。梁武帝时(公元502年—548年在位)，大兴劳役，男丁不足，役及女丁，至大同七年(公元541年)

283

方罢女丁。

《魏书·高祖纪下》载，十六国对力役征调无时，北魏太和前调发亦无节制，造成农夫不垦殖，田亩多荒芜。太和元年（公元477年），始令"简以徭役"；二十年（公元496年），规定"十二大调一吏，为四年更卒，岁开番假，以供公私之役"。《隋书·食货志》说，北齐令男子18岁始服役，60免役。西魏规定：凡民自18至59岁皆任力役。服役时间，丰年不过30天，中年20天，下年10天，凶年免役。服役人数，每家一人；如家中有年逾八十者，可一子不从役；如有百岁老人，则全家不从役。如凶

札之年免役；有废疾不养者，一人不从役。《隋书·食货志》载，"（北齐文宣帝）始立九等之户，富者税其钱，贫者役其力，北兴长城之役，南有金陵之战。其后南征诸将频岁陷没，士马死者以数十万计。重以修创台殿，所役甚广。"由于征调繁重，百姓劳苦，直至北齐废帝时才有所减轻。

南齐武帝（公元483年—493年）时，男子年18至60岁，每岁服役20日，16至17岁与61至65岁服半役。除服役20日之外，"率十八人，出一运丁役之"。另一方面，也有免役的规定，例如建武四年（公元497年），百姓产子者，免除其父母一年的租税及徭役，又新婚的男子，免除其一年的徭役。

地方上的徭役，主要的有塘丁役，特别是浙东一带，滨海筑塘，《南齐书》称，"民丁无士庶，皆保塘役"。而海塘安险不一，工事大小不同，故为均摊劳役；改行塘丁钱，初由地方自筹自用。但到后来，则将全部塘役换算为钱，每年摊征于全部之丁，且将此项收入，送入中央。嗣后，即使是堤塘完好，无役可派的年份，亦仍征收丁钱，而在堤塘损坏时，官家却找不到人手，遂致"塘路崩芜，湖源泄散"。

北朝武士俑

塘丁钱的征收，始自会稽，其后扬、南徐各郡，亦均仿行。

十三、卖官鬻爵

《魏书·食货志》称，北魏庄帝时（公元528年—530年在位），因统治阶级内乱，仓廪虚罄，宣布入粟卖官：输粟八千石，赏散侯；六千石，散伯；下至职人输七百石，赏一大阶，授以实官。无第者输五百石，听正九品出身。宋明帝时，因军旅大起，国用不足，出卖官爵，自县至三品令史均有价。

十四、旅店税

西晋统一之初，南北商业日益发达，因之交通线上的旅店亦相应发展起来，时人有以旅店藏奸民，欲收归官办，叫"官樀"。"十里（设）一官樀，使老小贫户守之，又差吏掌主，依客舍收钱"，后因潘岳反对而停止。

十五、牛马税

《魏书·本纪》载，北魏拓跋嗣永兴五年（公元413年）正月，诏诸州六十户出戎马一匹；泰常六年（公元421年）二月，"调民二十户输戎马一匹，大牛一头"；三月，"制六部民，羊满百口输戎马一匹"。

十六、杂调

南北各朝，杂调繁多。北魏除常赋之外，有杂调十五。至梁建立，始稍加整理，"（天监）元年（公元502年）始去人赀，计丁为布"，杂调悉除。所以，《梁书》称："齐末昏乱，政移群小，赋调云起，徭役无度，守宰多倚附权门，互长贪虐，掊刻聚敛，侵愁细民，天下摇动，无所厝其手足；高祖在田，知民疾苦，及梁台建，仍下宽大之书，昏（东

南朝《职贡图》（局部）

此为宋人摹本，绢本设色，现藏中国历史博物馆，纵25厘米 横198厘米。图中绘列国使者立像12人，皆左向侧身，身后楷书榜题，疏注国名及山川道路、风土人情、与梁朝的关系、纳贡物品等。画中人物比例准确，铁线描遒劲流畅，敷色高雅古朴，体现了中国南朝绘画艺术的水平。

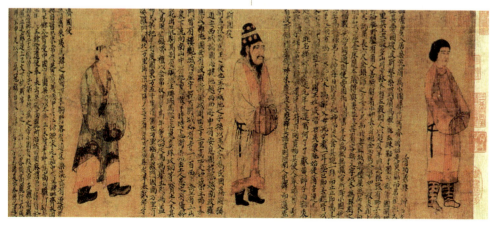

昏侯）时杂调咸悉除省，于是四海之内，始得息肩。"

十七、战利品

《魏书·太祖纪》载，拓跋珪天兴二年（公元399年），破高车30余部，获7万余口，马30余万匹，牛羊140余万。骠骑大将军卫王仪破其遗进7部，获2万余口，马5万余匹，牛羊20余万头，高车20余万乘，并服玩诸物。在整个北魏时期，每有大的征战，多有掳掠，包括人、马、牛及其他贵重物品，而且数量很大。

十八、贡献

沿袭汉制，三国行贡献。汉献帝禅位魏文帝登基后，孙权即遣使称藩。当时曹丕声称要晋封孙权之子，孙权闻知后，即遣使携东吴方物作为答谢。这种答谢只是一种出于礼貌的贡献。而不少贡献则是索要性质的。据《江表传》说："是岁，魏文帝遣使求雀头香、大贝、明珠、象牙、犀角、玳瑁、孔雀、翡翠、斗鸭、长鸣鸡"，孙权以为"彼所求者，于我瓦石耳，孤何惜哉？""皆具与之"。不仅东吴向魏进贡，周边少数民族也要对魏国朝贡。史称："魏兴，西域虽不能尽至，其大国龟兹、于阗、康居、乌孙、疏勒、月氏、鄯善、车师之属，无岁不奉朝贡，略如汉代故事。"

所献之物，有名马、楛矢、良马、石弩、貂皮、灵龟等物；倭王遣使献生口、倭锦、绛青缣、緜衣、帛布、丹木等物。蜀居西南，没有贡的记载。吴国于永安五年（公元262年）使察战到交趾调孔雀、大猪，亦属索贡。

两晋南朝时，所谓平民之贡，其实是杂征敛，史称南朝宋吴喜在荆州，乘兵威之盛，诛求推检；南齐东昏侯，"订出雉头、鹤氅、白露缲"之类，梁武帝大同时，"民间诛求万端，或供厨帐，或供厩库，或遣使命，或待宾客，皆无自费，取给于民"；陈朝"湘川地多所出，所得并入朝廷。粮运竹木，委输甚众，至于油、蜜、脯、菜之属，莫不营办"。对南方的一些少数民族，当时大多未直接统治，只是朝贡关系，羁縻而已。据史籍记载，西晋时鲜卑、肃慎、东夷、扶南、林邑、大秦等国南夷22部不定期来奉献，"每诸方贡献，帝辄赐之"，南朝四代立国有长短，同宋、梁有交往的达20余国；高丽、林邑、天竺等国不时往来，贡献方物。《宋书·明帝纪》载，明帝泰豫元年（公元472年）正月，"皇太子会万国于东宫，并受贡计"。

北朝时期，东北有夫余、勿吉、室韦、契丹、库莫奚，北有柔然、高车、突厥，西北有鄯善、伊吾、高昌、焉耆、龟兹、于阗、渴盘陀、疏勒、乌孙，西部有吐谷浑、宕昌和党项等民族。他们同北朝互通往来，进贡聘问。如吐谷浑送牦牛、蜀马及西南的珍贵土产；宕昌贡朱砂、雌黄、白石胆；高昌赠白、黑貂裘、名马、盐枕等物，总之，贡献之物多为当地名贵土产，北朝各国亦赠以锦采、车骑等物品以为交换。

北朝同周边各国如高句丽、百济、新罗、日本、大宛、大月氏、波斯、大秦、五天竺等国保有商业往来或通商关系，并互有赠赐，特别是高句丽，先后90余次派遣使节到北魏、东魏、北齐、北周王朝的京师进行聘问，贡献珍稀土特产。

第四节　三国魏晋南北朝的财政支出

一、皇室

三国魏文帝曹丕称帝之初，曾营造洛阳宫，建筑了凌云台与九华台，但并不过分奢侈。到了明帝曹叡（公元227年—239年），则不顾民生凋敝，大肆经营宫室，工程浩大，百姓劳怨。齐王曹芳（公元240年—254年）后期，更是奢侈淫乐，耗尽财力。吴主孙亮（公元252年—258年）及孙皓（公元264年—280年）时，奢侈淫逸达于极点。特别是孙皓，后宫万数，竭民财力，以至于百姓怨呼道路，母子死诀。

晋武帝司马炎继曹魏灭蜀亡吴，初即王位（公元265年），极尚俭约，但天下既定，耽于游宴，皇室支出日增。《晋书·武帝纪》载，太康二年（公元281年），“诏选孙皓妓妾五千人入宫”。同时，太庙建筑亦极豪华。《晋书·武帝纪》载：“泰始二年（公元268年）营太庙，致荆山之木，采华山之石，铸铜柱十二，涂以黄金，镂以百物，缀以明珠。”

皇陵建造所需财政亦支出不少，晋有15帝，除怀、愍二帝被杀，海西公被废，无陵外，先后建造了12座皇陵。

赏赐费用，在曹魏时期占财政支出比例不大。吴主孙权，对臣下略有赏赐，除金钱外，多赐田宅。晋时赏赐较多，其赏赐物品有钱、绢、布、帛、棉、谷、田、园、牛马、酒等。齐梁陈三朝亦有赏赐，但为数不多。

北魏皇室费用，文献所载不多，但祭祀用费特大。至于宫殿支出，耗费之大，可从《魏书》记载中窥知：“天兴四年（公元401年），……起紫极殿，玄武楼，凉凤观，石池，鹿苑台”，文成帝兴安(公元452年—553年)时，"建国已久，宫室已备，永安前殿，足以朝会万国，西堂温室，足以安御圣躬，紫楼临望，可以观望远近"。其所花费的人工"计斫材运土，及诸杂役须二万人；丁夫充作，老小供饷合四万人，半年可讫"。

北魏时，赏赐支出较多，而就其物品而言，大多是绢丝、杂彩、絮、布、帛、缣粟、蜡，较少赏钱。

北齐开国之君主，戎马倥偬，生活上并不铺张。至后主(公元565年—576年)、幼主(公元577年)时，则荒淫奢侈，宫廷的豪华达于极点，财政开支猛增。比如，齐后主拜冯小怜为淑妃，选彩女数千，为之羽从；而一女之饰，动费千

北魏彩绘镇墓兽

金。且狗、马、鹰，都加封官号，享受俸禄，人竟然不如鹰犬！

由于宫廷支出浩繁，为了筹集专款，以补财政之不足，《通典》称"北齐黄门侍郎颜之推，奏请立关市邸店之税，……以其所入，以供御府声色之费"。

《北齐书》载，幼主时，"宫掖婢皆封郡君，宫女宝衣玉食者五百余人，一裙直万匹，镜台直千金；竞为变巧，朝衣夕弊，……更增益宫苑，造偃武修文台。其嫔嫱诸宫中，起镜殿、宝殿、瑇瑁殿，丹青雕刻，妙极当时。又于晋阳起十二院，壮丽逾于邺下。所爱不恒，数毁而又复。夜则以火照作，寒则以汤为泥，百二困穷，无时休息。凿晋阳西山为大佛像，一夜然油万盆，光照宫内。又为胡昭仪起大慈寺，未成，改为穆皇后大宝林寺，穷极工巧，运石填泉，劳费亿计。人牛死者不可胜纪，御马则藉以毡罽，食物有十余种，……狗则饲以粱肉，……斗鸡亦号开府，……又好不急之务，曾一夜索蝎，及旦得三升。特爱非时之物，取求火急，皆须朝征夕办，当势者因之贷一而责十焉。"足见穷奢极欲至极点。

像北齐幼主如此铺张浪费，在南朝亦不止北齐一代，如《陈书》记载：陈朝的后主则是其中之典型人物。"至德二年(公元584年)乃于光照殿前，起临春、结绮、望仙三阁，阁高数丈，并数十间，其窗牖壁带悬楣栏槛之类，并以沉檀香木为之。又饰以金玉，间以珠翠，外施珠帘，内有宝床、宝帐，其服玩之属，瑰奇珍丽，近古所未有"。

三国魏晋南北朝时，国家林立，为了生存，相互间既有兵戎相见的战争，也有合纵连横的信使往还支出。《三国会要》称，"(孙)权出都亭，侯(邢)贞与盟。(魏)文帝遣使求雀头香、大贝、明珠、象牙、犀角、瑇瑁、孔雀、翡翠、斗鸭、长鸣鸡，……权皆与之"。"(蜀)后主(刘禅)建兴元年(公元223年)，遣尚书郎邓芝固好于吴，吴王孙权与蜀和亲"。"蜀致马及方物，吴亦致方土所出以答，后以为常"。及至晋代，亦有此种财政支出。如《魏书·帝纪·序纪》载，"魏始祖五十六年，帝复如晋，其年冬还国，晋遗帝锦罽、缯彩、绵绢诸物，咸出丰厚，车牛百乘，行达并州。晋征北将军卫瓘……请以金锦赂国之大人，令致间隙，使相危害。晋帝从之，遂留帝。于是国之执事及外部大人皆受瓘货。"

历朝历代的开国皇帝，大多痛恨社会之腐败，揭竿而起，大有一番为民请命，舍我其谁的雄心壮志。因此，在开国之初他们大多自奉较俭，赐予较厚，从而缓和了原本尖锐的阶级矛盾。而后来之君主则无当年父祖辈的人生

北魏骑马俑

经历，逐渐反其道而行之，赏赐趋薄，自奉甚厚，靡费国家财力与人力在所不惜，以至于最后走上了官逼民反的灭亡之路。

二、军费

三国魏晋南北朝时期兵戎相见，战争频繁，致百姓死伤无数。《三国志·魏志·武帝纪》载：建安七年(公元202年)，曹操曾下过令文，"吾起义兵，为天下除暴乱，旧土人民，死丧略尽，国中终日行，不见所识，使吾凄怆伤怀！其举义兵已来，将士绝无后者，求其亲戚以后之；授土田，官给耕牛，置学师以教之；为存者立庙，使祀其先人。魂

而有灵，吾百年之后，何恨哉？"充分反映了整个三国时代，兵荒马乱，满目荒芜的凄凉景象。

由于战争不断，当时养兵极多，军费开支很大。《资治通鉴》载：荆州大战时，曹操写给孙权的信中说："近者奉辞伐罪，旌麾南指，刘琮束手；今治水军八十万众，方与将军会猎于吴。"可见曹操的军队为数不少，即使没有"水军八十万"也有数十万之众。当时，蜀国百姓不足100万，养兵却有12万；吴国人口仅200余万，晋武帝平吴时，接收吴兵即有23万。可见，总共只有700万人口的三国时代，供养的军队竟有百万之多，加上巨额战费，财政肯定是不胜负担。

晋统一宇内，曾罢州郡武备，故其养兵之数，低于三国总和。即使如此，其兵数仍多于汉朝的和平时代。《文献通考》记载："帝惩魏氏孤立，大封同姓，大国三军，兵五千人，次国二军，兵三千人，小国一军，兵千五百人"，大国有20000户，次国有10000户，小国有5000户，所以地方上是平均4户养1兵。晋武帝泰始元

年(公元265年)，封子弟20余人为王，每国平均为2军，即3000人。其地方武装总人数当逾6万之众。尽管这个数字比之后代并不算大，但在全国人口大量死亡的战乱之后，田荒谷贵，6万地方兵员也是财政的沉重负担。

宋武帝刘裕(公元420年—422年)时，国家财政尚能正常开支军费。至文帝元嘉二十七年(公元450年)，因军费浩繁，财政无法支付，不得不以减支官俸1/3来解决。后来实在支撑不住，又通过重赋厚敛来增加财政收入，直至实行军事捐献，以作补充。《通典》说：

宋武帝刘裕像

大道之行
中国财政史

"二十七年后魏南侵，军旅大起，用度不充，王公妃主及朝士牧守，各献金帛等物，以助国用，下及富室小人，亦有献私财数千万者，扬、南徐、兖、江四州富有之家，赀满五十万，僧尼满二十万者并四分借一，过此率计，事息即还。"

北魏之初，全民皆兵，常备军最多时仅40368人，后来又进一步减少。所以《魏书》载："太祖(拓跋珪)(公元386年—408年)平中山，多置军府，……凡有八军，军各配兵五千，食禄主帅，军各四十六人。""中原稍定，八军之兵渐割，南戍一军，兵才千余，然主帅如故，费禄不少。"尽管北魏常备军不多，但实际作战时，由于实行全民皆兵体制，其动员费及作战费用亦为数不菲。此后的北齐与北周，亦一如北魏，财政收入几乎都用于战费支出，民穷财尽，兵骄将富，这些朝代随着战争而起，亦随着战争而加速其灭亡！

三、俸禄

《三国志·魏志·武帝纪》称：曹操生前"节俭，不好华丽……"及其死后，亦行薄葬，"敛以时服，无藏金玉珍宝"。反映了当时政府实行的是薄俸制度。

《三国会要》记载：到了曹芳时，冗员大增，"郎官及司徒领吏二万余人，见在京师者尚万人，而应书与议者无几人。又朝堂公卿以下四百余人，其能操笔者未有十人，多相从饱食而退。"可见，为官者素质下降到了滥竽充数的地步，财政俸禄开支免不了日益扩大。

《三国会要·庶政上·户口》记载，蜀国有内外官吏40000人，吴国有32000人。《通典》记载，晋有内官6836人，宋有6172人，齐有2103人；北朝方面，北魏有7764人，北齐有2322人，北周有2989人。由于被称为外官的州郡县吏，一般为内官数之五六倍，因此全国官额皆为上万，以至于数万之多，其财政支出亦为数可观。

三国时代，官俸较薄，晋初亦是如此。其后因薄俸不能养廉，贪赃枉法者众多，严重影响政权稳定，晋武帝泰始三年(公元267年)，权衡利弊后决定增加官俸。《晋书·武帝纪》真实地记载了此事："古者以德诏爵，以庸制禄，虽下士犹食上农，外足以奉公忘私，内足以养亲施惠。今在位者，禄不代耕，非所以崇化之本也。其议增吏俸。"

晋代的俸禄支出，包括食俸、绢、绵等项，均为实物支出。正如《文献通考》所说，"晋制诸公及开府位从公有品秩，第一食俸日五斛，给绢，春百匹，秋二百匹，绵二百斤，特进食俸日四斛，春服绢五十匹，秋绢百五十匹，绵一百五十斤。"

南北朝时，宋州郡秩俸及杂供给多随土所出，没有统一标准。后来根据家庭人口不同酌情考虑，并给现钱。梁制分五级定俸给，一品万石，五品亦有二千石。

北魏前期，不设禄秩，每季各随近给公田，刺史15顷，太守10顷，县令6顷。地方官吏，只要上缴额定租调，便可在辖区内通过搜刮，中饱私囊。对官吏而言，无俸胜于有俸；对百姓而言，官吏无俸不如有俸，因为无俸更易遭受搜括。武将率军南侵，无俸更可明目张胆掠夺财富，因为掠夺所得远胜禄秩，以至于他们"初来单马执鞭，返去从车百辆"。由于这种无俸禄的贪赃制度，破坏了正规的租调，严重侵蚀了中央财政收入，迫使北魏王朝不得不在孝文帝太和八年(公元484年)，颁行俸禄制，对贪赃一匹绢以上者处以死刑。《魏书·高祖纪上》记述了这一变化："户增调三匹，谷二斛九斗，以为官司之禄；均预调为二匹之赋，……禄行之后，赃满一匹者死。"这一法令还明确规定俸禄按季发放。不久，北魏政府在颁布均田令时，又对地方官吏按职别高低，分别授予一定数量的公田作为俸田，禁止买卖，离任时，移交给接任官吏。

北齐以绢定禄，最高一品官每年给绢800匹，其最低之从九品官给绢24匹。同时，也给一定量的公田，从一品到九品，随职位高低不同。后周则以谷定禄，公为10000石，卿为4000石，大夫为250石，士为125石。

四、赈恤

魏晋南北朝时代，战争不断，灾荒频现，百姓生活困苦之极。为了维护各自的统治，统治者也不得不救济赈恤，以收买民心。当时的赈恤，包括存问高年，救助贫弱，赈济灾荒，直接发放五谷，救济百姓。《魏书》载："王令曰，去冬天降疫疠，民有凋伤；军兴于外，垦田损少，吾甚忧之。其令吏民男女，女年七十已上无夫子，若年十二已下无父母兄弟，及目无所见，手不能作，足不能行而无妻子父兄产业者，廪食终身。幼者至十二止，贫穷不能自赡者，随口给贷。老耄须待养者，年九十已上，复不事，家一人。"魏文帝曹丕黄初二年(公元221年)，冀州大蝗，民饥，遣使开仓廪以赈之。曹魏明帝，西晋惠帝，对高年亦偶有赏赐，一般为谷、帛。北魏太和初，多次对京师耆老年七十以上者赐以衣服，或赐锦采、布服、几杖、稻米、蜜、面，复家人不服徭役。

至于各地遇到水、旱、蝗虫、风、雹、疫疠以及地震等严重自然灾害时，国家财政亦有所赈给。例如：曹魏的"开仓廪以赈之"、"开仓廪振之"；西晋的"赈贷给棺"；东晋的"开仓廪赈给，并省众役"；南朝宋的"开仓振恤，给赐粮种"；北魏的"开仓赈恤"等。

五、蠲免

蠲免，就是对受灾地区实行减免租税的政策。如《文献通考》记载："魏陈留王(即魏元帝)景元四年(公元263年)取蜀，赦益州士民复除租税之半。""吴大帝嘉禾三年(公元234年)，宽民闲逋赋，勿复督课。""晋武帝泰始元年(公元265年)受禅，复天下租赋及关市之税一年，逋债宿负皆勿收。""魏道武天兴元年(公元398年)，诏大军所经州郡，皆复赀租一年，除山东人租赋之半。"文中多次出现的"复"皆为古人的免除之意。

六、收容

收容就是对社会上单老孤稚不能自存者，给予基本生活保障。《梁书·武帝纪下》记载，普通二年(公元521年)梁武帝下诏："凡民有单老孤稚不能自存者，郡县咸加收养，赡给衣食，每令周足，以终其身。又于京师置孤独园，孤幼有归，华发不匮，若终年命，厚加料理。"可见，在南朝梁武帝时，还有收容的财政支出。

此外，每逢国家举行立皇后、立皇太子、太子即帝位、帝加元服、改元等盛大庆典或皇帝巡幸时，均颁大赦、增文武百官位、赐鳏寡孤独米、谷、帛等物。

七、交通

古代赋税，包括铜钱在内多为实物，它们出于四方，或集于京师，或输之战地，或运至边陲，其转运不仅费用浩大，且又为水陆交通不畅所困。在魏晋南北朝时期，尽管仍以陆运为主要运输方式，但对水运的开拓已十分重视。

（一）漕运的开拓

三国时新辟的交通路线，在运渠方面，陶元珍所著的《三国食货志》载，有睢阳渠(建安七年)(公元202年)，淇水新道(建安九年，公元204年)，平虏渠及泉州渠(建安十一年，公元206年)，利漕渠(建安十八年，公元213年)，以及黄初六年(公元225年)的讨虏渠等河道，或衔接海道(如平虏及泉州渠)。三国孙吴在赤乌四年(公元241年),凿东渠将玄武湖水注入秦淮河;从青溪以西,抵鸡笼山东南开为潮沟,南授秦淮,西通运渎,北达长江;八年(公元245年),开凿破冈渎,将秦淮河连接起来再引破冈渎水到云阳(今江苏丹徒),成了后来南朝用作转运的主要内河航道。在此之前,东吴使都尉凿建业城西南,自秦淮北抵仓城,以达吴越运船,后又开辟从云阳到长江的运道(丹徒水道)。据《古今图书集成·食货志》载:"晋武帝泰始十年(公元274年),凿陕南山,决河东注洛,以通运漕。""太康元年(公元280年)……开扬口,以通零桂之漕。""惠帝永宁元年(公元301元),漕运南方米谷,以济中州。"怀帝永嘉元年(公元307年),修千金堨以利漕运。东晋兴宁二年(公元364年),"凿阳仪道以通运。""废帝太和四年(公元369年),凿巨野以通舟运。"在陆路方面,赤乌八年(公元245年),"遣校尉陈勋将屯田及作士三万人,凿句容道,自小其(今江苏江宁县境)至云阳西城。"王仲荦所著的《魏晋南北朝史》载:到南齐时,基本形成了长江及其支流赣江、沔江(汉水)、湘江等水路交通及三吴平原的运河网络。从而出现了南朝"战舰数百千

艘"、"船只载重二万斛"的繁荣景象。在北方,北魏拓跋珪天兴元年(公元398年)正月"车驾将北还,发卒万人治直道,自望都铁关凿恒岭至代五百余里"。世祖拓跋焘为北伐蠕蠕,诏楚之与济阴公卢中山等督运,运粟塞上,以济大军。北魏宣武帝(公元500年—515年)时,"议修汴蔡二渠,以通边运"。

(二)运输的改进

这一时期,有运输工具和方式的改进记载,如《古今图书集成》载:蜀后主建兴九年(公元231年)以木牛运;十二年(公元234年)以流马运。北魏时贡赋转运,为省时方便,常于水运之次,随便置仓,军国有需,可以应机漕引,以省运费。《魏书·食货志》载,"神龟(公元518年—519年)、正光(公元520年—524年)之际,府藏盈溢,……有司又谙于水运之次,随便置仓,乃于小平、右门、白马津、漒涯、黑水、济州、陈郡、大梁,凡八所,各立邸阁,每军国有须,应机漕引,自以费役微省。"

八、水利

水利是农业的命脉。三国鼎立时期,刘备据有天府之国的蜀汉。为保护其"国之所资"的都江堰(当时称为都

安堰），执掌蜀汉行政权力的诸葛亮"以征丁千二百主护之"，使其"水旱从人"。曹魏为屯田积谷，大兴水利，于建安七年(公元202年)治睢阳渠；黄初六年(公元225年)，疏通房渠。在今安徽境内"兴治芍陂及茹陂、七门、吴塘诸堰"；在"萧、相二县界兴陂遏"；在今河南境内"断太寿水作陂"，遏鄢、汝，造新陂，又断山溜长溪水，造小弋阳陂。又通运渠二百余里，所谓贾侯渠者也"；在淮阳一带"修广淮阳、百尺二渠，上引河流，下通淮、颍"；又"大治诸陂于颍南、颍北，穿渠三百里"。总之，在今河南、河北、安徽、陕西等省境内，大修水利，溉田种稻。当时芍陂灌溉面积达数万顷之多。以后，两晋、南朝，多有维修和扩展。如泰始十年(公元274年)，光禄勋夏侯和上修新渠、富寿、游陂三渠，能灌溉田地1500百顷；东晋在曲阿(今江苏丹阳)立新丰堰，在吴兴乌程(今浙江湖州)筑狄塘，在会稽句章(今浙江余姚东南)修复汉时旧堰；南朝宋、齐、梁三代对安徽的芍陂、雍州穰县(今河南邓县西)的六门堰等累加修护。此外，宋在乌程筑吴兴塘，在荆州筑荻塘；齐在句容筑赤山塘；梁在豫州苍陵(今安徽寿县)立堰，在临海乐安县(今浙江仙居)"堰谷为六陂以溉田"。水利建设既是财政的支出，也是保证农业生产，最终增加财政收入的重要措施。

唐敦煌壁画《北周商旅图》
画面生动反映了6世纪商旅古道上东西交流的状况。

九、文教

中华民族自古以来就重视教育。汉末三国鼎立，曹操面对"丧乱兴来，十有五年，后生者不见仁义礼让之风"的局面，为振兴教育，改变社会风气，下令郡国修文学，凡满500户的县一律设置校官。魏文帝黄初五年(公元224年)在首都洛阳建立太学。开办之初，有弟子数百人，至明帝太和、青龙中(公元227年—237年)诸生有上千人之多。吴在孙休时亦置学官。晋武帝初，太学生有3000人，晋武帝还亲自到太学考察，并亲切会见师生。泰始八年(公元272年)达到7000人；咸宁二年(公元276年)立国子学；惠帝元康元年(公元291年)，以人多猥杂，"制立学官五品以上得入国学"。

南朝重视教育。《宋书·武帝纪》称：宋永初三年(公元422年)春正月，诏称"古之建国，教学为先，弘风训世，莫尚于此，发蒙启滞，咸必由之。"国家把智力教育和道德教育作为教育的重点。宋文帝时，立儒、玄、文、史四学。元嘉二十三年(公元446年)，皇帝还亲自"车驾幸国子学，策试诸生，答问凡五十九人"。元嘉二十七年(公元450年)，因与魏交战，罢国子学。武帝大明时(公元457年—464年)又恢复国学。

北方十六国，除少数小国外，多有教育事业。北朝也重教育，特别是北魏。天兴元年(公元398年)，其最高学府有国子生员3000人；又命令收集全国书籍送往京师平城（今大同），并编成"四万余字，号曰众文经"的教材。太平真君五年(公元444年)，皇帝下令"自王公已下至于卿士，其子息皆诣太学"，着力培养贵族子弟。献文帝天安元年(公元466年)九月，采纳了大臣高允的建议，由郡国负责开办乡学，并设置郡博士、助教。"取博关经典，世履忠清，堪为人师者"为博士、助教。博士年限四十以上，助教三十以上，"若道业夙成，才任教授，不拘年齿"。大郡学生100人，次郡80人，中郡60人，下郡40人。据《通考·田赋考》记载，孝文帝太和中，又开皇子之学。在迁都洛阳后，晋代先后立国子、太学、四门小学。又诏求天下遗书，秘阁所无，有裨时用者，加以厚赏。

十、屯田

屯田的目的是为了增加国家财政收入，但在开办之初，却常表现为支出。其支出的项目，主要为耕牛、种子、水利等。

曹操采纳枣祗等人的建议募民屯

田许下，在开办之初，需兴修水利，如子午渠、贾侯渠、戾陵渠等均因此而修建。在屯田区，政府备有耕牛，屯兵就以使用耕牛为标准，来输纳租谷，称为"计牛输谷"。《晋书》说："旧兵持官牛者，官得六分，士得四分，自持私牛者，与官中分。施行来久，众心安之。"这就是说，使用政府耕牛者与政府"四六"分成，自备耕牛者与政府"五五"分。曹操设立不属于郡县的屯田区时，皆置专官直属于中央大司农领导。

蜀国诸葛亮出祁山，为解决财政困难也分民屯田，起初亦有支出。

晋重视屯田，羊祜初垦八百余顷，杜元凯开渠千里，也是以财政支出为代价，开创发展农业生产，增加财政收入的新局面。羊祜初到襄阳，军无百日之粮，通过屯田，有十年之积。杜元凯在荆州，有"后世无叛由杜翁，孰识知名与勇功"的政绩，也离不开他屯田有方。

北朝彩绘铠甲陶马

北魏孝文帝时别立农官，取州郡
1/10 土地作为屯田之用，政府财政提
供耕牛，募民耕种。北齐为营屯田，设
置都子使掌管，并供耕牛、种子，募民
耕种。

十一、佛教

印度佛教从公元前 2 年传入中国
以来经历了四个时期：首先，是两汉之
交的传入时期；接着，是魏晋南北朝的
中国佛教化时期；随后，是隋唐的佛教
中国化时期；此外，是宋以来的中国佛
教时起时落时期。魏晋南北朝时期，由
于统治阶级提倡佛教，形成了唐朝诗
人杜牧所描绘的"南朝四百八十寺，多
少楼台烟雨中"的中国佛教化局面。

兴盛的佛教带来了庞大的国家财
政支出，史载西晋仅洛阳一地就有佛
寺 42 处。东晋境内有寺 768 所，刘宋
有1913所，南齐2015所，萧梁2846所。
北朝北魏末年，洛阳有寺1367所，州
郡有寺30000余所。其兴建寺院、石窟、
佛塔、佛像等诸多工程，费用浩大。北
朝在北魏时期，出家的僧尼占全国人
口 1/5。《魏书》载，北魏宣武帝延昌
四年(公元515年)时，北魏境内的寺院
已有13700余座。《魏书·释老志》称：
至孝明帝神龟元年(公元518年)时，洛
阳城内"寺夺民居，三分且一"，寺院

北魏彩绘石雕佛立像

竟有 500 座之多。至北魏末年(公元 534 年)，洛阳城内寺院发展到 1367 座，州郡有 30000 余座，僧尼多达 200 万之众。兴光元年(公元 454 年)，魏文成帝在五级大寺造释迦立像五座，各长一丈六尺，共用铜 25000 斤。和平年间(公元 460 年—465 年)，又开凿大同云冈石窟，共五穴，刻石像各一，高的达六七十尺。皇兴元年(公元 467 年)，魏献文帝在平城造永宁寺，有七级塔，高 300 余尺，基架宽度，为天下第一。又在天宫寺造释迦立像，高 43 尺，用铜 10 万斤，金 600 斤。魏宣武帝在洛阳造瑶光、景明、永明等大寺。瑶光寺有五级塔，高 50 丈，尼房 500 余间；景明寺有房 1000 余间，七级塔一座；永明寺有房 1000 余间，住外国沙门 3000 余人。自宣武帝景明元年至孝明帝正光四年(公元 500 年—523 年)，又在伊阙山开凿石窟三穴，共耗人工 80 万余。魏孝明帝熙平元年(公元 516 年)，在洛阳城内立永宁寺，有九级塔一座，高 100 丈，上有金铎 120 枚，金铃 5400 枚。大殿中有丈八金像 1 座，较短金像 10 座，绣珠像 3 座，织成像 5 座。僧房楼观 1000 余间。到了北齐，佛教更为发达，境内有寺 4 万余所，僧尼 200 多万。邺都大寺，即有 4000 座，僧尼近 8 万。

北齐后主凿晋阳西山大佛，一夜燃油万盆。

南朝方面，由于梁武帝(公元 502 年—549 年)笃信并潜心钻研佛教，从而带动了境内佛教的无比兴盛，首都建康（今南京）在东晋时只有 37 所佛寺，而到梁武帝时竟达 500 余所，僧尼 10 余万人。梁武帝到寺庙听经一次，即舍物 201 件，加上太子、六宫所施，约值钱 1709 万。武帝所建立的同泰寺（今南京鸡鸣寺），屡设救苦斋、举行"僧、尼、善男子、善女子"四部无遮会、无碍会，花费公帑无数。不但如此，梁武帝还先后四次到同泰寺舍身，发誓替寺院当奴仆，大臣们不得不先后三次

梁武帝萧衍

299

以国家财政支出 4 亿铜钱的高昂代价将其赎回。由于同泰寺有了巨额财富，僧众便开设米坊、油坊、磨坊等工商企业，同时也开设称为长生库的质铺（即后世的当铺），进行小额抵押贷款的金融活动。由此可见，文明产生于财富的绝对增长和相对集中。如果说，没有南北朝时期财富在佛教寺院里集中，中国在当时绝不可能产生当铺。

第五节　三国魏晋南北朝的财政管理机构及制度

一、管理机构

三国至南北朝时期，中国处于分裂割据状态，战争频发。因此，国家机构、人员的设置，制度的制定，或依旧制，或临时因事设官。在财政机构方面，名称虽有不同，而职能却基本相似。中央官制中，最重要的为尚书、中书、门下三省。尚书原为少府卿的属官，自汉武帝以后，成为辅助天子执政的重要机关，掌管军国大事，权倾三公。尚书省由少府卿独立出来，还是三国魏以后的事。尚书省的官制，通过魏晋南北朝，没有多大的变更。

就南朝制度而言，长官曰尚书令，相当于今国务院总理；次官为左右仆射，相当于今国务院副总理。下属有六部尚书，相当于现代的部长，即吏部尚书、祠部尚书(此职由右仆射兼任)、度支尚书、左民尚书、都官尚书、五兵尚书。当时，人们将尚书令、左右仆射及五个尚书，合称为尚书八座。其中度支尚书便是国家管理财政的最高首长。在汉代，这一职务称为大司农，尽管在南北朝时司农的官名仍然存在，但其职权已退缩为收粟之官，只不过是一个部门长官之职了。

《文献通考》称："魏文帝(公元 220 年—226 年)置度支尚书寺，专掌军国支计，吴有户部，而晋有度支，皆主算计也。" 这就是说，魏置度支尚书掌军国大计，下有度支、金部、虞部、比部、库部（仓部）、工部、水部等郎中，皆主财货。蜀、吴多如旧制，吴孙休时，户部尚书主算计。西晋置金部、仓部、度支、都官、左民、右民、虞曹、屯田、起部、库部等曹郎，后又置运曹，又有大司农、少府的设置。东晋有左民、度支五尚书。南朝的宋、齐、梁度支尚书领度支、金部、仓部、起部四曹，以及常平、平准等官。曹，相当于现代财政部的司、局。后魏度支掌支计，有户部、度支、金部、仓部分掌诸事；此外有少府、大司农和常平诸官署。北齐户部统度支（掌计会）、仓部、左户（掌天下计账、户口）、右户（掌天下公私田宅租课）、金部、库部六曹。

北朝掌管财政的国家机关亦称度支。度支尚书在北魏与北齐时，除管财政外，还管理一部分民政。北齐度支下辖六曹，即度支、仓部、左户、右户、金部、库部。

选拔秀才对策文。这是十六国的西凉在凉州地区策试秀才的试题和考生的答题残件，西凉实行与汉魏相同的选举制度。

北周在建国以前，宇文泰任用汉人苏绰，制定计账（相当于现代之预算）、户籍等制度。建国登基后，《文献通考》称，宇文泰"置大司徒卿一人，如《周礼》之制，其属有民部、中大夫二人，常承司徒，教以籍账之法，赞计人民之众寡"。

二、户籍及国库管理

在古代农业社会，人少地多，只要有劳动力，就能为国家创造税收，为工程建设提供劳役，也能为战争提供兵员。所以，当一个政权新建立时，或者在进行扩边或守边的战争时，均需对实有人丁进行调查，或安土定居，或调发充役。北魏孝文帝即位初，为克服户口不实、赋役不均、社会动荡的问题，颁行三长制，通过加强对户籍的控制，达到均平赋役，稳定社会的目的。

在实物财政时代，国库管理就是库藏，仍如两汉制度，钱、谷分别设库设官管理，钱入少府，谷入司农。少府在秦汉时代分工掌管皇室财政；曹魏时期仍如旧制，兼管御用，但已不如汉代的截然划分。曹魏收粟之官，初称大农，后改为司农，故《通典》载："建安中为大农，魏黄初元年又改为司农"，各代方法并不完全相同。但曹魏时，在少府下设中藏府令丞，掌管钱库；而大农

（后改大司农）及所属太仓、籍田、导官三令丞总仓场事务。两晋库藏亦分银谷二部，少府统中常左右藏，负责收纳银钱，大司农及属官负责粮食的收纳，并由太仓令总管仓储。南朝多依两晋制度，宋、齐、梁、陈之库藏，亦将银帛与谷粟分开。

《通典》述及北朝制度："后魏太和中，又改少府为太府卿，兼有少卿，掌财物库藏。"这就是说，北魏设太府卿、太府少卿各一人，掌管财物库藏；北周改由太府中大夫掌贡赋货贿，司仓下大夫掌仓廪出纳；而掌谷粟收纳之官，北魏有大司农，北齐有司农寺，北周则有司农上士，其官称不管如何变化，皆离不开"司农"两字。

北齐陶骆驼

隋唐时期的财政

石兽　唐　陕西蒲城唐桥陵

第一节　时代背景

一、光辉灿烂的时代

从战国时代开始，中国社会进步和经济发展，出现过四次鼎盛的历史高潮。第一次在东西汉，第二次在隋唐，第三次在明清。第一次高潮使"汉"成了民族的称谓，第二次高潮使"唐"成了中国的代名词，以至于全球很多华人聚居的街道被称之为"唐人街"。

第三次在明清时期，中国几度出现了资本主义萌芽，经济繁荣，社会升平，可惜均因外族入侵或社会动荡而胎死腹中，没有像西方国家那样因此而步入工业文明。从20世纪70年代末开始，高举改革开放大旗的中国进入了第四次社会进步和经济发展高潮。

在社会进步和经济发展的第二次高潮中，尤其是隋初和唐前期，农业生产蒸蒸日上，手工艺品日益精巧，商品经济空前繁荣，城市生活繁华似锦。唐朝后期，江南经济进一步发展，为日后南方经济水平超越北方奠定了坚实的基础。当时，先后出现了贞观之治和开元之治，国家统一，社会安定，朝野呈现一派升平景象，其成就远远超越西汉的文景之治。唐玄宗统治时期，鼎盛局面达到了顶峰，甚至在文坛上也出现了盛唐气象。

首先，就世界范围来看，唐帝国也是最重要、最强盛的国家之一。虽然，当时欧洲有法兰克王国和拜占庭帝国等主要封建强国，但就社会发展阶段来说，他们都远远落后于唐朝。东方重要的国家有印度和日本。印度戒日王重新统一次大陆前后刚刚确立了封建制，可他死后次大陆随即分崩离析，割据局面一直持续到12世纪末。尽管日本的大化革新模仿了唐代制度，但就改革本身来说仍然局限于奴隶制向封建制过渡性质。可见，在世界范围内，唐代不但在经济发展水平上居于世界前列，而且在国家管理机制上也远比其他国家先进。

其次，隋唐在中国多民族国家的发展壮大中也居有重要的历史地位。中国社会经过魏晋南北朝的民族和文化的融合，到隋朝重新实现了政治统一。但隋的存在毕竟祚短，中华民族新的统一体的巩固和发展，中国新文化的形成和繁盛，

彩绘骑马斗兽俑
陕西乾县永泰公主墓出土。

赤金走龙·隋

就成了唐王朝的历史任务。唐代存续前后历时近300年，前期统一，国力强盛，疆域辽阔。高度的物质文明和高水平的精神文化使周边各族增强了向心力，于是国内各民族间的接触和交往空前发展，民族关系进一步密切，凝聚力进一步加强。因此，唐代是继汉代之后，中国统一的多民族国家壮大、发展的又一重要历史阶段。

再次，唐帝国崇高的国际地位和辉煌的经济文化成就，使亚洲各国乃至欧洲、非洲国家对之产生了由衷的钦羡以至于向往之情，他们争相与唐交往，从而使中国成为亚洲诸国经济文化交流的桥梁和中心，在东西方交往中发挥了极其重要的作用。在当时的世界范围内，文化交流中心主要有印度、阿拉伯和中国，其中又以中国的地位最为突出。唐代是继汉代之后，中外经济文化交流的又一高峰期，在中国历史上具有特别重要的地位。

同时，隋唐时期也是中国古代社会的重大变化的转折点。当时，中国正处于古代社会由前期向后期转折的关键时期，社会变化的中心是：魏晋南北朝以来的民族文化环境，给传统的中国社会造成了极大冲击，产生了许多新的因素，世家大族衰颓没落，一般地主的经济基础和政治势力空前发展。与此相应是各项制度不断的、全面的变革更新。唐朝后期出现的很多萌芽状态的新事物，对此后千余年的历史发展产生了深远的影响。从"租庸调"到"两税法"的变化，不仅是唐代赋税制度上的改革，而且是中国古代税制由"从丁而税"到"从产而税"的滥觞。宋代的两税、明代的一条鞭法、清代的摊丁入亩，都是唐代"两税法"的继续和发展。中唐时期韩愈和李翱的哲学思想为宋明理学开了先河。韩愈、柳宗元所倡导的古文运动为宋代古文运动的第二次高潮奠定了基础，此后流行撰写古文之风一直持续到"五四"白话文运动的前夜。由此可见，从唐中叶开始到五代，迄于北宋建立，前后200年间酝酿了中国古代社会的重大变化，许多新事物都萌生于隋唐。在这个历史转折阶段，既有旧时代衰亡中的痛苦，也有新时代来临的曙光。隋唐时代，替中国古代社会的巨大变革开了先河，不失为中华民族历史上一个光辉灿烂的伟大时代！

二、隋的统一与变革

历史始终是辩证的，始自汉末的割据势力不断发展，国家由治到乱，由乱到治，进入了"合久必分，分久必合"的变革时期。这一分合变革，包含着历史发展的必然性，即统一中包含着分裂的因素，分裂中又孕育着统一的因素。从汉末到隋初的近400年间，统一势力一直在分裂中增长。

其突出表现是：北魏太武帝扫清了十六国的残余，北周武帝又扩大了北朝的地域，这就为隋的统一奠定了基础。北魏分裂为东魏、西魏，由军人分别扶植了两个傀儡皇帝。后来东魏为高氏所挟持，最终取而代之，即北齐；西魏为宇文氏所挟持，建立了北周。高氏为汉族与鲜卑族的混血家族，他们希望驯服胡族王公大人，而又不想得罪中原士大夫。宇文氏为匈奴族与鲜卑族的混血家族，反对孝文帝元宏的过度汉化，希望得到胡人的支持。然而胡人汉化已是大势所趋，一旦具备社会基础，以军事行动达到统一便成了历史必然。这表明，此时的中华大地不管割据势力如何嚣张、游牧民族如何驰骋，最后还是要归于统一。因为秦汉以来以汉族为核心的中华民族，已形成一个相当稳定的政治共同体，隋的统一是大势所趋。

开创统一局面的隋文帝杨坚，系北周军事贵族，出生于佛教寺庙，由尼姑抚养成人。其父杨忠是北周重臣，妻独孤氏则出身于北方非汉族中势力最大的门第，再加杨坚之女又是宣帝的皇后，这种特殊身份，使他轻而易举地一路升迁，最后由隋国公一跃而为隋王，并于公元581年水到渠成地废外甥静帝以自立，建立隋朝，隋代北周而起的改朝换代在难得的平静中实现，这在中国历史上频繁的改朝换代中是罕见的。以至于唐太宗公开声称，隋文帝是"欺孤儿寡母以得天下"。清代学者赵翼在谈到历史上的废立事件时也称，"古来得天下之易，未有如隋文帝者"。尽管隋文帝是废外甥而篡立，但实际效果却十分正面，使中国在经过近400年的分裂后终于实现统一，其千秋功业不可抹杀。因为对历史来说，谁当皇帝都是次要的，重要的是为帝者是否能推动历史潮流蓬勃向前。由于隋文

大道之行
中国财政史

隋文帝杨坚像

杨坚，隋朝建立者，公元581年—604年在位。画像选自唐阎立本
绘《历代帝王图卷》，藏美国波士顿博物馆。

帝杨坚有着汉族与鲜卑族混合血统，在他身上兼具汉人胡化、胡人汉化的双重色彩，这种汉人与胡人两种文化兼容的身份，在南北朝时期极易被胡、汉双方所接受，从而使他能够获得各方支持，在隋王朝建立后，着手统一大业，并于开皇九年(公元589年)正月，征服了南方的陈朝，轻而易举地实现南北统一，结束了东汉末年以来的大分裂局面，恢复了中华帝国的大一统。

隋文帝之所以能够开创统一局面，又成功地巩固了统一局面，其关键在于他对文化的重视和深刻理解，在施政中充分运用了儒、法、佛三种文化的复合作用，进行了一系列顺应民心的变革。

杨坚通过推行廉洁政治，强调政府厉行节俭，遏制财政开支，减轻了百姓的赋税负担，使老百姓得以安居乐业。诚如《隋书》所载：隋文帝"躬节俭，平徭赋，仓廪实，法令行，君子咸乐其生，小人各安其业"。杨坚提倡官吏廉洁奉公，严惩贪污，一旦发现贪污，或示意他人行贿者，一经查实，立即处以极刑。他以身作则，发现儿子秦王杨陵生活奢侈，勒令禁闭；太子杨勇奢侈好色，便改立杨广为太子。他实施温和政治，强调法律要宽轻、疏简，主

唐 彩绘贴金陶文官俑，1972年陕西省礼泉县郑仁泰墓出土。

张立法要体现"以轻代重，化死为生"的原则，不搞严刑峻法，不使百姓处于高压之下。北周后期，刑罚苛滥，以致"上下愁怨""内外离心"，杨坚下令"行宽大之典"，删略旧律，作《刑书要制》。建立隋朝后，他下令更定新律，废除鞭刑、枭首、车裂等酷刑；开皇三年(公元583年)编定《开皇律》，总结汉魏律法，在北齐律基础上进行补充调整，形成完整的体系，成了此后中国封建社会历朝立法的基础，并对中国周边国家的立法也产生了一定的影响。

隋朝建立后，为了加强中央集权，巩固统一局面，对国家行政、经济和官员遴选等诸多制度作了一系列变革和创建。

首先，建立三省六部行政制度。早在开皇元年(公元581年)刚登基的隋文帝，便采纳大臣崔仲方建议，废除北周官制，恢复汉魏旧制。中央设立内史省(即中书省)、门下省、尚书省作为最高政务机关，内史省是决策机构，门下省是审议机构，尚书省是行政机构。尚书省长官是尚书令，副长官是仆射，下设掌握官吏铨选的吏部、掌握国家礼仪的礼部、掌握军事的兵部、掌握刑法的都官部(刑部)、掌握户口、钱谷的度支部(民部)、掌握工程营建的工部。这

套三省六部的中央政权体制，一直为后世所沿用。

其次，精简机构。南北朝时期，由于地方纷乱，各自为政，州、郡、县三级行政制的政区异常混乱，地无百里，数县并置；户不满千，二郡分领，州郡县长官不知其所在。全国至隋初竟有241州、608郡、1524县，合计有2373个县以上行政建制。杨坚代周而起，北方归于统一，鉴于这种民少官多、十羊九牧的弊病，本着存要去闲、并小为大的原则，隋文帝于开皇三年(公元583年)大刀阔斧进行机构改革，通过废郡，实行州县两级制，以州辖县，同时又省并了一些州县。开皇九年(公元589年)文帝平陈后，又将此

隋文官俑

隋文官俑，国家博物馆藏。此俑头戴方帻，下着曳地长裳，腰束宽带，脚穿舄，反映了隋代文官的典型衣着。

309

制推广到南方，在全国范围内实行了州县两级制。隋炀帝大业三年（公元607年），改州为郡，把州县制恢复为秦汉的郡县制。至隋炀帝时，全国已精简地方机构达40%，仅存郡190，县1255个，分布在西至且末（今新疆且末县），北至五原（今内蒙古河套平原），东、南皆达于海的神州大地上。

再次，地方官任命权收归中央。为了强化中央集权，削弱门阀政治，隋文帝废除了地方长官辟举本地人士担任官吏的制度，明确规定九品以上地方官一律由尚书省所属吏部任免，每年由吏部进行考核。后来又规定，州县官吏一任三年，不得重任，禁止本地人担任本地官吏。这样就把官吏的任用权集中到中央，改变了长期以来士族控制地方政权的局面。与此同时，选举权也集中到中央。

第四，推行科举制。随着士族门阀的衰落，九品官人法不再适应形势，于是废除了按照门第高低选用官吏的九品官人法，代之以科举制。科举制的特点是通过考试来选拔人才，首先设立秀才、明经等科，参加考试的有国子学、州县学的生徒，也有各州按规定举送的贡士，一律按才学标准录取，录取与任用之权由吏部全权执掌。秀才科要求参考者拥有广博的学识，除试策外，还要加试各体文章，录取标准相当高，隋朝立国30多年才总共录取了10多人。有鉴于此，隋炀帝时增

隋鎏金铜虎符，甘肃庄浪出土的军事信物。

设进士科，放宽了录取标准。明经科考试仅仅测试考生对某一儒家经典的熟悉程度，进士科只试策，考察考生的文才。一般士人，通过寒窗苦读，皆可循明经、进士两科考试进入仕途。科举选官制度的建立，开创了公平、公正的文官考试制度，经过唐、宋、元、明的进一步发展，一直沿用到清末，直至光绪三十一年（公元1905年）才被废除。

第五，实行户籍制。在农业社会，户口不仅涉及社会管理，更重要的是涉及到国家赋税征收的大问题。由于隋朝刚建立时，地方户籍极为混乱，一

方面存在"诈老诈小，规免租赋"的问题，另一方面也存在强宗大族隐庇户口的不正之风，于是整顿地方基层组织，成了隋文帝施政的当务之急。为此，他下令在地方设保、里、党三级基层组织，由里正、党长负责检查户口，进行户籍整理。开皇二年(公元582年)隋文帝以北齐、北周旧制为基础，制订户籍新法，把人口按年龄区分为黄、小、中、丁、老五类，并承担不同的赋役。即以3岁以下者为黄，3岁至10岁为小，10岁至17岁为中，18岁至60岁为丁，60岁以上为老。次年，又根据实际情况，把成丁由18岁调整为21岁。

在此基础上规定，有家室的丁男每年服役20日，纳租粟3石，绸绢2丈、绵3两。为了使户籍制度能落到实处，隋文帝于开皇三年下令，要求各级地方官吏检查隐漏户口，发动了一个称为"大索貌阅"的运动。所谓"大索貌阅"之"貌阅"，又称貌定、团貌，即是为了编定户籍，朝廷要求州县地方官每年都要亲自下乡查验百姓户

口、年龄、疾状，对户主的申报(隋称"手实")加以认真核对。至于"大索"即相当于现代之"运动、活动"。大索貌阅的目的是为了把隐漏户口清查(隋代称"检括")出来，还把成丁"诈老诈小"以逃避赋税者清查出来，把血缘关系在大功以下者，即堂兄弟以下者从户籍中分离出来，使大户分析为小户，增加赋役的承担对象。但由于大索貌阅遭到强宗大族，即相当于现代强势利益集团的抵制，成效有限，尤其是朝廷对于大批依附于强宗大族的隐庇户口无能为力。于是，睿智的隋文帝便采纳尚书左仆射高颎的建议，实行输

隋文帝祈雨图

籍法——由中央政府制定"输籍定样"，即制订划分户等的标准，颁发到州县，规定每年正月初五，县令派人下乡，依样确定户籍，强制隐庇户口向政府登记，旨在拆散大户，从中析出若干

小户。经过多年检括，到开皇九年(公元589年)隋朝旧境之内的民户由隋初的四五百万户增加到六七百万户，隋炀帝大业二年(公元606年)又增加到890万户。大索貌阅使隋王朝的国家财政收入有了坚实的基础和保障。

三、二世而亡的过渡朝

开皇二十年（公元600年）十月，隋文帝废太子杨勇，十一月立杨广为太子。仁寿四年（公元604年），杨广继位，改年号为大业，是为隋炀帝。

隋炀帝杨广是一位极具才华的皇帝。他早年作为远征军统帅，在征服陈朝的战争中崭露头角。在旧陈率土皆反时，他作为东南总管驻营江都(今扬州)，为消除南朝对北朝的隔阂与偏见作出了杰出贡献，并且在东南地区另建了一个足以取代建康（今南京）的政治、文化、经济中心——江都。江都的迅速崛起，标志着隋统一的成功，在这方面，杨广本人的文化素养起了重要作用。他喜欢读书著述，常同文人学士一起交流，任扬州总管时，网罗近百名学者，从事文化工作，一直到他即帝位的近20年间，编纂著述未尝稍停，共成书131部，17000多卷。

隋炀帝接位后不仅从他父亲手中继承了一个统一而繁荣的帝国，而且

隋炀帝杨广

还继承了隋文帝建功立业的意志。为此，他倾全力营建东都洛阳、开凿以洛阳为中心的大运河和经营西域，希冀通过这一系列举措，巩固政权，扩大影响。

经过文帝、炀帝两代的发展，隋朝呈现出一派富庶强盛之势。大业前期，隋朝进入了极盛时期。《文献通考》称赞："古今国计之富莫如隋"，"隋炀帝积米其多至二千六百余万石"。隋的"国富"为历代史学家所津津乐道。

既然"古今国计之富莫如隋"，那么为何隋朝从公元581年至公元618年只存在了37年便灭亡了呢？其原因有

大道之行
中国财政史

三：一是只重藏富于国，忽视藏富于民；二是隋炀帝自恃才学出众，刚愎自用；三是好大喜功，滥用民力。

开皇十四年（公元594年）关中大旱，百姓以豆屑杂糠充饥，政府为了聚敛财富而不顾百姓死活，竟至"不怜百姓而惜仓库"。中国历史上从来是"财散则民聚"，"财聚则民散"，这种漠视民生的治国方针，民心尽失，必然导致崩溃。

隋炀帝是个才华横溢但又过分自负的人，他不但自诩其诗句犹如"空梁落燕泥"、"庭草无人随意绿"般无人能及，而且从来听不得不同意见，容不得他人批评。他甚至公开宣称，我生性不想听谏言，如果是达官贵人欲以进谏求名，决不宽恕。功臣高颎私下议论炀帝纵情声色，被人告发，遭杀身之祸；身握禁兵的李浑，被人诬告"图谋不轨"，一门族诛。于是乎形成了这样的局面："朝臣有不合意者，必构其罪而族灭之。"大臣们怕遭杀身之祸，偷安高位，阿谀奉承，助长了炀帝的刚愎自用。

隋炀帝刚愎自用的最大危害，是好大喜功，炫耀国威，滥用民力。直至发动大规模对外侵略战争，发兵攻打高句丽。从而引发了沸腾的民怨，以至于武德元年（公元618年）三月，禁军将领宇文化及发动兵变，在江都擒获隋炀帝，指责他轻动干戈、游玩不息、穷奢极欲、专任奸邪、拒听忠言，使万

隋五牙战船
在隋朝统一战争中，水师起了很大作用。图为隋五牙战舰复原模型。

民失业死亡沟壑等罪状，把他处死。貌似强大的隋王朝也随之轰然倒塌，仅仅立国37年便在历史上匆匆消失了。

四、代隋而起的唐王朝

代隋而起，建立唐朝的李渊，出生于山西，拥有汉人与胡人的混合血统。由于他是西魏贵族李虎之孙，本人又承袭唐国公，具有高贵的血统和崇高的政治地位，面对隋末动乱的形势，他巧妙地利用自己的优势，取而代之，重建新朝。西魏宇文泰创建府兵制时，设置的最高军事长官有八柱国、十二大将军，杨坚父杨忠为十二大将军之一，李渊祖父李虎是八柱国之一。而且这三者透过突厥望族独孤信维系着一种联姻关系：独孤信的大女儿嫁给了北周明帝（即宇文泰之子），四女儿嫁给了李虎之子李昞，七女儿嫁给了杨忠之子隋文帝（即杨坚）。李渊透过其母独孤氏，与北周及隋两家皇室有着紧密的亲缘关系。所以李渊的取代隋，犹如杨坚的取代北周，是贵族政治的产物，而不是农民起义的结果。

世袭唐国公李渊，大业十二年（公元616年）任太原留守，执掌军政大权。次年，他见隋王朝败相毕露，取而代之的机会已经降临，机不可失，时不再来，他便果断地率部从太原起兵，南下占据长安及渭水一带。这就是历史上著名的太原起兵，由于李渊的指挥部设在晋阳，所以历史上也称晋阳起兵。

由于当时隋朝主力部队被起义军

唐高祖李渊

大道之行
中国财政史

牵制在东方，关中兵力空虚，使得李渊有机可乘，他从太原起兵到占领长安、关中，仅仅花了短短的120天。睿智的李渊为了把隋王朝的贵族团结在自己的旗帜下，进入长安后，他不惜以屈求伸，暂时捧出隋炀帝的孙子作傀儡，迎代王侑即皇帝位，遥尊隋炀帝为太上皇，以掩人耳目，但他自己控制朝政，成为事实上的皇帝。在贵族政治时代，李渊的这种策略，效果极为显著，顷刻"三秦士庶，衣冠子弟，郡县长吏，豪族兄弟老幼，相携来者如市。"次年(公元618年)隋炀帝被处死，李渊一看时机成熟，便正式称帝，建立了以唐国公封号"唐"命名的唐朝。李渊是建立唐朝在先，兼并地方割据势力在后。唐承隋制，历史上的唐朝并不是作为隋朝的对立面存在，而是作为隋王朝的继承者出现的。

由此可见，历史有惊人的相似之处，秦与隋都由分裂到统一，国祚短促，二世而亡，前者有国15年，后者有国37年。而在历史上秦、隋两朝却建立过不可磨灭的功绩，以至于汉承秦制，唐承隋制。这说明在历史演变过程中，存在着一种过渡朝现象。也就是说，在统一过程中，人们对变革的接受程度有限，而当政者却依仗其得天下后的一时之勇，不顾民意，一味强势推进，从而遭到抵制而失败。而在此后，取得天下者则接受了前者的教训，以"治大国如烹小鲜"的精神治理，从而国祚绵长。近现代的民国，是否也属于此种过渡朝，尚待学界讨论。

五、贞观之治和开元盛世

贞观与开元分别是唐太宗和唐玄宗的年号，这两个时期也是唐朝具有代表性的盛世。其中，唐太宗的皇位，是通过不正常手段取得的。唐高祖李渊的皇后窦氏生有四子，三子李元霸早死；长子李建成通常留居长安，协助高祖处理军国大事；次子秦王李世民领兵出征，统一全国。随着李世民在征战中屡建功勋，威望日增，李世民与李建成兄弟二人争夺皇位的斗争日趋明朗化。在这场斗争中，四子齐王李元吉一直站在李建成一边。唐武德九年(公元626年)李建成伙同李元吉策划以李元吉作出征元帅，削夺李世民的兵权，然后除去李世民。李世民获悉后，十分紧张，赶紧与他的妻兄长孙无忌等人商量，采取先发制人的对策在首都长安宫城北门——玄武门，发动政变，杀死李建成、李元吉，逼唐高祖立自己为太子。然后，再逼高祖退位，尊其为太上皇，从此登上皇帝宝座，改元贞观，

題徐仲和臨閻立本畫
唐太宗納諫圖

太宗堂々天日表納諫受言心轉小
鄭公凜々社稷臣抗論輸忠殊不撓
輸忠會合一堂上賢範英姿屹相向
波未閣相寫其真玉今見君臣筆仰
赫赫玉帶照面光烏靴蹝笏廣人裝
折臈上前議論忠賢義類挾風霜

唐太宗李世民

316

历史上称为唐太宗。

鉴于隋亡于暴政的教训，唐太宗即位后，便宣布"去奢省费，轻徭薄赋，选用廉吏，使民衣食有余"。他还说，"天子者，有道则人推而为主，无道则人弃而不用，诚可畏也"；"为君之道，必须先存百姓，若损百姓以奉其身，犹割股以啖腹，腹饱而身毙"。由于唐太宗采取了一系列与民休息，不得罪民众的明智政策，使他不仅取得了为历代史家所称道的贞观之治的政绩，同时他本人也有幸成了历史上屈指可数的英明君主。尤其是唐太宗以隋炀帝拒谏饰非为鉴，虚怀博纳，从谏如流，促使大臣直言极谏，面折廷诤。谏议大夫魏徵认为，大乱以后可致大治，民众遭战乱之苦，教化容易奏效。唐太宗便根据魏徵的政治见解，偃武修文，使政治安定，百姓乐业。贞观时期君臣的纳谏和直谏的良好政风，是中国历史上极其罕见的，正是在这种良好的氛围中，唐太宗与他的大臣长孙无忌、房玄龄、杜如晦、魏徵、萧瑀、褚遂良、李靖、李世勣，联手创造了持续 23 年的太平盛世——贞观之治（公元 627 年—649 年）。摘编了贞观年间太宗与大臣的政论《贞观政要》一书，谆谆告诫后人"克遵前轨，择善而从"，高度赞扬

三朝功臣长孙无忌

唐初名臣魏徵
"兼听则明、偏信则暗"是魏徵的名言。

了唐太宗当年有口皆碑的爱民德政和难以比拟的高超治术。

由于轻徭薄赋，与民休息，政治清明，社会安定，贞观23年间，出现了天下大治的盛况。《新唐书》说："至四年，斗米四五钱，外户不闭者数月，马牛被野，人行数千里不赍粮，民物蕃息。"《通典》说："自贞观以后，太宗励精为理。至八年、九年，频至丰稔，斗米四五钱，马牛布野，外户动则数月不闭。至十五年，米每斗值两钱。"

开元盛世的出现，则与中国历史上著名的女皇武则天有关，她为唐朝盛世的再现打下了基础。武则天是中国历史上无人能与之比拟的女政治家。她于贞观十一年（公元637年）14岁时成为唐太宗的嫔妃——才人，太宗死后，她按规定出宫到感业寺削发为尼，本来要与世隔绝度过余生。但早已被其美貌所倾倒的唐高宗即位不久，就让她还俗并召入宫中，成为他的嫔妃——昭仪，这不仅改变了她的命运，而且使她先后成为太宗和高宗父子两代皇帝的妻子，因而不断遭到伦理上的非议。比高宗大4岁的武则天精通文史，足智多谋，在与王皇后、萧淑妃争宠过程中，获得高宗宠信，屡占上风，最后力敌群芳，竞争成功，被立为皇后。

唐显庆五年（公元660年），因患高血压造成视力不佳的唐高宗苦于朝政之烦忙，便委托干练的武则天代为处理朝政，从此"天下大权，悉归中宫，黜陟杀生，决于其口，天子拱手而已，中外谓之二圣"。以至于高宗想禅位给武则天亲生的太子李弘时，武则天也不顾

武则天像

大道之行
中国财政史

母子之情，用毒酒杀害李弘，改立次子李贤为太子。李贤有才干又有文采，在士人中有声望，武则天又把他废为庶人，立第三子李显为太子。高宗死，中宗李显即位，武则天以皇太后名义临朝称制，次年废中宗为庐陵王，立第四子李旦为睿宗。武则天以"革命"、"维新"为旗号，借助佛教宣扬她受命于天，唆使一批人上表"劝进"，于公元690年，正式宣布废睿宗，改国号唐为周，号称圣神皇帝。她那翻手为云、覆手为雨的政治手段，可谓无所不用其极。她先后以果断手段镇压了徐敬业在扬州发动的叛乱、琅琊王李冲在聊城发动的叛乱、越王李贞在汝南发动的叛乱。为了大权独揽，她干脆摒斥宰相，代之以宠臣、"北门学士"和女儿太平公主议政，任用索元礼、周兴、来俊臣等无良酷吏主持司法，以严刑峻法对付反对派。

由于李唐贵族大多反对她改朝执政，武则天就利用大力发展和改革科举制度来反对贵族政治。她通过对试卷"糊名"的方式来确保科举考试的客观性，使候选人的身份和社会出身不致影响选拔的结果，让更多出身低微的寒族能够参与政治，进入政坛。她特重进士科，为了表示对选拔人才的重

视，亲自策问举人，开创了中国皇帝殿试的先例。《资治通鉴》说："挟刑赏之柄以驾御天下，政由己出，明察善断，故当时英贤亦竞为之用，"对武则天亲自选拔人才的做法，大加赞赏。的确，玄宗时期的名相，如姚崇、宋璟等，就是这一时期选拔出来的精英之才。文学家骆宾王，曾写檄文攻击她，言辞非常刻薄，什么"秽乱春宫，潜隐先帝之私，阴图后房之嬖"，什么"掩袖工谗，狐媚偏能惑主"。她不但不计较，反而对骆宾王的文才大加赞赏，说没有起用骆宾王这样有才华的人到重要岗位任职是宰相的失职。

武则天虽篡唐改周，但由于她掌控得当，贞观之治的大好形势在她的治下仍得以延续，社会经济也继续蓬勃发展。她的最大贡献在于，顺应了历史潮流，打击了自魏晋以来贵族垄断政治的局面，让政权进一步向一般庶人开放，从此以崇尚门第为标志的贵族政治一蹶不振，对推动历史进步起到了积极作用。

公元705年，宰相张柬之等利用武则天老病将死的机会，发动宫廷政变，迫使武则天退位，扶助她的儿子中宗李显再次登基，复国号唐。为了平稳过渡，唐中宗给她封了一个"则天大圣

帝"的尊号。不久，82岁的武则天就在当年死去，她留下遗嘱："去帝号，称则天大圣皇后"，表示还政于唐，她本人死后仍是大唐的皇后，并归葬唐高宗的乾陵，陵前立无字碑，让后人有更多的空间来评价她的是非功过，显示了颇有自知之明的政治家风度。

从武则天之死到唐玄宗即位，前后只不过八年半时间，但不断的政变，造成了王朝政局不稳，先是昏庸的唐中宗于景龙四年（公元710年）被窃取政权的皇后韦氏毒死，后来睿宗之子李隆基又利用禁军发动政变杀死韦后，由于执政的睿宗无能，政权被太平公主所把持。直至公元712年李隆基合法继位，于次年挫败太平公主发动的政变，将其赐死，方使政局走向稳定。

唐玄宗李隆基

28岁登基的唐玄宗李隆基，是一个多才多艺的睿智皇帝。他善骑射，通音律、历象之学，且擅长书法。由于他在开元年间（公元713年—741年）兢兢业业，励精图治，开创了著名的开元盛世。

首先，恢复了贞观时期"以宽仁为理本"的法治原则。他把行仁义作为治理天下的第一要务，废止了武则天时期的酷吏政治和严刑峻法，表彰用法平直的官员，禁止酷刑和滥刑。使得开元二十五年（公元737年）偌大一个唐王朝被判处死刑的罪犯仅59人，大理寺狱院门可罗雀，乌鹊竟在树上筑了巢，呈现出一片冷落景象。可见"以宽仁为理本"取得了可与贞观之治相比拟的治绩。同时，为了进一步完善政治体制，唐玄宗还下令编纂——《唐六典》，这部长达35卷的法典，于开元二十六年（公元738年）完成，前后花费了16年时间，是中国现存最早的行政法典。

其次，体现贞观时期轻徭薄赋原则的检括户口和赋役改革。唐承隋制，继续实行均田的田制和与之相配套的租庸调税制。租庸调税制是依附于均田田制条件下的税制，是一种以人丁为课税对象的赋役制度，这一制度意味着政府只要掌握了户籍和丁口就会有赋税。

由于和平时期人口增加很快，而土地又难以相应增加，以至于按人口分配土地的均田制到唐玄宗时已成为一纸空文。对此，《资治通鉴》的编者刘恕作过精辟论断："魏、齐、周、隋，兵革不息，农民少而旷土多，故均田之制存。至唐承平日久，丁口滋众，官无闲田，不复给授，故田制为空文。"可见，随着均田的土地分配受阻，依附于均田制的租庸调税制便发生问题，首当其冲的是避税的逃户增多。于是，唐玄宗任命监察御史宇文融为推勾使，在局部地区对逃户采取检括措施，依据簿籍检括逃户；同时公布优惠条例——免征六年徭役、租庸调，使逃户重新附籍；还通过恢复常平仓、义仓的积谷备荒功能，进一步缓解社会问题。这些举措使近百万逃户重新成为国家的编户齐民，为开元盛世奠定了财政收入基础，杜佑曾在《通典》中把

唐 三彩文官俑
这种着装是五品以上官员参加朝廷典礼时的朝服，佩饰中的鱼、鱼袋、龟、龟袋等为唐朝首创，并一直沿至宋、明时期。

括户的成功与开元盛世紧紧地联系起来，高度评价了唐玄宗的治绩。

再次，精兵简政。由于韦后和太平公主干政，官僚机构臃肿，玄宗即位后，裁汰机构，精简官员。最引人注目的举措，是开元十一年（公元723年）改政事堂为中书门下，内置吏房、枢机房、兵房、户房、刑礼房，增置翰林学士，选心腹官员充任，专掌"内命"，使中央政府显得精干、有效。

同时，租赋由政府统一征收。原来，皇室宗亲及功臣被封为亲王、郡王，虽不实得封地，却可"食实封户"，此类封户在中宗末年已超过140万户，造成"国家租赋大半入于私门"的反常现象。开元三年（公元715年）唐玄宗下令不准贵族、功臣直接向封户索讨租调，改由政府统一征收，封主向政府领取，使国家税收征管更为规范，收入也有了确

实保障。

开元时期政治的清明与社会的安定，促进了经济的迅速发展，形成了历史上被人称道的开元盛世。唐代在武德中期，全国在籍编户仅200万户，贞观初期也不满300万户，不及隋朝最高户数的1/3；到开元二十八年(公元740年)增至841万户、4814万口，天宝十三年(公元754年)又增至906.9万户、5288万口。武德、贞观时期，"土旷人稀"、"率土荒俭"，到开元、天宝时期，"耕者益力，四海之内，高山绝壑，耒耜亦满"，耕地面积几近8亿亩。天宝八年(公元749年)中央政府直属的北仓、含嘉仓，储存粮食达1245万石。

《通典》载，当时天下无贵物，长安和洛阳两京米价每斗不过20文，面粉每斗32文，青、齐等州谷每斗5文，绢每匹210文。按唐初一匹绢换一斗粟的比价来衡量，反映了粮食价格的大幅下跌趋势，因此"海内富安，行者虽万里，不持寸兵"。

由于商业的发展，也出现了柜坊，又称僦柜，或称寄附铺、质库、质舍，类似后世的当铺，又有点类似后世钱庄的功能。由于经济交往的不断扩大，沉重的铸钱转送不便，于是出现了汇兑票证——飞钱，在长安出售货物的

"开元通宝"金银币

大道之行
中国财政史

商人，把货物交给进奏院、诸军、诸使或富家，以他们开给的交券在本地提款。这种又称"便"的所谓飞钱，盛行于长安及扬州、成都之间，反映了当年商业的繁荣。诗圣杜甫在《忆昔》一诗中赞扬开元盛世为：

忆昔开元全盛日，小邑犹藏万家室。

稻米流脂粟米白，公私仓廪俱丰实。

九州道路无豺虎，远行不劳吉日出。

齐纨鲁缟车班班，男耕女桑不相失。

六、繁荣的盛唐文化

生物学有杂交优势，人类社会亦不例外。唐人既不是魏晋以前汉人的简单延续，也不是胡人单向地融入汉族，而是汉胡互化产生的民族共同体。这个民族共同体在唐朝280多年中，又继续不断地与域内和周边的胡人，以及来唐的外国人混融互化，不断汲取新鲜血液，因而更加生机勃勃，充满活力，从而以气吞日月的磅礴声势，海纳百川的博大胸怀，刻意求新的独创精神，缔造出我国文明史上又一个光辉灿烂的巅峰。

唐 客使图

为章怀太子墓东壁壁画的一段，表现的是唐代政府官员隆重接待域外宾客的情景，这幅壁画是唐代对外友好交往的真切写照。

宽容来自自信，唐朝前期朝廷十分自信，因此也充满了文化宽容精神。其表现为跨越国界的贸易盛况远远超越了汉代，与周边以至远方国家的文化交流也跃上了新台阶，充分表现出对外来文明异乎寻常的欢迎和无与伦比的热情。唐代文化特别是盛唐文化的繁荣昌盛，离不开当时"夷为我用"的文化开放政策，特别在继承传统文化的基础上，大量吸收外来文化，为唐文化的进一步发展提供了融合的广度与深度。诸如乐舞、服饰的引进与更新是其中最为突出的范例。

盛唐社会近乎放任自流的开放，推动了艺坛思想奔涌、各种领域百花齐放，培育了一大批诸如诗仙李白、诗圣杜甫、画家吴道子、阎立本、书法家张旭、颜真卿、怀素等艺术天才，这一时期的诗歌、音乐、舞蹈、书法、绘画成就之高都是空前绝后的。它们交相辉映，勾勒出美妙绝伦的盛唐气象。

公元前 2 年从印度传入中国的佛教在唐朝进入了全盛时代。尤其是国家重视佛经翻译与具中国特色的几大佛教宗派的形成，便是佛教文化在中国生根、开花和结果的标志。佛经翻译首推玄奘。玄奘(公元 602 年—664 年)，俗姓陈，名祎，洛州缑氏(今河南偃师)

李白像

杜甫像

人。13 岁时，到洛阳净土寺出家，法名玄奘。贞观元年(公元627年)，他从长安出发，经凉州，越玉门关，到达高昌，取道焉耆、龟兹，过铁门(今乌兹别克南部布兹嘎拉山口)，入吐火罗(今阿富汗北部)，历尽艰难困苦，最终抵达佛教发源地印度，先后巡礼佛教的六大圣地，在那烂陀寺拜戒贤为师，学习5年。此后遍访各地，讲习佛法。15年后，他携带657部佛经回国，于贞观十九年(公元645年)初回到长安。唐太宗命宰相裴度率朝臣前往迎接，并在东都洛阳接见了他。当时，唐太宗问玄奘：高僧，你有何要求？玄奘随即要求国家财政出钱建译经院，唐太宗满口答应，并当即下令由财政拨付经费，组织规模宏大的译场，调集高僧协助玄奘翻译佛经。玄奘先后共译佛经74部，1335卷。在译经过程中，玄奘培养出了一批弟子，如圆测(新罗人)、窥基、慧立、玄应等。从唐初到元和年间的近200年中，译经工作不曾间断。除玄奘以外，还有义净、实叉难陀、菩提流志、金刚智、不空、般若等著名译经家参与其事，从而为佛教中国化奠定了坚实的理论基础。

唐代佛教，师徒之间不仅传习本派佛学，庙产也由嫡系门徒继承，形成

唐代著名僧人玄奘

宗法式的嗣法世系，结成佛教宗派。它们各有自己的宗教理论体系、宗教规范制度，有自己的寺产所有权和宗内继承权，每宗各有自己的势力范围和传法世系，并且都凭借一所大寺院作为该宗派的传教中心，俗称祖庭，形成了三论宗、律宗、密宗、天台宗、净土宗、唯识宗、华严宗、禅宗等中国佛教

唐太宗贞观年间陶武士俑

八大宗派。

七、地方叫板中央的安史之乱

　　唐初，为了强化中央集权，巩固李唐王朝统治，朝廷既不委任蕃将为统帅镇守边陲，牵头抵御外敌的节度使也由文官担任。当时的节度使皆由中央政府的内官外派任职，一任三年，期满后不再留任。他们从边境返回京师后，按惯例大多能升任高官。这就是唐代"不久任，不遥领，不兼统"的节度

使任职原则。如果节度使任职期间战功卓著，常常能入朝为相。

　　到了玄宗时，这一惯例被权相李林甫彻底破坏了。李林甫为了确保大权独揽，不但将隋末唐初建立的集体宰相制度改变为他一个人说了算，而且通过朝廷倾全力对付吐蕃，分不出兵力来对付东北的奚、契丹，只能任用番将作节度使，大量委派不识汉文的番将久任节度使，从而使文官节度使定期还朝"出将入相"的可能性几乎降到零。

　　天宝初年，番将安禄山任平卢节度使，随着其权力的不断扩大，天宝十年（公元751年），他已身兼三镇，为平卢、范阳、河东节度使，是一个拥有20万精兵的边镇统帅。而当时全国十镇兵力总共才49万，中央直辖部队不过10万而已，安禄山所拥有的兵力足以与中央抗衡。

　　安禄山是出生在今辽宁朝阳（唐代营州柳城）的混血胡人，生父是康姓粟特族人，生母是突厥族巫师阿史德，因祈祷于战神轧荦山而生此子，故取名为轧荦山、阿荦山；后因母改嫁突厥人安延偃，改姓安，名禄山。初任幽州节度使帐下"捉生将"，以骁勇善战著称。他虽出身行伍，又是胡人，却精通

326

升官诀窍：贿赂与取媚成了他晋升之道。开元二十九年（公元741年）他升任营州都督，贿赂李林甫，巴结杨贵妃，进贡奇珍异宝，博得唐玄宗的宠信。故史称："禄山恃此，日增骄恣"，"包藏祸心，将生逆节"。他积极囤贮武器、马匹、粮草，还蓄养了一支由8000胡人壮士组成的私家部队，名曰"曳落河"，绝对效忠于他个人。

天宝十四年（公元755年）十一月初九，安禄山率领15万大军，在蓟城南郊（今北京西南）誓师，举起叛旗。他利用杨国忠发动对南诏的两次战争的失败，以"忧国之危"，"奉密诏讨杨国忠"之名，在范阳起兵南下"平祸乱"。热衷于建洗澡汤池、想为安禄山洗尘嘉奖的唐玄宗于十一月十五日得到安禄山反叛的消息，万分震惊。在愤怒中，他立即任命安西节度使封常清为范阳、平卢节度使，作防御准备；紧接着任命他的第六皇子、荣王李琬为元帅，右金吾大将军高仙芝为副元帅，率师东征。

然而，这一切都无济于事，面对所向披靡的叛军，河北州县望风瓦解，守令或逃或降，河南三道防线顷刻突破。安禄山从范阳起兵，到攻陷洛阳，只花了短短34天，十二月十二日，东都洛阳陷落，遭到了一百几十年来从未发生过的浩劫。守卫洛阳的封常清与驻屯陕州的高仙芝一起退守潼关。唐玄宗听信监军宦官的诬告，以"失律丧师"罪，在潼关处斩高仙芝、封常清。临阵斩帅的严重失误，是平叛战争的不祥之兆，结果唐军兵败如山倒，叛军如秋风扫落叶般节节胜利，犹如白居易在《长恨歌》中所言："渔阳鼙鼓动地来，惊破霓裳羽衣曲。"

安史之乱的爆发，是开元、天宝之际趋炎附势，吏治腐败的必然产物。它

安史之乱示意图

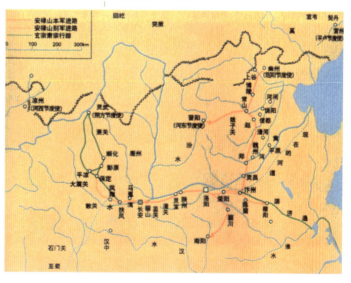

带来的巨大破坏，导致百姓人心思安，促成了平叛战争的胜利。但是叛乱并不是在唐朝军队取得决定性战役胜利的情况下结束，而是通过招安形式解决的。唐肃宗和唐代宗都先后鼓励叛军首领自动投降，允许他们为朝廷效力，继续在原辖区任官。因此，与其说中央政府动用武力成功镇压了叛乱，还不如说是中央政府与地方割据势力以妥协的方式结束了叛乱。这种名义上归降的妥协，其代价十分昂贵。由于中央无力收回兵权，只好让易帜后的安、史部将继续以原建制、原辖区存在，其结果使全国处于混乱多事和割据分裂的状态之中。军人支配地方行政，地方行政结构被改组为军管，应急设置的节度使成了中央政府与州县之间的常设行政层级，国家原有财政制度走向崩溃。安史之乱是唐朝由盛转衰的转折点，战乱虽然平息，但安、史部将依然拥兵掌权，藩镇割据局面以此为契机形成了不可逆转之势，迭经战争骚乱破坏

的中原地区经济急剧衰落，唐朝的国力大大削弱，全盛时代成了明日黄花，一去不复返了。

第二节　隋唐的财经特点和变革

一、隋的均田制

均田制是田制，租庸调是税制。隋王朝建立之初，隋文帝杨坚于开皇元年(公元581年)颁布新令，继续推行北朝的均田制。《隋书》详尽地记载了当时的制度：高祖"及受禅，……颁新令，制人五家为保，保有长，保五为闾，闾四为族，皆有正；畿外置里正，比闾正，党长比族正，以相检察焉。男女三岁已下为黄，十岁已下为小，十七已下为中，十八已上为丁。丁从课役，六十为老，乃免。自诸王已下至于都督，旨给永业田，各有差，多者至一百顷，少者至四十亩(《通典》载为三十

唐代顺天元宝钱
顺天元宝钱为安史之乱时史思明铸。

328

顷)。其丁男中男永业露田，皆遵后齐之制，并课树以桑榆及枣。其园宅率三口给一亩，奴婢则五口给一亩。丁男一床，租粟三石，桑土调以绢绝。麻土以布，绢绝以匹，加绵三两，布以端，加麻三斤。单丁及仆隶各半之，未受地者皆不课。有品爵及孝子顺孙，义夫节妇，并免课役。京官又给职分田，一品者给田五顷，每品以五十亩为差，至五品则为田三顷，六品二顷五十亩，其下每品，以五十亩为差，至九品为一顷。外官亦各有职分田，又给公廨田，以供公用。"这就是说：首先，劳动力为课税之本，衡量劳动力大小的依据是年龄。男女3岁以下为黄，7岁以下为小，17岁以下为中，18岁以上为丁，丁标志着劳动力已有了从量变到质变的成长，成为国家课税服役的对象。劳动力到60岁开始衰老，国家也免于课税。随着户口繁衍，生产的发展，财政收入的增加，国家税收政策也逐渐放宽，文帝开皇三年(公元583年)，成丁从18岁更改为21岁，炀帝即位(公元605年)后，进一步把成丁从21岁改为22岁，并且免除了妇人及奴婢部曲的税收。

其次，隋代与北齐一样，丁男与中男，都给永业田及露田：即一夫授露田80亩，妇人40亩，永业田栽桑榆及枣。

园宅每3口分给1亩，奴婢每5口给1亩。

再次，均田制的授田分为耕地和宅地。隋王朝在比较以前各朝制度之优劣后，耕地之授参照北齐，宅地之授参照北周，因耕地分配，北齐比北周合理。北齐一夫授田80亩，妇女受露田40亩，一夫一妻合计120亩，所谓一床租事实上为一夫一妻之税，妇人的负担亦在其中。未婚女子不授田，亦不课税。

第四，如果不属于百姓的王公贵族及官僚，则另有授田之制，即自诸王至都督，给永业田，多者100顷，少者40顷。京官又给职分田，一品官田5顷，每品以50亩为差，五品官3顷，六品官2顷50亩，其下亦以50亩为差，九品官给田1顷；外官亦有职分田。并且一律享受免除租调的待遇。此外，各公廨(即政府机关)还给公廨田，以收入作为办公和机关福利经费。

隋代均田，有两个特点：首先，最大限度地保证了王公贵族及官僚地主的经济利益。所授田数最高为普通农户(夫妻)的720倍。如按庶族地主算，户授田140亩，牛四头合240亩，奴60人，授田3600亩，合计3980亩，亦为普通农户的28倍；其次，仍维持桑田(麻土)

买卖的政策规定，即一定范围内允许土地私有制的存在。

由于均田制是在地多人少的南北朝产生的一种田制，后来随着人口增长，土地又难以相应增加，于是大臣苏威就曾建议减削功臣土地分配给百姓，以继续维持均田制的原有格局，因遭另一大臣王谊的反对而不能实施。到了文帝开皇十三年(公元593年)，不得不采用减少人均授田额的办法，派遣官员至各地，重分田土，以维持均田制制度的稳定。所谓重分田土，就是收回一部分既受之田，而分授给新及龄之人。结果，田少人多的狭乡每丁减田至20亩，受田仅为定额的1/4，老小授田亦相应递减。

均田制在隋以前只在北方实行，隋代以后才推行到全国各地。隋代的均田制，是由北魏、北齐、北周一路演

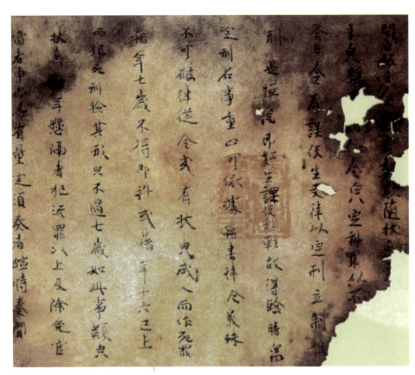

《唐律疏议》残片
新疆吐鲁番阿斯塔那墓地出土，是一本专门解释律义的著作，为我国现存最早、最系统的法律著作。

化而来。到了唐代，才进一步在隋的基础上，建立了较为完备的均田制与租庸调法。

二、唐的均田制

唐高祖于武德七年(公元624年)仿隋制颁布新律令，确立均田法："(武德)七年，始定均田赋税，凡天下丁男十八以上者，给田一顷。笃疾废疾，给田十亩，寡妻妾三十亩。若为户者加二十亩。皆以二十亩为永业，其条为口分。永业之田，树以榆桑枣及所宜之木，田多可以足其人者为宽乡，少者为

狭乡；狭乡授田减宽乡之半。其地有厚薄，岁一易者倍，授之宽乡，三易者不倍；授工商者，宽乡减半，狭乡不给。凡庶人徒乡及贫无以葬者，得卖世业田，自狭乡而徙宽乡者，得并卖口分田。已卖者不复授，死者收之，以授无田者。凡收授皆以岁十月，授田先贫及有课役者。凡田，乡有余以给比乡，县有余以给比县，州有余以给比州。凡授田者，丁岁输粟二石，谓之租。丁随乡所出，岁输绢、绫、绝各二丈，布加五之一，绵二两，输布者麻三斤，谓之调。用人之力，岁二十日，闰加二日，不役者日为绢三尺，谓之庸。有事而加役二十五日者，免调，三十日租调皆免，通正役并不过五十日。若岭南诸州则税米，上户一石二斗，次户八斗，下户六斗。……凡水旱虫蝗为灾，十分损四分以上，免租，损六(分)以上，免租调，损七(分)以上，课

役俱免。"

这就是说，园圃为永业田，每户二十亩。既称永业，当属私有，由于种植桑榆枣树等多年生作物，负有植桑养蚕的责任，因此必须作绢纳调。可见，永业田虽属私有，但在作物种植上还是有所限制的。此外，园宅地亦为永业。良民家族 3 人以下，分得

上括浮逃使状残片　唐
官府文牒，内容是有关逃亡农民的事，行文有武则天所制新字。史书记载，武则天长安年间（公元 701—704 年）曾派遣使者检查逃亡户口，逃户是从国家户籍上脱漏的人户，如何处理逃户是一项重要的政治经济政策。由于武则天执政时对逃户实行了比较宽容的政策，以致人户大增，社会相对安定，对当时的农业振兴起了良好作用。

1 亩，3 人以上，每 3 人加给 1 亩。宅地的一部分，相当于园地，可种蔬菜。谷田在北魏时称为露田，唐称口分田，栽培粮食，以纳田租。谷田每一丁男（18 岁至 60 岁）分得 80 亩，60 以上减为

40亩，笃疾废疾者亦分配40亩；妇人与年幼者原则上不分配，只是寡妻妾自为户主时，才分给50亩；年幼者自为户主时，亦分给20亩；僧道尼姑等，亦分给20至30亩。可见，口分田的分配是参照家庭劳动力多寡进行的，分配给有劳动能力的男子，使之纳租，是主要的目的。因而除丁男以外，其他人配给较少，仅以维持他们的基本生活为标准。如以工商为业者，永业、口分田减半分给，倘在狭乡，就不分配。至于由杂户、官户与奴婢组成的贱民，由于杂户之地位已接近良民，与一般农民受同额的分配。官户分给口分田的半额。奴婢地位最低，分田并无规定。园宅地，对于官和贱民，均为家族5人分给1亩。狭乡授田，比宽乡少，有的只及宽乡之半，称为易田的轮流休耕之田，由于产出指数低，规定加倍授给。

综上所述，唐代均田制之田有园圃、园宅地与谷田之分，前二者为永业田(限20亩)，后者为口分田；授田对象除丁男外，寡妻妾可以分得少量之田，工商、贱民亦均可分得多少不同的土地，一般妇女，则不是分田对象；分田的多少，一般要看家族人口的多少，劳动力的强弱，与所在地(乡)

的土地宽狭。可见，唐代的均田制是按照田的用途、授田的对象、劳动力多寡和当地土地拥有情况等四个原则进行授田的。

均田制的收授土地皆定于农历十月，即秋收后进行。授田时贫者、课役者以及多丁之户，有优先权；授田原则上在本县界内，但狭乡田有不足时，可在宽乡授田；死者之口分田，由国家收回授予无田者，但对府兵军人则予以优待。唐王朝规定，"诸因王事投落外藩不还，有亲属同居，其身分之地，六年乃追。身还之日，随便先给。即身死王事者，其子孙虽未成丁，身分地勿追，其因战伤及笃疾废痰者，亦不追减，听终其身也。"也就是说，身死王事者，子孙不退田；本人受伤者，终身不退田。可见，均田制是府兵制有力的经济基础。

土地原则上禁止买卖贴赁及质押。例外的是：庶人死，家贫无丧葬费，或流徙出乡者，可以卖永业田，但口分田不能出卖；在本县境内不能充分受田，欲徙于宽乡者，或田土充作住宅、邸店、碾硙时，才可出卖口分田。田土既卖，耕地不到额定标准，不再补分；但不足部分，可以买进。不过仍以不足之数为限。买卖都必须报官，并且要在获得批准后，即收到文牒才能进行；如无文牒，便为非法。贴赁和质押，原则上也不允许，只有极少特殊情况例外。

至于王公官僚的土地分配与百姓不同。不仅有一套优待办法，而且分配到的大量土地，不必自耕，而坐收其租赋。分配给他们的田土，可分为永业田、职分田。

首先是永业田。亲王100顷，郡王50顷，国公、郡公、县公、侯、伯、子、男各40顷至5顷。官吏不问职事官与散官，正一品以下至从五品止，分得永业田60顷至五顷。勋官，上柱国30顷，至云骑尉60亩。五品以下的永业田不在狭乡，分给于宽乡；六品以下的永业田则在本乡分配之，因其为数较少之故。

其次是职分田。凡职事官作为俸禄，分配有职分田。京官一品12顷，以下递减，九品得2顷50亩；镇戍及在外监官五品5顷，以下递减，九品1顷50亩；王宫守卫亲王府的典军，及外军武官，多者6顷，少者80亩。

同时，为解决政府机关的办公经费和官员福利，还分配公廨田。多者40顷，少者80亩。此外，王公官僚的永业田及赐田，不禁止其买卖与贴赁，他们可以自理其财产。

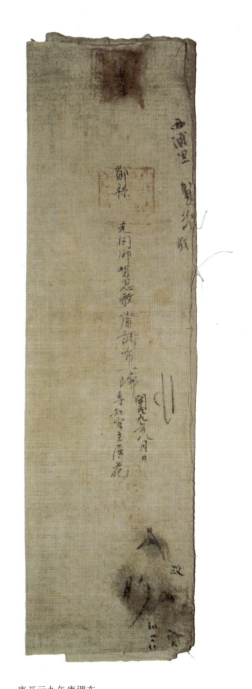

唐开元九年庸调布
1968年新疆地区出土，是当时实行与均田制相适应的赋税制度——租庸调的实物证据。庸调布上的墨书题记表明，这是开元九年隶属于山南道的郧县百姓交纳上徼唐政府的庸调布。庸调布上还钤朱色篆印"郧县印"三方，是州县收取庸调和逐级上缴的手续鉴证。

三、隋唐的租庸调税制

中国古代的税收，主要有两种形式：一是服徭役，二是缴纳税收。此二者，到唐代形成了较完备的制度。其中租与调为剩余生产物之贡纳，是税；起于隋文帝天皇三年（公元583年）的庸，原为徭役，开明的杨坚允许"输庸作役"，将其转化为税收交纳，其实质为免役金。

首先是租，"有田则有租"，相当于后世的农业税。《文献通考》载：唐代每丁纳粟二石，"凡授田者，丁岁输粟二石，谓之租"。但岭南诸州以米纳之，上户纳米一石二斗，次户八斗，下户六斗。这一规定早在武德七年（公元624年）以前即已实行。

其次是调，《文献通考》定

义为"以其据丁户，调而取之，故谓之调"。"有家则有调"，调相当于户税。《新唐书》载"丁随乡所出，岁输绢绫绝各二丈，布加五之一，绵二两"和《文献通考》载"输布者麻三斤，谓之调"表明，每年每丁视当地出产，或纳绢绫绝各二丈及绵二两，或纳布二丈五尺，绵二两及麻三斤。意味着，精品少纳，粗品多纳，从实际出发，因地制宜。不过，纳绵二两与麻三斤，则相当于附加税。上述税率，为武德二年（公元619年）所定。《通典》记载，开元二十五年（公元737年），诏令除绵增为三两外，还规定

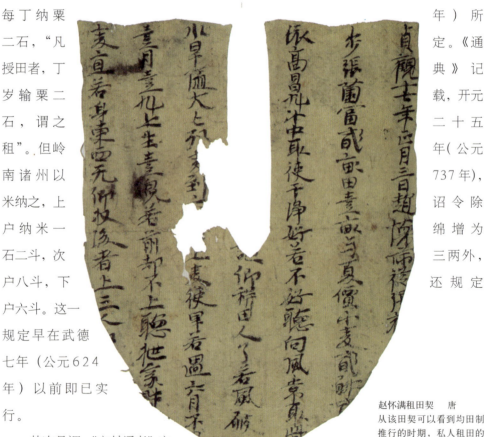

赵怀满租田契　唐
从该田契可以看到均田制推行的时期，私人租田的情形依然存在。

334

"其绢绝为匹，布为端，绵为屯，麻为缕。若当户不成匹端屯缕者，皆随近合成。" 明确"布帛皆阔尺八寸(一尺八寸)，长四丈为匹，布五丈为端，绵六两为屯，丝五两为绚，麻三斤为缕"。

调是户税，以丁立户，才有户税。一般之调，皆以实物缴纳，但非蚕桑之乡，亦可用货币代替，缴纳标准为岁银14两。可见，当时货币流通有了进一步的发展，实物税已有向货币税转化的倾向。

再次，"有身则有庸"，庸的原形为徭役，而徭役的天数为20日，但一年也可增加至50日。如果增至50日，那么调和租调均可豁免。这便是"有事而加役二十五日者，免调，三十日者租调皆免，通正役并不过五十日"。但这仅是正役，此外，还有杂役。基本的赋税，一年每丁相当于30至50个劳动日。

唐代规定，每年每丁，本须无偿的服劳役20日，闰年则为22日，不服劳役的人，则以产品特别是绢代纳，1日的劳役，折绢3尺。这便是"用人之力，岁二十，闰加二日，不役者日为绢三尺，谓之庸"。《新唐书》说，到开元二十五年，"以江淮输运有河洛之艰，而关中蚕桑少，菽粟常贱，乃命庸调资课，皆以米，凶年乐输布绢者亦从之。"这便是纳绢代庸，转变到纳米代庸。所收取的米，路近的运至京师，路远者则储在当地，以备军用。

总而言之，田有租，户有调，身有庸，租庸调的课税基础是田、户、身，而集中到一点，却是丁。因为每丁耕种着100亩土地，而在农业社会，劳动力与土地的结合才是国家税收之源。可见，要实行租庸调的税制，离不开均田制的基础。同时，租庸调以丁定赋有利于鼓励开垦，因此，陆贽曾强调："先王之制赋入也，必以丁夫为本，不以务稼增其税，不以辍稼减其租，则播种多；不以殖产厚其征，不以流寓减其调，则地著固；不以饬励重其役，不以窳怠弛其庸，则功力勤。"

租庸调税制，看起来似乎很简单，田有租、身有庸、户有调；但实行起来却非常不容易，其主要原因是各种动态变化的因素太多。诸如：一是，成丁年龄，可能有所变动。例如唐初至广德(公元618年—664年)年间，变化三次；二是，不断变易的老病寡妻，须差等授田；三是，乡有宽狭，人有增减，授田多寡，时常变化；四是，人有迁徙，田有买卖，不可能一成不变；五是，灾害无常，岁有荒歉，税收减免在所难免。

为了及时掌握和合理处置上述五种变动，唐代采用了两个行之有效的措施。首先是加强户籍管理。朝廷规定，户籍由里正管理，将天下户按资产多寡，分成九等。三年一造户籍，一式三本，一留县，一送使，一送户部。为了编造户籍，且建立了团貌制度。《唐会要》载："诸户目，计年将入丁，老疾应免课役及给侍者，皆县亲貌形状，以为定簿。一定以后，不得更貌。疑有奸欺者，听随事貌定，以付手实。"所谓团貌，即是以文字形式对本人的形貌特点作出描写，开始为每年一次，后来因实施困难改为三年定户。这种三年一度的描绘，称为一时团貌。

其次是计账。在邑居者为坊，置坊长一人；在四野为村，置村长一人。每年由村正、坊正具文制订出次课役计划，报送度支，即报送国家财政。财政即按申报表征收税收。应征税收数额，公布于县门村坊，以达众所周知的目的。

但在实施过程中，不仅丁口死亡、百姓逃亡所带来的户籍变化不可能随时清理；而且，王公官僚，买卖田土，兼并良民的口分田与永业田，也难以制止。以至于《通典》针对这一情况说："虽有此制（均田制），开元之季，天宝

以来，法令弛坏，兼并之弊，有逾于汉成哀之间（公元前32年—前1年）。"安史之乱以后，人口大减，生产力受到严重破坏，耕田荒废；地方官吏趁机侵占公田，变本加厉；农民不堪封建压榨，流亡日多。《新唐书》所述租庸调"其取法远，其敛财均，其域人固"的优越性也就完全消失了。随着土地兼并的加剧和户口的迅速锐减，庄园制度应运而生，而庄园制度的出现与日益发达，势必破坏均田制与租庸调法。唐王朝为此不得不从公元780年改行两税法。至此，北魏以来已有近300年历史的均田法，便宣告寿终正寝了。

四、财政改革与两税法问世

安史之乱是边地藩镇反对中央的斗争，历时7年多的安史之乱平定后，那些参加平叛战争的藩镇拥兵自重，有意保存安、史旧部作为筹码，与中央讨价还价。另一方面，内乱造成人力物力的巨大损失，加剧了国力的空虚，边患乘虚而起，吐蕃占领了陇右、河西之地，威胁长安。中央既无力消灭安、史余部，又不得不把原来边地节度使扩大到内地，来满足内地地方长官对权力的渴望，造成了藩镇相望，"大者连州十余，小者犹兼三四"，不仅严重侵蚀了中央对地方的行政权，更糟糕的

是藩镇侵蚀了应该上缴中央的财政收入，于是整顿财政、改革税收制度，成了唐王朝的当务之急。在其中起了重要作用的是刘晏和杨炎。

刘晏，字士安，曹州南华（今山东明县）人，唐肃宗、代宗时期长期在财政部门担任度支使、盐铁使、转运使等重要职务，先后与第五琦、韩滉分掌全国财政。他在20多年执掌财政的过程中进行了一系列卓有成效的改革。

首先，改革盐法。唐肃宗时盐铁使第五琦改食盐征税为专卖，在有利于国家增加财政收入的同时，也产生盐吏扰民的弊端。唐肃宗上元元年（公元760年），刘晏任盐铁使兼任转运使，在产盐地区设官，把盐加价卖给商人，再由商人转销各地；在距产盐区较远的地方设常平盐仓，调剂盐价；又在各地设13所巡院，查禁私盐。使盐税从原来的40余万缗上升到600余万缗，占国库总收入1200余万缗的1/2。

其次，改革漕运。安史之乱后，江淮地区成了朝廷财政收入的主要来源。在实物财政的唐代，解决转运问题是确保财政收入实现的关键。为此，刘晏不辞劳苦视察运河沿线，组织民工疏浚河道，并按江、淮、河、渭各段水运特点，设计建造合适的运输船只，以十艘为一纲，进行分段转运。为了降低运

唐开元铁牛
山西黄河蒲津桥的唐开元铁牛，是盛唐冶铁业、制造业及雕塑工艺的代表作，这是"开元盛世"留下的具有说服力的实物证明。

费，提高效率，还派军将督率，每年运到长安的粮食达数 10 万石之多，有些年份甚至超过 100 万石。

再次，平抑物价。物价问题，与信息对称与否息息相关。为了实现信息对称，刘晏以设在全国各地的 13 个巡院为据点，招募大批干练的物价信息员——"疾足"，通过置驿相望，及时报告各地物价动向，使"四方物价之上下，虽极远不四五日知"，以便政府能够及时采取措施，保持物价基本稳定。同时，他还在各地设立"丰则贵取，饥则贱与"的常平仓，以调节丰歉，平抑粮价。

刘晏的改革在增加国家财政收入，缓解中央政府财政困难的同时，也平抑了市场物价，对巩固唐王朝的执政地位收到了显著效果。至于全面的国家财政制度改革则是在唐德宗建中元年（公元 780 年)由时任宰相的杨炎组织实施的。

杨炎，字公南，凤翔天兴(今陕西凤翔)人，大历十四年（公元 779 年)，唐

德宗即位，起用被贬谪的杨炎出任称为门下侍郎、同中书门下平章事的宰相，对财政制度进行全面改革。自唐初开始，朝廷财政的实物收入一向储存于太府寺所属的左藏库，由财政官员负责管理。安史之乱后，皇帝轻信宦官的建议，移贮于宫廷的大盈内库，并改由宦官掌管，由于宦官素质低下，既不懂财政管理制度，又多存贪赎之心，从而造成账目混乱，弊端百出的严重问题。

杨炎担任宰相后，首先提出国家财赋不能变成皇帝私产，建议把大盈内库财赋仍拨归财政部门管理，唐德宗认为其言之成理，爽快地采纳了他的意见。

建中元年（公元 780 年)，他鉴于从丁而税的租庸调制已失去了均田制的基础，不仅严重影响了国家财政收入，而且由于税收征收的不公平危及社会稳定，因此，他建议唐德宗改革财政制度，废除租庸调制，推行两税法。

犁耕的农夫壁画（局部）
唐代经济繁荣，农业生产有很大的发展，犁耕的形象在很多作品中都有体现。

法久弊深。任何制度推行过久，都会出现弊端，均田制亦不例外。唐中期，随着土地买卖限制日宽，土地兼并日益激烈；而官吏普遍受田，助长了土地私有之风。更加上士族贵族、唐室新贵族、庶族地主，僧侣地主为了攫取更多的财富，不但掠夺土地，而且也掠夺劳动力，组织生产效率较高的庄园，不断让为国家纳税的农民成为他们的庄户、佃户、客户，即不向朝廷纳税的隐户。这样，朝廷不但被夺去了土地，也被夺去了纳税者户口，财政收入亦随之大幅减少。为了维持国家机构的正常运转，政府不得不对未逃亡者增课赋役，称为摊逃。《文献通考》载："代宗宝应元年

清·袁江绘《沉香亭图》
唐代长安东南的兴庆坊原是李隆基当亲王时的府邸，他登基后，大兴土木，把府邸扩建成宫苑，沉香亭便是富丽堂皇的建筑之一。

（公元762年），租庸使元载，以江淮虽经兵荒，其民比诸道犹有资产，乃按簿举八年租调之违负及逋逃者，计其大

数而征之，择豪吏为县令而督之，不问负之有无，资之高下，察民有粟帛者发徒围之，籍其所有而中分之，甚者十取八九，湄之'白著'；国有不服者，严刑以威之。民有蓄谷十斛者，则重足以待命，或相聚山林为群盗，县不能制。"

唐 褐彩云纹镂空熏炉。

说明将赋额摊征之于仅存的户口上，造成"白著"。带来的结果是越是摊逃，老实巴交的农民负担越重，于是迫使未逃亡者也不得不逃。正如《旧唐书》引杨炎的话说："天下残瘁，荡为浮人，乡居地着者，百不四五，如是者殆三十年！"逃亡者只要归附于庄园，成为隐户，即可避免兵役、苛征、杂徭之苦，百姓又何乐而不为呢？《西游记》中的高老庄便是这样的庄园，高太公便是掌控庄园的庄园主。在这一形势下，《旧唐书》称 "王赋所入无几"便成了朝廷的难言之隐了！既然庄园制难以逆转，又要确保国家财政收入，唯一可行的办法就是改变税制以适应新兴的庄园制。所以《文献通考》说："必欲复租庸调之法，必当先复世业口分之制，均天下之田，使贫富等而后可。若不能均田，则两税乃不可易之法。"两税法问世也就成了历史的必然。

从唐代的地税、户

大道之行
中国财政史

税发展而来的两税法，纠正了从丁而税之弊，实行了从田而税之法。在安史之乱后，朝廷为了适应庄园经济，创行按亩征课的地税，以补租庸调之不足。究其渊源，此种地税，源自义仓纳粟。唐太宗时，无论王公百官还是普通百姓，一律按每亩垦田纳粟二升。玄宗后，为增加财政收入，地税被正式确定为国家租税，即地税。以后，它又经历了一连串的发展过程。代宗广德元年(公元763年)七月诏：一户三丁者，免一丁。凡亩税二升。代宗大历元年(公元766年)，又因国用不足，创设青苗钱，即为夏税；苗一亩税钱十五，不及秋，方苗青，即征之，号青苗钱。又有地头钱，每亩二十，通名为青苗钱。大历四年，京兆秋税，分作两等，上等亩税一斗，下等六升，荒地亩税二升。大历五年，上田夏税亩六升，下田亩四升；上田秋税亩五升，下田亩三升，荒田亩二升；另外青苗钱每亩加一倍(地头钱在外)；税率又有所增加。

户税，亦有其历史渊源。武德(公元618年—626年)时，以资产为标准，将天下户分为三等征税，后来又改为九等。天宝(公元742年—755年)时，户约890余万，其税钱约得200余万贯。九等户纳222文。大历四年(公元769年)，明定"以钱输税而不以谷帛，以资力定税而不问身丁"。

王公百官同样依法纳税，例如一品准上上户，九品准下下户，余准依此户等税。若一户数处任官，亦每处依品纳税。户税在天宝年间，下下户纳税仅220文，至大历四年，增至500文。足见户税在财政收入的比重上，日益提高。地税的征收，除青苗钱、地头钱外，均以粟计；而户税的征收，则以钱计。

《文献通考》对两税法的内容作了精辟的概括："夏输无过六月，秋输无过十一月。置两税使以总之。凡百役

第六章 隋唐时期的财政

大历四年户税缴纳标准

一 等		二 等		三 等	
上上户	4000文	中上户	2500文	下上户	1000文
上中户	3500文	中中户	2000文	下中户	700文
上下户	3000文	中下户	1500文	下下户	500文

之费，先度其数而赋于人，量出制入。户无主客，以见居为簿，人无丁中，以贫富为差。不居处而行商者，在所州县，税三十之一，度所取与居者均，使无侥利。其租庸杂徭悉省，而丁额不废。其田亩之税，以大历十四年（公元779年）垦田之数为定而均收之：遣黜陟使，按诸道丁产等级，免鳏寡惸独不济者。敢加敛，以枉法论。"

这就是说，旧有财政，一般是奉行"量入制出"的法则，两税法则明定了"量出制入"的法则。这在理财思想上不啻是一大改革。由于田赋是正赋，且有配赋税性质，宜于量出制入。"凡百役之费，先度其数，而赋于人。"即先估计支出的数额，然后量出制入，而确定其收入的总额，然后统一分摊在大历十四年（公元779年）的青苗顷亩上。两税以住居人为纳税人。即"户无主客，以现居为簿"。行商不专居一地，在所州县，税三十之一。这样，其所承担的税负，大致与定居者相仿。而租调庸法以丁身为本，丁身浮浪，税也无从征收。实行两税法后，浮浪之户，均须课税，难以逃避了。两税法还规定："人无丁中，以贫富为差"，这样 "丁税"也就及时地变换为"亩税"，即从地而税。于是高太公

一类田亩较多的庄园地主，其税负也就自然而然地提高了。两税法要求：分夏秋两期纳税，"夏输无过六月，秋输无过十一月"。在实行两税法之前，租庸调是以实物纳税，即"租出谷，庸出绢，调杂出缯纩布麻"。两税法则"以钱谷定税，临时折征杂物"。也就是"定税计钱，折钱纳物"。《文献通考》针对这一定、折所产生的实际问题作了深刻的论述："定税之初，皆计缗钱，纳税之时，多配绫绢。""自初定两税，货重钱轻，乃计钱而输绫绢；既而物价愈下，所纳愈多。绢，匹为钱三千二百；其后一匹为钱一千六百。输一者过二，虽赋不增旧，而民愈困矣！""定税之数，皆计缗钱，纳税之时，多配缓绢。往者纳绢一匹，当钱三千二三百文，今者纳绢一匹，当钱一千五六百文；往输其一者，今过于二矣，虽官非增赋，而私已倍输。""纳物贱，则供税之所出渐多，多则人力不给。"足见货币计税，在物价变动时有加重老百姓负担的弊端。

"定税计钱，折钱纳物"不仅会产生物价变动影响"折率"的问题，而且由于折率最终由税吏敲定，从而使税吏有了一定的自由裁量权，其寻租漏洞显而易见。但从社会发展的总趋势

来看，从实物纳税向货币纳税转变，是社会进步的必经之路。只不过由于当时货币经济还不够发达，才实行"定税计钱折钱纳物'的过渡办法。实际上两税的收入，钱物参半。德宗时，行两税以后，岁敛钱2050余万缗，米400万斛，以供地方；钱950余万缗，米1600余万斛，以供京师。

两税法实行按资产征税的原则，与现代税收理论相吻合。其征税对象一为户、二为土地。户税按资产定等级，地税按土地面积（亩数）征收。两税法以户税、地税为内容，而其得名则与分夏、秋两次征收有关，即使后来宋代已无户税专指地税仍称两税法，可见分夏秋两次征收是两税法得名之源。这一改革将原先的租庸调实际已转化为户税、地税，按丁征收的租并入按亩征收的地税之中，按丁征收的庸调并入按户征收的户税之中，所以两税法实行时正式宣布"其丁租庸调并入两税"。两税法把以人丁为本的征收原则，改为以资产为本，即"人无丁中，以贫富为差"，使赋税由人丁向资产转移，不啻是社会的一大进步。而且其简单化与合理化的特点也十分明显，反映在主要内容上有六个方面：(一)凡百役之费，一钱之敛，先度其数而赋于

(予)人，量出以制入。(二)户无土(主)客，以见居为簿；人无丁中，以贫富为差。(三)不居处而行商者，所在州县三十而税一。(四)居人之税，秋夏两征之；夏税无过六月，秋税无过十一月。(五)其租庸杂徭悉省；而丁额不废。(六)其田亩之税，率以大历十四年垦田之数为准，而均征之。总之，两税法先问现居之户，后问所有之产，双管齐下，定税于产。这样，扩大了纳税面，确保了封建王朝的税收，国库收入自然增加了。《唐会要》说：大历时刘晏办理盐税之后，"通天下之财而计其所入，总一千二百万贯，而盐利过半"。这便是说，盐税以外的收入，不过六百万贯。而实行两税法之后，建中二年(公元781年)收入就增至"一千三百五十万六千零七十五贯，盐利不在此限"。可见这1300余万贯，比之600万贯，增加了一倍以上。

两税法是中国赋役史上的一大改革，其特点有三：一是将丁税改为田赋；二是分两期缴纳；三是以货币计税。与此同时，它不仅是国家税收制度的改革，也是财政制度的全面改革，杨炎在中国历史上第一次提出"量出制入"的财政原则。改革通过划分中央和地方各自的事权与财权，界定了中央

343

与地方的财力。它包括重编国家预算，划定地方预算收支的范围与规模，建立预算管理体制等财政分配内容。两税收入，划分为留州、留使、上供三部分，称为两税三分。中央采取以支定收的方法，严格核定州、使两级地方预算的收入项目及数量，以满足州、使两级的行政与军事的财政开支。从而理顺了安史之乱以来中央与地方之间混乱不堪的财政关系，有力地削弱了地方军阀的割据倾向。

第三节　隋代的财政收入

一、租庸调

《隋书·食货志》载："开皇三年（公元583年）正月，（文）帝入新宫。……先是，尚依（北）周末之弊，官置酒坊收利，盐池盐井，皆禁百姓采用。至是罢酒坊，通盐池盐井，与百姓共之，远近大悦。"国用所资，惟赖租调。也就是说，朝廷财政收入的主要来源于立足于农业的租庸调。

隋代的租庸调，是建立在均田制基础上的税收制度。《隋书》载：开皇元年（公元581年），"颁新令，制人五家为保，保有长；保五为闾，闾四为族，皆有正。……丁男一床，租粟三石。桑土调以绢；麻土以布。绢绵以匹，加绵三两；布一端，加麻三斤；单丁及仆隶各半之。未受地者皆不课。有品爵及孝子顺孙义夫节妇，并免课役。"至于给内、外官的职分田，并不是永业田，其田租收入，充作各级官员俸禄；其职田多少，视品级高低而定，官品高则面积大，收入也多，反之则少。政府机关的公廨田明确规定为"供公用"，其田租收入，作为官府办公

隋代租调表

类别	租	调	
有妻的丁男(又称一床)	粟三石	桑丝地	绢或绵一匹（开皇三年三月，减调绢一匹为二丈）、绵三两
		麻产地	布一端、麻三斤
单丁及仆隶	各课半额（依男丁所课之额折半）		
未受地者	不征租调		
有品爵及其他	免		

经费和福利支出。

开皇三年（公元583年），改定军人以21岁为丁。服役期限，由原来的每丁每年服役一个月改为20天。减调绢1匹为2丈。炀帝即位后(公元605年)，因户口增多，府库盈溢，又宣布减除妇人及奴婢部曲的赋役。至于男子服役的年龄更放宽到22岁。大业时，由于隋炀帝好大喜功，导致临时课征不断。例如，大业元年（公元605年）游江都，命州县交纳骨、角、皮革、毛羽等物；大业六年（公元610年），将征高丽，课天下富人，量其资产，确定应出出钱数，让其到市场购置马匹，以供军用。

二、屯田

屯田和贡献也是隋王朝的一部分财政收入。隋初，西北突厥南侵，吐谷浑寇边，为了解决御边的财政问题，朝廷在边境地区屯田。由于冲突不断，军粮等军用物资转运频繁，于是又在长城北大兴屯田，河西立堡并营田积谷，以供军需。大业年间，又先后于西海、鄯善、且末和辽西柳城开屯田。

三、贡献

隋时的周边民族和邻国不时来京师朝贡，诸如：高丽、百济、倭、赤土、迦罗舍国、契丹、突厥、吐谷浑、高昌、党项羌、靺鞨、奚、室韦等国家或民族，均不定期地向隋王朝贡献方物。在国内，除了按规定定期贡献地方特产外，还有在有重大活动时的临时索贡，如

狩猎纹银杯　唐
1970年10月陕西省西安市南郊何家村唐代窖藏出土，图案反映了当时人的狩猎生活。

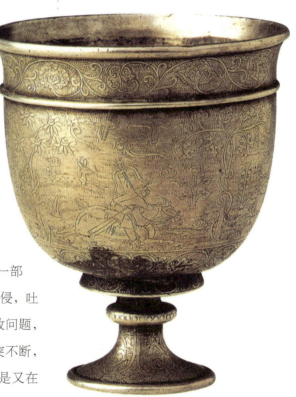

隋炀帝在今河南宜阳西南的皂涧营建显仁宫时，即命地方各州贡献草木花果，奇禽异兽，以充宫廷苑囿。同时，各地的地方官为求升迁也常常找机会

向皇帝贡献。

一、宫殿营造

隋文帝于开皇二年(公元582年)，在长安东南龙首原建大兴建城，即长安新城，因规制太小，于大业九年，又发丁男十万人加筑。《隋书·食货志》载，"(开皇)十三年(公元593年)，(文)帝命杨素出于岐州北，造仁寿宫。素遂夷山堙谷，营构观宇，崇台累榭，宛转相属，役使严急，丁夫多死，疲敝颠仆者，推填坑坎，覆以土石，因而筑为平地，死者以万数。宫成，帝行幸焉。时方暑月，而死人相次于道。素乃一切焚除之。帝颇知其事，甚不悦。及入新宫，游观，乃喜。又谓素为忠!"

二、东都建设

为了便于控制关东和江南，以及解决建都长安所带来的物资转运不畅、成本过大的问题，炀帝即位后，即着手建设东都洛阳。《隋书·食货志》载:"每月役丁二百万人，……又于阜涧营显仁宫，苑囿连接……周围数百里，课天下诸州多贡草木花果，奇禽异兽于其中。又往江南诸州采大木，引至东都，所经州县，递送往返，首尾相属，不绝者千里。而东都役使促迫，僵仆而毙者十四五焉。每月载死丁，东至城皋，北至河阳，车相望于道。"特别是采办大木一项，"大木非近道所有，多至豫章采来，二千人拽一柱，其下施毂，皆以生铁为之，中间若用木轮，动即火出，略计一柱，已用数

隋唐大运河形势图

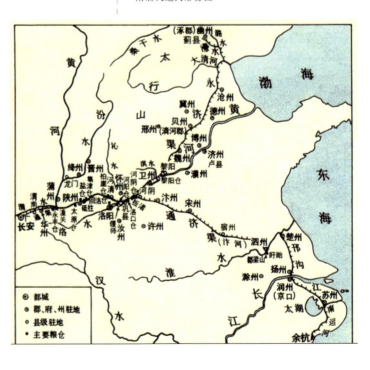

十万，则余费有倍于此"。

这就是说在营建东都和西苑时，主要殿柱所需的大木，均从江南采办，途经州县，皆由各地民夫往返递送，每根大柱，需2000人共拽。运者络绎于路，千里不绝。这么大的工程，要在一年内建成，所以《大业杂记》也载，每月役使达200万人，其中筑宫城者70万人，建官殿墙院者10余万人，建东都土工80余万人，木工、瓦工、金工、石工又10余万人。更为残酷的是，由于役使促迫，造成了无数民工的倒毙和伤残。直至各地农民起义风起云涌的大业十二年（公元616年），隋炀帝仍不忘大兴土木，在毗陵(今江苏常州)建造比东都西苑更壮丽的宫苑。

三、巡游、服舆

《隋书·炀帝纪》载，好大喜功的隋炀帝为了"观省风俗"，巩固政权，经常游幸各地视察。在位12年，三游江都，四巡边地，在京师竟不足一年，游幸时间，占了11年。每次出巡，侍从甚众，而以三次游巡江都（今扬州）为最。

《资治通鉴》载，大业元年(公元605年)八月游幸江都，备船数千艘，除炀帝本人外，有皇后、后宫、诸王、公主、百官、僧尼、道士、蕃客随从；且

携带有内外百司供奉之物，所用挽船民夫竟逾18万人。另外还有兵船数千艘，分乘12卫兵拱卫。一路上，舳舻相持，200余里。所过州县，500里内，皆令献食，一州至百舁，极水陆珍奇。后宫厌饫，将发之际，多弃埋之。《隋书·炀帝纪下》载，炀帝除喜游幸外，每年还要采纳年轻宫女，即使在疾疫流行之时，也不罢休。例如大业八年（公元612年），天下大旱，瘟疾流行，人多死亡，而炀帝却于十一月，"密诏江淮南诸郡，阅视民间童女，姿质端丽者，每岁贡之"。

四次出巡则为大业三年(公元607年)到榆林（今内蒙托克托西南），历时半年，从行甲士50余万；四年(公元608年)到五原，出长城，巡行塞外；五年（公元609年）西巡至浩　川(大通河，今青海东北)出兵败吐谷浑，炀帝到燕支山(今甘肃武威境)，高昌王及西域地方使节来见；十一年(公元615年)北巡长城，被突厥始毕可汗围于雁门。

《隋书》载，炀帝"盛修车舆辇辂，旌旗羽仪之饰；课天下州县，凡骨角齿牙，皮革毛羽，可饰器用，堪为氅眊者，皆责焉。征发仓卒，朝命夕办，百姓求捕，网罟遍野，水陆禽兽殆尽；犹不能

给，而买于豪富蓄积之家，其价腾踊！是岁，翟雉尾一直十缣，白鹭鲜半之。"巡幸扬州时，"造龙舟，凤艒，黄龙赤舰，楼船箦舫，募诸水工，谓之殿脚。衣锦行　，执青丝缆挽船，……帝御龙舟，文武官五品已上给楼船，九品已上给黄箦舫。舳舻相接，二百余里。所经州县，并令供顿献食。丰办者加官爵，阙乏者谴至死"。拜何稠为"太府少卿，……营黄麾三万六千，人仗及车舆辇辂，皇后卤簿，百官仪服，依期而就，送于江都；所役工十万余人，用金银钱物巨亿计"。

此外，由于炀帝崇尚奢侈，"崇侈器玩"，为置办服装诸物，"其营费巨亿万"。

统一的隋代货币：开皇五铢钱
隋代建立后以五铢钱统一全国货币，促进了商业的发展。

四、俸禄

隋初，简并州郡，定三省六部九寺五监官制，改变了南北朝时期，由于地

山东省嘉祥县英山隋代墓葬壁画
反映了官员备骑出行时的场面。画面中四人身着圆领或翻领衫袍，并肩站立。其中两人执高柄行灯，一人执高柄伞，一人执高柄扇，从面部表情和眼神上看，他们互相之间在窃窃私语，等待主人出行，从中我们也可一窥隋朝官员出行仪仗的组成。

方纷乱，各自为政，州、郡、县三级政区异常混乱的状况，地无百里，数县并置；户不满千，二郡分领，十羊九牧，州郡县长官不知其所在，全国竟有241州、608郡、1524县之多，本着存要去闲、并小为大的原则，仅存郡190，县

1255个，精简了40%的地方机构，相应减少了冗官，从而减轻了财政负担，使官员俸禄的正常发放有了保障。《通典》作者杜佑称，隋的官员总数为12576人，其中京官2581人，地方郡县官9995人。

隋代百官俸禄标准禄米：正一品900石，逐级减少，至从八品为50石。百官禄米，分夏秋二季发给。刺史、太守、县令，则计户而给禄，各以户数多少分为九等。同时，明确规定："食封及官不判事者，并九品，皆不给禄。"这与现代不在职而有政协、人大之官衔者不发工资的规定，一脉相承，异曲同工。

官禄分春秋两季给付。刺史、太守、县令则计户而给禄，各以户数为九等之差。

隋代的官俸如下表 （单位：石）

品 位		京官岁俸	外 官	州 俸	郡 俸	县 俸
一	正	900	上上	620	340	140
	从	800				
二	正	700	上中	580	310	130
	从	600				
三	正	500	上下	540	280	120
	从	400				
四	正	300	中上	500	250	110
	从	250				
五	正	200	中中	460	220	100
	从	150				
六	正	100	中下	420	190	90
	从	90				
七	正	80	下上	380	160	80
	从	70				
八	正	60	下中	340	130	70
	从	50				
九	正	不给俸	下下	300	100	60
	从					

五、军费

隋代推行府兵制，无需养兵支出，财政所承担的仅为国防工程开支和作战经费。隋代国防工程，主要为修筑长城。隋时北方的突厥族日渐强大，东北的契丹亦已兴起，不得不筑长城以巩固国防。《隋书·高祖帝纪》载，隋文帝开皇元年(公元581年)"发稽胡修筑长城，二旬而罢"；开皇五年(公元585年)，于朔方、灵武筑长城，长七百里；开皇六年(公元586年)，发丁五十万，在朔方东、沿边险要处筑城数十；同年，"发丁男十一万，修筑长城，二旬而罢"；开皇七年(公元587年)"发丁男十万余，修筑长城，二旬而罢"。

《隋书·炀帝纪》载，隋炀帝时修筑长城虽只两次，但规模比文帝浩大。第一次，大业三年(公元607年)"发丁男百余万，筑长城，西距榆林，东至紫河，一旬而罢，死者十五六。"第二次，大业四年(公元608年)"发丁男二十余万，筑长城，自榆株谷而东。"

开皇二年(公元582年)，突厥王可汗率40万众犯边，入长城，攻城池，掠汉地，尤其是邻近边地的武威、天水、金城、上郡、延安等六郡损失最为惨重，牲畜被抢一空，隋军多次反击，双方互有胜负。隋与东北邻国高丽的战争，也先后进行多次。大业八年(公元612年)正月，动用水陆两军，总兵力不计水军113万余人，对外号称200万众，"舳舻百里，并载军粮"；出征高丽，志在必得，结果还是以失败告终；九年、十年，又连续发兵攻击，终因国内农民起义频繁爆发，无力再战，以议和告终。

六、水利交通

隋开皇四年(公元584年)，为便漕运，隋文帝命宇文恺率众开广通渠。全渠自都城大兴(今西安)东至潼关，接黄河，长达300里。开皇七年(公元587年)夏四月，为通漕运，于扬州开山阳渎。开皇十五年(公元595年)，为打通航道，凿砥柱；仁寿四年(公元604年)十一月，为了达到"置关防"的目的，隋炀帝发丁男数十万掘堑，自龙门东接长平、汲郡，抵临清关，渡河，至浚仪、襄城，达于上洛。《隋书·炀帝纪》载，大业元年(公元605年)，在建设东都洛阳的同时，为了便于粮物转运，又以洛阳为中心，配套开凿、修浚了通济渠、邗沟、江南运河、永济渠等四条河渠。大业元年(公元605年)三月，发河南诸郡男女百余万，开通济渠。"自洛阳西苑引谷、洛水，达于河，自板渚引河(黄河)入汴口；又从大梁(开封)之东引汴水入于泗,达于淮,自江都宫入于海。"大业元年,发淮南民十余万开凿,自山阳(今江苏淮安)至扬子(今江苏仪征)入江。大业六年(公元610年)冬十二月,下令挖江南河,"自京口(镇江)至余杭(杭州),八百余里,广十余丈,使可通龙舟。"大业四年(公元608年)春正月,"诏发河北诸郡男女百余万开永济渠,引沁水,南达于河,北通涿郡。"炀帝时期所开凿的四段运河,沟通了海河、黄河、淮河、长江和钱塘江五大水系,经由河北、河南、江苏、浙江等数省,全长5000余华里,是世界上开凿最早、航程最长的人工运河。运河的开通,不仅有利于政治上巩固隋朝的统一局面,而且对南北的经济和文化交流,起到了不可估量的重要作用。至于陆路交通,一个重要工程就是大业三年(公元607年),为通驰道,征发河北丁男筑成太行山通道。

七、科举、赈给和赏赐

《旧唐书》载,隋开皇中明经举,这是中国科举选士之始。《通典》称大业三年(公元607年)隋炀帝始设进士科。从此中国有了科举选官制度及支出。

逢凶荒之年,隋朝廷皆令减免田租,或开仓赈给。《隋书》称,开皇五年(公元585年),"其后关中连年大旱,而青、兖、汴、许、曹、亳、陈……邓等州大水,百姓饥馑。高祖乃命苏威等分道开仓赈给;又命司农丞王亶,发广通之粟三百余万石,以拯关中。又发故城中周代旧粟,贱粜与人;买牛驴六千余头,分给尤贫者;令往关中就食。"对受灾州县,免当年租赋。

出于巩固统治的需要,隋朝廷对有功之臣赏赐丰厚,文帝统治前期,每年仅赏赐绢帛,就高达数百万段。《隋书》载,开皇九年(公元589年),灭陈,统一全国。隋文帝杨坚亲临京城朱雀门慰劳凯旋而归的将士,并举行庆赏。"自门外,夹道列布帛之积,达于南郭,以次颁给。所费三百余万段"。

第五节 唐代前期的财政收入

一、租庸调

均田是田制,租庸调是税法。《文献通考》称,高祖李渊于武德七年(公元624年),"始定均田赋税……凡授田者,丁岁输粟二石,谓之租。丁随乡所出,岁输绢、绫、絁各二丈,布加五之一,绵二两(《新唐书》载为绵三两),输布者麻三斤,谓之调。用人之力,岁

351

二十日，闰加二日，不役者日为绢三尺，谓之庸。有事而加役二十五日者，免调，三十日租调皆免，通正役并不过五十日。若岭南诸州则税米，上户一石二斗，次户八斗，下户六斗。……凡水旱虫蝗为灾，十分损四分以上，免租，损六(分)以上，免租调，损七(分)以上，课役俱免。"

这就是说，"有田则有租"，租庸调的租，是每丁纳粟二石，岭南诸州则以所产之米纳之，上户纳米一石二斗，次户八斗，下户六斗。"有家则有调"，租庸调的调，是每丁每岁依本乡的出产，或纳绢绫各二丈及绵二两，或纳布二丈五尺，绵二两及麻三斤。其中，绵二两与麻三斤，似有附加税性质。以上税率，为武德二年所定。开元二十

唐加彩女立俑

五年(公元737年)，令除绵三两外，又增加了"其绢绝为匹，布为端，绵为屯，麻为庹。若当户不成匹端屯庹者，皆随近合成"的规定。从此"布帛皆阔尺八寸(一尺八寸)，长四丈为匹，布五丈为端，绵六两为屯，丝五两为绚，麻三斤为庹"。调一般以实物缴纳，但非蚕乡，亦可用货币缴纳，岁银十四两。"有身则有庸"，租庸调的庸即输庸作役，意味着庸是替役而起的。唐代"用人之力，岁二十日，闰加二日，不役者日为绢三尺，谓之庸"。也就是规定每丁每岁须无偿地服劳役二十日，闰年则为二十二日，不服劳役者，可纳绢以代，一日的劳役，折绢三尺。《新唐书》载，到开元二十五年，"以江淮输运有河洛之艰，而关中蚕桑少，菽粟常贱，乃命庸调资课，皆以米，凶年乐输布绢者亦从之。"从此，纳绢代庸也就因地制宜地转变为纳米代庸。所收取的米，路近的运至京师，路远者则储在当地，以备军用。

庸的原始形态为徭役。唐代规定"有事而加役二十五日者，免调，三十日者租调皆免，通正役并不过五十日"，可见，一般徭役以20日为限，若一年增至25日者，免除户调，增至50日则调和租两者皆可豁免。

为了使租庸调征收落到实处，唐代重视户籍管理。首先，将天下户按资产升降定为九等。三年一造户籍，凡三本，一留县，一送使，一送户部。为了编造户籍，且有团貌的制度。即《唐会要》所载："诸户目，计年将入丁，老疾应免课役及给侍者，皆县亲貌形状，以为定簿。一定以后，不得更貌。疑有奸欺者，听随事貌定，以付手实。"团貌本为每年一度，后改为三年定户。曰一时团貌。此事皆由里正负责办理，其次，规定在邑居者为坊，置坊长一人；在四野为村，置村长一人。由村正、坊正编造次年课役负担报告，上报度支（财政），批准后政府即按此收税。税收之数，公布于县门村坊，以便众所周知。

二、户税

户税，作为不包括土地在内的资产税，是唐代按户等征收的税收，其征收对象上自王公，下至百姓。《通典》载，

户税始征于武德六年(公元623年)三月，诏"令天下户量其资产，定为三等"。九年(公元626年)三月，又以三等之法不能反映户等升降，而改为九等。《唐会要》称，代宗大历四年(公元769年)正

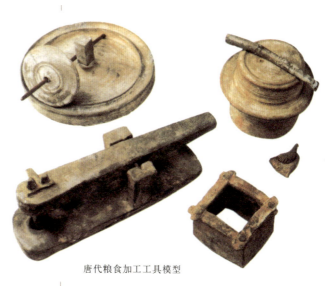

唐代粮食加工工具模型

月朝廷要求王公以下，每年税钱，上上户四千文，上中户三千五百文，上下户三千文，中上户两千五百文，中中户两千文，中下户一千五百文，下上户一千文，下中户七百文，下下户五百文。《通典》称，早在天宝年间，下下户纳税仅

唐代户调表

一 等		二 等		三 等	
上上户	4000 文	中上户	2500 文	下上户	1000 文
上中户	3500 文	中中户	2000 文	下中户	700 文
上下户	3000 文	中下户	1500 文	下下户	500 文

二百二十文。

至于具体执行标准，《册府元龟》载，王公百官同样征税，其现任官一品，准上上户税，九品，准下下户税，余品并准依照此标准分等纳税。如一户在数地任官，则每处依品纳税。凡民有邸店行铺及炉冶者，应按令式规定，查实征纳。寄庄户，准依旧例从八等户征税；寄住户，从九等户纳税。其各类浮客及临时寄住户等，不问有官无官，应在所在地为二等收税；稍殷富者，准八等户税，余准九等户税。如数处有庄田，也在每处纳税。对诸道将士庄田，考虑其防御勤劳，不能按照百姓的标准征收，一切按九等输税。到建中元年（公元780年），天下税户308.5万，籍兵76.8万人，税钱1089.8万余缗，税谷215．7万余斛。可见，当时的户税

唐骆驼俑

已成了国家财政收入的重要来源之一。

三、地税

地税是唐初以义仓为名，用于赈灾的专项粮储，在"田租"外按田亩或户等缴纳。其创行于唐太宗贞观二年（公元628年），《新唐书》载，王公以下人户的所有垦田皆须交纳，规定"亩税二升，粟、麦、粳、稻，随土地所宜。宽乡敛以所种，狭乡据青苗簿而督之。田耗十四者免其半，耗十七者皆免之。商贾无田者，以其户为九等，出粟自五石至于五斗为差。下下户及夷獠不取焉。岁不登，则以赈民；或贷为种子，则至秋而偿，"确立了税法、税则以及蠲免事宜。高宗永徽二年（公元651年），对地税制度做了改革，《旧唐书》称"义仓据地收税，实是劳烦。宜令率户出粟，上上户五石，余各有差，"把地税由按亩征收改为按户等征收。到

武周初年恢复为按亩征收。玄宗朝继续征收地税，税制更加完善。肃宗、代宗时期，地税税率不断提高，税额大幅增加，并开始分夏、秋两次征纳。与租庸调制不计授田是否足额均按丁征收统一的丁租不同，地税按照王公以下每户的实际耕田面积征税，有其明显的合理性，也有着调节贫富差距的积极意义。《通典》称，天宝年间天下计账，"地税约得千二百四十余万石"。当时全国课丁八百二十余万，扣除各种折纳后，实际"租粟则七百二十余万石"，地税所得大大超过了丁租实际所得。天宝八年，"凡天下诸色米都九千六百六万二千二百二十石"，其中"义仓总六千三百一十七万七千六百六十石"，占了65%以上。地税成了国家的主要税粮，其财政地位日益重要。

地税和户税是唐前期与租庸调并行的两种国家税收，均属资产税，两税法实施后并入两税而不再单独存在。在实行过程中，地税和户税的税制不断完善，税额不断增加，玄宗以后逐渐成为替代租庸调的主要财政收入，其税法税则还直接为两税法所继承，实现了税收制度的延续。

四、附加税

指附加于租庸调、地税、户税上的税收，有脚钱、营窖、税草、加耗、裹束等，在唐前期成为固定税制，但不是主要税种。脚钱亦称租庸脚直、脚直、脚价、租脚、车脚或运脚等，是各州租庸调和地税送纳配所以及运至两京所需加纳的运输费，通常交纳铜钱，可按户配脚，也可按丁支脚。由于各地路程的远近险易不同，中央度支虽然规定了脚钱征收的基本数额，但具体征收各地有所不同。营窖税是为了营建仓廪和保存粮食而附加于丁租、地税之上的附加税，规定征藁、橛、篓簾、苫等实物，实际征收中，由于实物不易运输，多折纳现钱。税草是地税的附加税，始征于太宗贞观年间，同地税一样按照青苗簿每年征收，百姓均田、寺田、观田均需交纳。京师长安和东都洛阳五百里之内州县，不但有常税草供诸闲厩马料，而且有别税草供皇帝临幸之用。两京五百里之外的州县税草，纳于当地，供州县军事、邮驿、运输等的草料支用，遵循按支定收的原则。加耗是丁租、地税的附加税，大体遵循"贮经三年，斛听耗一升"，五年以上二升的加耗率，即有1%和2%的不同比率。裹束是附加于庸调的包装费，即"诸庸调物……所须裹束调度，折庸调充，随物输纳。"征收这些附加税，唐

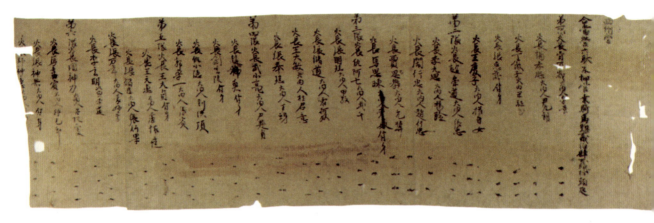

王朝就征收了租庸调、地税、户税的运输、保管、损耗费用，使得租庸调、地税、户税成了不包括其他费用在内的国家财政净收入。

五、屯田

屯田，是以农养军，减省徭役，屯垦戍边的一项重要财政措施。《旧唐书》载，唐代既有工部郎中（相当于今司局长）所管的屯田，司农寺所管的屯田，还有州县屯田。当时全国各军州管屯田，总共有992处。每处多者50顷，少者20顷。开元二十五年（公元737年），又发布每屯屯田限额：凡隶属司农寺者，每30顷以下，20顷以上为一屯；凡隶州镇诸军者，每50顷为一屯。凡在旧有屯田处重新建立屯田的，以原屯田界为限；凡原非屯田之所，则取荒闲无籍之地为屯田。屯田收入，一般是按土地的肥瘠和年岁的丰歉分为三等，再根据民田的收获情况，取其"中

唐西州营名籍
从新疆吐鲁番出土的唐西州营名籍，可以窥见唐王朝设西州都督府屯戍边疆的规模。

熟为率"。《通典》载，开元二十五年，天下屯田收谷190余万斛。天宝八年（公元749年）全国屯田收入数共计1913960石，其中：关内56.38万石，河北40.3万石，河东24.58万石，河西26.08万石，陇左44.09万石。

六、贡献

贡献既是地方向中央贡献的财政收入，也是地方官邀宠于皇帝的极好机会。《贞观政要》载，唐代规定，土贡所纳，一是当土所出，其物易供；二是贡物价值不许超过50匹绢价。但在贞观初，一些地方却违制贡献："都督刺史，邀射声名，厥土所赋，或嫌其不善，逾意外求，更相仿效，遂以成俗，极力劳扰"。为了减少扰民，唐中宗神龙（公元705年—707年)时强调："诸贡物皆

须任土，当处无者，不得别求，仍于常数每事量减；缘百姓间所有不稳便者，并委州府县状奏闻。"由于屡禁不止，玄宗即位之初，再一次下诏重申，中央政府既坚持土贡制度，保证皇室需要；又不许额外苛求的"任土作贡"。

唐《蛮夷执贡图》
周昉绘，绢本设色，46.7×39.5厘米，现藏我国"台北故宫博物院"。

第六节　唐代中后期财政收入

一、田赋

安史之乱后，人口锐减，耕田荒废，生产力遭受极大破坏。《新唐书》所赞扬的租庸调法"其取法远，其敛财均，其域人固"的优点，也就荡然无存了。到了德宗建中元年(公元780年)，时任宰相的杨炎为了确保国家财政收入，创立了两税法。两税法是以户税、地税为主，统一了各项税收发展而成的。《通典》载，其内容为："夏输无过六月，秋输无过十一月。置两税使以总之。凡百役之费，先度其数而赋于人，量出制入。户无主客，以见居为簿，人无丁中，以贫富为差。不居处而行商者，在所州县，税三十之一，度所取与居者均，使无侥利。其租庸杂徭悉省，而丁额不废。其田亩之税，以大历十四年(公元779年)垦田之数为定而均收之：遣黜陟使，按诸道丁产等级，免鳏寡惸独不济者。敢加敛，以枉法论。"

这就是说，首先，国家财政的收支原则是"量出制入"。即在确定第二年的财政征收总额时，先要对国家各项经费开支进行估算，以此确定征收总额，再按一定比例下达全国，组织征收。其次，课税主体以各地不分主、客户的现居人口为纳税人，行商无固定地点，则在所在州县征收。再次，税率：户税税率，按九等分摊；地税税率，以大历十四年的垦田数为基准，按比例分摊；不分丁男中男，一律按资产多少摊征，商人按其收入三十税一，即税率为1／30。第四，完纳期限：分夏秋两次交纳，夏税不得晚于六月底；秋税不得迟过十一月底。第五，纳税形态：户税交钱，地税交实

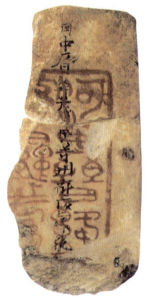

唐代的官家封泥

这些封泥是用来封闭当时各道、州、府地方官进奉给皇帝的酒坛和蜂蜜坛的，封泥上有墨书题记和红色印文，题记内容是进贡的时间、地点、物名及进奉人的官衔和姓名等。

物，但在交纳时也可通融，或折钱，或折物。第六，优惠对象：鳏寡孤独及赤贫者免征。第七，废除租庸调及一切杂徭、杂税；若在两税外擅自加征者，以违法论处。

两税法纠正了从丁而税之弊，实行从田而税之法，先问现居之户，后问所有之产，双管齐下，定税于产。不但扩大了纳税面，也增加了国家税收收入。《唐会要》称，大历(公元766年—779年)时刘晏实行盐税改革后，"通天下之财而计其所入，总一千二百万贯，而盐利过半"。也就是说，盐税以外的收入，只不过六百万贯而已。《旧唐书》称，实行两税法后的建中二年(公元781年)，收入就增至"一千三百五十万六千零七十五贯，盐利不在此限"。也就是说，除掉盐的专卖收入，国家财政比以前增加了750.6075万贯年收入，整整一倍多。

二、食盐专卖

隋代自开皇三年（公元583年）起，食盐无税。唐初，承袭隋代制度，盐亦无税，其国用所资，惟赖租调。直至开元十年（公元722年）八月十日才开征盐税，无税时间长达138年之久。当时之所以开征盐税是由于安邑盐池因长年失修，无人经管，盐池接近干涸，大臣建议修复盐池，重开盐税。由于宰臣朝

议，都称"盐铁之利，甚益国用"，于是玄宗皇帝始令将作大匠姜师度、户部侍郎强循俱摄御史中丞，与诸道按察使检责海内盐铁之课，敕令依令式收税。

安史之乱爆发后，中央能控制的只有四川、江南等部分地区，财政收入有限，而平叛所需的军费支出又大为增加，为了广开财源，中央政府根据四川（今自贡一带）盛产食盐的特点，进一步从食盐专卖入手，广开财源，以解燃眉之急。

《新唐书》载："乾元元年（公元758年），盐铁铸钱使第五琦，初变盐法，就山海井灶近利之地，置监院，游民业盐者为亭户，免杂徭，盗鬻者论以法。及琦为诸州榷盐铁使，尽榷天下盐，计加时价百钱而出之，为钱一百一十。"可见，唐代的食盐专卖，始自肃宗（公元756年—762年）时的第五琦盐法，贯穿"民制、官收、官运、官销"的精神，简便易行。它规定：凡制盐之人，须先行登记，才可成为从事制盐业的"亭户"。亭户所制之盐，必须由官收买，然后由官转卖。

后来由于"官收、官运、官销"的第五琦盐法，设官太多，不但增加了国家财政支出，而且官多扰民，不利于社

会稳定。所以，乾元三年（公元760年），担任户部侍郎充度支、铸钱、盐铁等使的刘晏，着手改革盐法，除供应偏远地区（江南岭南一带）的常平盐继续实行"民制、官收、官运、官销"外，其余地区一律改为"民制、官收、商运、商销"。这一办法是在产盐地置盐官，收盐户所煮之盐，转粜于人，纵其所之，其余州县，不复置官。因为刘晏盐法是"寓征于价" 就场征税，其本质上还是一种专卖制度。所谓常平盐，就是因为实行商运商销，重利的商人，会趋易避难，使偏远之处，时常缺盐，陷于淡食。于是由官运食盐储藏于当地，一旦商盐不至，则减价以粜民，官不但能收运销之利，还有便民之誉。这种便民的平价食盐就称常平盐。

《新唐书》说，刘晏治盐，不光着眼于盐税收入，更着手于对盐业生产的扶持，他"遣史晓导，倍于劝农"，同时又广设盐仓，储积盐斤，于是产盐既丰，税收自增。

为了确保税源不流失，刘晏严禁私盐，从建立缉私制度着手，在淮北、江南、岭南等地区，设置了13个缉捕私盐的巡院。刘晏治盐，成绩卓著，《新唐书》曾作高度评价："自兵起，流庸未复，税赋不足供费。盐铁使刘晏以为

民所急而税之，则国足用，于是上盐法轻重之宜。以盐史多则州县扰，出盐乡因旧监置史，亭户粜商人，纵其所之。江岭去盐远者，有常平盐，每商人不至，则减价以粜民，官收厚利而人不知贵，……吴越扬楚，盐廪至数千（谓盐仓数千），积盐二万余石。……晏之始至也，盐利岁才四十万缗，至大历末（公元779年）六百余万缗；天下之赋，盐利居半。宫闱服御军饷百官俸禄，皆仰给焉。"其后刘晏罢官，盐法渐乱。自建中（公元780年—783年）初至大中（公元847年—859年）末，80年间，虽仍行刘晏之制，并屡次加价，每斗由110钱增至310钱，后又增至370钱。豪商射利，官收无多，积弊日深，已非刘晏的初制。其间在宪宗（公元778年—820年）时代，李巽为榷盐使，整顿盐务，剔除中饱，使盐利皆归度支；初岁之利，一如刘晏季年，其后且三倍于晏时。故唐代对整顿盐利有贡献者，除第五琦与刘晏外，还有李巽。

三、茶税和茶专卖

我国茶史悠久，但一直未推广开发，扩大其使用价值。自佛教传入中国，能提神的茶，为佛教徒打坐时广为采用，而进先入佛门。尤其是唐代佛门收养的孤儿——陆羽著《茶经》后，茶

饮才在中国借助宗教的力量，迅速推广和普及。正如《新唐书》所说的那样："羽嗜茶，著经（《茶经》）三篇，言茶之原、之法、之具尤备，天下益知饮茶矣。时鬻茶者至陶羽形，置炀突间，祀为茶神。……其后尚茶成风。"

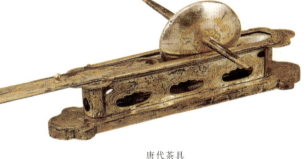

唐代茶具
1987年在法门寺出土唐代金银茶具一组。显示了唐朝上层人物对饮茶的极度重视和钟爱。

茶既流行，成了人们生活中的嗜好品，也就成了理财者的税源。《文献通考》载，茶之有税，始于德宗建中元年（公元780年），至贞元十年（公元794年），三等定估，十税其一。穆宗（公元821年—824年）时"两镇用兵，帑藏空虚；禁中起百尺楼，费不可胜计"，这时，盐铁使为固宠邀功，乃增天下茶税，每百钱增五十，即增税50%，茶户负担加重。茶税收入，在贞元（公元785年—805年）时，已"岁得四十万贯"，相当于刘晏刚出任户部侍郎充度支、铸钱、盐铁等使时的盐税收入。

《旧唐书》称，太和九年大臣郑注向中央建议实行榷茶，即"以江湖百姓茶园，官自造作，量给直分，命使者主之。"当时，盐铁转运使王涯亦奏请对江淮、岭南之茶加税，文宗即命王涯为诸道盐铁转运榷茶使，主持茶专卖，冬十月，乃奏请"徙民茶树于官场，焚其旧积者"，导致天下大怨，王涯被杀。至此，茶专卖被停止，又恢复征税制，但税负并未减轻。武宗（公元841年—846年）即位，盐铁转运使又增江淮茶税："是时茶商所过州县有重税，或掠夺舟车，露积雨中，诸道置邸以收税，谓之'拓地钱'。"由于经过州县要交税，停放官置邸店要收税，处处纳税，税负太重，因而出现了私茶。宣宗大中六年（公元852年）正月，盐铁转运使裴休制定反私茶法，明令："私鬻三犯皆三百斤，乃论死；长行群旅，茶虽少皆死；雇载三犯至五百斤，居舍侩保四犯至千斤者，皆死；园户私鬻百斤以上，仗背，三犯，加重徭；伐园失业者，刺史、县令以纵私盐论。"对私茶的惩罚极其严厉。禁私之后，庐、寿、淮南皆加半税。"天下茶税增倍贞元"，贞元茶税钱为40万缗，则宣宗时达到80万缗的财政收入了。

四、酒税和酒专卖

清苏六朋绘《太白醉酒图》
唐代著名诗人李白，人称"诗仙"，杜甫曾写诗"李白斗酒诗百篇"，说明酒与文化人关系密切。

隋文帝初，依北周旧制，官置酒坊收利。至开皇三年(公元583年)，始罢酒坊，酒无税。

唐初，酒亦无税。唐初无酒禁。肃宗至代宗时，多次禁酒。德宗建中三年(公元782年)，为筹集军费，禁民酤，官府设酒店卖酒，斛收值三千，不久即罢榷。贞元二年(公元786年)，禁京城、畿县酿酒。国内各地置肆酤酿者，斗酒收钱一百五十，并免徭役；而淮南、中武、宣武、河东等地则榷曲。元和六年(公元811年)罢京师酤肆，将榷酒钱随两税、青苗征收。

唐代对酒征课方法，时而专卖，时而课税。其课税环节，有官酤、榷酒、榷曲三种。对于由销售环节来实行专卖的官酤，《文献通考》说，"代宗广德二年(公元764年)，敕天下(各)州县各量定酤酒户，随月纳税"，这种官酤带有些包商制味道。至德宗建中三年(公元782年)，"官自治店酤，收利以助军费"。这才是真正的官制官销性质的官酤。至于榷酒就是对成品酒课税。《文献通考》称，贞元二年(公元786年)，复禁京城畿县酒；天下置肆以酤者，每斛榷150钱。其酒户免杂差役。"昔人举杜子美诗，以为唐酒价每斗为钱三百，今榷百五十钱"，是为50%的高税。榷酒是允许商人酤酒，但在销售环节课之以税。

所谓榷曲，就是对原料课税。《文献通考》称，德宗贞元时(公元785年—805年)，独淮南、忠武、宣武、河东，皆榷曲。武宗会昌六年(公元846年)时，为严密酒榷，亦曾榷曲，并置官店酤酒。可见，会昌年间的制度，便是原料课税，与酒的专卖并行了。大和八年(公元834年)，罢京师榷酤。《文献通考》记载，当年(公元834年)"天下榷酒，为钱百五十六万余缗，而酿费居三之一。贫户逃酤不在焉"，也就是说，当时全年国家财政酒税和专卖的收入已高达156万余缗了。

五、矿产税

唐初，弛山泽之禁，任民开采，其时，全国有金、银、铜、铁、锡的矿168个。《文献通考》称，贞观初年，右御史权万纪曾建议对银矿征税，为唐太宗所斥。直到开元十五年(公元727年)，才开始对伊阳(今河南伊川县南)五重山的银、锡矿征税。德宗(公元780年—805年在位)时，皇帝接受了户部侍郎韩洄关于"山泽之利宜归王者"的建议，决定山泽之利作为中央收入，隶盐铁使征税。后来，由于征收困难，开成元年(公元836年)，改由刺史选吏主持，全国总

唐代铜镜
唐代铜镜是对中国传统铜镜文化的继承与发展。常见的海兽葡萄镜，工艺极其精湛，它的纹饰来自西亚、地中海一带，是中外文化交流的产物。

收入亦不过70000余缗，还抵不上当时一个县的茶税收入。

唐代为了集中力量开采铜矿，鼓铸货币，元和三年(公元808年)朝廷曾

下令，禁采银矿。《册府元龟》载，"十月乙亥，重申采银之禁，应辄采一两已上者，笞二十，递出本界，州县官吏节级科罚。"《全唐文》则把当时之所以禁止采银的理由，说得很清楚："有银之山，必有铜矿。铜者有资于鼓铸，银者无益于生人，适开玩好之端，岂救饥寒之患。况欲加铸，理须并功，得不权其轻重，使务专一？其天下自五岭以北，见采银坑，并宜禁断。恐所在坑户，不免失业，各委本州府长史劝课，令其采铜，助官中铸作。"

六、关市税

唐初，商无税，因"安史之乱"，两京失陷，为筹集军费，始于肃宗至德(公元756年—758年)年间对价值一千钱以上的商品征税。上元(公元760年—762年)中又规定，商船通过江淮堰塘时，按斛斗纳钱，叫埭程。德宗建中元年(公元780年)二月，实行两税法，对商人三十税一，

即税率3.3%；同年九月，为筹集平抑物价、恤民济贫的常平本钱，按商品价值每贯征税20文；同时，对山林园地出产的竹、木、茶、漆等特产，皆十分税一，即税率10%。建中二年（公元781年）五月，又以军费支出需要为由，将商税税率从三十税一改为十分税一，增加了两倍。为了消除百姓对商税的不满，文宗大和七年（公元833年）诏令，除两税外，一切杂税皆免，如有妄征者，将从重惩处。但在实际执行中，由于禁约不严和财政困难而难以严格执行。

唐易州铁像碑局部拓片
反映了当时商业交通发展的情况。易州是当时较重要的交通枢纽，此碑所记驿站和旅店的配置情况可补文献记载的不足。

七、互市、市舶税

唐王朝鼎盛时期，生产发展，经济繁荣，对外贸易无论水路、陆路，皆欣欣向荣。其陆路贸易，在西北并置互市，设互市监一职，负责管理同周边少数民族及外国贸易事宜；在东南沿海，于广州置市舶司，负责管理海外各国来中国贸易的商人使者，并对其进出口货物征税。征收下碇之税，称陌脚；上贡朝廷的珍异之物之税，称进奉；国内商税，称率税。

八、间架税

以房屋为征税对象的间架税，是一种房产税，亦为弥补军费不足的战时税。《文献通考》称，始于德宗建中四年（公元 783 年）六月，以"军用不给，乃税间架，算除陌。其法屋二架为间，上间钱二千，中间一千，下间五百。吏执笔推算，人人家计其数，或有宅屋多，而无他资者，出钱动数百缗。亩匿一间杖六十，告者赏钱五万。"《旧唐书》亦称，"衣冠士族，或贫无他财，独守故业，坐多屋出算者，动数十万，人不胜其苦。""税屋，所由吏秉笔持算，入人庐舍而抄计，峻法绳之，愁叹之声，遍于天下。"也就是说，凡屋两架为一间，分为三等：上等每间2000，中等1000，下等500。由官吏手执丈量工具及登记簿，至每家丈量登记，凡隐瞒不报者，隐没一间杖60下，举报者赏钱50贯文，由隐匿者负担。一些破落家族，房产不少，却很少其他资财，出钱动辄数百万缗，负担沉重，怨声载道。当代中国开征房产税也出现了同样情况，因为房多者未必个个钱多。兴元元年（公元784年），泾原兵在长安起义，以"不税尔间架、除陌"为口号发动群众，迫使朝廷废除间架税以及其他苛杂税捐，直到唐末，再也没有恢复征收。

九、除陌钱

除陌钱，是与间架税同时施行的一种苛捐杂税，有交易税的性质。《旧唐书》称，"除陌法者，公私给与及买卖，每缗官留五十钱。给他物及相贸易者，约钱为率算之。市牙各给印纸，人有买卖，随日署记，翌日合算之。有自贸易不用市牙者，给其私簿，无簿者，投状自集。其有隐钱百者，没入。二千，杖六十。告者赏十千，出犯人家"。也就是说，买卖分为两种，一种通过称为市牙的中间商，亦称牙商，由他们汇总缴纳除陌钱；另一种不通过市牙，而由店铺直接交易，则据实自缴。市牙由官发给印纸，填记交易数额及双方姓名。店铺须自备簿籍登记交易额，以便申报纳税。其有隐匿不纳税者，偷漏税100文的没收钱物，达2000者杖60；举报者赏钱10000，由偷税者负担。此税由于税率苛重，每笔交易交税额高达5%，再加中介手续费，造成《文献通考》记载的"主人市牙，得专其柄，率多隐盗，公家所入不能半，而怨讟满天下。"后来，此税也随着泾源兵变与间架税、除陌钱一起被废除。

十、僦匮纳质钱

僦匮纳质钱，相当于后世的典当税。《文献通考》载，其始行于德宗时，"取僦匮纳质钱及粟麦蔴于市者四取其一"。也就是说，要就营业额交纳25%。苛重的僦匮纳质钱，一出台就引发了"长安为之罢市，遮邀宰相哭诉"，不得不改变"乃以钱不及百缗，米粟不及五十斛者，免"。此税由于税率太高，效果极差，全国"所获才二百万缗"而已。

十一、青苗钱

钱作为田赋的附加税，始于代宗广德二年（公元

杨国忠进奉银铤。此铤是杨贵妃之兄杨国忠将安边郡收缴的白银铸成银铤，作为礼品贡奉给朝廷。上有自铭重"五十两"。

764年）。自安史之乱后连年用兵，国家财政困难，无钱给百官发放俸禄。为此，代宗广德二年（公元764年）七月，决定征收称为苗钱的田赋附加税。《古今图书集成》称，"大历初（公元766年），诸州府应税青苗钱每亩十文，充百司工力资课。"三年，每亩另加5文。八年，京师增至亩征30文，其他诸州仍亩征15文。此附加税之所以定名为青苗钱，是因为政府等不到秋收就要求百姓缴纳，即苗青之时就提前征收，故称青苗钱。后来，在青苗钱之外征收地头钱，每亩20文，通名为青苗钱。两税法改革后，青苗钱并未废除，也分在夏秋两季缴纳。贞元八年（公元793年），京师每亩还加征3文。

十二、和籴、和买

和籴的原意是政府

本着"两相商量，然后交易"的原则，出钱向农民收购粮食。但到后来，由于国家财政困难，和籴变成了政府"不识一钱而强取之"的搜括手段。德宗贞元时，和籴的粮食要百姓运送数百里至京西行营。宪宗元和(公元806年—820年)时，和籴则由府县散配民户，立定限期，严加催征，成了指令性的征购任务。正如白居易所指出的那样："迫蹙鞭挞，甚于税赋。号为和籴，其实害人。"

和买是政府出钱向民间收购产品，对于唐代的和买，《新唐书》曾引用魏徵的话："和市之物，不绝于乡闾，递送之夫，相继于道路"，来说明当时和市之物，品种之多，数量之大，除布、帛、粮物之外，政府大兴土木所需的工程材料也"审其多少而市之"。而所谓市买，亦多缘户散配，实行指令性收购。

十三、借商

唐中后期，为了解决连年用兵的财政困难，出台了借商措施。所谓借商就是对富户强制举债，是一种临时财产税。《古今图书集成》载，其始于天宝末年，因为"自天宝末年'盗贼'奔突，克复之后，府库一空。又所在屯师，用度不足，于是遣御史康云间出江淮、

通行唐代三百年的钱币：开元通宝
唐武德四年（公元621年）废五铢钱，铸开元钱，"开元"不是取自年号，而是开创新世纪的意思，"通宝"是通行宝货的意思。开元钱仿照五铢钱，每十钱重一两，其轮廓线明显，铸造精良规范，钱文由书法家欧阳询作词书写。开元通宝是唐代流通时间最长、最重要的货币。

陶锐往蜀汉，豪商富户，皆籍其家资，所有财货畜产，或五分纳一，谓之率贷，所收巨万计，盖权时之宜。"于是决定率贷，豪商富户，财贷畜产1/5。德宗时朝廷连续在河北、河南用兵，月耗军费逾100万贯之巨，而中央财政帑藏仅能维持数月。经德宗同意，朝廷向富商借钱，"约以罢兵后以公钱还"。《文献通考》载，"德宗时，朱滔、王武俊、田悦背叛，国用不给，陈京请……(乃)行借钱令，约罢兵乃偿之，搜督甚峻，民有自经者，家若被盗然(袭)，总京师豪人田宅奴婢之估，才得八十万缗。"可见，这种用不规范手段攫取财

政收入，其效果极差，才得区区80万缗收入，就弄得京城百姓惊恐不安，以至于长安为之罢市，最终迫使德宗不得不下诏罢之。

正如世界上任何事物都在不断变化一样，借商也在不断变化。《古今图书集成》称，中央政府的借商本是一种临时财产税，但后来"诸道节度使、观察使，多率税商贾，以充军资杂用。或于津济要路及市肆间交易之处，计钱至一千以上者，皆以分数税之"，地方政府把借钱的"率贷"变化为"率税"，把临时财产税转化为营业税或通过税，

唐壁画《宴饮图》
陕西长安出土的唐代墓室壁画，描绘了一组郊野聚宴图，人物神态生动，餐桌上的用具一应俱全。

借商也就变成了税商。

十四、捉钱

所谓捉钱，就是国家财政给政府各部门拨付"公廨本钱"或"月料钱"，各机关再将这些本钱委托私人经营，定期纳息于官，以弥补本部门办公经费不足和提高官员的福利待遇之用。

《新唐书》称，武德元年（公元618年），京师及州县，皆有公廨田，供公私之费。其后以用度不足，诸司置公廨本钱，以番官贸易取息，计员多少，为月料。贞观十二年（公元638年），罢诸司公廨本钱；到贞观十五年，又复设置，以诸司令史主之，号捉钱令史。每司九人，每人以五万以下本钱，交市肆

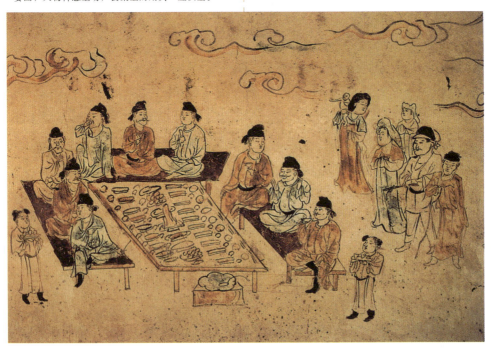

贩易，月纳息钱四千，岁满受官。其赢利为月8%，年96%，相当于高利贷。

十五、徭役

《唐会要》载，武德六年(公元623年)，"令以始生为黄，四岁为小，十六岁为中，二十一为丁，六十为老"；神龙元年(公元705年)，"制二十二成丁，五十九免役"。天宝三年(公元744年)降赦文，"以十八已上为中男，二十三已上为成丁"；广德元年(公元763年)七月十一日，赦文天下男子，宜二十五岁成丁，五十五入老。"这就是说，百姓所承担的徭役有减缓趋势，唐初规定，21岁成丁，60岁为老。至中叶，改为22岁成丁，58岁为老，一生的服役期从40年减为38年。杜甫《兵车行》一诗中"或从十五北防河"，说明天宝年间，因战事连绵，甚至有15岁从军服役的，可见，规定与实际执行年龄仍存在差距。

《旧唐书》载：赋役之法"凡丁岁役二旬，若不役，则收其佣，每日三尺。有事而加役者，旬有五日，免其调，三旬则租调俱免。通正役，并不过五十日"。这就是说，服役期限每丁每岁为20日，如不就役，则课征实物以代之。若徭役增加至25日，则可免其调，30日则可租调两免。至于一般徭役的内容，多为筑城、修渠与营造宫殿。

十六、卖官鬻爵

鬻爵起于秦，卖官始于东汉。唐因安史之乱，财政收不抵支，为解决困难，才行卖官鬻爵、度僧道以增收入。唐代的卖官鬻爵与汉代不同，汉代以官爵高低定价，而唐还要参考买官者文化程度高低定价。文化程度越高，价格越优惠。《通典》载，至德二年(公元757年)朝廷规定：文盲——130千文；初识文字者——100千文；受业粗通帖策修身慎行者——98千文；先经举送考试，落第有凭，帖策不甚寥落者——50千文。由此可见，卖官价额以"一百千文"为基准，文盲酌量抬价，受过教育者酌量减价。

十七、僧道度牒

度牒，是僧道的身份证，其始于南北朝。因为僧道遁入空门，不事生产，影响国家财政收入，故历朝历代皆以度牒掌控。唐肃宗灵武接位后，为解决财政困难，派人持空白度牒去太原度僧尼，获财政收入上百万缗，从此出卖僧道度牒成了唐朝政府的一大财源。唐代僧道度牒其价格临时确定，一旦购得度牒，即可视为取得僧尼资格，享受免税与免役待遇，所以百姓愿意购买者甚众，一时之间，趋之若鹜。

十八、贡献

地方常贡，是唐中后期皇帝收入的一部分。《文献通考》载，"唐制，州府岁市土所出以为贡，其价视绢之上下，无过五十匹。""中宗(公元705年—709年)时大臣初拜官，献食天子，名曰烧尾。""元(玄)宗开元二十四年(公元736年)千秋节，群臣皆献宝镜。""代宗(公元763年—779年)时，生日端午，四方贡献至数千万者，加以恩泽，诸道多尚侈丽以自媚。"有的皇帝，表面上不要贡献，实际上还是来者不拒，如"宪宗(公元806年—820年)禁无名贡献，而至者不甚却，翰林学士钱微恳谏罢之。帝密戒，后有献，毋入右银台门，以避学士。"

一、皇室

皇室支出主要是宫殿、园林、陵寝、舆服、饮宴、赏赐及其他各项开支。唐初，凡事以隋亡为鉴，崇尚节俭。《贞观政要》载，贞观初，太宗说："隋炀帝广造宫室，以肆行幸，自西京至东都，离宫别馆，相望道次……逮至末年，尺土一人，非复己有，以此观之，广宫室，好行幸，竟有何益？"因而"不敢轻用人力，惟令百姓安静，无有怨叛而已。"所以《旧唐书》强调，太宗依据"不作无益害有益"的思路，下令"自王公已下，第宅、车服、婚嫁、丧葬，准品秩不合服行者，宜一切禁断"，"由

度牒

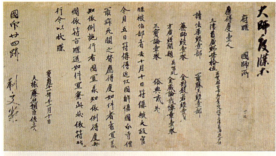

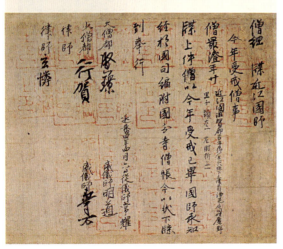

唐大明宫遗址柱石

370

是二十年间，风俗简朴，衣无锦绣"。随着国家财政收入的增长和对隋亡教训认识的远去，后世君王修建了不少宫殿。《玉海》称，建有大极宫、大明宫、蓬莱宫、永安宫、洛阳宫、长乐宫、弘仪宫、大安宫、兴德宫、通义宫、仁智宫、九成宫、万年宫、未央宫、飞山宫、温泉宫(后改为华清宫)……同时，还修建了不少亭台楼阁。壮丽的宫殿、富有情趣的亭台利用率却极低，皇帝一年只去一两次而已，而建设过程却耗费了大量的人力物力，《旧唐书》载，龙朔三年(公元663年)修建蓬莱宫，"丁酉减京官一月俸，助修蓬莱宫"。武则天垂拱四年(公元688年)，造明堂，役人数万；天册万岁元年(公元695年)作大佛像、明堂、天堂等，"倾四海之财，殚万民之力"，耗费巨万。

唐代陵寝修建以唐太宗的昭陵为最，它是"唐代第一陵"，也是中国历代帝王陵墓中规模最大、陪葬墓最多的皇陵之一。昭陵位于今礼泉县北，开创了"因山为陵"制度。此陵周长达60公里，总面积达20000多公顷。皇族和三品以上官的陪葬墓有167座。还有仿京城长安城格局设计营造的唐高宗李治和女皇武则天的夫妻合葬墓——乾陵，营建时间亦长达21年之久。

《新唐书》载，唐王朝广建寺庙，中宗时营立寺观，累年不绝，所费常逾千万之巨，"转徙木石，废功害农"。唐王朝为求社稷长久，皇帝还多次封禅，例

《阙楼图》
出土于乾县懿德太子墓，描绘唐朝皇太子陵阙楼高耸、楼阁相连的情景。

提梁舞马衔杯银壶　唐

提梁舞马衔杯银壶，1970年10月陕西省西安市南郊何家村唐代窖藏出土，现藏于陕西历史博物馆。该壶形制特殊，花纹精美，见证了唐朝统治从兴盛走向衰落的历程。

如开元十三年（公元725年）封禅泰山，百官、贵戚、四夷酋长从行，运输车辆前后绵延数百里。

《唐会要》载，唐宫廷多有乐娱，宫中设有教坊、教场，特别是"开元二年（公元714年），上以天下无事，听政之暇，于梨园自教法曲，必尽其妙，谓之皇帝梨园弟子"。《资治通鉴》载，唐末懿宗(公元860年—874年)，"音乐宴游，殿前供奉乐工，常近五百人。"

《旧唐书》载，唐朝帝、后、诸王及公主，其服御居室，均有规制，如武

德四年（公元621年）规定天子之服有十二等，天子之车有豹尾车、黄钺车等通为十二乘。但到玄宗天宝时，不仅杨贵妃宠遇愈隆，其姐妹"韩、虢、秦三夫人，岁给千贯为脂粉之资"。而"宫中供贵妃院织绵刺绣之工，凡七百人，其雕刻造，又数百人"。《资治通鉴》载，中宗时安乐公主"有织成裙，直钱一亿，花卉鸟兽，皆如粟粒，正视旁视，日中影中，各为一色。"帝女出嫁，唐朝中后期也极尽奢华。懿宗咸通十年(公元869年)正月同昌公主出嫁，帝赐第宅，其井栏、药臼等，均以金银制造，还赐钱500万缗。

唐代皇帝大都笃信佛教。《韩昌黎集》载，肃宗及代宗时，宫内皆设内道场，经常有僧人数百在宫内念经。宪宗时，令群僧迎佛骨于凤翔，御接以观异入大内，长安举城若狂，"焚顶烧指，百十为群，解衣散钱，自朝至暮，转为仿效，惟恐后时，老少奔波，弃其业次。"《资治通鉴》称，懿宗时，为了迎佛骨，因而"广造浮图、宝帐、香舁、幡花、幢盖以迎之，皆饰以金玉、锦绮、珠翠，自京城至寺。三百里间，道路车马，昼夜不绝"。

《旧唐书》载，唐初，"去奢省费"，"贵顺物情"，中期以后，饮宴娱乐日

盛一日。天宝三年十一月，命"每载依旧取正月十四日、十五日、十六日开坊市门燃灯，永以为常式"。元宵灯节，当自此时开始。由于开元、天宝时期的经济繁荣，也导致帝王生活的腐朽，"上以国用丰衍，故视金帛如粪壤，赏赐贵宠之家，无有限极"。开元十九年唐玄宗巡幸洛阳，赐赉从官物多者80匹，少者如诸色白身人等亦有三段；天宝十三年三月御跃龙殿宴群臣，赐右相绢1500匹，彩罗300匹，彩绫500匹，至六品、七品官亦有40匹，"极欢而罢"。

随着唐代中后期国家经济的发展，物质的丰富，皇室经费亦大为增加。《古今图书集成·食货典》载，"帝在位久，妃御服玩，脂泽之费日侈，而横与别赐不绝，于时重取于左右藏。铦迎帝

旨，岁进钱巨亿万，储禁中，以为岁租外物，供天子私帑"。也就是说，天宝年间，皇帝每岁收贮私帑达巨亿万之多。《李泌传》载，"(德宗)时(公元780年—805年)方镇私献于帝，岁凡五十万缗，其后稍损至三十万(缗)。帝以用度乏，问泌，泌请天下供钱岁百万(缗)给宫中，劝(帝)不受私献。"这说明中国古代开国之君尚能接受前朝败亡的教训，崇尚节俭，而后世之君则很难做到这一点，其根本原因是没有刻骨铭心的体会。可见，经历是人生的宝贵财富，不仅普通人如此，皇帝也不例外。

二、军事

隋沿袭西魏、北周之旧，实行府兵

《虢国夫人游春图》　唐张萱绘
此为宋人摹本，绢本设色，纵51.8厘米，横148厘米。现藏辽宁省博物馆。此图描绘了天宝十一年唐玄宗的宠妃杨玉环的三姊虢国夫人及其眷从盛装出游的场面。

制，分十二卫，士兵称卫士，置将军分统。唐承隋制，贞观十年（公元636年），确定军府的名称为折冲府，由折冲都尉统率。分上、中、下三府，1200人为上府，1000人为中府，800人为下府。卫士以300人为团，有校尉；50人为队，30人为火，有长。折冲府就地选拔丁男为府兵，农忙种田，农闲习武，不离本土，国家有事，征发作战。所以《文献通考》说，府兵制"分建府卫，计户充兵……二十一人募，六十一出军。"财政养兵费用支出甚少，是一种与均田制相结合的寓兵于农的兵制。

唐代的常备兵约60万—100万。《唐会要》称，贞观十年，天下卫士60万。天宝以后，均田制逐渐被破坏，兵士无以为生，相继逃亡，府兵制难以维系，被迫改制；而实行募兵制的结果，养兵费因此增加。开元、天宝年间，约十六户养一兵。元和、长庆为"三户资奉一兵"。《通典》指出，"开元初，每岁边费约用钱二百万贯，开元末，已至一千万贯，天宝末更加四五百万。"其供给渠道为京师的宿卫兵由太仓供饷；戍守边境的边兵，由军屯和当地的仓库供给；而征用兵是带有专门征收、并由经过地方的军仓、正仓供给。

除了正常养兵费用外，军费主要

《昭陵六骏图》 金 赵霖绘
"昭陵六骏"是指唐太宗李世民的六匹战马，在唐开国战争中，它们先后为主乘骑出战，立下了功劳。李世民登基后，将六马的英姿琢刻于石屏之上，镶嵌在昭陵北阙。此图从刻石摹画而来。

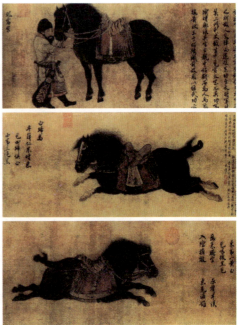

支出形式是战费。如贞观时对突厥、吐谷浑、高昌和高丽等的战争。尤其是天宝十四年，长达八年(公元755年—763年)的安史之乱。德宗时，又有朱滔、王武俊、田悦的战役。宪宗时，有王承宗之战。穆宗时，有朱克融之争。战火累

唐武官　唐
彩绘贴金武官俑。俑身着明光铠，下穿虎皮纹裤。

发，国库不足，宪宗元和时，下令以内库缯绢和内库钱"付度支供军"；代宗、德宗曾减百官职田收入以供军用。

三、俸禄

唐代按身、言、书、判四项标准选官，计资量劳授官，官分30等，禄分18级。杜佑在《通典》中称，唐前期官员总数为18806人，其中内官为2621人，外郡县官为16185人，比隋代官员总数多了6000人。《资治通鉴》记载，开元二十一年"是时，官自三师以下一万七千六百八十六员，史自佐史以上五万七千四百一十六员，而入仕之途甚多，不可胜纪"。《新唐书》载，李吉甫说：自汉朝以来，冗官"未有多于今者"。

官员俸禄，武德时，官分九品，品分正、从，年俸米从一品700石，至从九品30石。外官不给禄米，给职分田：一品12顷，至九品1顷50亩。《唐会要》载，开元二十四年六月统一规定：百官料钱，宜合为一色，都以月俸为名。各据本官，随月给付。一品31千，月俸8000，食料1800，防阁20千，杂用1200文。至九品1917文，月俸1050文，食料250，庶仆417文，杂用200文。唐世百官俸钱，会昌(公元841年—846年)后不复增减。其中：三师钱200万，中书令、左右仆射等140万，尚

书、御史大夫100万，畿县、上县令4万，执戟、长上2850。此外，唐代凡职事官年70岁，在五品以上致仕者，各给半禄。

为解决办公经费不足和提高官员福利，唐代亲王以下又有永业田；京司及州县皆有公廨田。后来，又置诸司公廨本钱，通过经商或借贷取利，月息为8%，叫"月料钱"，贞观二十二年时，岁入共152730缗。

唐代官俸表

品　位	武德之制京官岁俸（石）	武德之制外官无俸但有职分田（顷）	贞观之制外官禄降京官一等（石）	开元之制京官除禄外给月俸（文）
一 正 从	700 600	12	650 550	31000
二 正 从	500 460	10	470 430	24000
三 正 从	400 360	9	370 330	17000
四 正 从	300 260	7	280 240	11567
五 正 从	200 160	6	180 140	9200
六 正 从	100 90	4	95 85	5300
七 正 从	80 70	3.5	75 65	4100
八 正 从	67 62	2.5	64.5 59.5	2475
九 正 从	57 52	2	54.5 49.5	1917

大道之行
中国财政史

唐代正常官俸有制度规定，但对特殊人物有时会网开一面，例如中兴名臣郭子仪自河中入朝，代宗命宰相置酒迎接，第一会之费即10万缗，并确定此后郭子仪月俸为2万缗。

四、水利交通

《文献通考》载，唐王朝重视水利建设，文宗太和五年(公元831年)，温造为洛阳节度使，开浚怀州古秦渠枋口堰，役工4万人，溉田5000顷。其实，早在唐初中央政府即在工部之下专设水部司，置郎中和员外郎，专司全国河流、湖泊的治理、舟船的航行和农田水利灌溉。据统计，唐前期修筑河渠陂塘共有269处；武德年间开河渠自龙门引黄河水灌溉农田6000余顷。唐后期，在江南兴修的大中型水利工程约50多处，其中永泰时(公元765年—766年)修浚练湖，能灌溉丹阳、金坛、延陵三县农田逾万顷。

唐武则天除罪金简
1982年发现于登封县峻极峰北侧，现藏于河南省博物院。金简呈长方形，长36.2厘米，宽8厘米，重223.5克。正面镌刻双钩楷书铭文3行63字，是武则天在久视元年(公元700年)七月七日来嵩山祈福，遣宫廷太监胡超向诸神投简以求除罪消灾的遗物。这是中国目前发现的唯一金简，为研究武则天在嵩山的活动提供了实物资料。

唐王朝重视交通建设。陆路交通建设，以长安为中心，东至宋、汴，直至山东半岛；西至岐州(今陕西凤翔)，入于西川；西北至凉州，通往西域；北至太原、范阳；南至荆襄，达于广州。水路建设，尽管元和中曾疏浚嘉陵江故水道。宝历时(公元825年—826年)，曾治理灵渠，但主要还是利用和修浚隋朝开凿的运河以通航运。《新唐书》载，"唐都长安，而关中号称沃野，然其土地狭，所出不足以给京师备水旱，故常转漕东南之粟"。自江淮漕租米，水行多风波，特别是黄河有三门砥柱之险，故高宗"显庆元年(公元656年)……发卒六千凿之，功不成。其后将作大匠杨务廉又凿为栈，以挽漕舟，挽夫系二鈲于胸，而绳多绝，挽夫辄坠死，则以逃亡报，因系其父母妻子，人以为苦。"漕粮转运在高祖、太宗时，"岁不过二十万石"。到开元中，"凡三岁，漕七百万石"，"省陆运佣钱三十万缗"。此外，为确保驿传通畅，唐王朝在兵部下设驾部，掌全国驿站，当时全

唐大明宫铜辅首

国驿站合有1639所，其中水驿260所，陆驿1297所，水陆相兼者86所。

五、城建

《新唐书》称，太宗时对突厥采取以攻为守的政策，未筑长城。但唐代修筑了京城，如高宗永徽五年(公元654年)，筑长安城；玄宗开元十八年(公元730年)，筑京师外郭。唐京长安，始建于隋，名大兴城，唐朝在此基础上扩建，城分三重，在宫城、皇城南面，即为长安街市，其中列东、西二市和110坊，宏大壮丽。正因为有了远近闻名的东、西两个市场，才使"买东西"成了中国人购物的代名词。

六、宗教

唐王朝从太宗开始重视对佛教的利用，不仅

同意玄奘所请，以国家财政拨款建立译经院，而且还大建佛教寺院。诸如长安的大慈恩寺、山西五台县的南禅寺、佛光寺、石窟寺，洛阳的伊阙石窟(龙门石窟)、敦煌的千佛洞(莫高窟，唐在此凿210窟)等。特别是西安大恩寺浮图，名大雁塔，有10层(后为7层)，高180尺，唐朝士子考中进士后，多于此题名，称"雁塔题名"。

到了晚唐，由于佛教寺院进行土地兼并，百姓遁入空门，政府失去了大量的财政收入，会昌五年（公元845年），唐武宗不得不下令禁佛。唐代佛教，凡经政府批准，官赐额者称为寺；

大雁塔

未经政府批准，私造者称为招提兰若。当时，毁天下寺院4600多所、招提兰若40000余所；僧尼还俗26万余人、奴婢15万人；没收大量寺院所有之田地。两年后的大中元年(公元847年)，即位的唐宣宗下令，会昌年间所废寺院，有僧尼能修理者，听其居住。咸通十四年唐朝廷迎法门寺佛骨，大造浮图宝帐，从京城至寺300余里，车马日夜不绝。佛骨至京，禁军兵仗相护数十里，佛教终于重新兴盛起来了。

七、文教

唐朝在京师设中央政府直辖的国子监，统管国子学、太学、四门学、律学、书学和算学。太宗时，国子监有学舍1200间，生徒2260人。地方上，州县设官学，生徒分州县两个等级入学，学成毕业后，保送参加一年一次的常举考试，分秀才、明经、进士、明法、明书、明算等科，后三科为专门科目，一般以明经、进士为主。由于进士科考试难，录取严格，史称"其进士大抵千人得第者百一二，明经者倍之，得第者十一二。"因此，唐朝进士录取人数最少时全国只有几个人，多的时候也只有三四十人。考中进士后，不能直接当官，还要参加吏部以身、言、书、判为主要科目的释褐试。

唐章怀太子李贤墓天象图

考试及格后，才能任命为官。武则天首创殿试，天授元年(公元690年)，"策问贡人于洛城殿，数日方了，殿前试人自此始"。她又开武举，考试形式如同文进士、明经。 唐高祖李渊置弘文馆，聚书20余万卷，建成了当时世界上最大的国家图书馆。

唐在中央设太史局，主管天文，制定历法；设太医署、尚药局，作为政府医药机构，高宗显庆四年（公元659年)，朝廷颁布了由苏敬等人奉命编成的《新修本草》，共记录药物844种，比前代新增114种，是世界上第一部由国家编撰的药典。

八、赈恤

唐王朝(公元618年—907年)统治的近289年中，全国遭受水、旱、疾疫、蝗螟、风霜等各种自然灾害达490多次。政府救济方式，有赈给、赈贷或出粜。赈济所需，或出太仓之粟，或用义仓、常平仓之粟。《册府元龟·惠氏》载，自高祖武德元年至文宗开成五年(公元618年—840年)的222年里，政府出面赈贷的有136次，其中106次动用义仓赈贷。

第八节　隋唐财政管理机构和制度

一、机构职能

宰相是辅佐皇帝、参与决策的长官，但其称谓则因时而异。秦汉以丞相及太尉、司徒、司空（三公）为宰相；从东汉起，三公实权转移到尚书手中。南朝时，门下省的侍中，与中书省长官，相当于宰相；北朝的北魏，门下省的侍中，为掌握实权的宰相。

隋代以内史省与门下省的长官为宰相。唐代综合东汉以来的制度，以门下、中书、尚书三省的长官为宰相。

隋、唐两代在中央实行三省六部制，隋代掌国家财政的为度支部，隶属尚书省。其所属机构有度支，掌会计、事役、粮库；仓部，掌仓库出入等；左户，掌天下户账、户籍；右户，掌天下公私田、租调；金部，掌度量衡和库藏文账；库部，掌戎仗器用供给。

唐代掌国家财政的为户部，下有户部、度支、金部、仓部四属官。同时为加强对财政的监督、审计，《旧唐书》载，在刑部下设比部，其郎中、员外郎"掌勾诸司百僚俸料、公廨、赃赎、调敛、徒役、课程、逋悬数物，同知内外之经费，而总勾之"。

唐代中央在中书、门下、尚书三省之外，设置太常、光禄、卫尉、宗正、太仆、大理、鸿胪、司农、太府等九寺。其中司农寺与太府寺为掌财物之官。司农寺，掌邦国仓储委积之事，总上林、太仓、钩盾、导官四署。上林掌苑囿园池，钩盾掌供邦国薪刍，导官掌导择米麦，太仓掌九谷廪藏。"凡凿窖屋，皆铭砖为庾斛之数，与其年月日，受领粟官吏姓名。又立碑如其铭"。

开元以后，国家多事，为加强对财政管理，开始命他官兼职，若以尚书、侍郎专判，则称"度支使"或叫"判度支使"、"知度支事"、"勾当度支使"。也有根据形势需要而临时派遣的专使，如租庸使、盐铁使、色役使等，以加强对租庸、盐铁和户口的管理。

二、财政体制

隋、唐之制，天下财赋皆纳于左藏库。太府寺按时向上报告收支数额，刑部之比部则对入出数额进行复核。上下相统，没有失漏。《古今图书集成·食货典》称，"唐(初)制，总制邦用，度支是司，出纳货财，太府攸职，凡是太府出纳，皆禀度支文符。"

隋代国家财政机构与职能

	度支	掌计会事役粮库等事
	仓部	掌诸仓账出入等事
尚书省—度支部	左户	掌天下户账、户籍等事
	右户	掌天下公私田租调等事
	金部	掌权衡度量及诸库藏文账等事
	库部	掌戎仗器用所须事

唐代国家财政机构与职能

		户部	掌田户赋役、贡献之事
		度部	计租赋、物产之丰约事
	户部	金部	掌库藏出纳及度量衡事
尚书都省		仓部	掌军储、禄粮、仓廪之事
	刑部	比部	勾考内外钱谷出纳
		其他诸司	

唐代掌管财物的司农寺和太府寺的机构与职能

	上林署	掌苑囿、园池
	太仓署	掌廪藏之事
	钩盾署	供薪炭、鹅给、祭祀、燕飨
司农寺	导官署	导择米麦
	京都苑	掌宫苑、内馆、园池之事
	其他	
	两京诸市署	掌财货交易
	左藏署	藏钱帛、杂彩、天下赋调
太府寺	右藏署	藏金玉、珠宝、铜铁之属
	常平署	掌仓储米粟

到玄宗时，每年财政收入达百亿万缗。其中凡非租庸正额收入，均积于百宝大盈库，以为天子私用。《古今图书集成·食货典》载，"王鉷为户口色役使，岁进钱百亿万缗，非租庸正额者积百宝大盈库，以供天子燕私。"

《唐会要》称，安史之乱后，京师豪将，求取无节，度支、盐铁使第五琦无法禁抑，于是在肃宗至德元年（公元756年），不得不将租赋收入纳入皇帝私库——大盈内库，以太监掌管。"是

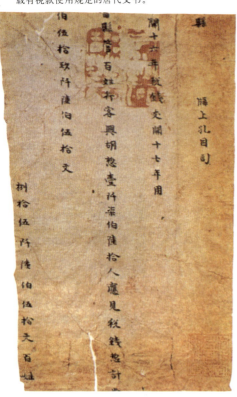

敦煌唐代文书
商税是封建国家的重要收入之一。图为敦煌出土的载有税款使用规定的唐代文书。

以天下公赋，为人君私藏，有司不得窥其多少，国用不能计其赢缩"达20余年。德宗时杨炎为相，奏请归位，即将财政管理之权重归财务官吏，宫中经费则按年按数由公家财政拨给，从此财赋又皆归左藏库，只是从总额中划出三五十万匹进入大盈库。从此，国库与皇帝私库又分别开来。

德宗建中元年（公元780年），实行两税法改革，调整财政体制，将所收税收，分为支留、合送两部分。《旧唐书·食货二》载，宪宗时，"又罢除官受代进奉及诸道两税外榷率；分天下之赋以为三：一曰上供，二曰送使，三曰留州"。凡诸道节度观察调费，取于所治州，不足则取于属州，而属州送使之余，与其上供者皆输度支。可见上供钱物又集中到财务官厅了。但过了几年，又见纷乱，《古今图书集成·食货典》称，"刘辟李锜既平，赀藏皆入内库"，国家财政与帝室财政又划分不清了。这种混乱直至唐亡。

三、预算收支

隋文帝时，有司称："用处常出，纳处常入"，说明当时国家有预算编制制度。唐初，预算为自下而上，一年一造。《古今图书集成·食货典》载，武德六年（公元623年）令，"每岁一进账，三年

唐代彩绘骑马斗兽俑

一造籍"。《唐六典》称："一岁一遗计账，三年一造户籍。县成于州，州成于省，户部总领焉。" 朝廷要求正月上旬着手从县一级开始编制预算，编制方法是县报到州，州报省，最后由户部汇总，编成全国预算。唐朝前期预算的编制，手续十分繁琐，凡户籍，县司须于正月上旬根据手实计账，赴州依式编造，按乡为卷，抄写三份，在骑缝处注明某州某县某年籍。州名用州印，县名用县印，三月三十日纳讫。二份留州县，一份送尚书省。直到开元二十四年（公元736年），宰相李林甫认为，一年一造，过于频繁，劳民伤财，才将岁入各项，编成书籍，称为常行旨符，颁之州县，凭以征收。所以《唐会要》载，"开元二十四年三月六日，户部尚书同中书门下三

品李林甫奏，租庸、丁防、和籴杂支，春彩税草诸色旨符，承前每年一造，据州及诸司计，纸当五十余万张，仍差百司抄写，事甚劳烦，条目既多，计检难遍，缘无定额，支税不常，亦因此涉情，兼长奸伪。臣今与采访使、朝集使商量，有不稳便于人，非当土所出者，随事沿革，务使允便，即望人知定准，政必有常编，成五卷以为常行旨符，省司每年但据应支物数，进书颁行，每州不过一两纸，仍附驿送。敕旨，依。"

后来发现过于简单不易朝廷检查监督，开元二十九年下令，州县长官及录事参军对上报及籍账进行审核，仍要求写两本，送户部。天宝三年又下令，"天下籍造四本，京师、东京、尚书省、户部各贮一本"。

唐代，财政本无中央与地方的划分，一切财政皆以中央名义进行。到了晚唐，由于藩镇割据，截留税款，使中央财政发生困难。于是，地方为生存计不得不留下一部分收入，以为就地支出之用；其余则依中央命令，一部分转拨他处，以备中央在各地支用，另一部分则输送中央，以备中央在京都使用，因此财政收入成了三分体制：一是上供，为地方直解中央之财赋；二是送使，为地方解交诸道节度使，以充中央

唐左领军卫靖难府之印
现藏中国财税博物馆。隋唐时期，官印制度发生了重大的变革，印绶制度被废除，官署署印出现，此印即为这类官署印。印文所指的官署左领军卫府与唐朝的府兵制度有密切关系。左领军卫上将军为从三品武官。

在各该道之支出；三是留州，即各州所征财赋，留一部分于州，以备本州自用。送使钱制度，到宪宗元和四年(公元809年)以后有所变化，即凡有节度观察使之州，改为留州，无节度观察使之州改为上供。这样，原来的上供、送使、留州三分，便简化为上供、留州两分了，从而避免运输上的重叠并使行政手续简化。

至于收支决算的审计，则由比部负责。年度终了，比部根据各州及军府按规定期限报来的账目，按赋税收入、经费开支、百官俸禄等及军用器物、和籴等项进行分类，逐一勾覆(审核)并结案。报送期限一千里以下，正月到；两千里以下，二月到；其余三月底报完。省司检勘，续下州知，都至六月内结束。贞元八年(公元792年)，为了减少环节，才下放权力，改定为州勾覆县决算(称"上计")，比部勾覆诸州决算。

四、仓储制度

隋唐建都长安，关中粮食，不敷供

应；外来粮食，亦因交通困难，难以大量调运，若遇歉收，帝王不得不率百官移幸洛阳，俟关中丰收，再行返回。其仓储制度的建立，在很大程度上与这一因素有关。隋、唐两代，户部所管仓

唐代敬晦进鎏金宝相花纹银碟
盘底部錾刻"盐铁使臣敬晦进十二"9字。敬晦在唐宣宗大中年间(公元847年—859年)先后官至御史、刑部侍郎，诸道盐铁转运使，浙江观察使等职。银碟是敬晦任盐铁转运使时进献给唐宣宗的贡品，"十二"是贡品的编号。

库有州郡正仓、常平仓和义仓，转运仓和太仓属"朝廷委积"，归司农寺管。

太仓。其设于京师，供皇室、京官、军队食用，以及出粜赈贷。由于太仓和左藏库是唐朝中央的两大库藏，一般由监察御史（后称殿中侍御史）负责监督。监察御史到州县巡按时，亦有审核州郡账目的职责。

州郡正仓。按制度规定收纳租税

（田租，地税，职官田、公廨田田租），奉命支付官员俸禄、驿递口粮，办理和籴，供给军饷、公厨粮和佛食；遇有灾荒，则奉命分别情况，办理赈济、出贷和出粜等救灾事项。唐天宝时，"关辅及朔方、河陇四十余郡，河北三十余郡，每郡官仓，粟多者百万石，少不减五十万石，给充行官禄"。

转运仓。储备东南各地的上供粮谷，然后经水、陆运输次第转运到两京，在沿途主要道口置仓。《通典》称，"隋氏西京太仓，东京含嘉、洛口仓，华州永丰仓，陕州太原仓，储米粟多者千万石，少者不减数百万石"。唐贞观时，河渭漕路逐渐开通，长安附近沿渭河置仓。

常平仓。其功能是以备凶荒，用于赈济。《文献通考》载，"隋文帝开皇三年，卫州置黎阳仓，陕州置常平仓，华州置广通仓，转相灌注，漕关东及汾晋之粟，以给京师"。到了唐代，高宗永徽六年，于京东、西二市置常平仓。唐太宗时，于"洛、相、幽、徐、齐并、秦、蒲州又置常平仓，粟藏九年，米藏五年，下湿之地，粟藏五年，米藏三年"。"开元七年（公元719年），敕关内陇右、河南、河北五道及荆、扬、襄、夔等州并置常平仓。其本（本钱），上州三千贯，中州二千贯，下州一千贯。"可见，常平仓备有仓本，谷贱时可以收

唐含嘉仓铭砖拓片
含嘉仓粮窖的发现，表明唐王朝直接控制的粮食数量巨大，同时反映出当时农业的发展和漕运的畅通。

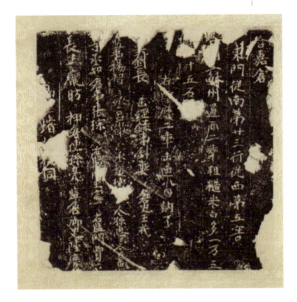
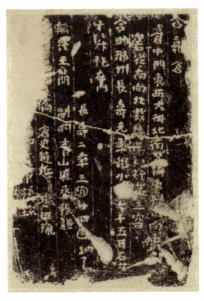

买，谷贵时可以抛售，其抛售时非但收回本钱，而且财政有利可图。到了元和六年(公元 811 年)，制定"每年所税地丁数内，宜十分取二，均充常平仓，仍各逐稳便，收贮，以时粜籴"。天宝八年(公元 749 年)常平仓储粮总额共达 4602220 石。

义仓。用于凶荒灾年，对无粮充饥者的救济。义仓因设在里社，由当地人管理，也叫"社仓"。隋开皇五年(公元 585 年)，工部尚书长孙平上书设立。《文献通考》载，"收获之日，随其所得，劝课出粟及麦，于当社造仓窖贮之，……若时或不熟，当社有饥馑者，即以此谷赈给"。可见隋初社仓，本为民间自理，后因自理流于形式，形同虚设，收为官办。《通典》称，官办之后，依户等纳粟，开皇十六年，准上中下三等，上户不过一石，中户不过七斗，下户不过四斗。《文献通考》载，后来唐代袭用其法，置义仓。其法"自王公以下，计垦田秋熟，所在为义仓，岁凶以给民"。"或贷种，至秋而偿"。至于粟米的来源，则为"亩税二升，粟麦秔稻，土地所宜。……田耗十四者免其半，耗十七者皆免。商贾无田者，以其户为九等出粟，自五石至五斗为差"。天宝八年(公元 749 年)义仓储

粮总额达 6317.766 万石。

和籴。所谓和籴就是就地收购粮食等农产品。和籴之制，本为西北地区边防军军食而设，其后由牛仙客推行于关辅，从此由西北地方制度，变为中央政府的全国制度。《新唐书》载，"天宝中岁，以钱六十万缗，赋诸道和籴，斗增三钱，每岁短递输京仓者百余万斛。"《文献通考》载，德宗贞元四年(公元 788 年)诏："京兆府于时价外，加估和籴，差清强官，先给价直(值)，然后贮纳。"《唐会要》称，贞元八年"诸军

唐代宣徽酒坊银酒注

镇和籴贮备，共达三十三万石，本价之外，更量与优饶。" 有了和籴，江淮粟已不必要，只需江南地区改运粟为运

布的"回造纳布"就可以了，这种代税之布名为租布，亦称折租布。与任何事物都会物极必反一样，和籴后来的流弊也很多，变成了低价派购。正如《文献通考》引用白居易的话："和籴之事，以臣所观，有害无利。何者?凡曰和籴，则官出钱，人出谷，两和商量，然后交易。今则不然，配户督限蹙迫，鞭挞甚于税赋，何名和籴。"

第九节　历史的启示

一、操之过急的改革和超越民力的好大喜功导致隋王朝的灭亡

隋朝是在中国经历长期分裂之后建立的统一王朝，其情况颇似秦朝，外表强盛至极，在大一统的表面下却涌动着各种割据势力的暗流，统治阶级内部埋藏着深刻的不安定因素，统治基础很不稳固。然而，隋朝统治者却以为胜券在握，进行了操之过急的改革和超越民力的好大喜功，导致隋王朝在强盛之际，迅速转向灭亡。

隋统一后，全国曾有241个州、608个郡、1524个县，共2373个地方行政机构。隋文帝（公元541年—604年）杨坚采纳度支尚书杨尚希提出的"存要去闲、并大去小"的建议，将原来比较混乱的地方官制从州、郡、县精简为州、县两级，撤消境内608个郡、减州51个、减县269个，共减少全国行政机构928个，精简幅度为原有行政机构的40%，精简冗官近50%。本来这是节省财政支出，提高行政效率的大好事，但对失去职位的官员来说则是难以容忍的残酷措施，难免心怀不满，伺机反扑。为了限制地方势力，杨坚下令，九品以上的官员一律由中央任免，官吏的任用权一概由吏部掌握，禁止地方官就地录用僚佐，而且每年都要由吏部进行考核，以决定奖惩、升降。后来，又实行三年任期制，使地方割据失去了制度屏障。为了打破自东汉以来挥之不去的门阀制度，隋文帝把选拔官吏的权力收归中央，用科举制代替九品中正制。隋炀帝大业三年（公元607年）又开设进士科，用考试办法来选取进士，这对一向把持政权的门阀来说是难以容忍的变革。

好大喜功的隋炀帝继位后，欲建立前无古人后无来者的功业。以高丽不遵臣礼为由，发兵百万之众分别在大业七年（公元611年）、九年、十年发动了三次中国历史上最大的对外战争。为了修建贯通南北、全长四五千里

大道之行
中国财政史

联珠对孔雀"贵"字纹锦覆面
这件隋代的联珠对孔雀"贵"字纹锦覆面出土于新疆吐鲁番阿斯塔那北区第48号墓。织品上有两组联珠对的孔雀,当中安插一"贵"字,以显富贵吉祥。

的大运河,公元605年,隋炀帝役使300万劳力限期施工,由于工期紧急,死在运河工地上的百姓竟达百万之众。隋炀帝即位第一年,为了营建东都洛阳,每月役使200万人,修造华丽宫殿和花园。 他还三次乘坐大龙舟到江都巡游,随行船只几千艘,绵延200多里,沿路州县,都必须供应食物。繁重的兵役和徭役,迫使农民大量离开土地,农田荒芜,造成饥荒。公元611年,山东农民首先起义,各地纷纷响应。起义军逐渐汇合成几个强大集团,最主要的是翟让、李密领导的瓦岗军。瓦岗军在河南瓦岗起义,攻占隋朝大粮仓兴洛仓,把粮食发给农民,隋朝政权摇摇欲坠。

在这一危急之际,心怀不满的官僚地主武装纷纷起兵造反,其中以关中地区为根据地的李唐政权最为突出。李渊在《授三秦豪杰等官教》一文写到,义旗济河,关中响应,辕门辐凑,赴者如归。五陵豪杰,三辅冠盖,公卿将相之绪馀,侠少良家之子弟,从吾投刺,咸畏后时,扼腕连镳,争求立效。足见关中地区集中了大量的地主阶级上层人物,他们声望卓著,势力强大,反心尤盛。从江淮到岭南地区有众多支持南朝的豪强地主,他们本来就是隋朝的异己力量,一旦天下有变,这些潜在的力量立即起兵反隋。处于黄河中下游的中原地区的富户,在隋朝对外征战中损失巨大。先征吐谷浑,全国马驴死者十有八九;后征高丽,隋炀帝诏征马匹十余万,均主要出自中原。中原富人因此破家者十家而九,随时随地都想起兵造反。

穷人是造反者的盟友，富人是执政者的支柱，一个政权一旦失去富人的支持，必然大厦倾覆，走向灭亡。随着隋末统治阶级内部以李渊、杨玄感为代表的隋朝高官显贵，以萧铣、沈法兴为代表的南朝残余势力，以梁师都、刘武周为代表的地方大族豪强群起反隋，失去民心、又失去统治阶级内部支持的隋王朝，在三大势力打击下，逃脱不了土崩瓦解的命运，终于被李唐王朝所取代！隋朝与秦朝一样成了中国大一统历程中的过渡朝，贡献卓著，却又寿命短促！

二、政治腐败财权旁落和气候恶化导致唐王朝的灭亡

天下没有不败之家，更没有不亡之国。疆域辽阔，经济繁荣，国力强盛的唐王朝最终走向灭亡，主要是政治腐败、财权旁落和气候变化引发农民起义等三大原因。而政治腐败主要表现在宦官专权和朋党之争。

在中国历代的封建王朝中，东汉、唐朝和明朝是宦官专权最严重的三个朝代。与东汉和明朝相比，唐朝的宦官专权的程度是最严重的。东汉王朝和明朝虽然存在宦官专权，其专权只是狐假虎威而已，而唐朝的宦官则操纵

着皇帝的拥立、宰相等高官的任免以及国策的制订。唐朝初年，唐太宗为了限制宦官的权力，规定宦官只能担任四品的内官，但到了天宝年间，宦官的权力却突然膨胀起来，如宦官高力士的权力竟大到连诸王和公主都不得不称之为"阿翁"，驸马更尊称其为"爷"。唐肃宗时期的宦官李辅国执掌禁军，权力极大，曾经拥立唐代宗即位。李辅国极其跋扈，曾经大言不惭地对代宗说："大家但在内里坐着，外事皆听老奴处分"，唐代宗听了龙颜大怒，但是只因其大权在握也只好忍气吞声，奈何不得。唐宪宗由于宦官俱文珍的拥立而即位。宦官仇士良曾经当着皇帝的面历数其过失。唐文宗称自己连汉献帝和周赧王都不如。唐朝后期的大部分皇帝大都是宦官拥立，其中唐宪宗、唐敬宗竟为宦官所杀。中央政权实际上操纵在宦官的手里，皇帝成为宦官的傀儡。唐朝的宦官之所以如此嚣张，是由于皇帝不信任大将，而把禁军指挥权交给宦官，从唐德宗时开始，宦官掌握禁军成为惯例，宦官有了军权也就有了飞扬跋扈的本钱。后来的皇帝为了反对宦官专权，曾经多次联结朝臣共同对付宦官。其中比较著名的是唐顺宗时期的"二王八司马"事件和

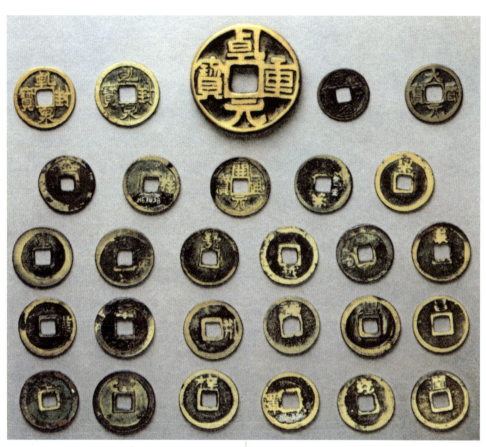

唐铜钱

唐文宗时期的"甘露之变"。但是这些斗争都以失败而告终。从此，宦官的权力不但未能削弱，反而更为强化。这样的局面一直持续到唐朝灭亡。

　　唐代京官除了门荫入仕的官宦贵族子弟外，主要是科举出身的非贵族官员，这些非贵族官员大多来自庶族地主，倾向与门阀士族作斗争。科举出身的官员，由于政治地位相近，情趣相投，极易结成党派。当时，同榜进士称"同年"，进士称主考官为"座主"，被录取的进士为"座主"的"门生"，门生座主之间关系密切，互相援引，形成小圈子。士族地主虽从隋代开始已每况愈下，地位日趋衰落，但他们却自视甚高，仍然以阀阅自矜，瞧不起庶族地主。这两类官员在朝廷里就免不了明争暗斗。其中以长庆（公元821年—824年）至大中（公元849年—860年）年间的"牛李党争"历时最久，斗争最为激烈。牛党主要人物有：牛僧孺、李宗闵、杨嗣复等，他们都是权德舆的门生。李党主要人物有：李德裕、郑覃。李德裕是赵郡士族，他"不喜科试"，以门荫入仕。两党官员之出身，亦非清一色，牛党虽以进士科出身居多，亦有士族以门荫入仕者。李党虽以门荫入仕者居多，亦不乏进士科出身者。两党的斗争，有不少是无谓的意气、门户之见，但亦有政见上的分歧。这些政见的分歧主要表现在：首先，是对科举取士的态度。牛党赞成科举取士，而李党个别人如郑覃则主张废除进士科。李德裕主张朝廷显官，应用公卿子弟。对科举取士的态度，总的说，牛党主张较为合理。但李德裕对科举制中的一些弊端，主张革除，如要求废除"呈榜"、"曲江宴"等，言之成理，应予肯定。所以，既不能一概而论说李党是主张废除进士科的，也不能笼统说牛党拥护科举是对的。其次，是对藩镇的态度。李德裕对反叛中央的藩镇，主张坚决平定。李德裕父亲李吉甫，在唐宪宗时为宰相，力主削弱藩镇势力，他曾"岁余，凡易三十六镇"。李德裕在唐武宗时为宰相，他坚决地以武力平定了昭义镇的叛乱，牛党则主张对藩镇采取姑息态度，当朝廷向藩镇用兵之时，牛党又往往采取消极甚至阻挠态度。大和五年（公元831年），卢尤兵马副使杨志

诚叛乱，唐文宗问宰相牛僧孺如何处置，牛僧孺认为，安史以来，范阳已不属中央，主张不必计较他的逆顺。当唐文宗问"天下何时当太平？"牛僧孺回答："太平无象。今四夷不至交侵，百姓不至流散，虽非至理，亦谓小康。陛下若别求太平，非臣等所及。"在牛党看

郭子仪像
公元756年3月，郭子仪与河东节度使李光弼率军东下井陉，攻占常山，大破叛军于九门。然后又向南进攻赵郡，生擒叛军士兵4000人，杀死叛军太守郭献，取得安史之乱以来的巨大胜利。

大道之行
中国财政史

来，藩镇割据并不算问题，而是一种正常现象，不必去理它。再次，是对佛教的态度。唐朝，佛教有空前的发展，但佛教活动耗费大量资财，佛教寺院占有大量土地，隐占众多的劳动人口，佛教徒亦不服役，不交租税，使国家的财赋收入和兵源受到极大影响，加之有些佛徒还干预政事。这样，无论从政治上，还是军事上，尤其是经济上，唐朝政府虽然要利用佛教，但他们之间的矛盾和冲突却也日益尖锐起来。会昌（公元841年—846年）年间，在李德裕赞助下，唐武宗采取了灭佛措施，废寺4600所，拆去招提、兰若之类小庙40000处，还俗僧尼26万余人，寺院奴婢15万人被放为两税户，没收寺院田地数千万亩，毁佛像以铸铁质农具，从而大大打击了佛教势力。而唐宣宗时，李德裕被贬斥，牛党上台，立即废除了李德裕的灭佛措施。第四，是裁减冗吏。李德裕认为"省事不如省官，省官不如省吏，能简冗官，诚治本也"。他为精简机构，提高行政效率，罢斥冗吏2000余人，这不仅可以节省俸禄等开支，减轻人民负担，而且斥去冗吏，极有利于澄清吏治，提高办事效率。但牛党一上台，便以"衣冠去者皆冤"为名，立即恢复任用了大批被斥的冗吏。此外，在对回纥等周边民族的

唐武宗像

关系上，在财政上，以及对宦官的态度上，两党都有分歧。总起来看，李党政见优者居多。朋党之争是唐后期统治者内部争权夺利的斗争，大大削弱了唐王朝的统治力量。

财权旁落则源于藩镇割据。为了保卫边疆地区，唐朝在景云（公元710年—711年）年间设置了节度使，起先，节度使只在边疆地区设置。"安史之乱"后，唐王朝为了利用地方勤王来保卫中央政权，设立了更多的节度使。节度使掌握地方军政大权，不仅成了一方割据势力，而且还变相世袭，传子或者传部将，中央到时也不得不承认。更严重的是他们通过割据垄断了地方税权，不断侵蚀中央财政收入，藩镇之间

以及藩镇与中央之间为了争夺人口和土地，扩大税收征收范围，不断进行着战争。各个藩镇拥兵自重，割据一方，又严重地威胁着国家的统一。在唐宪宗元和末年，唐朝的统治区域内除了都城以外，共有藩镇46处。这些藩镇大都处于独立半独立状态。藩镇割据很大程度上削弱了中央对地方的控制和中央财政的来源。

自然科学研究也表明，辉煌强大的唐朝毁灭在季风周期变化上。德国波茨坦GFZ(Geo Forschungs Zentrum)研究机构以杰拉德·黄为首的科学家，在经过对在湛江取样的沉积核进行研究后，认为分析取样中的磁性沉积物和钛含量是显示东亚冬季风系统周期的重要标志。他们发现在15000年的时间里，东亚有三个强烈的冬季风和三个虚弱的夏季风时期。前两个季风变

化时期发生在冰川季最后两个关键阶段，最后一个季风变化期发生在公元700年—900年之间。每个季风变化周期都伴随着寒冷的气候。从中国湛江的地质取样和从委内瑞拉卡里亚科盆地的取样有着惊人的相似之处。两地的取样证明了从公元750年开始，每三年为一个周期就发生一次干旱。唐朝命运的转折点发生在公元751年，这一年唐朝的军队被阿拉伯人击败。由于长期的干旱和夏季不正常降雨而造成粮食歉收引发的农民起义，瓦解了唐朝的统治，终于使其在黄巢大起义被镇压20年后的公元907年，为唐末农民起义的叛徒朱温所代替。研究也表明，季风变化引起的干旱同样影响到了中美洲，举世闻名的玛雅文化也与唐王朝在同一时期一起消失了。

三彩驴 唐 明器
1955年陕西省西安市出土。唐代以都城长安为中心，拥有完整的驿道网，这些驿道除了供官府公务使用外，也是商贾贩运货物和民间来往的通道。驿道上相继出现了许多为过往旅客服务的民营店肆，而且许多店肆还都配置有驴赁客乘的"驴驿"。这些驿驴往来便捷，成为陆路交通上的得力交通工具。这件备有鞍鞯的三彩驴，正是当时驿驴的形象。

大道之行

中国财政史 [中]

翁礼华 著

经济科学出版社

DADAOZHIXING

ZHONGGUO CAIZHENGSHI

五代至宋的财政

第一节　时代背景

一、五代十国的出现

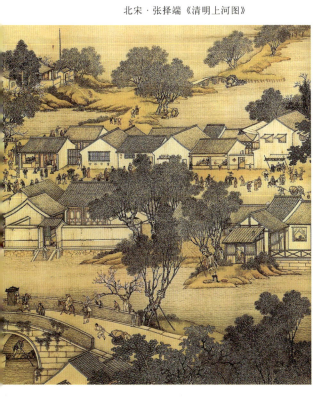

北宋·张择端《清明上河图》

　　唐朝末年，藩镇割据，内战不息，动乱长达 60 余年。在王朝内部，为了对付藩镇不得不依靠宦官，造成宦官专权与朋党倾轧，引发宫廷政治的极端腐败和国力的严重消耗。到了唐僖宗乾符元年（公元 874 年）终于爆发了王仙芝、黄巢起义，战事波及中国南北，时间长达 10 年之久。黄巢起义虽被镇压，但唐朝政权亦从根本上动摇。黄巢起义失败以后，唐僖宗回到长安。这时候，唐王朝的中央政权已经名存实亡，而各地藩镇却在镇压起义过程中扩大势力，争夺地盘，成为大大小小的割据力量。其中最强大的是河东节度使李克用和宣武(治所在今河南开封)节度使朱温。朱温家庭出身贫苦，从小

395

游手好闲，兄弟三个，数他最凶恶奸诈。黄巢起义后，他投奔起义军，受到黄巢的重用。到了起义军危急关头，作为黄巢属下同州防御使的朱温却领兵叛变，投靠唐朝，为唐王朝帮了大忙。唐僖宗给他高官厚禄，还赏他一个名字叫"全忠"，派他镇压起义军。

当黄巢从长安退到河南的时候，兵力还很强，有一次，黄巢军攻打汴州，朱温向李克用求救，借李克用之力打败了起义军。当李克用回到汴州时，朱温假意殷勤招待，大摆酒宴，并趁李克用喝得酩酊大醉的时候，派兵把驿馆团团围住，想把李克用害死。李克用的几个亲兵拼死相救，才突围逃走。打那时候起，李克用就跟朱温结下了冤仇。这两支割据力量一直互相攻打，结果是朱温的势力越来越大，而李克用只能保住河东地区。

唐僖宗病死后，他的弟弟唐昭宗李晔想依靠朝臣来反对宦官，一次次都失败了。到了后来，宦官把唐昭宗软禁了起来，另立新皇帝。此时的朱温认为时机已到，便派亲信偷偷溜进长安，跟宰相崔胤秘密策划。崔胤发兵杀了大宦官刘季述，迎接唐昭宗复位。唐昭宗和崔胤还想进一步杀掉所有宦官，预先获得消息的宦官就把唐昭宗劫持到凤翔投靠凤翔节度使李茂贞。

崔胤向朱温求救，朱温带兵进攻凤翔，要李茂贞交出唐昭宗。李茂贞兵力敌不过朱温，连连打败仗。朱温大军把凤翔城包围起来，最后城里断粮下雪，无数士兵、百姓冻饿而死。被围在孤城里的李茂贞，毫无出路，被迫投降。攻下凤翔的朱温，把唐昭宗抢了过来，带回长安。从此唐王朝政权就从宦官手里落到朱温手里，唐昭宗日子更不好过。

朱温掌了大权后，把宦官全部杀光，挟持唐昭宗迁都洛阳。唐昭宗到了洛阳，还想秘密号召各地藩镇来救他。但是还没有盼到，朱温已经动手把唐昭宗杀了，另立了一个13岁的孩子做傀儡，就是昭宣帝。宦官完了，皇帝也完了，留下的还有一批唐王朝的大臣。朱温手下的谋臣对朱温说，你要干大事，这批人最难对付，不如把他们统统杀掉。绰号叫做猫头鹰的谋士李振，由于考进士屡试不中，极其痛恨进士出

五代十国丝绸之路古阿拉伯文钱币一枚

身的朝臣。他出主意，让朱温在一个深夜，把30几名朝臣集中起来杀掉，尸体统统扔进黄河。公元907年，朱温废了唐昭宣帝，自立为帝，改国号为梁，建都汴(今河南开封)。叛徒朱温成了梁太祖，统治了290年的唐王朝终于寿终正寝。

自公元907年朱温篡唐建梁开始到960年北宋建立，短短的54年间，中原相继出现了梁、唐、晋、汉、周五个朝代，为了区别先前已有的王朝，史称后梁、后唐、后晋、后汉、后周。同时，在这五个朝代之外，还相继出现了前蜀、后蜀、吴、南唐、吴越、闽、楚、南汉、南平(即荆南)和北汉十国割据政

五代十国地图

权，这就是中国历史上著名的"五代十国"。

这一时期，战争不断，政权更迭频繁，其开国之君，大都是前朝的方镇，靠军事割据发展起来。在五个朝代中，后梁维持的时间最长，也只有17年，其次后唐14年，后晋11年，而后汉仅仅4年，后周9年，两者皆不足10年。其实，即使在一朝之内，其权位之争亦超乎寻常。如后梁太祖朱温登上皇位才5年，就被其次子朱友珪所杀；而朱友珪上台不久，又被其弟朱友贞所杀。再如后唐明宗李嗣源的儿子秦王李从荣，亦曾以兵夺权，未能成功，反丢了性命。明宗去世之后，其子李从厚继位，仅只1年，其位即被明宗的养子李从珂所夺。自唐末至五代，兵连祸结，频频的兵戎相见，给百姓带来了极大痛苦和灾难。再加上当时地方行政长官多用武将，这些人既"不明治道"，又"恃功纵下"、"割夺蒸民"，造成中原经济破败。正如《旧唐书》所载，"西至关内，东极青、齐，南出江、淮，北至卫滑，鱼烂鸟散，人烟断绝，荆榛蔽野"，就连"富甲天下"的扬州，也曾一度因军阀混战，出现过"庐舍焚荡，民户丧亡"的惨景。

客观上，一个政权要想获得长治

五代周文矩《重屏会棋图》
此图描绘南唐中主李璟与其弟景遂、景达、景逿会棋情景。因四人身后屏风上画白居易《偶眠》诗意，其间又有一扇山水小屏风，故画又名曰"重屏图"。

久安，必须注意发展经济，改善百姓生活。五代时，各朝政府也曾为恢复农业经济作过努力，如后梁朱温在开封开辟荒地，鼓励农桑、减轻赋税；后唐明宗杀掉苛剥能手孔谦，取消税外苛征；后周太祖郭威和世宗柴荣，为巩固封建政权进行了一系列的改革，不仅在政治上注意选拔人才、整顿科举、澄清吏治、严惩贪官、修订刑法、严肃军纪、抗击契丹、扩大统治区域，而且在经济上招还逃户回乡，开垦荒地。同时，规范出家制度，限制寺院经济；给州县颁发《均田图》，均定田租；兴修水利，整

顿漕渠。这些改革对安定社会恢复中原经济起了积极的作用。

相对于五代来说，十国的情况则要好得多。在这十国之中，除刘崇的北汉在北方(今山西、陕西和河北的一部分)外，其他诸国皆在中国的南方，它们受中原干戈的影响少，政局相对稳定，政权维持的时间也远比五代为长，如最短的前蜀亦有34年，是后梁的一倍，而最长的吴越，竟达85年之久。地处江南，自然气候条件适应农业生产发展的十国割据政权，为维持生存、免受吞并，竞相发展经济，与历经战争摧残，经济严重衰退的北方形成强烈反差。再加上大批中原人士移徙南方以

避祸乱，给江南地区带来了北方先进的生产技术和科学文化，进一步促进了南方经济的蓬勃发展。这一时期南方不仅开始对福建、湖南、岭南进行开发，更引人注目的是形成了以苏州、杭州为中心的江浙地区，以扬州为中心的江淮地区，以成都为中心的四川地区等诸多新兴的经济中心。例如建都杭州的吴越国，就曾于公元910年修筑了钱塘江的捍海塘，保障了农业生产的发展，使吴越走上了富裕之路，为此后浙江和江苏苏州地区经济的发展打下了基础。五代十国时期是中国北方落后于南方、南方超越北方的历史转折点；也是人性为了追求自身利益，互相残杀，弃亲情、道义于不顾

五代十国朝代、都城和年代表

朝代或国名	都城		年代
	古地名	现地名	（公元年）
后 梁	汴 州	河南开封	907—923
后 唐	洛 阳	河南洛阳	923—936
后 晋	汴 州	河南开封	936—946
后 汉	汴 州	河南开封	947—950
后 周	汴 州	河南开封	950—960
吴	扬 州	江苏扬州	892—937
南 唐	金 陵	江苏南京	937—975
前 蜀	成 都	四川成都	891—925
后 蜀	成 都	四川成都	925—965
闽	长 乐	福建福州	893—945
楚	长 沙	湖南长沙	896—951
南 汉	兴王府	广东广州	905—971
荆 南	荆 州	湖北荆州	907—963
吴 越	杭 州	浙江杭州	893—978
北 汉	太 原	山西太原	951—979

的典型时代。

二、分裂必然结束的昭示

世界上的照相技术是公元1839年才发明的，因此中国古代没有照相技术，更没有摄像技术，形象地状物记事，全靠绘画。晋朝时，曾有顾恺之的《洛神赋图》，在近6米长的画卷上，描绘了曹植与洛神相遇的故事，是中国历史上保存至今最早的长卷。五代南唐顾闳中的《韩熙载夜宴图》则是后世在这方面的继承和超越。《韩熙载夜宴图》长335.5厘米，宽28.7厘米，现藏于北京故宫博物院。全卷共分五段：第一段写韩熙载与宾客们倾听状元李家明的妹妹弹奏琵琶的情景，第二段

写韩熙载亲自为舞伎王屋山击鼓，第三段写宴会进行中间的休息场面，第四段写女伎们吹奏管乐的情景，第五段写宴会结束，宾客渐渐离去。全图五幅，整幅画卷交织着缠绵又沉郁的气氛，看得出主人公在及时行乐中，内心隐藏着对人生的无比失望和巨大痛苦。

韩熙载（公元902年—970年），字叔言，北海（今山东潍坊）人。唐朝末年进士，后逃往南方避乱，曾任南唐中书侍郎，光政殿学士承旨等官。由于五代时江南战争不多，自然与生产条件比较优越，使得官僚士大夫拥有奢侈的条件，他们大多蓄有歌伎（亦称家姬、乐伎），韩熙载家即有歌伎40余人之多。韩熙载有政治才干，艺术上也颇

五代南唐顾闳中《韩熙载夜宴图》（局部）

五代南唐顾闳中《韩熙载夜宴图》（局部）

具造诣，懂音乐，能歌善舞，擅长诗文书画。但他眼见南唐国势日衰，痛心贵族官僚的争权夺利，不愿出任宰相，把一腔苦衷寄托在歌舞夜宴的消磨之中。

南唐后主李煜收到廉政举报，说韩熙载生活"荒纵"，即派画院待诏（皇帝御用专家）顾闳中深夜潜入韩宅，窥看其纵情声色的高消费场面，目识心记，回来后画成这幅人物众多、场面极大，重彩敷色的《夜宴图》，比现代纪监部门现场录像更具艺术性。

由于顾闳中观察细微，不放过任何一个细节，把官居中书舍人的韩熙载纵情声色，欢宴达旦的情景描绘得淋漓尽致，人物的音容笑貌栩栩如生，活脱绢上。以致在这幅巨作中，40多个神态各异的人物，虽一再重复出现，而面目始终保持统一，但性格突出，神情变化多端。《夜宴图》从一个侧面，十分生动地反映了当时统治集团的骄奢淫逸。《夜宴图》全卷以手卷形式，一共用五个场景——琵琶独奏、六幺独舞、宴间小憩、管乐合奏、夜宴结束，描绘了整个夜宴的活动内容。在场景之间，画家非常巧妙地运用屏风、几案、管弦乐品、床榻之类的器物，使之既有相互连接性，又有彼此分离感；既独立成画，又形成了一个完整的组合。

《夜宴图》不仅仅是一张描写韩熙载私生活的图画，更重要的是它反映了那个特定的时代风貌。画家把韩熙载这位有才华、善文章，在士大夫和道教、佛教中有影响，李后主又有意加以倚重的大臣的精神面貌表现得淋漓尽致。显然，韩熙载纵情声色以自娱，昭示着南唐李氏王朝行将覆灭，整个五代十国必然结束，分裂必将归于统一的社会发展大趋势。

三、北宋的统一和集权

五代后周显德六年(公元959年)，周世宗柴荣病死，7岁的恭帝继位，次年正月初一，后周朝廷接到河北边关告急，北汉和辽国进犯，后周宰相未经证实，便急忙派殿前都点检、归德军节度使赵匡胤率兵前去应战。结果在部队

宋太祖像

出发的第三天就发生兵变,在今河南封丘东南陈桥镇的陈桥驿(古代驿站,相当于今机要通信局和招待所)众将把事先准备好的皇帝才有资格穿的黄袍披在赵匡胤的身上,拥立为帝,史称"陈桥兵变"。回到京城后,赵匡胤用古代禅让的方式,取后周而代之。禅让与后世的辞职相似,是具有中国特色的文化:明明不愿意,也要让你用愿意的方式来表达。

宋朝开国名将石守信

赵匡胤即位后,仍定都开封,改国号为宋,史称北宋,为宋太祖。经过十余年的南征北伐,赵匡胤消灭了后周藩镇势力的反抗,攻灭了荆南、后蜀、南汉、南唐等割据政权。宋太宗赵匡义即位后,招降割据吴越的钱俶,平定北汉。于是,结束了自安史之乱以来200多年封建军阀割据的局面。北宋疆域东、南临海,北境以今津海河、河北霸县、山西雁门关一线与辽接壤,西北至今陕西白于山、甘肃东部、青海东北部,与西夏、吐蕃毗邻,西南与越南接界。

宋太祖是中国历史上最成功的政治家之一。在取得政权不久,他就在一次宴会上巧妙地说服石守信等当年拥戴他登上皇位的部将彻底放弃兵权,安享荣华富贵,史称"杯酒释兵权",比汉代开国皇帝刘邦、明代的开国皇帝朱元璋以杀戮的手段除去功臣高明得多。极度中央集权的宋王朝,历经19年的南征北伐,终于统一了中国。 北宋共历九帝,前后相继168年。在这一历史时期,王朝经历了前、中、后三个不同阶段。

公元960年至公元997年为前期,是宋太祖、宋太宗统治时期。这一时期,北宋统治者除了致力于结束五代十国的分裂割据局面之外，着重在政治、军事和经济制度方面进行改革，避免军阀拥兵自重，分裂割据再现，以确保王朝统治长治久安。其主要改革措施，首先是改革军制。为避免再次出现"黄袍加身"，取消禁军最高统帅殿前都点检、副都点检职务，改设无统兵权的枢密院掌管军队调动。三帅统兵权和枢密院调兵权职责分明，相互制约，直接对皇帝负责。军队实行更戍法，定期换防，将帅常调，以防止官兵"亲党胶固"。其次是改革行政。宰相下设数名参知政事、枢密使、三司使，以分其军、政、财三权，使历代居于一人之下万人之上的宰相无法独揽大权。对独霸一方的节度使，采取"稍夺其权，制其钱谷，收其精兵"的办法，逐步从地方调回京城担任闲职，其原领州郡由朝廷控制，委派文官任知县、知州、知府，直接对朝廷负责。规定地方财政每年赋税收入，除支度给用外，凡属钱币之类，"悉辇送京师"。经过改革，宋朝专制主义中央集权得到强化。这对政治稳定，结束分裂局面和经济的发展创造了有利的条件。但是高度中央集权也带来"强干弱枝"，地方权力太小，军队战斗力削弱等消极后果。

公元998年至公元1099年为中期，是宋真宗至宋哲宗统治时期。这一时期是北宋历史上一个重要的发展阶段。由于实施两税法、代役制和租佃制等新的经济制度，从而激发了广大农民的生产积极性。随之而来的是人口的增加，垦田面积的扩大，铁制工具制作进步，耕作技术的提高，农作物的种类和产量倍增等等。据统计，宋太宗至道三年(公元997年)，北宋户籍上有523万多户，而到宋仁宗嘉祐八年(公元1063年)，北宋户数已逾1246万多户。宋太宗至道二年(公元996年)，耕地有3亿多亩，而至宋真宗天禧五年(公元1021年)，增至5.2亿多亩。熙宁十年(公元1077年)仅两税征收的粮食收入即达到近1789万石。按《鸡肋编》卷中张方平的"大率中田亩收一石，输官一斗"推算，当时全国粮食产量不少于17890万石。按熙宁十年人口数量计算，达到平均每人近600斤。

农业经济的迅速发展促进了手工业、商业的发展。手工业生产中，不仅传统的丝、棉、麻、毛等纺织品的织造技术超过了前代，瓷器、矿冶、造船、酿酒、造纸及印刷等行业均有空前的发展，如：采煤业的兴盛使得当时的"汴都数百万家，尽仰石炭，无一家燃薪者"。而活字印刷和火药的发明是手

铁镢头 北宋 农具

四齿铁耙 北宋 农具

铁弯锄 北宋 农具

工业发达的最好证明。工农业的发展为商业的繁荣创造了条件，特别是宋代商业市场打破了旧的格局，市场无开闭时间、无固定处所限制，其自由及开放程度远远超过唐代，大小城镇贸易盛况空前，大城市中出现像《赵伯升茶肆遇仁宗》里"城中酒楼高入天，烹龙煮凤味肥鲜"的景象。纸币的出现及广泛使用，具有划时代的意义。这一时期也是北宋科技文化的繁荣时期。科技上，闻名于世的指南针、印刷术和火药三大发明，进一步开发和应用。文化上，唐代最突出的成就是诗歌，而宋代在教育、经学、史学、词等方面的成就都超越了唐代，后世推崇的唐宋八大散文家韩愈、柳宗元、欧阳修、苏洵、苏轼、苏辙、王安石、曾巩，北宋就占有欧阳修、苏洵、苏轼、苏辙、王安石、曾巩六家。然而，这一时期也是社会矛盾不断积累和日益突出的时期。军队数量猛增，官僚机构庞大，土地兼并加剧，使国家财政连年亏空，出现积贫积弱的局面。对此，北宋政府也试图进行改革，以扭转危机四伏的局面。北宋改革影响最大的是宋仁宗时期的庆历新政和宋神宗时期的王安石变法。结果，两次改革收效甚微，北宋逐步走向衰落。

公元1100年至公元1127年为后期，是宋徽宗、宋钦宗统治时期。这一时期是北宋王朝腐朽黑暗阶段。由于社会生产遭到严重破坏，无数农民倾家荡产无以为生，纷纷起来反抗暴政。其间以方腊、宋江先后领导的起义影响最大。内忧不已，外患又起。北宋长期与辽、夏、金争战不休。与西夏战事刚止，金军又大举南下。靖康元年（公元1126年），金军攻占开封，俘虏了徽、钦二帝。次年二月六日，金废二帝为庶人，北宋亡。

四、开封的繁荣和纸币现世

中国古代状物记事，离不开具象的绘画。北宋张择端画于公元1126年的《清明上河图》，形象地再现了东京开封鼎盛时期的街市繁华景象。这幅长5.25米、宽0.255米的长卷，描绘清明时节前往汴河一带"上河"的情景。所谓上河是开封旧时习俗，意为前往汴河游览。因此，用现代语言来说，清明上河图就是清明时节东京开封市民前往汴河游览的图画。

画卷由东水门外虹桥以东的田园起始，接着描绘汴河上的市桥及周围街市，再描绘城门口的街市、十字街头的街市，画了各色人物770多人、房屋楼阁100多间、大小船舶20多艘，蔚为壮观，令人目不暇接。画面上一座华丽高大的城门，门内有一队满载货物的骆驼队正在出门向东；门内西面不远处，有一座三层建筑物——孙家正

北宋张择端《清明上河图》（局部）

店，门前有富丽堂皇的彩楼欢门；街市上随处可见商店的店招——幌子，如"王家罗锦匹帛铺"、"刘家上色沉檀栋香"、"刘三叔精装字画"、"孙羊店"之类丝绸店、香药店、裱画店、饮食店，以及豪华的招商旅馆——"久住王员外家"。当时东京的商户逾20000，其中640家资本雄厚的商户，分属160行，经营米、茶、盐等商品贸易。各种商业中以金银彩帛的交易额最大，而数量最多的是酒楼，宋时的大酒楼叫正店，有72家之多，它们兼具商品交易的功能，有些就是商人同业组织开设的，如马行开设的庄楼，牛行开设的牛楼，小商品行开设的时楼、矾行开设的白矾楼，作为同业商人看验商品质量、商定价格、签订契约的场所，具有后世同业

公会和交易所的性质。除了号称"正店"的大酒楼外，还有多达3000家称为"脚店"的小酒楼。东京的酒楼、茶坊顺应市场经济大潮，与称为瓦子的娱乐场所一样，都24小时通宵营业，有"浓妆妓女数百，聚于主廊檐面上，以待酒客呼唤"的"应召女郎"；有"为酒客换酒斟酒"的"焌糟"，即"陪酒女郎"；有叫做"扎客"或"打酒坐"的"卖唱女郎"。其形形色色与商业配套的娱乐餐饮设施，人性化和开放度堪与现代商业相媲美，显示了极其新潮的时代特色。

东京不但有数量众多的商店、摊贩，还有集中的贸易市场，以相国寺庙市最为著名。据《燕翼诒谋录》说："东京相国寺，乃瓦市也。僧房散处，而中

庭两庑可容万人。凡商旅交易，皆萃其中。四方趋京师，以货物求售，转售他物者，必由于此。"东京倚汴水建城，汴水北接黄河，南通淮河、长江，因此东京市场上有来自江淮的粮食、沿海各地的水产、辽与西夏的牛羊，以及来自全国各地的酒、果品、茶、丝绢、纸、书籍，还有日本的扇子、高丽的墨料、大食的香料与珍珠。东京浓厚的商业气息，昭示着北宋的商业已进入一个新的历史阶段。

　　货币作为一般等价物，随着商业的发展其流通量必然要有所扩大，而恰恰在这一历史时期，随着佛教的发展和深入人心，大量铜钱被老百姓施舍给寺院，寺院又将这些铜钱改铸为佛像，从而造成了社会流通货币的进

北宋铜钱

一步紧缩，以至于不得不以铁铸钱来弥补铜钱通货的不足，造成北宋货币以铜钱为主，杂有不少铁钱。当时全国每年铸造的铜钱是唐朝的 10—20 倍，大约有 1.5 万多吨，仍旧满足不了日益增长的商品流通的需求，出现了"钱荒"。

　　金属币，尤其是铁钱体积大、分量重，每 10 贯大铁钱重 120 斤、小铁钱重 65 斤。这对于长途贩运贸易或巨额批发贸易，十分不便，于是纸币在交通最不方便的四川应运而生。宋真宗（公元 997 年—1022 年）初年，益州（今四川成都）16 户富商联手发行一种称为"交子"的钱券。这种钱券是由商业中俗称"赊、还"的信用关系中孕育出来的一种轻便货币。它不但容易携带，而且也比金属币安全。

　　在中国自汉武帝以降，凡有厚利可图的事政府必定染指，而且加以垄断。宋仁宗天圣元年（公元 1023 年）政府收回发行纸币的权利，在益州设立"交子务"，负责印刷、发行交子，改变了先前私家发行时没有固定面额和流通期限、没有资金准备与兑现保障的缺点，规定每两年一界，每界发行额为 125 万余贯，以铁钱为本位，备本钱 36 万贯铁钱，以便持交子者在取现钱时

兑取。这种政府发行的纸币的特点是，面额固定并盖有官印，用户纳入现钱换取交子时，要把商业字号登记入簿，兑现时按字号销账，以防伪造；用户纳入现钱兑换交子时，要扣下三十文钱入官，作为纸墨费，不同于民间交子兑现时才收利息；它有一定流通期限，有固定机构负责印刷，发行和回笼。起初交子只在川陕路流通，后来扩大到陕西路、河东路，政府便在开封设置交子

务，负责面向全国的交子的发行事宜。

南宋时由于铜钱大量外流，钱荒愈加严重，纸币逐渐成为主要货币，有四川钱引、湖广会子、两淮交子（以铁

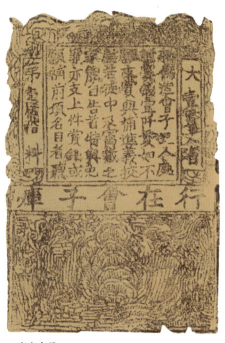

南宋会子
宋绍兴三十年（公元1160年）开始发行会子。南宋后期，会子贬值甚烈，造成严重社会问题。

北宋交子
交子是世界上最早使用的纸币，发行于宋仁宗天圣元年（公元1023年）。图为"交子"钞版拓本。

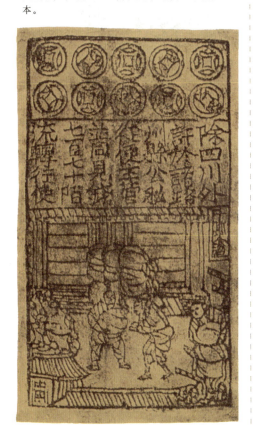

钱为本位）、东南会子（以铜钱为本位）。所谓"会子"，原先叫"便钱会子"，是市场金融关系中自发产生的。"便钱"即现代术语"汇兑"的意思，"便钱会子"当是汇票、支票之类的票据，大约在12世纪才发展成为兼有流通手段职能的铜钱兑换券。交子、会子由于机制的不完备，出现了许多弊端，但它

作为最初的纸币，在商业和金融发展
进程中仍有其历史意义。在欧洲，瑞典
是最早发行纸币的国家，其发行时间
在公元 1661 年，比中国纸币的出现晚
了 600 多年。

五、赵构南渡和南宋王朝

南宋（公元 1127 年—1279 年）是
北宋灭亡后由宋皇族在江南建立起来
的朝廷。南宋王朝自建立以来，一直在
金国的威胁之下，直至被元消灭时，也
未能恢复宋朝在中国北方的统治。

公元 1127 年，金国从开封撤军以
后，立张邦昌为伪楚皇帝。由于张邦昌
原为宋臣，后降金，开封军民对其憎恨
有加，一大部分旧宋朝臣也要求他退
位。万般无奈之下，张邦昌以孟太后之

宋钦宗后像

宋高宗赵构

名，下诏立宋钦宗的弟弟赵构为帝。靖
康二年（公元 1127 年）五月一日，康
王赵构在南京应天府（今河南商丘）登
基，正式即位，是为宋高宗。然而，叛
臣张邦昌却以护国有功为名，被封为
王。高宗即位的第二年，金国以张邦昌
被废为名，继续大举南侵。此后，于公
元 1129 年金国又立刘豫为帝，国号齐，
史称"伪齐"，以加强黄河以南的统治。
南渡临安（今杭州）的南宋小朝廷也发
兵北伐，由岳飞、韩世忠、刘光世、张
浚等众多抗金将领指挥，在黄河两岸
曾经击溃伪齐军和金国的联军。

高宗赵构于公元1138年任秦桧为相，推行求和政策。秦桧于公元1141年，解除抗金将领韩世忠的兵权，又以莫须有的罪名将岳飞下狱，并于当年除夕前夜（公元1142年1月28日）杀害了岳飞父子。其余所有曾支持过岳飞，坚决抗金的文官武将，也都被纷纷贬斥。宋高宗以纳贡称臣为代价，换回了东南半壁江山的统治权。

在高宗之后，宋金两国沿淮水——大散关为界，发展相对稳定。金国也有几次南侵，但大都半途而废，而南宋在孝宗年间也进行了北伐，但也未能收复国土。到公元1207年，南宋的政权由史弥远执政，继续推行求和政策，还恢复了秦桧的王爵和赠谥。但此时金国的实力已大不如前，不但自己无力南征，还须时刻提防来自西北日渐兴起的蒙古势力。随后，于公元1214年七月，南宋根据真德秀的奏议，决定从此不再向金贡纳"岁币"，而此时，金已遭受蒙古的打击。为了扩大疆土以弥补被蒙古侵占的地域，金以宋不再纳"岁币"为名，出兵南侵，南宋王朝则与蒙古联手抗击金军。公元1234年，金国蔡州被蒙宋联军攻陷，金哀宗自缢，金灭亡。

金灭亡之后，南宋不仅没有因此换来安宁，反而面对更为强大的敌人——蒙古。灭金之后，南宋想趁蒙古退兵之际，收复被蒙古占去的土地，但南宋一直以主和为主，并无强大的军事力量，所以虽出兵但未达到预期目的。南宋的这一举动反而成为蒙古南侵的借口。公元1235年，蒙军首次南侵，被击退。蒙军并不甘心失败，于次年九月和第三年两次南侵，其前部几乎接近长江北岸。由于宋军奋勇作战，打败蒙军，再一次挫败蒙军度江南下的企图。而后，南宋军民又在抗蒙将领孟瑛、余介等人的指挥下，多次击败蒙军，使其不得不企图绕道而行。公元1259年，蒙古大汗蒙哥死于军中。其弟忽必烈正于鄂州与宋军交战，听到消息后，立即撤军以便夺取大汗之位，但南宋宰相贾似道不但不遣军南追，反而使人向蒙古求和，以保太平，使蒙军得以顺利退回北方。

忽必烈继承了大汗之位，又继续其南征的步伐。公元1271年，蒙古建国号为元，并于公元1276年攻占南宋都城临安（今杭州），俘5岁的南宋皇帝恭宗，后来，南宋光复势力陆秀夫、文天祥等人连续拥立了端宗、幼主两个小皇帝，成立小朝廷。元军对小皇帝穷追不舍。崖山海战失败后，走投无路的南宋终于在公元 1279 年 3 月 19 日随着陆秀夫背负刚满 8 岁的小皇帝跳海而死，宣告灭亡。

六、庆历新政

（一）改革的缘起和内容

庆历新政是宋仁宗庆历年间进行的改革。宋仁宗时，官僚队伍庞大，冗官充斥，行政效率低下，人民生活困苦。同时，辽和西夏又威胁着北方和西北边疆的安宁。庆历三年（公元 1043 年）初，宋廷对夏战争惨败后，农民起义犹如山雨欲来，而宰相吕夷简对此

宋仁宗像

束手无策。在改革呼声日益高涨的形势下，宋仁宗不得不免除吕夷简的宰相职务，起用范仲淹、富弼、韩琦同时执政，欧阳修、蔡襄、王素、余靖同为谏官，研究新政。

宋仁宗责成他们在政治上有所更张以"兴致太平"。范仲淹与富弼提出明黜陟、抑侥幸、精贡举、择官长、均公田、厚农桑、修武备、减徭役、覃恩信、重命令等十项以整顿吏治为中心的改革主张。欧阳修等人也纷纷上疏言事。宋仁宗采纳了大部分意见，施行新政。诏中书、枢密院同选诸路转运使和提点刑狱；规定官员必须按时考核政绩，以其政绩好坏分别升降；更荫补法，规定除长子外，其余子孙须年满 15 岁、弟侄年满 20 岁才得恩荫，而恩荫出身必须经过一定的考试，才得补官。又规定地方官职田之数。庆历四年（公元 1044 年）三月，更定科举法。另外，还颁布减徭役、废并县、减役人等诏令。

（二）失败原因

宋仁宗改革的初衷是为了解决财政危机和军事危机，是要富国强兵。而新政却从吏治开刀，范仲淹上《答手诏条陈十事》，旗帜鲜明地提出整顿冗官，任用贤能。三冗三费是改革所要打

大道之行 中国财政史

击的主要目标。而裁减冗官、精简机构是改革的核心内容。这一改革在制度上所要作的主要变动，就是要改变赵匡胤恩养士大夫，与士大夫共天下的祖制，向参与政治的广大知识分子开刀。为了解决官多为患的问题，不仅要减少科举考试的录取名额，还要削减官吏薪俸，甚至打破他们的铁饭碗。所以，改革将要触动的不是少数人的利益，而是全国读书人的利益，是整个士大夫官僚层的利益，其阻力之大，可想而知。

范仲淹像

同时，由于以吕夷简为首的反对派攻击范仲淹、韩琦为朋党，引发了皇帝对大权旁落的担忧，因为中国历史上皇帝最担心的是有人结党营私，危及政权。庆历五年（公元1045年）初，范仲淹、韩琦、富弼、欧阳修等人相继被排斥出朝廷，各项改革也被废止。由此可见，任何改革的成败一是要靠皇帝自始至终的支持，二是必须循序渐进，在不触犯大多数人利益的前提下，尽可能采用垫凳脚政策，而不是锯凳脚的办法。只有这样，才能取得成功。

七、王安石变法

（一）改革内容

王安石（公元1021年—1086年）字介甫，抚州临川人(现为江西抚州东乡县上池里洋村)，他出生在一个小官吏家庭。庆历二年（公元1042年），王安石以进士第四名及第，历任签书淮南（扬州）节度判官厅公事、知鄞县（今浙江宁波）事、舒州（今安徽潜山）通判，一度调开封任群牧司判官，旋又外调知常州事、提点江南东路刑狱公事，继召为三司度支判官、知制诰。多年的地方官经历，使王安石认识到宋代社会贫困化的根源在于兼并，宋王朝统治者所面临的危局是"内则不能无以社稷为忧，外则不能无惧于夷狄"。因此，王安石在嘉祐三年（公元1058年）上宋仁宗赵祯的万言书中，要求对宋初以来的法度进行全盘改革，扭转积

宋神宗

宋神宗为宋朝第六代皇帝。1066年被立为太子，次年即位。他立志改革，重用王安石，实行变法，力图挽救北宋中叶的财政危机。神宗在位19年。

贫积弱的局势。以历史上晋武帝司马炎、唐玄宗等人只图"逸豫"，不求改革，终于覆灭的事实为例，王安石对改革抱有士大夫群中少见的紧迫感，他大声疾呼："以古准今，则天下安危治乱尚可以有为，有为之时莫急于今日"，要求立即实现对法度的变革；不然，汉亡于黄巾，唐亡于黄巢的历史必将重演，宋王朝也必将走上覆灭的道路。封建士大夫也把致国太平的厚望寄托于王安石，期待他能早日登台执政。北宋治平四年（公元1067年）正月，宋神宗赵顼即位。他立志革新，于熙宁元年（公元1068年）四月，召王安石入京，王安石以翰林学士侍从之臣的身份，同年轻的宋神宗议论治国之道，深得宋神宗赏识。熙宁二年（公元1069年），王安石出任参知政事，次年，又升任宰相，开始变法立制，大力推行改革，冀以实现富国强兵，改变积贫积弱现状。由于这一改革在北宋熙宁年间进行，所以历史上也称为熙宁新政。

王安石首先抓组织落实，建立了一个指导变法的新机构"制置三司条例司"，"条例司"撤销后，由"司农寺"主持变法的大部分事务。吕惠卿、曾布等人参与草拟新法。新法贯穿着利农、抑商、强兵、兴学精神：利农措施有青苗法、募役法、方田均税法和农田水利法；抑商措施有均输法、市易法和免行法；强兵措施有将兵法、保甲法、保马法以及建立军器监等；兴学主要是整顿各级学校，改革科举制，培养社会需要的人才。

1. 青苗法

熙宁二年（公元1069年）九月，颁布青苗法。规定以各路常平、广惠仓所积存的钱谷为本，其存粮遇粮价上涨即低于市价出售，遇价贱，即高于市价收购。其所积现钱，即所获得的利润作为资本金，每年分两期低息借贷给农民。也就是本着自愿原则，在需要播种和夏、秋未熟的正月和五月，允许农民向政府借贷钱物，以解一时之急。规定还贷期限在农民收成之后，随夏、秋两税，加息2/10或3/10归还谷物或现钱。青苗法使农民能够"赴时趋事"，在青黄不接之际，免受"兼并之家"高利贷的盘剥。因为当时的高利贷利息高达五成，甚至于一倍。

2. 募役法

熙宁四年（公元1071年）颁布募

王安石像

役法（免役法）。募役法改革原来农民脱离农业生产，背井离乡轮流充役的制度，规定由州、县官府出钱雇人应役。各州、县预计每年雇役所需经费，由民户按户等高下分摊。募役法不但使原来轮流充役的农村居民能够回乡务农，还迫使原来享有免役特权的人户不得不交纳役钱，从而增加了国家财政收入。

3. 方田均税法

为了确保国家财政收入不至于被侵蚀，熙宁五年（公元1072年）颁行了方田均税法。方田均税法规定每年九月由县官组织丈量土地，检验土地肥瘠，分为五等，规定税额。丈量后，到次年三月分发土地账帖，作为"地符"。分家析产、典卖割移，都以现在丈量的田亩为准，由官府登记，发给契书。以限制官僚地主兼并土地，隐瞒田产和人口。

4. 农田水利法

熙宁二年（公元1069年）颁布。条约奖励各地开垦荒田，兴修水利，修筑堤防圩岸，由受益人户按户等高下出资兴修。在王安石的倡导下，一时形成"四方争言农田水利"的热潮。北方在治理黄、漳等河的同时，还在几道河渠的沿岸淤灌成大批"淤田"，使贫瘠的土壤变成了良田。

5. 均输法

熙宁二年（公元1069年）七月，颁行淮、浙、江、湖六路均输法。由发运使掌握六路的财赋情况，斟酌每年应该上供和京城每年所需物资的情况，然后按照"徙贵就贱，用近易远"的原则，"从便变易蓄买"，贮存备用，借以节省价款和转运的劳费。均输法夺取了富商大贾的部分利益，同时也稍稍减轻了纳税户的许多额外负担。

6. 市易法

熙宁五年（公元1072年）三月，颁行市易法。在开封设置市易务。市易务根据市场情况，决定价格，收购滞销货物，以待市场上需要时出售，商贩可以向市易务贷款，或赊购货物。后又将京师开封的市易务升格为都提举市易司，作为市易务的总机构。市易法打破了大商人对市场的垄断，分割了他们的利益，增加了国家财政收入。

7. 免行法

熙宁六年（公元1073年）七月，正

《耕织图·二耘》清乾隆刻石拓片

大道之行
中国财政史

式颁行免行法。免行法规定，各行商铺依据赢利的多寡，每月向市易务交纳免行钱，不再轮流以实物或人力供应官府。

8.保马法

京西、京东、河北、河东、陕西五路，保甲养马，袭逐盗贼。

9.将兵法

作为"强兵"的措施，王安石一方面精简军队，裁汰老弱，合并军营，另一方面实行将兵法。自熙宁七年（公元1074年）始，在北方挑选武艺较高、作战经验较多的武官专掌训练。将兵法的实行，使兵知其将，将练其兵，提高了军队的战斗力。

10.保甲法

熙宁三年（公元1070年）颁行。各地农村住户，不论主户或客户，起先为每十家，后改为五家组成一保，五保为一大保，十大保为一都保。凡家有两丁以上的，出一人为保丁。农闲时集合保丁，进行军训；夜间轮差巡查，维持治安。保甲法既可以使各地壮丁接受军训，与正规军相参为用，也可以为国家财政节省军费支出，同时把各地人民按照保甲编制起来，建立严密的治安网，有利于社会秩序稳定。

王安石变法以"富国强兵"为目标，从新法实施，到守旧派罢废新法，前后近15年。在此期间，每项新法的推行，都收到了一定的效果，既限制了豪强兼并和高利贷者的活动，也减少了中、上级官员、皇室的一些特权。同时，新法也减轻了乡村上户地主和下户自耕农的部分差役和赋税负担，强化了封建国家对直接生产者的统治，增加了国家财政收入。

（二）失败原因

在中国历史上凡是中央政府推行的利民改革如果触犯了权贵的利益，都会受到软硬不同形式的抵制和歪曲，政策在贯彻执行的过程中也会不断变味，逐渐走向反面，直至失败。王安石的熙宁变法也不例外，没有逃脱改革——变味——失败的基本规律。

固然变法最后以失败告终，宋神宗和王安石都有责任，宋神宗的急功近利，王安石的固执己见、一意孤行，都是导致失败的因素。但就事论事，就法论法，这些新法本身却并无大错，各项举措无一不是出自良好的愿望，甚至是很替农民着想的。

平心而论，青苗法应该是新法中最能兼顾国家和百姓利益的政策。在"青黄不接"时，政府将常平仓和广惠仓的陈米出卖，一是可以平抑市场物价，赈济那些缺粮户；二是价款可以用于来给农民提供贷款，减轻农民高利贷负担；三是国家财政还能从贷款中获得不菲的利息收入，真可谓"一箭三雕"。但实际执行中却产生了问题：首先，由于贷款已经"立法"，"奉旨贷款"，不贷不行，你不贷款，就是犯法，为了完成朝廷下达的指标，地方政府

宋王居正《纺车图卷》
反映了宋代自给自足的农村经济。

就用"散俵"、"抑配"的办法进行挨家挨户摊派，成了一种不是税收的税收，加重了那些不需贷款而被迫贷款者的负担；其次，由于向官府申请贷款手续烦琐，胥吏衙役又从中作梗要"好处费"，不如向富户贷款来得简便，双方讲好价钱即可兑现；再次，利息不低，规定年息两分，即贷款10000，借期1年，利息2000。这其实已经很高了，而各地还要加码。地方上的具体做法是，春季发放一次贷款，半年后就收回，取利两分。秋季又发放一次贷款，半年后又收回，再取利两分。结果，贷款10000，借期1年，利息4000。原本应该充分考虑农民利益的低息贷款，变成了一种官府垄断的高利贷。而且，由于执行不一，有些地方利息之高，竟达到原先设定的数十倍之多，因此出于良好愿望的青苗法也就在变味中走向了反面。

在中国，基层贪官污吏不怕变法、改革，最怕的是上级政府没有动作，

大道之行
中国财政史

418

只要你有动作他们便有了敛财的机会。朝廷要扩军，就收征兵费；要办学，就收教育费；要护林，就收育林费；要修水利，就收水利费。只要上面一声令下，他们就能伺机雁过拔毛，至少可以在征收过程中提取手续费。此外，王安石的青苗法不但把州县衙门办成了银行，均输法把"发运使衙门"变成了最大的国营垄断企业，市易法还把市易司衙门也办成了商店兼银行，"市易司"不但做买卖，还兼做贷款，商人以产业为抵押，五人互保，可以向"市易司"借钱或除物，年息两分。这种政企不分的官商合一体制，不但效率低下，而且仰赖国家权力与民争利，其结果必然走向腐败。

由此可见，无论是古代还是现代，任何改革只要触及利益必然会遭遇利益集团的强烈抵制和反抗，当改革者力不从心的时候，失败就会成为不可避免的结果。王安石变法也正是由于新法损害了中、上级官僚、皇室、豪强和高利贷者的利益，引发了强势集团的极大不满，最终被罢废，导致变法失败。

八、经济重心南移

五代十国时期是中国南方超越北方的历史转折点，到北宋时，"国家根本，仰给东南"已成定局。到了南宋，江南农业经济有了突飞猛进的发展。其显著标志是"苏湖熟，天下足"格局的形成。

范成大在《吴郡志》中记载：民间谚语曰"苏湖熟，天下足"；陆游在《渭南文集》中说："而吴中又为东南根柢，语曰，'苏湖熟，天下足'。"可见，"苏湖熟，天下足"，几乎是南宋人士的普遍共识，人们异口同声地指出了这一经济现象。高斯得在《耻堂存稿》中叙述得更为清晰：两浙一带高产区，"上田一亩，收五六石，故谚曰：'苏湖熟，天下足。'虽其田之膏腴，亦由人力之尽也"。可见，江南经济发展与北方人口大量南迁有关。尤其是靖康之乱后北方人口的南迁，是继晋代永嘉之乱、唐代安史之乱两次南迁高潮之后的第三次高潮。据专家估计，仅两浙、江西、江东三路，在绍兴和议签订(公元1141年)前就有超过500万的北方移民迁入，到绍兴三十二年(公元1162年)移民及其后裔更增至581.2万。以至于"闽浙之邦，土狭人稠，田无不耕"；"江东、西无旷土"。就连原先比较后进的湖南中部和洞庭湖西岸农业也开始进入了兴旺发达的新阶段，大量南迁的北方百姓与南方百姓一起，共同促进了南方经济的发展，推动了中国经济重心向江南的转移。

在这一人口南迁的过程中，南宋政府不但安置自发南迁的百姓，还多次主动号召北方人民南下，南宋虽然仅占半壁江山，淳熙末（公元1190年）也曾达到1300万户，约为北宋兴盛时期（公元1109年）2000余万户的1/3。同时，为了维持与金的对峙局面，还不遗余力地加速农业资源的开发和农业生产技术的提高，把推行劝农政策提上了议事日程。当时，从朝廷到地方政府都十分重视农业技术的总结、推广与指导，形成了历史上罕见的刊印农书与劝农文的高潮。不但重印了前代的农书，如北魏贾思勰的《齐民要术》和唐韩鄂的《四时纂要》，还编纂了不少反映当时农业生产新技术的农书，如曾安止《禾谱》、曾之谨《农器谱》、陈敷《农书》与楼璹《耕织图诗》等。在大量刊印农书的同时，地方

政府还颁发《劝农文》，以进一步宣传推广农业科技。如朱熹在淳熙六年（公元1179年）为南康军所撰写的《劝农文》，宣传秋收后应犁田翻土，越冬后再犁耙平细，以及稻秧长高后耘草与排水晒田(靠田)的重要性。又如黄震在咸淳九年(公元1273年)为抚州写的《劝农》，着重介绍水稻高产区的经验：田须秋耕春耙，并勤于灌溉排水，要求抚州农民改变"耙轻无力"及"一切靠天"的旧习俗。显然，农书与劝农文旨在提

宋朱熹像

大道之行
中国财政史

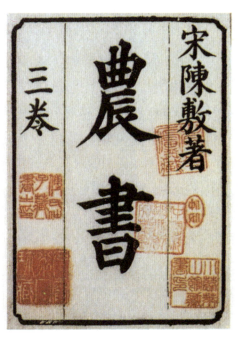

论述宋代南方农事的综合性典籍《农书》。

倡精耕细作、集约化经营，对南宋农业生产的发展起到了重要作用。

偏安江南的南宋，手工业生产也同样有了长足进步。南宋在苏州、杭州、成都设置了官营丝织机构——织锦院，各有织机数百架、工匠数千人，所生产的丝织品十分精美。私营作坊更多，能织造白缎、纱绢等，吴兴(湖州)的樗蒲绫，武康与安吉的绢，安吉和纱，武康的鹅脂绵，均属上品，嘉善魏塘宓家所织画绢，远近闻名。与丝织业中心已由北方移到南方的同时，浙江的龙泉，江西的景德镇已成为全国著名的制瓷业中心，产品远销各地。

由于北方沦陷，对外交往必须通过海道，因此泉州、广州、明州迅速发展，成为三大对外贸易港口。为了加强管理，南宋朝廷在这些地方设置了市舶司。宋高宗在位的晚期，市舶司的关税收入达200万贯，超过北宋最高额一倍，占南宋政府年度财政总收入的1/20。可见，南宋对外贸易的繁盛已超过北宋，形成了通向日本、高丽、东南亚、印度、波斯、阿拉伯的海上丝绸之路。

丝绸贸易的繁盛，不仅在于它是外商争购的商品，也是南宋政府为了防止金属钱币外流，明令以绢帛、锦绮、瓷器等物交换外国舶来品的结果，丝绸作为一般等价物，成了收买外国商品的货币。《诸蕃志》称，海路传往占城(越南中部)、真腊(柬埔寨)、三佛齐(苏门答腊)、细兰国(斯里兰卡)、故临国(印度奎隆)、层拔国(桑给巴尔)等地的丝绸有：绢扇、绢伞、生丝、锦绫、皂绫、白绢、五色绢、丝帛等。

据《岭外代答》、《诸蕃志》的记载，当时来南宋通商的国家有50多个。这些国家的商人每年夏至以后乘海船前来，抵达南宋各贸易港口，十月以后陆续启航回国。南宋商人去海外贸易的国家达20多个，大抵每年十一月至十二月由广州、泉州出发，在苏门答腊贸易并过冬，然后再横渡印度洋，抵达波斯湾沿岸的阿拉伯国家。阿拉伯商人从波斯湾航行到中国，要经过两个转运中心：一个是印度的港口故临(印度奎隆)，另一个是印度尼西亚的三佛齐(苏门答腊)，海上丝绸之路的兴旺发达，使偏安于半壁江山的南宋依然与世界各国保持密切的经济文化交流，并且在这种交流中保留着举足轻重的地位。

1975年福州北郊浮仓山出土南宋紫灰绉纱滚边窄袖女夹衫。

1975年福州北郊浮仓山出土南宋镶滚花边单衣。

从北宋到南宋中国经济重心南移终成定局。杭州在北宋时不过是一个39万人口的中等城市，改称临安作为南宋的首都后人口很快增至124万，规模超过了北宋的首都东京开封，成了当时世界上屈指可数的大都市。西方学者还把它的繁荣看作9世纪至13世纪发生在中国的商业革命、都市革命的重要标志。

第二节　五代财政的田赋及附加收入

一、田赋

五代十国时期，为维护自身统治，统治者大都采取过减轻赋税，招还流民的措施，如后梁、后晋朝廷都曾下令不许地方官擅自加征。后周太祖郭威改革田制，将官庄田悉数分配给原佃户充永业田，实现耕者有其田。仅广顺三年(公元953年)，一年便出户30000多，国家因此增加了30000多的税户和应税土地。世宗显德二年(公元955年)又下令：凡逃户庄田，许人请射承佃，交纳租税。如3周年内本户回乡归业者，其原桑土(不论荒熟)并庄田交还1/2；离乡在5周年内归乡操业者，交还1/3；5周年外归乡者，除坟茔外，不再交还。如有荒废桑土，又无承佃人租种，则可

宋代农耕图

交归业人户佃种。对于北面诸州乡村人户，因契丹扰乱并被掳去"番界"，逃或放归本乡者，5周年内，其桑土、庄园交还2/3；10周年内者交还一半，15周年内者交还1/3。这些固民于土的政策，既有利于荒田的垦复，促进经济的恢复，也有利于国家税源的增加。

南方各小国政权，为增加财政收入，增强国力，大多采用招还流民，鼓励垦荒的政策。吴越钱镠(公元907年—931年在位)曾募民垦荒；钱俶当政

时，还对垦荒地免收田赋。吴国杨行密(公元902年—905年在位)，前蜀国王建(公元907年—918年在位)、荆南国高季兴(公元924年—928年在位)、楚国马殷(公元927年—930年在位)、后蜀国孟知祥(公元933年—934年在位)等都曾颁行过鼓励农耕的政策和措施，并获得良好效果。尤其是后蜀国，由于地处"天府"之地，自然条件优越，社会比较安定，农业生产发达，市场繁荣，物价平稳，广政十三年(公元950年)，斗米售价仅3文。

这一时期田赋征收制度，基本上沿袭了唐代的两税法，分为夏秋两季交纳。后唐明宗考虑到所属州府的土地、气候不同，实行征收期限因地而异的实事求是政策。后周显德三年（公元956年），规定"自今夏税以六月，秋税以十月起征"，民间称便。

两税原以货币计税，至五代时，因战事频繁，实物税再度兴起。有了实物税便有了与实物税相联系的耗羡之弊。所谓耗羡，包括"耗"与"羡"两种。耗指省耗、雀鼠耗；羡指羡余，即所征超过定额，有了节余。原本是合理的损耗，当地方官的私欲膨胀之时，便成了变相的附加，敛财的门路。加耗所得，多归地方使用，入于官吏私囊，其有残余，方作为羡余，上供朝廷，以邀恩宠。

五代十国，田赋之上有附加，正税之外有预借。后唐同光时（公元923年—926年），以军食不足，敕河南尹预借夏秋税，百姓不胜其苦。

二、省耗、雀鼠耗

省耗始于后梁，当时规定应纳两税，每斗加征一升，谓之省耗。唐明宗天成元年（公元926年）前，在交纳夏秋税时要同时交省耗，每斗一升，为正税的1/10，从元年开始只纳正税，不加省耗。长兴二年（公元931年）闰五月三日，令诸道州府，于两税上，每斗加耗二合，以备仓司折耗，至是又恢复"省耗"之制。后汉按旧制，田赋一石，加收二升。乾祐三年（公元950年），三司使王章聚敛刻急，改为二斗，谓之雀鼠耗。

三、省陌

即官库出纳，原以80为陌，后至后汉隐帝时，民输者如旧，官给者以77为陌，便叫省陌。

四、农器钱

农器本由政府专卖，由于公营专卖，器恶价贵，百姓怨声载道，政府方许百姓自铸，而课之以税，称之为农器钱。征收时，却附加于土地，按土地多寡征税，而成为一种附加税。《文献通考》载，此税始于后唐明宗。明宗于长兴二年（公元931年）十二月许百姓自铸农器和杂铁器，但要收税，明定"人户每田亩纳农器钱一文五分"，历后晋、后周，至宋初皆沿纳，大中祥符三年（公元1010年）始免。

五、曲钱

五代时，对于造曲，时行官造，时行私造。其在准许人民自由造曲时，均须课之以税，称为曲钱。曲钱的课税品是曲，其课税按田亩计，每亩纳曲钱五分，即于夏秋征纳。本来，自晚唐大中

大道之行
中国财政史

(公元847年—860年)年间，取一年诸色科敛最重者，定为两税，则诸色科敛已在其内；今又附缴曲钱，实际上亦成为田赋附加税。此税的征课，乃根据《五代会要》记载的后唐明宗天成三年(公元928年)七月十三日的敕令："应三京邺都诸道州府乡村人户，自今年七月后，于夏秋田苗上，每亩纳曲钱五文足陌，一任百姓造曲，酝酒供家，其钱随夏秋征纳，并不折色。"后唐长兴元年（公元930年），秋苗一亩曲钱征五文者减为二文。长兴二年，罢曲钱，改

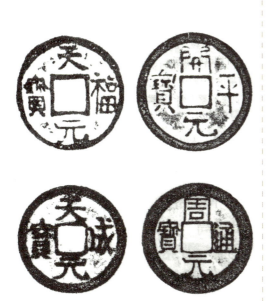

五代钱币拓片一组（开平元宝后梁，天成元宝后唐，天福元宝后晋，汉元通宝后汉，周元通宝后周）。五代十国建国短暂，铸钱无多存世极少，特珍大珍之钱屡见不鲜，还有许多孤品。

由官造。

六、牛皮筋角税

牛皮、牛角、牛筋，为制造衣甲的军需原料，五代时禁约很严，先是对民户的牛皮"悉令输官受值"。唐明宗时，民输牛皮于官，有司偿以盐。后晋天福(公元936年—944年)中，不给盐，纯粹成为一种税收。后汉严格牛皮法，犯私牛皮一寸抵死。然牛皮为民间日用之物，不可禁用，后周广顺二年(公元952年)十一月，太祖郭威改革办法，令每岁民间所输牛皮，"三分减二，计田十顷，税取一皮。余听民自用及卖买"，但是，禁止卖给敌对之国。另据《五代会要》记载，所纳牛皮须连牛角一起，同时，还要交纳牛筋，"黄牛纳干筋四两，水牛半斤。犊、牸皮不在纳限"。

七、牛租

牛租始于后梁朱温时，"因梁太祖渡淮，军士掠民牛以千万计，梁太祖尽给与诸州民，输租课"。至后周郭威时，已沿袭80余年，"时移代改，牛租犹在，百姓苦之"，于是郭威将其废除。

八、进际税

吴越钱王，以进际为名，对两浙地区虚增税额。即每田十亩，虚增六亩，计亩纳绢三尺四寸，米一斗五升二合；桑地十亩，虚增八亩，计每亩纳绢四尺

八寸二分。此税北宋仍沿纳，直至南宋未除。孝宗乾道二年(公元1166年)，始减半征收。

九、率借民财

五代时期，由于各国疆域狭小，战争不断，国家财政拮据，不得不"率借民财"，以弥补财政收入之不足。后晋为出帝开运元年(公元944年)四月，"辛酉，率借民财"。天福八年(公元943年)"辛未，括借民粟，杀藏粟者"。周世宗显德五年(公元958年)十月"丁酉，括民租"。这些所谓"率借"和"括民租"，未必都能偿还，最终成了资本捐。

第三节 五代财政的工商杂税收入

一、商税

《旧五代史·梁末帝纪》载，后梁"连年战伐，积岁输"，"而又水潦为灾，虫蝗作"，商旅不畅。后唐庄宗(公元923年—926年)，用孔谦为租庸使，搜括民财，不惜障塞天下山谷小路，禁断行人，以便于要道关口征收商税；明宗天成(公元926年—930年)时，简并商税名目，商困稍苏。后晋天福元年，将应课税目出榜公布于场院，规定凡榜上未列举的物品，不得收税。后汉乾祐

三年(公元950年)，刘悦秦免私税耕牛。后周广顺元年，免黄泽关商税；二年，又免除对丝麻等货物的商税。《文献通考》载，"后周显德五年，敕诸道州府应有商贾，兴贩牛畜者，不计黄牛水牛，凡经过处，不得抽税，如是贷卖处，祇仰据卖价每一千抽税钱三十，不得别有邀难。"这就是说，五代后周显德五年(公元958年)，课鬻卖税，亦课通过税，唯牛畜则仅课鬻卖税；凡鬻卖税，每千钱抽税三十，即税率为3%。

五代南方各国，战争不多，又注重经济发展，商业交易较为活跃。定都今广州的南汉、福州的闽、杭州的吴越、扬州的吴、南京的南唐、潭州的楚、成都的前后蜀，财政的商税收入皆很丰厚，楚北的荆南政权几乎完全依靠征收商税和掠夺商货来维持。

二、盐税和盐专卖

五代盐税，时有改变，大都是官卖与通商并行。后梁(公元907年—923年)时，沿唐制，用就场粜商之制，实行民制、官收、商运、商销制度。到了后唐(公元923年—936年)，《二十二史札记》载，"城坊官自卖盐。乡村则按户配食，依田税输钱"。"凡盐铛户，应纳盐利，每斗折纳白米一斗五升"。销售

宋代海盐生产

方面，始行官商并卖法，于州府县镇，各置榷盐场院，由官自卖，只有乡村僻处，才准许通商，即商运商销。在官卖的场合，因恐官销不畅，乃行按户俵配，计口授盐，通过强制手段，确保销额。在州府县所在地城镇的计口授盐，是按缴纳屋税之数，授与盐斤，征收盐钱，谓之"屋税盐"。乡村的计口授盐，在育蚕时俵散盐斤，至放丝时随田税输纳盐税。由于计口授盐，只供食用，不能转卖，故名"食盐"。

后晋天福元年(公元936年)，始令折钱收税，即把盐每斗纳米一斗五升的税额折成钱币，仍行官商并卖法。但因盐税过高，盐价太贵，流弊太多，遂改行"计户征税"，每户自二百文至一千文，分为五等。自此实行商卖，废除官卖。过了不久，至出帝(公元943年—947年)时，又施行"过住两课"的重复课税之法，既在关津要路，征课过税，每斤七文；又在城乡店铺，征课住税，每斤十文。《旧五代史·食货志》载，后汉乾祐(公元948年—950年)中，青盐一石纳税一千文，盐一斗，而青、白盐池"素有定规：青盐一石，抽税钱八百文足陌，盐一斗；白盐一石，抽盐税五百文、盐五升"，朝廷显然加重了税率。后周继之。《文献通考》载，直到太祖广顺(公元951年—953年)时，方改变为"每青盐一石，依旧抽税钱八百八十五，陌盐一斗；白盐一石，抽税钱五百八十五，陌盐五升"，税率有所下降。世宗显德(公元954年—959年)时，城镇实行专卖，乡村仍许商销。由于当时北方地区，已有辽盐倾销，为使财政收入不减少，遂将食盐钱平均摊于田赋之内，名曰"两税盐钱"，后世课归地丁，即始于此。五代的盐税收入，以后晋为例，年收约17万贯。

南方十国的南唐之淮南盐场，吴越的海盐，蜀国自贡的井盐，产盐皆丰。南唐曾于淮南置盐监之官管理盐场。淮南被后周攻占后，后周每年以食盐30万石给南唐赡军，作为补偿。

为了确保财政收入，五代各国对于私贩的打击极为严厉。例如《二十二史札记》载：后唐庄宗(公元923年—925年)时，任孔谦为三司使，峻法剥下，"其私贩之禁，十斤以上即处死。刮碱煎盐者，不论斤两皆死。凡告者，十斤以上赏钱二十千，五十斤以上三十千，百斤以上五十千"。后晋初，凡带私盐，十斤以上，即处死，刮碱煎盐者，不论斤两皆死。凡告者皆有赏，自二十千至五十千。后周广顺(公元951年—953年)年间，《文献通考》载，敕"诸色犯盐曲五斤以上，并重杖处死；以下科断有差"。又为减少犯禁，世宗显德元年(公元954年)，曾将销地分为末盐(海盐)销地与颗盐(池盐)销地，有十余州令食颗盐，其余各州则食末盐。因末盐容易犯禁，故规定区域，可以减少卑湿之地，刮盐煎造。

三、酒税和酒专卖

五代时，酒税征收办法各异。《文献通考》载，后梁开平(公元907年—910年)时，"听诸道州府百姓，自造曲，官中不禁"。后唐时，酒曲有禁，私曲五斤以上皆死；孔循曾以曲法，杀一家于洛阳。明宗天成(公元926年—929年)时，规定乡村人户，于秋田苗上，每亩纳钱五文，叫民自造曲酒，其城坊亦听自造，而榷其税。长兴(公元930年—933年)中，减五文为三文，后仍诏官自造曲，减旧价之半，卖民酿酒。后汉乾祐(公元948年—950年)中，禁私曲，不论斤两，皆死。后梁开平(公元907年—911年)时，酒无禁，听民自造。《册府元龟》载，后晋、后汉，实行酒专卖，"计曲额，置部务以酤酒"。后唐天成二年(公元927年)，按户计算买曲钱；三年，对二年都买曲钱数内，"十分只纳二分，以充榷酒钱"。长兴二年(公元931年)改革，停废按苗亩收曲钱办法，由官府造曲，委诸州于原价减半在城扑卖；乡村人户或自酿自食者，听任私造。世宗显德四年（公元957年）七月，诏官中禁法卖曲，依时踏造；乡村农户，今后并许自造米醋，及买糟造醋供食。其酒曲制度仍旧不变。

四、茶税和茶专卖

五代对茶税征收各有不同。后唐对茶征税。庄宗同光三年（公元925年），下诏免湖南塌地茶税和沿路茶税。明宗天成元年（公元926年），省司及诸府置税茶场院，以至于纳税处所增多，重复征税，导致商旅不通。

南方诸国，皆重视财政的茶税收入。楚国马殷鼓励制茶，国家征税；同时，官府在京师及襄、唐、鄂、复等州还置邸务卖茶，官收厚利。吴国杨行密曾派人赴汴、宋贸易，以收茶利。南唐制茶销往契丹，以换取羊和马匹。

五、税草

后唐征收税草，是一种临时性摊派。长兴元年（公元930年）三月，下令各州府受纳秸草，"每束约一文，足一百束，纳枸子四茎，充积年供使；枣针一茎，充稕场院。其草并柴蒿，一束纳钱一文"。长兴时（公元930年—933年），又令税草。

六、杂税、横税

五代由于财政困难，杂税、横税层出不穷。后梁对店宅园囿、蚕丝等征税。后唐有布袋使用税、税契钱，对丝、绵、绸、鞋及钱银均征加耗，并预借房课。后汉有"省陌"钱。后晋赵在礼在宋州任内有"拔丁钱"。后汉西京留守王守恩税及掏厕、行乞之人。后周对粮、钱、物等征加耗。

十国之吴越下至鸡鱼卵毂，必家至而日取。闽王延政，鱼盐蔬果，无不倍征。南汉刘晟，竟派兵入海，掠夺商人金帛。吴国庐江刺史张崇，向居民收"渠伊钱"和"挦髭钱"。

七、和市、和买

承唐末之旧，五代行和市。后晋时，殿中监王钦诈和市军食，将邺都留守杜重威在镇州聚敛的私藏粟十余斛收购。后唐庄宗时，为对前蜀战争，下令河南、河北诸州府和市战马，所在搜括。后汉时，派使臣赴河南道等地方"和买战马"，凡民间所有私马，一概不留。

八、贡献、进奉

地方向中央进本地土特产品和手工业产品，自古即有，五代亦不例外。《册府元龟》记载，后梁朱温时，河南尹张全义进羡余钱十万贯，绸六千匹，绵三十万两。后晋天福二年（公元937年）、三年，各地所贡，包括绫、绢、丝、银、钱等物，其中绫、绢等十三万余匹，钱三十五万余贯，此外还有马、兵器和其他珍贵之物。后周广顺元年（公元951年），下令除减"天下州府旧贡滋味食馔之物"，包括两浙所进的细酒、海味、姜瓜，湖南进的枕子茶、乳糖、白砂糖、橄榄子，以及镇、定、易、华、同、襄、安、青、许、郑、怀、申、亳诸州，河东、永兴、河阳等地所贡土产、药品诸物。

第四节　五代的财政支出

一、军费

五代时，各割据政权相互吞并，战事迭起，军费支出浩大。朱温代唐称帝后，与河东节度使李克用、李存勖父子连年鏖战，后又有毋乙、董乙领导的农民起义，"连年战伐，积岁转输……师无宿饱之馈，家无担石之储"。《资治通鉴》在论孔谦时说：魏州新乱之后，府库空竭，民间疲弊，而聚三镇(并、魏、镇)之兵，战于河上，殆将十年。军需供应，靠孔谦急征重敛，导致六州悉苦。后晋景延广为同契丹作战，向河南人民征收20万缗以助军用。后周为抗击契丹，统一诸国，开支巨大，而军士尤怨所给赏赐太少。显德元年（公元954年），周世宗说："即位以来，恶衣菲食，专以赡军为念。府库蓄积，四方

贡献，赡军之外，鲜有赢余。"显德二年（公元955年）攻南唐，五年（公元958年）春结束，得江北淮南地14州60县，河南府犒军银10万两，绢10万匹，钱10万贯，茶50万斤，米麦20万石。

五代十国，各割据势力为了防止军士逃亡，竟行不人道的刺面涂墨之法。《文献通考》称，当时"籍民为兵，无罪而黥之，使终身不能去"，此法始于天祐三年（公元906年），起初还属局部的试办。至梁太祖开平元年（公元907年），军士厌战，逃亡日多，乃下令对所有军士普遍黥面。此后其他军阀，也相继采用，并且范围广及"十五以上，七十以下"的男子，逼迫大批农民不得不舍农当兵。由于五代士兵，赢老居多，"每遇大敌，不走则降"，于是便产生了一个与黥面法相配合的竞相纵兵抢掠，以野蛮手段鼓舞士气，《旧五代史》载，后唐明宗夺取帝位时便引起"京城(洛阳)大乱，燔剽不息！"郭威为夺取政权，预先与士兵约定，"俟平定京城(开封)，许……旬日剽掠！"

二、皇（王）室

五代各国君主，大多贪图享受，奢侈腐败。《新五代史》载，后蜀孟昶，"君

430

臣务为奢侈以自娱，至于溺器，皆以七宝装之"。后唐庄宗经多年征战，灭后梁后，都洛阳，于同光三年（公元925年），命宫苑使于禁中择高凉处，大修夏宫。天福四年（公元939年），加马希范大将军，马乃立铜柱为表，并作会春园、嘉宴堂、九龙殿等，其费巨万；《资治通鉴》说，天福七年（公元942年），"楚王希范作天策府，极栋宇之盛。户牖栏槛皆饰以金玉，涂壁用丹砂数十万斤；地衣，春夏用角簟秋冬用木棉"。楚王如此，殷王更盛，所以吏部尚书潘承祐陈事时指其"宫室台榭，崇饰无度"。《南汉书》载，南方各国奢侈淫逸不减中原，多所营建，如南汉高祖"暴政之外，惟治土木，皆极环丽，作昭阳、秀华诸宫殿，以金为仰阳、银为地面，榱角皆饰以银；下设水渠，浸以真珠；琢水晶、琥珀为日月，分列东西楼上。造玉堂珠殿，饰以金碧翠羽"。《册府元龟》称，南汉后主立万政殿，"一柱之饰，费白金三千锭；以银为殿衣，间以云母。无名之费日千万。兴中府中凿湖五百余丈，四药州，聚方士炼药。纵罪人使移太湖灵璧及三江所产巨石凡九，浮海归置以白赎。城西浚玉液池，以岁之五月五日，出宫人竞渡其中"。通文二年(公元937年)，闽王铸作

紫微宫，饰以水晶，土木盛倍于原建的宝皇宫。

不过在五代十国诸君中，皇（王）室生活也有崇尚节俭的。例如，后唐明宗长兴三年（公元932年）十二月，三司使冯赟奏：奉旨"赐内外臣节料羊计支三千口"，明宗以为过多。后周太祖郭威曾下令乘舆服饰，不得过于华丽，宫中所用器物，力求节俭，严禁各地贡献珍宝和奇离异兽。而南唐李   ，左右服侍者只有几个丑老之人。

三、水利和城建

唐末五代因连年战祸，水利失修，黄河水患连年不绝。《五代会要》载："幅员千里，水潦为珍"，"漂荡户口，妨废农桑"。为此，后晋时，因河决数郡，发丁修塞。后周显德元年，命李谷到澶、郓、齐等州，巡视堤防，发丁夫60000人，整修历时一个月，以减轻水患。后来黄河于原武决口，周世宗又遣大臣调民夫修筑河堤。

割据日久，江、淮水路湮塞，漕运不通。后周世宗在取得南唐江北14州后，于显德五年（公元958年）调徐、宿、宋、单等州丁夫数万人，浚汴口，导河流达于淮。又调滑、亳二州丁夫疏五大河，以通漕。此外，周世宗还命何幼冲为关西渠堰使，疏通泾水，以灌溉

农田。

南方诸国，为了保境安民，巩固政权，也十分重视水利建设，以发展农业生产。其中以吴越国最为出色。值得称道的首先是钱塘江捍海石塘工程，"运巨石，盛以竹笼，桓巨材捍之"，工程既有利于浙江北部的农业发展，也有利于以杭州为中心的浙江经济的繁荣；其次，吴越还在浙江武义县筑长安堰，溉田万余顷；此外，还组织了撩湖军对鄞县的东钱湖、杭州的西湖、越州（今绍兴）大鉴湖进行了疏浚，保证了周边农田水利灌溉。至于南唐在楚州筑白水塘，寿州修安丰塘；闽王在长乐修海堤；楚国在潭州东筑龟塘蓄储山泉水；后蜀山南节度使武璋在褒中凿大渠导泉源溉田，都对当地农业生产的发展发挥了重要作用，灌溉田地多者万余顷，少亦有数百顷之多。

后梁都开封，后唐都洛阳，后汉、后周都开封。由于这些城市的原有城池，处于军阀混战的非常时期，统治者若无军事需要不会花大力气去修筑城墙。《五代会要》载，只是后晋石重贵引契丹南下，在开封大事抢劫，破坏极大，所以后周立国后，先发城内丁夫50万修开封罗城。又发内及滑、曹、郑等地丁夫10余万修外城。此外，还重建

扬州新城和下蔡城等。其他如吴越钱镠因海潮逼城而扩建杭州城，他征发丁夫20万，凿石填江，板筑斤斧之声，昼夜不息。《旧五代史》称，"又平江中罗刹石，悉起台榭，广郡郭周三十里"，扩大了杭城规模，奠定了现代杭州作为浙江省省会的基础。

四、佛教

自唐至五代，朝野崇佛之风日盛。后汉乾祐（公元948年—950年）中，有

《罗汉图》　五代　贯休

一位叫李饮明的司勋员外郎就曾指出，后汉境内每县佛寺精舍不下20余处，僧尼不下10万；10万之众日食米需千石，年需绢50万匹，绵500万两。因此，"聚僧不如聚兵，僧富不如民富"。由于佛寺耕种的田地享受免征赋税待遇，减少了国家财政收入；再加僧人不服兵役，严重影响了国家兵员来源。到后周太祖时便开始整顿佛寺，在开封一地，曾废寺院58所；世宗即位后大张旗鼓地开展整顿工作，于显德二年（公元955年）废寺院30336所，所存仅2694所，系籍僧尼61200人。其余勒令还俗。同时，还严格限定度僧尼地点和剃度诸多规定，以减少不纳税的僧尼，扩大国家纳税人口。

第五节　宋代的田制及税籍

一、田制

宋代的田有两种：一为官田，二为民田。官田大多为唐末离乱无主之民田与各王公的私有地，包括屯田、营田、职田、学田、仓田等。官田由军队或官府招募的百姓耕种，国家收取地租。民田为农民私有的土地，国家课以田赋。

根据性质不同，可分为五种岁赋：一是官田之赋，官庄、屯田、营田，土地所有权在官，租给人民耕种，而收其佃赋，本质上为租；二是民田之赋，百姓私有土地，政府课之以税；三是城郭之赋，对都市居民课以宅税、地税；四是杂变之赋，不纳米绢，折变各地的特产品而输纳之，如纳牛革、蚕盐之类，随其所出，变而输之，也就是将正赋之外的苛杂合并后于夏秋两季随粮征收；五是丁口之赋，即南方地区20岁至60岁的丁男每年输纳丁身钱米。

二、清丈的必要

宋王朝开国之初，皇帝为了换取功臣们的解甲，以巩固政权，不得不通过大量赏赐土地的手段，来进一步落实其"杯酒释兵权"的目的。这就不可避免地造成大量土地为豪门地主所占有，他们作为官宦人家，享有减免税特权，再加上豪强兼并，庄园日益发达，庄园地主又通过隐漏丁口，不纳租税的手段来谋取非法利益，正如《宋史》载，使"地之垦者，十才二三，税之入者，又十无五六"，造成全国"赋税所不加者，十居其七。"漏税既多，财政收入自然减少。于是有厘定田制，清理赋税的必要。

诚如人们所知，人世间的任何新政策，在实行之初大多能起到促进社

会进步的作用，而一旦
一成不变地实行下去，
成了旧政策，就必然会
走向反面，这就是辩证
法所强调的"物极必
反"。宋王朝通过对有功
之臣大量赏赐土地以巩
固政权的做法与历史上
的其他政策一样，也同
样不可避免地走向了反
面。由于漫无边际地实
行税收优惠政策，造成
了国家财政无形中丧失
了大量的收入，以至于
捉襟见肘，难以为继。为
此，宋王朝多次进行全
国性的土地清丈，并在
此基础上对纳税情况进
行清理，通过整理田籍，
均衡赋税达到增加国家
财政收入之目的。

三、方田均税法

方田均税法始于宋太祖建隆二年
（公元961年）遣使度民田，成效未著。
《宋史》载，太宗（公元976年—997年）
时，直史馆陈请上言："以闲旷之田，广
募游惰，诱之耕垦，未计赋租，"但欲
行又止。

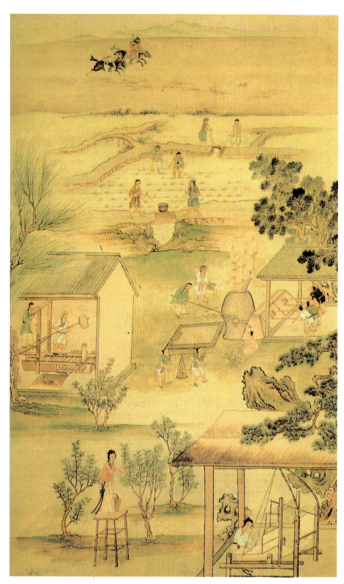

宋代《耕织图》早佚，此为清代人绘制的《耕织图》，
反映了宋代江南农事。

宋仁宗时（公元1023年—1063
年），郭谘奉命到洛州肥乡县均平赋
税，首创千步方田法。通过清丈土地，
框正地籍，达到均税增收的目的。后三
司决定在蔡州上蔡县及陕西河北试行，

由于触及地主、豪强利益，遭到强烈反对而终止。

宋神宗时，赋税不均现象更加严重，在财政困难的压力下，从熙宁五年（公元1072年）开始，由王安石主持在全国推行方田均税法。《文献通考》说："方田法……以东西南北各千步，当四十一顷六十六亩一百六十步为一方，岁以九月，县委令佐分地计量，随陂原平泽而定其地，因赤淤黑垆而辨其色。方量毕，以地及色，参定肥瘠，而分五等，以定税则。至明年三月毕，揭以示民。一季无讼，即书户帖，连庄帐付之，以为地符，……凡田方之角，立土为峰，植其野之所宜木以封表之；有方帐，有庄帐，有甲帖，有户帖，其分烟析产，典卖割移，官给契，县置簿。皆以今所方之田为正。" 在丈量土地面积的基础上，视土壤的厚薄，把田分为五等，制定地籍，以为课税的基础，然后行均税之法。《文献通考》说：均税就是"县各以其租额税数为限，旧尝取羡零，如米不及十合而收为升，绢不满十分而收为寸之类，今不得用其数，均摊增展，致溢旧额，凡越额增数皆禁之。若瘠卤不毛及众所食利，山陵陂塘路沟坟基，皆不立税。"

方田均税的效果，能防止官吏的勒索和豪强地主的漏税，在一定程度上避免了税负的畸轻畸重，大大增加了国家税收收入。到元丰八年（公元1085年），共丈量土地2484349顷，占当时全国耕地面积的1/2强。在豪强地主的极力抵制下，没有完成全国范围的土地清丈，宣和二年（公元1120年）方田均税法停止实施。从熙宁五年算起至宣和二年，共推行了48年。方田均税法之所以难以推行，其原因除了官吏奉行不力，苟且申报；胥役借端勒索，所在多扰；测量技术不精，空耗时日；田作因人而异，等色难分等技术原因外，主要是方田均税法损害了官吏与豪强地主的利益，引发了他们的梗阻与对抗。

仁宗后

四、经界法

经界法始于绍兴十三年（公元1144年），《玉海》载，两浙转运副使李椿年上书皇帝"仁政必自经界始；兵火之后，文籍散亡，户口租税，虽版曹尚无稽考，况州县乎？富者兼并，贫者困弱，皆由经界之不正。臣尝有按图核实之请，其事之行，始于吴江知县石公辙，欲望断而行之。将吴江已行之验，施于一郡；一郡理，然后施之一路；一路理，然后施之天下。行之以渐，则经界正，而仁政行矣。"他在奏折中历数"经界不正十害"，认为"经界正"则十害转为十利。

《宋会要辑稿》载，朝廷批准李椿年推行经界法，成立转运司措置经界所。于是他发布了"令民以所有之田，各置砧基簿图，田之形状及其亩目四至，土地所宜，永为照应，即田不入簿者，虽有契据可执，并拘入官。诸县各有砧基簿三：一留县，一送漕，一送州。凡漕臣若守令、交承，悉以相付"的经界办法。这一办法，首先是"措置经界，要在均平，为民除害，更不增添税额。恐民不知，妄有扇摇，至民情不安，"因此"出榜晓谕民间"；其次是对隐匿耕地，许民告发，其田赏告发人；再次是令百姓将所属耕地各制"砧基簿"，簿上载有按照土地形状、四至画出的图形，登记耕地土质及所宜作物。"逐都耆邻保在关，集田主及佃客，逐计亩角押字，保正长于图四止押字，责结罪状，申措置所，以俟差官按图核实，稍有欺隐，不实不尽。重行堪断外，追赏钱三百贯，因而乞取者，量轻重编配，仍将所隐田没入官。"凡是没有登记入簿的土地，即使有地契凭据，"亦拘没官"。各县"砧基簿"一式三份："留县、送州、送漕"。经界从平江府开始，数年内完成了40个县的土地清丈工作。《文献通考》载，绍熙元年（公元1190年）朱熹又奏行经

宋《蚕织图》，反映了宋代养蚕业和丝织业的兴盛。

内蒙古发现的宋代农耕壁画。

界，提出："打量步亩，算计精确；攒造图帐，费从官给。""除二税簿外，每三年乡造一簿，县造都簿，通载田亩产钱实数，送州印押，付县收管。民有交易、对行、批凿，则版图一定，而民业有经矣。"

南宋推行经界法的精神相当于北宋推行的方田均税法，其目的无非是整理地籍，均平税负，增加国家财政收入。但由于人是利益的动物，一旦触及了大官僚大地主的利益，他们必然"异论以摇之"，"进状言不便"，群起而攻之，导致经界法以失败告终。

五、推排法与手实法

推排法始于南宋理宗景定五年(公元1264年)，至度宗咸淳六年（公元1270年）推广至郡县。《宋史》载，其制三岁一行，"以县统都，以都统保，选任才富公平者，订田亩税色，载之图册，使民有定产，产有定税，税有定籍。"贾似道既行公田，复行推排，于是江南尺寸之地皆有税。

与方田法相呼应，尚有手实法，亦名首实法，即唐代元稹均田之自通手实状。宋之手实法，始于吕惠卿。因方田使国家无隐田，无匿税，其制虽佳，但手续过繁，办理不易，故行简化之法，许民自报，以均徭赋；隐匿者许人告发，而以赀三之一充赏。《宋史》载，其法为："制五等丁产簿，使民自供首实；尺椽寸土，检括无遗，至鸡豚亦遍抄之。隐匿者许告，而以赀三之一充赏。"其法有异于古，古之首实，自供顷亩而已；今则抄及鸡豚，算及余羡，徒使嚣讼者趋赏报怨。故实行这个制度的结果，使"民不胜其困，……上下骚动"。手实法行之一年，即被废置。

六、诸法比较

方田、经界、推排、手实诸法，其目的都是为了整理地籍，揭露隐田，从而增加国家财政收入，但四者的途径却有差异。方田与经界，均由清丈田地来整理地籍，具有土地清丈的性质，但方田法比经界法规定得更为具体而详尽，且作全国性推行，而经界法不仅粗放，且只作局部推广。至于推排与手实两法，为谋简便，不作实地清丈，只是依据陈报或他人告发明了地籍，从准确程度来衡量，推排与手实，不及经界，更不及方田。

第六节 宋代财政的赋役及附加收入

一、田赋

两宋的田赋收入由官田的佃租和民田的田赋两部分组成。而官田中的职田、学田、仓田，是专款专用的土地，由官吏、官学和地方官府自行出租，其收入作为官俸补贴、学校经费、救灾储备，账面上并不增加财政收入，只是减少了国家财政支出的规模。屯田和营田则由政府提供耕牛、种子或贷给资金，交给军队屯种或募民耕种，收取地租。军屯目的是满足国防需要，减少国家军费开支和转运粮草的支出；民屯

的目的在于安抚流民和增加财政收入。《宋史》载，建炎年间（公元1127年—1130年）民屯租率分为上、中、下三等：上田米一斗五升，中田一斗，下田七升。绍兴二年（公元1132年），又规定"凡军士：相险隘，立堡砦，且守且耕，耕必给费，敛复给粮，依锄田法，余并入官。凡民：水田亩赋粳米一斗，陆田豆麦夏秋各五升，满二年无欠，给为永业"。

《宋史》载，两宋对民田的田赋征收与唐两税相似，分夏秋两期征收，大致"夏输毋过六月，秋输毋过十一月"。宋王朝在具体征纳操作中，又将两期分为三限。所谓两期，是指夏税与秋税，即：五月至七月或五月至八月为夏税，九月至十月或九月至十二月为秋税。所谓三限，即初限、中限、终限。夏秋两税，期限较宽，故为催课方便，分限缴纳，使纳税者不得拖延。但按之实际，常常是限期来到，而催课已极峻严。故《宋会要稿》载："在法，夏秋二税，分立三限，近年县邑，往往初限未周，即行监拷，望申严法禁。"

唐代在两税法实施之初，各地税率并未统一，于是就有了"遣使分道按率"之说。宋王朝建立后，虽对田赋征

收制度有所调整，但对各地参差不齐的田赋税率也没有作过统一调整，于是就有了"二十而税一者有之，三十而税一者有之"的参差状况。到宋仁宗时，郭谘行千步方田均税法后，这种状况在局部地区才有所改变。就全国范围来看，直到王安石推行方田均税法后，均税才在较大范围得以实现。先是按照土质将耕地分成五等，以定税则。后改为十等，但仍因"所在地色极多，不下百数，及至均税，不过十等。第一等虽出十分之税，地土肥沃，尚以为轻；第十等只均一分，多是瘠卤，出税虽少，犹以为重。"又将"十

等中再分上、中、下三等，折亩均数。谓如第十等地每十亩合折第一等一亩，即十等之上，受税十一，不改元则；十等之中，数及十五亩，十等之下，数及二十亩，方比上等受一亩之税，庶几上下轻重皆均。"这里所谓的"均"是

宋代北方民间瓷窑耀州窑精品——青釉瓷壶。

指一县原有田赋总量范围内的均，由于清丈揭露了隐瞒的土地，增加了在册土地数量，平均每亩土地应纳税额才有所减轻。

因此，宋朝田赋征收税率表现为区域性差异，作为徽州地区的地方志，《新安志》载：江东路徽州歙县、绩溪、休宁等地，夏税每亩：上等田二百文；中等田一百五十文；下等田一百文。秋税每亩：上等纳米二斗二升；中等纳米一斗七升七合；下等纳米一斗三升三合。而同样隶属于徽州的婺源县，夏税每亩：上等田仅交四十二文；中等田四十文；下等田三十八文。秋税每亩：上等纳米四升二合；中等纳米四升七合；下等纳米三升八合。令人诧异的是与徽州相邻的两浙路衢州开化县负担还要轻，夏税每亩：四文八分至七文；秋税每亩：三

升至四升四合。夏税负担轻重悬殊竟超过40倍；秋税负担轻重悬殊也超过7倍，江东路池州青阳县上等田纳米三斗，与最低的税负相比甚至超过10倍。

《宋会要稿》载，南宋初由于战乱，田赋征收困难，其收入远不如北宋。淮南一些地区不再征收两税，"权纳课子二年，每亩不得过五升。"福州等地两税征收率也降低到"多者钱五文，米一斗五升，最少者钱一文，米仅合勺。"由此可见，中国历史上很多政策都存在着地区性差异，要想在偌大的中国实行"一刀切"，客观上存在着极大困难，

事实证明也是很难做到的。

田赋收入是宋代财政的主要收入，约占总收入的五至六成。《文献通考》称，北宋熙宁十年（公元1077年）两税收入为：银60137两；钱5585819贯；粮17887257石；布帛2672323匹；丝绵5850356两；草16754844束；杂色2200292两、角。

二、田赋附加

"表里不一"，是中国自古以来的统治手腕之一。统治者表面上讲轻徭薄赋，思想深处却离不开高税，其在田赋征收上的表现便是正税不高，而附加税却层出不穷。除了五代所创的省

宋 朱锐 《闸口盘车图轴》
随着商品经济的繁荣，宋代的运输业也得到了发展。在当时，骆驼已经和牛、马等牲口一样，成为陆上运输业的主要工具。

大道之行
中国财政史

耗、雀鼠耗、省陌、农器钱、曲钱、牛皮筋角税、牛租、进际税等附加税以外，两宋又创头子钱、义仓税、折纳、支移与脚钱等诸多田赋附加。

（一）义仓税

义仓税始于北宋仁宗庆历元年（公元1041年），本以民间自动备荒而发生。为了创办义仓，必须筹集资本，于是便举办一种附加税，以资挹注，此即义仓税。庆历（公元1041年—1048年）时，令民上三等，每岁米二斗，输一升，以备水旱，后亦废；至熙宁（公元1068年—1077年)末，又复推行，仍令就县仓输纳。以后迭有兴废。绍圣（公元1094年—1097年)初，改为输郡仓，转充军仓，或资他用，遂失去义仓之原意。绍兴二十九年（公元1159年），始禁止移用。义仓税每年的收入总额，各区不同，如绍兴二十九年，浙西得籴米钱60余万缗，成都得20700斛。

（二）折纳

折纳又称折变。由于宋王朝幅员辽阔，各地物产千差万别，在商品经济并不发达的农业社会，难以让农民交纳政府所需的实物。为了方便农民交纳和满足政府需要，政府便将当地夏秋两税折成指定物品，价格由官府确定。折纳本是国家征收田赋的一种

变通手段，由于在执行过程中百姓无话语权，只能听任政府官员定价折征。这种"就官不就民"的做法，使百姓徒受损失，形同附加。包拯在《请免陈州添折见钱奏书》中就曾指出："令将大小麦每斗折见钱一百文，脚钱二十文。诸般头子，仓耗又纳二十文，是每斗麦纳钱一百四十文，"而当地"每斗小麦实价五十文"，痛斥当地官府"乃是于灾伤年份二倍诛剥贫民也。"征收的方法，亦分为两种：正常的方法，在本地缴纳规定的物品；非常的方法，所谓折变，乃指原定纳税品，不合官家需要，故使改纳价值相当的其他物品，以合需要，这是后世折色的滥觞。折变是否公平，要看他所依据的价格是否合适，初期依中价准折，其后流弊所至，即以绢折钱，又以钱折麦；以绢较钱，钱倍于绢；以钱较麦，麦倍于钱。这样，官受其利，民受其损。因此，折变就成为统治阶级的掠夺方法之一了。

（三）支移与脚钱

田赋主要征收实物，农民居住分散，税收需要集中于国家府库。因此，交纳田赋必须将所纳之物运送到官府指定地点。初，"所谓支移，视地远近，递迁有无，以便边饷，内地罕用焉"。在战争期间这种支移负担虽然沉重，"以

税赋户籍在第一等、第二等者支移三百里，第三等、第四等二百里，第五等一百里。"但这是国家战时采取的临时措施，是合法的支移。就制度规定而言，支移是田赋的义务运送，是合理规定。特别是宋朝的支移，主要由民户中比较富足的前五等户担当，既保证了支移任务的圆满完成，也不影响较贫困民户的生活。但是，在相当长的时期内，官府既没有坚持前五等户负担支移的制度，也没有只在战争期间和边境地区采取支移的措施。史载：崇宁时，京西地区的百姓交纳田赋也要支移，即使是九等户也不能免。为了增加收入，官府不再让百姓直接支移，而由官府定价，将支移折成脚钱随田赋一并交纳，其支移脚费，不按实际征收，常超额征收，有的在田赋正额之外每斗加交脚钱56文，甚至每石有征至三斗七升者，大大超过实际费用。

此外，还有蚕盐钱、纳醋息钱、加耗、农器税、助军米、斛面与畸零、牛革筋角税等附加税也并入田赋，随粮带征，无疑是对农民的额外剥夺。就牛革筋角税来说，《文献通考》记载，到宋太祖开宝八年(公元975年)三月，规定牛革筋角税为"中国每租二十石，输牛革一，准千钱，西川尚存伪制，牛驴死者革尽输官，宜蠲去之，每民租二百石，输牛革一，准钱千五百"。

三、田赋蠲免

蠲免是国家财政收入的减少。宋代的田赋减免主要有三种形式：一是灾歉减免，二是贫困减免，三是示恩减免。

（一）灾歉减免

针对遭受水、旱、风、雹、虫害等自然灾害和发生瘟疫地区所进行的田赋减免。《宋史》载："宋克平诸国，每以恤民为先务，累朝相承，凡无名苛细之敛，常加 革，尺缣斗粟，未闻有所增益。一遇水旱，徭役则蠲除倚格，殆无虚岁，倚格者后或凶歉，亦辄蠲之。"

（二）贫困减免

针对贫苦百姓生活困难所进行的帮困田赋减免。《宋史》载，乾德二年(公元964年)，曾"免诸道今年夏税之无苗者"。

（三）示恩减免

朝廷为显示皇恩给予百姓的田赋减免。如《宋史》载，乾道三年(公元965年)正月，"乙酉，蜀主孟昶降。丙申，赦蜀，归俘虏，除管内逋赋，免夏税及沿征物色之半。"给新征服的四川地区以减半征收的优惠待遇。

四、田赋预征

唐代于青苗时征收秋粮称为青苗

北宋《大驾卤簿图》中描绘的北宋文官形象。《大驾卤簿图》现藏国家博物馆,描绘了宋朝皇帝前往东京城南青城举行祭祀大典时的宏大场面。

钱,是秋税夏征的一种变相预征。五代时,明目张胆的公开预征始于后唐庄宗(公元923年—926年)。但宋的预征,与五代相比有过之而无不及,不是预征一年半载,而是至七八年之多。《宋史》载:"淳祐八年(公元1248年),'监察御史兼崇政殿说书陈求鲁奏:……预借岁未已也,至于再,至于三;预储三岁未已也,至于四,至于五。窃闻今之州县,有借淳祐十四年者矣。'"

这种预征与封建体制有关,官员既来自外地,又只对上负责,不对下负

责,必然造成急功近利,以预征为能事。尤其是官吏更迭,前任既预征,后任接事之后,往往在预征之上,再预征,周而复始,民不堪其忧,直至现代此种行为仍不能免,只不过将田赋预征改变为银行举债搞建设,以实现其政绩罢了。

五、公田法和公田收入

南宋为了支付庞大的军费,对农民课重税,在正税之外,更加上经制钱、总制钱等杂税;为了调度边境的军粮施行和籴,负担就只有落在一般农民身上了。另外,政府在财政困苦时,为了救急,乱发一种称为会子的不兑换纸币,造成通货的恶性膨胀,物价腾贵,更加深财政的困难。

面对这种愈形恶化的财政困难,南宋末期,宰相贾似道(公元1213年—1275年)发布了公田法,在浙西路(今钱塘江以西的浙北和苏南地区)实施。办法对大地主所占有的土地实行了限额制度,超过部分的1/3由政府收购为公田,公田交由佃户耕作,然后以其佃租作为军粮。这样政府既保有原来的田赋收入,又新增了田租收入,同时也达到了抑制大地主的土地占有,有效防止他们隐瞒偷逃税款和保证前线军粮供应的目的。尽管这一种办法

遭到了大地主的强烈反对，但对支撑南宋末期的财政还是有着显著成效，因此一直实行到南宋灭亡。

六、职役、杂徭和役改税

徭役分力役和兵役两种。唐代的力役有三种：一为正役，又称为徭役，是指为中央政府服劳役；二为杂徭，为兴办地方事业的临时性劳动；三为职役，由上等户义务充任的基层公吏(差役)，诸如衙门里的低微职务、基层组织里的里正、村正、坊正等。三役之中的正役，唐德宗建中元年(公元780年)

杨炎实行"两税法"改革时，即并入两税。余下的只有职役与杂徭。所以《文献通考》载："古之所谓役者，或以起军旅，则执干戈胄锋镝，而后谓之役；或以营土木，则亲畚锸，疲筋力，然后谓之役。夫子所谓使民以时，王制所谓岁不过三日，皆此役也。至于乡有长，里有正，则非役也。柳子厚(宗元)言，有里胥而后有县大夫，有县大夫而后有诸侯，有诸侯而后有方伯连帅，有方伯连帅而后有天子；然则天子之与里

宋代民间画家绘制的《耕织图》。

大道之行
中国财政史

胥，其贵贱虽不侔，而其任长人之责，则一也。……苏文忠公(轼)谓，自杨炎定两税之后，租调与庸，两税既兼之矣，今两税如故，奈何复欲取庸钱？然不知唐之所谓庸，乃征徭之身役，而非乡职之谓也。"唐代虽有职役，但与其他二役相比并不重要，连《唐六典》户部郎中条，也只写着"凡赋役之制，一曰租，二曰调，三曰役，四曰杂徭。"文中仅提及役，没有单独提及职役，可见职役在唐代不占重要地位。但到宋代，职役则被提到了重要地位，成了一种不可忽视的财政收入。宋太祖时规定：男子20岁成丁，60岁为老，在此年龄段皆有为国家服役义务。宋代的役有兵役和力役，兵役原行差役制，王安石变法时，改行征募，所以宋代作为财政收入意义上的役，只剩下职役和徭役两种。

(一) 职役

职役是从官府中较低微的职务转化来的无偿征调，产生于五代十国时期。北宋差役法规定：按资产多少将民户分为九等，前四等户负责充任以上职役。但是，作为宋朝富有的上层官宦之家具有免役特权，真正充任差役的一般为中小地主或城镇小业主，甚至是稍有家产的自耕农等。职役的任务

是做地方下级公吏，供州县驱使，后来逐渐演变为苦役，其中尤以衙前为甚。

衙前之役起源于唐代，当时禁军及藩镇军中，有衙前军与衙内军。前者为皇城及藩将管辖地内外的警卫军；后者为天子及藩将的亲卫军。后来衙内军日显重要，衙前军地位逐渐下降，成为运送官物、警卫仓库的职役。到了宋代，其任务仍然是搬运官物，管理州郡仓库，迎送官吏。

衙前出于武官，有职业的与义务的两种。职业衙前包括将吏衙前和长名衙前；义务衙前包括里正衙前、乡户衙前。宋代职役尤以义务衙前最苦，他们负责管理府库，运送官物；特别是运输粮食，中途如有损失，要全数赔偿。所以百姓为避役，既有购度牒充僧道的，也有流亡躲藏的，甚至有自杀的，引发了不少社会问题。为此，王安石才推行募役法，将力役改为货币税。

(二) 免役法

免役法又称雇役法、募役法。其实质是将原来由一些民户充任的职役，改由所有的民户出钱雇募人充役。此法既符合风险分担原则，又把对老百姓的无偿征调改为货币化，有利于老百姓集中精力搞好农业生产，是一大社会进步。《宋史》载："畿内乡户，计

产业若家资之贫富上下分五等，岁以夏秋随等输钱。乡户自四等、坊郭自六等以下勿输。两县有产业者，上等各随县，中等并一县输。析居者随所析而定，降其等。若官户、女户、寺观、未成丁，减半输。皆用其钱募三等以上税户代役，随役重轻制禄。"此法于熙宁三年(公元1070年)在开封府试行后，于熙宁四年十月在全国推行。以州县为单位，根据职役需要雇值的数量，按户等征收。当役户出钱称免役钱；其他原来无役的坊郭等第户、女户、单丁户(或未成丁户)、寺观、官户等，照应役乡户免役钱减半输纳的钱，称助役钱。在满足雇募所需的情况下，还要多征收20%作为准备金，称为免役宽剩钱，而一些没有严格按照规定征收免役宽剩钱的地区，其准备金比例竟高达50%。

募役法规定：买扑酒税，坊场钱，当役乡户的免役钱，以及坊郭等第户和原免役户的助役钱作为经费，由官府募三等以上税户充役，并按照役的轻重给予报酬。由于政府用钱募人充役，故称募役法或雇役法；又因出免役钱后能免去差役，也称免役法。由于助役钱，来自过去无役的富户，输纳较乡户为多，实行募役法的结果，农民获

益，大地主和权贵受损，强势集团反对声浪不断。

哲宗元祐元年(公元1086年)，由于大地主和权贵的反对，当政的司马光将其改为差役法。到了南宋，不但将北宋时代的里正、户长、耆长、壮丁等职役，皆由保正、保长、甲头承担，而保正、保长、甲头，均是义务差充的，他们如欲免役，同样得出免役钱。《五代会要》载：在后唐明宗时即规定，里正、户长、乡书手负责督课赋税，凡赋税征收期限已过，其收入仍有30%未征收入库者，除对相关官吏罚款外，"摄闲官、州县押司、录事本典及乡里正、罚目、书手，各徒二年。仍配重役。"到宋代，里正等为了免于受刑罚之苦，常常代为完税，倾家荡产者屡见不鲜。

可见，在封建制度下，由于话语权的不平等，政府为了自身利益可以为所欲为，百姓的负担也就不可避免地日益加重了。

(三)杂徭和免夫钱

宋的杂徭与唐相同，为地方政府临时性的无偿差遣，故在宋时亦称夫役。宋时杂徭，多从事于地方兴修水利、修建道路城池、修葺衙门府第、运送官府公私财物等工作。因其繁杂，没有统一征调时间，亦无固定征调地点，

俗称为杂徭。史籍记载最多的是兴修水利。《宋史》记述谢德权的前任，曾征调30万民夫，浚河修堤，因措施不当而失败。他上任后，派出三路人马，分段监督民夫，采用清沙固基、植树同岸的方法，保证了汴河的正常航运。唐时，凡服杂徭者，可纳钱免役，政府以其钱雇人，即由差役转为雇役。宋初回到其本来形式，即差充之人须服实役。后来由于黄河改道泛滥成灾，须调急夫，以事抢救；而路有远近，远道赶来不及，故《长编》载，熙宁十年十一月宋神宗诏"河北、京东西、淮南等路出夫赴河役者，去役所七百里以外愿纳免夫钱者，听从便"。即凡相距700里外，愿纳免夫钱者听从其便。每夫每日出300—400文。但后又改为500里，最后缘人情皆欲纳钱免行，即不到五百里，亦可纳钱免行，所以《宋会要》载"不限地里远近，但愿纳钱者听从之"。至于每夫需要交纳钱数，没有定制。据京东路熙宁十年(公元1077年)征调民夫统计，征16000多人，得免夫钱25.6万余贯，平均每夫为16贯。

南宋的杂徭，非常繁重。《宋会要》载，"凡有科差，州县下之里胥，里胥之所能令者农夫而已。修桥道，造馆舍，则驱农以为之工役；远官经由，鉴司巡历，则驱农以为之丁夫，使之备裹粮以应州县之命，而坐困其力"。因其劳役太苦，故《建炎以来系年要录》载，"有自书乡贯姓名于身而就缢者"。

王安石为相的年代，是历史上役与税的更替期，职役于熙宁四年(公元1071年)成为免役钱，熙宁十年(公元1077年)，杂徭也成为免夫钱，两种役都转化为税了。役转化为税，松懈了官府对百姓的人身控制，有利于个人特长的发挥，不啻是社会的进步。

宋顺昌府银锭

第七节　宋代财政的工商杂税收入

一、商税

《梦溪笔谈》说，宋代重商税，北宋庆历(公元1041年—1048年)时，有人主张弛减，当即遭到范仲淹的反对。他以为"茶盐商税之入，但分减商人之利耳！行于商贾，未甚有害也。今国用未减，岁入不可阙，既不取之于山泽及商贾，须取之于农，与其害农，孰若取之于商贾？"

工商税收的缴纳，除茶酒税等以现钱缴纳外，皆以实物缴纳，其实物大致有谷、帛、金属、土特产四类。谷类，包括粟、稻、麦、黍、稷、菽、杂子等，皆以石计量。帛类，包括罗、绫、绢、纱、绝、绸、杂折、丝线、绵、布葛等，皆以匹为计量；丝线与绵则

清代画家姚文瀚《卖浆图》，仿宋画风所绘反映了宋代市井生活。

大道之行
中国财政史

以两计量。金属类，包括金、银、铁镴、铜钱、铁钱等，金银以两为单位，钱以缗为单位。土特产类，包括六畜；齿、革、翎毛；茶、盐；竹木、麻、草、菜；果、药、油、纸、薪、炭、漆、蜡、杂物等，薪草等以围为单位，其余皆沿用习惯计量单位。

宋太祖建隆元年（公元960年）制订《商税则例》，要求将其公布于商税务及商税场，晓谕商民。税则规定：商民凡贩运和买卖税则规定的征税物品，必须走官路，在所经商税务及场交纳物品价格2%的"过税"；在买卖交易地交纳3%的"住税"；如果是官府所需物品，将被"抽税"10%。若商人逃避纳税，官府捕获后，不仅要刑罚处置，还将没收其货物的1/3，并以没收物品的一半奖励缉捕者。同时，《宋史》载，为了保护正当行旅，也明令"常税名物，令有司忻颁行天下，揭于版，置官署屋壁，俾其遵守"。"行旅、赍装，非有货币当算者无得发箧搜索"。

本来《商税则例》规定，不得擅改增损及创收。但由于中国历史上，从来是名义税率高于实际征收，偷漏税收

唐宋以来的山村场院集市。

在所难免；再加上国家财政趋紧，朝廷就利用攀比手段，以下达任务的形式来实现其财政增收的目的。攀比有两个目标，一是时间比额，二是地点比额。所谓时间比额，即以课额最多的端拱元年（公元988年）至淳化元年（公元990年）定为比额（亦称祖额）；所谓地点比额，即将当地（本州）最高税额，进行比较。比额既定，课征势必有增无减，财政的商税收入自然增加。

除正税外，商税也有附加，即政和（公元1111年—1117年）间，先是在正税之外增加附加性的"市易钱"和"力胜税"；接着漕臣刘既济申明于则例外，增收一分税钱，方有"一分增收税钱"之名，以后又增添税钱三分或五分，又

有"三五分增收税钱"之名，最高额达到"七分增税钱"。

宋代的商税征收由全国 1830 多个商税务、商税场负责。为了避免重复征税，各地商税务、商税场对已交纳"过税"的商民，分别给付称为文印，公引，关引的凭证。而对长途贩运或物品繁杂者，采取始发地的务、场付给长引，到终点一并计算纳税的办法进行管理。《乐全集》称，北宋商税庆历时，曾达到 1975 万贯，是年收入较高的年份。

到了南宋，朝廷所辖范围缩小，战事频繁，商旅难行，收入大减。为了满足财政需要，商税出现重复征收和物物皆征的现象。《文献通考》载，建炎元年(公元 1127 年)，"诏北来归正人，两淮复业人，在路不得收税"。但到后来，"贪吏并缘，苛取百出，私立税场，算及缗钱、斗米、菜茄、束薪之属……虚市有税，空舟有税，以食米为酒米，以衣服为布帛，皆有税。遇士夫行李，则搜囊发箧，目以兴贩，甚者贫民博易琐细于村落，指为漏税，辄加以罪，……闻者咨嗟，则指曰是大小法场也"。《古今图书集成》也说："广中无名税场，在在有之，若循之利头，梅之梅溪，皆深村山路，略通民旅，私立关津，缗钱、斛米、菜茄、束薪，并令输免。"

过所，是古代通过关津的凭证。上面注明过关者的姓名、年龄、身份、去向、往返路次及时间等等。

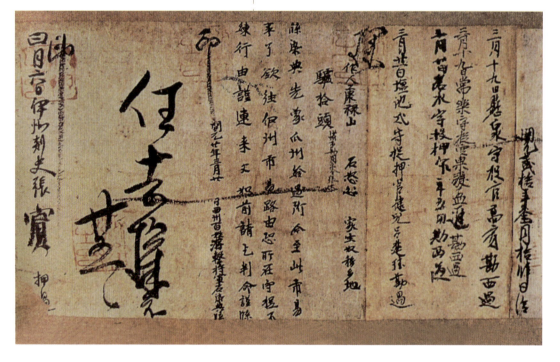

二、市舶

市舶收入，即国境关税，主要指宋王朝在沿海地区对外贸易中征收商税的收入。为发展海外贸易和加强管理，宋太祖开宝四年（公元971年）开始，先后在广州、杭州、明州（今宁波）、秀州（治所今嘉兴）之华亭（今上海淞江）、密州之板桥（今山东胶县）设市舶司，向来往商民征收商税，管理中外贸易。

市舶司相当于现代的海关，负责检查出入港口的船只，并对货物分别实行禁榷、抽解和抽买。所谓禁榷，就是对舶来品全部或部分实行专卖，即限定外国商人只能与官府交易，不能与民间做买卖，否则便以违法处置。所谓抽解，就是按照货物的种类征收10%以上的实物税。所谓抽买，就是国家对舶来品进行部分征购。太平兴国七年（公元982年）禁榷商品为玳瑁、牙、犀、镔铁、皮、珊瑚、玛瑙、乳香，后紫矿亦列为禁榷物品。抽买比例在太宗时曾高达50%，其余允许民间买卖。实行抽买的征购部分主要为朝廷自用，余下部分由官府出售获利。

宋王朝一贯重视海外贸易，尤其是在北方沦于敌手后，东南沿海的市舶之利更是南宋财政的重要来源，所以宋高宗就曾说过："市舶之利最厚，若措置合宜，所得动以百万计。"

三、边贸

由于宋王朝重视商业，其国境又先后与辽、西夏、金等国及西南地区各少数民族相邻，因此其称为互市的边境贸易比较发达。

为与辽国互市，加强边贸管理，北宋太平兴国二年（公元977年）在镇州（今河北正定）、易州（今易县）、雄州（今雄县）、霸州（今霸县）、沧州等地设置榷务。后又增置安肃军（今河北徐水县）、广信军（今河北徐水县西之遂城）榷务。宋代的"务"，相当于现代的"局"，"榷务"即相当于现代的"边贸管理局"，具体负责管理公私贸易。边贸互通有无，宋王朝主要以香药、犀象、茶、苏木、缯帛、漆器、粳糯、珠宝等换取邻国的银钱、布、羊马、橐驼。景德（公元1004年—1007年）年间，岁获40余万。

宋与西夏互市主要以缯帛、罗绮换取驼马、牛羊、玉、毡毛、甘草；以香药、瓷漆器、姜桂等物换取蜜蜡、麝脐、毛褐、羱羚角、钢砂、柴胡、苁蓉、红花、翎毛。因两国常有战争，粮、盐又是战略物资，淳化（公元990年—994年）时，朝廷曾禁止出口粮食、青盐、

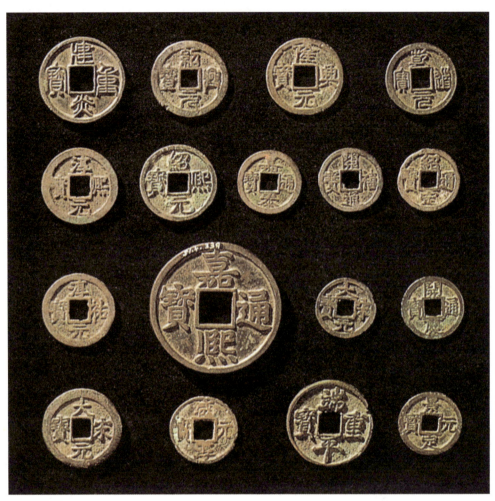

南宋铜钱

违者不论多少，一律处死。

宋与金的互市主要集中在淮西、京西、陕西、泗州等地，其管理机构称榷场，长官称榷场官。为了发展与西南地区少数民族的贸易，宋王朝设立称为市易司和市易场的管理机构。其主要内容是宋王朝以茶、米换取马匹、朱砂。《宋史》中有年易朱砂二万两及岁买马七百匹的记载，可见交易量不少。

四、契税

契税是对典卖土地、房产等大宗生活和生产资料的行为，依据典卖价格课征的税收。始于东晋，复盛于宋。《文献通考》载："宋太祖开宝二年（公元969年），始收民印契钱，令民典卖田宅，输钱印契，税契限两月。"仁宗庆历四年（公元1044年），始有每贯收税钱40文；徽宗宣和四年（公元1122年），浙江及福建等七路，每贯增收 20 文，充经制移用，通旧收钱不得过 100 文。又徽宗崇宁三年(公元 1104 年)，敕诸县，典卖牛畜契书并税租钞及买卖田宅契书，皆由官司印卖，除纸笔墨工本费外，收息钱助赡学用，其收息不得过一倍。契税对象以田宅等不动产为主，但买卖牛畜，亦均有契税。

宋时的契税，称为钞旁定帖钱。宋王朝规定：凡百姓典卖土地和房产皆先自立契约，称"白契"；在规定时间内到官府购买印契纸，将白契贴在钞纸上，官府盖印后才成为称为"红契"的合法契约，官府依契约载明价格征收规定税率的契税。嘉祐末(公元 1062 年—1063 年)税率为 4%。绍兴始增为 10%，而且税目也增加了耕牛、舟车、嫁资等内容。绍兴二十七年(公元 1157 年)，为鼓励交易，促进农业生产，对耕牛买卖免课契税。

五、盐专卖

《宋史》记载："宋自削平诸国，天下盐利皆归县官，官鬻通商，随州郡所宜，然亦变革不常，而尤重私贩之禁。"足见，宋王朝统一全国后实行食盐专卖政策。所谓官鬻，是由官自卖，禁止私鬻；所谓通商，则令商人纳银于官，领盐发卖。大致京西、陕西、河东、河北等处实行通商，京东、淮浙、广东等处实行官卖。宋初本行官鬻，后因边事紧张，始许商人发卖，这便是通商之法。

宋代食盐专卖有计口授盐、钞法、入中至盐引、变盐法等诸多具体办法。

(一)计口授盐

此法仿五代后唐，俵散蚕盐，依限纳税，把消费税转化为人头税，即官府将食盐按照人丁配售给百姓，叫"丁蚕盐"；按照两税配售给百姓，叫"两税盐钱"或"苗盐"；按照田产配售给百姓，叫"计产敷盐"。这种配售具有强制性，盐价奇高，但百姓必须购买。宋代于京东诸路实行计口授盐，在河北等处实行课归地丁，将盐税附于田赋缴纳。

(二)钞法

由太常博士范祥于庆历八年(公元 1048 年)年创立。《梦溪笔谈》记载，"令商人就边郡入钱四贯八百，售一钞，至解池请盐二百斤，任其私卖，得盐钱以实塞下，省数十郡搬运之劳。异日辇车牛驴以盐役死者岁以万计，……至此悉免"。也就是说，当时以解池产盐量为准，印制钞券。准商人在边境输钱每 4 贯 800 文给一钞，可运销解池盐 200 斤。官府就近购买粮草充实边境军事储备。克服了入中法虚增盐茶价格和后期价低于其他地区的弊端，为后世票盐之发端。不过，与世界上任何事物都会行久必弊那样，"钞法"行之一久，便出现盐价波动，于是朝廷在京师置都盐务，陕西转运司自遣官主之。京师食盐每斤不足35钱则敛而不发，以长盐价；如过超40钱则大发库盐，以压商利，使盐价有常，而钞法有定数。

（三）入中至盐引

太宗雍熙（公元984年—987年）年间，辽国数次侵犯河北，戍边军队急需粮草。国家以盐的贩卖凭证作酬值，诱导商人运送粮草到边境，是为"入中"。入中以后，按道路远近，折合时价，优给其值，授以票券，谓之"交引"。此项引券，由商人持赴京师，按券面价格偿付现钱，或移文江淮及解池，以盐偿之，谓之"折中"。端拱二年（公元989年），又于京师置折中仓，听商人输粟京师，给以江淮盐；惟高价入粟，贱价取盐，豪商从中得利。到神宗熙宁（公元1068年—1077年）时，为使盐商专卖，发售盐引。崇宁（公元1102年—1106年）时，蔡京主持盐茶专卖制度改革，实行引法，引是贩卖盐茶的凭证。按照准许贩卖盐茶的路程远近和期限长短

分为长引、短引。长引运盐至距离较远之地，限期一年，短引运盐至距离较近之地，限期一季。商人交钱买引，持引领盐茶贩卖。盐茶由税务查验、封装盖章，到指定地开封出售。贩卖盐茶都有引界，商贩不得超越引界，亦不得夹带超过引证上规定数额的盐茶，否则以私贩盐茶罪论处。

（四）变盐法

南宋绍兴二年（公元1132年），四川总领赵开变盐法，官府不再向灶户支付本钱，而由商人和灶户直接交易。置合同场收引税钱，每斤输引钱25，土产税及增添约9钱4分，所收过税钱7分，住税一钱有半，每引又另纳提勘税钱66，其后又增贴输等钱。

北宋前期，盐收入每年不足1000万贯；元丰（公元1078年）时，增加到2000万贯左右；蔡京当政时，收入竟达到4000万贯。南宋绍兴二年（公元1132年），仅川盐一隅年收入即达400万缗。

为确保国家财政的专卖，宋代对贩卖私盐处罚严厉：贩卖食盐一两以上即"决杖十五"；"持杖盗贩私盐，三人已上，持杖及头首并处死"。

六、茶专卖

茶的饮用到宋朝极为盛行，一些地区民间有"一日可以无盐，不可以无茶"

之说。茶成为商人日常大宗交易物品，也成为宋朝财政工商税收的主要收入。宋代茶实行专卖制度，《宋史》载，"园户岁课作茶输租，余则官悉市之，其售于官者，皆先受钱而后入茶，谓之本钱"。文中所指的园户，就是种茶的茶农。也就是说，官府先付给茶农一定本钱，新茶采摘后，全部售给官府。但"官与园户名为平市，而实夺之。园户有逃而免者，有投死以免者，而其害犹及邻伍"。商人欲贩卖茶，必须到榷货务购买，不得与茶农直接交易。

所谓"榷货务"就是茶叶专卖局。《宋史》载，"商贾贸易，入钱若金帛，京师榷货务以射六务十三场茶，给券随所射与之；愿就东南入钱若金帛者，听计直于茶如京师"。说明宋初京师榷货务在全国各地设有 19 个分支机构，即 6 个"榷货务"和 13 个山场，它们一起共同负责茶的专卖。而茶商须纳钱或金帛于京师榷货务，以定销山茶，榷货务即付以茶券，向茶场进茶销售，这叫做"交引"。如果愿意到东南地区纳钱或金帛，与在京师办理一样，计值付茶。至嘉祐(公元 1056 年—1063 年)中，茶的专卖改行通商法。此法规定：园户种茶，官收租钱；商贾贩茶，官府征税，对于茶商与园户的交易，则听其自便。当时官府每斤向茶农征收

《茗园赌市图》 刘松年 南宋
画藏台北故宫博物院，淋漓尽致地描绘了宋代街头民间茗园茶贩们斗茶（"赌市"）的情景。画中茶贩有注水点茶的，有提壶的，有举杯品茶的。右前方一挑茶担卖茶小贩，停肩观看，还有一妇人一手拎壶另一手携小孩，边走边看"斗茶"。画中有男人、女人、老人、壮年、儿童，人人有生动表情，个个形象逼真。

引钱 25，土产及增添约 9 钱 4 分；向商人征过税 1 钱 3 分、住税 1 钱，每引征提勘钱 60，后又有贴输等。

由于茶叶低进高出，政府获利甚厚。茶收入一般每年在几百万贯，大中

钧瓷属北方青瓷系列，在继承传统的同时又有新的突破。钧窑以自己独特的风格得到人们的喜爱和赞赏，从而成为宋代著名的窑场。

祥符年间（公元 1008 年—1016 年）一般每年 500 万贯左右；最多时，政和年间（公元 1111 年—1117 年）仅东南茶行年息钱达到 400 万，川陕息钱 370 多万贯。所以《文献通考》称，"凡茶入官以轻估，其出以重估，县官之利甚博，而商贾转致于西北，……其利又特厚"。

为了加强边防建设，诱导商人为国防服务，太宗雍熙时，实行入中法。此法规定：商人运送粮草到边关，国家以茶的贩卖凭证作酬值，即"酌地之远近而为其直，取市价而厚增之。授以要

券。谓之交引，至京师给以缗钱，又移文江、淮、荆湖给以茶及颗、末盐。"酬值的优惠幅度很大，天圣六年度支使梁鼎上言："陕西沿边所折中粮草。率皆高抬价例，倍给公钱，止如镇戎军粟米一斗，计虚实钱七百十四。而茶一斤止易粟米一斗五升五合五勺""草一束，计虚实钱四百八十五，而茶一斤止易草一束五分。""定州入粟直四万五千，给茶直十万。"

南宋末，北方少数民族嗜茶，于是朝廷设立茶马司，开展以马易茶的边境贸易。南宋孝宗乾道初（公元 1165 年），川秦八场，马额 9000 余匹；淳熙（公元 1174 年—1189 年）以来，为额 12994 匹。

宋王朝为垄断茶利，对于私茶，取缔甚严。贩卖私茶一斤即杖 100，贩私茶至 20 斤以上弃市。如有违禁，重者处死，轻者没收。例如：《文献通考》载，"乾德二年(964)诏：民茶折税外，悉官买；敢藏匿不送官及私贩鬻者，没入之论罪；主吏私以官茶贸易及一贯五百，并持仗贩易，为官私擒捕者皆死。"

七、课酒

《宋史》记载，"宋榷酤之法，诸州城内，皆置务酿酒，县镇乡闾，或许民酿，而定其岁课，若有遗利所在，多请

官酤。三京官造曲，听民纳直以取。"这就是说宋代酒税，根据地域不同，实行不同的管理办法：州城内，采用官酿的办法，寓征于价；在县镇乡闾，准许民酿，但征课酒税；其在京师，则由官卖曲，实行原料专卖制度。

中国自古以来，传统文化皆以榜样引路，号召一般，酒税定额亦不例外。北宋酒税，以多收的州为榜样，作为标准税额，要其他州向榜样看齐，然后再根据不同州的户口、土地情况确定不同岁额。如额外增收，则有特赏。于是地方长官以定额为基础，将税额抑配到每家每户，百姓不免大受其苦。

课酒是宋朝取得财政收入的重要方法。初期每年在300—400万贯上下；天禧（公元1017年—1021年）末年以后达到1000多万贯，庆历年间（公元1041年—1048年）1710贯，超过了茶专卖年收入额。

到了南宋时期，由于统治区缩小，导致税源萎缩，为摆脱财政困境，开辟财源，朝廷不仅加重酒课，还提倡饮酒。其课酒方法，初行隔槽扑买之法。所谓隔槽法，始于高宗建炎三年（公元1129年），时赵开领四川财赋，变酒法，置隔酿，设官槽，民以米入官自酿，斛输钱30，头子钱22，其后普遍推行于各路，酒税收入大增，自48000余缗猛增至146000余缗。源于五代吴越国的扑买法，宋初已行，南宋推行更广。这一办法规定：于乡村分地扑酒，任民增钱夺买。或来不及卖出，则为败缺，理该停闭；但停闭之后，仍应出税。故扑买亦称扑买坊场酒利，被后人称为商包法，相当于现代的招标投标制度应用于酒税征收。为了增加财政收入，南宋又征添酒钱。添酒钱始于建炎四年（公元1130年），每升上包课20文，次包18文，以其钱一分充州用，一分充槽计，一分隶经制司。以后迭有增加，名目繁多，课税日重。

北宋越窑划花人物纹壶

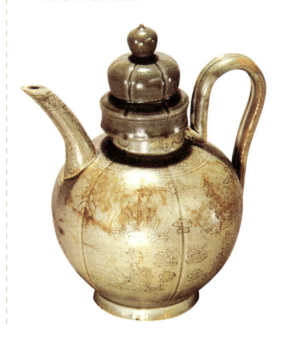

457

酒税既重，贩私利益必厚，于是走私极多。为了打击不法，无论买卖曲及酒，都有疆界。"端拱三年（公元990年）令：民买曲酿酒沽者，县镇十里如州城二十里之禁。天圣以后，北京售曲如三京法，官售酒、曲亦画疆界，戒相侵越，犯皆有法。"至五斗处死。朝廷规定："私造曲者，州府县城郭内，一两以上不满五斤徒二年；五斤以上不满十斤仍配役一年，告者赏钱十千；十斤以上已满十五斤，徒三年，配役二年，告者赏钱十五千，十五斤以上不满二十斤，加配役一年，告者赏钱二十千；二十斤以上，处死，告者赏钱三十千。"《宋史》记载，建隆二年（公元961年）规定更为严厉："犯私曲至十五斤，以私酒入城至三斗者，始处极刑，除论罪有差。"

八、矿冶

宋代的坑冶，即现代之矿冶，属工商税收收入，隶属于诸路转运司管理，其收入归内帑贮藏。宋初，官府或置场监管，或民承买。所谓置场监管，就是官给本钱，开矿所得按比例分成。所谓承买，即是买扑，与现代的招标投标相仿。

宋代矿产主要品种有：金、银、铜、铁、铅、锡、水银、朱砂、矾等。治平年间（公元1064年—1067年）共有矿场271座，后时有兴废。

《宋史·食货志》载，崇宁（公元1102年—1106年）后，"广搜利穴，榷赋益备。凡属之提举司者，谓之新坑冶，用常平息钱与剩利钱为本。金银等物往往皆积之大观库"。政和（公元1111年—1117年）年间数罢数复。由于开矿之地多毁坏民田，对买扑者立额较重；或旧有矿藏已枯竭，而承包额不予减少，积弊较多。钦宗即位，诏悉罢之。

"元丰元年（公元1078年）诸坑冶金总收万七百一十两。银二十一万五千三百八十两，铜千四百六十万五千九百六十九斤，铁五百五十万一千九十七斤，铅九百一十九万七千三百三十五斤，锡二百三十二万一千八百九十八斤，水银三千三百五十六斤，朱砂三千六百四十六斤十四两有奇。"元丰六年（公元1083年），矾年入三十三万七千九百贯。

凡官府禁榷之物，必有厚利。百姓逐利犯禁，官府即屡定酷法。太平兴国二年（公元977年）规定，私贩晋州矾者一两以上不满一斤即杖脊十五，配役一年，达三斤即处死；如果是再犯，无论斤两多少即处死；如买及受寄藏

南宋《平江图》碑拓片。该碑现藏苏州文庙，刻于南宋绍定二年（公元1229年）该图以城垣为界，详细绘刻当时苏州城的20条大街、24条里弄、61坊、264巷、20条河渠以及桥梁、官署、寺观、学校、亭馆、酒楼和名胜古迹的位置与名称。

匿矾达六斤者，则被处死；刑罚之重不亚于贩私盐茶之罪。

九、头子钱

中国历史上，凡是百姓与官府发生交纳钱物的事务时，往往在正项钱之外还要交纳手续费，宋代把这种手续费称之为"头子钱"，后世称赌场的手续费为"抽头"即源于此。

宋开宝六年（公元973年）令川陕人户，输纳两税钱帛时，头子钱每贯收7文，每匹收10文；丝绵一两，茶一斤，秆草一束，各1文。头子钱的使用，一半纳官，一半公用，令监司与知州通判同支使。征收"头子钱"，起初是为了弥补仓耗，初行于川陕，后来亦推行于河北、淮浙、江湖、广福等路。随着时间的推移，税率亦逐渐增加，如开宝时两税征收定为每贯手续费7文，至徽宗政和四年(公元1114年)每贯增至23文，至南宋高宗绍兴（公元1131年—1162年)时，增至43文。孝宗乾道元年（公元1165年），又添收10文。

除两税要交头子钱外，缴纳其他税收也要交头子钱。熙宁七年（公元1074年），朝廷规定：每交纳役钱千文，另纳头子钱5文。"建炎三年，民以米入官自酿，每斛输钱三十，头子钱二十二。"后"依诸钱例，增作二十三文足。"

即从最初的5‰增加到23‰，南宋末，又增加到56‰。可见，头子钱既是一种手续费，更是中国的一种传统文化现象。

十、经总制钱

经总制钱是经制钱与总制钱的合称。经制和总制，是宋王朝经制使和总制使的官名。此税由这两职官吏倡举征收，由于是在原有税种征收品目上略增征若干文，很难命名，于是便以官吏称谓命名之。

创于北宋末年的经制钱是一种地方附加税。徽宗宣和七年（公元1125年)，北宋王朝行将崩溃，方腊在浙东发动起义，引发战争。为筹措军费，镇压农民起义，以发运使名义经制东南七路财赋的陈亨伯，首创是法，称经制钱。所谓经制钱，就是对若干旧税，每笔附征少许，然后归成一科目。它既不必另起炉灶，独立征课，又不必直接课之于民，而间接课之于商贾。例如卖酒、鬻糟、商税、牙税、头子钱、楼店务房钱等，原有税钱作为税基，略增其数，收充为另立名目的地方附加税。《文献通考》称，它的特点是："敛之于细，而积之甚众，求之于所欲，而非强其所不欲。如增收印契钱，出于兼并之家，无伤于必下户；增收卖酒钱，合于人情，而无害于民。"用现代语言来说，由于宽税基、低税率，不会引发全社会的伤筋动骨。

经制钱施行未久，随着北宋的灭亡，于次年(公元1126年)即被废除。南宋时又恢复，并推行至各地，且施行较久。其内容有权添酒钱、量添卖糟钱、增添田宅牙税钱、官员等请俸头子钱、楼店务增添三分房钱等五种。其后又增添了诸路无额钱、钞旁定帖钱等两种，成为时人所称的七色。其所课税率，次第提高，从而加重了东南地区百姓的负担。

总制钱与经制钱相似，也是一种以官称命名的附加税，时人视为姊妹钱。此法是总制使翁彦国参照经制钱所创。绍兴五年(公元1135年)，总制钱名目包括：转运司移用钱，勘合朱墨钱，出卖系官田钱，人户典卖母宅、牛畜等于赦限内陈首投税印契税钱，进献贴纳钱，奢户长雇钱、抵当四分息钱，人户典卖田业收纳得产人勘合钱，常平七分钱，见在金银、茶盐司袋息等钱。桩还旧欠装运司代发斛斗钱，收纳头子钱支用，外有钱一十六文九分，官户不减半、民户增三分役钱见桩数，两税畸零剩数折纳价钱，免役一分宽剩钱。总制钱与经制钱合起来，为经总制

北宋李公麟《五马图》

钱。经总制钱在北宋时，岁得200万缗，南宋行于诸州，其收入更多，不下数百万计。绍兴十九年(公元1149年)时，收入最高，岁收1440余万缗，到后来朝廷竟以此数立额下达任务。乾道元年(公元1165年)，又增收头子钱每贯13文充总制，每千收56文。故《文献通考》称，"其当职官，既诱以厚赏，又驱以严责，额一不登，每至横敛，民受其弊"。因此后人曾评论"宋之所以亡，自经总制钱"，可见流弊极深。

十一、月桩钱

月桩钱既是南宋政府的一项军饷，又是地方州县为筹措这项军饷而加征的税收总称。《群书考索》说，月桩钱"始于绍兴（年间），江西谓之月桩，湖

宋代童子持荷婴戏镜

南谓之大军钱"，一税两名；两名合称，既可称"月桩大军钱"，也可称"大军月桩钱"，为简便起见，人们简称其为"月桩钱"。《宋史》载，月桩钱始于绍兴二年(公元1132年)，"时韩世忠驻军建康，宰相吕颐浩、朱胜非议，今江东漕臣，月桩发大军钱十万缗，以朝廷上供经制及漕司移用等钱供亿。"这就是说，当时南宋军队要求负责后勤工作的漕臣每月供应军费，漕臣却将其摊派至地方各州郡，让地方上通过征收月桩钱来解决。月桩钱名目繁多，诸如曲引钱、纳醋钱、卖纸钱、户长甲帖钱、保正牌限钱、折纳牛皮筋角钱等。两讼不胜，也要罚钱，胜者则令其纳欢喜钱。

月桩之桩与封桩之桩同义。中国传统意义上的"桩"是打入泥土之中，既有承重之意，也有不可移动的涵义，它延伸至财政即是专款专用的意思。月桩钱成了南宋政府专门征收的一项军费。

十二、板帐钱

南宋政府面对北方强敌，又不思节俭，不得不通过聚敛来筹措军费，板帐钱便是其中筹措军费的一种聚敛方法。

《宋史》载，"如输米则增收耗剩，

南宋《歌乐图》（局部），作者佚名，现藏于上海博物馆，描绘了正作表演前准备的乐伎的形象。

交钱帛则多收糜费；幸富人之犯法而重其罚，恣胥吏之受赇而课其入；索盗赃则不偿失主，检财产则不及卑幼；亡僧绝户，不俟核实而入官；逃产废田，不与消除而抑纳；他如此类，不可遍举。州县之吏，固知其非法，然以板帐钱额太重，虽欲不横取于民，不可得已。"可见这种聚敛方法，犹如水银泻地，无孔不入。

由于板帐钱和经总制、月桩等钱一起，征收多寡皆由州县地方官确定，造成地方上苛捐杂税层出不穷，摊派暴敛恶行难以遏止。以至于《文献通考》说："今朝廷之所以取之州县者曰经总制、月桩、板帐钱也，而州县之所借以办此钱者，曰酒坊、牙契、头子钱也。或所取不能及额，则违法扰民以足之，曰输纳斛面、富户词讼、役人承替、违限科罚之类是也。上下之间名目各不吻合，州县以酒坊牙契不办，诉之版曹，则朝廷曰，吾所取者经总制钱而已，未尝及此。而不知其实取此办彼也。百姓以斛面、罚钱等事诉之朝廷，则州县曰，吾以办经总制钱而已，未尝入已。而不知上取其一，而下取其十也。互相遮覆，文不与而实与，百姓如之何而不困？"

十三、身丁钱

宋代的身丁钱，计口输钱，为口赋，即人头税，相当于汉代的算赋。但宋代的身丁钱与汉代的算赋，并不完全相同。汉代的算赋是年15岁至56岁，男女均课120钱；宋代的身丁钱则为年20岁至60岁，只课丁男。汉课算赋是全国性的，而宋课口赋，只限于南方各

宋苏汉臣《杂技戏孩图》

省。只是到了南宋，疆土多限于南方，才相当于在全国范围内课税。

宋代两浙、两淮、两广、福建、两湖、四川均有身丁钱。各地方各时期的内容，多有不同，有课钱、课绢绵与课米之别。两浙、两淮课钱、课绢绵，福建、两广课米。

两浙身丁钱，行于浙江全境及江苏省长江以南地区，宋时称两浙路。其由丁盐钱、丁绢演变而来，每丁360钱，自第一等户至第五等户均课税。徽宗大观(公元1107年—1110年)年间，丁男3人，合纳绢1匹；时绢贱，负担犹可，后来绢贵，便不胜负担，不得不改为丁男每人纳绢1丈，绵1两。其后与辽金作战，丁男从军者多，身丁钱收入随之减少，乃又征及客户，又因丁男数少，提高税率。及至绵绢价涨，又以实物与现钱各半缴纳。故课税方法与税率随时改变，未有一定；其缴纳的方式，多为"随田税带纳"，纳入之后，给与钞券或凭由。

纳税人的年龄，一般为20至60岁。但在两广，亦有数岁儿童即见课税者，亦有至死而不予豁除的，所以《鹤林玉露》载，"广右深僻之郡，有所谓丁钱，盖计丁输钱于官，往往数岁之儿即有之，有至死而不与除豁者，甚为民

病。……"《后村先生大全集》载，更有甚者，"远民以有身为患，有子为累"，《建炎以来系年要录》载，"广闽之间，往往(有)不举子之风，以成丁之后还为家害"，故《宋会要辑稿》载，"生子孙而杀之者，法禁非不严备，间有违者，盖民贫累众，无力赡给"，实出于不得已。

十四、和买和折帛

和买起于晚唐，宋代相沿，成了金钱贷与。《文献通考》载，"太宗时，马元方为三司判官，建言，方春乏绝时，预给库钱贷之，至夏秋输绢于官，预买绸绢盖始如此。"这就是说，宋太宗(公元976年—997年)时，农民每当春季，资金困乏，政府及时贷与，待至蚕茧上市，乃令以绢绸偿还。

《建炎以来朝野杂记》载，到了"(仁宗)宝元(公元1038年—1039年)后，西边用兵，国用颇屈(绌)，于是改给盐七分，钱三分。"到徽宗(公元1101年—1125年)时，改行钞法，则既不给钱，也不给盐，却专要百姓纳入绢绸，于是和买完全变为勒索。故《文献通考》载，政和七年(公元1117年)诏书说："和预买绢本以利民，比或稍偿杂物，或徒给虚券，为民害多。"

到了南宋，因政府用绢绸有限，其

第七章 五代至宋的财政

禹贡所载随山浚川之图　南宋

南宋嘉定二年（公元1209年）30×23.7厘米　雕版
墨印　地图主要表示了禹贡九州（冀、兖、青、徐、
豫、扬、荆、雍、梁）和宋代州郡的山脉、河流、湖
泊、四夷等要素，对一些重要地名及九州界线都注
有文字说明，该图是古今对照的历史地图。现藏于
北京图书馆。

税绸绢，岁为匹一百
一十七万七千八百，
每匹折输钱二千以助
用，诏许之。东南折
帛钱自此始。"后来
江浙、闽广、荆湘，相
继推行折帛钱。随着
时间不断推移，折帛
钱日益增加，如绍兴
元年(公元1131年)，
每匹折钱二千，至四
年，顿增一倍有余，以后十数年间，增
至数倍。

和买绢与折帛钱的财政性质完全
相反。和买绢为政府的支出，折价愈
轻，政府支出愈少；折帛钱为政府的收
入，折价愈重，政府收入愈多。统治者
为了取得更多利益，势必采取少支增
收的手段。

十五、度牒和免行钱

度牒为僧道身份证，相当于后世

多余部分，便不用征绢，而令百姓以钱
缴纳，这便成为折帛钱。南宋折帛钱，
始于建炎三年(公元1129年)。《宋史》
载，"高宗初至杭州，朱胜非为相，两
浙转运副使王琮言，本路上供和买夏

宋代若干时期商税、盐专卖、酒课和买绢或折帛绢收入表

	商　税	酒　课	盐　课	和买绢或折帛绢
景祐中	450万余缗	428万余缗	355万余缗	200万匹（和）
庆历中	1975万余缗	1710万余缗	715万余缗	300万匹（和）
绍兴末	——	1400万余缗	2100万余缗	300万余匹（折）
淳熙中	临安城内及诸县合计，税钱102万余缗（已及景祐中的1/4）			

的入行特许税。僧道登记始于南北朝，政府出卖度牒则始于唐肃宗。由于宋代经济繁荣，持僧道度牒者可以免除赋税，于是度牒就成了可以加价买卖的有价证券，再加上历朝皇帝又崇尚佛道教，社会上对度牒趋之若鹜。例如，徽宗大观(公元1107年—1110年)年间售价为300贯的度牒即售出30000多份；南宋时价格曾高达每牒700贯，甚至允许商人每牒加价至800贯作为商品售出。同时，朝廷也曾将度牒作为酬值诱使商人入中粟米，解决边境军粮供应及受灾地区救灾之用。

免行钱亦相当于入行特许税。宋初，京师百货有行，凡入行者均须纳免行钱，未入行者一律不得在街市上买卖。

除上述收入外，宋王朝还有房屋税、舟车税、黄河竹索税、缣税、河渡钱、鬻祠庙、嫁妆税、卖官告等诸多杂项收入。

第八节　宋代的财政支出

一、军费

宋的兵制，与唐不同。唐行府兵制，全民皆兵，寓兵于农。无事则力耕而积谷，有事则负矛以从戎，农隙则习武艺；费用自给，负担不重。到了宋代，从未实行均田制，也自然不可能实行府兵制，便只好实行募兵制。《文献通考·职役》称，宋王朝所募之兵"大概有三：天子之卫兵，以守京师，备征戍，曰禁军；诸州之镇兵，以分给役使，曰厢军；选于户籍或应募，使之团结训练，以为在所防守，则曰乡兵。又有蕃兵，其法始于国初，具籍塞下，团结以为藩篱之兵；其后分队伍。给旗帜，缮营堡，备器械，一律以乡兵之制。"

《文献通考》载，宋初"以兵定天下，凡有征伐则募置，事已则省并，故兵日精而用不广。"太祖尽夺天下兵权，其所蓄之兵不满20万（指禁军马步19.3万）。雍熙(公元984年—987年)、端拱(公元988年—989年)以来，宋代兵员始有增加。至道(公元995年—997年)兵员，比之开宝(公元968年—975年)，几乎增加了一倍。其后日益增加，到庆历(公元1041年—1048年)年间，禁军马步82.6万人，军队总人数达到125.9万人。《文献通考》载，南宋建炎(公元1127年—1130年)以后"诸大将之兵浸增，遂各以精锐雄视海内，而因时制

北宋若干年代军队员额表

时　　期	总　额（人）	内禁军马步
太祖开宝年间(968—976)	378000	193000
太宗至道年间(995—997)	666000	358000
真宗天禧年间(1017—1021)	912000	432000
仁宗庆历年间(1041—1048)	1259000	826000
英宗治平年间(1064—1067)	1162000	663000

变，随处立营，迁易靡定，驻扎未有常所"。当时合内外大军19.4万余，而川陕尚不在其内，乾道(公元1165年—1173年)时，内外大军凡40万余。合钱粮衣赐200缗可养一兵，是岁费钱已8000万缗。

《古今图书集成》载，南宋绍兴三十二年(公元1162年)，"大农之财，一岁所入，几五千万(缗)，而内藏（两库）激赏、不与焉……今天下之兵，何啻三十万，大农每岁养兵之费，几十之九"。不过那时全国财政收入，近半为皇室财政，钱入内帑，与国家财政合并计算，军费支出要占全部财政收入的1/2。

除了养兵支出，还有战争支出。由于宋王朝始终处于对外战争状态，其战争支出巨大。仅大的战争即有公元979年和公元986年的两次伐辽；公元1004年辽攻北宋；公元1038年和公元1040年的宋夏之战；公元1094年以后对夏的战争；公元1107年以后对辽的战争；公元1125年开始的金宋之战；公元1140年、公元1161年、公元1026年金和南宋的战争。

二、赔款

在使用冷兵器的古代，经济发达与军队战斗力并不一定成正比，弄得不好经济不发达的游牧民族，反而依靠善于骑马征战占有优势。宋代与邻国的战争便是如此，胜少而败多。因此，战争赔款成了宋王朝挥之不去的财政支出。甚至在宋军处于优势，胜利在望时，昏庸的统治者也会求和而承诺赔款。这种战争赔款宋代称为"岁币"或"岁贡"。

真宗景德元年(公元1004年)的"澶渊之盟"，每年向辽国贡岁币银10万两，绢24万匹；仁宗庆历二年（公元1042年)增加至岁币20万两，绢30万匹。仁宗庆历四年（公元1044年）的"庆历和约"，岁"赐"西夏银7万两，绢15万匹，茶3万斤。靖康元年（公元1126年）金国兵临汴京城下，北宋统治者不仅同意割地，且送出黄金500万两，白银5000万两，绢帛100万匹，牛马万头的"犒师之费"；汴京城破，钦宗投降，不仅内藏库全部金银珠宝绫罗锦绮被掠，还献出金100万锭，银500万锭，帛1000万匹"犒师费"；高宗绍兴十一年（公元1141年），南宋"绍兴和议"，每年向金国进贡银25万两，绢25万匹；到宁宗嘉定元年（公元1208年）再次和

清刊本《百将图》，刘锜 顺昌大捷。

议，岁币增至每年30万两，另贡犒军费300万两。

此外，还有为实施怀柔政策而赐给外族的币帛。如宋初，太宗（公元976年—997年）先后赐给西夏主白金千两，帛千匹，钱百万，金器千两，银器万两，袭衣、玉带、银鞍、马锦彩三千匹。真宗（公元997年—1022年）时，夏主内归，奉官赐爵，并给银万两，绢万匹，钱三万贯，茶二万斤。

三、皇室

皇室费用，包括宫室、园林、陵墓、饮食、服饰、娱乐、仪卫、庆典、朝觐诸项。宋初尚俭，其后日奢。

《二十二史札记》载，"太宗时，宫人惟系皂绸襜，元德皇后尝用金线缘襜，太宗怒其奢。"仁宗（公元1023年—1063年）时，初定公主奉料，参照五贯之数，中官月有止七百钱者。到神宗（公元1067年—1085年）时，"宫中一私身之奉，有及八十千者，嫁一公主至费七十万缗，沈贵妃料钱，月八百缗"。宋代后宫嫔妃宫女上万，内宫动以千计，皇室御厨"食手兵校共千六十九人"，宫中所用椽烛每岁13万条。皇帝仪卫庞大，"徽宗政和三年，议礼局上大庆殿大朝会仪卫，黄麾大仗五千二十五人。"元丰元年（公元1078年），大驾卤

469

簿，仗下官一百四十六员，执仗、押引从军员，指掌诸军诸司两万二千二百二十一人。"而天予岁时游豫。则上元幸集禧观、相国寺，御宣德门观灯；首夏幸金明池观水嬉，琼林苑宴射：大祀礼成，则幸太一宫、集禧观、相国寺恭谢，或诣诸寺观焚香，或至近郊阅武，观稼，其事盖不一焉。"

《宋史》和《燕翼贻谋录》载：玉清昭应宫历经七年建成，共两千六百一十楹，仅长生崇寿殿内的三尊像，共耗金15000多两。霞寝修建亦是大宗开销。宋除皇后嫔妃之陵外，仅皇帝即有18位，加上僖祖的钦陵、顺祖的康陵、翼祖的定租的安陵共有22座。《宋史》载："嘉祐八年三月晦日，仁宗崩，英宗立。丧服制度及修奉永昭陵，并用定陵故事，发诸路卒四万六千七百人治之。"在"毋过华饰"的前提下，"三司请内藏钱一百一十五万贯，绸绢二百五十五万匹、银五十五万两，助山陵及赏赉。"除陵墓建造的一次性费用外，还有日常维护费，元祐六年(公元1091年)，曾诏京西提刑司每年拨钱物20万贯，"以奉陵寝"。

徽宗(公元1100年—1125年)时，蔡京为相，为了取悦皇帝，设应奉司、御前生活所、营缮所、苏杭造作局、御前人船所；其名杂出，大率争以奇侈为功。宣和(公元1119年—1125年)时，宫内道士有俸，每一斋施，所费不赀。道士皆外蓄妻子，置姬媵，美衣玉食，凡两万人，每一会费数万贯。特别是岁运花石纲，扰民之极。所谓花石纲，原本是投具有较高艺术素养的徽宗皇帝读书、学画、工笔之好，而搜罗珍玩的宫廷内务，结果上下呼应扩大为无所不包、无孔不入的全国性搜括。《宋史》载，为了"岁运花石纲，一石之费，民间至用三十万缗；奸吏旁缘，牟取无艺，民不胜弊，用度日繁。左藏库异时月费缗钱三十六万，至是衍为一百二十万"。如此奢行，直至宣和末年(公元1125年)，金兵将大举南侵时，下诏罪己，方才取消。可见，无论古今，不论君臣，只要上有所好，下必甚焉，其腐败必然势不可当。

"国之大事，在祀与戎"。祭祀是历朝历代君主的重大财政支出。宋王朝的祭祀分为不定期进行的封禅祭山和每年进行的经常性祭祀。经常性祭祀有大有小，每岁百余次。其中，郊祀支出既包括郊祀本身一般为几百万贯匹两的费用，也包括赏赉支出。《宋史》载，高宗南逃中仍举行郊祀。向诸路征调财赋："江浙淮南福建路都计钱二十

大道之行
中国财政史

万四千六百九十八贯，金三百七十一两八钱，银一十九万二千四百一两，绸一十四万二千六百六十二匹，绢四十万八千四百一十匹，绫一千五百四十匹，罗五万五千二百四十匹，丝六万二千三十一匹。绵七十二万五千七十九两，布二千匹。"至于赏赉支出耗费更多，既按官位品阶赏赉官吏和军队，又在每三岁一亲郊的过程中，给大小各官荫子，通常一次任子达4000人之多，且有金银绫绢绅绸赏赉，须耗内帑500万。这一经费到景德(公元1004年—1007年)时，增为600余万；到皇祐(公元1049年—1053年)时，增至1200万；治平(公元1064年—1067年)时更增至1300万，约占当时财政总支出的1/10。宋王朝不定期的封禅和祭山支出也极为浩繁，真宗东封泰山，耗费达830余万。祀汾阴上宝册耗费达850余万。宋徽宗尊崇道教，多次塑造圣像，请道士诵经，大修道观，赐田、赏钱、免租、封号，财政支出难以统计。

由于宫廷费用降不下来，便出现皇帝挪用国家库藏。《宋史》称，钦宗(公元1126年—1127年)时，"天下财用岁入，有御前钱物、朝廷钱物、户部钱物，其措置裒敛，取索支用，各不相知。天下财赋多为禁中私财，上溢下漏，而

民重困"。不仅北宋皇帝挪用，南宋皇帝也不例外，甚至于有过之而无不及。南渡以后，为抵抗外族入侵，收复疆土，三省枢密院设激赏库，聚敛钱财，激赏将士，然兵未尝举而激赏库岁支至38万缗，堂厨15000，东厨12000，不少钱财都流用为皇室开支了。不说别的仅皇室用粮一项，其数字便大得惊人，乾道元年(公元1165年)，"辇下供馈，岁用粮一百五十余万石。……七十万皆仰收籴"。

除了一般皇室费用外，宋代还有一种有别于其他朝代的统战支出，这就是对前代逊帝及其后人的优待费用。宋太祖以陈桥驿兵变，通过禅让手段获得政权，其内心有愧。为了收买人心，他不但对后周皇室，礼遇有加。甚至对"角力而灭其国，角材而臣其人"的十国君主，亦予优惠。南唐后主李煜、蜀主孟昶、吴越末主钱俶等，均在封侯赐第之列。今天，从一个国力并不强大，对外战争败多胜少的宋王朝，能够立国300多年的历史经验来看，团结一切可以团结的力量，是一个政权得以维持的重要手段，无论古今皆同此理。

四、官俸

宋代官吏待遇是中国历史上最好的，与明代官吏的菲薄待遇形成了极

其鲜明的对比。宋代官吏有料钱、衣赐、禄粟、职田（职钱）、添支和津贴。科钱是官俸的货币部分，元丰（公元1078年—1085年）时，太师、太傅、太保、少师、少傅、少保，料钱440贯。衣赐：春服罗3匹，小绫30匹、绢40匹；冬服小绫30匹、绢40匹，绵200两。禄粟150石。职钱是对有职事者的货币待遇，如行御史大夫职钱60贯。宋代实行多劳多得制度，"如大夫为郎官，既请大夫奉，又给郎官职钱"，兼一职即可多一份职钱。

职田是对京外官按职务高低分配的食租土地，作为对京外官的报酬。虽然不是国家财政的直接支出，但减少了两税收入。全国19路州郡，共有职田2348695顷，按田赋正额计算，宋初秋米8升，也要减少税粮收入187896万石。添支和津贴，是朝廷对差遣和贴职官员的一种补贴。因为，宋代按官阶发放的俸禄标准高，而按职务发放的俸禄标准低，为调动事多俸低官员的积极性，通过添支和津贴的形式进行填平补齐，发挥补救作用。不过与任何政策都会有人钻空子一样，兼职有津贴，不少官员便利用职权大兼其职。元祐（公元1086年—1094年）时一人最多兼至三俸。到了蔡京为相时，"三省

密院吏员猥杂，有官至中大夫，一身而兼十余俸"，故当时有"奉入超越从班，品秩几于执政"之讥。由此可见，人的趋利本性决定了任何合理的政策一旦被人利用，便会走向反面。

宋代官员除了享受上述待遇外，朝廷还给出差公干及赴外上任的官吏，按照职务高低发放驿券，由驿站提供沿途食宿，甚至对官吏的随从人员也发给衣粮。

据《梦溪笔谈》所述，宋代官吏，开始待遇并不高，"素无常禄，唯以受赇为生"。后来朝廷发现俸禄太低难以养廉，才有《宋史》所载，熙宁（公元1068年—1077年）增禄，"吏禄既厚，则人知自重"。

宋代官吏不仅待遇丰厚，而且人数极多。宋初，官无定员，员无专职，分隶于三省、二十六曹、四司。其后到了真宗景德（公元1004年—1007年）时，有官10000余员，仁宗皇祐（公元1049年—1053年）时，增至20000余员；英宗治平（公元1064年—1067年）年间，并幕职州县官总计共24000员。

宋代官吏之所以增加如此之快，以至于冗员充斥，离不开宋王朝与士大夫共天下的国策。诚如人们所知，穷人是造反者的朋友，富人是执政者的

职官增加比较表一

（单位：人）

职　　官	节度使	两使留后	观察使	防御使
皇祐年间（公元1049年—1053年）	3	1	1	4
元祐年间（公元1086年—1094年）	9	8	15	42

职官增加比较表二

（单位：人）

职　官	大夫	朝奉郎以上	承议郎	奉议郎	诸司使	副使	供奉官	侍禁	三省之吏
景德年间（公元1004年—1007年）	39	165	127	148	27	63	193	316	60
元祐年间（公元1086年—1094年）	230	695	369	431	260	1111	1322	2117	172

朋友。宋王朝为了巩固政权，必须取得地主士绅的拥护，而通过扩充官僚队伍，尽可能让更多的地主士绅进入官场不失为上策。而这些地主士绅一旦为官，不但得享官禄，而且退职之后，又有恩礼，此种恩礼多属闲职，但有厚俸。本人死后，子孙亲族还能荫补，何乐而不为呢？从而造成有官无职的冗员十常八九。

宋代随着官吏数量的日益膨胀，就有了财政庞大的官俸支出。北宋中期国家用于入品官吏方面的支出，每年不少于500万贯（石、匹、两）；加之减少财政收入的损失和不入品胥吏的支出，每年不少于1000万贯（石、匹、两）。

南宋时，国势日弱，朝廷更需拉拢地主士绅，因此官吏数量大增。绍熙二年(公元1191年)，京朝官4159员，合四选，共达33016员。庆元二年(公元1196年)，京朝官如旧额，合四选，共达42000员有奇。五年之间，增加了9000余员，人数远比北宋为大。恰如《宋史》所载，"境土蹙而赋敛日繁，官吏增而调度日广"。于是，财政就有了难以负担之重。

五、公使钱

公使钱又称公用钱、公使库，是政府非工资性的行政支出。其用途是迎来送往、日常办公、修葺办公房屋、犒赏军队和置办必备器具等开支。公用钱有朝廷发给的正赐钱及自筹的非正赐钱之分，相当于现代的预算内资金和预算外资金之不同。财政核拨的公使钱额度，按照官署级别高低、所处区位远近及经办事例急缓不同。发放周期有月给和岁给之分。月给者，如京师玉清昭应宫使，每月百贯。岁给者，如节度使，从三千贯到万贯分为四个等级。另外，如尚书都省、银台司、审刑院、提举诸司库务司，每次给三十贯，用完再续，不限年月。大中祥符六年(公元1013年)，"诏广州知州给添支钱，自今以七十万为添支，五十万为公用。"即州以上公使钱由朝廷发给，州以下官署公使钱由州支付。南宋知县每月公使钱仅十五贯。由于公使钱属于非工资性的行政支出，严禁用来馈送来往官员，但当官吏俸禄不足时，也有"得私人"的记载。每年公用钱的支出，仅在京职事官，元祐(公元1086年—1093年)初即为七十五

万贯，如果加上由中央财政核拨的州及州以上地方政府的公用钱在内，当在百万贯以上。

六、水利及漕运

鉴于五代藩镇跋扈，国家长期处于分裂的教训，宋立国之初，实行中央高度集权制度，强干弱枝，集重兵于京师，造成以中央压倒地方之势。汉唐时，京师驻军不过三数万人，《宋史》说，到宋时，"天下甲卒数十万众，战马数十万匹，并萃京师，……比汉唐京邑，民庶十倍"。由于兵员和人口集中于京师，以粮食为中心的物资供应就成了政权能否巩固的关键，从而开发水利，便利漕运便成了中央政府的当务之急。首先，宋王朝定国都于运河要冲之汴京(开封)，以利储运；其次，整理运河，保证漕船畅通。

宋王朝疏浚整理的运河主要有汴河、蔡河、五丈河、金水河等四条。汴河，沟通淮河与黄河，为北宋连接京师最重要的运河。但因黄河经常泛滥改道，汴河溃溢亦难以幸免。故建隆二年(公元961年)，组织民工在上游疏导了索水与须水，使之合流入汴。次年又在沿汴河州县，课民夹岸植柳榆等树木，以固堤防。汴河一旦溃决，朝廷便会组织成千上万人力紧急堵塞决

口，以策安全。蔡河，又名闵河，后改为惠民河。因河身浅，于建隆元年(公元960年)加以疏浚，建设斗门(闸)调节水量，并引上流闵水与之合流。次年又疏浚下游，南入颍川。此项兴修工作，历时两年，其后不断加以改善，使蔡河得到上流诸水注入的调节，航运更为便利。五丈河，因河阔五丈而得名，后来有人认为河名太土，遂改名为广济河。由于此河河床淤泥沉积，舟行不便，宋初加以整理；建隆二年(公元961年)集合丁夫数万，一面疏浚河身，一面引其他河流之水流入此河，借以增加水量，冲刷河床。金水河，又名天源河，其开凿亦在建隆二年。是年征集大批水工，自荥阳黄堆山凿渠，引水过中牟，凡百余里，直抵都城，汇入五丈河。

北宋漕运分为四路：一路是江南、淮南、浙东西、荆湖南北六路之粟，自淮入汴(河)至京师；二路是陕西之粟，三门白波转黄河入汴至京师；三路是陈蔡之粟，自闵河蔡河入汴至京师；四路是京东之粟，自五丈河历陈济入郓至京师。四路河运，以汴河运量最大。

《文献通考》载，宋代凡"辇送上供钱帛，悉官给车乘，当水运者，官为具舟，不得调发居民"。因此，为了运

清徐扬绘《姑苏繁华图》
描绘了宋代繁忙而发达的漕运。

若干年份漕粮运额表

（单位：万石）

年　份	河　运	米	粟	菽
太平兴国六年（公元981年）	汴河岁运江淮	300		100
	黄河运		50	30
	惠民河运		40	20
	广济河运		12	
至道初（公元995年）	汴河运	580		
大中祥符初（公元1008年）	（京城积粟）700			

注：太平兴国六年，运粮总额为552万石。

若干年份物资运额表

咸平年间(公元998年—1003年)	金帛租布等(岁运)	66万匹
天禧年间(公元1017年—1021年)	金帛缗钱	231000余贯两端匹
	珠宝香药	275000余斤

输粮食和其他物资，朝廷必须造船。其造船之数，至道（公元995年—997年）末，为3237艘；天禧（公元1017年—1022年）末，减421艘。嘉祐四年（公元1059年）诏罢所运菽，减漕船300艘。

在运河上运粮的漕船，经常保持6000艘之数。每船载粮300—400石，一年往返三四次。每船一年平均运抵汴京的粮食约1000石，合计约为600万石。运输时以10船为队，称为"纲"，由使臣一人负责押运，后来又合三纲为一纲，由三人押运。其之所以称为纲，乃纲举目张之意。

南宋偏安，是靠南段的运河连贯长江，而尽漕运之利。漕米由镇江入运河，供给临安(杭州)。政令及行政人员，由运河入长江而达于西南。所以《陆放翁全集》中载有陆游的描述："自京口抵钱塘，梁陈以前不通漕，至隋炀帝始凿渠八百里，皆阔十丈，夹冈如连山，盖当时所积之土。朝廷所以能驻跸钱塘，以有此渠耳。汴与此渠，皆假手隋氏而为吾宋之利，岂亦有数邪？"

南宋时，以诸路纲米1/3送行在，余输京师；至于诸路现金银绢帛，并输送行在。因此《古今图书集成》载，绍兴年间(公元1131年—1162年)，亦"造舟置仓，修闸浚河，以便漕运。"绍兴三年(公元1133年)，"诏开临安运河"；绍兴五年(公元1135年)，"诏募民开浚瓜洲至淮口运河。"绍兴十六年(公元1146年)，"浚运河科拨诸路上供米"。淳熙五年(公元1178年)，"开运河水浅处，以通漕舟"，十一年(公元1184年)，"有司请浙西运河先浚丹阳镇江等处"。

除了为漕运而治河外，宋王朝也重视其他河流的治理。《长编》载：仁宗天圣五年(公元1027年) 黄河在滑州决口，"发丁夫三万八千，卒二万一千，缗钱五十万，塞决河。"元丰(公元1078年—1085年)时治理洪泽河，"计工百五十九万七千，役民夫九万二千一月，兵夫

二千九百两月，麦米十一万斛，钱十万缗。"

此外，宋王朝也进行其他工程建设。政和元年至三年(公元1111年—1113年)动用"兵士八万一千余工，钱二十二万八千余贯"，维修滑州浮桥。政和四年(公元1114年)，曾"于新税钱内支援粮米"，用于修建河南府天津桥。

七、赈恤和赒贷

赈恤，就是在饥馑荒歉的年份或地区，救灾恤民。赈恤，是朝廷笼络人心的示恩手段，包括赈贷、赈粜和赈济。赈贷是将粮款借给灾民，以后要归还；赈粜是将官粮平价卖给灾民；赈济则是无偿给灾民提供粮物。宋代建有常平仓、义仓、广惠仓和社仓，用于赈济救灾。每当灾荒发生后，皇帝往往用下达诏书的方式宣布

商品贸易中的称量工具
宋朝中国贸易市场中的称量工具叫"铜则"，它的重量单位是当时的标准重量"担"，折合为现在的重量是64公斤。

赈灾。大中祥符五年（公元1012年），"令江、淮南发运司留上供米两百万斛以备赈粜。"绍圣二年（公元1095年），"诏内藏库支钱十万贯，绢十万匹，分赐河北东、西两路提举司准备赈济。"《文献通考》载，建隆三年(公元962年)，"扬泗饥民多死，郡中军储尚有余万斛，倘以贷民，至秋收新粟"。"淳化二年(公元991年)诏：永兴、凤翔、同华、陕州等，岁旱，以官仓粟贷之，人五斗。""英宗治平四年(公元1067年)，河北旱，民流入京师待制，陈荐请以粜使司陈粟贷民，户二石，从之。"这些都属于赈贷范畴。

宋代重视社会保障，在京师建有福田院供"老疾孤穷丐者"，每年从内藏拨钱500万，后增为800万。崇宁(公元1102年—1106年)初，又置居养院，安济坊，三年置漏泽园。后"诸城、砦、镇、市户及千人以上有知监者，依各县增置居养院、安济坊、漏泽园。"宣和二年（公元1120年），诏："居养、安济、漏泽可参考元丰法，裁立中制。应居养人日给粳米或粟米一升，钱十文省，十一月至正月加柴炭，五文省，小儿减半。安济坊钱米依居养法，医药如旧制。漏泽园除葬埋依见行条法外，应资给若坌醮等事悉罢。"

如果说赈恤是做加法，则蠲贷是做减法。所谓蠲贷，就是遭遇荒歉时，朝廷对灾区百姓的赋税积欠或钱帛上供，予以减免。

《文献通考》称，宋"蠲租已责之事，视前代为过之，而中兴后尤多。州郡所上水旱、盗贼、逃移、倚阁钱谷，则以诏旨径直蠲除，无岁无之，殆不胜

宋若干年代赈济表

年　份	数　额	对　象
建隆八年（967）	100000 石	平江南，赈城中饥民
太平兴国八年（983）	40000 石	赈同州饥民
淳化五年（994）	每州 500010000 石	宋亳陈颖
咸平二年（999）	100000 石	两浙贫民
隆兴二年（1164）	400000 两（银）	江浙
淳熙八年（1181）	会子 220000	振粜
淳熙十年（1183）	米 1420000	兴国，南康

书。……建炎以来(南宋),军兴用度不给无名之赋稍多,故不得不时时蠲减数目,以宽民力"。

八、教育

宋代以私塾教育为主,政府开办的官学为辅。崇宁元年(公元1102年),"天下州县并置学,州置教授二员,县亦置小学。县学生选考升诸州学,学生每三年贡太学……州给常平或系省田宅充养士费,县用地利所出及非系省钱。"朝廷在京师建辟雍,作为贡士学习、生活场所。由中央财政负担费用的主要是国子学和太学。元丰二年(公元1079年)曾颁《学令》,规定每年给国学赐钱25000贯。郡县学则以地方财政的学田租、屋课、息钱的收入,作为办学经费。宋代也有民办公助学校,《徂徕石先生文集》称:"故仆射相国沂公,初作青州学成,奏天子,天子赐学名,且颁公田三十顷。"除一般学

校外,宋代政府还开办宗教、法律、武学、算学、画学、医学等不同专业的专门学校,皆有相应的财政支出。

一、中央财政管理机构及职能

五代十国的财政管理机构,在大致遵循唐朝旧制的基础上略有差异,如以户部、度支、盐铁为三司,管理国家财赋;后唐天成元年(公元926年),

宋人科举考试图

479

三司合为一司，仍称"三司使"。有的朝代，也有租庸使之设，其职责亦如唐代。在财政体制上，后唐庄宗时，有桑田正税的"三司上供"、"州县上供者入外府，充经费"，可见后唐仍实行"上供、送使、留州"制度。

宋代民政、军权、财政三权分立，宰相只管民政，三司使掌控财政。三司亦称计省，独立于二府，即政事堂、枢密院之外。因其通管盐铁、度支、户部三部分，故名三司；其长官三司使亦称计相，总理财政大计。《建炎以来朝野杂记》载，"国朝(宋)承五季之旧，置三司使，以掌天下利权，宰相不与。"《宋史》载："三司属官有盐铁、户部、度支。盐铁，掌天下山泽之货，关市、河渠、军器之事，以资邦国之用。度支，掌天下财赋之数，每岁均其有无，制其出入，以计邦国之用。户部，掌天下户口，税赋之藉，榷酒、工作、衣诸之事，以供邦国之用。"三司下设二十四案：兵、刑、胄、铁、商税、茶、颗盐末盐、设、赏给、钱帛、发运、百官、斛斗、粮料、骑、疑税、秋税、东上供、西上供、修造、竹木、曲、衣粮、仓。后虽多次增减，但主要部门变化不大。此外，三司还设置负责监督、审核、防漏、补阙事务的十余个子司，如：三部勾院

和磨堪司，职能是审计核准全国财赋。还有都主辖支收司、拘收司、理欠司、开拆司、发放司、勾凿司、催驱司、受事司、衙司等等。

由于三权分割，尚书省的户部，名义尚存，职务全失，宰相不能管财政，流弊甚多。章俊卿在《群书考索》中把其中的弊端揭露殆尽，他说："古者冢宰制国用，唐以宰相兼度支，今中书主民，枢密主兵，三司主财，各不相知，故财已匮，枢密益兵无穷，民已困，而三司取财不已。"

因此，到了王安石时，为推行新政，扩大了宰相的权限，将部分财权划归宰相掌握。规定除税赋、常贡、征榷仍归三司外，茶、盐、坑冶、常平、免役、坊场、河渡、绝户没官、禁军阙额之财，号称朝廷封桩，皆由宰相掌握，贮藏于元丰库，三司不得过问。元丰(公元1078年—1085年)后，罢三司，将三司的职能大部划归尚书省（相当于现代之国务院）之户部掌管。户部所属有户部左右曹、度支、金部、仓部五司。左曹掌管日常赋役；右曹掌管王安石变法的各项新政；度支掌管计度支出；金部掌管金帛入存；仓部负责粮食贮藏。后各司职能多有变化，尤其各司下设诸案几经变更。户部尚书为户部长

官，形式上总辖财政，但实际上户部尚书所掌管的岁入仅四百万缗，其职务不过是掌管京师官吏诸军的俸禄而已。因为户部的左曹虽名义上隶尚书，而实际上右曹归右曹侍郎掌管，不属于尚书。右曹的职权是掌管常平、免役、坊场、山泽等朝廷封桩之财。此后，财政大权，有属于天子者，有属于宰相者，也有属于户部者。户部所掌管的为经常性支出的经费，宰相及天子所掌握的为预备费。

南宋时，左曹设户口、农田、检法三案，右曹设常平、免役、坊场、平准、检法、知杂六案。度支部设度支、发运、支供、赏赐、掌法、知杂等案。金部设左藏、右藏、钱帛、榷易、请给、掌法、知杂。仓部设仓场、上供、籴籴、给纳、知杂、开拆等案。后来，朝廷将右曹之财亦归并于左曹，并设立总领所掌管。全国设淮东、淮西、湖广和四川个总领所，分别设衙于镇江、建康、鄂州和利州，各自管理其驻地诸军的钱粮。这样，户部的财权无形之中有一部分被总领所分割了。

可见，分而治之，自始至终是宋代治国的一贯思想。以至于朱熹在《朱子语类》中就曾指出："今朝廷之财赋不归一，分成两三项，所以财匮，且如诸路总领赡军钱，凡诸路财赋之入总领者，户部不得而预也。其他则归户部，

宋人绘杂剧《眼药酸图》宋代杂剧往往取材于民间市井小人物作为剧中主人公。

户部又未尽得，凡天下之好名色钱容易取者多者，皆归于内藏库、封桩库，惟留得名色极不好极难取者，乃归户部。故户部所得者，皆是枷棒栲箠得来，所以户部愈见匮乏。"说明南宋时，国家的赋税分头征收，户部没有武力背景，良好的财源尽被夺于其他的财务机关，只有不易征收的税源才归户部征收。为除此弊，南宋孝宗（公元

1163 年—1189 年)时，宰相又兼户部(兼带国用使)。至贾似道为相时，权力更为集中，天下财赋，宰相一言九鼎，专权跋扈达于极点，直至宋亡。

此外，宋代根据不同事由朝廷还常常特设一些专门机构，如提举坑冶司，都大提举茶马司，提举市舶司；特派一些财政官员，如转运使、发运使等到各地掌管一路财赋的储积和转送等

元丰(公元 1078 年—1085 年)以前，三司管理机构及职能

三司使	盐铁七案	兵案、胄案、商税案、都盐案、茶案、铁案、设主案（旬设节料，斋铁餐钱等）
	度支八案	赏给案、钱帛案、粮料案、常平案、发运案、骑案、斛斗案、百官案
	户部五案	户税案、上供案、修造案、曲案、衣粮案

元丰(公元 1078 年—1085 年)后，三司管理机构及职能

理财官	户部(尚书)	北宋	左曹（五案，南渡后分三案）
			右曹（五案，南渡后分六案）
		南宋	度支（五案）
			金部（六案）
			仓部（六案）——南渡后，罢司农，并此
	司农寺		掌仓储委积
	太府寺		掌库藏出纳平准贸易之事

事务，最终形成中央与地方财政之间的承转机构——各路转运司。

二、地方财政管理机构及职能

为了改变唐末五代财力分散局面，宋太祖开国，厉行中央集权。《文献通考》载，"乾德三年（公元965年），诏诸州度支经费外，凡金帛悉送阙下，毋得占留……六年诏诸州通判官粮科院至任，并须躬自检阅帐籍，所列官物，不得但凭主吏管认文状。"这样，外权削而利归公上，财权悉数集中于中央。《宋史》对当时财政充盈作了这样描绘："祖宗之时，国计所仰，皆有实数：有额上供四百万，无额上供二百万，京师商税店宅务抵当所诸处杂收钱一百余万。三司以七百万之入，供一年之费，而储其余，以待不测之用。又有解池盐钞晋矾市舶遗利，内赡京师，外实边鄙，间遇水旱，随以振济；盖量入为出，沛然有余。"后来随着政权日益巩固，朝廷逐步下放财权，部分恢复唐代旧制，即将财政收入，分为上供、送使、留州三部分。上供解交中央，送使解交诸使，留州则供地方自用。

宋代地方财政管理机构按行政级别划分为州郡和县两级。朝廷将征收任务分派给州郡，再由州郡分派给各县具体负责征收，所征财赋再由州郡

宋孩儿枕

转输朝廷。地方的各项支出也由州郡一级负责调度审核。知州或知府既作为州郡的行政长官，也是财政局长，主管州郡财政事务。州郡每年将田赋及附加杂税，茶、盐、酒专卖收入、商税、头子和牙契的大部分，按照中央规定，一部分上供朝廷；一部分作为地方支用：包括由本州郡负担的本路经费和本州及下属各县的经费。如：军队供应、官员俸禄、公使钱和杂项支出——贡献支出、赡学费、宗室赡养费、造军器、漕船支出等。到南宋，州军还要定额向总领所支拨军需财赋。《宋会要辑稿》称"州郡财计，除民租外，全赖商税。"

知县也同样，既是行政长官，也是财政局长，负有平衡本县财政收支的责任。《州县提纲》强调："视事之初，

预计一岁所入之数与所出之数有无亏赢，有亏则公勤措画。"也就是说，由州郡向各县分派的田赋及杂税的征收任务，县级政府都要组织里正、户长，负责催征。商税和酒专卖收入，县级除按规定留用一部分外，其余一律上缴，送至州郡，再由州郡送至朝廷或支用。县财政本身可支用部分只有州郡令其直接转输军需或支付官俸和公使钱。

宋代上供，主要物质形态是粮、帛、钱，初无定制。《文献通考》载，开宝五年（公元972年），运江淮米数十

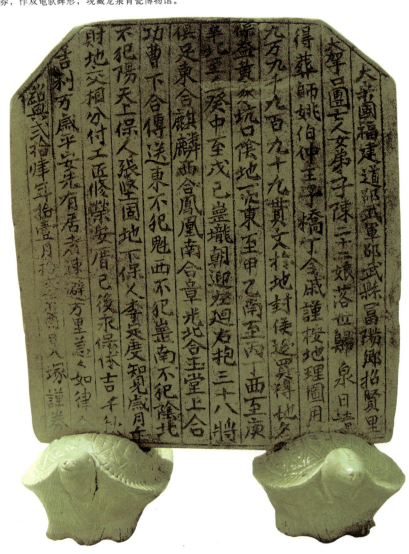

南宋绍兴二十四年（公元1154年）陈二十二娘青瓷买地券，作双龟驮碑形，现藏龙泉青瓷博物馆。

万石赴京，充军食。太平兴国六年(公元981年)，规定岁运三百五十万石。景德四年（公元1007年），以十年(至道二年至景德二年)酌中之数，定为常额，即淮南、江浙、荆湖南北路，共上供六百万石，这是米纲。存上供之名，取酌中之数，定为年额，而其遗利则付之州县。大中祥符元年(公元1008年)，诏谓五路粮储，已有定额，其余未有条贯，遂以大中祥符元年以前最为多者为额。银纲立额，盖始于此。天禧四年(公元1020年)四月三日，立定钱额，以后每年依此额数起发。地方上供朝廷的收入在北宋至道（公元995年—997年）末的财政支出中：钱约为10%，绸42%，绢51%，金100%，银67%。其中不包括朝廷自收的专卖等项收入。

到了南宋末年，中央与地方收支关系日趋恶化，不少地区非但谈不上上供，反而要中央转移支付。《文献通考》称，宁宗(公元1194年—1224年)时，国计（即财政）由曹版主管，分曹版之责任者，内有"司农寺"，外有"四总领"。司农寺岁催之额，米以石计，凡130余万；钱以缗计，凡160余万。以既入之钱，籴未足之米，总约200余万，而后可以收支相抵。四总领中，以四川总计的收入为例，其收入约为缗钱

2200余万。这在和议未绝，烟尘不警之时，尚可勉强过去。其后由于边戍倍增，用度益广，便不易酬应，于是只好由中央补助700万缗。这一窘迫状况，不仅四川总计如此，其他如湖广总计，淮东、淮西总计也不例外。

三、国库及漕运制度

宋代国家财政分为两块，由三司或户部直接管理的为国家财政，贮存在左藏库、元丰库、元佑库，是为外库；由皇帝直接支配的为皇室财政，贮存在内藏库和奉辰库，是为内库。内库之产生始于宋初，当时皇帝以抵御外侮，赎回燕蓟为名开始建立内库。内库又称封桩库，是国家财政的剩余钱财，划拨积贮，以供非常之用。内库置于户部三司的权限以外，是天子的内帑，由宦官等内臣负责管理。在初设内库时，除积左藏库的结余外，也有指定数十州之绢，而入于内库者。大中祥符五年（公元1012年）扩建为四库，金银库，珠玉、香药库，锦帛库，钱币库。

《文献通考》载，"国初贡赋，悉入左藏库，及取荆湖，下西蜀，储积充羡，始于讲武殿，别为内库，号封桩库，以待岁之余用。""帝尝曰，军旅饥馑，当预为之备，不可临事厚敛于人，乃置此库。"

内库的钱财，供非常之用，这里包括用兵、水旱赈给、庆泽、赐赏等项目。《群书考索》称："宋朝置朝藏奉宸等库，其实欲蓄积以待非常之用，军兴赏赉则用之，水旱灾伤赈济则用之，三司财用乏，则出以助之，诸路财用乏，则出以助之。"

而实际上，内库钱帛多用之于三司户部的补充、赐予、郊祀，以及王室享乐之用。所以朱熹在《朱子文集》中说："其为说曰，内帑之积，将以备他日用兵进取不时之须，而版曹（指户部尚书左曹侍郎）目今经费已自不失岁入之数，听其言，诚甘且美矣；然自是以来二十余年，内帑岁入不知几何，而认为私贮，典以私人，宰相不得以式贡均节其出入，版曹不得以簿书勾考其在亡；其日销月耗以奉燕私之费者，盖不知其几何矣。"

由于皇室之财充裕，每遇国家财力不足，便常发生国家财政向内库借用事例。例如真宗（公元997年—1022年）时，三司使借用内库的总额达6000万；淳化至景德年间（公元990年—1007年），每年多则300万，少则100万。由于内库储财初无定额，惟外库——左藏库有余财时方可移库收藏。熙宁始，常赋的一部分送内藏库；神宗时，宋朝

大肆铸造钱币，新铸钱的一部分也进入内藏。另外，一些坊场商税钱也部分直接入内藏。这使内藏库的钱币骤增，且已超出历朝内藏为皇室私藏的范围。到了神宗熙宁二年（公元1069年），内库有了定额，于是外库剩余移库已不能满足内库的要求了，于是便产生了内库侵蚀外库，皇室财政影响国家财政的问题。所以朱熹在《朱子文集》中说："徒使版曹经费阙乏日甚，督趣日峻，以至废去祖宗以来破分良法，而必以十分登足为限。以为未足，则又造为比较监司郡守殿最之法，以诱胁之，不复问其政教设施之得失，而一以其能剥民奉上者为贤。于是中外承风，竟为苛急，监司明谕州郡，郡守明谕属邑。不必留心民事，惟务催督财赋。此民力之所以重困之本。而税外无名之赋，如和买、折帛、科罚、月桩之属，尚未论也。"一针见血地指出了内库的流弊。

宋朝在地方建有常平仓、社仓、义仓，主要为了调度财赋，平抑物价或救济灾困。诸州通判官到任后，都必须亲自审阅账籍所列官物，主库吏三年一任，届满易人。

宋代财政主要是实物形态的收入，要将这些收入从全国各地，特别是江

大道之行
中国财政史

南等地转运到朝廷的重要方式是漕运。宋代执掌漕运的机构为四排司，分东、西、南、北四个司。东司掌汴河东运江淮等路纲船输纳及粮运至京师；西司领由陕西诸州菽粟入汴河达京师；南司领惠民河、蔡河入京漕粮物；北司领广济河入京漕粮物，共有近万人负责漕运事务。另外，转运司、发运司设转运使和发运使，主要职责是督促地方将财赋转输朝廷。因为，漕路的通达与否，直接关系到皇室及官吏、军队及京城居民的衣食住行。

清末年画《洛阳桥》

洛阳桥是我国现存最早的跨江接海的梁式大石桥，桥长360丈位于泉州东郊的洛阳江上，公元1053年由泉州太守蔡襄主持修建。

四、预决算和会计录

《宋史》载，宋太宗时，为了"周知原委，出入有常"，以丞相兼国用使，参知政事兼知国用事，设所属两官参政国家内外财赋所入，经费所出，统核一切会计事务。淳化元年（公元990年）始，三司每年将"见管金银、钱帛、军储等簿以闻。"后将三司改为总计司，"左右大计分掌十道财赋。令京东南北各以五十州为率，每州军岁计金银、钱、缯帛、刍粟等费，逐路报总计司，总计司置簿，左右计使通计置裁给，余州亦如之。"建立起从中央到地方的预、决算制度。

会计、统计和审计工作是预算管

理的重要组成部分。咸平年间（公元998年—1003年），盐铁使陈恕即主持编写了《咸平占额图》，运用大量统计数据，分析军、民、财三者的比例关系。宋代各朝大部分多编有会计录，会计录始于唐代，唐宪宗元和二年（公元807年），宰相李吉甫撰《元和国计簿》，上呈皇帝。《元和国计簿》中(将元和与天宝做了个对比），列举着天下的户口数、州县数、岁出入数、官员养兵数等。其结论是税户减了3/4，兵员增了1/3（大率是二户养一兵）。

宋代的会计录是依照李吉甫的国计簿编制的，有景德、祥符、庆历、皇祐、治平、熙宁、元祐、宣和、绍兴、乾道、绍熙、庆元、端平等会计录，又有元丰年间所造的中书备对。《玉海》一书对此作了记载。

《景德会计录》是真宗景德四年（公元1007年），权三司使丁谓编纂的，分为户赋、郡县、课入、岁用、禄食、杂记等六项叙述；《庆历会计录》是仁宗庆历三年（公元1043年）三司使编造的，共两卷，记载了京师出纳及十九路钱帛刍粮之数。

《皇祐会计录》有两种，一种是仁宗皇祐二年（公元1050年）田况所撰，共六卷，体例仿丁谓的《景德会计录》，分为户赋、课入、经费、储运、禄赐、杂记六项(另以宫馆祠宇为附)，记其出入之数。数字的选择，采取一年中的中数为准，总其所记，财赋所入多于景德，其岁所出又多于所入；另一种是王尧臣、王守忠、陈升所撰，于皇祐四年上献于皇帝，共七卷，谓皇祐元年收入共一亿两千六百二十五万一千九百六十四，而所出无余。

《治平会计录》是英宗治平四年(公元1007年)三司使韩绛编纂的，上于神宗(时英宗已死，入神宗朝)，一说是蔡襄所编，《治平会计录》共六卷，按其所记："岁入一亿一千余万，出一亿二千余万，诸路积一亿万，而京师不与。"

《熙宁会计录》是神宗熙宁时(公元1068年—1077年)编的，《玉海》中称《熙宁会计司》，而《群书考索》(后集，《财用门》)中则称《熙宁会计录》，名异实同。会计司的官，是主办财政统计的，统计数字总起来则成会计，统计的项目涉及户口、税赋、场务、坑冶、河渡、房园之类，租额年课，及一路钱谷出入之数。有了这样的统计，可以"岁校增亏，以能否为黜陟"。

《元祐会计录》是哲宗元祐三年(公元1088年)户部尚书韩忠彦、侍郎苏辙及韩宗道等编撰的，就收支、民赋、课入、储运、经费五门作出了元丰八年(公元1085年)度的统计，其编撰的目的，无非是因为"一岁天下所收钱谷金帛等物，未足以支一岁之出，欲取费用，详加裁节，多不伤财，少不害事，……浮费并行裁省"，其效果是"前后裁减浮费约及二十余万贯"，但内藏右曹之积，天下封桩之实，非昔三司所领，未入于会计录内。

《祥符会计录》是真宗大中祥符九年(公元1116年)林特编纂的，凡三十卷，记载着大中祥符八年度的户口财赋。

《宣和会计录》并非全国性的，只是地方性的书，那便是"宣和两浙会计总录"与"河北根本录"两种。前者是徽宗宣和七年(公元1125年)两浙转运副使程昌弼所撰，"分别科目，使多寡出入盈虚登耗之数，可指诸掌"；后者徽宗大观中漕臣任谅所撰，"凡户口升降，官吏增损，与一岁出纳奇赢之数，皆披籍可见"。

《绍兴会计录》是南宋高宗绍兴五年(公元1135年)，由殿中侍御史张绚

宋代道教人物纹镜

上奏而编纂的，原意是记载绍兴元年至四年（公元1131年—1134年）的数字，但后因"动经岁月，方可成录，故但具去年出入之数"。

《乾道会计录》是孝宗乾道六年(公元1170年)，因发运史正志之请而撰的，淳熙六年(公元1179年)，臣僚请编会计录。此两者似未完成，因那时皇帝曾说："向者欲为此录，缘取民太重，色目太多，若遽蠲则妨经费，须他日恢复之后，乃可尽除之"，这可见那时因税捐太重，苛杂太多，实不易造会计录。

《绍熙会计录》是光宗绍熙元年(公元1190年)命叶翥等编撰的。

《庆元会计录》是宁宗庆元时命赵师炳及杨文炳所编，于庆元三年(公元1197年)完成的。

《端平会计录》，为理宗端平元年(公元1234年)编纂。

所谓《中书备对》，亦与会计录同样性质，完成于神宗元丰年间(公元1078年—1085年)，由毕仲衍撰，共三十卷。

宋朝审计监督机构在元丰前有三司下属的勾院、磨勘司和理欠司，负责

勾会内外赋敛、经费出纳、通欠等。元丰改制后主要由比部负责，即监督从财政内部走向外部，从而使监督更加有效了。另外，监察百官的御史也负有监督财政官员的责任。《通考》称，"比部掌勾稽文帐，周知百司给费之多寡，凡仓场库务收支各随所隶以时具帐籍申上，比部驱磨审核而会计其数，请受文历每季终取索审核，事故往支及赃罚欠债负责迫索填纳，无跨昧则勾销除破"。

宋朝对各级官吏都有考核制度。考绩地方官吏的其中一项即完成赋税征课状况。且在各种赋税征收制度中也常出现处罚条例。执法不严要受处罚，执法犯法更要严处。南宋《庆元条法事例》载，当时法律规定："诸课利场务年终比较租额，亏……满五厘……监官罚俸半月，每一分收各加一等，至三分五厘上。"在太平兴国二年（公元977年）盐法中规定："并诸色人，擅出池场盐，或将盗贩以及芨余裹私货鬻者，并依前项条流，监当主守

清代《秋声赋意图》
表现了宋代大文豪欧阳修名篇《秋声赋》的意境。

职官，不计多少并奏裁。当加极典。"文中的"条流"指走私盐百斤以上者，决杖二十，刺面押赴阙。

一、目标决定手段：宋代赋税收运网络引导行政区划的变革

宋以前的行政区划多以山川形势、地理特征来设置。宋太祖鉴于唐末五代中央财政为地方割据势力所侵蚀，建立了以赋税转运为网络的路级行政督察区，设置了相当于大区财税长官的路转运使。

宋朝建立之初，政权尚未稳固，统一战争仍在进行，为保证战争后勤供应所需的国家财政收入是个重要问题。因此，从根本上改变唐末五代以来地方藩镇割据、赋税自收自用的积弊成了宋王朝的当务之急。为了强化赋税国家化的职能，宋太祖建国之初即派京官去地方参与财政管理。乾德二年（公元 964 年），赵匡胤接受丞相赵普的建议，进行财税体制改革，下令地方各州每年财政收入除少量留地方支用外，其余钱帛之类全部运送京师。次年，即乾德三年（公元 965 年），又重申各州除度支经费外，地方财政收入一概送京师上交中央，同时朝廷开始在各地设置转运使，专门负责水陆两路赋税收运事务。当时人们将这种收运网络所形成的地域范围称为某某路，不过当时的路还不涉及地方行政。

宋朝初年，地方行政区划沿袭唐代的道制，太宗初平定五代诸国时，分全国为 13 道。淳化四年（公元 993 年），改为 10 道。

转运使路初置时，其职掌仅限于管理财政赋税，后来宋王朝有鉴于唐及五代诸国亡于藩镇的沉痛教训，尤其是节度使在其辖区之外再兼领"支郡"，造成中央政府直接控制的地盘狭小，权力削弱，至太平兴国中，朝廷尽罢藩镇支郡，将行政管理权悉数收归中央，于是节度使权力尽削，各路转运使的职权迅速膨胀，"边防、盗贼、刑讼、金谷、按廉之任皆委于转运使"。至道以前，路的设置很不稳定。至道三年（公元 997 年），始定全国为 15 路。这以后北宋的行政区划又屡有分合，元丰八年（公元 1085 年）才改定为 23 路。

除上述转运司（称漕司）路外，又有提点刑狱司（称宪司，管司法）路、安抚司（称帅司，管军事）路、提举常平司（称仓司，管仓廪输买）路等。诸

司辖境并不一致，但为解决赋税收运的突出问题，北宋一代始终以转运司路为主。这与北宋开国皇帝赵匡胤发展经济、增收赋税、以财立国的指导思想有关。早在开国之初，他就用财富爵位的手段，"杯酒释兵权"，解决石守信一类功高震主的功臣问题，取得了很大成功。同时，他又用灾年多招兵的办法解决了饥民造反的问题，且用在军营附近遍设酿酒作坊，开办官营酒楼，首创以官妓招引客人饮酒消费的手段，解决随之而来的军饷问题。同时，坚信钱能通神的赵匡胤又构建了一个叫"封桩库"的仓库，储积国家财政的节余，设想到这个仓库充盈以后，就用内藏的财富赎回后晋石敬塘时（契丹的儿皇帝）被契丹族（辽国）占领的汉族聚居区——燕云十六州。倘若辽国不同意，便用这些钱财招募天下勇士，用战争手段来夺取这十六州土地。尽管由于各种原因，赵匡胤"世路崎岖钱作马"的诸多设想未能完全实现，但它对转运司路为主的政区设置却产生了莫大的影响。宋代的路一般设都转运使、提点刑狱、提举某路常平公事等职官，负责一路的吏治、民刑案件及财政事务。此外又设经略安抚使，掌一路的地方军事，且通常以本路的知州知府充

任。

南宋因战争不断，且财政问题经北宋167年的整顿已相对稳定，宋高宗赵构认为政区设置必须改以军事防御为中心，故其将政区设置从转运司路为主改为以安抚司路为主。分全境为16路。

二、重文轻武的宋王朝在恶性通货膨胀中走向灭亡

宋王朝的开国皇帝赵匡胤模仿后周开国皇帝郭威对付后汉皇室的手法，以大将身份和用"陈桥驿兵变"的把戏夺取了中央政权。为了巩固政权，杜绝第二个"赵匡胤"在自己眼皮底下"黄袍加身"。赵匡胤听从了赵普"杯酒释兵权"的建议，用经济利益换取武将手中的军权，避免了汉高祖刘邦大开杀戒，以暴力收回军权的血腥手段。这种温和处理下属武将的办法，不仅比较人道，而且有效地控制和结束了五代十国朝代频繁更迭的局面，有利于刚刚建立基业的大宋王朝的稳定和发展。

正如世界上任何事物都要"一分为二"一样，"限制武官、防范武臣"的宋王朝，在中央设立枢密院，把兵权调动之权赋予枢密院，分离军队的统兵权和调兵权，统兵的将领大多临时指派，从而彻底割断了唐末五代"兵为将

大道之行
中国财政史

宋徽宗《听琴图》
宋徽宗（弹琴者）经常以这种方式和他的近臣（右侧坐者）切磋交流艺术心得。

作战效率低下，失败同样不可避免。与之相比较，五代以前的秦、汉、魏、隋、唐这些朝代的末期虽然没落腐败，但中国的社会制度并不落后，中国的生产力、文化科技、军事力量都比较强大，例如唐王朝下属藩镇的兵力就能轻松解决外族入侵的问题，而不用烦劳中央政权劳师动众。

不仅如此，宋王朝还常常怕武将羽翼丰满，重演"黄袍加身"的故事。南宋初年诛杀岳飞就是其中的典型事例。当时岳飞已经在对金作战的过程中占居优势，连番大捷不但没有使南宋王室高兴，反而起了警惕之心。怕岳飞在灭金的过程中势力膨胀，日后难以控制，而不惜以"莫须有"之名将其置于死地。宁可对金称臣割地求和，也不愿意岳飞北

有，亲党胶固"的官兵关系，"黄袍加身"也不可能重演了。这样一来皇帝以为可以高枕无忧了，但带来的后果也十分严重，不但将不知兵，兵不知将，而且军队临阵作战都要按朝廷在京城开封制订的方案进行，领军作战的将领只能墨守成规，难以灵活运用，导致

宋李公麟《西园雅集图》
李公麟以白描写实的方式描绘了他与苏东坡、黄庭坚、米芾、蔡襄、秦观等名流在驸马都尉王诜府中作客聚会的情景。

势的状态。

宋王朝在立国之初就制定文治天下的方针，从而使经济建设有了较快速度的发展，成了中国历史上著名的繁荣时代，曾有西方历史学家赞誉中国早在宋朝就已进入商业社会。当时，商业繁盛，通行的货币有铜钱、白银。太宗(公元977年—997年)时期，每年铸币80万贯。到神宗熙宁六年(公元1073年)，已达600余万贯。由于佛教兴盛，大量铜钱被铸成佛像，再加上国际贸易发达，入口商品猛增，造成大量铜钱、白银外流，以至于硬通货短缺不得不铸造笨重的铁钱。为了利于交易，真宗(公元998年—1022

伐成功，这就是南宋皇帝的真实心态。

再说在冷兵器时代，农耕民族的军队本来就不如辽、金、元游牧民族的军队，因为游牧军人平日的生活习惯就具备实战性质，整天骑马射箭，放羊打猎，用不着刻意训练，就是天生剽悍的战士。因此，在与辽、西夏、金、元等势力的对峙和斗争中，这一因素也决定了宋王朝的军队必然长期处于劣

淳化金币　北宋皇室为五台山佛寺特制的黄金供养钱1988年春五台山佛教圣地中台顶佛塔旧址清理塔基时发现，是宋太宗淳化年间巡幸五台山烧香敬佛为五台山寺庙专门铸造的金质供养钱，充分显示出宋政权对佛教的重视。

年)时期，成都16家富商主持印造一种纸币，代替铁钱在四川使用，称为交子。这是世界上最早的纸币。仁宗(公元1023年—1063年)后改归官办，并定期限额发行。徽宗(公元1101年—1125年)时期，改交子名为钱引，并扩大流通领域。南宋于高宗绍兴三十年（公元1160年)改为官办"会子"，会子主要有东南会子（亦称行在会子）、湖北会子和两淮会子。但是为防止铜钱北流，朝廷规定在与金交界处仍然只能使用铁钱。与交子不同，会子是以铜钱为本位的，面值有1贯（1000文）、2贯和3贯三种，后增印200文、300文与500文小面额钞票。乾道五年(公元1169年)定为三年一

铜钱一贯

界，每界发行1000万贯，以旧换新。

第一界会子的发行额仅300万贯，到乾道四年(公元1168年)仅七年的时间，发行额增加到700万贯，之后固定在1000万贯。尽管会子的加印与隆兴北伐有关，但是由于作为本位的金属货币没有相应追加，币值增长指数已经达到300%以上。到理宗淳祐六年(公元1246年)，会子发行额增加65倍。会子与铜钱虽可自由兑换，但由于会子不断贬值，两者汇率也急剧走低。宁宗(公元1195年—1224年)宣布十一、十二、十三界会子同时流通后，会子之多犹如决堤之水，物价飞涨犹如脱缰野马，出现了会子挤兑铜钱的现象。嘉定二年(公元1209年)，会子换界，政府规定新旧会子以一比二的比例兑换，同时严禁不按比例兑换会子，鼓励互相举报揭发，违犯者以抄家论处。在中国历史上，凡是政府所采取的措施越强硬、越极端，说明其越无自信心，越控制不住局面。尽管采用如此强硬手段，还是阻止不住拒收会子的风潮，会子也进一步贬值，严重的通货膨胀导致社会无论哪一个阶层都遭受惨重损失。鼎沸的民怨，迫使朝廷不得不发还违犯者被无端抄没的家产，并筹措1400万贯来回收旧会子。嘉定五年后危机才渐渐平息。

从此之后，会子换界已无法正常进行。政府一旦发生财政危机，就以滥印钞票饮鸩止渴。理宗(公元1225年—1264年)亲政后，由于十六及十七界会子数量巨大，险些再度造成通货

膨胀。端平入洛之后，会子与铜钱的汇率从端平初年暴跌25个百分点。十八界会子发行量更加大。米价涨到每斗3400文，是孝宗(公元1163年—1189年)年间的11倍。淳祐七年(公元1247年)，理宗颁诏，十七、十八界会子永远使用，希望借此来抑制物价上涨。但是200文的十八界会子却连一双草鞋都买不到，会子已与废纸无异。景定五年(公元1264年)，贾似道规定十七界会子须在一月之内全部换成十八界会子，并将会子改为"金银见钱关子"，宣布关子与会子的兑换比例为1∶3。结果通货膨胀更恶性发作，以至于损失惨重而又怨声载道的百姓无不盼望早日改朝换代。继公元1127年北宋王朝被金灭亡后，152年后的公元1279年南宋王朝也终于在内忧外患中被元王朝的铁蹄所灭亡。

松涧梵香图页　马远

第八章

辽金元的财政

第一节 时代背景

一、辽金的出现和更替

元代陶车马出行俑

从服饰上看，为首骑马者为元人，跟随的侍从中则既有元人又有汉人。这组俑形象地反映了元代蒙古人入主中原的背景下民族大融合的情景。

辽（公元907年—1125年）是契丹族在我国北方建立起来的政权，它与五代同时开始，又和北宋几乎同时结束。契丹，源于东胡。北魏以降，就在今辽河一带游牧。作为少数民族，虽然与中原地区常年征战，但在政治、经济、文化等方面，它却深受着中原汉文化的影响。

契丹的开国皇帝耶律阿保机原是部落联盟的军事首领，凭借强大的军事力量，击败了的刺葛、迭刺等部落，于公元916年即皇帝位，成立了契丹国，公元938年改国号为辽，公元983年复称契丹，公元1066年复称辽。契丹建国后，阿保机逐步消灭了周边的弱小部落，又于公元926年，消灭了今辽宁东部到黑龙江南部一带的渤海国，达成区域统一。

五代清泰三年（公元936年），太宗耶律德光（公元927年—947年）统治的辽国以武力从石敬瑭手中获得了汉族地区的燕云十六州。以此为基础，辽开始了对中原地区的扩张。耶律德光数次出兵伐晋，企图征服整个中国，但均遭强烈反抗而难以实现。在太宗之后，经历世宗耶律阮（公元947—950年在位）和穆宗耶律璟（公元951—969年在位）两代，辽的统治内部出现了激烈的纷争，直到景宗耶律贤（公元969—983年在位）时，其统治才渐渐稳定下来。景宗死后，其12岁的儿子耶律隆绪即位，是为辽圣宗。由于圣宗年龄尚小，所以由其母萧太后摄政。萧太后是辽代历史上著名的女政治家，她任命耶律休哥为大将，于圣宗统和四年（公元986年）进兵攻宋，大败宋军。此后，辽国连年发兵攻宋，至圣宗二十二年（公元1004年），辽国攻至澶州城下，与宋真宗签订了"澶渊之盟"，迫使宋朝

辽铁铲

辽铁熨斗

《骑射图》 辽 李赞华绘
绢本设色，纵27.1厘米，横49.5厘米，我国"台北故宫博物院"藏。此图在艺术技巧方面，显示出典型的宋代风貌，承继了李公麟以来的人物画传统，并达到了相当的水平。画中武夫腰弓持箭，立于马前，正在校正箭杆，似在做出猎前的准备。

年年向辽国进贡"岁币"，辽宋两国从此相对安定下来。辽圣宗依靠宋国的进贡，推动了辽经济的发展，达到了历史上的鼎盛时期。

正如世界上万事万物都会从盛到衰一样，经过圣宗、兴宗（公元1031年—1055年）的盛世之后，辽国开始走向衰亡。公元1101年，辽天祚帝即位，此时随着女真族的兴起，辽国的统治逐渐受到威胁。公元1115年，金兵攻占辽国重镇黄龙府，随后又与宋朝订立"海上之盟"，共同抗辽。金兵在几年的时间里，占领了包括东京辽阳府在内的大部分辽国领土，公元1125年，金国俘虏了逃亡中的天祚帝，辽国亡。

继辽之后的金（公元1115年—1234年）是女真族建立起来的国家。女真，本名为珠里真，讹为女真。女真人原居松花江、黑龙江中下游和长白山地区，它在消灭辽之后，又消灭了北宋王朝，基本统一了中国北方。迁居中原的女真人后来融入汉族，而留居东北部分则成了后来满族的主要组成部分。

在辽统治初期，女真还处于原始

宋金文化的频繁交流：黑龙江阿城出土的铜镜
这个画面取材于唐朝李朝威的小说《柳毅传》，说明当时两地文化交流频繁。

氏族形态，但随着人口的增加与铁器的大量使用，迅速发展起来，到辽代末年，女真族已成为北方一支不可小视的强大力量。公元1114年，女真贵族完颜阿骨打誓师起义，次年，阿骨打称帝，建立了金王朝。金王朝建立后，阿骨打马上发兵攻打辽国控制女真族的咽喉要道——今吉林农安县境内的黄龙府。麻痹大意的辽国到这一危急关头才发现事态严重，但为时已晚，无力回天！公元1120年，金与宋签订"海上之盟"共同伐辽，公元1125年，辽天祚帝被俘，金国完全控制了北方，并与宋朝形成南北对峙的局面。

世界上没有永恒的朋友，也没有永恒的敌人，只有永恒的利益。在消灭辽国以后，金国把矛头直指宋朝。自太宗完颜晟起，金国大举发兵进攻北宋，虽然金军屡次遭遇北宋军民的强烈抵抗，但由于宋统治者的无能，使得金国连连得手，最终攻占了北宋都城东京开封，掳去徽钦二帝，灭亡了北宋王朝。此时，金国的统治范围东至乌苏里江以东至海，南达淮河，西接西夏，北抵外兴安岭。

赵构南渡，南宋王朝建立后，贪得无厌怀有极大野心的金国，继续向南进兵。而南宋的抗金名将岳飞、韩世忠等人对金国的抵抗使得金军实力不断消耗，无力再和南宋交战，形成了长期的南北对峙，直至金国被蒙古族灭亡。

金国在刚刚建立起来的时候，国力非常落后，在其内部还存在着一些原始制度的残余。自太宗、熙宗、海陵王以来，吸收了宋王朝的封建统治经验，进行了大量的民族迁移融合活动，公元1126年还建立了百官制度。总之，通过向汉族学习，进行全面转型，金国为北方的政治进步、经济发展打下了坚实基础，使原本落后的游牧部落转变成一个以农耕为主的封建集权制国家。

金国的后期，虽然南宋王朝对其并无任何威胁，但北方发展起来的蒙古族却成了金国的劲敌。公元1206年，成吉思汗统一蒙古各部，成为北方最强大的一支军事力量。公元1121年，蒙古开始了灭金的战争。成吉思汗、窝阔台先后发动多次对金国的战役，这大大削弱了金国的国力。为躲避蒙古的进攻，金不得不南迁至黄河以南，希望依靠黄河天堑阻挡南进的蒙古军队。但黄河挡不住蒙古骑兵的铁蹄，公元1233年，元太宗窝阔台帅军攻下汴京，金哀宗逃至蔡州，次年，蔡州破，金国宣告灭亡。从公元1115年阿骨打称帝到被元朝所灭，金前后共历九帝，存续120年。

二、替宋而起的元王朝

元朝（公元1271年—1368年）是由蒙古族建立起来的全国性王朝。蒙古族以其强大的武力，不仅征服了中原及长江以南地区，还将其控制范围扩张至整个西亚地区，成为中国历史上疆域最大的王朝。

蒙古族是一个古老的民族，他们一直过着以游牧为主的生活。在冷兵器时代，个人的体力、智力和马匹的机动能力是战争的决定因素。公元1206

年，铁木真作为人们心目中的英雄，被各部落首领推举为大汗，称为成吉思汗。在铁木真率领下，蒙古族迅速强大起来，成为中国北方一支劲旅。这支强大的武装力量，于公元1227年消灭西夏、公元1234年消灭金朝，为统一全中国做好了准备。

成吉思汗在攻灭西夏的战争中死后，窝阔台、蒙哥、忽必烈先后继任大汗。公元1271年，成吉思汗之孙忽必烈以今北京为大都建立了元王朝，从此，北京才逐渐成为历史名城，成为此后700年间中国政治、经济、文化的中心。公元1276年，元朝发兵攻占南宋都城临安（今杭州），统一了中国全境。元世祖忽必烈在统一中国之后，并没有停止对外征伐。此后，元朝曾先后发兵征伐日本、安南（今越南北部）、缅甸，将高丽、缅甸、台城、安南等纳入中国版图，成为元王朝的附属国。

由于蒙古族先前以游牧的生活方

元太祖成吉思汗（公元1162年—1227年）名铁木真，统一蒙古各部，攻金灭夏，为元朝的建立奠定了基础。

式为主，其生产力远较以定居、农业为主的汉族地区落后。为了改变这种落后状况，自忽必烈开始，历代统治者都非常重视农业生产，至元七年（公元1270年）朝廷建立司农司，颁布了以50户为单位、以年高通晓农事且家有劳力者为社长的劝农立社法令，从而

极大地推动了元代农业生产的发展。由于元朝的疆域扩展到了西亚地区，使得欧洲与中国的交往更加频繁，技术交流更加迅速。经济的繁荣带动了手工业与商业的发展。棉花最早种植于印度，公元2世纪传入中国边疆少数民族地区，宋末元初，由陆路从中亚传入陕西，通过水路从印度次大陆传入海南岛再入广东、福建。所以到了元代，中国南方的棉花种植已非常普遍，棉纺织业也随之发展起来，出现了以黄道婆为代表的一批拥有高超技艺的手工业者，使当时的棉纺织技术达到了相当高的水平。同时，随着水陆运输的畅通及纸币的流行，元代商业也极度繁荣，从而使这一高度开放的王朝成了当时世界上最富庶的国家之一。元世祖（公元1260年—1294年）时，威尼斯商人马可·波罗曾到过中国，在他撰写的

元世祖忽必烈
（公元1215年—1294年）成吉思汗之孙，名忽必烈，1260年继其兄蒙哥即大汗位，建号中统，定都燕京（今北京），至元八年定国号为元，元至十六年灭宋。

《马可·波罗游记》中详尽地记载了当时元朝大都和其他城市的繁荣景象。

人与人的关系往往只能同患难，很难同富贵，在艰难困苦之时，统治集团内部能够团结一致，而在取得政权，物质生活日益丰富的享受年代，元代统治者内部便不可避免地展开了一波又一波，越来越激化的争权夺利斗争。在公元1308年至1333年的25年间，各种势力此消彼长，走马灯似的先后更换了武宗、仁宗、英宗、泰定帝、天顺帝、文宗、明宗、宁宗和元顺帝等八个皇帝，足见其内部斗争之激烈。

元朝后期，以皇帝为首的统治集团过起了奢华的生活，国家财政为了满足他们不断增长的物质需求，不得不无休止地向百姓收取各种赋税。更为严重的是元初的统治者为了强化总人口仅为70—80万的蒙古人对将近7000万汉人的统治，王朝将百姓分成四等，即一等的"国族"为蒙古人、二等为色目人（各色名目的人：西夏、回回、西域等地人口）、三等为北方汉人、四等为南方汉人。这种人为规定的等级制度，通过群众专政手段的确起到了以百姓治百姓的作用，但不甘居于社会最底层成为蒙古人与色目人驱使

对象的汉人，在整个元王朝都没有停止过争取平等、反抗暴政的斗争。早在泰定二年（公元1325年），河南赵丑斯、郭菩萨的起义就揭开了元朝灭亡的序幕。而后，顺帝至正十一年（公元1351年）发生的刘福通领导的红巾军起义，席卷了整个中国，在起义军中出现了一批优秀将领，其中以朱元璋、陈友谅、张士诚等人所领导的部队实力最为强大。从至正十六年（公元1356年）到至正十九年（公元1359年）间，朱元璋不断扩充自己的势力，并在六七年的时间里先后消灭了陈友谅、张士诚部，统一了江南的半壁江山。至正二十七年（公元1367年），朱元璋开始北伐，他以"驱除胡虏，恢复中华"的民族斗争为口号，在大将徐达、常遇春等人的协助下，于公元1368年攻陷元大都，结束了元朝的统治。同年，朱元璋在建康称帝，建立了明王朝。由于元王朝对汉族人民的歧视，促使其过早灭亡，成为后来清王朝接受教训的前车之鉴。

元代是由蒙古族建立起来的王朝，始自世祖忽必烈先后历十一帝，尽管前后只存续了97年，仍不失为我国历史上强大的王朝之一。不但它所建立的行省制度和建都地点为现代中国所

继承，而且当年它为中国所奠定的疆域范围自元末直到清朝中后期，一直没有发生太大变化；同时，蒙古族也自此正式成了中华民族大家庭的组成部分。

第二节 辽的财政收入

一、户籍与田赋

辽是由游牧民族建立起来的国家。《辽史》称："其富以马，其强以兵；纵马于野，弛兵于民，有事而战，骥骑介夫，卯命辰集；马逐水草，人仰湩酪。挽

内蒙古赤峰元宝山元墓壁画中的《备茶图》。中原王朝的皇族贵戚历来重视茶饮、茶道和茶树的栽植。北方游牧民族的茶饮和茶道，无疑是受中原王朝的影响。壁画中的备茶场面，不仅反映了南北方蒙汉民族茶文化的融合与交流，更重要的是反映出对茶文化高尚情趣的追求与趋同。

强射生，以给日用"，所以契丹人大多不知农耕。但自辽太祖耶律阿保机（公元907年—927年），完成了社会改革，日益进入封建制社会后，农业取得了支配地位，以汉人缴纳为主的田赋收入也逐渐成为财政收入的大宗。

辽是一个多民族国家，种族不同，谋生手段不同，赋税征收制度也存在差别。辽代民户分隶诸斡鲁朵（宫帐）、部族和五京州县。斡鲁朵是辽代契丹民族特有的一种制度。从辽太祖起，各帝及太后之执政者皆置斡鲁朵，有直属军队、民户及州县，构成独立的军事、经济单位，为皇帝的私有财产，死后由家族后代继承。宫帐户籍分为契丹正户、蕃汉转户和著帐户。契丹正户是契丹族的平民，青壮年平时守卫，战时出征；老弱则从事畜牧业。蕃汉转户包括汉人、渤海人和其他民族的平民，主要从事农业生产和手工业劳动。著帐户是犯罪的宗室、外戚、大臣等人的家属，属于罪奴、家奴。辽的赋税和劳役

主要由契丹正户和蕃汉转户来承担。

辽国的土地，有公田、私田之分。公田包括屯田和闲田。《辽史》载，契丹正户"每岁农时，一夫侦候，一夫治公田，二夫给纠官之役"。即使家有四丁，也都将充役。所有畜牧劳动，均由妇女及家奴承担。也就是说契丹正户种公田，不交田赋，只为国家服兵役。故《辽史》说："沿边各置屯田，戍兵易田，积谷以给军饷，……在官斛粟，不得擅贷，在屯者力耕公田，不输税赋。"

辽国田赋主要对幽云和渤海地区私田征收，制度与宋朝相同，名为"两税"。因沿袭原后唐旧制，税率也因地而异。同时，官府鼓励百姓垦种闲田，《辽史》记载，"馀民应募，或治闲田……则计亩出粟以赋公上。……募民耕滦河旷地，十年始租"。《辽史》还说，辽建国初期两税每年定额为40万贯。到末年因物价上涨，定额也相应增加到每年428万贯。并且从"开远军故事，民岁输税，斗粟折五钱，耶律抹只守郡，表请折六钱，亦皆利民善政也"的记载中，可知辽国两税缴钱而不交物，实行的是货币税。此外，《辽史》还有括田、均税的记载，统和九年(公元991年)春正月"辛卯，诏免三京诸道租赋，仍罢括田。"统和十二年(公元994

年)冬十月己巳，"诏定均税法"。对被灾、新收、贫困及垦荒的百姓，亦有减免赋役的政策。应历三年(公元953年)冬"以南京水，诏免今年租"。重熙十七年(公元1048年)，"八月丙戌，复南京贫户租税"，咸雍十年(公元1074年)"二月癸未，蠲平州复业民租赋。"咸雍九年(公元1073年)"十一月戊午，诏行幸之地免租一年"。这说明遇皇帝巡幸地区，百姓也能享受免租待遇。

《辽史》还说：从开泰四年(公元1015年)起，朝廷对境内女真部族户"旧无籍者，会其丁入赋役"。可见，辽国除按耕地面积征收田赋外，还征收丁税。

二、徭役

辽的徭役分为力役、职役和兵役三种。力役主要指建城、筑路、修河等劳役。《辽史》中"(统和)二年秋，诏修诸岭路，发民夫二十万，一日毕功"；"时辽东雨水伤稼，北枢密院大发濒河丁壮以完堤防"，就是辽国发民夫服力役的记载。

职役，主要指驿递、马牛、旗鼓、乡正、厅隶、仓司等专业劳役。后改为应役者出钱，由政府雇人服役。

辽国兵役主要由契丹族人承担。由于辽国连年征战，契丹百姓兵役负

契丹武士像

辽墓壁画手持骨朵的契丹武士形象。武士来自辽军中的精锐部队——宫卫骑军。辽太祖称帝后，从各地挑选2000人组成宫卫骑军，平时担任皇帝或皇后的警卫，打仗时随军出征，主人死后，他们又负责守陵。骨朵是安装在木柄上的蒜头状重铁器，为辽兵必备武器。

担极重。对于兵役，《辽史》说，"辽国兵制，凡民年十五以上，五十以下，隶兵籍"。天庆六年(公元1116年)还规定，有杂畜十头以上者皆从军。而且还要自带装备，"每正军一名，马三匹，打草谷、守营铺家丁各一人。人铁甲九事，马鞯辔，马甲皮铁，视其力；弓四，箭四百，长短枪、骨朵、斧钺、小旗、

锤锥、火刀石、马盂、炒一斗、沙袋、搭钩毡伞各一，縻马绳二百尺，皆自备"。由于战争频繁"时有起至二百军者，生业荡散，民甚苦之"。

三、专卖及商税

辽国实行盐铁酒专卖制度。《辽史》载，太宗时(公元927年—947年)在香河县置榷盐院，实行盐专卖，但"其煎取之制，岁出之额"，却无从查考。

太祖(公元907年—926年)时，讨伐渤海，长泺县4000民户中有1000户以冶铁为生，纳铁税。辽还在东部设户部司、长春州置钱帛司主管铁专卖。因辽国粟绢收入有限，国用急需，故盐铁收入常折征成绢和粟缴纳。

酒在辽亦实行专卖，而且收入要上缴朝廷。辽对专卖极其重视，对走私贩私打击十分严厉，即使是拥有爵位者贩卖私盐也要受罚。《辽史》载，大康六年(公元1080年)，张孝杰"坐私贩广济湖盐及擅改诏旨，削爵，贬安肃州，数年乃归"。

辽国商税主要是关市税和外贸税。征商始于太祖时，由榷务负责。《辽史》记载，"减关市税"和"市井之赋，各归头下"，说明辽国对商人征收商税。为了解决朝廷所需，辽国曾在雄州、高昌、渤海与南宋、高丽及西北诸部互市。

同时，辽国也对矿冶征税。《辽史》载，"圣宗太平年间，于潢河北阴山及辽河之源，各得金银矿，兴冶采炼，自此以讫天祚，国家皆赖其利"。

四、贡献

辽有属国59个。对这些边远部族小国，战时令其出兵，助契丹军队作战；平时，令其岁贡名马、宝剑、香药、水晶砚等物产。《辽史》载，"命东北越里笃、剖阿里、奥里米、蒲奴里、铁骊等五部岁贡貂皮六万五千，马三百。""诏阻卜依旧岁贡马千七百，驼四百四十，貂鼠皮万，青鼠皮二万五千。"对东丹每岁贡布15万端，马千匹。

鎏金银鸡冠壶 辽 盛水器
契丹族金银器制作工艺受唐朝影响较大，但器形和装饰花纹保留了游牧民族的风格。

宋王朝是向辽贡献的大国，从统和二十二年（公元1004年）起，贡纳岁币银10万两，绢20万匹；重熙十年（公元1041年）起，岁币增至银20万两，绢30万匹。

五、掠夺

辽为游牧民族，在冷兵器时代战争既是其强项，也是其赖以立国的本钱，南征北战掠夺财物也成了辽国获得财政收入的重要手段。《辽史》载，神册四年(公元920年)冬十二月丙午"命皇太子将先锋等进击，破之，俘获生口万四千二百，牛马、车乘、庐帐、器物二十余万。"

除此之外，辽国也有农器钱、马税、山泽园苑、卖官鬻爵、僧道度牒、籍没、赎罪等收入。

第三节 辽的财政支出

一、军费

辽国军队建制分为二帐、十二宫、一府、五京，拥有兵员1642800余人。由于实行亦民亦兵的屯垦制度，平时军队屯垦自养，战时由军兵自备武器、马匹、盔甲等军事装备，国家就省去了养兵之费。虽然经常动辄几十万人的用兵，国家也只负责供给粮食而已，因此，财政直接用于军费的数额不多。而取胜后赏赐费用则是财政的一大支出，《辽史》载，"大犒军士，爵赏有差"，就是这一类的开支。

二、皇室

辽国皇室财政主要来源于专款专用的"宫分户"上交的收入。至于建造宫殿、皇陵，皇帝出巡等大额开支则来自役使百姓的国家财政收入。《辽史》载："兴宗遵遗命，建永庆陵。有望仙殿、御容殿。置蕃、汉守陵三千户，并隶大内都总管司。"祭祀是皇室支出之一，但辽礼节俭，一般以牛马祭天地，但大祀皇帝需"服金文金冠，白绫袍，绛带，悬鱼，三山绛垂。饰犀玉刀错，络缝乌靴"。这些都由国家财政负责的支出。

三、官俸

辽国是处于奴隶制向封建制过渡的转型时期，其奴隶制残余仍然存在。因此，辽的皇亲国戚及契丹族显贵皆拥有各自的奴隶，官吏从奴隶创造的财富中就得到了相当于官俸的收入。统和（公元983年—1011年）中，除官府发给俸禄外，"给獐鹿百数，皆取于民"，后改由朝廷给付。开泰三年（公元1014年）始，枢密使以下给月俸，包括钱和实物两部分。这样，官吏既能获得来自奴隶的收入，又能取得官俸，加上皇帝的不时赏赐，收入也就比较丰厚了。

四、赏赐和赈济

赏赐和抢掠一样，是游牧民族激励士气的重要手段。辽国朝廷除对军队的赏赐外，亦对大臣和高龄老年人给予赏赐。天显七年（公元932年）"秋七月辛巳朔，赐中外官吏物有差，癸未，赐高年布帛"。会同元年（公元938年）九月"壬子，诏群臣及高年，凡授大臣爵秩，皆赐锦袍、玉带、白马，金饰鞍勒，著于令"。对功臣亦有赏赐。应历十四年（公

重熙通宝 辽 兴宗重熙年间

大康元宝 辽 辽道宗大康年间

元 964 年），"冬十月丙午，近侍乌古者进石错，赐白金二百五十两"。同时，辽朝廷还有对外国使臣的赏赐，统和二十四年（公元 1006 年）八月，"是月，沙州敦煌王曹寿遣使进大食国马及美玉，以对衣、银器等物赐之"。

《辽史》中也有对贫困百姓赏赐的记载，这种赏赐实为赈济。此外辽国还有修路、桥梁、水利等公共支出。

第四节 金的财政收入

一、本户田赋

金灭辽而统治着长江与淮河以北的广袤地区。金国户籍分为两种，作为统治民族的女真族民户称为本户，其他民族民户通称为杂户。其田赋征收管理有所不同，对汉人为主的杂户与女真民族的本户，课以不同的税。

作为本户的女真族民户编成猛安、谋克，其中猛安规模为 300 户，谋克规模为 3000 户，设官专司管理。平时屯卫，战时自备装备出征，担负着随时准备出征的兵役任务。

由于朝廷赋予本户的农业生产任务主要是保证口粮和适当储备以防饥荒，因此本户负担的田赋很轻。本户的田赋称"牛头税"，亦称"牛具税"。

《金史》载，其征收办法，在金初期为"每耒牛三头为一具，限民口二十五受田四顷四亩有奇，岁输粟大约不过一石，官民占田无过四十具"。也就是说，本户田赋不是以通常一家一户为单位征收，而是以群体共有田数课征，且对占田数量加以限制。本户的田赋负担较轻，每亩不足 1／4 升。而且在库粮充足时，朝廷还常常减半征

金代交钞铜钞版
金贞元二年（公元 1154 年），为了节约铜原料，朝廷接受蔡松年的建议，恢复钞引法，开始发行纸币，称作"交钞"，交钞与铜币可以自由兑换，既可以"纳钱换钞"又可以"纳钞换钱"，故其币值比较稳定。

509

收或减 1/3 征收。同时金国也学习宋王朝的社仓、义仓税制度，经常强调本户"以备饥馑"。

二、杂户田赋

金国田制有官田和私田之分。金国官田很多，在其统治中叶总量高达 204 万顷。官田包括屯田、职田和赐田三种。屯田由军队或募人耕种，缴牛头税或租。职田是颁给相应职官的土地，由其出租补给俸禄。赐田主要是皇帝和朝廷赏赐用田。私田则同宋、辽之制，缴纳两税。

金两税仍为夏、秋两次征收，与宋无异。但宋的夏税，计钱折为绢布，秋税则征米粟；金则夏、秋税均征米粟，

承安宝货 铸于金承安二年至五年

且夏税轻，秋税略重。《金史》载，"大率分田之等为九而差次之。"而且分期计税，分限催科。即"夏税亩取三合，秋税亩取五升，又纳秸一束，束十有五斤"。杂户是金本户负担的 20 多倍。两税户不仅税负重，还要按官府指定地点缴纳，"上户输远仓，中户次之，下户最近。然近者不下百里，道路之费倍于所输，而雨雪有稽违之责，遇贼有死伤之患"。鉴于转输负担沉重，国家在田赋征纳过程中又规定："凡输送粟麦，三百里外石减五升，以上每三百里递减五升。粟折秸百称者，百里内减三称，二百里减五称，不及三百里减八称，三百里及输本色槁草，各减十称。"说明两税户的负担稍有减轻。纳税期限为，"夏税六月止八月，秋税十月止十二月，为初、中、末三限，州三百里外，纾其期一月"。

金国田赋减免的诏令很多，包括对贫困民户和受灾民户的减免，如："熙宗天眷五年十二月，诏免民户残欠租税。皇统三年，蠲民税之未足者。""大定三年，以岁歉，诏免二年租税。""五年，命有司，凡罹遭蝗、旱、水溢之地，蠲其赋税。"

三、本户徭役

女真族民户的徭役，称为本户徭

役。由于本户是统治民族，又强悍善战，所以本户是国家兵役的主要承担者。金初，实行全民皆兵的义务体制，男子17为丁，60为老。充兵役者一般在20—55岁之间。所有壮者皆兵。"平居则听以佃渔射猎习为劳事，有警则下令部内，及遣使诣诸孛堇征兵，凡步骑之仗糗皆取备焉"。大定时（公元1161年—1189年），"南路女直户……凡成丁者签入军籍，山东路沿边安置。"从全民皆兵转变为月给钱米的常备军。

本户除服兵役外，也有一些必须由女真族百姓承担的临时性差役，如充当皇帝出巡狩猎的扈从军士或宫阙卫士，官衙办事人员，群牧者、修河、养马、服杂役，承担寨使等职役。

四、杂户徭役

除女真族以外的民族所组成的杂户，承担力役和职役。杂户的力役既包括一般差发也包括层次较低的兵役。如本户服兵役一般为骑兵，而杂户所服兵役则主要是步兵，杂户兵除辅助战事外，还要从事转运粮草、挖掘壕堑等劳动强度较大的勤务。

一般差发，就是劳役，主要从事筑路、建城、修河和搬运官府物资等。《金史》称，大定二十年（公元1180年）修筑黄河大堤"日役夫二万四千余，期以七十日毕工"。由于杂户是非统治民族，其徭役负担超过本户。

金国的职役沿袭辽、宋旧制。除辽的驿递、马牛、旗鼓、乡正、厅隶、仓司和宋的里正、户长、乡书手、耆长、弓手、壮丁、承符、人力手力、散从官、库子、押递、攒典、仓子、场子外，还有从中央到地方都存在的司吏、公使人均为职役，实行募役制。

五、工商税

金国的商税，是相沿宋旧制而来，其征收区域也以原宋地为主。金国的商税包括住税和过税，即在所经商税务及场交纳物品价格2%的"过税"；在买卖交易地交纳3%的"住税"，与宋制相同。

金国对城镇出租户屋者征收租赁税，对商品及金钱交易者征收交易税。《金史》载，大定二十年"金银百分取一，诸物百分取三"。嗣后又将金银交易税率提高至3%，而对小额交易仅收钱4分，以鼓励小额交易，提高社会就业率。金有税使司院务1616处。大定（公元1161年—1189年）中，中都岁入164440余贯。承安元年（公元1196年）收入214579贯。

六、专卖

金国对盐、酒、茶和矿产品实行专卖制度，其中以盐的专卖在财政收入中占的比例最大。金国对盐的专卖管理主要是对盐产地实行控制，其办法是：官府给本，灶户产盐，统一收购，商人运销。商人运销主要有"钞引制"和"乾办制"。"钞引制"与宋朝相同，由商人交钱向政府购买盐引，再持盐引到盐场领盐销售。引有销区限制的引界，并限销引上载明的盐数，若跨地区、超限量售盐则按违禁论处。《金史》载，海陵王贞元（公元1153年—1155年）初，始仿宋制，行钞引法。从此，"设官置库，以造钞引"。盐的斤数，具载于引，引附在钞上，钞则以套论。套有大套与小套之别：大套的袋数或石数较多，小套袋数或石数较少。引以斤计，但每引的斤数较多，故有零星盐斤，则以小钞引给之。商人为了贩盐，必须按引缴价，领得钞引，然后凭钞引到盐场领盐运销。盐引的批发，由盐司主管，盐引的缴销则由各州县司其事。盐课每石收正课150斤，外加耗盐22.5

金代壁画《宴饮图》

斤。金的盐法只对汉人征收盐税，女真族猛安户不但免征盐税，而且其所辖贫民及富人奴婢皆给食盐，距盐泺远者，还可计口给值。

金国商人运销除了在大多数地区实行"钞引制"外，还在少数特殊地区实行"乾办制"。"乾办制"主要在官府很难实行盐专卖的产盐区及周边地区实施。此法规定，由百姓自制自食或购食，但要缴纳盐钱，一般按人口征纳，类似宋朝计口授盐法，是典型的人头税。

酒，金初官家招酒户酿酒，禁止私酿，并设酒使司管理。《金史》载，至世宗大定二十七年（公元1187年）改行曲课，而听民酤。金国酒的专卖和课征根据地区不同有三种不同形式：一是在中都地区置曲使司，签发酒户执照，明定其向官府交纳的税额，然后由其造曲酿酒出售或直接售曲；二是官府自酿自卖，在全国设置酒使司，进行直接管理；其三，允许百姓自酿自卖，由官府的酒税务直接向百姓征收酒税。

《金史》载，金人所用之茶，多自南宋输入，后因其"费国用而资敌"，章宗承安三年（公元1198年），遂命设官制茶，并用茶引制度。买引者纳钱及折

泰和重宝　金章宗泰和年间

物，各从其便。每斤装成一袋，值600文，其后因销路不佳，每袋减为300文。章宗承安五年（公元1200年），罢造茶之坊，商旅多以丝绢易茶，岁费不下百万。因恐耗财过甚，遂限七品以上之官方许饮茶。宣宗元光二年（公元1223年），又规定亲王公主及见任五品以上官，素蓄者存之，禁止出卖与送人。

金国对铜、铁等矿产品实行专卖制度；对金、银，于大定三年(公元1163年)开始允许百姓纳税开采，起先税率定为二十取一，泰和四年(公元1204年)增为十分取一。

此外，金国还对醋和油实行专卖。

七、物力税

物力税，又称物力钱，是一种资产税，按户等征收。《金史》记载："租税之外算其田园屋舍车马牛羊树艺之数，

及其藏镪多寡，征钱曰物力。物力之征，上自公卿大夫，下逮民庶，无苟免者。近臣出使外国，归必增物力钱，以其受馈遗也。"物力钱也有减免规定，凡猛安谋克户、监户、官户所居民宅、学田、墓田，"租税、物力皆免"。

八、杂税和岁币

金国杂税有铺马、课甲、军须、输庸、司吏、河夫、桑皮故纸钱等。岁币，主要来源于宋王朝对金国的每年进贡，如"海上盟约"签订后，在将近百年中，宋每年进贡岁币50万，其中银20万两，绢30万匹，外加"燕京代税钱"百万贯。

九、卖官与度牒

卖官鬻爵和出售僧道度牒也是金国财政收入的组成部分。《金史》载："熙宗皇统三年三月，陕西旱饥，诏许富民入粟补官。""五年，上谓宰臣曰：'顷以边事未定，财用阙乏，自东、南两京外，命民进纳补官，及卖僧、道、尼、女冠度牒，紫、褐衣师号，寺观名额。今边鄙已宁，其悉罢之。'"

宣宗贞祐二年（公元1214年），纳米150石可迁官一阶，700石可升两阶，1000石可升三阶。此外，为了满足那些久试不第者的当官欲望，金朝廷还规定："三举终场人年五十以上，四举年四十五以上，并许入粟，该恩大小官及承应人。"

十、掠夺

作为游牧民族建立的国家，掠夺收入也是其财政收入的组成部分。金先是对辽发动战争，抢掠人、马、财物；后又与宋朝对峙，长期处于战争状态，每发动一次战争都能掠夺大量金银珠宝、布帛绫锦，取得胜利后还能从宋王朝获取犒赏军队的钱物。例如攻破汴京城后，不仅搜括了北宋内藏库中的全部金、银、珠宝和绫罗锦绮，还限期索取到宋王朝的犒军钱物：金10000锭，银500万锭，帛1000万匹。

第五节　金的财政支出

一、军费

金国与辽国同是游牧民族建立的国家，其军费支出也十分相似。起先军队都是兵民合一，平时放牧、屯垦，战时自备兵甲，参与战斗，国家只需开支粮草，所以，起初财政支出不多。后来有了常备的正规军，财政开支就大为增加。《金史》载："熙宗天眷三年（公元1140年）正月，诏岁给辽东戍卒绸绢有差。正隆四年（公元1159年），命河南、陕西统军司并虞侯司顺德军，官兵并增廪给。"说明金国军队有了正式的俸禄收入，财政有了养兵费的负担。

金国《赏赐格例》规定，军队官兵可按任职年限和职位高低，获得钱物赏赐；武艺高强，在射箭等军事技能的比赛中名列前茅者也能得到赏赐；同时，条件艰苦的边铺部队并有月给例物。《金史》记载，"军钱五十贯、绢十匹。军匠上中等钱五十贯、绢五匹，下等钱四十贯、绢四匹。……凡射粮军指挥使及黄、沁埽兵指挥使，钱粟七贯石、绢六匹，军使钱粟六贯石、绢同上，什将钱二贯、粟三石，春衣钱五贯、秋衣钱十贯。……"这些赏赐与其他赏赐不同，其实质是军饷的一部分，只不过形式改为以奖代俸罢了。

二、皇室

皇室支出中的日常花费，一般从皇室内库支给，但也有部分由财政支出。"章宗即位，尊（显宗孝懿皇后）为皇太后，更所居仁寿宫曰隆庆宫。诏有司岁奉金千两，银五千两，重币五百端，绢二千匹，绵二万两，布五百匹，钱五万贯。他所应用，内库奉之，毋拘其数。"而皇室建造宫殿支出浩大，不仅财政要支拨大量资金，国家更要大量役使工匠和百姓。海陵王修建燕京宫殿和汴京宫殿"运一木之费至二千五，牵一车之力至五百人，宫殿之饰傅黄金，而后间以五采……一殿之费亿万计……"

三、官俸

继辽而起的金国，在辽的基础上学习宋王朝，建立了比辽国更为完善的百官制度及其俸禄标准。与宋王朝一样，金国官员不但有正俸，还可以兼职增领俸钱；不但官吏自身有俸，其随从亦有佣钱；出公差可得驿券，享受驿站送迎待遇。

后来由于待遇过于优厚，财政不堪重负，皇帝才多次颁布减俸诏。贞祐三年（公元1215年）将致仕官俸给减掉一半。天兴二年（公元1233年）减军俸和官俸，将原来的每人每月一斛五斗者减作一斛，又减作八斗，最后减作六斗。除此之外，泰和元年（公元1201年）八月，"更定赡学养士法：生员，给民佃官田人六十亩，岁支粟三十石；国子生，人百八亩，岁给以所入，官为掌其数。"即金对国子监生员亦给一定田租收入。

四、水利和赈恤

金国处于黄河流域，一旦发生河患便危及沿河军民。朝廷置都水监，下设巡河官，领兵1200人，每岁用薪材110万余车，草183万余车，以备

515

随时随地抗御黄河水患。若遇黄河发水，国家便动员力量，支拨工料费，役使民夫抢修水利工程。

金国的赈济的主要对象是新附民、灾民、贫民。太宗天会元年(公元1123年)九月"庚寅，诏命给宗翰马七百匹，田种千石，米七千石，及赈新附民"。金国还仿照宋王朝建立了救助贫弱乞食无家可归者的养济院。

第六节　元代的财政收入

一、户籍、田制和田赋

元代户籍，有军户与民户之别。军户分为蒙古军户(蒙古人)、探马赤军户(诸部族人)、汉军军户、新附军户。军户由民户中的中等户"签发"而来。军户若种田，四顷之内免地税，且享受不纳科差和不服其他徭役的优惠。

民户中除一般民户外，还有僧道户、儒户、医户、站户、匠户等特殊民户。僧道户，主要指佛教、道教、基督教、伊斯兰教等宗教人士。元代称僧人为和尚，道士为先生，基督教教士为也里可温，伊斯兰教教士为答失蛮。儒户，指有通过科举入仕的人家。医户指专门从事医疗活动的人户。站

户负责驿站的全部事务，主要在民户中签发。北方站户，从牧养牲畜多的户中签发；南方站户，则从拥有众多土地的民户中签发。站户被签后，登记入籍，世代相承，不能更改。匠户，指元代官府管理的工匠，他们一部分来源于战争时期俘虏的工匠或被迫充当工匠的俘虏；另一部分来源于从民间签发的工匠。这些特殊民户在元代的户口统计中单独登记，称为"诸色户计"。

元代经常对民户进行检括，将结果编成"鼠尾册"。《元史》载，"初，太宗六年甲午，灭金，得中原州郡。七年乙未，下诏籍民，自燕京、顺天等三十六路，户八十七万三千七百八十一，口四百七十五万四千九百七十五。宪宗二年壬子，又籍之，增户二十余万。世祖至元七年，又籍之，又增三十余万。十三年，平宋，全有版图。二十七年，又籍之，得户一千一百八十四万八百有奇。于是，南北之户总书于策者一千三百一十九万六千两百零六，口五千八百八十三万四千七百一十一，而山泽溪洞之民不与焉。"国家清查户口，一为便于管理，二为征收赋税。民户增加，意味着赋税收入的增加。但民户增加，并不单单是人口自然增长的

516

结果。元代有众多"放良"人口的记载。"放良"，即是将被官宦、豪强、贵族隐匿的民户和人丁变成国家的编户齐民。可见，在一边放良一边以刑罚威慑的情况下，才有至元二十七年（公元1290年）的户数猛增。同属民户，元代又分为元管户、交参户、漏籍户、协济户。所谓元管户，就是太宗七年（公元1235年）的户籍簿上有记载者；交参户，是太宗七年后加入者；漏籍户是隐逃漏籍，后经查出者；协济户是老幼妇女能力贫弱者。元管户税负最重；交参户又称新收交参之户，税稍轻；漏籍户税较轻；协济户税最轻。

元代土地也有官田民田之分，其田赋亦因田制不同而不同，而同样是民田也南北异制。所以，《元史》称："元之取民，大率以唐为法。其取于内郡者，曰丁税，曰地税，此仿唐之租庸调也。取于江南者，曰秋税，曰夏税，此仿唐之两税也。"文中"内郡"指由金朝统治的原北宋辖地，即中原地区。"江南"指原由南宋统治的地区。这段话从历史发展来说，并不太正确，江南所行之夏秋二税，虽沿袭宋之旧名，而内郡之丁税地税，实与唐租庸调毫不相干。但就其内容上看，可以说明南北税制的差异。

中原地区征收丁税和地税，始于太宗八年(公元1236年)。《元史》载：

元代《杨璞移居图》局部
描绘了水灾后，人们移居他乡迁徙的场景。

"……令诸路验民户成丁之数，每丁岁科粟一石，驱丁五升，新户丁驱各半之，老幼不与。其间有耕种者，或验其牛具之数，或验其土地之等征焉。丁税少而地税多者纳地税，地税少而丁税多者纳丁税，工匠僧道验地，官吏商贾验丁"，"……上田每亩税三升半，中田三升，下田二升，水田五升。"至元十七年（公元1280年），户部重定税法，全科户：丁税，每丁粟三石，驱丁粟一石，地税每亩粟三升。减半科户：丁税，每丁粟一石。新收交参户：第一年五斗，第二年七斗五升，第三年一石二斗五升，第四年一石五斗，第五年一石七斗五升，第六年依丁纳全税。协济户：丁税，每丁粟一石；地税，每亩粟三升。并规定以户为单位，丁税多者，交丁税不交地税；地税多者，交地税不交丁税。

江南地区，实行秋税夏税。始祖时除江东浙西外，独征秋税。至元十九年（公元1282年），江南粮税依宋旧例，折输绵绢杂物，又令输米三之一，余又折钞。输米用宋斗，宋一石合今七斗。二十八年（公元1291年）命江淮寺观

田，凡宋旧有者可免租，续置者始纳税。到成宗元贞二年（公元1296年），江南始有夏税，于是秋税只要输租即可。夏税的纳税品种是木棉、布绢、丝绵等物。泰定（公元1324年—1327年）初，命江南民户输助役粮。之所以江东浙西要课夏秋两税，而江西只征秋税不征夏税，其原因是"江西各路秋税，纳粮有用现行斛斗，比宋文思院斛（宋代标准官斛）抵一斛半者，故免其夏税"。说明凡用重斛之处，课税已足，不必再课夏税，并不是真正免征夏税。其次，湖广地方罢宋夏税，改纳"门摊"，每户一贯二钱，其后又改"门摊"为夏税，故湖广夏税，视江浙江西为重。"门摊"专行于湖广，是按人户地亩多少征课的特别税。

田赋除正税之外，百姓还要缴纳附加税。《元史》载："远仓之粮，命止于沿河近仓输纳，每石带收脚钱中统钞三钱，或民户赴河仓输纳者，每石折输轻赍中统钞七钱。"又有"每石带纳鼠耗三升，分例四升。"结果是凡缴纳田赋一石者，实交

元代的秤砣：元大都路铜权
此权铸于大德八年（公元1304年），是"大都路"官方铸造的标准衡器部件。

134
518

一石七升加钞三钱或七钱。

元初由于长年战乱，土地荒芜，国家在初步平定后，即不断诏令百姓归还故里，开垦荒地。为鼓励农业生产发展，元代对新垦种土地，给予减免田赋的优惠。《元史》载，至元十二年（公元1275年）"乙亥，听民自实两淮荒地，免税三年"。中统三年（公元1262年），"敕河西民徙居应州，其不能自赡者一百六十户，给牛具及粟麦种，仍赐布，人二匹。"又"诏给怀州新民耕牛二百，俾种水田"。政府帮助就垦徙民解决耕具、种子、衣食等暂时困难。《元史》还称，至元二十五年（公元1288年）"募民能耕江南旷土及公田者，免其差役三年，其输租免三分之一"。同时，为稳定政权，元王朝对少数民族实行轻税政策，蒙哥时，对波斯征丁税，按贫富分等，"贫者最少纳税一底纳儿，富者最多纳税七底纳儿"，每年一次，余税皆免。

田赋的输纳日期，分为三限，初限十月，中限十一月，末限十二月。违者，初犯答四十，再犯杖八十。成宗大德六年(公元1302年)，申明税粮条例，复定上都、河间输纳之期。上都：初限次年五月，中限六月，末限七月。河间：初限九月，中限十月，末限十一月。元朝地域广阔，温差较大，不同地区应有缴纳期限的差别，但无论怎样，三限内必须缴纳，否则答杖加身。

僧道户和匠户，免征科差和徭役，但不免地税。《元史》载，太宗行丁税，"工匠僧道验地……"，税率是"白地每亩税三升，水地每亩税五升"。儒户和医户的地位虽没有僧道户高，但也是赋税优惠的对象，享有与僧道户同等待遇。站户也享受不负担其他徭役和科差的待遇，并且种田四顷之内免地税。匠户由国家供给衣食，终身为国家服务。匠户如果家有产，不能免地税，但不交纳科差，不服其他徭役。

元代官田包括食邑田、寺田、屯田、职田和学田。食邑田，即分封地，蒙古族在忽必烈之前的相当长时期内，贵族享有世袭的封地。元建国后，一些贵族仍享有原来的分封地，封地内的百姓只对封君尽义务，交纳赋税；直到大德元年（公元1297年）才有了转变，出现了《元史》中"定燕秃忽思所隶户差税，以三分之一输官"的记载，封君的征税权逐渐被削弱，只能获取2/3的赋税收入，而不是原来的100%。

寺田，是寺庙占有的田地。寺

田在元代初期享受政府减免赋税的优惠。

职田，是按职务分配给官吏的土地。元代对地方官吏，不发俸禄，而是分给土地，以地租为俸。如上路达鲁花赤及按察使，按规定最高可得职田 16 顷。

学田，是官学的土地。元代国家设有官学。北方官学由财政拨付经费，南方的学校则由政府拨给学田，以田租养学。国家免征学田田赋。

屯田，是国家利用军队和百姓进行屯垦的土地。《元史》载，"国初，用兵征讨，遇坚城大敌，必屯田以守之。海内既一，于是内而各卫，外而各省，皆立屯田，以资军饷"。元代有记载的屯田面积为 174855 顷，军屯人数达到 8516 名，民屯人数达到 12339 丁。军屯者，国家供给田土、耕牛、种子、农具，有的还发给衣服、钱钞，其收入归国家，减少国家对军队的支出。民屯则由民户自备种子、耕具，收入官民四六分成，屯民享受免除徭役的优惠。当发生水、旱、风、雹、蝗等自然灾害时，可酌情减免田租。

二、科差

科差亦称差科，是一种户税，与唐代前期租庸调法的"调"相似。《元史》说："各验其户之上下而科焉"，强调这是以户等高低课税的税种。科差，根据实行的地区不同征收的内容也有所不同：行之于中原地区，征丝料与包银；行于江南地区，则征户钞与包银。丝料与包银征丝，户钞则征银。

中原地区的丝料和包银征收都始于太宗时（公元 1229 年—1241 年）。太宗八年（公元 1236 年），将中原诸路民户分赐给诸王、外戚、功臣，其户数少则二三十户，多至十万户。于是在规定为国家征收丝料外，同时为封君征收一部分丝料，作为分赐的经济报偿。《元史》载：其税率与办法是"每二户出丝一斤，并随路丝线、颜色输于官；五户出丝一斤，并随路丝线、颜色输于本位（本位指获得分地的封君）。"享有五户丝的便是"岁例"。其后世祖攻取了江南，又各增赐民，并新增封君，其征课因户别而有所不同。封君丝料的征收，既可由主管衙门经征，也可由封君推荐其私人为税监。包银征收办法规定：凡汉民每户征收六两。至宪宗五年（公元 1255 年）改征五两，其中二两征银，二两折收丝绢颜色等物。随着征收的逐步规范，中统元年（公元 1260 年），置十路宣抚司，定不同户籍的科差条例。

大道之行 中国财政史

中统元年（公元1260年）户籍科差条例

一	元管户	丝银全科系官户	纳系官丝一斤六两四钱 包银四两
		全科保官五户丝户	纳系官丝一斤，五户丝六两四钱 包银四两
		减半科户	纳系官丝八两，五户丝三两二钱 包银二两
		纳系官丝户	上都、隆兴、西京等路，每户纳丝一斤；大都以南等路，每户纳丝一斤六两四钱
		止纳系官五户丝户	纳系官丝一斤 五户丝六两四钱
二	交参户	丝银全科户	纳系官丝一斤六两四钱 包银四两
三	漏籍户	止纳丝户	纳系官丝一斤六两四钱
		止纳钞户	初　　年——科包银一两五钱 第二年——包银二两 第三年——包银二两五钱 第四年——包银三两 第五年——包银三两五钱 第六年——包银四两，并科丝料（入丝银全科户）
四	协济户	丝银户	纳系官丝十两二钱 包银四两
		止纳丝户	纳系官丝十两二钱
五	摊丝户	每户科摊丝四斤	
六	储也速解儿所管户	每户科纳丝四斤	
七	复业户及渐成丁户	第一年免科；第二年减半；第三年全科，与旧户等	

由于元王朝立国之初，官吏无俸给，世祖（公元1260年—1294年）时才确定并发放内外诸官禄秩，而此时国家财政却没有此项预算，只得"取之于民"，于是便产生了一种以户的高下为等第的附加税——俸钞。《元史》载，至元四年（公元1267年）五月，"敕诸路官吏俸，令包银民户，每四两增纳一两，以给之"。新增的一两，以钞折纳，故有俸钞之称。俸钞原来只附加于包银，后来到成宗大德六年（公元1302年），亦附加于"止纳丝户"，并将包银户的附加，稍微减低了些。

科差交纳，定有期限，中统二年（公元1261年）规定：丝限八月，包银初限八月，中限十月，末限十二月；次年又命丝料无过七月，包银无过九月。科差与税粮的减免范围，略有不同。税粮则"凡儒士及军站储道等户均须纳税"，而科差则"凡儒士及军站僧道等户皆不与"。

江南地区的科差分为户钞与包银两种。户钞相当于中原地区的五户丝，是给分赐诸王贵戚功臣的经济报偿。《续文献通考》称，至元十八年（公元1281年）"以江南民户拨赐诸王贵戚功臣，食其户钞。至元二十年正月，敕诸王公主驸马得江南分地者，于一万户

田租（税粮）中输钞百钞（锭），准中原五户丝数，谓之江南户钞；其后累朝常以是为分赐。"可见，江南除户钞外，无五户丝。

江南包银，创始于仁宗延祐七年（公元1320年），其税率为每户二两。《元典章》称，只有"与人作佃，佣作、赁房居住，日趁生理，单丁贫下小户不科"。至泰定二年（公元1325年），诏除江淮创科包银，《续文献通考》称其理由是"烈风地震，内郡民饥，肆赦天下，故有此诏"。

三、徭役

元代的徭役分为军役、职役和杂泛差役三类。军役，由军户充任。《元史》载，"其法，家有男子，十五以上，七十以下，无众寡尽签为兵。十人为一牌，设牌头，上马则备战斗，下马则屯聚牧养。孩幼稍长，又籍之，曰渐丁军。既平中原，发民为卒，是为汉军。或以贫富为甲乙，户出一人，曰独户军，合二三而出一人，则为正军户，余为贴军户。或以男丁论，尝以二十丁出一卒，至元七年十丁出一卒。或以户论，二十户出一卒，而限年二十以上者充。士卒之家，为富商大贾，则又取一人，曰余丁军，至十五年免。或取匠为军，曰匠军。或取诸侯将校之子弟充军，曰质子

军，又曰秃鲁华军。是皆多事之际，一时之制。天下既平，尝为军者，定入尺籍伍符，不可更易"。

元代军队的中坚力量是蒙古军和探马赤军，他们"上马则备战斗，下马则屯聚牧养"，以服役为天职。连小孩稍长都要籍为"渐丁军"。元王朝为了有效控制封君、将校，还把他们子孙作为人质集中起来组成一支特殊的军队——质子军。由于元王朝占领区的不断扩大，仅仅依靠蒙古军和探马赤军的兵力不足以统治全国，于是不得不签发汉人为军户，称为新附军户。待遇不高，国家只发给充军者每人每月五斗米或六斗米，一斤盐。军户负责供备充军者的鞍马器仗。

元代的职役又分为一般职役和专业职役。一般职役有里正、主首、弓手、库子、祗候、曳刺、勾捕、牢子、社长。

《饮饲图》 元 任仁发绘

里正为乡官（城市称坊正），都为乡以下的地方单位。主首为都官，乡和都是元代农村的基层行政组织。《元典章》载，成宗大德七年（公元1303年）颁布"编排里正主首例"规定：凡人户纳粮一石以上者，皆有当役的义务。"上户殷富者充里正，次等户充主首，验力挨次，周而复始"。每乡设里正一名。依各都的人口多少，将都分成三等，上等都设主首四名，中等都设三名，下等都设二名，任期皆为一年，轮流当差，上下半年交替。里正、主首的职责主要是催督赋税。当催交税款和钱粮不足额时，余数由里正、主首代为完纳。因此《元史》载，"民充坊里正者皆破其家"，造成人人避之不及，后来改为雇役。

为了保证一方平安，元代在郡邑设弓手职役，其职能主要是防盗。《续文献通考》称，此制始创于中统五年（公元1264年），是年"设立马步弓手，验民户多寡，定立额数。……（弓手）职巡逻，专捕获，官有纲运及流徙者至，则执兵仗导送，以转相授受，外此则不敢役，示专其职焉。"是年初定制，州县城相离五七十里，有村居及二十户以上者设立巡防弓手；不及二十户者，依数差补。若无村居处，或五七十里创立聚落村舍，亦须及二十户

数。……关津渡口必当设立者，不在五七十里之限。于本路诸色人等户内，每一百户取中户一名充役，若有失盗，勒令弓手定立三限盘捉。每限一月，如限内不获者决责有差，获及一半者全免。至元三年从省部议，随路户数多寡不同，兼军站不该差发，止于本处包银丝料并止纳包锻户内，每一百户选差中户一名当役四年"。各地弓手数量依居民多寡确定，其服役者多为中等户。

库子，是负责保管、看守仓库的一种职役；祗候是官衙的听差；曳剌，负责催督差役；勾捕，是对证词讼的吏役；牢子，是牢狱的看守。这些充役者都负有一定职责，一旦失职，无论主客观原因，都要追究责任，需用钱财赔付。

为推动农业生产发展，世祖至元七年（公元1270年），元王朝在农村以50户为一社，建立村社制度，并推举年高谙知农事者为社长。宁波市机场所在地的栎社，就是元代劝农之社。村社的功能主要是劝农：凡农事未喻者教之，人力不勤者督之，必使农尽其功，地尽其利。但后来往往将不通农事之人，立为社长，且以督征科差为职责，逐渐失去了立社长劝农的本义。

元代专业职役有站役、急递铺役、

匠役、打捕鹰房之役。元代，邮驿非常发达，有"站赤"，有"急递铺"。站赤是驿传，急递铺是邮传。这一制度，立于太宗元年（公元1229年），凡诸马站牛铺，每一百户置车十，各站有米仓；站户十，岁纳米一石，使百户一人掌之。云州置站户，马站户马一匹，牛站户牛二匹；每户二丁，每户限田四顷。此项供役的百姓，名为站户，可免岁赋。站役，由站户充任。站户依驿路所需分为陆路、水路，陆路驿站由站户供应马、牛、车、狗及骆驼等；水路，则要供应船。供应马、牛、狗、骆驼，就要供备驭夫；供应船，就要供备船夫。除此之外，还要供备首思，即提供往来

者的住宿、饮食、照明、燃料等。为了保证驿路畅通，元也曾有过供应给驿站马匹及饮食的记载。但马匹死后，需站户自买补上。

作为邮传的急递铺役，与站役相近，是古代的邮政，主要送达官府的文书。《元史》载，"世祖时，自燕京至开平府，复自开平府至京兆，始验地里远近，人数多寡，立急递铺，每十里或十五里、二十五里则设一铺，于各州县所管民户及漏籍户内，签起铺兵。中统元年，诏：随处官司，设传递铺驿，每铺置铺丁五人"。由于铺兵隶属兵部，服急递铺役相当于服兵役。

匠役，由匠户承担，相当于工奴。元王朝在战争中，凡工匠被俘皆免于一死，因此俘虏工匠多达数十万户，朝廷将他们编制在各种官营手工业机构中，另立户籍，叫做"匠户"。利用他们的一技之长来生产兵器和各种高级消费品，以供作战和皇室、贵族享受之用。匠户子孙世袭，不许改行，但可免除赋役。

打捕鹰房之

元急递铺令牌

元代驿有蒙古站赤（驿站）和汉地站赤之分，前者属通政院管辖，后者属中书省兵部管领。除设站赤外，还有大量的急递铺，专门负责文书传递。图为急递铺的凭证。

役，是专门为皇室捕猎、豢养隼鹰之户。《元史》载，"元制自御位及诸王，皆有昔宝赤，盖鹰人也。是故捕猎有户，使之致鲜食以荐宗庙，供天庖，而齿革羽毛，又皆足以备用，此殆不可阙焉者也。……故鹰房捕猎，皆有司存。而打捕鹰房人户，多取析居、放良及漏籍孛兰奚、还俗僧道，与凡旷役无赖者，及招收亡宋旧役等户为之。其差发，除纳地税、商税，依例出军等六色宣课外，并免其杂泛差役。"元代共有打捕鹰房户40000余户。

杂泛之役，是指临时征发的无名杂役，包括：筑城，修路，建造宫室、私第、寺庙，造船，伐木，修治水渠、河道，运送粮草等。《元史》载，至元二十三年，黄河出现15处决堤，朝廷"调南京民夫二十二万四千三百二十三人，分筑堤防"。《元史》还说，至元十

磁州窑白釉黑花婴戏图瓷罐　元

九年（公元1282年），曾"发军民九千人，在山中伐木，官酬其值"。可见，这种杂泛差役有时动员规模大，有时也是小规模的；有时是无偿的，有时也是有偿的，并无一定制度。同时，随着社会的不断进步，元代杂泛差役，也实行助役、代役和雇役制度。

四、商税

元代称工商各项课税为课程。《元史》载，元代从太宗（公元1229年—1241年）开始设立十路课税所，对商品交易征收商税。世祖中统四年（公元1263年），并税及"在京权势之家，为商贾及以官银卖买之人"。至元七年（公元1270年），"定三十分取一之制，以银四万五千锭为额，有溢额者别作增余"。后对增获有赏，不足定额有罚。至元二十年（公元1283年），定上都税

率为 1/60；对旧城市肆院务迁入都城者，税率为 1/40。至元二十六年（公元 1289 年）从丞相桑哥之请，大增天下商税，腹里为 20 万锭，江南为 25 万锭。元代由于是少数民族统治，其与汉族商人没有人情关系，所以商税课征制度极为严格，对违法乱纪的征纳双方处罚都很严厉。《元史》载，"诸匿税者，物货一半没官，于没官物内一半付告人充赏，但犯笞五十，入门不引吊，同匿税法"。"诸办课官，估物收税而辄抽分本色者，禁之。其监临官吏辄于税课务求索什物者，以盗官论，取与同坐。诸办课官所掌应税之物，并三十中取一，辄冒估直，多收税钱，别立名色，巧取分例，及不应收税而收税者，各以其罪罪之，廉访司常加体察"。《元史》载，天历年间（公元 1328 年—1329 年）商税收入曾达到九十三万九千五百二十九锭四十四两，比至元时的定额几乎增加 100 倍。

五、海关税

元代是一个极其开放的王朝，对外贸易非常繁荣，因此海关税是一项重要财政收入。海关税，起初大都不征收现钱，只将商舶所载之货，十分抽一，或十五分抽一，这便叫做"抽分"。因此，《元史》载："往还互易舶货者，其货以十分取一，粗者十五分取一，以市舶官主之。其发舶回帆，必著其所至之地，验其所易之物，给以公文，为之期日，大抵皆因宋旧制而为之法焉。"至元十八年（公元 1281 年），曾对国外进口的货物实行双抽制度，于抽分之外，又取三十之一以为税。至元二十九年（公元 1292 年），"中书省定抽分之

出使波斯国石刻　　元
1953 年在福建泉州出土，石上文字是："大元进贡宝货，蒙圣恩赐赉。至于大德三年内，悬带金字海青牌面，奉使火鲁没思田地勾当。蒙哈赞大王，特赐七宝货物，呈献朝廷，再蒙旌赏。自后回归泉州本家居住，不幸于大德八年十……"（残），是说当事者受波斯国之托，向元朝呈献贡品。他又被委派出使波斯。这是元朝与中亚往来的物证。

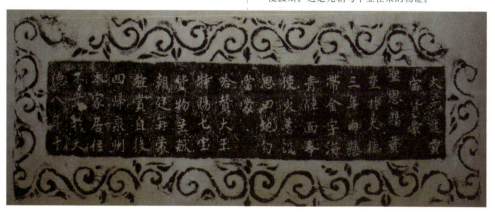

数及漏税之法。凡商旅贩泉、福等处已抽分之物，于本省有市舶司之地卖者，细色于二十五分之中取一，粗色于三十分之中取一，免其输税。其就市舶司买者，止于卖处收税，而不再抽。漏舶货物，依例断没"。也就是说，进口课税后再行转输的货物，细色补课1/25，粗色补课1/30。

元代国际贸易地点，有泉州、上海、庆元、澉浦、温州等地。为了课税，在这些地方多设有市舶司，相当于现代的海关。其外贸商品主要是金、珠、香木、铁等物。外商每岁舶运商品而来，于次年回帆时，依例抽解。在泉州和福州贩运土货，其所征为洋货。但后

来上海市舶司定有双抽单抽之制，即洋货双抽，土货单抽；大有重课洋货进口，奖励土货出口的鼓励出口之意。而且对进口商品实行差别政策，同属洋货，香木不受欢迎，铁则受欢迎，到至元二十年（公元1283年），朝廷曾一度禁止以金银易取香木，唯铁则不禁，鼓励铁的进口。

次年，元王朝开始发展官民合营对外贸易，设市舶都转运司于杭州和泉州，官方自备船只，铨选人员出洋贸易。其所获之息，以十分为率，官取其七，贸易商得其三。

六、契税

元初即有契税，《元典章》载："诸人典卖田产、人口、头匹、舟舡、物业，应立契据者，验立契上实值价钱，依例

泉州古港
泉州在宋元时期是个国际大港口，各国的商人及船只皆聚集于此。图为元代泉州港繁华的景象。

收办正税外，将本用印关防，每本宝钞一钱。无契本者，便用偷税究治。"到至元二十二年（公元1285年），契税每一道应为中统钞三钱。契税已纳，契本分付各业主，若有人不用契本，被告发到官，同匿税罪。

七、酒醋课

元代，对酒曲醋的征课，是通过推行专卖政策来实现其财政收入的。政府设称为"务"的机关来管理，其实就是现代的专卖"局"，官制官卖，从中取利。其制始自太宗二年（公元1230年）"辛卯年，立酒醋务坊场官，榷沽办课，仍以各州府司县长官充提点官，隶征收课税所，其课额验民户多寡定之。甲午年颁酒曲醋货条禁，私造者依条治罪。世祖至元十六年，以大都、河间、山东酒醋商税等课并入盐运司。二十二年，诏免农民醋课。是年二月，命随路酒课依京师例，每石取一十两。三月，用右丞卢世荣等言，罢上都醋课，其酒课亦改榷沽之制，令酒户自具工本，官司拘卖，每石止输钞五两。"这就是说，醋时而有税，时而免税；酒则是一直有税。不过课税的方法，主要是通过官制官沽的全盘专卖来实现，其次才是民制官收官卖的局部专卖。酒课的税率，寓于价格之内，一般是每石

取十两；及至民制官卖之后，每石收取钞五两。

元代与前朝相比，酒醋课的征收面较广，不仅以粮食做原料的酒要课税，以果实为原料的葡萄酒也要课税。私造酒醋将被责罚判刑，"杖七十，徒二年，财产一半没官"，甚至饮私酒都要答三十七。如果在酒醋专卖期内越界销售，也要"十瓶以下，罚中统钞一十两，答二十，七十瓶以上，罚钞四十两，答四十七，酒给元主。酒虽多，罚止五十两，罪止六十。"

元代酒醋课的岁收，专就京师周边的腹里统计，酒课计56243锭67两1钱；醋课计3576锭48两9钱；全国酒课不包括云南的201117索，年收入为469100余锭，醋课为22500余锭。

八、盐课

盐为生活必需品，人人食盐，课之以税，其利最广。元代有盐场136所，官府发给灶户工本钱，并由官府收购灶户生产的食盐。至元（公元1264年—1294年）时，每引发给灶户中统钞三两。元代的盐法为专商运销，实行引岸制。《元史》载，太宗元年（公元1229年）"始行盐法，每盐一引，重四百斤，其价银一十两。世祖中统二年（公元1261年）减银为七两。至元十三年（公

元 1276 年），既取宋，而江南之盐所入尤广，每引改为中统钞九贯。二十六年增为五十贯。元贞丙申（公元 1296 年），每引又增为六十五贯。至大己酉（公元 1309 年）至延祐乙卯（公元 1315 年），

《斗茶图》局部，元代风俗画，赵孟頫绘。画中茶担后的人卷起双袖，一手持杯，一手提壶，将茶水倒入杯中，另一人袒胸，脚着草鞋，一手持杯，一手提茶桶。

七年之间，累增为一百五十贯"。可见，元代行盐引之法，商人欲运盐，必先购得盐引，每引 400 斤，即须出代价 10 两，最后累增为 150 贯。换得了引票，商人便取得了公开运盐的权利，成为专商，非专商便不能运盐。

元代，按引运盐的地区，叫做"行盐地"，与此相对应的则有接近盐场的"食盐地"。由于近场各地私盐充斥，无人会向盐商购买价格昂贵之盐。为保证财政收入，中统四年（公元 1263 年），朝廷不得不在"食盐地"实行"计口授盐"。由官司派散于户。不过按户派散时，不免有抑配诛求之弊。至元二十一年（公元 1284 年），以行盐各地，商人（专商）垄断牟利，盐价腾贵，民有淡食，乃设立常平盐局，以平抑盐价。

元代禁止贩私，对贩私盐者处罚严厉。《元史》载，"凡伪造盐引者皆斩，籍其家产，付告人充赏，犯私盐者徒二年，杖七十，止籍其财产之半，有首告者，

于所籍之内以其半赏之"。又专商运盐，各有郡邑（即区域），不可越区运销，"犯界者减私盐罪一等，以其盐之半没官，半赏告者"，说明惩罚相当严厉。

盐课是元王朝重要工商税收，《元史》载，文宗天历（公元1328年—1329年）时，年行盐2564000余引，盐课钞7661000余锭。

九、茶课

元之茶课，基本仿效宋朝，实行権茶，官府印售茶引，实行引岸制。世祖至元十三年（公元1276年），定长引与短引之法。所谓长引，每引计茶120斤，收钞5钱4分2厘8毫；短引计茶90斤，收钞4钱2分8毫。至元十七年（公元1280年），置権茶都转运司于江州，总辖江淮、荆湖、福广的茶税。从此废除长引，专用短引，每引收钱2两4钱5分，草茶每引收钱2两2钱4分。至元三十年（公元1293年），对茶的零售，官另行印售"茶由"，每由给茶9斤，收钞1两；后又改为自3斤至30斤，分为十等课税。

茶虽不是生活必需品，但喝茶在元代十分盛行，商人贩卖获利颇丰，因此贩私者众多。元王朝为确保财政收入，严禁贩卖私茶。规定，犯私茶者，

杖七十，茶一半没官；茶过批验局所不批验者，杖七十；伪造茶引者斩。

至元十三年（公元1276年），征得茶税1200余锭；十四年（公元1277年）增至2300余锭，十五年（公元1278年）又增至6600余锭。十八年（公元1281年），茶税增至24000锭，二十三年（公元1286年）40000锭，延祐七年（公元1320年）增长至289000余锭。

十、岁课（矿课、竹木课）

元代的岁课，是指对山林川泽的出产课税。凡金银、珠玉、钢铁、水银、朱砂、碧甸子、铅锡、矾硝、竹木之类，皆为课税对象，但主要是矿课，其次是竹木课。

矿课种类有，一是金课，以江浙、云南为最多，次为湖南、四川；二是银课，云南最多，江西次之；三是铜课，在至元（公元1264年—1294年）中开采者，有益都、大宁、澄江等11所；四是铁课，以江浙最多，湖广、江西亦有之；五是朱砂、水银课，湖广最多，和林、北京亦有之；六是矾课，以河南为多；七是硝课，仅课晋宁路；八是竹木课，多取予腹里及河南省。

《元史》载，这些"岁课"，皆由"贡献"演变而来："元兴，因土人呈献而定其岁入之课；多者不尽收，少者不强

531

取"。可见，开始时并不强求，负担不重，后来成为税收性质的岁课，其税负也就加重。例如银矿产银，"大抵十分之三输官"；锡矿每引一百斤，官收钞三百文；矾每十斤，官抽其二。

元对矿课征收办法大致有三种，一是令民自备工具开采，获取产品官府抽分。如至元十八年（公元1281年）潭州李日新在浏阳永兴矾场煎烹，矾每十斤官抽二斤。二是官府以专门矿户采矿，定每户每岁矿课。如《元史》载：至元五年（公元1268年），"令益

都漏籍户四千淘金，登州栖霞县，每户输金岁四钱"。三是实行专卖。官府提供工本，令冶户开采冶炼，收入全部归官府。如《元史》载：铁在河东者，太宗丙申年（公元1236年），立炉于西京州县，拨冶户七百六十煽焉。丁酉年，立炉于交城县，拨冶户一千煽焉。对于矿产品的贩运，官府采用印引发售，如：湖广产的铅锡，在至元八年（公元

大道之行
中国财政史

1271 年），曾以每引锡一百斤，官收钞三百文售给商人。商人无引贩卖者，杖六十，锡没官。元代制定的铁法也很严厉。《元史》载："诸铁法，无引私贩者，比私盐减一等，杖六十，铁没官，内一半折价付告人充赏。伪造铁引者，同伪造省部印信论罪……客旅赴冶支铁引后，不批月日出给，引铁不相随，引外夹带，铁没官。铁已卖，十日内不赴有司批纳引目，笞四十，因而转用，同私铁法。……江南铁货及生熟铁器，不得于淮、汉以北贩卖，违者以私铁论"。据天历元年(公元 1328 年)统计，全国矿课收入为钞 7334 锭，铜 2380 斤，铁 88 万余斤，铅 1798 斤。

元代对竹木课的征收，先是在元初实行专卖，禁止私贩。在官竹园砍伐竹木，官府出售，获取收入。到至元四年（公元 1267 年），开始印发引券让商人贩运。后来又允许百姓自行买卖，官府收税。至元三年辉州征竹课税，先是官取六成，后减为四成。竹木课收入，天历元年（公元 1328 年）共钞 13550 锭，竹 269695 竿，板木 58600 条。

十一、额外课

额外课，顾名思义是对定额课而言，也就是对有定额的岁课而言。岁课都有定额，按一年的税收总额，然后分派下去，收足课额。额外课则不先定额度，实际征收过程中，能收多少就算多少。

《元史》载，额外课的范围很广，在全国各地普遍征收的有：历日、契本、河泊、山场、窑冶、房地租、蒲苇等税。在局部地区征收的有：课于湖广、江西、江南三省的门摊税；课于江浙、江西两省的池塘税；课于大都、上都、兴和、大同四路，及其他两省的食羊税；课于河南、江西两省的获苇税；课于大同路的煤炭税；课于般阳、宁海两路的撞岸税；课于真定、广平、大同三路的山查税；课于江浙省的曲税；课于江浙省的鱼税；课于四川省广元路的漆税；课于永平路及江西行省的酵税；课于彰德路与怀庆路的山泽税；课于平江路的荡税；课于河间路的柳税和牙例税；课于真定路的乳牛税；课于黄州路的抽分；课于晋宁路的蒲税；课于龙兴路的鱼苗；课于安丰路的柴税；课于襄阳路的羊皮税。

十二、和买与和雇

和买，是政府向百姓购买所需物品；和雇，则是雇佣百姓从事某种劳务。国家为了履行其职能，购货和雇佣都是无可厚非的，但由于元王朝进行低于市场价的交易，则使和买、和雇成为变相的赋税和徭役。《元典章》载，至元二十三年（公元1286年），合剌奴、脱脱等也奏："今日和买，不随其所有而强取其所无，和买诸物，不分皂白，一例施行。分文价钞，并不支给。生民受苦，典家卖产，鬻家顾妻，多方寻买，以供官司。而出产之处，为见上司和买甚物，他处所无，此处所有，于是高抬价钞，民户唯知应当官司和买，不敢与较，惟命是听；如此受苦，不可胜言。"王恽在《秋涧先生大全文集》中论和雇时也说："随路递运车仗脚钱，近者五十贯，远者不下百贯，官支钱十不及二三，其不敷数，百姓尽行出备。名为和雇，其实分着。"可见，元代的和买与和雇已成为赋税外的一种财政收入。

第七节　元代的财政支出

一、军费

《新元史》载，元的兵制，既非征兵制，如唐的府兵；又非募兵制，如宋的募役法。元实行与前代不同的"军户制"。"军户制"规定，除蒙古人与色目人均为兵丁外，对于汉人，则家有田四顷以上者，三丁征一兵；十五成丁，六十破老。这些被指定当兵的"军户"，

与普通民户不同，编入军籍，世世当兵。其权利是可以豁免四顷地的租税，其义务是服兵役，自给粮饷。除非是个别极贫者，才助以称为"贴户"的补助。所以元代初期，无须财政养兵之费。

《新元史》还说，至世祖时财政才有了养兵的开支："定公户之籍，凡蒙古探马赤军、汉军，皆自给米五斗，盐一斤，别的米四斗赡其家。及收宋降兵，籍为新附军，以无贴户，月给米六斗，盐一斤，所谓'军人盐粮'例也。"后来，随着全国性政权的建立才实行屯垦制度："凡诸卫、诸万户，皆兴屯垦，以赡军食。"

元代是依靠大规模战争取得史无前例的宏大版图的，战争经费在国家财政支出中占有十分重要的地位。尤其是灭宋之前，财政的支出就是战争。统一全国后则为镇压农民起义，花费了巨大的财政支出。《新元史》载，元世祖至元十七年（公元1280年），"漳州陈桂龙即起兵，与建宁黄华势合，继以广州之林桂方，象山之尤宗祖，循州之钟明亮，广西之黄圣许等，……连岁弄兵，……史皆曰为盗贼，抑以大宋观之，亦'有殷多士'之伦也"。

同时，元代初期，曾迭次对外用

中翊侍卫亲军弩军百户印 元

武平县尉司印 元

兵，国用浩繁。以致《元史纪事本末》载，"百姓罢弊，转输赋役烦（繁）重，贫民鬻子应役"。《二十二史札记》载："内用聚敛之臣，视民财如土苴；外兴无名之师，戕民命如草芥。"武宗至大四年（公元1311年），北边军需达六七百万锭，占当年财政支出的近四成。如果再加上其他方面的军费支出，军费是元代财政支出的重要组成部分。

二、俸禄

元初，不设俸秩。那时武官贪图掳获，文官依赖赏赐；州县世袭的官，多赖非法赋敛。结果官多贪暴，民不堪命。所以，《元史》说，"凡诸王及后妃公主，皆有食采分地，其路府州县得荐其私人以为监，秩禄受命如王官，而不得以岁月通选调，其赋则五户出丝一斤，不得私征之，皆输诸有司之府，视所当得之数而给与之。其岁赐则银币各有差，始定于太宗之时，而增于宪宗之日。及世祖平江南，又各益以民户。时科差未定，每户折支中统钞五钱，至成宗复加至二贯。……至于勋臣亦然，又所以大报功也。"由此可见，皇亲国戚，乃至勋臣，享受分地与民户，享受岁例和赐与银钞，享受岁赐的优惠，其实这都相当于变相的俸禄。所以《续文献通考》称，到武宗时，岁赐总额达钞

黄绿釉琉璃瓦滴水　元

350万锭，已给170万，未给180万。除了经常性的岁赐外，还有非经常性的赏赐。如英宗即位，大赉诸王百官，合计其数，有金5000两，锻78万两，钞1211000贯，币57360匹，帛49322匹，木绵92672斤，布23398匹，衣857袭，鞍勒弓矢有差。

尽管如此，由于蒙古贵族，也需要雇佣大批色目人与汉族、契丹、女真族的上层分子当官吏，替他们办事，而他们不可能获得赏赐，因此在早期，这类人还是有些"俸秩"的，只不过不是全面展开的制度性俸禄罢了。直到世祖中统（公元1260年—1264年）时，始在全国范围内给官员发放俸禄。《元史》载："内而朝臣百司，外而路府州县，微而府吏胥徒，莫不有禄。"大德（公元1297年—1307年）中，以外官有职田，无职田者又益之以俸米。

至元二十二年（公元1285年），详定百官俸例，各品视职事大小分为上、中、下三等，最多者从一品上等得俸钞6锭，最少者从九品上等月俸亦得35两。大抵蒙古人、色目人、汉人、南人是依次递降的。月俸所支的中统钞，不但币值甚低，且一再降跌，俸钞的实际收入亦随之降低。所以到至元二十三年，又增俸一次，内外官吏普遍加俸五成。成宗大德六年（公元1302年），考虑到低层官员生活困难，增加了小吏俸米；七年又增加从三品以下内外官吏的俸米。至于外官，有职田者亦不给与俸米。武宗至大二年（公元1309年），俸禄概支至元钞，罢其俸米。仁宗延祐七年（公元1320年），又以三成搭发俸米。总而言之，元代的俸给，因与日益贬值的钞券相联系，其发放内容有俸钞、俸米、职田，变化无常，非常混乱。

《元史》载，至元三十年（公元1293年），全国路、府、州、县等2038个，官府大小2733处，官员18000余人。而《元典章》中则称总员26690人，比至元三十年多出近1万人，很有可能统计数字中包括了一批无品级的国家财政供养人员。例如"儒学教授八百七十六员，医学教授二百三十二员，蒙古教授九百二十一员，阴阳教授七十三员，不系常调二千一百零六员。"

《元史》载，至元七年（公元1270年），"给河西行省钞万锭以充岁费。"至元八年，又"给河南行中书省岁用银五十万两。"延祐四年（公元1317年），"给岭北行省经费钞九十万锭，杂彩五万匹"。可见元代省一级经费由中央拨给，除办公经费外，主要应是俸禄支出。元代先后建行省11个，加上宣政院管理的"吐蕃地区"，至少有12个行政区划需中央财政拨付经费。

三、皇室

元代皇室支出，既包括宫殿修建，也包括日常开支。宫殿修建，是元皇室财政的重要支出。仅建有富丽堂皇宫殿园林的都城就有大都、上都及岭北行省治所哈剌和林城等多处。其中大都的皇城城墙长约20余里，有15门，其中大明殿作为皇帝"登极、正旦、寿节会朝之正衙"，建筑极为考究，陈设极尽豪华，仅殿壁则夏季"通用绢素冒之，画以龙凤"；冬季则"黄鼬皮壁障，黑貂褥；香阁则银鼠皮壁障，黑貂暖帐。"《元史》中没有兴建大都支出的记载，却有至大元年（公元1308年）兴建兴圣宫的经费记载："建兴圣宫，给钞五万锭，丝二万斤。"经费中尚未包

括役使一般民工和兵士的费用。

皇室日常开支包括衣、食、住、行、玩、葬及宗教、礼仪支出。《续文献通考》称，文宗天历二年（公元1329年）"皇后日用所需，钞十万锭，帛五万匹，绵五千斤"。皇室的支用项目，亦是多种多样的。例如鹰、鹘、狮、豹之食，旧（指文宗天历以前）止肉价200余锭，今增至13800余锭；控鹤旧止628户，今增至2400（户）；佛事岁费今较旧增多金150两，银6200两，钞56200锭，币帛34000余匹。

元代皇室礼仪自世祖至元八年（公元1271年）方定："自是，皇帝即位、元正、天寿节，及诸王、外国来朝，册立皇后、皇太子，群臣上尊号，进皇太后、皇太后册室，暨郊庙礼成，群臣朝贺，皆如朝会之仪。而大飨宗亲、赐宴大臣，犹用本俗之礼为多。"而无论是"朝会之仪"，还是"本俗之礼"，皆须花费大量财政支出。光是为皇室奏乐的乐人，即分"乐音五队"、"寿星队"、"礼乐队"、"说法队"等。至元三年（公元1266年）有乐人384人，十一年（公元1274年）增选800人，二十一年（公元1284年）又括江南乐人。至于衣食住行的后宫花费也非常可观，《多桑蒙古史》载："忽必烈皇后数人，

妃嫔甚众。……诸妻中四人有皇后之号，每皇后一人，有宫女三百，及侍童、阉人甚众。四后宫中役使人数由是计有万人。"

皇室游玩的排场也很大，费用亦相当可观。他们出游坐有象队开道的象舆，《马可·波罗游记》称"皇帝的象队达五千头，全部披用金银丝绣成鸟兽图案的富丽堂皇的象衣"。元王朝的统治者出身于游牧民族，喜养禽兽，喜玩鹰鸟，因此专设打扑鹰坊万户府，仅每年喂养各种禽兽的肉就达30万斤之巨。

此外，《古今图书集成》载，皇帝

马可·波罗像
元世祖忽必烈即位后，拓展驿道，使交通进一步得到保障。欧洲各国的传教士、商人和旅行家陆续到东方世界来。意大利旅行家马可·波罗也经丝绸之路来到中国，在中国停留19年。

常中卖宝物，分珠寸石，售值数万，妄称呈献，冒给回赐，以致累朝未酬宝价40余万锭，天下所征岁入止十一万四千，所入仅足以偿。因此，西商鬻宝，动以数十万锭。可见其豪奢之甚。

四、宗教

元代统治者不仅信奉佛、道教，对伊斯兰教、基督教等也很推崇，而且还迷信星相占卜术，仅大都内就豢养着来自各国的星相士和占卜者5000多人。那时，西僧络绎道路。泰定二年（公元1325年），光是奉元一路，自正月至七月，西僧往返者百八十五次，用马至八百四十余匹，较之诸王行省之使，十

《马可·波罗游记》
著名旅行家马可·波罗口授《马可 波罗游记》，曾在欧洲引起轰动，被誉为"世界一大奇书"。图为《马可·波罗游记》汉译本（1935年冯承泽译）书影。

多六七。

最典型的是《元史纪事本末》所述，皇帝有一位来自西域的佛教帝师，来时大臣咸俯伏进觞，一品以下郊迎。帝后妃主，为了受戒，亦须膜拜；中书大臣，驰驿累百骑以上，所过供给送迎。帝师死亡时，要归葬舍利。成宗大德九年（公元1305年），专遣平章政事乘传护送，赙金五百两，银千两，币帛万匹，钞三千锭。仁宗皇庆二年（公元1313年），加至赙金五千两，银一万五千两，锦绮杂彩一万七千匹。虽其昆弟子姓之往来，有司亦供亿无乏。甚至规定，凡民殴之者，截其手；詈之者，断其舌。

至元二十八年（公元1291年），全国共有寺宇42318处，尽管不完全是政府所建，但《元史》中有记载的建寺庙条目即有几十处之多，例如：修万安寺，仅伐木就动用中军4000人，伐木58600根。又对其佛像及窗壁饰金，共用金540余两，水银240斤。为皇太后还愿在五台山建佛寺，"以前工部尚书涅只为将作院使，领工部事；燕南河北道肃政廉访使宋德柔为工部尚书，董其役；以大都、保定、真定、平阳、太原、大同、河间、大名、顺德、广平十路，应其所需。"到至顺二年（公元1331

中国唯一的道教石窟——昊天观石窟
昊天观石窟为元代道教全真派道士宋德芳所建。

年）已"累朝所建大万安等十二寺。"佛寺建设中还有一项书写金字经文的花费也相当巨大，《元史》至元二十七年（公元1290年）七月载，"缮写金字藏经，凡糜金三千二百四十四两"。至于皇家的宫廷祭典和佛事活动更是场面宏大，《元史》载："延祐四年，宣徽使会每岁内庭佛事所供，其费以斤数者，用面四十三万九千五百，油七万九千，酥二万一千八百七十，蜜二万一千三百。"至大四年（公元1311年），"赐大普庆寺金千两，银五千两，钞万锭，西锦、彩缎、纱、罗、布帛万端，田八万亩，邸舍四百间。"文宗时，"内外佛寺三百六十七所，用金银钞币不赀”。顺帝元统二年（公元 1334 年），光是兴和路起建佛事，所费即达钞一万三千五百三十余锭。……佛事布施至广，与世祖时相比，岁增金三十八锭，银二百零三锭四十两，缯帛六万一千六百余匹，钞二万九千二百五十锭。元代对国外宗教界知名人士的赏赐数额也很慷慨。皇庆元年(公元 1312 年)“遣使赐四僧金五千两，银二万五千两。币帛三万九千九百匹”。

五、封赏

元代，在中央设立了以中书省为首，下辖兵、刑、吏、户、工、礼六部的全国最高行政机构；在地方，创立行省制度，在全国除京畿地区(今河北、山西和河南、山东、内蒙的一部分)和西藏属中央外，共设立了十一个行省，下设路、府、州、县。废除原蒙古族地方长官世袭的制度，由中央直接委派最高长官——达鲁花赤。

尽管如此，元王朝对皇亲国戚及功臣仍然予以分封及赏赐。首先，分封给皇亲土地食邑，大大减少了元代的财政收入。据《元史》记载，元代封

国达 123 个；封王，进封、益封者达 223 人次。封国后，封君可以享用封国内的赋税，元朝的五户丝和户钞即是封君享有的国家户税收入。除此之外，封国内的土地及一些公田也无偿赐给封君及王公大臣，让他们借以获得地租收入，此类赏赐土地全国多达 184527 顷。同时，在朝会及重要节日，皇帝都要赏赐皇亲国戚和百官，朝会赏赐因为一

宣布《札撒》的窝阔台汗
成吉思汗颁布了《札撒》，它是蒙古汗国一切生活的准则、制度和法令。图为窝阔台宣布《札撒》时的情景。

岁一次，年年如是，成为定例，也称为岁赐。世祖中统元年（公元1260年）十二月。"赐亲王穆哥银二千五百两；诸王按只带、忽剌忽儿、合丹、忽剌出、胜纳合儿银各五千两，文绮帛各三百匹，金素半之，……自是岁以为常。"至元二十六年（公元1289年）岁赐金2000两，银252630两，钞110290锭，帛122800匹。

由于元代财政实行低俸禄高奖励的以奖代俸、以奖代补政策，其不仅奖赏皇亲国戚，还奖赏作战有功、政绩显著、恪尽职守的官员以及社会上的高寿者，以至于至大四年（公元1311年）赏赐支出竟占全部财政支出近二成。当时，连文武百官的衣着亦多靠赏赐，这就意味着财政支出中的俸禄支出有相当一部分转移到了赏赐支出。因此，《新元史》说："元中叶以后，课税所入，视世祖时增二十余倍。即包银之赋，亦增至十余倍。其取于民者可谓悉矣，而国用日患其不足。盖縻（糜）于佛事与诸王贵戚之赐赉，无岁无之。而滥恩悖赏，溢出于岁例之外者为尤甚。至大二年（公元1309年），中书省臣言：'常赋，岁钞四百万定（锭），入京师者二百八十万定（锭）。常年所支，只二百七十万定（锭），今已支四百二十万定

（锭）！又应支而未给者，尚百余万锭。臣等虑财用不继，敢以上闻。"及仁宗即位，中书平章政书李孟言："每岁应支六百余万定（锭），又土木营缮之费数百万定（锭），内降旨赏赐复用三百万余定（锭），北边军饷又六七百万定（锭），令帑藏裁余十一万定（锭），安能周给！不急之费，亟应停罢。"可见，这种随意性很大的赏赐，不但造成财政困难，同时也带来支出的不公平。

六、漕运

自古漕运多指河漕运输而言，尽管海运和陆运没有河漕，也仍以漕运称之，因为漕运成了专有名词。就运输成本而言，水运比陆运低廉，一般河道的运费比陆运至少低三四成，而海运则比陆运更低廉，成本要省七八成。这是因为陆运用车，费力最大；水运载舟，虽免陆行，而人挽如故；海运则民无挽输之劳。

海运始于秦代。唐宋以来，南方亦已有行之者，但行于北方，则始于元代。整个说来，海运盛于元代，而元代以后更趋发展。《古今图书集成》称，秦时，"飞刍挽粟，起于黄腄琅邪负海之郡，转运北河。庸人亦转东吴粳稻，以给幽燕。元运仰给江南。……自崇明由海道入燕都，后遂建海运之策，命罗璧

等造平底海船，运粮从海道抵直沽，万三千三百里，旬日辄达"。海运尽管成本低廉，但风险很大，《元史纪事本末》称"风涛不测，粮船漂溺者，无岁无之，间亦有船环而弃其米者"。"一舟之失，米不过千百石，而从溺者率不下数十百人"。

为了发展漕运，开通京杭运河，元王朝作了极大努力，终因没有解决水位落差的船闸技术而未全线通航，但为明代的全线通航打下了基础。《元史纪事本末》载，元世祖至元十七年（公元1280年）二月，浚通州运河。二十六年（公元1289年）开会通河，以通运道。会通河长250余里，中间建闸31

元代的航运繁盛——《卢沟运筏图》（局部）

大道之行
中国财政史

所，岁运粮数 10 万石。二十九年（公元 1292 年）开通惠河，自通州至都城，仅 50 里，但开河总长为 160 里，其间置闸坝凡 20 处，所费不赀。顺帝至正二年（公元 1342 年）春正月，开京师金口河，起自通州南高丽庄，120 余里，河道深 5 丈，广 5 丈，放西山金口水东流，合御河，接引海运至大都城。

由于元大都（北京）离产粮区江南甚远，食粮运输不能不以河运为主，以海运为辅。江西、湖广、江东的粮食，有赖河运；浙西、浙东濒海一带，便靠海运。海运运粮成效卓著，成宗大德五年（公元 1301 年）为 120 万石；八年（公元 1304 年）为 170 万石，文宗至顺二年（公元 1331 年）为 260 万石，最后到顺帝至元三年（公元 1337 年）高达 300 余万石。元代，为了使大都不断粮，曾招抚方国珍领导的农民起义军扩展海运。

七、水利和交通

元代与历代王朝一样，以农为本，重视水利建设。《元史》载，大德五年（公元 1301 年）修治滦河水患，"东西二堤，计用工三十一万一千五十，钞八千八十七锭十五两，糙粳米三千一百一十石五斗，桩木等价钞二百七十四锭二十六两四钱"。至正十

《真腊风土记》 元 周达观撰
书中内容广泛，是此时真腊国（中南半岛古国，即今之柬埔寨）史事的唯一记载。此书又记载了海船的航线以及用指南针导航的"针位"，所以也是研究元朝与真腊国海上交通情况的重要资料。

一年（公元 1351 年），朝廷任命工部尚书贾鲁为总治河防使修治黄河。从四月开始到十一月完工，共役民夫 15 万，军卒 2 万，花费计物折中统钞 1845636 锭。

元代是一个高度开放的王朝，各种民族皆来中土，交通四通八达，水陆驿道遍布全国，仅大都和上都之间就有四条驿道。驿道沿线设有馆舍齐全，

且备有马匹、船只、车辆等交通工具的驿站。对驿站建设，《元史》中有不少记载：至元十四年（公元1277年），"立永昌路山丹城等驿，仍给钞千锭为本，俾取息以给驿传之须"；"泰定元年三月，遣官赈给怙里干、木怜纳怜等一百一十九站，钞二十一万三千三百锭，粮七万六千二百四十四石八斗。北方站

驿驴5953头，驿牛8888头，驿羊1150只，驿狗218条，驿车4037辆，驿轿353乘，驿船5921只；另外步站11处，梯运夫3032户。随着内河的不断疏浚和海上运输的进一步发展，《元史记事本末》称："当舟行风信有时，自浙西至京师不过旬日而已。"在沿海元王朝还通过海船将南北的重要港口紧密相连，仅泉州港就拥有海船15000余艘。

同时，元王朝还重视城市规划和道路建设。一般以市区方圆50里以上作为大城市的标志，像北方的大都，西方的成都，南方的杭州、苏州、扬州、南京，以及中原的开封等都属于当时的大城市。其中新建的大都城规划得最好，绕城的东西城墙长1666丈，南北宽1000丈，街道分为大小两种，大街宽24步，小街宽12步，另有384火巷，29衢通。

元代海运和运河图

赤，每加津济，至此为最盛。"

在驿站里站户负责供应来往官员的食住行所需。全国拥有驿站1400个（其中水站424处），拥有驿马44301匹，

八、赈恤

在发生天灾人祸时，元王朝主要

通过赈贷财物和蠲免赋役两种手段来救民济困。对于赈恤，《元文类》称："我国家每下诏，必以鳏寡孤独不能自存为念，特加优恤，官为廪赡；或不幸而遇水旱虫螟之灾，即遣使存问安抚，戒饬官吏，廪粟库币，不吝其出。"《元史》记载："至元十年，诸路虫螟灾五分，霖雨害稼九分，赈米凡五十四万五千五百九十石。"至元二十七年（公元1290年），又以粟五十八万二千八百八十九石救济江阴、宁国等地遭受水灾的百姓。至大元年（公元1308年），"中书省臣言：'江浙行省管内饥，赈米五十三万六千石，钞十五万四千锭，面四万斤。又，流民户一百三十三万九百五十有奇，赈米五十三万六千石，钞十九万七千锭，盐折直为引五千。'令行省、行台遣官临视"。此外，《元史》还有对赤贫者的救济记载："诸路鳏寡孤独疾病不能自存者，官给庐舍、薪米。"甚至还有对生产三胞胎家庭的救济记载："河南民王四妻靳氏一产三男，命有司量给赡养。"至元十九年（公元1282年）元王朝为了解决鳏寡孤独不能自存者的生存问题，还在"各路立养济院一所"。

赈贷，是通过增加财政支出来救民济困；蠲免则是通过减少国家赋税

徭役的财政收入来救民济困。《元史》对元朝自中统元年（公元1260年）到至顺元年（公元1330年）70年间的蠲免情况作了汇总，其中较大规模的有47年，灾免29年，恩免18年。

九、文教

元代有国子监学、蒙古字学、回回国学、医学、阴阳学等五类官学。元初，"时学舍未备，野密请御史台，乞出帑藏所积，大建学舍以广教育"。到至元二十五年（公元1288年），全国已有学校24400所。

官学设教授、学正、学录等职位加以管理，财政发给俸禄，并负担学校公用支出。至元二十四年（公元1287年）月俸标准为：教授，米5石，钞5两；学正米3石，钞3两；学录米2石，钞2两；教谕米1石5斗，钞1两5钱；直学米1石，钞1两。至元二十九年（公元1292年），财政给北方儒学各路教授月支俸12两，府和上州教授11两，中州教授10两。南方的路、府、州、县学则由政府拨给学田，以田租收入解决官学生员费用。此外，为了表达政府尊师重教之意，无论师生皆可免除徭役，部分生员还能获得生活津贴及学习用品。《元史》载，"世祖至元八年春正月，始下诏立京师蒙古国字学，……

大行散乐忠都秀在此作场壁画　元
取自山西洪洞县广胜寺应王殿内壁画，绘于元泰定元年
（公元1324年），高390厘米，宽312厘米，其内容是杂
剧名角忠都秀在这里演出写实。这幅壁画为杂剧提供了
生动的史证。

成宗大德十年春二月，增生员廪膳，通前三十员为六十员。……元置蒙古人二十人，汉人三十人，其生员纸札笔墨止给三十人，岁凡二次给之。"除了官学支出外，元代还有其他文化、教育、科技支出，如组织科举考试、修史、印书、天文日历的编制、地图的绘制。

十、药局

元代承宋代旧制，还设有惠民药局。《元史》载，太宗九年（公元1237年），"始于燕京等十路置局，以奉御田阔阔、太医王璧、齐楫等为局官，给银五百锭为规远之本。世祖中统二年，又命王祐开局。四年，复置局于上都，每中统钞一百两，收息一两五钱。……凡局皆以各路正官提调，所设良医，上路二名，下路府州各一名，其所给钞本，亦验民户多寡以为等差。"钞本多者财政拨三千余锭，少者百锭。

第八节 辽金元财政管理机构和制度

一、管理机构

辽初，国家管理机构以坐落在皇帝帐殿的北面还是南面划分为两部分。《辽史》载，"北面治宫帐、部族、属国之政，南面治汉人州县租赋、军马之事"。其实质便是以辽制治契丹，以汉制治汉人。北南两院各设大王、宰相、枢密、宣徽、林牙，下至郎君护卫，皆分北南。这里面，北枢密相当于兵部，专掌兵机，不理民政，因其牙帐居大帐殿北，故名北院。南枢密相当于吏部，除文铨外，兼管部族丁赋之政。北南二王，相当于户部，分掌部族军民之政；宣徽相当于工部。北南府均各由宰相总之。财政管理则集中于南枢密与北南二王。

后来学习汉族，辽在中央设户部统一管理全国财政。在上、东、中、南、西五京分别设上京盐铁使司、东京户部使司、中京度支使司、南京三司使司、南京转运使司和西京计司。国库则设内藏库、内库等。在各路设钱帛司、转运司，负责督课赋税和转运赋税。

《金史》载，金国于太宗天会四年（公元1126年）建尚书省，以后在尚书省之下，设有院、台、府、司、寺、监、局、署、所，各有专职，职有定员，员有常数。户部尚书一员，侍郎二员，郎中三员，员外郎三员；郎中而下，皆以一员掌户籍、物力、婚姻、继嗣、田宅、财业、盐铁、酒曲、香茶、矾、锡、丹粉、坑冶、榷场、市易等事；一员掌度支、国用、俸禄、恩赐、钱帛、宝货、贡赋、租税、府库、仓廪、积贮、权衡度量、法式、给授职田、拘收官物并照磨计账等事。兴定三年（公元1219年）置京东、京西、京南三路行三司，职责为"劝农催租，军须科差及盐铁酒榷等事。"在中京由三司

金代虎符

使执掌全国财政事务，并在各路设转运使。同时，金还根据实际需要设置财政管理机构，如商税征收由税使司负责，并于明昌元年（公元1190年）定商税课额。海陵王时置金钞库，并设使管理。

元朝的财政管理机构，大体上分中央和地方两级。《元史》载，元代中央政府设大司农、枢密院、中书省、御史台、宣政院、通政院。其中大司农负责籍田署、供膳司、永平屯田总管府。主要财政管理机关隶属中书省之下，由左右司掌管。左司掌礼部、户部、吏部；右司掌兵部、刑部、工部。六部都负责一部分财政职责，其中以户部作为主管国家财政的中枢，职"掌天下户口、钱粮、土田之政令。凡贡赋出纳之经，金币帛转藏之法，府库委积之实，物货贵贱之直，敛散准驳之宜，悉以任

之"。户部设尚书三人，侍郎二人。在户部的管辖下，税收征收机构有大都宣课提举司，掌诸色课程，并领京城各市提举。元代把各种工商税收统称为课程，到现代这个当年的税收名词却变成了学校教育的专用名词。至元十九年（公元1282年），并大都旧城两税务为大都税课提举司。到武宗至大元年（公元1308年），改为宣课提举司。此外，专掌酒醋榷酤之事的机构有大都酒课提举司，并设专局掌管印造腹里及各行省盐、茶、矾、铁诸引票等事项。

元初有太府掌内帑出纳，到后来才先后设立掌管太子收支的储政院、掌管中宫收支的中政院、掌管皇家寺院收支的太禧宗禋院、掌管帝室收支的宣徽院、掌起运米曲的光禄寺以及内宰司等机构。这些机构各自独立，无统辖关系。

元代延伸到地方的财政管理机构由两方面组成：直接隶属皇帝的有上都留守司兼本路都总管府和大都路都总管府。前者掌管平盈库、万盈库、广积库、万亿库、行用库、税课提举司、饩廪司，后者掌管左右警巡二院；直接隶属于中央各机构的有行枢密院，行

中书省，行御史台。行中书省不仅掌管两浙都转运盐使司、两淮都转运盐使司、福建等处都转运盐使司、广东盐课提举司、四川茶盐转运司、广海盐课提举司、隶属广东的市舶提举司、海道运粮万户府，还统辖诸路掌管税务、府仓、平准行用库等。这些机构并不是从上到下都产生隶属关系，有些并列，有些甚至互有牵制。但地方行政机构一般都负有财政职责，督征税赋则是对地方行政长官政绩考核的重要内容。

管军万户府印　元

二、预算制度和国库管理

元王朝重视预决算制度和库藏管理。对财政收支要求各级进行会计记账。年初有定额，年终必须进行决算。无论诸路、行省，还是诸王、漕运，只要有钱粮收支，必须设账簿。各行省岁支钱粮，由正官按季核查，年终汇总，上报行省，按程序进行考核，由御史台审核。皇室的收支亦进行预决算，再由宣徽院进行汇总，廉访司考核。

元朝国库有宝源、赋源、绮源、广源万亿四库。其中宝源库贮藏宝钞，玉器；广源库贮藏香药、纸札诸物；绮源库贮藏诸色缎匹；赋源库贮藏丝绵、布帛等。到至元二十七年（公元1290年）又增设富宁库，贮藏原宝源库的金银。元在发行纸币后，国库又增加了印造纸币的府库。如宝钞总库，印造宝钞库，烧钞东西二库，以及光熙、文明、顺承、健德、和义、崇仁等行用六库。《元史》载，皇室库藏，分三库："御用宝玉、远方珍异隶内藏；金银、只孙衣段隶右藏；常课衣段、绮罗、缣布隶左藏。"元代中央国库管理制度比较完善，地方府库管理粗放，尤其是贮粮仓，霉变浪费屡见不鲜。

其属官有：都提举万亿宝源库，都

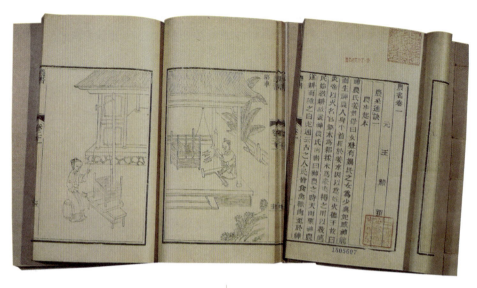

提举万亿广源库，都提举万亿绮源库，都提举万亿赋源库，四库照磨兼架阁库，提举富宁库，诸路宝钞都提举司，宝钞总库，印钞宝钞库，烧钞东西二库，行用六库，大都宣课提举司（掌马市、猪羊市、牛驴市、果木市、鱼蟹市、煤木所）。大都酒课提举司，抄纸坊，印造盐茶等引局，京畿都漕运使司（掌新运粮提举司，京师仓，通惠河运粮千户所），都漕运使司（掌河西务十四仓，河仓十七仓，直沽户通仓，荥阳等纲），檀景等处采金铁冶都提举司，大都河间等路都转运盐使司，山东东路转运盐使司，河东陕西等处转运盐铁使司（掌河东等处解盐管民提领所，安邑等处解盐管民提领所）。

三、土地清查

为平衡税收负担，增加国家赋役收入，必须清查土地，整理地籍。其清查方法，不外两种：一为土地清丈，二为土地陈报。如宋代的方田、经界等法，为土地清丈的性质；而金的通检推排法、元的经理法，则为土地陈报。

通检推排法就是通过调查百姓资产以定赋役，通检和推排是前后两个不同的调查程序。《金史》载，"通检即《周礼》大司徒三年一大比，各登其乡之众寡、六畜车辇，辨物行征之制也"。世宗大定四年（公元1164年），曾遣张弘信等十三人，分路通检天下物力，而差定之。凡百姓有税田宅，皆在通检之列。所谓通检，乃估定之意，主要是估定物力（即财产），尤其是土地等第。通检之后，间隔十年，再进行一次推排。所谓推排，是查勘之意。例如自世宗大定四年到章宗承安二年（公元1197年），30余年间共进行了两次推排。

金代推排之法，类似于宋代吕惠卿所创的手实法，但宋神宗见手实法的流弊太甚，暂行即罢。而金的推排法，行之数十年而不变，直至金亡随之消亡。金的通检推排法与宋的经界法也有所不同，正如《宋史》所述："盖经界之法，必多差官吏，必悉集都保，必遍走阡陌，必尽量步亩，必审定等色，必纽折计等。奸弊转生，久不迄事。乃若推排之法，不过以县统都，以都统保，选任才富公平者，订田亩税色，载之图册，使民有定产，产有定税，税有定籍。"可见，经界要进行大规模测量，尽管比较精确，但由于工作量大，耗费人力物力太大，容易得罪人，难以推行。而通检推排则利用中国人喜举报、善嫉妒的特点，通过互相监督，公估物力，轻而易举地完成清查任务。这类似现代中国的增值税涉税案件，几乎都依靠举报破获，很少由投资巨大的"金税工程"发现一样。

元代征收田赋，苦无可据之地籍。《元史》载，"民之强者，田多而税少，弱者产去而税存"。仁宗延祐元年（公元1314年），平章章闾建议清查地籍："经理大事，世祖已尝行之，但其间欺隐尚多，未能尽实，以熟田为荒田者有之，惧差而析户者有之。富民买贫民田，而仍其旧名输税者亦有之。由是岁入不增，小民告病。若行经理之法，俾有田之家，及各位下寺观、学校、财赋等田，一切从实自首，庶几税入无隐，差徭亦均。"仁宗采纳了他的意见，先在江浙、江西、河南等处办理经理法。具体做法："先期揭榜示民，限四十日，以其家所有田，自实于官。或以熟为荒，以田为荡，或隐占逃亡之产，或盗官田为民田，指民田为官田，至僧道以田作弊者，并许诸人首告。十亩以下，其田主及管干佃户，皆杖七十七，二十亩以下，加一等；一百亩以下，一百七以上，流窜北边，所隐田没官。郡县正官不为查勘，致有脱塌者，量事论罪，重者除名。"清查结果"河南省，总计官民荒熟田1180769顷。江西省，总计官民荒熟田474693顷。江浙省，总计官民荒熟田995081顷。"并将土地清丈结果编制成"鱼鳞册"，据以征收田赋。

"经理"相当于土地陈报，"经界"则是土地清丈。在元代初占江南时，不可能实行经界，便自然要推行经理。经

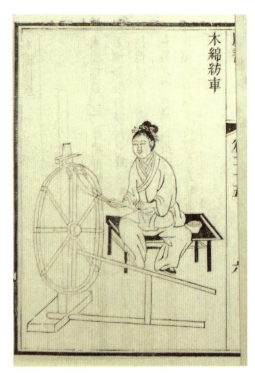

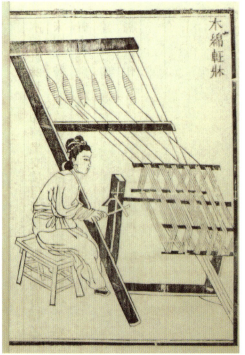

木棉纺车图

木棉纩床图

理法与经界法的目的本来相同，均在"抑豪强，矜贫弱，使无田多税少、田去税存"。但两者方法显然不同：经界法以均量为主，经理法则以自实为主。尽管经理法与通检推排法相似，但也存在差异。通检推排法由官民双方估定，而经理法则由百姓自报，发挥了纳税户的主观能动性。元代推行经理法的效果也十分显著，清查出藏匿的公私田产69826顷，粟年产额151100斛，钞2600贯，帛1500匹，麻丝2700斤。元代在推行经理法以前，也在局部地区搞过称为括田法的试点，故《元史》曾记载，至元四年(公元1270年)二月，始括民田……至元八年十二月，复括西夏田。两者名异而实同，后来普遍施行者谓之经理，起先局部试点者谓之括田。

四、商包课税

税收的征收，有直接和间接之分。政府设官收税，没有中间环节是直接征收。元代实行间接征收的商包法。

所谓商包法是商人以投标方式，向政府承包税款，总额一次缴足，然后以较高的数额，向人民征收税款。上缴数额与征收数之间的差额，就是承包

大道之行
中国财政史

商的征收成本和利润。商包法盛于元代，但早在元以前就已存在。《五代会要》记载，后唐明宗天成二年（公元927年），酒曲由官自造，在城扑断货卖。《文献通考》记载，宋代始于太祖开宝三年（公元970年）"令买扑坊务者收抵当"，"止斋陈氏曰买扑始见此"。太宗淳化（公元990年—994年）时，"买扑酬奖之法，次第举矣。买扑之利，归于大户；酬奖之利，归于役人，州县坐取其赢，以佐经费；以其剩数上供"；神宗熙宁（公元1068年—1077年）以后，悉罢买扑酬奖之法；南宋高宗建炎三年（公元1129年），四川成都地区"创清酒务，许人户买扑，分认岁课，为钱四万八千余缗。"《金史》中也有"坐家奴结揽民税，免官"的记载，说明商包税制并非元代首创，南唐的扑断货卖、宋代的扑买，金代的结揽民税，都是采用商包法征税。只不过五代与宋金的扑买，课税的范围不广，施行的地区亦狭，且为偶然行之，未尝视为久远之计。到了元代才广泛推行并行之甚久。太宗十一年（公元1239年），商人奥都剌合蛮买扑（与"扑买"同义）中原银课

22000锭，以44000锭为额。又富人刘忽笃马、涉猎发丁、刘廷玉等，以银140万两扑买天下课税，后来由奥都剌合蛮扑买，又增至220万两。

由于商人唯利是图，为了实现利润最大化，不惜加重百姓负担，从而激起了民怨，危及政权的稳定。不少有识之士看到了问题的严重，向皇帝呼吁，不能继续包税。《元史》载，耶律楚材就深恶痛绝地说，"贪利之徒，罔上虐下，为害甚大"，所以他竭力劝阻取消商包制，但未被元太宗采纳，致使耶律楚材感到痛心疾首："扑买之利既兴，

元中书令耶律楚材
（公元1190年—1244年）字晋卿，辽皇族。事铁木真、窝阔台30余年，官至中书令，于制度多所兴革，元朝立国规模多由其制定。

必有蹑迹而篡其后者，民之穷困，将自此始矣！"

五、官吏考核

为加强财政管理，必须对官吏实行严格的考核奖惩制度。《金史》载，为严格对食盐专卖的管理，泰和七年（公元1207年），曾"定西北京、辽东盐使判官及诸场管勾，增亏升降格。凡文资官吏员、诸局署承应人、应验资历注者，增不及分者升本等首，一分减一资，二分减两资，迁一官……亏则视此为降"。

元代对财政官吏的奖惩制度更为完善，《元史》载，至元九年（公元1272年）规定，对一般守令，凡户口增、田野辟、词讼简、盗贼息，赋役均五事俱备者为"上选，升一等。四事备者，减一资。三事有成者为中选，依常例迁转。四事不备者，添一资。五事俱不举者，黜降一等"。显然这是对一般行政官员的综合考核，其中与财政工作有关的是"赋役备"。至于对专业财政官员的考核更重视业绩，至元二十九年（公元1292年）规定，凡税务官员升转，"省判所办诸课增亏分数，升降人员。增六分升二等，增三分升一等。其增不及数，比全无增者，到选量与从优。亏兑一分，降一等。"对业绩优异者给予增分

升等，对业绩不好的给予降级，对贪赃枉法者则给予严惩。如："诸仓庾官史与府州司具官吏人等，以百姓合纳税粮，通同揽纳，接受折价飞钞者，十石以上，各刺面，杖一百七；十石以下，九十七；官吏除名不叙。"对于官吏勾结权势，欺压百姓者也要惩处。《元史》载："诸典卖田宅，从有司给据立契，买主卖主随时赴有司推收税粮。若买主权豪，官吏阿徇，不即过割，止令卖主纳税，或分派别户包纳，或为立诡名，但受分文之赃，笞五十七。仍于买主名下，验元价追征，以半没官，半付告者。"可见惩处十分严厉，以元钞为准，一贯至十贯，笞四十七；五十贯以上至百贯，杖六十，降一等；三百贯以上者，杖一百七十，除名永不再用。

元代规定，由御史台负责监察百官，其中包括对财政官员及其事务的监督。如："诸官司刑名违错，赋役不均，擅自科差及造作不如法者"；"官为和买诸物如不依时价，冒支官钱，或其中克减，给散不实者；诸院务监当办到课程，除正额外，若有增余，不尽实到官者"；"阻坏钞法涩滞者"；"户口流散，籍账隐没，农桑不勤，仓廪减耗为私"等等，都要受御史督查，并负责上报朝廷惩治。

六、滥发纸币

中国历史上首次发行纸币始于北宋，而大规模由国家发行纸币则始于元代。太宗（公元1229年—1241年）时曾少量发行，到世祖中统元年（公元1260年），"始造交钞，以丝为本。每银五十两易丝钞一千两，诸物之直，并从丝例。"是年十月，又造中统元宝钞。其面额有：十文、二十文、三十文、五十文、一百文、二百文、五百文和一贯文、二贯文等九种。每一贯同交钞一两，两贯同白银一两。又以文绫织为中统银货。分为：一两、二两、三两、五两、十两等五种。每一两同白银一两。元代纸币以国家权力通令发行，无论民间还是官府收支强制使用。"永为定例，并无添减"。到至元二十四年（公元1287年），"更造元宝钞颁行天

下……以至元钞一贯文当中统交钞五贯文，子母相权"。"新者无冗，旧者无废，凡岁币、周乏、饷军，皆以中统钞为准"。

元代纸币的发行是社会发展的必然趋势，既促进了商品经济的发展，也促使实物财政向货币财政转变，是一种社会进步。但纸币作为本身并无价

中统元宝交钞　元

值的一般等价物，如果没有准备金做后盾必然贬值，而想用滥发纸币来代替赋税收入解决国家财政困难更是异想天开。元代后期恰恰在这个问题摔了跟斗，钞法遭到了毁灭性的破坏。元钞在初发之时，纸币可换丝钞本，以后发行太多，便成为不换。先后所发之钞，其名称有"中统钞"、"至元钞"、"至大银钞"、"至正交钞"，皆以发行当年皇帝的年号命名。并且常以新钞收换旧钞，结果面额愈发愈大，而实际价值却愈来愈小，再加上久用的昏烂纸币又不能等值调换，激起了鼎沸民怨。

更为严重的是元代从至元十三年（公元1276年）起，"置宣慰司于济宁路，掌印造交钞，供给江南军储"。企图以印钞来解决财政困难，这就注定了纸钞必然贬值的命运。从中统元年至天历二年（公元1260年—1329年）的69年间，全国共发行纸钞8450万余锭。其中至元十二年（公元1275年）前的16年间只发行纸钞175万

余锭。而从至元十三年到至元二十八年（公元1276年—1291年）的后16年却发行了1452万余锭，是前16年的8倍多。用滥发纸币来弥补财政赤字不但导致了元代币制的破产，也加速了元王朝的迅速崩溃。

至元通行宝钞
元朝先后发行了中统元宝钞，面值从五文至"贰贯"共11等，这张在西藏萨迦寺发现的宝钞为"贰贯"，相当于2000文铜钱。萨迦寺在元时是西藏的政治、文化中心，在该寺发现元代货币，反映了元朝中央政府对西藏地区直接有效的管理。

大道之行
中国财政史

元王朝的败亡，与政治黑暗，民族歧视和政治压迫有关，但其根本原因还是离不开经济上的恶性通货膨胀。南宋末年，因朝廷滥发纸币，从公元1127年到1279年的150多年间南宋王朝通货膨胀率竟高达20万亿倍，200贯甚至买不到一双草鞋。

元世祖接受了南宋的教训，于中统元年（公元1260年）印发"中统交

大元通宝　元至大年间

天启通宝　元末徐寿辉农民起义军铸币

钞"和"中统元宝宝钞"时，制定了称为"十四条画"和"通行条画"的信用货币条例：设立"钞券提举司"垄断货币发行；拨足以丝和银为本位的钞本来维持纸币信用；允许民间以银向政府储备库换钞或以钞向政府兑银，同时严禁私自买卖金银；确立交钞的法偿地位，所有钞券均可完税纳粮；明令白银和铜钱退出流通，初步完成了银本位制度的创立。

遗憾的是好景不长，受到巨大短期收益的诱惑和面临连年对外用兵引起的财政压力，元朝政府很快就自坏成法，失信于民，短短20年后，宝钞便贬为原值的1/10。之后，政府滥发宝钞，至正十年（公元1350年）底，顺帝又滥发纸币，造成物价飞腾。元末米价竟比元初上涨六七万倍。

到了至正四年（公元1344年）五月，黄河决堤。十一年四月，顺帝命工部尚书贾鲁发汴梁（今河南开封）、大名等民工开凿新河道，时紧工迫，官吏乘机舞弊，人民痛苦更深。贾鲁开河后，北方白莲教首领韩山童及其教友刘福通等决定抓住这一时机，发动武装起义。起义军头裹红巾为标志，故称红巾军。至正十一年十月，徐寿辉称帝。以蕲水为都，建立政权，国号

天完，改元治平。其他非红巾军系统的起义军，以方国珍、张士诚两支最强大，活动范围最广。十四年正月，张士诚自称诚王，国号大周，改元天佑。至正十五年（公元1355年）二月，刘福通将韩林儿迎至亳州，建立北方红巾军的政权——宋，建元龙凤。韩林儿为帝，又号小明王。至正十八年五月，刘福通攻占汴梁，定为宋政权都城。元军于十九年八月，攻破汴梁城，刘福通保护韩林儿逃奔安丰。至正二十三年二月，张士诚进攻安丰。小明王遣人向朱元璋求救，二十六年十二月，朱元璋部将廖永忠迎归小明王至应天，途经瓜步，将其沉死，宋亡。二十年五月，陈友谅攻占太平，杀害徐寿辉，自称皇帝，国号大汉，改元大义。天完陇蜀省

右丞明玉珍于至正二十二年三月建国大夏，改元天统，自称皇帝，占据全蜀。至正十七年，张士诚投降元廷，被封为太尉。二十三年九月自称吴王。二十四年正月，朱元璋称吴王。二月，陈友谅子陈理降朱元璋，汉亡。八月，朱元璋令徐达、常遇春率军攻张士诚。吴元年(公元1367年)九月，张士诚被俘，自缢死。吴元年十一月，方国珍投降。次年正月，朱元璋即皇帝位，建国号为明，年号洪武。同月，福建平定，接着，两广也为明所有。吴元年十月，朱元璋命徐达、常遇春率军北伐。洪武元年七月，元顺帝率后妃、太子逃到上都。八月初二，徐达率北伐明军进入大都，元政权被推翻。元顺帝再往北逃，洪武三年四月病死于应昌。

龙凤通宝　元末农民起义军韩林儿铸币

天佑通宝　元末农民起义军张士诚铸币

第九章

明代财政

第一节　时代背景

一、代元而起的明王朝

　　元末，灾害频繁，朝政腐败，国库空虚。为了弥补财政亏空，朝廷除了加重赋税以外，还通过大量发行新纸币——"至正宝钞"来弥补财政赤字，致使通货严重膨胀，导致民不聊生。至正十一年（公元 1351 年），元顺帝征调农民和兵士十几万人治理黄河水患。黄河两岸农民本已饱受水灾之苦，在治河工地上不但要服重役，又被监工克扣口粮，还横遭鞭打，非常愤怒。于是，"变钞"和"治河"便就成为民变的导火线，刘福通巧妙地通过散布"石人一只眼，挑动黄河天下反"的谶语和在即将开挖的河道上预埋刻有"莫道石人

豆彩花卉纹壶　明　成化

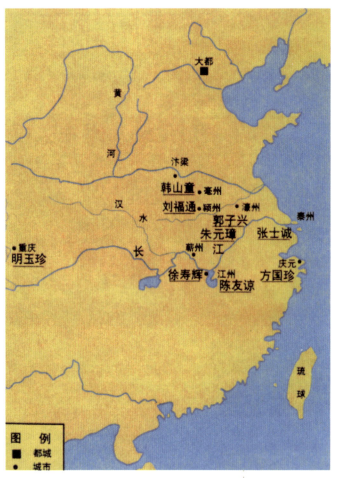

元末农民起义示意图

集庆（今南京），改名为应天府，并攻下周围一些军事要地，获得了一块立足的基地。此时的朱元璋"地狭粮少""孤军独守"，远不及其他起义军势力，处境十分艰难。朱元璋采纳了谋士朱升"高筑墙，广积粮，缓称王"的建议，经过几年努力，朱元璋军事和经济实力迅速壮大。公元1360年，通过鄱阳湖水战，陈友谅势力遭到巨大打击。公元1363年，陈友谅势力被完全消灭。公元1367年，朱元璋攻下平江（今苏州），张士诚自杀。接着，朱元璋又消灭割据浙江沿海的方国珍势力。公元1368年正月，朱元璋在应天称帝，建立了明朝。后来，朱元璋趁元王朝内斗之际进行北伐和西征，同年攻占大都（今北京），元朝势力终于退出中原。之后朱元璋继续消灭位于四川的明玉珍势力和据守云南的元朝梁王。又深入沙漠，进攻北元。大明江山至此初定。

朱元璋平定天下后，大封功臣。由

一只眼，此物一出天下反"的独眼石人作应验，导致至正十一年（公元1351年）5月，爆发农民起义。次年，郭子兴聚众起义，攻占濠州（今安徽凤阳）。不久，当地贫苦农民朱元璋投奔郭子兴，屡立战功，得到郭子兴的器重和信任，并娶郭子兴养女为妻。之后，朱元璋离开濠州，发展自己的势力。至正十六年（公元1356年），朱元璋率兵占领于朱元璋出身贫贱怕人瞧不起自己，再加上生性多疑，恐功臣们居功枉法，图谋不轨。于是，趁有些功臣越过礼法、为非作歹的犯错机会，大兴"党狱"，杀戮功臣。最先被杀害的功臣是廖永忠。朱元璋杀其的原因名为超越礼制，实为其是当年朱元璋谋杀小明王韩林儿的执行者，杀廖以灭口。此后，朱元璋又以"擅权植党""私通日本"处死丞相胡惟庸，借大将军蓝玉张狂跋扈之名将其诛杀，加上空印、郭桓两案，连坐被族诛的有数万人之多，开国功臣除了汤和外几乎被杀绝。洪武十三年（公元1380年）正月朱元璋下诏，在中央废中书省，不设丞相，提高六部的地位，使之分任朝政，而总其权于皇帝一身。在地方则废行中书省，改置布政司，以理地方政务。通过打击功臣、废除中书省、罢丞相、特务监视和文字狱等一系列措施强化皇权，打击贵族势力，大大加强了封建专制主义的中央集权制度。

二、卑贱皇帝和经济恢复

中国历史上大一统的王朝里，有两位皇帝出身于社会底层，一位是被后世称为"庶民皇帝"的汉代开国皇帝刘邦，另一位是游方僧出身的明代开国皇帝朱元璋。其中以朱元璋最为卑贱，一贫如洗，起于社会最底层，与秦代农村基层干部——"亭长"出身的刘邦都难以比拟。

作为皇帝，他没有接受过良好教育，识字不多，却勤奋好学，对历史特别爱好，领悟能力超群。《汉书》、《宋史》都是他常读的书。他自学成才，撰写的诗文，犹如今天人们见到的明式家具那样，十分简练、朴实和直白。他起义时写的《咏菊药》诗："百花发时我不发，我若发时都吓杀。要与西风战一场，遍身穿就黄金甲。"可与黄巢的咏菊诗"待到秋来九月八，我花开后百花杀。冲天香阵透长安，满城尽带黄金甲"相媲美。他写的公文，也用与众不

朱元璋书《教说大将军》局部。

同的口语体。如在反元战争期间，下达给大将军徐达的手令："说与大将军知道……这是我家中坐着说的，未知军中便也不便，恁中拣军中便当处便行。"给义子李文忠的手令："说与保

明太祖朱元璋
（公元1328年—1398年）字国瑞，公元1352年率众投红巾军，攻下南京后运用"高筑墙、广积粮，缓称王"的战略方针。公元1368年建立明朝，定都南京，建元"洪武"。

儿、老儿：……我虽这般说，计量中不如在军中多知备细，随机应变的勾当，你也厮活落些儿也，那里直到我都料定。"洪武三年（公元1370年），他为了增加财政收入，建立户帖制度也用这样的文体下了一道圣旨："说与户部官知道如今天下太平了也，止是户口不明白哩！教中书省置天下户口勘合文簿户帖。你每户部家出榜，去教那司官将他们所管的应有百姓，都教入官附名字，写着他家人口多少，写得真，著与那百姓一个户帖……"在他的倡导下，口语公文习惯成自然，成为明朝政府行文的一大特色。

至于他的散文也同样清新明快。有一个叫田兴的谋

士，见朱元璋胜利在望，"只怕狡兔尽走狗烹，飞鸟尽良弓藏"，便悠然告别，浪迹江湖。朱元璋称帝后，写信表明心迹，邀他出山，信中说："皇帝自是皇帝，元璋自是元璋，元璋不过偶然作皇帝，并非作皇帝便改头换面，不是朱元璋也。本来我有兄长，并非作皇帝便视兄长如臣民也。愿念兄弟之情，莫问君臣之礼。至于明朝事业，兄长能助则助之，否则，听其自便。只叙兄弟之情，断不谈国家之事……"写得情理兼备，盛情可掬，丝毫无居高临下之感。历史惊人相似。当代开国领袖由于当过小学老师，办过农民运动讲习所，也同样以通俗浅显成就了他的语言风格，如"下定决心，不怕牺牲，排除万难，去争取胜利"；"好好学习，天天向上"；"向雷锋同志学习"……整整影响了一代政界文风。此后，"发展是硬道理"，"白猫黑猫，会抓老鼠的就是好猫"也是此类文风的继承和发扬。

明王朝建立后，开国皇帝朱元璋着手复兴中国的传统文化价值，制定了一系列的指导政府活动与规范社会生活的法律。其中最突出的是发布《大明律令》，这部法典包含285条律和145条令，以后又编了《律令直解》使之通俗化。从内容上看，明律显然是在唐律的基础上发展而来的。还有恢复传统的科举考试，洪武三年（公元1370年）朱元璋在一道诏旨中宣布即将开科举，考经义和《四书》，论与策各一道，中试者还要经过箭术、马术、书法、算术、法律知识的测试。

朱元璋在狠抓国家制度建设的同时，也着力进行经济恢复工作。《明史》说，经过元末的动乱之后，"失革连年，道路皆榛塞，人烟断绝"，"人皆流亡，地多荒秽"。朱元璋出生于贫苦农民家庭，他对当时社会下层人民的痛苦和要求极其了解，夺取政权后，为了使大量荒芜土地尽快与劳动力结合，立即着手调整土地所有关系，奖励开垦土地，减轻赋役负担。他认为，天下初定，百姓财力俱困，譬犹初飞之鸟不可拔其羽，新植之木不可摇其根，要在安养生息之。因此他下令农民归耕，并分别免除三年徭役或赋税，禁止强占他人土地。洪武二十七年（公元1394年），又颁布了"额外垦荒，永不起科"的诏令，并把大量奴婢释放为民，以增加农业劳动力。

他还根据地方官的建议，制订了从人口稠密的地区迁移农民开垦荒地政策，给予验丁给田、官给牛种、减免田赋的优惠条件，不断向那些久经战乱、土旷人稀地区移民。与此同时朱元璋下令户部统计浙江等九个布政司（大都在南方各省）辖下的富户，推行强制性的扶助贫弱、抑制豪强的政策，把江浙一带的豪富强徙至北方，从而调整了江浙一带的土地关系。

明初，规模较大的移民垦荒有五次。第一次是在洪武三年(公元1370年)六月，当时苏、松、嘉、湖、杭五郡，地狭人众，贫

汲县移民碑拓片　明
原碑现存河南省汲县双兰村　经过元末十多年残酷战争，北方和中原地区农业生产受到严重破坏；大面积土地抛荒，无人耕种。朱元璋下令在全国范围内开垦荒地，农民可以自由垦种，免除三年粮税，并永为己业。同时实行军民屯田垦种，供给种子、耕牛；并将人多地少地区的农民迁往地多人少的地区，由政府发给路费和耕牛、种子，三年不交纳税粮。这块洪武二十四年（公元1391年）立于双兰池村的"汲县移民碑"，记述了泽州建兴乡大阳都110户农民集体迁往卫辉府汲县双兰村居住生产的事实。110户农民正好是明朝一里的地方行政组织。碑文刻有110户农民的姓名及里长、甲首姓名。

民无地耕种，而临濠土地多未开垦。于是，朱元璋令五郡无地少地之民徙往临濠，迁徙运输由官府负责，官府还发给移民耕牛、种子和食粮，所垦之田即为己业，三年之内免征赋税。此次移民达4000户。紧接着于洪武四年（公元1371年）六月，以北方大漠既平，先后徙北平山后之民及沙漠近70000户屯田北平附近各州县；洪武五年（公元1372年），徙江南民14万于凤阳；洪武二十一年（公元1388年）八月，迁山西泽、潞两州之民于河北、河南诸处闲旷之地；洪武二十二年（公元1389年）四月，命杭、湖、温、台、苏、松诸郡无田少田之民迁于淮南之南的滁、和二州就耕等等。在明初的40多年时间里，类似的大小移民几十次。移民垦荒的结果，不仅使流民归农，大批荒田得到开垦，而且也使国家政权趋于稳定，人民生活也有改善。《明史》载，从洪武元年到洪武十六年间（公元1368年—1383年），各地新垦田地达180多万顷，为当时全国耕地总数的一半。到洪武二十六年（公元1393年），全国垦田总数已达850万顷，比洪武元年增加差不多4倍。

在移民垦荒的同时，朱元璋也十分重视屯田。把屯田作为恢复农业生产，增强国防的一个重要手段。明代的屯田主要有军屯和民屯两种形式。军屯是指驻扎在边地或内郡驻军屯垦的土地。明初规定，驻防在边境的守军，三分戍守，七分屯种；内地驻军，二分戍守，八分屯种。收获的农作物，用作军需。民屯是招募、组织、调配无田的农民及一部分降民和罪囚到宽乡屯垦；屯民实质上是官府的佃户，其屯田收入，要按规定比例向官府交纳地租：凡使用官府的耕牛和种子的十税五；自备耕牛和种子的十税三。在民屯中还包括一部分商屯，是由盐商在边地招募人去屯田，所收粮食就地缴纳官府，用以换取政府发放的盐引，持引到盐场领盐贩卖。明初的屯田成效不少，屯田总面积达903000余顷，占洪武二十八年（公元1395年）全国耕地总面积850万余顷的一成多；所收粮食，仅军屯一项，在洪武二十一年（公元1388年）就达500多万石。到宣宗宣德（公元1426年—1435年）年间，屯田收入已经基本上解决了边境地区军队的粮食和草料供应，国家用不着从内地调运粮草了。

水利是农业的命脉。朱元璋为了发展灌溉事业，促进农业生产的恢复和发展，在全国范围内大力兴修水利工程。据洪武二十八年（公元 1395 年）统计，疏浚河道，修建陂、渠、堤、岸等农田水利灌溉工程多达 40000 余处。一些在历史上曾起过重大作用，但已年久失修的灌溉渠网，如陕西洪渠堰、广西的灵渠、四川的都江堰、安徽的铜城堰等，都先后修治疏浚。

在鼓励发展粮食作物的同时，朱元璋也大力提倡种植农业经济作物，鼓励农民种桑、种棉、种麻及其他作物。洪武元年（公元 1368 年），朱元璋下令，农民有田 5 亩至 10 亩的，要种桑或棉、麻半亩；如不种桑则要罚绢 1 匹，不种棉、麻的要罚棉布或麻布 1 匹。洪武二十七年（公元 1394 年）还规定，各地农民如有余力开地种棉者，免征其税，并下令山东、河南地区的农民，凡在洪武二十六年（公元 1393 年）后栽种桑枣果树的土地，不论多少俱不征税。这些措施不仅使荒芜的土地得到开垦利用，也推动了明代农业多种经营和手工业的发展。

传统农业社会，只要劳动力和土地能够有机地结合起来就能创造财富。而国家只有掌握户口和耕地才能获得财政收入。起自社会下层的朱元璋深知这一道理，于是他下令清丈耕地、调查户口，整理户籍与地籍，编制户籍"黄册"和地籍的"鱼鳞图册"。

明初的黄册是在户帖上的基础上发展起来的。朱元璋见宁国知府陈灌所创立的户帖很可取，便于洪武十三年（公元 1380 年）以赋役不均为由，下令编造比户帖更为规范的黄册。他以 110 户为"一里"，推丁多者 10 户为"轮值"里长，每年轮流由 1 户为里长，管摄一里之事，余 100 户分为 10 甲，每甲 10 户。每一里编成户籍一册，上面记载各户丁口、田地山塘、畜产、税粮，每十年重新编造一次，以显示人丁、田地、税粮的变化。由于这种户籍簿册封面是黄色的，故称为黄册。

与户籍黄册同时编制的还有地籍鱼鳞图册，两者相辅相成，不过前者以户为主，后者以地为主。黄册在事产目下有田地山塘一项，其面积大小由各户自行填报。鱼鳞图册则由官府派员对田地山塘实地踏勘清丈，绘成有田地的形状、面积、四至、业主内容的总图和有土名、业主、四至的分图，两者总分契合，以田地编号相对照。一个州、县，或一个乡、都，均有鱼鳞总图册，把辖境内耕地逐段绘制、排列。总图之外，还绘制逐段田土分图，写明土质、税则等级，注明土号，由官府逐一按次编号，填写业主姓名、所在都、图（里）、甲，及土地买卖过割情况。民间土地契约都以鱼鳞图册为准，凡提及田亩，大都按照图册的编号、税则、税额转抄，作为土地所有权让渡的依据。鱼鳞图册的编制程序十分复杂，不易复制，所以一般都由地方政府保存，不呈送中央政府，与黄册上交南京后湖黄册库收藏的情况不同。之所以称为鱼鳞图册，是因为它是对田地丈量后的分类记录，包括四至、形状、土质、等级、面积等，由于田地细分的自然状况极不规则，绘成图便呈鱼鳞状，故称鱼鳞图册。对此，《明史》说得很清楚："洪武二十年，命国子生武淳等分州县，随粮定区，区设粮长四人，量度田亩方圆，次以字号，悉书主名及田之丈尺，编类为册，状如鱼鳞，号曰鱼鳞图册。"

明初，朱元璋还采取了不少扶植工商业的政策。为了促进商品流通，他下令撤销了对山林竹木产品征税的机构，将商税税率降为三十税一，并规定农具、军民用于婚丧嫁娶祭祀的物品，以及舟车丝布之类都不纳税。为了便于商品经销，官府还在城区设称为塌房的堆栈房，以供商人存放货物。在徭

清丈鱼鳞清册
鱼鳞清册是洪武年间清丈全国土地时绘制的土地清册，状如鱼鳞，故名。万历九年张居正为增加政府收入，下令在全国范围清丈土地，编制鱼鳞册。这一年在全国共清查出隐瞒土地147万顷。

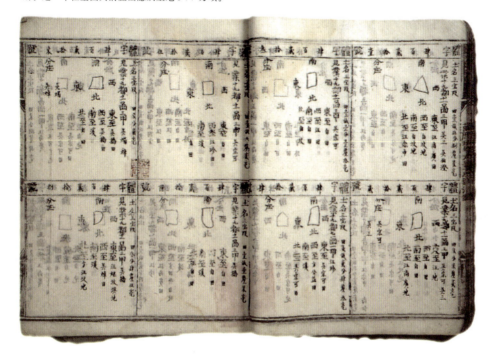

役方面，朱元璋改革了元朝的工匠服役制度，将匠户分为轮班、住坐两种。凡轮班匠户每年为官府服役三个月后，便可自由经营手工业；住坐匠户每月交罚班银六钱，便可独立经营手工业，这在一定程度上松解了手工业者对官府的人身依附，从而提高了生产者的积极性，推动了社会生产的发展。此外，为了便利商品的流通，明政府还发行了六种"大明宝钞"。

通过上述一系列措施的实施，明初经济恢复和发展，取得了显著成效。《明史》载，洪武二十六年（公元1393年），全国"民户一千零六十万余户，五千六百七十七万余口"，接近元代的最高户口水平；财政收入"夏税，米麦四百七十一万七千余石，钱钞三万九千余锭，绢二十八万八千余匹；秋粮，米二千四百七十二万九千余石，钱钞五千余锭"，差不多是元代全国财政收入的两倍。

到永乐（公元1403年—1424年）中，交趾、广东琼州黎人、肇庆瑶人内附，经济发展更上一层。《明史》载，"宇内富庶，赋入盈羡，米粟自输京师数百万石外，府县仓廪蓄积甚丰，至红腐不可食"。在经济作物方面，由于桑、棉、麻、果等的广泛种植，到永乐年间，布

帛、丝绢、棉花绒等的缴纳成为明代财政收入的重要来源。由于工商业的发展，在永乐初年，一年便征收布帛120多万匹，丝棉246万多斤。由于明初制定的经济政策符合当时的社会发展需要，有力地促进了社会生产力的发展，从而使明代经济继汉、唐之后成为中国古代历史上的第三个鼎盛时期。

三、以良民治良民的粮长制

鉴于元末官民矛盾激化导致元王朝灭亡的教训，农民出身的开国皇帝朱元璋在开国之初便决定改革田赋征收办法，实行以"良民治良民"的粮长制。洪武四年（公元1371年）朱元璋下令首先在江浙一带建立，规定凡纳税粮10000石（也有数千石）的地方划为一区，每区推税粮最多者为粮长，次之为副粮长，粮长的主要任务是主持区内田粮的征收和解运事宜。后来，粮长的职权又有扩大，如拟订田赋科则，编制鱼鳞册，申报灾荒蠲免成数，检举逃避赋役人户和劝导农民努力耕种、按期纳粮当差等。在某些地区，粮长甚至还要包揽地方事务，掌握乡村裁判权。以"民收民解"为基本原则的粮长制度，是明代田赋制度中一个重要而突出的制度，是明初组织征解，完纳田赋的有效措施。它既具备元代商包法

省却专职税务征收人员的优点，也缓解了政府税务人员与纳税百姓的矛盾，而且还降低了国家税收征收成本。开始时依靠朱元璋建国之初的威望和强有力的推行，以及皇帝不断接见和嘉奖粮长而兴旺一时。

后来，由于欠缴税粮户日益增多，粮长按规定要代为缴纳，天长日久便难以为继，甚至要倾家荡产。这样，委托代办性质的民收民解不得不转变为官收官解，粮长制度遂被废止。明英宗正统元年（公元1436年），开始实行金花银折征办法，即以米麦1石，定为银

金花银 明

明朝初年，政府向农民征收税赋，分夏税、秋粮两种。随着经济的发展，自正统元年（公元1436年）起，规定江南田赋折银征收，谓之"金花银"，亦称折粮银。每年地方将收齐的散碎银两铸成银锭，上交中央户部。此锭是万历十六年（公元1588年）福建上交户部的50两银锭。银锭凹面刻有地方名称、税别、重量、内耗及有关官员和银匠姓名等内容。

2钱5分。折征金花银之后，推行于全国，永为定例，遂以银两完纳田赋。

四、涉及财政的两个贪贿大案

朱元璋针对元末官吏贪冒、徇私灭公，以至亡国的惨痛教训，建国后强有力地推行严刑峻法，"以重典驭臣下"。明律简于唐律，严于宋律。又在明律之外，指定条目处以极刑，把案例编为《大诰》，颁给各级学校作为教材。以后又编了《大诰续编》、《大诰三编》。"诰"是古代皇帝对臣下下达的命令，"大诰"即意味着是最重要的命令。《大诰》序言说："诸司敢不急公而务私者，必穷搜其原，而置之重典。"书中所载的都是惩治贪官污吏、地方豪强的重大刑事案件，其中凌迟、斩首、族诛的就有几千条，弃市以下的有上万条之多，且大都由朱元璋亲自裁定，他强调"治乱世用重典"，严厉打击大臣擅权、武将骄横，严惩贪官污吏。洪武二十五年（公元1392年），针对枉法贪赃，他下决心以猛惩治，编就《醒贪简要录》，颁示天下，官吏贪赃60两以上即枭首示众，再处以剥皮之刑。他曾痛心疾首地说："此弊不革，欲成善政，终不可得。"

洪武年间涉及财政的空印案和郭

明文武官补子图

桓案就是典型的打击违法乱纪、贪赃枉法的重大案件，两案连坐被杀者数以万计。

空印案，发生在洪武十五年（公元1382年）。明初规定，各布政使司（相当于今省财政厅）和府、州、县衙门，每年都得派计吏至户部核算钱粮、军需等款项，相当于现代的年度对账。由于对账时常常涉及差错的修改和补充，若每项改动都要到各地重新办理更正手续会延误时间。于是各地的上计官吏贪图便捷，照例都备有盖印空白文册，遇户部驳正，随时改填。洪武十五年（公元1382年）朱元璋发现此弊，将主管长官处以极刑、副长官充军。

郭桓案，是发生在洪武十八年（公元1385年）的贪赃案件。户部侍郎（相当于今财政部副部长）郭桓被人揭发与北平二司官串通舞弊，案发后，户部等郎以下官吏处死者无数，追赃粮700万石、供词牵连各布政使司，被杀者几万人，两浙富户因追赃而破产者不计其数。

几起大案，加上严刑峻法，凌迟、枭首、族诛之外，还有刷洗、秤竿、抽肠、剥皮等酷刑，虽然打击了贪赃枉法的陋习，也造成了朝廷内外极度恐怖的气氛。朝官每天黎明上朝，是否可以平安回家实难预料，因此，出门前必先与家中妻子诀别，留下遗嘱。

洪武三十一年（公元1398年），朱元璋驾崩，葬于南京城外钟山，为明孝陵。他在遗诏中，颇有自知之明地说："朕膺天命三十一年，忧危积心，日勤不怠，务有益于民。奈起自寒微，无古人之博知，好善恶恶，不及远矣。"对自己"忧危积心，日勤不怠"，但"好善恶恶"过分严酷，有着极其深刻的认识。朱元璋不愧是"不学"（指学历不高）有术，能力超群的开国皇帝。

五、商品经济发展与白银货币化

发展经济学研究表明，人类的农业发展经历了两个阶段：首先是扩张式的发展，每个生产者的平均生产能力不变，由于人口和耕地的不断增长而使生产扩张；其后是农业的商业化和技术进步，以及农产品加工业的建立。再往前一步，人类才进入工业化阶段。

明中叶后，随着社会的日益稳定和经济的迅速恢复，农业经济的商品化倾向以引人注目的态势向前发展。植棉、纺纱、织布或栽桑、养蚕、缫丝

等农家副业逐渐取代种植粮食作物的农家正业，出现了棉作压倒稻作、蚕桑压倒稻作的新趋势。尤其在江浙地区，这一趋势为市镇的发展提供了极大的推动力，而市镇的发展又反过来促进了农业经济商品化程度的加深。在农业上，据《农政全书》记载，不论在耕耘、选种、灌溉、施肥、园艺等各方面，都积累了丰富的经验，一般稻田亩产均有2—3石，有些地区高达5—6；棉花种植，遍于河北、山东、河南、两淮之间，其中，松江的200万亩土地，有上百万亩都种植了棉花；烟草业在

《农政全书》 明 徐光启
《农政全书》共60卷，12大目，约52万多字。分为"农本"、"田制"、"农事"、"农器"和"荒政"等。

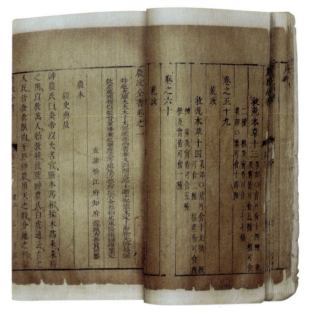

此时期传入，并迅即推广到福建、广东及长江流域，一亩之收，可敌农田十亩。此外，太湖地区的蚕桑业，江南、闽、广地区的甘蔗、兰靛、生漆以及油料作物等经济作物，不仅种植面积日益扩大，而且产量也有很大提高。

这一时期的手工业，也有相当程度的发展，如冶铁、铸铁业，河北遵化、山西阳城、广东佛山、福建尤溪等地，都出现了规模较大的铁冶场；江西景德镇的制瓷业，有官窑58座，而民窑已超过900座，其技术水平不逊官窑。在纺织业上，万历时（公元1573年—1620年），嘉兴濮院镇的机匠都使用新式"纱绸机"；到明末，苏州市场上的织机有绫、绢、纱、罗、绸、布等六种，所织绸布，巧变百出，花色日新，说明丝纺业在迅速发展；明代的棉纺业，已普遍成为农村家庭副业，在松江（今上海松江区）地区，每人每天可织布一匹，明人歌谣称"买不尽松江布，收不尽魏塘(今浙江省嘉善县城)纱"。由于家庭纺织业的发展，江南嘉兴、吴江等地的一些乡镇居民多脱离农业，专门从事丝棉纺织；而浙江湖州和山东、河南等地农村，不少人专门从事蚕桑或棉花种植，以适应纺织工业的需要。此外，还出现了许多个体手工业者，如铁匠、木匠、染匠、鞋匠、铜匠、石匠、窑匠等"百工杂作"；万历时，随着民营工、矿业的发展，还出现了手工业工人如染工、矿工、炉工等等。

随着江浙地区商品经济的高度成长，手工业、商业迅猛发展，促使农家经营的商品化倾向日益加剧。一方面，农民将大量耕地改种桑、棉一类的经济作物，以适应市场不断增长的需求，从而促使农业生产格局发生了历史性的变化，人们变种粮为种植经济作物为主，使余粮区逐渐转化为缺粮区。加上苏南浙北一带人口增加较快，形成地狭人稠的压力，越来越仰赖外来商品粮的输入。于是大抵15世纪中叶，湖广作为天下的粮仓，所产粮食沿江而下，供应苏南浙北各地，"湖广熟，天下足"的格局取代了先前的"苏湖熟，天下足"的格局，中国社会经济发展进程中发生了一个划时代的变化。另一方面，由于手工行业的增广，产品产量的增多，除缴税和自用之外，其剩余产品则通过市场出售，从而又促进了商品经济的发展。这一时期农民和手工业工人生产的粮食、棉花、纸、生丝、烟草、绸、布、铜、铁、瓷器等，都是市场主要商品，松江所产绫、布之多，号称"衣被天下"；景德镇瓷器，更是流布全国；而湖丝、潞绸、蜀锦、杭缎等等产品，不仅行销国内，还远销日本、南洋。商品经济的发展，不仅活跃了商人，徽商、晋商、江右商、闽商、粤商流布全国；而且不少中小商业城镇，多数集中在江南、东南沿海和运河沿岸等地区，促使各集市活跃起来。特别是苏、松、杭、嘉、湖等江南五府，有许多从事小商品生产的机户，由于

明户部银锭

工艺技术不断提高，商品市场日益扩大，有的机户有织机 20 余张或 40 余张，并雇有一定数量的工人，《中国史纲要》载，"以机杼起家致富"，有"富致数万金"或"百万金"者；而受雇工人则"计日受值"，"得业则生，失业则死"。从机户同雇工之间这种生产关系看，明中叶，资本主义已经萌芽。

经济的发展不但促进了明代工商

税收收入的不断增加，弘治（公元 1488 年—1505 年）时课钞 4618 万余贯，嘉靖时课钞增至 5206 万余贯，前者折银 138000 两；而且伴随着商品经济的发展，必然产生新的货币需求。白银作为低熔点、易切割的贵金属非常适合于充当一般等价物。明中叶以降，白银作为货币，开始在市场上广泛流通。政府的财政收支，大都改用折纳银两来计算。以米、钞支出的官俸，逐步改用银两，本色俸米 1 石以银 2 钱 5 分支给。税收缴纳也作了相应改变，田赋、商税、手工业税、关税大多折成银两征收，出现了金花银，后来又把徭役也折成了役银，百姓无须亲身服役，实物税迅速向货币税演进。在长江三角洲、珠江三角洲等发达地区，农业、手工业与商业雇工，普遍用白银来支付工价，例如万历时湖州地区农业雇工的工价每年为银 2 两 2 钱。而隆庆（公元 1567 年—1572 年）以降海禁开放，海外贸易迅猛发展，不仅日本的白银流入，美洲的白银也大量流入。哥伦布发现新大陆后墨西哥开采的白银，

573

经马尼拉大量流入中国，从而满足了明中叶以来因普遍用银作为货币而对银的大量需求，进一步推动了白银的货币化进程。

六、张居正改革和一条鞭法

张居正，湖广江陵（今湖北江陵）人，5岁入学，7岁能通六经大义，12岁考中了秀才，13岁时就参加了乡试，写了一篇非常出色的文章，本来能够一举高中，只因湖广巡抚顾璘有意让少年张居正多磨炼几年，才未中举。16岁中了举人，23岁嘉靖二十六年（公元1547年）进士，由编修官至侍讲学士令翰林事。隆庆元年（公元1567年）

张居正
（公元1525年—1582年）明江陵（今湖北荆州）人，字叔大，号太岳，嘉靖二十六年进士，隆庆时与高拱并相，万历初为首辅。

任吏部左侍郎兼东阁大学士。隆庆时与高拱并为宰辅，为吏部尚书、建极殿大学士。万历初年（公元1573年），与宦官冯保合谋逐高拱，代为首辅。当时明神宗年幼，一切军政大事均由他主持裁决，前后当国10年，实行了一系列称为万历新政的改革措施，收到一定成效。

首先，他在万历元年（公元1573年）提出整顿吏治改变颓风的考成法。考成法旨在健全行政与公文运作系统，强调公文办理要确定期限，并到期督查。办法规定，凡由六部、都察院转行的各类章奏及圣旨，都要先酌量路程远近、轻重缓急，规定处理程期，并置立文簿存照，每月月底予以注销。如有耽搁拖延，即开列上报，并下各衙门诘问，责令其讲明原委。巡抚、巡按拖延耽搁，由六部举报；六部、都察院在注销时容隐欺蔽，由六科举报；六科容隐欺蔽，由内阁举报，形成了一个相互监督的考成系统。其中最关键的是六科。所谓六科是明初设立的吏、户、礼、兵、刑、工六科，各设给事中，辅助皇帝处理奏章，稽查驳正六部之违误。张居正则把六科的这种职能予以扩大，使之直接向内阁负责，成为内阁控制政府的工具，形成了以内阁稽查六部、都察

大道之行
中国财政史

院、六部、都察院稽查巡抚、巡按的完整体系。万历六年（公元1578年）户科给事中石应岳报告："自考成之法一立，数十年废弛丛积之政，渐次修举"，可见考成法的实施是有成效的。从宏观视角看，考成法只是张居正整顿吏治的一个方面。他按照综核名实、信赏必罚的原则，强调公铨选、专责成、行久任、严考察，在官僚队伍中营造了一种雷厉风行的工作作风，大小臣工，鳃鳃奉职，中外淬砺，莫敢有偷心。

其次，为了培养人才，张居正在万历三年（公元1575年）对空谈心性不务实事的学政提出了整改措施，规定各级学校的学官、儒生必须"著实讲求，躬行实践"，不许空谈废业；并下令毁天下书院，把书院改为政府办公机构，意在提倡实学，防止空谈误国。由于这一措施有点矫枉过正，曾激起许多儒生士人的反感。

在政治改革取得成效后，张居正适时地转入经济改革。明代的财政在嘉靖、隆庆年间国库已是年年亏空，到了万历年间更是捉襟见肘，难以维持。为了摆脱困境，张居正从桑弘羊"民不益赋而天下用饶"的原则出发，提出"不加赋而上用足"的方针，具体化为"惩贪污以足民"，"理逋负以足国"，通过整治贪污与欠税两大漏洞来增加财政收入。

为了抑制财政支出，张居正大刀阔斧地削减宫廷工程和织造项目，紧缩宫廷节庆与宴会开支，削减南京官司编制。为了增加财政收入，他大规模整理赋税征收簿册，通过实地调查，制订合理的边饷政策，严格对边镇的钱粮与屯田管理。为了强化户部对财政事务的管理能力，他建立地方政府定期向户部汇报制度，提高户部对全国财政的营运管理水平。除此以外，张居正在经济方面最重大的改革是清丈田粮，推广一条鞭法。

清丈田粮的工作始于万历六年（公元1578年）十一月，当国的张居正以神宗皇帝名义下令在福建省试点。两年后，福建清丈完毕，成效卓著，清丈出隐瞒逃税田地2315顷。紧接着张居正把福建的试点经验推向全国，各级地方政府在强大的政治压力下，清丈工作从万历八年到十一年（公元1580年—1583年），在全国各地相继完成。通过清丈，田有定数，赋有定额，不仅公平了税粮负担，而且还查出了不少隐匿田地，增加了纳税耕地。例如，山东省清丈纳税耕地较原额增加四成，江西省清丈后纳税耕地较原额增加一成三；浙江衢州府西安县（民国后改称衢县），清丈后不但改变了原先田地缺额、税粮无着的状况，而且查出了大量的隐匿田地，除了补足原额外，还多出了113顷28亩。全国清丈后增加了1828542.73顷，比清丈前的万历六年（公元1578年）统计原额5182155.01顷，增加了35.28%。北方地区在清丈中还统一亩制，改变了先前存在的面积不一的大小亩，确定以240步为1亩。南方地区在清丈中统一税粮科则，改变了先前存在的官田、民田科则轻重悬殊的不合理现象，达到了公平税负的目的。这是一次继明初清丈之后的又一次全国性的清丈工作，对明中后期财政收入的增加和政权的稳定起到了重要作用。

与清丈田粮相比较，一条鞭法的推广具有更深远的意义。一条鞭法作为财政制度的改革早在嘉靖时期已在浙江、江西等部分地区出现，最先是浙江巡按御史庞尚鹏在浙江试行，其后江西巡抚刘光济亦试行于江西。其特点是："通将一省丁粮，均派一省徭役"，也就是说将徭役折成银两，称之为役银，役银再按人丁、税粮平均摊派，把赋税与徭役简化为一次编审，即一条鞭编审，故称条编法。由于民间对马鞭的形象难以忘怀，故俗称"一条鞭"。

以典型开路是中国传统领导方法之一。善于抓典型的张居正认为"一条鞭编审"是整顿赋役，改善财政的有力措施，于是在万历九年（公元1581年）决定以朝廷的名义，在全国范围推广并统一实施一条鞭法，使之成为全国统一的赋役制度。《明史》把这一新制度概括为："总括一州县之赋役，量地计丁，丁粮毕输于官，一岁之役，官为金募。"它首先把明初以来分别征收的田赋和徭役，包括甲役、力役、杂役、力差、银差等项目，合并为一，总编为一条，并入田赋的夏、秋二税中一起征收；其次，将每一州县每年需要的力役，由官府从所收的税款中拿出钱来雇募，不再无偿调发平民；再次，把以前向地方索取的土贡方物，以及上缴京库备作岁需和留在地方备作供应的费用，都并在一条鞭中课征；第四，一条鞭法课征对象为田亩，纳税形态是以银折办，即所谓"计亩征银"，赋、役、土贡等合并后，国家的课税总额不变，财政收入得到了保证。总之，一条鞭法具有赋役合一，按亩计税，以银缴纳，手续简化的特点。它的推行有利于均平赋役，扩大负担面；纳钱免役，使农民有了更多的人身自由；计亩征银，无地商人得以免除赋役，从而促进了社会分工的发展和商品经济的繁荣。

一条鞭法实施后，取得了明显成效，国家财政赤字消失，《明史》称："太仓粟米可支数年，圆寺（即太仆寺）积金不下四百余万"。户部管辖的太仓收入，从嘉靖、隆庆年间每年200万两白银，到万历初期激增至300万两至400万两之间。京师仓库贮存的粮食700万石，可支给京营各卫官军2年消费，到万历五年（公元1577年）京师仓库贮存粮食增加了3倍，足可供6年之用，万历年间成为明王朝最为富庶的历史时期。万历二十年（公元1592年）前后出现的"万历三大征"：平定宁夏哮拜之乱、平定播州杨应龙叛乱、东征御倭援朝无不仰仗国家财政作后

抗倭图卷局部　明
反映了明嘉靖年间（公元1522年—1566年）浙江沿海军民抗击倭寇侵扰的历史画卷。

盾。

此外，张居正用名将戚继光、李成梁等练兵，加强北部边防，整饬边镇防务；用潘季驯主持浚治黄淮，都取得了卓著成效。

第二节 明代的财政收入

一、田赋

明初的田赋制度沿用唐、宋以来的两税法。《明史》载，"丁有役，田有租"，"赋税十取一，役法计田出夫。"田赋的税率，号称 1/10，一般是"官田亩税五升三合五勺，民田减二升，租田八升五合五勺，芦地五合三勺四抄（撮），草塌地三合一勺，没官田一斗二升"。田赋依征收时期，又分两类：一为夏税，一为秋粮，"夏税曰米麦、曰钱钞、曰绢，无过八月；秋粮曰米、曰钱钞、曰绢，无过明年二月"。大略以米麦为主，而丝绢与钞次之。用米麦缴纳，是为"本色"；用钞绢折价缴粮，是为"折色"。

田赋课税的标准，是按亩计算的，但实际上各地负担悬殊，如江南的苏、松、嘉、湖、常地区，朱元璋怒其民为张士诚死守，对这些地区征收重税，民田每亩税 2—3 斗，没官田税 7 斗至 1

石，其中以苏州田赋最重。又如明初时，司农杨宪以浙西土地肥沃，又增其赋，亩加两倍。《明史》载，"故浙西官、民田视他方倍蓰，亩税有二三石者"。而凤阳为朱元璋的故乡，田赋特轻。

《明史》称，朱元璋为了"令伯温乡里世世为美谈"，连浙江籍大学士刘基的故乡青田也享受浩荡皇恩。《续文献通考》载："洪武元年，有司奏，定处州七县田赋，亩税一升。帝以刘基故，命青田县止征其半。"处州六县之赋，本已极轻，只及民田的 1/3，而青田的赋，则更是轻中之轻了。这种以个人爱憎好恶来制定税额的做法，使明代各地人民的田赋负担极为不均。

明初田赋的课征，由县官负责，为防止人民逃税和官吏额外掠索，还改进了田赋征收办法，实行粮长制。在洪武二十年（公元 1387 年）制定鱼鳞册后，明朝田赋课征标准就上了轨道。《明史》载，洪武二十六年（公元 1393 年）的收入情况是，"官民田总八百五十万七千余顷。夏税，米麦四百七十一万七千余石，钱钞三万九千余锭，绢二十八万八千余匹；秋粮，米二千四百七十二万九千余石，钱钞五千余锭"。

英宗正统元年（公元 1436 年），开始将江南各省的田赋改为折征银两，

大道之行
中国财政史

称为"金花银"。规定米麦 1 石折银 2 钱 5 分，到宪宗成化（公元 1465 年—1487 年）以后，每石米麦折价增至 1 两，农民负担增加了 3 倍。明代中叶以后，由于豪猾奸民与吏胥里甲相勾结，将鱼鳞图册和黄册涂抹改纂，以至田亩与丁田户则，都与实际情况不符，黄册

和鱼鳞册失去了作用。官吏则乘机任意加派，地主豪绅勾结官吏逃避赋役，而贫民及孤寡老幼也不能免差。武宗（公元 1506 年—1521 年）时又把力差改为银差，而银差之外又加力差，千方百计加重农民负担。由于赋役制度本身存在着官吏免税范围过宽等弊端，再加上皇室开支过滥，军费开支大量增加，以及官吏从中贪污中饱，到嘉靖

徽州府祁门县江寿户帖
洪武三年（公元 1370 年），明朝在全国范围实行户籍制度，户籍由政府保存，户帖发给住户。这是洪武四年（公元 1371 年）明政府发给徽州府祁门县江寿的户口卡。

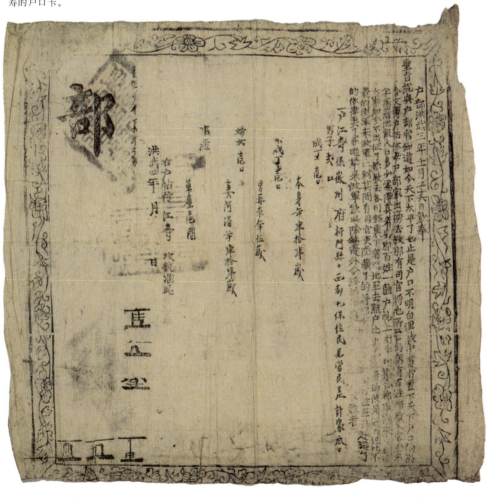

（公元 1522 年—1566 年）末年，太仓存银不到 10 万两，岁出常超支 140 万两，明王朝的财政到了山穷水尽的地步。

二、田赋的加派

明末的田赋加派，源于国家财政收支的失衡。明初财政收入，如将税粮、马草、盐课以及云南闸办等项，均折合银两，总计每年收入为 243 万两，其收大于支并略有节余的状态，一直保持到英宗正统年间（公元 1436 年—1449 年），直至武宗正德（公元 1506 年—1521 年）时，财政才出现支大于收，开始陷入了入不敷出的局面。《续文献通考》说："正统时，天下岁征人数，共二百四十三万两，出数一百余万两。自正德后，出多入少，国用尽不支矣。"到了穆宗隆庆元年（公元 1567 年），太仓现存银 135 万两，而岁支共计 553 万两，即全年收入仅足维持 3 个月之用；京仓现存粮 678 万石，岁支官库月粮 262 万石，如遇闰年，又加 22 万石，即存粮只能维持 2 个月。至万历二十八年（公元 1600 年）国家岁入仅 400 万，而岁出 450 万，居恒无事，已称出浮于入；及至以后多次用兵，以及

其他非常开支，计达 2600 余万，足见赤字之大。

明后期的财政困难，不但在于支出增大，也在于收入减少。其中少数权贵集中了大量免税土地则是国家财政减收的重要因素，而土地集中最突出的是藩王占田。万历时，福王封藩河南，明神宗一次就给他赐田

明万历年间的收税票
所谓"收税票"即官府征税的书面凭证。图为万历年间的收税票，是研究明末经济状况的重要资料。

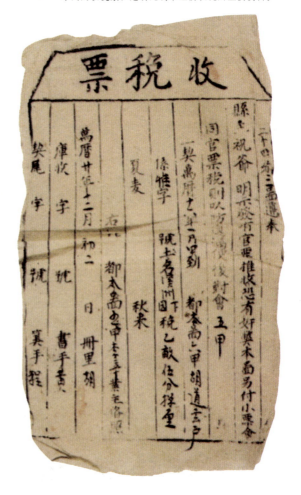

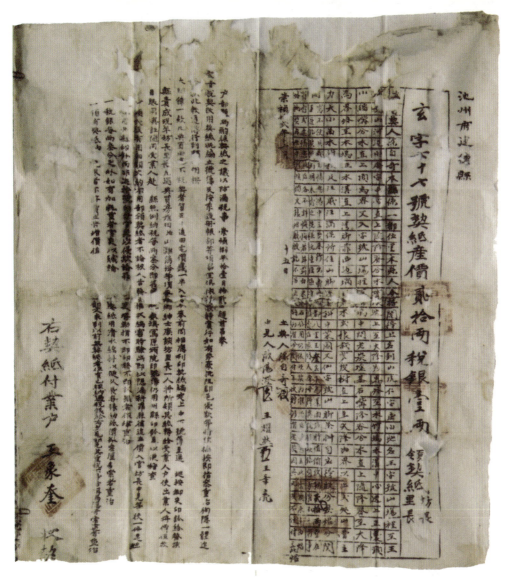

契 纸

明崇祯十二年（公元1639年）安徽池州建德县徐自奇土地卖契纸。

200万亩，河南境内的土地不够，竟以山东、湖广之田来补足。天启时，官田告罄，藩王无田可拨，竟令农户分摊银租，出现了"无田之租"。此时，地主豪强乘机巧取豪夺，广占民田，江河湖泊之滨的绝大部分沃土肥田差不多都被王公、勋戚、豪强地主所侵占。全国应税田亩原额835万顷，到弘治十五年（公元1502年），天下税田只剩下428万余顷，负税土地减少了一半。由于这些特权阶层享有优免待遇，土地的进一步集中就意味着免税土地的扩大和国家财政收入的相应减少。而恰恰在这一时期战争连续发生，军费开支难以遏制，迫于内忧外患的需要，不得不对田赋进行大规模的加派。

明代的田赋，于正课之外，常有加

派。《续文献通考》说，加派始于武宗正德九年（公元1514年），即为建造乾清宫，加赋100万两。正德时，为增兵设戍，饷额过倍，乃议于南畿浙江等州县，加赋120万两。嘉靖三十年（公元1551年），俺答（鞑靼部首领，为元室之后）犯京师，东南被倭寇侵扰，增兵设防，需饷甚多，乃于南畿、浙江等州县增赋加派。正式大规模的加派则起于万历四十六年（公元1618年）为抵御外族入侵的辽饷加派，加上后来为镇压农民起义的剿饷、练饷加派，便有了导致明王朝灭亡的"三饷"加派。

（一）辽饷

用于辽东防务所耗之战费，属国防军费。《明会要》载，辽饷起于嘉靖中，时鞑靼酋长俺答入侵，加派田赋，增银150万两。万历末年，共有三次加派：即四十六年（公元1618年）加派直省正赋（不包括贵州），每亩加三厘五趣，共派银二百万三十一两有奇；四十七年再度加派，于旧额外，复加三厘五毫，增200万两有奇；四十八年，又行加派，亩加二厘，连前两次共增九厘，后来清代人俗称其为"九厘银"，这三次加派，除畿内八府及贵州不征外，总计增银520万两，并被立为定额。到

了崇祯二年（公元1629年），又以军饷不足，议于每亩加派九厘之外，再增三厘，于是增165万有奇。合万历所增，共达680余万。上述加派，除嘉靖加派外，总名辽饷。辽饷后来共增至白银900万两之巨。

（二）剿饷

用于对内镇压农民起义的军费。崇祯（公元1628年—1644年）晚期，农民起义风起云涌，为镇压起义不得不增兵筹饷。《续文献通考》载，崇祯十年（公元1637年）诏曰："不集兵无以平贼，不增赋无以饷兵。其累吾民一年。"于是先后加派，增赋330万。剿饷原以一年为期，崇祯十二年（公元1639年），剿饷尽而"贼"未平，乃又巧立名目，改征"练饷"。

（三）练饷

《续文献通考》称，崇祯十二年（公元1639年），为增练额兵73万及在州县专练民兵，亩增银一分，共增练饷730万两。

辽、剿、练三饷合计，约为2000万两之巨。所以《续文献通考》认为："一年而括二千万以输京师，又括京师二千万以输边"，实为自古所未有，以至于"农怨于野，商叹于途"，弄得社会经济趋于破产，王朝走向灭亡。

三、徭役

役是课于丁口的差役。丁有成丁，有未成丁。《明史》载，"民始生，籍其名，曰不成丁。年十六曰成丁，成丁而役，六十而免"。明代之役，是以户口登记的黄册为基础课征，分为里甲、均徭和杂泛等三种形式。其中"以户计曰甲役（里甲），以丁计曰徭役（均徭），上命非时曰杂役（杂泛），皆有力役，有雇役。府州县验册丁口多寡，事产厚薄，以均适其力"。此外还有工匠役；至于军役，则由于明代行卫所制度，不包括在徭役之内。

（一）里甲

里甲为职役的性质，原来是组织百姓供应赋役的基层单位，后来转为

直隶开垦事帖
这件开垦事帖是明初发给直隶徽州府祁门县（今安徽省祁门县）农民黄玄生开垦荒地的产业凭证。帖中明确规定所开垦的"永为己业，俟三年后将该科税粮依期送纳，毋违"。这与明初规定农民开荒的政策完全一致。

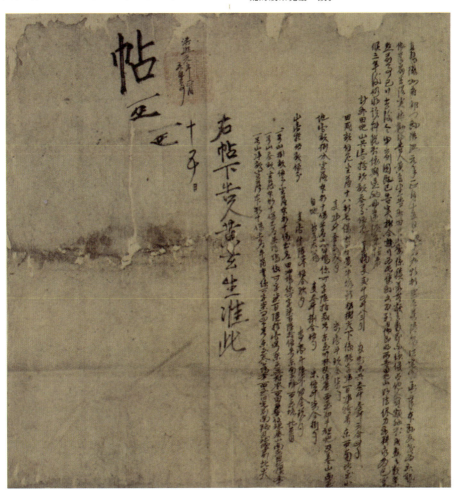

三大徭役之一。里甲制度规定：普通民户，以110户为一里，一里之中，推丁粮最多的10户为里长，其余100户分为10甲，每10户为一甲，有甲首1人；每岁由里长1人，偕甲首1名，率领一甲之户应役。10年之中，每里长甲首及每甲，皆轮役一次，值役者为当年（现年），轮次者为排年；每10年清查各户丁口、资产消长，重新编审里甲，仍以丁校多少为先后。10年一周，周而复始。里甲的职责，是督催税粮，追摄公事，传达官府命令，编排各种差徭。

里甲相当于基层小吏，既要有活动能力，又要有财产，才能办事。因此，凡编入里甲之户，必有丁有产；如无丁无产的鳏寡孤独之类，则列入册后为畸零。故里甲之役，虽以户为对象，而丁、产却是其基础。同时，明初农村基层设粮长，由税粮最多的乡绅充任，负责税粮的征收与解运也是与里甲相似的职役。

（二）均徭

均徭是一种官府指令的经常性差役，亦称常役，与里甲相似均为职役性质。因此役须以丁为单位，验丁力资产之厚薄，确定差役之轻重，由里甲编第均输，故曰均徭。《续文献通考》载，洪武十七年（公元1384年）"令各处赋役，必验丁粮多寡，产业厚薄，以均其力。"十八年（公元1385年）"令有司第民户上中下三等为册，贮厅事，遇徭役取验"。

均徭的项目有祗候、禁子、弓兵、巡拦、厨役、粮长、解户、库子、斗级、仓脚夫、长失、铺司、铺兵、馆夫等等，皆应亲身充役。或雇人充役，名曰力差。其他如岁员、马匹、车船、草料、盘缠、柴薪、厨料、历纸、袭笔、桑穰等公用之物，由民户供给，或以货币代输，则名之曰银差。其后力差中亦多以银代输，故银差的范围日广。力差与银差之轻重，大抵依人户丁粮事产之厚薄，于里甲中分别定其户则（分三等，或三等九则），户则高者役重，低者役轻。均徭编审之期，依黄册改造之期，十年一次，与里甲同时编定，每十年应役一次。由于官吏士绅有免役特权，故均徭之役多为中小户所承担。

（三）杂泛

杂泛为非经常性质的使役科派。乃临时编金，每年有些不同，也无一定的名目，故亦称杂役。《续文献通考》说，杂泛制度始于太祖洪武元年（公元1368年），"帝以立国之初，经营兴作，必资民力，恐役及贫民，乃命中书省验田出夫。省臣奏议，田一顷出丁夫一人，不及顷者，以别田足之，名曰均工夫。八年三月，编应天十八府州、江西九江、饶州、南康三府均工夫图册。每岁农隙，赴京供役三十日，遣归。田多丁少者，以佃人充夫，而田主出米一石，资其用；非佃人而计亩出夫者，亩资米二升五合"。

杂泛大致有三类：一是公益事业，诸如兴修水利和建造道路；二是替中央政府做事，如造陵、修宫殿、运粮、修筑边防、修城墙等；三是为各级地方政府做事，如皂隶、马夫、儒学斋膳夫、门子等。杂泛与职役之间的界限，往往是不很分明的，例如均徭中的马夫、巡捕、驿馆夫、皂隶；杂泛中的砍薪、抬柴、修河、修仓、运料、站铺等，都可算作徭役。

《古今图书集成》称，杂泛以北方为重。"自淮而北，税粮虽轻，杂役则

重，……徐州杂役，岁出班夫银三万八千有奇，洪夫一千五百有奇，复有浅夫、闸夫、泉夫、马夫等役；洪夫一役银十二两，统而计之，洪夫之役，岁银一万八千有奇，其余各役，不可究言也。虽穷切骨，亦岁办役银一两"。

（四）工匠役

除里甲、均徭、杂泛三大徭役外，还有工匠役。工匠分二等，一为轮班，三岁一役，每次不过三月，实际上常有半年或一年的；一为坐班，月役一旬。而稍食工役，是处理罪人的，又分为两种，一叫正工，一叫杂工。正工一日，杂工二日，皆视役的大小而调拨。明代

明朝冶铁业发展迅速，洪武年间（公元1368—1398年），官营冶铁所有13处，生产规模也有扩大，遵化（今河北省遵化县）冶铁所的炼炉高达6米多，不仅生产生铁，还炼熟铁和钢。

三大徭役由户部管理，工匠役则属工部管理。

明代的徭役制度，在建国之初实行较为正常，后来伴随着土地兼并的加剧，赋役制度日益混乱，地主权贵贿通里甲，弄虚作假，逃匿转嫁赋役负担，贪官污吏营私舞弊，中饱私囊，结果使赋役失衡，下户负担日重，疲于奔命，怨声载道。因此，到明中期，一些地方官为均平赋役不得不从实际出发作了区域性的局部改革，全国性的改革则始于万历九年(公元1573年)，内阁首辅张居正所推行的一条鞭法。

四、盐专卖

《明史》载，明太祖初年，为了筹集军饷，始立盐法，置局设官，对盐课税，税率为二十取一。其后增加一倍，不久又恢复旧率。但各地实际税率，高低不一。《续通典》称，这是因为"其盐一引，岁额多随时酌办；因所产之地制法不同，故课亦各有多少"。

朱元璋统一全国后，社会逐渐稳定，遂改行专卖制度，其形式为民产、官收、商运、商销的制度。就是说盐政机关把灶户生产的盐收购过来，这些盐叫官盐。灶户生产的盐年有定额，由国家收购，每熬一引盐给工本米一石。盐的生产以两淮为最多，其次为两浙、长芦，全国总计产盐117万余引。

所谓灶户，就是熬盐的生产者，相当于后代的盐民。明代灶户生产的盐有正盐和余盐两种。正盐是政府所派定额之内的盐，余盐是灶户额外生产的盐。洪武年间，为了调动灶户生产盐的积极性，允许灶户额外生产，但规定余盐只准贮于盐场，禁止运出场外，政府尽量发卖盐引，当正盐不够支给

象牙算盘　明
算盘在明代是商业与统计必不可少的用品。这把算盘制作精良，珠子灵活，至今仍然操作方便。

时，以余盐作为补充。从英宗正统二年(公元1437年)起，国家开始收买余盐，于是正盐和余盐都成了官盐。官盐的销售形式主要有引法、开中法、计口配盐法、纲法和票法等。

(一)引法

引法，是一种特许专卖制度，它确

定引商，规定引界。引商，是指获得贩卖食盐资格的商人；引界则是允许引商销售食盐的地域范围。洪武二年（公元1369年）规定：食盐一引为四百斤，引商从官府买引后，要在规定的地点领盐和销售。

（二）开中法

所谓开中，即"开边报中"，盐课随时随地成为交易中介，政府需要什么，便开"中"什么。明代的开中法，是仿照宋代的折中法设立的。当边境发生粮饷不足或某地区发生水旱饥馑时，招募商人运送粮食等必需品到边境或指定地区，再由官府发给他们盐引。商人凭引到产地领盐，运到指定地区销售。《续通典》载，明代的开中法，最早始于洪武三年（公元1370年）九月，因当时陕西及河南等地，军食需粮，乃募商人输粮而与之以盐：凡河南省一石五斗，开封府及陈桥仓二石四斗，西安府一石三斗，各给准浙盐一引。

1. 纳米中盐

《明史》载，洪武四年（公元1371年），"定中盐例，输米临濠、开封、陈桥、襄阳、安陆、荆州、归州、大同、太原、孟津、北平、河南府、陈州、北通州诸仓，计道里远近，自五石至一石有差。先后增减，则例小一，率视时缓

急，米值高下，中纳者利否，道远地险，则减而轻之。编制勘合及底簿，发各布政司及都司、卫所，商纳粮毕，书所纳粮及应支盐数，赍赴各转运提举司照数支盐"。《续通典》称，纳米中盐的优点是"转运费省，而边储充"。以后备省边境多有沿用，用意在于："盐法边计，相辅而行。"可见，纳米中盐法，不仅充实了边储，又节省了运费，于官、于商、于民，有百利而无一弊。

明嘉靖牙帖
我国古代将为买卖双方说合交易从中收取佣金的中介人称为"牙商"或"牙人"。到了明代，牙商须呈请官府批准并领取执照才能营业，而这种执照就叫做牙帖。图为明嘉靖年间的一张牙帖。

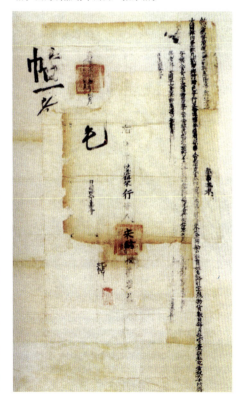

2.纳马中盐

《续文献通考》称，英宗正统三年（公元1438年），"宁夏总兵官以边军缺马，而延庆平凉官吏军民多养马，乃奏请纳马中盐。每上等马一匹，一百引，中等马一匹，八十引。寻行于定边等卫，每等马各递增二十引"。景泰元年（公元1450年）三月，又"许令军民纳马中盐，上马一匹，给淮盐五十引，中马四十引，共收一千四百匹"。初行纳马中盐的时候，乃验马掣盐；后来纳银于官，以购马，银入于布政司。结果将银移用于他处而马不至，边储遂亦空虚，所以《明史》说："中马之始，验马乃掣盐，既而纳银于官以市马，银入布政司，宗禄、屯粮、修边、振济、展转支销，银尽而马不至，而边储亦自此告匮矣。"

松江布　明

江苏省奉贤县出土。自元末黄道婆在松江传播海南棉纺技术后，松江的棉纺业迅速崛起，很快成为全国棉纺中心，号称"衣被天下"。

3.纳布中盐

《太祖实录》载，洪武四年（公元1371年）三月，"中书省臣言，山东、山西、陕西等处岁办盐课，请于本处贸易绵布以备军装，庶省转运之劳"。《续文献通考》载，英宗正统（公元1436年—1449年）时行于山东，"每引折纳绵布一匹，运赴登州，备辽东支用"。

4.纳钞中盐

《续文献通考》载，仁宗洪熙（公元1425年）时，"以钞法不通，议所以敛之，户部尚书夏原吉请令有钞之家中盐，遂定各盐司则例，沧州每引三百贯，河南山西半之，福建广东百贯。至宣德初停之"。纳钞中盐法仅实行了一年，钞法通行后即废止。

纳钞中盐法与户口食盐纳钞法，略有不同：户口食盐纳钞法，乃在纳粮的基础上，经过折算，始允纳钞；而纳钞中盐法，则以收敛通货（即钞券回笼）为目的，直接规定纳钞，并不经过折算过程。所以前者是属于租税政策，后者是属于货币政策。

5.纳铁中盐

《续文献通考》载，成化九年（公元1473年）十一月，以"山西阳城县产铁甚贱，而河东盐不费煎熬，往年泽州人每以铁一百斤至曲沃县易盐二百斤，以此陕西铁价稍贱，……以盐课五十万引，中铁五百万斤，俱于安邑县上纳，运至藩库收贮支销"。

建文元年应天府铜权
明　衡器部件
人们俗称权为秤砣，秤砣的重量决定称重能力，砣越重称越大。权一般应用铁、铜、石制作。这枚铜权是建文元年（公元1399年）由应天府（今南京市）制造的。

（三）计口配盐法

计口配盐法，是由有司开出所辖州、县的户口人数，派人赴盐使司，领盐回县，然后配盐于各户，令其输纳米粮，以充军饷。《续文献通考》载，"洪武三年，令民于河南开封等处，输米以佐军食，官给盐偿之，每户大口月一斤，小口半之。其输米视地远近有差"。后来又规定纳米可以折纳钞贯。如洪武二十四年（公元1391年），令扬州府泰州灶户，照温台处三府则例，支纳官盐折纳钞贯：每引二百斤，合米四石；每米一石，折钞二贯五百文。又如永乐元年（公元1403年），因广东地广人稀，盐课无商中纳，军民多食私盐，乃令所司，确定大口岁食十二斤，小口半之，每斤纳钞三百文，定场支给食盐。计口配盐法洪武（公元1368年—1398年）年间仅在个别地区实行计口配盐法，直到永乐二年（公元1404年），为疏通钞法才推行至全国。

（四）票法

为了解决偏僻山区的食盐供应，以及盐场附近州县私盐盛行的问题，嘉靖十六年（公元1537年），决定在这两类地区行票法。"令两浙僻邑，官商不行之处，山商每百斤纳银八分，给票行盐。"即每100斤纳银8分，由土著商人交银领票，运销贩卖。因为票盐比引盐便宜，所以很容易销售。严格说来，票盐不能视同官盐，所以明代曾规定，在官盐流行的地区，禁止票盐贩运。

（五）纲法

实行开中法，边储军需缺什么，就用盐来中纳，有利于充实边境和巩固国防。正如世界上任何事物都会物极必反一样，开中法也不例外，到明后期因开中法用得太滥，产盐少而中盐多，造成官收场盐不足，商人久候无盐，致积引日多。为此，万历四十五年（公元1617年），不得不采纳两淮盐法疏理道袁世振的建议进行改革。袁世振仿照唐代刘晏的纲运，创行"纲法"，借以疏销积引。其法将商人所颁盐引，编设纲册，分为十纲，每年以一纲行积引，九纲行现引。依照册上窝数，按引派行，凡纲册有名者，据为窝本，纲册无名者不得加入。从此官不收盐，令盐商将应纳盐课，按引缴银，谓之"仓盐折价"。商人即持此项折价赴场购盐，同盐户直接交易。由于纲法规定收购、运销均归商办，并许世袭，无疑是一种盐

杭州北关夜市
明清时期由于农业生产的发展，人口增加，墟集又有进一步发展，南方较北方尤盛。除日中集市外，还开设夜市。图为明代杭州北关夜市的情景。

商专卖制。后来，为了加速积引的消化，袁世振又行减斤加价之法，即每引由570斤减到340斤，价由5两6钱增至6两。

五、茶专卖

明代茶分为官茶、商茶两种。洪武初年，制定茶法，发布茶引由条例，实行茶专卖。故《明史》载，明代"有官茶，有商茶，皆贮边易马；官茶间纪课钞。商茶输课，略如盐制"。太祖令商人于产地买茶，须纳钱请引，方许运茶贩卖。其法：每引茶百斤，纳引钱二百文；不及引者曰畸零，别置由贴给之。无由贴及茶引，或有引而与茶分离者，便成私茶，可以告捕。犯私茶与犯私盐同罪。茶税寓于引票之中，因购得100斤茶引，须纳引钱200文，此200文即为茶税。不过茶税税率亦时有增加，并非一成不变。例如后来定茶引一道，输钱千文，即茶100斤课钱1000文；茶由一道，输钱600文，即茶60斤课钱600文。不但税率时有增加，而且茶税税率还有另外的计算方法，比如洪武初，令卖茶之地，宜课司三十取一，陕西四川茶，十取其一，以易马匹。

明代的茶引制度，在各时期有不同的形式：

1.以茶易马。以茶易马，行于川、陕一带。从明初至明末，推行不废。因为这项措施除税收的意义外，还含有马政、边政的意义。故《大学衍义补》说："产茶之地，江南最多，皆无榷法，独于川陕禁法甚严，盖为市马故也。"在明代，为了供应边防战马的需要，民间马役繁重。而西北边疆的游牧民族，擅长养马，但缺少茶叶，需向内地换取。以茶易马，既能满足国家边防对马匹的需要，又能和睦边疆少数民族，使边境安宁，国家节省调兵之费，于国于民都有好处。明朝政府十分重视以茶易马，先后于陕西河州、洮州、西宁、甘州及四川雅州设立茶马司，专门负责茶马交换。"茶马互市"的比例，按《续文献通考》所载是：上马一匹，得茶四十斤，中马三十斤，下马二十斤；但亦有马一匹，给茶一百斤者。以茶易马的工作，由茶马司主其事。例如河州、秦州、洮州、甘肃等地，均设立过茶马司。在没有设茶马司的地方，常因往返迂远，给茶太多。例如

商人以马入雅州易茶，定价马1匹易茶1800斤；后置茶马司于岩州，改定上马1匹给茶120斤，中马给茶70斤，驹给茶50斤。所以以茶易马，还有平定马价的好处。

2.以茶易米。以茶易米制度，并不经常，因缺米而临时为之。《续通典》载，洪武三十年（公元1397年）及弘治七年（公元1494年），皆以米易茶。例如"洪武末，暨成都、重庆、保宁、播州茶仓四所，令商人纳米中茶"。

3.以茶易盐。宣德七年，题准开中茶盐，于四川成都、保宁等处官仓支官茶，运赴甘州，给官盐八引；运赴西宁，给盐六引。《明会要》载，"宣德中，中茶者赴甘州、西宁而支盐予淮浙"，但其弊是"商人持文凭，恣私贩，官课致年不完"。所以"乃罢运茶支盐例"。

4.运茶分成。明初及弘治年间，均令商人运茶至茶司，官商分成，官茶易马，商茶给卖。明代的茶税，以川陕为最重：

明代川陕茶税

时期	陕西	四川
明初	26862斤15两5钱	1000000斤（后屡有减少）
万历时	51384斤13两4钱	（本色）158850余斤 （折色）336963斤

明五彩、画彩、青花瓷片

马来西亚马六甲出土　　明代的瓷器制造业非常发达，郑和下西洋船队所带的物品中瓷器占有很大的比例，沿途许多地方都发现了明代瓷器的遗存。当时的景德镇不但是中国，而且是全世界最大的瓷器制造业中心，人们形容景德镇是"工匠来八方，器成天下走"。

茶课以四川为最多，其折色征银部分，即得4702.8两，其中有3105.55两存于本省，其余1956.53两实解陕西巡茶衙门易马。

六、酒醋税

明初，为保证百姓生存用粮，行酒禁，不准民间种植糯米，以塞造酒之源。但明初朝廷却定有酒醋之税，只不过未专设税收机关，惟摊其税于其他税收之中而已。直至英宗正统七年（公元1442年），才令各处酒课收贮于州县，以备其用。可见，当时的酒税为地方税。明代酒税的税法，通常是课酒类；景泰二年（公元1451年）税率为每10块酒曲收税钞、牙钱钞、塌房钞各340文或准曲投税，每百分取二。醋税，醋自来无禁，但亦有税。至洪武十八年（公元1385年）改为折收金银钱钞。

七、矿税

《明史》中称"坑冶之课"，指对金、银、铜、铁、铅、汞、朱砂、青绿等矿产品课税。

明初的矿区主要分布在浙江、福建、四川、云南等地。由于明初禁采矿，坑冶少，矿税并不重要。《续文献通考》载："明太祖洪武元年三月，近臣请开山东银场，……帝谓银场之弊，利于官者少，损于民者多。"《明史》也称："其后有请开陕州银矿者，帝曰，土地所产，有时而穷，岁课成额，征银无已，言利之臣，皆戕民之贼也。"故当时虽定有矿税，其课征额也极为轻微。例如洪武十九年（公元1386年），福建尤溪县银屏山银场局炉冶42座，浙江温处、丽水等7县亦有场局。洪武年间（公元1368年—1398年），福建各场岁课为2670余两，浙江税课为2800余两。

到了明成祖永乐（公元1403年—1424年）时，虽也反对采矿，但已开始增加矿税。朝廷把福建岁额增至32800余两，浙江增至82070余两。到宣德（公元1426年—1435年）时，福建又增至40270余两，浙江又增至94040余两。因为矿税太重，地方不胜负担，治安堪虑。英宗即位（公元1436年），曾一度封闭银矿，但后因资矿者多，互相格斗，遂又重开浙江与福建矿场。

《明史》载，到了英宗"天顺四年（公元1460年），命太监罗永之浙江，罗珪之云南，冯让之福建，何能之四川，课税"如下表：

明代天顺四年闽浙川滇矿税收入　　　　（单位：两）

地区	浙江与福建	云南	四川	总计
课税	大致如旧	100000	13000	183000

明代的矿税以银课为主，银的课税为定额税。洪武年间银5千余两，永乐年间增至11万余两，宣德年间又增至13万余两，为洪武时的27倍。

明代后期，随着商品货币经济发展和全社会对金银财货的热切追求。万历二十四年（公元1596年），诏开各处矿冶，并派宦官为矿监，到处勘察，勒索钱财；之后又设税监、盐监等。从此，矿监、税监遍布全国。这些宦官一出京城，借名开采，乘势搜刮，四处为害，人民怨声载道，终于激起民变。《明史》载，计"自二十五年至三十三年，诸珰所进矿税银几及三百万两，群小借势诛索，不啻倍蓰"。据万历三十三年山东巡抚黄克缵言："税监马堂，每年抽取各项税银不下二十五六万两，而一岁所进，方七万八千两耳，约计七年之内，所隐匿税银一百三十余万。"马堂如此，陈奉、高淮、孙隆等矿监税监亦如此。据《神宗实录》载，吏部尚书李戴等奏："大略以十分为率，入于内帑者一，克于中使者二，瓜分于参随者三，指骗于土棍者四。"

《龙江船厂志》中龙江船厂图　明　李昭祥撰

书成于明嘉靖（公元1522年—1566年）后期。龙江船厂即缩小后的宝船厂。李昭祥曾任该厂提举司主事，以亲身见闻撰写此书，是明代记载造船工场的专著之一。

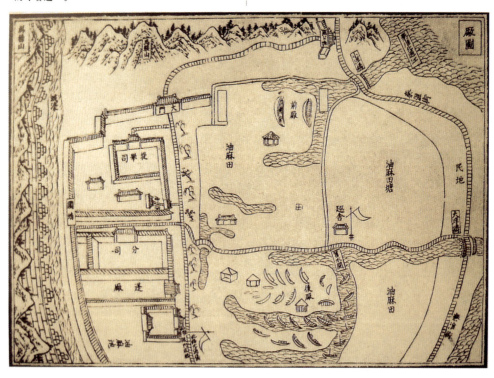

明代除开采银矿外，也开采数量不多的金矿和采集海珠。例如《明史》载，宪宗成化三年（公元1467年），开采湖广武陵等12县金矿，凡21场，岁役民夫55万，死者无算，商得金仅53两，于是只好停闭。此外，广东珠池采珠，亦是苛求备至。珠池采珠，始自英宗天顺（公元1457年—1464年）年间。后弘治十二年（公元1499年）又采，岁久珠老，所得最多，费银万余，获珠二万八千两。嘉靖五年（公元1526年）又采，珠小而嫩，所得甚少。此次采珠，死者五十余人，仅得珠八十两，天下谓以人命易珠！这因为珠的生长要有一个过程，时间短暂，所得自少。《续文献通考》说，万历年间，流弊更甚，采珠之人，互相竞争，"茫茫大海，杀人如麻"。采得之珠，始议官四民六，然其后"疍子有包藏，督哨有搜括，参随有背手；至中使前，仅循资交纳。而中使短大半归己橐，朝廷无实利，而受空名"。其结果是"驱无辜之民，蹈不测之险，以求不可必得之物，而责以堆足之数"。流弊之深，不下于矿税。

明代后期，征收矿税，得不偿失。《明史纪事本末》说，世宗"嘉靖二十五年七月命采矿，自十月至三十六年，委官四十余，防兵千一百八十人，约费

三万余金，得矿银二万八千五百，得不偿失"。"中使衙门皆创设，……大抵中使一员，其从可百人，分遣官不下十人，此十人各额百人，则千人矣。此千人每家十口为率，则万人矣。万人日给千金，岁须四十余万，及得，才数万。……今分遣二十处，岁糜八百万！"可见，本来属于经济范畴

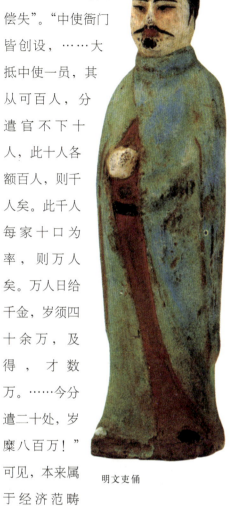

明文吏俑

的矿税，到了明代后期，已不是普通的税收问题，而是宦官税吏罗掘民财、强取豪夺的政治问题了。

八、塌房税

塌房相当于堆栈。明初，京师军民住宅，均由官府供给，南京城内住家多而无空地，各地商货运至南京，无处贮

存，商人不得不将货物贮存在船舱或城外，颇感不便。朱元璋为了便民兴商，遣官在南京城西三山门外滨水筑屋，名塌房，以贮商货。

当时规定，凡到南京来进行交易的货物及猪羊牲畜均储存于塌房，买卖也在塌房内进行。起初并不征税，直至洪武二十四年（公元1391年），依照商税三十税一的原则，对贮存于塌房的货物课税。其征收标准是：货主不仅要出1/30的税钱，还要交付屋钱和看守人员经费各1/30。塌房税是一种较低的商税，明成祖永乐年间迁都北京，也仿照南京的做法在皇城四门外及钟鼓楼等地修建塌房，供商人存贮货物，并征收同样标准的塌房税。

明代塌房税只在南、北两京征收。

九、门摊税

《明史》称，洪武二十七年（公元1394年）八月，因"钞法阻滞"，"诏禁用铜钱"，"令有司悉收其钱归官，依数换钞，不许更用铜钱行使。限半月内，凡军民商贾所有铜钱悉送赴官，敢有私自行使及埋藏弃毁者罪之"。自此，开始了明前期的纯纸币流通阶段。洪武以后，建文、永乐、洪熙、宣德四朝皆承其制，并增立"户口食盐"等制"以重钞法"。

花市
脱离城邑与固定市区束缚后，市向多样化和专门化两个方向发展。城区内的各种店铺和城郊、乡村的各种集市，是市的多样化的表现。专售某种商品的店铺的出现，带来了商业内部的行业分工，代表了专业化的趋势。四川流行的专门集市，更是专门化的集中表现。图为成都地区二月的花市。

货郎图　明　民俗画
当时在城乡各地，这样的货郎是十分活跃的。

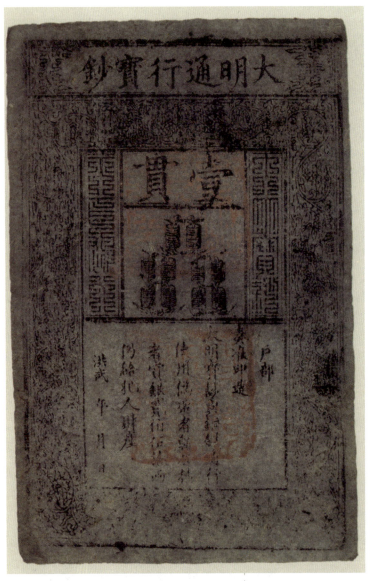

大明通行宝钞

明朝两百多年只发行了一种大明通行宝钞，年号均沿袭洪武，格式比较固定。其中壹贯文钞是中国古钞中票幅最大的钞票。

规定各店铺按时向都税宣课司、税课司局交纳门摊税，官府给予由帖执照，每月点视查考一次，如违期不交或隐瞒不报者，罚钞千贯。朝廷开征市肆门摊税的目的，本意是为了推行钞法，在钞法通行后即应废止，但实际上钞法通行后，仍以国用不足为由，征收至明亡。可见，人是利益的动物，开征易而废除难，现代路桥收费亦不例外。

十、钞关税

明宣德四年（公元1429年），随着运河商品运输的繁荣，朝廷为了开辟税源，增加财政收入，便在北京至南京的运河要津设关，征收称为船钞的船税，其征收机构遂称钞关。

船钞亦称船料，开始征收时依靠

明仁宗洪熙元年（公元1425年）正月，为施行钞法，开征属于营业税性质的市肆门摊税。宣宗宣德四年（公元1429年），五倍其税，正式在全国推行，估测的数量定税，后改为度量船的梁头，以宽窄为率，在 5 尺到 3 丈 6 尺之间分为不同等级，按等征税。开始时，自北京至南京的运河沿岸设郭县、临清、济宁、徐州、淮安、扬州、上新河等七处钞关，后来才扩展到长江重要港口及江南要地设关。钞关由北京户部和南京户部分别进行监督管理，收入上缴中央。

十一、渔税

明初，在水网地带产鱼区设河泊所，征收渔税，其税率似未作统一规定。《明史》载，以米、钞为本色，也准给其他折色。洪武十四年（公元1381年），曾许以兽皮输渔课，制裘以给边卒。十八年（公元1385年）以金银钱折输。

十二、工关税

明初，在各关津道口由工部派官设抽分竹木局，对过往客商贩运的竹木、薪炭以抽分形式课税，收入归工部，其经费用于修造船舶。由于这一税种是由工部组关征收，故称工关税。它的缴纳以实物为主，但有时也折抽价银，最早只对载运竹木的船只抽分，后来则税及民船，税率视物品而定，民船为三十抽一，即税率3.3%。

十三、海关税

明代沿用唐、宋、元海关旧制，设立市舶司，管理海外贡番船舶及贩运货物的商船，监督其有无违法行为。

朱元璋认为，大海是另一道万里长城，可以将外国蛮夷隔绝在泱泱中华之外，所以在祖训中朱元璋强调海禁是国策。明初，朝廷不仅严禁国内商船出海，而且对海外来华贸易者，实行

郑和大铜钟　明
宣德六年（公元1431年）郑和第七次奉命远航西洋，2月抵达福建长乐等候冬季季风，5月沿闽江抵达南平，铸造此钟布施寺庙，祈求出海平安。

贡舶制度。凡外商来华，须向明王朝进贡后方许进行商业活动，否则，不许交易。对外商贡纳原则，既不讲究数量多少，也不注重税收收入，首在通好，怀柔远人，是儒家重义轻利思想的典型反映。对外来贡品，以超过其原有价值给以优赏；对运入商品，实行抽分，不以征税形式出现。所谓抽分，实际上是高价收买。抽分后，允许商人货卖互市。

后来，随着欧洲商人来华日多，贸易额大增，纯粹的入贡制度已不适应形势发展的需要，于是对外来商品实行征税制度。穆宗隆庆五年（公元1571年），以洋商报货欺瞒不实，查验不易，影响税收收入为由，改行丈抽法，即把西洋船按船舶体积大小分为九等，每丈征银二分，直到明末未变。

十四、贡献

顾炎武从青年时代开始积累资料，花了30多年心血写成的读书笔记《日知录》说，明兴二百余纪，"岁贡之目十有二"，其中物料十有二：银朱、黄腊、蜂蜜、肥猪、肥鹅、药味、药材、鹿皮、乌梅、箭枝、扫帚、历日纸、活鹿等，分额办、坐派、增派等方式；野味十一：天鹅、鹁鸽、兔、斑鸠、野鸡之类；雪梨（40

顾炎武像
顾炎武（公元1613年—1682年），字宁人，号亭林，昆山人，明末清初著名的思想家、学者。

斤，贡南京礼部）、木瓜（岁贡礼部）、官瓶12万个（其中五千个解送南京工部）、黄连（20斤，解送礼部）等。《日知录》所指贡献，有属一时一地，并非完全无偿之贡。

第三节　明代的财政支出

一、军费

明代的军费，包括军队的饷银、武器装备以及战后赏赐等支出。明代之兵，若依驻扎地区来分，则有边兵、京兵、留都兵、腹内卫所兵等四种。《明

600

史》载，洪武四年（公元1371年），京兵207800余人，边兵40万。由于明初军队实行卫所制度，军饷由屯田收入支付，故《古今图书集成》说："一军之田，足以赡一军之用"，财政支出不大。若遇边境战事，屯田收入减少，则由政府制定"开中"办法，增收盐税来解决。《古今图书集成》还说，边饷自洪武、永乐以来，向无年例，年例始自正统。其年例总额，在弘治、正德年间（公元1488年—1521年），尚不过43万两，至嘉靖年间（公元1522年—1566年），已增为270万两，为前数之6倍余。至万历年间（公元1573年—1620年），更增至380万两，为弘治、正德时的9倍。边饷支出之所以猛增，原因有二：首先是明中叶后，卫所废弛，募民为兵，财政支出增加；其次是将帅吃空额，导致财政支出与日俱增。正如《明会要》所揭露："嘉靖二十九年（公元1550年），谙达（即俺答）犯京师。集诸营兵，仅

四五万。是时禁军册籍皆虚数，半役内外提督大臣家，不归伍。在伍者半皆老弱，涕泣不敢前"，军队完全失去了战斗力。

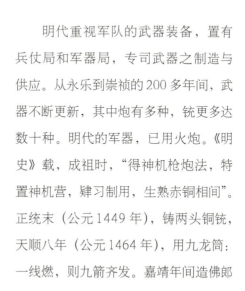

明军铁炮

明代重视军队的武器装备，置有兵仗局和军器局，专司武器之制造与供应。从永乐到崇祯的200多年间，武器不断更新，其中炮有多种，铳更多达数十种。明代的军器，已用火炮。《明史》载，成祖时，"得神机枪炮法，特置神机营，肄习制用，生熟赤铜相间"。正统末（公元1449年），铸两头铜铳，天顺八年（公元1464年），用九龙筒：一线燃，则九箭齐发。嘉靖年间造佛郎

洪武十年手铳

机炮，以铜为之，长五尺六寸，大者重1000余斤，小者150斤，巨腹长颈，腹有修孔，……发及百余丈，最利水战。此外，嘉靖二十五年（公元1546年）有十眼铜炮、四眼铁枪。崇祯（公元1628年—1644年）时，更令西军人制造称为"大将军"的"红夷炮"，长二丈余，重者至三千斤，发各镇。

兵车适于中原作战，明代所造战车有：骡车、独马小车、偏箱车、独轮小车、军队小车、御敌车、雷火车、只轮车、先锋霹雳车、全胜车。其中洪武五年（公元1372年）的800辆独辕车，永乐八年（公元1410年）用于北征的30000辆刚车以及正统十二年（公元1447年），始议建造的火车所费最巨。

东南战斗仰仗舟楫，《明史》载，"太祖于新江口，设船四百。永乐初，命福建都司造船一百三十七，又命江楚两浙及镇江诸府卫造海风船"。海舟以舟山之乌槽为首，大者能容百人，小者能容三五十人。这些战船，大多帆橹并用，矢石与火器兼备。明自嘉靖以来，东南倭患日重，海舟建造亦随之猛增。

军费之中，除上列边饷、武器装备开支外，尚有"赏功"支出，其始于明太祖朱元璋，以后各朝均有此项支出。

二、俸禄

明代官制，文、武均行九品正从十八级，不及九品者称未入流。洪武四年（公元1371年），命中书省、户部定文武官岁禄。洪武二十五年（公元1392年），重定文

俞大猷楼船击倭
俞大猷（公元1504年—1580年），字志辅，号虚江，福建晋江人。二十八年（公元1549年）被荐为备倭都指挥。后于江浙闽粤抵抗倭寇。他创造了一套用楼船歼灭倭寇的海战战术，还发明了一种陆战用的独轮车，屡战屡胜，时称俞家军，与戚继光齐名。

武官岁给俸禄之制，正一品1044石，从一品888石，逐级递减，至正九品66石，从九品60石。未入流者36石。洪武九年（公元1376年），定亲王岁供米50000石，钞25000贯，锦40匹，纻丝300匹，纱罗各100匹，绢500匹，冬夏布各1000匹，绵2000两，盐200引，茶1000斤。此外，亲王还月支马料草50匹。公（爵）5000—2000石，侯1500—1000石，伯1000—700石。俸饷支出形式有实物与货币。实物之中，有米、锦、丝、纱罗、绢、布、绵、盐、茶等项。货币支出包括钞与银。实物支出又可折为货币，因此官俸之中又有本色与折色之分。如洪武十六年（公元1383年），一品官，本色约占30%，递增至从九品，本色乃占70%；本色之中，包括月米、折绢米，折银米等名称，俱以米、钞本折兼支。正统（公元1436年—1449年）时，鉴于国家财政困难，改定五品以上米二钞八，六品以下米三钞七。由于当时通货膨胀，钞价下跌，一贯钞仅值钱二三文，官员实际俸饷极低，以至于不足以养廉，导致明代官吏贪污严重。

由于明初朱元璋大封宗藩，世世皆食岁禄，而禄又甚厚，再加上子孙繁衍，食口日多，而民赋有限，结果如《明

云纹花缎便服　明
1966年江苏省苏州市王锡爵墓出土。

史》所述："天下之事极弊而大可虑者，莫甚于宗藩禄廪。"所以起初禄米尽支本色，后来也不得不本钞兼支。嘉靖四十一年（公元1562年），天下岁供京师粮400万石，而诸府禄米开支却要853万石，即使把400万石全部收足，亦还不足以供禄米之半。

《古今图书集成》载："正德以来，亲王三十，郡王二百十五，镇国将军至中尉二千七百，文职二万四百余员，武职十万余员，卫所七百七十二，旗军八十九万六千余名，廪膳生员三万五千八百二十名，吏五万五千余名，各项俸粮约数千万"；而"浙江等十三布政司并南北直隶额派夏税秋粮，大约二千

六百六十八万四千五百五十余石，出多入少，故王府久缺禄米，卫所缺月粮，各边缺军饷，各省缺嵌俸"。可见，俸饷是明代财政的重要支出，以至于《明史》称："国家经费，莫大于禄饷。"

三、皇室

明代的皇室费用，主要是生活费、奢侈品采办费以及宫室建筑和皇陵建造。明代皇室的生活费用，主要由光禄寺备办。《明会要》载，光禄寺由宣徽院改设，置卿一人，少卿二人，下设大官、珍羞、良酝、掌醢四署。上自玉食、庆典、礼典，下至各官供具及宴赏，小至禁卫监局廪饩，皆为其工作范围。《续文献通考》称，其主要工作还是供奉内府御膳，备办使臣宴飨。宪宗成化（公元 1465 年—1487 年）以后，添坐家，长随八十余员，传添汤饭中官一百五十余员。天下常贡不足，乃责买于京师铺户，市井负累。光禄寺的厨役，"仁宗时（公元 1425 年）仅六千三百余名。及宪宗，增四之一。帝初年，硬至四千一百名，岁额银搏节至十三万两；中年复增至四十万，额派不足，借支太仓，太仓又不足，乃令原供司府依数增派。"

《明史》载，光禄寺的实物需求，逐年增大。天顺八年（公元 1464 年），光禄果品物料凡一百二十六万八千余斤，较旧额增加四分之一。成化初，诏光禄寺牲口不得过十万。正统年间（公元 1436 年—1449 年），鸡鹅羊豕岁费不过三四万；而天顺（公元 1457 年—1464 年）以来，比正统年间增加了四倍。其

《明宪宗元宵行乐图卷》
明人所绘《明宪宗元宵行乐图卷》，在一派歌舞升平景象的背后，隐藏着明中叶由盛及衰的危机。

大道之行
中国财政史

费用，亦不例外。"万历初年，本色有止用三千余石，折色有止用七八万两者；故本色常积数十万石，折色亦常积至一百余万两。后续添之项，浮于常倒数倍；又有供养之增，好事之增，吉凶诸典之增。效行墨字，无捌无印，顿费数千百两"。同时"内外官吏厨役等通同侵盗，不可数计"。所以到了后来，"本色六万六千余石，折色二十四万二千余两。用之皇上者不及十之一，用之额定正项者不及十之二三，而民膏民脂，尽为旁窦所有"。

皇室费用的另一组成部分是珍奇玩好服用等奢侈品。这些物品不少是由地方贡献，也有由官府购买采办，或组织生产的。明初，皇帝深知江山来之

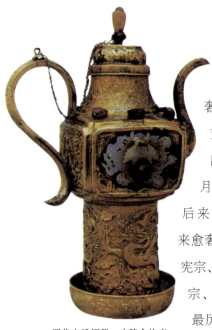

明代宫廷酒器：定陵金注壶。

不易，不敢过度奢侈，这类支出不突出。随着岁月的推移，后来的皇帝愈来愈奢侈，尤以宪宗、武宗、世宗、神宗时为最厉。《明史》载，英宗正统时，中官（宦官）四出，专任采造。宪宗（公元1465年—1487年）时，"购书采药之使，搜取珍玩，靡有孑遗，抑卖盐引，私采禽鸟，糜官帑，纳私赂动以巨万计。……内府物料有至五六倍者"。世宗"中年以后，营建斋醮，采木采香采珠玉宝石，吏民奔命不暇。用黄白蜡至三十余万斤；又有召买，有折色，视正数三倍。沉香、降香、海漆诸香至十余万斤；又分道购龙涎香十余年，未获，使者因请海舶入澳，久乃得之"。此外，对"猫儿睛、祖母碌石、绿撒孛尼石、红刺石、北河洗石、金刚钻、朱蓝石、紫英石、甘黄玉，无所不购"。穆宗（公元1567

年—1572年）承之，购珠宝益急。神宗（公元1573年—1620年）时，因收购珠宝，珠宝价涨了二十倍。至于末年，"采造益繁，内府告匮，至移济边银以供之"。

此外，皇室费用中还有不时的赏赐，皇室婚礼耗费也不少。《续文献通考》称，万历九年（公元1581年）十二月，以皇女生，命太仓光禄各进银十万两，以备宫中赏赐。十六年八月，诏太仓银二十万，充阅陵赏费。武宗时，仅婚礼一项，就花费黄金8000余两，白银53万余两。

《明史》说，宫廷的费用，一般由内承运库经管。该库储银，专供宫廷费用，其收入以由漕粮改折之金花银一百万两为大宗，除给武臣禄十余万两外，尽供御用，称为"金花银"。由于边赏首功，没有进入国家经常性预算，亦由内承运库列支。可见明代国家财政与宫廷费用，是有所区别的。

青花笔架　明　正德

大道之行
中国财政史

明　正德豹房勇士铜牌

高9.8厘米、厚0.7厘米。这面铜牌的一面铸有一只蹲坐的豹子，上方横铸"豹字玖佰伍拾伍号"，另一面铸"随驾养豹官军勇士悬带此牌，无牌者依律论罪，借者及借与者罪同"。武宗朱厚照于正德二年(公元1507年)在原虎房旁兴建豹房官署及左右厢房，5年以后再次扩建，费银24万两。武宗爱好习武和打野生动物，豹房兴建后，常住在这里，很少在紫禁城处理政务。为了护驾，在豹房也设有随驾勇士，此牌就是武宗时铸造的。

四、营造

宫殿及皇陵营造，是明代财政的大宗支出之一。《明会要》载，明洪武八年（公元1375年），改建奉天、华盖、谨身三殿。永乐十八年（公元1420年），始建北京皇宫，有皇极（即奉夫）、中极（即华盖）、建极（即谨身）等八十六殿；乾清、坤宁等四十八宫；文渊、东阁等二十三楼阁；曲池、玉食等二十二馆。此外还有斋、室、堂、轩、台观等。这些建筑物，大都是豪华宏丽，所费不赀。仅乾清宫的修建，便用银2000万两，役匠3000余人，岁支工食米13000余石。而永乐（公元1403年—1424年）年间，遣工部侍郎刘伯跃采办大木于川湖贵州。湖广一省，费至339万余两。

到了正德九年（公元1514年），乾清宫遭火，为了营建，料价工役，耗银100万两。除南京（留都）与北京外，又以临濠（今安徽凤阳）为中都。洪武二年（公元1369年），"营城郭宫殿，如京师制"。

皇陵的建造，在凤阳有祖陵、皇陵，南京有孝陵，北京昌平有长陵等十三陵，共计17处。每一座陵墓，俨如一座地下宫殿，耗费巨大。神宗葬的定陵，费时6年，耗银800万两。皇帝死后，宫人还多从死。自太祖起，历成祖、仁宗、宣宗，皆用殉葬，多者至数十人。直至英宗死（公元1464年），始遗诏罢

北京宫城图　明　绢本设色
图上描绘的是明早期的北京城。明清两代都有不同程度的重建和扩建，但其基本形制不变。

江南农事图（局部）　明　唐寅

纸本，74.4×28.1厘米，现藏我国"台北故宫博物院"。《江南农事图》呈现江南水乡风貌，溪流贯穿，平畴风和，农夫于田中插秧，渔夫撒网捕鱼，有人卸担叫卖，行舟穿桥而过，熙游往来，一派江南四月景色。

宫女殉葬。《明会要》载，皇陵护卫财政开支不菲，"太祖即位，设祖陵祠祭署，置奉祀一员，陵户二百九十三，设皇陵卫，并祠祭署奉祀一员，祀丞三员，陵户三千三百四十二"。

五、水利

水利工程中，要算黄河的修治最为艰巨。《明史》载，黄河出陕以后，因地势平缓，容易泛滥成灾。洪武八年（公元1375年），河决开封，发民夫三万人塞之。永乐八年（公元1410年），又决开封，坏城二百余丈，发民丁十万

人治河。弘治三年（公元1490年），役夫二十五万，筑阳武长堤以防涨秋。弘治八年（公元1495年），修大名府的长堤凡三百六十里，另起新堤凡一百六十里，大小二堤相集，石坝俱培筑坚厚。嘉靖年间，役夫十四万，浚庙道口。工部尚书潘季驯谓："役夫三十万，旷日持久，骚动三省，……大役踵兴，工费致百万，一有不继，前功尽隳。"可见耗费的巨大与事态之严重。万历四年（公元1576年），也曾役夫44000，塞决口22处；三十年（公元1602年），曾拟开凿河道，挽全河东归，须费60万。天启（公元1621年—1627年）时，亦起挽河之议，自宿迁至徐州别凿新河，

609

黄河运河图局部　明

黄河是东西纵贯中国北方的一条大河，南北大运河则是从浙江杭州横穿长江、黄河直达北京的人工运河。元朝为解决南粮北运，于至元年间开凿山东境内的惠通河及北京的通惠河，但不久就淤积不能通航。明迁都北京后，仍需从南方运输大量粮食到北京，因而动员山东、应天、镇江等地 30 万民力疏通惠通河，使南北大运河畅通无阻，每年漕运粮食达三四百万石。大运河成了明朝的生命线。这幅《黄河运河图》就是将黄河与运河并列在一起绘制的。

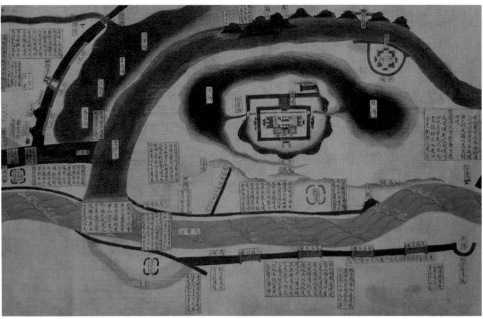

分黄水注其中，以通漕运，计工200余里，金钱50万。但凿成之后，沙随水下，率淤浅，不可行舟。

除治理黄河外，疏通运河以运漕粮也是明代水利工程的重点。因"海运多险，陆挽亦艰"，特别是由淮入河至扬武后，须陆挽170里始抵卫辉，然后通舟楫，这170里是最艰难的运程，故于永乐九年（公元1411年）浚会通河。此河原为转漕故道，元末已废，洪武二十四年（公元1391年）河决，更全淤，至是始复通，河长385里（由济宁至临清）。宣宗时（公元1426年—1435年），发军民12万，浚济宁以北120里。宣德年间，役夫45000人，浚自塔河。正统元年（公元1436年），发五军营卒50000，及民夫10000，筑白河决堤；又役50000人去河西务20里凿河一道，导自水入其中，二工并竣，人甚便之，赐河名曰通济。运河的畅通，既便利了漕运，又有利于农业生产。

六、航海

为了显示国威和寻找孝文帝的下落，《明史》载，成祖永乐三年（公元1405年）六月，命郑和及其副使王景弘等，通使西洋（指今加里曼丹至非洲之间的海洋）。其所建海船长40余丈，宽18丈，是当时世界上不多见的大船。"三保太监"郑和在永乐年间，共七次下西洋，如加上宣德年间的一次，则在30年间，经历三朝，八次出航。第一次是永乐三年，率大船62

郑和航海图　采自《武备志》

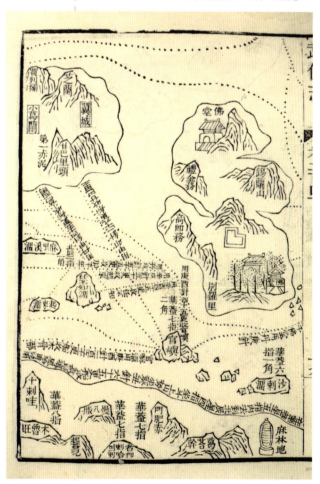

艘，士卒27500多人，自苏州浏家港（今江苏太仓东浏河镇）出海至福州稍停，南下至占城（今越南南部），遍历南洋群岛各国，至印度古里而回。第二次是永乐五年（公元1407年），率大船48艘，越过马来海峡至锡兰岛而归。第三次是永乐七年（公元1409年），经占城、满刺加、苏门答刺、锡兰、古里、忽鲁谟斯、阿丹等地。第四次是永乐十一年（公元1413年），到达非洲东岸的大骨都束、不刺哇、竹步等地。第五次是永乐十五年（公元1417年），行程与第四次大致相同。第六次是永乐十九年（公元1421年），遍历各国。第七次是永乐二十二年（公元1424年），至三佛齐而归。第八次是宣德六年（公元1431年），

明成祖朱棣
朱元璋第四子，初封燕王。建文四年破京师，夺取帝位，永乐十九年迁都北京。

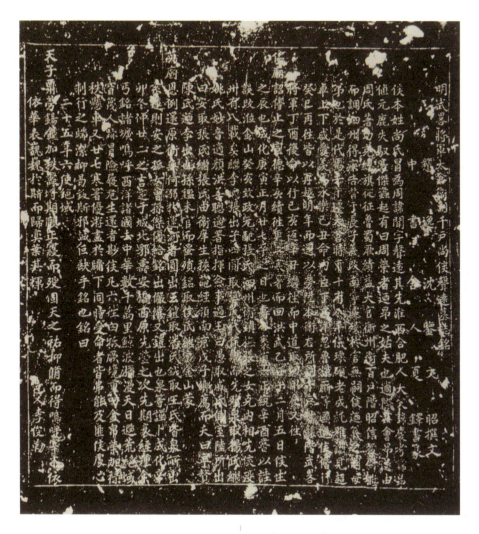

遍历西洋各地而归。

郑和下西洋到达 30 余国和地区，《明史》载，"取无名宝物不可胜计，而中国耗废亦不赀"，可见当时航海在财政上的支出也为数不少。自永乐三年（公元1405年）至宣德六年，西洋各国亦遣使来华。故后人赞美三保太监下西洋，为明代盛事。

七、漕运

明代，各地征收下来的税粮，除一

周闻墓志铭拓片
周闻原为太仓卫百户，后升为副千户。墓志记述了周闻跟随郑和第三次至第七次下西洋的时间及到达地点，对考证郑和下西洋的往返时间有重要的补正作用。

部分留存以供当地需要外，其余大部分皆须通过水河运至京师，以供皇室、官员和军队的需要。这一转运过程称为漕运，它是明代财政不可缺少的支出。《明史》载，明代漕米之额，在洪武元年（公元1368年）定年额为三百

明代驿符

古代的信息交流、交通主要通过驿站系统实施，驿符是官府传送文书，通过各驿站的凭证，只有持有这个信物，才能得到驿站的接待。这件明弘治十四年（公元1501年）的驿符及上面的文字说明了它的作用和意义。

万石，成化八年（公元1472年）改增年额为四百万石。

由于明初京杭大运河尚未全线开通，故只能继元代行海运之法。尤其是成祖朱棣迁都北京，粮食仰给江南，不得不将苏、松、浙江等处岁粮输纳至苏州太仓，由平江刘家港用海船运出，越登莱大洋，以达直沽。《古今图书集成》称，海运为官运，因当时航海技术落后，海上多险，岁运不过五六十万石。永乐四年（公元1406年），行海陆兼运，每岁运粮一百万石，建百万仓于直沽尹儿湾城、天津

卫，籍兵万人戍守。至是命江南粮，一由海道，一由淮（河）黄（河）陆运赴卫河，入通州。所谓陆运，乃济河运之穷，即南方之粮由江入淮，由淮入河，至于武阳，然后发山东河南卫辉丁夫，陆运至卫辉，从御河舟运至北京。故陆运之中，实际又包括水陆兼运。至永乐十三年（公元1415年），因支运发达而停止了海运。所谓支运，就是由纳税百姓长途将税粮运至运河水次仓库，再由官军通过运河运达京城。《明史》载，支运在乎"支者不必出当年之民纳，纳者不必供当年之军支，通数年以为衰益，期不失常额而止"。其前提是永乐后期修通了会通河和江淮河道，具备了漕粮全程河运的条件，此时朝廷在淮安、徐州、

临清等地设仓，漕粮由各地百姓运至仓库后，即由官军分为淮安到徐州、徐州到德州、德州到通州等段，节节接运。每年四次，运粮三百余万石。支运一法，由于要求百姓长途运粮于诸仓，往返几乎需要一年时间，多失农月，且里河民运，不习河事，失陷劳费，倍蓰于正粮。故实行数年后，至宣德六年（公元1431年）即改为兑运。所谓兑运，就是百姓不再长途运粮至指定粮仓，而是改交运输费——轻赍银（亦称脚价米），短途就近运粮到府、州、县水次，兑与卫所官军，贴给耗米，由官军运往京师，叫做兑运。故至宣德六年，实行兑运后，军民两便，脚价米在淮安水次者，每正粮一石，外加五斗耗米；在瓜州水次者，每正粮一石，加五斗五升耗米。历史上任何政策，施行后都免不了它自身的弊端。由于宣德年间所行兑运法规定江南粮户就近运粮到瓜州、淮安，河南粮户运粮到小滩，山东粮户运粮到济宁等仓交兑，尽管是短途，粮户仍要自运，且官军还要勒索，民怨载道。于是，成化七年（公元1471年）朝廷罢瓜淮兑运，里河官军，雇江船于江南水次，交民过江之费，视远近为差，称为"改兑"，亦称"长运"。成化十年（公元1474年），瓜、徐、临、德四仓支运粮七千万石，改就水次，兑与军船。浙江等处，每粮一石，外加过江米一斗三升。

随着白银货币化进程的加速，至英宗正统元年（公元1436年），朝廷规定可将部分漕粮实物改折为货币缴纳，每岁以百万为额。孝宗弘治年间（公元1488年—1505年），更定折漕之制。时苏松诸府连年荒歉，民买漕米，每石费银2两，故权宜折银缴纳；灾重者每石折7钱，稍轻者1两，后逐推行于诸府，而以水次仓"支运"之粮充数。

若干运输方法比重表　　　　　　　（单位：石）

年份	成化八年（公元1472年）		嘉靖元年（公元1522年）	
总数	4000000		4000000	
类别	兑运	3300000	兑运	3300000
			改运	629400
	支运	700000	支运仓粮	70600

八、文教

明代重视文教，实行比唐宋时期更为完备的官学和科举制度。明代官学分为中央政府举办的国子学和地方政府举办的府州县学。明代不仅以朱熹的著作为标准答案，使科举考试规范化，同时也不断扩大科举录取名额，以开阔知识分子的出路。如洪武十八年（公元1385年）一次会试便录取472人，而不是通常的三百余人。在文化事业上，永乐初年，曾调集2100余人参加，

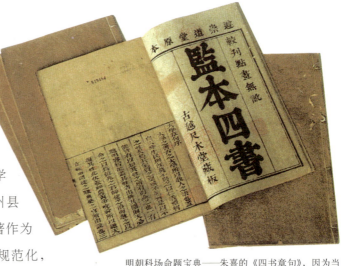

明朝科场命题宝典——朱熹的《四书章句》，因为当时八股取士的题目均取自其中。

广收各类图书7000—8000部，历时6年，辑成22872卷，共12000册的《永乐大典》。

明代科举考试图

大道之行
中国财政史

第四节　明代的财政管理机构及制度

一、财政机构及职能

明开国时，设宰相，由于发生胡惟庸案，朱元璋于洪武十三年（公元1380年）废宰相，提高六部权限，统率于皇帝。六部之中，户部主管财政。

后因皇帝事繁，其实难副，便增设内阁大学士，做秘书工作。内阁大学士少则1人，多至8人，通常为4—5人，其中以1人为首，称为首辅，后亦成为实际上的宰相。如嘉靖朝的严嵩，万历朝的张居正，均以首辅的资格行着宰相的职务。在内阁大学士的时代，还是由六部分负责任。为了加强对六部的监察，内阁中设给事中6人，分别与六个部相对应，由首辅总其成，仍由户部管财政。

户部设尚书1人，左右侍郎各1人。户部尚书掌天下户口田赋之政令；侍郎稽版察岁会赋役实征之数。户部每10年攒造黄册，以别户之上下畸零等级，以周知其登耗。攒造黄册时，须禁田土之侵占、投献、诡寄、影射；禁人户之隐漏、逃亡、朋充、花分；禁继嗣、婚姻不合法令。皇帝春天进行耕耤示范时，尚书还须进耒耜。

《明史》述及户部经常性工作时，称："以垦荒业贫民；以占籍附流民；以限田裁异端之民；以图帐抑兼并之民；以树艺课农官；以刍地给马枚；以召佃尽地利；以销豁清赔累；以拨给广恩泽；以给除差优复；以钞锭节赏赉；以读法训吏民；以权量和市

西安右护卫后千户所百户印
这是明朝政府铸造的卫所印章，百户所是明朝军队的基层编制，由112人组成百户，十个百户所组成千户所，由前、后、左、右、中五个千户所组成卫，共5600人。西安右护卫是朱元璋为二儿子秦王朱爽设立的禁卫军编制。这方铜印就是洪武十一年（公元1378年）秦王朱爽就藩西安时铸造的。

籴；以时估平物价；以积贮之政恤民困；以山泽陂池关市坑冶之政佐邦国，赡军输；以支兑改兑之规利漕运；以蠲减振贷均籴捕蝗之令悯灾荒；以输转屯种籴买召纳之法实边储；以禄廪之制驭贵贱。" 可见，属于户部职能的范围非常广泛。一是移民垦荒，招抚安置

617

大道之行
中国财政史

南都繁会图卷　明
南京是明代第二大城市，这里水陆交通方便，丝棉纺织发达，商业经济十分繁荣。这幅图卷生动地描绘了
当时南京的盛况，充分反映了明代城市社会经济和社会生活的面貌。

流民；二是以鱼鳞图册和黄册为根据，抑制豪强兼并，以限田裁异端之民；三是以树艺课农官，以草地养马放牧；以屯种召佃尽地利；四是对多年积欠赔累根据情况，给予蠲免；五是根据各省收入情况调剂余缺；六是差役的减免；七是对灾区或贫老的抚恤救济；八是对有功人的赏赐；九是权量市籴，估平物价，征收山泽、陂池、关市、坑冶之税；赡军输，督漕运，以及百官俸饷的支给等等。同时，每10年还要督使所司，修造黄册，根据变动的情况调整户等，禁止和纠正对土地的侵占、投献、影射、诡寄和人丁的隐漏、逃亡、花分等，以及禁止和纠正不合法的婚姻和继嗣等等。

户部尚书的属官，有十三清吏司、宝钞提举司、钞纸局、印钞局、宝钞广惠库等各仓库，以及总督仓场等机构。十三清吏司，即浙江、江西、湖广、陕西、广东、山东、福建、河南、山西、四川、广西、贵州、云南等十三司。各掌其分省之事，兼领所分两京、直隶的贡赋，以及诸司卫所的俸禄、边镇粮饷、各仓场盐课、钞关等事。都转运盐使司，掌管盐的产运等事；宝钞提举司，掌管钱钞的铸制；总督仓场，掌管在京及通州等处仓场粮储。

称为省承宣布政使司的地方财政

宫蚕图
早在夏、商、周时期，我国养蚕已由野外放养进入室内饲养。及至明代，养蚕技术已十分成熟。明代《宫蚕图》就生动反映出室内养蚕的情况。

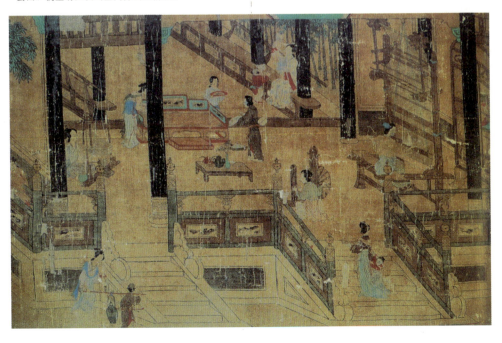

机构，其长官为省承宣布政使。其负责一省之户口、田地、贡献、差役诸事。知府掌管一府之民情赋役。知县掌管一县之政，须根据天时好坏，年成丰歉和人力贫富，编造黄册，征调赋役并进行统计计算；遇灾歉之年要报府、省，请求蠲免；对当地的山海池泽的出产品，要按规定贡纳。洪武（公元1368年—1398年）时，于各地设都税使、宣课司、税课局、分局、税所等税务机构四百余处。府称税课司，县叫税课局，两者皆主收商杂诸税；河泊所掌收渔税，批验所掌验茶、盐引；仓大使主管仓储。

二、国库制度

明代的库藏，分为内库、里库、外库三类，分别储藏各种财物。内库包括内府十库及天财库和供用库，储存金银、缎匹、宝石、齿角、羽毛、布匹、棉花、钱钞、硫磺、硝石、军用品及粮食等物。其中，储军用品的库归兵部管；储甲杖、丝、纱、罗、

绫、锦、绢、棉布、硫黄、硝石的库归工部管；其他均属户部管理。内府十库的名称及功能为：（1）承运库，贮缎匹、金银、宝石、齿角、羽毛；（2）广积库，贮硫黄、硝石；（3）甲字库，贮布匹、颜料；（4）乙字库，贮胖袄、战鞋、军士裘帽；（5）丙字库，贮棉花、丝纩；（6）丁字库，贮铜铁、战皮、苏木；（7）戊字库，贮甲仗；（8）赃罚库，贮没官物；（9）广惠库：贮钱钞；（10）广盈库，贮丝、丝、纱、罗、绫、锦、绸、绢、布匹等。除乙字库属兵部，戊字库、广积库、广盈库属工部，其余皆属户部。天财库，亦名司钥库，贮各衙门管钥，亦贮钱钞；供用库，贮粳稻、熟米及上供物。

设在宫内的内东裕库和宝藏库，称为里库。设在会归门、宝善门迤东，及东城瓷器诸库等库房皆称外库。其他官厅机构，亦各收贮部分财物；地方州、府亦皆有库，以

五彩鱼藻纹壶　明　嘉靖

大道之行
中国财政史

贮金银、钱钞、丝帛、赃罚诸物；各运司皆有库贮银。凡府、州、县税课司局、河泊所、岁课商税、鱼税、引由、契本等各种征课，均令所司解州、县府司，然后转解于部。

至英宗正统（公元 1436 年—1449 年）时，始设户部太仓库，各直省岁赋、盐课、关税，凡折银者皆入之，专以贮银，所以叫做银库。初，太仓中库积银 800 余万两，续收者贮之两庑，以便支发，而中库不动，遂以中库为老库，两庑为外库。至成化十七年（公元 1481 年），取太仓银 1/3 入内库，以解决内库供应不足。

明初，全国府库都有储积，边饷不借支于内，京师不收括于外。到明武宗时，大太监刘瑾用事，令各省库藏尽输京师，内外库存逐渐耗竭。

三、预算会计制度

明代户部会计制度，正式开始于万历九年，当年户部向皇帝进万历会计录，《续文献通考》记载了其成因。文中说，孝宗弘治十五年（公元 1502 年）十月，为了天下灾伤，粮税减损，而国家费出无经，乃始有户部上会计盈缩之致。"邱（丘）浚尝欲仿唐人国计录、宋人会计录，令掌财计之臣，将

琉璃龙纹瓦当　明

洪武、永乐以来，凡天下秋粮、夏税、户口、课程等，每岁起运若干、尚留若干、供给边方若干，一一开具，仍查历年内府亲藩及文武官吏卫所旗军，并内外在官食粮人敬。与每岁祭犯、修造、供给等费共若干，通以一年岁计出入最多者为准，每朝一卷，通为一书，以备参考，并里御览，使国计大纲，了然在目。"同时，《明史》中，还有述及会计业务的汪鲸《大明会计类要》十二要、张学颜《万历会计录》四十三卷、刘斯洁《太仓考》十卷的记载。可见，明代会计工作有了一定的规范。

明初，会计之权掌在户部。自永乐年间设北京户部后，南京户部转受北

京管辖。每岁户部会其岁用以上于大司徒，诏于天子，而后行征收。这就是说，明代预算之制，每年由户部汇总中央和地方的开支以及能组织的收入，编成预算上报大司徒，再由天子诏令，然后按此组织征收和开支。

一、对宗藩实行不恰当的优惠政策导致财政失衡王朝复灭

明洪武初年，朱元璋将亲藩受赐的田地载在金册，并免除他们的全部税粮和差役。当时享受宗禄的宗室人数仅为58人，看起来对国家财政收入影响不大，由于政策的放大效应，至嘉靖年间享受优惠政策的人越来越多，竟猛增至28840人，不到200年（公元1368年—1562年）时间增加了496.2倍。人数不断膨胀的宗室亲藩为了取得更多财富，侵占民田归为己有也愈演愈烈，导致享受免税优惠待遇的田地数量也越来越多。再加上明朝后期朝廷日趋腐败，土地兼并之风愈演愈烈，富者田连阡陌，贫者无立锥之地。兼并侵吞大量土地的地主豪绅，极力隐匿田产，逃避纳税，全国农田总数和征赋田亩数的差额越来越大。公元1502年，全国土地总数8357485顷，而实际征收田赋的土地却只有4228058顷，仅占50.59%。目睹这一触目惊心的现象，朝廷中许多明智的官员禁不住大声嫉呼："自洪武迄弘治百四十年，天下额田已减半。"再加上一条鞭法随着万历十年（公元1582年）张居正去世又无法实行下去，造成地主富豪偷逃赋税更难以遏制。

当时国家尽管赋税来源日趋枯竭，而国家财政开支却日益扩大，尤其是全国军费开支浩繁，欠饷十分严重，财政产生了灾难深重的危机。公元1610年至1627年间，京运银饷积欠900多万两。崇祯元年（公元1628年），陕西兵饷积欠30个月，崇祯二年（公元1629年），延绥、宁夏、固原三镇欠饷达36

锦衣卫木印　明
木质印信。正面刻"锦衣卫印"篆文，背面刻"成化十四年三法司置"。

大道之行 中国财政史

个月。朝廷长期欠饷，军官再从中贪扣，士兵每月仅得饷5钱，而1斗米价银6—7钱，士兵每月饷只能买10斤米，饥寒交迫，无以为生，不但无法战胜强敌，而且哗变反抗，劫掠扰民。自天启年间开始，明政府不得不屡次加派"三饷"（辽饷、剿饷、练饷），以解决财政困难。崇祯时"三饷"每年征银总数达2300万两。由于纳税人日益减少，尚存的纳税户负担越来越重，大批无地的农民无法负担苛重的赋税，只好流亡外地"趁食"，估计流民总数达到600万人，占全国人口的1/8。再加上明末天灾频繁，广大农民再也不能生活下去，只能揭竿而起，导致爆发大规模的农民起义。

二、李自成"均田免粮，追赃助饷"的财政政策导致起义失败

李自成的起义军公元1641年在河南再次聚众获胜后，军中文士牛金星与李岩针对明王朝横征暴敛自取灭亡的教训，向李自成建议提出"均田免粮"的战斗口号。"均田"即夺取地主豪绅的田地分给贫苦农民；"免粮"即

农民军驻地不征收赋税。"均田免粮"这一朴素的口号，恰好反映了农民群众的迫切愿望，从而产生了巨大的政治影响。老百姓奔走相告，到处传说"盼闯王，迎闯王，闯王来了不纳粮"，"开了大门迎闯王，闯王来时不纳粮"等等。与此同时，由于不征赋税，军饷、战费无来源，只好实行"追赃助饷"。作为战争之非常时期，这一办法尚行之有效，但是在各地推翻明朝政权后，继续在占领区发展这种劫掠政策，而不

大顺通宝、永昌通宝
永昌通宝为李自成所铸，直径2.5－3.82厘米
大顺通宝为张献忠所铸，直径2.6－3.8厘米。

及时制订长期的赋税征收政策，显然是难以为继的。而且，农民军无休止地追索钱财，也造成了军纪的败坏。李自成曾企图禁止，将士们对他说："皇帝让你做，金银妇女还不让我们么？"据说李自成的大顺军仅仅10多天时间在北京追得助饷7000多万两，相当于明代全国赋税"三饷"加派3年多的收入，这怎么会不激起社会的不满情绪呢？自将军至战士，各有私囊，多者腰缠银1000两以上，少者亦不下300—400两，结果起义军"人人有富足还乡之心，无勇往赴战之气"。

尽管李自成本人仍保持着农民军的本色，在进北京城的时候，头戴毡笠，身穿青布衣，骑着杂色马，给人们带来焕然一新的感觉。充满希望的老百姓也张灯结彩，摆设香案，张贴"大顺永昌皇帝万岁！万万岁！"、"永昌元年，顺天王万万岁"等标语，热烈欢迎大顺政权。但老百姓没有想到他始终实行"追赃助饷"、"均田免粮"等不能为社会所长期接受的财税政策，人们的不满情绪日益滋长，结果"打江山十八年，坐江山十八天"，大顺政权很快走向了反面。数百年来，无数历史学家为之讴歌的"盼闯王，迎闯王，闯王来了不纳粮"的口号也正是李自成招

致失败的根本原因之一。所以说横征暴敛和免税劫掠这两种极端的财税政策，最终使明王朝和李自成的大顺政权走向了殊途同归的败亡之路。

大西骁骑营都督府禁约碑拓片　明
这是张献忠大西政权向军队和官员发布的禁约文告牌。文告列举了官员和军人不许违反的各种纪律。

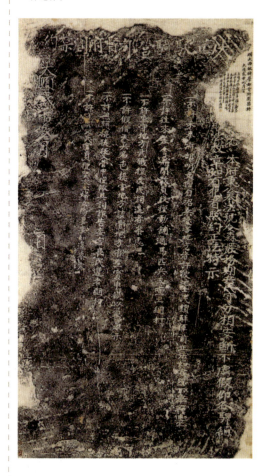

624

第十章

清代财政

第一节　时代背景

一、代明而起的清王朝

皇帝之宝玉印
皇帝之印称宝为清制，又称御宝。这方龙纽印信，印文为满汉篆书篆刻。

清代（公元 1636 年—1911 年）是由满族建立的封建王朝。它是中国历史上继蒙古族建立元王朝之后，第二个由少数民族建立起来的全国性政权，也是中国最后一个封建王朝。满族的前身是女真族，起源于 3000 多年前的"肃慎"，汉晋时期称"挹娄"，南北朝时期叫"勿吉"(读音"莫吉")，隋唐为"靺鞨"，其中一支粟沫靺鞨部落曾建"渤海国"。辽金时期靺鞨称为"女真"，《辽书》中也作"女直"，与宋长期对抗的金朝就是女真族建立起来的政权。元朝以来，女真族一直居住东北地区。明初，女真族按部落划分为建州女真、海西女真、野人女真三大部，后来按地域划分则为建州、长白、东海、扈伦四大部。

明代开国皇帝朱元璋为了遏制北元残余势力，在东北一带设立奴尔干指挥司，控制女真各个部落，为其所用。因此，女真族建州部猛哥帖木儿（努尔哈赤六世祖）曾任明建州卫左都督，后来由于北方野人女真部族势力壮大，南下压迫建州女真，猛哥帖木儿被杀，建州部才被迫南移，定居于赫图阿拉。南移后，建州女真部与明王朝交往密切，受中原地区影响，社会生产力提高，经济日益繁荣。公元1583年，爱新觉罗·努尔哈赤袭封为指挥使，其以祖、父遗甲十三副，相继兼并海西女真部，征服东海女真部，统一了女真各部。明万历四十四年（公元1616年），努尔哈赤称汗，国号曰大金，史称后金，年号天命，定都

于赫图阿拉（后改称兴京，今辽宁新宾）。

如果从后金天命元年（公元1616年）努尔哈赤突袭抚顺之役算起，至清摄政王多尔衮率清兵入关，占领北京

清太祖努尔哈赤
建州女真人（公元1559年—1626年），万历十四年（公元1586年）称汗，立国号金，后追为清太祖。

大道之行
中国财政史

为止，明清间的战争前后历时 28 年之久。其中重大战役不下十五六次，较小战役则不计其数。明万历四十六年（公元 1618 年），努尔哈赤发布"七大恨"的讨明檄文，起兵反抗明王朝，举国震惊。同年，爆发了著名的萨尔浒之战。3 年后的公元 1621 年，努尔哈赤攻占辽阳、沈阳，并迁都辽阳。四年后的公元 1625 年春，努尔哈赤不顾贝勒诸臣异议，决定迁都沈阳。当年农历三月初三在拜祭祖陵后，便率亲族百官自东京辽阳起程，夜宿虎皮驿(今沈阳苏家屯十里河)，翌日抵沈阳，从此沈阳成为后金政权的统治中心。后金迁都沈阳后的公元 1635 年，清太宗皇太极改旧族名"诸申"（女真）为"满洲"。公元 1636 年，皇太极改"大金"国号为"大清"，改元崇德，正式称帝，建立清朝，为清太宗。公元 1640 年松锦战争爆发，二年后洪承畴被俘降清，明王朝在辽东境内只剩下宁远一座孤城，明清两股势力争夺辽东的战争也就接近尾声。

公元 1644 年，李自成率领农民起义军攻陷北京，明崇祯帝在景山自缢，李自成在北京建立了大顺政权。在农民军和清军中间腹背受敌的明山海关守将吴三桂，迫于形势邀请清摄政王

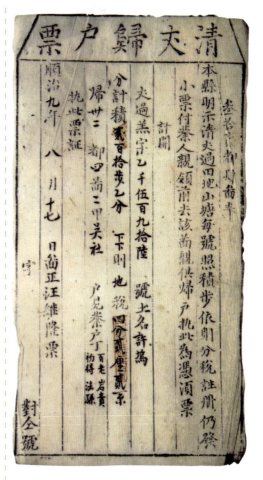

清丈归户票
清顺治九年（公元 1652 年）吴社田地归户票。

多尔衮入关"平贼"，联军打败大顺军，李自成军一路南撤，随后多尔衮迎清顺治皇帝入关，迁都北京，明亡。

二、轻徭薄赋，与民休息

历史上常常出现"财聚而民散，财散则民聚"的现象。明王朝因"私征滥派，民不聊生"，导致"国祚随失"的灭亡教训，是清王朝的前车之鉴，统治

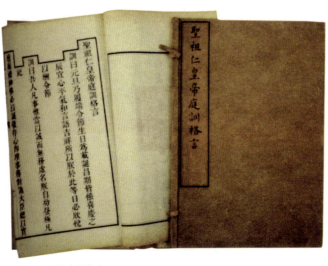

圣祖庭训格言

《圣祖庭训格言》是清雍正帝所缉,作为清庭后世子孙的祖宗家训之书。

者引以为戒。为了稳定对中原的统治,清政府反其道而行之,"蠲者蠲、革者革,庶几轻徭薄赋,与民休息",即实行轻徭薄赋,与民休息的国策。清初,摄政王多尔衮指出,前朝弊政最著者就是辽饷、剿饷、练饷三饷加派,应尽行蠲免。进入北京后,多尔衮果断地否定了继续按明末加派册籍征税的意见,坚持按加派前的万历原额征税。并在顺治元年(公元1644年)十月迅速向全国宣布:"地亩钱粮,悉照前明会计录,自顺治元年五月朔起,如果额征解,凡加派辽饷、新饷、练饷、召买等项,俱行蠲免。"此后清世祖福临也一再重申,蠲免三饷加派,正赋按万历

年间原额征收,凡大兵经过地方,免征一半,顺治元年五月以前拖欠税额一概蠲免。康熙登基后,也差不多每年都下令蠲免某地钱粮一年或几年,或蠲免一部分。摄政王多尔衮以及顺治、康熙皇帝开创了清初长达半个多世纪的轻徭薄赋之风。

为了平衡财政收支,使减少收入的轻徭薄赋能落到实处,富于进取、较少腐败的清初朝廷大幅度压缩财政支出。例如:宫廷营建,晚明时一年要耗费近百万两银子,清初不过10万两而已;工部开支,晚明一年达200万两,清初仅20—30万两;宫女太监,晚明时多达10万人,清初减少到500人。因此,尽管顺治、康熙时期轻徭薄赋,不断减免钱粮,财政仍年年节余,国库充盈。

康熙年间财政库存表

(单位:银两)

康熙十年(公元1671年)	2488492
康熙十一年(公元1672年)	18096850
康熙十二年(公元1673年)	21358006
康熙二十六年(公元1687年)	28964499
康熙三十年(公元1691年)	31849719
康熙三十三年(公元1694年)	41007790

三、调整土地关系

只有让劳动人手与土地结合，才能实现经济发展和国家财政收入的不断增长。清初，在土地关系的调整上也取得了显著成效。

首先，清政府为了奖励开垦无主荒地，承认已经占有、垦耕的既成事实，因而收到了"逃民复业，田地垦辟"的实效。同时，早在顺治六年（公元1649年）清世祖就下诏"察本地方无主荒田，州县官给以印信执照，开垦耕种，永准为业。俟耕至六年之后，有司官司亲察成熟亩数，抚按勘实，奏请奉旨，方议征收钱粮，其六年以前，不许开征。"明令给耕种无主荒地者，减免六年钱粮。康熙十二年（公元1673年）改新垦荒田为10年后起科，这一延长垦荒免税期限的政策，大大刺激了农民开垦荒田地的积极性，使耕地面积迅速增加。

其次，为了使农民拥有土地，清圣祖亲政后废止了"圈田令"。所谓"圈田令"，

是清王朝为了调动满洲贵族统治中原的积极性，给予满洲贵族指圈近京州县田地的特权。清初从顺治元年（公元1644年）到康熙八年（公元1669年），先后圈占民田17万余顷。康熙八年废止"圈田令"，有力地促进了农业生产的恢复与发展。

再次，实行更名地政策。由于明末宗室勋戚遭到农民军的打击，人多死亡，他们原先霸占的田产逐渐为农民

浙江乌程县滋生增益人丁黄册
浙江乌程县的人丁册。康熙五十二年颁布盛世滋生人丁永不加赋之令。以康熙五十年钱粮册内人丁数为准，其后新增加的人丁永不加赋，另造成册，称为盛世滋生人丁。黄册原为明代的赋役文书，封面为黄色，清代沿用。

占种，土地权属关系发生了变化。康熙八年（公元1669年），清圣祖宣布："废藩田产，差部员会同各该督抚，将荒熟田地酌量变价。今思既以地易价，复征额赋，重为民累，著免其变价，报回所差部员，将见在未变价田地交与该督抚，给与原种之人，令其耕种，照常纳粮。"明令原先藩王庄田的佃农，可以不必支付田价，照常耕种，成为自耕农。康熙九年又明确规定："更名地内自置土田……着与民田一例输粮（即土地税），免其纳租（即地租）"。更名地政策把直隶、山西、山东、河南、湖广、陕西、甘肃等地废藩田地改为民地，使明末土地兼并的状况有所改观，自耕农大为增加。

康熙年间垦田统计

（单位：万顷）

康熙八年（公元1651年）	290
康熙十八年（公元1661年）	520
康熙十年（公元1671年）	540
康熙三十年（公元1691年）	590
康熙六十年（公元1721年）	730

四、软硬兼施收拾人心

清兵打着"与流寇争天下"、为明朝"雪君父之仇"的旗号入关，没有遇到什么阻力就顺利地实现了改朝换代。

清初沿袭明代制度，翻译《洪武宝训》，由清世祖写序后颁行天下，自认为继承明朝统治，与天下共遵明之祖训，是历史上改朝换代所罕见的。然而清朝毕竟是满族建立的政权，势必要引起汉族的反感，这种矛盾在江南反映得尤为明显。清军席卷江南，不仅遭到具有民族气节的一些志士仁人的反抗，而且也遭到江南降清豪绅的抵制，他们不愿做官，后来被迫出来做官，也郁郁不得志，牢骚满腹。而江南的豪绅在明朝就凭特权隐匿土地、逃避赋税，在明清鼎革之际，又大买田宅，承袭前代特权，规避赋役，与清朝政府之间的矛盾日趋尖锐。为此，清政府以"奏销案"作为突破口，采取大规模行动，严厉打击和制裁江南不法豪绅。

顺治十五年（公元1658年），清世祖在给户部的谕旨中，明确宣布："文武乡绅、进士、举人、贡监、生员及衙役，有拖欠钱粮者，各按分数多寡，分别治罪。"于是从顺治十七年（公元1660年）开始，派出官吏专门督理拖欠钱粮，对州县钱粮奏销情况进行严格追查。次年，在苏、松、常、镇四府及江宁府溧阳一县，查出豪绅拖欠钱粮者13500多人，衙役拖欠钱粮者240人，革去功名或官职，还要"枷责"，

清圣祖康熙
名爱新觉罗·玄烨（公元1654年—1722年），清代
定都北京之后的第二任皇帝。

知县任维初为了征收欠税制定了苛刻的措施，引起文人学士不满，二月初五日他们聚集在孔庙悼念不久前去世的清世祖，借机发泄积愤，其中江苏巡抚与许多达官贵人都在场，闹得好不尴尬。结果带头的文人学士中11名领袖人物被监禁，其中有著名的文学评论家金圣叹。五月初在南京初审，八月七日行刑，财产充公，家属发配满洲，才华横溢的金圣叹成了这场政治斗争的牺牲品。"奏销案"起先只限于无锡、嘉定两县，"哭庙案"发生后，当局决定扩大到四府一县，许多头面人物如吴伟业、徐乾学、徐元文、叶方蔼等几乎全被罗织在内。显然，无论是"奏销案"还是"哭庙案"，清政府的目的不仅是财政上的税收"追比"，而且迫使江南豪绅、士子就范。

一时间"鞭扑纷纷，衣冠扫地"，进而要"追比"——追交拖欠钱粮，迫使他们抛售田产。四府一县受黜革降调处分的乡绅有2171名，生员有11346名，共计13517名，以至于江南"庠序一空"，保持举贡、生员头衔的人寥若晨星。这些人还要提解至京，从重治罪，"一时人皆胆落"。与"奏销案"相伴随之的是顺治十八年（公元1661年）苏州吴县发生的"哭庙案"。吴县新任

631

这种以经济手段实现政治目的的办法，相沿久远，它是中国"迂回而成"的传统文化的力量。

后来，随着民族矛盾缓和和国内政权的稳定，清圣祖一改其严刑峻法的财政政策，采用了宽大为怀的措施，康熙三年（公元 1664 年）他正式下令豁免顺治元年（公元 1644 年）至十五年（公元 1658 年）的拖欠钱粮，以怀柔江南豪绅、士子。

清世宗雍正
名爱新觉罗·胤禛（公元 1678 年—1735 年）。

五、摊丁入地——多所建树的雍正朝

清世宗胤禛在位执政仅 13 年（公元 1723 年—1735 年），与其父清圣祖玄烨在位 61 年、其子清高宗弘历在位 60 年相比，堪称短暂，但治绩甚丰。他严禁朋党，整顿吏治，重视用人，开豁贱籍，改土归流，强调务实，多所建树。

胤禛一即位就宣布严禁朋党，把打击朋党作为他施政纲领中的首要任务，他说："朋党最为恶习，明季各立门户，互相陷害，此风至今未息……此朋党之习，尔诸大臣有则痛改前非，无则永以为戒。"他打击对皇权威胁最大的胤禩、胤禟、胤禵，并穷治其党羽，即使被人加以苛刻严厉之名，也在所不顾。独揽陕甘川三省军政大权的年羹尧，身任提督九门步军巡捕三营统领、理藩院尚书的隆科多，倚仗拥立世宗的特殊地位，旁若无人，公然结党营私，也相继遭到严惩。同时，把

骑马的官府仆人
[英]威廉·亚历山大绘。

田文镜、鄂尔泰等封疆大吏树为楷模，以澄清吏治。

　　开豁贱籍，是胤禛的一大德政。以儒家伦理治国的中国社会，一直存在着不同形式的二元结构，清代就有良人与贱民之分。贱民指称为乐户、惰民、伴当、世仆、丐户、九姓渔户、疍户等老百姓。他们被人视为二等公民，不但遭人歧视，还失去人身自由。清初

所谓乐户，是指山西、陕西等地编入乐籍的贱民，从事歌舞吹打等业行。"绅衿、地棍呼召，即来侑酒"。他们不得穿与良人一样的服装或持有与其身份不相称的用品。凡入乐籍者即为娼优，其子孙世袭为业。明清之际的惰民，是指浙江省绍兴府属各县男子充当婚丧礼仪中的帮手、牙侩；女子充当发结、喜婆、送娘子等卑微职业的贱民。他们分散居住，人数有数以万计之众，被禁止读书、缠足，不许与良人通婚，不得

633

参加科举考试。分布在江南省徽州府、宁国府的世仆、伴当是一种奴仆化佃农，他们或由于租种主人田地，或由于借住主人房屋，或由于葬主人的坟山，或由于入赘于主人家中，或由于负债典押于主人，而成为伴当、世仆。他们不仅要为主人佃种田地，交纳地租，还得终身服役，为主人看守坟墓、照管山场。在主人家冠婚丧祭及科举赴考时，要听唤应役。乞讨为生的丐户分布在苏州府常熟、昭文两县。九姓渔户是指在浙江钱塘江上捕鱼为生，在陆上无居所者。以养鸭为生，居无定所的蛋户则分布在广东。雍正五年（公元1727年）清世宗发布谕旨强调："朕以移风易俗为心。凡习俗相沿，不能振拔者，咸与以自新之路。如山西之乐户，浙江

之惰民，皆除其贱籍，使为良民，所以厉廉耻而广风化也。近闻江南徽州府则有伴当，宁国府则有世仆。本地呼为细民，几与乐户、惰民相同……若果有之，应于开豁为良。俾得奋兴向上，免至污贱终身，累及后裔。"宣布把这些贱民开豁为良，即除去贱籍成为良人，在法律上承认他们与良人具有同等地位。

改土归流，是胤禛巩固边疆，保持国家统一的重要举措。元明以来中央政府在西南边疆通过授予当地少数民族首领爵禄名号，加封其为世袭官员，实行土司制度的间接统治。由于土司依仗世袭荫庇，恣意作恶，常常借口向

《雍正祭先农坛图》 清
先农坛是明清两朝皇帝祭祀农神，祈求丰收的地方。皇帝亲祭先农，表示对农事的重视。

朝廷纳贡，向百姓摊派，引发民怨。而地处边隅的土司更是"无事近患腹心，有事远通外国"，致使政权基础极端脆弱。为了消除土司制度的落后性，实行直接统治，明朝中叶开始朝廷逐步改土归流，即把土司改为中央政府委派的流官。

到了清代，土司制度的弊端愈演愈烈，为了加强对西南地区的统治，清世宗不得不于雍正四年（公元1726年）任命鄂尔泰为云贵广西三省总督，以

雍正十一年鱼鳞册

顺治铁牌
鉴于明朝宦官干政，吏治腐败，清世祖特设"顺治铁牌"以限制宦官权限。

武力相威胁，进行大规模改土归流。通过改土归流废除了许多落后的剥削方式及种种陋规恶习。如湖南永顺府改土归流后，禁革了以前土司私征杂派的"火坑钱"、"锄头钱"、"烟火钱"，代之以全国统一的赋税制度，按田地肥瘠和田亩面积分别征收。改土归流后中央政府还在西南地区开辟了若干交通要道，使各族人民交往日趋密切，先进的经济文化不断输入少数民族地区，"久荒之土，亩收数倍"。

《清史稿》称，清世宗崇尚务实，以"为治之首在于务实，不尚虚名"相标榜，在财政改革上，摊丁入地实行彻底的一条鞭法和大刀阔斧清理税收积欠最引人注目。

首先，摊丁入地，完成了彻底的一条鞭法改革。清初，赋役基本上依据万历九年的一条鞭法，征收地银、丁银两项。而丁银征收不分户等，一律按人丁摊派，弊端不少，所以顺治以降许多地方广泛采用"以田载丁"、"丁从地起"的方法。康熙五十一年(公元1712年)，针对人口迅速增加而土地增辟有限的情况，为防止出现丁役加重，民户逃亡，社会动荡的悲剧重演，《清史稿》载，玄烨谕大学士九卿："海宇承平日久，户口日增，地未加广，应以现在丁册定为常额。自后所生人丁，不征收钱粮。编审时，正将实数查明造报。"就是说，把全国现在钱粮册中的成丁数固定下来，以康熙五十年(公元1711年)的丁数24621324口和应征丁银335万余两作为定额，以后增加的丁口不再加赋。丁额、丁银的固定不变，既缓解了农民的恐慌心理，也为日后的田赋制度改革创造了条件。但也应看到，固定丁额，永不加赋的原则，在具体执行中仍有不足之处，因"额丁子孙，多寡不同，或数十百丁承纳一丁；其故绝者，或一丁承一二十丁，或无其户，势难完纳。"据此，康熙五十三年（公元1714年），御史董之燧请统计丁粮，按亩均派。因部议"不便更张"而止。然

舍此别无更好办法，所以允许广东、四川两省先期实行摊丁入地，康熙五十五年（公元1716年）广东把全省丁银按各州县田亩分摊，每地银1两，均摊丁银1钱6厘4毫。对全国范围摊丁入地影响最大则是直隶。雍正元年（公元1723年）直隶巡抚李维钧在雍正帝的支持下，将直隶地银203万余两，丁银42万余两，统为核算，把丁银均摊于地银之内，每地银1两，摊入丁银2钱7厘。天子脚下的直隶摊丁入地先例一开，各省纷纷跟进，除山西、台湾、贵州迟至乾隆年间才开始实行摊丁入地外，从雍正二年（公元1724年）至七年（公元1729年）全国各省大体完成这一改革。

摊丁入地又称地丁合一或地丁并征，是晚明一条鞭法的进一步发展。各地做法有所不同，较普遍的做法是把丁银平均摊入地银中征收，但也有的地方把丁银按田地面积平均摊派，有的按全省范围通融均摊，也有的按各州县分别均摊。《清朝文献通考》载，各地分摊丁银数差异不小，如江苏每亩摊0.011—0.629钱；贵州每亩摊0.054钱；直隶、福建等省，每两田赋银，摊丁银2—3钱，同各地原先征收的丁银、田赋银数额高低以及分

大道之行
中国财政史

清代各省摊丁入地情况表

1	直隶	地赋一两，摊入丁银二钱七厘
2	福建	地赋一两，摊丁银五分二厘七毫至三钱一分二厘
3	山东	摊一钱一分五厘
4	河南	摊一分一厘七毫至二钱七厘
5	浙江	摊一钱四厘五毫不等
6	甘肃河东	摊一钱五分九厘三毫
7	河西	摊一分六毫
8	江西	摊一钱五厘六毫
9	广西	摊一钱三分六厘
10	湖北	摊一钱二分九厘六毫
11	江苏、安徽	摊一厘一毫至二分二厘九毫
12	湖南	地粮一石，征一毫至八钱六分一厘

摊办法有关。

实行摊丁入地，是赋税史上的一大进步。它意味着负担丁银者必有田地，无地、少地农民不摊或少摊丁银，田地多者分摊到丁银也多。由于在法律上宣布取消官僚豪绅优免特权，使赋役负担走向合理的一元化，标志着人丁负担向土地转移的发展趋势的终结，百姓对封建政权的人身依附也从此获得了彻底松解。其唯一的副作用是与清代广为种植的玉米、番薯等高产粮食作物一起推动了中国人口的飞速增长，康熙五十年(公元1711年)的人丁为2462万，乾隆六年(公元1741年)人口(包括男女老幼)为14341.15万；乾隆二十七年(公元1762年)突破2亿；五十五年（公元1790年）突破3亿。从乾隆二十七年到五十五年的28年里，中国人口竟增加了1亿之多。

其次，大刀阔斧清理欠税，充实国库。对历年钱粮亏空和积欠的老大难问题，雍正帝大刀阔斧严追不舍，查出从康熙五十一年（公元1712年）至雍正四年（公元1726年）积欠税银1000多万两，限时追缴。由于理财有方，雍正年间清朝进入最富庶时期，财政国库存银高达6000万两之多，为乾隆（公元1736年—1795年）初年国库存银6000—8000万两的富足打下了基础。

为了有利于政令畅通和信息反馈，清世宗即位后，积极推行密折制度，并定下缴批规则。臣下的密折，涉及政治、经济、文化、社会，小至天

气变化、农业收成、米帛价格，而
口才雄辩、笔锋锐利又精于书法
的清世宗亲拆亲阅，用红笔批
示，朱批发回具奏人阅后，缴回
朝廷。

六、乾隆盛世的写照

清初的轻徭薄赋、与民休息
政策和积极兴修水利，治理黄
河、淮河等大江大河，有力地推
动了经济的发展。江南数省及四
川等地都成了著名的粮食高产
区，一般水稻亩产 2 — 3 石，个
别地区甚至高达五六石。明代从
海外引进的玉米、番薯、花生和
烟草，在全国各地广泛种植，既
丰富了农业种植，也为手工业提
供了丰富原料。经过多年垦拓，
全国耕地面积不断扩大，田赋收
入从雍正二年（公元 1724 年）到
乾隆十八年(公元 1753 年)的 30 年
间，增加了 324 万多两，增征粮
食 372 万余石。

清初至乾隆年间的手工业有了很
大发展。自顺治二年（公元 1645 年）废
匠籍，摊丁入地后，匠班银也并入田亩
征收，工匠的负担明显减轻，促进了手
工业的进一步发展。到乾隆年间（公元
1736 年—1795 年），中国的棉纺织、丝

清高宗乾隆
名爱新觉罗·弘历（公元 1711 年—1799 年），清代
皇帝。

织、制瓷、制茶、制糖、造纸、冶铁、
造船等行业，其产品的数量和质量，多
已超过前代。丝织业中心苏州和杭州，
分别是"比户习织，专其业者不啻万
家"，"机杼之声，比户相闻"；棉纺中

心松江的大布、飞花布、绒布、三梭布，享誉内外，"一岁所交易，不下数十百万"；瓷都景德镇，乾隆时有"民窑二三百区，终岁烟火相望，工匠人夫不下数十余万"；冶铁中心之一的广东佛山，乾隆时已有"炒铁之炉数十，铸铁之炉再余，昼夜烹炼，火光烛天"。

在农业和手工业发展的基础上，商业也日渐繁荣。北京的正阳门外西面的几条街是著名的商业区，店铺林立，百货竞陈；苏州城"阊门内外，居货山积，行人如流"，"山海所产之珍奇，外国所通之货贝，四方往来"；汉口镇号称"九省通衢"，云、贵、川、湘、赣、豫、陕、桂等省货物多在此集散；江宁、苏州、扬州、杭州、广州、成都

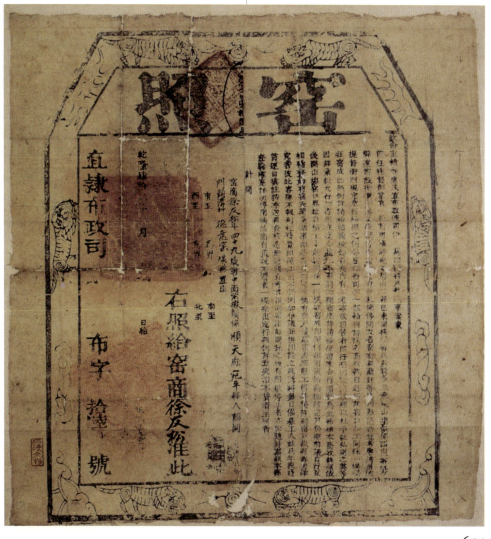

门头沟煤窑执照
清乾隆四十九年（公元1784年）直隶承宣布政使司颁给商人徐友松的执照。

等城市,其商业活动亦超过明代;而新兴的库伦、归化、乌鲁木齐、伊犁、西宁等城市,也"商旅满关",发展迅速。故时人称:"圣朝定鼎以后,明季一切累民之政既尽予黜革,征之有则,取之有经","十年生聚,民稍安集","颇多开熟,村烟相接,鸡犬相闻";"环河洛间无旷土,无游民"。其重要标志之一,是粮价直线下降。从崇祯时的斗米银二两三钱,降至顺治时的斗米银2钱,再降至康熙时的斗米银0.5—0.6钱银。粮价的大幅下跌是"农桑遍野,户口蕃殖"的必然现象,也是国家逐渐进入太平盛世的反映。

现藏辽宁省博物馆的《盛世滋生图》俗称《姑苏繁华图》,则是苏州当年繁荣的真实写照。自明代中期起,苏州即以工商业发达著称于世,并大体上分为东、西两个部分。东半城以丝织等手工业生产发达著称,西半城以商品流通商业贸易闻名。人称"凡四方难得之货,靡所不有……天下财货莫不盛于苏州"。清代的苏州既是商品生产

盛世滋生图
清 徐扬 绘
描绘了清代时苏州山塘街的繁华盛景。

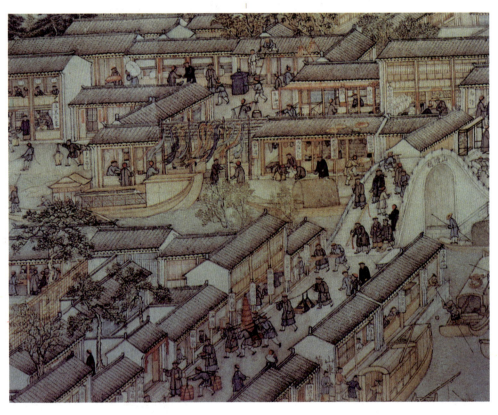

中心，又是全国商品特别是江南各地商品的集中地，并且在乾隆时代进入了发展高峰，成为中国江南经济高度发展的典范。

《盛世滋生图》由清代著名画院画家徐扬创作。徐扬字云亭，苏州府吴县人，家住专诸巷。乾隆十六年（公元1751年），时年40岁的监生徐扬进献画册，钦命充画院供奉，十八年（公元1753年）钦赐举人，后为内阁中书，长期供奉清廷画院。乾隆第二次南巡后，乾隆二十四年（公元1759年），徐扬有感于清朝"治化昌明，超轶三代，幅员之广，生齿之繁，亘古未有"，故"摹写帝治"而绘成此图。画卷全长1225厘米，宽35.8厘米，布局严谨，气势恢弘，描绘了苏州"自灵岩山起，由木渎镇东行，过横山，渡石湖，历上方山，从太湖北岸，介狮、和(何)两山间，入姑苏郡城。自封、盘、胥三门出阊门外，转山塘桥，至虎丘山止"，城郊百里的风景和街市的繁华景象。图中人物摩肩接踵熙来攘往者多达12000余人；河中船帆如云，官船、货船、客船、杂货船、画舫、木簰竹筏等，约近400条；街道上商店林立，市招高扬，可以辨认的各类市招约有260余家；各式桥梁50余座；文化戏曲场景

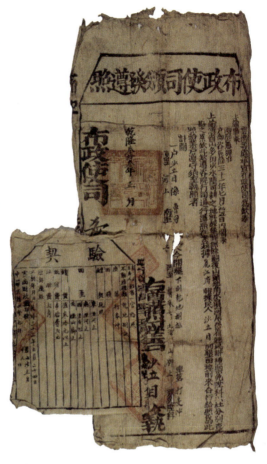

开荒执照
乾隆三十三年（公元1768年）云南布政司发给沙立目的开荒执照。

10余处；各色房屋建筑约2140余栋，充分展示了"乾隆盛世"苏州工商业高度繁荣的盛况，其比文字记载的史料更为具体而形象。

七、由盛转衰的清王朝

历史学家常将发生中英鸦片战争的道光二十年（公元1840年），作为划分清代前后期的分界线。这一年，英国侵略者在其他西方资本主义列强的支

持下，向古老封建的中国发动了一次侵略战争。由于这次战争是英国强行向中国倾销鸦片引起的，所以历史上叫做鸦片战争。鸦片战争以后，中国开始由独立的封建国家逐步变成半殖民地半封建的国家，中华民族开始了100多年屈辱、苦难、探索、斗争的历程。

清前期，经过顺治、康熙、雍正三朝几代人的励精图治、奋发图强，赢得了乾隆时期的经济繁荣和国库充盈。而恰在此时，朝廷上下以盛世自恃，放松了吏治，丢弃了先前廉政简政的传统，奢靡贪污之风日益盛行。再加上乾隆皇帝为了实现其十全武功，穷兵黩武，终朝兵事不断，劳民伤财。尽管乾隆朝财政收入比前代有所增加，但由

于开支增加得更快，国库积储增速大为趋缓。而且在乾隆朝财政岁入增加的背后，是大量的非正常财政收入，诸如：卖官鬻爵、商人报效、盐斤加价、公摊养廉……这些不正常的财政收入虽能解一时之急，但对国家长治久安而言，无异于饮鸩止渴。因此，到嘉庆皇帝登基时，从其父手中接过来的只是一个外强中干的空架子，以至于嘉庆皇帝不得不拿在乾隆朝当政20多年的贪官和珅开刀，查抄了其赃款1亿两，以补充国用。1亿两白银，在当时是一笔巨款，相当于清政府2年的全国财政收入。当年不但和珅贪得无厌，就连和珅的两个仆人也被抄没赃款700多万两，足见乾隆朝官场贪贿之盛。

其实，清代的奢侈腐败之风早在康熙晚年就已兴起，只不过经过雍正

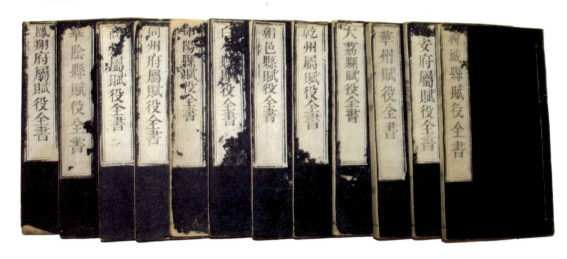

《赋役全书》

乾隆南巡出正阳门图（局部）。
乾隆帝六次南巡，画面描绘了乾隆南巡的队伍从正阳门（前门）出发的场面。道路两旁鳞次栉比的店铺，侧面反映出当时经济、文化的繁荣。

时期的厉行节约和严刑峻法等改革措施而有所遏制而已。到乾隆时，随着经济繁荣和财力充裕，奢靡腐败之风重新抬头并愈演愈烈。乾隆皇帝六巡江南，游山玩水，沿途接驾送驾、进贡上奉、大兴土木，豪华与排场空前，糜费特甚。乾隆带了头，其示范效应无与伦比，大小官吏借接驾和其他机会，极尽奢华之能事；而奉公守法、勤俭节约、清正廉明的正气反而日益孤立。

为了满足奢靡腐败的财力需求，其唯一办法就是强化对百姓的压榨和剥削，致使广大民众生活日益贫困。官僚、贵族、地主、富商不择手段，大量兼并土地，致使无地农民越来越多，他们失去生计，四处流浪。随着社会上流民数量的急剧增加，社会矛盾日趋尖锐，一场社会大风暴正在酝酿。嘉庆元年（公元1796年）二月，一场历时九年、席卷湖北、四川等五省的白莲教起义爆发。清朝调动十六个省的兵力，耗银2亿两才勉强将起义扑灭。白莲教起义剥开了清王朝繁荣升平的盛世外衣，暴露了其腐朽和虚弱的本质，清王朝由盛转衰初露端倪。

随着道光二十年（公元1840年），清王朝在鸦片战争中的失败，西方列强开始不断入侵，迫使清政府与其缔结了《南京条约》、《天津条约》、《北京条约》等一系列不平等条约。根据这些条约，清政府被迫割地赔款、开放通商口岸，中国逐步沦为半殖民地半封建社会，中国的主权受到严重损害。人民负担沉重，由此而爆发了一系列的反

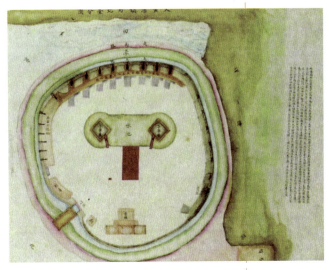

虎门大战的前沿阵地大黄窑炮台
大黄窑炮台是广东海面的炮台之一。此图为清代绘制的《大黄窑炮台分图》。虎门之战时清军于此地大战英军。

抗运动，如太平天国运动，一度对清朝的统治构成了严重挑战。

为挽救自身命运并增强国力，清政府内部开展维新运动，试图革新图强，其中最为著名的是自19世纪60年代开始的洋务运动。随着洋务运动的开展，全国各地开始先后引入国外科学技术，开设矿业、工厂，建设铁路，架设电报网，修建新式学校，培训技术人才；同时也成立了新的军事工业，逐步改进清军的武器装备和作战方法。

洋务运动使得清朝的国力有了一定程度的恢复和增强，到同治年间（公元1862年—1874年）一度出现了较安定的局面，史称"同治中兴"。其间清朝成功平定太平军、捻军之乱，并收复新疆，在国际上的地位和形象也有较大的改善。至19世纪80年代，清朝军队的装备和洋务运动之前相比已有了明显的提高；在光绪十年（公元1884年）至光绪十一年（公元1885年）中法战争期间的一系列战役中，清军和法军互有胜负。战后，清朝设立了海军衙门，并建成了号称亚洲第一、世界第六的近代海军舰队——北洋水师。洋务运动虽取得了很大的成果，但是由于种种原因，最终仍未达到像日本明治维新那样的效果，结果导致光绪二十年（公元1894年）中日甲午战争的失败以及其后《马关条约》的签订。

八、革命战胜改良

19世纪末年，由于清王朝腐败不堪和列强侵略的深入，尤其是中日甲午战争的失败，使中国陷入严重的民族危机。部分觉醒的中国人纷纷探求

救亡图存之策。随着资本主义经济在中国的发展和西方政治思想学说的传播，代表新兴资产阶级的政治势力开始登上中国的政治舞台。以孙中山为首的一批志士仁人首先选择革命救国的道路。光绪二十年（公元1894年），孙中山在檀香山组成兴中会，提出推翻清王朝，创立合众政府的主张。但孙中山的创举当时还不能为广大群众所理解，追随他的志士，仅百余人而已。光绪二十四年（公元1898年），以康有

孙中山（公元1866年—1925年）
中国近代伟大的民主革命家。早年组织兴中会；公元1905年在日本东京组成中国同盟会，被推为总理。公元1911年12月29日被推举为中华民国临时大总统，1912年8月同盟会改组为国民党，被选为理事长。改组国民党，实行联俄、联共、扶助农工的新三民主义。

为、梁启超为首的资产阶级改良派发动的维新变法因保守派的反对和政变而失败。19世纪末，中国国内的排外情绪开始高涨，结果引发了震惊中外的义和团运动以及随后八国联军的入侵，极大地刺激了中国社会各阶层，越来越多的人开始认识到，要救亡图存，必须推翻清政府。于是，孙中山倡导的反清革命迅速发展成为广泛的社会运动。20世纪初，一批公开或秘密的反清革命团体在国内出现。湖南有黄兴组织的华兴会，江浙地区有以蔡元培为会长的光复会，湖北有科学补习所，四川有公强会，安徽有岳王会，广东有群智社等。由于这些革命团体，在组织形式上大都受传统秘密结社的影响，相互缺乏联系，所发动的反清起义或斗争相继失败，其领导人纷纷流亡海外。

物极必反，革命的挫折并没有使小团体的领导人沮丧，相反却给了他们反思、改组和大联合的机会。由于孙中山和黄兴的联合倡导，流亡到日本的革命党人于公元1905年（光绪三十一年）8月20日在东京成立了同盟会，孙中山任总理，黄兴负责执行部，会员包括十余省的革命党人。这是中国历史上第一个全国性的政党。仿照西方

资产阶级政党建立起来的同盟会，以激进的民主主义纲领把小团体参差不齐的政治水平提升到新的高度。这个纲领就是孙中山提出的"驱逐鞑虏，恢复中华，创立民国，平均地权"；后来由此进一步阐发为以民族、民权、民生为内容的三民主义。同盟会还宣布在未来的民国："凡为国民，皆平等以有参政权。大总统由国民共举。议会以国民公举之议员构成之，制定中华民国宪法，人人共守，敢有帝制自为者，天下共击之。"这个共和国的蓝图，对长期受封建君主专制压迫的中国人民有巨大的吸引力。

同盟会成立后，发行《民报》等多种书刊报纸，揭露以慈禧太后为首的清政府祸国殃民的罪行，抨击康有为、梁启超等人宣扬的君主立宪主张，鼓动人民加入革命行列。经过与康、梁论战，反清革命思想日益深入人心。与此同时，

同盟会在南方一些省区不断组织会党和新军起义。以武装起义推翻清王朝，是同盟会推进革命运动的基本战略。从公元1906年萍浏醴起义至公元1911年4月黄花岗起义，革命党人前仆后继，共发动十余次武装起义。这些起义虽然一次次地失败，没能从根本上动摇清政府的统治，但却给清王朝一次次沉重的打击，显示出了资产阶级革命派的力量。

为了消弭革命，拉拢资产阶级，清政府被迫作出一些开明的姿态。光绪二十七年（公元1901年）《辛丑条约》签订后，清朝开始推行"新政"，进行

《民报》
光绪三十一年（公元1905年）同盟会成立，并且创办《民报》，宣传孙中山的三民主义，推动了民主革命运动。图为民报的创刊号封面和发刊词。

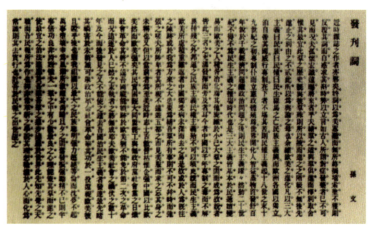

了包括建立新军、废除科举在内的一系列改革。不久，中国发生了立宪与革命的改革路线之争，一开始立宪派占上风，清政府也答应实行君主立宪。公元1905年7月，派载泽等五大臣出洋考察政治。公元1906年9月宣布预备立宪。公元1907年9、10月，下诏筹设资政院和咨议局，允许资产阶级可以通过选举取得向清政府提出建议等部分权力。上层资产阶级从中看到了希望，纷纷成立各种立宪团体，从事君主立宪活动，准备参与政权。但是满洲亲贵们对立宪并不热衷。公元1908年8月，清政府颁布《钦定宪法大纲》，规定大清帝国万世一系，同时宣布预备立宪以9年为期。不久，光绪帝和慈禧太后相继去世，3岁的小皇帝溥仪继位，改元宣统。处于风雨飘摇中的清政府，中枢失去了控制，内部倾轧日趋激烈。监国的摄政王载沣放逐北洋新军首领袁世凯，积极推行由皇族独揽国家大权的政策，加深了满洲亲贵和汉族官僚之间的矛盾。公元1910年，国会请愿同志会在北京连续发起国会请愿运动，要求清政府速开国会。公元1911年（宣统三年）5月，清政府发布内阁官制，成立以庆亲王奕劻为总理的内阁，13个阁员中，满

洲贵族9人，汉族官僚仅4人，而满洲贵族中皇族又占7人。这是一个名副其实的皇族内阁，立宪派分享政权的希望完全落空，少数人抛弃立宪的幻想，对革命活动开始表示同情，革命的形势愈益成熟。

九、保路运动触发了辛亥革命

用蒸汽机牵引列车在轨道上行驶于两个城市之间以输送货物和旅客的运输方式始于公元1825年的英国，这是世界铁路史之始。此时，正值产业革命后期，钢铁工业、机器制造业等近代工业已达一定水平，亟须解决工业发展的原材料和产品运输问题，从而促进了铁路的迅猛发展。在英国筑成第一条铁路后，美国、德国等相继开始修建铁路。到1850年，世界上已有19个国家建成铁路并开始营业。从公元1850年开始到公元1900年是世界铁路的发展初期，这一时期有60多个国家和地区建成铁路并投入营运。公元1900年后，世界铁路进入了成熟时期。

自光绪二年（公元1876年）洋人在上海修建淞沪铁路开始，中国朝野在铁路问题上经历了思想观念上的几次重大转变。早先，相当一部分的中国士绅官僚还把拆毁铁路视为反对列强侵略的一种必要手段。到了19世纪

和20世纪之交，尤其是公元1900年的庚子事变以后，上自朝廷下至士绅平民，已经越来越清楚地认识到铁路对于经济发展与民族振兴的重要性，这就使得"赶造铁路为治内御外之唯一良策"成为中国社会各阶层的普遍共识。

清政府的铁路政策经历了合股官办、商办与路权国有三个阶段，而直接触发革命的则是第三阶段政策的发布。宣统三年(公元1911年)四月，路权国有的上谕一发布，与铁路干线国有直接相关的湖北、湖南、广东、四川等省掀起了轰轰烈烈的保路运动。四川保路运动尤为波澜壮阔。公元1911年9月，保路风潮扩展为全省抗粮抗捐，群众暴动接连发生。四川总督赵尔丰在成都逮捕保路同志会和川路股东会的负责人，并枪杀请愿群众数十名，造成流血惨案。同盟会员龙鸣剑等和哥老会组成保路同志军进军成都，转战各地，攻城夺地，猛烈冲击清政府在四川的统治。四川保路运动成了辛亥革命的导火线。

在清政府从湖北等地调集军队全力应付四川保路运动的时候，湖北新军中文学社、共进会等革命团体乘机发动武昌起义，揭开了辛亥革命轰轰烈烈的一幕。9月下旬，革命党人感到形势紧迫，决定于中秋节(公历10月6日)发动起义，后由于形势瞬息变化，起义推迟。10月9日(八月十八日)，在预定起义的那一天，共进社负责人孙武在汉口装配炸弹时不慎爆炸，湖广总督下令闭城搜查，汉口和武昌的起义指挥机关遭到破坏，一些起

清军之新军士兵

义领导人被捕、被杀或避匿。在这种情况下，新军各标营中革命士兵开始主动行动。10日晚7时，武昌城外塘角的辎重营和城内工程第八营几乎同时发动，各标营继起，经一夜苦战，11日晨革命军占领总督署，全城光复，首义成功。汉阳、汉口也先后为革命军占领。11日，起义士兵聚集到湖北咨议局，在咨议局议长汤化龙等人的参与下，宣布成立中华民国湖北军政府。革命党的领袖们未亲身参加起义，缺乏政治经验的起义士兵对自己掌握政权没有信心，清湖北新军协统黎元洪在革命士兵的枪口逼迫下任湖北军政府都督。军政府发布文电，号召各省为推翻清朝建立民国而奋斗。11月，湖北军政府公布《中华民国鄂州约法》。它是全国第一个按照资产阶级民主原则拟定的地方宪法。

武昌起义的胜利，在全国得到了连锁反应，各省革命党人纷纷行动起来。至11月底，全国宣告独立、脱离清政府的有14个省。北方未独立各省，有的地方是清王朝统治较强，如直隶、山东、河南；有的远在边陲，革命党势力较弱，如新疆、奉天。这些省份也不平静，革命党仍然组织了一系列武装起义。武昌起义之后，立宪派纷纷表示

黎元洪
（公元1864年—1928年），字宋卿，湖北黄陂人。南京临时政府成立后，当选副总统。袁世凯篡政后，仍任原职。反对袁世凯复辟帝制。1915年袁称帝时，被封为武义亲王，未受。次年6月袁死，继任大总统，恢复约法，召集国会。1917年段祺瑞利用张勋驱黎，由冯国璋代理大总统。1922年受直系军阀支持复任总统。次年又为直系所逐。

赞成革命，这也加速了清政府的崩溃。广大人民群众在各省起义过程中表现了高昂的热情。新军士兵、会党群众、知识分子、工人、农民、城市贫民、海外华侨、爱国士绅、少数民族都作出了

贡献。中国的政治生活出现了前所未有的沸腾局面。

一、地丁

地丁，征收的前提是田制。《大清会典》称，清代"凡田地之别，有民田(民间恒产，听其买卖者为民田)，更名田(前明分给各藩之地，国朝编入所在州县，与民田一体给民为业，曰更名

地)，有屯田(卫所军田钱粮，有由卫所官经征者，有改归州县官经征者，皆曰屯田；其屯田有续垦者，亦曰赡军地，新疆科布多等处，有绿营兵及遣犯所种屯田；懋功有番民所种屯田)，有灶地(长芦、山东、两淮、浙江、福建、广东灶丁之地，曰灶地)，有旗地(盛京十四城旗人所种之地，及近京圈地征收旗租者，皆曰旗地；奉

耕织图册页　清　焦秉贞绘

大道之行 中国财政史

650

铜板画：雍正祭农

天，山东有先系旗地后给民垦种者，曰退圈地），有恩赏地（国初于近京州县分给八旗马厂之地，后因坐落较远，弃置不用，历次清丈给民垦种，改名恩赏地），有牧地（直隶、山西边外牧厂余地召种升科者，及各驻防马厂召种征租者，皆曰牧地），有监地（国初，沿明制，于甘肃设苑马七监，后经停止，以其地给民垦种为监地），有公田（各省有目为墓地、园地、养廉地者；又吉林、黑龙江给壮丁所种之地，亦曰公田），有学田（各省皆设有学田，以为学中公费，直隶、山东、江苏、安徽、江西、福建、浙江、湖北、湖南、四川、云南所设学田，即在民田数内；其山西、河南、陕西、甘肃、广东、广西、贵州，则于民田之外另设学田，免其民田科则），有赈田（贵州有之），有芦田（江苏、安徽、江西、湖北、湖南、滨江随时坍涨之地，曰芦田），皆丈而实其亩之数，以书于册。"

按土地归属划分，清代田地可分为官田和民田两大类，其中民田有19种之多：一是民赋田，为田主（包括地主和自耕农）占有，按制度规定向国家缴纳赋税之田；二是更名田（地），系明代藩王庄地，清初归佃耕者所有；三是归并卫所田，明末清初为卫所种用之地，后改归民有之地；四是官占田园地，明代没入之官田和废寺田，折价归民用之地；五是退圈地，为清初满族圈占近京五百里内州县的民田，后退还给农民耕种的土地；六是农桑地，系养蚕植桑土地；七是蒿草籽粒地，即土质瘠薄的旱地；八是芦课地沮洳，即苇地；九是河淤地；十是灶地；十一是山荡、水滩地；十二是草地；十三是池塘；十四是泥沟车池地；十五是土司田，系苗族土司所有；十六是番地，即甘肃循化、庄浪、贵德、洮州，四川杂谷、懋功、打箭炉，云南维西、中甸等番人地；十七是回地；十八是瑶地；十九是壮田，即壮族土地。其官田又分官庄和官田两类。

《皇朝政典内纂》称，官庄可分为皇室官庄、宗室官庄、畿辅官兵官庄（八旗官兵官庄）、盛京驻防官兵官庄、直省官兵驻防官庄和旗田等六种。皇室庄田为皇室所有，其由内务府管理者称内务府庄田，还有户部庄田、礼部庄田、工部庄田及三陵庄田等数种，有12700多顷。宗室庄田为清王朝赐给王公、宗室子弟及将军之田，设于近京各州及奉天、山海关、喜峰口等地。八旗

宗室庄田有23300多顷。八旗官兵（畿辅官兵）庄田，有14万多顷，这些田地为世业，不归州县管理。驻防官兵庄田指八旗驻防畿辅、盛京及各省的驻军占有之田，有3000余顷，系旗产，亦

各旗佐领图印　清

不归州县管辖。清代官田，名目繁多，有牧地、籍田、祭田、学田、屯田和开垦地等。清政府让社会上保有一定数量的公田，既有助于调剂土地余缺，又可以其收入解决专项经费来源，起到了稳定社会的作用。

就税收而言，清代一般官田起科，每亩5升3合5勺；民田每亩3升3合5勺，重租田每亩8升5合5勺，没官田每亩1斗2升。苏松太为重赋之区，不在此例。

入主中原之初，由于明代的赋役

征收簿册多毁于战火，清政府只能从尚存的明万历（公元 1573 年—1619 年）时的赋役旧册作为征收田赋的依据，田赋征收物品，粮、钱、银都有，以银为主，分夏秋两季征收；夏征在二至五月，叫上忙；秋征在八至十一月，叫下忙。因此，《清朝文献通考》称，"直省丁徭多寡不等"，然"率沿明代之旧，有分三等九则者，有一条鞭征者，有丁随地派者"。直到顺治三年（公元1646年），户部才着手汇编《赋役全书》，详列土地、丁额原数，亡失人丁数，新开垦荒地数，赋税、徭役实征、实派数及留存数。康熙二十四年(公元 1685 年)，又将田赋尾数删除，择必要项目编成《简明赋役全书》，以备百姓核查。赋役簿籍的编成，既使国家赋役征派有依据，也使百姓纳税有章可循。为保证国家赋役准确，及时入库，康熙时，在总结明代赋役征收经验的基础上，推行"田赋催科四法"，即分限法、输催法、印票法和亲输法。分限法是指各州县按照《赋役全书》所规定数额，分成夏、秋两限，到征纳期限，官府张贴榜文晓谕农户，二月开征，四月纳全额之半，五月停征，八月续征，十一月纳完。若因地区气候影响或作物生长周期原因，督抚可根据情况，按收成早晚调整征纳期限；输催法是指按黄册所记里甲户口，按五户或十户编为一组，共一滚单，单上有纳税户姓名，应纳税数额，每户划分十限，按姓名排列顺序向后滚催；印票法即三联单，一票三联，上写给纳户所完纳赋额，编号盖印后，一联留县，二联附簿册，三联给纳税户作为完纳凭证；亲输之法指在衙署放置箱

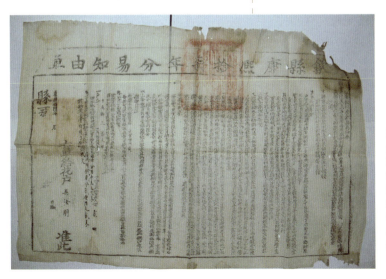

康熙十七年（公元1678年）歙县年分易知由单

所谓易知由单，即是政府用来催促纳税人纳税的一种通知单。单内刊载田地种类、科则、应纳款项以及缴纳期限等。这种通知单应当在钱粮开征之前发给纳税人，以便能按期如数缴纳给政府。它具有使钱粮缴纳者知道缴纳钱粮的成案及其事由的用意，所以成为易知由单。

653

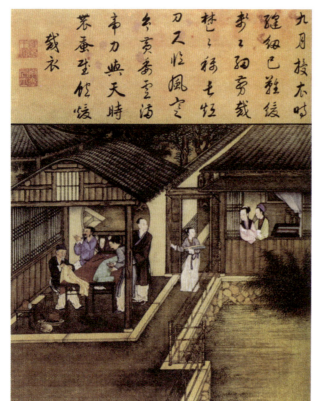

《雍正耕织图》（局部）　清　焦秉贞
耕图描写"浸种"、"布谷"、"插秧"、"收割"、"登场"、"入仓"等生产场面。织图描写"浴蚕"、"上簇"、"下簇"、"窖茧"、"练丝"、"染色"以至剪帛、成衣等生产场面。

柜，让百姓用官府标准权衡器具称量后，亲自投入柜内。如有零星数额，百姓要

纳钱者，每十钱当银一分。催科四法，有利于防止吏胥作弊，具有廉政意义。

清初，尽管在田赋征收的制度化上作了很大努力，建立了不少行之有效的制度，但由于各地的经济条件和自然环境的差异，征收办法和税率仍然各有不同，税率少者每丁一分，多者每丁八九两；有的地方已与田赋合并征收，有的地方并未完全合并；在丁银之外，又派徭役，由于负担轻重不均，致使有的地方发生民户逃亡情况。为了缓和新出现的矛盾，在耕地增长速度不及人口增长速度的情况下，改革赋役，推行"摊丁入地"实行"地丁合一"制度。

二、地丁附加

清前期地丁收入表

年　份	银（两）	粮(石)	草(束)
顺治十八年（公元1661年）	21576006	6479465	——
康熙二十四年（公元1685年）	24449724	4331131	98721
雍正二年（公元1724年）	26362541	4731400	105491
乾隆十八年（公元1753年）	29611201	8406422	5145578
乾隆三十一年（公元1766年）	29917761	8317735	5144658

地丁的附加，主要是耗羡和平余。耗羡，也叫做"火耗"。其源于地丁改为征银后，由于税银的成色差异，达不到户部的上解标准，熔销时便产生折耗。税吏为补偿耗损，便多征一些，重者数钱，轻者钱余。清初，曾严禁加收火耗，但屡禁不止。康熙六十一年（公元1722年），甘肃已每两加至四五钱。雍正二年（公元1724年），山西巡抚疏请通省耗羡归公，除留一部分弥补无着亏空外，其余归做官员养廉以及支应各项公费之用。

平余，是耗羡之外的耗羡。《清朝文献通考》称，乾隆二年（公元1737年），四川巡抚硕色奏称，该省沿陋例，于火耗税羡外，每银百两，提六钱，名为平余，以充衙门杂事之用。乾隆认为这是贪官污吏所为，下令革除。《清朝文献通考》称，三年（公元1738年），乾隆又指出，向来四川火耗较他省为重，火耗减轻后，不肖有司巧为营私之计，又将戥头暗中加重，侵渔百姓，"川省如此，他省可知"。

三、临时差役

自摊丁入地，徭役并入地丁银征收后，名义上清代百姓已无须承担徭役。但实际上从京城到地方都有临时调派的差役。如在直隶有为皇帝巡幸、谒陵或官员过境等服务的差役。由于州县趁机生事，使其成为扰民之役，人称"差外之差"。其摊派大致有三种方式：一是不分贫富和田地多寡，按户出差夫；二是不分村庄大小、户数和田亩数多少，按村平均分摊；三是按牛、驴等牲畜头数出钱，或按土地亩数出钱。

四、漕粮

漕粮，是田赋的一种形式，由于它分储于各省仓库，通过转漕，输送京师，供官兵俸饷之用，故称之为漕粮。

地丁以银两交纳，是货币税，漕粮以实物交纳，为实物税。由于漕粮的完纳，缴纳实物，所以当地百姓常将完纳漕粮，称之为"完漕米"。漕粮的征收地区，为山东、河南、江苏、安徽、浙

清光绪地漕银税票。

江、湖北、湖南等省。其征收则有正兑、改兑、改征、白粮之分。

各省征收漕粮，运输到京仓的，叫做正兑，以备八旗三营兵食之用。顺治二年（公元1645年），户部奏定每岁额征漕粮400万石，其运京仓者约为330万石，即江南150万石，浙江60万石，江西40万石，湖广25万石，山东20万石，河南27万石，乾隆十八年（公元1753年），实征正兑米275万余石。

各省征收之漕粮，运至通州仓者，叫做改兑，以待王公百官俸廪之用。改兑之米，原额约70万石，即江南29万石，浙江3万石，江西17万石，山东95000石，河南11万石，到乾隆十八年（公元1753年），实征50万石。

通惠河漕运图卷局部
清 沈喻 绘
图中描绘的是清康熙年间通惠河漕运的繁忙景象。

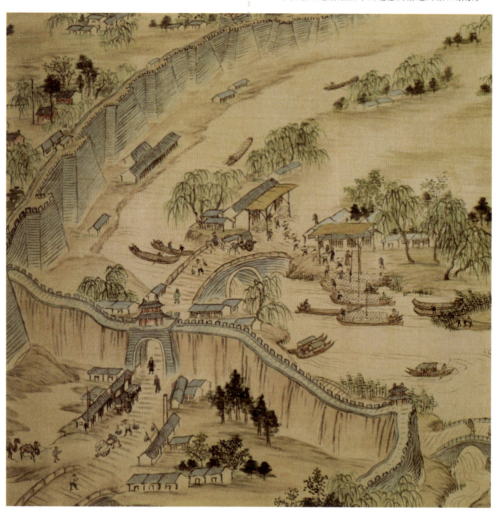

不起运的漕粮称之为"南米"，专供当地兵糈之用（主要是绿营兵），由于太平天国起义后，绿营丧失战斗力，被渐次裁撤，"南米"也不再征收实物，而改征货币。

对某地漕粮征收的种类及数量予以变更，称为改征。例如山东、河南漕粮外有小麦、黑豆，两省通征正兑，改耗麦69561石，豆208199石，皆运京仓，其中黑豆即系粟米之改征。改征无定额，凭朝廷旨意而定。

漕粮之外，江苏的苏、松、常三府，太仓一州，浙江的嘉、湖两府，还输送糯米于内务府，以供皇室及百官廪禄之用，称为白粮。原额，正米

《院画十二月令图》 清
此系列共为12张，描绘十二月令宫廷生活，是清代雍正年间院画山水楼台的典范作品。此图为《五月竞舟图》

217472石，外加耗米，如苏、松、常三府，太仓一州，每石加耗3斗，共20707石；嘉、湖两府，每石加耗4升，共3488石。到乾隆二年(公元1737年)，因王公百官的俸米，其用糯米抵充部分，酌量减少，故实征糯米减至100000石有奇。

地丁的附加有耗羡与平余，漕粮的附加则有耗米(如雀鼠耗)。至于清中叶开始出现的浮收，则有帮费、浮收小户、地方陋规、零收整交、"淋尖"、"踢斛"之分。所谓帮费，就是旗丁在运粮时，勒索额外费用；帮费一日不清，帮船一日不开。州县唯恐有误，不得不浮收漕粮，以资缴纳。浮收小户，是指纳粮"花户"中有大户与小户之分，州县常浮收小户，以抵补大户之短收。地方陋规，是指地方官府的额外需索，即官吏的"漕规"和衙门佐理人员的"房费"，为满足这些统称之为陋规的费用，形成浮收。零收整交，则是以包揽完纳的形式，敲剥农民，时人称之为吃"漕米"，农民则称其为"蝗虫"。至于"淋尖"、"踢斛"，是指清初，政府所用的仓斛大于民间，而差役收粮时又使用尖斛而不是用平斛，以至于"淋尖"而多收；"踢斛"则是倒满后以脚踢斛，使粮粒下沉而多收，形成名义上交粮1石，实际已超过1石1斗。清中叶以后

这种浮收变本加厉，名义上交粮1石，实收竟达3石有零。

漕粮运输，仰赖运河，由于清道光四年（公元1824年），会通河堵塞，胶莱故道又难于短期内恢复，不得不改漕运为海运。内河运粮，本来是官收官兑，改行海运以后，由上海雇商船转漕京师，河运自此废置。海运无造船之烦，无募丁之扰，远比河运为优，随着海禁大开，轮船通行，东南之粟，不待官运，即能商运至京，市场化的进步终于导致漕运的终结，漕粮也用不着征实而与地丁一样改征银两，成了货币税。

五、租课

官田的地租，称之为租课。租课包括"学田"、"芦地"两类由国家征收的税收。其中对芦地所征地租，称为芦课。芦课分布在江苏、安徽、江西、湖北、湖南等五省，其计征土地有草麦、籽粒、荡滩、熟田、低田、泥滩、水光滩、水影荒、白涂水洼之分，计征作物也有密芦、稀芦、上地、中地、下地、上草地、中草地、下草地、中芦田、下芦田、葫荻之别。

六、盐课

清王朝建立之初，就十分重视盐利。《皇朝经世文编》称，"皇朝受命，

苏皖赣鄂湘五省芦课收入

地 区	江 苏	安 徽	江 西	湖 北	湖 南
芦地(顷)	34030	31485	4304	8489	1636
征银(两)	126953	51347	6268	9884	1329

戎衣初定,滇黔闽粤,未尽削平,所需兵饷,半资盐课"。除边疆外,清代产盐区有长芦、奉天、山东、两淮、浙江、福建、广东、四川、云南、河东、陕甘等11区。长芦、奉天为海盐,四川、云南为井盐,河东、陕甘为池盐,其不同之处在于制法上的煎晒之别。

清代的盐法,沿用明制,有官督商销、官运商销、官运官销、包课等四种。官督商销,即引岸制,由政府给引票于商人,按引购盐,贩卖于称为引地的特定区域。官运商销,系政府自购盐场之盐,运之于官设之盐栈,规模大一点的盐栈称督销局,小一点的叫盐公堂。官运官销,即政府运盐到栈,自行发卖。包课,偏僻省份的产盐地,由于运销不便允许民间自制自用,课以税银。在上述四种方法中,清代前期行之既广且久的是官督商销,即引岸制。

引岸制,是一种官专卖制,亦称

纲法,乃招商认窝(引窝),领引纳课。"引"由户部印发,故称部引。商人领得引票后,成为专商,其中主行盐者曰运商,主收盐者曰场商。开始时专商,并非世袭,后因厚利所在,富商巨贾,勾结官吏,成为世袭,封建性表现得淋漓尽致。

专商在行盐的过程中,又分化为业商、租商、代商三种不同功能的盐商。业商,乃凭一纸虚根,世代占岸者;租商,则是向业商租引者;而代商,为代租商办运者。

引岸制的实质,离不开引、岸、税三个方面。就"引"而言,每引运盐斤数,多则800斤(两浙),少则225斤(山东),一般为300—400斤。《清史稿》称:"引有大引,沿于明,多者二千数百斤。小引者就明所行引,剖一为二,或至十;有正引、改引、余引、纲引、食引、陆引、水

清湖北盐饷银锭

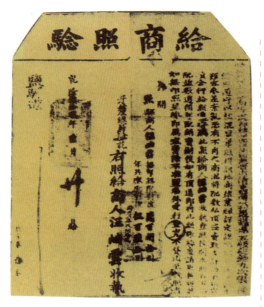

清代的营业执照——给商照验

给商照验是乾隆十九年江浙盐运使司发给盐商的运销执照，这是商品经济繁荣的必然产物。

引。浙江于纲引外，又有肩引、住引。"《清朝续文献通考》称，王守基说："前明两淮只行引七十万五千一百八十余道，每引载盐四百斤，……国初因明之旧，但因引重难于掣秤，故剖一为二。"可见，每引一般是200斤。"岸"，是指销盐区域，即引界，亦称引地。因初认引地时，常费巨金，故承为世业，号称引窝；如日后售与承运者则其所售之单，谓之窝单，代价谓之窝价。一般的引界，如淮盐行于苏皖、豫岸、西岸、湘鄂两岸；川盐以行销黔滇者为边岸，行于本省及湖北者为计岸，潼川州者为潼岸。

清代前期的盐税，包括场课与引课。场课是在滩、灶、锅、井课之；为生产环节课税。引课又分为正课、包课、杂课，为流通环节课税。清初，为了笼络人心，蠲除盐税各种附加，正如《清朝通典》所说，"加斤加引，蠲逋提纲以纾商力；设仓备贮，减价平值，以利民用"。引课税率，各地不一，每引征课，起初税率不高，如淮南征银六钱7分，淮北5钱5分，其后逐渐增加，淮南加至1两1钱7分，淮北1两5分。《清朝文献通考》所载的"按引加增五分"，就是此类加税措施。雍正时（公元1723年—1735年），实行收支两条线，曾将盐税之耗羡归并于正税，增加了财政的透明度，但由于归并后地方财政收入难以保证，出现了"正额之外复加耗羡"，从而加重了百姓食盐的负担。清前期的盐税收入，每年约在600—700万两之间。

盐商除了缴纳税收外，尚有"报效"。"报效"始于雍正年间，盐商按规

清前期盐税收入表			（单位：两）
年　　份	顺治初 （公元1644年—1646年）	乾隆十八年 （公元1753年）	嘉庆五年 （公元1800年）
征　　银	560000	7014941	6081517

定纳税之外，在国家有重大事件发生或清王朝的重大节日，盐商要向朝廷捐输报效。史载"报效之例，肇于雍正元年，芦商捐银十万两"。就淮商来说，生辰礼物、进贡、报效，从雍正五年到乾隆五十五年80大寿(公元1727年—1790年)为止，大的捐输有15次，总额达950万两；至于军需捐款，从乾隆十三年征大金川到乾隆六十年镇压湖南农民石保三起义，前后8次，共计捐款1310万两，其中，乾隆三十八年征小金川，总商江广达等一次就捐银400万两，其他从10万至100万不等。由于盐商上养皇亲贵戚，济应军需河工，下养盐官贪吏，负担很重。尽管"报效"后，朝廷也给予豁免积欠，展缓征期，食盐"加价"、"加耗(增加夹带)"等优待，盐商拖欠盐税之事，还是时有发生。

七、常关税

中国古代在国内水陆交通要道或商品集散地所设的税关，称常关。清前期，这种在常关征收的关税分为两种：一种是由户部主管的户关；另一种是工部主管的工关。户关关税有正项，有杂课。正项包括正税、商税和船料三种，是内地关税的主要部分。正税在出产地对货物征收，商税是对货物征收的通过税，船料是对商船按船梁头的大小征收的税，有时对不载物空船亦征船料。正课之外有盈余，系正税附加。而杂课则是指各地巧立名目的征收，如"楼费"、饭食、陋规索银，客费等等名目。工关主要设长江等主要河道，对通过的竹木等收税。其关税收入供建造船只及修缮诸费之用。有的工关，如盛京浑河，直隶大河口和山西杀虎口等关，由户关兼管。康熙五年(公元1666年)，清廷针对常关刊刻《关税条例》，如竖立木榜于直隶省关口孔道，晓谕商民，按例课税。常关税率，按雍正、乾隆年间户部则例，从价征5%，抽分实物。但各关在执行时，一般多自定税率。

八、海关税

清顺治(公元1644年—1661年)时，为防止抗清的郑成功得到接济，突入大陆，曾严格海禁，既不许国内人民出海，也不许外国商船来中国贸易。一直到康熙二十二年（公元1683年）八月，台湾平定；才于次年开江浙、闽广海禁，设云台山、宁波、漳州、澳门四海关。因此，清代的国境关税，即海关税，始于康熙二十三年（公元1684年）。

清早期的海关税，包括货税、船钞和渔税三类。货税是对进出口货物征

收的进出口税。康熙二
十三年（公元1684年）制
定福建、广东海关征税
则例，康熙二十八年（公
元1689年）制定江、浙、
闽、广四省海关征税之
例。各地税则并不统一，
课税一般是较轻的。康
熙二十八年颁行的海关
征收则例，将进出口货
物分为食物、衣物、用物
和杂物四类；列名者征
税，未列名的不征税；进
口税率为4%，出口税率
为1.6%，从价征收。海
关对商船则按梁头征收
船税，每船征银2000两左
右；有时也征实物，如对
外商所运铜铅，则折征
铜斤。渔税是对出海渔
船所征之税，因渔船常捎带货物往返，
并在海关征货物税。不过，一般按渔船
大小，从五尺以上分上中下三等征税，
其税款归地方海关支用。

　　清前期的海关关税收入，在国家
财政收入中，所占比例不高，如直隶天
津关税仅74560两，山海关关税仅
32200两，江苏关税也只有77509两，

《西域图册·土尔扈特部风情》 清
这本图册描绘新疆南北少数民族的社会生活状况，
此图中的土尔扈特部，在明末清初迁至伏尔加河下
游游牧，乾隆时返回中国。这里描绘了土尔扈特部
的游牧生活。

无法与鸦片战争以后的巨额海关关税
收入相比拟。

九、落地税（货物税）

　　以商品流通为基础的货物税，称
之为落地税。在明代，有称之为"过税"
和"坐税"的征商之法。所谓"过税"，

《巡视台湾图》局部

公元1683年清政府收复台湾，康熙六十一年（公元1722年）设置巡台御史。此图描绘的是雍正年间巡台御史巡视台湾的场景。巡台御史的设置，加强了中央政府与台湾的联系，促进了台湾地方的开发，以及社会经济和文化事业的发展。

系货物经过关口时所课之税，也就是通常所说的"关税"（即常关税）；而"坐税"则是货物到店发卖时所课之税，也就是落地税。落地税依明末习惯，在乡镇集市时课征，清代相沿，所不同的是

多附于常关税征收，且多留作地方公费，不入国税正额。《清朝文献通考》称雍正时："各处地方官征收落地税银，交公者甚少，所有盈余，皆入私囊，雍正三年，……广西梧州一年收税银四五万两不等，止解正项银一万一千八百两；浔州一年收税银二万两，止解正

前门街市图（局部） 清
本图采自清徐扬《乾隆南巡图卷》。此图卷展现出乾隆皇帝出京师的宏大场面，也反映出前门大街的繁华景象，是极具历史价值的画卷。

大道之行
中国财政史

项银二千六百两。"

落地税名目繁多，例如：通州有油、酒等税，各省有米豆税，湖南宝庆征商税，乌鲁木齐和伊犁地方有铺面房间税，广东珠税，东北采参税，蜀人采木有税，直隶、盛京、江苏、安徽、江西、福建、湖南、湖北、陕西、甘肃等省有牲畜交易税，以及其他杂税。

清初的落地税既无全国统一征收办法，也不入国税正额，导致地方各自为政，经手官吏上下其手，税银大半落入人贪官腰包，诚如《清朝文献通考》所载"闻各省地方，于关税、杂税外，更有落地之名，凡耰锄、箕帚、薪炭、鱼虾、蔬菜之属，其值无几，必查明上税，方许交易。且贩于东市既已纳课，货于西市又复重征；至于乡村僻远之地，有司耳目所不及，或差胥役征收，或令牙行总缴，其交官者甚微，不过饱奸胥猾吏之私　　，而细民已重受其扰矣"。

为了增加国家财政收入，从雍正八年(公元1730年)起，朝廷以晋级奖励为手段，让地方官吏如实报出实征税额，银400万两者准其加一级，后又提

高为800万两加一级。结果为了多报，各地不但提高税额，而且还重复课税，以致盈余之数，倍于正额，弄得民怨鼎沸，影响社会安定。雍正十三年（公元1735年)，朝廷为了缓和民

清代驿站的满文信物
满文信牌是清代驿站的信物。

怨，不得不下令取缔额外苛索及重复征收，并规定只许在州府县城内，人烟凑集、贸易众多之处征收，严格禁止在乡镇村落征收落地税。

十、茶税

清代，江苏、安徽、江西、浙江、福建、四川、两湖、云贵等地均产茶。清初茶法，沿袭明制，行官茶储边易马，商茶给引征课，贡茶供皇室用及陵寝内廷用(黄茶)。

官茶部分，清初定陕西茶马事例，于陕甘易马，设巡视茶马御史专管，其交换比例为：上马给篦十二，中马给篦九，下马给篦七；并于关隘处所，拨官军巡守，不许私茶出境。官茶只为中马

665

之用，故有"茶斤中马"之语。所有中马，牡者给边兵作军用，牝马付所司牧养繁殖。康熙三十四年(公元1695年)，茶斤中马10000匹，陈茶每年带销，又可中马数万匹。这些马匹，除给营驿外，其余约有数千匹之多，每年夏秋送至红城口等处牧放。

因清代系少数民族入关，其放牧之地远较明代为广，以茶易马便不如明代之迫切，因而到康熙中，茶马事例渐衰，官茶之需随之减少，而作为国家财政收入的茶税征收，不可避免地被提到议事日程，且渐有定制。

雍正八年(公元1730年)，始定川茶

清初青花壶、杯。
茶壶配浅碟式盖，茶壶盖沿与壶肩、腹底绘青花弦纹数周。杯腹部绘青花花鸟纹样，图案质朴，运笔流畅，是清初福建民窑生产的茶具。

征税例。此项茶课，起初是论园论树，以定税额；后因茶树有大小，园地有广狭，故改为照斤两纳税。其法由户部颁发茶引，每引一道运茶100斤，每茶1000斤准带附茶140斤，耗茶14斤，然后以斤为基础，按引课税。茶引以100斤为单位，其不及100斤者，谓之畸零，另给护帖。川省行茶(引)，只有85344道，纳税银424两，每斤纳税银4丝9忽；后又增至1厘2毫5丝，令商人于茶价内扣存，随引赴地方官照数完解。其后各省推行茶引制度，产茶日旺，茶引日增，茶税收入亦随之增加。

因为清代茶叶管理体制有茶引与无茶引之别，于是就产生了对有茶引者所征之税称为茶课，对无茶引者所

大道之行
中国财政史

征之税称为茶税。例如盛京、直隶、河南、山东、山西、福建、广东、广西等省份，不行茶引制度，官府不发引，故无引课。这些无茶引省份，只于茶商过境课税，或略收落地税，附于关税报销，或汇入其他税收报部。由此可见，广义的茶税，既包括茶课也包括茶税。

同是茶引，各地定额也有差异。如雍正十三年(公元 1735 年)的云南茶法，就以 7 斤为筒，32 筒为引，照例纳税。《清朝通典》载，一般是"每引额征纸价银三厘三毫"。显然云南与其他省份以 10 斤为篦，10 篦为引的茶引定额不完全相同。

由于中国自古以来是个大国，各地情况千差万别，所以不仅在国家治理上历来实行一国多制，就是茶税征收亦不完全统一。例如茶引之外，还有兼行票法者。如四川自乾隆五十二年（公元 1787 年）开办堰工茶票，行于产多或畅销之区，非遍及各州县。同治十三年（公元 1874 年），甘肃仿淮盐之例，以票代引，不分各省商贩，令先纳正课，始准给票。

茶课、茶税收入，在咸丰(公元 1851 年—1861 年)以前，《清史稿》说，"除江浙额引由各关征收无定额外，他省每岁多者千余两，少只数百两或数十两。即陕、甘、四川，号为边引，亦不满十万金"。作为实物税的贡茶包括皇室用茶，及陵寝内廷黄茶，共 110 余篓，由办引委员于所收茶引买价内办解。

十一、榷酤

清代前期，烧酒之禁，严于歉收之年，稍宽于丰裕之岁；本地酿酒与零星造曲，只要不运输出境，亦不在禁止之列。边区地寒，兵民借酒御寒，禁亦不严。因恐造酒糜费米粮，康熙三十年（公元 1691 年），畿辅谷价翔贵，禁用粮食酿酒；三十七年（公元 1698 年），禁造烧酒；《清朝文献通考》载，雍正十年（公元 1732 年），巡抚史贻直言："烧锅亦民间谋生之一事，当视年事丰歉，审民力盈虚，加以董劝"；乾隆二年（公元 1737 年），孙嘉淦言："烧酒之禁宜歉岁，而不宜于丰岁；禁于成灾之地，各地不必通行；但可暂时封贮而不必坏其器具，而加以刑罚。"诏弛禁。乾隆六十年（公元 1795 年）则谕："酿酒种烟等事，所在皆有，势难官为禁止。……(若)纷纷劝禁，并令胥役等前往查察，必致借端讹索，滋扰民夷，是名为劝谕搏节，适以扰累地方。"可见，清前期，歉年禁粮食酿酒，丰年弛禁。

《清朝文献通考》载，"通湾酒铺户，上户每月税银一钱五分，中户一钱，下户八分"，税率甚轻。但关税旧例，亦征及酒税，每酒10坛，约计200斤，税银2分，后略有增加，数亦不多。

十二、牙税

牙税，系向牙侩、牙行等从事中介业务的商人所课之税。其源于城厢衢市，山场集镇，舟车所辖，货物所聚，择民之"良"者，授之以帖，以为牙侩，要他们辨物平价，以通贸易；而政府发给牙帖时，便要课之以税，即牙税。牙帖原由藩司衙门颁发，不许州县滥给，以防任意增添。但后来各省牙帖，还是年有增加，这主要是州县徇地痞之请

而任意增发。这些地痞由州县领得牙帖，每纸仅费2—3钱，而持帖至市则把持抽分，任意勒索，名曰"牙帖税"，造成市井奸牙苦累商民。故于雍正十一年(公元1733年)令各藩司因地制宜，定出定额，报部存案，不许任意增加。由于各省仍操给帖征税之权，朝廷无法增加中央财政收入，故到后来就不得不改由部发，各省转给，而以其税解部，成为彻底的中央收入。

牙税税率因地区而异，如江西牙税，上则纳银3两，中则2两，下则1两；湖北酌定上则2两，中则1两，下则5钱；其余僻邑村镇，上则1两，中则5钱，下则3钱。其实，就是视各地牙行营业额大小及其负担能力而定。

牙行作为特种中介业务，其从业人数，各地定额也有所差异，例如乾隆

市井图
商人成为一个独立的社会阶层后，大多以店铺为家，以市场为主要活动领域。图为清代民间市井画肉铺和珠宝店。

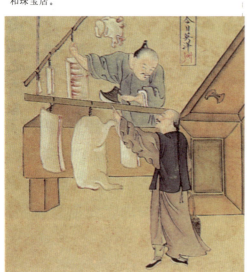

二十三年（公元 1758 年），顺天府通判所属牙行额设 1072 名，除节次裁去各牙 158 名外，实在存留牙行 849 名，崇文门经纪 42 名，每年共应征得牙税银 1500 两有奇。

十三、当税

当税，即当铺营业税，为清初所创设。其性质与牙税中之牙帖费相近，牙帖与当帖，均为营业许可证，牙帖费由牙帖而生，当税则由当帖而生。顺治三年（公元 1646 年）题准当铺每年纳税银 5 两；宛、大二县，大行店铺照当税

清当铺的招牌
当字是明清两朝通用的标记。

例，每年征银 5 两，不许混派小铺。九年（公元 1652 年），定直省典铺税例：在外当铺，每年定税银 5 两，在京当铺并各铺，仍令顺天府查照铺面酌量征收。康熙十五年（公元 1676 年），定京城当铺税例，上等每年 5 两，余 2 两 5 钱。康熙十六年，题准直省当税每年增银 5 两，连旧额 10 两，加了一倍。雍正六年（公元 1728 年）设典当引帖，凡民间开设典当，均须请帖，按年纳税。清后期因海防筹款，责令当商于正税之外另捐饷银，故谓之帖捐，其捐率各地不同。

十四、契税

契税，又称田房契税，主要是对买卖房屋、土地等不动产的契约所征的税。初期的契税，主要是为了防止捏造文券，所以税率还不是那么沉重。例如顺治四年(公元 1647 年)，凡买田地房屋，增用契尾，按财产价额每两输银三分(税率 3%)。雍正七年(公元 1729 年)，准契税每两三分之外，加征一分科场经费，合征四分(即税率 4%)。《清朝文献通考》说，当时曾有规定："至于活契典业者，乃民间一时借贷银钱，原不在买卖纳税之例；嗣后听其自便，不必投契用印，收取税银。" 但到后来，日渐征及活契，"有按买契减半征收，或

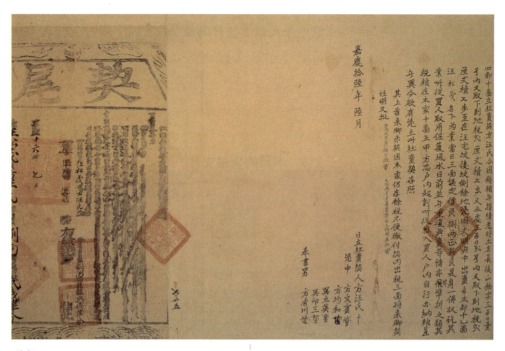

地契

此为嘉庆十六年（公元1811年）方氏卖地的地契。

照买契一律征收者，税率轻重极为参差"。到清后期的宣统三年，定买契为九分（即税率9%），典契为六分（即税率6%）。雍正年间，田文镜创契纸契根法，即布政使将预盖印信的契纸发到各州县，百姓验契投税后，领取契纸，官留契根。《清朝文献通考》载，"行之既久，书史夤缘为奸，需索之费，数十倍于从前，徒饱吏役之壑，其为闾阎之累"。故到了雍正十三年（公元1735年）遂严行禁止。契纸契根之法禁止以后，民间买卖田房，仍按旧例自行立契，按则纳税，饬令地方官不得额外多取。《清朝文献通考》称，由于未立契尾，

"止就民间自立之契印税，则藩司衙门无数可稽，不肖官吏得以私收饱橐；而且民间交易之后，往往延挨不税，候至官员离任之顷，假托亲知书吏或乞恩盖印，或量减税银。彼匆忙解组之员，多寡视为幸获，岂能审察致详，于是遂有捏造假契，乘机投税，致滋讦讼不休者"。于是，乾隆元年(公元1736年)，又恢复各省契尾旧例，执契投税，肃清此弊。

乾隆十二年（公元1747年），申定契税则例，布政司印发契尾。契尾前半部分登记买卖双方姓名、数量、价格及纳税数额，后半部在百姓投税后，填契价银数，并盖有布政司印。其前半部作

回执，验契纳税以后，将契尾粘连于契据，编列字号，于骑缝处钤盖官印，用以杜绝文书的伪造，称为红契。

契尾法与契纸契根法相比较，其优劣自见。首先，契纸契根法之契纸是由民间向官厅价买，不肖官吏，可以抬价勒索；契尾法只是投契之时，官为印给，按则纳税，无被敲诈勒索余地；其次，契尾由布政司印备，发给各属，用出多少，每岁报销于藩司，然后查考其税银。如有赢缩，仍令尽收尽解。

十五、矿税

清前期对矿山开采，以有利于社会安定为目标，时禁时弛。《清朝文献通考》称，"各厂之开闭，视山矿之旺衰"；旺则开采，衰则停止。但对于新矿，则害怕百姓为争利权而聚众闹事，多禁止开采。因此，雍正元年（公元1723年）"上谕"说："昔年粤省开矿，聚集多人，以致'盗贼'渐起，邻郡戒严，是以永行封闭。……矿砂乃天地自然之利，非人力种植可得，焉保其生生不息；今日有利，聚之甚易，他日利绝，则散之甚难。……揆情度势，必不致聚众业事，庶几可行（开采）。若招商开厂，设官收税，传闻远近，以致聚众藏奸，则断不可行也。"至于老矿，则因"久经开采，贫民勉办赀本，争趋觅利，借

为衣食之计，而忽然禁止，则已聚之民，毫无所得，恐生事端"。即便如此，随着社会对矿产品需求的不断增加，新矿还是时有开采，如清世祖初，开山东临朐、招远银矿，十四年（公元1657年）开古北口、喜峰口等铁矿。

康熙十八年，《大清会典》户部课程中规定：凡铜、铅、锡课，康熙十八年（公元1679年）复准，采铜铅处任民采取，征税两分，按季造报，八分听民发卖。得税多者，道、厅、州、县官议叙。上司诛求逼勒者，查出议处。康熙间，遣官监采山东、应州、陕西临潼、山东莱阳银矿。二十二年（公元1683年），又悉行停止。《清史稿》载，并谕"开矿无益地方，嗣后有请开采者，均不准行"。到雍正时，群臣多言矿利。乾隆二年（公元1737年）谕，"凡产铜山场，实有裨鼓铸，准报开采。其金银矿悉行封闭"。五年后，又准开采。矿税征收办法，其铜、铅、铁矿以二八抽收为主，个别地方也有三七抽收和一九抽收的。

康熙十九年（公元1680年），各省开采所得金银，四分解部，六分抵还工本。二十一年（公元1682年），定云南银矿官收四分，给民六分。五十二年（公元1713年），定湖南郴州黑铅矿，取

出银母，官收半税。五十九年（公元1720年），贵州银铅矿实行"二八"收税，即税率20%。雍正以后，大半按"二八"定例征收，即官税十分之二，其余四分则发价官收，另四分则听其流通贩运。嘉道年间(公元1796年—1850年)，对于金银矿禁止开采。《清史稿》称："嘉庆四年(公元1799年)，给事中明绳奏言：民人潘世恩、苏延禄，请开直隶邢台银矿。上谓：国家经费，自有正供，潘世恩、苏延禄觊觎矿利，敢借纳课为词，实属不安本分；命押递回籍，明绳下部议。"道光初年，封甘肃金厂，又因地脉风水，封闭直隶银矿。只有云南的南安、石羊、临安、个旧银厂，岁课银五万八千余两；其余金矿，岁至数十两，银矿岁至数千两而止。

由于铜铅可以鼓铸货币，开采较多，云贵、两湖、广东、四川、陕西、江南、直隶等开采铜铅矿者以百数十计。云南铜矿，尤甲各省；那里大矿有矿丁六七万，小者亦有万余，至此矿禁大弛。

矿税收入，康熙四十四年(公元1705年)冬季起至翌年秋季止，一年之间，共收税额银80152两，金84两。

十六、捐纳、捐输

始于秦代的卖官鬻爵，在清代美

其名曰：捐纳、捐输。其中经常性的卖官鬻爵和封典称为捐纳，临时性的报效称为捐输。它是封建社会后期，经济发展，财富集中，人们从物质需求向更高的精神需求发展的标志，所以捐纳、捐输在清代行之既广且久，是国家财政的一项重要收入之一。

清代称为捐纳的卖官鬻爵，始于顺治六年(公元1649年)五月。起初是监生吏典承差等非实官的捐纳；后来为了应对三藩之乱，康熙（公元1662年—1722年）年间方开捐纳实官之门；嗣后又开捐纳保举之例。到了雍正朝开始作为常例捐纳，范围扩大到文武生员、内外官吏以及普通百姓的职衔、加级、记录、封典等购买。

所谓捐输，就是遇有国家庆典、筹集军饷、皇帝巡幸、工程建设等浩繁开支，准许巨商富民捐款报效，给予空头官衔，以示皇帝恩宠。诸如顺治二年（公元1645年）豫亲王多铎南征，安徽祁门商人汪文德、汪文健兄弟捐银30万两"犒师"。著名皇商介休范氏，在康、雍、乾三朝，出私财支援军需，并输送大批军粮到西征准噶尔前线。乾隆时，大小金川之役，历时5年，两淮、两浙、河东、山西、长芦等地盐商捐银总计达1000万两。乾隆帝六次

清雍正八年（公元1730年）捐官执照。

南巡江浙，两淮盐商承办差务，每次捐银百万两；两浙、长芦盐商亦捐献数十万两。乾隆帝为酬答输诚，命将盐商中原有职衔已至三品者，皆加"奉宸院卿"衔；未至三品者加"按察使"衔，加顶戴一级。

清代，日益商品化的捐纳、捐输，成了国家财政的一大来源。其捐纳的金额，除一部分留本省外，余均送京，上缴于捐纳房，以供中央开支。每年捐纳、捐输收入，多则1480余万两，一般也有100—200万两。

雍正、乾隆、嘉庆三朝捐纳最高最低年份表 （单位：两）

年代	捐纳银数	户部全年收入		占户部收入银数
		银	钱	比例 %
雍正九年（公元1731年）	4200995	9964312	622313	42.16
七年（公元1729年）	23212	7964253	660987	0.13
乾隆十九年（公元1754年）	5565635	14248968	1111093	39.06
五年（公元1740年）	137537	8240135	1006283	1.67
嘉庆九年（公元1804年）	10835017	13771202	1242981	78.68
十七年（公元1812年）	2894247	712802	1151100	37.53

十七、贡献

清代的贡献，包括国内地方向中央的"土贡"和外国使者来华的"外夷职贡"。清代前期，凡官府内外需用物料，由户、工两部"于各直省原产处所，令有司支款置办，造册报销"。《清会典》称，有盛京额办物产，直省额办户部物产，直省额办工部物产。额办者，即按规定数量上解，无特殊情况不许少解。诸如黑龙江贡珍珠，特设珠轩置长，每珠轩定额珍珠16个，珠按重量分为五等，不及等的不列正数。超额完

成任务的，总管以下按数给赏；完不成任务的，如貂皮，索伦壮丁，每名一貂，如不足数，交理藩院议处。额办之外，又有加征。

清代称为"外夷职贡"的外国使者往来之贡，是根据路途远近，或1年，或3—5年一贡。当时，朝鲜、琉球、荷兰、安南、暹罗、西洋意达里亚国、博尔都噶尔国、苏禄国、南掌国、缅甸等国，都同清朝有通使关系。尤其是朝鲜同清朝关系密切，所以，每当清朝的万寿圣节、冬至、年贡、庆贺，

或请封、陈奏等均有贡礼，一般是皇帝一份，皇太后和皇后各一份。其他国家或地区，有二年一贡，或三年、五年、六年、十年一贡者，意达里亚、博尔都噶尔和缅甸，则无定期定额。实际上，南亚和西南各国，主要是来做生意，送点礼物也有限，而作为天朝大国的清王朝，为体现来远之意，"薄来厚往，赏赉有加"。各国贡物所值，远不如赏赐所获。

第三节　清前期的财政支出

一、军费

清代前期，驻防各地的军队，有八旗兵、绿营兵；嘉庆(公元1796年—1820年)以后有防军，而以乡兵为助。八旗兵始创于清太祖明万历四十三年(公元1615年)，初设正黄、正白、正红、正蓝四旗，后又增设镶黄、镶白、镶红、镶蓝四旗，统称满洲八旗。清太宗天聪九年(公元1635年)设蒙古八旗，崇德七年(公元1642年)再设汉军八旗，合计为二十四旗。其中以满洲八旗最具战斗力。顺治后(公元1644年)，满洲八旗又分置为上三旗和下五旗，上三旗为皇帝亲兵，下五旗分驻京师及各地。由于统治民族养尊处优，日渐腐败，战

乾隆皇帝甲胄

斗力衰退，到雍正、乾隆时绿营兵取代满洲八旗成国家主要军事力量。

清代军制称汉兵为绿营兵，或绿旗兵，其始于清代统治者入关之初。当时，鉴于八旗兵力较少，不够控制全国，遂收编投降的明军或地主武装，组成"绿营"，分驻于各地，并由当地总督、巡抚统率。绿营兵数，各朝不同；

例如顺治时初建绿营有66万人；康熙时，各省经制马步兵594414人；乾隆二十九年（公元1764年）为637323人；五十年（公元1785年）为599814人；嘉庆十七年（公元1812年）为661671人。清初，绿营兵渐盛，颇具战斗力。乾隆中叶以后，也因腐败而不能作战。尤其是与太平军对阵，明显暴露出弱点，逐渐被汉族地主所组织的"乡勇"所取代。同治、光绪年间，绿营兵减至462382人，比道光时约减12万人。

在八旗兵与绿营兵之外，另行招募，别自成营的地方军队称为防军。防军兵数多寡不定，分布于郡县。如有警急，则隶于专征将军，事平即撤，相当于现代的预备役部队。如嘉庆年间为了镇压白莲教起义，道光年间为了征抚洋舰，皆暂募勇营，事平即撤。

兵部火票

兵部火票是传递军机大事紧急文书的凭证，也是驿道系统使用的凭证之一。

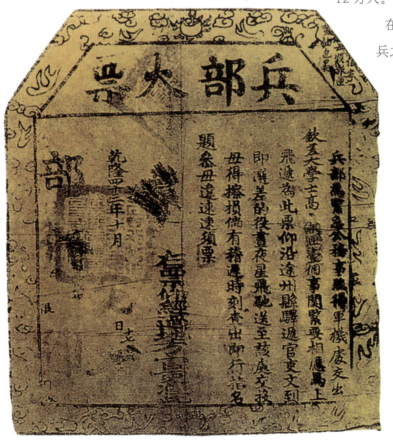

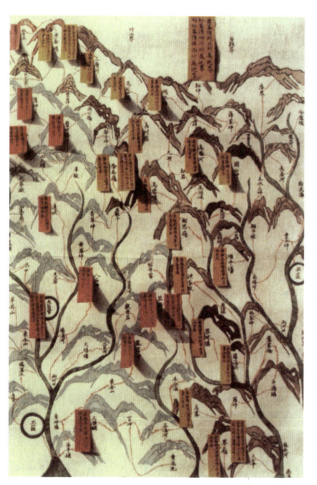

镇压白莲教起义的布防图
乾隆后期，白莲教在楚、川、陕三省迅速发展，规模日见壮大。大清王朝意识到这一威胁存在，于嘉庆元年（1796年）派重兵围追堵截，这张布防图就可反映出当时计划的严密周详。

方式甚多，其在各直省者有屯练、民壮、乡团、猎户、渔团、沙民，额数多寡不齐，器械好坏不一，饷章增减不定。此外，在川陕边外、四川云贵边境及西藏、内蒙古等地亦各有乡兵，用以治安。《清史稿》称，乡兵是"以百姓之财，卫百姓之身家"，其统率，一般是"民统于绅……绅倚于官"，经费来自于就地摊派、捐输。《清史稿》称，浙江办团，劝谕捐输："劝捐委员令捐户加捐至数十倍之多，并于捐户加以威逼。"各省为了办团，常派出团练大臣，于是"帮办人员假公济私，百端纷扰，或逼勒州县供应，或苛派民间银钱，或于官设捐局之外，团练再设捐局，或于官抽厘金之外，团练再抽厘金"。可见，中国社会只要上级有事布置，下级便有敛财机会，好事者不怕有事，只怕无事；不怕变化，只怕不变。

土兵，多设在少数民族地区。川、

但道咸以后，为了镇压太平天国革命，防军以湘勇、淮军的姿态出现，其后即成为常设的军队，最后发展成为近代陆军。

乡兵始自雍正年间，相当于现代的民兵。乾隆三十八年(公元1773年)清政府为平定小金川土司反抗，因调满洲兵道远费重，多用乡兵。嘉庆年间，为了镇压白莲教起义，曾调乡兵，大小数百战。乡兵多由各地训练，所以甘、湖、广、云、贵为多，他省亦间有存在。或隶土司，或隶土弁，或归营汛。雍正年间规定：族内人户有1000户以上者设"千户"一人，有100户以上者设"百户"一人，不及100户者设"百长"一人，每千百户之下，设教习长数人。土兵主要用作向导兵。

《清朝续文献通考》载，旗、绿等经制之兵，在未裁减以前，岁饷用银约2000万两，几乎耗费了清代前期财政收入的一半之多。其经费来源于五个方面：一是开行报捐事例，起于康熙，盛于乾隆，捐银米者，可得尽先补官；二是商人报效，多出自淮浙盐商，与河工、庆典各项报效合计，不下数千万两；三是关税加盈余，乾隆四十一年(公元1776年)，粤海关收40余万两，五十九年（公元1794年）增至117万两；四是盐斤加价，有加数文者，有加一文者，有加半文者，初为例外，后以为常；五是公摊"养廉"，所摊之数，多浮于"养廉"。嘉道以后，财源则多仰仗于捐例。捐例有常捐与特捐两种：常捐自嘉庆五年至道光四年(公元1800

清前期财政的兵饷支出　　（单位：万两）

年份	项目	金额
顺治九年（公元1652年）	诸路兵饷	1300余
乾隆三十一年（公元1766年）	满汉兵饷（经常门）	1700余

清前期若干战役的财政支出　　（单位：万两）

时期	战役名称	军费支出
乾隆朝	金川之役	2000余
	准回之役	3300余
	第二次金川之役	7000余
	台湾之役	800余
嘉庆朝	川、湖、陕白莲教之役	20000
	苗民之役（仅湖南一省）	1090
道光初	回疆之役	1100余
	第二次回疆之役	730

年—1824年)，合计当在5000万两以上；特捐又在数千万两。

二、官俸

清代实行中央集权统治，其官僚机构，分为军机处、内阁、六部三个部分。军机处受皇帝指挥，处理军政大事，内阁大臣执行军机处的命令，故大权掌握在军机处。内阁是秘书机构，处理文书封诰，设大学士，满汉各一人。六部设有尚书及左右侍郎，均满汉各一人。此外，还设置都察院、翰林院、光禄寺、太常寺等机构。地方上，则有总督、巡抚、学政、布政使、按察使、盐运使、道、府、州、县及州县佐杂等职官。对满洲贵族，则有封爵，以封功臣及外戚。其等级有公、侯、伯、子、男，其下还有四种尉，共九等。对皇室设有近卫武装，在各省设有驻防将军。

自诩"量能授官，因官制禄，银米兼支"的清代官僚制度非常繁复，不但内外官僚，满汉参用，以满员为多，而且由于卖官鬻爵的开例捐输，造成了《清史稿》所载，"一职数官、一官数职"现象十分普遍。《清朝文献通考》记载，宗室王公的俸禄，最高的是亲王，岁给银10000两。次为世子6000两，郡王5000两，长子3000两，贝勒2500两，贝子

1300两，镇国公700两，辅国公500两，镇国将军一等410两，二等385两，三等360两，辅国将军一等兼一云骑尉者335两，不兼者310两，……最少者是宗室云骑尉85两。俸银之外，尚有俸米。例如顺治十年(公元1653年)规定，"王公俸米，视其俸银，每银一两，给米一斛"。

公主俸银，岁给400两、300两、250两不等；每银1两，给米1斛。

世爵俸禄，公一等700两，二等685两，三等660两；侯自635两至560两，伯自535两至460两，子自435两至360两，男自335两至260两。其下等级甚多。每银1两，给米1斛。

百官之俸，文武官一品俸银180两，二品155两，三品130两，四品105两，五品80两，六品60两，七品45两，八品40两(以上正从同)，九品33两1钱，从九品31两5钱。自一品至九品，恩俸如其正俸之数；俸米视其俸银，每银1两，给米1斛。在外文官，银与在京同，但不给禄米；武官俸银，低于文官。

清初，因机构设置较简，官员不多，官俸支出约200余万两，随着专制统治的强化，机构日益庞大，官员日多，到乾隆三十一年(公元1766年)时，官俸支出为543万余两，占财政总支出

官俸支出表

顺治九年（公元1652年）	王公官俸	200万两
乾隆三十一年（公元1766年）	官俸支出	543万余两
	其中：	
	王公百官俸	90万余两
	其他百官俸	12万余两
	文职养廉	347万余两
	武职养廉	80万余两
	京官各衙门公费饭食	14万余两

的18%，超过明代官俸支出。

《清朝文献通考》载，雍正时，"于外省督抚以及州县亲民之官各赐养廉较正禄数十百倍；其在京师亲贰，则赐双俸；司旅并给饭费，虽闲曹职官，亦准俸银之数赐之廪谷"。各直省官员养廉银，因地而异，例如：总督一职，江南总督最高30000两，四川总督最低13000两；巡抚一般为10000两，也有12000千、15000两的正俸之外有恩赏。乾隆（公元1736年—1795年）年间，除按品支给俸银外，还按期给八旗驻防官兵口粮，有时一月数次，每次用银35万—36万两。由此可见，统一官俸在中国历史上就是一个无法解决的难题。

三、皇室

清初，由于军事行动仍在继续，经济遭到破坏尚待恢复，赋入少而支出多，国家财政困难，因而皇室开支也尚称俭约。《清朝文献通考》曾将康熙年间清宫所费与明末宫廷所费作过对比："明宫内每年用金花银共九十六万九千四百余两，今悉已充饷。……明光禄寺每年送内用各项钱粮二十四万余两，今每年止用三万余两。（明宫）每年木柴二千六百八十六万余斤，今止用六、七、八万斤。（明宫）每年用红螺等炭共一千二百八万余斤，今止用百万余斤。（明宫）各宫床帐舆轿花毯等项，每年共用银二万八千二百余两，今俱不用。又查……明宫殿楼亭门名共七百八十六座，今……不及……十分之三。""明朝费用甚奢，兴作亦广，一日之费，可抵今一年之用；其宫中脂粉钱四十万两，供应银数百万两，至世

680

祖……始悉除之。……明季宫女至九千人，内监至十万人，饭食不能遍及，日有饿死者；今则宫中不过四五百人。"这就是说，清初宫殿建筑不及明朝3/10，生活费用不到1/10。诸如明宫中用马口柴、红螺炭数千万斤，清初仅天坛焚燎用；宫中太监、宫女，明朝为11万人，清初仅400—500百人。

随着局势的稳定和国家财政收入的增长，宫廷费用也随之提高，康熙七年（公元1668年）时，内用米粮，题准每年于户部以柳斗取水稻米200石；到十六年（公元1677年）时，提高为白米300石。此外，又有临时性的费用。如康熙五十二年（公元1713年），皇帝六旬寿庆，赐宴在京之各省现任致仕汉官员、士庶及满、蒙、汉各族官兵和八旗年老妇人等。参宴者共6800余人，

其中，65岁以上者4000余人，90岁以上高龄者33三人，赐宴畅春园，"有不能来者，贫乏则协助车马，疾病则按分颁给"。乾隆五十年（公元1785年），乾隆帝也仿效其祖父，征年60以上者凡三千人，赐宴乾清宫，并准其子孙扶掖入宴。同样，宫中太监、宫女，也逐年增加，乾隆初增至3000人。此外，宫中冠服支出的增加也不例外，据雍正九年（公元1731年）七月至十二月奏销档案记载，宫中黄狐皮帽6000顶，大毛羊皮大襟袄6000件，黄狐皮领6000条，小羊皮五指6000副，暖靴6000双，共用银33000余两。

皇帝巡游是财政的重要支出。顺治十年（公元1653年）冬，"上幸南海，逾月费四万缗"。康熙帝在位61年，曾

康熙六年皇帝诏书

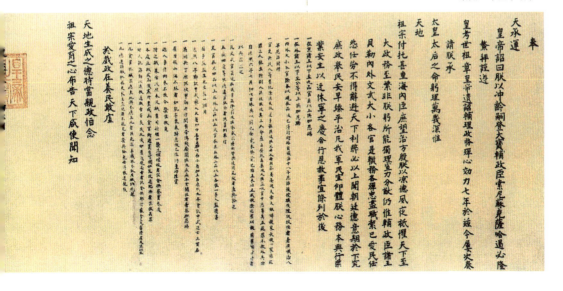

《乾隆南巡图卷》（局部）
此为《乾隆南巡图卷》中表现乾隆驾幸杭州时的众人观看场景。

多次巡视赤城、沿边、近畿、五台山、多伦诺尔，六次南巡至江宁、杭州、镇江等地。康熙称："朕巡历所至，凡御用器物，皆系所司由京城供办，毫无取于地方。"乾隆的多次巡幸，诸驻跸处的帐殿周庐或行宫的建造、维修，道路桥梁的修筑，都曾由中央财政给予补助，少则一两万，多则数十万，如四十三年（公元1778年）南巡，恩赏运库银三十万两；四十五年（公元1780年），又"于运库恩赏银三十万两，为办理南

巡差务之用"。

清代由内务府总司皇室财政，掌管皇室大小诸事，凡财用出入、祭祀、宴飨、羞服、赐予等，皆令总辖。内务府中有广储、会计两司，专管皇室一部分财政。广储司设有银、缎、皮、衣、茶、磁等六库，专储皇室所需之财货。会计司专掌皇庄田亩，皇庄散在北畿辅一带，共占地13272顷80亩，赋粮93440石，菽2225石，刍81940束，皇庄收入是皇室财政的基本来源，倘出现供求不平衡，便只好取诸户部，例如

682

乾隆年间，皇帝亲自裁定从户部岁支60余万两。

四、恩赏

清王朝每逢重大节庆、婚丧嫁娶、使节朝贡等活动时，都有各种形式的不同赏赐。诸如顺治八年（公元1651年）正月，福临亲政，赐和硕亲王银万两、缎百匹；以下郡王、公主以及在京城(包括北京和盛京)内一品至六品都有20两白银赏赐。同年二月，加尊皇太后徽号，赐和硕亲王银10000两、缎200匹，以下逐步减少，直至在京什库拜牙喇各骑兵每人4两、步兵2两、外兵1两的赏赐，被赏者之众，赏赐银两数目之多远远超过亲政大典。顺治十一年（公元1654年）八月，例赐约黄缎6400匹，金355000余两，"时户部告绌，赏

未行"。除此以外，清代统治者对于满族官员还常有巨额的恩赏费。

由于这些钱财得来容易，导致满洲贵族不思节俭，《清朝文献通考》引用雍正的"上谕"说得非常尖锐："近来满洲等不善谋生，惟持钱粮度日，不知节俭，妄事奢靡，……多有以口腹之故，而鬻卖房产者。即如每饭必欲食肉，将一月所得钱粮，不过多食肉数次，即罄尽矣。又将每季米石，不思存贮备用，违背禁令，以贱价尽行粜卖；沽酒市肉，恣用无余。……曾发帑金五百四十一万五千余两。……其后又发帑金六百五十五万四千余两，赏赐兵丁人等，亦如从前，立时费尽。……除

金册
清光绪二十年（公元1894年）。光绪二十年正月初一颁发，记录奕劻 协助光绪治理政务，军功动劳，由郡望王晋封为亲王。

清代十财政 第十章

特行赏赐外，赏给兵丁一月钱粮者数次，每次所费需钱三十五六万两。此银一入兵丁之手，亦不过妄用于饮食，不及十日，悉为乌有。"

五、工程

工程，是指河工、海塘、城垣、祠庙、陵墓以及内廷等工程建设。河工则是指各主要河道的堤防工程。由于河工关系到百姓的生产、生活和生命财产的安全，特别是黄河水灾，不但危及农业生产、社会治安，还影响国家财政收入，成了历代统治者不得不加以关注的大事。康熙前期，沿河州县，拨派民夫，义务治河。康熙五十五年(公元1716年)，国家财政出银6万两，以助民工。乾隆即位后，方由国家财政全额拨款岁修，故《石渠余记》载，乾隆"谕各处岁修工程，如直隶、山东运河，江南海塘，四川堤堰，河南沁河、孟县小金堤等工，向于民田按亩派捐者，悉令动用帑金"。时用帑十余万，而省百姓数倍之累。《清史稿》称："自乾隆十八年，以南河高邮、邵伯、车逻坝之决，拨银二百万两；四十四年，仪封决河之塞，拨银五百六十万两；四十七年，兰阳决河之塞，自例需工料外，加价至九百四十五万三千两。……荆州江堤之修，则拨银二百万两。大率兴一次大工，多者千余万，少亦数百万。"雍正元年，以山东连岁荒歉，免挑浚运河岁夫，动帑雇募，以工代赈；六年，拨银6万两以资补贴。乾隆年间，还有永定河的抢修、疏浚，山东运河等的修浚，各需用银50余万。清廷以兴修水利作为救荒之政：京畿兴水利，官开水田数万顷，而束淮溯黄，使数百里地方受益。《清史稿》载，嘉庆中，衡工加价至730万两，十年至十五年，南河年例岁修抢修及另案、专案各工，共用银4099万两，还不包括马家港大工。二十年，睢工成，加价至300余万两。

清前期，海塘工程多集中于江浙一带，其原因是东南为财赋重地，如果水旱为患，便将危及国家财政收入。顺治元年(公元1644年)，修浙江省钱塘县石塘21丈；二年(公元1645年)增修60丈。康熙三年(公元1664年)，海水决堤，筑石堤5000余丈，垒石一纵一横，熔铁嵌石缝；三十八年(公元1699年)，修钱塘江塘；四十年(公元1701年)，修钱塘江岸，筑石塘，每塘一丈，用石一纵一横，固以油灰，熔铁锭，镶嵌石缝，深根坚桩，加筑子塘以为重障，共建石塘667丈，子塘895丈。五十年(公元1711年)，重筑江塘，其法用石，一纵一横，每层凿孔，以巨木贯之，

《黄河筑堤》册页
此图描绘了清早期整治黄河的具体情况。

每五六石联为一石，又于横直合缝处用铁锭镶嵌，成塘 20 丈。康熙六十一年(公元 1722 年)，修海宁海塘，筑石塘 3397 丈，土塘 5606 丈，草塘 1055 丈，用银 2 万余两。乾隆四十四年(公元 1779 年)，浙江海堤之修，拨银 600 余万两。

清初，内廷工程费用，每月需银不到 1000 两，但杂项工程，每月辄用至数万两。顺治八年(公元 1651 年)亲政，

筑城用银 250 余万两，原定于九省加派，后令发还。乾隆时京城各部衙署的修理，直隶、安徽等多省城垣均需修理，乾隆三十一年(公元 1766 年)前"特发内帑，一律修缮"，直隶用银最多。陵墓的建造维修，在清前期维修的皇陵主要是前明诸陵，重加修复，"不靳百万帑金"。陕西华岳庙、河南嵩岳庙等，

亦因岁久倾颓，修葺费各 10 余万两。

六、邮驿

清王朝除修治京城道路外，又以京师为中心，于各省险要之处设驿站，东北至黑龙江，东路从山东分为两路，一路从江宁、安徽、江西至广东，另一路从江苏、浙江至福建；中路从河南分为二路，一路通达广西，另一路通达云、贵；西路经山西至甘肃、四川。驿站支销，由直省编征。全国 21 省，岁耗驿银 500 余万两。

七、文教

顺治元年（公元 1644 年），定直省各学支给廪饩法，在京者由户部支给，在外省州县由当地官府支给。顺治四

年（公元 1647 年），定各直省学官及学生俸廪：教授、学正、教谕照从九品支给薪俸；廪膳生每名给膳夫银六十两，禀生给十二两，师生每人日给米一升。雍正八年（公元 1730 年），增建国子监学舍五百余间，并赐岁需银六千两，以资饩廪；十一年（公元 1733 年），命直省省城设立书院，各赐帑金千两，为营建之费。此外，还命各直省置学田，雍正二年（公元 1724 年）为三千八百八十顷余，乾隆十八年（公元 1753 年）为一万一千五百八十六顷，以其租银、粮赈给贫困生。

八、赈恤

抚恤赈济，各朝均有，除抚恤死伤将士及家属外，主要是赈济灾荒支出。

科举丝质夹带
清代科举考试作弊工具。正反两面都是提前写好的八股文。

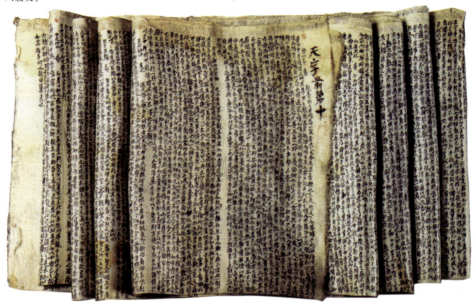

康熙年间，赈陕西灾，用银500余万两；乾隆七年（公元1742年），江苏、安徽夏秋大水，用于抚恤、正赈、加赈之米近240万石，银738万两。以后直隶、山东、江苏、河南、湖北、甘肃诸省之灾，都发帑银、截漕米，以救灾民。

第四节　清后期的财政收入

一、关税

中国在鸦片战争中战败后，被迫实行"五口通商"，即开广州、福州、厦门、宁波、上海为通商口岸，《中外旧约章汇编》称，议定："……英国商民居住通商之广州等五处，应纳进口、出口货税，饷费，均宜秉公议定则例，由部颁发晓示，以便英商按例交纳。"道光二十三年（公元1843年），与英国订立《虎门条约》（即《五口通商附粘善后条款》），并同时签订了五口通商章程《海关税则》。从此"凡系进口、出口货物，均按新定则例，五口一律纳税，此外各项规费，丝毫不能增加。其英国商船运货进口及贩货出口，均须按照则例，将船钞、税银扫数输纳全完，由海关给发完税红单，该商呈送英国管事官验明，方准发还船牌，令行出口"。"海关税则"适用于五口，其出口

第一次鸦片战争形势图

货分为十二类（多为土货特产），进口货分为十四类。其课税标准全采从量（百□、千条、每匹、每丈、每条），只有进口新货，例内不能赅载者，即按价值若干，每百两抽银五两。又，进口洋米、洋麦、五谷等，皆予免税。

不过当年的从量纳税，仅形式而已，其实质还是从价，值百抽五。对此，《天津条约》第二十六条中说得特别清楚："《江宁条约》第十条内定进出各货款，彼时欲综合税饷多寡，均以价值为准，每价百两征税五两。"到咸丰八年

（公元 1858 年），修正税则时，明定"进出口税则均未赅载，又不在免税之列者，应核估时价，照值百抽五例征税。"干脆从条文上改为从价征税。

鸦片战争后，根据《南京条约》开放了上海等五个商埠，当时由苏（苏州）松（松江）太（太仓）道道台兼理海关征税事宜。咸丰三年（公元 1853 年）上海小刀会起义，占领上海县城，海关业务陷于瘫痪，英、美、法三国领事乘机篡夺上海海关行政权，于公元 1854 年 7 月组织上海关税

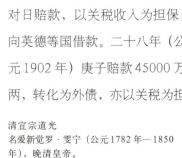

管理委员会，从此中国海关被英国为首的列强所把持。

光绪二十二年（公元 1896 年），全国设有海关 27 个；宣统三年（公元 1911 年）增至 47 个。在清政府序列中，全国海关由总理衙门兼管，其在各关所在地，由相当于现代关长的关道负责管理。至光绪三十二年（公元 1906 年），朝廷设税务处，专管全国海关，明确总税务司以下的外国人，皆归税务大臣节制。由于海关征税实权操在外籍税务司之手，无论是总理衙门、关道，还是税务大臣都仅仅是名义上的长官而已。

清代税务司下辖税务、港务、教育、邮政四部：税务部，掌理税务、船只及货物之检查与仓库事务等项；港务部，掌理灯塔、浮标、港湾、水路等项；教育部，管理海关人员的教育；邮政部，掌管全国邮政事务，直至民国成立，邮政才归交通部管辖。到了光绪二十二年（公元 1896 年），为了偿还对日赔款，以关税收入为担保，向英德等国借款。二十八年（公元 1902 年）庚子赔款 45000 万两，转化为外债，亦以关税为担

清宣宗道光
名爱新觉罗·旻宁（公元 1782 年—1850 年），晚清皇帝。

保。于是海关成为外债的抵押品，彻底丧失了自主权。

清代后期的海关税收，主要有进口税、出口税、子口税（子口半税）、复进口半税（沿岸贸易税）、机器制造货出厂税、船钞、洋药（鸦片）厘金等7种。

一是进口税。

进口税是在洋货进口时征收的关税。《清史稿》载，道光二十三年（公元1843年），定洋货税则，值百抽五，先于广州、上海开市，凡洋货进口，按则纳税。由于值百抽五原意是从价征收，这就有一个对货物如何估价的问题，而在估价过程中难免有争执，于是不得不折中为以当时各货5%的价值为基础，参照货物之重量或尺寸，折合为从量税。凡属洋货，不问精粗，只要重量或尺寸相同，便课以相同税收。咸丰八年（公元1858年），按《天津条约》协定，进口税率为从价5%。

随着岁月的推移，开始改变这种粗放的征收办法。光绪十七年（公元1891年），详定各货税率，从价核算，并且规定货价一经确定十年不变。所以随着金贵银贱，物价趋涨，名义上为5%税率，实际征收税率竟不足2.5%。所以到了光绪二十八年（公元1902

清海关银锭

年），重议税率，计算之法改从价为从量，另定税率表，从此进口货大部分皆从量征税。但有一部分以从价为便的仍以从价5%计算。当时免征进口关税的有外国进口粮食、金银、书籍、新闻杂志；禁止输入者，则有盐及兵器、火药等。

二是出口税。

出口税，是在本国货物出口时征收的关税。出口税税率起初为从价5%，与进口税同率征收，因此有碍于中国土产外销。当时的征收理由是外国商船所载的货物，究为外销抑为转运他口，殊难判定，只好同等课税，这样就难免造成出口税非但征之于输出国外的商品，且亦征之于转输国内其他商埠的商品，使转输商品亦受到不应有的税课。至于陆路关税，则由特别条约规定，常照正税减免1/5至1/3不等，税率较轻。

三是子口税（子口半税）。

子口税（子口半税），是按海关进出口税之半征收的关税。此税发端于《南京条约》，而成于《天津条约》。税则规定：凡从外国输入之货，转输于内地，或内地土货，自产地运至口岸准备出口，沿途通过时皆课子口税，税率为2.5%。

此税兴起于太平军起义之后，因为当时清政府为筹集战费，内地遍设厘局征收商品通过税　厘金，外商为欲避厘金，乃定输入之货再纳从价进口税之半；输出之货，在内地共纳出口税之半（从价2.5%）。完纳此税以后，便可免纳内地一切厘金，谋得方便。这一优待外商的办法，到了光绪二十五年（公元1899年）惠及华商，办理进出口货时，亦予优惠。

四是复进口半税（沿岸贸易税）。

复进口半税（沿岸贸易税），是土货完纳出口正税后，由这个通商口岸转运到其他通商口岸时，须再纳的关税。当时清政府征收此税的理由是：商品在内陆运输，通过常关，负税甚重；而由海口转运，则负税甚轻，为了平衡海陆税负才统一征收2.5%复进口税。

五是机器制造货出厂税。

机器制造货出厂税，系根据光绪二十八年（公元1902年）《中英续定通商条约》第八款第九节规定：凡洋商在中国口岸，或华商在本国各地，用机器制成棉纱、棉布，须纳出厂税，其数额倍于条约所载之进口正税。如棉花（原料）来自外洋，则应将进口税发还。如棉花来自本国，则应将已缴各税，一并发还。各商缴纳出厂税后，即可免纳出口正税、出口加税、复进口半税以及销场税等。同时，明确出厂税，由海关征收。除棉纱、棉布外，凡别项货物，与上列情况相同者，亦同样征出厂税。出

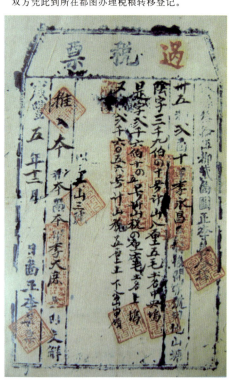

咸丰年间过税票。过税票是民间田地买卖经官府核准后，为方便税粮转移而由官府出具的票据。买卖双方凭此到所在都图办理税粮转移登记。

厂税的税率以百分计，但须退还原纳的进口税或常关税等，其实际所纳之税并不多。实际上是一项鼓励外商在我国通商口岸投资设厂的优惠措施。

六是船钞。

船钞，是在各通商口岸，向往来船舶所征收的税，相当于现代的港口使用费。因其按吨数计算（1吨为122斗），故亦名吨税。船钞，由海关征收。此税早在乾隆十八年（公元1753年）就已征收，其时清政府按船舶大小分三等征税：一等船——每单位课船钞7.777两；二等船——每单位课船钞7.142两；三等船——每单位课船钞5两税额。

《南京条约》订立次年的道光二十三年（公元1843年），通商条约规定，分两级征税：150吨以上每吨课银5钱；150吨以下每吨课银1钱。咸丰八年（公元1858年），《天津条约》第二十九款及第三十一款改定：150吨以上每吨纳钞4钱；150吨以下每吨纳钞1钱。

七是洋药厘金。

鸦片，起初是以药材的面目输入中国，所以时人称其为洋药。所谓洋药税厘，实为对鸦片烟进口时所课的正税与厘金。《清朝续文献通考》称，自烟土入中国，白银外漏，货物走私，道

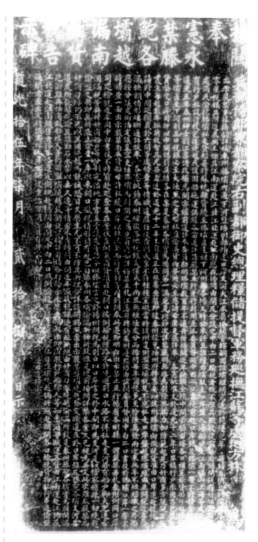

林则徐扬关奉宪永禁滕鲍各坝越漏南北货税告示碑
由于江苏中部地区的内河与内河以及内河与长江之间存在着一定的落差，船只要过坝通行，在过坝处清政府大多设有关卡，对过往船只征税。此图是林则徐在江苏泰州设置的严禁过坝商人偷漏税收的告示碑。

光十七年（公元1837年）上谕广东漏银3000万两，福建、浙江、江苏各海口1000余万两，天津海口2000余万两，合计当为6000万两。

尽管清政府大力禁烟，并于道光

十九年（公元1839年），以林则徐为钦差大臣，督办禁烟并在虎门焚毁洋烟，但鸦片仍难以禁绝，因此不得不改禁为税。《清史稿》载，咸丰七年（公元1857年），朝廷同意闽浙总督王懿德等量予抽捐，以应军饷之请。光绪五年（公元1879年）直隶总督李鸿章认为鸦片既难骤禁，不如采用经济手段，用先加税厘的办法达到烟价增则吸者渐减的目的。他提出：洋药税率，每100斤正税30两，外加征80两，共计厘税110两（内地厘金一概豁免）。土药不论价的高下，每100斤征40两（进口时输纳）。结果清政府采纳了他的意见，到光绪九年（公元1883年），如其所议与英订约。光绪十年（公元1884年），又定行坐部票的制度：凡华商运烟，必须持有行票，每票限10斤，斤捐银2钱，经过关卡，另纳税厘；无票便不得运烟。其行店则有坐票，无论资本大小，年捐20两。此票有限期间为一年，即每年须换领一次，无票便不得发售。贾士毅所著的《民国财政史》载，洋药厘金，光绪年间每100斤征收110两，但至宣统三年（公元1911年）加至350两。

据《清朝续文献通考》载，光绪十八年（公元1892年），"是年征税之数，进口正税银四百五十九万余两、出口征税银八百二十五万余两、复进口半税、洋药税、船钞、内地半税、洋药厘金等五百六十六万余两等七项在内，计征银二千二百六十八万余两，三十一年（公元1905年）为三千五百十一点一万余两。"

清德宗光绪
名爱新觉罗·载恬（公元1871年—1908年）。亲政后曾力主维新变法，失败后被慈禧幽禁。

《清史稿》载，以上七项海关税，"咸丰末年（公元1861年）只四百九十余万（两，下同），同治末年（公元1874年）增至一千一百四十余万；光绪十二三年（公元1886年—1887年）兼征洋药厘金，增为二千五十余万，三十四年（公元1908年）增至三千二百九十余万。宣统末年（公元1911年），达三千六百十七万有奇，为岁入大宗"。

由于清末外贸迅猛发展，中国关税收入增长极快，列强各国为了确保赔款和债务的及时到位，也乘机加强了对关税的控制。诸如甲午战争后，列强各国借给清政府的款项都以关税税款为担保，由总税务司直接从关税收

鸦片烟具　清

嵌铜银鼻烟壶　清

入中拨付债息和赔款，以保障各帝国主义国家的利益。只有当支付当年债息和赔款之后，所剩余的"关余"才转交清政府使用。

1911年，辛亥革命爆发，列强各国为防止关税落入革命军手中，各债权国在华银行自行组成海关联合委员会，接收关税保管权。由总税务司代收代付的中国关税收入，统一存入英国的汇丰、德国的德华、俄国的道胜、法国的东方汇理和日本报横滨正金等外资银行，从此，早已丧失海关税则制定权、行政管理权的中国海关，连关税保管权也被列强控制起来了。

二、厘金

咸丰三年（公元1853年），太平天国占据南京，清政府从各省调集数十万大军，由钦差大臣向荣和琦善在南京外围分别建立江南大营和江北大营，以谋防堵。最初三年，每年开支军饷达1000万两；以后战事扩大，军费更巨。《中国厘金史》载，"军兴三年之后，糜饷已达二千九百六十三万余两，至咸丰三年六月，部存正项等支银仅余二

十二万七千余两"。部库之款，为各省缴款，道光三十年（公元1850年），部库尚存银800余万两，及两广用兵，屡颁内帑，不到三年，已用去500余万两，而军兴之后，失地数省，以致"地丁多不足额，课税竞存虚名"。借助捐输，年收500余万，此时已少不济用，缓不应急，且行之过久，操之过急，恐生他乱；加以南方各省多为太平天国占领，于是，《皇朝道咸同光奏议》载，"盐引停迟，关税难征，地丁钱粮复因军荒免缓征"。当时，清政府正常财政收入，每年也不过3000—4000万两，"入少出多，势必日形支绌"。此时，刑部侍郎雷以诚恰好在扬州帮办军务，兼保东路，因部拨饷银未能接济，而各省协饷又复不至，只好在咸丰三年（公元1853年）夏季，于扬州里下河设局劝捐，随捐随给执照，收入颇丰。但随着时间推

移，成效日减，转而采用湖州归安籍策士幕僚钱江（字东平）的建议，仿林则徐在新疆伊犁推行的"一文愿"，创设"商贾捐厘"。因其类似捐输，所以不称征，也不称抽，只认为是一种变相的捐输，而且，开始之税率值百抽一，相当于一厘，故名之"厘金"。

厘金之所以能在晚清出现，一是清代在道光（公元1821年—1850年）以前，户部均有积储，可以弥补赤字，而捐纳或捐输又为清代的一大财源，可以随时开捐解一时之急。但自道光以后，积储渐空，而《皇朝道咸同光奏议》载，捐纳或捐输，亦少不济用，缓不济急，且"行之数年，民怨官烦，而法亦敝。只能救一时之急，而不可为经久之规"，故必须另谋补救之法。二是与清初商税只征关税不征市税有关，相当于市税的厘金恰巧起到了填补财源空白的作用。

厘金初办时，因其税源旺盛，助饷有力，正如《皇朝道咸同光奏议》所谓"细水长流，源远不竭，于军需实有裨益"。"出自各商，合众人之资；散而出者有限，萃而入者无穷，书简效速，无过于此。"较之捐输，亦如《中国厘金史》所述，"为数多而不苛，取财分而易集"。所以初行于扬州的仙女庙，旬日之间，得饷十几万，次行于邵伯、宜

清厘金局银锭

陵，到咸丰五年（公元1855年），作为地方性税捐的厘金演变成了一个全国性的税捐，《清史稿》称，"江西设六十五局、卡，湖北设四百八十余局、卡，湖南亦设城内外总分局"，不数年便推行于全国。厘金收入除上缴中央一部分外，其余部分皆为地方收入，在太平天国起义期间主要用于军饷，至同治十三年（公元1874年），厘金充作军费约占73.7%。

厘金就其课税品之不同，可分为百货厘、盐厘、洋药厘、土药厘四类，其中以百货厘举办最早，范围最广，所以有人说，厘金，主要是指百货厘金而言。百货厘金的课税对象，多为日用品与必需品。举凡一切日用所需之物，无一不在被课之列。例如，江苏课厘货物共分25类，包括货物1241项；浙江共分12类，包括货物682项；广东分15类，包括货物967项；广西分29类，包括货物1942项，无不是以百货厘金为主体。百货厘金的税率，原为一厘，即1%。但在通行全国后，各省厘金最高者达20%以上，大多数省份亦

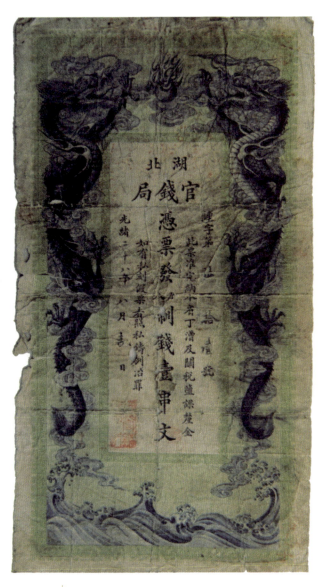

湖北官钱局一串文钱票
清光绪二十八年（公元1902年）湖北官钱局凭票发制钱一串文，此票准完纳本省丁漕及关税盐课厘金。

在4%至10%，导致厘金之名失却其原义。在征收办法上，厘金原系从价税，税率值百抽一，但因日用品数量多，价格变动少，故大部分货物改为从量抽

厘，以节省手续，只有一部分价值较高之货，按价征收，如纸、夏布、药材、茶叶、各种洋货、绸缎、皮货、海味、砂糖等商品。

厘金的课税形式，分为两种：一为坐厘，亦名板厘，为交易厘的性质，乃对置买外地货物到店发售，课之以税，抽税于坐商，亦即为落地税的性质。二为行厘，亦名活厘，为通过税，乃系贩往外地货物应纳过路之税，抽税于行商。至于具体的课税环节，有在货物的出产地课税的，有在通过地课税的，也有在销售地课税的。因此，实际课税时，名目繁多。

厘金初办时，原为助饷的临时救急办法，待战事停息理应立即裁撤，但由于税源旺盛竟成为大宗岁入。例如光绪十七年（公元1891年），厘金收入1631万余两，约为2366万两地丁收入的68%。到了宣统二年（公元1910年），厘金收入已增至4318万余两，比之于4616万余两的田赋经常收入已属旗鼓相当；比之于3513万余两的洋关收入、699万余两的常关收入，亦有后

厘金称谓表

百货厘金	出产地厘金		出产税
			山户税（限于茶叶）
			出山税（限于茶叶）
			各种土产税
			落地税
	通过地厘金	采一次征收制者	厘捐
			统捐
			统税
		采二次征收制者	土产厘——山口税
			百货厘——落地厘
			进口税——起坡厘
			起 厘——验 厘
			起 厘——落地厘
		采四次征收制者	起 厘——验 厘
			起 厘——验 厘
		采遇卡纳捐制者	无特殊名称
	销售地厘金	有坐厘、门市月厘、销场税、落地厘或税等名称	

来居上之势。

无处不设卡，无物不收厘的厘金是一种恶税，有极大的弊害。首先因为厘金征及百货，特别是征课日用必需品，所以名为征商，实为加重消费者的负担。其次，由于一物数征，路程愈远，征课的次数便愈多。正如《皇朝道咸同光奏议》所载，户部认为："各省厘局，但有厘局之名，实则抽分抽钱，有加无已，凡水陆通衢以及乡村小径，皆设奉宪抽厘旗号，所有行商坐贾，于发货之地抽之，卖货之地又抽之，以货易钱之时，以钱换银之时又抽之，资本微末之店铺，肩挑步担之生涯，或行人之携带盘川，女眷之随身包裹，无不留难搜括。"商品的流通大受阻碍。因税属地方，且系商捐商办，颇多任意设关立卡；且其征课，不限以科则，不拘以程式，殷实之家，可多捐，或交通贿赂，竟可少捐；其力不能捐者，反多方勒逼，全失公平。公开课税而外，尚多私索，如期子钱、灰记钱、出票钱等，名目繁多；而税吏侵吞税款，常有"大头小尾"、"以贵报贱、以多报少"、"卖放"、"私征"、"匿报"等弊。故厘卡征得厘金，"十分之中，耗于隶仆者三，耗于官绅者三，此（外）四分中，又去其正费若干，杂费若干，国家所得几

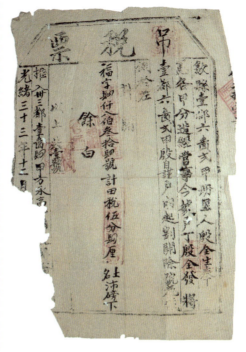

光绪三十三年吊税票

何？"

为了消除厘金一物多征的弊端，光绪三十一年（公元 1905 年），湖北首办统捐，于省境内设统捐局六所。往来货物，只消纳税于最初经过的关卡，其他沿途局卡，仅作检验，不再征税，故有统捐之名。这一办法，其后各省仿行，但如奉天等省原无厘金，亦乘此机会创办出产、销场两税，以增地方收入。

三、盐税

清初盐税不重，每斤税率，各省不同，少者不满 1 文，最高不过 8—9 文，普通在 1—3 文之间。咸丰、同治后，

税率骤增：最低三倍，最高至十余倍，个中原因有三：一是改引行票；二是盐税抽厘；三是盐斤加价。

首先，是改引行票，《清史稿》称，嘉庆、道光年间，盐因"报效"而加税，于是商力益困，运销不足，导致盐商困顿，不得不仿雍正时办法，进行变通："河东陕甘，悉改归地丁；云南则就场征税，广东则改纲归所，河东则仍旧复商，山东则商运之外，辅以官运。"惟两淮引多课重，且专商跋扈，垄断盐利，上侵国课，下削百姓，政府和百姓交受其困。道光初，陶澍为两江总督，奏诸淮北改行"票盐"，听任商贩赴局缴课，领票买盐，运销各地。以后陆建瀛又行于淮南。于是变引商为票盐，革除专商。咸丰初，议于全国通行票法，河东、两浙及福建实行。

所谓票商之制，即规定在盐场适中地点，设局收税；无论何人，只要纳税之后，便可领票运盐。盐引因引地广狭，导致获利多寡，而售价不同；而盐票则在同一行盐地，每票售价相同。道光、咸丰时，两淮每票价银仅五百两，后因官商竞相购买，光绪年间，狂涨至价银10000两以上。

盐商购票后，其运盐区域，不限于某一引地，凡行盐引地内，均可自由销售，故票商运盐区域比引商广。同时，票商每票的运盐数量，也远比引商的每引为多，规定每张票可运盐十引（200斤为一引）。《清朝续文献通考》称："票盐之异于引盐者，引商捆盐有定额，行盐有定地，永远承为世业；票盐则纳一引之课，运一引之盐，额地全无一定，来去听其自便。"两者的共同点，则是特许有定数，行盐有定额，纳税有定期。但票商优于引商者：一是取消引窝，无论何人，皆可承运。这样，扩大了运商的范围后，盐的运销就能满足百姓之需；二是销界以内，皆可运销；三是票课在场内收纳，相当于就场征税。

同治三年（公元1864年），两江总督李鸿章、曾国藩改定大小票，行于鄂、湘、赣三岸者以五百引起票，名为大票；行于皖岸者，以120引起票，名为小票。同治五年（公元1866年）李鸿章为了获得盐商更多的报效，在票法中参与纲法，让票商通过报效捐款，作为票本，不再招新商，从而使本来并不世袭的盐商变成了循环转运的世业，类同引商了。

其次，是盐税抽厘。道光以前，只有盐课，咸丰初，为筹集军饷镇压太平天国起义，举办厘金，盐亦成为抽厘的对象，从此既征盐课，又征盐厘，一物数课，再加其后又行"加价"，苛重无比。盐厘以省为单位，各自为政，其征收次数、额度大小、征收方法都不相同。有征一两次甚至三四次的，有入境征税、出境征税、落地征税的，运盐愈远，课厘愈多。盐厘收入，不计入厘金，而合计于盐课之中。由于盐为生活必需品，人人不可或缺，从而使盐厘逐步成长为盐款收入之大宗。《清史稿》载，"初，盐厘创于两淮南北，数皆重"。咸丰五年（公元1855年），定花盐每引10000斤抽厘8两，嗣因商贩私加至17000斤，四川总督骆秉章于是奏请就所加斤按引加抽17两，共正、厘25两。以后，各省亦皆加税厘，盐税收入大增。

再次，是盐斤加价。盐斤加价，始于雍正六年（公元1728年）长芦的盐斤加价。其成因是康熙二十七年（公元1688年），规定每斤盐课税银1分4毫至1分2厘6毫。而康熙时的银价，是银1两等于钱1400文至1500百文，亦即是盐1斤课钱16文。但到了雍正时

银价涨了，银1两等于钱2000文，盐价如故，课税16文，以之易银，便打对折了。于是在雍正十年（公元1732年），确定每斤盐加课银1厘，以资平衡。乾隆时推行至全国。光绪二十年（公元1894年）为应对中日甲午战争，各省对食盐每斤加价2文。光绪二十七年（公元1901年）为筹措赔款，又加价4文。三十四年（公元1908年），为抵补药税，再加4文。并将盐税收入之半抵补练兵经费，另一半归产盐省份援用。由于加价过多，食盐滞销，走私日多，不得不实行官营。官营以后，上下分肥，官本侵蚀，结果亦陷于僵局。

清代前期，盐税收入，在乾、嘉时，盐课止530余万两，此后每年也只及700万两左右。而清代后期，光绪中，已增至1127万余两；光绪末叶，达到了2400万两；而宣统三年（公元1911年）的预算，则高达4500万两。

四、田赋

（一）附加、借征、浮收

清代后期，由于政府收入骤减，支出大增，于是除举办新税外，还不得不增加旧赋，主要有附加、借征、浮收等形式。

清代虽无田赋附加的名称，但雍正时的火耗、漕项，乾隆时的平余，均

为附加性质。咸丰时，四川首先按粮随征津贴，每田赋银1两随加征1两，征解完毕，根据总数可扩大乡举名额；同治元年（公元1862年），骆秉章为四川总督，又奉办捐输，以济军用，按粮多寡摊派，总数为180余万，超过定额地丁的二倍以上。因康熙定制不许加赋，而所捐仍允按数额增大乡举名额，故称"捐输"。同治初年，有的省份，按粮多寡，摊派捐输。咸丰九年（公元1859年），福建一省捐输即收入457万两。到了光绪中叶，各省筹款，多附加粮捐，以充地方经费；如奉天、吉林、黑龙江有警学亩捐或饷捐，江苏、安徽、江西、浙江有丁漕加捐，山西有赔款加捐，四川有新加粮捐，新疆有加收耗羡，广东有新加三成粮捐。这些田赋附加，名目繁多，税率高低不同，省自为政，少者如云南6万两，多者如奉天241万两。

清地丁银锭

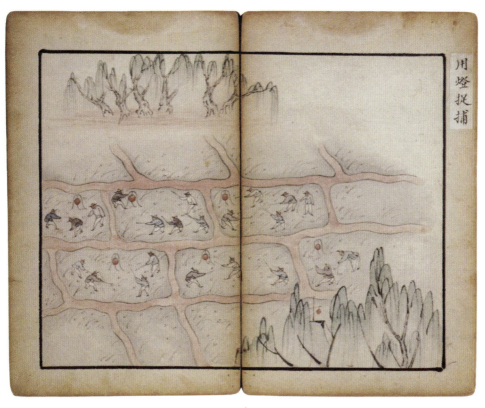

捕蝗图册
清乾隆二十四年（公元1759年）江苏淮阴知府李源
根据当时灭蝗的经验请人绘制。

太平天国起义爆发后，太平军所到之处，清政府收不到田赋，不得不蠲免或缓征，其缺口只好到"完善之区"借征补足。《东华续录》载，咸丰三年十月谕："所有山西、陕西、四川三省咸丰四年钱粮，即行借征一年，……其咸丰五年钱粮，即于明年秋季接征，按年递推。"借征名义上是"军务告竣，国帑渐裕"，"事定仍照数蠲免"，但对百姓来说，何时能蠲免不得而知，相当于当年田赋加倍附加。

随着吏治腐败，钱粮浮收之弊嘉庆时即已出现。《中国田赋史》载："向来开仓，多派壮丁，守护大斛，今则斛不必甚大，公然唱筹，计数七折八扣，而淋尖、踢斛、捉猪、秤盘、贴米等犹在其外；又有水脚费、花户费、灰印费、筛扇费、廒门费、廒差费，合计之，则二石四五斗当一石。"收取之际已甚黑暗，至运送至京，途中经运丁、吏胥之弊后，"每石之值，约需要四十两或三十两，或十八两，而其归宿，乃为每石易银一两之用"。道光六年谕："江苏漕

四川省附加税征收情况表

四川原征数额 （万两）		附加税加征情况			
		年份	名目	数额	说明
地　丁	669131	咸丰四年 （公元1854年）	按粮津贴	每粮1两， 征津贴1两	附加为正税 的一倍
遇闰加征	23290	同治元年 （公元1862年）	按粮借输	180万两	附加为正税 的三倍
旧收火耗	11(年征)	光绪二十七年 （公元1901年）	新加捐输	350万两	附加为正税 的五倍

务，疲敝已久，闾阎每苦浮收，而各州县用度浩繁不能不藉资津贴。"

至于缩小每亩计算面积，浮增田亩数的浮收，在苏松太地区也十分严重。《皇朝道咸同光奏议》引用李鸿章的话说："苏松太浮赋，上溯之则比元多至三倍，比宋多至七倍，旁证之，则比毗连之常州多三倍，比同省之镇江等府多四五倍，比他省多一二十倍不等。以肥硗而论，则江苏一熟不如湖广、江西之再熟；以宽窄而论，则二百四十步为亩……不如他省或以三百六十步、五百四十步为亩。"同治五年（公元1866年），李鸿章奏减苏松等处浮收钱粮，包括苏州、松江、常州、太仓三府一州27县在内，共减除浮收米37.46万石，钱167.62万千文，又减苏松常太银折浮收钱40万千文，若按每两银价2500—2600文计算，各占额

征银米的三成上下，足见当时浮收幅度之大。

田赋既经附加、借征与浮收，到了光绪、宣统之际，田赋收入约4800万两，较之道光以前的地丁杂税3300万两大为增加了。

（二）银贵钱贱的变相增税

田赋本为实物税，但到清代，除漕粮外，都按"一条鞭法"的要求改为货币税。货币税本来可以用钱缴纳，但到清后期，由于银在社会上行用日广，于是统一规定以银纳赋。问题出在后来英国和美国为改变中英贸易逆差，大量输入鸦片，使中国的对外贸易一反常态，变成入超，作为国际贸易硬通货的白银大量外流，国内存银日减，银价飞涨，引发银贵钱贱的银荒。道光初年，1两白银换钱仅1000文，到了道光二十年鸦片战争时，一两白银就可以

换到制钱1600—1700文了。咸丰开始，银价猛涨，一路飙升，一两白银竟可换到制钱2500—2600文之多，以至于以谷折算田赋的增加，竟为原来的2—3倍之多。

（三）漕粮改折

因漕粮运输费用巨大，有漕粮任务的湖南、湖北等省，希望朝廷能折纳成银两缴纳。嘉庆时，朝廷就曾讨论除山东、安徽、江苏、浙江等四省外，各省漕粮，许以银钱折纳，称为"粮折"。由于担心京师粮食供应短缺，直至咸丰初年，这一方案仍未付诸实施。直到太平天国定都南京，运输路线阻塞，漕粮无法北运，才于咸丰三年（公元1853年）准江苏省征存漕米，其道路稍远各州县，每石变价折银一两，后来江西、湖南、湖北、安徽等省的漕粮亦大多照此办理，至光绪年间，仅有一二处仍征本色，其他处所全征折色了。漕粮改折银两，其所需解费，须在贴帮运费的漕项内支给；又银两解部，分为两起：头起限于来年正月，二起限于三月，不得迟延。漕米折色，本来是改折银两，嗣因银贱钱贵，改折制钱。同治三年（公元1864年）李鸿章命凇苏各管下每石以制钱6540文的比例折

征货币，然后由官买米运至京师。由于漕米几经改折，其实征田赋无形中又增加不少。

五、矿税

清初，朝廷唯恐百姓乘机聚众滋事，并不鼓励开矿。因此，嘉庆至道光初，以"岁入有常，不轻言利"，除铜、铅利关鼓铸见准开采外，金、银各矿，不允开采；道光二十四年（公元1844年），为筹军饷，才放宽禁限；二十八年（公元1848年），复诏云、贵、川、两广、江西各督抚及其余各省于所属境内查勘，鼓励开矿。《清史稿》载，"至官办、民办、商办应如何统辖弹压稽查之处，朝廷不为遥制"。一时矿禁大弛。

为了富国强兵，咸丰三年规定，凡金银铜锡矿均在朝廷奖励开采之列。咸丰年间，渐开煤矿。光绪九年（公元1883年），招商集股采煤。光绪二十九年（公元1903年），清政府与各国议订商约，准许外商在中国境内开矿。

清政府对民间采矿，征收矿课，税率因地而异。《清朝续文献通考》称，道光二十八年"云南各属，……迤（迤）东各厂，铜户卖矿，按所得矿价每百两官抽十五两，谓之'生课'；迤（迤）西各

厂，硐户卖矿，不纳课，惟按煎成银数，每百两抽银十二三两不等，谓之'熟课'。"咸丰三年（公元1853年）"热河遍山银矿，每百两收正课银三钱，耗银三分。"咸丰四年（公元1854年），又准其每100两加收正课银35两，耗银3两5钱。咸丰六年（公元1856年），又有增加，正课加5两，耗银加5钱。咸丰十一年（公元1861年），热河土漕子银矿，每两收正课银2钱5分，耗银3分5厘，解费银1分5厘。同治二年（公元1863年），又有所增加。同治十一年（公元1872年），广西桂平开采银矿，每年纳矿税银20两。

六、茶税

清代乾嘉以后，各省产茶日多，行茶69万余引。《清史稿》称，咸丰三年，

闽浙总督王懿德奏请闽省商茶设关征税。凡出茶之邵武、沙县、建安、瓯宁、建阳、浦城、崇安等县，一概就地征收茶税，由各县给照贩运。所收专款，留支本省兵饷。六年（公元1856年），伊犁亦设局征税，充伊犁兵饷之用。咸丰九年（公元1859年），江西定章分别茶厘、茶捐，每百斤境内抽厘银二钱，出境抽一钱五分，于产茶及茶庄处收茶捐银一两四钱或一两二钱不等。十一年，广东巡抚奏请抽落地茶税。

七、苛杂

清代苛杂各地不同，黑龙江有牛马税课、吐鲁番有果木税和棉花税、河南有药材税、湖北有竹木税、吉林有烟酒税，至于指捐、借捐、炮船捐、亩捐、米捐、饷捐、堤工捐、船捐、房捐、盐捐、板捐、活捐等名目繁多的捐则比比

清彩釉花卉方形壶

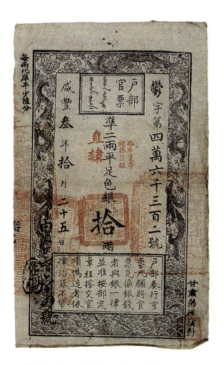

户部官票和大清宝钞。咸丰三年（公元1853年）迫于时局需要，清朝政府发行了以银两为单位的"户部官票"和以铜钱为单位的"大清宝钞"。宝钞和官票合称钞票。

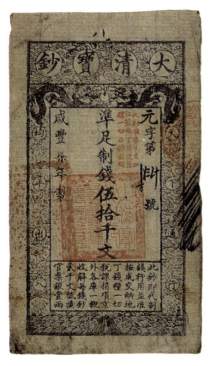

皆是。因此，《清史稿》称，"庚子以后新增之征收者，大端为粮捐，如按粮加捐、规复征收丁漕钱价、规复差徭、加收耗羡之类；盐捐如盐斤加价、盐引加课、土盐加税、行盐口捐之类；官捐如官员报效、酌提丁漕盈余、酌提优缺盈余之类；加厘加税如烟酒土药之加厘税、百货税之改统捐、税契加征之类；杂捐如彩票捐、房铺捐、渔户捐、乐户捐之类"。清末的苛杂收入，光绪十七年（公元1891年）时为281万两，到制定宣统三年（公元1911年）预算时，则增列为1919万两了。

八、铁路

《清史稿》称，清代铁路分为官办与商办，其中官办的有京汉铁路、京奉铁路、津浦铁路、京张铁路、沪宁铁路、正太铁路、汴洛铁路、道清铁路、广九铁路、吉长铁路、萍株铁路、齐昂铁路等共12条，商办的有浙江铁路、新宁铁路、南浔铁路、福建铁路、潮汕铁路等共5条。

九、轮船

中国自第一次鸦片战争后开埠通商，客货外轮先航行于海上，后又行驶于长江，内江外海之利，尽为列强所占。《清史稿》载，直至同治十三年（公元1874年）冬，为"挽回利权"和发展买办资本，成立轮船招商局。该局以知府朱其昂主其事，道员盛宣怀佐之。于是招徕商股，购船立埠，次第经营，均藉商本。至光绪三年（公元1877年），因增购旗昌船舰，才动用直隶、江苏、江西、湖北、东海关财政官款190万两。

清代官办铁路

路　名	路长（里）	投资额（元）
京汉铁路	2630	105628000
京奉铁路	2246	50884000
津浦铁路	1863	80490000
京张铁路	546	10320000
沪宁铁路	725	36530000
正太铁路	623	23126000
汴洛铁路	402	20500000
道清铁路	330	9549000
广九铁路	303	11662000
吉长铁路	140	1203704
萍株铁路	205	4616000
齐昂铁路	56	488000

清代商办铁路

路　名	路长（里）	投资额（元）
浙江铁路	342	12788000
新宁铁路	260	4089000
南浔铁路	77	3506000
福建铁路	28	2428000
潮汕铁路	83	3546000

《清史稿》载，宣统初年（公元1909年），铁路通车为10000多华里，年收入约两千万两。

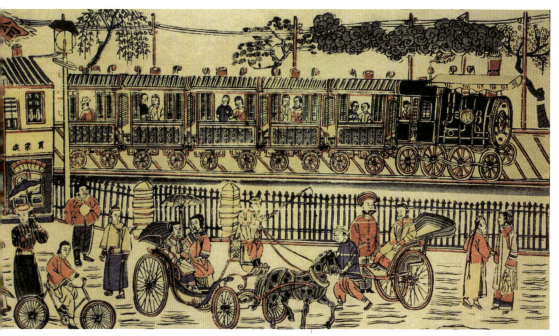

清末年画：上海新造铁路火轮车开往吴淞。

招商局开办之初，仅有轮船三艘。后于光绪三年（公元1877年）以巨款向美商旗昌洋行购入轮船16艘，方与英商太古、怡和并称三大公司。光绪十年（公元1884年）有了较大发展的招商局保有江海轮29艘，其中江轮行于长江，海轮行于沿海。

然而，江海航利的招商局在开办之初，就为洋商所妒，国际航线极难开辟。光绪四年，开新加坡、小吕宋、日本、檀香山与旧金山航线，即受到列强排挤和刁难而作罢。故其营业方针只能承运国内政府物资，诸如苏浙鄂赣皖等省漕米，滇之铜斤，蜀之灯木，江浙采办之官物，直晋之赈粮，鄂岸盐斤，征兵调饷。为促进招商局的发展，清政府不惜运用津贴漕运水脚、减免税收等各种手段加以扶持，但在外国资本跌价竞争和局内管理不善的双重压力下，还是无利可图。《清史稿》载，御史董隽翰言："招商局每月亏至五六万两。"

除中央政府开办的招商局外，各省小轮船公司，亦创办甚多。光绪三十一年（公元1905年），张謇集银50万两，设大达轮船公司于上海。宣统三年（公元1911年），吉林巡抚陈昭常，创吉林图长航业公司，其航线自上海路经日本长崎达图们江，由沪商朱江筹资而成。

十、电报

晚清电报之设，始于同治九年（公元1870年），英国使臣威妥玛创设水线，自广州经闽浙以达上海。嗣后香港海线循广州达天津，陆线达九龙。而丹麦陆线，亦由吴淞至沪上。到了光绪五年（公元1879年），李鸿章始于大沽北塘海口炮台设线达天津。光绪十年（公元1884年），自天津陆路循运河以至江北，越长江以达上海设置旱线，其正线支线横直3000余里，沿河分设局栈，统称为北洋至南洋线，费银10余万两。其常年维护费用，起先于军饷内垫付，办成后择"公正"商董，招股集资，分年缴还本银。嗣后即成为"官督商办"。

由于清代电报线路设置之初动机不一，既有因海防紧急而次第创设，也有为边备而增加线路，还有不让外商垄断而自置，所以其资本官商混杂。例如两粤电线，广州至龙州属之于官，至桂林则属之于商；钦、廉、雷、琼及镇南关、虎门，则官商协力。但由沪到粤的路线，本为防止外线而设，需费40万两，却全由商办。自张家口至恰克图一线，亦由商局集

中国第一家外商电讯机构：20世纪初的大北电报公司。

大道之行
中国财政史

资 60 余万两，接线 2700余里，经营至两三年之久。因此，不得不在光绪二十八年（公元 1902年），统一改为官办，即由邮传部备价筹还商股。政府收赎时，于每股股本之外，特予加价；是年八月，电股收赎完竣。收赎比例，每 100 元给予 170 两，旋又加十两作为优待，由此所费达 22 万两。计收回商股 21400 余股。清政府共花费收赎之款 396 万两。

《清史稿》称，光绪二十五年（公元 1899 年），以电话"入手而能用，着耳而得声，坐一室而可对百朋，隔颜色而可亲馨咳"，遂创办商营电话公司，次第开办电话于通商口岸。

清代电线通达 9 万余里；电报在商办时期，历年获利约 500—600 万两。全国实行官办后，电报、电话年收入约为 1000 万两，这包括由于官报之费，是减半支给，即一半由局报效，一半给贳所减收的因素在内。

十一、邮政

中国的邮政事业始于清代后期。英人赫德任海关总税务司后，于光绪二年（公元 1876 年）创议由海关兼办邮政。光绪四年（公元 1878 年），先在

小龙邮票（毛齿）一套 3 枚　1885 年

天津、烟台、牛庄等地试办，接着九江、镇江亦相继设局，其后各关均兼办邮政。

由于海关试办邮递，投递范围有限，达不到推行及远的要求，甚是不便。光绪十九年，为普及起见，清政府决定自办邮局，由总理衙门转饬赫德，妥拟章程，推行于沿江沿海各省，兼及内地水陆各路，并加入总部设在瑞士的"万国联约邮政公会"。

从此以后，邮政区域，几遍全国。依据宣统三年（公元 1911 年）统计，当时全国邮局分为总局、副总局、分局、支局、代办处等级别，总计有 6201所。包括邮差邮路、民船邮路、轮船邮路、火车邮路在内的各种邮路总计达 381000 里，平均每 100 里有通邮线路 7.49 里。

从晚清光绪二年由海关兼办邮政开始，到宣统时，全国邮政事业已有较大发展，但年收入仍然有限，没有

709

清代十财政 第十章

宣统三年（公元1911年）全国邮政业务情况

邮件	通常及特种总计	362216239 件
包裹	通常及特种总计	3022872 件
	通常及特种总量	1060433 公斤
汇兑	旱汇局、火汇局总计	758 所
汇入	银 3936000 两	合 7920200 两
兑出	银 3984200 两	
岁入	经常	2528500 余两
	临时	6835800 余两
岁出	经常	2827800 余两
	临时	6466500 余两
出入相抵	盈	69900 余两

太多的盈余。

在中国开办全国性邮政的同时，列强各国自行开办的邮局，仍未撤销，计有：日本邮局16处，德国邮局14处，法国邮局14处，英国邮局9处，俄国邮局5处，美国邮局1处。

清税务处致军机处和总税务司关于发行宣统元年纪念邮票事宜的公文。

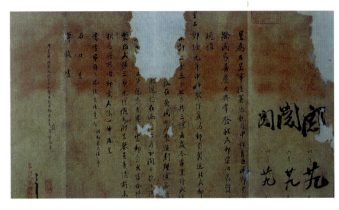

十二、军工民企

晚清的交通事业，主要采用官督商办形式；而军事工业，则为官办。其所生产之产品亦为国家财政收入的组成部分。清政府经营的近代军事工业企业主要有：江南制造总局、金陵机器制造局、马尾船政局、北洋机器局。

江南制造总局，又名"上海机器局"、"江南机器局"。其前身为同治元年（公元1862年）的上海制造炮局。同治四年（公元1865年），李鸿章在上海虹口购买美商旗记铁工厂，并把苏州

天津李鸿章庙

的两个炮局归并进去，遂成立江南制造总局。设在上海城南，厂房面积70余亩。《李文忠公集全集》称，所需军费，"房租、薪水及中外匠工等有定之款，月需银四千五六百两；其添购物料多寡不能预定，大约每月总在一万两以外"。该局最初以造船为主，后因军事需要才改造枪炮。在制造轮船方面，陆续制造过恬吉、操江、测海、威靖等商船与海安号军舰。其动力多来自国外，制造的主要是船体和装配。

金陵机器制造局，亦称"金陵洋炮局"。其前身是上海的"松江军械所"。同治元年（公元1862年）由李鸿章创办，翌年迁苏州，四年（公元1865年）又迁南京，遂定名为金陵机器制造局，制造枪、炮、子弹、火药等。十一年（公

元1872年）添建洋火药局。由于制造局设备简陋，所制的军火质量不高，只能用于镇压国内捻军等农民起义的军事行动。

马尾船政局系同治五年（公元1866年）由左宗棠创设于福州马尾的造船厂，故称马尾船政局。该厂设址于马尾山下，购民田200余亩而成。其投资分为，工程项目需银24万余两；购买机器、轮机等共需银133800余两。计划在5年内，费银300余万两，制成可载100万斤的大轮船11只，可载重30—40万斤的小轮船五只。后来由于经费支出超过计划，轮船的制造则常少于原定数目。至民国元年（1912年），马尾船政局改称"海军造船所"，其主要业务是修理船舰。

北洋机器局，初名"军火机器总局"，系清贵族崇厚于同治六年（公元1867年）在天津创办，同治九年（1870年）改称"天津机器局"，光绪二十一年（公元1895年）始称"北洋机器局"。开始由英人总揽采办机器及原材料、建

造厂房、聘用技师、安装设备、设计及制造等重要事宜。以制造火药为主。同治九年,由李鸿章接办,加以整顿,增加了品种,能造枪炮、子弹、火药、水雷等产品,不过仍以制造火药为主。

随着列强的侵入,在资本输出的同时,也给中国带来了西方先进的科学技术和管理方法,对中国资本主义工业的发展无疑也起了促进作用。同时,由于列强之间的战争和中国人民的反帝斗争,也给中国资本主义发展提供了时间和空间,不仅官僚资本工业有所发展,民族资本工业也获得了发展机会。光绪二十一年(公元1895年)至光绪二十四年(公元1898年)3年间,新办万元以上厂矿平均每年即有10个以上;其中光绪二十一年新设厂15个;光绪三十年(公元1904年)后,每年建厂20个以上,光绪三十二年(公元1906年)为52个;资本额为2290万元。经济的发展,也促使中国民族金融业的产生和发展,从光绪二十三年(公元1897年)中国通商银行建立,到宣统三年(公元1911年),共建银行17家。

十三、内债

清代由于金融市场不发达,还没有具备使公债成为原始积累最有力杠杆的条件,所以发行的内债,远不如举借外债之多。为筹措甲午战争经费,光绪二十年(公元1894年),户部建议向"富商巨贾"借款,借款既没有发行总额,也无统一制度规定,北京及各省分额募款,各地发行方法多有不同,类似捐输,近于勒索,不到一年即停止发行。仅就北京而论,规定分两年半还本付息,以六个月为一期,第一期还息不还本,自第二期起本息并还;每期还本1/4,月息八厘半(即年息七厘);颁发印票以100两为一张,如借款在1万两以上,可"给以虚衔封典,以示鼓励"。举债对象是"官绅商民"。由于第一次内债,不具备现代公债的形式和内涵,性质上还是变相的捐输,弊窦丛生,故于光绪二十一年四五月间,即告停借。

借到款项约1100百余万两,而且是向北京及各省分额募款,借款总额并无规定,各省办法亦多有不同。

为偿付《马关条约》的第四期赔

北京与各省所借之银额表　　　　　　(单位:万两)

省别	广东	江苏	山西	直隶	陕西	江西	湖北	四川	北京
借银	500	181	130	100	38	23	14	13—14	100

中法战争时期的福州。

款，清政府于光绪二十四年（公元1898年）发行称为"昭信股票"的第二次内债。发行总额为1亿两，股票票面分为100两、500两、1000两三种，年息5厘，以田赋、盐税为担保，分20年还清，并规定10年后用减债基金还本。股票准许抵押售卖，但应报户部昭信局立案。为了鼓励应募，凡一人应募在10000两以上者，均给官衔。尽管如此，募集之款还达不到标的，到戊戌（公元1898年）政变停办时，仅得2000万两，其中江苏省募集120万两，已算是各省之冠了。

辛亥革命爆发，清政府为了应付时局，发行称为爱国公债的第三次内债，总额为3000万两，债券分5元、10元、100元、1000四种，年息6厘，以部库收入为担保。期限9年，前4年付息，后5年平均抽签还本。由于此时清皇朝行将崩溃，民间购买甚少，除王公世爵、文武官员略有认购外，绝大部分由清皇室以内帑现金购买。实际发行总额还不到1200万元，清政府就被推翻了。此外尚有地方公债。如北洋总督袁世凯，为扩张军备，于光绪三十一年（公元1905年）举办直隶公债480万两；湖广总督陈夔龙，为偿还旧债，于宣统元年（公元1909年）募地方公债240万两；安徽巡抚朱家宝，为备抵补，募地方公债120万两。三债条件大同小异，年息7厘，期限6年。

十四、外债和外企

清代在道光以前，财政收支相抵，积余较多，咸丰以前，则略有节余。太平天国起义爆发后，由于要镇压太平军，清廷渐感财政不支，不得不助借厘金以资挹注。到了同治年间，终于出现外债。其后创办海军，办理河工，完成津沽铁路等，多向外商订借外债。据余义生所著的《中国近代外债史统计资料(公元1853年—1927年)》载，清王朝在甲午战争以前的初期外债，即从咸丰三年（公元1853年）至光绪十六年(公元1890年)，共借43笔，折合库平银4592.2万余两，这不包括拟借但不知是否借成的25笔。甲午战争后至清王朝被推翻的后期外债，共借112笔，折库平银12亿余两，实收为6.6亿余两，这不包括拟借但不知是否借成的36笔。

自同治初年（公元1862年）至光绪十三年（公元1887年）的初期外债，主要有以下六笔，其最大数额为银1600万两，最长期限为30年。

一是同治四年（公元1865年），与俄国缔结《伊犁条约》，为了赔偿损失，向英国借1431664英镑2先令；条约签字后，逾四个月开始偿还，每四个月付238610镑13先令6便士，分作6次，于20年间偿清。

二是两次"西征借款"。同治六年（公元1867年）四月，第一次西征借款，由上海采办转运局委员胡光墉经手，向上海英商借款库平银120万两，承借者为陕甘总督左宗棠，用于镇压捻、回军饷及枪炮军需等款。期限半年，月息1.5厘以闽海、粤海、浙海、江汉、江海各关洋税作为担保。同治七年（公元1868年）一月，第二次西征借款，为库平银100万两，其余均与第一次西征借款相同。

三是"福建台防借款"。同治十三年（公元1874年）八月，

左宗棠像 清 马骀绘

大道之行
中国财政史

由办理台湾等处海防大臣沈葆桢，向汇丰银行借款，数额为库平银200万两（627615英镑）。年息8厘，期限10年，以各关洋税作为担保。借款用于台防军饷，镇压台湾少数民族起义。

四是光绪四年（公元1878年），为筹办海军，向德华银行借入250万马克。年息五厘半，以关税作为担保。

五是光绪五年（公元1879年），为"举办要政"，向英商借入1615万两。年息七厘，以关税作为担保。

六是光绪十三年（公元1887年），为加筹海军经费，向德国银行团借入500万马克。年息五厘，以关税作为担保。

后期外债分为甲午战争引起的外债和庚子赔款所引起的外债两部分。甲午战争引起的外债，又分为汇丰借款和战争赔款转化成的外债。

首先，是两次汇丰借款。第一次叫做"汇丰银款"，是光绪二十年（公元1894年）所借，计规平银1090万两，合公砝净银1000万两（相当于1635000英镑）。年息7厘，折扣98%，期限20年，前10年付息，自第11年起逐年还本。因借款以银计，且由汇丰银行经

中国第一家由清政府经营的近代企业——江南机器制造局，简称江南制造局，创办于公元1865年，原址在虹口。该局依靠外国提供的机器设备，主要制造枪炮弹药。图为20世纪初江南制造局大门。

理，故称"汇丰银款"。第二次叫做"汇丰金款"，亦称"汇丰镑款"，是光绪二十一年所借，计300万英镑，年息六厘，折扣98%，期限20年，前五年付息，自第六年起还本。因以英镑计，故称"金款"。

其次，是甲午战争赔款转化成的外债。甲午战争失败，中国赔款20000万两，相当于清政府2年全国财政收入。因难以一次性偿还，限7年内分八期偿还，遂转化为外债。除了第一期5000万两赔款不计年息外，其余15000万两，则于期限以前，每百两加算利息五两，如果中国能于三年内全部清偿，则利息全免；清偿以前，在威海卫驻扎日军，以为保证，军费由中国负担1/4，计库平银50万两。后来引起俄、德两

国的垂涎，出来干涉，结果日本归还辽东半岛，清政府又补3000万两作为赎费，限三个月交讫。赔款及利息共达21100多万两，加上赎辽费3000万两，合计总数为24100多万两。

第一期限六个月，须偿还5000万两。为了还这期借款，清政府于光绪二十一年（公元1895）夏间借入三种"洋款"：

一是俄法洋款：由俄法两国商人承借，款额40000万法郎。年息4厘，折扣94.125%，以关税为担保。自次年起，分36年偿清，每年应偿本息约21154700余法郎。债券在俄国彼得堡、法国巴黎和里昂发行。

二是克萨镑款：由英商麦加利银行承办，款额100万英镑。年息6厘，

甲午战争赔款分期偿还表

期次	金额（万两）	偿还期限
一	5000	订约后6个月内
二	5000	订约后12个月内
三	1600 余	订约后2年内
四	1600 余	订约后3年内
五	1600 余	订约后4年内
六	1600 余	订约后5年内
七	1600 余	订约后6年内
八	1600 余	订约后7年内
合计	20000	

折扣95.5%，期限20年。

三是瑞记洋款：向德国国家银行所借，由瑞记洋行经手，金额100万英镑。折扣95.5%，期限20年。

克萨镑款和瑞记洋款，借款折扣不同，但条件相同，均以关税作为担保。

为了偿还第二期债款，于光绪二十二年（公元1896年）又向英、德两国借款1600万英镑。折扣94%，年息五厘，期限36年，由第一年起，每年四月一日偿还本利共966952镑，至第36年偿清。债票在伦敦及柏林发行。为了偿还第四期债款，于光绪二十四年（公元1898年），又向汇丰银行及德华银行借款1600万镑。年息四厘半，折扣83%，以海关税收作为担保，其不足

额则以一部分货厘、盐厘（共五百万两）作抵。期限45年，每年偿本还息共835232镑。债票仍在伦敦及柏林发行。

庚子赔款所引起的后期外债与义和团运动有关。光绪二十六年（庚子年，公元1900年）在中国北方发生了"扶清灭洋"义和团运动，这是清末以义和团为主体的中国农民反帝爱国运动。失败后八国联军威胁清政府订立了《辛丑条约》，要求中国赔款者在13国以上，赔款总额达45000万两（合6750万英镑）。如此之大的赔款决非清政府短期内所能支付，不得不分作39年摊还，于是逐年发生补年息四厘，这样45000万两，加上逐年补息，遂成为982238150两。按此数由清政府发出债

光绪二十年（公元1894年）至二十四年（公元1898年），由甲午战争所引发的外债表

借款名称	借款数额	借款年	年息（厘）	折扣（%）	期限（年）
汇丰银款	1000万两	光绪二十年	7	98	20
汇丰金款	300万两	光绪二十一年	6	98	20
俄法洋款	40000万法郎	光绪二十一年	4	94.125	36
克萨镑款	100万镑	光绪二十一年	6	95.5	20
瑞记洋款	100万镑	光绪二十一年	6	96	20
英德洋款	1600万镑	光绪二十二年	5	94	36
续借英德洋款	1600万镑	光绪二十四年	4.5	83	45

图为《辛丑条约》签约时之场景。公元1901年9月7日，清廷因战败求和，派全权代表庆亲王奕劻（前右一）、两广总督李鸿章（前右二）与英、美、俄、德、日、奥、法、意、西、荷、比等十一国公使谈判（左列坐者），在北京签订了丧权辱国的不平等条约，史称《辛丑条约》。

券，交各国政府收执。这样一来，赔款便转化为外债了。这笔外债，指定以三种收入担保：一是关税剩余部分，即除摊付原有以关税作担保之外债本息所余的部分，及因关税增加5%所得的收入；二是通商口岸常关的收入，即50里内归海关管理的常关收入；三已用作外债担保外的盐税收入。

根据《辛丑条约》附件规定，应照海关银两市价易成金款，然后付与外国。但世界银价趋跌，于是以银易金，发生镑亏（即不足金镑之定数）。自光绪二十七年（公元1901年）至三十年（公元1904年），镑亏之数达1000余万两，磋商数年，减至800万两。为补充这笔镑亏，又向汇丰银行借得100万镑，年息五厘，期限20年，每年还本5万镑，以山西的烟草税及百货厘金作抵。

由此可知庚子赔款，实际上包括三个项目：45000两的赔款原额、补息数额、镑亏数额，其总数约为10万万两（982238150两，加上800万两）。

清代外债，数额既巨，期限又紧，中央财政难以应付，于是不得不责成各省分担。宣统时期各省每年应摊还各项借款数如下表：

宣统时期各省每年应摊还各项借款数额表

外债名称	各省每年摊还数额（两）	外债名称	各省每年摊还数额（两）
汇丰银款	842000	瑞记洋款	700000
汇丰金款	2523000	英德洋款	4447500
俄法洋款	3322500	续借英德洋款	5000000
克萨镑款	776000	庚子赔款	23830000

此外，尚有海关常关摊派之款，年约1200万两，总计各省各关每年共摊得5340万两。

清政府的外债与赔款两项，截至光绪三十三年（公元1907年）为止，各笔债款现负额（不包括铁路借款在内）如下表：

光绪三十三年外债与赔款数量表

时期	外债或赔款名称		发行年度	年利（厘）	款额（镑）	现负额（额）
甲午战争以前	怡和借款		1886	7	115000	48000
甲午战争以后	汇丰银款		1894	7	1635000	817500
	汇丰金款		1895	6	3000000	1200000
	俄法金款		1895	4	12819100	12427476
	克萨金款		1895	6	1000000	466700
	瑞记金款		1895	6	1000000	466700
	英德金款		1896	5	16000000	13342625
	续借英德金款		1898	4.5	16000000	14584000
庚子事变以后	赔款	甲种	1901	4	11250900	10257254
		乙种	1901	4	9000000	9000000
		丙种	1901	4	22500000	22500000
		丁种	1901	4	7500000	7500000
		戊种	1901	4	17250000	17250000
	镑亏金款		1905	5	5000000	483333
	英法金款		——		5000000	5000000

《北京条约》订立后，清政府成立专门办理洋务及外交事务的中央机构——总理各国事务衙门。图中为该衙门的官员，自右起至左二为：成林、沈桂芳、董恂、文祥、奕䜣、毛昶熙。

铁路借款是清政府为建筑铁路而举办的外债，始于光绪十三年（公元1887年）的"津沽铁道借款"，终于清末，有25项之多。举其要者有：京汉铁路借款、京奉铁路借款、吉长铁路借款、正太铁路借款、沪宁铁路借款、汴洛铁路借款、道清铁路借款、广九铁路借款、津浦铁路借款、沪杭甬铁路借款等10项。

京汉铁路始名芦汉铁路，是从卢沟桥到汉口，后来延展至北京，改名京汉。京汉铁路借款，分为三次。一是芦汉铁路借款：为建筑芦汉铁路，于光绪二十四年（公元1898年）六月二十六日向比国铁路公司所借，总额为12500000法郎（即英金450万镑），合库

平银3750万两。折扣九折，年息5厘，以芦汉铁路财产及进款作为担保。期限为30年，前10年付息，后20年还本。二是京汉赎路借款：于光绪三十四年（公元1908年）十月三日向英法两国订借，以汇丰、东方汇理两银行为债权人，款额500万镑。内以400万镑赎回前项借款。借款期限为30年；年息前15年为五厘，以后为四厘半。10年后分20年平均还本，折扣九四，以盐斤加价及货税作为担保。三是邮传部赎路借款：光绪三十四年，邮传部议赎回京汉铁路时，原定募内债1000万元，但招募以后，购者甚少。至宣统二年（公元1910

中国第一条自办的铁路——唐胥铁路。
光绪六年（公元1880年），李鸿章修筑了由唐山至胥各庄的铁路，全长11公里，于次年通车。本图是李鸿章于光绪十二年（公元1886年）到唐山车站视察时的留影。

年），因急需款项，乃改借外债，即向英国敦菲色尔公司借英金45万镑；向日本正金银行借日金220万圆；向敦菲色尔公司及密德伦银行借英金19.44万镑。以上三种借款，条件略同：年利7厘，自债券发行之日起，第8年至第12年，分五年清偿，均以本路收入作为担保。所不同者，前两种折扣为九七五，后者为九一。

京奉铁路始名津芦（芦台），又名津榆，又名关内外铁路。后于光绪三十三年（公元1907年）将路线延展至奉天（沈阳），始名京奉。此路初为唐山煤矿商路（公元1880年），仅为运煤之用，嗣延至山海关（公元1895年），改商路为官线，且又设复线。因经费不足，半借洋款。自光绪十三年（公元1887年）至光绪二十四年（公元1898年），曾借过四次洋款：一是津沽铁路借款二次；津通勘路借款一次；英德法各银行借款一次。这四次借款，合计500余万元。

光绪二十四年（公元1898年），津榆铁路已延至山海关，为建造沿路支线、添设工程车辆和归还该路所欠外国银行之借款，又向英国中英公司订借关内外铁路借款。债额为英金230万镑，折扣90%（市场不售时，可跌至88%），年息5厘，以本路财产及收入为担保。期限为45年（如欲提前偿还，每100镑加20镑），前5年付息，后40年平均偿本。至光绪二十六年（公元1900年）义和团事起，八国联军入天津，关内铁路为英所占，关外铁路为沙俄所占；至和约定后，始均经收回。收回之后，又进行修筑。不久延长至新民屯。而日俄战争时，日本为谋军运，铺设自新民屯至奉天的狭轨铁路，故到了光绪三十三年，清政府以166万日圆的价格赎回这条狭轨铁路。赎回之后，为了改筑这条狭轨铁路，乃向日本南满铁道株式会社订借新奉借款，债额是32万日圆。借款条件为：折扣93%，年利5厘，期限18年，每年三月九日还本一次，分36次还清，用途为改筑狭轨铁路之用。狭轨铁路改筑完毕，关内外一线相通成为京奉铁路。

吉长铁路自吉林省城至长春，全程200余里。光绪三十三年，清政府始向日本南满铁道株式会社筹借款项，总额为日币215万圆，折扣93%，年利5厘，期限25年，前5年付息，后20年分40次平均偿本，用途为建筑本路之用。其他特殊条件，与新奉借款相同，即须聘日本人为总工程师及会计主任，本路收入须存入正金银行分行或出张所。

正太铁路始于石家庄终于太原，全长486里。光绪二十八年（公元1902年）向华俄道胜银行借款4000万法郎，折扣90%，年利5厘，期限30年，自第10年起，均分20期还本，并得提前还清，以本路财产全部及收益为担保。

沪宁铁路自吴淞至南京，长654里（其中南京至上海，计311.4公里），光绪二十八年，与英伦敦公司订立借款合同。债额原定英金525万镑，但实际只发行了290万镑，即第一期（公元1904年）发行了225万镑，至光绪三十二年（公元1906年）又续借65万镑，共计290万镑。第一期以90%交付，实际只收得202.5万镑；第二期以94%交付，只收得61.1万镑，年息5厘，期限50年满，25年后，可以随时偿还。

汴洛铁路自开封至洛阳，全长370里。光绪二十九年（公元1903年）向比国电车铁路合股公司借款2500万法郎，折扣90%，年息5厘，期限30年，自第10年起，分20期偿还。用途是建筑开封至洛阳间的铁路与沿路支线，担保为本路财产及收入。光绪三十三

年（公元1907年）又有第二次借款1600万法郎，折扣95%，利息、担保、期限，均与上次相同。先后两次借款，合计4100万法郎，合英金164万镑。后因义和团运动爆发，借款未就。

道清铁路自道口至清化镇，长260里。原由英人敷设，为运输沿途矿产之用。盛宣怀向英国掘公司借款英金61.46万镑买回路权。

广九铁路自广州至九龙，长267里，与粤汉铁路连接。光绪二十五年（公元1899年），向中英公司借款150万镑，期限30年。满12年半后，分18期偿还，在伦敦发行债券，以本路产业及一切进款为担保。

津浦铁路，原名津镇铁路（自天津至镇江），后改为津浦铁路（自天津至浦口），全长1893里。向英国华中铁路公司及德国德华银行借款：第一次为500万镑，由德华银行及伦敦华中铁路公司承借（其中由汇丰银行担任185万镑，德华银行315万镑）。此500万镑债票，又分两期发行，第一期发行300万镑，第二期200万镑，均在伦敦及柏林发行。这两期借款，年利均为5厘，期限均为30年，前10年付息，后20年还本。担保均以本路收入及直鲁两省厘金、江宁厘金以及淮安关厘金作抵。

只是折扣略有不同，第一期是93%，第二期是95.5%。宣统二年（公元1910年），又续借480万镑。此款亦分两期发行，第一期300万镑（德认189万镑，英认110万镑）；第二期180万镑（因欧洲金融困难，未发债票），发行条件与第一次借款同。第一、第二两次总计980万镑，对德发部分之债票，后因对德宣战，中途停付，唯其中一部分落入他国人手中，仍是照付。

沪杭甬铁路全长358.69公里。因华商股本不足，光绪三十四年（公元1908年）向英公司筹借英金150万镑，以93%折收款，以利易权。

宣统三年（公元1911年）因欲清偿京汉铁路及付各项借款，向日本正金银行借得整理铁路借款，总额为1000万日圆，折扣95%，期限25年，年息5厘，担保为江苏漕折等。这是清政府最后一次铁路借款。

这一时期中国铁路建设较快，光绪二十九年（公元1903年），全国有铁路4360公里；民国二年（1913年）为9744公里。同时铁路借款增长也十分迅猛，光绪二十八年（公元1902年）前的铁路借款为4800多万美元，

光绪二十九年（公元1903年）到民国三年（1914年）间达到2亿余美元。

为敷设电报用电线，清政府大额借款有：沪烟沽正水线借款、沪烟沽副水线借款、邮传部电报借款等三项。

为敷设大沽至上海海底电线用款，由中国电报局盛宣怀于光绪二十六年（公元1900年）八月四日向英商大东公司及丹（麦）商大北公司借款英金21万镑，年息5厘，期限30年，以中国电报局收入作为担保。借款条件为：所

明信片　清
这是清光绪二十四年（公元1898年）由汉口寄往德国的实寄明信片。

修海底电线，由两公司代办代管。

为敷设沪烟沽副水线，于光绪二十六年（公元1900年）十二月二十六日又向英商大东公司及丹（麦）商大北公司借英金48000镑。除期限为29年外，承借者、担保、条件均同上。

宣统三年（公元1911年）四月十日邮传部向英商大东公司及丹商大北公司借英金50万镑。年息5厘，期限19年，以中国电报局的收入作为担保。此项借款，原拟作为收回和扩充各省电报电讯设备用款，后移用于铁路。

从光绪二十一年（公元1895年）至宣统二年（公元 1910 年），清王朝向列强各国的借款约合2.7亿美元。由于这些借款又都是以中国的关税、盐税以及后来的内地税收作抵押的，因此，列强各国又借此控制了清王朝的部分财政收入。

除了以上中央财政出面所借之各项外债外，尚有各省直接向外商所借之外债，贾士毅在《民国财政史》中称，举债者有

湖北、江南、广东、上海商会、云南、直隶等，借债共有9项，债额合银元128万元、日圆160万元、英金80万镑。其借款年息，最低者为4厘，最高者为7厘，九项借款中六项年息为7厘，没有折扣。此外，鄂督、上海江海关道、粤督、滇督，均借过外债；如湖北系库款支绌，如上海为维持市面，也有因金融周转不灵而借款。

在中日甲午战争以前，由于遭到中国人民的强烈反抗，列强只能以军事侵略为手段，通过同中国签订不平等条约，并进而输出资本以攫取特权和控制中国经济。日本对华发动甲午侵略战争后，列强才在中国正式获得了租借土地、开办厂矿和建筑铁路的权利。因此，在甲午战争以前，在中

北洋舰队致远号护卫舰

国境内的外商工业企业不过10余家，至民国元年（1912年），较有规模的外国工业企业已有166家。特别是棉纺工业，开始外商无缘进入，自光绪二十年（公元1894年），英商怡和洋行突破禁令强行进入后，次年上海即开办了4家外国纱厂，其中英商2家，美商1家，德商1家；民国三年（1914年）日本纱厂即有3家，纱锭和织机也逐年增加。其次为外国贸易商的扩大。据吴承明的统计，在中国的外商：光绪八年（公元1882年）为440家，光绪十八年（公元1892年）为579家，光绪二十七年（公元1901年）为1102家，民国二年（1913年）为3805家。再次是银行的设立，1894年前，仅有英、德两国在华设银行7家；光绪二十年（公元1895年）至民国二年发展为九国十三行，85个分支机构。

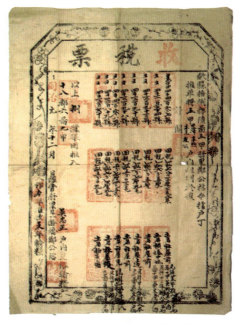

同治元年收税票

第五节　清后期的财政支出

一、军事

同治、光绪年间，绿营兵减至462382人，比道光时约减12万人。道、咸年间，清政府为了镇压太平天国，在各省多招募"乡勇"，咸丰三年（公元1853年），曾国藩在湖南办团练。《曾国藩全集》称，所谓团练，是乡团和练勇的合称。乡团有两种：一种花钱较多，即"并村结寨，筑墙建碉，多制器械，广延教师，招募壮士，常操技艺"。另一种花钱较少，即"居虽星散，闻声相救，不制旗帜，不募勇士，农夫牧竖，皆为健卒，褪锄竹木，皆为兵器"。所谓练勇，乃在乡团渐有成效的基础上，扩大训练，即"于省城设立一大团，认真操练，就各县曾经训练之乡民，择其壮健而朴实者，招募来省，练一人收一人之益，练一月收一月之效"。其后咸丰五年（公元1855年），练勇改为营制，正式成军，以500人为一营，成为湘军，出境作战；后来湘军日渐扩大，再加上李鸿章的淮军，共达 200 营。此外，左宗棠设楚军亦达百数十营。军事甫定，各省险要，均以勇营留防，代替绿营，绿营月饷已不及防勇的 1/4。勇营驻屯于直隶、江淮南北扼要之处，故有防军之称。咸丰年间，勇营日多，以勇补兵额，余勇备缓急。同治元年（公元 1862 年），于天津创练洋枪队；六年（公元 1867 年），定

咸丰帝
名爱新觉罗·奕詝（公元 1831 年—1861 年），庙号文宗。

练军之名，各省始普遍练军。练军乃由额设制兵内抽选，但营哨饷章，尽照湘军；淮军与防军同。于是绿营分布于列郡、汛地；练军则屯集于通都重镇。故练军的作用与防军同。同治、光绪年间，各省防军练勇，凡 36 万余人。岁需银 2000 余万两。其后绿营日渐裁减，各省卫戍之责，遂专属于防军练军了。光绪中叶后，防练军改为巡防队；光绪、宣统之间，又改为陆军。陆军新制，始于甲午战后袁世凯之练新军，这叫做新建陆军；复练兵小站，称为定武军。张之洞聘德人教练新军，称为江南自强军。庚子（公元 1900 年）以后，各省皆起练新军，改定新军编额为 36 镇；但未及全部创立，仅创立了 26 镇，即遇武昌起义，陆军首先发难，各省响应，清代遂亡。由此可见，在家庭中，有时儿女会成为父母的掘墓人；在社会上，统治者所着意培育之新生力量，亦难免是自己的颠覆者。

中国古代多将在水面作战的部队称之为水军，清代则称水师。清代在内河外海均有水师，但沿海水师，仅为防守海口，缉捕海盗；虽在海境，规模等于内地。咸丰初年，太平天国在长江作战中，拥有

《刘提督镇守北宁图》
清　民间木版画　公元1884年

10000 多艘小船，曾国藩为与之作战，创办了水师，战船 240 艘，坐船 230 艘，凡 10 营，5000 人。《清史稿》称，到了光绪年间，南北洋铁舰制成，始设专官统率。水师分布于东三省、直隶、山东、江南、浙江、福建、广东、广西、湖南、湖北、安徽以及长江一带。各省多设造船厂，修理水师船。船的种类，外海用臣艇，内河用轻舟。就长江水师而论，共有副将 6 营，参将 7 营，游击 11 营，凡 24 营。

道光年间，始由西方购入军舰，以辅水师，标志着中国进入海军时代。自光绪中叶至宣统初年，南北洋海军仅有船 50 余艘，旧式居半，其能出海作战者仅有巡洋舰 4 艘，炮舰 10 余艘。光绪二十一年（公元 1895 年）中日甲午海战，北洋水师战败，所余南洋兵舰，新旧大小不齐，只可备巡防之用，已不复成军。以后逐渐购置，新旧大小各船又达 55 艘。《清史稿》称，"船政经费，同治十三年（公元 1874 年）首次撤销，造船、购赍、盖厂各费达五百十六万两，养船费十九万两。光绪二年（公元 1876 年）后，船政常年费为六十万两。自同治五年（公元 1866 年）至光绪三十三年（公元 1907 年）造船四十艘，用银八百五十二万两，营造厂屋用银二

"镇远号"铁锚
图为镇远号上的铁锚照片，它见证了黄海海战的惨烈。

百十一万两，装造机器用银六十四万俩，洋员岁俸及修机器置书籍，用银五百五万两，学堂费六十七万两，养船费一百四十六万两。经营船政四十余年，凡用银一千九百万两有奇。"至于造船方面，《清朝续文献通考》称，福州船厂建成于光绪十九年（公元1893年），费银2000余万两，为清代海军之基。此

外，旅顺船坞的建设，亦耗银200余万两。甲午战后，遂先后为日、俄所侵占。江南船厂，自造各种兵舰，为数不多。

清王朝不仅动用本国武装力量，还仰仗西方军队，咸丰三年（公元1853年）、四年（公元1854年）雇募外国炮舰攻打小刀会，雇佣美国流氓华尔率领的"常胜军"镇压太平天国起义军，从咸丰十一年（公元1861年）至同治三年（公元1864年），支付费用342万余两。

《清史稿》载，第一次鸦片战争和第二次鸦片战争的军费开支为"一千数百万两"，中法战争军费为"三千余万两"，围堵太平军军费支出为1.5亿两。

二、赔款

清自鸦片战争后，累战累败；战败则被勒索赔款，赔款数量也一次比一次增多。第一次鸦片战争战败赔款银元2100万元，折合白银1470万两，其

清后期财政的兵饷支出　　　　　　（单位：万两）

年　份	项　目	金　额
光绪十七年（公元1891年）	饷乾兵饷（经常门）	2035余
	勇饷兵饷（经常门）	1826余
宣统三年（公元1911年）	军政兵饷（经常门）	8349余
	军政兵饷（临时门）	1400余

中包括鸦片烟价赔偿600万元，战争赔款1200万元，商行欠款300万元；此外，英军向清廷勒索的广州赎城费600万元以及在沿海各城市劫掠官库和商民价值730万元的财物还未计算在内。第二次鸦片战争失败后向英法两国各赔白银800万两，还要支付"恤金"50万两；此后，《中俄伊犁条约》规定向俄赔白银600万两。总计赔偿白银3700多万两。为了筹措这笔赔款，除用海关税、地丁银、捐输各款支付外，还令江、浙、皖、粤等省负责摊赔。

光绪年间两大赔款，一是中日甲午之战，签订《马关条约》，割地赔款，赔日本军费2亿两，分8次于7年内交清。除第一期的5000万两在6个月还清不计利息外，其余的1.5亿两要计息，年息5%。二是光绪二十七年（公元1901年），八国联军攻入北京，清朝被迫与之签订《辛丑条约》，规定向英、德、美等13个帝国主义国家赔款，总额4.5亿两，由于清王朝财政已空竭，无力在短期内还清，议定分39年赔付完毕。未赔之款，按借债对待，年利4厘，合计为9.8亿两。约相当于光绪末年近10年的财政收入。

《马关条约》签字的情景画面中（背向左起）参赞马建忠、参议李经方、钦差大臣李鸿章、参赞荣禄、参赞伍廷芳；（桌对面右起）日本内阁总理伊藤博文、外务大臣陆奥宗光、内阁书记官伊东。

各国赔款所得分配表

国别	占总额 45000 万两的百分比	金额（两）
德国	20.01567	90070515
奥、匈	0.88976	4003920
比利时	1.88541	8484345
西班牙	0.03007	175315
美国	7.31979	32939055
法国	15.75072	70878240
英国	11.24901	50620545
葡萄牙	0.02050	92250
意大利	5.91489	26617005
日本	7.73180	34793100
荷兰	0.17380	782100
俄国	28.97136	130371120
瑞典、挪威	0.01396	62820
国际要求	0.03326	149670

此外，还有所谓教案赔款，如光绪五年（公元 1879 年）云南赔法国教堂 5 万两；二十年（公元 1894 年），贵州赔教堂 3 万两；二十五年（公元 1899 年），山东赔 7.7 万两；二十九年（公元 1903 年），吉林全省教案赔款 25 — 26 万两。

三、债务和债息

清代外债在甲午战争前，仅怡和借款一项，计 11.5 万镑。甲午战争以后至庚子（公元 1900 年）以前，则继续发生七种。庚子战役以后，赔款骤增，高达 4.5 亿两。为了偿债，举了五种外债；又因镑亏，发生镑亏金额，另外又举了英法金款；共有 7 种之多。此外，自光绪二十四年（公元 1898 年）至三十四年（公元 1908 年），又发生了铁路公债 15 种。合计上列四项外债，债款总额共为 158432000 镑（每镑约合 10 元）。

清王朝所借外债款项，主要用于赔款，占借款总额五成强；其次用于铁路、轮船、邮电和军工投资，约占三成。这些外债，一是利息高，折扣大，一般年息都在 4%—7% 之间，有的高达 10% 以上，而借款不是全额付给，一般不超过90%，有的只给全额的83%；二是借款利用各国货币的比值变化及市场价格的涨落所造成的差价，对中国进行勒索，如公元1895年的克萨镑款(100万英镑)，镑亏本息达173万余两，占实收额570余万两的30%；三是外债多由赔款转化而来，需由外国人指定用途，限制向他国借款，不许提前偿还，并要用中国关税、盐税以及百货厘金作担保，如到期不能还本付息，债权国有权到通商口岸直接征税，等等。这些苛刻条件，不仅使中国遭受经济损失，还伤害了中国税收主权。

债息支出亦是晚清财政的一大支出。据光绪二十二年（公元1896年）户部奏称："近时新增岁出之款，首以俄法英德两项借款为大宗"，一为500余万两，一为600余万两，共计1200万两左右，一年内还清，对财政压力很大。而光绪二十年（公元1894年）至二十七年（公元1901年）的八项借款所付本息银数，光绪二十五年（公元1899年）时约占岁出的22.9%，三十一年（公元1905年）时占31%，宣统

三年（公元1911年）试办预算表上，赔款和债息为5200万，占当年预算支出的15%。

四、教育

在富国强兵浪潮席卷朝野的晚清时期，也是中国文化教育事业大发展的时期。光绪初年办实学馆、方言馆，十一年（公元1885年）建天津武备学堂，十三年（公元1887年）设广东水师学堂和陆师学堂，三十四年（公元1908年）耗资200万两建京师大学堂。地方上光绪十三年广东建广雅书院，三十二年（公元1906年）建曲阜学堂，三十一年，湖南奏建开办费为1万两的省立图书馆。义和团运动后，光绪二十九年（公元1903年），在教育行政方面设管部大臣，颁教育制度；三十二年改设学部。

据宣统二年（公元1910年）统计，各省学堂为42444处，各省学生人数为128.5万人，其中专门学生增加3951人，实业学生增多4923人，普通学生增加26.5万余人。还向国外派遣留学生，学习西洋技术。随着学校的增加，教育经费也相应增加。

试办宣统三年（公元1911年）全国岁出预算及学部经费表

经费名称	度支部预算数（两）	资政院复核数（两）
学部经费	1846437	1732669
各省教育费	1529047	1014807
合计	3375484	2747476

私塾

《清朝续文献通考》所载的上述数字表明，教育费2747476两占全年总支出额298448365两的1%强。

五、铁路

晚清时的中国对铁路的作用，有一个从不认识到认识的过程。《清史稿》载，光绪初，英人擅自在上海筑铁路至吴淞，清以银28万两赎回不用。三年（公元1877年），有商人筑从唐山至胥各庄铁路80里。以后，李鸿章、张之洞力主筑卢汉铁路，于光绪三十三（公元1907年）年建成，自京师至汉口，"路近三千里，费逾四千万"。国家财政资金不足，向外国借款而成。当时官办铁路有京汉、京奉、津浦、京张、沪宁、正太、汴洛、道清、广九、吉长、萍株、齐昂等12条，合计资本金为35499.4万余元；商办铁路有浙江、新宁、南浔、福建、潮汕等铁路，合计资本金为

2635.7万元。

六、农商、邮电

光绪二十九年（公元1903年）设立商部，与工部并立。三十三年两部合并，改名为农工商部，地方设劝业道。

旧有的驿站及运输业务，原分隶各部管理。如，内地商船，隶属工部；招商局，隶属北洋大臣；邮政隶属总税务司；路、电两项，派大臣督办，未设专部。直到光绪三十二年（公元1906年）始设邮传部，进行统一管理。

电报创办于光绪五年（公元1879年），初为官款官办，八年（公元1882年）起为官督商办；二十八年（公元1902年）起为商股官办。光绪三十三年，全国电线计飞线、水线、地线共76098.5里，到宣统元年，线路达95281.5里。邮政，始议于光绪二十一年（公元1895年），广西按察使胡燏荣奏请创邮政以删驿递，每岁可省驿费300余万，而收数百万之盈。二十二年（公元1896年）设于沿江沿海，三十年（公元1904年），推广至全国各省，所需启动经费109万两，由关税项下垫付。

试办宣统三年（公元1911年）全国岁出预算及邮传部、农工商部等支出安排表

经费名称	度支部预算数（两）	资政院复核数（两）
（农工）农工商部	1101590	840458
（商）各省实业费	938412	549158
各省工程费	4515271	4064188
合　计	6555273	5453804
（邮传）邮传部	53839578	36907794
各省交通费	1302328	661402
合　计	55151906	37569196

载于《清朝续文献通考》的上述数字表明，农商费支出5453804两仅及交通费支出37569196两的1/7，两项数字合计为43023000两，占全年支出总预算298448365两的14%强。

七、实业

鸦片战争后，为了"自强"、"求富"、"富国强兵"，以曾国藩、李鸿章为首的洋务派，从咸丰末年开始，先后创办了一批以新式军事工业为中心的实业。咸丰十一年（公元1861年），曾国藩创办安庆军械局。同治元年（公元1862年），建上海炮局。同治四年（公元1865年），李鸿章购得美商旗记铁厂，筹建上海江南机器制造总局，至光绪十九年（公元1893年）建成。同治五年（公元1866年），左宗棠耗银47万两与法国人在福州马尾山下建福州船政局，从同治五年至光绪三十三年（公元1907年），"经营船政四十余年，凡用银一千九百万两有奇"，光绪二年（公元1876年）后，船政常年费为60万两。同治六年（公元1867年），崇厚于天津筹建天津机器制造局。同治十一年（公元1872年），李鸿章购买轮船，强固国防，又奏办轮船招商局，官商合办，总局设在上海。

八、司法

清代司法，中央设刑部，省级设按察使，州县则由行政长官兼理。到了清末，学习西方，筹备司法独立，将刑部改为法部，按察使改为提法司。采四级制，以大理院为最高机关，下设高等审判厅、地方审检厅、初级审检厅，从此地方司法与行政分离。中国历史上一向兼理司法的州县长官不再拥有法官形象，成了专业的行政长官。

试办宣统三年（公元1911年）全国岁出预算及司法费支出安排表

经费名称	度支部预算数（两）	资政院复核数（两）
法部经费	954080	764673
大理院	125544	125544
各省司法费	6636391	5753610
合计	7716015	6643827

载于《清朝续文献通考》的上述数字表明，全国岁出预算中，司法费合计银6643827两，占全年预算支出数298448365两的2%强。

九、外交

清王朝的外交事务，一向由理藩院兼理，直至嘉庆道光以后，中国与西方资本主义国家的交涉日繁，理藩院照顾不过来，才在咸丰十一年（公元1861年）成立总理各国事务衙门（简称"总理衙门"）。总理衙门按军机处规模组织，其职掌除外交事务外，还兼理各路军务及海关。所谓外交，包括各国盟约、书币、聘飨、中外疆域、文译传达、民教交涉等诸项事务。光绪二十七年（公元1901年），将总理衙门改为外务部，于沿海各省添设交涉使，处理邦交。

公元1895年，李鸿章与伊藤博文谈判，最终签定了《马关条约》。

试办宣统三年（公元1911年）全国岁出预算中及外交经费支出安排表

经费名称	度支部预算数（两）	资政院复核数（两）
外务部	2925734	2783287
各省交涉使	618998	343726
合计	3544732	3217013

载于《清朝续文献通考》的上述数字表明，外交经费为白银3217013两，只占岁出总额298448365两的1%强。

十、皇室

皇室财政支出包括内务府经费、庆典费用、陵墓建筑维修费和园囿修建等费。《清朝文献通考》称，同治十一年（公元1872年）办理大婚，谕各省添拨京饷银100万两。同治十二年（公元1873年）规定内务府经费岁额60万两。同治十三年（公元1874年），东陵用款不敷，从长芦盐务项下借支50000两，生息备用。光绪十三年（公元1887年）皇帝大婚，提拨京饷银550万两。特别是光绪二十年（公元1894年）慈禧的"整寿"，为举行"万寿庆典"，各种耗费约计700余万两。这笔"庆典用款"，一部分来自"部库提

拨"，一部分来自"京外统筹"。而部库提拨是从饷需、边防经费和铁路费用中"腾挪"。花费180万两的光绪陵工程，则从各省地丁、厘金、海关、洋税中提取。

"大雅斋"墨彩描金百蝶纹纸篓。
瓷纸篓通高26.7厘米，长28.3厘米，宽22.8厘米。白地墨彩，描金绘百蝶纹。公元1861年9月，懿贵妃被尊为"慈禧皇太后"，同年11月与慈安皇太后在养心殿"垂帘听政"，这是陈放在养心殿寝宫正间地上，用来丢放垃圾的篓子。

光绪十一年至二十年（公元1885年—1894年）皇室部分费用支出表

（单位：两）

年份	陵寝	交进银两	祭祀
光绪十一年	423204	——	342693
十二年	473303	140000	339797
十三年	106861	180000	336450
十四年	37786	180000	334259
十五年	84222	180000	333981
十六年	130559	180000	335953
十七年	88021	180000	336733
十八年	78118	280000	403772
十九年	92219	280000	335112
二十年	77951	280000	333458

庚子（公元1900年）后，英人赫德编拟的"岁计收支概算"中，所列皇室费为110万两。到了宣统年间，增至400万两内外，合诸圆明园、颐和园、东西陵事务衙门、奉宸苑、太医院、銮舆卫及其他各处费用共10246974两，折合银元计115370461元。1912年2月清帝退位后，北洋政府负担清皇室优待费每年400万两，加上陵墓费，共计为8035073元。

十一、官俸

百官俸禄，包括公费、津贴、薪水等项，分银、米两类，道光中，每岁京库放俸米380万400万石。咸丰年间，官俸有俸银与薪银之别。如咸丰六年（公元1856年），正一品得俸银95.812两，薪银144两，合计便是239.812两。同治六年（公元1867年）规定，凡在外文官俸银与京官一例，按品级颁发，不给恩俸，不支禄米。而武官额俸则与京官有异。光绪十七年（公元1891年），俸食、廪膳、公廉三项合计，共853万余两，比乾隆朝的543万余两，增加了63%。光绪二十七年（公元1901年），对各行政机构进行改革，各机关有并有增，行政经费增列不少。到了宣统时，"官俸或曰公费，或曰津贴，或曰薪水，名目参差，京官各部院不同，外官各直省不同"。宣统二年（公元1910年），军机大臣每年公费24000两，尚书10000两，侍郎8000两，左右丞4000两；而外省各官，总督繁者24000两，简者20000两，巡抚繁者18000两，简者14000两。宣统三年（公元1911年）预算行政费列2732.8万两。

十二、水利

《清史稿》载，河道堤防工程的财政支出，道光中，东河、南河除有年例岁修经费外，又拨有专项工程经费：东河每年额拨150余万两，南河270余万两，积十年则有4000余万。道光六年（公元1826年），拨南河王营开坝、堰、盱大堤共银517万两。咸丰初，丰工亦拨银400万两以上；同治中，山东侯工、贾庄各工，用款200余万。此外，光绪、宣统时期支出河工费，约2000万两。

十三、赈济

道光中，拨给江苏、河南、河北等数省赈灾银400多万两；安徽、浙江截留办赈银近100万，江苏为140余万。光绪初，山西、河北、陕西之灾合官赈（拨帑、截漕）、义赈及捐输等银，不下千数百万两；而郑州河决直隶、江苏、山东及秦晋等地，水旱各灾，赈捐用银近3000万两。同时，尚有官绅商民捐输银两。

大道之行
中国财政史

一、管理机构

《清史稿》载，清代中央财政管理机构为户部，职掌天下户口、土田的簿籍，并统理一切经费的出入。户部为内阁六部之一，其本身设有尚书，掌军国支计。尚书之下，有左右侍郎满汉各一，右侍郎兼管钱法。下设十四清吏司，各按省份，职掌其分省的民赋及八旗诸司廪禄、军士饷糈、各仓盐课、钞关杂税，分掌各省及有关全国钱粮政务。此外，还有井田处、俸饷处、理审处等机构。雍正元年(公元1723年)，始令亲王大学士兼领户部，借以掌握财政大权于皇室，而不致财权旁落。康熙七年(公元1668年)曾裁去汉员侍郎，仅设满员侍郎。但仅一年，即行恢复。

光绪三十二年（公元1906年），"厘定官制，以户部为度支部"。"大臣主计算，勾会银行币厂，土药统税，以经国用"。度支部设度支大臣及副大臣各一人，左右丞及左右参议各一人。下设十司，即田赋、漕仓、税课、榷、通阜、库藏、廉俸、军饷、制用、会计，各以职务分司。大臣掌主计、算、勾、会、银行、币厂、土药、统税，以经国用。十司的任务分别是田赋司，掌土田财赋，积核八旗内府庄田地亩；漕仓司，掌漕运，核销仓谷委积、各省兵米数，合其籍账以阅；税课司，掌商货统税，校比海关常关盈绌；榷权司，掌盐法杂课，凡盘查道运，各库振敛，土药统税，并校其实；通阜司，掌矿政币制，稽检银行币厂的公牍；库藏司，掌国库储藏，典守卫料、缎匹两库；廉俸司，掌核给官禄，审计百司职钱，餐钱；军饷司，掌核给军糈，勾稽各省投解协饷；制用司，掌核工银经费，京协各饷，兼司杂支例支；会计司，掌国用出纳，审计公债外款，编列出入表式。为加强盐政管理，在中央设盐政院，下设总务厅、南盐厅、北盐厅、参议等职。

中央财政还设有派出机构："漕运总督"专掌漕政；"巡视盐政"专掌盐政的长官，长芦、两淮各一，福建、两广、甘肃、四川则以总督兼理，浙江、云南、贵州则由巡抚兼理。

地方财政则由各省承宣布政司掌一省之政，司钱谷出纳。下置督粮道、盐法道、盐运使等职官。光绪三十三年(公元1907年)，设省财政处，以隶于度支部。部中仍置尚书、左右侍郎、左右参议各一人。宣统三年(公元1911年)，改尚书为大臣，侍郎为副大臣。

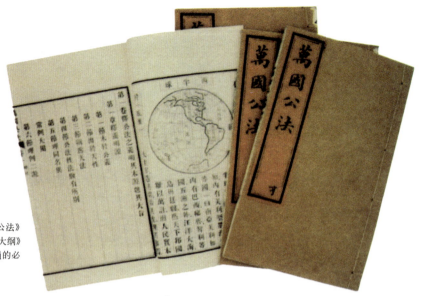

同治三年铅印本《万国公法》
《万国公法》为《国际法大纲》
的译本,是清代涉外官员的必
读书。

清末的海关,从公元1840年鸦片战争后就受到外人操纵。咸丰四年(公元1854年)成立的上海关英、美、法管理委员,是西方列强参与中国海关管理之始。咸丰十年(公元1860年),总理衙门成立后,于次年(公元1861年)又成立了全国性的总税务司署,而正、副总税务司则由洋人担任。

光绪年间,又设督办税务大臣、帮办大臣各一人,主管关税,督率关吏。下设提调、帮提调、分股总办、帮办各1人,下辖总税务司、副总税务司各1人,税务司6人,副税务司6人,各关税务司59人,副税务司37人。海关监督,开始较早,后改归督抚监督。道光以后,海疆日辟,始置北洋、南洋通商大臣,关道及监督均隶属于通商大臣。

光绪二十三年(公元1897年)设税务处,总税务司以下各官均受其节制;并合原有户部管理的户关与工部管理的工关,统称常关。以50里外常关归海关监督管辖,50里内常关归税务司管辖。

二、预、决算制度

清代中央与地方的财政体制,长期维持上供、送使、留州制度,从乾隆朝的记录来看,中央收支项目,各有定额。

清末开始整理财政,筹办预算。光绪三十三年(公元1907年),颁布《清理财政章程》,规定在户部之下设清理财政处,职责之一为审核中央和地方的预、决算报告,汇编国家预算;各省清理财政局的主要为拟定各该省收支章程,造送各该省预、决算报告册;宣统二年(公元1910年)正月,拟定

"预算册式及例言"，规定以每年正月初一到十二月底止为预算年度；预算册内先列岁入，后列岁出，各分"经常"与"临时"两门，门内分类，类下分款，款下分项，项下分子目。出入银数，以库平足银为标准，并以"两"为记账单位，小数至厘为止。并于宣统二年、三年分别编制出宣统三年、四年全国预算。宣统二年度支部试办宣统三年预算：岁出分为18类，总额为338650000两；岁入分为8类，总额为296962700两。收支相抵赤字41687300两。

宣统三年（公元1911年）预算岁出表 （单位：两）

项目	经常	临时
行政费	26069666	1258184
交涉费	3375130	626177
民政费	4416338	1324531
财政费	17903545	2877904
洋关费	5748237	9163
常关费	1463332	——
典礼费	745759	54037
教育费	2553416	1041892
司法费	6616579	218746
军政费	83498111	14000546
实业费	1603835	——
交通费	47221841	7804900
工程费	2493204	2022064
官业支出	560435	
各省应解赔款洋款	39120922	
洋关应解赔款洋款	11263547	
常关应解赔款洋款	1256490	——
边防经费	1239908	——
附列者——归还公债	4772613	——

宣统三年（公元1911年）预算岁入表　　（单位：两）

项目	经常	临时
田赋	46164709	1936636
盐茶课税	46312355	
洋关税	35139917	
常关税	6991145	8524
正杂各税	26163842	
厘捐	43187907	
官业收入	46600899	16050648
杂收入	19194101	
附加收入	捐输	5652333
	公债	3560000

宣统三年，又编制了"试办宣统四年全国预算"，其岁入合计为233956655两，其中划作地方岁入者为25955875两；岁出合计为218919590两。除去预备金600万两及补助费12654815两，盈余为15037065两，若包括预备金及补助费则赤字3617750两。宣统三年的预算因编制的次年发生辛亥革命，清政府被推翻，故仅有预算，并无决算。宣统四年的预算因清政府被推翻，并未实施。

三、国库制度

清初库藏，有中央和地方之分。中央库藏，又分为内府库藏与户部库藏，前者为皇室库藏，后者为国家库藏。

内府库藏，设有六库：一是银库，掌金银、珠玉、宝石及金银玉器之属；二是缎库，掌各色缎、绸、纱、绫、罗、绢、布及绵、棉花之属；三是皮库，掌各色兽皮、鸟羽、呢、毡、绒、褐、象牙、犀角、凉簟之属；四是衣库，掌祭冠服、冬夏衣服之属；五是茶库，掌茶、人参、香、纸、颜料、绒线、环缨之属；六是磁库，掌磁、铜、锡器之属。

户部库藏，分为三类：一是银库，贮藏各省起运至京的田赋、漕赋、盐课、关税、杂赋，为国家财赋总汇。宝泉局铸币亦贮银库，以待度支。二是缎匹库，贮藏各省所输绸缎、绢布、丝绵、棉麻之属。三是颜料库，贮藏各省所输铜、铁、铅、锡、朱砂、黄丹、沉香、降香、黄茶、白蜡、桐油、并花、梨柴、榆木。

地方库藏共有十类：一是收贮金银、币帛、颜料诸物，供应三陵祭祀及盛京(即辽宁)、吉林、黑龙江官兵俸饷，并各赏赉之用的盛京户部银库。二是直省布政使司库，贮藏除存留支用外

的各州县田赋、杂赋，为一省之财赋总汇。三是贮赃罚银钱，岁输刑部为公用的各省按察司库。四是粮储道督粮道库，贮藏由州县征输粮道库的漕赋银。五是贮驿站夫马工料的驿道库。六是贮河饷兵备的河库。七是贮兵饷的道库。八是贮盐课的盐运使司盐法道库。九是各税务库，由部差者(监督库)贮关钞，分四季输部；由地方官兼者贮于兼理官库，岁终输户部。十是州县卫所

妙峰山庙会
清　风俗画
描绘了北京妙峰山庙会的热闹情景。

库，贮藏本色正杂赋银，存留者照数坐支，输运者输布政使司库。

除上述实物公库外，随着时代的进步，清末有了代理国库的金库。宣统二年（公元1910年），资政院出统一国库办法，并会同度支部订立《统一国库章程》，规定国库分为总库、分库、支库三种，总库设于京师，分库设于各省，支库设于地方；国库由度支大臣管理，其保管出纳则由大清银行任之；国家收支各款，均须汇总于国库。由于清末地方各自为政，财税收入多存入官银钱局或存入地方官吏与商人合伙开办的银号，而不愿存入大清银行，国库制度一时未能发挥其应有作用。

四、漕运管理

清代的赋税收入中，主要是地丁收入。而地丁收入，除大部分征收银两外，有小部分征收粮食，这类粮食统称漕粮。之所以称其为漕粮，是由于此类税粮除小部分留作地方支用外，大部分要通过河运（或海运）运往京师。由于运河呈狭长形又低于地面，古人称之为漕，以漕水运输，便是漕运了。漕运的方法，明代采取民运，到了清代，始改为官收官兑，按亩编缴。花户交官之后，由州县运输水次交帮。

清代的漕运，包括河运与后期的海运。河运用屯丁长运。所谓长运，是令瓜淮兑运，军船往各县水次领兑，民加过江脚费。但淮、徐、临、德四仓，仍系民运交仓，并兑运军船。

管理漕运的官吏，为驻衙淮安的漕运总督，其下有粮储道，分管各地漕政。押运则有同知通判，趱运则有沿河镇道将领等。

《清史稿》载，各省漕船，原数10455艘，至嘉庆十四年(公元1809年)实存6424艘。每届修造1/10，这叫做岁造。岁造限以10年。造船的费用，有70%征自民地，30%征自军地。漕船10年限满，须由漕总亲验，确是感到不堪再运，方得改造；有可加修再运者，还得适当修理再运。

运军往来淮河与通州之间，终年勤苦，屯田所入有限，于是另给行月钱粮。《清史稿》载，其数各省不同，江南运军每名支行粮2石4斗至2石8斗，月粮8石至12石；浙江等省支行粮3石，月粮9石6斗。各省领运千总等官，于廪俸外，亦多兼支行粮，作为出差补助。

清代中叶以后，会通河瘀塞，而胶莱故道又难恢复，于是不得不重新启用元代的海运之法。清代的海运是把漕粮集中于上海，然后由上海雇商船转漕京师。海运既兴，河运自此渐废。其后海禁大开，轮船通行，东南之粟，源源转运，不必再待官运，于是漕运全废。历经1200百个春秋的中国财政漕运，也终于完成了自己的历史使命，寿终正寝了。

清代通过运河进行的漕运是一项耗费巨大的税粮调运，不但要长年维持一支庞大的专业运输队伍即卫所运军、供养一大批经理漕运的漕务官员和整治疏浚河道的河务官员，而且要经常修造、保养成千上万只的漕船。这些花费不啻是政府财政的沉重负担。难怪《清史稿》载，河运之弊，是"剥

治淮图卷（局部）　清　赵澄绘
淮河与黄河同为北方水运之大患，清初十分重视对黄淮的治理，特别是淮安的清口和高家堰，其地当黄、淮、运三河的交汇处，治河、导淮、济运的关键工程集中在淮安的清口一带。这幅治淮图卷详尽描绘了清初治河的情景。

浅有费，过闸过淮有费，催趱通仓又有费；上出百余万漕项，下复出百余万帮费"。海运之利，是"不由内地，不归众饱，无造船之烦，无募丁之扰"。

第七节　历史的启示

一、科举制度的废除和农村精英流失

科举考试制度作为中国封建社会最后一种选官制度，是对禅让制、军功爵制、察举征辟制和九品中正制等四种选官制度的继承和发展，也是生产力不断发展、社会不断进步的演进结果，更是统治阶级选拔人才、行使管理国家职能的需要。因此，国家财政不仅要开支公车之费，还要支付考场建设、试卷印制、主监考人员费用，以保证科举制度的正常运转。如以浙江省科场经费支出为例，晚清时期浙江布政使司每科要开支的文武两场考试经费115万余两(其中公车支出，即路程费银5000余两)，试后还要开支文武举人会试及文武进士花红旗匾等银124万余两。至于考场建设，封建统治者更是十分重视。同治三年（公元1865年），湘军打败太平军，攻克天京（今南京）以后，在百废待兴的情况下，曾国藩压

下总督衙门不建，将财政资金集中用在科举考试的试场——江南贡院的建设上。他甚至每隔几天，便亲临江南贡院工地，督促他们务必在十月底全部竣工，决不能耽误定于十一月八日的甲子科乡试，这使在12年时间里失去三次飞黄腾达机会的安徽、江苏两省士子又看到了科举进身的希望。

史实表明，科举制度对于中国有着极深远的影响。第一，科举制度实现了社会阶层之间的横向流动。

历史上中国传统官僚集权社会的社会精英，主要是由地主、士绅与官僚这三个阶层角色构成的。这些社会阶层各自在经济、文化与政治上承担着维系社会生命体的组织功能。

自隋唐以来迄至近代，传统中国与其他国家相比，一个显著的特点是：上述这三个社会阶层之间存在着相对频繁的横向流动，而这种阶层之间的社会流动主要是由科举制度来实现的。例如，地主与庶民子弟可以通过科举考试取得秀才、举人那样的士绅身份，士绅则又可以进一步通过更高层次的科举考试而成为官僚政治精英，而官僚精英则可以利用自己的权势与影响，通过所授予的职份田以及通过购置田

咸丰六年策试发榜诰示。殿试取中者叫做进士。殿试分一、二、三甲发榜以为名第之次：第一甲仅三人，状元、榜眼、探花，赐进士及第；第二甲若干人，赐进士出身；第三甲若干人，赐同进士出身。

产，进而在经济上成为士绅地主。在隋唐以后的传统中国社会里，由于官僚身份不能世袭，他们致仕后，其后代很可能又下降为平民。同样平民可以通过科举考试取得功名，从而再次进入上述地主、士绅与官僚之间的精英循环过程。

在中国历史上，"富不过三代"，"君子之泽，五世而斩"，表明中国社会内部在财富、地位、权力与名望等稀缺资源分配过程存在着相对频繁的流动。自隋唐以来迄至近代，由于科举已经相当制度化，中国社会很少能看到其他文明社会中存在的数百年乃至数十代延绵不绝的世家贵族，"世家无百年之运"，作为社会精英的"君子"所享有的稀缺资源的非连续性与"五世而

斩"的代际更迭，正是中国传统社会高频率流动的具体写照。

可以说，中国传统社会正是以科举制度为枢纽，在平民与精英之间，以及在社会精英的三大主要阶层之间，形成周而复始的循环与对流。就传统官僚专制社会所具有的社会流动程度而言，中国可以说是人类前资本主义社会中最具阶层开放性结构的社会。无论是西欧的领主封建社会，日本藩封制社会，还是印度的种姓社会，均不同程度地存在着封闭性的阶级等级制度，而不具有中国传统社会如此高度的社会流动性。

这种社会流动性，对儒家文化的延续与发展有着积极作用。首先，这种体制使历代统治者可以不断从平民阶层中补充新鲜血液，吸纳在知识能力上更具竞争力的优秀分子。除了娼优等少数贱民之外，在中国传统社会里，

任何人都可以依靠自己"十年寒窗"的刻苦攻读,通过科举制度所提供的相对平等机会,在"金榜题名"后进入统治精英集团,而统治集团中的部分成员则在同一社会循环中又不断流动出政治领域。由于这种结构类似于近代"科层制"的开放性与自我更新,中国传统社会的精英层始终处于不断吐故纳新的运动之中。

第二,科举制度扩大了文化教育的覆盖面。在结构封闭的三国、魏、晋、南北朝时期,统治者所推行的九品中正制,其获取功名所依据的条件是世袭的身份,而不是个人的努力与知识积聚的水平。文化知识的传播范围,也往往局限于少数具有贵族血统或较高世袭身份的等级阶层,整个社会缺乏获取文化知识的利益激励机制。在隋唐以后的科举制度下,获取功名、地位与权力等社会稀缺资源,不以血统为依据,而是以社会成员个人掌握主流文化知识为考核标准,这就使社会的文化教育覆盖面达到了最为广泛的普及与提高,但国家财政却可以不必为此支付巨额的教育经费。

第三,使社会价值观高度一体化。造成这种价值一体化的根本动因:一是应试者只有按照儒家经典所主导的价值规范答题,才能获得功名地位,这就使得士人不但要为应试而皓首穷经,且要为人楷模而不得不以儒家价值观立身行事;二是由于在士绅、官僚与地主这三大社会精英层之间存在着相对频繁的社会流动,这就使儒家价值规范在各精英阶层的对流中得以广泛的认同与普及,中国也就自然而然地成为儒家文化的一统天下。

第四,在社会稀缺资源追逐过程中,失败者自然会有一种挫折感,而科举制度则具有天然的自我挫折感的"消解功能"。这是因为,每次科举取士虽然只有少数幸运者获得功名,但由于它的选拔考试没有年龄限制,这样,就为每一个失败者始终保留着下一次成功的机会与希望,而只要存在着这种机会与希望,个别的科场失意者固然可能成为现存秩序的反叛者,但群体性的社会不满就不会积聚起来,对执政者而言,就不会形成对现存秩序的巨大反抗性的政治参与压力。

自隋唐以来,中国文化之所以经过多次的朝代更迭和"以马上平天下"的外族统治,却始终保持大一统的文化价值体系,就是因为统治者无一例外的要依靠士绅官僚来实施其对社会的治理,而在科举制度下的士绅群体,

大道之行
中国财政史

则是早已被儒学规范定型了的阶级。因此他们在文化价值上有着同样的"基因"，他们可以在为任何统治者效忠的过程中，像春蚕吐丝那样，不断复制出同样的文化价值。

然而，与世界上任何事物都要一分为二那样，社会文化价值的高度一统化，也导致了社会文化缺乏活力与生气。因为"科举文化"背诵经典条文的求同思维和相当于记忆力加书法比赛的考试，对考生来说远比探索未知的精神与物质世界所需要的求异思维更为重要。久而久之，中国士大夫知识分子的思维方式、群体心理，也就蜕变为牵文拘义、循规蹈矩、重守成而轻创新的积习。在以制艺为人生追求目标的士人们看来，丰富的历史文化就被简单地解读为"十六字心传，五百年道统，圣人之学不外乎是"的僵化教条。清末保守派之所以反对任何变革，乃是因为在他们看来，孔孟之道，"乃大经大法，凡吾人所欲言，无不于数千百年前言之。"这种陈腐保守的思想观念，可以说正是科举制所造成的文化思维定势的必然结果。

历史表明，这种社会整合机制支配下的国家和社会建制，以及这种建制下的中国士绅官僚精英群体，是无法应付民族危机和现代化挑战的。自近代以来，一代又一代的新型知识分子对科举制度的消极面的批判乃至愤怒声讨，可以说是人们耳熟能详的，于是对以这种整合机制为基础的各项制度进行改革，便成为清末新政的当务之急。

在改革科举制度已经成为社会共识之后，人们对如何改革，通过什么方式来进行改革存在着不同的选择。一种选择是渐进的变通的方式。清末新政初期，湖广总督张之洞与两江总督刘坤一在公元 1901 年和公元 1902 年初向清廷呈交的"江汉三奏"的改革建议中，就主张通过"变通"的方式来改革科举制度。他们主张在科举考试中增加"各国政治、地理、武备、农工、算法"的内容，并建议留学学成归国者经清政府复试可以取得进士、贡士的资格。在新政初期，清政府接受了这一渐进式的改革思路，做法也比较稳妥。例如清政府决定从公元 1901 年 7 月开始，乡会试等均试策论，不准用八股文程式，并停止武科考试等等。此后，尽管取消科举的呼声日益高涨，但清廷的主政者头脑没有随之发热，在具体措施上还是渐进的。公元 1902 年，张之洞首先提出 10 年内逐步废止科举制度的建议被清廷采纳，其具体办法是每科取士名额递减，分3科减尽，10年之后，一律从学堂取士。

另一种选择则是激进的立即废除。其代表人物有袁世凯、端方等人。随着改革的深入，废科举声浪日益高涨，清廷认为他们的奏议"不为无见"，不久，端方与袁世凯立即废除科举的建议被中枢采纳。公元1905年，清廷一反渐进初衷，采取激进措施，宣布立即彻底废除科举取士制度。其理由一是根据现在危迫情形，实同一刻千金，科举一日不停，士人皆有侥悻得第之心，不能专心一致砥砺新学，民间更是相率观望，而且私立学堂极少，公家财力有限，不可能普及学堂，如继续采取渐进方式，新式学堂就没有大兴的希望；二是即使现在立即废止科举，遍设学堂，也要等10多年之后才能培养出足够数量的各类人才，如以渐进的方式废止科举，那么要培养出所需人才则要到20年以后，而在强邻相逼的窘迫环境下，中国大局必然危殆；三是学堂最为

大臣联合上书停止科举
光绪三十年（公元1904年），张百熙联合其他大臣奏请递减科举取士名额。光绪三十一年，袁世凯等疆吏上书请求停止科举。图为张百熙（左）、袁世凯（中）、朱启钤（右）的合影。

新政大端，对开通民智、普及教育、培养合格国民有根本的作用。因此，科举不停，学校不广，士心不能坚定，民智不能大开，故欲推广学校，必自先停科举始。

这种"先破后立"、"急于求成"的观点，反映了当时主流精英中普遍存在的一种思想方法。他们注意到了科举制度的固有惰性对变革的阻力，并且以此作为彻底废除科举的理由，而又以中国所面临的危机压力作为迅速废除这种制度的根据。但他们却较少考虑到，这种作为现存社会有机体组成部分的制度一旦突然取消将可能在社会整合上引发的问题。此外，他们也较少考虑到，一种新制度的建立与发挥成效，并非简单地"破旧立新"就能达到，新制度的发挥效能尚需一系列的复杂条件的协同配合。

激进的废除科举派实际上忽视了改革必须注意的一个重要原则，那就是严复所指出的"非新无以为进，非旧无以为守"，一种富有成效的改革要尽可能在新旧规制之间形成一种过渡的连续性，避免整合危机引发不必要的社会震荡。清廷对科举制度不是采取变通渐进，而是采取立即废除的办法，其结果是，一方面，变革旧制而导致传

统的社会整合方式的丧失，另一方面，作为新的学堂教育，又无法单凭体制改变而一蹴而就。因此，严重的社会脱序和整合危机也就难以避免了。

首先，由于原有社会凝聚机制的急剧瓦解，社会成员从原有的生存结构中脱离出来，又无法被新的生存结构所吸纳，从而迅速"游离化"。这种"游离化"了的社会群体，对清末及民国初年的社会转型过程构成了巨大的政治参与压力，并进而引发急剧的社会震荡。一方面，大批士绅知识分子不但失去了依靠以前所掌握的儒学知识进入官场的指望，又由于年龄、知识结构、经济能力等种种原因而无法进入新的学堂，因而产生了群体性对现实的疏离与不满。另一方面，旧的人才选拔制度虽然可以一夜取消，然而新的制度却又无从在短时间里相应建立，办学堂的条件更不会因为单独废除科举考试制度而立即成熟。如师资、教材、经费、校舍及学生毕业后的出路等问题，皆不可能在短期内解决。正如当时有人指出的，"各省学堂经费匮乏，无米可炊，力不能支，提学纷纷请款，而官力民力罗掘俱穷"，以至于出现学堂因缺乏经费而停办。当时许多士绅知识分子认为，科举制度的取消，乃是

"竭全国之精华，成现形之恶果，此诚可长太息也"。在清末新政时期，新式学堂的创办，决非像一举废除科举那样容易。当时的现实是，由于"地方贫困搜刮已穷，以致一县之中延至一二年，不能有一完全之学堂以贵教育，官司苟为敷衍，人才坐见消亡"。出现"(书)院(学)堂两无，中西并失"的情况。这样就出现大批既无法进入新式学堂，又无法通过科举取得功名的"无根人"。民国初年的名记者黄远庸把这些游离分子称之为对社会稳定具有破坏力的"游民阶级"。原来效忠旧王朝的士人阶层成为不安于现状的游离分子，这不但使现政权陡然失去原有的社会支持基础，而且也使传统联结社会各阶层的聚合能力急剧削弱。

其次，由于科举制度的废止，进入新式学堂与出国留学便成为士民获取功名和社会地位的主要途径。据公元1907年统计，中国到日本留学的学生总数多达7000余人。然而，晚清的中国作为一个落后的农业国，其社会经济发展水平和文化发展程度，还远远无法提供足够的位置与就业机会来吸纳纷至沓来的从新式学堂中毕业和留学归国的青年知识分子。这样，在科举废除之后，社会上充满了大批因无法就业而对前途深感失望的青年知识分子。他们为了捷足先登，撷取有限的社会资源，便以异乎寻常的速度，急剧地涌入政治领域，纷纷竞奔官场，以争取权力、地位与财富资源。另一方面，革命的情绪也最容易在这些富有理想而又在现实生活中备感绝望，且处于"游离化"状态的青年知识分子中滋长和勃发。

再次，群体性挫折的社会心理，迅速积聚为反体制的力量。千百年来，中国士绅知识分子一向以当官为人生基本追求，在官本位社会心态没有发生根本改变的情况下，突然取消科举制度，以学堂教育取代，由于学堂毕业仅仅是一次性的机会，它不像科举制度那样，对那些功名追求者的挫折感具备自我消解作用，可以无限期地对所有的落第者"许诺""下一次机会"。这样便造成了每年都有大批学生从学堂毕业，并理所当然地要求政府满足其进入仕途的要求，而这种要求又注定得不到满足，其所产生的挫折感便会迅速积聚成群体性的革命力量。

可见，清末新政推行的社会变革所实现的新的社会整合机制的发育程度，远远不足以制衡和吸附旧体制瓦解后大量出现的社会疏离分子和新型人才。因此，在这场新政改革中所产生的社会势力和青年团体，便不可避免地一跃变为这场变革的掘墓人。也正是在这个意义上，称为"新政"的社会改革运动，几乎就成了不断"搬起石头砸自己的脚"的全社会动员过程。

最后，由于科举制度是以儒家政治标准和价值体系来选拔人才、凝聚人心和构成获取地位、名望和权力的基本途径的科举制度的废止，从长远来看，使国家丧失了维系儒家意识形态和儒家价值体系的正统地位的根本手段，导致中国历史上传统文化资源与新时代价值之间的重大文化断裂。

正如历史所表明的那样，科举制度的激进改革，起到了与清末新政的改革推行者意愿相悖的"釜底抽薪"的结果。科举制度的废除破坏了久经考验的选拔精英的程序，破坏了经典教育，严重地削弱了传统价值的影响，代之以毫无章法可循的局面。

总之，科举制度的取消使中国原有形成社会精英的方式由此而发生突然断裂。曾经由科举制度给社会提供的内聚力量，在其后几十年中一直都没有恢复过来。

如果在最初考虑改革科举制度的具体办法时，不是简单地废止科举制度，而是"稍稍改其课士之程式，简(选)稍通时事之儒臣，典试各省，依今日之教科门类，列为试题，以定取弃"。那么，这种科举改革所产生的效果，会比单单废除科举而建学堂的效果更好。因为科举制度本身是中华民族在长期历史演进中凝聚起来的制度文化资源，它在中国人的心理积淀中源远流长。如果保留科举制的形式，使之稳定广大士绅知识分子的竞争心，并使这种竞争心纳入现存秩序的基本框架之内，在这一前提下，进而改革科举考试内容，使考试科目更具现代性，那就可以在保持士绅知识分子的竞争心理的同时，进而引导、激励社会人心趋向新的目标与方向。以这种"旧瓶装新酒"式的变通方式来改革科举制度，可以最大限度地调动传统制度资源，为实现新旧制度与文化的转型提供缓冲与衔接。

取消科举制度，冲击最大的是农村。因为在传统中国农村社会，存在着一个以士绅为主体的精英阶级。科举制度所造成的社会流动性，使中国的农村社会存在着独立于城市的文化系统，这一文化系统是由士绅地主、宗族组织与相应的宗族学校私塾构成。据统计，明清时代半数进士家庭来自农村，而有功名的中下层农村士绅在士绅中所占比例则更大，他们组成了中国传统农村文化系统的主体。

在科举选拔制度下，农村知识分子通过科举考试所获得的士绅身份，是保持其在农村中的精英地位的基础。他们正是借助这一身份与地位，获得社会的尊重，成为农村社会与文化生活的主导者与组织者。他们视自己的家乡福利增进与利益保护为己任：在政府官员面前，他们代表了本地的利益，是农民的代言人；在组织公益活动、排解纠纷、修路筑桥、开河建堤，以及从事维持地方治安、征税、弘扬儒学、兴建学校等方面，他们是社会职责的承担者。

在这一文化系统中，由于宗族学田、义田、义学的存在，相当一部分同族子弟不分贫富均可通过就读本地宗族学校，获得受教育机会，并成为农村的准文化人。随着士绅阶层的消失，宗族学校渐趋衰败，农村文盲不断上升。据一些国外学者统计，近代以前的中国南方农村不少地区的识字率比20世纪二三十年代还高。

废除科举制度后，新式学堂成了知识分子跻身政界的唯一出路，而当时的学堂均在省城和京城，再加上城市集中着财富、名位、权力等社会稀缺资源的巨大优势，这样，自民国以来，就出现大批农村知识青年源源不断地被城市吸纳并脱离农村的"无根化"过程。大量农村知识分子向城市单向流动，并在城市中寻求自己生存、发展的机会和空间，成了清末民国以来社会变动的一个基本趋势。与此同时，由于农村知识分子缺乏再生机制，农村文化生态从此持续退化与空洞化。

在这一背景下，农村基层权力结构也发生了急剧的变化。正如美国学者杜赞奇所指出的："到了20世纪30年代，村政权落入另一类型的人物之手。他们大多希望从政治和村公职中捞到物质利益，村公职不再是赢得公众尊敬的场所而为人所追求。""传统村庄领袖不断被赢利型经纪人所取代，村民们称其为'土豪'、'无赖'或'恶霸'。这些人无所不在，影响极坏……进入民国之后，随着国家政权的内卷化，土豪劣绅乘机窃取各种公职，成为乡村政权的主流。"可以说，民国初年以后，主宰农村命运的，正是这样一些没有文化、甚至只有反文化的社会阶层。

在传统中国农村社会，士绅地主固然是在经济与政治上对广大农民进行剥削与压迫的食利阶级，但他们毕

大道之行
中国财政史

竟在相当程度上承担着儒家思想所规定的社会伦理责任和农村文化生态平衡的组织工作，有着延续农村文化传统的功能。面对官府，这些士绅在一定程度上代表着农村社会的主体利益。而民国以来的土豪、恶霸地主、地痞流氓与"刁民"，他们以国家在农村的代理人与收税人自居，成为国家专制主义对农民进行巧取豪夺的最直接的帮凶。特别是抗战时期，为集中党政军各权，建立国防最高委员会，将政府所属各部置于该委员会之下，以海陆空军总司令蒋介石统领。这虽然有战时经济可以理解的原因，但它对国民党政权与地方、与民间、尤其是与农民关系的加速恶化，起到了推波助澜的作用。到解放后，土地改革农民诉苦时，绝大数农民并非冲着地主地租剥削控诉，而是冲着国民党的苛捐杂税、拉丁派款和乡镇保甲人员的为非作歹而来。

由于传统农村文化生态的彻底崩坏，公元1905年以来，农村的自主性与自治性，随着农村士绅阶级的消失而不复存在，而土豪地主、恶霸则更是肆无忌惮，这几乎是民国初年以后不断恶性循环的历史过程。

从公元1905年开始的农村智力资源向城市的单向流动，在漫长的岁月里一直没有停止过，除了那些心存田园浪漫情怀而下乡过几天"悠然见南山"优游日子的城市文人雅士外，农村不再是吸引人们的好去处。

嗣后，随着20世纪50年代户籍制度的严格化和为了积累国家工业化资金所实行的工农业产品价格剪刀差，农村所拥有的稀缺资源的相对贫困化日渐加剧。城市与农村的差距不断扩大，其所造成的城乡二元化社会的后果，已经成为当今中国现代化无法回避的严峻问题。

二、经济发展、财政增收挽救不了清王朝的灭亡

经济发展是国家政权合法性的标志，财政增收则是政权调控能力的反映；但一个政权的存续，不能仅仅依赖经济发展和财政的增收。没有顺应潮流的政治体制改革和国家管理的更新，就不能挽救其灭亡的命运。清王朝最后败亡于未遂的新政，就是历史上的前车之鉴。

中日甲午战争后所签订的《马关条约》第四款规定："清国约将库平银贰万万两交与日本，作为赔偿军费；该款分作八次交完。第一次五千万两，应在本约批准互换后六个月内交清；第二次五千万两应在本约批准互换后十

二个月内交清。余款平分六次递年交纳，其法列下：第一次平分递年之款，于两年内交清，第二次于三年内交清，第三次于四年内交清，第四次于五年内交清，第五次于六年内交清，第六次于七年内交清，其年分均以本约批准互换之后起算。又第一次赔款交清后，未经交完之款应按年加每百抽五之息。但无论何时，将应赔之款或全数、或几分，先期交清，均听中国之便。如从条约批准互换之日起，三年之内，能全数清还，除将已付利息或两年半、或不及两年半，于应付本银扣还外，余仍全数免息。"条约中长达数十年的赔偿年限，是根据当时中国政府根据自身年财政8000多万两的收入水平所作出的承诺。

道光二十年（公元1840年），英国侵略者用军舰和大炮打开了天朝大国的国门，被迫开放的中国在思想上、经济上、民风民俗上都开始发生深刻的变化，无数国民在屈辱和痛苦中反思猛醒，封闭的农业社会迅速地向工商社会转变，整个国家也明显地向实现现代化的方向前行。这一系列剧变无形之中推动着本已停滞不前的中国社会和经济发展，尤其在甲午战争后，中国经济增长和社会发展势头良好，19世纪最后几年和20世纪初期中国经济每年都以十几个百分点的幅度

清前期对外贸易港口示意图

增长，国家财政收入亦随之猛增，从宣统二年（公元1910年）度支部试办宣统三年（公元1911年）预算来看，岁入分为8类，预计总收入为2.69亿两，是甲午年财政收入的3倍，所以清政府对日还款期限大大提前，只用了几年的时间就全部付清了赔款。

晚清时期不仅国家经济发展势头良好，财政收入大幅度提升，而且科技进步速度也非康乾全盛时期可比，很多西方先进技术在晚清时期都得以畅通无阻地进入中国，其中以引进德国的军事技术最为突出，它使清政府在军队现代化建设上取得了卓著的进步。同时，清政府还为培养国家建设人才大量派遣官费留学生出国留学，其中以赴德国、英国、日本留学为最盛。这些留学生回国后纷纷效力于清王朝的各级政府和军队之中，使得西方先进国家的思想、行政方式以及军事训练手段和装备在中国迅速普及。尤其是光绪皇帝和慈禧太后死后由摄政王载沣执政的清末最后几年，国家在经济、科技、军事等方面取得的成就更为显著，民族工商业有了长足的发展，民间老百姓的生活水平也较慈禧时期有了提高。

晚清也就在这样难得的高速发展

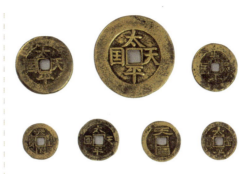

太平天国铜币

时期，王朝的大厦却轰然倒塌，究其主要原因：一是只强调引进科技、发展经济的洋务运动，普世性的新政没有及时跟上；二是太平天国运动后中央对地方日益失去控制能力。

晚清时期社会思潮全盘西化，激进的知识精英对于清廷的批评和指责随处可见，其中以梁启超最具代表性也最具影响力。从执政方式到传统文化思想上的全面西化，自然而然地形成了对现实政权的否定和对改易国家制度实行新政的渴望。在风起云涌的西化浪潮中，由于传统儒家思想在新派思潮面前显得老朽和不堪一击，进一步加深了受知识精英影响的地方官员在思维方式上的转变。再加上晚清政府在新政问题上始终不能与时俱进，不但明显落后于时代，而且皇族为了确保自身利益不惜牺牲国家利益，在13人组成的内阁中满人安插了9个，汉人只有4人，而9个满人中皇族又占了

8个。本来满人对于汉民族来说属于少数民族，清王朝不是占人口大多数的汉人执政，于是一些反政府势力则乘机以"驱除鞑虏，恢复中华"为口号，号召民众推翻清王朝，恢复汉族政权。

太平天国运动期间湘淮军的出现使"兵为将有"，彻底改变了清前期朝廷掌控军队的武装力量国家化格局；加上由于战争需要允许地方大员设局征厘，形成了独立于中央的地方财权，导致地方军阀拥兵自重，以至于尾大不掉，在清末的几次国家危机中竟达到了登峰造极程度。当时的地方军阀可以罔顾中央政府的意志，颐指气使地支配各自的军事以及行政权力，全国成了一盘散沙。最为典型的是光绪二十六年（公元1900年）八国联军进攻北京时，山东拥有现代化精锐部队的袁世凯对近在咫尺的北京可以不施援手，而长江以南六省更是搞起"自治"，朝廷与八国联军打了三个多月，清王朝各地的勤王部队仍然可以迟迟不到，直至中央军队最终战败。而发展到了辛亥革命时，各地督军基本都不受

朝廷节制，很多封疆大吏拥兵自重，坐山观虎斗，在黎元洪成事后，竟有十数省份"自治"，而拥有北洋精锐部队的袁世凯，为了自己能当上中华民国大总统不惜亲手结束了清王朝。

津浦铁路债卷
公元1908年清政府为修建津浦铁路通过德华银行发行的债券。

大道之行
中国财政史

翁礼华 著

DADAOZHIXING
ZHONGGUO CAIZHENGSHI

中国财政史

大道之行

下

经济科学出版社

第十一章

民国财政

一、辛亥革命成果被袁世凯所篡夺

中华民国大总统袁世凯（公元1859年—1916年）

革命的胜利发展使清政府极为震惊。公元1911年10月27日，清廷起用回籍"养疴"的袁世凯为钦差大臣，授予指挥湖北军事的全权。11月1日，清军攻陷汉口。同日，摄政王载沣宣布解散皇族内阁，交出全部军政大权，以袁世凯为内阁总理大臣。黎元洪和黄兴、宋教仁等过高估计了袁世凯的力量和自身的困难，企图利用袁世凯和清朝贵族之间的矛盾，以大总统的位置动员他倒戈，把最终推翻清朝的希望寄托于袁世凯。11月27日，汉阳为清军攻陷。12月1日，双方议定停战三日。此后又拟定双方派出代表讨论大局。停战是辛亥革命从武装斗争走向政治妥协的一个重要转折。

12月18日，袁世凯的代表唐绍仪和革命军政府的代表伍廷芳在上海开始和谈。11月下旬，各省代表议决承认武昌为中华民国中央军政府，以鄂督执行中央政务。接着十四省代表会议在汉口英租界召开，筹备成立中央临时政府。12月2日，江浙联军攻克南京，代表会议决定以南京为中央临时政府所在地，各省代表随即自武汉齐集南京。25日，同盟会总理孙中山自海外归来。29日，17省代表会议以16票的绝对多数选举孙中山为临时大总统。1912年元旦，孙中山到南京就职，发布《临时大总统宣言书》、《告全国同胞书》等文件，正式宣告中华民国的诞生。1月2日，通电改用公历。3日，选举黎元洪为副总统，确定临时政府组成人员，中华民国临时政府成立。28日，又成立南京临时参议院。以孙中山为首的南

京临时政府包括革命派、立宪派和旧官僚三种政治势力。独立各省的军政府多数为立宪派和旧官僚所操纵，南京临时政府和身为临时大总统的孙中山，对它们事实上不能行使中央政府的权力。革命派自身的弱点也更多地暴露出来，孙中山的许多正确主张都遭到反对。

南京临时政府成立，袁世凯感到大总统的位置难以到手，立即撤销和议代表，造成谈判破裂的形势，迫使革命势力妥协。帝国主义列强拒不承认南京临时政府，并且制造外国干涉的空气。在内外交困的威逼下，孙中山被

中华民国第一次国民代表大会
1912年1月1日孙中山宣誓就职临时大总统以后，发布《临时大总统就职宣言》，并通电各省废除阴历，改用公历，以1月1日为民国纪年的开始。同年3月，孙中山主持召开各省代表会议。该图是各省代表会议的会场。1月5日，新成立的内阁成员在总统府召开第一次国务会议。中华民国临时中央政府就此成立。

大道之行
中国财政史

清帝退位号外
1912年2月12日，在袁世凯的逼迫下，清室颁布退位诏书，次日，《京师公报》刊载了《退位诏书》及"清室优待条件"的号外。自此，封建帝制彻底退出了中国的历史舞台。

中华民国临时参议院
南京临时政府成立以后，1912年1月28日，各省都督选派代表（每省3名）在南京召开会议，正式成立中华民国临时参议院，作为临时政府的最高立法机关。1913年底，临时参议院被袁世凯解散。这是南京临时参议院的外景。

迫退让。1月22日，孙中山声明只要清帝退位，袁世凯宣布赞成共和，即向临时参议院推荐袁世凯为临时大总统。袁世凯得到孙中山的保证后，加紧逼迫清帝退位。2月12日，清朝皇帝终于接受中华民国对皇室的优待条件，正式退位。这样，统治中国268年的清朝垮台了，延续两千多年的君主专制政体也随之结束。2月13日，袁世凯向临时政府正式声明赞成共和，孙中山向临时参议院辞职。15日，临时参议院选举袁世凯为临时大总统。袁世凯因实力基础在北方，拒绝南下就职。孙中山派蔡元培为专使北上迎接，袁世凯暗中指使亲信部队在北京、天津、

1911 年 11 月，上海起义成功后，南京路上五色旗迎风招展。

保定制造兵变；帝国主义也乘机调兵入京，制造紧张空气，以支持袁世凯。南京临时政府再次退让。

3 月 10 日，袁世凯在北京宣誓就任临时大总统。次日，孙中山公布《中华民国临时约法》。这个约法具有资产阶级共和国宪法的性质，是中国历史上的创举。25 日，唐绍仪到南京接收临时政府，组织新内阁。该内阁中内政、陆军、海军、财政、外交等部均由袁世凯的亲信或拥护者担任，同盟会只分配到教育、农林、工商等几个点缀性的席位。4 月 1 日，孙中山正式解除临时大总统职务。5 日，临时参议院议决临时政府和该院迁往北京，辛亥革命的成果最终被袁世凯所篡夺。

二、北伐胜利和南京国民政府的建立

1916 年袁世凯死后，北洋军阀分裂为直、皖两系，奉系军阀和其他地方军阀也相继形成。各军阀间为争夺地盘，扩充实力，连年混战，民不聊生。打倒北洋军阀，结束封建军阀的黑暗统治，已成为中国人民的迫切要求。孙中山先后组织北伐，均未如愿。1924 年 1 月第一次国共合作实现后，经过两年艰苦斗争，相继创建黄埔军校、建立革命军队，平定广州商团叛乱和滇、桂军阀杨希闵、刘震寰叛乱，成立国民政府、编组国民革命军，进行东征和南征，从而统一和巩固了广东革命根据地和革命政权。接着，又实现了广东与广西的统一。

为了实现国家统一，结束军阀割据的局面，1926年7月9日，广东国民政府领导的国民革命军10万人正式出师北伐。在苏联军事顾问的帮助下，北伐军制定了正确的行动方针，首先向军阀吴佩孚部队盘踞的湖南、湖北进军。在各界民众的支持下，北伐军高歌猛进。进入湖北后，军阀吴佩孚企图凭借汀泗桥、贺胜桥的险要地势阻止北伐军的进攻。经过浴血奋战，北伐军终于在8月下旬攻下汀泗桥、咸宁和贺胜桥，击溃吴佩孚主力，并在10月10日攻占武昌。与此同时，北伐军向江西进军。经过艰苦战斗，11月占领九江、南昌，并一举歼灭了军阀孙传芳的主力。同时，福建、浙江等省的军阀也纷纷倒向北伐军。国民革命军誓师北伐仅半年，就取得了惊人的进展，控制了南方大部分省区。国民革命军冯玉祥部也控制了西北地区，并准备东出潼关，响应北伐军。北伐战争的胜利大局已定。

1927年4月，蒋介石在上海发动反共的"四一二"政变，并于4月18日在南京另组国民政府。7月15日，汪精卫也在武汉发动反共政变，宁汉合流，北伐战争的胜利果实被窃取。随着1928年6月，北伐军占领北平、天津。7月，张学良宣布与国民政府停战，12月29日，东北易帜。至此，南京国民政府取得了全国的统治权。

三、刺激中国从"沉沦"到"上升"的八年抗日战争

1937年"七七"卢沟桥事变爆发后，南京国民政府开始抵抗日本侵略者的进攻。8月14日，国民政府发表《自卫抗战声明书》，激励中国军民奋起抗战。11月，国民政府决定迁都重庆，政府机构先后移往武汉、重庆。

驻守上海的国民革命军第5军面对进犯日军进行顽强抵抗。

1937年8月，国民党中央常委会决定设立国防最高会议，由国民党中央、国民政府及军事委员会各部门负责人组成，决定国防大政、国防经费、国家总动员及其他重要事项。1939年1月，国民党五届五中全会又决定组织

国防最高委员会，代替国防最高会议。国防最高委员会可以指挥国民党中央、国民政府五院以及军事委员会各机构，因而取代了国民政府的一切权力。国防最高委员会委员长由蒋介石担任。

1938年7月，国民政府发表《抗战建国纲领》，提出了坚持抗战的各项方针政策，同时，组织国民参政会，听取各党各派对国事政务的意见，以利于抗日和民主。抗日战争进入相持阶段后，国民政府开始执行消极抗日、积极反共的政策，不断制造各类惨案，进攻共产党领导的抗日武装部队。对此，中国共产党及一切民主力量同其进行了有理、有利、有节的坚决斗争。太平洋战争爆发后，国民政府加入同盟国，对日、德、意法西斯国家正式宣战。

1939年1月，国民党五届五中全会又决定组织国防最高委员会，代替国防最高会议。国防最高委员会可以指挥国民党中央、国民政府五院以及军事委员会各机构，因而取代了国民政府的一切权力。国防最高委员会委员长由蒋介石担任。

在世界反法西斯力量的支持下，中国人民经过八年艰难困苦的浴血战斗终于取得了战争的胜利。1945年8月15日，日本侵略者宣布无条件投降，国民政府代表同盟国主持中国战区内接受日军投降，并恢复了对中国台湾省的领土主权。1946年5月5日，国民政府由重庆迁回南京。

辩证唯物主义告诉我们：人生的进步有时是坎坷的结果，历史的进步则有时也以恶为契机，给中国人民带来无比灾难和痛苦的抗日战争也推动着中国历史的进步。首先，由于战争导致的难民潮使中国文化从发达地区向不发达的西南地区普及；其次，抗日战争期间和结束之后，中国与西方各国签订的一系列不平等条约被废除，收回了除香港、澳门以外的所有租界和殖民地；抗日战争也刺激近代中国完成了从"沉沦"到"上升"的转变。

1945年8月8日，在南京中国陆军总司令部大礼堂举行日本侵略军投降仪式。图为中国陆军总司令何应钦接受日本侵华总参谋长小林浅山郎递交的投降书。

大道之行
中国财政史

762

八年抗战期间，由于大批知识分子和文化、教育、科研机构随着政府机关和工商企业的西迁流亡到西南各省，使中国文化从华北和东部发达地区向西南地区普及，消除了国家历久难去的地区性割据忧患。

由于太平洋战争爆发后，受到世界反法西斯力量沉重打击的日本国主义，企图以与汪精卫汉奸政府签订归还租界协定来达到苟延残喘的目的。随着1942年8月29日，汪宣布驱逐英美、取消领事裁判权，1943年1月9日，汪与日签订协定，日将北平使馆区一切行政权及所有公共及日本租界交还中方，日本人所享受治外法权予以取消；8月1日，汪正式从日本人手里收回租界；1943年1月14日，意大利政府亦发表同样声明；1943年2月23日，法国维希政府宣布放弃治外法权，5月与汪政府签订协定，将平、津、沪、汉口、广州等地租界交还；蒋介石因而于8月1日与维希政府断交，转而承认戴高乐的流亡政府，然而戴高乐不承认蒋单方面宣布取消法国在华不平等权利，直到1946年2月28日，才签约废除。在日本帝国主义的阴谋压力下，1943年11月，英美帝国主义也被迫与国民政府分别签订协议，宣布废除英美等国通过不平等条约攫取的治外法权等一些特权。

中国人为了民族复兴从晚清开始不断向西方学习富国强兵：首先是鸦片战争，领教了西方船坚炮利的厉害，就向西方学习器物，掀起了洋务运动；但在甲午战争中有了船坚炮利的中国，还是被小国日本打败了，这时人们才知道仅仅只有器物是不够的，还要有良好的制度配合，于是便向西方学习制度，从而有了戊戌变法和辛亥革命。民国建立后人们发现中国还是不行，认为中国国民性有问题，于是就有了

总理各国事务衙门　清
总理各国事务衙门，简称总理衙门。图为北京总理衙门三满族大臣，从左到右依次为成林、宝鋆、文祥。

始于1915年，并以1919年"五四运动"为重要标志的新文化运动。

"五四"以来，在神州大地上不断升温的中华民族复兴，在抗日战争中得到了全面提升。中华民族的民族复兴推动了这个转变，这个转变过程也进一步推动民族复兴。从鸦片战争以来中国饱受侵略的历史事实来看，1937年7月开始的日本帝国主义全面侵华，是历次帝国主义侵华过程中最为严重的一次，如果加上1931年东北"九一八"事变开始的6年局部侵略，前后长达14年之久，不但历时最久，而且占领中国的领土最广，造成中国国家和人民的损失最巨大。在强敌压境的侵略战争中，面临生死存亡的中华民族没有被打垮，反而一改散沙一盘的劣根性，转而组成民族统一战线，举全民族之力，经过长期的艰苦作战和牺牲，终于取得了抗日战争的最后胜利，这是近代以来中国所取得的第一次对外战争的胜利。因为这个胜利，中国对第二次世界大战暨反法西斯战争做出了独特的、其他国家难以替代的贡献，赢得了反法西斯各国的尊重。抗日战争的胜利通畅了中国走向现代化的前进道路，成了中华民族复兴的重要标志。

四、三年内战和中华人民共和国的建立

1945年8月15日，日本天皇宣布无条件投降，中国人民迎来了抗日战争的最后胜利。中国共产党和中国国民党在重庆进行和平谈判，并于1945年10月10日国共双方签订了《双十协定》。1946年1月10日签订了《停战协定》。1946年6月底，国民党军队仗着武力优势对解放区发动全面进攻。中国共产党领导解放区军民英勇地进行自卫，开始了历时三年的人民解放战争。

从1946年6月至1947年6月，人民解放军处于战略防御阶段。战争主要在解放区进行。中国共产党制定了放手发动群众，调动一切积极因素，团结一切可以团结的力量，建立最广泛的民主统一战线的政治方针，以及集中优势兵力，各个歼灭敌人，以消灭敌人有生力量为主要目标的军事方针。人民解放军在这些正确方针的指导下，前8个月粉碎了国民党的全面进攻；后4个月努力打破国民党的重点进攻。同时，在中国共产党的领导下，国民党统治区人民反饥饿、反内战、反迫害的民主爱国运动也逐步高涨，形成了反对国民党统治的第二条战线。

从1947年7月起，人民解放军由

大道之行
中国财政史

战略防御转入战略进攻，以主力打到外线去，将战争引向国民党统治区，在外线大量歼敌，迅速改变了敌我力量的对比。与此同时，在解放区彻底实行了土地改革，开展了整党和新式整军运动。从1948

1949年1月13日，傅作义率部起义，北京和平解放。图为中国人民解放军举行入城仪式。

年9月至1949年1月，人民解放军先后进行了辽沈、淮海、平津三大战役，基本上歼灭了国民党军主力，解放了长江中下游以北的地区。1949年3月中共中央在西柏坡召开七届二中全会，决定了党对取得全国胜利以及在全国胜利以后的基本政策，批准了毛泽东主席关于以八项条件作为与南京国民政府进行和平谈判的基础的声明。为了早日结束战争，4月1日，以周恩来为首席代表的中国共产党代表团同以张治中为首席代表的国民政府代表团在北平开始举行谈判。4月15日，中共代表团将《国内和平协定最后修正案》送交国民政府代表团。但是在南京的国民政府拒绝接受这个协定，谈判宣告破裂。

由于国民政府拒绝签订国内和平协定，1949年4月21日，毛泽东、朱德发布了向全国进军的命令。由总前委书记邓小平统一指挥的第二、第三野战军（原中原野战军和华东野战军）发起渡江战役，一举摧毁了国民党军的"长江防线"。4月23日解放军占领南京。随后，人民解放军各路大军继续向中南、西北、西南各省举行胜利大进军，分别以战斗方式或和平方式，迅速解决残余敌人，解放广大国土。到1949年9月底，除西南和广东、广西部分地区外，全国大陆绝大部分地区获得解放，国民党的统治崩溃，终于被赶出中国大陆。1949年10月1日，中华人民共和国在北京宣告成立。

第十一章
民国财政

765

第二节　北洋政府时期的经济和财政整理

一、经济财政概况

从1912年到1927年，是北洋政府统治中国的十五年。当时，掌握国家权力的北洋军阀是袁世凯建立起来的封建军阀集团。1916年6月，只当了83天（1916年1月1日至1916年3月22日）洪宪皇帝的袁世凯死后，控制中央政府的各派系军阀无不出自这一军事集团。当时，列强各国为了争夺其在中国的权利，都不遗余力地培植自己的代理人：英美两国支持以冯国璋、曹锟、吴佩孚为首的直系军阀；日本则支持以段祺瑞为首的皖系和张作霖为首的奉系。其余西北、东南、西南的许多大小军阀，如山西的晋系军阀，云南的滇系军阀，广西的桂系军阀，广东的粤系军阀等，又各自在其控制区内拥兵自重。封建军阀们利用自己的实力地位和其所控制或支持的中央政府，结欢列强，以求自固。而列强各国则对军阀们"资以大借款，充其军费，使中国内乱纠纷不已，以攫取利权，各占势力范围"，造成中国历史上1916年至1927年的混乱时期。尽管1913年的二次革命、1915

年的护国运动、1917年的护法运动，孙中山领导的资产阶级革命派不断进行着反专制、反军阀的斗争，但都没有从根本上推翻封建军阀统治，把旧中国从一片混乱中挽救出来。

北洋政府统治时期（1912年—1927年）的中国国民经济呈现出若干特点。首先，在自给自足的小农经济仍居主体地位的同时，民族资本经济的力量有所壮大，现代工业有了一定的发展。1914年—1918年期间，中国国内生产总值中，农业的比重为61.8%，现代制造业的比重为2.7%，传统制造业的比重为14.9%，服务业的比重为20.7%；其次，国民经济开放度增大，中国经济逐步融入国际经济体系。光绪二十九年（公元1903年）以前，中国开放口岸只有5个，到第一次世界大战开始时，已有92个城市对外开放，促进了进口贸易规模的不断扩大和外商来华投资的不断增长。1912年，中国的商品进口额为 47300 万海关两，出口额为 37100 万海关两；到 1927 年时，进口额为 103100 万海关两，出口额为 91900 万海关两。与此同时，外商投资逐步增加，尤其是在第一次世界大战结束后，中国政府修订海关税则，提高了进口商品的关税，从而刺激了外商来华投资的增长。光绪二十八年（公元 1902 年），英、美等国家在华投资额只有 78790 万美元；1914 年增加到 161030 万美元；1931 年达到 324250 万美元。再次，在对外经济开放的过程中，我国的经济自主权也受到了一定的侵害。如铁路、煤矿等国民经济命脉，被外资所控制。1912 年，外资矿的煤炭产量占总产量的比重为 42.6%，中外合资矿所占比重为 49.3%，二者合计为总产量的 91.9%。到 1921 年时，这两个比重才略有下降。前者为 30.9%，后者为 45.0%，合计为 75.9%。

整个北洋政府时期，一直处于军阀混战状态，巨额的军费开支仅靠正常的税收收入根本无法满足，许多地方军阀政府都要靠各种名目的收费来筹集财政收入。加上清末以来，由于政府外债规模巨大，外债的发行又多以关、盐税收作为抵押或担保，所以关、盐等税的征收管理长时间控制在外国人手中。特别是辛亥革命时，各债权国乘机组成联合委员会直接保管关税税款，存入汇丰、德华、东方汇理、华俄道胜和横滨正金等五家外国银行，实行代收代支。中国政府完全失去了对关税收入的自主支配权。再加上当时各省皆拥兵自重，无视国家财政法规，收入多充地方军费和行政费用，上缴中央的财政收入十分有限，从而导致中央政府一靠借外债，二靠滥发纸币以度日。民国肇始的三年，先后举债至 4 亿元以上，各项政务，无一不与外债为缘。中国、交通两银行滥发纸币，还造成了 1916 年 5 月两行纸币停兑风潮。

领缴清折　民国　中国财税博物馆藏
图为北洋时期鲁军步队第五团第一营官兵领取薪饷的清单。

北洋军阀政府财政盈亏情况 （单位：百万元）

年度	岁出总额		公债及借债除外的岁入总额	预算盈（+）亏（-）	
	数额	指数		数额	占岁出总额的百分数
1913	642.2		333.9	-308.3	48%
1914	357.0	100	357.4	+0.4	0.1%
1916	472.8	132	432.3	-40.5	9%
1919	495.8	138	439.5	-56.3	11%
1925	634.4	178	461.6	-172.8	27%

北洋时期，受时局影响，整个财政入不敷出，中央与地方政府收支规模很不稳定。民国初年，北洋政府曾在全国推行分权式财政管理体制，划分中央政府与地方政府的财政收支，给地方政府以较大的自主权。但不久，随着中央财政支出规模的扩大，北洋政府又通过专款上解制度来强化自身财权和财力。至于各级地方政府的财政，也同样缺乏必要的稳定性，收支项目及规模基本上处于无规则变动状态。

二、整理田赋和划分收入

民国初期的田赋制度基本上沿袭了前清旧制，由地丁、漕粮、租课和附加四部分构成。为保证财政收入的需要，政府于民国初期对田赋制度进行整理，曾先后两次设立全国经界局，清丈土地、归并税目、减轻偏重赋额、规定银米折价、限制征收经费、确定附加税额，此外还进行了整理税册等工作。

整理工作大致上涉及三方面：一是归并税目。清朝时，田赋的征收名目繁多，且各地很不一致。例如，安徽省的田赋只包括地丁、漕粮和租课三项，而江西省的田赋则包括地丁、漕粮、屯饷、屯粮、余租、租课等六项。其中的地丁项下除正课之外，还有耗银、提补捐款、藩司公费、府公费、县公费等诸多名目。由于田赋征收制度的不同，各地农民的负担差别很大。经民国初年的整理，各地的田赋税目统一归并为

四川地丁十两银锭　清　中国财税博物馆藏

四大类，即地丁、漕粮、租课和附加；二是取消遇闰加征与减轻偏重赋额。我国历史上一直采取阴历制，当闰年闰月出现时，随着开支的增大而发生加征。民国时期，改用国际通行的公历，没有了闰年、闰月，因此在田赋整理过程中取消了该规定。同时在一定程度上纠正了过去浙江及江苏部分地区田赋负担畸重的状况；三是改变田赋收入的归属。清代以前，不分中央税和地方税。清朝末期，因向地方摊派赔款和军饷，将田赋的部分管理权限下放给了地方，但从管理体制上说，并没有明确田赋属于地方财政收入。到北洋时期，先是在 1913 年 11 月政府公布的《划分国家税地方税法（草案）》中将田赋收入划归中央政府，将田赋附加划归地方政府；后又在 1923 年 10 月颁布的《中华民国宪法》中将田赋收入完全划归地方政府。

经过整理后的田赋：一是地丁，主要由清末原来征收的地粮和丁赋构成，此外还包括地丁附加税，如地丁耗羡、随地丁带征并解的杂款、地丁附加以及随地丁统征分解的各种款项；二是漕粮，北洋政府时期征收的漕粮包括漕粮、漕项和漕耗三部分；三是租课，租课为政府向部分农民出租土地所收

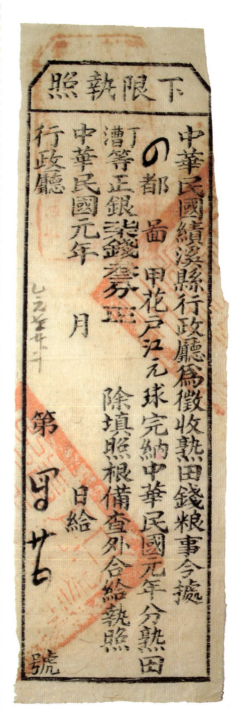

民国元年（1912 年）中华民国绩溪县行政厅征收熟田钱粮的收据。

取的地租收入，该项收入并入地丁项下一并征收；四是田赋附加，北洋政府在把清末各种名目的附加都并入正赋之后，又在其外加征田赋附加。例如，浙江省田赋附加的名目达74种，而江苏省的田赋附加的名目更多达105种之多，当时不仅各省附加名目各不相同，有些省份，甚至各县的田赋附加名目也不相同。可见，经过整理的北洋田赋制度仍然混乱。

第三节　北洋政府的财政收入

一、田赋及其附加与预征

北洋政府初期，田赋的税率仍然沿袭清末旧制按耕地种类、肥瘠程度分为三等九则，不同等级适用不同的税率。一般民田每亩征银最低为0.001两，最高为0.055两。后来由于连年征战，各地军阀军费开支过大，田赋的税率在北洋政府后期上升幅度较大。自1912年到1928年，田赋正税税率提高了1.393倍。

按北洋政府最初的规定，田赋附加的税率上限为不超过正税的30%，但后来在实际征收过程中，田赋附加的实际税率大大增加，有的地方甚至超过了正赋的税率。据《时事月报》载，

"江苏省淮云县课征的附加税为正税的31倍，海门县为26倍。"

由于军阀混战，财政军费支出日增，北洋政府不得不寅吃卯粮，实行田赋预征。开始时称为借垫，具体做法是按照户口和资产，把民户分为不同等级，确定借垫数额，责令地方团、保限日勒缴转解，申明以第一年粮税作抵。但第二年军费更紧，照例征解，逐渐地，借垫转为预征。开始一年两征、三征，后来发展到四征、五征。田赋预征成为各地军阀的重要敛财手段。例如湖南郴县，1924年时，田赋已预征到1930年；河北南宫1924年已预征到1932年；福建兴化1926年已预征到1933年；福建汀州1926年已预征到1938年；最为突出的是四川梓桐县，1926年时，田赋已预征到了1957年。

北洋政府时期，由于工商业的发展壮大，尽管田赋仍然是财政收入的重要收入来源，但其在整个财政收入中的重要性，较之清末已大为逊色。例如，清末时，田赋收入占国家全部财政岁入比重的25%—34%之间，而到了北洋时期竟降至14%—19%，扣除公债及借款后的比例也只有20%—25%。

1913年—1925年田赋占岁入（除公债及借款外）的比例

年 份	岁入总额（百万元）	田 赋	
		数 额（百万元）	占岁入的百分数
1913	333.9	82.4	25%
1914	357.4	79.2	22%
1916	432.3	95.9	22%
1919	439.5	90.5	21%
1925	461.6	90.1	20%

二、兵差

清初，力役已被并入到田赋之中，北洋政府为筹措战争经费和军事行动需要，又向百姓征收兵差。北洋政府时期的兵差有力役、实物或货币三种形式。力役是指强迫农民充当壮丁和民夫；对于没有劳动力的农户，则强迫他们交纳货币或实物，由政府代为雇役，所交的货币或实物具有代役金的性质。

三、地价税

地价税是一种按土地价格征收的税收。北洋政府时期，只有少数地方政府开征此税。例如，1923年7月，青岛市财政局公布了《土地税征收规则》，规定地价税分按价征收和按等级征收两种，按价征收适用于前德国侵占时期卖出的土地，税率自6%至24%；分等征收适用于旧有的土地，计分为三等，每亩年纳上地税0.15元至0.35元不等。

四、海关税

清末的关税征收有海关税和常关税之分，北洋政府沿袭旧制仍分为海关税和常关税。北洋时期对商品进出口征收的海关税有进口关税、出口关税、转口税、子口税和船钞（亦称吨税）等五种。

一是进口关税。根据《南京条约》规定的协定关税条款，进口税实行单一税则，无论输入何种商品，税率均为5%。而受不平等条约的束缚，当时北洋政府无权单方面修订关税税则，因此，进口税税率仍为5%。进口税计征方法有从价征收和从量征收两种，其税负基本相同。在北洋政府时期，进口税原则上对一切进口物品征收，享受免税待遇的物品极少，除允许军需品中的武器弹药等物品和个别教育部门的图书资料等享受免税待遇外，其他物品一律纳税。

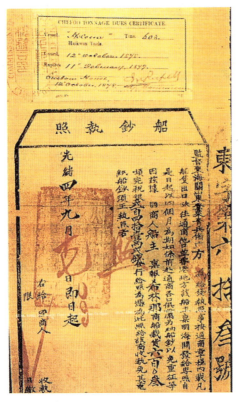

光绪四年（公元1878年）东海关的船钞执照　清

"船钞"，"船料"的别称，中国元、明、清各代对商船征收的税。第二次鸦片战争后，帝国主义控制了中国海关，对外国进港的船只征船料并改按吨位计算，故又叫船舶吨税。

二是出口关税。出口税税率最初与进口税税率一样，也为5%。1927年规定，在原税率的基础上加征2.5%的附加税，正附税率合计为7.5%。计征方法也有从价、从量之分。

三是转口税。转口税亦称"沿岸贸易税"、"复进口半税"。征收这一税收是因为陆运货物需缴纳常关税。而水上运输往往无法征收常关税，为使水运与陆运商货的税收负担一致而开征

此税。北洋政府时期，转口税的征收制度与出口税的征收制度基本相同，其税率最初也为5%。1927年在正税之外加征2.5%的附加税率，二者合计为7.5%。其计征方法也分从价征收和从量征收两种。

由于北洋政府沿袭清末旧制，只对在中国境内经营中国土货的本国商人征收转口税，造成在中国境内经营中国土货的外商税收负担轻于本国经营土货企业的税收负担，严重地制约了本国企业的发展。1929年国民政府收回关税主权后，该税统一于关税附加而被废止。

四是子口税。子口税亦称"子口半税"。北洋政府时期，税率一仍旧制。复进口税与子口税这两种税都带有明显的殖民地色彩。因此，在中华民国政府成立后，先后被废除。

五是船钞，又称吨税。北洋政府沿袭清制未变。

北洋时期，海关关税收入规模大，增长速度快，是中央政府的主要财源。1912年，进口税、出口税和船钞的收入合计为48650052元；1921年为76841110元；1927年为112204146元。16年内大约增长了130.8%，年平均增长率为8.72%，比田赋收入的增长速

度快得多。这在一定程度上反映了在混乱中的被动开放，也推动了国民经济的发展，说明无论如何对外开放比闭关锁国好。

只不过北洋政府时期，能直接使用的"关余"少得可怜。由于北洋政府对债务收入的依赖程度过大，内债与外债的发行多以关税做担保，因此只有还完内外债之后的剩余，即所谓"关余"，北洋政府才能支配使用。例如1917年到1926年，关税实际收入中约60%用于偿还外债本息，13%用于偿还内债本息；再除去海关自身的经费开支，中央政府实际能支配使用的收入已所剩无几。

民国年间的海关税票。

1917年到1920年间，北洋政府能直接使用的关余收入只占其关税实际收入的18%左右。

北洋政府时期，国内民众要求收回关税自主权的呼声甚高，迫于社会的压力和自身增加财政收入的需要，北洋政府先后三次与外国列强就收回关税自主权问题进行交涉和斗争。

第一次是在第一次世界大战期间。当时协约国以修订关税税则来诱使中国参战，北洋政府乘机提出三个要求：一是缓付庚子赔款五年；二是改正评价表，实行值百抽五；三是裁撤厘金，将进门关税税率提高至值百抽十二点五。前两条得到协约国同意，1918年1月在上海召开了有15国参加的修改税则会议，会议决定以民国元年（1912年）至民国5年（1916年）这5年的平均物价作为新税则货价的标准，以使税率能够相应地提高。修改后的税则进口货为15类598目。在此基础上，北洋政府于1917年12月，颁布了一个固定关税条例，规定：进口必需品值百抽五到十；资用品十到二十；通过这次税则的修订，进口税的实际税率有所提高，但仍未达到5%。

第二次是在1919年至1922年。1919年，在凡尔赛"和平会议"上，中

国政府提出撤销治外法权和恢复关税主权的议案，要求：一是凡优待之处，必须彼此交换，也就是说，中国政府给其他国家提供各项优惠措施的同时，这些国家也应同时向中国提供相同的优惠措施；二是不同商品的关税税率必须有区别，奢侈品的税率应最高，日用品的税率次之，原料的税率应最低；三是日用品的税率不得轻于12.5%，以弥补裁厘造成的财政收入损失；四是新条约到期后，中国不仅可以自由改订货价，而且可以改订税率；五是中国以废止厘金为交换条件。与会各国借口和会无权解决关税问题，拒绝接受中国政府的议案。但允诺待国际联合会行政院能行使职权时，请其注意中国政府的上述要求。

1921年，在美国召开的解决太平洋沿岸各国国际纠纷问题的华盛顿会议上，中国代表再次向会议的远东委员会提出恢复关税主权、改正关税的议案。该议案最初遭到与会各国的反对，但经过反复交涉，最后与会各国同意修改中国关税上的一些不合理规定。具体措施是分三步对中国关税进行调整：第一步先改正进口税，切实做到值百抽五；第二步增课2.5%的附加税，使关税税率总体水平达到7.5%；第三

步是将进口税税率提高至12.5%，但前提条件是中国政府必须裁撤厘金。1922年2月，与会九国在华盛顿就上述问题缔结正式条约，同意先实行第一步。据此，1922年4月在上海召开修改税则会议，确定货价标准以民国10年（1921年）10月至民国11年（1922年）3月，这6个月的上海平均市价为准，并以指数核定之。税则中将所有货

中华民国海关大楼
1925年起，在上海耗银430万两兴建的海关大楼，至1927年12月竣工。大楼外观为折中主义建筑风格，高79.2米，顶部为高4层的钟楼，钟面直径达5.4米，是当时亚洲最大的报时钟。

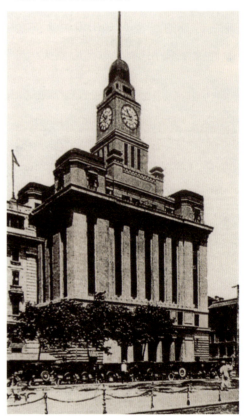

品分为15类582目。

第三次是在1925年。当年10月，北洋政府与英、美、法、日、葡等九国在北京召开关税特别会议，讨论中国关税自主问题。这次会议按照1922年九国签署的条约的规定，本应在条约生效后三个月内召开，但由于各国的敷衍推脱，一直延至此时才召开。会上确定的议题有三项：一是关于关税自主问题，主要涉及制定国定税则和裁厘两项内容；二是关于过渡期间的临时措施，主要有征收临时附加税、征收奢侈品附加税、陆海边界划一关税税率的办法、估定货价等内容；三是其他相关事项，包括证明洋货出产地的办法、关税存款问题等。

会上，在能否将裁厘作为收回关税主权的条件问题上，中国与其他与会国争持不下，后经日本代表的调停，最终议定从1929年起，各国承认中国享有关税自主权，废除与中国政府现行条约中在关税上的各项限制性条款，由中国颁布施行固定税率。同时，中国废除厘金制。此次会议虽未能立即实现关税自主，但各协约国的承诺为后来国民政府于1929年收回关税自主权创造了条件，向最终收回关税主权迈进了一步。

1917年—1926年关税结算及关余情况表

年份	关税实收数（百万元）	外债支出		内债支出		其他支出（百万元）	关余	
		数额（百万元）	占实收数的百分数	数额（百万元）	占实收数的百分数		数额（百万元）	占实收数的百分数
1917	61.9	40.5	70%	—	—	10.7	10.8	17%
1918	59.6	40.3	68%	—	—	11.7	2.7	5%
1919	73.8	34.6	47%	7.2	10%	19.3	21.7	29%
1920	78.9	30.9	39%	8.6	11%	14.5	17.8	23%
1921	85.8	54.3	63%	18.9	22%	17.5	0.0	—
1922	91.1	54.4	60%	16.3	18%	20.5	0.0	—
1923	98.7	57.0	58%	14.1	14%	19.9	0.0	—
1924	106.9	55.3	52%	22.0	21%	18.1	0.0	—
1925	108.3	82.2	76%	27.0	25%	19.6	0.0	—
1926	119.3	75.4	63%	—	—	46.0	0.0	—
合计	884.3	527.9	60%	114.1	13%		53.0	6%

五、常关税

北洋政府沿袭清末旧制，有内地常关税、50里内常关税和50里外常关税三种。最初的税率与海关税率相同，均为5%。民国初期，常关税的征收权分属地方政府、海关所有，征收制度颇为混乱，税率高低不等。1914年6月，财政部颁布《改正常关税规程》，对混乱的征收制度作了整理。《规程》规定："一、常关税率以海关税半额为标准改订。二、各关税率不及海关税率半额的，一律改为海关税率之半；税率等于或超过半额的，依现行税率征收。三、属于海关管理的50里内常关，也照上述规定改正。"常关税收入1918年为6359356元，1919年为7189937元，1922年为6908152元，1924年为6681538元。

六、盐税

民国初年，盐务管理和盐税征收制度基本沿袭旧制，仍使用清末的"引岸制"。由于北洋时期军阀混战各自为政，盐政十分混乱。首先是税率、税额混乱，各地税负轻重相差悬殊，盐课厘杂税目在全国多达200余个，仅山东一省的销盐引岸，官办商办混杂，商办各区税率至少有20个到30个，官办各地税率则多达40余个。其次，由于无休止地开征附加税，百姓不堪重负。再次，由于当时盐税的征收管理多采用先放盐、后征税的办法，存在明显的征管漏洞，导致税款的大量逃漏。同时，由于地方军阀随意截留盐税收入，导致本属中央财政主要来源的盐税收入日益减少。

为此，北洋政府对盐税征收制度进行了整理。其主要措施有：强化管理机构、整顿盐场、改革食盐运销体制、划一盐税税率等四方面。首先，是强化管理机构，在财政部内附设盐务署，盐务署下设稽核总所，分别掌管行政和征税事宜。其次，是整顿盐场，稽核产销量。从1914年开始，北洋政府对全国的盐场进行整顿，最初以长芦盐场为试点，为控制食盐产销，政府当时在塘沽、汉沽等地建设了一批官坨，集中存盐。此外，还撤并了一些比较分散、难于管理的小盐场。再次，是改革食盐运销体制。从1914年起，除个别特殊地区保留专商或保留官运外，在全国大部分地区实行就场征税、自由贩运的运销管理体制，取消专商，开放引岸，并将各省官运一律截撤。同时，划一盐税税率。1913年2月，北洋政府公布的《盐税条例》规定："一、以司马秤为盐务课税衡量标准。二、每百斤盐税率2.5元（1918年又调整为3元）。"

自1915年1月1日起分步实施，并规定了相应的过渡办法。

此外，一些地方军阀政府也对混乱的盐税征收制度进行过整理。如1913年7月，奉天规定，无论商运、官运，每石食盐（600斤）一律按小洋4.6元征收。山东省也于1913年12月规定除18个民运、民销县以外，其余各县无论引或票，每石一律征洋1.25元，每引每票均定为400斤。

这些对症下药的举措，本来对改变盐税征收制度的混乱局面能起到相当大的作用，但由于时局动荡，战乱不已，各项整顿办法难以继续落实下去，尤其是1917年以后，军阀混战加剧，许多地方为增加财政收入，随意改变盐税税率，并设置各种名目进行附加，全国盐税征收制度再度混乱。例如，1924年四川省盐税附加税的名目多达26种。1926年时，该省每担盐附加税税额高达7.159元。全国盐税正附税总额1926年比1913年高至4倍。

北洋时期，盐税收入规模较大，1912年，盐税收入为71363229元；1921年为82320694元；1927年为55268508元。

由于食盐是人民的生活必需品，作为变相的人头税，盐税同关税一样收入比较稳定，从而充作政府内、外债的担保。因此，每年的盐税收入在扣除了外债本息、抵拨内债和拨付各省协款之后，剩下的"盐余"已是寥寥无几。

清理盐田执业凭证　民国　中国财税博物馆藏
图为民国8年（1919年）财政部颁发给江苏松金奉南川各县清查盐田的凭证。上有清查盐田户的姓名、盐田的数量等信息，并加盖了财政部大印及清查盐田所缴费用等戳记。

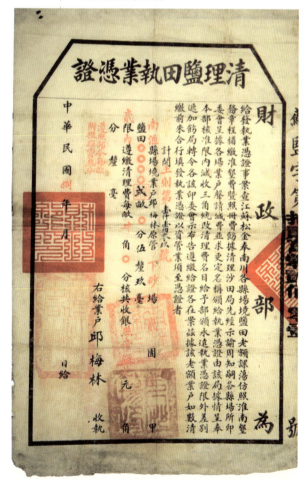

1917 年、1918 年时，盐余收入多则四五百万元，少则两三百万元；1919 年、1923 年是盐余收入最多的年份，此后，由于军事行动不断，各地军费开支大增，地方政府初时要求中央政府拨款协助，继则自行截留盐税收入，导致中央政府财政盐余收入日渐减少，到 1927 年时，盐税收入总额为 55268508 万元，而"盐余"收入仅为 880 万元。

在北洋政府时期，不仅"盐余"收入日渐递减，而且盐税征收主权也在丧失。盐税成为外债的担保物始于清末，但在北洋政府时期，盐税的主权仍然掌握在中国政府手中。之所以丧失乃始于 1913 年 4 月，当时北洋政府财政部与英国汇丰、法国东方汇理等五国银行团签订善后大借款合同时，将盐税列入借款的担保收入，并承诺：对担保借款的盐税，由中国政府成立盐务稽核所，设中国总办和洋会办，由洋员襄助，会同华员监理引票的发给、盐税的征收、税款的提用和经费的支出。各省盐税收入概出稽核所解交五国银行团指定的有关银行，由银行团支配到期应偿还的本息。如有余款，作为盐余拨交中国政府。此项盐余也必须存在五国银行，非经稽核所总、会办签字，不能动用。

1918 年—1926 年盐税及盐余

年 份	盐税实收数（百万元）	各省截留		盐余	
		数额（百万元）	占实收数的百分数	数额（百万元）	占实收数的百分数
1918	89.8	—	—	52.8	59%
1919	90.2	10.8	12%	43.3	48%
1920	89.2	13.4	15%	36.1	40%
1921	94.3	11.8	13%	29.5	31%
1922	96.8	20.1	21%	31.9	33%
1923	94.7	26.5	28%	41.5	44%
1924	81.4	29.4	36%	31.3	38%
1925	73.6	不详	—	33.9	46%
1926	64.3	37.4	58%	8.9	14%
合 计	774.3	149.44	19%	309.2	40%

七、烟酒税

民国初年，烟酒税属于地方收入，其制度极不完善，各地政府既无统一征收制度，也无划一税名，只需一纸政令即可饬令所属征收，可谓八仙过海各显神通。按当时对烟酒征税的情况归类，大体上可分为九种：一是出产税，包括烟叶税、酿造税；二是熟货税，包括烟丝税、条丝税、熟丝税；三是特许税，包括烟包捐、烧锅税；四是通过税，包括厘金、常关税；五是销场税，包括卖钱捐、买货捐、门销捐、坐卖捐；六是输出入税；七是原料税，即曲税；八是落地税，外烟运至内地征之；九是加价抽收，即在正税之外的加价。以上各税，各省择其一二种或三四种征之，其课税标准也不甚相同，有的从量，有的从价；征收机关更是五花八门，或海关、或常关、或厘金局、或税局、或县公署，税率更是高低不等，所使用的货币单位也因地制宜，有用钱计者，也有用银计者，还有征洋钱者。

为了结束烟酒税征收的混乱局面，北洋政府对此进行了整顿。首先是开征统一征收烟酒牌照税，以加强对烟酒买卖的管理。1914年1月，北洋政府公布了《贩卖烟酒特许牌照税条例》，规定：凡贩卖烟草或酒类的营业，均须请领特种牌照，按年纳税。纳税标准分整卖、零卖两种：整卖年纳税额40元；零卖按营业情况分为三等，年纳税额分别为16元、8元、4元。后又将三等改为五等，减轻小商贩的税负。烟酒牌照税最初属于地方政府的收入，1915年列入"五项专款"，成为中央政府的收入，由省政府上解中央政府。1915年，北洋政府又将烟酒牌照税的征收范围扩大到烟叶种植和酒酿造行业。规定凡种烟、酿酒均需给照，方准种、酿。各省原来征收的各项税捐，分别烟、酒归并计算，酌加收数，一道收清。

其次是实行烟酒公卖制度。1915年5月财政部颁布《全国烟酒公卖局暂行章程》及《全国烟酒公卖暂行章程》，明示：一是公卖以"官督商销"为宗旨；二是公卖限于本国制销的烟酒；三是各省设烟酒公卖局，下设公卖分局，分局在所管区域内成立公卖分栈，招商承办，经理公卖事务，商民买卖烟酒均由公卖分栈经理；四是已设公卖局的地方，应将原有的税厘、牌照税及地方公益捐等暂由公卖局代收分拨；五是公卖分局每月定出公卖价格呈报省公卖局核定后通告各分栈遵行；六是烟酒销售，除由公卖局核定其成本、利益及各税厘捐等项外，酌量加收1/10以

779

上至 5/10 定为公卖价格，随时公布；七是各省原有的税厘均暂照各省原核定数征收。该章程规定的公卖费率是一个弹性标准，实际执行时，奉天省税率最低，初为 12%，后降至 6%；最高的是江西省，为 25%。烟酒税收入在 1917 年时为 1400 余万元；1918 年为 1250 万元；1922 年为 1500 余万元。

北洋政府实行烟酒公卖制度的本意是想借此废除地方的烟酒税，将其收入划归中央。但实施的结果却是烟酒公卖费征收的同时，地方的烟酒税照征不误，百姓的税收负担不仅没有减轻反而大大加重了。更有甚者，按规定烟酒公卖属中央政府专款收入，各省征收后应按月上解中央，但实际上该项收入经常被强势的地方政府截留，中央所得无几。这说明无论是在什么时期，不解决地方财政的实际困难，任何减轻百姓负担的良好愿望都是徒劳的。

八、矿税

民国初年的矿税，由矿区税、矿产税和矿统税三部分组成。矿区税是按采矿区域面积分期交纳的一种税，由农工商部负责征收；矿产税属于货物税的一部分，由各省财政厅负责征收，并上解财政部；矿统税是由各矿按估定的生产数量直接向财政部认缴的一种税。

1914 年 3 月北洋政府颁布了《矿业条例》，对矿税征收制度进行了调整。《条例》规定，矿税分矿区税、矿产税两种，由采矿者缴纳。开采条例所列第一类金、银、铜、铁等 22 种矿产，每亩年纳矿区税 0.3 元；砂铂、砂金、砂铸、砂铁之在河底者，每长 10 丈纳税 0.3 元。开采条例所列第二类水晶、石棉、石膏等 29 种矿产，每亩年纳矿区税 0.15 元，探矿则按 0.05 元计算。矿产税税率为：开采第一类矿产，按出产地平均市价纳税 1.5%；第二类纳 1%；第三类（青石、石灰石等）免纳矿区税和矿产税。矿区税、矿产税每年分两期缴纳。

矿统税的税率为 5%，每年的 2 月、5 月、8 月、11 月由业主预估 3 个月内的销售额，按率计缴。凡完纳矿统税者，除海关出口税、50 里内常关税、船料税和崇文门落地税照章缴纳外，其他税捐一律免征。

当时的矿税是中央政府专款收入，因时局动荡，生产下降，矿税收入呈逐年减少状态，如 1917 年为 262 万元，1918 年减为 185 万元，1919 年更进一步减少为 86 万元。

九、印花税

印花税始于 16 世纪的荷兰，它是
对商事、产权转移等行为所书或所使
用的凭证征收的一种税。因采用购买
印花，贴在应纳税凭证上的纳税方法
而得名，是一种宽税基、低税率，集腋
成裘，积少成多的税收。中国清末即已
酝酿开征该税。光绪三十三年（公元
1907 年）清政府度支部颁布了印花税
则，但因各省请求缓征，故未正式开
征。

1912 年 10 月，北洋政府根据前清
政府制定的印花税税则，修订颁布了
《印花税法》，规定"应贴用印花的契
约、簿据分为两类，第一类 15 种；第
二类 11 种"，正式开征印花税。1913 年
先在首都北京试点征收，随后推广到

民国时期粘贴在票据上的印花税票。

印花税　民国　中国财税博物馆藏
1912 年 10 月北洋政府颁布了《印花税法》，正式开征
印花税。凡发货票、字据、凭单、公司股票等票据上
都需贴印花税票。图为一组长城图印花税票。

其他省。1914 年 12 月，又对该税的征
收制度作了修订，扩大了该税的征收
范围，提高了税率。课税对象包括发货
票、字据、凭单、公司股票、期票、汇
票、车船执照、报税单等 26 种，人事
凭证 10 种。印花税的税率为：票据价
值银元 10 元以上贴用印花 1 分；人事
凭证贴用印花 1 角到 4 元不等。印花
税只对本国商民征收，外国商民免征
此税。

印花税开征初期，由于其征收
方法简便易行，税负较
轻，且兼有鉴证作用，所
以推行比较顺利，其收
入也逐年上涨。1917 年，

察哈尔（22×20mm）

归绥（21×20mm）

热河（22×20mm）

福建（22×20mm）　　　　　　新疆（22×21mm）

浙江（22×20mm）　　　　　　湖南（21×20mm）

图为1925年发行的嘉禾图印花税票，有三种面值，1分赭色，2分绿色，1角红色。票面的下端从右到左印上了各省、区地名。

该税收入为249万元；1921年为331万元；1922年为339万元。但到后来为增加财政收入，中央政府随意滥印印花，地方政府强派勒销，印花税成了严重扰商扰民的苛税，逐渐被百姓所抵制，导致其收入也随之逐年下降。本来印花税收入属于中央政府五项专款收入之一，但到后期，随着中央对地方控制能力的减弱，印花税收入被地方政府截留的情况日益加剧，中央从中获得的收入也越来越少。

十、契税

民国初年，契税沿袭清末旧制，1914年1月北洋政府方对契税征收制度作了修订，公布新的《契税条例》。《条例》规定：卖契税率为契价的9%，典契为6%。由买毛或承典人于契约成立后6个月内，依照税率贴足特别印花呈验注册。此外还规定了有关征收范围以及减免事宜。

由于中国民间历史上能接受的契税税率最多是6%，该条例规定的税率过高，法严弊深，所以民间纳税者甚少。为此，中央政府不得不电令各省，自定税率，报部核准施行，然后于1917年正式将税率降低为卖契6%，典契3%，另准地方可征收不超过正税30%的附加税，从而确保契税收入的稳步增长，1917年全国契税收入为898万元，1918年为951万元，1919年为1079万元，1920年为1149万元。契税收入按规定应由地方政府负责征收，然后上解中央政府，由于地方财政困难，再加军阀割据，其收入常被地方截留。

十一、牙税

牙税，早在唐代就已出现。这种专事说合买卖的经纪人、中介人，称为"牙侩"、"牙郎"或"牙人"，其经营的交易所叫做"牙行"，对这种中介行为征的税，叫"牙税"。到了清代，牙税已成为地方财政的重要收入。牙郎、牙人等古老的名称也被"牙纪"所取代。

民国初年，牙税仍沿用清末旧制，

光绪十八年牙厘总局五十两银锭　清
中国财税博物馆藏
马蹄锭，五十两。锭面上铸有"牙厘总局"、"荣昌"等戳记

后来北洋政府曾对牙税进行过多次整顿修订。由于当时此税属于地方税种，所以中央政府只对牙税征收制度做一些原则性的规定，其具体征收制度的修订则由各地政府自行负责。1913年3月公布的《整顿牙税大纲》其主要目的是提高税率，增加财政收入。1915年，财政部又公布了新的《整顿牙税大纲》。主要内容有：牙商必须另换新帖，照章缴税；各省牙纪年税率应比照直隶省切实增加；贴捐以直隶省为中数，不及者增加，超过者照旧；换领新帖时应按帖费缴纳2%的手续费；帖捐年税应专款存储，解济中央。根据中央政府的要求，地方政府多对牙税征收制度

作了修订。修订后，各地牙税征收制度仍不统一。例如，河南省1915年公布的《河南省牙税章程》规定：牙行换领新帖时应缴纳的牙帖费分别为24元、30元、36元不等。年税则分别为16元、20元、24元不等；而湖南省同年公布的《湖南省牙税章程》则规定：牙帖费自100元至500元不等，牙帖年税则按上列帖费税额，年征10％。两省的税收负担相差甚远。此外在上缴牙税收入方面，地方政府也未真正按中央政府的要求做，截留牙税收入的现象仍很普遍。

十二、当税

民国初期，中央政府曾对典当业进行整顿，并要求地方政府制定当税章则，报财政部核准。整顿后的当税征收制度各地不一。如浙江省1915年公布的《浙江省征收当帖捐税暂行简章》规定：一是请领当帖按地区分为繁华地区与偏僻地区两等，分别缴纳帖捐400元、200元；二是各典当不分等则均须纳年税75元；三是按局章完纳各等架本捐，捐额按典当业架本大小分为五等，最高年纳架本捐300元，最低为60元。

十三、厘金

民国初年，沿用清末旧制征收厘金。厘金征收，一是使用的名称五花八门，有坐厘、行厘、货厘、统捐、税捐、铁路捐、货物税、产销税、落地税等多种不同的称呼；二是税收性质差异极大，有的厘金当属货物税、统税范围；三是各省，甚至省内不同地区在厘金的征收范围、征收方法上也有很大的不同；四是税率也各不相同，甚至差距悬殊，有征2.5％的，有征3.5％的，也有征5％或7.5％的，少数地区税率甚至高达10％或25％。

如湖南省1912年颁布的《货物税暂行简章》规定："一、省内旧有常关、厘捐局一律裁撤，择货物出省、入省、销售各要地改设税局所，征收出境、入境、销场三种税目。二、凡省外货物入境时，征收入境税，任其通行境内；至发售处所时，则应另征销场税。三、本省货物在境内发售的，于发售处所征收销场税。若运往外省发售，除竹木、茶税特设局所顶征出境税外，应在出境税局所征收出境税。四、税率：（一）出境税，必要品征4％—5％；消耗品征2.5％—3.5％；奢侈品征1％—2％。（二）入境税，必要品征1％—2％；消耗品征2.5％—3.5％；奢侈品征5％—8％。（三）销场税，必要品征1％—2％；消耗品征2.5％—3.5％；奢侈品征5％

—8％。"由于清末民初商品经济活跃，厘金收入在北洋政府时期规模较大，一般年收入在4000余万元至5000余万元之间，是各地财政的重要税源。

由于厘金征收设关置卡，既扰商扰民又重复征税；更加只对本国工商业者征收，外商企业只需缴纳海关关税和子口半税，即可在中国境内通行无阻，使本国工商企业在与外商的竞争中处于劣势。因此，该税颇受工商各界诟病，被视为"恶税"。

清末以来，取缔此税的呼声很高。北洋政府时期，多次掀起裁厘运动。第一次是在民国初年，当此政权易手之际，社会对新政权寄予厚望，希望其能够裁撤厘金。甚至有少数地方政府在民国初年曾自行宣布裁撤厘金。如浙江、福建、湖北、江苏以及四川省除川东地区以外的大部分地区在1912年都曾一度宣布停征厘金、统捐或将其改为货物税，其目的都是想改变重复征税、企业税负过重的局面。财政部也曾于1912年7月咨请国务院将裁厘加税问题列入国务会议讨论。但迫于政府的财政需要，1912年8月财政部密电各省都督，在加税裁厘条约未与各国商定前，"各省厘金除改良征收章程，厘剔中饱浮收积弊，以苏商困外，仍暂

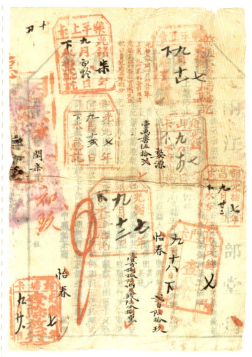

光绪七年两江总督部堂洋庄落地税照　　清
中国财税博物馆藏
厘金是咸丰三年（公元1853年）清江北大营为镇压太平军筹措军饷，在水陆交通要道设立卡，实行一种额外征商的税收制度，首创者是刑部侍郎帮办军需雷以諴。以后各省相继仿行，推行全国。厘金不仅名目繁多，而且关卡重重，税率不一。图为光绪七年某洋庄商人过关纳税的凭证，凭证上盖有十多个关卡的印章。

行照旧征收，借维财政现状"，第一次裁厘未果。

第二次裁厘在1919年。当时，为夺回我国的关税自主权，北洋政府与各列强国家在凡尔赛和会上就关税自主问题达成的协议中承诺裁撤厘金。为此，财政部于1919年9月电令各省财政厅，决定将厘金改办统税，但该命令因遭到地方政府的抵制而搁浅，其主要原因是中央政府未采取切实措施

解决地方由于裁厘所造成的财力损失问题。

第三次裁厘在1925年，当年11月在北京召开的关税特别会议，中国政府代表在会上发表裁厘宣言，承诺于1929年1月1日之前完成裁厘。拟订的裁厘计划分两期实施。第一期从增收的关税附加税中划出一部分抵补各省因裁厘而造成的地方财政收入缺口；第二期关税实行自主后，即从关税项下筹拨。此后，国内通过税无论是中央收入还是各省收入，概行裁撤。广州国民政府也于1926年在其召开的国民党第二次全国代表大会上通过的决议案中申明国民政府将废除厘金制度，具体步骤是先以一种厘金代替多种繁杂的厘金，使人民不再有二次的缴纳。然后再以一种不同税率的货物捐取代，以防外货入侵，同时避免省内及相邻各省之间的门户之弊。数年之后，国民政府最终废除了严重阻碍国民经济发展的厘金制度。

十四、屠宰税

1914年以前，该税属地方性税收，一直未有全国统一的规定。1915年1月，财政部颁布《屠宰税简章》，规定：屠宰税征收范围以猪、牛、羊三种牲畜为限；税额分别为每一只（头）猪0.3元，牛1元，羊0.2元。但向征捐额超过简章规定者，仍依其旧；屠宰税由宰户完纳，不分牝牡、大小及冠婚祭年节一律照征；稽征方法为先税后审。此《简章》公布后，全国有了统一的屠宰税征收制度。

十五、房税

房税开征于1915年，是对居民住房及铺面所征收的一种税。当年3月，财政部根据前清旧制拟订《房税条例（草案）》，规定：铺房、住房一律征收房税。税率为铺房照赁价征10%，住房征5%，由租户代缴，房主、租户各半负担。房税由各地征收局督同警察局征收。

十六、特种营业执照税

1914年7月，财政部公布《特种营业执照税条例》，规定对经营皮货、绸缎等13个行业征收，但该税只征收了几个月，1915年3月财政部即下文停征。

十七、遗产税

1915年6月，经北洋政府财政会议议决，并经立法程序予以通过的《遗产税条例》因多种因素的影响，最终未能实施。

十八、普通营业牌照税

1915年9月，北洋政府拟订公布

了《普通营业牌照税条例草案》，准备开征此税。适逢滇黔护国军起，故未能实施。

十九、杂捐

北洋时期，各地的杂捐名目繁多，除少部分曾报中央批准备案以外，大部分是各省自行开征的。以当时的京师为例，杂捐有乐户捐、妓女捐、铺捐、车捐、戏艺捐、贫民捐、广告捐、房捐、长途汽车捐、平绥路货捐、警捐、卷烟吸户捐、电车市政捐、四项加一捐以及市政公益捐等十数种之多。最多的省份开征的地方杂捐竟达二三十种，类似于当今的乱收费。

二十、规费

行政收入是政府机构在向社会提供某些特殊服务时收取的费用，这些费用类似于现在的规费收入。主要项目有：船员请领证书登记费；轮船、商船注册给照费；烟酒罚金及没收物变价收入；官产验照等。

船员请领证书登记费是对从事航行业的人员在办理相关证书文件时收取的费用。

轮船、商船注册给照费按货运船、客运船分类，按各自的吨位收取数量不等的费用。

烟酒罚金及没收物变价收入是在征收烟酒公卖费、烟酒税、洋酒类税的过程中对违章行为进行处罚时获得的收入。1916 年公布的《各省烟酒公卖局稽查章程》规定：在获走私烟酒，由主管局所变价，一半充公，一半充赏。

北洋政府早期，政府没有官产统一的管理办法，皆由各机关自行管理，自由处置。1928 年 1 月，财政部设立了官产验照局，规定：凡持有部发或其他机关之官产执照均需一律向验照处呈验；凡承买承置承垦者依产价缴纳 4% 的验照费；凡承租者依所租年限之总租额缴纳 2% 的验照费。另外，附加征收 2 元手续费；凡验过的官产执照可免交契税；凡已缴纳过契税的官产执照可免交验照费。总之，在北洋时期，此类规费征收项目较少，财政收入也不多。

二十一、官产

北洋时期的官产不但包括国家拥有产权的土地、荒山、林地以及地上的建筑物，还包括前清遗留下来的旗产、沙田、沙灶、屯田等财产。官产收入则指官产出租、转让获取的收入。民国初期，官产分别由各相关政府部门自行管理，较为分散。如垦地及农林试验场归农林部管理，工厂矿山则属于工商部，只有收益官产归财政部负责管理。

为加强对官产的统一管理，北洋政府于1913年在财政部内设置全国官产事务处，各省财政厅内设立官产处，分别负责中央政府与地方政府官产的管理工作，将官产管理权统一隶属于财政部门。1915年、1916年财政年度，全国官产实际收入总额为113800001元；1917年骤减为3187836元；1918年进一步减为1706176元；1919年又减至839275元，官产收入的规模呈逐渐缩小的趋势，反映了当时中央政府的控制能力越来越力不从心。

二十二、外债

北洋政府时期，对债务收入的依赖程度极大。有的年度，公债收入几乎占到财政收入总额的一半左右。当时，公债的发行权也集中在中央政府，地方政府无自行借债权。1923年10月公布的《中华民国宪法》又进一步明确规定：国债与专卖、特许均属国家事项，必须"由国家立法并执行之"。

北洋政府之所以能够大规模发行外债，既基于当时发达资本主义国家经济发展，市场饱和，资本过剩，垂涎中国市场，寻求出路的外部条件，也是中国国内战乱频仍、社会经济遭受严重破坏、财政枯竭，中央政府只能靠借债维持其生存和运转的内因所致。

北洋时期，外债规模十分可观。15年中，所借外债达10亿元之多。其中外债借入规模最大的是1912年、1913年和1914年。此后各年仍然陆续借入外债，但规模要小得多。袁世凯登上总统宝座后，为获取西方国家的支持，宣布承认前清政府积欠的洋债，同时继续向这些国家借入外债。1912年，北洋政府先后向比、德、法、英、美国的政府、银行及企业借入大笔外债。光是华比银行垫款，瑞记垫款，善后大借款，克利斯浦借款等几笔较大的外债，数额就达到8230万元；1913年外债总额为3.386亿元；1914年为2390万元。

临时大总统袁世凯与各国使节合影。

北洋政府时期外债有四个特点。首先是早期以欧美国家为主，后期则以日本国为主。这主要是因为第一次世界大战的爆发使得欧美国家无暇东顾，同时也反映出日本对中国经济渗透和侵略的加强。其次是北洋政府时期，前半期的外债规模远大于后半期，其背后反映了国际社会对北洋政府从充满希望到彻底失望。再次是外债的非经济性。北洋政府所借数十笔外债的实际用途无一用于国民经济建设，即使是以发展实业的名义借入的外债，也未能真正用于经济发展，如1913年借入的"中法实业借款"，名义上是推动经济发展借款，实际上却被行政经费占用。同时，外债具有殖民性，随着外债的大量借入，国家主权逐渐丧失。西方国家向中国政府提供贷款的目的并不是为了支持中国政府，而是为了其自身在中国的政治、经济利益，其借给中国政府的每一笔贷款都或多或少地附加了一些政治或经济条件，这些条件大多是以牺牲中国国家利益为主要内容的。例如，1913年北洋政府向英、法、德、俄、日五国银行团所借的善后大借款，就对中国的国家主权构成了严重的侵害。该借款规定的条件是以中国的关税、盐税收入以及税源充足的直隶、山东等四省的中央税为担保。另外，为保证这些税收能够真正用于偿还外债，五国集团还规定了一个附加条件，即中国盐务的收入支出和管理，都必须有洋会办参加，关、盐两税收入统归五国银行用执掌。从此，中国关税、盐税的主权落入洋人把持的海关税务司、盐务稽核所的洋会办手中。

二十三、内债

民国初年，由于中国经济尚在起步阶段，国内市场闲置资金有限，筹集债务难度较大，所以中央政府主要依赖外债收入维持，内债发行规模很小。1912年，因外债借入额不能满足政府的财政支出需要，为弥补财政亏空，北洋政府先后发行了7371150元军需公债和12291320元的元年公债，两次共发行了内债19670282元。1913年因外债借入规模甚大，基本未发行内债。1914年，受第一次世界大战的影响，外债借入额减少，内债发行额相应增加，发行公债24926320元，另外还发行了储蓄票１０００万元，二者合计达34926320元。1915年、1916年的内债发行额也保持在2000万元左右。

内债的大规模发行是在北洋政府统治的中期，即1917年至1921年。这一时期，不但内债品种繁多，有公债、银行借款、库券等多种名目，其数额更是大得惊人。发行规模最大的1918年，政府共发行长短期公债1.39亿元，加上当年所借外债合计高达2.6亿元，为北洋政府时期债务规模之最。1921年，发行公债6700余万元、库券1400多万元、银行借款4700余万元，总额也接近1918年的规模。

由于国内资本市场资金供应紧张，再加上政府债信过低，为保证公债的发行，政府只好给承办发行业务的银行以非常优厚的条件。当时承办公债发行的银行一般均可获得6%到8%的厚利。不仅如此，当时财政部门一般采取将公债券抵押给银行的方式获得债务资金。银行往往要按公债票面价格打七八折甚至五六折向财政部门付钱。一里一外，银行从中获取的利润一般达一分五厘以上，高的甚至超过三、四分。正因如此，国内众多银行都十分乐于承办公债发行业务，许多外国银行更是积极插手中国的国债发行业务，如当时的英国汇丰银行就承购了北洋政府的大量公债。

随着内债的滥发，引发了严重的政府债务危机和银行过度投资公债造成国内金融业发展的停滞，最后迫使北洋政府不得不进行"公债整理"。例如1922年，北洋政府改发行公债为各种名目的国库券，如"一四库券"、"使

财政部定期有利国库券　民国　中国财税博物馆藏
北洋政府时期，为对付日益窘迫的财政状况，除不惜大举外债外，还滥发内债。在其统治的15年里，共发行内债28种，同时还发行各种短期国库证券、有奖公债等88种。图为民国8年（1919年）十月发行，至民国9年（1920年）四月到期的短期国库券。

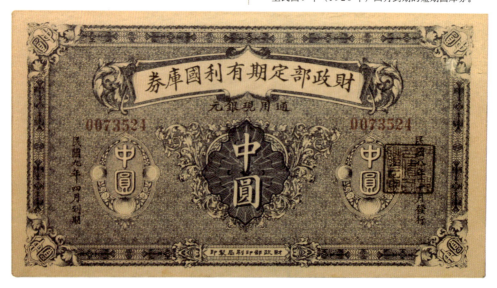

领库券"并且其发行规模也远较前一时期为小，总共只有几百万元，其用途也仅仅应付急需，如驻外使馆的经费开支，补发积欠的学校薪金，政府部门过年、过节的政务费，维持治安的经费等。

北洋时期，不仅外债的管理受到外国势力的控制，造成对国家主权的损害，内债的发行过程也存在同样问题。1914年，政府为便于内债的管理，设立了国内公债局，并任用海关总税务司的英国人安格联为经理公债出纳款项的会计协理，该局所有收存款项、预备偿付本息及支付存款，都须经过安格联的签字，有关公债款项的出纳事务，也须有安格联以会计协理的资格签署后才能生效。另外，原存于中国、交通两银行的内债基金，也由安格联于1916年转存入英国汇丰银行。从此，中国内债基金的保管权和支配权完全被外国列强所把持。

1924年10月，第二次直奉战争进行之时，直系将领冯玉祥率部发动北京政变，罢黜并囚禁大总统曹锟。图为冯玉祥率部从前线返抵北京城，发动兵变。

第四节　北洋政府的财政支出

一、军费

北洋政府时期是中国近代史上著名的军阀混战时期，其目的无非是争夺对中央政府的控制权。列强各国为保护其在中国的既得政治、经济利益，并进一步获取更多的好处，纷纷在中国境内寻找代理人，各地军阀成为他们互相争夺的目标。各派系军阀在外国势力的挑唆和支持下，展开了长达十余年的混战。从1912年到1922年的11年间，全国共发生了179次内战。战争消耗了大量的财力、物力和人力，造成这一历史时期军费开支的不断扩大。例如1913年，中央政府财政支出总额为642236876元，军务费（包括中央陆、海两军军部所管理的支出）合计为172747907元。占财政支出总额的比重只有26.89%；而三年后的1916年，这一支出竟上升为159357250元，占财政总支出471519436的比重33.8%。

二、行政

北洋政府的行政费用主要包括外交费、内务费、财政费、教育费、司法费、农商费、交通费等项目。1913年北洋政府的行政开支68750562元，占财政总支出的比重为10.78%；1916年，达172688468元，占财政总支出的比重上升为36.62%。

行政费分为两类：一类为财政部所管支出，其主要用于财政收入的筹集；二是其他部门用于社会及经济发展的支出。由于这一时期，政府忙于争夺和巩固其政治权力，根本无暇顾及经济发展和社会发展，所以教育部所管开支和农商部所管开支为各项开支中最少的两个项目，1913年分别只有6908850元和6043121元，分别占财政支出总额的1.1%和0.94%。1916年教育部所管支出所占比重略有上升，为2.7%，而农商部所管支出不仅未上升，反而略有下降，为0.88%。由于时局混乱，财政收入的筹集成本很高，财政部所管的费用支出大部分用于此项目标的实现。1913年财政部所管费用开支总额为91175387元，占支出总额的比重为14.2%，为各项开支之首。1916年财政部所管支出总额仍达91150887元，

占财政支出总额的比重为19.33%，较之现代发达国家的1%左右的税收征收成本来说，可谓奇高。

20世纪20年代社会经济一片衰败景象，财源趋于枯竭，在财政收入开源无门、地方政府截留财政收入行为日益严重的情况下，中央政府被迫大幅度削减财政支出。例如1925年，中央政府最主要的两项财政支出行政费和军务费开支总额从1917年的130646811元下降到99591269元，降幅达23.77%。

三、偿债

由于北洋政府时期内外债收入规模巨大，因此其财政偿债支出规模也甚为可观，与军费、行政费一起成了北洋政府财政的三大支出之一。例如，1913年，偿债费支出总额为300738407元，占财政支出总额的比重达到46.83%；1916年，该比重有所下降，但仍达29.2%。

第五节　国民政府时期的经济和财政整理

一、经济概况

1927年，随着北伐战争的胜利，中国结束了军阀割据、南北两个政府对峙的局面，重新实现了统一，社会进入

1927 年 4 月 28 日，蒋介石建立国民政府，定都南京。

一个相对平稳的社会发展阶段。以蒋介石为首的国民政府从统一全国到败退台湾，历时 22 年。在国民政府执政时期内，以抗日战争为界，可分为三个阶段，1927 年至抗日战争爆发前为第一阶段，8 年抗日战争时期为第二阶段，抗日战争结束后到 1949 年为第三阶段。

这一历史时期，首先实现了全国货币制度的统一、厘金制度的废除和统税的开征，为全国统一的市场经济体制逐步形成奠定了基础。其次是国家经济逐步从凋敝不堪中复苏，经济总量呈增长趋势。再次是工业部门的发展速度超过了农业部门的发展速度，工业化进程取得了显著成绩，即使是在抗日战争时期，除了前 4 年有较大幅度的下降外，其他年份仍有一定的增长。同时，全国金融机构数量增加，规模扩大，货币等金融工具日臻发达和完善，现代金融体系初步建立。

《剑桥中华民国史》中的国内生产总值数据对比

部　门	1914 年—1918 年 （10 亿元，1957 年价格）	1933 年
制造业＋[1]	11.77	4.45
其中：现代制造业[2]	1.3	
农业	29.9	35.23
服务业	10.0	12.52
折旧		2.19
国内生产总值	48.4	61.71

[1]制造业＋＝工业（现代和非现代制造业、采矿业和公用事业）＋运输业
[2]现代制造业＝工业、采矿业、公用事业和现代运输业

1912年—1949年中国大陆工业生产指数
(15种产品，1933年=100)

年 份	总产值	净增值	年 份	总产值	净增值
1912	11.9	15.7	1931	88.1	86.5
1913	15.6	19.2	1932	91.6	90.3
1914	20.1	24.0	1933	100.0	100.0
1915	22.5	26.1	1934	103.6	106.8
1916	24.0	27.7	1935	109.7	119.5
1917	26.9	32.0	1936	122.0	135.0
1918	27.8	32.2	1937	96.0	112.3
1919	34.1	36.9	1938	76.2	104.1
1920	40.2	42.9	1939	88.2	120.7
1921	42.4	42.4	1940	94.1	137.6
1922	34.7	39.0	1941	109.2	161.2
1923	41.6	45.6	1942	115.7	176.1
1924	46.9	50.5	1943	105.6	157.1
1925	55.7	60.1	1944	91.8	140.9
1926	59.0	61.0	1945	62.0	94.1
1927	66.6	66.3	1946	90.7	93.6
1928	72.1	70.5	1947	115.1	116.8
1929	76.9	75.2	1948	96.7	101.1
1930	81.6	80.1	1949	105.6	119.2

中国现代金融业在第一次世界大战期间，随着民族工商业的发展而得到了较大的发展，初步形成了一些颇有经济实力的金融财团。尤其是在北伐战争中大力支持国民党政府的江浙财团，在全国统一后获得国民政府的大力支持，实力迅速扩张，成为中国金融业的主力军。与此同时，其他民族金融机构在这段时期内也得到了一定的发展，在全国范围内形成了较为系统的金融网络体系。截至1935年，全国的金融机构已有3566家之多，其中90家规模较大的银行的注册资本总额大约达到3000亿元左右。值得注意的是，在金融机构的发展过程中，政府的介入程度非常之深，一些大的金融机构直接控制在中央政府首脑手中，地方性金融机构也与地方政府关系密切。在现代金融业兴

起的初期，这种状况有利于推动金融业的迅速发展，但长此以往则使现代金融业成了一个怪胎，少数金融机构凭借政治势力垄断了金融市场，公平的市场竞争机制无法形成，严重影响了中国金融业的健康发展。

清末以来，特别是北洋政府统治时期，中国的货币制度十分混乱，金融市场上使用的货币五花八门，既有中国传统的铜币，也有银元、银票，还有生银，甚至有大量的外国货币在我国市场上流通。不同地区使用的货币往往不能通用，阻碍了全国统一金融市场的形成。国民政府于1935年进行的货币制度改革，结束了这种混乱的局面，法币成为全国通用的货币，至此，统一金融市场的建立有了坚实的基础。

这一时期，农业经济出现了发展停滞的现象。1931年—1937年，农业总产值年平均为191.4亿—197.9亿元（1933年价格），较之1914年—1918年的160.1亿—170.3亿元相差无几，年增长率低于1%。本国农业经济的发展停滞，导致对粮食进口的依赖性增大。1867年—1870年，中国每年粮食净进口数为19375吨，1911年—1915年为251180吨，1931年—1935年为2009165吨。抗战爆发前，国民经济总量呈增长

态势。抗日战争的爆发，打乱了中国经济发展的进程，由于战争对军费的需求过大以及政府本身行为等多方面因素的影响，抗日战争期间及其后，过度的货币发行导致了严重的通货膨胀，葬送了法币的权威，统一的货币制度在抗日战争胜利后迅速崩解。再加上抗日战争结束后，面对遭受战争重创的国民经济，国民政府未将其工作的重心放在恢复经济上，而是放在了内战上，致使本已满目疮痍的国民经济不堪重负，最终濒于崩溃，国民政府也随着经济的破产而垮台。

二、财政整理

北洋政府时期，虽然在财政税收的制度化、法制化上做了一些工作，但由于中央政府的统摄力过弱，而使法令和制度仅停留在纸上。国民政府时期，中央政府的权威大大加强，尤其是从20年代后期到30年代中期，国民政府从多方面对财政制度作了整理、改革。在财政制度改革中，动用立法程序来规范政府的财政活动，颁布了一系列的财政法律、法规，并付诸实施。

1928年6月，国民政府召开全国经济会议，并在会上发出了统一国家财政的通电。同年7月召开的全国财政会议拟订了统一财政案。此案明确规

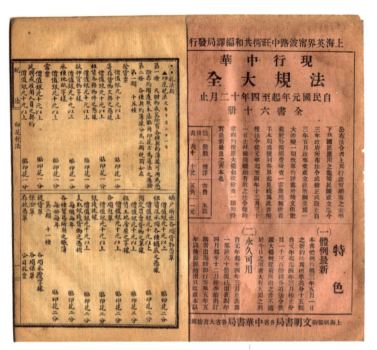

《法规大全》之《税法》分册　民国
中国财税博物馆藏
由上海英界宁波路中旺街共和编译局收集了民国元年至 4 年间，北洋政府所颁布的各项法规，汇编成共 60 册的《法规大全》。图为其中的关于《税法》的一册，为小 32 开，包括印花税、关税、契税、矿税等税收法规。

定，国家整理财政的内容包括四个方面：一是财政规章制度建设，二是财务行政，三是用人制度，四是财政收支体系。1931 年，为保证财政整理的顺利进行，特意设立了由政府首脑、工商界、金融界人士和专家学者共同组成的财政委员会，由蒋介石亲自主持。由于政治独裁和经济发展迟缓，再加上各种社会势力的羁绊，财政整理从 1928 年开始，直到 1934 年才基本完成。有些改革甚至延后到抗日战争期间或

抗日战争胜利后。前一阶段集中于中央与地方关系的整理以及中央财政收支的整理，后一阶段侧重地方财政的整理。目的在于加强国民政府的中央集权。其整理的具体内容有：划分收入、裁厘设统、废旧立新、规范地方税、整理公债、修正预算制度、整理国库制度、改革财政的行政及人事制度。上述财政制度的变化在当时被称为"整理"，但其性质已远远超出了"整理"的范围，它实际上是中国近代以来的一次大规模的财政改革，较之清末"戊戌变法"以及北洋政府时期各项财政改革措施的收效显著得多。通过这次改革，大大加强了国家法律对财政活动的约束力，使政府财政走上规范化、国际化的道路。

（一）划分收入

1928 年第一次全国财政会议结束后，国民政府于 1928 年 11 月公布了《划分国家收入地方收入标准案》，将财政收入分为国家收入和地方收入两部分，

并具体划分了国家税与地方税的收入来源。同时明确规定，当地方税收性质与国家税收重复时，禁止地方政府征收该税。《标准案》明确划分中央政府与地方政府的财政权限以及财政收支，结束了自清末到北洋政府时期中央政府与地方政府财政关系混乱的局面，标志着中国分级预算管理体制的真正确立。

（二）裁厘设统

国民政府一成立，国内及国际社会敦促国民政府裁厘的呼声就非常强烈，迫于社会的压力，国民政府于1927年设立了裁厘加税委员会，专门负责裁厘工作。但因厘金是政府财政的重要收入来源，一旦裁撤，若没有其他收入予以弥补，政府就将面临严重的财政困难。所以一直拖到30年代初，国民政府才最终将社会呼吁多年的裁撤厘金付诸实施。1930年12月，财政部长宋子文发表通电，要求各省从1931年1月1日起将厘金以及类似厘金的统税、特税、货物税、铁路货捐、邮包税、落地税和正杂各税捐，以及海关征收的50里外常关税、内地常关税(陆路边境所征国境进出口税除外)、子口税、复进口税等一律裁撤。为弥补裁厘造成的财政收入损失，政府陆续开征了棉纱火柴水泥统税、麦粉统税等税种。

裁厘的实现，消灭了困扰中国工商业数十年的重复征收、妨害商品流通的恶税，终结了国内市场四分五裂的局面，为建立全国统一市场创造了极其有利的外部条件。

（三）废旧立新

北洋政府时期，税制仍沿清政府之旧，其税收制度带有浓厚的封建主义色彩，如田赋、牙税、当税等，均属十分落后的财政收入形式。中国的税制体系与国际上先进的、适合资本主义经济发展的新型税制体系有很大的差距。国民政府在30年代进行的税制改革中，裁汰和改良不符合社会经济发展要求的旧税种，开征符合市场经济发展需要的新税种。其内容包括，将田赋改造成土地税；废除牙税、当税等旧税种，代之以国际通行的营业税；开征所得税(1936年)、遗产税(1940年)等直接税税种。现代税种的开征，标志着中国税收体制从传统的适应自然经济和小商品经济需要的旧体制向适应现代资本主义经济发展需要的现代化税收体制的转化，基本上建立起一套适应现代经济发展要求的税收体制。中华人民共和国建立初期所建立的税收体制也是在国民政府原有的税收体制基础上加以调整沿用的。

（四）规范地方税

1934 年第二次全国财政会议结束后，国民政府发布废苛捐杂税令。《命令》一方面对不合法捐税的范围作了界定，认定：妨害社会公共利益；妨害中央收入来源；复税；妨害交通；为一地方利益，对它地方货物输入为不公平课税；各地方物品通过税等项为不合法税捐。地方政府凡有属于上述各类捐税者，限自 1934 年 7 月起至 1934 年 12 月底止，分期一律废除。另一方面，《命令》规定了税收整理程序：首先，地方政府应将其在 1928 年《国家收入地方收入划分标准》公布前征收的税捐列报财政部，《标准》公布后开征的税捐则需报请财政部补行审议；各省征收税捐或增减税目者凡与法律及法令有抵触的，财政部得随时撤销。该法令出台后，各地苛捐杂税及各种名目的附加税严重扰民的现象在一定程度上得到缓解。从 1934 年到 1937 年，各省废除的苛捐杂税达 7400 多种，减轻百姓税收负担 1 亿多元。地方税制的整理，不但减轻了百姓的税收负担，同时，也强化了中央政府对地方政府的指挥权威。

（五）整理公债

北洋政府后期，内外债负担已令政府不堪重负以致被迫于 1923 年 8 月成立财政整理委员会，着手对政府债务以及其他财政事项进行整顿。但由于政权更迭，导致整顿中途停止。南北统一后，前清及北洋政府遗留下来的债务加上国民政府本身所借的债务，其数额更为巨大，若偿还债务得不到有效保证，将会严重影响中国政府在国内外的债信和政府正常的财政收支活动。

为此，国民政府从 1928 年起，对国债进行了整理。为保证债务整理的顺利进行，国民政府于 1929 年成立了整理内外债委员会，专门负责各项债务整理事宜。该委员会为整理债务制定了五项原则，其中最重要的内容：首先是整理范围包括中华民国中央政府所实欠之全部无确实担保的所有内外债；其次是关税自主实现后，由关税收入中每年提出一定数额，作为未偿债务的担保。为此财政部设立了整理债务基金。基金的资金由财政部根据每年应偿债务金额的大小从关税附加收入(关税主权收回之前)和关税收入(关税主权收回之后)中划拨。债务整理过程中，财政部对政府历年所借内外债进行了详细的核查，属于中央政府所借债务者，经审核符合偿还条件者，按规定偿还；不属于中央政府的债务由地方政府或借债单位负责偿还。经清理核实，列入整理范围之内的内外债合计总额为银元1677115496.79元。到1936年，通过商定整理办法及已全部还清的债务共计49款，公债整理中政府获得的债务本息免让使政府的国库负担大为减轻，负担减轻额大约为国币35700余万元。国民政府的公债整理不仅大大减轻了国家的财政负担，而且大大提高了政府债信，为其在抗日战争时期利用债务手段筹集大量军费创造了条件。

（六）修正预算制度

北洋政府初期，已初步建立了现代预算制度，但后来因战乱而受到破坏，未能坚持下来。国民政府于1934年7月公布了《修正预算章程》，对国家预算及地方预算的编制原则、编制结构、编制方法、编审程序等问题，都作了制度规定。1937年4月又公布了《修正预算法》，将预算制度上升到法律高度，标志着中国现代预算制度的确立。

（七）整理国库制度

北洋政府时期，财政收入管理制度十分混乱，官府衙门自收自支，坐支等现象比比皆是，国库形同虚设。国民政府成立初期，也不例外。为强化财政部门对财政资金的统一管理权限，国民政府于1933年2月公布了《中央各机关经管收支款项由国库统一处理办法》。《办法》规定：中央各部会直接收入款及其所属非营业机关收入款与营业机关盈余款或摊解非营业之经费款均解交国库核收。这一制度的出台，将各行政事业单位的财权收归财政部行使，杜绝了各单位私自处置财政收入的现象，为财政收入真正保障政府职能的行使提供了有利条件。1938年6月，又公布了《公库法》，进一步将国库制度上升到法律高度。同时，也对地方政府的公库制度建设作出规定，使地方公库制度得到了改进和完善。

（八）改革财政的行政及人事制度

1931年，国民政府公布了修订的《财政部组织法》，对财政行政及人事制度作了较详细的制度规定，明确了各机构的分工与职责，为财政职能的顺利履行提供了组织人事上的保证。

第六节　国民政府的财政收入

一、关税

1929年国民政府收回了关税自主权后，即于1929年2月开始实行新的

国定税则。该税则打破了协定税则下进口关税税率不分商品种类，一律值百抽五的规定，将进口关税税率的边际税率提高至27.5%，从而使得进口关税对民族经济的保护作用得到加强。税则规定，进口税税率自7.5%至27.5%，共分7个税率等级。此后，关税税则又分别于1931年、1933年、1934年多次修订。进口关税税率从7个税率等级增加为14个等级，最高税率提高到80%。关税对本国经济的保护作用进一步加强。不过，税则所定高税率的实施受到列强国家的蛮横抵制和干预，特别是受到日本政府的无理干涉。例如，1933年修订的关税税则中，国民政府为迎合英美国家的要求，对棉货、海产品和纸张等主要由日本进口中国的商品实行高税率，就受到日本政府的强力干预，迫使国民政府于1934年对仅实行了一年的关税税则进行重新修订，调低其上述产品的进口税税率。

1934年修订的关税税则一直实行

上海海关钟楼铭文及图标　民国
上海海关大楼旧址现位于上海中山东一路13号，1927年新建落成。整栋大楼约10层楼高，钟楼上每个钟面直径为5.4米。上图为主钟的中文铭文，下图为主钟上的图案标志。

到抗日战争结束，未再作大的修订，只作了局部调整。一是在抗日战争期间对一些国内急需的战略物资，如米、汽油、柴油等，免征进口税；二是对部分有关国计民生的商品调低进口税税率，且下调幅度较大，达到原税率的2/3，1942年取消了转口税；三是于1943年将进口税中原来对部分进口商品从量计征的办法改为从价计征。抗日战争胜利后，政府又对进口税税则进行了局部修订。为保护民族经济的发展，复将战争期间关税税率降低2/3的进口商品的税率恢复到战前的税率水平，但仍对米、汽油、柴油等战略物资实行免征进口税的政策。

抗日战争爆发前，关税收入出现逐年递增的局面，尤其是关税自主权收回后的最初几年中，关税收入的增长幅度更大。关税收入最多的1931年，收入总额达到314686596元，为1926年关税收入的4.7倍。抗日战争爆发后，由于国土大片沦丧，尤其是东南部经济发达的沿江沿海大城市的陷落，使许多海关落入日伪手中，关税收入也相应落入敌手。据统计，8年抗战中，被敌伪截掠走的关税收入总额达到226亿元以上。而这段时期内，国民政府所掌握的关税收入则不到30亿元，只占关税收入总额的1/10左右。抗日战争胜利后，随着失地收复，关税收入大幅增长，1946年的关税收入达到3255.5亿余元。

二、盐税

国民政府时期，收回了盐税自主权。1927年6月，国民政府在财政部内设立盐务处。1928年，国民政府财政部部长宋子文发表声明，财政部将改进盐务稽核所的工作，不再承认稽核所所有保管收入用以偿还外债的权利，此项工作须另行指定特殊机关负责。收税职权也从盐务稽核所手中收回，归运使、运副主管，各稽核分支所只负责填发准单、秤放盐斤及编造账目。因此，从1929年起，所有征收的盐税款也由征收机构存入财政部指定银行，归财政部支配使用。从此，盐税的征收、保管及使用权又重新掌握在中国政府手中。

北洋政府时期，盐税征收制度颇为混乱，各地在税之外，往往还征收附加税，各地税率也有很大差别。国民政府于1930年12月着手对各地的盐税附加进行整理，规定各省盐税附加均限于1931年3月1日一律划归财政部统一核收，以便整理。后又于1931年5月颁布了《盐法》，对盐税征收制度作了进一步规定。其主要内容：一是制盐须经政府许可；二是制成的盐(包括精盐)应验存政府指定的仓坨；三是场价由场长召集制盐人代表按质分等议定；四是每100公斤食盐一律征税5元，不得重征或附加；渔盐征0.3元，工农业用盐免征；五是设盐政机关掌理盐务行政、场警编制、仓坨管理及盐的检验收放；六是另设稽核机关掌理盐税征收、稽查盐斤收放及编造盐款收支报告。

财政是由财力的实际需求决定，而不是由善良的愿望左右。尽管《盐法》明确规定取消盐税附加，但由于军费需求过多，实际上在盐税征收时仍附征附加税。中央统一规定征收的盐税附加有三种：一种称为军用加价，限于淮南、浙江各销岸征收。征收额按原规定是带征1元，但实际执行中各岸情形不一。第二种称为善后军费，对淮浙鲁各区、湘鄂西皖四岸行盐征收，税率是1.5元。第三种称为外债镑亏，全国各区一律带征0.3元。此外，1930年以前各地方政府征收的盐税附加在1931年划归中央政府，后改由中央政府继续征收。因此中央政府的盐税附加并不仅限于上述3种，具体征收中各地情况有所不同。有些地方附加项目少些，有些地方多些。例如，1931年时，湘岸盐区的盐税附加除中央政府的附加项目外，还有镑亏费、筹备费、赈捐、平浏路捐等4种名目；长芦盐区则有镑亏费、销地捐、河工捐、缉私捐、产地捐、加征产捐、军事附捐、整理费等数项名目。经过整理，盐税征收制度趋于规范化，盐税收入也有了较大幅度的增长。1925年时盐税收入总额仅为79144093元，1929年增长为130135400元，1932年又增长为164615200元，较北洋政府末期增长了1倍多。

抗日战争爆发后，东北、华东东部、东南沿海及华南等地区的大部分盐场先后落入敌手，使国民政府的盐源减少了80%，再加上内地井盐运输困难等原因，国统区不仅盐税收入大减，而且食盐供应也出现紧张局面。为应对这种局面，国民政府制定了增产赶运，以开辟盐源；统制配售，以平衡供销的政策；实行官运官销、计口售盐的措施。1942年1月1日，财政部宣布，盐专卖即日起实施，所有专商引岸及其他垄断盐业的特殊待遇及权益一律废除。除各省政府盐斤加价外，其余附加一律停征。食盐的运销管理也从原来的民制、商运、商销，改为民制、官收、官运、商销。1943年10月，出于筹集战争经费的需要，国民政府又宣布开征战时食盐附税每担300元。1945年又先后两次提高附加税征收标准，第一次增至1000元，第二次增至6000元。此外，1944年3月财政部又下令，在食盐项下加征国军副食费每担1000元，并入仓价。同时要求所有军队在各地方就地征收款物应即停止。1942年1月至1945年2月，食盐专卖收入、战时附加税和副食费收入合计总额为720.39亿元，占此时期税收收入总额1458.09亿元的比重高达49.5%。盐税收入成为国民政府最主要的财源，对支持庞大的军费开支具有非常重要的意义。

1945年2月，预见到抗日战争即将胜利，国民政府取消了食盐专卖制度，改征盐税。盐税的税率最初按光复区税率从低的原则制定，苏、皖、京、沪各地盐税为每担1000元。其计算依据是当时后方区盐税为每担7000余元，光复区税率不及后方区的1/7。后来，为平衡光复区与后方区的税负，又将两淮区的盐税税率提高至1500元，京、沪区调至2000元，安徽徽属及安庆为4000元，其余皖南北各地为3500元。1946年，国民政府又分三期对全国盐税率作了调整，将盐税税率从3000元到700元分为四等。为扶持工业发展，对工业用盐暂行免税，盐业副产品亦免税。

1946年起，取消了战时征收的战时附税和国军副食费的名目，并称盐税。至此，各种名目的盐税附加统统取消。同年，食盐的运销管理也改为民制、民运、民销。战后，随着产盐区的收复，盐税收入绝对额有所增长，1946年为2057亿多元。但由于战后其他财政收入的迅速增加，盐税收入占国税收入总额的比重则降至16.56%。

三、统税

统税起源于厘金，其相对于厘金多次征收而言，才产生了一次征收之"统"。清末一些省份，如湖北省，曾将重复征收的厘金合并为一次征收，称为统捐。北洋政府时期，为克服厘金无物不税、无地不税、重复征税的弊端，曾试办过纸烟统捐，规定纸烟捐为国税，由中央征收，不管国产货、进口货，均征内地统捐一道，完纳统捐之纸烟，不再重征其他内地杂捐、厘金等。但由于政府军需过重，纸烟统捐开征后不久，各种杂税、杂捐纷纷设立。处于财政窘迫状态的北洋政府，企图克服重复征税的努力，最后还是以失败告终。

国民政府在广州成立后，在向北挺进的过程中，于1926年12月颁布征收卷烟统税办法，1928年公布的《卷烟统税条例》规定，卷烟统税为中央税，由财政部专设卷烟统税处，各省设置卷烟统税局办理。凡交纳统税之卷烟，即准其行销全国，不再承征其他任何货物税捐。1928年6月，又公布了《征收麦粉特税条例》，该税对机制麦粉征收，税率为5%，其性质与统税相同。1930 年后，为弥补裁厘造成的财政收入损失，扩大了统税的征收范围，先后将棉纱、火柴、水泥、熏烟、啤酒、火酒等商品列入征收范围。此后，统税收入不断增长，逐渐成为中央政府财政收入的重要支柱。

统税的最大优点是克服了厘金多次征税、税负过重、严重阻碍商品流通的弊端。商品在出厂时缴纳一道税后即可通行全国，大大方便了商品流通，有利于全国统一的商品流通市场的形成。

1931 年 1 月，国民政府公布的《棉纱火柴水泥统税条例》作了四方面内容的规定。一是统税由财政部所属统税机关征收。二是统税采用从量征收办法，税率采用定额税率，例如本色棉纱按纱支高低，分别从量每百斤征收 2.75 元至 3.75 元，其他各类棉纱照海关估价征收 5%；火柴区别不同长度及每盒支数多少，每大箱从量征收 5 元至 11 元；水泥以每桶 380 磅重量计算，每桶征收 0.6 元。三是征收方法采用派员驻厂或驻关征收。四是已税货品运销各省，不再另征其他捐税。

为了进一步加强对统税征收的管理，国民政府于 1931 年成立了统税署，专门负责统税的征收管理工作。

在统税征收过程中，区分不同情况，实行减免税优惠政策：一是卷烟出口或运往来征统税的地区时，免征统税；二是对军用面粉、慈善团体采购的用于赈灾的面粉免征统税；对于出口

财政部统税公署熏烟叶统税印照　民国
中国财税博物馆藏
图为销售烟叶所需交纳统税的完纳凭证。统税是民国时期征收的一种消费税　因统征一次　通行全国　不再重征　故名。

面粉，最初实行的是禁止出口政策，后来回应商人的请求，准许面粉出口，并给予出口免税待遇；三是对出口棉纱及其制品最初实行免税政策，后来由于免税不易管理，奸商常借此漏税，不得不改为出口退税制；四是运销国外的火柴免征统税；五是运销国外的水泥免征统税。

抗战爆发前，统税的基本征收制度变化不大，但税率却曾多次调整，其调整趋势是税率不断提高。1933年12月，财政部训令各区统税局提高卷烟、水泥、火柴三项统税税率。提高后的具体税率标准：一是卷烟每5万支售价在300元以上者为一级，征税160元；售价在300元以下者为第二级，征税80元；二是水泥每桶重170公斤，征税1.2元；三是硫化磷火柴，甲级每箱征税10.8元，乙级每箱征税13.5元；安全火柴甲级每箱征税13.5元，乙级每箱征税17.4元，丙级每箱征税21元。

1937年3月，财政部再次调高统税税率。卷烟税率由二级税制改为四级税制。最高税率为每5万支800元，最低税率为每5万支100元；火柴最高税率为每箱24元，最低税率为每箱12.6元；水泥税率为每桶重170公斤征税1.5元。同年5月，棉纱的统税税率也随之提高。最高税率为每百公斤棉纱10元，最低税率为每百公斤5元。

统税的征收范围最初只限定在苏、浙、闽、皖、赣五省。其后征收范围不断扩大，抗战前夕，黄河以南地区大多开征了统税。由于统税主要是对机制品征收，因此其税源集中于机制工业发达的东南沿海地区。由于实行就厂征收，只征一道税的办法，避免了重复征税现象，统税的开征受到工商界的欢迎，其收入呈逐步增长趋势。1929年统税初办时期，其收入总额为45615677.31元；1931年增长为77407420.51元；1933年增至104977964.74元。

抗日战争时期，为更多地筹集财政收入，国民政府不断扩大统税的课税对象范围和税收征收范围。在课税对象范围上，先后将饮料、手工卷烟、食糖、茶、竹木、皮毛、陶瓷、纸箔等商品列入统税征收范围，并将统税与烟酒税合并，改称货物出厂税或货物取缔税。后来在实际征收过程中，货物统税的课税对象几乎扩大到无物不征的地步。例如，由对竹木征税扩大到对扫帚、草鞋、簸箕、锅刷等竹木制品征税。税收征收范围扩大到云南、新疆、青海等省区。另外，为增加收入，还对货物统税的计税方法作了修改，将原来实行从量计征的办法改为从价计征，并重新规定了各类商品的税率。新税率的实行，大大加重纳税人的税收负担。例如，棉纱在改为从价计征后，税率提高了4倍。修改后，各种商品的具体税率为：卷烟80%，熏烟叶25%，洋酒啤酒60%，饮料品20%，火酒中的普通酒精20%、改性酒精10%、动力酒精5%，火柴20%，糖类15%，水泥15%，棉纱3.5%，麦粉2.5%，竹木及普通木材15%，贵重木材30%，皮毛15%—30%，瓷器10%，陶器5%，纸箔5%—50%。

1943年，为满足战争对战略物资的需要，财政部公布了《财政部棉纱麦粉统税改征实物暂行办法》，规定对上述商品按原规定的税率改征实物。1944年7月又将糖类商品列入征实范围，并把其税率从15%提高到30%。由于当时改征实物部分的货物统税收入并未计入政府的货物统税收入总额中，导致1944年、1945年的政府预算、决算中，货物统税收入数字严重失真。

抗日战争时期，货物统税成为中央政府的重要财政收入来源。例如1940年，该税收入(货物出厂税和货物取缔税合计)决算额为35080162.70元，

占经常性财政收入总额的比重为6%；1941年为111272253.65元，占经常性财政收入总额的9.1%；1942年为259222863.44元，所占比重为3.7%；1943年为681744839.20元，所占比重为5.2%。若把战时消费税和矿产税等具有货物税性质的税种也计入其中，则货物税收入占税收总额的比重已达到1/4左右。

抗战胜利后，随着沦陷地区的收复，统税的征收范围大大扩大，包括棉纱和烟酒在内的货物统税的税率提高，再加上通货膨胀等因素的影响，统税收入大幅度增长。1946年，货物统税实收额占当年税收总额的35.1%；1947年该税实收额为4.5万亿元，占当年关、盐、直、货四税收入的43%以上。

四、烟酒牌照税

国民政府于1927年至1928年对原北洋政府征收的烟酒牌照税加以整顿，先后公布了《国民政府财政部卷烟营业牌照税章程》、《国民政府财政部洋酒类营业牌照税章程》、《华洋机制酒类营业牌照税章程》等一系列规章制度，对烟酒牌照税实行分类征收的办法。其后又对具体征收制度多次作出修订。

1928 年 3 月公布了《烟类营业牌照税暂行章程》规定，凡售卖华洋烟类，均需领照纳税。牌照分整卖、零卖两类，整卖类按经营范围分为 3 等，每等各按季纳税 100 元、40 元、20 元；零卖类分为 5 级，按季各纳税 12 元、8 元、4 元、2 元、1 元。

1927 年 11 月公布的《华洋机制酒类营业牌照税章程》规定，凡贩卖华洋机制酒及火酒者，按整卖、零卖及营业收入分为四等，分别每季征收 50 元、20元、15 元和 5 元的定额税。

1935 年 1 月，烟酒牌照税改划为地方税。为规范各地烟酒牌照税的征收，财政部公布了修订的《烟酒营业牌照税暂行章程》，规定该税按季征收，分烟、酒、洋酒三类，各自分整卖、零卖征收不同数额的定额税。1942 年 1月，国民政府宣布停征烟酒牌照税。

在烟酒牌照税收入属于中央政府时期，时有地方截留烟酒牌照税的情况出现，该税的实际征收规模难以确切统计。后来，中央政府加强了税收征管力度，由财政部直接任命地方印花烟酒税局局长，并要求地方印花烟酒税局按规定期限解缴烟酒牌照税税款。此后，烟酒牌照税的规模才有了较为确切的统计资料。即使这样，由于一些省局在解缴税款时，将烟酒牌照税与烟酒公卖收入合并上解，因此，烟酒牌照税的总体规模仍缺乏数据。据《财政年鉴》公布的数字，江苏、浙江等 11个省 1929 年该税的收入合计为1590323 元，1930 年为 1644266 元，1933年为 796632 元。

五、矿税

国民政府初期，对矿税征收制度进行了整顿，将北洋政府所征收的矿产税与矿统税合二为一。1930 年 5 月，又公布了《矿业法》，进一步规范了矿税的征收制度。此法规定，矿税分为矿区税和矿产税，由矿业权者分别缴纳。矿区税税率分别为：每公亩按年纳税 1分，砂矿在河底者，每河道长 10 米，按年纳税 1 分；采矿区每公亩或河道每长10 米，自开办起 5 年内按年纳税 2 分，自第六年起按年纳税 5 分。矿产税则按照矿产物价格纳税，税率为 2%。

其实，国民政府统一的《矿业法》在 1934 年以前并未切实执行，各矿区矿税征收制度仍然存在着很大差异。直到 1934 年 10 月财政部公布《矿产税稽征暂行章程》，对矿税计税方法、征收手续等一系列问题作了较详细的规定之后，全国矿税征收制度才趋于统一。

抗日战争期间，为筹措军费，政府一方面扩大了征收范围，将以往未开征该税的湘、川、粤、桂、黔、闽、陕、甘、康、宁、滇等省均纳入矿税的征收范围；二是将纳税环节从单一的生产环节扩大到流通环节，在矿产运输途中查征该税；三是提高了矿税税率和计税价格。

抗日战争胜利后，国民政府于1946年10月公布《矿产税条例》，对该税的征收制度作了重新规定。其主要内容有：矿产税为国家税，由税务署所属货物税机关征收；课税对象以《矿产法》第2条所列举者为限；税率按矿产物分为两类，第一类铁、煤、石油等，第二类石膏、明矾等；其税率均为5%，一律从价计征。1948年2月国民政府再次公布《矿产税条例》，对该税的征收制度进行修订。

矿税收入抗战前较多，1936年为4904633元；抗战期间，由于许多矿区沦于敌手，矿税收入一度萎缩，仅为战前的1/3左右。后经整顿，税收收入有所增加，1942年增至2290余万元。战后其收入大幅度增长，1946年实际收入总额为11963393000元。

六、特种消费税

特种消费税开征于1928年。当年

12月，国民政府在其召开的苏、浙、皖、赣、闽五省裁厘会议上，通过了《特种消费税条例》，规定：对糖类、织物、出厂品、油类、茶类、纸、锡箔、海味等19项货品征收该税；应税货品中，除糖类、织物及出厂品另订条例由财政部直接办理外，其余由各省就地方情形自行提出呈部核定；税率为奢侈品自12.5%至17.5%，半奢侈品自7.5%至10%，日用品由2.5%至5%；不得带征任何附税；特种消费税由各省财政特派员公署主办；已经征足特种消费税的货品，不再征收其他捐税。

1929年1月，《特种消费税条例》正式公布，据此，福建等省开征了此税。其中，福建省于1929年1月发布公告，宣布在废除厘金及与厘金性质相同的税种后，于1月6日起开征特种消费税。应税货品共分10类，税率分4级，自2.5%至7.5%，土货与必需品从轻，洋货与消耗品从重。

该税开征后，受到商界的抵制。1929年2月，全国商会联合会致电国民政府，称特种消费税弊害胜过厘金，要求免予举办。因此，国民政府于1931年4月宣布停办特种消费税。

七、银行业收益税

银行业收益税开征于1931年。当

时为弥补裁厘造成的财政收入损失，其他行业开征了营业税，而银行业未包括在营业税的征收范围内，于是单独征收收益税。1931年8月，国民政府公布了《银行业收益税法》。规定：银行业收益税的税率按纯收益与资本额之比分为3级：纯收益额不满资本额的15%者税率5%，满资本额的15%不满25%者税率7.5%，满25%以上者税率10%；银行业的范围包括商业、储蓄、汇业、实业及其他各银行、银公司、信托公司、储蓄会；中央及地方政府设立之银行免缴收益税。该税后来并入营业税中与其他行业统一征收。

八、所得税

国民政府所得税的设立经过两个阶段。先是在20世纪20年代末，为弥补裁厘带来的财政收入损失，国民政府于1929年1月公布了《所得税条例（草案）》。该条例在北洋政府的所得税条例基础上修改形成。条例规定，对在中国内地有住所或一年以上居所以及在内地无住所或一年以上居所而有财产、营业或公债、社债的利息所得者开征所得税。由于财政部聘请的外国财政专家的反对，开征所得税的计划被搁置。1936年7月，国民政府公布了《所得税暂行条例》，规定从1936年10月1日正式开征所得税。至此，所得税终于正式开征。

《所得税暂行条例》规定：第一类营利事业所得、第二类薪给报酬所得、第三类证券存款利息所得，均应缴纳所得税；税率采用超额累进税率和比例税率。除证券存款利息所得采用比例税率按5%征收外，营利事业及薪给报酬所得均采用超额累进制，最低税率为3%，最高为20%；营利事业所得采用自行申报制；薪给报酬及证券存款利息所得采用代扣代缴方式征收。1936年7月，财政部下设直接税筹备处，负责征收所得税与其他直接税的筹备工作。为保证所得税开征的顺利，开征之初，所得税的征收范围暂以政府机关公务人员的薪给报酬所得及公债利息所得为限(1936年10月至1936年年底)。其余各项所得于1937年1月1日起开征所得税。

抗战爆发后，为筹集军费，国民政府于1943年1月公布了《财产租赁出卖所得税法》，规定土地、房屋、堆栈、码头、森林、矿场、舟车、机械等的租赁或出卖所得均应依法征税；税率采用超额累进制，租赁所得最低税率为10%，最高为80%；农业用地及其他财产出卖所得最低税率为10%，最高为50%。1943年2月，国民政府又公布了《所得税法》，对所得税征收制度作了修订，主要内容：一是提高税率，将营利事业最高税率订为20%；二是提高起征点，将薪给报酬所得税的起征点从30元提高到100元。

抗战胜利后，国民政府于1946年4月公布了修订后的《所得税法》。将原来的分类所得税改为综合所得税，征收范围从原来的三类扩大到五类，包括营利事业所得、薪给报酬所得、证券存款所得、财产租赁所得、一时所得。各种所得的税率均采用累进制。一是营利事业所得的税率分两种，甲为公司组织的营利事业所得，根据所得合资本的百分比的不同，分9级税率，实行全额累进制，税率最低为4%，最高为30%；乙为无限公司组织及独资合伙等营利事业的所得，以所得额为准，采全额累进制，税率共11级，由4%到30%。二是薪给报酬所得，亦分为两种，甲为业务或技艺报酬所得，乙为薪给报酬所得。甲

所得税法　民国　中国财税博物馆藏
国民政府于1936年7月施行《所得税暂行条例》，按规定所得税征收内容分为三类：即营利事业所得税，薪给报酬所得税和证券、存款利息所得税。1946年又作了修改，增加了财产租赁所得税和一时所得税，并重新制订了各种所得税的税率。图为刊登在1948年4月1日《国民政府公报》上的《所得税法》。

种所得的起征点为15万元，税率从3%至20%；乙种所得起征点为5万元，税率自0.7%至10%。三是证券存款利息所得，采用比例税率，为10%。四是财产租赁所得，分甲、乙两种，甲为土地、房屋、堆栈、森林、矿场、渔场等租赁之所得，乙为码头、舟车、机械等

租赁所得。甲类所得起征点为 5 万元，税率采超额累进制，最低为 3%，最高为 35%，共分 12 级；乙类所得照甲类所得同级税率加征 10%。五是一时所得，采用超额累进制，起征点为 2 万元，税率自 6% 至 30%。

尽管所得税生不逢时，开征于抗日战争爆发之时，国土不断沦丧敌手，但其收入规模却不断增长，成为支持国家抗战的重要财源。1936 年，所得税实际收入总额为 648 万余元；1937 年尽管受到战争的影响，所得税实际收入仍达到 2000 万元以上；1941 年其收入剧增至 7757 万余元；1945 年其收入达到 34.9 亿余元。

抗日战争胜利后，随着敌占区的收复，再加上通货膨胀因素，所得税收入的增长更是惊人，1946 年猛增至601.6 亿余元。

九、非常时期过分利得税

非常时期过分利得税是为筹集抗日战争军费、遏制商人借战争之机牟取暴利的行为而开征的税种。1938 年 10 月，财政部公布了《非常时期过分利得税条例》，规定：营利事业资本在 2000 元以上其利得超过资本 15% 以及财产租赁利得超过财产价额 12% 者，一律课征非常时期过分利得税；税率采用超额累进制，自 10% 至 50%。1938年 7 月，又对《条例》进行了修订，将原营利事业及财产租赁利得的起征点分别改为营利事业利润超过资本额 20% 及财产租赁利得超过财产价额的 15%。开征时间改为 1939 年 1 月 1 日，并重订了分级税率。在该税的实际征收过程中，由于战时商品供不应求，价格高涨，再加上通货膨胀因素的影响，对营利事业非常时期过分利得税的征收进行得十分顺利，但对财产租赁所得的征税受到阻碍。因为该税专对房产租赁征收，而当时后方因敌机频繁轰炸，房屋财产及其租赁收入毫无保障。故此，1943 年 2 月重新公布的《新非常时期过分利得税法》和《财产租赁所得税法》规定，废除财产租赁过分利得税，另行征收财产租赁所得税。非常时期过分利得税只对营利事业所得征收，其税率也作了调整，主要是提高了所得超过资本额 100% 部分的最高税率，从原来的 50% 调整为 60%，以强化对暴利行为的遏制。

战争时期，社会秩序动荡，不法商人借机投机倒把，获取非法暴利的现象比比皆是，开征非常时期过分利得税可以说是既有利于稳定社会秩序，制止不法商人牟取暴利、发国难财的不义行为，又可以增加国家的财政收入、保证战争所需巨额经费，其作用可谓一举两得。

过分利得税开征之初，税收收入额较小，1940年的实际收入额为500万余元。此后由于通货膨胀和企业赢利率的提高，其收入迅猛增长，1943年该税实收额为2亿余元；1944年又增至19亿余元；1945年为37亿余元；1946年为306亿余元。7年之中税收收入增长1千倍以上。随着抗日战争的胜利结束，非常时期过分利得税于1947年1月1日完成了它的历史使命，被明令废止。

十、特种过分利得税

由于战后初期社会经济很不稳定，各种投机行为仍然十分猖獗，国民政府在废除非常时期过分利得税的同时，于1947年开征了特种过分利得税，以期抑制各种投机行为。当年1月，国民政府公布了《特种过分利得税法》，规定：凡买卖业、金融信托业、代理业、营造业等类行业，其利得超过资本额60%者，征收该税。税率采用超额累进制，起征点为利润超过资本额的10%以上的部分。最低为10%，最高为60%，共分13级。同年2月，又对该税进行了修订，其内容：一是将制造业纳入征

收范围；二是提高了起征点，从原来的利得额超过资本额的10%，提高到资本额的60%。税率仍为10%到60%。

特种过分利得税的征收，极大影响了经济的发展，遭到工商业者的普遍反对，国民政府不得不顺应潮流，于1948年4月明令废止《特种过分利得税法》。

十一、遗产税

1938年10月，国民政府公布《遗产税暂行条例》，1939年又公布了《遗产税施行条例》，规定从1940年7月开始征收遗产税。《条例》规定：一是中国人民在本国领域内有住所于死亡后遗有财产者(包括在国外的财产)应课征遗产税；二是课税财产包括动产、不动产及其他有财产价值的权利；三是采用总遗产课税制；四是纳税义务人为遗产继承人及受遗赠人；五是起征点为5000元。另外允许将继承人继承的价值不满500元的农业用具或从事其他各业工作的用具从遗产总额中扣除；六是税率兼采比例与超额累进制。最低税率为1%，最高为50%。

1946年国民政府公布了《遗产税法》，对遗产税征收制度作了修订。规定：一是在本国领域内有遗产者及在本国领域有住所而在国外有遗产者均

应征税；二是起征点为100万元；三是税率采用超额累进制，自1%至60%；四是规定免税范围、未成年子女的免税额和各扣除项目。丧葬费准许扣除，但不得超过100万元。

遗产税开征后，其税收收入增长较快。１９４３年其实际征收额为49406499元；1944年为144426316元；1945年为360331397元：1946年为3766921575元。

十二、营业税

营业税是在废止封建性较强的牙税、当税等旧税种的基础上而开征的一种税。为弥补各省因厘金裁撤造成的财政收入损失，国民政府于1928年7月在全国财政会议结束后，公布了《各省征收营业税大纲》。规定：营业税为地方收入；营业税应按商业种类与等级分别征收，其种类等级由各省按本地商业状况酌定；征收标准以照营业收入计算为原则；税率最高不得超过2‰，但奢侈业及取缔性行业例外；营业税实行后，各省牙、当税捐及屠宰税等均应归并或废止；营业税俟裁厘完成之后开征。1931年1月，中央政府又公布了《各省营业税大纲补充办法》，对各省征收营业税的税率、免税范围、纳税期限等作了具体规定。

1931年裁厘之后，各省根据中央政府的要求，先后制定并公布了营业税征收条例。由于因地制宜，各省的营业税征收制度大同小异，略有差别，有的省分别按资本额和营业额征收营业税，也有一些省按资本额、营业额和收益额三种标准征收，税率上也略有差别。

为统一营业税征收制度，1931年6月，国民政府公布了《营业税法》，对营业税征收制度作了原则性的规定。确定营业税的课税范围是所有以营利为目的之事业，但不包括农业。该法对课税标准及税率采用弹性规定，由各省根据本地情况在中央公布的《营业税法》规定范围内自行决定。该法规定：按营业额计征者，税率2‰至10‰；按资本额计征者，税率4‰至20‰；按纯收益计征者，依纯收益与资本比较分级课征，分级税率最低为2%，最高为纯收益的10%：各省牙税、当税、屠宰税得按原订税率改征营业税；营业税的征收，采用纳税人请领营业调查证、自行按期申报营业额、核定征收的办法。纳税期限可分按年、半年或季征收。

1931年12月，国民政府公布了《减免营业税原则及办法》，规定对机制土

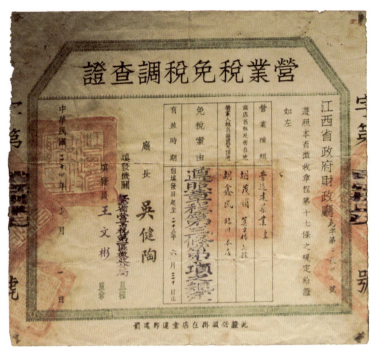

營業稅免稅調查證

江西省財政廳營業稅免稅調查證　　民國
中國財稅博物館藏
1931 年國民政府財政部頒布了《營業稅法》，營業稅
為地方稅，同時還規定對有關貧民生計的手工織品、
農具販賣等可免稅。圖為 1935 年江西省財政廳頒發
的免稅證明。

布的制造及販賣、制造販賣農具業、灾区特殊條件下制造及販賣民生日用品、在國際貿易中有提倡保護之必要的商品、有關貧民生計的手工織品等均可酌情免稅。

　　由于營業稅屬地方性稅種，各省的稅收征收制度相差甚遠，稅率不一，征收制度也頗爲混亂，個別地区甚至有包稅、攤派等現象，省際間重复征稅現象也時有存在。原屬良稅的營業稅成了惡稅，受到工商業界的臧否。于

是，國民政府于 1942 年 7 月公布了修正的《營業稅法》，將營業稅改歸中央直接稅處舉辦，把純屬間接稅的營業稅歸并到直接稅體系之中。該法還將營業稅收入從原來的全部歸地方改爲在中央與縣級政府之間分成。并對營業稅征收制度進行整頓，廢除了預征、省際間重复征收、行棧代征等有害于經營的做法，消除了稅務機构自收自支、坐支抵解等不規范行爲。

　　1943 年 2 月，國民政府又公布了《營業稅法施行細則》，規定了統一的征收制度：按資本額計征者，稅率爲 4%，以年計算，分季繳納；按營業額計征者，稅率爲 3%，分月征收；牙行按佣金額征 6%。此外，細則還對行商住商登記、商貨運銷登記、賬冊等規定了管理辦法，并廢止了原來的減免稅條例及緩征成案。經過整頓，營業稅的征收制度趨于規范，對經濟的消极作用大

大减轻。

抗日战争胜利后，1946年国民政府再次对营业税征收制度作了修订。但其基本征收制度未作大的变化，只是将其税率降低了一半，并提高了起征点和罚款金额。

营业税归地方政府时期，其税收收入各地相差很大，如江西省1941年营业税收入总额为1600余万元，而陕西省同年的收入总额却只有770余万元。收归中央直接税处征收后，1942年其实际收入总额为592272499.58元，占国家财政收入总额的比重为2.2%；1943年为1866847154.10元，占当年财政收入总额的比重为3.2%。

十三、印花税

国民政府参酌北洋政府印花税旧制，于1927年11月公布了《印花税暂行条例》，规定印花税的征税则对象分为四类：第一类包括发货票、租赁凭证、支取银钱货物凭证、账簿等共15种，最低贴印花1分，最高1角；第二类包括提货单、承揽字据、存款凭证、股票、汇票、借款字据等14种，最低贴印花1分，最高贴1.5元；第三类包括出洋游历护照、官吏合格证书、毕业证书、呈文及申请书、执照、婚书等45种，最低贴印花3分，最高5元；第四

类为烟酒类，按烟、酒类不同等级贴花。

由于《暂行条例》的规定较粗陋，印花税征收过程中存在苛派勒销、营私舞弊等扰民现象，少数地区甚至实行包税制，大大加重了纳税人的负担。为此，1934年12月，国民政府又公布了《印花税法》，对原《暂行条例》中存在的诸多弊端作了矫正，使其走向规范化。同年，还将印花税的征收方法由原来的各省印花税局征收改为由邮局代售印花，百姓自由购贴完税的办法，从而杜绝了苛派勒销、营私舞弊等

印花税法施行例案　民国　中国财税博物馆藏
为指导和规范征收印花税，民国政府财政部税务署编印了《印花税法施行例案辑览》，共三集。图为其中的第一集。

现象。

抗战爆发后，为筹措军费，1937年10月，政府制定了《非常时期征收印花税暂行办法》，规定印花税一律加倍征收，并酌增贴用印花种类，同时加大漏税处罚力度。另外，鉴于印花税与所得税、财产税的密切关系，为监察便利起见，1940年9月印花税征收事务由税务署移交给直接税处办理，这样印花税也与营业税一样，由于征管的原因被归入直接税体系之中。

抗战胜利后，政府于1946年4月公布了修订的《印花税法》，将原来的39个税目调整、合并为35个，并扩大了征税范围，将国营公营事业所用之相关凭证纳入印花税征收范围，同时扩大免税范围。其税率仍采用比例税率和定额税率两种。

抗战前，印花税收入增长较快，1934年为6990043.44元；1936年为10750861.20元。两年内增长了53.8%。抗战时期，由于税率提高等原因，印花税收入的增长幅度更大，1943年，其收入总额为399243756元；1945年为3397719600元，是1943年的8.5倍。抗战胜利后，虽然印花税税率有所降低，但由于通货膨胀等因素的影响，印花税收入仍呈快速增长趋势，1946年

的收入总额为48454083368元。

十四、田赋

1928年11月国民政府公布的《划分国家收入地方收入标准案》中，田赋收入属于地方政府的财政收入来源，田赋征收制度由各省在中央制定的原则条款下自行制定。基本是按土地肥瘠分等，按亩一年分上忙、下忙两次征收。田赋税率在省际间有较大差别，总体上看，南方税收负担重于北方。各地的税目名称也略有不同，有的省仍分地丁、漕粮和租课三部分征收，有的省则将三者合一，通称田赋。可见，在国民政府初期，其征收制度与北洋政府时期差别不大。

在北洋政府时期征收制度原本就十分混乱的田赋，在国民政府将其收入下放给地方政府后，其征收情况较之以前更为混乱，百姓的负担更为加重。税负加重一是由于田赋附加的不断加码。虽然中央政府为田赋附加规定了一定的限度，但实际征收过程中各省往往突破其限度。尤其是在1931年裁厘完成后，地方政府为弥补裁厘造成的财政收入损失，不约而同地将田赋附加视为增加财政收入的源泉。举凡自治、公安、保卫、卫生、教育、筑路、水利等所需各项经费均摊入田

赋附加之中，从而导致田赋附加增加了十数倍，甚至数十倍。如湖南此时期的田赋附加就达到正税的 30 倍，其他各省也都在 10 倍左右。二是征收制度落后。当时，税收征收大权掌握在地方官吏之手，浮收中饱、税不入官等现象比比皆是，格外加重了百姓的负担。

为解决百姓田赋负担过重问题，国民政府于 1934 年 5 月第二次全国财政会议上决定整顿田赋征收制度，并为此制定了八条原则：一是经征机关与收款机关应须分立，由县政府指定当地银行、农业仓库或合作社收款，若无此类机关，则由县政府财政局或科派员在柜征收；二是串票应注明正附税银元数及其总额，并需预发通知单；三是禁止活串；四是不得携串游征；五是不得预征；六是确定征收费在正项下开支，不得另征；七是革除一切陋规；八是田赋折征国币，应酌量情形，设法划一。除第八条此前已实施外，其余七条公布后在全国范围内实施。

通过整顿，百姓的田赋负担有所减轻。国民政府于 1934 年 5 月又公布了《办理土地陈报纲要(草案)》，选择部分县市进行土地陈报工作，借以清查逃避田赋的黑地。试行结果，应税田亩有所增加。如安徽当涂增加了 29 万余亩，江苏萧县增加了 12 万余亩。这

民国 17 年（1928 年）浙江省田赋一览表
中国财税博物馆藏
浙江财政审查委员会在调查浙江各县田地、山地亩数，每亩应征银米科则折正银元数、随正带征附税等，以及近年土地价格与业户收取租息等情况的基础上，汇编成《浙江省田赋一览表》，为省政府整理田赋提供依据。马寅初为此表题名并作前言。

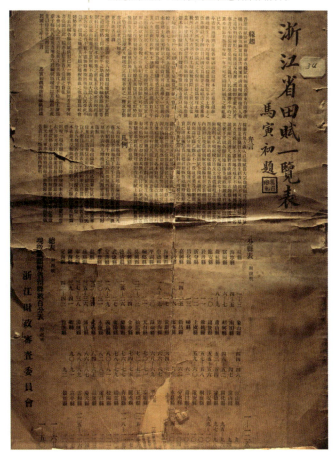

样，两地每亩地应纳田赋分别减少
0.1772元和0.0629元。

1940年又对田赋推收作了整顿。所谓田赋推收是指当土地所有权发生转移时，其应负担的田赋随之转移到新的土地所有者手中，一方面由原业主推出，另一方面由新业主接收，故称推收。实行田赋推收的目的是为了把户、地、粮三者结合在一起，使地有所归，粮有所稽。在由地方政府办理田赋时期，由于各省无一定之规，无确定的经管机构，或办理不认真，造成产权转移后，田赋减免紊乱，弊病丛生，加重了其他农户的田赋负担。在着手整顿之初，由于田赋归地方政府办理，原经手官吏又与地方势力有着盘根错节的关系，整顿无明显效果可言。自1941年田赋收归中央政府办理后，整顿方初见成效。多数省在县田赋管理处下设第四科，专门办理田赋推收事项。由此扩大了田赋的税基，使农户的用赋负担趋于均衡。

抗战时期，田赋征收制度发生了很大的变化，先后实行了田赋征实、粮食征购和粮食征借等非常措施。首先是田赋征实。抗战全面爆发后，物价腾涌，人民最基本的生活必需品——粮食的价格更是大幅度上涨，一般百姓

几乎无法维持最低生活需要，政府经费需求随之急剧扩大。为增加财政收入，地方政府开始加倍征收田赋，农民财政负担大大加重。但即便如此，也难于弥补财政缺口。为平衡财政收支、平抑物价，国民政府从1941年7月开始将田赋征收权收归中央政府，并实行田赋征实，即直接征收粮食。此前，1939年国民政府颁发的《战区土地租税减免及耕地荒废救济暂行办法》中就曾规定，战区土地税得以农产品按市价折算缴纳实物。山西等省早在1939年就已经实施了田赋征实。至此，田赋征实在整个国统区全面施行。

根据1939年的规定，田赋改征实物的征收标准为每元折谷2市斗，产麦区得折征等价小麦，产杂粮区得折征杂粮。1941年，又将折征率提高到每元折征谷4斗，或小麦2市斗8升。实际征收过程中，各省之间的折征率略有不同，一般在1元折二三斗之间。

田赋征实将大量粮食掌握在政府手中，对战争期间保证军队及后方居民对粮食的需要有很大的积极作用；对稳定物价、抑制通货膨胀也有十分重要的意义。但由于征实发生的大量运输费用加重了农民的负担。再加上实际征收过程中，经收官员采用大斗

大道之行
中国财政史

浮收、压级压价等手段中饱私囊，加重了农民的税负。

抗战胜利后，由于爆发内战，通货膨胀加剧，市场价格持续大幅上涨，尤其是粮食价格更是飞速增长，因此田赋征实办法一直延续到国民政府垮台。

其次是粮食征购。抗战时期，军队及后方百姓对粮食的需求量非常大，田赋征实所筹集的粮食不敷使用。于是，国民政府于1942年在田赋征实之外，又采取了定价征购粮食的办法。其具体征购办法是随赋带征。小额粮户可以免征购，大额粮户采用累进办法征购，征购总额达到征购限额为止。征购粮食价格标准由中央政府按各省县

1947年3、4月全国发生粮荒，国统区12个省40多个城镇发生大规模饥民抢米风波。图为上海饥民在等待施粥情形。

产粮市价分区核定，各省价格差别较大。产稻区，最高的云南，照稻谷每市石190元计算；赣皖为60元。北方产麦区，一律按小麦每市石100元作价。征购价款按规定搭发2年期法币储蓄券。实际给付时，各省情形不一。一些省采用部分给付法币，部分搭发粮食库券的办法，如川、陕、两广、湖南、安徽和西康等省给付三成法币、七成粮食库券；另一些省是搭发法币储蓄券，如黔、赣、豫、鄂、甘、绥等省；还有些省搭关金储蓄券，如云南和山西。云南按每斤稻谷搭100元关金储蓄券给付，山西则为三成法币，七成关金储蓄券。由于粮食库券和关金储蓄券等都不能直接进入流通领域，这种给付方法就使得农民在出售粮食时不能及时拿到足额现金，用于消费。大大增加了农民承受的通货膨胀风险。实行粮食征购办法的当年，共征购粮食31953080市石。

再次是粮食征借。由于粮食征购存在多种弊端，遭到被征购者的强烈的反对和社会舆论的猛烈抨击，国民政府不得不改弦更张，从1944年起改粮食征购为粮食征借，并废除粮食库券，只在交粮收据上另加注明，作为征借的凭据。

此外，是带征县级公粮。1942 年开始实行。由于战争期间，地方政府经费困难，机构运转难于维持，许多地方不得不在中央正赋之外，加征附加。田赋改归中央政府后，为了不撼动这一利益格局，从1942 年起，中央在田赋征实的过程中带征县级公粮。征收标准原则上是正赋的三成，但在实际征收中，各省的征收标准不尽相同。如鄂、滇按每元 5 升的标准征收；而黔、浙、粤三省则按每元 1 斗的标准征收，比前者翻了一番。

尽管国民政府对田赋实行征实、征购、征借的"三征"加重了农民的税负，出于抗日救国热情，广大农民还是自觉地为抵抗外敌入侵付出了巨大代价。从 1941 年到 1948 年，田赋"三征"的总额达到 33730 万石，其中抗战时期为 24490 万石。据资料记载，当时四川农民每亩稻田收稻 4 石，需缴纳的征实、征购、县公粮附加等项负担为 2.38 石，占每亩收获总量的比重高达 59.5%。

抗战胜利后，农民的田赋负担不仅未减轻，反而更形加重。地方巧立名目征收的各种田赋附加，使百姓无法承受。例如，当时浙江省田赋附加的名目多达 11 种。由于此时沉重的田赋负担已

不再有抵御外敌的借口，因此遭到农民的强烈抵制，许多地方爆发抗捐运动，并进而演变成革命运动。可以说，国民政府之所以在取得抗战胜利后不久即迅速垮台，与其征敛无度、苛扰过重的财政政策有着不可分割的关系。

十五、地价税和土地增值税

土地问题，是千百年来中国社会问题的核心，国民政府时期设立地价税和土地增值税的理论渊源出自孙中山的土地理论。孙中山一贯主张"耕者有其田"，为了实现这一主张，他力倡土地国有制。同时，他还主张使用土地的人必须向国家支付土地价格。此外，随着社会进步，土地价值尤其是城市土地价值将会不断增值。孙中山认为，土地价值增值带来的收益不能归少数人享有，而应该归全国人民共同享有。因此，地价税实际上是社会使用土地向国家支付的土地价格，而土地增值税的征收则可以把由于社会进步带来的土地增值收益掌握在国家手中，造福全社会。

地价税和土地增值税的创立过程颇为曲折。早在 1929 年 6 月，在国民党三届二中全会上就初步制定了改革田赋、施行地价税的方针，但未能付诸实施。

1930年6月，国民政府公布了《土地法》。该法虽然对土地税的征收制度作了统一规定，但仍未付诸实施。

1936年2月，国民政府公布修订后的《土地法》及《土地法施行法》，规定：开征土地税；土地税向土地所有权人征收；土地税分地价税和土地增值税两种；地价税照估定地价按年征收；土地增值税照土地增值之实际数额计算，于土地所有权转移或土地虽未转移，但持有土地届满15年时征收。

1937年1月，国民政府公布了《各省市土地税征收通则》，规定：各地方依法举办土地税时，隶属于行政院之市，应拟订土地税征收章程；隶属于各省政府之县市，应拟订土地税征收规则，呈省分别咨由内政、财政两部会核呈院备案。

开征地价税和土地增值税的首要条件是整理土地和核定地价，因许多省的土地未经整理，地价无从核定，故未能开征两税。只有上海、青岛、杭州、南昌和广东省等较为发达的地区开征

了该税。各省的征收制度略有不同。上海市于1933年7月公布《征收暂行地价税章程》，开征地价税。其征收制度规定：地价税税率按估定地价，征收0.6%，由土地所有者或永租者负担；全年分两期缴纳，由上海市财政局负责征收。青岛市1937年开征此税，其征收制度规定：土地税分主要市区地税、次要市区地税、主要市区改良物税和土地增值税四种。主要市区地税税率为2%，次要市区地税分三等，每市

杭州市政府地价税交款书　中国财税博物馆藏
杭州市政府地价交缴书第二联，由交缴人收执，作完纳凭证。

亩分别年纳0.11元、0.35元和0.77元。改良物税依申报价征0.5%。

1937年8月，为进一步规范土地税征收制度，政府又公布了《各省市土

地税征收规则》，规定：各省市在土地测量登记完竣后，应立即举办地价税、土地增值税及改良物税；地价税及改良物税每年征收一次，税率由省、市政府在《土地法》规定的税率范围内自行确定；土地增值税于土地转移时征收；未开征土地税的地区仍依照核定科则征收田赋。

《各省市土地税征收规则》公布后，一些省市陆续开征了地价税和土地增值税。截至1942年底，共有江苏、浙江、江西等十余省的47个市县开征了地价税，13个市县开征了土地增值

税。各省的税收征收制度略有差异，一部分省地价税的税率采用区分改良地、未改良地、荒地分别制定不同的税率，另一部分省则无此区分，一律按1%的税率征收。还有些省，不同市县的税率也有所不同。

抗战爆发后，南京、上海、青岛等城市先后沦陷，土地税被迫停征，其他地区继续征收。为加强对粮食等战略物资的控制，与田赋一样，对农地征收的地价税也改为折实征收，仅城市地价税仍征收法币。

抗战胜利后，国民政府于1946年4月公布了修订后的《土地法》，对土地税的征收制度作了如下修订：地价税按年征收，采用累进税率，基本税率为1.5%，超过累进起点地价时，其超过部分分3级加征，自0.2%加至5%；土地增值税于土地所有权转移或虽无转移但届满10年时征收。土地增值税就其

杭县土地执照

增值部分征收，税率分4级，自20％累进至80％；土地改良物税按年征收，最高税率不得超过1％。此后，地价税和土地增值税的征收制度未作大的修订，只在1948年币制改革后，将地价税和土地增值税的征收单位改为金圆券，并对地价作了一些调整。

地价税开征之初，由地方政府主持，税源较分散，税额较小，各省之间的收入差额也较大。例如，1942年，湖北省地价税收入总额为1993341元；湖南为298834元；广东为1619964元；甘肃为1687189元；宁夏为2426346元。1942年地价税和土地增值税收归中央政府后，收入逐渐增长。1943年，全国地价税与土地增值税收入合计为76148597元；1945年为262575244元。抗战胜利后，1946年两税合计收入总额为6501667911元。

十六、契税

国民政府成立之初，契税划归地方政府，作为地方财政收入。由于中国领土辽阔，情况千差万别，各地契税征收差异很大。首先是正税税率不同，高的达到卖九典六，低的为卖四典二；其次是契税附加的税率差别更大，附加税率高的省，附加部分可与正税相匹敌。百姓为躲避过重的契税负担，在买卖或典当土地时往往不到有关部门登记过户，偷漏税现象较为普遍。

为了加强征管，国民政府在1934年5月第二次全国财政会议上决定对契税征收制度进行整顿，规定：契税正税以卖六典三为限度，附加以正税半数为原则，其逾期及短匿之罚金至多不得超过其应纳税额。

1941年8月契税划归中央政府后，1942年5月修订公布的《契税暂行条例》规定：契税税率依契价卖契征10％，典契征6％。新增交换、赠与契税，交换征4％，赠与征10％。

1946年6月契税与契税附加又被划为地方税，并对契税征收制度作了修订，新公布的《契税条例》规定：卖契、赠与契、占有契，税率为契价的6％；交换契、分割契为2％；典契为典价的4％。此后，契税的征收制度再未作大的修订。

国民政府初期，由于契税归地方政府征收，全国契税总的收入规模难于统计。上报财政部的江苏等16省及3直辖市的契税收入总额，1928年为5427905元；1929年为8661448元；1930年为7159668元。抗日战争期间，契税由国民政府中央接管后，1943年，其收入总额为672848639元；1944年

1278486009 元；1945 年为 4759954782元。抗战胜利后的 1946 年上半年契税收入总额为 7407253813 元。

十七、公卖

国民政府初期，实行专卖的商品甚少，只对烟酒实行公卖制度。1929 年8 月公布的《烟酒公卖暂行条例》规定：烟酒销售以官督商销为宗旨，各省设烟酒事务局并划定区域设立分局或稽征所；烟酒销售应由各省烟酒事务局规定价格，公卖费率暂定为 20%；烟酒公卖适用于在本国制造的烟酒。

抗战爆发前夕，国民政府曾派员对日本的专卖制度进行考察，准备引进日本的专卖制度。抗战爆发后，为筹措巨额军费，1941 年 4 月召开的国民党五届八中全会上明确提出选择大宗消费品实施专卖制度的主张，并初步拟定对盐、烟、酒、火柴、茶等 6 种消费品实行专卖。为此，财政部成立了国家专卖事业设计委员会。后决定对茶、酒暂缓实行专卖，先对食糖、火柴、烟类三项物品实行专卖。为实施专卖制度，专门成立食糖专卖局、烟类专卖局、火柴专卖公司等机构。对专卖品实行民制、官收、官督商销的办法，并征收专卖费。按规定，食糖专卖费率为食糖统税税率的 15%；烟类专卖收益为

按收购成本价的 50% 计算征收；由于火柴是民生必需品，所以对火柴不在价格之外另收专卖费，其专卖收益主要来自批零差价收入，1942 年 1 月，又对食盐实行专卖。

国民政府实行专卖制度的立意，最初是试图借助专卖制度制止战时因物资短缺所引起的物价狂涨，平抑物价；将国计民生所必需的战略物资掌握在政府手中；增加财政收入，为战争筹措巨额军费。随着时间的推移，法久弊深，缺乏严格的法律约束和控制管理的专卖制度，逐渐成为扰乱市场物价、阻碍工商业经济发展之渊薮，成为少数官员鱼肉百姓、牟取暴利的工具，因此国民政府不得不在抗日战争胜利前夕渐次取消了专卖制度。先是于1944 年 7 月取消了食糖专卖，后又于1945 年 1 月全面停办专卖。专卖制度实行期间，政府获得的食糖、烟类、火柴专卖收入总额为 317375331 元。

十八、统购统销

与专卖制度同时实行的还有统购统销制度，它是国民政府为加强战时物资管制、调节供求、保证军需、增加财政收入所采取的一种措施。

实行统购统销的物资分两大类：一是外销产品，包括茶叶、桐油、猪鬃、

大道之行
中国财政史

生丝、羊毛和矿物等八种产品，这些产品当时是我国用以偿还外债的主要出口产品；二是日用必需品，包括棉花、棉纱和棉布三种产品。统购统销在抗战初期对国民政府的帮助甚大，在偿还外债、保证军需民用等方面都起到了重要作用。但与专卖制度一样，法久弊深，统购统销在抗日战争后期也成为阻碍工商业发展的一大弊害。因为统购统销和专卖一样，政府以压得很低的价格收购统购产品，再以较高价格出售，其实质是对工商业的一种变相的掠夺。有时收购价格甚至低于成本。例如，1941年政府收购1吨绿茶毛茶的价格最高为105元，最低价格只有68元，而其生产成本则高达188.22元。茶叶生产商人不敷出，根本无法维持再生产的正常进行。

十九、行政收费

国民政府时期，各种行政性收费也是政府的财政收入来源之一。这些收入一般规模较小，较零散。具体的项目主要有：首都警察厅各项行政收入，外交部签证货单费，实业部商品检验费及商标注册费，铨叙部证书费，司法行政部司法印纸、状纸工本费暨律师登记费，最高法院诉讼费，交通部轮船商船注册、给照及证书登记、丈量、检查、牌照各费等项目。

国民政府初期，沿用北洋政府旧制，行政收入多由各收费单位自收自支，自行管理，较为混乱，易于发生乱收费现象。1933年，在财政整顿过程中，对国库收付制度作了改革，实行收支两条线，要求各单位须将其收入统一缴入国库，不得坐支经费。从此，各项行政收费的征收有了统一的征收标准和征收制度，管理渐趋规范化。

二十、公营事业

国民政府时期的公营事业，称为官业。它是指政府投资形成的经营性资产，相当于当代之所谓国有企业。国民政府在煤矿、铁路、航运、邮政、电讯、印刷等行业进行的投资颇具规模，再加上传统的官营手工业、商业等，国家的官业资产总额颇巨，官业收入也有一定的规模。以官营印刷业为例，其收入总额1927年为17975444.582元，1933年为1204613.310元。如果扣除支出，则收效甚微。官营印刷业1927年的支出为1300076.280元，1933年的支出则为1201600.510元。收支相抵，1927年净赢利额为497468.302元，而1933年则只有3012.80元。

二十一、官产

官产收入是指官产的转让租赁收

入。1927年国民政府财政部曾对官产进行过清理整顿。整顿后，各地官产统归中央政府所有，由财政部委托各省财政厅或农矿厅代为管理，其收入则统一缴入国库。1933年，由于地方财政资金紧张，财政部应各省要求，将各省沙田官产事务划归各省直接办理，其收入让渡给地方政府。

二十二、 国家内债

国民政府内债主要是指向社会公开发行的公债、国库券以及向银行和其他法人社团的借款。其主要用途是军费开支，此外尚有部分用于铁路等设施的修建或弥补政府临时性财政资金的不足。国民政府初期，内债负担较轻，例如，1927年所欠内债总额仅为22000余万元。后来，随着战争和经济建设需求的猛增，国民政府以关、盐、统一税收入为担保，大量发行以中长期公债为主的内债，到1936年为止，发行内债已超过26亿元。

由于当时国民政府对内债的需求过大，而社会闲置资金又明显不足，迫使国民政府不得不以高息筹集。当时发行的公债，年息低者为6厘，高者达8厘。此外许多公债还有折扣，例如，1929年发行的"十八年赈灾公债"的年利率为8厘，折扣为9.2折。利息加上折扣，债权人年收益率可达到8.7%。高息和折扣为政府筹措资金提供了便利，但无形之中抬高了金融市场的资金利率水平，其所产生的后果不但影响了工商经济的发展，也大大加重了政府的偿债成本，最终酿成债务危机。1932年，淞沪战争爆发后，银行资金周转失灵，政府公债价格急剧下跌，迫使政府停止内债的发行，并对已有内债进行整顿。1936年的公债整理中，国家用统一公债调换旧债，并规定了各种债券的还本年限，才使国民政府渡过了债务危机。

抗战时期，为保证战争需要，国民政府大量发行公债。由于时局动荡，本币的市场信誉大大降低，许多内债的发行被迫用外币或黄金为计量单位。从1937年到1944年，不包括其他政府部门和机构所借的债务，也不包括财政部以谷麦为计算单位发行的粮食债券，单财政部发行的内债总额就达到150亿元。内债中，除1937年发行的救国公债在民间募集外，其余均未向社会公开发行，而是以总预约券的方式向银行进行抵押，由银行垫付款给政府。这种公债发行方式实质上是银行透支，以货币发行来弥补政府的财政亏空，是导致抗日战争时期国内通

救国公债　民国　中国财税博物馆藏
"救国公债"是抗日战争时期国民政府以抗日救国为名发行的公债。公债券正面记载了发行日期、利息、基金和债额等内容，并且还有财政部长孔祥熙和次长的印章，背面印有英文说明。图为1937年9月1日发行的面额为5圆的"救国公债"。

货膨胀的一大诱因。

　　抗日战争胜利后，国民政府内债规模不仅没有随着抗日战争的结束而缩小，反而有所扩大。由于通货膨胀严重，这一时期的内债发行，除少部分采用法币发行外，大部分采用美元、稻谷、黄金等为计量单位。

1946 年——1949 年国民政府内债发行情况

年　份	项　目	发行定额	实际发行额
1946	土地债券	3 亿元	3 亿元
	美金公债	4 亿元	8 千万元（美金）
1947	土地债券	1 千万石	1 千万石
	美金公债	4 亿元（美金）	不详
1948	公　债	5.23 亿元（金圆券）	不详
	黄金公债	200 万两（黄金）	200 万两（黄金）
1949	黄金公债	1.36 亿元（美金）	不详

二十三、　国家外债

国民政府在南京成立后，为维护中国政府在国际上的信誉，向国际社会承诺承认前北洋政府所欠的巨额外债，并根据不同情况予以偿还。为此，国民政府对北洋政府积欠的外债进行了整理。当时对这些外债分两种情况处理，对确有担保的外债，按期偿还本息；对无确实担保的外债，则"预存基金，协商整理"，即与每个债权国单独协商，寻求解决办法。从 1927 年到 1933 年，清偿有担保外债本息总额为银元 24900 余万元；承认归入整理的，到 1934 年 6 月止，共计银元 109600 余万元。

以国民政府承诺偿还旧债为前提，西方国家才同意为国民政府提供新的借贷资金。1931 年从美国借入价值 900 万美元的小麦、麦粉外债，1933 年又借入价值 5000 万美元的棉、麦外债。此外，还为铁路建设多次举借外债，只不过所借外债多未用于铁路修建，而是被填补财政缺口，挪作他用。

抗日战争时期，为筹措军费，国民政府曾多次向苏联、美国等国借债。前期主要以苏联为主。当时，苏联为支援中国抗日战争，主动给国民政府提供了大量贷款。从 1937 年到 1939 年共计贷给中国政府 25000 万美金，其后又分两次贷给共计 5638.5 余元美金的易货贷款。贷款为无抵押贷款，利息为 3 厘，中国用茶叶折价偿还。美国从 1939 年到 1942 年共向中国提供 4 笔易货借款和 1 笔信用借款，共计 62000 万美元。英国从 1939 年到 1944 年共向中国提供贷款 5800 余万英镑。这一时期，所借外债合计总额达 10 亿美元以上，为抗日战争的胜利提供了重要的资金保证。

抗日战争胜利后，全面内战爆发，国民政府为筹措巨额军费，继续大规模发行外债。由于当时直接参与第二次世界大战的英、法、德、日等国战后恢复任务繁重，资金自顾不暇，于是本土没有受到战争破坏的美国就成了中国外债资金的主要来源。从1946年到1949年，美国共借给中国政府29笔贷款，总额达60亿美元。其中以物资"援助"为主，占贷款总额的82%。

二十四、地方公债

中国历史上，地方政府无权发行公债。地方公债肇始于庚子战后。由于庚子赔款的巨额负担，中央政府无暇顾及地方政府的财政需要，只好允许地方政府就地筹措财政资金，从此开了地方公债之先河。地方公债主要由省级政府发行。清末、北洋政府时期，地方公债中既有内债，又有外债。中央政府无力控制地方公债的发行，因此造成地方公债的泛滥。尤其是1917年以后，地方割据势力日益强大，地方公债的发行更处于失控状态。

国民政府成立后，于1928年7月公布了《财政部关于发行公债及订借款项限制案》，对中央及地方政府的公债发行权限予以限制。《限制案》规定：省市政府的债务由省市财政厅办理，其他各厅局不得自行举办；举债用途专限建设有利事业，不得用于消耗途径；省市公债发行必须经财政部核明，如不经财政部核明，财政部可以通告取消之；各省收入解款及拨付基金及还本付息款数应按月报告财政部核查。《限制案》公布后，在一定程度上制止了地方政府乱发公债的现象，但仍时有省市未经呈准财政部就擅自发行公债的个案。

抗日战争时期，为加强国家财政的统一调度权，省级政府的预算纳入了国家预算，相应的，省公债停止发行，其以前发行的公债由中央政府负责统一偿还。因当时各省公债的发行情况比较混乱，有些公债的发行是经过财政部核准的，而有些是未经核准的。此外在公债发行条件、偿还期限及偿还方式上也是五花八门，各不相同。财政部被迫对省公债进行整理，区别省公债的性质，分别采取不同的处理方式。为结清省公债，财政部发行了一笔整理省债公债，专门用于省债的清偿。此次公债整理一直延续到抗战胜利之后。战后则主要对原敌占区抗战前省政府未偿还的公债进行整

829

理。有案可稽的地方省市公债发行数额，1927 年至 1934 年共有 170900000 元。截至 1943 年 6 月省公债整理时，各省未偿还的债务余额合计为 173677547 元。

第七节　国民政府的财政支出

一、党务

国民政府时期，作为执政党的国民党，其各项党务经费开支也从政府财政收入中拨付，但支出规模不大，一般保持在占财政支出总额的 1％以下。例如，1926 年支出 4040000 元，占当年财政总支出的比重为 0.93％；1933 年为 4756172.31 元，占当年财政总支出的 0.71％；1936 年为 7675409.70 元，占当年财政总支出的 0.39％；抗日战争胜利的 1945 年，支出有所增加，为 13548520989 元，占当年财政总支出的 1.3％。

二、政务

广义的政务支出涵盖面很广，既包括行政、立法、司法等机构的经费支出，也包括国家用于社会发展的支出。具体支出项目则可细分为国务费、内务费、外交费、财务费、教育文化费、实业费、交通费、蒙藏费、建设费、补

助费、抚恤费、救济费等十余项。其中所谓补助费是指中央政府拨给地方政府的财政补助款。

略去实业费、交通费、建设费、教育费等项目，仅就实际用于政府自身开支的狭义政务费而言，抗战爆发前，政务费支出占财政支出总额的比重相对较大。例如，1933 年中央政府预算中，政务费开支总额为 68079984.03 元，占财政支出总额的比重为 8.55％。其各项支出中，占首位的是中央向地方财政的补助拨款，为 32001332.81 元，占政务费支出的比重为 47.01％；其次是行政、立法、司法、监察等国家机构的经费开支，1933 年为 15473112.68 元，占政务费支出总额的比重为 22.73％。

政务费支出中，中央向地方政府拨付的财政补助支出之所以占如此大比重，其原因在于裁厘过程中，地方政府的财政收入大为减少。为保证地方财政支出不受影响，以换取地方政府对裁厘的支持，中央政府大幅度地增加了对地方的财政补助支出。裁厘完成后，预算中财政补助支出占政务费支出总额的比重逐渐下降。

抗日战争时期，政府对预算的类级科目进行了调整，政务费支出中的

各个项目升为类级科目单独列入预算。1941年用于政府政务支出的各项支出，包括政权行使、国务、行政、立法、司法、考试、监察、外交、侨务、财务等项支出的预算支出总额为341193812.81元，占经常性财政支出总额的比重大为降低，为4.7%。这主要是为保证战争需要，而不得不压缩政府自身经费开支的结果。

三、军费

国民政府时期，由于政局动荡，战事频仍，军费成了国家财政支出中占比最大的支出项目。1927年，国民政府获得北伐战争的胜利，统一了全国，当年其军费开支占财政支出总额的比重高达88.4%。其后，军费开支占财政支出总额的比重虽在不断下降，但在预算类级科目中，仍是各支出项目中比重最大的项目。为了缩小账面比重，掩人耳目，国民政府从1930年开始，将国防建设费开支列入一般建设费开支项下，因此1936年的军费支出所占比重账面上为29.3%，其实远远超过这一百分比。

抗日战争期间，军费开支再次陡增，1937年的预算中，该项支出占财政支出总额的比重达到66.4%；1945年高达87.3%。抗战胜利后，内战爆发，军费开支仍然居高不下，1946年军费开支占财政支出的实际比重高达86%，1947年、1948年的军费实际开支超过最初预算数的3倍到4倍。

四、实业、交通和建设

国民政府统一全国后，借鉴西方国家的经验，政府对有关国计民生的部门给予一定的财政投资支持。如在公共基础设施建设上，曾投入财政资金进行铁路建设。抗战前，实业费、交通费和建设费支出列在政务费项内，1933年其支出额分别为：实业费1578072.12元；交通费4909033.96元；建设费6812363.67

1935年新建成的湖北鄂东蕲春西河驿公路大桥，共有72拱，长达1420米。

元，三项合计占经常性支出总额的比重为1.73%。

抗战时期，实业费、交通费的支出有所减少，但建设事业专款基金有所增加。1938年上述实业、交通、建设三项支出合计为368555961元，占经常性支出的比重为28.49%。其中，建设事业专款基金一项支出数达365531464元，占三项支出总额比重的99.18%。而当时的建设事业专款基金中包括用于国防项目的建设支出，并非悉数用于社会经济建设。

抗战胜利后，国家预算的科目改按政府部门设置，1946年中央预算中，经济部、交通部主管的支出总额为1099319000元，占经常性预算支出总额的比重约为8%。

五、文教

国民政府初期，教育文化费支出作为政务费支出中的子项目，其支出数额较小。1933年支出额为13338008.28元，占政务费支出总额的比重为13.49%，占经常性支出总额的比重为1.73%。

抗战时期，教育文化支出从政务费中分列出来，升为类级科目。1941年该项支出的预算数字为186618567.48元，占经常性支出总额的比重为5.85%。

抗战胜利后，该项支出1946年的

1928年蔡元培主持上海研究院工作，研究院先后设立了地质、天文、气象、物理、化学等研究所。图为正在兴建的文学所楼房。

预算数字是4467411000元，占经常性支出总额的0.32%。

六、偿债

国民政府时期，财政支出对债务收入的依赖程度很高，内、外债规模颇大。因此，其每年的偿债支出负担也很沉重。1933年中央政府的债务费、赔款费支出合计总额为244278238.64元，占经常性支出总额的比重为31.76%。

抗战期间，该项支出的绝对额增加，但占经常性支出的比重却大幅度下降。1941年的预算数字为896153705.33元，占经常性支出的比重为8.34%。

抗战胜利后，债务支出的绝对额与相对规模均大大缩减。1946年其预算支出额为56934374000元，占经常性支出的4.12%。

大道之行
中国财政史

1931 年至 1937 年各项收支预算数与实支数的差距表（单位：百万元）

年度	军费		经济建设		教育文化		社会救济		债务支出		其他支出	
	预算数	实支数	预算数	实支数	预算数	实支数	预算数	实支数	预算数	实支数	预算数	实支数
1913	297	303	14	1	19	6	—	—	343	158	220	104
1932	43	339	21	3	19	13	—	—	224	151	203	85
1933	297	386	13	8	19	13	—	—	266	333	164	152
1934	368	387	57	44	36	32	—	—	369	456	428	307
1935	373	362	89	51	40	36	—	—	277	359	307	543
1936	547	555	72	126	46	46	—	—	309	835	361	425
1937	417	1388	507	175	38	36	3		353	374	148	130

1943 年湖北省抗战抚民粮食公债
中国财税博物馆藏

七、地方支出

国民政府成立后，在北洋政府划分中央与地方收支的基础上，确立了分级预算的财政管理体制。1928 年第一次全国财政会议通过了《划分国家支出地方支出标准案》，此案规定，由地方政府负责的财政支出项目共有：地方党务费、地方立法费、地方行政费、公安费、地方司法费、地方教育费、地方财务费、地方农矿工商费、公有事业费、地方工程费、地方卫生费、地方救恤费和地方债款偿还费等 13 项。

由于中国各省地域宽广不同、经济发展水平高低差别很大，财政收支差别也就难以避免。就财政支出规模而言，1933 年，支出规模最大的河北省，其支出总额为 25772831 元；支出规模最小的云南省，其支出总额为 3625472 元。前者的支出是后者的 7.11 倍。

在地方政府的支出中，占比重较大的支出项目主要有行政费、司法费、公安费、财务费和教育费支出。由于各省社会经济发展水平或地理环境不同，其支出重心也各有侧重。

以公安费为最主要支出的省份有山东、上海、北平、福建、贵州。例如，1933年，山东该项支出概算总额为5514104元，占其财政总支出的比重为23.39%；上海该项支出的概算总额为3429056元，占比为30.38%；北平市该项支出概算总额为2091469元，占比为40.29%。

以行政费开支为最大支出的省份有云南、河南、宁夏、青海。其中，云南1933年该项支出占财政总支出比重为18.85%；河南为20.25%；宁夏为29.55%；青海为33.81%。

以教育支出为最主要支出的省份有江苏、安徽、湖南。1933年，江苏教育支出占其财政总支出的比重为20.45%；安徽省为24.27%；湖南省为18.46%。

以债务支出或协助费支出为最大支出的省份有湖北、浙江、河北。湖北1933年债务支出占其财政总支出的比重为23.63%，浙江该比重为29.70%。河北则以协助费为最

主要支出，1933年的全省支出概算中，此项支出占比为23.96%。

抗日战争期间，为增强中央政府战时统筹能力，凝聚财力，更有效地抵御侵略者，国民政府于1941年公布了《改订财政收支系统实施纲要》和《财政收支系统分类表》，将省级财政和院

江西赣县自治户捐缴捐证　民国
中国财税博物馆藏
1942年，兼任赣县县长的蒋经国为了弥补财政赤字，按财政部自治经费筹补办法开征自治捐。采用7级定额税率。富户和公常、佛会、寺庙按资产征收，最低级满1万元者征收10元，最高级在10万元以上者，每10万元征收165元。商户，按营业额征收，最低级满1万元征收5元，最高级10万元以上者，每10万元征收200元；代客买卖的行户，按其收益额征收1%。由乡镇政府编查，县税征收处征收。1943年，商户改为按营业税带征3成。1944年奉令停征。

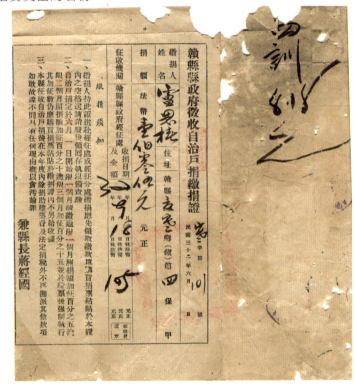

大道之行
中国财政史

辖市财政与中央政府财政合并为国家财政,将县级财政作为新的地方自治体系的主体。并对各自的财政收支作了重新划分。

按 1943 年国民政府下达的《战时县市预算编审办法》的规定,重新划分后的县市财政支出分经常性支出、临时性支出两部分。经常性支出项目包括行政支出、教育文化支出、经济及建设支出、卫生支出、社会及救济支出、保安支出、财务支出、债务支出、公务员退休及抚恤支出、补助及协助支出、信托管理支出、其他支出、预备金等共计 13 项支出;临时性支出项目的名目与经常性支出基本相同,区别仅在于列入临时性支出中的项目多为一些临时发生的支出项目,主要包括县市政府临时费、县市行政会议经费、表报簿籍印刷费、统计调查费、视察经费、兵役粮政宣传费等,均为常规支出以外的费用支出。

1943 年,16 个省的县市预算中,占支出总额比重最大的支出项目是"其他支出",其所占比重为 28.25%;其次是行政支出,所占比重为 19.72%;再次为教育文化支出,占 15.48%。根据当时地方政府岁出总预算书的规定,"其他支出"中包括公务员的生活补助

经费及其他经费。

抗日战争胜利后,国民政府于 1946 年 7 月再次改订财政收支系统,将战时划归国家财政的省及院辖市财政,重新回归地方财政系统。

第八节　北洋政府的财政管理机构和制度

一、管理机构

财政管理机构的设置及隶属关系历来是中国中央政府与地方政府极其关注的博弈筹码。辛亥革命胜利后,临时政府成立之初,根据《中华民国临时政府组织大纲》的规定,成立了财政部。财政部的最高长官为财政总长。北洋政府时期,于 1912 年 4 月公布的《财政部官制》对财政总长的职责作了明确规定:"财政总长,总辖国家之财务,管理会计出纳、租税、公债、货币、政府专卖、储金、保管物及银行事务,监督所辖各官署及公共团体之财务。"并规定,财政部下设赋税司、会计司、泉币司、库藏司、公债司和总务厅等六个部门。

后来,随着财政事务的扩大、财政收支形式的演变,财政部下设机构日渐增多。为加强对盐税征收的管理,设

1912年1月28日，南京临时参议院成立，林森任议长。图为参议院成立时，议员们合影。

立了盐务署，在盐务署下设立稽核总所；1915年实行烟酒公卖制度后，又设立了烟酒公卖局，该局1915年后改局为署，称烟酒事务署；为了整理发行过溢的公债，在财政部下设立了公债局；为整理过乱的币制，设立了币制局；为加强对官产的管理，设立了官产局；为加强对印花税征收管理，设立了印花税处。总之，随着社会职能的扩大，机构亦越设越多，称谓越来越大，这是中国财政历史发展过程中的必然趋势。

1913年1月，为加强大总统和中央政府对财政事务的控制权，北洋政府公布了《修正财政部官制》，将财政部直隶于大总统，并规定财政总长对于各省巡按使及各地方最高行政长官执行财政部主管的事务有监察指示之责。

由于内阁对大总统直接掌控财政部不满，1913年2月，北洋政府再次公布了《修正财政部官制》，取消了"财政部直隶于大总统"的规定，并撤销了泉币、公债、库藏三司，增设制用局取代已撤销的三司职掌。

北洋政府初期，鉴于晚清朝廷财权旁落，导致政权易手的教训，中央政府千方百计通过强化对财政的控制，来强化中央集权。当时，中央政府规定，地方政府不设财政机构，也没有财政管理权，中央政府财政收入的筹集以及地方政府的财政收支的管理，均由财政部派驻各省的财政厅负责。

由于当时地方军阀势力十分强大，他们凭借对地方的实际控制权，尤其是税收征收权，所以仍然与晚清的督抚一样有力量与中央政府争夺财权，通过各种非法手段，架空中央派驻的财政厅，任意截留中央政府财政收入。以至于当时的财政总长周学熙向参议院报告财政施政方针时，无可奈何地说："各省有藩司、盐使、关道以及各种税局，均拥有征税的权力。"

为了改变这种财权分散的局面，北洋政府决定：一是划分国地收支，分清中央与地方的权限、国家与地方财政的权限；二是在各省设立直隶于财政部的国税厅，负责国税的征管工作；三是加强财政厅管理权限。1913年1月，国务院及大总统批准了财政部上报的《国税厅筹备处暂行章程》。章程规定国税厅总筹备处设在财政部内，

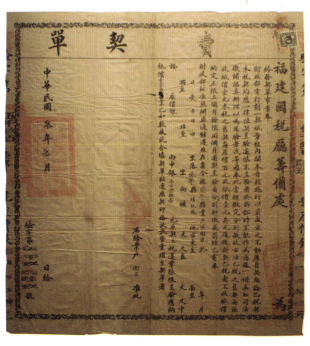

负责人为总办1人，会办（相当于今副职或助理）1人，各省筹备处设处长1人，会办1人，筹备处下设3科，分别负责税收、监督和稽核工作。每科设科长1人，科员若干，以上人员统称为征收命令官，具体负责收税的征收局局长及委托收税之地方官吏，则统称为征收官吏，并明确规定曾担任过高等财务行政官3年以上或在中外政治经济专业学校毕业并任行政官员3年以上，以及其他熟悉地方财政确有经验者方有资格担任征收官吏。

1914年6月，北洋政府公布的《财政厅办事权限条例》规定各省财政厅的权限：一是奉大总统的任命，管辖全省财政征收官吏及考核兼管征收的县知事；二是综理赋税出纳，执行各种税法，催提各属款项；三是筹集中央需要，支配全省经费，办理预决算及其他财政事务；四是将原属各省管理的内地常关从1913年起逐渐收归中央政府管理。

在实施的最初阶段，这些措施的确加强了中央政府的财政管理权限，对保证中央政府财政收入的筹集起到

了积极作用。但由于地方军阀割据势力过于强大，随着岁月的推移，中央政府的财政权限又逐步受到地方政府侵蚀。例如原来由财政部直接任命的各省财政厅厅长也逐渐改变为由当地军阀向财政部推荐任命的双重管理体制，中央设在各省的烟酒、常关、印花、官产及盐务等机构也逐渐通过双重管理体制重新落入地方军阀手中。总之，财政权是行政权的延伸，行政权受到侵蚀，财权也难免随之旁落。

二、预、决算制度

北洋政府在晚清预算编制改革的基础上，于1914年公布《会计条例》，对预算制度作了进一步的明确规定：一是预算年度采用跨年制。政府会计年度从每年的7月1日开始，到次年的6月30日止；二是每年度岁入岁出之出纳事务，其整理完结之期不得超过次年度12月31日；三是各年度岁出定额，不得移充他年度之经费；四是各年度岁计剩余之款转入次年度岁入，出纳完结年度之收入及缴还款与预算外收入均编入现年度岁入；五是岁入岁出总预算，应于上年度提交立法院，非因必不可免及本于法律或契约所生之经费，不得提出追加预算；六是总预算分经常、临时两门，并各分款项编制，

提交立法院时，附送各官署岁入岁出预计书及前年度之岁入岁出现计书；七是设第一预备金，以充预算内发生不足者之用，同时设第二预备金，以充预算外所必须者之用，均于次年度立法院开会时求其承诺。

由于这一《会计条例》比较粗糙，对各机构预算的编制及计算方法、预算的编审程序及时期、预算的执行等事项，都未作出具体的规定，以至于财政部在编制1913年、1914年及1915年的国家预算时，不得不先后制定了例言及书式以及预算编制简章等规章制度，作为补充。尽管此后北洋政府曾多次修改会计法，但除了会计年度有所反复，即将会计年度从跨年制改为历年制，后又改为跨年制以外，就预算制度本身而言并无重大变化。

由于政局相对稳定，预算制度颁布后，最初几年实施状况较好，从1913年至1919年各年度基本上都编制了相当完整的国家预算。但从1920年开始，由于政局不稳，政府军费开支急剧膨胀、地方政府截留中央专款的现象加剧，中央政府在各省的实际收入已难于准确统计，此外，由于政府机构变更频繁，财政部门难于全面掌握其变更情况，因此统一的国家预算的编制至

此中断。直至 1925 年，北洋政府才根据财政部的预算账册和各种途径的调查统计结果，追编了 1920 年—1925 年间各年度的预算。

北洋政府时期，中央政府预算科目的设置分款、项两级。款级科目中岁入部分分为田赋、盐税、关税、厘金、正杂各税、正杂各捐、官业收入、杂收入、捐输、债款等项目；岁出部分基本上是按政府机构的设置分类，分为外交部所管、内务部所管、财政部所管、教育部所管、陆军部所管、海军部所管、司法部所管、农商部所管、交通部所管等项目。

由于国内政局混乱，北洋政府时期大部分时间处于收支失衡状况。1913 年，国家预算表上，经常门和临时门合计，收入总额为 557296145 元，支出总额为 642236876 元，预算赤字为 84940731 元。1914 年，经常门和临时门合计，预算收入总额为 382501188 元，支出总额为 357024030 元，收支相抵，节余为 25477158 元。1916 年收入总额为 472838584 元，支出总额亦为 472838584 元，收支勉强平衡。1919 年，预算收入总额为 490419786 元，支出总额为 495762888 元，收支相抵，赤字 5343102 元。1925 年，预算收入总额为

461643740 元，支出总额为 634361957 元，收支相抵，赤字 172718217 元。5 年中 1 年为节余，1 年平衡，3 年赤字。

在建立预算制度的同时，北洋政府还初步制定了决算制度。民国初年，北洋政府要求筹办在京各机关的决算。1913 年春，又进一步要求各省办理民国元年，即 1912 年的决算表册。1914 年对决算编制办法作了修订，并将其写入当年公布的《会计法》中。《会计法》对决算制度作了规定。首先是总决算先经审计院审定后，由大总统提交国会，其分门之次序与总预算相同，并须提供下列数据：岁入部分须提供岁入预算额、查定预算额、已收讫岁入额、岁入亏短额、未讫岁入额；岁出部分须提供岁出预算额、预算决定后增加岁出额、支付饬书已发之岁出额、转入次年度之岁出额、岁出剩余额。其次是总决算提交国会时，由大总统提出报告书，并附送下列各书类：各官署所管岁入决算报告书、各官署主管岁出决算报告书、各官署主管特别会计决算报告书。尽管北洋政府时期，由于政局的原因，财政决算编制的具体方案并未落实，其制度规定也未能得到有效的实施，但从法律层面上对国家决算作了制度性的规定，仍然具有开创

性的历史意义。

三、管理体制

在封建时代的中国，实行统收统支的财政体制，理论上不存在地方财政，但实际上地方财政或明或暗皆与中央财政同时存在，只不过在王朝开国之初，统治力量强大，统收统支得以贯彻，到了末叶季世，统治力量衰弱，地方财政（王公国戚的私人财政）崛起，并不断扩张，以致最终将中央财政侵蚀殆尽，迫使王朝走向崩溃与灭亡，这是中国数千年历史所验证的规律。

公元1644年代明而起的清王朝也没有逃脱这一必然规律，尽管从初年到中叶，清政府制订了一套从中央到地方的完整的管理体系，将全国财政牢牢控制在中央政府手中，自诩"财权操自户部（财政部），各省不得滥请丝毫"。但到咸丰年间，由于太平天国革命的爆发，不但腐败日久的八旗和绿营军队无还手之力，节节败退，而且中央财政面对浩大的军费开支，也力不从心，尤其是军事行动需要的军饷拨解制度无法继续推行，为了保证战争的胜利，清政府不得不允许各省总督和巡抚建立军队，如曾国藩的湘军、李鸿章的淮军，让他们直接插手地方财权的运作，曾国藩、胡林翼等都自行设立了独立于原有财政体系之外的军需局、总粮台、支应局、厘金局等机构。各省财政官员也由直接听命于户部而逐渐变为听命于当地的督抚，中央集权的财政体系逐步瓦解。镇压太平天国起义以后，有恃无恐的各省督抚权力进一步膨胀，从暗地里与户部争权走向公开挤夺中央财权。例如他们以地方厘金局的名义在同治年间公然挤掉一向由户部派驻的浒墅、北新、西新等三个税关为地方税关，并且在公元1904年—1907年又迫使户部将淮安、粤海、闽海关等三个税关拱手送给地方督抚管理。为了更大限度地专擅财政，地方督抚还相继设立官钱局、官银局等地方金融机构，

太平天国天王洪秀全玉玺。玉玺印文：太平玉玺，天父上帝，恩和辑睦，天王洪日，天兄基督，救世幼主，主王舆笃，八位万岁，真王贵福，永定乾坤，永锡天禄。

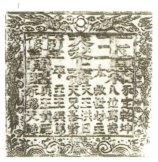

发行钱票、铸造铜圆，获取高额利润。从公元 1900 年广东省第一个设局铸造铜圆算起，到公元 1905 年全国已有 17 个省设厂 20 家，铸造铜圆近 100 亿枚，通过铸造铜圆获得地方财政收入逾 6000 万银元之巨。这些地方收入"皆自筹自用"，户部"概不与闻"。不仅如此，各省督抚还以富国强兵实行新政为名，纷纷自行举借外债，发行公债，不仅使中央集权的财政体制被破坏得面目全非，而且由于督抚对中央命令常常拒不执行，使中央对地方财政失去了控制。例如光绪三十一年（公元 1905 年）朝廷为筹集外交出使经费，电商各省认解，每年 82 万两，在执行过程中，"各省多借词推诿，未能全数解交"，"且有三年丝毫未解交者"。到了晚清，掌管中央财政的户部，几乎衰败到了形同虚设的地步。

为了改变中央财政一蹶不振的局面，清廷不得不于公元 1903 年设立财政处，负责通盘筹划全国财政和统一币制。但由于清理整顿无门，作用甚微，不得不于公元 1906 年将户部改为度支部并同时合并了财政处，接过了综理全国财政的权力。当时清政府对清理全国财政仍不得要领，既无整体计划，又无得力措施，只是想从清理各省销案、核定外销款项，同时稽核各部经费入手，结果下发公文调查统计皆被各省督抚搁置，拒不回应长达两年之久。直到公元 1907 年 1 月御史赵炳麟提出先制定预算表，设立各级财政机关，划分国家税和地方税等办法，度支部才推开大规模的财政清理工作。

根据公元 1908 年 8 月由宪政编查馆与资政院联合起草的《逐年筹备事宜清单》规定，当年由度支部颁布清理财政章程；公元 1909 年调查各省年收支总数；公元 1910 年复查并厘定地方税章程，试办各省预决算；公元 1911 年会查全国岁出入确数颁布地方税章程，厘定国家税章程；1912 年颁布国家税章程；1913 年试办全国预算，颁布会计法；1915 年确定皇室经费；1916 年确定预算决算，制定明年确定预算案。后来鉴于国内局势急转直下，清廷于公元 1911 年 1 月决定将原定 10 年预备立宪缩短为 5 年，作为重要配套措施之一的财政清理步骤也同时加快，改为公元 1911 年厘定国家税、地方税各项章程，1912 年确定预算决算。

在复查各省财政收支统计数字的同时，公元 1910 年清政府试办了宣统三年财政预算案。度支部原报预算收入银 2.97 亿两，支出 3.39 亿两，资政院复核后调整为收入 2.61 亿两，支出 3.02 亿两，赤字高达 0.41 亿两。尽管这个预算案曾被人攻击为"各种杂税无章之账簿"的堆砌，但作为中国第一份具有近代意义的财政预算仍具有其历史意义。

清政府在完成宣统三年预算编制的基础上，公元 1911 年又着手编制宣统四年的国家预算。这次预算的编制吸取了第一次编制的经验教训，"改订办法，入款则以田赋、盐务为纲，出款则以外交、民政、财政、军政为纲，眉目厘然，渐合绳尺"。同时也划分了国家、地方收支，预算中央收入为 2.28 亿两，地方收入为 0.25 亿两；中央支出为 2.14 亿两，地方支出为 0.41 亿两；中央财政将本身盈余的 0.14 亿两，拨补地方预算缺口后，全部预算赤字仅为 0.014 亿两。这份预算因辛亥革命爆发，清朝灭亡而未能实施，但它作为我国财政走向现代化的开端，对此后的中国财政管理同样具有一定的指导意义。

民国建立后，受西方思想影响，北洋政府继续实施清末建立分级预算财政管理体制的工作。1912 年冬，北洋政府公布了《国家费、地方费法（草案）》；1913 年 11 月公布了《划分国家税地方税法（草案）》。这两个《（草案）》的公布，标志着分级财政管理体制在中国的初步确立。

《划分国家税地方税法（草案）》规定：一是明确国家因筹集中央及地方行政诸经费所征收的租税，为国家税；地方自治团体因处理自治事务筹集经费所征收的租税，为地方税。二是划为国家税的税捐是田赋、盐税、关税、常关税、统捐、厘金、矿税、契税、牙税、当税、牙捐、当捐、烟税、酒税、茶税、糖税、渔业税等共 17 种。三是划为地方税的税捐是田赋附加税、商税、牲畜税、粮米捐、土膏捐、油捐及酱油捐、船捐、杂货捐、店捐、房捐、戏捐、车捐、乐户捐、茶馆捐、饭馆捐、鱼捐、肉捐、屠捐、夫行捐、其他杂税杂捐等共 20 种。四是将来新税划为国家税的是印花税、登录税、继承税、营业税、所得税、出产税、纸币发行税等 7 项。五是将来新税中划为地方税的是房屋税、国家不课税之营业税、国家不课税之消费税、入市税、使用物税、使用人税、营业附加税、所得附加税等 8 项。

将税收收入划分为国家税和地方税的同时，中央政府与地方政府也同时拥有了各自的税收征管机构。中央政府在各地设立了国税厅，专司国税征收及国家费用出纳业务。中央政府原来设在各地的财政司则改归地方政府领导，专门负责地方税征收和地方费用出纳业务。后来由于国税厅和财政司在职能行使上经常发生冲突矛盾，所以，1915年北洋政府又将国税厅与财政司合并成财政厅。并规定，财政厅是省级政府的最高财政机关，负责地方政府税收的征收及费用出纳业务，同时兼司国税征收之责。

在划分中央政府与地方政府的财权的同时，北洋政府对中央与地方政府的费用支出标准也作了一些规定。按照1912年冬公布的《国家费地方费标准（草案）》的规定，属于国家的经费开支项目有立法费、官俸官厅费、海陆军费、内务费、外交费、司法费、专门教育费、官业经营费、工程费、西北拓殖费、征收费、外债偿还费、内债偿还费、清帝优待费；属于地方政府的经费开支项目有立法费、教育费、警察费、实业费、卫生费、救恤费、工程费、公债偿还费、自治职员费、征收费。

分级预算制度最初实行得较为顺利，但由于地方政府的财政收入主要来源于税收附加，其数额有限，而地方政府的职责却十分繁复，所以实施一段时间后，就出现了地方政府收不抵支、财政困难的现象，地方自治体系难于维持。为维系自治体制，地方政府只好靠截留原本应属于中央政府的国税收入来保证自己的开支需求，由此造成中央政府财政收入严重不足。无奈，财政部于1914年6月呈准取消国地税收之划分，相应的，地方政府的各项财政支出也随之改归财政部统一安排。此后，分级财政管理体制一度中断实施。

北洋政府成立后，一直实行地方政府向中央政府解款的制度。所谓解款制度是指"各省每年以收抵支之余款缴解国库济用"解交款额的多少由各省认领，但地方政府截留应上解中央的财政款项的现象时有发生。为制止地方政府截留中央收入的行为，北洋政府于1915年1月实行了专款上解的制度。上解制度规定：各省财政厅征收的印花税、烟酒牌照税、烟酒税增收、验契税、契税增收等五项收入为中央政府的专款收入，各省财政厅必须按月将上述五项收入解京。1916年2月，财政部又通令各省财政厅，再将屠宰税及牲畜税、田赋附加、厘金附加、牙税等四项收入划为中央专款，由各省财政厅按月解京。

至此，地方财政的主要收入来源丧失殆尽，地方财政已有名无实。为解决地方财政财力空虚的问题，1917年1月北洋政府对中央专款进行了整理，重新将屠宰税、牲畜税和印花税划归地方政府，将烟酒税、烟酒附加、烟酒牌照税、契税、牙税和矿税等六项收入划定为中央专款收入。同时还对地方上解专款收入的数额作了规定，完成上解定额之后的赢余归地方政府，完不成定额者，所缺部分由省政府用自有收入补交。这一措施对促进地方政府税收征收的积极性有一定的作用。

1923年12月，北洋政府宣布立宪，在所公布的宪法中，对中央、地方财政管理体制再次作了规定，重建分级财政体制。其主要内容：一是取消专款上解制度，重新划分中央税和地方税；二是赋予中央政府调节控制地方政府财政活动的权力。宪法规定，关税、盐税、印花税、烟酒税、其他消费税等全国税率应划一的税种划归中央政府，国债、专卖及特许均属国家事项，由国家立法并执行之。田赋、契税等税种划归地方政府。为防止在分级预算体制下，各省自行其是，妨害国家利益，宪法中还明文规定，为避免各省政府税收征收过程中的各种弊端，维护公共利益，当

各省税收征收出现下列问题时，中央政府有权对其课税的种类及其征收方法，通过法律手段予以限制，其内容包括：一是妨害国家收入或通商；二是重课税；三是对于公共道路或其他交通设施之利用，课以过重或妨害交通之规费；四是各省及各地方间因保护各自的产物，对于输入商品课以重税；五是各省及各地方间物品通过之课税。

《宪法》在国家与地方政府的支出范围上，也作了调整。《宪法》明确规定：属于国家费用的支出项目包括外交费、国籍法实施费、国防费、司法费、划一度量衡费、币制及国立银行费、国税征收费、邮电铁路国道及航空费、国债偿还费、国省财政整理费、专卖及特许费、中央行政费、两省以上之水利费、移民垦殖费、特种国营矿业费、其他于本宪法所定国家事项度支之费；属于地方政府的支出项目包括省教育

民国时期孤女在福利站接受身体检查，护士在细心查看她的眼睛。

实业及交通费、省财产处理费、省水利及工程费、省税征收费、省债偿还费、省警察费、省慈善及公益费、下级自治费、其他国家法律赋予事项之经费。

总而言之，《宪法》所制定的财政管理体制较民国初年制定的管理体制更倾向于分权化。将田赋完全划归地方政府是该宪法关于财政管理体制方面的一个创新，由于田赋收入颇为充裕，因此对保证地方政府的财政需要具有非常重要的意义。与此同时，地方政府的支出范围也有所扩大，原本由中央、地方共同负责的教育、实业以及交通等多项开支均交由地方政府独自承担。收支权限的扩大将使地方自治程度大大提高。另外，其加强中央政府对地方政府的调控能力的有关规定也十分必要。由于时局的原因，北洋政府分级预算管理体制连同整个宪法均未能得到有效落实，最后还是成了一纸空文，历史上留下的仅仅是一种可供人们研究的思路而已。

第九节　国民政府的财政管理机构和制度

一、管理机构

国民政府时期，主管全国财政事务的机构是财政部，同时辅之以其他一些机构。财政部设立于国民政府成立初期。1925年7月，广州国民政府公布了《财政部组织法》，并据此成立了财政部。最初财政部机构设置比较简单，下设秘书、第一局、第二局、第三局。

南京国民政府成立后，于1927年8月对《财政部组织法》进行了修订，财政部内部机构设置也相应地进行了调整。调整后的财政部机构设置与北洋政府时期基本相同，也设有总务厅、参事厅、赋税、钱币、公债、会计和国库等五个司，外加关税、盐务、禁烟、土地等四个处。《财政部组织法》还对财政部下设各机构的职责范围作了明确规定。此后，财政部内部机构设置随其管理职能的变化、财政收支内容的调整以及人事任命的更替而多次进行调整，机构的分设、合并、增加、撤销时有发生。

1934年，国民政府再次修订《财政部组织法》，对财政部的机构设置、财政部的职权范围以及各下设机构的职责范围等都作了较明确的规定。至此，财政部内部机构设置基本趋于完备。此时的财政部下设一厅、一处、三署、六司，即参

税务人员佩章　民国　中国财税博物馆藏
图为一组民国时期财税工作人员佩带的徽章。上有税务机构名称及工作人员的编号。

事厅、秘书处、关务署、盐务署、税务署、总务司、赋税司、公债司、钱币司、国库司、会计司。除上述机构外，还设有为国家制定财政政策出谋划策、带有智囊团性质的几大委员会，包括盐务稽核总所及各分支机关、税务整理研究委员会、国定税则委员会、会计委员会、币制研究委员会、整理地方捐税委员会、财政整理会、财政特派员公署。这些机构直隶财政部秘书处。此外还有造币厂、北平印刷局等附属机构。

根据1934年11月修订的《财政部组织法草案》的规定，财政部的职能是管理全国财务行政事务。凡全国财政收支、税赋的征课、有关收支制度的制定推行、国库的监督、支付命令的签发等，均由财政部负责。财政部的权限一是对于各地方最高行政长官执行本部主管事务有指示监督之责；二是就主管事务对于各地方最高行政长官之命令或处分认为有违背法令或逾越权限者，得提经行政院会议议决后停止或撤销之；三是财政部经行政院会议及立法院之议决得增置裁并各署、司、委员会及其他机关。

为加强对财政部各项职责履行情况的监督，国民政府还在财政部外设立了监察、审计系统。该组织于1927年设立，最初称为财政监察委员会，1928年改称预算委员会，直隶于国民

大道之行
中国财政史

846

政府。1929年2月又改称财政委员会，并扩大了其职权范围。其不仅拥有议决预、决算权，而且拥有财政决策权。1930年，国民政府取消了该机构，将其职权交给中央政治会议。

抗战时期，为保证战争对财政资金的需要，国民政府加强了财政部的职权，并对财政部内部机构设置进行了调整。1943年3月，国民政府公布了修订后的《财政部组织法》，规定：财政部下设国库署、直接税署、关务署、税务署、缉私署、钱币司、公债司、盐政司、专卖事业司、地方财政司、总务司、人事处。此外，根据战时的特殊需要，还设立了贸易委员会、田赋管理委员会、货运管理局、公债筹募委员会、花纱布管制局、财政研究委员会、金融研究委员会、设计考核委员会等机构。这些机构多属临时性机构，抗战后期及抗战胜利后，上述机构陆续撤销或合并于其他部门。

国民政府时期，随着分级预算制度的确立，地方政府财政机构逐步建立。初时，中央政府在各省设立的财政厅改归省级政府，负责地方政府财政收支事项，同时兼管中央政府财政收入的征管工作。财政厅下设秘书、总务、征管、制用等机构。1929年1月，国民政府公布了《修正财政特派员暂行章程》，规定：财政部在各省设置财政特派员，由特派员接管各省财政厅代管之一切国税及其机关。此后，各省财政厅专门负责地方财政收支的管理工作。

1927年公布的《国民政府财政部会计则例》规定，凡收支款项分为国库、省库两种。据此各省建立了省库。1931年11月公布的《预算章程》规定，地方政府的预算编制工作由各省财政厅负责。

此后，凡属省库出纳、省税征收、省公债募集和偿还、省公产的管理等事物均由省财政厅掌管。各市县政府

民国27年（1938年）山东省高密县田赋预借债券。

则设有财政局(科)，掌管本市县的各项财政事务。财政局(科)下设总务、经征、会计等机构。

二、管理体制

财政是政权长治久安的基础，而统一财政更是基础的基础。1926年，国民党第二次全国代表大会通过的财政决议案中明确规定，政府在财政方面的工作重点是统一财政，建立一个收支平衡的国家及地方预算。其具体要求：首先是明确划分中央政府与地方政府的财政收支；其次是规定地方预算须呈交国民政府。并规定，地方政府财政收入不足部分由中央政府予以补助。南京国民政府成立后，根据《决议》要求对中央地方财政作了明确的划分。此后，分级预算制度基本确立。政府预算分中央政府和地方政府两级。两级政府独立编制自己的预算，有自己的较固定的收支。地方政府由省级政府和其下的县级政府组成，地方预算的权力集中在省政府手中，县级政府只是省级政府的派出机构，没有独立的财政收支和财政权限。

在财政管理体制建设上，国民政府确立了都市财政。清末随着现代工商业的发展，城市化有了较大的发展，人们开始关注城市在国家行政区划上

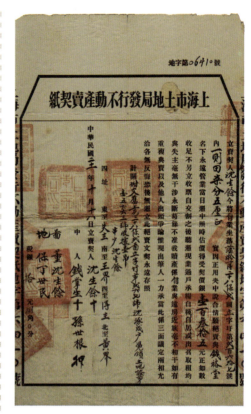

上海市发行不动产卖契纸　　中国财税博物馆藏
国民政府成立后，将南京、上海、北平、广州和青岛列为特别市，由行政院直辖，财政收支独立。图为上海市自行发行的不动产卖契票据，加盖上海特别市印章。

的法律地位。为此，清政府曾公布《京师地方自治章程》。北洋政府时期，北京率先在全国设立市政管理机关，城市财政初露端倪。此后，全国城市建设蓬勃兴起。1922年北洋政府曾公布《市自治章程》，将城市分为特别市与普通市，这意味着地方政府所在的城市，作为一级政府的法律地位得到了确认。但这一时期，对市级政府的财政来源问题仍未作出明确规定。

大道之行
中国财政史

国民政府建立后，先于 1926 年颁布《特别市组织法》，后于 1930 年颁布了《市组织法》，将城市分为直隶行政院市和直隶省政府市两级。当时直隶行政院的城市有南京、上海、北平、广州和青岛等五个城市。院辖市的地位与省政府相当，拥有自己独立的财政收入和支出，标志着城市财政开始在中国土地上出现并法制化。

在财政管理体制上，国民政府对中央政府与地方政府的财政收支划分曾进行过多次调整，使分级财政管理体制渐趋完善。1928 年 11 月公布的《划分国家收入地方收入标准案》，对中央政府与地方政府的财政收入划分作了如下规定：国家收入为盐税、海关税及内地税、常关税、烟酒税、卷烟税、煤油税、厘金及一切类似厘金的通过税、邮包税、印花税、交易所税、公司及商标注册税、沿海渔业税等 15 项；地方政府的收入为田赋、契税、牙税、当税、屠宰税、内地渔业税、船捐、房捐、地方财产收入、地方营业收入、地方行政收入、其他收入等 12 项。此外，根据《标准案》的规定，裁厘完成后开征的营业税也将成为地方政府的重要财源。另据 1928 年公布的《特别市组织法》规定，市政府的财政收入来源包括土地税、土地增值税、房捐、营业税、牌照税、码头税、广告税、市公产收入、市营业收入等。1931 年颁布《市组织法》时，又取消了土地增值税与码头税。

此次划分国地收入体系的最大特点，首先是将田赋划归地方政府。在此之前，地方政府的财政收入主要依赖于各种小额的税收附加，而没有固定的大宗税源。国民政府能将大宗的田赋划归地方政府，不仅对加强地方政府的公共服务能力意义十分重大，而且也显示了国民政府建立分级财政的坚定信心。其次，将厘金以及类似厘金的财政收入从地方政府手中收回，也是此次国地收入体系划分的一大亮点，为后来国民政府最终废除厘金奠定了基础，有效地避免了地方政府因局部利益而干扰国家财政制度的总体改革。尽管其后实施过程中，厘金收入并未真正收归中央政府，但由于有了这一规定，裁厘后，取代厘金地位的统税则完全收归中央政府，成为中央政府的主要财政收入来源。总而言之，分级财政管理体制的完善，不但使各级政府有了自身相对独立的财源，更重要的是使地方政府履行自身的各项法定职能有了一定的物质保证。

1930 年 2 月，国民政府又颁布了

《财政收支系统法原则》，对国地收支划分作了调整。其调整的特点之一是将市政府与其他地方政府放在一起，统一划分财源。《原则》规定：营业税为省及院辖市税；土地税、营业牌照税、使用牌照税、行为取缔税为县及省辖市税；房屋税为省、市、县税。其特点之二是设立了中央地方共享收入。《原则》规定：所得税、遗产税为共分税。此外，该《原则》还强调了中央政府财政收入不容侵犯的原则。强调凡属中央政府的收入，地方不得重征，并不得以任何名目征收附加捐费。该规定在保证中央政府收入的同时，制止了地方政府乱征税收附加、增加百姓负担的现象。《原则》还强调货物税及货物专卖收入均属中央政府所有，地方政府一律不得征收。从而有效地防止了地方政府对流通商品的重复征税，

有利于形成全国统一市场。尽管当时所列举的共分税尚在酝酿之中，还未开征，但共分税的设立对于加强中央政府对地方政府的调节能力、兼顾中央地方利益等诸多方面皆有重大意义，是一个国家分级预算趋于完善的标志。

在明确划分国地财政收入的同时，国民政府还对国地财政支出上的分工作了明确规定。先是在1927年，公布了《国地支出标准案》，后又在1928年夏对其作了修订。修订后的《标准案》规定：地方政府的财政支出包括地方党务费、地方立法费、地方行政费、公安费、地方司法费、地方教育费、地方财务费、地方农矿工商费、公有事业费、地方工程费、地方卫生费、地方救

《财政年鉴》上、下册　民国　中国财税博物馆藏
民国24年（1935年）出版，32开精装本，是第一部综合反映民国以来中央与地方财政事务的年鉴。财政部长孔祥熙题写书名并作序。

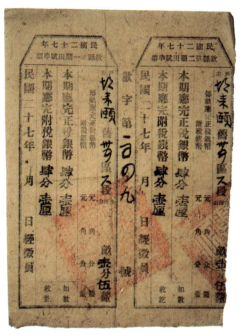

1938年歙县一期田赋串票。

恤费、地方债款偿还费等，共计13项。《国地支出标准案》的公布具有很大的意义。它的公布，使得各级政府事权与财权的职责分工有了明确依据。

在国民政府初期，分级预算只是在中央和省级政府进行，而省与其下辖县市之间的财政收支尚未作进一步划分，也就是说还没有明确建立县市一级财政。1934年，国民政府第二次全国财政会议上，拟订了《划分省县收支原则》，1935年公布了与此配套的《财政收支系统法》，将分级预算的结构定为了三级预算，地方预算由省及院辖市和县市两级组成。并明确规定

了各级预算的财源和支出范围。县市自治财政的收入由税课收入、特赋收入、惩罚及赔偿收入、规费收入、代管项下收入、代办项下收入、物品售价收入、租金使用费及特许费收入、利息及利润收入、公有营业及事业之盈余收入、补助收入、赠与及遗赠收入、财产及权利售价收入、收回资本收入、公债收入、长期赊借收入和其他收入组成。其中税课收入中包括土地税、房屋税、营业牌照税、使用牌照税、行为取缔税、由中央分给之所得税、由中央分给之遗产税、由省分给之营业税等；县市自治财政的支出项目有政权行使支出、行政支出、立法支出、教育及文化支出、经济及建设支出、卫生及治疗支出、保育及救济支出、营业投资及维持支出、保安支出、财务支出、债务支出、公务人员退休及抚恤支出、损失支出、信托管理支出、普通协助及补助支出和其他支出等。规定出台后，受时局剧变影响，一时未能付诸实施，直到1939年国民政府公布了《县各级组织纲要》后，县市财政才得以建立。

抗日战争期间，为加强中央政府战时财政调控能力，国民政府于1941年制定了《改进财政收支系统统筹整理分配以应抗战需要而奠地方自治基

础藉使全国事业克臻平均发展》的议案。议案规定：全国财政分为国家财政与自治财政两大系统；国家财政系统包括中央及省两级财政，通盘筹划，统一支配；自治财政系统以县为单位；国家财政系统的收入由原属国家预算的收入和原属省政府预算的收入组成。国家预算支出分普通政务预算及特别建设预算两大部分。普通政务预算包括中央及省所有管、教、养、卫各项经常性和临时性支出，特别建设预算以中央及省所需兴办之事业，按其需要与财力所及安排；自治财政预算由各县编制。其税收由中央设立的税务机关代其收纳划拨，其规费收入由各县按法律规定自行征收。自治财政的支出由中央规定科目，依一定标准编造预算，送经民意机关同意后，再由省呈请中央核定。

抗战胜利后，国民政府调整了财政管理体制，从原来的过度集权重新

1948 年 5 月，第七届全国运动会在上海举行。图为河北选手在跳远比赛中。

走向分权。1946 年公布的《修正财政收支系统法》重新将财政收支系统划分为中央、省及院辖市、县市三级，并对各级政府的财源作了详细划分。按规定，属于中央政府的财政收入包括营业税(由院辖市以 30％比例划归中央)、土地税(省县市地方以 30％划归中央，院辖市以 40％划归中央)、遗产税(省县市 30％，院辖市 15％)、印花税、所得税、特种营业税、关税、货物税、盐税；属于省政府的收入包括营业税(总收入的 50％)、土地税(总收入的 20％)、契税附加；属于院辖市的收入包括营业税(总收入的 70％)、土地税(总收入的 60％)、契税、契税附加、遗产税(中央分给 15％)、土地改良物税(房捐)、屠宰税、营业牌照税、使用牌照税、筵席及娱乐税；县市政府的财政收入包括营业税(省分给 50％)、土地税(总收入的 50％)、契税、遗产税(中央分给 30％)、土地改良物税(房捐)、屠宰税、营业牌照税、使用牌照税、筵席及娱乐税。

为照顾特殊地区的特殊情况，抗战胜利后，国民政府还对少数特殊地区实行了特殊的财政管理体制。其中最典型的是对台湾省实行的特殊预算制度。国民政府从日伪政权手中接管

台湾省后，允许台湾省单独发行台币，单独编制台湾省特别预算。其财政收入中，除关、盐两税由中央政府派出机构负责征收，其收入归中央政府以外，其他所有收入，不分中央收入、地方收入，统统归入台湾省特别预算，由台湾省政府支配使用。另外，其军费、司法费开支由中央政府负责支拨。这种特殊预算管理体制对台湾省战后经济、社会生活的迅速恢复起到了积极作用。

国民政府时期，财政管理体制在北洋政府时期的分级预算管理体制的基础上，有了进一步的完善和发展。尤其从制度本身来看，抗战胜利后，国民政府的财政管理体制已逐步趋于完善。其标志有三：首先是财政管理体制朝着分权化方向发展；其次是中央政府与地方政府的利益逐渐融合；再次是财政管理体制法制化程度日益提高。

国民政府成立初期，地方政府的

民国36年（1947年）货物统税印花票　民国中国财税博物馆藏
该税票为民国时期货物统税印花票，面额伍万圆。货物税是国民政府为了弥补庞大的财政赤字和维持战时支出而征收的。货物税先后征收的品目有：卷烟、熏烟叶、洋酒、啤酒、火柴、糖类等产品。货物税是在生产、运输、销售环节按照货物流转额征收。

自有收入主要以税收附加收入为主，其收入额十分有限，收入来源也很不稳定；国民政府中期，地方政府已拥有了一些固定的税种，作为其收入来源，收入的保障性得到加强。但此时属于地方的税种仍多是些小税种，收入仍然有限；国民政府后期，中央政府作了让步，许多税源充足的税种不再由中央政府独享，而是在中央与地方政府之间按一定比例分配，从而扩大了地方政府的财源，提高了地方政府行使职能的财力保障。

国民政府初期，以税收附加作为

地方政府主要财源，地方政府与中央政府利益是完全趋于一致，因为财政收入总额越多，地方政府的财政收入也越多。到了中期，尤其是因抗日战争需要，国民政府只安排一些独立的小税种作为地方政府的财源后，中央政府与地方政府的财政利益就有了异动，这种管理体制有利于中央集中财力，而不利于协调中央与地方政府的行为。而后期国民政府又将税源充足的税种作为共享税，又重新使中央与地方政府的利益趋向一致，不但促进了大家共同注重财源培养，增加财政收入，并且在一定程度上遏制了地方政府巧立名目，搜刮百姓的逐利行为。

国民政府早期，有关财政管理制度皆由政府部门制定并颁布执行，未经过立法程序；所公布的制度称作"标准案"。20 世纪 30 年代以后，财政管理体制的制定逐渐改为由政府部门制定，经过立法机构审议批准后公布执行，形成了正式的法律，这无疑在财政现代化的道路上大大地前进了一步。

三、预、决算制度

在预算编制上，国民政府最初只有临时性规定，财政部每年就预算编制方法下达文件。

1931 年 11 月，国民政府公布了《预算章程》，对各级政府的预算编制作了长期的制度性规定。《章程》规定：以每年的 7 月 1 日至次年的 6 月 30 日为一个会计年度；年度预算分为国家及地方两部分，按照国家规定的收支划分标准分别编制；每一年度内的所有收入、支出都必须编入预算；年度预算在未经国民政府主计处编成总预算案以前称为概算；各机关所编制的本级概算称为第一级概算；中央各主管机关汇总一级概算而编制成的概算以及各省政府及各院辖市政府汇总一级地方政府概算而编制成的省、市概算为第二级概算；国民政府主计处汇总第二级概算编制的概算为第三级概算。主计处编制的第三级概算须交中央政治会议核定。主计处根据中央政治会议核定后的第三级概算编制总预算。所编制的总预算交由行政院提交立法院核议。此外，该《章程》还就预备费的设立、预算的执行以及地方预算的编制、审议等问题作了具体规定。1932年 9 月国民政府又颁布了《预算法》，对预算制度作了修订。修订后的预算制度较原来的预算制度规定更为详细。

决算制度在国民政府时期也得到落实。1929 年为编制 1928 年度决算，国民政府制定了《编制十七年度决算章程》，规定：京内外各级机关编制中央地方及特别会计年度决算均照本章程办理；1932年10月国民政府公布了《暂行决算章程》，对决算制度作了进一步规定。1938年8月，国民政府公布了《决算法》，预算法和决算法的出台，说明预、决算制度步入了法制化轨道。

国民政府预算制度的另一重要特点是预算会计的超然化。国民政府成立初期，财政预算、决算、会计、统计等项事务均由财政部会计司负责。30年代初，为加强对财政收支的会计管理，国民政府提出超然主计制度的设想，主张由原来的财政部门自行办理岁计、会计、统计事务，改为由一个超然于财政机构的独立部门为所有政府机构办理岁计、会计、统计事务。为此，1930年公布了《国民政府主计处组织法》，依据此法于1931年成立了主计处。主计处直隶于国民政府，总揽全国岁计、会计、统计事务。主计处根据各政府机构收支事务的繁简，在其下设置会计、统计室，为其办理有关岁计、会计、统计等事务，主办人员直接对主计处负责，并依法受所在机构主管人员的指挥。这种将政府各部门的会计业务统一交给一个专门机构管理的办法，可以使会计人员本身与财政收支

所引起的直接物质利益相分离，与所在单位的物质利益相分离，同时也使会计人员摆脱了单位领导的制约和束缚，处于较为超脱的地位，有利于其对政府财政收支进行有效的监督管理。总而言之，国民政府的预决算制度，比之北洋政府时期的预决算制度有了很大的进步。

四、国库制度

国民政府时期，在建立和完善国库制度上做了不少工作，取得显著成效。北洋政府时期，国库形同虚设，随意截留财政收入、坐支挪用等现象屡见不鲜。国民政府成立后，于1927年7月颁布的《会计则例》中对国库收支程序作了初步规定，1928年3月，又授权中央银行代理国库，初步确立了国库制度。1933年2月，国民政府针对当时一些机关存在的不按规定程序

1948年，南京中央造币厂的工匠正在磅称小银条的重量，银条是发行纸币的准备金。

855

上缴收入、请领经费的情况，还公布了《中央各机关经管收支款项由国库统一处理办法》，规定：中央各部会直接收入款及其所属非营业机关收入款与营业机关盈余款或摊解非营业之经费均须解缴国库核收，中央各部会及其所属机关经费均由国库统筹核拨。并对收入解缴国库和支出拨付的程序、收付过程中统一使用的收付款凭证等作了详细的规定。从此，凡是中央政府的财政收入或支出都必须通过国库进行收付，国库在财政收支过程中的管理作用大为加强。地方财政建立后，地方政府财政收支也比照中央政府的办法进行管理。

1939年6月，为加强国库对财政资金的统一管理权，国民政府又公布了《公库法》和《公库法施行细则》，从管理对象和管理内容两方面扩大了公库的管理范围。公库的管理对象从原来的中央政府扩大到地方各级政府，其管理内容不仅包括政府的各项财政收支，而且还包括其动产和不动产。《公库法》和《公库法施行细则》规定：各级政府机关之现金、票据、证券之出纳、保管、转移及财产契据等之保管事务，均应由代理国库之指定银行或邮政机关代理，不得自行办理；财政部为国库主管机关，办理国库行政事务，中央银行为代理国库机关，办理国库出纳业务，审计部办理国库审核事务，国库主管机关主办会计人员办理国库会计事务。同时，对公库出纳程序以及所使用的各种书证作了明确规定。

国民政府的《公库法》及其《公库法施行细则》，构建了一个行政、公库、会计、审计四权分立、相互监督制约的公库管理体系。为配合该法的实施，国民政府还进行了公库建设。财政部与中央银行签订代理国库契约。中央银行再与中国银行、交通银行、中国农民银行订立代理国库契约，委托其在全国各地的机构代行国库职责，建立起了较完整的国库网络体系。到1942年，全国各地共设立国库达737处。国库网络体系的建立，对加强财政收支的管理，避免各政府机构随意支取、挪用财政资金，防止财政收入流失起到了非常重要的作用，满足了政府对巨额战争经费的需求，为抗日战争的胜利提供了坚实的物质保证。抗战胜利后，国民政府于1946年5月对《公库法》进行了修订。修订后，形成了国库、省(市)库、县(市)库三级公库体系，四权分立的公库管理制度有了进一步的完善。

第十节　历史的启示：财政枯竭滥发纸币导致国民政府在通货膨胀中彻底崩溃

中华民国在国民政府统治时期，由于国家财政枯竭，转而依靠滥发纸币度日，引发货币严重贬值。国民政府统治时期的通货膨胀经历了通货膨胀速度较为缓慢的法币实行时期、恶性通货膨胀阶段、法币进入崩溃阶段以及金圆券迅速崩溃等四个阶段。

第一阶段是1935年国民党政府实行法币制度。1939年以前，通货膨胀

30年代初期，白银大量外流，造成中国经济严重危机。图为上海码头工人正在运送准备装运到国外的银锭。

速度较为缓慢，物价上升指数还未超过法币增发指数。如以1937年6月为1，到1939年12月，法币发行指数为3.04，而物价指数重庆为1.77。

第二阶段是1940年起进入恶性通货膨胀阶段，物价上升指数超过通货增

发指数。到抗日战争结束的1945年8月，法币发行指数为394.84，同期重庆物价指数为1795.00。

第三阶段是1947年起法币进入崩溃阶段。当年7月，国民政府发动了全国规模的内战，军费支出浩繁，黄金外汇大量消耗，法币发行如脱缰之马，一日千里。到1948年8月19日，法币发行额累计为663694.6亿元，发行指数为470705.39，而同期上海物价指数为5714270.30。法币崩溃，改发金圆券。每300万元法币兑换金圆券1元。

第四阶段是新发行的金圆券很快就告崩溃。1948年8月到1949年5月上海解放，短短10个月中，金圆券发行额为679459亿元，发行指数为307124.3，同期上海物价指数达

中央银行十万元金圆券　民国

鉴于法币恶性膨胀，国民经济面临崩溃之势，国民党政府于1948年8月19日再次进行币制改革。规定金元为本位，开始发行"金圆券"，然而金圆券却以更快的速度膨胀，前后不到10个月，发行总额达1303046亿元，比原规定的发行额20亿元增加65000余倍，物价比币改初期上涨170万倍。图为中央银行的十万圆金圆券。

6441361.5。如果把法币和金圆券合计，则自1937年6月到1949年5月，货币发行指数为144565531914.9（即1400多亿倍），同期上海物价指数为36807692307691.3（即36万多亿倍）。在1948年 8月一张提货单上共贴有100元面额印花税票61000余张。1949年4月南京解放，国民政府南迁广州，同年6月，金圆券发行额增达130万余亿元，7月份又分别在广州、重庆小块地方发行了

民国股票

1948年上海挤兑黄金的情形。

松月庐　民国

松月庐位于避暑胜地莫干山，建于1933年，因周围多古松，大阳台形似新月而得名。1948年曾作为蒋介石临时总统官邸，7月，蒋介石在此召开"币制改革会议"，决定发行金圆券以代替极度贬值的法币。

银圆券。

国民政府长达12年的连续通货膨胀，残酷掠夺了国民财富。在通货膨胀下，物价不断上涨，而工人、农民、知识分子的工资却提高缓慢，按货币计算的名义工资虽有所增加，而实际工资则大幅度下降，工人、职员、知识分子的生活日益贫困。农民的苦难也十分深重，不仅是工业品与农产品交换价格剪刀差扩大，农民出售产品换回来的工业品日趋减少，而且在

蒋介石退往台湾登机时的情形。

通货膨胀下，国民政府实行田赋征实和粮食等征购、征借，对农民进行直接掠夺。民族资产阶级在通货膨胀初期，因工人实际工资下降，获取了较多的利润。但在剧烈的通货膨胀下，国民政府实行统购统销政策，加以利息率奇高，民族工业正常的再生产受到破坏。后期，又受到美国商品大量倾销的打击和官僚资本的排挤，民族工业处于奄奄一息的境地。

国民政府滥发纸币，陷中国人民于水深火热之中，激起了人民群众的极大愤慨与坚决反抗。从1946年12月起，随着人民解放战争的发展，国民党统治区广大学生、工人的反饥饿、反内战、反迫害的民主爱国运动进入新的高潮，逐步形成反对国民政府统治的第二条战线。诚如人们所知，革命党永远是穷人的朋友，执政党永远是富人的朋友。早在1927年国民党由于获得江浙财团的支持才得以在南京建立国民政府，也正由于恶性通货膨胀得罪了江浙财团，国民政府失去了富人的支持，随着人民解放战争的胜利，国民政府最后被迫在土崩瓦解中败退台湾。

民国13年"财政部印"

第十二章

民间财富崇拜和财税若干制度沿革

第一节　钱币演变及其文化

财富的"财"字由"贝"与"才"两个偏旁组成，它标志着有才能的人才会拥有财富。而"财"字左偏旁的"贝"就是中国最早使用的货币。

一、贝币与朋友

原始的贝币是天然的海贝，一面有槽齿，名叫齿贝，它产于南海，得之不易，光洁美丽，小巧玲珑，坚固耐磨，可做装饰品，便于携带，又是自然成形，易于计数。由于它本身的这些特点，在我国夏商时代，就成了固定充当一般等价物的特殊商品，是公认的中国最早的货币，称之为"货贝"。当时，计算贝的单位是"朋"，十贝为一朋。今日志同道合者互称"朋友"，也许与贝

贝币　中国财税博物馆藏
原始的贝币是天然的海贝，是公认的中国最早的货币，也称为"货贝"。

的计算单位有关，依此推测，"朋友"与经济基础是有联系的，并非仅仅是所谓友谊而已。贝用作货币，在我国汉字中也留下了明显痕迹。凡是和财富、价值、交换有关的字，如贵、贱、买（買）、卖（賣）、赏、赐、财、货、赋、贼、赃等繁体汉字，都与"贝"字有联系。这充分说明我国在创造和使用文字之时，贝已经成为货币，并且传统的贵义贱利观念亦已形成。今天我们依然可以将两戈求贝称为贱（賤），将十戈求贝称为贼，其间文字本身的意味确实耐人咀嚼。

殷商时期商业日益发达，货贝被广泛使用。商代的甲骨文字与青铜器铭文中，就有不少"取贝"、"赐贝"的记载。商代的墓葬中，更有大量的货贝实物出土。1976年在殷墟发掘的商王武丁配偶妇好的墓中出土的货贝就有7000多枚，真是

安阳殷墟出土的一块牛胛骨正反两面有刻辞6条，共160余字，字内填朱。正面四条记载商王武丁时期的事件，背面记载天象情况。这片刻辞保存完整，对研究商代社会和天文气象价值甚高。

鎏金铜贝

价值连城！由于货贝产地遥远，只有通过贸易交换和贡赋等渠道才能传到中原地区。随着经济的发展，真贝供不应求，人们便开始寻找各种代用品，如石贝、骨贝、蚌贝、玉贝等。到商代晚期，又出现了用青铜铸造的铜贝，其贝面凸起，还模铸一道贝齿。由于上面未铸文字，专家称之为"无文铜贝"。这种铜贝在河南安阳和山西保德等地的商代晚期（公元前14世纪—前11世纪）墓中均有出土，它是我国最早的金属铸币。

在西方，小亚细亚的里底亚人被推许为铸币的发明者。公元前7世纪，在里底亚王国首都萨德斯发行一种椭圆形、像颗蚕豆一样的"白金"铸币，被认为是金属铸币的开

始。我国商代铜贝的出现，比里底亚人的铸币还要早上几个世纪。因此，把商代铜贝称之为人类最早的金属铸币，应该是当之无愧的。

商代的统治者商族，是以善于经商而载入史册的民族。公元前11世纪，周代商而起后，不分配土地给战败者的商族，导致他们此后只好完全以经商为生，成了经商的好手。所以直至今日，人们将贸易交换行为以"商"命名。

二、工具武器形的铸币

此后随着岁月的推移和手工业的发展，人们用青铜铸造了不少铲、刀、戈等不同形状的生产工具和武器，并

銎肩尖足空首布　春秋战国空首布是春秋战国时期周、晋、郑、卫等国铸行的一种金属货币。公元前221年被秦始皇废止。它取相农铲，其首中空，故称。图为中国财税博物馆所藏的銎肩尖足空首布。

在市场上用以交换粮食、牲畜等农牧产品。这时人们才发现除了铜贝以外，铸造形体小于实际使用的生产工具和武器的青铜铸件也能成为人们实现市场交换的等价物，于是市场上就出现了所谓铲币、刀币、布币等新货币。诸侯称雄的春秋战国时期，不同地区流通的货币几乎都由生产工具和作战武器演变而来，有布币、刀币、环钱、蚁鼻钱等形制。这就是我国最早以贱金属铸造的通用货币，即所谓古钱。

三、天圆地方的方孔圆钱

由于这些工具形和武器形的货币造型，多有锋利的棱角，容易刺伤人体，携带也不方便，到战国晚期人们便根据中国人"天圆地方"的哲学思想，开始制造方孔圆钱。秦始皇统一中国后，诏令全国统一使用外圆内方的半两钱。这种铜钱比较美观，周边圆滑，方孔又能穿以绳索，便利携带，从此成了两千多年来中国百姓常用的铜钱。当时为了保证钱币含铜量与交换物等值，钱币都以重量计算，如秦代通用的半两钱（一两为24铢）。

由于人们将一千个方孔圆钱用绳子串起来就叫一贯和一缗，后来便发展成为形容自始至终坚持做好某项工作的词语，如："一以贯之"、"一贯"、

"贯彻"等等。由于方孔圆钱的基本单位是一文，故人们往往用"身无分文"和"一文不名"来形容贫困者，以"分文不取"来表扬不计报酬的无私奉献者。

汉初，铜钱允许民间自由铸造，到武帝元鼎四年（公元前113年），朝廷禁止民间铸钱，将铸币权收归中央，中国进入由政府垄断的铸钱时期。武帝元狩五年（公元前118年）始铸五铢钱，五铢钱轻重适宜，一直延续至隋代还在铸造。

八铢半两 西汉

四铢半两 西汉

五铢半两 西汉

大泉五十 王莽时期

四、从重量型到通宝型

到了唐高祖武德四年（公元621年）才将重量制改为通宝制，使标志社会财富的钱币向象征性意义上迈进了一大步。此后人们所看到的中国钱币

都以"宝"字用作钱文，叫"某某通宝"、"某某重宝"、"某某元宝"，如人们常见的唐代玄宗时的"开元通宝"、宋代徽宗时的"大观通宝"、清代咸丰时的"咸丰元宝"……足见货币被公认为社会财富的代表。尤其"大观通宝"四个字还是以书写瘦金体著称的宋徽宗本人的手迹。

宋代，不仅铜钱铸造数量相当可观，十几个皇帝共有四十多种年号钱，而且还铸造和流行对钱、两枚钱的文字一样，书体却不同，成双配对，相得益彰，给人以和谐与匀称的美感，极具艺术价值。

中国历史上唐以前金属钱币的铸造用范铸法，即先做钱的"模"，再用陶土将模制成若干个钱组成的泥范，经烧制后泥

大观通宝 北宋

政和通宝 北宋

咸丰元宝（背宝巩当千）
清咸丰年间

范就成了陶"范",然后将熔化的金属液体浇灌入陶范，待冷却后打碎陶范即可获得连在一起的若干个毛坯钱，

陶钱范

最后将毛坯钱一个个分开，并打磨光洁后即获成品钱。因为，这一生产过程是由制模到制范的过程，所以后来汉语词汇中才有了"模范"这个词汇，意味着为人楷模，值得人们学习。唐以后金属铸币改为翻砂法，其生产效率较之范铸法有了很大提高，范铸法也就慢慢被人淡忘了，但作为一种文化留下的"模范"一词却广为流传，成了频率很高的日常用词。

五、纸币的出现和滥发

宋代，在开国皇帝赵匡胤"不抑兼并"政策的有力推动下，一方面社会生产力有了很大的发展，使市场上货币需求量大为增加，另一方面由于百姓生活改善，带来了佛教的兴盛，民间多将铜钱捐献给寺院用于铸造铜佛像和宗教器具，从而造成了流通货币大幅度减少。为了解决铜钱奇缺的通货紧

缩问题，北宋政府不得不实行铜、铁钱并用政策，以生铁铸钱应付"钱荒"。

由于铜作为有色金属的价值大于黑色金属的铁，为了取得百姓的信任，铁钱不得不比铜钱铸得大一点，重一些。当时的铁钱重量分为大小两种，大铁钱每10贯（即1000钱）重量为120斤，小铁钱则为65斤。如此沉重的铁钱，对商人来说腰缠万贯简直不可思议，1万贯的大铁钱有12万斤重，即使车载船装也十分艰难，于是在蜀道难行的四川，十六家富商联合起来发行称为交子的纸币。

宋仁宗天圣元年（公元1023年），朝廷看到了纸币发行有利可图，决定收为官办，并将交子改名为钱引，还扩大了流通范围，在全国发行。南宋继续发行纸币，称为关子、会子。

元代更变本加厉禁止金银、铜钱交易，实行纯纸币流通制度，其纸币品种主要有中统元宝交钞、至元通行宝钞。由于朝廷滥发纸币导致物价飞涨，社会经济秩序混乱。例如，当时与两宋对峙的金国纸币从发行交钞到发行天兴宝会，尽管其间几经更名，都因发行过滥而币值下跌，以致愈演愈烈，亡国时"万贯（纸币）唯易一饼"。元朝顺帝时，钞票10锭买不到一斗粮食，每

天供军用钞票竟用舟车装运。

六、白银货币的大量使用

明朝政府开始也发行称为大明通行宝钞的纸币，后来由于这种无准备金和实物作保证的纸币造成了极其严重的通货膨胀。为了避免重蹈元朝大量发行纸币导致政权倾覆的厄运，明中叶以后朝廷一方面把发行货币的重点放在铜钱上，另一方面开始大量使用白银为货币。这不仅因为白银作为低熔点可分割的贵金属有着非常适合作为主要货币的优良性能，同时当时国内银矿开采量增大和哥伦布发现美洲新大陆后墨西哥银矿的大量开采为获得白银提供了方便，因此晚明至清，中国民间大额支付皆用白银，小额支付才用铜钱。

明轻赍银锭

明两广盐运使银锭

大宗交易时使用的银饼与银锭
银子作为一种通用货币，始于春秋战国时期。起初都铸成锭状，也有饼状。因为各地铸造银锭成色不同，计算复杂，所以一般在大宗交易时才使用。直到明末，始有外国的银圆输入，亦即"洋钱"之滥觞。

中国贵金属金银币源远流长。根据考古的发掘，先秦已有银贝、银布币

等白银铸币，楚国的郢爰则是流通较广的黄金铸币。秦始皇规定黄金为上币，主要用于赏赐和大宗支付。东汉以前盛行黄金，后因不少黄金改做它用，如制作各种装饰品、工艺品等等，从而使白银成为最主要的贵金属币。最普通的金银币形式是饼或锭，也有铸成方孔圆钱的。

白银以两为单位，故后世方有"银两"之称呼。宋代白银的货币性加强，以锭状为主呈亚腰形。金代银锭以50两为定制，但章宗承安二年（公元1197

年）铸造的承安宝货曾分为 1 两到 10 两五个等级。从元代开始，银锭又称"元宝"。清代铸成的银锭分大、中、小三种：大锭亦称"元宝"，铸成马蹄形，重 50 两；中锭多数铸成衡锤形，亦有铸成马蹄形的，称"小元宝"，重量都是 10 两；小锭重 1 两—5 两不等，称为"小锞"。至于零碎的银子，叫碎银。由于各地的衡法、成色标准不一，民间使用时要经过称重和折算，手续较为繁复。

外国银元自明末流入中国后，因形式划一，使用比银两简便，至清朝初年行用日广。在外国银元的影响下，东南沿海民间早就以手工仿铸银元。光绪十年（公元 1884 年），吉林省首先用机器试铸广平银元。不久，广东得到清政府批准，大量开铸光绪元宝银元，重量为库平银 7 钱 2 分，背面有蟠龙图案，俗称"龙洋"，这是中国近代正式自铸银元之始。

七、银元计量的银本位制

银元流通越来越广泛，可是银两的地位并未动摇。宣统二年（公元 1910 年），首次宣布实行银本位，拟定大清银币银元为本位币，结果因清王朝被推翻而没有实现。1914 年北洋政府再次宣布实行银本位制，铸造袁世凯头像银元（民间俗称"袁大头"），流通全国，但银两与银元并用依然如故。1933 年国民政府宣布废两改元，废除了银两制度，中国才真正实行以元为单位的银本位制，同年铸造有帆船图案的孙中山银元（民间俗称"船洋"）。

袁大头

八、铜圆振兴铜币

清代晚期，币制紊乱，尤其是在太平天国起义的咸丰年间，铜、铁、铅钱混杂流通，等级繁琐，轻重错置，引起大规模的通货膨胀。光绪年间一度用机器铸造铜钱，制作有所改良，但仍无济于事。民国初年曾铸造民国通宝，成为中国历史上最后一种方孔钱。

清末的铜圆是中国近代货币经济的产物。光绪二十六年（公元 1900 年），广东最先用机器铸造铜圆，因与传统的方孔圆钱不同，中间无孔，俗称"铜板"。正面中央为"光绪元宝"四字，背面为蟠龙图案，每枚当铜钱十文，百枚当银元一元。由于铜圆铜质优良，制作

湖北省造光绪元宝

清宣统"吉"字大清铜币
晚清时期，政府通过大量发行铜元以增加财政收入，
由于获利丰厚，各省纷纷开厂设局，竞相铸造。

整齐精巧，式样新颖，不但适应流通需要，而且颇受百姓欢迎。清政府在铜钱流通日薄西山的情况下，以机制铜圆得以振兴铜币，实出乎意料之外，于是清廷通过大量发行铜圆，开辟了财政收入的新蹊径。由于发行铜圆成本低，效益好，获利甚丰，在数年之内各省纷纷开厂设局，竞相争铸。铜圆的面值分一文、二文、五文、十文、二十文五种，以十文流通最广。光绪三十一年是铜圆的鼎盛时期，铸造额近47亿枚。同年，天津造币总厂将面文改为"大清铜币"，各省亦相继仿行。不久，大量的铜圆充斥市场，供过于求，以致价格一落千丈，弊端丛生。

辛亥革命后，铜圆名称较多，有开国纪念币、共和纪念币、中华铜币等。常见的图案是交叉的国旗和军旗。各地军阀政府由于财政拮据，竞相以大铸铜圆作为军政费用的来源，面额迅速增大到五十文、一百文甚至二百文，劣质铜圆也纷纷出笼，从而使金融流通愈益混乱。1921年以后，虽然逐渐停止铸造，但铜圆泛滥成灾却已达到了不可收拾的地步。

古钱和铜圆一样都属于硬币，它们的形式、名称、文字、铸造技术等随着时代的发展而变化，形成富有传统特色的货币文化，融政治、经济、哲学、美学、艺术及民俗等各学于一炉，博大精深。特别是古钱上的各种文字，俨然是中国书法文字变迁的缩影，篆、隶、楷、行、草体应有尽有，百花齐放，各臻其妙，其中不乏艺术水平很高的杰作。另外，中国少数民族文字也占一定比重，如西夏钱有西夏文，元钱有蒙文，清钱有满文等，不拘一格，争奇斗妍。铜圆流通尽管只有几十年短暂历史，犹如昙花一现，但它的种类、版别繁多，变化万千，令人目不暇接。我们仅以光绪元宝铜圆图案为例，其蟠龙与周围的云朵、星点秀美多姿，各省均有数十种之多，为中国灿烂绚丽的钱币文化增光添彩。

九、纸币最终取代银币

清道光二十年（公元1840年）鸦片战争爆发后，中国逐步沦为半封建半殖民地社会。许多外商银行开始在中国上海、广州等地设立分支机构，擅发纸币，操纵金融，进行经济侵略。咸丰三年（公元1853年），清政府为了镇压洪秀全为首的太平天国起义，先后发行户部（即现代之财政部）官票和大清宝钞。过去人们比较流行的"钞票"一词即来源于这两种纸币合名构词而成。其实有专家研究，当时在官票发行时，已经出现了"钞票"的称谓。这也许是由大明通行宝钞的"钞"字与清咸丰的户部官票的"票"字合名而来。

清末民初，国内银行相继成立，发

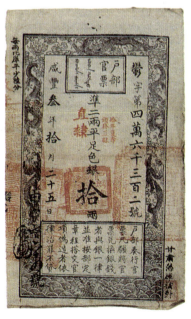
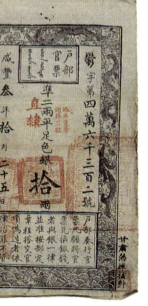

户部官票和大清宝钞
咸丰三年（公元1853年）迫于时局需要，清朝政府发行了以银两为单位的"户部官票"和以铜钱为单位的"大清宝钞"。宝钞和官票合称钞票。

行可兑换的银两票、银元票、铜圆票等纸币。1919年"五四"运动期间，中国人民提倡国货，抵制洋货，反对外商银行擅发纸币的呼声日益高涨，本国银行纸币的信用有所提高。然而，由于北洋时期军阀混战，各地发行的各种纸币过多过滥，造成金融严重混乱的局面。

1933年3月1日，国民政府通过"废两改元"，进一步稳定和规范了银本位制。直到1934年美国通过购银法案导致中国白银大量外流，1935年11月3日国民政府不得不宣布实施法币政策，禁止各种银元流通，建立中央、中国、交通、农业四家银行为首的金融体系，将白银收归国有，并移存国外作为准备金，使发行统一、准备集中。中国货币的银本位制才宣告结束，完全彻底地进入了纸币时代。

国民政府整顿金融，法币政策实行之初，币制还算稳定。抗战爆发，通货随之膨胀。抗战胜利以后，国民党政府为了解决内战军费支出滥发货币，导致通货急剧膨胀，纸币严重贬值。1947年7月24日，美联社电讯报道：中国陷入了极其严重的恶性通货膨胀，法币100元可买的物品，

1937年为2头牛，1938年为1头牛，1941年为1口猪，1943年为1只鸡，1945年为1条鱼，1946年为1只鸡蛋，1947年则为1/3盒火柴了。1948年8月19日发行金圆券，1元折合法币300万元，使通货进一步恶性膨胀，达到了骇人听闻的程度。纸币严重贬值，不仅使人民群众蒙受了巨大的损失，同时也从经济上摧毁了国民党在大陆的统治。所以说，滥发货币与苛重的赋税政策一样，都会造成民怨鼎沸、危及政权的严重后果。

中国历史上货币发行票额最大的是新疆省银行的60亿元，票额最小的是一个铜板；票幅最大的是明朝的大

新疆省银行六十亿金圆券

明宝钞一贯，长340毫米，宽250毫米，票幅最小的是民国浙江地方银行一分券，长50毫米，宽24毫米；加盖最多的是日伪时期察南银行发行的钞票，由东三省官银号，加盖满洲中央银行，再加盖察南银行，俗称"三改票"；制

中央银行 50 万圆金圆券　民国

版错讹最多的是民国 38 年（1949 年）陕西省发行的银元券二角票，错误多达 5 处。清末民初的中国是全世界发行货币品种最多、也是最混乱的国家，有 20 多个国家银行在中国领土上发行，省县地方银行、私人开的银号、钱庄，甚至有些工厂、商店、小铺都有发行货币、代价券、工资券的权利，其种类达成千上万种之多。可见，中国历来是权力最集中，也是权力最分散的国家。直至今日，我们还能从地方政府投资、土地管理、开发区政策等诸多方面找到其中的历史传承。

现代世界各国发行货币有不少约定俗成的规律。例如，大多数国家都同时流通纸币和硬币，其中纸币的面值都高于硬币，高面值纸币都被定为主币，其原因是便于携带，低面值硬币都作为辅币，主要因为硬币流通周转速度较快，耐用性强。而且，如果你仔细比较就会发现一些有趣的现象，许多国家发行的高面值纸币上的图案多为人像，这些人像一般是发行国本国人民最熟悉最了解的名人，其中以领袖人物为多。比如，美国高面值纸币上的人物是美国的几位总统；越南的高面值纸币上的人物为胡志明；中国的高面值纸币上的人物起先是毛泽东、周恩来、刘少奇和朱德四人，后来由于人数太多又是侧面像不易辨识，改为以毛泽东单人头像印制，便于人们辨识。因为，人的眼睛对人像头部的细节观察最敏感，有丝毫变化便能觉察，尤其是对熟悉的人物若干时日不见，胖、瘦、肤色、神态稍有变化，哪怕纤毫之差，都会让对方十分准确地分辨出来。至于对熟人的脚步声之类也能作出辨认，更是人类灵性的高度反映。有的人尽管文化水平不高，不认识字，但绝对不会不认得人像，而山山水水则容易认错，例如把华山、衡山、泰山和黄山的图片混在一起，往往有不少人无法完全准确地分辨出来，但是 100 元人民币上的毛泽东像，几乎所有的中国人都能准确无误地辨认出来。

由此可见，人是一切社会关系的总和，纸币上选用人像作图案，无论从经济上、文化上还是政治上都具有相当的吸引力，上至政坛领袖，下至平民百姓都乐意接受，不失为最佳的科学选择。

十、银行取代钱庄票号

唐朝宪宗时期（公元806年—820年），由于佛教鼎盛，铜多用于铸佛像，社会流通的铜钱日益减少，出现铜币升值、物价下跌的"钱重货轻"现象，即相当于现代金融业的通货紧缩，各州县迫于当地的货币流通需要，只好禁止携带铜钱出境。同时，为了解决笨重的金属货币不便于长途携运且不安全的问题，以及适应商业资金周转、划拨快捷的客观需要，出现了代客户作异地汇兑的业务，称为"飞钱"。

飞钱的存取办法是：商人到首都长安，把经商所得的钱币存放在各道节度使、观察使驻京办事机构暨诸道进奏院（相当于现代各省、市、自治区驻京办事处）或者富裕的文武官僚家中，然后取出一种牒券，这种牒券分为两半，一半由寄钱的商人收存，一半由收取钱币的进奏院或私家寄往本道或

外地相关机构或人家，商人便可以轻装上路，到了有关地点，合券核对无误，即可如数取回自己的钱款。显然，飞钱就是我国最早出现的一种汇兑方法。

"飞钱"自产生之后，就因其安全与方便深受商人、旅客所喜爱，故又被唐人称为"便换"。唐后期，朝廷为适应经济发展的历史性需要，指令中央政府设置在地方上的财税征管机构如度支巡院、盐铁巡院开展为商人"便换"的附营业务。这些商人主要是奔波于南北方之间从事大宗茶叶交易的茶商，所以，在唐宪宗年间的官方文书里就特别提到"茶商等公私便换"。由此可见，"飞钱"之所以在唐后期出现并被政府推广，其深层原因乃在于贸易的发展。至于国家财税机构，则是我国最早从事官方金融汇兑业务的国家银行。

北宋初期的主币是铜钱，为了方便商人，政府"取唐朝故事，许民入钱京师，于诸州便换"。开始是由中央财政部门兼营，到开宝三年（公元970年），宋太祖鉴于经手官吏私自扣减换钱数量（即提取手续费过高，系古代的一种乱收费表现形式），引起商人不满，下令专设"便钱务"作为专门经营

"便换"活动的机构，"令商人入钱者，诣务陈牒，即日辇至左藏库（国家金库），给以券"。又通告商人一旦持券来，必须立即如数付钱，不得耽搁。宋真宗天禧末年（公元1021年）的汇兑额达300万贯之巨。

受唐代"飞钱"的启发，宋代在盐、茶专卖中普遍使用"交引"之类的有价证券。以盐为例，当商人要向政府批发盐去经销时，或者直接在京师交纳现钱取称为"交引"或"交钞"的文券，再持文券到产盐地取盐，或者按照官方规定"入中"，即把粮草等物品运送指定地点（通常是边境军事要塞），由政府以较为优惠的价格发给"盐引（亦称盐钞）"作为凭证，商人再持"盐引"到产盐地换取等价的盐。总之，商人是在一地交纳钱物，而在另一地领取等价的盐茶的，这种"盐引"或者"茶引"反映的也是异地汇兑的精髓。同时，宋代也开始使用纸币——会子、交子。纸币和交引不仅携带便利，而且兼有汇票的作用，所以"便钱务"原有的功能就逐步被这些有价证券所取代，"便钱务"这一机构在北宋中期的文献中就不再出现，也就是被取消了。

由于宋代以降社会上大量使用盐引、茶引之类的有价证券，而这些被通称为交引的有价证券的持有者并非一定要经营盐、茶的销售，其中不少人还是希望将交引兑换成货币，而自唐宋以来，流通的法定货币又常常是两种以上币材不同的货币，如唐代是铜钱和绢帛兼行，宋代是铜钱和纸币（交子、会子）并用。交引的流通和货币的多样性，使中国自宋代开始逐渐出现经营货币兑换业务的店铺，并迅速从兼营走向专业化的道路。

宋代有一种"兑便铺"，便是专业经营纸币与铜钱相互兑换的店铺。经营者赚取的是两种货币兑换时的差价。当时还出现了以盐引、茶引为经营对象的"交引铺"。《东京梦华录》记载北宋开封南通街区交引铺的盛况："南通一巷，并是金银彩帛交易之所，屋宇雄壮，门面广阔，望之森然，每一交易，动即千万，骇人闻见。"《梦粱录》记载，南宋"杭州大街，自和宁门杈子外，一直至朝天门外清和坊，南至南瓦子北，谓之界北；中瓦子前谓之五花儿，中心自五间楼北至官巷街，两行多是金银盐钞交易之铺户，前列金银器及现钱，谓之看垛钱……"交引铺以现钱收购盐茶钞引，而后根据市场行情涨跌适时转售给专营商人，赚取买卖差价。其赢利方式其实和经营"兑便铺"者如出一辙。

从唐宋开始，金银逐渐具有货币的某些职能，但其在流通中的地位却极其次要。到了明代中后期，纸币不再流通，白银和铜钱一起成了主要货币，尤其是万历九年（公元1581年）张居正实行一条鞭法以后，政府强制用银缴纳税收，银两的货币地位更是日益提高和巩固。但是，当时进入流通的白银既没有官方统一规定的形状，也没有标明法定的价值，它是以自然形态进行流通的称量货币。当人们拿出若干银子进行交易时，它们的货币价值并不能一目了然，而是既要称其重量，又要评定其含银量为唯一标准的成色，通过这两个标准的综合评价才能计算出它实际的货币价值。这就更需要社会上有专门的银钱兑换机构。因此，被称为钱肆、钱桌、钱店、钱铺、兑店、

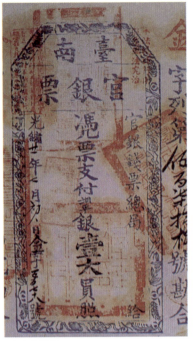

台南官银票
光绪二十一年（公元1895年），日本侵占中国台湾省，清军爱国将领刘永福率领台湾人民奋起反抗。抗战期间，台南因现银缺少，军款奇缺，遂在台南设立银钱总局，发行台南银票。

银钱票
钱庄签发的庄票，能在一定期限内给商人以调度资金的信用便利，图为清同治元年（公元1862年）私营银钱的裕茂号钱庄的银钱票。

钱米铺等以经营货币兑换业务的店铺就应运而生，成了后来清代钱庄、票号的前身。

上海钱庄的起源据传说是乾隆初年，有一个绍兴人在上海南市设栈经营煤炭，有了剩余资金，便用于兑换银钱，并放款于邻近商店，收取利息。由于获利甚丰，以至宁波一带的商人也纷纷参与钱业经营，遂成了宁绍帮，此人亦成为钱庄之鼻祖。

山西票号形成据说在道光初年，山西平遥人雷履泰受雇于天津一家店

钱庄

钱庄是一种地方性的金融机构，除兑换银钱外，还发行钱票和银票，办理存放款项和汇兑业务。图为清《盛世滋生图卷》（局部）中苏州半塘桥商业区，桥下为钱庄。

名为日升昌的颜料店，由于要经常深入到四川等交通不便的省区采购铜绿等原材料，携带大量银两，极为不便，而且包括人身安全在内的风险亦很大，

于是雷履泰始创兑法。此法汇票清算远地的账目，起初在重庆、汉口、天津间日升昌往来的商号试行，成效甚著；第二步以天津日升昌颜料店为后盾，兼营汇票，替人汇兑；第三步在道光十一年（公元1831年），北京日升昌颜料店改为日升昌票庄，专营汇兑。由于汇

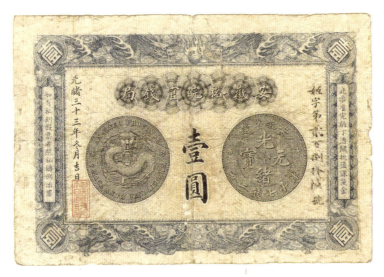

光绪三十三年安徽裕皖官钱局银元票壹圆　　清
中国财税博物馆藏

安徽裕皖官钱局成立于清末，安徽巡抚诚勋奏设"安徽裕皖官钱局"，资本10万两，初为官督商办，后由官商合办而到官办。光绪三十三年(公元1907年)，商务印书馆为其印制了壹圆券、伍圆券两种银票。图为壹圆券银票。

兑凭票兑银，所以叫做"票号"，山西祁县、太谷、平遥三县经商人士仿效日升昌，纷纷开设票号，遂形成了钱业的山西帮。

　　和其他行业一样，在钱庄业较为发达的地区，出于团结同行，保护同行业的利益，协调内外的矛盾冲突，以及方便营业，垄断市场等一系列目的，在其发展的某时期也成立了同业组织。中国钱庄最早出现的同业组织为广州的忠信堂。据说乾隆三十四年（公元1769年）入会银号已有36家，到同治十二年（公元1873年）增至68家，到1930年则多达120家。各地钱业早期同

行组织的命名，多数用"公所"或"会馆"，广东、广西等地称"堂"，湖南多以"公庙"命名，北京亦有以"祠"命名，例如北京四大古戏楼之一的正乙祠就是浙江人在京师的银号会馆。至于会馆馆址的确定有两种选择：一种是依托财神庙（殿），如汉口钱业公所设在汉口财神庙内；另一种是另建会址，但在会馆内也修建财神殿，如浙江湖州钱业公会会馆就属于这一类。

　　萌芽于明朝后期，发展于清朝初期，鼎盛于清后期和民国前期的钱庄、票号，随着国民政府实行统一货币政策，于1933年3月1日颁发《废两改元令》，1935年11月3日颁行"法币政策"，1948年8月19日强制发行"金圆券"，使旧式钱业迅速走向衰落，赚取银钱兑换差价已成为历史陈迹。20世纪50年代初，伴随着庆贺"公私合营"的锣鼓鞭炮声，旧式钱庄、票号终于汇入了现代银行业，最终完成了它的历史任务。

世界上最早开设银行的国家是英国，它在公元1694年建立了英伦银行。关于中国开设银行的创议，可追溯到公元1859年洪仁玕在《资政新篇》中提出的"兴银行"，公元1860年容闳向太平天国建议7条改革措施中的第5条关于"创立银行制度"，公元1876年唐廷枢、丁日昌等筹划由中国纠集200万元股份"开设一大银行"的具体计划和公元1885年李鸿章主张由怡和洋行主持创办中外合资银行等等。上述各种建议和计划都由于没有取得太平天国和清政府的支持而无法实施。公元1894年中日甲午海战以后，清政府决定改变经济政策，颁发谕旨，表示要痛除积弊，亟筹兴革。公元1896年12月批准创办银行，中国通商银行议定招商股500万两，先收半数250万两，商借度支部（即相当于现代之财政部）库银100万两，分5年摊还，纯留商股。因商股短期难以迅速筹集，由盛宣怀任总办（即相当于现代之局长）的招商局和电报局分别投资80万两和20万两，盛宣怀本人及张

振勋、严信厚等总董也曾分别投资予以支持。公元1897年5月，中国通商银行正式营业，总行设在上海，后陆续在天津、汉口、广州、汕头、烟台、镇江等地设立分行。按盛宣怀的最初设想，通商银行的各地分行利用原有票号（钱庄）现成的机构和人员组成。盛认为各票号（钱庄）"皆已开设多年，各

中国通商银行
中国第一家华资银行，由盛宣怀提议，在李鸿章的支持下，奏清政府同意，公元1897年5月在上海外滩开业。

盛宣怀

（公元1844年—1916年），轮船招商局督办，他先后主持了轮船招商局十多年的管理工作。

号掌柜亦诚实可靠，是以官商交孚，措施裕如"。倘能在票号（钱庄）悬挂通商银行招牌，责成该号伙友兼办银行诸事，接应会票收解款项各账，则可"节经费而归简便"。这不仅可能促使作为传统金融机构的票号（钱庄）向新式银行转化，加速中国金融近代化的发展，而且能够避免通商银行因缺乏经营管理人才而聘请外国人主持。但是盛宣怀的设想因票号（钱庄）反对未能实现，最后只得分别聘请外国人为总行和各分行的大班（即现代的行长）。洋大班虽执掌通商银行的经营管理大权，但银行公议章程对他们还有一定的制约作用。章程规定："遇有要事，应由总董会签押，然后照行，以期周妥。"盛宣怀后来又特别强调，所聘洋大班必须"具有荐信，立有合同"，"如有不合，随时可撤"。

通商银行设立后，清政府准其发行银元、银两两种钞票。银元券分为1元、5元、10元、50元、100元共五种，银两券也同样分为五种，这是由中国自办银行发行的最早钞票。在此之前，

银票

公元1897年，在中国建立了第一家民族资本银行——中国通商银行。而中国最早的国家银行，则是清政府于公元1905年创办的户部银行，1912年改组为中国银行。在此前后，还相继成立了一些地方银行和私营行。图为光绪二十四年（公元1898年）中国通商银行发行的壹两银票正背面。

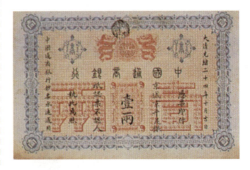

外国在华所设银行大多已发行钞票。通商银行的钞票发行通用后，打破了外国银行对中国发钞的垄断权，因而受到帝国主义分子的阴谋阻挠和破坏。公元1903年，日本人采用卑鄙手段，伪造一批通商银行的假钞，引起市面恐慌，上海钱庄拒收通商钞票，持钞者纷纷争先恐后前往通商银行要求兑现。通商银行库存现金不足，以金、银条作抵押，向英国汇丰银行借得70万银元，方才勉强平息挤兑风潮，但其发行钞票的业务却也因此遭受了严重的影响。

通商银行建立以后，开展对工商企业的信贷活动，在一定程度上推动了中国资本主义的发展。上海总行于公元1897年底对工矿企业的放款为91.7万两，占其全部放款总额的36%，公元1898年底为44.8万两，占放款总额的26%，1899年底为78.3万两，占放款总额的45%。接受通商银行放款的工矿企业，有的是官办或官督商办企业，如汉阳铁厂、大冶铁矿、萍乡煤矿和华盛纺织厂等，但也有相当部分

湖北汉阳铁厂瓦片　清　中国财税博物馆藏
汉阳铁厂，始建于公元1891年，由湖广总督张之洞筹建，是中国近代最早的官办钢铁企业。后因甲午战争中国战败，清政府为筹措战争赔偿，于公元1896年将铁厂改为官督商办，承办人为盛宣怀。公元1908年，汉阳铁厂、大冶铁矿和萍乡煤矿合并组成汉冶萍煤铁厂矿有限公司，改官督商办为完全商办公司，盛宣怀任总理。汉冶萍公司是当时亚洲最大钢铁联合企业。图为当时汉阳铁厂的瓦片。上刻有"汉阳铁厂造口口口"等字样及"汉冶萍煤铁厂矿有限公司"的英文名称。

是商办工矿企业，如大生、大纯和裕源三家商办棉纺厂，创办之初向通商银行借款7万多至15万两不等。到辛亥革命（公元1911年）前与通商银行发生贷款关系的商办轻纺工业企业有11家，其中恒丰纱厂12.5万两，裕泰纱厂6万两，振华纺织厂15万两，龙章造纸厂10万两，华兴面粉厂10万两，大德榨油厂17万两，天津贻来牟磨粉厂4.7万两，中兴面粉厂6万两，北京昌顺木厂0.4万两，立德榨油厂17万两，王眉伯丝厂13.5万两，共贷款达112.1万两之巨。

通商银行也对旧式的钱庄放款。据记载，上海总行于公元1897年底对

汇丰银行大楼
上海汇丰银行大楼于1921年5月奠基开工，1923年
12月落成。

钱庄的放款为35.8万两，占放款总额的14%，公元1898年底也有18.7万两，公元1899年和公元1900年数额减少，但公元1901年以后历年都在数十万以至上百万两。钱庄则利用通商银行的放款，贷给经营进出口商品的中国商号和行栈，同时也向商办工业提供一定的贷款，从而促进了中国民族工商业的发展。

自公元1897年通商银行成立到公元1911年清朝灭亡，官办和商办银行又设立了十余家，其中较重要的有户部奏请设立的户部银行，初定资本为400万两，主要经营收存出放款项、买卖金银、折收期票、汇总划拨公私款项、代人收存财物等业务，并有承领银铜铸币、发行纸币、代理部库等特权，因而具有清朝中央银行和商业银行的双重性质。公元1908年，户部银行改称大清银行，对原户部银行试办章程加以修正，并进一步明确其国家银行的性质，具有代国家发行纸币，经理国库及公家一切款项，办理公债及各种证券等特权。同时，增加该行资本为1000万两，分为10万股，国家认购5万股，其余限定国人购买。交通银行是1908年由邮传部奏准设立的官商合办银行，股本500万两，官股为40%，商股占60%，总部设在北京。浙江兴业银行是公元1907年由浙江铁路公司发起组织的商办银行。信成银行是1906年由周廷弼集资创办的商办银行，资本50万元，总行设于上海，也是中国历史上第一家商业兼储蓄业务的银行。四明银行是公元1908年由李云书、朱葆三等人集资合办的商办银行，资本银150万两，总行设在上海。

清朝末年设立的银行尽管数量不多，规模不大，而且存在着许多封建残余，但它毕竟是一项符合历史发展趋势，有利于中国社会经济增长的进步措施，它对中国现代金融业的起步起到了开创性的作用，为后来民国年间及当代金融业的进一步发展壮大奠定了基础。

十一、货币崇拜和《钱神论》

钱是商品经济发展的产物。中国封建社会中的商品货币经济发展得比较早，但亦发展得不充分，而且十分畸形。一方面封建王朝每年以赋税、徭役的形式，从农村取走很大一部分剩余产品和剩余劳动，使广大农村没有足够的剩余产品来发展商品交换，从而长期停滞于落后的自然经济，形成中国封建社会自然经济特别牢固。同时，在中国封建时代，也不存在像欧洲中世纪那样的工商业者自治城市，而存在着为封建皇室、贵族、官僚、地主服务的封建城市。所以，中国封建社会的货币财富主要掌握在这些封建统治阶级手中。对货币的贪欲、崇拜，以及为获得货币而不顾一切的种种丑行、丑态，也就集中在这些人身上。中国历史上，在西晋统治的短暂时期（公元265年—316年），就出现了两篇以反映货币拜物教为专门题材的同名作品，即成公绥和鲁褒的《钱神论》。

西晋时期统治集团中的腐化、贪婪、奢侈淫靡在初期就已经达到极其无耻的程度。例如，晋武帝时期的大臣和峤，爱钱如命，并被时人杜预讽为"钱癖"，在他死后更被人讥为"钱鬼"。名列"竹林七贤"的名士王戎，身为高官，放着公事不干，整天和妻子合伙计算钱财进项。他们夫妻俩积聚了大批钱财，自己舍不得用，对别人更是一毛不拔，连女儿出嫁也实行"拨改贷"，只借给一笔钱，而且在女儿婚后回娘家

"竹林七贤"瓷片

时还不断催她归还。官居丞相的王衍，一方面纵容妻儿拼命搜刮，积聚钱财，另一方面还要假充清高，口中从不说"钱"字。他的妻子为了揭露其虚伪面目，有意在他午睡时用钱把他的卧榻围起来，想迫使他说出"钱"字。结果，他还是"口不言钱"，就说：给我搬开"阿堵物"！这种言行不一的自欺欺人之举被后人传为千古笑料。

第一篇《钱神论》作者成公绥（公元231年—273年），字子安，东郡白马（今河南滑县东）人，曾任秘书郎、中书郎等官职。第二篇《钱神论》作者鲁褒，字元道，南阳（今河南南阳）人，其《钱神论》作于西晋元康时期（公元291年—299年）。

成公绥所著《钱神论》与鲁褒所著《钱神论》原文均已亡佚。成公绥所著《钱神论》目前只能在《太平御览》等类书中看到几段残文，其内容和文句都和鲁褒所著的《钱神论》差不多。鲁褒所著《钱神论》则可在《全晋文》辑出的材料中得到基本反映。

鲁褒的《钱神论》，不是一篇严肃的论说文章，而是一篇针对当时社会上种种货币拜物教的狂热现象而写的一篇游戏、嘲谑的文字。首先，它戏称货币为"孔方兄"，极力渲染货币在社会生活各方面的权力和人们对货币的崇拜，说："钱多者处前，钱少者居后；处前者为君长，在后者为臣仆"，"钱之所在，危可使安，死可使活；钱之所去，贵可使贱，生可使杀"，"忿争辩讼，非钱不胜"，"怨仇嫌恨，非钱不解。"它把货币的神异性写得比封建统治阶级用以吓唬人的鬼神作用更巨大、更神奇，宣扬"有钱可使鬼"；又把孔丘弟子卜商（子夏）所说的"死生有命，富贵在天"的话改成为"死生无命，富贵在钱"，极言人们的祸福、成败、安危、死生、寿夭、贵贱，"皆在乎钱"，而不在乎什么天命、鬼神。其次，鲁褒对这种现象感到迷惑不解，一再称货币"可谓神物"、"为世神宝"；同时，又对这种现象深感愤激不满，而加以尖刻辛辣地讽刺。他认为"时移世变"，崇拜货币已成了社会风气，不论有怎样的智勇、才艺、道德、文章，都敌不过货币权力。他以无限怨愤的口吻说：一个人如果无钱，"使才如颜子（颜回），容如子张（孔子弟子颛孙师），空手掉臂，何所希望？""今之成人（德才兼备的人）者何必然？惟孔方而已！"再次，鲁褒之《钱神论》的一个最突出的特点，是它把讽刺、嘲骂的矛头主要指向帝王、贵族、达官、名士等上层统治集团，把他们千方百计罩在自己头上的神圣光环都无情地剥下来，一律还原为爱财如命、唯钱是求的可憎丑相。他把"洛中朱衣，当涂之士"说成都是"爱我家兄（指孔方兄，即钱也），皆无己已"的拜金狂；把"京邑衣冠"，即首都的头面人物看成都是"厌闻清淡，对之睡寐；见我家兄，莫不惊视"的假名士。他宣扬"官尊名显，皆钱所致"，"何必读书，然后富贵？""君无财则士不来，君无赏则士不往"。在鲁褒的笔下，帝王之尊，圣贤之德，朱门紫闼之贵，律令刑罚之咸，连神威不测的天命，都被贬为金钱的附庸。在货币权力面前，这些素来为封建统治势力奉为神圣的事物，都显得那么

渺小可怜，只能在货币这个万能之神面前匍匐跪拜，为货币这个无敌魔王驱驰奔走而已。

马克思曾说："有了货币，一切东西都可以买卖。流通成了巨大的社会蒸馏器，一切东西抛到里面去，再出来时都成为货币的结晶。连圣徒的遗骨

粉彩钱纹泡花缸　　民国　　中国财税博物馆藏
财富崇拜是根植于本土的民俗观念。古往今来，其内涵随着历史的延续而不断发展，其社会功能涉及求财祈福、伦理教化和驱邪禳灾诸方面。无论是在文学、艺术、建筑还是在日常生活的方方面面，人们都以不同的方式和载体表达对财富的深层崇拜。图为民国时期妇女常用的泡花缸，上有钱纹饰样。

也不能抗拒这种炼金术，更不用说那些人间交易范围之外的不那么粗陋的圣物了。"鲁褒的《钱神论》，是这种现象在思想领域中的一个生动的反映，对照当前现实生活中"世事崎岖钱作马，愁城欲破酒为军"的种种丑恶行为不能不引起人们的深思和警惕。

第二节　摇钱树

没有民间财富就没有国家的财政

收入。追求财富、自由、和谐是人类三大终极目标。人类经济有一个从自然经济向商品经济过渡的过程。在自然经济时代，人们只能以血缘关系为纽带结成劳动群体，按性别和年龄实行自然分工。他们共同生产，共同消费。由于生产力极为低下，人们的劳动成果很少，所以在有了钱币以后，人们就希望有一种树木不但能长出金钱，而且还能引导人们走向幸福的神仙世界，于是就产生了摇钱树的幻想。

摇钱树，俗称福寿树，道家称神树。摇钱树是一种明器，用于随葬的一种特殊艺术品，主要流行于汉魏时期的西南地区，尤以东汉为盛。

中国财税博物馆馆藏的东汉摇钱树，出土于四川广汉地区。它整体由基座、树干、树冠等共十九种部件衔接扣挂而成，通高150厘米，基座为红陶质，树用青铜浇铸。树高度约98厘米，枝叶可分五层，顶层饰凤鸟为树尖；下其四层插接十六片枝叶，每层各一枝向四方伸出，呈对称分布。每层叶片饰西王母、车骑、骑马人、骑鹿人、舞人、猿、马、怪兽和五铢钱等图案，五铢钱外侧延伸出长短不一、犹如太阳光芒的装饰。树干直径约1厘米，叶片最长约15厘米，每片树叶厚约2毫米。树

干与枝叶衔接处的下部均铸有两只合抱的猿。猿背有一圈花环形的装饰，甚残。钱数基座高约50厘米，可分上、中、

东汉摇钱树　　中国财税博物馆藏
通高150厘米，出土于四川广汉。青铜摇钱树是东汉时期，流行于四川广汉地区的一种明器。明器，又称"冥器"，是专为随葬而制作的器物。

下三层，最下层左侧为一人手举长鞭正驱赶动物的放牧场面，右侧为一只长尾凤鸟，中层描绘两个身着束腰长袍的人分立于一株灵芝仙草的两侧，上层为一个骑羊神人，羊身两侧饰有翼羽纹，羊腹下有一只头向上仰的小羊，表现了一只母羊正在哺乳小羊的场面。

东汉摇钱树是中国神话传说中神树造型艺术最精彩的形式，是西南地区早期青铜神树在东汉时代的继续和发展，包含着长生不老、羽化升仙、生殖繁衍、占有财富，甚至灵魂归宿的观念。摇钱树上悬挂的钱币为墓主人在阴间的生活提供了必要的财源和物质保障，西王母的形象说明摇钱树同时也是墓主人灵魂升天的引导者，也有学者把摇钱树和三星堆发现的青铜神树相联系。用摇钱树作为随葬品的作法在四川地区一直延续到魏晋时期，后来就逐渐消失了。其消失的原因也许与隋唐时期佛教转世思想深入人心，人们不再以墓穴作为死后永久居所有关。

迄今为止，考古发掘资料中有确切纪年的摇钱树，时间最早的一件出土于云南昭通，上面刻有"建初九年三月戊子造"的铭文，建初是东汉章帝的

年号，建初九年是公元84年。最晚的一件出土于云南保山蜀汉墓，仅存树座，墓中同事伴出蜀汉后主刘禅"延熙十六年七月十日"的纪年砖，延熙十六年为公元253年。虽然目前出土最早与最晚的摇钱树实物资料都在云南，但摇钱树主要出土于四川地区，尤其集中于川西地区。目前已发表资料的摇钱树中比较完整成树形的有十余棵，仅存残枝叶片或树座的则有几十件之多。总的来说，汉魏时

宋　摇钱树
中国财税博物馆藏
宋代以后，出现了一种形制简单，呈平面结构的摇钱树，这种钱树是由多枚钱币的组合，枝叶左右对称。

期摇钱树流行的地域相对狭小，除了以四川为中心的西部地区之外，中原、长江下游及其他地区未见出土。

宋代以后，出现了另一种形制简单，呈平面结构的摇钱树，其上所挂的钱币形象清晰，枝叶左右对称。例如四川地区出土的一棵大观通宝折三铁钱树，就是其中之典型。此类钱树是钱币铸造中未经分离和打磨的初制品，因外形酷似树的截面，亦被称为摇钱树。目前，中国财税博物馆就藏有两棵这种摇钱树。其实这种钱树是多枚钱币的组合体，与东汉时期西南地区作为明器的摇钱树有本质上的不同。首先，这种钱树已经不再蕴含东汉摇钱树羽化升仙一类的精神内涵了；其次，汉魏时的摇钱树是树上长钱，而这种钱树却是钱长成了树，意味着财富不是梦想，而是人们的创造；再次，宋以后的摇钱树已不再是坟墓里的明器，而是人间的吉利的摆设。这一切标志着随着时光的流逝，社会生产力的发展，人们的思想观念发生了一个巨大的超越，注意力从来世转向了今世，对财富的追求也从从天而降的幻想走向了

现实的创造。

2005 年在中国财税博物馆光厅揭幕的高达 15 米，重逾 8 吨的巨型"摇钱树"，就是以馆藏东汉摇钱树为蓝本，结合博物馆特定展示空间，精心设计和制作而成的。摇钱树由聚宝盆、"三羊开泰"、求财猴、爬树猴、主干、顶冠、副冠、朱雀及九层主、副树叶构成。在直径 3 米的聚宝盆上镶有 9 颗 25 厘米的琉璃钱币，环绕在钱币周围的是汉代美术作品中常见的山水纹样，它们以两方连续手段表现的连绵起伏的山峦和源远流长的清渠，代表着中国钱币文化发展的悠久历程。而组合于聚宝盆中的"三羊开泰"，则由三只独具汉代造型风格的山羊组成，每只羊的身下各有一只正吸吮母奶的小羔羊，预示着吉祥如意和好运连年；坐骑在羊身上的三只求财猴，一只双手托钵，欲接从树上掉下的钱币；一只则举钵接纳游客投掷的钱币；还有一只则正俯身去拾捡地上的钱

摇钱树上爬树猴

大道之行
中国财政史

币，姿态各异，可谓有情有趣，给人以祥和快乐的气氛；由四对猴子组成的爬树猴，一边打斗取乐，一边沿着树干往上攀爬，为整棵大树平添了十分乐趣；副冠是由四片装饰图案构成，勾画的是妇女采桑的繁忙情景，象征的是大地的丰收，刻画的是人民的勤劳；一只展翅的朱雀居于顶冠，预示着光明的前途和美好的未来。

摇钱树的大树叶分为三层，以左右对称、四面轮生形式向外伸展。每一片树叶不但均镶有 8 枚琉璃制成的钱币，而且环绕在钱币周围的装饰图案，表现着人们熟悉的历史故事、神话传说和农耕纺织、冶炼制造等社会生产力发展的过程环节。不仅有孔子会老子、鸿门宴、扁鹊行医、苏武牧羊、昭君出塞等诸多的著名历史故事，而且还有永载史册的丝绸之路、蔡伦造纸、张衡与浑天仪、地动仪等传世经典；不仅有传说中的嫦娥奔月、后羿射日、雷公与电母、牛郎与织女、伏羲与女娲、西王母、玉兔捣药等神话；而且有百戏舞乐，如种、植、牛耕、纺织、冶铁、杂技、舞蹈等生活生产场景，树叶上悬挂始于先秦延续至近代的具有代表意义的各类型古钱币，从原始的贝币、刀

币，按历史沿革由下而上分布，有序串穿。周边三层墙壁则分布着历代理财家的青铜浮雕，让参观者了解中国钱币发展的脉络和理财家的风采。

第三节　财神崇拜

财神崇拜是封建社会生产力发展过程中的必然产物，它始于商品经济发达的南宋，盛于海内外贸易繁荣的明清，经历代繁衍，逐步形成了种类齐全、各司其职的财神神团。文财神有比干、范蠡、文昌帝君，武财神有赵公明、关公，各路财神有五路神、五显神，小财神有利市仙官、招财童子、进宝童子、纳珍童子、刘海、和合财神，地方财神有金元七总管、沈万山等。这些财神既有专职的，又有兼职的，如范蠡是专职的文财神，赵公明则是兼职财神，既是武财神又是五路神。

一、文财神比干

比干是商纣王的叔父，是一位忠义之臣。时商纣王暴虐无道，荒淫失政。据《封神演义》说：纣王听信妲己妖言，制造酷刑，杀戮谏臣。虽有商容、比干等大臣直谏，纣王终不悔悟。鹿台完工后，纣王听信妲己谎言，欲会见仙姬、仙子。妲己心生一计，于十五日夜

请轩辕坟内众妖狐变成仙子、神仙、仙姬来鹿台赴宴，享受天子九龙宴席，迷惑纣王。席上，狐狸骚臭难闻，功夫浅薄的妖狐竟露出了尾巴，宴席上的纣王叔比干看得十分真切，宴后将此情告知武成王黄飞虎。经查，众妖狐都是轩辕坟内的狐狸精。比干便与黄飞虎领兵堵塞妖狐洞穴，放火将狐狸尽行烧死。比干还拣未烧焦的狐狸皮制成一件袄袍，严冬时献于纣王，以警告妲己，使其不能安与君前。妲己见袄袍尽是其子孙皮毛制成，心如刀割，深恨比干，誓挖其心。

一日，纣王正与妲己以及新纳妖妇喜媚共进早餐，忽见妲己口吐鲜血，昏迷不醒。喜媚道是妲己旧病复发，须玲珑心一片煎汤救治，并推算说唯亚相比干是玲珑七窍之心。纣王急向比干索其心。比干怒奏曰："心者，一身之主，隐于肺内，坐六叶两耳之中，百恶无侵，一侵即死。心正，手足正；心不正，则手足不正。心乃万物之灵苗，

四象变化之根本。吾心有伤，岂有生路！老臣虽死不息，只是社稷丘墟，贤能尽绝。今昏君听新纳妖妇之言，赐吾摘心之祸，只怕比干在，江山在，比干亡，社稷亡！"纣王怒道："君叫臣死，不死不忠。台上毁君，有污臣节，如不从命，武士拿剑去取心来！"比干破口大骂妲己，望太庙大拜八拜后，便接剑自剖其腹，摘心掷于地，走出五门，上马而去。

由于先前姜子牙离开朝歌时，曾去相府辞行，见比干气色晦暗，知其日后必有大难，便送比干一张神符，叮嘱在危急时化灰冲服，可保无虞。比干入朝前知己必难，便服饮姜子牙所留符水，故在剖心后并未死去，而是来到民间广散财宝。比干心被挖空后成了无心之人，正是因为无心无向，办事公道，所以被后人奉为文财神。比干的神像为文官打扮，头戴宰相纱帽，五绺长须，手捧如意，身着蟒袍，足登元宝。文财神的打扮与天官相似，其区别无非是：天官

木质财神像　明　中国财税馆藏

大道之行
中国财政史

神志慈祥，笑容满面；而文财神比干的神像面目严肃，脸庞清烁。

二、文财神范蠡

春秋战国之际的范蠡是中国古代高官下商海，取得巨大成功的典型人物。范蠡，字少伯，天资聪颖，少年时便有独虑之明。后被越王勾践拜为士大夫。越国兵败于吴国，范蠡与越王一同去屈事吴王夫差。回国后又辅佐越王富国强兵，终于打败了吴国。灭吴之后，越国君臣设宴庆功，群臣皆乐，唯独勾践面无喜色。范蠡察此微末，立识大端：越王为争国土，不惜群臣之死，而今如愿以偿，便不想归功于臣下。于是，范蠡毅然向越王辞官隐退，带领家属随从，驾扁舟，泛东海，来到齐国。

范蠡父子在齐国海边耕种土地，勤奋治产，不久，就积累家产数十万金。齐人闻其贤，请为其相。范蠡叹息："居家则致千金，居官则致卿相，此布衣之极也。久受尊名，不祥。"于是，它归还了相印，将钱财尽分给了朋友和乡邻，只带上最贵重的物品，暗自离开齐都，悄悄来到陶地。范蠡认为，陶地处天下之中，为交易的必通要道，由此可以致富，以为后半生的保证，自此居住下来，自称陶朱公。"陶"，指陶地，也隐喻"逃"；"朱"，指曾穿过红衣服

的高官。范蠡父子靠种地、养牲畜，做生意又积累了数万家财，成为陶地的大富翁，后又分财于百姓，获得天下人的称赞，并尊其为财神。

范蠡的经营智慧历来为民间所敬仰，于是人们将许多经营致富之道托名于陶朱公。如《经商十八忌》：生意要勤快，切忌懒惰；价格要订明，切忌含糊；用度要节俭，切忌奢华；赊账要认人，切忌滥出；货物要面验，切忌滥入；出入要谨慎，切忌潦草；用人要方正，切忌歪邪；优劣要细分，切忌混淆；货物要修整，切忌散漫；期限要约定，切忌马虎；买卖要适时，切忌拖误；钱财要明慎，切忌糊涂；临事要尽责，切忌妄托；账目要稽查，切忌懒怠；接纳要谦和，切忌暴躁；立心要安静，切忌粗糙；说话要规矩，切忌浮躁……

三、武财神赵公明

《三教源流搜神大全》载，赵公明神异多能，变化无穷，能够驱雷役电，唤雨呼风，降瘟剪疟，保命解灾，故人称"元帅之功莫大焉"。凡买卖求财，只要对赵公明祈祷，便无不称心如意。旧时年画中，赵公明的形象多为头戴铁冠，手持宝鞭，黑面浓须，身跨黑虎，形象威猛，因此人们又称其为武财神。

民间关于赵公明的传说由来已久，

武财神赵公明　木刻年画
旧时苏州正月初五接财神，即赵公明也，苏人也以赵公明为门神。

晋代干宝《搜神记》中，赵公明为专取人性命的冥神。东晋陶弘景《真诰》中记述，赵公明为致人疾病的瘟神。隋唐时期，《三教源流搜神大全》载，隋文帝开皇十一年六月，有五力士在空中出现，分别身披青、红、白、黑、黄五色袍，各手执一物：一人执杓子和罐子、一人执皮袋和剑、一人执锤、一人执扇、一人执火壶。文帝问太史居仁："他们是何方神圣？主管哪些灾福？"张居仁奏曰："他们乃五方力士，在天上作为五鬼，在人间为五位瘟神：春瘟张元伯、夏瘟刘元达、秋瘟赵公明、冬瘟钟士贵、总管中瘟史文业，主管世间瘟疫。此乃天地运行时所产生的疾病。"文帝问："怎么才能制止而使世人免受瘟疫呢？"张居仁答曰："瘟疫是上天降临的疾病，无法制止。"于是那年许多百姓死于瘟疫。是时，文帝下令立祠，于六月二十七日诏封五方力士为将军。赵公明的瘟鬼性格到了《列仙全传》中就更为具体了，只是他又从五方瘟鬼之一变成了八部鬼帅之一：元明时有八部鬼帅，各领鬼兵亿万数，周行于人间。刘元达领鬼兵施杂病，张伯元领鬼行瘟疫，赵公明领鬼施人间以痢疾，钟子季（钟士贵）施人间以疮肿，史文业行寒疾，范巨卿行酸瘠，姚公行

五毒，李公仲行狂魅赤眼，给人间降下许多灾祸疾病，夺走了万民性命，枉夭无数。　直到明代许仲琳的《封神演义》问世，赵公明才改邪归正，不再像昔日那样浑身充满邪气、鬼气和瘟气。姜太公奉元始天尊之命按玉符金册封神，封赵公明为"金龙如意正一龙虎玄坛真君"，职责是专司金银财宝，迎祥纳福。从此，赵公明开始掌管天下财富，做了财神。赵公明司财，能使人宜利和合，发家致富，这正符合世人求财的愿望，所以民间广泛敬祀赵公明，而他原来作为冥神、瘟神、鬼帅的面目被日渐淡忘了。

四、武财神关羽

关公即关羽，在中国是一个家喻户晓、妇孺皆知的人物。徐道在《历代神仙通鉴》中说，关公的前生本是"解梁老龙"，汉桓帝时，河东连年大旱，老龙悯民心切，是夜汲黄河水兴云施雨。玉帝见老龙公然违反天命，擅取封水，令天曹以法剑斩之，掷头于地。解县僧普静，在溪边发现龙首，即提到庐中置合缸内，为诵经咒九日，闻缸中有声，启视空无一物，而溪东解梁平村宝池里关毅家已有婴儿落地，乳名寿，幼从师学，取名长生，后自名羽，字云长。《三国演义》称，关羽因原籍恶豪倚势

凌人，遂杀恶豪后奔走江湖。其实，当时所杀之人乃解州盐池税吏，由于关羽将所贩私盐藏于竹杠之中，被税吏用木棍敲击时发现，税吏借机勒索，关羽不从，斗殴中失手将税吏杀死。从

瓷塑关公像　民国　中国财税博物馆藏
关羽身上所体现的忠义、诚信、勇敢等美德是我们民族传统文化和道德精神的精髓所在，也是商道之所在，因此人们选择关公作为财神。图为瓷塑关公像。

此，民间有了把获取不义之财称为"敲竹杠"的说法。东汉末年，与刘备、张飞"桃园结义"，誓共生死，同起义兵，争雄天下。建安五年（公元200年），曹操出兵大败刘备。刘备投靠袁绍。曹操擒住了关羽，看中关羽为人忠义，拜为偏将军。后曹操察觉关羽心神无久留之意，便用大量金银珠宝、高官、美女来收买，但关羽丝毫不为钱财名利所动。当关羽得知刘备在袁绍处，立即封金挂印，过五关斩六将去寻刘备。刘备自立为汉中王，封关羽为五虎大将之首将。曹操得知大怒，与司马懿设计，联合孙权共取荆州。刘备拜关羽为"前将军"，都督荆襄郡事，令取樊城。关羽分荆州之兵攻取樊城，不幸中吕蒙之计，痛失荆州，夜走麦城，兵败被擒，不屈而亡。《三国演义》后来说：关羽遇难后，阴魂不散，荡荡悠悠，直到荆州当阳县玉泉山上空大呼："还我头来！"山上老僧普静闻曰："昔非今是，一切休论……今将军为吕蒙所害，大呼'还我头来'，然则颜梁、文丑（皆被关羽所杀）此等众人之头，又向谁索？"关羽恍然大悟，冤冤相报永无宁日，遂下决心皈依佛门。

关羽一生忠义勇武，坚贞不二，不为金银财宝所动，被佛、道、儒三教所

崇信。明清时代，关羽极显，有"武王"、"武圣人"之尊，不但在佛教界担任了警卫局局长，位居伽蓝殿之至尊，商贾们更是敬佩关公的忠诚和信义，把关公作为他们发财致富的守护神，奉为武财神。

五、五路神

文武财神是民间所谓的正财神，在正财神之外，还有偏财神，这是就财神神像所处的位置正偏而言的。民间的偏财神经常是指被称为"五路神"的财神。五路财神的组成，民间历来有三种说法：一是《封神演义》中的五路财神，指的是赵公元帅、招宝天尊萧升、纳珍天尊曹宝、招财使者陈九公和利市仙官姚少司；二是"五路神"又指路头、行神。清人姚富君说："五路神俗称财神，其实即五祀门行中之神，出门五路皆得财也。"其中的五路是指东西南北中五方，意为出门有五路神保佑可以得好运，发大财；三是指元末何五路"因御寇死，民间因而祀之"，再加上他的名号与五显、五通相淆，于是有人便指认何五路为五路财神。

五路财神作为吉祥神，不但是民间吉庆年画中常见的形象，也深受人们的爱戴和崇拜。每年正月初五是五路财神的生日。这天天刚放亮，城乡各位都可听到一阵阵鞭炮声。为了抢先接到财神，商家多是初四晚举行迎神仪式，准备好果品、糕点及猪头等祭祀用品，请财神喝酒。届时，主人手持香烛，分别到东南西北中五方财神堂接财神，五位财神接齐后，挂起财神纸马，点燃香烛，众人顶礼膜拜，拜罢，将财神纸马焚化。清代蔡云在《吴觎》中曾有"五日财源五日求，一年心愿一时酬。提防别处迎神早，隔夜匆匆抢路头"的生动描述。所

庞大的五路财神仪仗（中国财税博物馆部分场景）

谓"抢路头"即抢接五路财神，人们个个争取放头通鞭炮，以此祈盼早发家、早致富。

每逢正月初五我国不少地区都有出财神会习俗。即将财神供奉在轿子里，抬着穿街过市出巡，所过商店皆要香烛礼拜。出巡前，当地地方当局要举行隆重的祭祀仪式。出巡之仪仗，自皂隶到诸鬼，不下数百，皆由活人装扮。包括鸣锣开道、行香亭、罪衣、罪箱、起马牌、舟端、茶箱春风、万民伞、神马、聚宝盆、玉茶箱、万民宝盖、百神玉伞、满街铺、光曜鼓、贡堂、暖轿、如意会、锡方供、龙虎招财、献宝四将、轩轿、后勇，应有尽有，场面十分宏大，令人眼花缭乱。

六、偏财神利市仙官

在民间所供财神中，不管是赵公元帅，还是赐福天官，身边总要配以五路神之一的利市仙官。《封神演义》说，利市仙官本名姚少司，是赵公明的徒弟，后被姜子牙封为迎祥纳福之神。所谓"利市"包含三层意思：一是指经商获利；二是指吉利和运气；三是指喜庆或节日的喜钱如压岁钱等。人们信奉他，是希望得利市财神保佑生活幸福美满，万事如意。到了近代，一到新年，有的人特别是商人，还把利市仙官图贴到门上，并配以招财童子，写

开市大吉年画　清

上"招财童子至，利市仙官来"的对联，隐喻财源广进、吉祥如意。

七、准财神刘海

在中国民间信仰的众多财神中，有一类未得财神封号，但已发挥了财神的作用的准财神。其中遁入空门为道的高官刘海就是其中的一位杰出代表。

刘海，五代燕山（今北京）人，素习"黄老之学"，曾为辽朝进士，后为丞相辅佐燕主刘宗光。

《历代神仙通鉴》中有云：一日，有自称正阳子的道士吕洞宾来见，刘海以礼相待，道士为其演习"清净无为之示，金液还丹之要"！索积蛋十枚，金钱十枚，以一钱间隔一蛋，高高叠起成塔状。刘海惊道："太险！"道士答道："居荣禄，履忧患，丞相之危更甚于此！"刘海顿悟。后解去相印，改名刘玄英，道号"海蟾子"，拜吕洞宾为师，得道成仙，云游于终南山、太华山之间。元世祖忽必烈封其为"海蟾明悟弘道真君"，武宗皇帝加封"海蟾明悟弘

粉彩刘海戏金蟾瓷塑像　民国
中国财税博物馆藏
游长子款。

道纯佑帝君"。

蟾，即蟾蜍，因此物相貌丑陋，分泌物有剧毒，对人体有害，与蝎、蛇、蜈蚣、壁虎、并列为五毒之一。而恰恰相反的是，蟾蜍的分泌物蟾酥却有强心、镇痛、止血等作用，又受人们所崇拜。正如《太平御览》引《玄中记》说："蟾蜍头生角，得而食之，寿千岁，又能食山精。"当时人们把蟾蜍当成了避五病、镇凶邪、助长生、主富贵的吉祥物，是有灵气的神物。

本来与财神无缘的刘海，由于有了"海蟾子"的"蟾"为道号与财富挂上了钩，以"刘海戏金蟾"的传说被抬上了财神的宝座。刘海戏金蟾出现在大量的民间年画和剪纸中，历代画家也有不少这一题材的佳作传世。在这些作品中，刘海皆是手舞足蹈、喜笑颜开的顽童形象，其头发蓬松，额前垂发，手舞钱串，一只三足大金蟾叼着钱

895

串的另一端，作跳跃状，充满了喜庆、吉祥的财气。

第四节 明清漕运管理和商帮崛起

举世闻名的京杭大运河是世界上里程最长、工程最大的运河，北起北京（涿郡），南到杭州（余杭），经北京、天津两市及河北、山东、江苏、浙江四省，贯通海河、黄河、淮河、长江、钱塘江五大水系，全长约1794公里。京杭大运河开掘于春秋时期，完成于隋朝，繁荣于唐宋，取直于元代，疏通于明清（从公元前486年始凿，至公元1293年全线通航），前后共持续了1779年。

早在春秋时期，吴王夫差十年（公元前486）在扬州开凿邗沟，以通江淮。至战国时代又先后开凿了大沟（从今河南省原阳县北引黄河南下，注入今郑州市以东的圃田泽）和鸿沟，从而把江、淮、河、济四水沟通起来。

隋大业元年（公元605年）开凿通济渠，直接沟通黄河与淮河的交通，并改造邗沟和江南运河。三年又开凿永济渠，北通涿郡。连同公元584年开凿的广通渠，形成了多枝形运河系统。隋炀帝时为了南粮北运，开凿京淮段至长江以南的运河，全长2000多公里。到

元朝时，元定都大都（今北京），先后开凿了三段河道，把原来以洛阳为中心的隋代横向运河，修筑成以大都为中心，南下直达杭州的纵向大运河。

明、清两代维持元运河的基础，明时重新疏浚元末已淤废的山东境内河段，从明中叶到清前期，在山东微山湖的夏镇（今微山县）至江苏清江浦（今淮阴）间，进行了黄运分离的开口运河、通济新河、中河等运河工程，并在江淮之间开挖月河，进行了湖漕分离的工程。

京杭大运河按地理位置分为七段：北京到通州区称通惠河，长82公里；通州区到天津称北运河，长186公

运河图·卢沟桥

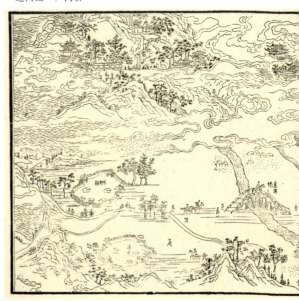

大道之行
中国财政史

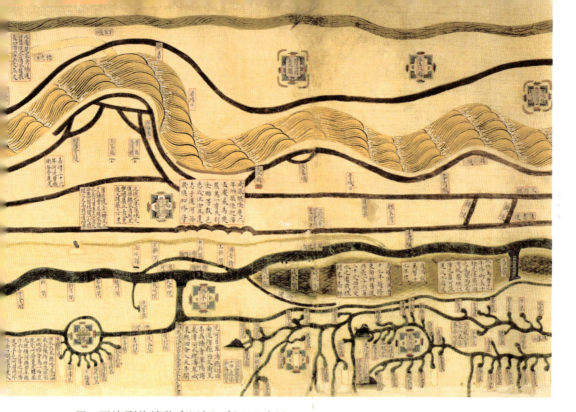

黄河运河局部图　明　绢本设色

明迁都北京后，仍需从南方运输大量粮食到北京，因而动员山东、徐州、应天、镇江等地30万民力疏通惠通河，使南北大运河畅通无阻，每年漕运粮食达三四百万石。大运河成了明朝的生命线。黄河夹带大量泥沙，进入平原地区后大量淤积，使开封以东河段经常决口泛滥或改道入海，大运河受阻。所以明清两代都将黄河与大运河联系在一起。这幅《黄河运河图》就是将黄河与运河并列在一起绘制的。

里；天津到临清称南运河，长400公里；临清到台儿庄称鲁运河，长约500公里；台儿庄到淮阴称中运河，长186公里；淮阴到瓜洲称里运河，长约180公里；镇江到杭州称江南运河，长约330公里。京杭大运河是国家在实物财政时期南粮北运的漕河，也是南北交通的大动脉，明清两代王朝不仅通过设置漕运总督和河道总督保证其畅通无阻，而且也有力地带动了明清两朝诸多商帮的崛起。

　　漕运总督和河道总督始设于于明代，称之为总督漕运和总督（理）河道，后世亦简称为总漕和总河，与当代简称某总经理为某总相仿。设置漕运总督早于河道总督，明景泰二年（公元1451年），因漕运不继，朝廷任命副都

御使（相当于当代中央纪委副书记）王竑总督漕运，驻扎淮安，全称为"总督漕运兼提督军务巡抚凤阳等处兼管河道"，其主要职能除督促涉漕各省经运河输送粮食至京师外，还有巡抚地方兼管河道维护治理职能。成化七年（公元1471年）十月，因河道淤塞，漕运受阻，朝廷便分设治河专官，任命刑部左侍郎（相当于今司法部副部长）王恕为总理河道，驻扎山东济宁，主持河道与黄河的治理维护。

清顺治初年，清廷设河道总督和漕运总督各一名，作为负责漕粮运输和河道治理的最高行政长官，正式将漕运总督和河道总督纳入官制，二者官秩均为正二品，兼兵部尚书或都察院右都御史衔者为从一品，与其他八大地方总督官阶平等。从根本上改变了明代两督纯属临时差遣、时分时合、废置无定的状况。

清代漕运总督以下置有巡漕御使、督粮道、管粮同知等职官，所辖部队称"漕标"。乾隆时，河道总督下辖道、厅、汛三级机构，分段管理。属官有河库道、河道、管河同知、通判等，所辖部队称"河标"。有意思的是清代漕运总督和河道总督衙门内部皆无属官，仅置 20 名书吏，负责办理往来文牍事宜。

清代漕运总督衙门仍驻淮安，管辖山东、河南、江苏、安徽、江西、浙江、湖北、湖南八省漕政，具体负责漕运、检选运弁、漕船修造、查验回空、督催漕欠等事务。从漕粮收缴、起运，到漕船北上过淮、抵达通州，漕督都要亲自稽核督查，运输过程中重要情况均需随时向皇帝报告。康熙二十一年（公元 1682 年）朝廷规定，领导必须亲临第一线督运，凡粮船过淮后，总漕即应随船北上，率领所属员弁视察运道情况，调度全漕。粮船过津后，总漕即入京觐见述职，然后回淮办理下一年度之征收起运诸事宜。

由于京杭运河须分段治理，导致清代河道总督设置多有变动。顺治元年（公元 1644 年）仅设河道总督一人，掌管黄河、京杭大运河及永定河堤防、疏浚等事，治所在山东济宁。随着江南河工兴举日多、修守事务渐趋繁巨，康熙十六年（公元 1677 年），河道总督衙门不得不由济宁迁至江苏清江浦（今淮安）。这样一来，河南武陟、中牟一带堤工若有险情，驻扎淮安的河道总督便鞭长莫及，清廷只好在雍正二年（公元 1724 年）设立副总河一职，驻河南武陟，负责河南河务。雍正七年改总河为总督江南提督军务（简称江南河道总督或南河总督），副总河为总督河南、山东河道提督军务（简称河东河道总督或东河总督），分别管理南北两大河道事务。遇有两处共涉之事，由两处河督协商处置。雍正八年，朝廷又设直隶河道水利总督，管辖海河水系各河及运河防治事务，从此，清代河道总督一分为三，而以南河总督地位最关紧要。随着后来直隶河务渐上轨道，北河总督一职终于在乾隆十四年（公元

1749年）被裁撤，其职能由直隶总督
兼任。

世界上"无心插柳柳成行"的事屡
见不鲜，为漕运而建的京杭大运河带
动了明清商帮崛起就是当年运河建造
者所始料不及的"柳成行"。明永乐（公
元1403年—1424年）年间运河南北贯
通后，徽商相机而动，凭借地利之便，
最先进入京杭运河地区。地处运河最
南端的杭州是丝织业中心、木材集散
地，又是两浙盐业经营中心，徽州的丝
绸商、木商、盐商在这里拥有极大势
力；运河之滨的商业都会苏州，也是徽
商最早的云集地，他们在米、布、茶、
木、丝、绸、颜料等行业都占有极大优
势；扬州是运河地区最繁盛的商业都
市，徽商在此称雄一方，主要经营两淮
盐业；淮安是清咸丰黄河改道北去以
前，与运河、淮河的三河交汇处，是运
河沿线重要的商业枢纽，徽商与晋商
一起垄断了盐、布经营；地处漕运咽喉

《盛世滋生图》卷（局部）　清
描绘的是苏州怀胥桥商市繁忙景象。苏州自古盛产丝
绸，素有"丝绸之府"的称誉。宋代，苏州始设官办
的"织造局"以满足内廷对绫罗绸缎的需要。明代苏
州成为全国三大丝绸生产中心之一。苏州同时也是一
个古老的商业中心。

的临清，明朝中后期成为徽商在北方的大本营，以致《五杂俎》一书说"山东临清，十九皆徽商占籍"。运河最北段的京师，徽商也趋之若鹜，到明末上京经营的徽商已达万余，清代北京徽商会馆有 36 所。

明初，随着食盐"开中法"的实施，晋商通过运粮到边镇换取盐引进而销售盐获得厚利，势力迅速崛起。他们与陕商一起，大批移居淮浙地区，靠近两淮盐场的扬州成为山陕商帮麇集之地。杭州、苏州等运河重镇寄居着难以计数的山陕商人，以至于明朝政府不得不在此设立"商籍"，以解决山陕商人子弟异地参加科举考试的困难。

入清以后，山陕商人在南方的势力有所减弱，但在北方，特别是运河沿线，依旧独执牛耳。北京、通州、临清、聊城、张秋、济宁、台儿庄等，到处都有山陕商帮建立的会馆，单单北京一地山陕商人会馆就多达七八十所之多。

赣商素以人数众多、吃苦耐劳、活动范围广泛著称，在运河区域到处都有他们的商号和会馆。明代北京的会馆见于文献记载者有 40 多所，其中赣商会馆占 1/3，居诸省之冠。在运河南段的苏州，赣商的势力也很强盛，嘉庆年间重修会馆时，有 11 种行业的各类

商户百余家参与捐资。赣商把临清作为运销瓷器的重镇，瓷器铺在明代有 20 多家，清代亦尚有 10 余家之多。

山东是儒家始祖孔孟的诞生地，重农抑商的观念十分浓厚，但在商品流通和外地商人商帮的带动与刺激下，鲁商逐渐崛起，并遍及四方。明代，胶东商人经常到临清贩货，青州、烟台的商人则汇集到济宁参与药材转售。清代在北京，山东商人完全掌控了估衣、饭庄、绸缎等行业；在天津，鲁商多经营绸布、饭馆、茶叶、皮货等行业；在江苏吴江一个小小的盛泽镇上就有济宁商人建起的济宁会馆和金龙四大王庙，所用工匠及砖瓦木料皆从山东老家运来。

闽商本以海上贸易为主，随着明清两朝海禁政策的逐步实施与加强，许多人转而向内地发展。万历（公元 1573 年—1620 年）年间，福建八府的商帮都在苏州建立了会馆。雍正时苏州最喧嚣的阊门南濠一带，有万余闽商经营的糖茶、布匹、珠宝、香料，纸张等。山东的德州、临清、聊城、济宁、峄县等地也多建有闽商建立的天后宫、妈祖庙。

洞庭商帮是形成于江苏省太湖洞庭山的苏商商帮，因其南北转毂，随处

设肆，故有"钻天洞庭"之称。洞庭商人起初是在附近的苏州、松江、嘉兴和湖州等城市和江南星罗棋布的市镇，以经营花果和粮食起家，以后逐渐扩大到丝绸、布匹、刻书印书等，贸易范围也日趋北上，长江以北的运河沿线成为他们的主要活动地区。明代中后期，洞庭商人中的翁氏、席氏、葛氏、叶氏等家族以山东临清为中心，开展南北布匹贸易和经营典当业长达40年之久。至今临清舍利塔内碑文中仍保存有修塔时席氏捐资人的姓名。

明清初期，广州是中国对外贸易

清广州十三行　清
康熙二十四年（公元1685年）在广州设置十三行，又称"洋行"或"洋货行"，是清政府专营对外贸易的垄断机构。

唯一港口，广州商帮借此有利条件，大做国际贸易和长途贩运批发生意，一方面到全国各省收购货物运回广州出口，一方面将广州进口的洋货贩销内地。其中部分商人到运河沿线的嘉兴、杭州、苏州、松江、天津等地贩运棉花、色布、白糖、谷米、铁器等，并到处设立会馆。

浙江宁波商帮和浙西龙游商帮是浙商骨干力量，他们擅长经营纸张、书籍、丝绸、绒线、银楼、成衣、竹木、桐油、药材、海货。这两个商帮虽然规模不大，却以勇于吃苦冒险、贸易弗远无届的品格享誉商界，行商坐贩遍布全国。在运河沿线的杭州、常熟、苏州、

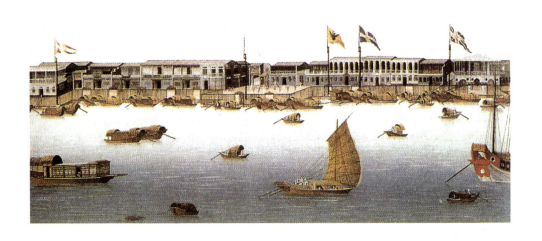

济宁、聊城、临清、天津、北京等地，都有浙商开设的商铺和会馆会所，其中尤以苏州、天津、北京最为密集。

各地商帮借助运河交通的便利和市场网络的完善，腾挪辗转，多方经营，在自己获利的同时也给中国东部地区带来极大的生机与活力，推进了运河周边地区社会的发展与繁荣。

首先，促进了物资交流。明代，江南是全国纺织业中心，其产品行销各地。而北方广大地区棉花种植虽已普及，棉纺织业却不发达，在各地商帮的运营下，形成了《阅世编》一书所说的"吉贝则泛舟而鬻诸南，布则泛舟而鬻诸北"流通格局。每届秋季各地商人纷纷来到盛产棉花的直隶河间、广平，山东东昌、兖州等地大量收购棉花，运销江南的苏、松、杭、嘉、湖；将江南所产棉布北销山东、直隶、秦晋乃至辽东、蒙古。明清两代，商人们经由运河北销的大宗商品有棉布、丝绸、茶叶、纸张、瓷器、粮食、食盐、竹木等，经由运河南下的有棉花、大豆、米麦、花生、梨枣、食盐、烟叶、油、麻等，带来了运河地区商品经济的空前繁荣。

其次，加速了文化交流与融合。商人在外经商，为了营造良好贸易环境，往往结交官府士绅，兴办义举善事，参与地方公益活动。这些活动有效地拉近客商与当地社会的距离，消弭了因不同地域、不同风俗造成的文化隔阂。遍布各地的商人会馆，既是客商的休憩宴飨之所和联乡谊、祀鬼神的精神家园，更是他们结交地方、联络社会的最佳场合。会馆戏楼演出活动更带动了各区域的文化交流，促进了京杭运河地区文化的兴盛。

再次，推动了沿河城镇的繁荣进步。各地商帮的经营活动将不同区域的各色农产品、手工业产品带进了市场流通领域，促进了产业结构的调整、城镇工商业的繁荣、世情民风的变化。明清时期的京杭运河地区是中国东部的一条经济繁荣带、文化兴盛带、城镇隆起带和人才流动带。无疑，在如此剧烈的运河地区社会变迁中，商人商帮的活动起到了推波助澜的作用。

随着19世纪海运的兴起，以及此后津浦铁路的通车，京杭运河的作用日益削弱。尤其清咸丰五年（公元1855年）黄河在河南省兰考县北铜瓦厢改道北移至山东境内夺大清河入海，导致山东境内运河水源不足，河道淤浅；水量较大、通航条件较好的江浙两省境内，也只能通行小型船只，历经数百年之久的京杭漕运终因受阻而失去了它存在的条件，作为朝廷大员的漕运总督和河道总督也相继被裁撤，咸丰八年（公元1858年）朝廷裁江南河道总督，光绪二十八年（公元1902年）裁东河总督，光绪三十一年（公元1905年）裁漕运总督，至此，对南北经济和文化交流曾起过重大作用的京杭大运河河漕运输终于与各地商帮一起从历史中淡出而渐渐远去。

第五节　中国古代中央与地方事权与财权关系的形成和发展

大约从公元前21世纪大禹建国开始，中国逐步形成中央与地方的事权与财权关系。这一关系与国家体制紧紧联系在一起。夏商周时期，部落联盟组成的夏代国家雏形向周的分封制过渡，形成了松散型的分权关系；从秦到清，中央集权的国家体制从确立到逐步强化，形成了紧密型的事权与财权关系。

松散部落联盟组成的夏王朝，其中央与地方事权与财权的关系既不规范，也不紧密。事权上，夏王朝把王权和神权结合起来实施统治，由夏后氏的同姓和异姓贵族充任各级官吏。地方侯伯由夏朝王族夏后氏的同姓或异姓贵族构成，对中央王朝的义务除应夏王之召参加盟会，参与重大军事行动和派员到中央王朝供职外，最主要的义务便是"朝贡"——向中央王朝缴纳一定数量的贡品，成为中央政府的财力。而侯伯领导下的地方政府则以部落酋长的名义取得部落成员劳动所得的剩余产品，用于本部落的行政、司法、治安、水利和军事需要。当时作为组成国家的各部落，也有不纳税的典型，其中最为著名的抗税部落酋长便是居住在今浙江德清一带的防风氏，直到年终大禹在今绍兴柯桥召开会议，亲自审计税收收入时，他仍然我行我素，既不补缴税收，也不出席会议，大禹三番五次派人去德清催请，他才姗姗来迟，而且态度还十分傲慢，藐视作为国家领导人的大禹，在势不两立的情况下，大禹为振纲纪不得不下令将身材十分高大的防风氏当场处以死刑。由于刽子手身材矮小无法用石刀将其斩首，曾筑一土塘垫高位置以便行刑，因此至今他被处死的地方仍被人们称之为刑塘。

到了商代，中央与地方的等级意识有了加强，建立了具有邦联性质的分封制。中央的事权除了在直接统治区内进行行政管理和以国家名义进行军事行动外，还具有对诸侯拥有权力的认可权。而地方各诸侯国则有向中央政府缴纳贡赋的义务，并与商王直接统治区内的农业、畜牧业、手工业的收入一起组成了中央财政收入。地方的事权和财权则由诸侯自行协调和确定，商王并不干预。

进入周代，等级制度更加明确，实行封邦建国，形成天下、国、家三个等级，中央与地方的关系比之商代更为紧密。

西周王朝为此建立了"内服"和"外服"的中央行政体制，"内服"指中央政府直接统治的王畿地区，"外服"就是地方即"王畿"以外的四方诸侯。

夏代是早已存在的部落平等地组成国家联合体，商代中央对地方开始实行自上至下的认可，而到了周代则是中央政府给诸侯授土授民，并举行相应仪式。周代获得分封的地方诸侯一旦授权建国后，就有了牧民之权。其相应的义务是纳贡、朝觐和助征伐，而诸侯在自己的封域内不但有着完整的行政、治安、水利、军事的事权和向百姓征税的财权，并且也有将采邑分封给卿大夫的权力。

进入春秋时期，随着生产力的发展，地方诸侯国力大为增强，而中央政

府由于"王畿"地域在不断的分封中日益缩小，财力也随之削弱，再加上后世继任的周王其驾驭能力也不如开国之初，于是强大起来的地方诸侯无视中央政府的行政管理，纷纷发动战争，兼并弱小国家，东周进入了战国时期。

战国时期，各诸侯国为赢得霸主的地位都纷纷进行变革，首先变革土地税，废除助法，即也称作籍法的力役地租，开始征收实物税。公元前594年鲁国实行"初税亩"，不限土地占有量的多少，只以面积计取实物税。税制的这一变化促成土地制度从公有走向私有，"普天之下莫非王土"的井田制被逐步废除，随着税率的增加和土地面积的扩大，地方诸侯的财力也大为增强。与此同时，诸侯国兴修水利，发展农业生产的事权也随之确立和强化，形成了地方事权和财权的良性循环。

公元前221年，秦始皇统一中国，废封建，行郡县，建立了中央集权制的国家，中央对地方的统治进入了更为直接的新阶段。

首先，在事权上郡县地方官都由中央政府任命，其俸禄也由国家财政开支，不再实行食邑制度。其次，改变了前代寓兵于农的制度，建立国家常备军。再次，统筹建设国防工程，修筑

抵御游牧民族入侵的万里长城。第四，统一规划建设水陆交通和大型水利工程，陆路交通建造以首都咸阳为中心的帝国公路——驰道；水路沟通水系，

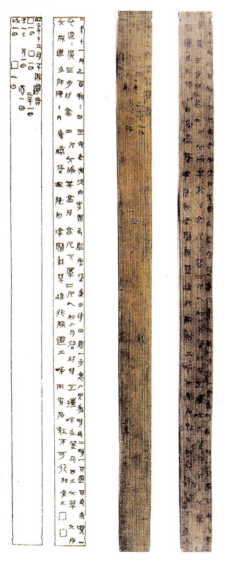

青川木牍　战国
1980年四川青川郝家坪出土，共两件。图为其中之一，长46厘米、宽2.5厘米、厚0.4厘米。正面是秦王以诏令形式颁布的《为田律》，背面是与法律有关的记事。

如开凿灵渠，沟通了长江与珠江两大水系；建造郑国渠等大型水利灌溉工程。第五，统一度量衡，中央政府制定和发放标准的度量衡计量器具。第六，统一文字，由丞相李斯书写小篆作为全国范本。第七，大规模的祭祀，为了确保秦王朝从一世到万万世，不仅祭天地鬼神，还祭名山大川。鉴于这一系列事权的集中，中央政府不得不采取强有力的措施集中财力。税制上，在全国范围内实行田租、口赋、力役的税收制度。财政上，不但实行高度集中的统收统支制度，并且将国家财政和皇室财政分开。在中央政府中设置"治粟内史"和"少府"两个职官分别负责。"治粟内史"主管国家钱谷、租税的收入和支出；"少府"主管山海池泽之税，以供皇帝及皇室成员的私财之用。此外，为了赈济灾民，弥补财政不足，秦始皇四年开始鬻爵，即公开出售虚爵，以增收入。秦代的地方事权主要是征税、民政、司法、治安、赈灾、小型水利建设等，如秦国时期的蜀郡太守李冰动员当地百姓所建的都江堰就属于地方性的水利工程。由于地方事权多，配套财力有限，往往勉为其难。陈胜吴广起义的爆发也与地方缺乏财力，难以购买交通工具，及时组织应役人员按时到

达指定地点有关。

汉承秦制，秦始皇所开创的中央集权的行政体制和统收统支的财政体制，在汉代有了进一步完善。

汉初管理国家财政的主官仍称"治粟内史"，后来曾改名为大农令、大司农、羲和、纳言，到东汉时则恢复"大司农"旧称。大司农管理整个国家的财政收入与支出，并通过各级地方政府，征收各种赋税，如田租、口赋等，管理全国的财政收入的调度。皇室财政的收支则由少府和水衡都尉主管。

随着社会的进步，汉代中央政府比秦代有了更进一步的事权。首先是发展教育，建立从中央到地方的官学，中央的官学称"太学"。其次救灾也从临时性的卖爵赈灾发展到建立常平仓，实行制度性的赈灾制度。所谓常平仓，就是谷贱时购进，谷贵时卖出，既作为一项财政收入，又体现了中央行使赈

"会稽太守章"封泥

"丞相之印章"封泥

"尚书"封泥

"大司农"封泥

"宗正"官衙的瓦

"广汉长"封泥

"太常"封泥

"晋阳令"封泥

"上林尉"封泥

三老的印
左是"始乐安民三老"之印，右是"西都三老"之印。三老是秦汉时代地方官之一，负责教化。

西汉铜漏壶

出土于内蒙古伊克昭盟杭锦旗。壶内底上铸"千章"二字，壶身有阴刻铭文："千章铜漏一，重卅二斤，河平二年四月造"第二道提梁上刻有"中阳铜漏"四字。此壶是西汉成帝河平二年（公元前27年）四月在河西郡千章县铸造的，是至今出土的最完整而又有纪年的漏壶。

灾救灾的行政职能。再次，为了加快中央政令的下达速度和满足官员出差的行旅需要，在全国各地的交通要道普遍建立了驿站。如今日浙江绍兴的兰亭就是当年汉代建立的驿站。第四，为了迎合富人当官的欲望，汉代中央政

府也从秦始皇卖虚爵进而改变为卖实官。第五，为了确保中央财政收入不被地方所侵渔，建立了"上计"制度，并且多由贵族担任计相，以示权威。

西汉的地方负有行政、司法、治安、教育（官学经费）、赈灾等事权，其财力主要依靠地方留存来解决。中央与州郡的收入比例一般是4：6或5：5。当时的地方财政工作由郡太守总揽，太守下置属官，郡以下的财政由县令主掌，赋税征收则由乡啬夫负责。东汉末实行州郡县三级行政制度，改由州牧总揽财政。不管行政体制如何变化，县是最基本的行政单位，各县所征赋税收入按规定标准留存外，都要全部上交州郡，再由州郡核实汇总后，通过上计吏报大司农。

三国魏晋南北朝时期中央与地方的事权与财权比较混乱。争夺天下的军事行动是当时各国最主要的事权。南北朝时期中央政府增加了宗教和文化的事权，如笃信佛教的梁武帝四次舍身同泰寺（即今南京鸡鸣寺），国家财政以三亿铜钱将其赎回，从而使拥有巨额资金的佛寺有了发展工商业和开当铺的本钱。昭明太子也以国家财政的支持作为依托，广募人才，编就了著名的《昭明文选》。

隋文帝建国之初，首先整顿国家机构，废除了北周的六官制度，恢复了汉魏以来的三省制度，同时确立六部（吏、户、礼、兵、刑、工）为政令发布机关。主管财政的户部在隋初为度支部，开皇三年（公元583年）曾改称民部。隋代的中央政府为了补充机关办公经费不足和解决官员福利问题，给各机关分配公廨田。同时由于朝廷增加了组织科举考试，选拔人才的事权，也相应增加了中央财政支出。

唐承隋制，进一步完善了三省六部制。唐代中央政府增加了发展文化艺术的事权。如唐太宗应唐僧玄奘之请，建立了译经院，组织大批人才花了一百多年时间把从印度传入中国的梵文经书全部翻译成中文，从而使佛教进一步中国化，成为中国传统文化的组成部分。在唐代作为地方官的刺史、县令，对境内的财政工作负有重要职责，其中县令的责任尤其重要。州衙与县衙中设有管理财政事务的"专当官"户曹和仓曹，具体承办赋税的征纳、催收等事宜。县设县丞、县尉，通称为"县佐"，作为辅佐县令的助手，其重要职责之一是"收率课调"。县之下是"百户为里，五里为乡"的基层政权组织，里正的职责之一是"催驱赋役"，是负

责财政工作的最低层胥吏。

安史之乱后，朝廷鉴于自身集权的削弱和地方分权的加强，只好将一部分税收和一部分财权划归地方，以换取地方政府对中央的政治支持。在税制上改变了前期的单一农业税收结构，采用以两税为代表的农业税与以榷盐为代表的商品税并重。唐朝中央与地方之间的财政关系由中央集权的统收统支的管理体制，逐渐演变为中央与地方两税三分的管理体制，即两税收入以州为单位划分为留州、送使、上供三个部分。

宋代开国皇帝赵匡胤汲取了唐朝财权和军权失控的教训，从开国起就十分注重中央集权。首先，他通过"杯酒释兵权"的手段将养兵、用兵之权全部集中到中央，同时他认为天下只有造反的百姓，没有造反的士兵，从而把募兵也作为赈灾的一项措施，称之为军赈。因此，宋代的养兵支出十分庞大。其次，宋王朝为了征收更多的酒税，以国家财力为资本，建立拥有卖艺妓女的酒楼。再次，宋代在交通枢纽地区通过设立路转运使来控制赋税的征收和转运，使中央政府有了足够的财力以保证其行使事权。

宋代主管财政的三司与主民的宰

相、主兵的枢院并列为国家三大要务。它总揽盐铁、度支、户部三司，号称计省。三司衙门则通过考课制度来维护其对地方财政的统辖权。

宋代地方行政由路、州（军）、县组成。中央政府不仅要求各级地方官员亲自过问税收收入，并且要求每月将所掌管的盐、酒曲、征商和地税等账目提供给三司，任期满后考核其优劣。宋太宗还命令三司考课各转运使和副使理财的政绩。宋仁宗更制定了较规范的三司考核各路转运司的五条具体内容。元丰改制后，三司为尚书省户部所取代。宋代的路并非一级行政集体，仅仅是派出机构，所以只有理财和监察的责任，没有其他地方政府完整的事权。

元王朝重视对鳏寡孤独的社会救助，把建立惠民药局、孤老院、养济院、收容难民作为中央政府的事权。同时，中央政府还开辟海上漕运，动员国家财力把航道并不畅通的京杭大运河基本沟通。尽管当时由于没有攻克船闸技术解决河床水位落差，但毕竟为明代的全线贯通打下了基础。

元代由于在新占领区设置行中书省的行政机构来管理地方行政，从而使中国首次出现了省一级的建制，并沿袭至今。元代中央与地方的财政关系，总体上是重中央轻地方，通过聚财于省，实现财赋高度集中于中央，其中央与省的分配比例大致为7：3，可见省以下的路府州县财力少得可怜，难以与地方诸多的行政、司法、治安、赈济、教育等事权相匹配。

明清时代作为中国封建社会的晚期，其中央与地方政府的事权和财权进入了既明确又模糊的时期。中央政府的事权首先是军事，包括国防建设、养兵戍边，如明代从山海关到嘉峪关的大规模长城修建，清末的新式陆军和海军建立；其次是漕运，其干线是京杭大运河，清代为确保全线畅通还在京杭大运河的中段淮安设置了漕运总督；再次是大型水利工程建设，如清代在长江、黄河等大江大河设置专门的河道总督；第四是人才选拔和教育，中央政府开办国立大学——国子监，并负责组织举人、进士的科举考试，同时设置学术研究的翰林院为朝廷提供决策咨询；第五是皇室支出，包括皇宫、皇陵、皇家寺庙建设以及皇室的日常费用支出，如永乐年间为了迁都大规模的北京皇宫建设以及此后的明十三陵、清东陵、西陵的建设；第六是中央国家机关的行政经费和官员俸禄；第七是祭祀，为确保王朝永固，不仅祭祀三山五岳、天地鬼神，还祭祀历代开国皇帝，如现存的北京历代帝王庙就是明王朝所建；第八是赏赐，为了鼓励人们为朝廷建功立业，对那些有功之臣中国历代王朝都加以赏赐，如唐代在平息安史之乱中立了大功的郭子仪就曾获得过建立汾阳王府的经费赏赐，明清时代也不例外，那些立有大功者都获得过赏赐，诸如明代的蓝玉、汤和……清代的多尔衮、福康安……

南京江南贡院内"赶考挑子"与"状元匾"。

明清时代地方政府的事权有征税、教化、司法、劝农、赈灾、科举、办学、祭祀等八项。首先是征税，由于明代开国皇帝朱元璋出身贫苦，深知元代让商人招标收税的"商包法"所带来的亡国的惨痛教训，改行"以良民治良民"的粮长制，随着粮长制从"永充制"走向"轮充制"，从"轮充制"又走向"朋充制"，最后不得不从明中叶到清代实行官收制；其次是教化，宣讲皇帝谕旨，落实乡规民约，举办乡饮酒礼，树立忠孝榜样，落实恤孤养老。明清时期县有养济院，收容鳏寡孤独难以自存者，如明代奸相严嵩被废为庶人后，就沦落到杭州仁和县养济院，死后成了养济院的院神；再次是司法，负责本辖区内的治安和刑狱案件管理；第四是劝农，春耕动员和下乡劝农；第五是赈灾，县设常平仓，市镇设义仓，乡村设社仓；负责落实蠲免、赈济、调粜、借贷、除害、安辑、抚恤、荒政（诸如散利、薄征、缓刑、舍禁等利民政策）等事宜；第六是科举，组织童生进行秀才前期考试，组织宾兴，欢送监生等有资格赴省参加乡试的学子和迎接本县那些高中举人、进士者；第七是兴办县学，亲自讲课，培养人才；第八是祭祀，不仅要祈雨祈晴，还要祈祷消灾。

明代财政实施中央集权制，地方与中央财政分割比例比较明确，或为3∶7，或为2∶8。清代中央与地方的财政体制分为两个阶段，太平天国起义以前的200余年为中央高度集权制；太平天国后的60年则由于地方督抚势力的强大不得不被迫实行分税制。分税以后，事权也有了变化，原来由中央政府养兵的事权也随着镇压太平军的湘、淮军的出现而转变为地方的事权。与此配套的是地方有了征收商品通过税——厘金的财权。随着鸦片战争的爆发，富国强兵、开办近代工商业成了中国的当务之急。于是，地方督抚就有了洋务运动的事权。而与之配套的财力则是厘金征收范围的日益扩大。

总之，在中国历史上中央与地方事权与财权关系的协调始终是一个难题，其处理的好坏完全取决于皇帝的个人意志和地方与中央双方力量的博弈。如在秦汉时期，当中央政府力量比较强大的时候，中央集中的财力就多，履行事权的能力也强。当中央政府力量比较弱小的时候，中央难以集中财力，其履行事权的能力也弱，如唐代安史之乱和清代太平天国起义以后，朝廷就无钱养兵，难以驾驭地方。不过在很长的历史时期内，中央集权制的体制还是有利于中央财力的集中而不利于地方财权与事权的配套，尤其是地方政府往往入不敷出，亏欠严重，甚至到了难以运转的程度。如东晋时有一会稽县令卸任后竟无钱返乡；南北朝时期，由于欠俸严重，有些地方小吏穷困到竟衣草而出。因此，地方陋规百出，财政预算外敛钱发工资、发福利成了中国官场千百年来长盛不衰的特色。

第六节　中国历代财政国库机构和制度概述

中国国库机构有文字记载的见于《周礼》一书，书中记述周代国家财政设置天官，即"天官大宰"总揽国家财政大权，并负责支出；地官，即地官大司徒负责收入，兼管赋税收入部门。主

911

管收支核算的会计之长称"司会中大夫",主管国库财物保管部门的为"小宰中大夫"。下置职内、职币、大府、王府、内府、外府、皋府、天府、职金等九府,形成出纳牵制系统。

秦王朝统一中国后,充满自信的秦始皇将国家财政和皇室财政分设,九卿中置治粟内史和少府卿。治粟内史"掌谷货"是国家财政收支主管部门,管理太仓和大内;少府卿"掌山海池泽之税以给供养"负责宫廷皇室内部的财政事务,比起周代无疑是一个大进步。

《汉书百官·公卿表》称,"古山林之官曰衡,掌诸池苑,故称水衡。"西汉在沿袭秦制的基础上,于汉武帝元鼎二年(公元前115年)置水衡都尉、水衡丞,掌林苑,即周代的林衡、川衡二官,兼保管皇室财物及铸钱。

东汉以后,随着地方财权的扩大和皇帝权威的削弱,水衡都尉裁并于少府,而少府中增设中藏府令,"掌中币帛金银诸货物",集中管理库藏出纳事务。

魏晋南北朝时期,秦汉时两套财政管理机构被合并为一个系统,财权集中于宫廷近侍机构,由皇帝通过身边的尚书直接掌握整个财政活动,而原有职官少府和大司农则矮化为尚书节制下的两个负责库藏出纳的业务部门主管。这种让小官做大事,大官做小事是中国皇权被弱化后的通病。缺乏号召力的皇帝,由于少了自信,害怕财权旁落,就让身边小官扛大梁,让皇室库囊括国库,这样不但便于指挥,而且国库也变成了皇帝的私库。三国,魏置左民尚书,掌财政。晋初省之,太康中又置。惠帝时有右民尚书。东晋及宋、齐并置左民尚书,梁、陈并置左户尚书,并掌户籍,兼知工官之事。后魏、北齐有度支尚书,亦左民、左户之任。

隋代国库组织基本沿袭北齐制度。隋初财政管理部门,称度支部,开皇三年(公元583年)改为民部。文帝时,太府寺统左藏、右藏、黄藏等署,其中左右藏各置令二人,丞四人,而黄藏则仅置一人为令。"炀帝即位,多所改革"。司农寺将平准、京市隶太府,而"太府寺既分为少府监,而但管京都市五署及平准、左右藏等,凡八署"。也就是说,隋炀帝参照南朝制度把掌管手工业的少府监从太府寺中分离出来,从而使太府寺成为专职的国库管理部门。

唐初,多承隋代旧制,国库亦不例外,有所不同的仅仅是将少府所属诸

大道之行
中国财政史

署还隶于太府而已。到唐太宗时，强化国库管理，复置少府监。贞观二十三年（公元649年）将管理财政的民部。改称为户部，下置户部、度支、金部、仓部四个职能部门。同时，通过比部的审计和御史台的监察，使国库主管部门与审计部门和监察部门三足鼎立，既有专职分工又牵制配合，从而形成比前代更为具体和严格的国库管理制度。至于财政管理部门的称谓，唐代变化最多，高宗显庆元年（公元656年）改称度支，龙朔二年（公元662年）改为司元，咸亨元年（公元670年）又称户部。光宅元年（公元684年）改为地官，神龙元年（公元705年）复称户部，此后历代沿称。

宋代理财官署，从开国到神宗元丰年间（公元1085年）是一个阶段，元丰后，是另一个阶段。宋初，以天下财计归之三司，三司设有使、副使、判官等。三司下辖盐铁、度支、户部三个部门。盐铁下设兵、商税、都盐、茶铁等七案，主要掌管国库收入，也掌管部分国库支出。度支下设赏给、钱帛、粮料、常平、发运、骑、斜斗、百官八案，主要掌管支出。户部下设税、上供、修造、曲、衣粮五案。此外还设有各种事务司，主管收发公文、帐籍，内部人员管

理等事宜。元丰改革官制后，天下财计归户部，户部掌握天下人户、土地、钱谷之政令、贡献、征役等事宜。户部的左曹掌户口的增耗、军国岁计、土贡、征榷、婚姻、民讼诸事；右曹掌常平之役、坊场、山泽等事宜。户部的所属机构包括度支、金部和仓部。度支设郎中和员外郎，相当于现代之司长和副司长，主管军国用度、国库收支、军需边备的计算，年终汇总各路国库收支，报呈皇帝和尚书省，凡定额的上供、专款存储、科买数量、漕运数量、百官俸给、

英州"军资库"银铤　北宋　中国财税博物馆藏
正面刻有"英州军资库　绍圣二年　银拾二两　匠王平"，背面刻有"司录参军监杨晏"。"军资库"为宋代州府储藏钱帛杂物的官库。

赏赐财物等，皆有事先之计划。

元时，国库虽实行中央、行省和路三级管理，但并非标志分税，仍属中央集权下的国库管理。中央国库分为国家、皇室两库，两者都有自己的理财机构。至元八年（公元1271年），并入中书省的户部，主管全国户口、钱粮、田土的政令，凡是贡赋出纳的规范数目，货币流通的制度规定，府藏积蓄的数量，货币贵贱的法度，收敛、给散的是否得当，均由户部裁处。户部下辖国库，并主管货币发行政令的宝钞都提司、主管货币的储藏和印本保管的宝钞总库、负责印造纸币的印造宝钞库、负责昏钞保管与焚毁的烧钞东西二库、负责倒换昏钞及平准物价的行用六库、主管京师酒醋榷酤之事的大都宣课提举司、主管印造腹里（两都为核心的中央政府直接统治区）及各行省的盐、茶矾、铁等引的印造茶盐引局等。此外，兵部、刑部、工部、礼部皆有自己的相应财权和财务管理机构。六部直接对中书省负责，中书省对皇帝负责。由于中央综合部门直接对皇帝负责，在财政上又没有统属关系，造成"衙门分杂，事不归一，十羊九牧，莫之适从"。"诸司头目，布满天下，各自管领，不相统摄"，以至于政出多门，财力分散。

明代开国之初，承袭元制，以中书省总理政务，下统六部。洪武十三年（公元1380年），朱元璋诛丞相胡惟庸，强化皇权，吏、礼、户、兵、刑、工六部政务，直接操于皇帝之手。洪武十五年（公元1382年），因皇帝不胜其烦，置殿阁大学士协助政务，改行内阁制。大学士起初仅起顾问作用，并不参与政事，明仁宗后，阁权始重，不仅参与政事，其地位亦居六部之上。其差别在于六部负有实际责任，有直接指挥权，大学士遇事则须与六部商酌，获得认可后才能通过六部实施。为了加强内阁与六部的联系，特设联络员性质的吏、礼、户、兵、刑、工给事中六人，如负责与户部联系的官员称户部给事中，负责与工部联系的官员称工部给事中。到了嘉靖、万历时，首辅大学士已经是没有宰相之名的宰相了。

明代中央财政国库机关为户部，户部设尚书一人，左右侍郎各一人，掌全国户口田粮之政令与稽察、岁会赋役实征之数。户部经常工作如《明史》所载："以垦荒业贫民，以占籍附流民，以限田裁异端之民，以图帐抑兼工之民，以树艺课农官，以鱼地给马牧，以召佃尽地利，以销豁消赔累，以拨给广恩泽，以给除差优复，以钞链节赏赉，以读法训吏民，以权量和市籴，以时估平物价，以积贮之政恤民困，以山泽、阪池、关市、坑冶之政佐邦国、瞻军输，以支兑、改兑之规利漕运，以振贷、均籴、捕蝗之令悯灾荒，以输转、屯种、籴买、召纳之法实边储，以禄廪之制驭贵贱。"每十年攒造黄册，别户之上下，畸零的等级，以周知其登耗。户部下辖民部、度支部、金部、仓部四个部门。洪武二十三年（公元1390年），以天下度支事务浩繁，增改为十二部，即每省事务设一部。二十九年（公元1396年），改为浙江、江西、湖广、陕西、广东、山东、福建、河南、山西、四川、广西桂林、云南等十三司，各掌相应省份之事，兼领两京、直隶贡赋及诸司、卫、所禄俸，边镇粮饷，并各仓场盐课、钞关。此外，还设置宝钞提举司，各仓库都转运盐使司，分司国库、税收事宜。明代国库出纳由户部主掌，每年由户部总汇一年的需费上报于大司徒，经皇帝认可后组织征收。从永乐以后定为常规。明代地方财政国库机构为省承宣布政使司，掌一省之民政、户口、钱粮。省以下之府、州、县，也相应设官主持府、州、县的财政国库工作。

清初财政国库管理机构，中央为户部，地方为承宣布政司及漕运、盐政

李卫像
李卫（公元1687年—1738年），在康熙五十六年（公元1717年）出任兵部员外郎，两年后又任户部郎中。雍正即位后被任命为云南盐驿道，因为政绩显著，后任直隶总督，直至辞世。

等专业机构。户部设尚书，尚书之下有左右侍郎各一名，右侍郎兼管钱法。其下属有十四清吏司，分管各省民赋及八旗诸司廪禄、军士饷粮、各地盐课、钞关杂供等。设于各省的财政官厅为布政司，其为一省之财赋总汇，主官布政使负责稽查国库收支出纳之数，汇总申报巡抚再转报户部。户部负责管理国家户口、田土簿籍，并统管全国国库收支，量每岁收入，以定存留起运之数。春秋二季报拨，凡运款领支，有给领、有协解、有部拨，都按实支销。如期征收田赋，如期运解布政司，以待

部拨。其应充本地经费的如数留存，以待支给。布政使司其出入之籍数，并考核详实，以待奏销。凡奏销必用四柱清册记载：旧管、新收、开除、实在四柱数。条析起运存留、支给、协拨、采办为数若干，由巡抚上报户部，户部按所隶分司审核，然后再汇总上报中枢。清代之协饷，是指一省入不敷出，由户部按邻省所报实存之册，以应协之数，移文拨助，相当于现代财政之转移支付。这说明清代前期国家财政高度集中，无相对独立的地方财政。

清前期总司皇室库的机构为内务府，其内设广储、会计两司，专掌皇室收入，兼掌六库，储备物资，供皇室使用。由于皇室库一部分收入要靠地方官吏献纳，每当献纳不足，经费又捉襟见肘入不敷出时，内务府便会支取户部库银弥补缺口。为规范两库收支制度，乾隆时皇帝亲自裁定，每年皇室库

山东盐课十两银锭　清代　中国财税博物馆藏
山东的海盐，质量优良，行销山东、安徽、湖北、江苏等地，盐税是当时主要的财政收入之一。图为山东盐课十两锭，马蹄型。其上刻有"山东盐课"及工匠"张金堂"戳记。

从户部库支银限额为60万两。不过，也有皇室库接济国家库的事例，道光二十一年（公元1841年）发广储银数百万两，以补军需、河工、赈济的临时急需。可见，皇室库与国家库并不是互不往来，而是既有区别又有联系。

清代设有盐政院、漕运总督两个专门机构。盐政院主官为盐政大臣，下设总务厅、南盐厅、北盐厅、参议等职，由大臣总揽盐政，丞佐理，所设总务之职综理庶务，典守机密，相当于现代之办公厅；南盐厅掌管淮、浙、闽、粤之南方盐务；北盐厅掌管奉、直、东之北方盐务；参议掌拟法制。清代仿明代办法，遣御史巡盐，各省则以督、抚综理盐政。宣统元年（公元1909年），改设督办盐政处。宣统二年（公元1910年）十一月，处改为院，直至清亡。

清代的漕运总督主管京师漕粮运递。清代前期设有南河河道总督和东河河道总督，因两督直接指挥漕标（清代兵制，三营为一标），掌握物资调运，被官场视为肥缺，为众所周知的腐败之所，早就有人主张裁撤，终因事关京师供应而难以下手。直到清末，河运改为海运，河运逐渐失去实际作用。南河河道总督在咸丰八年（公元1858年）被撤销，东河河道总督在光绪二十八年

（公元 1902 年）也被撤销。

清代在国境海关征税，始于清初康熙（公元 1662 年—1722 年）年间。道光二十二年（公元 1842 年）鸦片战争后，中英缔结《江宁条约》，开放五口通商，列强各国相继在各商埠设置领事馆，管理洋商货物输出、入及课税，由领事征收转纳于中国政府。当时中国政府就在各口任命贸易管理官，而以当地的海关监督、将军或道台兼任，是为"旧关"。咸丰元年（公元 1851 年）改制，由中国政府委派官员直接征收。咸丰四年（公元 1854 年），鉴于太平天国起义，清政府征收困难，遂由清政府驻沪官员与英、美、法三国领事缔结《上海海关九条组织协定》，成立外国人参与的关税管理委员会，且于同年七月十二日成立"新关"。这是近代中国海关管理权丧失之始，不过当时仅限于上海海关，广州、厦门、福州、宁波四个海关，仍在中国海关官吏掌握之下。直到同治二年（公元 1863 年），清政府任命英国人赫德为总税务司，中国海关大权才落入外国人之手。赫德在职前后历时 40 余年，直到光绪三十四年（公元 1908 年）才离任回国。赫德于公元 1864 年所拟定的《海关衙门组织章程》规定，总税务司、各关税务司和各关监督是海关的要职，其人选多由洋人担任，尤其是历任总税务司皆为洋人，使中国海关丧失了主权，被外国人所控制。在清代后期，海关组织机构分为税务部、港务部、教育部和邮政部，其要害部门是税务部的征税股，专门办理各关进出口货物的征税事宜，人员几乎占海关总人数的 90%。而征税股之中的重要职务，亦多由外国人担任。

清末推行新政"预备立宪"期间，清政府仿学西方筹办预算，整理财政的同时，还准备试行办理公库制度。光绪三十年（公元 1904 年）正月，奏请由户部筹股，试办大清户部银行。同年三月，户部草拟《试办银行章程》三十二条。次年（公元 1905 年），户部银行总行在北京成立，并在天津、上海设立分行。光绪三十二至三十三年，又相继在汉口、济南、张家口、奉天、营口、库伦、锦州、保定、大连、安东等处设立分行。到宣统三年(公元 1911 年)六月止，共先后设立分号 56 处。

试办银行章程规定，户部银行为有限公司，受国家保护，遇市面银根紧急、青黄不接时，可向户部请给库款接济。其业务项目为：经营存、放款项，买卖荒金荒银，汇兑划拨公私款项，折收未满限期票，代人收存紧要物件，并享受铸造货币、代理国库、发行纸币的特权。公元1908年，户部改名度支部，户部银行也改称"大清银行"。户部银行改名大清银行后，对原有章程进行了修订，重新制定和颁发了《大清银行则例》24条。户部银行和后来的大清银行，是中国第一家中央银行。清政府赋予该行经理国库事务，主管国家一切款项。该行章程载明：户部出入款项，均由大清银行办理。在《奏定银行则例》中亦规定，大清银行由度支部酌令许其经理国库事务及公家一切款项。

大清银行兑换券
公元1905年清政府在北京设立"户部银行"，这是我国最早由官方开办的国家银行。后改称"大清银行"，在上海、天津、汉口等地设立了20家分行。公元1910年度支部颁布"币制则例"，规定纸币由大清银行发行，名曰"大清银行兑换券"。纸币正面均印有醇亲王载沣肖像，正面为黑色，背面分别为黄、蓝、紫、绿等色。

宣统二年(公元1910年)，资政院提议统一国库办法，于是会同度支部订立了《统一国库章程》，其要点为：国库分为总库、分库、支库三种，总库设于京师，分库设于各省，支库设于地方；国库由度支大臣管理，其保管出纳则由大清银行任之；国家收支各款，均须汇总于国库，从此我国国库由实物库转向货币库。

第七节　从揽纳到诡寄
——中国古代的税收代理

现代的税务代理是指税务代理人在规定的代理范围内受纳税人、扣缴义务人的委托，代为办理纳税事宜。而税务代理人则是取得资格的中介机构或个人。这种代人纳税的行为在中国古代早已存在，称为揽纳。它出现于唐朝末年，盛行于宋、元时期，而且在明前期仍然十分活跃。揽纳，也称包揽，是兜揽代纳赋税的意思。古代称从事这一活动的人为揽纳户、揽户、揽头等。

在明万历九年(公元1581年)张居正推行"一条鞭法"，赋税一律折算成白银缴纳以前，各王朝对农业税性质的田赋多以实物的形式征收。由于

大道之行
中国财政史

小农经济是一个星罗棋布的农耕经济，导致税收来源十分分散。为了使分散的税源能满足集中性的财政支出要求，特别是要协调政治中心、国防中心与税源不一致的矛盾，历代朝廷都尽可能利用民力把税物输纳到财政支出所需的地点或相近地区。而以实物为中心的税粮物料的运输和搬运需要花费大量人力物力。因此，无论哪一个朝代，都尽可能要求纳税人把税物运送到就近的指定地点，以缓解政府征收和转运的困难。

在唐以前，百姓缴纳税物都是自己组织起来，运送到指定地点的。历史上著名的"儿宽输粮"的故事就证明了这一点。《汉书·儿宽传》记载，非常关心民间疾苦的儿宽在当地方官时，常常对一时无力交纳田赋的贫困农户予以宽缓，遇到农忙未结束也不急于催收。不料一次朝廷调发军队，下令从他那儿急调军粮，顿时弄得他筹措不及，不知如何是好。百姓得知他会因此被免职时，立即行动起来，有的用牛车，更多的是挑着担子，络绎不绝争先恐后地交纳自己的税粮，从而使儿宽不但没有受到处分，反而受到朝廷的嘉奖。这一事例足以说明汉代纳税人是要自己输纳税粮的。

由于古代地方收储税物的官仓多设立在县治和州治等地方政府所在地，苦于交通运输设施和舟车落后的限制，往返十分不便，现代的人看来似乎近在咫尺，但在当年却有如天涯之远，所以"就近"到州县交纳，对于广大农民来说其实并不近，也不方便。尤其是僻居边远农村的百姓，要自己把税物送到指定仓场，既耗时又费力，不啻是一项沉重负担。倘有人代为缴纳，即使交纳一定的手续费，他们也是求之不得的。更重要的是由于中国是个人情社会，不能办的事如果人头熟悉也能变通办下来，而能办的事如果人头不熟却很难办理。因此，与税务征收人员不熟悉的纳税户倘径自缴纳，就难免会被人刁难，往往在缴纳的质量和数量上受到压等压级和额外剥削，弱势的普通百姓不免视仓场为畏途。他们平时就难得进城，有的人甚至一辈子没有到过县城，倘与官府仓场打交道，既不熟悉交纳程序，也没有应付胥吏索求的本事。

对此，《宋会要辑稿·食货》九之六曾记载，监收官吏在验收绢帛时，"吹毛求疵，稍不及格，印以柿油墨煤，连同退印涂渍"。有感而发的北宋诗人文同也曾以《织妇怨》之诗反映了百姓的愁苦。诗中描写一个农妇辛辛苦苦，织成一匹质量很好的绢，拿去交纳赋税时，监收官员却无端挑剔，不仅不予接收，反而故意在绢上盖上油墨大印，弄得这户农家"相看各无语，泪迸若倾泻"。

在中国古代，农业税除了缴纳粮食外，还要缴纳绢帛等农家产品。而绢帛不能以整化零去缴纳，因为零碎的绢帛尺寸太小，难以制衣、制装，无法满足国家财政的需要。因此，朝廷对缴纳的绢帛有最小尺寸的要求。如绢帛要以匹为单位，同样为了计量的需要，也有最低度量衡的要求，如税粮的粟也要以升为单位，丝绵要以两为单位，薪蒿要以束为单位。鉴于当时存在着耕种面积不多的小农，每户要交纳的税物往往低于规定的最小起交单位。这样就不得不"合零就整"，几户人家凑合在一起才能达标，也就是说各家各户必须把自己应交税物按价值折算成钱，委托他人去购买成匹的绢帛或升斗以上的粟替他们完税。

正如世界上供给产生于需求那样，由于纳税人交通不便、害怕刁难和税物要"合零就整"的要求，承担税务代理的"揽户"也就应运而生了。

税务代理属于中介业务，在现代要具备资格，在古代也同样要有能力，不是随便什么人都能充当的。古代当揽户不但要熟悉交纳的各种手续，还要拥有一定的财力才能替委托人垫付赋税，更重要的还要与官府、仓场的官胥有比较密切的关系。所以，南宋的揽户多是居住在城镇，与仓场胥吏沾亲带故的权势之家和长袖善舞的无业游民。仓场胥吏为了从中渔利，在受纳税物时一方面对揽户予以种种方便和照顾，另一方面对那些自己来交纳的纳税人百般刁难，多方加取，阻挠税户自输，以获得更多的利益。《宋会要辑稿·食货》就记载了宋高宗赵构对此的深恶痛绝。据说有一次，身为皇帝的赵构拿着一匹绢，对臣下说："我听说临安府的纳户自己交纳税绢时，往往遭受税官的刁难，有一百姓交纳一匹税绢时，却被税官以质量不合格为由退了回去，我叫人用5500文铜钱买来，一看却是一块上好的衣料。可见税官拒纳并非绢帛质量不好，而是未经揽户之手，税官无利可图，才不予收纳罢了。"其实不光纳绢如此，就是对其他税物税官也是用尽心机，从中牟利。当时有一个叫马光祖的官员就曾指出，仓场胥吏对纳税户自行交纳的税物，锱铢必较，乃至斛面堆尖、踢斛加填

920

等，使自纳者当面吃哑巴亏，为了减少损失不得不转而委托揽户。因为仓场胥吏对揽户代纳的税物十分宽容，计量时或者暗用小斛，或者用泥涂斛底、用板垫高斛底，斛面也只是平量。因为在收纳税物时仓场胥吏计量多少都入公门，而揽户给他们的手续费却能落入自己的腰包，他们又何乐而不为呢！

世界上没有永恒的敌人，也没有永恒的朋友，只有永恒的利益。为了牟利，仓场胥吏和揽户紧紧地勾结在一起，从而使兜揽税收成了社会上不可缺少的行业，揽户也常常世代相传，成为有利可图的祖传职业。如南宋绍兴年间，秀州（今浙江嘉兴市）的揽户替人纳米 1 石，连本带利要讨取 1.65 石至 1.7 石；湖州的揽户替人纳税的手续费每斗高达 300 文。揽户为了开展业务，包揽生意，所获得的手续费要和仓场胥吏分成。《宋会要辑稿食货》六八之一七记载："揽子以重利取诸民户，而以半赂胥吏，胥吏所得既多于民户自纳，则宜乎与揽子相为奸利。"这就是说仓场胥吏能不费吹灰之力得到 50% 的纯利，可见中国古代吏治腐败之严重，也是中国古代对吏胥长期实行低工资制度而政府行政却能正常运转

的关键所在。

代元而起的明代建国之初，推行"两税法"，征收实物税，以粮物为本，除朝廷特批的少数折色外，无论是田赋还是上供物料，都以征收实物为主。田赋分夏税、秋粮，夏税征麦，秋粮征米，此外有丝绢、棉苎麻布等，部分地区还要交纳草料。上供物料则是因需而征，包括皇室消费的各种副食品、服饰、器皿，官府手工业所需的各种原料，以及各种军用物资、建筑材料等诸多物品。这些朝廷所需的物品并非每家每户百姓都能生产，老百姓既要交纳税收又要使税物符合朝廷品种和规格的要求，于是就产生了各家各户必须凑钱，委托他人到市场上购买合格税物的问题。这一类的委托人大多由揽户承担。明以前的揽户大多是州县城内的居民，到明代中后期就逐渐转变为乡绅。因为明代中后期，朝廷允许百姓祭祖，建立祠堂，在民间逐渐兴起了认祖归宗的高潮，使宗族势力得到了突飞猛进的发展，那些退休官员和功名获得者就成了受人尊重的族长乡绅，他们以自己的声望控制了中国农村。由于纳税户分散，税官征收难度较大，为了尽快地完成税收任务，税官也希望有人代为揽纳。这样就使得原来

那些社会地位不高的揽户失去了生存的可能，乡绅成了众望所归的新揽户。

世界上任何事物都是物极必反的。本来是利国利民的税收代理，到了后来却走向了反面，明清时期的包揽竟发展成为强制性的"代垫"，把税收代理与高利贷结合在一起，成了牟取暴利的不法手段。所谓代垫本来仅仅限于不能按时交纳税物的困难户，后来扩大了范围变成揽户和仓场胥吏沆瀣一气，强行代垫钱粮，成了一种一本万利的勾当。其手段不外乎先请揽户代垫税银，而后支付本息，利息起码是月息3分；更有甚者通过行贿仓场胥吏，他们就可以擅自把某甲某里的地方税粮全部给指定揽户包纳，并且不管纳税人是否同意，就把税户的串票统统交给揽户。由于失去完纳凭证，民户难以自行完纳。为了取得凭证，税户不得不支付包括利息在内的手续费向揽户取回自己的串票，否则拿不出完纳凭证，官府就要以抗税论处。而揽户则尽可能拖延时日，握票待沽，因为多放一天就多一天利息，这种强制性的包揽，成了揽户既拿手续费又放高利贷的一种把戏。不仅如此揽户还常与仓场吏役勾结，以少充多，以次充好，造成国家财政流失，以至于激起皇帝的愤怒。

宣德十年（公元1435年），明英宗就曾以敕令的形式指出："洪武、永乐间，各处府县岁贡彩段，工部验中，方送内库，且无贿嘱及包揽之弊，故皆精密鲜明，足称朝廷赏赉，亦不虚费百姓财力。近年以来，徒见靡费民财，而缎匹多不堪用，此皆有司通同工匠侵盗易换，且听人包揽解纳。"

由于明初赋税征收方法上吸取元代商包法导致亡国的教训，实行"以良民治良民"的民收民解，要求民户将指定税物自行运送到指定地点交纳。上供税物的解纳，洪武年间集中于南京，永乐皇帝朱棣迁都北京后分纳南京和北京，以北京为主。地方税粮一部分留存本州县支用，称"存留"，其余称"起运"，其中运纳京师者称"京粮"，运纳边疆仓库者称"边粮"。由于定都北京，朝廷与江南相距甚远，为确保供应不脱节，起初民收民解的江南漕粮逐渐改为军运，唯一例外的是苏、松、常、嘉、湖五府每年输送北京的20余万石"白粮"，则一直维持明初的民收民解制度。

起先，粮长是个肥缺，当他们把粮食运到京城时不仅能受到皇帝的接见和嘉奖，洪武年间由于官员缺乏，一些优秀的粮长还能封官晋爵，最高职位可一步登天，担任省一级的布政司（相当于今财政厅兼民政厅厅长）。后来由于科举制度的正常运行，不仅这种升官的机会没有了，而且没有完成征粮任务的粮长还要自掏腰包负责赔补。再加上还要组织人力物力进行长途运输将税物送到目的地，粮长的职务成了很容易倾家荡产的苦差事，粮长制度也从永充制变成了轮充制、混充制。于是有人就乘机出头声称愿意代粮长之劳，负责长途运送税物。这类人被蔑称为"包棍"，他们除了要拿本来就加征的称为"公贴"的大笔贴役银之外，还要民户"私贴"，甚至还要"加贴"，其银两常以千计。敢于充当包棍的人，多是有能力与沿途官胥周旋应付的游手好闲之徒。

揽纳不仅在地方上盛行，同时也在京师出现，明人称之为"在京之包揽"。所谓"在京之包揽"，是指在北京及周边地区向钱粮物料的解运者兜揽。明代永乐皇帝朱棣迁都北京后，为了收纳全国各地解运而来的钱粮物料，在首都周边设立了不少仓场。这些仓场在接收来自全国各地的税物时也同样有数量和质量的要求。对不符要求的税物不是打折扣就是拒收，令千里迢迢赶来京师的交纳者个个提心吊胆，

嘉靖十四年袁州府万载县禄米银五十两银锭　明
中国财税博物馆藏
圆首束腰五十两银锭。其上阴刻"袁州府万载县粮长王梁朝送纳　嘉靖拾四年分各府禄米银伍拾两正　提调官知县许候　银匠辛光显"，记录了江西袁州府万载县于嘉靖十四年（公元1535年）分各府禄米银五十两，是由粮长王梁朝负责送缴，并由提调官知县许候监督银匠辛光显打造的情况。明初采用以良民治良民的粮长制度，由粮长负责田赋的催征和解运税粮事宜。

惶恐不安。倘有人能替他们顺利缴纳，即便支付手续费也在所不惜。而当时与仓场有关系的京师阔少敏锐地发现了其中隐藏的巨大利益，于是便在京郊兜揽起税物进仓入库的中介生意。《明史》载，景泰元年（公元1450年），户部上奏说："今在京官舍军民中，多有无赖之徒，于直沽、张家湾、良乡、卢沟桥诸处，俟候送纳之人经过，邀至酒肆，或倡优之家，多方引诱包揽代纳。"生动地揭示了揽户在京师周围的包揽行径。

此外，最为世人所不齿的是不法吏胥自己公开出面包揽赋税，被人称之为"衙门之包揽"。明代《工部厂库须知》就曾指出"事例之弊，千蹊万径"，"强半则由包揽"；"夫包揽非他人，即衙门积猾，惯于舞文，巧于窃符，串结吏、礼、工三部诸胥，犄角而瓜分

923

者也"。充分暴露了这种以权谋私，包揽赋税的官场腐败及其所带来的社会危害。

由于本来利国利民的揽纳不断走向反面，成为一种祸国殃民的不法行为，从而引起了朝廷的关注。明景泰元年户部就指出揽纳者以次充好所带来的严重危害，"粮则用土掺和，草则用水浇淋，布绢之坚厚者易以纰薄稀松，钞贯之完好者抵以破碎软烂。及至官司选退，纳户畏其声势，莫敢谁何，遂至出息偿官，所负愈重。钱粮不完，职此之故"。因此从宋代开始，揽纳就被当作犯罪行为加以惩治。宋代揽纳税租、本限内不纳者，如是"非系公之人"，"杖六十，二十匹加一等，罪止徒一年"；如是"系公人"，则杖八十。元代"权势之徒结揽税石者罪之，仍令倍输其数。"又规定："诸仓庾官吏与府州司县官吏人等，以百姓合纳税粮，通同揽纳，接受折价飞钞者，十石以上，各刺面，杖一百七；十石以下，九十七；官吏除名不叙。退闲官吏、豪势富户、行铺人等违犯者，十石之上，杖九十七；十石之下，八十七。其部粮官吏知情分受，五十七，除名不叙。"《大明律》参酌前代法令，设立"揽纳税粮"一款，规定："凡揽纳税粮者，杖六十，着落

赴仓纳足，再于犯人名下追罚一半入官。若监临、主守揽纳者，加罪二等。"

尽管朝廷对揽纳行为不断打击，但由于没有从机制上下工夫，揽纳还是屡禁不止。对此有过深刻思考的张居正在实行"一条鞭法"的财税改革时决定改实物税为货币税，从根本上铲除揽纳滋生的土壤。然而"石压笋斜出"，任何利益集团都不愿意失去利益，从事包揽的乡绅仍然有其牟利的生存方式。伴随着明后期基层组织结构里甲制的解体和全国性赋役制度的改革，江南等地将自称为"官户"的乡绅层与"民户"在里甲组织上分离开来，让他们自行承担交纳税粮的责任，其本意是为了解决乡绅仗势滞纳税粮的问题，但实际结果却固化了乡绅与一般民户在纳税上的差别。而乡绅所拥有的特权使他们脱颖而出，成了新的揽户。早已存在的"诡寄"成了新的揽纳方式，也就是将民户田粮兜揽到自己名下，包收代纳，多收少交，以牟取厚利。而诡寄户则可借以逃避赋役负担。在浙江还有富民为逃避徭役，将田产假托在亲邻田仆名下的"铁脚诡寄"。对于这种以牟取利益和逃避赋役为目的的税务代理尽管朝廷明令禁止，也难以抑制其蔓延。到了清代，地方政

府不得不认可这一客观存在的事实，把这种"诡寄"土地的纳税方式称为"寄税"，其明确纳税关系的凭证称为寄税票。

第八节 古代土地变更和纳税关系转移凭证

中国现代的税票，是指纳税人缴纳税收后的凭证。这种凭证宋代称之为"户钞"，明清时称之为执照、串票。明清时的税票是政府对纳税人土地权属关系与相应纳税额度的官方认定，与现代税票在内涵上完全不同。明清时的税票一般分为两类：第一类是政府统一进行土地清丈以后的归户票，明晰土地权属和纳税定额；另一类是土地权属关系改变后，所产生的税收转移。第一类税票的称谓有纬税票、金业票、归户票、金业归户票、清丈归户票等，它记录了业主所拥有的土地位置、面积和应缴纳的赋税额，上面写有丈量人、书写人、画图人的姓名，业主可凭此票办理土地归户手续，是登记土地清丈结果和明确纳税义务的一种票据。第二类

光绪六年（公元1880年）的收税票。

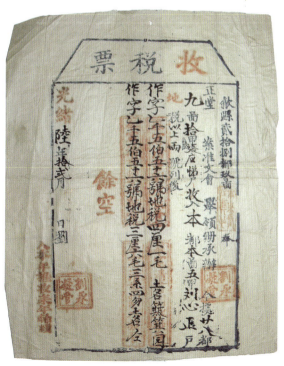

咸丰九年（公元1859年）的典税票。

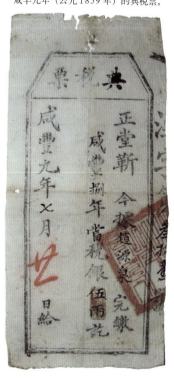

925

税票的称谓有推税票、收税票、割税票、过税票、上税票、吊税票等。例如由原业主持有的推税票上写有其变更前拥有的土地位置、面积和应缴纳的赋税额，由于权属关系的转移推入新业主支解赋粮；而由新业主持有的收税票则相应明确其拥有的土地位置、面积、来源和应缴纳的赋税额。推与收、割与过、吊与上都是对应关系，尽管名称不同，其转移关系的实质内容则大同小异。无非是由于土地关系的转移，原业主的赋税负担依法推出、割除、吊销（推、割、吊），而由新业主收入、过户、上税（收、过、上）罢了。

第九节　古代纳税凭证

中国古代是农业社会，一家一户为生产单位的个体小农经济是封建政权的统治基础。《旧唐书》记载，唐代疆域广阔，"东西九千五百一十里，南北一万六千九百一十里"。开元二十八年（公元740年）全国有328个府州，1573个县。天宝十三年（公元754年）户部统计全国有900多万户，5200多万人，其中纳税人口有760多万丁。在如此广袤和分散的国土上，要向纳税户下达纳税通知，确定每个纳税人应纳

税物的具体品种、纳税期限、缴纳地点、税物检验，最后还要给付完纳凭证，让七百多万纳税人口保质保量地按时缴纳税收是财政管理上的一个难题。从秦始皇建立中央集权制的秦王朝开始，历经两汉、三国、魏晋南北朝、隋、唐、五代、两宋、元、明直到清王朝，在长达两千多年的封建社会里，无数帝王官吏为此绞尽脑汁，不断探索，终于使有关税收征管的一系列制度逐步建立和完善起来。尤其是完纳凭证给付的到位，成了整个税收征纳工作不断完善的重要标志。因为古代税源高度分散，中央政府要依靠地方官吏和乡村组织的供职人员去完成催征、收解工作，而他们又有可能利用职务之便牟利营私。这样完善纳税通知和给付完纳凭证，成了中央政府强化对胥吏乡官监督防范贪赃枉法的重要手段。

中国古代长期实行实物税，其征收实物不仅有数量的要求，也同样有质量的标准。如实行租庸调税制的唐前期，朝廷规定州县长官必须亲自把当地征收的租庸调实物按粗、良标准区分为上中下三个等级，并分别把样品事先送达朝廷有关部门检验，获得认可后方能起运。同时，朝廷也定期把

标准样品发放给州县以便地方随时比对。例如《唐会要·租税上》记载，唐玄宗开元八年（公元720年）正月，皇帝在"以颁诸州"的敕文上就强调严格掌握上交税物的质量标准，"令其好不得过精，恶不得至滥"。为了给庸调的征收确定统一标准，他下令朝廷有关部门要事先颁发样品，对于租粟或租米，则要求不能"湿恶"，即所交谷物要足够干燥、颗粒饱满，同时也不能有砂砾糠秕掺杂其间。州县长官对收纳税粮要事先进行"扬掷"以便质量达标。同时，运抵京师的漕粮也要由司农寺雇人"扬掷"，去掉杂物，然后才能计量收纳。可见，朝廷对所征税物的质量要求十分严格。唐代著名诗人白居易以《纳粟诗》："有吏夜叩门，高声催纳粟。家人不待晓，场上张灯烛。扬簸净如珠，一车三十斛；犹忧纳不中，鞭责及僮仆。"生动地反映了纳税户为质量达标所做的工作以及惶恐不安的内心世界。

对纳税人而言，如果交纳的税物质量符合验收标准，数量也达到完纳要求，便算完成了纳税义务，官方就应该给予完纳税物的凭证。但考古发现，中国早在汉代就有作为官方会计凭证的完税登记，而没有发给纳税人的凭证。例如，1973年在湖北江陵凤凰山十号汉墓出土一批记载税收的简牍，其中的四号和五号木牍载有当地市阳、郑里、当利三里从正月到六月交纳的口钱和赋钱，但上面没有纳税人的姓名记载，仅仅作为官方的一种会计凭证而已。

欲望，是人类固有的本性。随着生产力的发展，人类的欲望也在不断地膨胀。膨胀的欲望逐渐使原本忠厚老实的人也开始千方百计地追求利益。纳税户希望避税少交，征税者希望多收重征，双方口说无凭，没有凭证的税收征管随着岁月的推移也就难以为继了。但是由于纸张和印刷的问题，直到唐代中国还没有官方统一颁发给纳税户的完税凭证。这从《唐会要》卷八五《逃户》："籍帐之间，虚存户口，调赋之际，旁及亲邻"的记载里可以清楚地看到当时的纳税户交税后并没有官方颁发的凭证，否则就不会出现波及全国的"摊逃"。所谓摊逃，就是地方官吏把逃亡的纳税人的欠税额摊征于其邻里身上，造成重复纳税，忠厚百姓苦不堪言，以至于无以为生，不得不起而逃亡他乡。可见，官方不给纳税户颁发完纳凭证，使得地方官有了任意摊派欠税借口，从而造成了民不聊生的混乱局面，其后果十分严重。此后，给完纳税户颁发凭证也就逐渐成为朝野共识。

随着造纸业的发展和印刷技术的推广，给完纳税户颁发凭证终于有了技术上的可能。从宋代开始，照章纳税的百姓才有了凭证。《宋会要辑稿·食货》记载，宣和七年（公元1125年）八月尚书省的一份奏疏说："凡输纳租赋，其官钞，有仓库钞，有监生钞，所以关防去失，互相参照。其户钞给散人户。"可见当时的凭证称为"户钞"。《宋会要辑稿·食货》还说，官府收纳赋税时，一升谷，一尺帛，一文钱以上的收纳，必须同时有四种钞，由经手受纳的官员亲自盖印。一是户钞，付纳税人户收执。二是县钞，供县有关部门注销赋税征收簿上的数字。三是监钞，由监督收纳的官员收藏。四是住钞，由仓库人员收藏。南宋的县钞即北宋的官钞，监钞即监生钞，住钞即仓库钞，户钞的名称不变。说明南宋仍然沿用这一制度，只是凭证的名称有所不同而已。后来由于监、住两钞不再加盖官印，失去了法律效力。

由于南宋官方交给纳税人收执的一份户钞，常被仓场胥吏以核查为名借口没收，这就为额外加征打开了方便之门。因为纳税人拿不出足够证据证明已经完纳。因此，南宋绍兴末年，朝廷有大臣就建议将原来供仓库收藏的"住钞"改为"保钞"，也同时交纳税人收执，以便仓场胥吏催欠或查验时，纳税人可交出保钞，继续保留户钞作为完纳税收的凭据。

明代开始，税收征纳有了进一步的规范，完税凭证与纳税通知书融为一体，官府事先给百姓发放称为"均平由帖"、"门由"、"易知由单"等纳税通知书。到纳税户纳税完毕后，由经手办理的税吏在通知书上填写缴纳数额、日期，书写"完纳"二字，再由掌印官钤印，交还纳税户，这样便成了具有法律效力的完税凭证。

明人丁元荐在《西山日记》中述及，"国家立由票，一付县，一付纳户，一付征输者，钤印，呼'蝴蝶由票'。"可见，明代除了发给里长催税用的户由、发给各个户长作交税通知和完纳凭证用的门由外，还有一种存留在州县衙门以备查核的收纳存根，与现代税收征管的三联单相仿。

到了清代，完税凭证更加完备，每年分十期的"串票"既是纳税通知书，也是完税的凭证。串票又叫截票，是完税时使用的原始凭证。《清史稿》载，截

928

票上面开列纳税户应交纳的地丁田粮，同时分为10限，每次交纳1/10，官方在票面上盖印，表示已经交纳了。当10限全部交完了，在盖印处截为两半，政府和纳户各执一半，可见它是一式二联，一联作为纳户的完纳凭证，一联作为政府的收纳的会计凭证。正因为有如此的串联关系，所以叫做"串票"。由于清代为了防止逃税，制定了税收查验制度，而两联串票恰恰存在着容易使收纳部门的不法胥吏以核对账目之名找到借口的漏洞，他们常常将纳税人的一连串票查验后强留不给，成了他们以各种花样进行加征的手段。为了杜绝这一漏洞，康熙二十八年（公元1689年）朝廷把串票改为一式三联，一联为票根，完纳之后存于州县；一联为比限查截，由征收人员留存，作为会计凭证；一联为纳户执照，交纳税户保管，作为完纳赋税的凭证。由于这一防范措施的推行，有力地限制了胥吏乡官加征浮收、营私舞弊不法行径的施展。

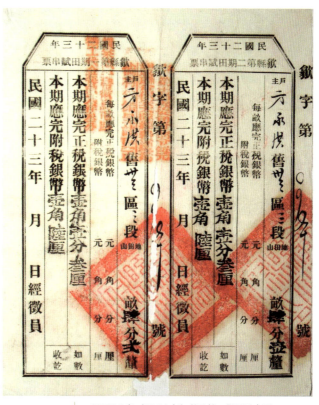

民国23年（1934年）歙县第二期田赋串票
中国财税博物馆藏
田赋串票为交纳田赋的凭证，为两联票面，一留官府，一给纳税户。票上开列户主、田亩数及完纳钱粮数等信息。

第十节　自封投柜
——清代的透明纳税

由于纳税过程不透明，纳税户经常会遇到各种勒索，甚至被重复征税。为此，清代顺治皇帝在顺治十六年（公元1659）决定实行称为"自封投柜"的透明纳税办法。所谓自封投柜就是在县衙门的大门院落里会摆上几只特制的木制银柜，柜门用封条封上，顶部开有一个小孔。银柜旁放有长桌，长桌上放着天平，由书吏、库子负责收银。花户持银子和串票到衙门后，向书吏出示串票，书吏找到存底的同一串票联对照无误后，方可接过银块，放在天平上称量、校验成色，按照"正项"地丁的数额，仔细将银块剪断，称量准确，用纸包好，写上"正项"字样，当着花户的面投入银柜，然后再按杂项数额，剪下银块，称量准确，用纸包好，写上"杂项"字样，当着花户的面投入银柜。花户还要按照当地的惯例交给收银书吏相当于现代手续费性质的"陋规"银子，习惯上都称"小包"，同样要称量后包好投柜。书吏在花户的串票联、存底的串票联上都盖戳注销，并在循环

"自封投柜"铜雕
"自封投柜"是清代实行的透明的纳税办法。图为一组坐落在中国财税博物馆的铜雕塑，生动地还原了"自封投柜"的整个纳税过程。

簿上登记。已注销的存底联夹入"串簿"，每天汇总至户房或钱谷师爷处。

当晚，钱谷师爷会同钱漕门上，监视户房书吏揭起封条，打开银柜，取出一包包的银子，逐一核对注销的存底串票联，已核对无误的用剪刀进行"截角"处理，统计当日所收正项、杂项总数后逐一填写入"实征簿"中，再次核对无误后，由师爷亲手销毁存底的串票联。最后到倾银房，监视银匠把花户缴纳的零碎银两统一铸造为50两一个

大道之行
中国财政史

的标准元宝大银锭。

由于自封投柜减少了纳税环节，在公开透明的环境下征税，使衙役失去了从中插手谋私的机会，一定程度上保护了老百姓的利益，所以在清代广为推行。《清会典·户部》载："凡正杂钱粮，俱叫纳户自封投柜。如数在一两以下，准其交与数多之户，附带投纳。"

自封投柜之所以能在清初推行，原因有二：首先，明代张居正推行"一条鞭"法改革后，改实物税为货币税，使自封税银有了客观条件；其次，清代统治者是少数民族入关掌权，与汉族地主没有任何历史瓜葛，不会产生盘根错节的关系，从而使以整顿吏治为目标的自封投柜改革有了在全国范围内推行的可能。

第十一节　中国历代地籍管理

地籍，是记载土地的位置、界址、数量、质量、权属和用途等土地状况的簿册。最初的地籍是为征税而建立的一种田赋清册。因此，1979年版的《辞海》将地籍解释为"中国历代政府登记土地作为征收田赋根据的册簿。"

公元前21世纪建立的夏王朝在实施"任土作贡"税收制度的同时，设置了称为"太常"的职官负责"敷土，随山刊土，奠高山大川"，即进行丈量田土工作，沿着山脉进行测量，竖木为标志。对九州土地进行分类，将全国土壤分为壤、坟、卢、涂泥、黎、斥卤等。《尚书禹贡》记录了九州土地分为三等，每等又分为三个级别，并相应分为九个等级的地赋。这是中国地籍管理及其职官之滥觞。

甲骨文记载商代已有专门管理农田耕作的职官，称为"小耤臣"。甲骨上契刻的"畴"字，实际是作为田界的沟洫，"疆"字用以表示田地之间边界。当时商王根据需要，可在全国各地开垦土地，并以册封的形式将土地授予各族。"呼从巨－沚－又册三十邑"、"惟殷先人有册有典"。册典即是文字簿书，册上登录有土地所在的邑名，土地四至范围，受封者以此为作凭证而拥有册上所载的土地。受封者以"我田"、"我甸"、"我鄙"称呼自己封邑内的土地。商代除了按地势高低将土地分为上田和湿田两类外，还将不同等级的土地细分为"品"。商朝末年《作册羽鼎》上即有"省北田四品"之铭文。

《诗·大雅·绵》中述及"乃场乃

疆"，说明"普天之下，莫非王土"的西周，已有划分耕地，治理沟洫的制度。《大克鼎》、《大簋》等青铜器铭文中，不仅有周王赐封土地的记录，还有周王派职官勘查封地田界，办理手续进行移交的记载。

西周早期，受封贵族之间不得私自转让土地，称"田里不鬻"。但到了西周中期，随着经济社会的发展，开始出现以赏赐、交易等形式转让土地。据《周礼》记载，为了确认因买卖行为造成的所有权转让的法律效力，西周专设司市、质人等职官，负责买卖契约的签订，出现了"质剂"、"傅别"、"书契"、"判书"、"约契"等契约券书，而且"凡大约剂，书于宗彝"，铸造宝鼎、铜器，镌造铭文，详记契约签订过程，确认土地所有权的合法性。共王时期的《格伯簋》，其铭文实际是一则土地交换转让契约，记载了买卖人格伯以良马4匹折

价，购买倗生三十田的交易活动的全过程。契约首先交待立契时间和地点；继而记载交易的内容；然后书写勘查田地的经过并记录田地四至。说明当时土地交换已经有了价格，田土转让、契约签订都要经过订约、勘测田界、立誓，还要铸宝器确定对土地的所有权和继承权。

西周格伯簋铭文
格伯簋，重7.58公斤，簋圆腹，圈足，下有方座。二兽头耳，耳下端似象鼻卷曲。簋内底铸有铭文9行83字现藏上海博物馆。图为簋底部所铸的铭文。

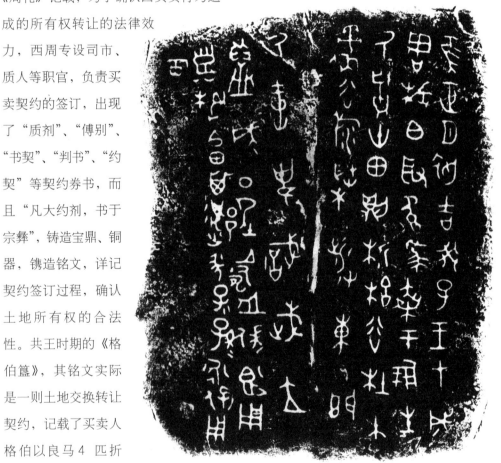

西周法律规定，诸侯贵族及自由农民对土地只有占有权、使用权，而无所有权。但是，无论哪种形式的占有，国家都要对所占有的土地按照法定手续，勘查土地疆界，并绘制地界图。地界图一式两份，一份存放官府，一份由占有人收执。如果土地占有权需要转移，则地界图要随土地一并转移。《周礼》中的"地讼，以图正之"和"正文以傅别、约剂"，描述了当土地占有权或土地疆界出现争议时，可向小司徒或司法机关提出确认土地所有权的诉讼。裁决的根据，就是官府保存的地界和券据、契约等地籍资料。共王五年（约公元前928年）时的《五祀卫鼎》，其铭文132字，对一宗田地与田地的交易契约的内容、书写程式和如何保证契约的履行，作了详细记载。特别其中关于踏勘田地、确定四至的记载十分具体，说明当时田土交易的契约成立之后，必须勘定田界，确定四至，索取物证。田地的四至，有的以树木、山川、道路而起封疆，非常清晰；而以相邻田土作为标志的图形，与后世的鱼鳞册相似。

西周共王三年（约公元前930年）的《卫盉》，记载了一起田土交换转让契约签订的经过，这则契约的买卖性质十分明显，直接用"贝"币作为衡量价值的尺度。厉王二十五年（约公元前853年）的《鬲从盨》，铭文记载一则由政府官员书写的以公田交换奴隶的交换契约。契约内容表明，当时涉及公田交易的书面契约要在朝廷立契，由国王指定司约官亲自书写契约，契约内容要写出要约人、允约人姓名，交易人的权利，交易的经过、结果，要约的标的，允约人的义务。契约中分为二，左侧存入官府，写有书写契约的司约官姓名，右侧给要约人保留，由要约人和证人签名。

西周后期，开始出现田土租赁。厉王时拥有102字铭文的《鬲攸从鼎》，就完整地记载了有关土地租赁的判例。发生在鬲从和攸卫牧之间的土地租赁关系，有契约为凭。由于承租人攸卫牧没有履行契约义务和交付租金，犯了违约罪，构成诉讼。诉讼活动分为四个程序：首先是诉讼的提起，其次是原告陈述起诉理由，再次周王判决，最后被告宣誓服罪。

西周后期厉王时的《散氏盘》中铸有375字铭文，记述了矢氏因侵犯散氏的土地所有权而进行损害赔偿的经过。双方本是姻亲，发生田土纠纷，以田土立契赔偿，并签订赔偿契约。铭文详细说明了进行赔偿的时间、地点，矢氏赔偿给散氏的两块土地的四界，参加勘定四界的人员和契约的法律作用。

春秋时期，实行"户籍田结"制度，所谓"田结"就是土地图册。1978年在湖北省荆门出土的包山楚简，是迄今发现的最早的简牍实物。在简文中有一批司法文书，内容有关于土地制度的记载，验查名籍的记录及地方官员验查名籍发现隐匿予以补充登记的记录；有裁定土地界限与"食田"继承权的详细记载；有大量关于土地争讼的记录。1979年在四川青川出地的秦牍，是秦武王二年（公元前309年）颁布的《为田律》，文字记录了秦统一前田制变化的历史及整治田亩的具体规定。

秦始皇于公元前216年下令"使黔首自实田"，在全国范围内对民田进行一次总登记，把百步为亩的周亩（小亩）改为二百四十步为亩的大亩。法令要求占有土地的人，将自己所占有的土地数量向朝廷申报，国家以此为依据征收赋税，土地私有权也从法律上得到国家确认和保护。在湖北省出土的大批秦代简牍的简文中，有不少关于土地丈量、申报、登记的详细的法律规定。如龙岗秦简中"租者不丈"、"黔首田实多其"、"黔首皆从阡陌疆畔之其"、"田及为诈伪写田籍皆坐赃，与盗"、"程田以为赃，与同法"，其中田赢的"假田"之法，最早涉及了土地的租赁、抵押和偿付的法律。睡虎地秦简中的《秦律十八种》包括《田律》，记载了"部佐匿诸民田，诸民不知，当论不当"、"辄以书言澍稼、秀粟及垦田无晹稼者顷数"等条文，具体规定了要准确测量、如实上报、不得掘坏或偷移田地界标、不得欺骗或伪造田土文书、地方官吏要按时上报耕地顷数和已开垦而没有播种的土地顷数，还规定了处罚标准，包括田地计算、确定缴纳田租时收受贿赂的惩处。

《资治通鉴》载，汉高祖刘邦率军攻陷秦都咸阳时，萧何率先入宫收取秦朝的图籍，借此全面了解天下山川要塞、户口田地多少及财力物力强弱的分布。汉代官方的名籍簿书，土地房舍等资产的登录制度更趋完善。如居延汉简的名籍载候长觻得广昌里公乘礼忠有"田五顷「直」五万"，燧长居延西道里公乘徐宗有"四五十虚有其表五千"。四川郫县出土的东汉簿书碑，也记载了多户田产的钱值。1973年山东临沂银雀山出土的汉简中，有《田法》、《市法》、《王法》等涉及土地管理

大道之行 中国财政史

的内容。《田法》是土地制度的规定；《市法》规定了城市的建设规模和商肆占地的大小；《王法》中规定了授以定量宅基地的亩数。

随着土地买卖和兼并的普遍发生，汉代土地买卖契约开始盛行。契约的基本内容包括立契时间、买卖双方的姓名、籍贯、出售土地的面积、坐落四至和地价，以及证人的姓名等。现藏于我国台湾的居延汉简中《汉（居延）长乐里乐奴卖田券》，是我国现存书写在简牍中最早的土地契约原件，简中写有"丈量即不足"的字样，说明田亩丈量的广泛应用。江苏尹湾、湖北张家山、甘肃武威、敦煌等地出土的汉代简牍也有大批田土册籍、买卖交易的内容。

为了增加国家赋税收入，东汉光武帝开国之初即着手整理赋籍，开展大规模土地清丈。建武十五年（公元3年）汉光武帝刘秀"诏下州郡检核垦田顷亩"，之后年年有统计报告，用法极其严格，河南尹张伋及诸郡守十余人因度田不实，被下狱处死。山阳太守秦彭按当地田亩数量的多少和土质的肥瘠程度，编立文簿，藏于乡县，其后不久，朝廷将秦彭地籍所立条式通令各州县仿照执行，在全国普遍编制地籍簿册。

汉代不仅地籍管理的法律和制度完善，而且地籍调查、测量的技术也有很大的提高。1984年在湖北江陵县张家山出土的1200多枚汉代竹简，不仅记载了有关田制方面的律令，而且还有学术价值极高的《算数书》。《算数书》的算术部分包括整数、分数、比例、盈不足、"启广"、"户纵"等内容，几何部分包括体积、面积等内容。特别是其中关于"里田"、"方田"、"税田"、"误券"等内容，详细记载了与当时土地和租税管理有关的土地面积和边长的计算公式和算题。如关于面积有九个题名，完整的算题七道，其中六道是有关矩形土地面积的计算。"里田"所记以平方里为单位的土地折算成顷、亩的算法，算法简便，算题数字很大，是朝廷测算各封疆地界内田土的总数。"方田"是已知土地面积而求广、纵边长。《算数书》成书于西汉吕后二年（公元前186年），是中国迄今为止发现年代最早的一部数学专著。

1996年在长沙走马楼发现东汉至三国年代的竹木简10万多件，其中有2400件木简为三国吴国嘉禾年间（公元232年—238年）的土地佃田券书、黄簿民籍，详细记载着佃农住址、姓名，佃田面积，应缴钱、米、布数量，登录日期等内容。

由于东汉发明造纸，西晋田籍成了简牍、布帛和纸并用的过渡期，当时书写材料主要还是用简牍、布帛，进入东晋后才逐渐过渡到纸的时代。因此，《晋令》中规定："郡口诸户口，黄籍，籍皆用一尺二寸札，已在官役者载名。"

东晋时，为了防止人户和土地脱离国家版籍，朝廷不断检校户口，整理典籍，以确保国家税收收入。哀帝兴宁二年（公元364年），为"实编户，王公以下，皆正土断白籍"，进行了著名的"庚戌土断"。通过"大阅人户，严法禁"和"依界土断"，对全国进行了一次大规模的户口、田土的核对检查。为了适应盛行的土地和其他大宗商品买卖，提高交易信用，东晋、南朝统治地区，出现了一些新的契约制度和契约形式，诸如：开征增强契约法律效力的"契税"、税讫证明与契约合于一体的"文契"以及将契券分为质券（活卖）和卖契（绝卖）等等。

公元485年，北魏发布均田令，这是中国历史上第一个最为详细的成文法。北魏登国六年（公元391年），第一次计口授田，让"所种者于地首标题姓名，以辨种植之功"，是一种临时标

地为界的做法。各户所受的每一块土地的方位、面积，特别是每一块土地的四至，都必须在授田簿上登记清楚。计口授田簿，对朝廷来说，是一份土地分配的清单，对农民来说，则是一个确认自己经济权利和义务的契约。这种户口和土地登记制度，到太平真君年间开始推广到整个京畿地区。甘肃敦煌发现的西魏大统十三年（公元547年）的计账式文书，全长6米多，为17张纸连贴的残卷。记载着敦煌地方农户的户主姓名、家庭人口、田土面积、应纳税额等内容，其中每一笔的亩数还有麻田、正田的区别。

隋代推行输籍定样，朝廷要求每年正月县令必须巡视核查管辖区每户的土地等财产和人口状况，编成定簿，以便完税。

唐代有籍账之设，令百姓自通手实。所谓自通手实就是在里正监督下，居民自报户内人口、田亩及赋役情况的登记表册，上面记载着民户家口的姓名、年龄、性别和土地的亩数、地段、四至，以"两税"原亩，均配于田，规定"买卖（土地）皆须经所部官司申牒"，"若无文牒辄买卖，财没不追，地还本主"，不发生法律效力。

唐代在实施均田制中，朝廷对土

大道之行
中国财政史

地的丈量鉴定十分重视，提出"凡天下之田，五尺为步，二百有四十步为亩，百亩为顷。度其肥瘠宽狭，以居其人"。贞观十四年（公元640年），唐太宗平高昌后，即在边远的西州地区进行了土地的勘查，把西州田制也纳入"均田"之中。柳宗元在谈到当时的地籍时说："夫如是不一定经界，核名实，而姑重改作，其可理乎？"吐鲁番发现的大批唐代西州的土地籍账文书中，有许多当时的《家口田亩簿》、《手实》、《籍账》、《授田簿》、《勘地牒》、《丈量田亩簿》和买卖契约等，说明唐代丈地定级制度日趋完备。

唐代规定：凡买卖田地、房产、奴婢、马牛等必须立契。当时常称"契"为"券"，"券"有规定的格式和文字，不仅盖有官印，还要有官府签批。法律明确规定不准订立私契，立契必须经官府"过契"。立契时，买卖双方到官府陈述，官府首先检验由卖方提供的"上手契"，即原契，然后勘责保人，并将检查勘责结果写入券中，最后画押盖章，双方按比例纳税。称为券的契约有买卖、租佃、借贷、抵押、质押、合伙等不同种类。这些契约中又可以分为"双责"契约和"单责"契约。契约签押的方式有画指、画杠、拇指印、署

名押和"花押"等形式，"花押"即用草书连笔写成一个花体字，由于当时社会上文盲众多，能画花押者甚少，后来也就简化为在名字后面画上"十"字或"七"字，以适应大众化需求。

《续资治通鉴长编》卷六载，宋太祖开宝二年（公元969年）九月，"初令民典卖田土者，输钱印契"，规定民间典卖土地必须经过官方办理"输钱印契"手续，即买主向官府交纳典卖田的税钱后，官府在契约上加盖官印（称之为红契）办理"割税"入案手续，将卖主所卖土地从国家版籍上过录给买主，才算完成土地所有权的转移。如果不经过官府，田契上没有官府的印信，谓之白契，就不算合法，法律对这种契约不予保护，发生诉讼时，官府亦不予承认。宋神宗熙宁二年（公元1069年），王安石变法时，大力推行方田法。方田法是中国历史上有名的地籍整理办法。方田法以东西南北各千步为一方，相当四十一顷六十六亩一百六十步，四周立标定界；每年九月，由县令、县佐合地计量，根据土质划为五等，公告半年后制成土地凭证；以后各家分产、买卖等，均以所方之田为证，并要使用统一的官契，到县衙登记。

南宋推行经界法整理地籍。其做

法是土地所有者将自己所有的田块形状画成草图，注明田主姓名、土地来源、田块的亩步及四至，这种自报文书称砧基草簿；保长召集田主、佃户逐块定界设砧基（界标），计算面积并确定等级，保正、保长及四邻均在田主报的砧基草簿画押后送经界局；经界局派人带图逐块核对，核对无误方可编造正式的砧基簿。公元1190年，朱熹在漳州、汀州及泉州推行经界法，并增加了"图账"法，即在原田块图基础上增编保图，保图中各户的田块及山川道路必须东西相连、南北相照。然后将保图合成都图账，将都图账合成县图账。

元王朝平定江南以后，沿用南宋原来的地亩登记。但因兵燹之余，土地占有状况有很大变化，籍册散失也很严重，于是朝廷着手重新核实土地数额，当时称为"经理"。故《元史》记载："经界废而后有经理，鲁之履亩，之核田，皆其制也。"经理的具体办法是，先张榜公布，规定四十天内，各家将所有田产及应纳田赋自行向官府呈报，若有隐瞒，许人告发，告发属实，或杖或流，所隐田产没收归官。经理所得田亩，都要登记入册，称为"经理册"。

明初，出身贫苦的开国皇帝朱元璋亲自督察，进行全国性的土地丈量和人口普查，前后用了二十年时间，把全国农田的四至、形状、土质等级作了详细的普查登记，形成了具有历史意义的鱼鳞图册。万历八年（公元1580年），明廷正式颁布《清丈条例》，下令进行第二次全国性清丈，修订了鱼鳞图册。这些图册为彻底推行一条鞭法创造了条件，有的一直沿用到清代。历史上著名的清官海瑞为了消除土地丈量中的弊端，曾极力主张严肃法纪，确保丈量效果。公元1570年至1584年，他罢官回到海南岛乡居时，还曾为琼山县拟过《丈田则例》，提出在一年内将全县土地丈量登记。

明代的农村基层组织称里甲，由于一个里的土地常常画在同一张图上，因此里甲又称图甲。在组织土地清丈时，一个图（里）的清丈负责人为公正和公副。他们分成两个组，即公正和公副各自率领一名弓手、算手、书手、画手组成两个清丈小组。

明代清丈的度量工具称为弓，它是用竹或木制成的弓尺，其两端直线长度为5市尺，由户部（相当于今财政部）统一发布标样，颁行全国。由于1弓的长度称为1步，所以弓数等同于步数。土地清丈数字以"步"为基本单位，税亩是换算后得出的，其换算方法是：

广（宽）步×步长÷240 步＝土地面积（亩）。清丈完成后，给业主颁发称为金业票的土地所有权凭证。由于业主要执票经"册里"归户纳税，因此，金业票也叫归户票。一旦发民间生田地纠纷诉讼时，官府就要查对鱼鳞册及清丈归户票作为原始凭证。

清王朝建立后不仅为扩大税源颁布了《开垦荒地条例》，还为合理征税制定了《赋役全书》，书中载有各地人户实有的土地、类别、人丁，以及应缴纳"田赋"、"丁银"的数量。由于土地、人口随时会有变化，朝廷规定《赋役全书》须定期重修，以使所载内容与实际情况相吻合。朝廷还规定土地丈量必须安排在农闲之时，以免影响农业生产；对田赋册簿，要随时清理；还特别规定对濒江临海易涨坍和因水波容易发生变动的地区，必须每五年丈量一次，而且要求省一级要派道员携同州县官亲临检验，实地丈量。康熙四年（公元 1665 年），各地又奉文清丈，历时五年，填造鱼鳞图册，归户办粮，为在全国推行地丁合一、摊丁入亩提供了条件。从顺治帝至乾隆帝，朝廷进行了八次全国性的土地清丈。顺治年间，要求尺地不遗，查明造册；康熙年间，要求务将欺隐地亩、人丁彻底查出，备

造清册；雍正年间，仍在清查隐瞒地亩，并颁布宽大政策，允许各省官民自查自纠，限期一年，如逾限不首，复经查出，无论在官在民，定行从重治罪。雍正四年（公元 1726 年），广东巡抚杨文乾向雍正皇帝密奏了各府州县将报垦田地和新买田地进行初始登记和变更登记、清丈界址、造送册簿的情况。雍正皇帝阅后亲自朱批"深慰朕怀"四字。

清乾隆六十年（公元 1795 年）制定的《大清律例》，对土地买卖、典当、回赎、找贴、盗卖田宅等都有明确规定。当时土地转移主要有买卖、典当、抵押等形式，买卖又有绝卖和活卖之分。民间土地买卖首先要写立地契，然后到官府衙门缴纳税钱，接着办理推收过户登记手续。契约的内容一般包括：卖地人姓名、卖地原因、所卖土地编号、土名、税亩（或丈积）、四至、买主姓名、价银，尚须声明银（钱）是否当日交足，有无下欠，即时交收过割承纳粮差，永远管业，卖主还要声明此地（田）未曾重复交易，倘有问题卖主承担，最后是写立文契时间、卖出价产、中人签字画押。新业主购买地产签立契约之后，必须在一年内向官府缴纳地产转移税，税率为实价的 3%。缴纳

契税后，官府在草契（白契）上加盖铃印，附以契尾，并发给"土地执照"。清初正式红契（亦称赤契）由草契和契尾组合而成。契尾为两幅，由布政司（相当于今省财政厅）印发，前幅交买主收执，后幅存留官府以备查。经税契、核准后，白契即成红契，地权转移合法，在法律上受到官府保护。

中华民国建立后，北京政府基本承袭了清末的地籍管理体制和做法，直到南京国民政府成立，才有所变化。国民政府开府伊始即要求各都会、省会及其他设市地区，先行调查测量登记事宜，然后进行私有土地整理。1930年公布了《土地法》，该法有300多条条文，条文最多的是关于地籍整理和土地产权，详细规定了包括所有权、地上权、永佃权、地役权、典权和抵押等土地登记内容，规定要进行土地及其定着物的登记和土地权力变更登记，开展地籍整理。1933年，分省进行土地丈量、土地登记和规定地价，按号发给业主《土地所有权状》，并办理土地他项权力登记，编造坵领户土地册籍。1934年，发布《办理土地陈报纲要》，开始举行土地陈报。1935年，成立"中央土地委员会"，在江苏浙江等16省进行"土地普查"。

1949年10月1日，中华人民共和国成立。1950年6月，中国共产党七届三中全会，通过了在全国范围内开展土地改革的决议。之后，中央人民政府颁了《中华人民共和国土地改革法》。其中第三十条规定："土地改革完成后，由人民政府发给土地所有证，并承认一切土地所有者自己经营、买卖及出租其土地的权利。土地制度改革以前的土地契约，一律作废。"1950年11月，中央人民政府内务部专门发出《关于填发土地房产所有证的指示》，规定："凡土地改革已经完成地区，为切实保障土地改革后各阶层人民的土地及原有土地，均应一律颁发土地房产所有证（简称土地证）。"并在文后附有土地证式样。同月，政务院颁的《城市郊区土地改革条例》也规定："城市郊区土地改革完成后，对分得国有土地的农民，由市人民政府发给国有土

社员工分票　当代　中国财税博物馆藏
人民公社，是20世纪50年代末至80年代初期中国农村中同基层政权机构相结合的社会主义集体所制的经济组织，也是农村社会的基层单位。社员参加集体劳动，按照各人所得劳动工分取得报酬。图为社员劳动后所得的工分凭证。

地使用证，保障农民对该项土地的使用权。对私有农业土地者发给土地所有证，保障其土地所有权。土地改革以前的土地契约，一律作废。"之后，北京、上海、天津、武汉、太原等城市和中南区相继颁布土地登记的规则和办法，为明确和保护产权，完成地籍整理，对土地房产的总登记，转移登记，变更登记的内容、程序、查丈、收费和领取所有证或执照作出了规定。

1953年12月，中共中央发布了《关于发展农业生产合作社的决议》，决议指出了党在农村工作的根本任务，就是要促进农民联合起来，逐步进行农业的社会主义改造。1954年，以土地入股、统一经营为特点的半社会主义性质的初级农业生产合作社，在全国范围内发展很快，到1955年，已有农副业生产合作社634000多个，入社农户1692万户。在初级农业合作社里，土地仍是农民的私有财产，但归合作社集中统一使用，社员按劳分配，并通过土地等生产资料的所有权取得一份收入，属于一种部分集体所有制半社会主义性质的经济。到1956年底，全国入社农户户数已达11783万户，占全国农户总数的百分之96.3%，其中参加高级社的农户户数占全国农户总数的

百分之87.8%。《高级农业生产合作社示范章程》中规定：社员的土地转为合作社集体所有。高级社是以生产资料集体所有制为基础，实行集体劳动，按劳分配。1958年5月，中共八届二中全会，正式提出社会主义建设总路线，接着掀起了"大跃进"和"人民公社化"运动的高潮。8月，北戴河会议公布了《关于农村成立人民公社问题的决议》，到9月底，全国农村已经基本实现了人民公社化，共建成人民公社近234000个，参加的农户占总农户的90.4%，平均每社4794户。到11月，全国74万多个农业生产合作社改组成265000多个人民公社，参加的农户12690多万户，占全国农户总数的百分之99.1%。人民公社"一大二公"、"政社合一"，废除一切私有制，社员的自留地等都收归公社所有。1958年12月，在中共八届六中全会通过《关于人民公社若干问题的决议》，要求1958年12月至1959年期间整顿人民公社。规定：公社三级所有、三级核算，以生产队为基础的体制。并恢复自留地制度，社员自留地为每人平均占有土地面积的5%，房前屋后、水边路旁闲散土地谁种谁收，不征公粮，不派统购任务。

1978年开始，中国进行了广泛、深

浙江省奉化县土地承包使用证　当代
中国财税博物馆藏
1978年开始在农村实行家庭承包经营为主的农业生产责任制。图为1984年，浙江省奉化县土地承包使用证。

入的农村改革。主要内容是实行家庭承包经营为主的农业生产责任制，建立了集体统一经营与农户分散经营相结合的农业经营管理体制，打破了"三级所有，队为基础"的统一经营模式。另一项重要改革就是实行政社分设，重新建立乡政府作为政权的基层单位，农村土地则继续实行集体所有制。

第十二节　主权旁落的中国近代海关

一、鸦片战争后的晚清海关

清道光二十年（公元1840年）爆发的中英鸦片战争，打破了中国闭关锁国的局面，道光二十二年（公元1842年）清政府被迫与英国签订了中国第一个与外国的不平等条约——《南京条约》。条约规定：（一）开放广州、厦门、福州、宁波、上海五口为对外通商口岸，准许外人居住贸易，并许派领事居住；（二）英国以修理船舶、贮藏船舶用品的目的，要求割让香港；（三）废止特许商人，承认自由贸易；（四）制定公平、统一的海关税则公布实施；（五）英国领事为英国商人与中国官府间交涉的中间人，以及纳关税的担保人；（六）两国官府往来的文书用平等款式。

《南京条约》（附约）第十条所涉及的关税部分，前第二条内言明"开关，俾英国商民居住通商之广州等五处，应纳进口、出口货税饷费，均宜秉公议定则例，由部颁发晓示，以便英商按例交纳，今又议定英国货物自在某港按例纳税后，即准由中国商人遍运天下，而路所经过税关，不得加重税例，只可照估价则例若干，每两加税不过某分。"由于南京条约签约时，中国对外贸易不发达，进出口货物种类少，值百抽五的关税税率表上所列从量征税货物，属于进口货物只有

大道之行
中国财政史

粤海关监督衙署　清
在平定三藩之乱和收复
台湾岛之后，康熙帝为
了振兴沿海地区长期凋
敝的经济，决心解除自
朝以来300余年的海
禁，实行开海通商政
策。公元1685年，在东
南沿海创立粤海、闽海、
浙海、江海四大海关，作
为外国商船来华贸易的
指定地点。这是中国历
史上正式建立海关的开
始。图为19世纪初佚名
画家所作的油画《粤海
关监督衙署》。

48种，出口货物也仅有61种，因此当时中国与外国签订的值百抽五协定税则，迟至道光二十三年（公元1843年）通商章程上才开始采用。

表面上，新税则规定的税率并没降低，甚至有些货物的税率还有所提高，但由于以前清政府规定的不少附加税在新税则实施后不能再征收了，导致外国商人实际缴纳的关税比以前降低了不少。随着时间的推移和经济的发展，海关进出口货物品种日益增加，因此采用新税则后，对税则表上未列名的货物，均按值百抽五征收关税；至于和欧美贸易没有直接关系的亚洲特产品，如香料、木材、金属等未登税率表的货物则采用值百抽十的税率。

新旧税率比较表　　　　　（单位：白银两）

货品		单位	旧货率		新税率
			法定税率	实征税率	
进口货	棉花	一担	0.298两	1.740两	0.400两
	洋布	一匹	0.069两	0.373两	0.100两
	漂白棉布	一匹	0.285两	0.702两	1.000两
	棉纱	一担	0.483两	2.406两	1.000两
	罗纱	一丈	0.712两	1.246两	0.150两
出口货	南京绢	一担	15.276两	23.733两	10.000两
	广东绢	一担	8.576两	10.570两	10.000两
	砂糖	一担	0.269两	0.475两	0.250两
	木棉	一担	1.844两	2.651两	1.000两
	茶	一担	1.279两	6.000两	2.500两

由于条约签订后，太平天国战争爆发，太平军攻占上海等关津要冲，社会秩序混乱，海关关税的正常征收受到了极大影响，于是咸丰四年（公元1854年）六月二十九日，英国驻上海领事阿礼国联合美国领事马辉及法国代理领事伊丹和苏淞太道兼海关监督吴健彰在昆山举行会谈，讨论在中国建立新制海关。会谈协议要求：（一）各国领事得选择和提名一名委员，海关监督只能照章加以任用；（二）这些委员执行征税工作时需受中国政府的管辖，但若遇到违犯关章的行为，则要通过由三国领事和海关监督组成的合议庭共同决定；（三）各委员对于海关的一切档案、册籍和公文都有权检查，海关亦须备妥中英文一份准备随时呈给海关监督和各国领事查阅；（四）外国船舶或运货人的准单、收据、红单或其他档，非有一个以上委员的副署，不得签发或使这些单据生效。根据协定规定，三国领事各提名一人为税务监督，由苏淞太道兼海关监督吴健彰委派帮办上海海关关务。最初的三名税务监督分别是英国的威妥玛，美国的喀而和法国的史密斯，由他们三人组成了关税管理委员会。同年七月十二日，三国代表组成的新制海关正式宣告成立。

新制海关在成立初期，采取了三项措施：（一）把鸦片贸易列入例外和有保障之下；（二）航行安全，改良税则和赔偿损害；（三）减少海关和领事间的纠纷，并对所有商人一视同仁，从而被在上海从事贸易的外商认可和接纳，打下了外国人正式管理中国海关的工作基础。

由于英国政府不想让美法两国染指关税管理，也不希望监督由本国使领馆提名，造成税务监督受使领馆干预。因此，在咸丰八年（公元1858年）与中国签订中英天津条约时，就规定："海关任用洋员一事，各口统一制度；任凭总理大臣邀请英人帮办税务，……毋庸英官指荐干预。"这一条款既明示任用英人辅佐海关行政，也明确海关行政不受英国使领馆干预。同年十一月在上海签订的《中英通商章程》是《中英天津条约》的补充条款，共有十款，与海关有关的主要内容有：海关对进出口货物一律按货物时价抽5%的关税；洋货运销内地或英商从内地收购土货出口，只纳子口税2.5%，不再纳厘金；鸦片为准许进口货物，每百斤纳进口税银30两；海关聘用英人帮办税务。从此，中国海关管理权从英美法三国共掌的委员会制，走向了英国大权独揽的局面。

咸丰九年（公元1895年）五月二十三日，两江总督兼任通商各口钦差大臣何桂清，以江海关英籍税务监督李泰国在帮办该口税务四年期间，熟识中外商情，处理关务颇为尽心，任命李泰国为总税务司。李泰国正式被任命为总税务司后，立即动身前往广州、汕头（公元1860年）、福州、宁波、镇江、天津（公元1861年）等地设立新制海关。起初，海关外籍高级关员大部

李泰国（公元1833年—1898年）
英国人。太平天国占领天京后，清朝政府实际无力控制上海海关。在此情况下，公元1854年，英、法、美三国在上海成立了"关税管理委员会"，首先夺取了上海海关的管理权。随后，又通过不平等条约掌控了中国整个海关。公元1860年1月20日，总理各国事务衙门成立后，清政府即委任李泰国为总税务司，为第一任总税务司，任职7年。

分由英国人包办，美国驻华公使华约翰为此向两广总督劳崇光抗议，并拒绝承认新制海关代中国政府征收关税的权利。英国驻华公使卜鲁斯建议李泰国不要过分包办海关的行政人权，最好能够任用部分其他国籍的关员以达平衡，李氏遂任命美籍人士为粤海关的负责人，给予美人在海关所谓公平比例的职务。

咸丰十一年（公元1861年），李泰国在上海为流氓误伤而向上海海关监督薛焕请假返回英国疗养旧疾，于是委派代理江海关税务司费子洛与赫德两人共同代行总税务司职务。由于赫德精通华语，早年在广州与清廷官员打交道，深知中国风土人情，再加上个性积极，亲赴长江各通商口岸置办新关，很快掌握了海关大权。同治二年（公元1863年），李泰国自英国返回中国。不久，因为阿斯本兵轮案爆发，李泰国被清廷革职。阿斯本兵轮案的缘由是同治元年(公元1862年)军机大臣文祥欲建立一支属于中央政府直隶的海军，特命回英国疗伤的李泰国顺便向英国购买兵轮及趸船八艘，组成一支小型的中英联合舰队。不料，李泰国未经中国政府同意，竟然私自与英国海军大佐阿思本(Sherard Osborn)立约，

不但严重损害了中国主权，还引起了一连串纠纷，导致清廷迫不得已，将轮船全数退回。李泰国被清廷革职的次日，恭亲王奕䜣即任命赫德为总税务司，不久奉总理衙门之命赫德将总税务司署从上海迁至北京。

由于关税既不受自然灾害的侵袭，也不受时局变化的影响，关税收入成了清政府最可靠的财源，列强各国也逐渐把海关当做赔款和外债的担保机关。列强为争取在中国的最大利益，获取海关的职位是他们努力的目标，所以海关很快就成为集合风俗习惯相异的各国国民所组成的半国际性机构。为求人事任用的平衡，海关对关员的转任和更易均注意国籍的分配情形，这也成为总税务司用人的一项艺术。

为了平衡各方面的关系，赫德任用关员时非常慎重，派任新职时，常把当事人的国籍当做主要考虑的标准，所以在海关创立的最初十年，具有特殊才能和国籍是海关用人考虑的主要条件，使得海关大门为所有与中国有贸易关系的国家敞开，经过严格挑选任用的关员，则以公正、公平、专业的方式管理，让到中国从事贸易的商人，认为海关的通关作业具备公平廉洁的过程，值得信赖。

为确保来自不同国籍的关员对中国政府的忠诚，赫德要求外籍关员不得与其本国政府发生关系，不得有本国利益色彩的言论。中法战争期间，他向法国政府声明法籍关员照常任职，中日发生甲午战争，赫德通令各关外籍关员："禁止关员参与战争性质的服役，若经发现，将遭受除名。"在清末民初中国内战时期，海关也以中立自居。海关任用新的关员采国际性原则，赫德请列强驻在北京的外交官协助，鼓励各国优秀人才参加海关的工作。除美国政府曾主动要求派员到海关任职外，同治八年（公元1869年），德国政府也要求海关聘用十数名德籍关员，德籍关员中甚至有北德联盟财政部的助理，此时，海关外籍关员数除英国外，以德籍最多。咸丰十一年（公元1861年），主管税务的内班外籍关员中，英国5人、美国2人、法国和德国各1人；同治三年（公元1864年），英国6人、美国3人、法国3人、德国1人；同治十二年（公元1873年），内班供事以上的外籍关员计有93人，其中英国58人、法国13人、美国7人和其他国籍的关员。

中英烟台条约签订后，更多的通商口岸陆续开放，新海关不断增设，外

大道之行
中国财政史

籍关员数也快速增加。光绪十一年（公元1885年），外籍关员为514人，其中英国332人、德国69人、美国43人、法国27人、瑞典14人、丹麦14人、意大利7人、其他8人。税务司47人中，英国31人、美国6人、德国5人、法国3人、挪威和匈牙利各1人。

光绪十二年（公元1886年）以后，粤海关的辖区扩大至港澳海域的常开关卡，而朝鲜海关也由总税务司署管辖，西南地区的通商口岸亦陆续开办海关，外籍关员数继续增加，根据光绪十四年（公元1888年）的新开题名录，外籍关员数增加至678人，此后有一段时间，外籍关员人数维持在700人左右。

光绪十八年（公元1892年），中国与朝鲜缔结《商民水陆章程》，次年李鸿章派德国人穆麟德负责朝鲜海关关务兼外交顾问。光绪二十一年（公元1895年），赫德受清政府委任，扩张海关行政至朝鲜通商口岸，首任驻朝鲜海关税务司为美籍关员墨贤理。此后至中日甲午战争前的十余年间，规定：朝鲜海关官员必须是任职于中国海关的外籍关员，归中国海关总税务司管辖，其薪俸由双方分担；两国外部关税依旧继续，内部关税与出入国内各通

江汉关五十两锭　清　中国财税博物馆藏
公元1863年江汉关在汉口成立，下设石灰窑分关和汉阳南关两个分关，是长江流域最重要的海关之一。图为江汉关五十两马蹄锭，锭面戳记有三个，一横二竖。分别为"江汉关"，"光绪二十三年"及"有成号匠王明"。

商口岸的待遇相同；对于两国间输出货物，相互发给纳税证明书及装载证书，以方便课税及统计；朝鲜允许将其禁止输出的人参输往中国，中国亦准许其禁止输出的米及其他谷类输往朝鲜；鸭绿江陆路边境贸易除了两国人民输出入从价按五厘税率征税外，免除国内的通行税，蔬菜、瓜果、鸡、鸭、鹅、鱼等食品一概免税。中国海关与朝鲜海关组成了一种不完全的关税同盟。

中日甲午战争后，随着《马关条约》的签订，清政府急于向外国筹款来支付对日赔偿。由于外国对中国的贷款多由关税担保，谁提供的款项多，谁就有可能控制中国海关。觊觎总税务司宝座的俄国和法国列强认为机会难得，便主动上门贷款给财政窘迫的清政府用于偿还日本索要的赔款。自光绪二十一年到光绪二十三年（公元

1897年），两国分三次借款给清政府，并从中施加压力，试图控制中国海关。聪明的赫德很快发现了俄、法的阴谋，为了保住自己的地位，他也运用经济手段来巩固自己的地位。赫德迅速通过英国外交部及其本人与清政府总理衙门的关系，由英商汇丰银行出面并与德国银行合作，取得对清政府第二次、第三次大借款的合同，英国并利用借款合同要求许多有形无形的利益，合同规定：还款期限分别为36年、45年，且不得提前还款；在债款未清偿前，中国海关事务须按原定管理办法执行。光绪二十四年（公元1898年），英国驻华大使向清政府递交照会，宣称由于英国对华贸易超过其他各国，英国政府认为总税务司一职应按旧例，继续任用英籍关员担任。起先，清政府表示同意，但后来发现此事涉及主权，便随即宣布要在英国对华贸易继续领先其他国家时始得适用。

光绪二十六年（公元1900年）八国联军以义和团事件为由，派兵进攻北京。次年，中国被迫签订辛丑和约，赔款白银四亿五千万两，赔款全额由海关关税担保。由于原有海关关税收入有限，无法支应庞大的债款，列强为了确保债权，要求总税务司接管各通商口岸五十里内的常关。随着海关任务的加重，外籍关员数量随之增加，光绪二十八年（公元1902年）仅1000人左右，四年后增加至1300人，至宣统三年（公元1910）外籍关员数量达到顶峰，在中国海关总员额19169人中，外籍关员占有1468人，且大部分为担任重要职务的高级关员。

晚清时期尽管华籍关员的人数占关员总数的5/6，看上去占绝对多数，其实华籍关员都是海关的下级工作人员，仅能担任助理等工作，很少有机会担任关区负责人或参与征税等较重要工作，税务处成立后才任命华籍帮办。华籍关员直到光绪三十三年（公元1907年）才产生了第一位代理税务司，此人叫张福廷，原任宜昌关文案，西藏亚东关英籍税务司韩能任期届满出缺，总税务司才派张福廷前往代理。

人是利益的动物，海关不可能以道德诉求期待商人不从事非法走私和偷漏关税，也不可能期待海关工作人员在生活窘迫中不徇私舞弊。赫德以高薪养廉的理念开创了中国海关的高薪历史。赫德受任总税务司后，秉着一流机关要有一流人才，一流人才要有一流待遇的观念，向恭亲王奕䜣及大学士文祥要求给予海关洋员一流的待

大道之行
中国财政史

遇，强调唯有给予高薪，才可责其事繁，而免被奸商所买。恭亲王等亦同意给予洋员高薪，同时要求关员以高效率的服务质量、廉洁的情操，效忠海关。据晚清美国驻华公使蒲安臣说：海关外籍关员的待遇相当其他国家一般行政人员薪俸的两倍。中国海关的高待遇政策一直延续到抗战胜利，而绝大多数关员确实也不分国籍始终坚持

"财政部重庆关"徽章　　民国
公元1890年3月中英签订《烟台条约续增专条》，重庆被迫辟为通商口。公元1891年3月正式开关。抗日战争时期，重庆关成为当时全国最大的海关。图为由总税务司统一制配的徽章。

严格执行海关关章，以忠诚、荣誉、效率的传统精神为海关效力。

　　不过，在高待遇的同时，也存在着华洋关员任职海关的不平等待遇。其发端于三国领事与上海海关监督所订之上海海关组织条约，《条约》规定，新募用的外籍关员应从优给酬。根据英国驻上海领事阿礼国的提议，海关每

年应支给税务监督（税务司）6000墨西哥元的高薪。是时，华籍文案的薪俸每年仅240元。同治三年（公元1864年）赫德实授总税务司时，海关外籍关员的待遇仍然极为优渥，新进外籍关员抵达中国时，海关需支付旅费200英镑，在北京学习的前两年支薪400英镑，任职满两年薪俸提高到每年600英镑，一般外籍关员任职期间只要表现优异，大约8年到10年即有希望晋升至税务司。而华籍关员需任职30年才可能拿到一个初进海关的外籍关员最低月薪的150两，即使是华籍帮办也要20年才有可能获得同等月薪。

　　当时，海关所征收的税收可以分为输入税（进口税）；输出税（出口税）；边境输出入税：俄领边境输出入税、中韩边境输出入税、东京（越南东京湾）边境输出入税、缅甸边境输出入税；子口半税；沿岸贸易税；吨税；鸦片厘金等。

　　作为总税务司的赫德也积极参与清廷的外交活动，同治七年（公元1868年），赫德建议由海关提供经费，由清政府委任美国前驻华大使蒲安臣为特

派中外交涉事务使臣前往欧美各国访问，因为蒲氏不懂华语，团员中有精通华语的海关税务司英人柏卓安、法人德善两人，另外简派总理衙门章京记海关道志刚以及礼部郎中孙家毂以钦差的名义会同出国。特使团先至美国，然后历经英、法、德、俄罗斯、意大利、比利时、西班牙、瑞典、丹麦、荷兰等11国，晋见元首，亲递国书是中国遣使出洋之始，后来由于蒲安臣在同治八年（公元1869年）二月，因病在俄罗斯首都圣彼得堡去世，使团才提前返国，先后历时一年多。

同治十二年（公元1873年），奥匈帝国政府在维也纳举办博览会，邀请中国参加，清政府总理衙门命令海关搜集参展物品，从此凡世界各地举办的博览会中国展馆均由海关负责筹划组织，直到光绪二十九年（公元1903年）年清政府设立商部，光绪三十二年（公元1906年）又改组商部成立农工商部，海关组织参展职能才方转移到农工商部。截至光绪三十一年（公元1905年）的比利时列日博览会，中国海关共组织参与世界性博览会27次。

中国古代递送公文的驿站，源远流长，具有两千年悠久历史，而新制邮政，则迟至晚清才姗姗来迟。仿效欧洲

的新制邮政起源于咸丰八年（公元1858年）的中英天津条约，该条约第四款规定：大英钦差人臣各随员等皆可任便往来，收发文件、行装箱囊，不得有人擅行启拆。由沿海无论何处皆可送交，专差同大清驿站差使，一律保安照料。随后清政府和丹麦、西班牙、比利时、意大利、奥匈帝国及日本签订条约，均有类似条文。我国同意各国公使自由派遣差使递送公文，并负责保护其邮差。

咸丰十一年（公元1861年），俄、英、法三国派遣使臣来中国，要求依条约规定，自行派差使递送公文。由于中国和各国签订的条约都有最惠国条款，一国有例，其他国家均有权依例办理。由于当时北京与上海交通纯赖海运，冬季封河后，各国驻京使臣的邮件即交由总理各国事务衙门命令差驿代寄。同治三年（公元1864年），赫德奉命将总税务司署由上海迁往北京办公，总税务司和沿海各口岸税务司间的通信，于天津、北京间，雇用按班计薪的脚夫运送，天津、上海间则交海轮运送。

最初，海关代送邮件每年仅经办九个月，冬季十二月至次年的二月，天津海口封冻，上海寄往北京的邮件改由镇江寄发，而由总理衙门交驿站用

马差往来北京、镇江间递送。同治五年（公元 1866 年），总理衙门根据条约中清政府负有保护使馆通信责任的规定，将代递使馆文件的工作交付海关办理，总税务司遂于上海、天津、镇江、牛庄、烟台等海关添设邮务办事处，开创了海关兼办邮政之业务。

同治六年（公元 1867 年），总税务司署邮务办事处公布邮件封发时刻表，北京寄发天津和上海邮件每星期四封发一次，天津寄北京部件每星期六封发一次，欧美寄来的邮件于每星期日，或星期三运到天津，再由专差送到北京；并且订立纳费办法，不久海关经办邮政的范围，由使馆信函扩大到寄居在北京和天津的外侨。

光绪四年（公元 1878 年），天津海关邮务办事处开始收寄民间邮件，从此现代中国邮政进入了为民服务的公共领域，成为社会公用事业的组成部分。在此同时，邮票应运而生，首发了以云龙为图案，面值为一分银、三分银、五分银等三种邮票。开创了中国邮票发行之先河。

随着现代化步伐的加速，南北洋大臣刘坤一、李鸿章、张之洞等不断上奏章要求朝廷设立邮局，再加上赫德很早即奏呈清廷准予设立邮局，于是清政府要求赫德议定邮政章程上报总理衙门。光绪二十二年（公元 1896 年），清政府正式下令海关筹办邮政，将附设于海关的邮务办事处正式命名为大清邮政局，海关总税务司赫德兼任总邮政司，葛显礼奉派为首任邮政总办，此时距海关增设邮务办事处已经有 30 年之久了。邮政开办后的第三年，办理邮政业务的外籍人员只有 58 人，第四

大清邮政加紧信件专用邮票　　民国
公元 1905 年，大清邮政专门印制发行了一套"大清邮政加紧信件"专用邮票，即快信邮票。每枚邮票分为四联，第一联为存根，留邮局备查，第二联为收信凭证，第三联上印有面值"壹角"字样，第四联为发信收单。

年增加至 73 人，光绪三十二年（公元 1906 年），增至 95 人。

大清邮政在成立初期，由于业务量不足，收支难以自给，只能依赖海关拨款补助维持。自光绪三十年（公元 1904 年）起，指定天津、上海、汉口、福州、汕头、广州等六个海关按月协拨关平银各 1 万两，每年总计 72 万两。

宣统三年（公元 1911 年）五月，邮政由海关移交给光绪三十二年（公元 1906 年）成立的邮传部接管，邮传部内并成立邮政总局，首任总局长为李经方，并派原任邮政总办法国人帛黎为邮政总局总办。

二、中华民国北京政府时期的海关

宣统二年（公元 1910 年），一向精力充沛的赫德感觉身体每况愈下，力不从心，于是向清政府推荐接班人选。在五个推荐人中清政府圈选赫德小学同学的儿子，时任江汉关税务司的安格联代理总税务司职务。宣统三年（公元 1911 年）正式代理，同年九月二十日赫德在英国去世。安格联于十月二十五日正式就任中国海关总税务司。

辛亥革命以前，总税务司和各口岸的税务司们并没有实际从事在几个通商口岸内征税、存放和汇兑关税的工作，各国商人均直接向海关关银号缴纳税款。宣统三年十月十日，辛亥革命爆发，由于中国政局动荡不安，不少清政府任命的海关监督弃职逃离岗位，各省军阀则乘机扣留关税。而庚子赔款和多项外债都由海关和常关的关税担保，各债权国家纷纷向尚未垮台的清政府提出抗议，驻北京公使团协议，由各国银行组织联合委员会联合监督海关收税，以拨还债务和赔款，经清政府外务部和外交团磋商，于公元 1911 年 1 月，双方订立管理八条收税办法。一是此项委员会须由庚子以前，以关税作抵尚未付清之各洋债银行，与和约赔款之各国银行之总董，组织成立。该委员会应决定各洋债内，何款应行尽先付还，并编列一先后次序，以便上海关税司遵照办理。二是关系尤重之各银行，即汇丰、德华、道胜三家应做为上海存管海关税项之处。三是应请总税务司，承认先将海关所有净存税项，开单交与所派之委员会，届中国政府复能偿还洋赔款之时为止。四是应请总税务司，筹备由各收税处所将净存税项，每星期汇交上海一次之办法。五是请总税务司将上海所积净存税项竭力筹维，于每星期均分收存汇丰、德华、道胜三行，以作归还该项洋债及赔款之用。上海税司应由此项存款内，按照第一条委员会决定之先后，准其届期提拨付还。六是倘至1921年底情形尚未平复，届时必须算清下余若干，可作付还赔款之用，此项清单须交外交团酌核，如何分拨。七是该委员会应每三个月将所收关税如何拨付之处，由驻沪各国领事，报告驻京各国大臣。八是此项办法如有应行更改之时，得斟酌损益，令各国大臣，嘱本领衔大臣请为按照以上办法转知总税务司饬行沪税司遵照办理。

民国成立后，海关的统属和内部组织仍然和清朝时期相同，北京政府虽将清朝的度支部改为财政部，而税务处仍属特种官署，名义上归中央政府直接管理，而实际上，接受财政部和外交部两个单位共同指挥，其中各通商口岸的海关监督都由财政部任免、管辖。当时，总税务司职责为：监督全国海关并订立章程规则，指挥监督各海关自税务司以下的职员，管理征收保存海关全部的税款，管理海关担保的外债以及财政部指定的内债。

第一次世界大战爆发后，由于战争影响，部分欧籍关员返回本国，海关外班关员国籍比例发生了很大变化。

战争初期，北洋政府宣布中立，德和奥两国籍关员仍照常任职。民国6年（1917年），北洋政府宣布对德、奥两国宣战，所有德、奥籍的关员全部撤出海关。随着战争期间许多协约国的关员相继辞职返国，总税务司下令这些人不得复职，整个海关的外籍关员首次趋减。战争结束后，外籍关员的人数才渐次增加，民国14年（1925年）统计，外籍税务司43名，英籍占27人；副税务司30人，其中英籍占18人。此时，海关外籍关员的地位，以英籍最高，法国次之，美国、日本最低。

三、中华民国国民政府时期的海关

南京国民政府成立后，于民国18年（1929年）1月，国民政府任命前粤海关税务司、且与广东军政府关系良好的梅乐和继任总税务司，总署迁至南京，并于上海设立办事处。

梅乐和就任后，组织改善关制管理委员会，从五方面着手拟定改善华籍关员的待遇。一是停止招用外籍关员：决定自1929年起停止晋用外籍关员，如需聘请专门技术人才，须自华籍关员中选择。倘仍然没有合格者，应先行呈请核准，才可以任用洋员。二是华洋关员待遇平等：总税务司于可能范

国民政府大门

1927年4月18日国民政府于南京"遵总理遗志，定为首都"。图为建于1929年的国民政府府邸大门楼。

围内尽量选择符合资格的华籍高级关员，将其擢升为税务司，并选派合格华员为副税务司，以培养其成为税务司的人才。美籍稽查员也应该拥有与外籍稽查员升任该级以上职缺的同等权利。其他各部分的合格华籍关员，亦得与合格外籍关员享有同等的机会。三是薪津划一：华洋关员的薪俸及代理期间所领的津贴应一律平等，洋员的待遇应依照华员的待遇改订，唯洋员的生活程度较高，酌给出国津贴，但该项津贴的数目及新订的待遇数，不得超过旧有的待遇。四是华员退职年限，比照洋员退职年限办理。五是所有内外班高级华员，服务相当年数后，比照洋员所规定的长期假，亦给予长期假。其他各级华员长期假稍短，每年应给予14日或20日的假期。为了进一步改变华籍关员的薪给始终低于洋员的状况，1932年7月，国民政府重新改拟海务科人员薪俸办法，将洋员高于华员薪俸的数目，按照内班员薪俸办法，列为洋员国外特别津贴，俾华洋一致，以符合平等待遇的原则。

1937年7月抗日战争爆发后，沦陷区海关沦入敌手，由于战争初期，日

中国海关进口税缴纳证　　民国　　中国财税博物馆藏

1941 年 12 月，太平洋战争爆发，日本对英、美两国宣战，总税务司梅乐和被日军俘虏，沦陷区的海关突然变成日本殖民地的海关，总税务司也由日人担任，重庆国民政府乃另行成立总税务司署，任命腾冲关英籍税务司周骊代理总税务司职务，管辖昆明、兰州、南宁、西安、思茅、梧州等 14 个内地的海关，另行编印海关临时职员题名录。

1943 年，日本释放梅乐和，梅乐和回到重庆重任总税务司，周骊申请退休，两个月后，梅氏也申请退休，因为英国在中国的势力已经大不如前，而美国在中国的影响力正方兴未艾，遂取而代之，海关总税务司的职务第一次不由英籍关员担任，政府召唤业已被日人遣返美国但尚为粤海关税务司的美籍资深关员李度继任。

1945 年 8 月 15 日抗战胜利，次年 1 月 1 日，李度在上海接管沦陷区海关，重庆和上海的两个海关总税务司署合而为一。1948 年 12 月，在内战中一败涂地的国民政府，为了退守台湾省以自保，命海关海星缉私舰载运上海中

本与美国、英国仍处于非交战国状态，加上海关始终以半国际性、中立性的机构自居，而且关税又负有偿还外债和赔款的国际任务，日本军队不敢立即加以占领，尽管国民政府西迁重庆，日方仍然默许梅乐和与海关总税务司署留驻上海，总税务司署所编印的职员题名录，仍以中华民国年号编制，并且把重庆国民政府辖区的关员名单亦予列入，海关的外籍关员也仍然留任。但留在沦陷区的海关行政，不可能不受日本的控制，英国政府在日本政府的压力下，让海关总税务司署总理文案的日籍关员岸本广吉成了海关实际的负责人，新进关员中日籍关员明显的增加。而且英国政府不顾国际惯例，代我国政府与日本订立海关协议，同意凡在日军占领区域内，各通商口岸的关税税款，一概存于日本横滨正金银行。

央银行库存黄金、白银等数百吨至基隆，其中黄金共计７７４箱，合纯金2044459.06市两。

四、关税自主的抗争

中国自唐宋时期在沿海地区建立国境海关以来，关税一向采取国定税则。明代武宗时葡萄牙人先至广东贸易，嗣后西班牙、荷兰、英国相继东来，地点仅在广东、浙江、江苏（含上海）等三处，俄国在北方陆路恰克图、尼布楚等地通商。清朝初年管理关税仍然沿袭明朝旧例，征税的则例有：正税则例、比例则例和估价册等三种。康熙二十三年（公元1684年）设立海关监督后，关税的增减均由海关监督核明，再报请户部核定。鸦片战争以后，关税主

上海开埠初期的港口风貌　　清
公元1843年11月17日，根据《南京条约》和《五口通商章程》的规定，上海开埠。从此外国商品和外资纷纷涌进上海，开设行栈，设立码头，划定租界，开办银行，创办工厂、控制关税等等。图为上海开埠初期的港口风貌。

权则随外患内乱的发生而转移。

首先是鸦片战争爆发后，中国战败。道光二十二年（公元1842年）清政府被迫签订《中英南京条约》，次年又订《通商续约》，规定：进出口税值百抽五，吨税（船钞）150吨以上每吨5钱，150吨以下每吨1钱，开我国协议关税之始。

其次是太平天国起义时，太平军将领刘丽川于咸丰三年（公元1853年）占据上海县城，海关监督吴健彰逃至租界，海关收税工作由各国驻上海领事代征。其间虽然曾经收回自办一段短时间，咸丰四年（公元1854年）七月十二日开始又归英、美、法三国领事派员共同管理，开外人管理我国海关之先河。

再次是咸丰六年（公元1856年）第二次鸦片战争爆发，英法联军入侵，咸丰八年（公元1858年）清政府被迫签

订天津条约，规定：减轻船钞，子口税代替内地厘金，规定十年修正税则一次，给予列强最惠国待遇，邀请外人帮办海关事务、划一各通商口岸的海关制度。

第四是中日甲午战争爆发，日本挟战胜国之余威，强迫清政府缔结马关条约及商约，规定：外侨得在中国商埠设厂，外国进口货物除进口税、子口税外不得再增加任何税课。严重约束了中国关税课税主权。

第五是八国联军以义和团事件为由攻入北京，清政府被迫签订《辛丑条约》，赔款四亿五千万两，由于海关征收的关税收入不敷偿付赔款的本息，清政府被迫将五十里内常关划归海关管辖，并修正税则使货价切实按值百抽五的税率，随着赔款金额日益增加，中国海关进一步受制于列强。

第六是晚清时期，尽管外籍人员统制海关行政，但关税收支仍由中国籍的海关监督主持。辛亥革命爆发后，由于清政府任命的海关监督纷纷离职，列强驻北京公使团借口维持债权而决议：中国海关税款的收支全由总税务司主持，并改存汇丰、道胜、德华等外国银行。旋以德华银行倒闭，改存汇丰、道胜两银行，后来道胜又停业，于是将关税款改存汇丰、汇理、正金等三家银行。

关税的征收与税则税率的制定，是国家重要主权，它对发展本国的工商业经济，具有极大的调控作用。民国元年（1912年）8月，马凯条约规定十年修改税则的期限届满，中国政府向列强提出修订税则，由于与列强百般阻挠，税则修订困难重重，直对民国6年（1917年）北京政府才方颁布固定关税条例，准备适用和我国没有条约关系国家的进口货物。至于有条约关系的国家仍然适用条约规定的协议税率，后来由于记账困难而作罢，经过反复交涉始于民国7年（1918年）修正海关税则。

第一次世界大战结束后的民国8年（1919年）秋天，中国以战胜国身份参加巴黎和会，会上中国政府要求恢复关税自主，希望两年后废止原来的协议税则，并提出四项主张：一是凡优待之处，必须彼此交换。二是必须有区别，奢侈品课税必须最重，日用品次之，原料又次之。三是日用品之税率不得轻于12%，以补1903年商订废止厘金之短收。四是条约中所指定期限，期限届满时，中国不持可自由改订货物之价目，并可改订税率。而列强各国却以中国代表提出关税自主的要求不属于和会讨论范围而予以搁置。尽管努力失败了，但这毕竟是中国第一次向世界各国提出恢复关税自主的要求，唤起国人对关税自主的爱国热情。

民国10年12月，在美国华盛顿召开的九国会议，中国代表在远东委员会再度提出关于中国关税自主的六个问题。一是现行值百抽五的进口税，应及时增加至切实值百抽十二点五。二是中国准于1924年1月1日裁厘，各国亦须于同日允许中国征收1903年中美、中日条约所载之进出口附加税。并允许对奢侈品在征收值百抽十二点五的进口税外，另级附加税，亦于同日实行。至于条约规定的其他各节，中国与各国按照前述各约的条文仍旧实行。三是自此次协议后，五年以内，再以条约商订新关税制度，对于进口各物，以值百抽二十五的最高税率为度。在此最高限度之内，中国可以自由自定税则。此新税制实施之期，应至下列第五节所载期满为止。四是现在通用于陆路输入或输出各货物的减收关税制度，应即予废止。五是凡中国与各国规定征收关税子口税，及其他税项所订条约的条文，自此次协议签字后届满十年，应该即予废止。六是中国自愿声明对于海关现行制度，并无根本的变更，也没有以业经抵押外债的关税收入移作他用的意思。

民国10年12月的华盛顿会议及民国11年（1922年）1月的远东委员会先后决议中国关税办法为七项内容。一是在上海仿照旧例，各国派员设立修订税则委员会，切实按值百抽五征税，希于四个月内办竣，通告两月期满不必待各国核准，即可先行实施。二是中国政府邀请各国派员在中国境内组织特别委员会，应议之事有二：（一）筹备履行中英商约及日、美、葡商约裁厘加税的实施。（二）在裁厘加税未实施之前，洋货进口增收附加税值百抽二点五，进口货若属奢侈品，最高税率得再提高2.5%，并商订实施的日期、用途分配以及洋货类内奢侈品纳税的等级。三是前项特别委员会，俟各国批准后，中国得随时召集。四是自本届修订税则后，四年期满，再修订一次，以后每七年修订一次。五是陆路通商开税，须与沿海关税一律，其实行办法，交特别委员会决定。六是有约各国一律邀请加入。七是本协议与旧约相抵触时，应按照本协议的办法办理。

华盛顿会议开始时，中国朝野对会议寄予很高期望，但由于这是一个列强操纵的会议，中国代表所提出的主张并没有得到与会列强各国的同情与支持，结果只实现了按值百抽五征收普通品加二点五附加税，奢侈品至多再加二点五的税率，以及实施裁厘加税条约而已。

民国 14 年（1925 年）10 月，在北京召开关税特别会议，讨论裁厘及修改税则事宜。与会者除参加华盛顿九国关税会议的签约国外，还有丹麦、挪威、西班牙、瑞典等四国，中国在会议中提出了四项议案。一是与议各国向中国政府正式声明，尊重关税自主，并承认解除现行条约中关于关税的一切束缚。二是中国政府允许将裁废厘金，与国定关税定率条例同时实行，但是至迟不超过民国 18 年（1929 年）1 月 1 日。三是在未实行国定关税定率条约以前，中国海关税则照现行之值百抽五外，普通品加征值百抽五的临时税，甲种奢侈品（即烟酒）加征 30% 的临时附加税，乙种奢侈品加征 20% 的临时附加税。四是前项临时附加税，应自条约签字之日起三个月后即行开始征收。最后，会议通过了："参与本会议各国代表，议决通过所拟关税自主条款，以便连同随后议定的其他事项加入本会议将来所缔条约之内。除中国外，各缔约国兹承认中国享有关税自主的权利，应允许解除各该国与中国间现行条约内的束缚，并允许《中国国定关税定率条例》于 1929 年 1 月 1 日生效。中华民国政府声明裁撤厘金，应与中国固定关税定率条例同时实行，并声明于 18 年 1 月 1 日实行裁厘。"

由于讨论附加税的税率、税率级距等问题久久不能获得协议，民国 14 年（1925 年）11 月，北京 30 多个团体发起"关税自主示威大会"，要求政府无条件收回关税自主权。否则解散关税会议，自行宣布废除一切关税条约，实行关税自主。使得关税自主成为全国人民的共同愿望。

民国 6 年（1917 年）7 月，孙中山在广州组织军政府，广东军政府即向总税务司争取关余使用权，并且命令辖区各通商口岸海关：凡在军政府所属各省海关，须自民国 10 年（1921 年）2 月 21 日起，服从军政府的训令，听其管辖。军政府还发布扣留粤海关税款的宣言，宣言表示：今特行使管理支配此项税款职权，令仰总税务司及粤海关税务司，于粤省以外各海关税收足敷偿所抵外债之时，须将本政府辖境内所收税款，保留供本政府之用，谅总税务司及粤海关税务司，均为中国公仆，对于粤事自应在本政府节制之下，而服从其命令也。孙中山并且向士林西报记者发表谈话：将令粤海关税务司缴出粤省关税的全数，如不循从其请，则将另易税务司。

民国13年（1924年）1月，中国国民党在广州召开第一次全国代表大会，通过广东军政府截留粤海关关余的决议，该决议案宣称："北京政府现为不法武人官僚所盘据，为我国人所否认，我广州政府辖境内之关余，若仍听北廷支配，是无异齐盗以粮，应请我政府迅速收供建设之用。至列强分派兵舰来粤示威，直不啻助北廷以压迫我政府，干涉我内政……幸我当局不为所慑，始终坚持。……兹本党一致议决，誓为政府后盾。"该决议并且进一步主张收回海关："抑有进者，外人管理海关，其结果不但保护政策无由实行，……是束缚我国实业之发展，妨碍其生存，为害之大，不可胜言，本党尤当进一步：主张收回海关。"11月，广东军政府任命罗桂芳为海关监督，准备接收粤海关，因为列强以武装干涉

而没有结果。

民国14年（1925年）6月，国民政府在广州成立，收回海关权的呼声成为所有有良知中国人的共同愿望。民国15年（1926年）10月，广东国民政府公布《征收出产运销品暂时内地税条例》，打破华盛顿会议议决的范围，自行订定征收附加税的日期、保管和用途，并且另行设立征税的机构征收上述附扣税。于是各省纷纷响应，自行组织机构征收附加税，北京政府见广东国民政府征收二点五附加税，担心这笔经费被当作北伐的军费，也正式宣布开征二点五附加税，交海关代征，但是总税务同司安格联以二点五附加税未经国际会议通过为由拒绝代征，北京政府内阁会议议决由税务处督办下令将安格联免职，并由英人易纨士代理总税务司。随着北伐军的节节胜利，民国14年到民国16年（1927年）间，长江各通商口岸的汉口、长沙、九江、芜湖、南京、镇江、上海等地都有收回关税自主的运动。

北伐胜利，国民政府于民国16年7月26日发表宣言，宣布自9月1日起实行关税自主，并于同日裁撤厘金，在苏、皖、浙、闽、粤、桂六省境内实行，

后因多方面原因并未付诸实施。民国19年（1930年）12月国民政府才正式公布海关税则，第一次行使固定税则主权，并于民国20年（1931年）1月1日起实行。

收回上海法租界会审公廨　民国
1929年国民政府收回了关税自主权后，外国在租界的一些机构陆续撤销。图为上海法租界会审公廨于1931年8月1日正式移交给江苏高等法院第三分院。上图为两家更换牌匾。下图为双方正在点验银契及重要文据。

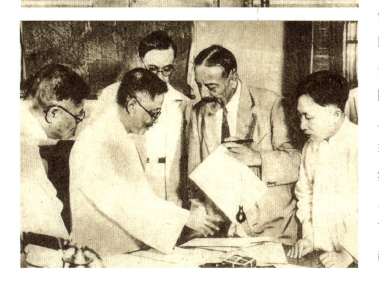

中国近代海关自咸丰九年（公元1859年）起，直至中华人民共和国建立前，海关总税务司一直掌握在外国人手中。他们分别是李泰国、赫德、安格联、梅乐和、李度。由于英国早先的强大，前四任总税务司皆为英国人，随着美国在二次大战后的崛起，第五任海关总税务司便成了美国的囊中之物。

李泰国又名李国泰，英国人，原任英国驻上海副领事，咸丰九年继威妥玛为上海海关三国关税管理委员会的英国代表。同年，两江总督兼总理各国通商事务大臣何桂清依中英天津条约可以邀请外人帮办税务之约定，委请李泰国为总税务司。同治二年（公元1863年）李氏因阿思本兵轮案严重违失，于十一月十六日被恭亲王下令革职，次日指派赫德继任总税务司。

赫德（公元1835年—1911年）
英国人。公元1854年来华，先后在香港、广州、宁波等地领事馆和海关任职。公元1863年11月，任海关总税务司，任职达48年之久。

赫德为英国人，生于公元1835年2月20日，毕业于英国皇后大学，公元1854年前来中国任职宁波副领事，咸丰九年（公元1859年）任粤海关副税务司，咸丰十一年（公元1861年）李泰国请假回英国养病，推荐赫德代行总税务司，同治二年（公元1863年）继任总税务司，光绪三十三年（公元1907年），赫德请假回英国养病，清廷赏给尚书衔。宣统三年（公元1911年），在英国病逝，清廷加恩赏给太保衔。赫德在中国海关工作长达50年，任职总税务司48年。赫德任职期间对创办中华邮政、建置海岸灯塔或灯塔船、测量沿海、沿江航道设置浮标，管理领港人员，增加航行安全；设立税务学堂、同文馆（即后来的京师大学堂，今北京大学前身），成立造册处，专门编制中国和世界的贸易报告与统计资料等方面有所建树。

安格联为英国人，公元1911年6月15日，赫德告假返英国休养期间，奉派代裴士楷为代理总税务司兼理总邮政司，同年10月25日任总税务司。辛亥革命后，安格联为维护列强在中国的利益，将所有关税收入改存英国的汇丰银行，关税收入先扣除外债及海关行政费后的余款，才交给财政部掌管的国库经理。任总税务司期间，控制的权力和款项越来越多，对中国的财政与金融的影响力日益加强，有"太上财政总长"的称谓。民国15年（1926年）冬北京政府见广东国民政府征收2.5%附加税，担心这笔经费被当作北伐的军费，也正式宣布开征2.5%附加税，交海关代征，但是安格联以2.5%附加税未经国际会议通过为由拒绝代征，北京政府内阁会议议决由税务处督办于民国16年（1927年）1月31日下令将安格联免职，并由英人易纨士代理总税务司。

梅乐和为英国人，光绪十七年（公

元 1891 年）进入中国海关任职，民国 17 年（1928 年）代理总税务司易纨士去职时，升任副总税务司，次年元月接任海关总税务司。民国 30 年（1941 年）12 月 9 日，珍珠港事变中，梅乐和被日军俘虏，拘留于上海，国民政府在重庆重组海关总税务司署，调派腾越关税务司周骊代理总税务司。民国 32 年（1943 年）初，日军释放梅乐和，梅氏随后赶赴重庆履职并于同年 5 月退休，其在中国海关工作长达 52 年。

李度为美国人，民国 3 年（1914 年）进入中国海关，民国 32 年 8 月 16 日继梅乐和为总税务司。最初，职衔为代理总税务司，民国 34 年（1945 年）4 月正式担任总税务司，直至国民政府被逐出大陆才逃往台湾。李度 1950 年初离开台湾返回美国。

1950 年欢送末任外籍总税务司李度
李度，美国人，1943 年任总税务司，1950 年初在我国台北离职。图为 1950 年同仁欢送李度的照片。

晚清时期中国海关建置表

关别	江海关	粤海关	潮海关	闽海关	镇江关	津海关
省别	江苏	广东	广东	福建	江苏	直隶
设关时间	1854年（咸丰四年）	1859年（咸丰九年）	1860年（咸丰十年）	1861年（咸丰十一年）	1861年（咸丰十一年）	1861年（咸丰十一年）
关别	江汉关	浙海关	九江关	厦门关	东海关	山海关
省别	湖北	浙江	江西	福建	山东	奉天
设关时间	1861年（咸丰十一年）	1861年（咸丰十一年）	1862年（同治一年）	1862年（同治一年）	1863年（同治二年）	1864年（同治三年）
关别	琼海关	北海关	芜湖关	瓯海关	宜昌关	龙州关
省别	广东	广东	安徽	浙江	湖北	广西
设关时间	1876年（光绪二年）	1877年（光绪三年）	1877年（光绪三年）	1877年（光绪三年）	1877年（光绪三年）	1889年（光绪十五年）
关别	蒙自关	重庆关	沙市关	杭州关	苏州关	思茅关
省别	云南	四川	湖北	浙江	江苏	云南
设关时间	1889年（光绪十五年）	1890年（光绪十六年）	1896年（光绪二十二年）	1896年（光绪二十二年）	1896年（光绪二十二年）	1896年（光绪二十二年）
关别	三水关	梧州关	南宁关	九龙关	拱北关	岳州关
省别	广东	广东	广西	广东	广东	湖南
设关时间	1897年（光绪二十三年）	1897年（光绪二十三年）	1897年（光绪二十三年）	1897年（光绪二十三年）	1897年（光绪二十三年）	1898年（光绪二十四年）
关别	福海关	金陵关	胶海关	腾越关	长沙关	江门关
省别	福建	江苏	山东	云南	湖南	广东
设关时间	1899年（光绪二十五年）	1899年（光绪二十五年）	1899年（光绪二十五年）	1900年（光绪二十六年）	1904年（光绪三十年）	1904年（光绪三十年）
关别	奉天关	安东关	大连关	滨江关	爱珲关	珲春关
省别	盛京	奉天	奉天	吉林	黑龙江	吉林
设关时间	1907年（光绪三十三年）	1907年（光绪三十三年）	1907年（光绪三十三年）	1908年（光绪三十四年）	1908年（宣统一年）	1908年（宣统二年）

继往开来的新中国财政

第一节　从"合理负担"到"统一累进税"，革命根据地的财税政策和土地改革加速了解放战争的胜利

世界上任何事业都离不开财力的支持，中国人民的解放事业也同样是在财税的有力支持下才取得胜利的。新民主主义革命时期(1927年—1949年)，中国共产党为了保障革命战争的供给，在革命根据地和解放区也都建立了税收制度，并经历了第二次国内革命战争、抗日战争和解放战争三个时期。其中解放战争后期所发动的土地制度改革，形成了一系列威力强大的财政政策，它对革命战争取得最后胜利起到了决定性作用。

自1927年4月12日以后，中国共产党在农村创建了中央革命根据地和

1931年川陕省苏维埃政府工农银行壹串一枚

965

闽浙赣、鄂豫皖等革命根据地。根据地建立之初，中国共产党即宣布废除旧政府的一切苛捐杂税。工农红军的供给，主要通过打土豪、摊派、募捐等形式获得。随着苏维埃政权的建立，在一些较大且相对巩固的苏区，根据1928年7月中共六大通过的《十大政治纲领》关于"取消一切军阀地方政府的一切苛捐杂税，实行统一累进税"的决议，逐步建立起税收制度。当时的税收，主要是农业税、出口税、货物税、佣金税、屠宰税等。尽管各根据地处在被分割的战争环境，各地征收的税种和征收办法不一，但都贯彻了税收负担主要放在剥削者身上和贫苦者减免税的原则。这一时期的税制，是在废除苛捐杂税的基础上逐渐建立起来的新型税收制度的雏形，税制比较简单，征收面比较狭窄。

抗日战争时期，中国共产党在西北、华北、华中、华南建立了19个革命根据地。这个时期的税制是以中国共产党的抗日民族统一战线的基本政

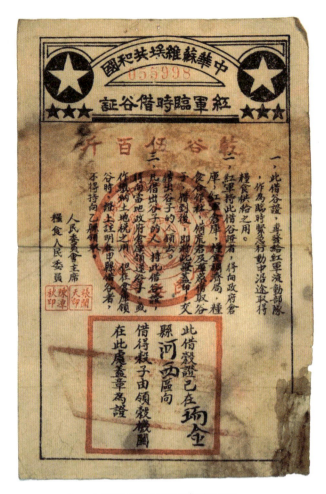

中华苏维埃共和国红军临时借谷证
干谷伍佰斤，加盖人民委员会张闻天及粮食人民委员会陈潭秋的印章。

策为依据，并贯彻"合理负担"、"按收入多少规定纳税多少"的原则，既吸收了第二次国内革命战争时期苏区的有益经验，也利用了旧税制中某些合理的形式。在八年抗战中，各根据地先后开征的税种有公粮税、货物出入境税、货物税、烟酒税、烟酒牌照税、营业税、临时营业税、商业税、所得税、盐税、

土产税、矿产税、牙税、屠宰税、印花税、牲畜税、车船牌照税、篷席税等。税种较土地革命时期有所增加，但就各根据地而言，都是从各自需要与可能出发，结合本地区情况，自定税则，开征税种。

浙东根据地是华中根据地所属8个抗日根据地之一，处于敌、伪、顽形成的纵横交错的复杂斗争环境。根据1940年中共中央在《关于建立与巩固华中新根据地的指示》中"实行统筹统支、实行统一的累进税制"、"对于各种负担，应按照有力出力、有钱出钱的原

苏区征粮券五担
1935年农会承办，有"维护政权，抗征必究"字样。

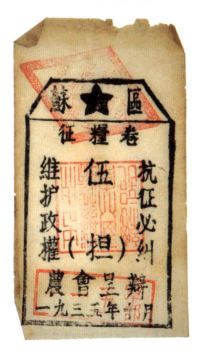

红1师官兵帮助农民收割庄稼

则，但根据地居民80%以上的人口，均应负担，不可将负担完全放在富有者身上"的精神，先后开征货物税、盐税、酒税、屠宰税和油坊税等。

抗日战争时期是革命根据地税制的形成时期。由于各级政府对税收的重视，使税制建设走上了正轨，同第二次国内革命战争时期的税制比较，具有税种多、征收面广、税率有所提高等特点。税收收入在各革命根据地已占到整个财政收入的50%左右，有些地方达80%以上。这对保证革命战争的供给和促进根据地经济发展发挥了重要作用。

旧中国田赋是国家的主要财政收入之一，地主常常把田赋转嫁到贫苦农民身上。为了解除广大农民的痛苦，解放农村生产力，早在1922年中国共产党的第二次全国代表大会上，就提出采取统一的、累进的税收杠杆，调节

各阶级和各阶层利益，限制剥削。1928年7月中国共产党第六次全国代表大会提出取消一切苛捐杂税，实行统一累进税。1938年9月，毛泽东在中共六届六中全会上所作的政治报告《论新阶段》中，再一次提出"要在有钱出钱的原则下，改订各种旧税为统一的累进税，取消苛捐杂税和摊派制度，以舒民力而利税收"。抗日战争爆发后，为了建立统一战线，一致抗日，1940年9月，中共中央正式做出了关于实施统一累进税的决定。指出"累进税乃是应向区内一切人民征收的税则"，既要照顾极贫苦的工农、又不能使富有者负担过重。可见，统一累进税是中国共产党在新民主主义革命历史时期的一贯主张。

统一累进税实施以前，各根据地实行的合理负担政策虽然削弱了封建剥削，比旧税制合理得多，但在实行中发现了不少新问题。如地主和有钱人家产生抵制情绪，纷纷逃亡、匿地、卖地，企图减少合理课征。另一方面，广大中农和贫农也有的将好地改为下等地，希望免税。这就使农业税的负担面日趋缩小，而纳税户负担日重。特别是灾情发生后，对有钱粮的富户捐征不已，严重地影响统一战线。有的村负担

占产量的50%以上，而负担面只有几户、十几户人家，捐征不上来，影响了财政收入。为此，1940年中共北方局首先实行了统一累进税。明确规定"实行有免征点和累进最高率的统一累进税（以粮、秣、钱三种形式缴纳），整理出入口税，停征田赋，废除其他一切捐税"。同年11月，晋察冀边区公布了《晋察冀边区统一累进税暂行办法》和《晋察冀边区统一累进税暂行办法实施细则》，开始全面推行这一新税制。

晋察冀边区的统一累进税共8章35条。主要内容是：把土地单位定名为"标准亩"，平均年产谷12斗的土地

平顺县政府翻印的《华北区农业所得税暂行税则》

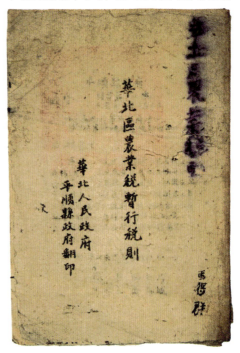

为 1 标准亩，不同产量的土地均折标准亩计算。各种资产和收入的计算单位定名为"富力"，自营土地每 1 标准亩、出租土地每 1.5 标准亩、佃耕土地每 2 标准亩分别折算为 1 富力。土地以外的资产以 200 元为 1 富力，土地以外的收入以 40 元为 1 富力，实物以市价折元（边币）。统一累进税分为 12 等，第 1 富力为第 1 等，第 116 富力以上为第 12 等，1 等最低，12 等最高。从 1 等至 7 等以 10% 为累进税，7 等至 12 等以 20% 为累进税。统一累进税的征收单位定名为"分"，第 1 等 1 个富力以 1 分计算，第 12 等 1 个富力以 2 分 6 厘计算。凡人在边区、资产收入在边区以外者，或资产收入在边区、人在边区以外者，均须照章纳税。统一累进税以个人为单位计算分数，按户征收。由县政府印刷征收统一累进税调查简表，每户三张，自填自报资产和收入，村公所就各户所填资产和收入折算富力。计算分数后，一张报区，一张报县。县、区、村均组织统一累进税审查委员会，逐级审查富力折合与分数计算是否准确。纳税人对审查结果不服可请求复查，对复查结果不服可请求县、区、村人民代表机关评议，对评议结果仍不服可向上级政府提起诉愿，诉愿之裁定方

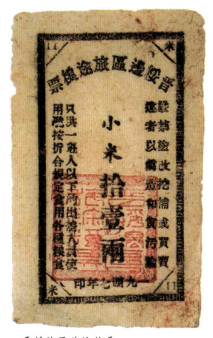

晋绥边区旅途粮票

为最后决定。但纳税人不以期限上报财产和收入、不依期限纳税或隐瞒虚报的，要照章罚款。

随着统一累进税的深入实施，后又将累进税改为 16 等。第 1—5 等累进率为 5%，第 5—16 等累进率为 10%。第 1 等 1 个富力以 0.8 分计算，第 16 等 1 个富力以 2.1 分计算。统一累进税的特点，一是把所有资产与收入应纳的税，都统一于一种税中，按年度缴纳。其他税如田赋、烟酒税、印花税、牌照税、营业税一律停止。这种税制带有单一税的性质。二是统一累进税是相对比例税来说的，比例税不管贫富差距，固定一个百分比征税，对富者有利。累

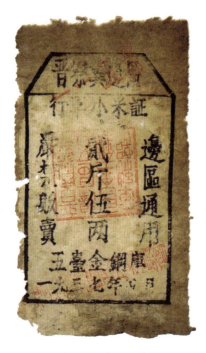

晋察冀边区行军小米证

进税依据贫富等级，递增百分比征税，对贫者有利。如拥有 100 元按 1% 纳税 1 元；拥有 1000 元则按 10% 纳税 100 元。三是统一累进税将各种税合并为一。以前纳税人对繁多的纳税种类和纳税数量困惑不满，现在只需要搞清楚统一累进这一种法令就可以了。四是统一累进税的负担面宽。规定最低不少于总人口的 70%，最高不高于总人口的 90%，除特别贫穷户外，凡有负担能力达到征税点的，均依法纳税。五是统一累进税税率采取和缓渐进的原则，最低税率与最高税率相比不超过 1.6 倍，最高税率不超过实际收入的 30%。六是

统一累进税中规定的免税点（亦即起征点），每年由边区政府以命令形式另行发布。由于免征点的高低制约着负担面的大小，所以免征点要根据实际情况不断调节。七是统一累进税是直接税，即直接向财产所有者和收入所得者征税，财产所有人和收入所得者不能将税负转嫁给其他人。

统一累进税的作用，一是扩大了纳税面，保证了根据地财政收入。统一累进税实行后，纳税人口达到了边区人口的 80%，而以前纳税人口只占边区总人口的 30% — 50%。因此，财政收入明显增加。如晋察冀边区，1941 年的财政总收入中，统一累进税占 93.1%，其余出入口税和契税等占 5.5%，临时收入为 1.4%，财政基本上实现了收支平衡。太岳边区 1946 年统一累进收入达 15775 万元，比上年合理负担收入增长 1.6 倍。如果把日益增长的巨额抗战开支全部由少数富有者负担，财政建设就不会得到健康持久的发展。二是巩固了抗日民族统一战线。统一累进税不仅继续贯彻了"钱多多出，钱少少出"的合理负担原则，而且更好地调节和照顾到各阶层和各阶级之间的利益。如统一累进税各级间的累进度不大，同时又规定了累进最高率，不是无限

制地累进下去。第12等后不管纳税人的财产、收入折合的富力有多高，也不再追加征收分数。因此统一累进税有利于巩固抗日统一民族战线，对于团结抗战、共赴国难起了积极的作用。三是减轻了边区人民的负担。统一累进税实行后，清除了苛捐杂税，使边区人民负担大为减轻。虽然统一累进税扩大了纳税面，使一些贫农也进入纳税人行列，但随着纳税人增多，每个人的负担量相对较轻。统一累进税规定不足1.5富力的免征，免征者主要是贫雇农和工人，约占总人口的20%。累进率起初为10%，后来又把第1、2税等切分为4个税等，累进率降为5%，更减轻了广大贫苦农民的负担。据中央太岳区统计，1941年全面实施统一累进税后，贫农纳税不超过其总收入的7%，中农不超过15%，富农不超过25%。而当时的敌占区和国统区广大人民群众的各种捐税高达200%。四是促进了根据地的经济发展。统一累进税实施后，规定了许多鼓励农副业和工商业发展的措施。如晋察冀边区统一累进税规定农民饲养家畜不纳税，土地提高产量不增税，旱地改为水地在一定年限内仍按旱地征税，水利投资只征收益款不征财产税，新开垦的林木草地免

征财产税等。工商业方面规定降低税收的累进率，15种工商业免税等。这些措施极大地调动了广大人民群众的积极性，推动了根据地经济的发展。如晋察冀边区1941年—1943年，建水渠1056条，凿井1309眼，扩大水浇地19万余亩，改造河滩4万余亩。与此同时，工商业也得到长足的进步，1945年边区合作社发展到7410个，集股资13826万余元，比1942年增长了16倍。解放战争时期，革命形势迅速发展，解放区日益扩大，为适应这一新的形势，各革命根据地和解放区及时调整税收政策，修订税收法规，税制由分散趋向逐步统一。这一时期，又可分为三个阶段。

第一阶段：抗日战争胜利后根据地继续沿用原税制征收。不久，中国共产党为谋求和平建国方针的实现，浙

1947年10月，中共中央公布《中国土地法大纲》，在解放区开展土地改革。图为工改工作人员将《中国土地法大纲》抄写在墙壁上，向农民作宣传。

东、苏南等革命根据地主力部队北撤。这些北撤的根据地一度变成敌后游击区，税收工作难以正常开展。

第二阶段：随着解放战争的节节胜利，解放区迅速扩大，1947年—1948年对新区和老区分别实行不同的税收政策，采取不同的征收方法。

老区，指日本投降以前解放的地区。随着1947年普遍开展的土地改革运动的基本完成，老区相继进行了税制改革。在农业税方面，废除统一累进税，改按比例税率征收农业税或公粮；在工商业税收方面，普遍降低工商税收的税率；部分地区停征进出口货物税；华中等地区将产销税改为货物税。

新区，指解放战争中被中国人民解放军解放的地区。新区多为大中城镇，工商业基础好，经济较为发达。为稳定税收秩序，保证财政收入，对新解放的城市采取"原封接收，逐步改造"的方针，除了停征一些名称反动的税捐，基本上仍沿用旧税制(苏北、皖北等少数地区也实行老解放区的税收政策)。例如，北京解放后，公布了包括货物税、营利事业所得税、印花税等21个税种，不仅沿用旧税制，而且税率也基本保持不变。浙江、苏南、皖南等新区也继续沿用旧税制，征收营业税、货物税、临时商业税、营利事业所得税、财产租赁所得税、薪给报酬所得税、存款利息所得税、印花税、娱乐税、筵席税、使用牌照税、屠宰税和农业税(田赋、公粮)以及房捐、地价税等税种。

第三阶段：1949年年初开始，中国共产党领导的各大行政区相继实行统一税制。1949年1月，东北行政区率先实行统一税制；同年8月，上海财经会议后，华东、华北、西北大区级税务管理机构也对本区的税制作了全面整顿，制定统一税法，建立了以直接税、间接税、农业税为主体的税制体系。

中国革命根据地和解放区的税制，是建立新中国税制的一个重要基础。它的建立标志着数千年具有剥削性质的旧税制解体，代之以"取之于民，用之于民"的人民税收制度。在中国新民主主义革命时期，不但为保证革命战争的供给、促进根据地经济基础建设、开展对敌斗争等方面作出了贡献，而且在实践中形成了一套治税思想、税收理论，并积累了宝贵的组织征收的经验。特别是大中城市相继解放后，税收重点由农村转移到城市，对旧税制不是全盘否定，而是采取利用、改造的方针，建立了多种税、多次征、互为补

1950年3月，由中央人民政府税务局发行的《工商业暂行条例》、《货物税暂行条例》的合订本。中国财税博物馆藏

充、互为制约的复合税制，基本上适应了全国解放前夕多种经济成分并存的经济状况，对稳定经济秩序、支援全国解放战争发挥了积极作用，也为建立新中国的社会主义税制奠定了基础。

而最终让解放战争取得胜利的最大的财政政策，是发生在20世纪40年代后半期的解放区土地改革运动，这是中国共产党为取得战争必需的资源而采取的一种战时财政的动员手段。内战初期处于明显战略劣势的中国共产党，利用其政治资源和群众动员能力，将土地改革确定为解放区财政经济工作的中心任务，阶级斗争理论被有机地融进战时财政动员的操作框架之中，使得中国共产党迅速地取得了战争的主动权和战略优势。在土地改革，即古人所称田制变革取得突破性进展的基础上，中国共产党及时进行农村基层权力结构的调整和整顿乡村财政，把财政征收体制延伸到每个村庄，建立了以军事财政动员为基本特征的农村基层权力结构，充分动员农民群众参与和支持人民解放战争，由此获得了空前雄厚的资源基础，仅用了极为短暂的时间即取得人民解放战争的伟大胜利。这一胜利不仅是中国历史上，以田制改革为先导的财政改革来动员广大农民夺取政权的典范，也是依靠获得土地的农民巩固政权的典范。

第二节　在"左"的指导思想和苏联非税思想影响下税收调节弱化

清末民初，中国在思想文化上反思的同时，也开始了财税改革。中国从清末就着手引进现代税种。民国初期，引入所得税、遗产税、营业税、印花税等税种，形成新的税收体系。1949年10月1日中华人民共和国成立，根据当时的政治、经济状况，1950年1月30日，中央人民政府政务院发布《全国税政实施要则》，规定全国共设14个税种，即货物税、工商业税（包括营业税和所得税两个部分）、盐税、关税、薪给报酬所得税、存款利息所得税、印花税、遗产税、交易税、屠宰税、房产税、地产税、特种消费行为税和使用牌照税。此外，还有各地自行征收的一些税种，如农业税、牧业税等。后来在具体执行中，对一些税种又作了一些调整，例如，将房产税和地产税合并为城市房地产税，将特种消费行为税并入文化娱乐税（新增）和营业税，增加契税和船舶吨税，试行商品流通税，农业税由全国人民代表大会常务委员会正式立法。由于实行低工资和公有制，人民收入不高，更没有多少个人遗产，薪给报酬所得税和遗产税始终没有开征。

1950年9月，政务院发布《新解放区农业税暂行条例》，向农村人口以家

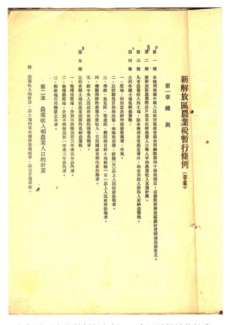

新解放区农业税暂行条例　中国财税博物馆藏

庭为单位征税。年收入少于150斤小麦或大米的家庭免税，年收入高于150斤小麦或大米的依据3%至42%累进税率纳税。

1953年，中国开始实施第一个五年计划，同时对税制进行调整，包括试行商品流通税，调整货物税，修改工商税。从1949年到1957年，以多种税、多次征为特征的复合税制的建立和实

1951年中华人民共和国九龙海关进口税收据

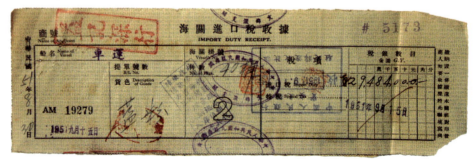

974

新中国成立初期的北京天安门

施，对于促进国民经济的恢复和发展，保障革命战争的胜利，以及配合国家对于农业、手工业和资本主义工商业的社会主义改造，建立、巩固和发展社会主义经济制度，发挥了重要的作用。

1957年中国完成生产资料的社会主义改造，建立中央计划经济体制。政府控制了生产和资源的分配，产品由国家统一定价。政府除了向农民征收农业税外，还"寓税于购"，即以低价购买农产品形式向农民变相征税。同时，国务院颁布关于企业利润留成制度的规定，实行企业利润全额分成。利润首先在政府和各部间分配，再在部门和国企间分配。

依据在公有制条件下简化税制的指导思想，1958年9月，国务院颁布《工商统一税条例》。新条例合并商品流通税、货物税、营业税和印花税为一种税，称为工商统一税。至此，中国的工商税制共设9个税种，即工商统一税、工商所得税、盐税、屠宰税、利息所得税、城市房地产税、车船使用牌照税、文化娱乐税和牲畜交易税（无全国性统一法规）。其他税种还有：农业税、牧业税、契税、关税、船舶吨税。其中，利息所得税和文化娱乐税分别在1959年和1966年停征。

由于急于求成，从1958年到1960年，全国高举"总路线、大跃进、人民

"大跃进"中，全国许多地区纷纷在指标上、速度上互相攀比，节节升高，浮夸风盛行。图为当时《人民日报》上刊登的各地取得高产的报道。

公社"三面红旗，经历了脱离实际的大跃进和人民公社化运动。运动不仅导致共产风刮遍全国，工农业生产下降；而且国企亏损，财政出现赤字，通货膨胀严重。1958年，曾在农村人民公社试行"财政包干"，在城市国营企业尝试"合并利税"，但很快便于1959年5月停止。随着国民经济困难的日益严重，1961年1月国家开始实行"调整、巩固、充实、提高"的方针，借以恢复生产，摆脱困境。1962年，为了配合

"文化大革命"时期，上海财贸系统革命造反委员会税务章，正面中间为"造反队"字样，背面刻有"革命无罪　造反有理"字样及日期"67.3.24"。

永兴县革命委员会财政局统一发票专用章。

永兴县财税局发票专用章。

加强集贸市场管理，开征了集市交易税，1965年国民经济恢复并达到空前水平，1966年以后各地便基本停征。1966年开始的"无产阶级文化大革命"，其极左的指导思想把税收制度当成"繁琐哲学"，当作"管、卡、压"来批判。

1973年，中国进一步简化税制，把企业的工商统一税及其附加、房地产税、车船使用牌照税、屠宰税和盐税并为一种工商税。大合并后，国有企业支付一种工商税，集体企业缴纳工商税和工商所得税。至此，中国的工商税制共设7个种税，即工商税（盐税名义上并入此税，实际上仍然按照原来的办法征收）、工商所得税、城市房地产税、车船使用牌照税、屠宰税、工商统一税和集市交易税。对国营企业只征收一道工商税，对集体企业只征收工商税和工商所得税，城市房地产税、车船使用牌照税、屠宰税仅对个人和极少数单位征收，工商统一税仅对外适用。其他税种还有：农业税、牧业税、契税、关税、船舶吨税。

从建国以后生产资料私有制的社会主义改造基本完成到1978年的二十多年间，由于受苏联非税思想的影响和"左"的思想指导，中国的财税体制

建设和改革，不只是在税种和征收办法上走的是一条片面简化的路子，同时还大量撤并税务机构、大批下放财税人员。结果是，税种越来越少，税制越来越简单，税收对经济的调节

第一个五年计划期间，我国公路建设进展迅速，到1957年底，全国公路通车里程已达25万公里。图为行驶在康藏公路上的车队。

作用几近消失，国营企业上交的利润成了国家财政收入的主要来源。例如，1978年国营企业的直接贡献占到全国财政总收入的50.5%。由于实行单一的公有制经济，国家税收来源也极其单一，除集体所有制企业向国家上缴数量不多的税收外，大部分的税收收入也来自国营企业。

这一时期政府控制着大量资源，财政收入占国内生产总值的比重很大，例如1978年即为31.1%。同时，由于全国农村相继推行合作化和人民公社化，政府可以无偿或低价征调农业劳动力，使国家获得了"寓税于劳"的隐性财政收入。此外，利用对资源的集中控制，当时国家在基础设施方面进行了大量的投资，因此，这一时期基础设

施（如电力、公路、铁路）建设进展迅速。据统计，从1952到1978年，中国公路里程年增长7.5%，铁路里程年增长3%。而同期人均实际GDP年增长率为3.3%，石油和天然气管道从1970到1978年年增长率为24%。这一时期国家强调重工业的发展，固定资产投资支出大，公共消费品支出很小，"在人民生活方面欠了账"。

总而言之，由于这一时期非税思想和极左思想是国家占统治地位的主流思想，财税对国民经济的调节作用被更为强大的政治力量所取代，所谓利益均衡的博弈明显呈现"一边倒"的格局。

977

第三节 "公私一律"的税改演变成了一场高层的政治风波

1950年1月，政务院通过并颁布了《全国税收实施要则》。《要则》从当时国营和合作社经济还很薄弱的实际出发，作了一些税收优惠规定，比如：国营工商业总分支机构内部调拨货物不纳税；委托私营企业加工也只按工缴收益纳税，私商为国营企业代购代销产品，按实际所得的手续费征税；新成立的供销合作社免纳1年所得税，营业税按2%的税率征收，并打8折优待；新成立的手工业生产合作社免纳营业税和所得税3年等等。

这一差别政策，有利于公营企业的发展，不利于私营企业的经营。它导致商品中间流转环节减少，批发营业税大量流失，国家税收收入不但不见增加，而且原有收入还呈不断下降趋势。到1952年下半年国家财政已十分困难，难以适应大规模经济建设的需要。再加上"三反"、"五反"刚刚结束，资本家叫苦不迭，对公平税负的反映十分强烈，诸多原因，决定了税制必须修正。因此1952年9月，由中央财政经济委员会（简称中财委）副主任兼财政部长薄一波主持召开了全国财经工作会议，确定立即修改税制。

经过几个月的紧张准备后，接着召开全国第四次税务会议，提出了修正税制的具体方案。方案的主要内容有：一是试行商品流通税。选择税源比较集中的原来征收货物税的22个品目，改征商品流通税，实行一次课征，即对征收商品流通税的商品从生产、批发到零售各个环节应纳的货物税、印花税、工商营业税及其附加

中华人民共和国印花税

进行合并，集中到一次批发或调拨环节征税，商品进入流通后均不再征税。二是修订货物税。将应税货物的印花税、工商营业税、商业批发营业税及附加，并入货物税征收；调整货物税的税率；简并税目，由原来的 358 个简并为 174 个；改变应税货物的计税价格，改按国营公司批发牌价计税。三是修正工商业税。将工商应纳税的营业税、印花税和营业税附加并入营业税征收。同时，调整营业税税率。变更纳税环节，把原来分别在生产、批发环节上征收的营业税合并到工厂的出售环节交纳，即在产品出厂时一次课征，取消批发环节的营业税。

方案的原则是两条，一是保税，二是简化税制。

从保税而不是增税出发，进行了三点修正：第一，工业总分支机构从生产、批发到零售，要交纳三道营业税；商业总分支机构从批发到零售，要交两道营业税，改变过去"相互拨货""不视为营业行为，不课征营业税"的做法；第二，为了堵塞漏洞，规定工厂直接卖货给零售商时，须将工商两道批发营业税移到工厂直接缴纳；第三，取消对合作社征收营业税打 8 折的优待，取消合作社成立第一年免纳所得税的

规定。

从简化税制，变"多种税，多次征"为"多种税，一次征"出发，主要作了两点修正：第一，试行商品流通税。将卷烟、烟叶、酒等国营工业能够大量生产、国营和合作社商业在批发环节上能够控制的 22 种商品的货物税、批发营业税、零售营业税及附加、印花税等，合并为单一的商品流通税，在批发和收购环节一次征收。一种商品只要缴纳了商品流通税，就可行销全国，不再缴纳其他税和附加，大大简化了纳税手续。第二，货物税、营业税、所得税等也将一些项目合并简化。

这个"公私一律平等纳税"的方案，经中财委党组讨论通过，向周恩来作了汇报，1952 年 12 月 26 日召开的第 164 次政务会议正式批准了这个方案。接着又向全国工商联负责人和工商界知名人士征求了意见，并于 12 月 31 日在《人民日报》以中财委主任陈云的名义公布了《关于税制若干修正及实行日期的通告》，并发表了题为《努力推行修正了的税制》的社论和《全国工商联筹委会拥护修正税制》的报道。从 1953 年 1 月 1 日起，在全国范围内实行修订的新税制。

在实行不到半个月的时间里，毛

泽东接连收到不少反映和批评新税制的材料、信件和电话。1月11日，北京市委写信给中央，反映北京的商店里出现了抢购狂潮，物价持续上涨，街上群众议论纷纷，政府门口上访人员大量聚集。中共中央山东分局第二书记向明等三人的联名信中更直截了当地批评新税制："我们真不懂，新税制为什么要在全民所有制企业和私营企业之间画等号？如果这样，社会主义的国营企业怎么能得到鼓励和发展？资本家的企业从新税制里得到了鼓励更加得意忘形，这样社会主义还要不要实现？所以我们认为围绕新税制的实行，是一场尖锐的路线斗争。"

毛泽东发现了这一未请示他同意就出台的重大举措后，十分不满。于是在1953年1月15日，毛泽东给周恩来、陈云、邓小平、薄一波写了一封信，表达了他对新税制的意见。信中说："新税制事，中央既未讨论，对各中央局、分局、省市委亦未下达通知，匆率发表，毫无准备，此事似已在全国引起波动，不仅上海、北京两处而已，究竟如何处理，望你们研究告我。此事我看报始知，我看了亦不大懂，无怪向明等人不大懂。究竟新税制与旧税制比较利害如何？何以因税制而引起物价如此

波动？请令主管机关条举告我。"

在这一背景下，毛泽东提议并由中央先后做出了关于中央人民政府系统各部门向中央请示报告制度及加强中央对政府的领导的决定，并撤销了政务院党组干事会（即总党组），规定政府各部门的党组直接受党中央领导，政府工作中一切重要的方针、政策、计划和重大事项须事先请示中央、经中央讨论决定、批准后才能执行。同时对政务院各口的工作，中央也重新做出

1952年9月，由中央财政经济委员会副主任兼财政部部长薄一波主持并制定了税制修改的具体方案，但这个"公私一律平等纳税"的方案遭到一部分人的反对。财政部为此向毛泽东主席和中共中央呈交了说明新旧税制的利弊及此次物价上涨的原因的报告。
中国财税博物馆藏

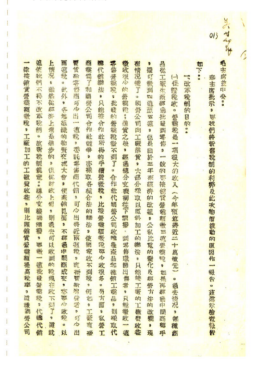

削减政务院总理周恩来权力的分工：外交工作由周恩来负责；计划工作和八个工业部的工作，由高岗、李富春、贾拓夫负责；劳动工资工作由饶漱石负责。

1953年6月14日至8月12日，中共中央召开全国财政工作会议。会上，财政部长薄一波、副部长吴波检讨税制修正案"公私一律"和"变更纳税环节"的错误，并接受了与会者的揭发和批判。与此同时，财政部对修正税制问题采取了措施。首先解决了批发兼零售难以划分的问题，便于对批发商照章征税。继之于7月20日发出通知，自8月1日起，私营批发商一律照纳营业税，最终恢复了"公私区别"，重新实行对私营企业课税重于国营企业的政策。

由于新税制引起的风波，毛泽东免除了薄一波的财政部长职务，于1953年9月18日任命邓小平兼任部长。1954年1月13日，兼任财政部长的邓小平副总理就财政工作提出了六条方针：一归口；二包干；三自留预备费，结余留用不上缴；四精减行政人员，严格控制人员编制；五动用总预备费须经中央批准；六加强财政监察。由于这六条方针简明扼要，对财政部的工作

起到了提纲挈领的作用。直至今日，那些当年曾在财政部工作过的老人，对这位在财政部兼任了9个月零1天（1953年9月18日至1954年6月19日）部长的邓小平副总理简约而明快的作风仍然记忆犹新，久久难以忘怀。

在毛泽东严厉批评刘少奇、周恩来等人错误时，早就想取刘、周以代之的中共中央政治局委员、中央人民政府副主席、国家计委主席高岗和中共中央委员、中央组织部部长饶漱石认为此时此刻毛泽东已不信任刘少奇、周恩来等人，是他们倒刘倒周、"轮流坐庄"的绝好机会。于是他们利用中央开会，各大行政区、各省（市）领导人参加会议的机会，到处煽风点火、造谣生事，夸大中央领导人在合作化等问题上的分歧。散布所谓"军党论"，把中国共产党分为"根据地和军队的党"与"白区的党"，说"党是军队创造的"，高岗并且自封为"根据地和军队的党"的代表人物。他提出，党中央和国家领导机关现在掌握在以刘少奇为首的"白区的党"手里，因此，应当改组党中央和政务院。他们拉拢各大行政区负责人，私下活动，要求由高岗担任党中央总书记或副主席，改换政务院副总理人选，出面反对在毛泽东离京休

假期间由刘少奇负责主持中央工作等。高、饶日益膨胀的野心也就变成了迫不及待的夺权行动，一场经济领域的税制改革竟然成为高层政治斗争的导火索。

1953年下半年，党中央觉察了高岗、饶漱石反党活动问题，毛泽东在1953年12月10日批示的文件中还有高岗的名字，到同月22日批示的文件中高岗的名字就消失了。终于在1954年2月中国共产党七届四中全会和1955年3月中国共产党全国代表会议上，中央对高饶事件作了严肃处理。在高饶事件中，邓小平拒绝了他们的拉拢和利诱，并与陈云一起及时向毛泽东作了汇报，得到了毛泽东的赞扬和信任。1954年4月，邓小平担任党中央秘书长，并接替饶漱石兼任中央组织部部长，主管党中央的日常工作和组织事务。1956年9月，在中国共产党第八次全国代表大会上，邓小平进入中央政治局常委会，担任中共中央总书记。

当年之所以发生高岗、饶漱石事件，离不开两个历史诱因：一是建国初期中央领导人在建国方略上的歧见；二是在国家权力分配上的不平衡，税改只是其中的导火线而已。当时与毛泽东观点一致的，大多是经历过长期农村革命战争的农民干部；与刘少奇、周恩来观点比较一致的则是知识层次较高，熟悉城市，懂得经济工作和社会管理的干部，也就是国外学者所说的"技术官僚阶层"。在中国共产党成为执政党后的建国之初，有知识懂管理的干部走到国家管理岗位的前台，必然产生权力分配上的成分变化。那些抱有"打天下者坐天下"观点的农村出身干部，对知识型干部占据国家领导岗位难免心有不满。当时高岗通过散布"根据地和军队的党"和"白区的党"论调，获得诸多响应，也正是党内这种不满情绪的反映。实行新民主主义，还是实行"一化三改造"的社会主义，及由此产生利益上的碰撞，在中国共产党从革命党向执政党转变过程中是不可避免的必然结果。

第四节　调动中央与地方两个积极性，从统收统支走向分灶吃饭

从1949年10月1日中华人民共和国成立到1979年的30年间，除了在短期实行过收支挂钩和收入分成型的财政体制外，中国的财政体制总体上实行的是统收统支的体制。这种财政体

制把全国的财力绝大部分集中在中央，除地方税收和一些零星收入归地方外，主要收入，如公粮、关税、盐税、货物税、工商业税、国营企业收入、公债收入等，全归中央；各级政府的开支，由中央统一核拨。就地方来说，收归收，支归支，收支两条线，地方征收的收入再多，也无权留用；只有中央同意方可追加支出。这种高度集中统一的财政体制在建国初期最为典型，它对恢复国民经济、平衡预算和稳定物价具有重要作用，但对调动地方增收节支的积极性却缺乏应有的推动力。

1959年—1970年和1976年—1979

1966年3月，河北邢台发生地震，时任河北省委书记阎达开、内务部长曾山就救灾经费问题分别向国务院总理周恩来写了报告，周恩来总理作了批示。透过周恩来总理的批示，不仅可以看出当时国家财政经济状况比较困难（1966年全国财政收入才558.71亿元），同时也体现了周恩来总理求真务实、厉行节约的工作作风。

年期间，中国也曾实行过收支挂钩型的财政体制。这一体制把地方负责组织的财政收入（包括中央收入）与地方财政的总支出挂钩，按收支总数确定一个分成比例。这对统收统支的财政体制是一大进步，使地方对财政收支的关心程度大大提高。但缺点也是很明显的：一是助长地方盲目扩大财政支出，因为地方上只要多支出就能提高分成比例，一举两得；二是在年初确定收支预算时，地方为了提高自身分成比例和收支指标，必然竭力讨价还价；三是政策会使多收少支的省市产生上缴多、分成比例低的不合理后果，少收多支的省市反而会获得分成比例高的好处。从全局的意义上来看，这种财政体制诱使地方关心支出甚于关心收入，具有"鞭打快牛"的负面效应，

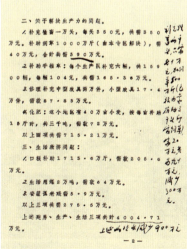

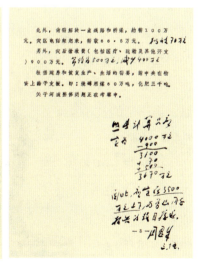

税务工作者佩带的徽章

其结果不是把全国财政的蛋糕做大，而是做小了。

1974年—1975年，中国还实行过收入分成型的财政体制。这一体制是中央对地方财政收入或其超收部分另行确定分成比例，目的是鼓励地方超收。多收少支的省市可以得到较多的分成收入，以适当缓和收支挂钩型财政体制所带来的矛盾。除此之外，这种办法的优点还有：使财政收入与财政支出脱钩；财政支出包干有利于地方安排财政开支。至于其明显缺点则在于，超收部分另行确定的分成比例因地而异，既缺乏合理、科学的计算依据，又会在地方与中央讨论分成比例时出现难以避免的讨价还价，造成"会哭的孩子多吃奶，会干活的孩子反而少吃奶"的弊端。

1976年10月粉碎"四人帮"后，以邓小平为代表的老干部相继复出。随着1978年12月

中共十一届三中全会的召开，中国进入了改革开放的新时期。从此，国家财税体制及其改革便与之紧密相连。

当代中国的改革开放发端于农村的联产承包责任制。改革开放前，"一大二公"的农村人民公社实行大锅饭政策，广大农民多劳不能多得，生产积极性难以发挥，整个中国农村陷入了越来越贫困的境地。

1978年冬，安徽省凤阳县小岗村18位农民为了改变自己的命运，冒着政治风险，相约在土地承包责任书上按下了红手印，实行当时人们认为离经叛道的联产承包责任制。这一按，让

十八个手印　雕塑　当代

大道之行
中国财政史

农民与国家实现了共赢，从而为改变中国农村的发展轨迹，推动中国进入改革开放的新时期首开先河。

1980年5月31日，邓小平同中央负责同志谈话，肯定和支持安徽农村改革经验，同时指出："有的同志担心，这样搞会不会影响集体经济。我看这种担心是不必要的。" 在家庭联产承包责任制的地位确立后，全国粮食产量稳步增长，农民收入稳步增加。国家对农村、农业的发展给予了前所未有的重视，1982年到1986年，连续5个"一号文件"加速了农村的发展。粮食总产量也从1978年的3000亿公斤，上升到1984年的4000亿公斤，全国农业总产值增加68%，农民人均收入增加166%，中国农村面貌为之一新。

农村改革只是改革开放的发端，经过邓小平这位总设计师之手的推动，中国的改革由农村扩展到城市。1983年9月，邓小平指出，农村的责任制可以用到城市，用到工业。从农村到城市，改革开放迈进了一大步。

中国不仅经济上的家庭联产承包责任制始于农村，而且直选村委会干

《中国财经报》从2002年12月21日起连续刊登了浙江省财政厅厅长翁礼华撰写的《让公共财政覆盖农村》的文章。

部的政治民主也发端于农村。改革开放之所以从农村兴起，首先是因为农村最贫困、人口最多，农民的积极性稍加调动便有显著成效；其次是中国的小农经济最分散，又没有公民组织，不会引发连锁反应的社会动荡。同时，我们也可以清晰地看到，民主政治与文化水平并没有多大关系，而与利益直接相关，这就是政治民主在普遍文化程度最低的农村首先推行的根本原因所在。

经济基础决定上层建筑，农村改

革带动了财政体制的改革。1980年，实行"分灶吃饭"的财政体制改革，是农村联产承包责任制在财政上的反映。改革不但改变了以往中央财政"一灶吃饭"的大一统局面，地方财政的收支平衡由中央财政一家平衡改为各地自求平衡，而且各项财政支出，由部门对口下达改为"块块"安排；同时，包干比例和补助数也由一年一定改为五年不变。它运用农村改革"一包就灵"的经验，将原本统收统支的大锅饭体制改为"划分收支，分级包干"的分灶吃饭体制，极大地调动了地方发展经济，增加财政收入的积极性。

由于各地情况千差万别，当时全国不仅省对市县财政的包干体制各不相同，就是中央对各省财政的包干体制也是因省而异。在实行分税制财政体制改革前，全国有"收入递增包干"、"总额分成"、"总额分成加增长分成"、"上解递增包干"、"定额上解"和"定额补助"等6种包干形式。而华东五省一市就有5种不同类型。第一种，递增上交：如江苏省年递增5%；第二种，定额补助：主要是贫困省份，如江西、福建都是定额补助，福建每年补1.5亿元；第三种，综合分成（或叫比例分成）：如安徽省，22.5%上交中央，77.5%留成；第四种，定额上交、超收分成：如上海，财政收入165亿元内上交105亿，增加全部留成，超过165亿元，中央与地方五五分成；第五种，分税制试点：浙江省是试点省市，但宁波市没有跟进，继续实行递增上交的老体制，年递增率为5.3%。可见不仅各省的体制不统一，就是中央对同一省的体制也会由于省内有国家计划单列市而一分为二，各不相同。

这一时期，随

2006年10月，秋收过后的长白山区农户

大道之行
中国财政史

着对内改革、对外开放政策的实施，我国进入了经济管理体制重构时期。原有的单一税收制度难以适应多种经济成分和多种经营方式并存的新形势，因此，"利改税"以及工商税制大规模恢复和重建被提上议程。1983年开始第一

1979年国务院决定扩大国营企业经营管理自主权。图为中国最早实行承包制的首都钢铁公司。

步"利改税"，主要内容是凡有盈利的国营大中型企业按55%的税率纳税，税后利润以1982年为基数采取递增包干上缴、定额上缴等办法将税后利润部分上交国家；国营小企业按8级超额累进税率缴纳所得税。第二步"利改税"从1984年开始，这次税制改革健全了所得税制度，进行了增值税改革的试点工作，调整了财产税和资源税并针对某些特定行为开征了建筑税、国营企业工资调节税和城市维护建设税等新税种。同时为适应对外开放的需要建立健全了涉外税制，对涉外企业的企业所得税、个人所得税、工商统一税、城市房地产税和车船使用牌照税等做了详细的规定。农业税也在这一时期开始发展并不断完善。这一时期税制改革的指导思想是利用各税种的不同功能充分发挥税收杠杆对有计划的商品经济的调节作用。到1992年，我国已初步建立起了一个由20多个税种组成的多税种、多环节课征、适应有计划商品经济体制发展要求的税制体系。

第五节　地方的"肥水不外流"措施导致中央财政收入比重失衡

人，作为个体追求利益；地方作为人格化的群体也同样追求利益，寻求财政利益最大化是地方政府的本能。

起先，分灶吃饭的财政体制的确调动了各地发展经济，增加财政收入的积极性，在全国范围内掀起了大办地方工商业的热潮。后来追求利益最大化的地方政府发现，收入越多，上缴越多，若通过自行减免税，藏富于

"企",则地方可以通过减少上交,取得更多的利益。于是县及县以上的地方政府就抓紧兴办自己能掌控的地方国营企业,县以下的乡镇政府就大办乡、村集体所有制企业,力争"肥水不外流",让利益尽可能在当地留下。为了扶持这些企业,让税收成为企业的积累,所得税几乎被各地五花八门的减免税政策蚕食殆尽,并且从20世纪90年代初开始向流转税进军。

除了减免税,预算外收入也是地方的一大财源。地方政府发现,预算内收入要进入财政体制,进行结算;而预算外收入无须进入体制与上级财政分成。于是地方便千方百计增加预算外收入,压低预算内收入,导致预算内财政收入占GDP的比重从1979年的28.4%,下降到1993年的12.6%;而预算外资金从1979年的452.85亿元,猛增到1992年的3854.92亿元。

由于地方各级不断挤占上级财政的利益,从而形成了1986年开始的"两降、两升":财政收入占GDP的比重和中央财政收入占财政总收入的比重持续降低;企业收入和包括预算外收入在内的地方收入不断上升。财政收入占国民生产总值的比重从1978年的31.1%下降到1989年的15.8%和1993年的12.6%。

企业家马胜利承包了有近千职工的石家庄造纸厂,当年就扭亏为盈,超过了承包指标70万元的一倍。

中央政府财政收入占总财政收入的比重1985年为40.5%,1993年下降到22%。由此导致了两个结果:首先,财政赤字几乎连年不断,财政压力逐步集中并上移给中央政府。1978年—1991年,财政收入、支出年均增长率分别为8.19%和8.87%,11个年份出现财政赤字。中央财政收入、财政赤字占GDP的比重,1984年分别为9.3%和0.8%,1991年则分别为4.34%和1.1%。

在"分灶吃饭"的后期几年,全国每年财政收入绝对增长始终停留在200—300亿元之间,中央财政所能获得的上缴财力每年只能增长2030亿元。这不仅造成国家支出日益拮据,而且由于地方从局部利益出发,一方面推行商品销售的地方保护主义,禁止外地产品进入本地销售,另一方面对于重复建设,发展短平快、价高利大的加工工业项目乐此不疲,诸如小烟厂、小酒厂之类的地方企业遍地开花，导致中央对全国产业宏观调控日趋乏力。而经常处于亏空状态的中央财政，由于无米下锅，重点建设和工程无法保证，不得不屈尊下求，向地方借钱"要饭"过日子。改革开放初期的利益均衡局面被破坏，出现了中央不"赢"反"亏"的局面，新一轮的体制改革也就不可避免了。

2008年8月，前财政部部长刘仲藜在《历史的机遇》一文中回忆：

"从建国初到改革开放前的三十年间，我国实行的是高度集中的计划经济，相应的，财政实行'统收统支'的管理体制。这种体制虽然在一定历史条件下发挥过积极作用，但由于集权过多，管得太死，抑制了经济发展的活力。因而，如何最大限度地增强经济活力必然成为改革开放的主要目标，当然也就成为财税改革的逻辑起点。

"事实也是如此，改革开放以来的历次经济体制改革，财税总是首当其冲；不管进行何种改革，都离不开财税的参与。改革开放初期，财税改革以充分调动地方和企业积极性为导向，以放权让利为主线。从1980年到1993年，在中央与地方关系上，先后实行过'划分收支、分级包干'、'划分税种、核定

财政部原部长刘仲藜回忆分税制财政体制改革的手稿

收支、分级包干'和'财政大包干'三种体制。在国家与企业的分配关系上，从扩大企业自主权，到不规范的减税让利，再到承包经营责任制即所谓企业'大包干'。无独有偶，二者最后都落脚到'大包干'。

"大包干体制对激发地方和企业的活力发挥过一定的积极作用。但是，中央对地方的各类包干体制，实际结果是包死了中央财政。在这种体制背景下，为规避超收上解，富裕地区有税源但不愿多收。如某地内部规定在包干期内，财政收入每年只增长4%，绝不多收，因为如果多收，超过部分就要与中央分成。又如某地，中央对其包干体

制规定，以1988年核定的作为基数，超基数部分中央与地方五五分成。为了规避与中央分成，整个包干期内，该地财政收入基本无增长。同样，企业承包经营，执行中实际上是包盈不包亏，结果是国家财政来源没有保障。结果是财源枯竭，财政收入增长乏力，财政收入占国内生产总值的比重，中央财政收入占全国财政收入的比重，即当时人们常讲的'两个比重'逐年下降，财政陷入困境，中央财政和欠发达地区财政状况尤其如此。

"为缓解财政困难，也曾想过一些办法。一是以费补税。由于税'减'掉了、'包'掉了，收不上来，为了弥补中央财力不足，20世纪80年代中期开征'能源交通重点建设基金'；1989年又出台了'预算调节基金'，直接以平衡预算为目标。二是中央财政向地方借钱。为了弥补中央财政支出缺口，要求各省作'贡献'，共借了三次。名为借款，实际上是还不了的。从效果看，即使是比较富裕的地区也不愿慷慨解囊，又影响中央财政的信誉。这种治标不治本的办法不可能从根本上解决财政问题，久而久之，还使中央与地方政府、国家与企业处于无规则的博弈之中。面对这种局面，从1987年开始，曾多次推动改革财政管理体制。但是，其结果不仅没有推进改革，反而被更不规则的放权让利所取代。"

财政部原部长刘仲藜回忆分税制财政体制改革的手稿

注重实地调查

财税体制改革实施前后，我非常注意深入基层和实际，开展调查研究。目的主要是了解实际情况，掌握主动权，发现新问题不断完善改革方案，寻找解决问题的关键。总结经验和规律指导面上的工作。由于身兼两职，好多改革的具体事务需要及时处理，加之投资、外资和金融等体制改革同时启动，中央、国务院召开的各种会议不断，财税部门的负责同志又难以交差全办到，因此我依难抽身的志怀。在没有办法进行调研的情况下，我来不了，短平快的调研方式，往常常叫两三名同志利用周末到京津，往往是早上不到七点就出发，很晚才回来。

调查研究中的事情，我印象深刻的一件事是湘潭决定地方财政金如何用此例，分税制办法规定，将增值税的百分之七十五和全部消费税等收入上划中央，同时中央对地方实行部分税收返还，税收返还的资使财政资金在中央和地方之间大量流动，财政部制定了各地区的资金调用比例。地方财政每日常支出发生，年底中央、市地方之间再统一结算。我去河北调研时，涿州提出实行地区执行中央核定的资金用此例从应缴税收中预留一部分，作为'预拨中央税返还拔'列入地方金库，用于地方财政日常支出，年底中央、市地方之间再统一结算。但困难地区连续用款需要。他们提出的问题引起了我的注意。我在想其他困难地方会不会也存在同样的问题。四京后我请财政部地方预算司的同志为上了解而上的情况。董要求他们根

990

1980年—1992年全国财政收入总额及增长速度表

| 年份 | 财政收入 | | 国内生产总值 | R/GDP |
	总额 (R)	增长速度 (%)	(GDP)	(%)
1980	1159.93	1.2	4517.80	25.7
1981	1175.79	1.4	4862.20	24.2
1982	1212.33	3.1	5294.70	22.9
1983	1366.95	12.8	5934.50	23.0
1984	1642.86	20.2	7170.00	22.9
1985	2004.82	22.0	8964.40	22.4
1986	2122.01	5.8	10202.20	20.8
1987	2199.35	3.6	11962.50	18.4
1988	2357.24	7.2	14928.30	15.8
1989	2664.90	13.1	16909.20	15.8
1990	2937.10	10.2	18547.90	15.8
1991	3149.48	7.2	21617.80	14.6
1992	3483.37	10.6	26638.10	13.1

注：1985年及以前，价格补贴冲减财政收入，1985年以后改列财政支出。为统一口径，本表对1985年及以前数据做了调整。

1978年—1993年期间中央和地方财政支出及比重

| 年份 | 绝对数（亿元） | | | 比重（%） | |
	全国	中央	地方	中央	地方
1978	1122.09	532.12	589.97	47.4	52.6
1980	1228.83	666.81	562.02	54.3	45.7
1985	2004.25	795.25	1209.00	39.7	60.3
1990	3083.59	1004.47	2079.12	32.6	67.4
1991	3386.62	1090.81	2295.81	32.2	67.8
1992	3742.20	1170.44	2571.76	31.3	68.7
1993	4642.30	1312.06	3330.24	28.3	71.7

第六节 分税制财政体制方案形成过程中的中央和地方利益博弈

1992年初,邓小平南巡讲话发表,澄清了长期困扰人们思想的若干重大理论问题。1992年10月,党的十四大明确提出了我国经济体制改革的目标是建立社会主义市场经济新体制。1993年11月党的十四届三中全会通过的《中共中央关于建立社会主义市场经济体制若干问题的决定》有一段专门论述财税体制改革,总计800多字,包括三项内容:一是把现行地方财政包干制改为分税制,建立中央税收和地方税收体系。二是改革和完善税收制度,推行以增值税为主体的流转税制度。三是改进和规范复式预算制度。

十四届三中全会决议公布以后,分税制改革就开始启动了。1993年3月,中央召开会议,开始酝酿分税制财政体制改革,以提高财政的两个比重,重新恢复共赢格局。1993年4月22日,中央政治局常委会听取了财政部部长刘仲藜和国家税务局局长金鑫关于财税体制改革的汇报;4月26日,江泽民总书记又花了半天时间专题听取了金鑫关于税制改革的汇报;4月28日,中央政治局常委会正式批准了税制改革

的基本思路。

刘仲藜同志在《历史的机遇》一文中回忆:"小平同志的南巡讲话,党的十四大做出建立社会主义市场经济体制改革目标的决定,使得财政部门长期以来想干的事情、想搞的改革终于可以向前推进。1994年财税改革涉及的内容较多,涵盖了包括税制、分税制等在内的数个方面,但是核心是分税制改革。所谓分税制,就是在中央与地方财政分配关系上,统一按税种划分收入,彻底打破中央与地方一对一谈判、一地一个体制的财政大包干办法。改革的目标就是要提高财政收入占国内生产总值比重,以及中央财政收入占全国财政收入的比重。只有这样,才能增强中央的宏观调

1993年6月24日刘仲藜部长在分税制财政体制改革座谈会结束时发表讲话。

1994年全国税制改革工作会议在北京召开。

控能力，才能维持国家的长治久安，这也是市场经济国家的较普遍作法。但是，如何分税，是面临的一个重大课题。"

2008年6月19日，作为当年财政部常务副部长的项怀诚同志在中国财

2008年6月16日原财政部部长项怀诚与中国财税博物馆馆长翁礼华在中国财税博物馆开馆碑亭前留影。

税博物馆回首往事时说："此前，财政部和国家税务局就财税体制改革曾作了一系列准备工作。一是数据上的准备工作。财税体制改革要算很多账，调整分配关系，无论中央与地方之间还是国家与企业之间，都很复杂。地区之间要平衡，行业之间税负也要平衡，很难处理。二是要设计税种。精简哪些税种，新建哪些税种等等，税负的调整还要征求各方面意见。三是要介绍分税制，因为上上下下并不熟悉。"

1993年6月22日—24日，财政部由刘仲藜部长主持在北京石景山区龙泉宾馆召开部分省、市财政厅、局长及预算处长会议，着手探讨分税制财政体制改革问题。会上，常务副部长项怀诚拿着笔记本介绍了胡鞍钢、王绍光两位学者提出分税制财政体制改革的国情报告。国情报告分为六个部

分：第一部分，国家能力；第二部分，中国国家能力变化；第三部分，国家财政能力下降的主要原因；第四部分，国家能力下降的严重后果；第五部分，中央政府在市场经济转型中的作用；第六部分，提高国家汲取财政能力的途径和建议。项副部长说，1993年5月下旬，受中国科学院资助到美国耶鲁大学经济学系作博士后研究的胡鞍钢学成回国，撰写了一份国情报告，题为《加强中央在市场经济转型中的主导作用 关于中国国家能力的研究报告》，主标题是报告全文的基本结论。6月中旬，胡鞍钢特邀其在耶鲁大学的研究伙伴、耶鲁大学政治学系助理教授王绍光博士到北京向学术界和新闻界作了学术报告，并向财政部及中央有关部门负责人作了介绍。

2008年6月19日，项怀诚同志在中国财税博物馆学术楼上回忆说："1992年6月的龙泉宾馆会议对统一思想非常有益，随后工商税制改革和分税制改革就开始紧锣密鼓地进行。当时国家税务局局长是我的老领导金鑫。他把国家税务局的同志分成改革班子和业务班子（我取的名字）。国家税务局中许多有经验的老同志做了大量工作。1993年下半年，无论财政部还是

税务局两个办公楼晚上经常灯火通明。那时已普遍使用计算机，大大提高了效率。税务局出了很多改革方案，还开了很多座谈会，包括纳税人的、地方政府的、专家学者的、海外一些人的。就工商税制改革听取各方面意见而言，这次可能是历史上最充分的一次了。"

财政体制的调整，离不开两个重要的利益参数：一是收入的划分；二是基期年的确定。1993年7月底，财政部出台了第一个方案，设想是把产品税、增值税、工商统一税划为中央税；所得税、营业税、资源税作为共享税，地方得10%—20%，中央得80%—90%；其余作为地方税，把中央集中全国财政收入的60%作为当期目标。为了缩小东西部地区财力差距，确定的补助有三种：（1）体制补助；（2）专项补助；（3）特殊补助。由于这一方案比较激进，遭到参加全国财政工作会议的发达省份的强烈反对，有关领导不得不于1993年8月组织力量在北戴河研究了一个月，到月底研究出一个比较渐进的方案。方案设想：消费税归中央；增值税作为共享税，75%归中央，25%归地方；资源税没有确定，暂作地方税（后来才明确：海洋石油资源税归中央，其他资源税归地方）；企业所得税

按隶属关系征收；其他没有提到的税种都作为地方税。明确以1992年为基期年，即以1992年年报数为基数；中央集中财力速度放慢，期望中央财政收入比重达到全部财政收入的57%。

刘仲藜同志在《历史的机遇》一文中回忆："1993年设计分税制改革方案时，恰逢我国经济过热，固定资产投资失控，金融秩序混乱，通货膨胀严重。在经济环境并不宽松的情况下，既要达到提高'两个比重'的目标，又要致力于改善宏观环境。因此，在划分税种时是费了一些心思的：明确将维护国家权益和实施宏观调控所必需的税种划分为中央税；为鼓励地方发展第三产业、农业和效益型经济，将主要来源于这些领域的税收，例如营业税等划为地方税；为淡化地方片面追求GDP，防止地区封锁，减少重复建设和盲目建设，将国家控制发展的一些消费品实行消费税，而消费税100%归中央；当时最红火的加工制造业的流转税，改革前主要属于地方税源的增值税，实行共享税，中央地方'七五'、'二五'分享，中央拿大头；同时，为体现资源国有，国家要保留对资源税的分享权，考虑到大部分资源集中在中西部地区、资源大省一般都是财政穷省，大部分

资源税全部留给地方，个别品种如海洋石油资源税划归中央。"

刘仲藜同志还说："这次改革选择生产型增值税，主要有两方面考虑：一是不能影响财政收入，尤其是中央财政收入。为了达到这一目标，采用生产型增值税比较现实，尽管它与规范的消费型增值税相比，还欠科学，但毕竟比传统的流转税前进了一大步。二是1993年前后，中国经济处于投资失控、膨胀状态，而消费型增值税恰恰对投资具有一定的刺激效应，与当时实行的紧缩政策不一致。

"将税改前的产品税、增值税（名称与改革后增值税相同，但内涵不同）

1996年3月财政部刘仲藜部长在八届全国人大四次会议上作全国财政工作报告。

改成增值税，既公平合理，又可以防止价格扭曲，但如何确定税率，有不同意见。财政部建议税率定为18%，理由是，第一，当时普遍实行增值税的欧洲各国，增值税税率一般从21%到25%不等，如果我国按18%定税率，税负还是偏低的。第二，财政部建议18%的税率是按照改革后不增加企业税负原则测算出来的，是经过对完税额高达80%的3.8万户大中型企业前三年税源情况进行了统计分析得出的结果。改革前征收产品税，平均名义税率8%，实际税负6%，将增值税税率定为18%，改革后企业税负相当于征收产品税率6%的水平。但是企业主管部门要求将税率定为16%。由于意见不统一，朱镕基副总理让我牵头协商。我的对策是，干脆复杂问题简单化，双方都让一个点，定为17%。最后上报国务院得到批准。记得时任上海市财政局局长的周有道同志曾经打电话给我，说市里领导让他们专门找了一些企业进行模拟运算，结果表明，如果按17%定税率，企业税负比改革前下降，表示赞同17%的增值税税率。"2009年1月5日在与中国财税博物馆馆长翁礼华《口述分税制财税改革历史》对话时，刘仲藜先生说得更具体："关于增值税税率，在国务院办公会议上大家争论不休，18%讲18%的理由，16%讲16%的道理。最后，当时国务院常务副总理朱镕基说：'我们不扯了，刘仲藜你当召集人，经贸委主任王忠禹一个，国家税务局金鑫局长一个，你们三人小组去商量后报给我，我再拍板决定。'因此，我就把他们两人请到我办公室商量，我说，'这个不要争论了，把复杂问题简单化，我退一步降到17%，你们也退一步，由16%增到17%。'三人说，'好吧！'第二天就报给朱副总理。朱副总理说，'你们三人都通过了，我没意见。'然后将这17%的税率征求各地的意见，上海反馈最晚，当时的财政局长周有道给我打电话说是因为市领导要他们拿我们的17%税率到企业去模拟一下，与原来的产品税相比是高了还是低了？产品税平均税率是8%，结果模拟下来是6.7%左右，等于减了。因此，他们就回复财政部表示上海对17%的税率没有意见。当时，我就觉得上海工作做得细，也正因为他们工作做得细，我们向国务院领导汇报时也就更有说服力。这样，17%的所得税税率就正式确定推行了。这两个税率很重要，第一个产品税是比较直接的，百分之几就是百分之几，而增值税变化比较大，有销项、进项扣除问题，一听17%就吓一跳，实际上扣除进项后并没有多少。尽管我们这样认真测算，还有千虑一失，还有照顾不到的地方。当时，电力部门就提出，水力发电的水不是买来的，是天上落下来的资源，没有进项，没有发票，扣不了。这样，销的时候征17%的增值税等于100%的负担。我们一听觉得有道理，后来就出了一个对水电的扣除政策。"

由于在收入划分上中央作了让步，且当时分管这一工作的国务院领导在与各省交换意见时，再三强调：增值税分成比例不能动，中央得75%的比例不能再让了，如果这一让，增量拿不到，中央财政状况可能比原来还要糟。这样，地方与中央利益分割的焦点，便集中到基期年的确定上来了。

首先提出这一问题的是广东省，要求以1993年当年为基期年。他们说，小平同志对我们广东省有个要求，即20年内，也就是2010年广东要赶上"四小龙"。假如中央实行以1992年的年报数为基数的政策，广东省财政到2000年为止至少要少得600多亿元，这样一来广东赶上"四小龙"就有困难了。为此，9月9日朱镕基同志带领60多人，有国家税务总局、财政部、体改办、银行等部门的同志，主要是财税系统的同志，乘专机到广东进行调研。广东省的五套班子全部参加，地市委有些领导也参加了。朱镕基同志先向大家宣布中央决定，然后由刘仲藜部长介绍分税制情况，接着是算账。最后，广东同志说，小平同志南巡讲话是1992年上半年的事了，下半年经济发展起来，反映到财政收入上是1993年的事情。

汕头、深圳、珠海、厦门为第一批经济特区。图为90年代初期的汕头港。

假如以1992年为基数，小平同志南巡讲话成果都没有包含在内，这怎么行？他们坚决要求以1993年为实行分税制的基期年。

当时，以刘仲藜为部长的财政部是不大赞成以1993年为基期年的，理由是：（1）以1993年为基数，账来不及算，要拖到1994年四五月份才能算清楚；（2）事先确定基期年，给各个省在账面上"做手脚"提供了时间上的可能。基数历来都是历史的，确定基期年也从来没有预知的、将来式的。1980年是按1979年底的电报数为基数的，1985年那次是按1983年的决算数为基数的。在广东的几天，刘仲藜部长与国务院领导一起就餐的时间特别长，每顿饭常常要花费一个半小时，主要是讨论基期年问题。

2008年6月19日，项怀诚同志在中国财税博物馆回忆往事时说："镕基同志就分税制改革调研去的第一站是海南，第二站是广东。财政部由时任部长的刘仲藜同志陪同。这是实施分税制改革调查研究、交换意见中最重要的一次，因为以1993年的财政收入为税收返还基数，就是广东省汇报工作时提出的。后来中央政治局常委会研究决定以1993年为税收返还基期年，

这在当时是个非常大的政策。事实上当时我和仲藜同志都不同意以当年为基数，坦白讲，对于中央政治局常委会的决定，我在思想上是持有保留意见的。"

1993年9月16日自粤返京后，中央政治局开会，朱镕基副总理汇报了广东省的迫切要求。当时，政治局考虑到机制转换是有关建立社会主义市场经济体制的大事，只有不惜一切代价来推行分税制，才能实现这一长远目标。因此，中央下决心宁可损失一些眼前利益，也要换取机制的转换。而且，中央为应付改革可能带来1994年财政赤字的扩大，还打算发行1000亿元国库券以资弥补。

在9月29日中南、西南十省领导参加的会议上，江泽民总书记代表中央正式宣布以1993年为基期年。2008年6月19日，项怀诚同志在中国财税博物馆回忆道："当时，对分税制改革，各级领导特别是高层领导非常关心和支持。现在回想起来依然心存感激。我知道，小平、陈云同志始终关心分税制改革，支持中央适当集中财权。时任中共中央总书记的江泽民同志先后多次分片主持召开了各省市自治区的书记省长座谈会，宣讲政策，听取意见，消

除误会。记得1993年9月，江泽民同志在广东的珠岛宾馆召开中南和西南两大区十个省的书记省长座谈会。原先财政部没有随行任务，会上贵州省省长陈士能对分税制提出一些意见，因为涉及许多具体政策，曾庆红同志临时电话通知我参加会议。我接了电话就直奔机场，当晚赶到广州。所以我赶上了那次座谈会的尾巴，亲身体会到高层领导对分税制改革的关心和支持。"

1993年9月29日的会议明确以1993年当年为基期年的方案后，迅速通过各种渠道向外扩散，获得信息的各省为了自身的利益，为了对得起当

1994年5月时任国务院副总理朱镕基带领包括财政部长刘仲藜在内的13个中央有关部委领导在黑龙江视察工作并听取有关方面的汇报。

地的乡亲父老，纷纷付诸行动，拼命增收，以提高基数。因为，中国财政历来以"基数定天下"，没有基数也就意味着比人家丧失了更多的利益。

由于当时恰值9月底，9月份收入尚未报结，通过有限的几个工作日的加班和动作，效果便十分卓著，全国有4个省市9月份当月增长就超过100%。截至9月底，海南累计增长102%，广东增长36%，上海增长30%。浙江省也是最早获得信息的省份之一，常务副省长柴松岳从中央财经领导小组曾培炎处获悉，财政厅长翁礼华从财政部张佑才副部长的电话里印证，因此浙江省上基数的动作也同样迅速。如果说当时仅仅通过财政厅的系统渠道让财税局长来参加会议，显然力不从心，因为要上基数必须举党委和政府之力才能实现。于是离开省政府副秘书长岗位不久的翁礼华，便通过省委、省政府值班室连夜下通知，请各市地县领导与财税局长一起来参加争

1994年1月10日中美经济联委会在北京钓鱼台国宾馆召开会议，财政部刘仲藜部长和美国财政部长本森正在共同主持会议。

基数的紧急会议。此后通过连续不断的行政加财税的双重手段提高基数，取得了卓著成效。1993年结算时，浙江省"两税"返还增长比例为65.8%，比全国平均48%高近18个百分点，比增长60%的江苏省也高近6个百分点。

此后，在朱镕基副总理到全国各地与各省领导交流意见时，各省对"两税"上交问题反映较大。地方上认为在分税制改革中，增值税是最大的税种，实行了中央和地方分成，中央得75%，地方得25%，而消费税又100%归中央，这两个税种，特别是增值税年年增加，地方得不到多少好处，中央应该有一个适当返还的政策。于是当时财政部

负责预算工作的常务副部长项怀诚就与有关同志设计了一个上划两税比上年增长部分以1:0.3返还的政策。既实现了中央得大头（52.5%）的精神，又照顾了地方的利益，满足了地方的一部分要求。

同时，在朱镕基副总理与各省交流意见时，各省还要求减免税返还。当时，财政部承诺，不进基数的可以研究返还，但一要省政府有文件；二要有税单；三是只能减免两年而且税款必须返还同一企业，绝不能移花接木。后来发现这一条实际执行很困难，因为要

组织实施新财税体制的前前後後

刘仲藜

一九九三年初夏，党中央做出了实施财税体制改革的重大战略决策。改革的最初方案是财税部门经过大量研究和反复测算后提出的，之後，在国务院领导下，和有关部委用了几个月的时间进行了研究和修改，高度欣赏。时任国务院副总理的朱镕基同志亲自率领，税务等中央新委六十多人，规赴十七个省自治区市听取意见，一场影响深远的财税体制改革批此拉开了序幕。

十二月，国务院正式发布实行分税制和新税制的决定，一场影响深远的财税体制改革批此拉开了序幕。

中央审时度势对财税改革的问题抓拍了板，全地区、各部门的思想已经统一到了中央的重大决策和部署上。下一步工作就是把中央的决策落实到位，从客观经济实践，把文件中的方案变成内实践体现实现中央的战略意图，税务等部门责无旁贷，针对时性的财政部黄、一九九四年初实性国家税务总局长、是方记是这项工作的第一委任人。

组织实施进程中，我的心情较长等待工程竣工之时一样，从客观经济实践、是处于经济发展过热的时期间定货币投资失控、金融状况混乱，通货膨胀严重，经济环境另不宽松。从改革方案来讲、终成制。我担心方案中存在遗漏的问题或者不切合实际的问题，而财况发、财政改策、税收政策又与经济发展密切相关，这些问题如果处理失当，不能排及时解决，堆积起来引发更大的问题，已扰、影响物体利抓经冷缩下来啦，物税制推动通货膨胀性，税金收不来，国家发观欠什无机性。这千问题都一个一个都是天大的事，都会造成财税改革的起展下的失政就受阻、影响执政能力和我团经济发展，社会稳定常常受极大的消极影响，这就是所谓的"牵一发而承担责任的人应为多多成。

重大改革举措和千头方绪的组织实施工作使我感到了巨大的精神压力。"勿记"中庸"所讲、戒慎乎其所不睹、恐惧乎其所不闻、我的为时坚持的就是"戒慎恐惧"。思想上奉行办实事、说实效；手项工作力求精益求精，思虑细微，一丝不苟，所有微调措施力争瞻前顾后，谋思慎行，不轻举妄动、总之是如履薄冰，如临深渊，不敢有丝毫麻痹大意。

财政部原部长刘仲藜回忆分税制财政体制改革的手稿。

查到每一张税单并非易事。以至于在1994年8月初全国财政税务工作会议上，国务院领导在大会作报告时对当时负责此项工作的领导说：你说能从税单中查对，现在为什么又弄不清了呢？

面对全国各省返还基数猛增的状况，国务院领导就决定实行双轨制的算账办法，以确保中央财政收入不减少。办法规定：各省原来实行什么体制，要继续执行；"两税增长返还"，以1993年为基数，比例定为1：0.3。按通常办法计算"两税增长返还"应该是地方上划两税增长绝对额乘以0.3。后来国务院领导发现这样计算，地方得益太多，于是另外搞了一个地方两税返还会不断减少的公式，即：当年税收返还增加额 = 上年两税返还绝对额×（当年上划两税绝对额÷上年上划两税绝对额−1）×0.3，这样，地方每返还百分比递减近两个点，从1994年算起，整整14年过去了，到2007年浙江省两税实际返还比例只有1：0.07了。后来，由于1994年中央财政收入大幅度提高，双轨制的算账方法只实行了一年，1995年就取消了。

2008年8月刘仲藜同志在《组织实施新财税体制的前前后后》一文中回忆："1993年初夏，党中央做出了实施财税体制改革的重大战略决策。改革的最初方案是财税部门经过大量研究和反复测算后提出的。之后，在国务院领导下，和有关部委共同用了几乎整个夏天的时间进行了研究和修改。当年秋天，时任国务院副总理的朱镕基同志带领财政、税务等中央部委60多人，亲赴17个省、市、自治区听取意见。12月，国务院正式发布实行分税制和新税制的决定。一场影响深远的财税体制改革就此拉开了序幕。"

2008年6月19日，项怀诚同志在中国财税博物馆回忆这段历史时，首先说："负责财税改革工作的常务副总理朱镕基同志亲自带队，用了两个多月的时间，带了相关部门的同志，先后走了13个省，面对面地算账，深入细致地做思想工作。每次去都是专机，一般是50人—60人，最多的一次80多人。镕基同志说过，到地方去征求意见，核心问题是财政问题，所以他对财政部特别宽容，在严格控制随行人员的前提下，却对财政部网开一面，愿去几位就去几位。先后随镕基同志到各省市征求意见的同志，有刘仲藜、刘克崮、姜永华、王立峰、许宏才等。除了广东、海南，其他地方我都去了。每次随行都不轻松，经常加班加点，有的时候通宵达旦，车轮大战。事后镕基同志自己曾经半开玩笑地说过，那段日子是东奔西走，南征北战，苦口婆心，有时忍气吞声，有时软硬兼施。"

接着，项怀诚同志语重心长地提到以 1993 年为基期年的问题："当然，财政部对于执行党中央的决定是没有任何问题的，财政部门比较务实，从技术操作层面考虑问题更多。说白了，就是担心地方的数字弄虚作假，担心钱在 1993 年都收光了，都成了地方政府的基数了，以后年年要给它。担心今年收入上去了，明年又下来了，无以为继怎么办？实际上，宣布以 1993 年为基数的当年后几个月确实出现了一些异常

情况，把死欠收起来的、大量向银行贷款交税的、甚至连倒闭的企业都把以前的税补齐了，凡此种种，造成了 1993 年后四个月财政收入大幅度增加。据 1993 年地方财政收入月报，这一年地方财政收入全年增长 966.63 亿元，增长率为 40.2%，其中 9 月至 12 月地方财政收入增长 756.95 亿元，比上年同期分别增长了 51.8%、62.5%、86.1%、121.3%。这是从来没有过的，确实也是反常的。对于这种现象的出现，当时朱镕基副总理也非常重视，那年四季度，他曾布置多次检查，还做出了凡违规操作不合理的基数可以扣除等政策。现在我对于以 1993 年为基数的政策已经心悦诚服，这个政策说明，在推进重大财税改革时，必须要取得地方政府的强有力支持。这是必要的妥协，这个代价必须付出，这一让步争取了民心，统一了思想，保证了分税制改革的顺利推行。因为这场宏观经济体制改革如果进行不下去，社会主义市场经济就是一句空话，它是为社会主义市

1994 年 3 月 16 日，两会新闻中心在北京国际饭店举行新闻发布会，财政部和国家税务总局有关领导刘仲藜、金鑫、项怀诚就税制改革问题回答了中外记者的提问。

场经济奠基的，对中国来说，它是经济发展、长治久安的基础。"

最后，项怀诚同志总结说："回顾1994年的分税制改革，之所以成功，我认为除了领导重视、方向明确等原因外，主要是妥善处理了两个带有根本性的问题。第一是增量分配的问题。这次改革之所以比较顺利，得益于在利益的调整方面缓缓而行，即较好地处理了财政增量的分配政策问题。当时江泽民同志指示，财政收入的增量中央要得大头。假以时日，逐步改善中央财政的状况。在分税制中，增值税是最大的税种，实行了中央和地方分成，中央得75%，地方得25%，消费税100%归中央。对此，地方同志有点意见，认为这两个税种，特别是增值税年年增加，地方得不到多少好处。那时我与部里的同志一起设计了一个两税比上年增长部分以1:0.3返还的政策。既实现了中央得大头（52.5%）的精神，又照顾了地方的利益，满足了地方的一部分要求。这个政策，总体上是很好的。第二，有效实施了转移支付。转移支付是指在既定的政府间支出责任和收入划分框架下，通过财政资金在各级政府之间的无偿拨付，弥补财政纵向和横向不平衡，以实现校正区域外部性，

稳定宏观经济，促进基本公共服务均等化的财政政策目标。简单地说，转移支付是政府财政政策的一个重要的工具。分税制改革以前，中国的财政情况是弱干强支，中央财政靠地方财政上解收入过日子，想对欠发达地区多给一点补助，想解决实际上存在的横向不平衡，心有余而力不足。实行分税制，适当地集中财力以后，可能性、必要性具备了。1994年改革时在财政分配中正式引进了转移支付这个国际上通行的概念。我国是一个幅员辽阔的国家。地区之间的不平衡，归根到底是经济发展不平衡造成的。同时也是自然条件、资源禀赋、发展历史等多种原因在漫长的历史中逐步形成的。当时，还不具备提出公共财政的概念，作为公共财政的一个准备，我们正式确定了转移支付的方向。严格地说，只提出了纵向转移支付的概念。最近19个省市支援汶川地区灾区恢复重建，从财政学的角度来说，是横向转移支付的一个尝试，它在中国财政发展史上应当是具有划时代意义的。分税制改革中的转移支付制度经历了一个逐步完善的过程。到目前为止，大体上已经形成了财力性转移支付、专项性转移支付的体系。转移支付的结构不断优化，

转移支付的政策逐步细化，转移支付的规模不断扩大。2007年中央对地方的转移支付达到13991亿元，相当于1994年550亿元的25.4倍，年均增长28.3%。我在担任财政部领导的十几年中，心中始终有两条杠子：一是中央财政本级的支出占全国财政支出的比重不要扩大；二是中央财政收入增加了，要把增量的大部分转移支付给中西部地区，为他们在支出均等化方面创造一些条件。分税制历14年而不衰，发达地区支持它，欠发达地区也支持它，实行转移支付政策是根本原因。我想，这就是所谓的民本思想。在改革开放30年之际，回顾分税制改革的历史情况，分析总结分税制改革的经验教训，对于积极推进当前的财政改革与发展是非常有益的。"

在回顾这段难忘历史的时候，项怀诚同志心存感激地赞扬《人民日报》当年打破常规，全文刊登四个税法的做法。他说："1993年下半年，我们全部精力都扑到了分税制改革，做了很多准备工作，其中许多是非常紧急的。因为分税制要从1994年1月1日开始实行，分税制改革的基础棗工商税制要从1994年1月1日开始实行。当时变动非常大，原先38个税种精简为18

个，流转税方面实行新的增值税、消费税和营业税，个人所得税正式立法，许多税制要公布。按照我们国家一般的情况，一个新的税制从中央贯彻到基层，大体要两个月，因为大家要学习，要试运算，要调查研究，要调整账表，如果紧张一点也要个把月。当时不允许。这几个税法和暂行条例是1993年12月31日签署的，但还得要公布啊，用公文的程序按部就班地发下去肯定是不行的。所以很特殊。1994年1月1日《人民日报》全文刊登四个税法或条例，一竿子插到底，这是史无前例的。实际上，国家税务总局早已把这些税法的主要内容提前在内部释放出去了，办了很多培训班，改革的精神和具体办法已经贯彻到基层了。现在看来，财税改革的准备工作比较充分，执行也比较顺利。"

此外，他还提到一个饶有趣味的小插曲："以1993年为税收返还基期年，各地当年财政收入基数猛涨上去之后，对1994年的财政收入有没有影响呢？这可完全出乎我的意料。1994年1月份的时候，我是忧心忡忡，寐不安席。到了1994年2月8日，1月份的财政收支报表出来了，一月份收入277亿元，比上年同期增长106亿元，增长

62%，这是从来没有过的速度！我高兴得不得了，一块石头落地了。按照财政部的惯例，农历大年初二、初三部党组历来是要开会的，那年的春节是2月10日，我向仲藜同志提议，1月份情况太好了，今年春节就不要开会了吧，仲藜同志欣然同意。在不经意中是我把财政部的优良传统给破坏了。这其实是表明当时的一种心情。"

刘仲藜同志在2008年8月题为《组织实施新财税体制的前前后后》的文章中回忆："1994年财税体制改革，当时全国财政非常困难，中央财政尤其拮据，正如前面提到的，当时推出财税体制改革是存在着大风险的。而改革方案又由分步实施改为一步到位，培训、准备工作又如此仓促，能不能按预定设想把钱及时、足额收上来，保证政府工作的正常运转，成了1994年第一季度，尤其是一月份关键的关键。

"为了未雨绸缪应对不时之需，防止新老财税体制转换过程中税金不能及时入库、国家财政发生支付危机，在财税体制改革正式实施前，我专门找到朱镕基副总理，请他批准财政向人民银行临时借款。他当机立断，破例支持，批准人民银行临时借给财政部120亿元，存在中央金库，时限三个月，专门用于应对财税体制改革中税收不能及时上缴带来的支付危机。

"1994年2月8日，我记得很清楚，那天是农历大年三十，我和其他同志正在北京市慰问财税战线的职工，忽然接到国家税务总局值班室的电话。值班的同志兴奋地告诉我，一月份税收统计快报出来了，税改后收入不但没有减少，而且同比增长61%，中央税收和地方税收，也都按照新财税体制的规定分别上缴中央金库和地方金库。初战告捷，我心里的一块石头总算落了地。

1995年12月31日，财政部部长兼国家税务总局局长刘仲藜，国家税务总局党组书记，副局长项怀诚等领导到北京市国家税务局亲切慰问元旦前夕还在紧张工作的税务干部。

"第二天我专门到中南海，向国务院领导报告了这个好消息。回到财政部，就叮嘱有关同志提前归还临时借款。财政收入实现了大幅度增长，大家终于松了口气。后来每月税收都在增长，全年收入抵掉期初库存扣税、抵掉能源交通基金和预算调节基金减收因素，还比上年增加了900多亿元，全国财政收入从此上了一个大台阶。

"财税体制改革的成功得益于党中央、国务院领导的高瞻远瞩、英明决策，凝聚了财税部门专家学者的智慧心血，体现了地方政府和社会各界的理解支持。值得一提的是，在组织实施财税改革过程中，财政部、国家税务总局及时对地方提出的各种要求给予了函复，对某些特殊行业的财税政策进行了明确和细化，对某些不准确的理解和做法

予以了解释、澄清和纠正，并根据实际情况对原方案个别地方进行微调和完善，仅仅1994年第一季度就发出了80多个文件。这些操作性文件，保证了党中央、国务院关于财税改革的战略意图，实现了财税改革的效果。"

刘仲藜同志还深有感触地说："我

刘仲藜部长视察山西万家寨水库时访问贫困户。

刘仲藜部长视察利用世界银行贷款修建的山西万家寨水库。

亲身参与了十几年前那场轰轰烈烈的财税体制改革，回忆起其中具体组织和实施工作，确有不少经验和教训。我国地域辽阔、各地条件差异大、区域经济发展不平衡、各个行业千差万别，改革除了要制定一套统一的、科学的方案，还应当把组织实施过程放在重要位置。否则，即使改革方案搞得四言八句、花团锦簇，也会变成一纸空文。有些改革没有达到预期目标，很多时候是组织实施工作没到位造成的，恰恰是方案没有落实好。党中央、国务院决定了方案，职能部门在改革中的主要任务就是负责组织实施。需要我们积极主动地把中央改革方略层层分解为实施策略、计划和任务，并且艰苦细致地去工作；需要在实践中检验并完善改革方案，处理好整体与个别、普遍与特殊的关系，实现文件与实际的结合；将长远目标和当前情况有效结合起来；必要时采取渐进性和过渡性措施，确保改革具有较强的可行性和可操作性。"

第七节　与其砍地方财政基数，不如保基数把"蛋糕"做大

对人类社会而言，发展是硬道理。对财政来说，利益博弈最终的结果是要在发展中把"蛋糕"做大，才能让中央和地方获得共赢。

1993年，拉开了分税制财政改革的序幕后，各省市基数猛增。到年底，全国财政收入达到4348.95亿元，比1992年的3483.37亿元增长900多亿元，其中要返还地方的高达600多亿元。如果1994年实际增长达不到600多亿元，中央不但不能增收还要赔本倒贴，要实现共赢成了新的难题。

当时，财政部采取的第一个措施是组织工作组到有关省市检查1993年各省收入的真实性，试图通过清理虚收过头税等途径挤干水分，压缩返还基数300亿元。工作组到浙江、云南、江苏等省检查以后，结果并不理想。对浙江省检查后，不仅没有发现虚收，反而在绍兴市发现有5亿元税收还未收上来；对云南检查后仅发现只有6500万元的税收不真实；对江苏的检查结果表明，不实税收也仅为2亿多元。这主要是因为我国税收名义税率高，实际征收率低；再加上改革开放以来，又长期实行减税让利政策，社会上积蓄的税源比较丰富，故只要依法征税，税收增长比例高于正常年份的水平是不足为怪的。

在第一个措施成效不明显的情况

下，财政部着手研究通过扣减各省返还基数的办法，来解决中央财政约300亿元预算缺口的问题。1994年7月13日至15日，财政部在北京德宝饭店召开了北京、上海、浙江、江苏、辽宁、大连、湖北、广东、云南、黑龙江、陕西等11个省（市）和计划单列市财政厅局长座谈会，并要求不准带助手进入会场。新任常务副部长金人庆主持会议，会上刘仲藜部长作了一个多小时的报告，提出了解决返还基数过大的难题，请大家集思广益，研究解决办法。会上，刘仲藜部长首先指定浙江省财政厅厅长翁礼华发言。翁礼华在长

北京德宝饭店。财政部组织部分地区财政厅（局）长在此召开座谈会，与会者统一了思想认识，明确了分税制改革的目标，大家表示要同心同德向前看。

达一个小时的发言中以"同心同德向前看"为主题，以共赢为目标，提出了既符合中央要求又不损害各省市利益且能圆满解决问题的两个建议：一是财政部对各省市实施扣减基数的办法似乎缺乏依据，建议通过对各省市下达中央"两税"增收指标来解决，没有达到部定指标的省市愿意如数赔补；二是上划"两税"比1993年基数增加的部分以1：0.3返还各省，不要与全国平均增长百分比挂钩，要与本省的增长比例挂钩，以调动省市本身增收的积极性。这两项建议除黑龙江省财政厅厅长曹广亮开始对第二项有所保留（主要是黑龙江企业经营收入情况不佳，"两税"增长困难与本省挂钩将会影响本省1：0.3返还）外，获得了上海、广东等10个与会厅局长的一致赞成。嗣后，经过深思熟虑的黑龙江省财政厅曹广亮厅长在会议中间也审时度势地宣布，在1：0.3返还与本省挂钩的问题上也愿意与其他10个省市（单列市）厅局长保持一致，但要求财政部在考虑困难补助时给予适当照顾。接下来，会议便围绕如何下达中央"两税"增长指标问题展开了讨论。当时有两种不同的意见：一种是与各省国内生产总值（GDP）增长比例挂钩；另一

种是与各省1993年"两税"增长幅度挂钩。第一种意见，由于GDP本身有水分，如挂钩，则GDP的绝对额将会出现"缩水"问题，可能会在国外产生我国国民经济搞不上去的感觉，其副作用太大，特别是与邓小平同志把国民经济搞上去的要求大相径庭，财政部门自身政治风险实在太大。第二种意见大家认为较为合理，1993年得益多的省市增幅相对高一点，应该多承担把财政收入蛋糕做大的任务，对中央多贡献一点。会议期间，财政部刘仲藜部长、金人庆副部长等部领导和主持国税总局工作的项怀诚同志将座谈会的要求向朱镕基同志作了汇报，朱镕基同志原则同意了大家的意见。经过1994年8月的全国财政工作会议，以及10月在广东中山召开的全国预算座谈会和12月召开的全国财政工作会议的不断充实和调整，形成了四条意见。这四条意见是：（1）全国以1993年当年"两税"增幅的1/3即16%为目标，各省以本省上年增幅的1/3为目标；（2）完不成"两税"增收任务的省市以地方收入赔补，完不成上年基数的要扣减返还基数；（3）凡完成"两税"增长目标的地区，中央对其税收返还基数按当年本地区"两税"增长率的1：0.3返还。

凡"两税"收入超过增长目标的地区，其超过部分给予一次性奖励，返还系数由1：0.3提高为1：0.6；（4）"1：0.3返还系数"不再与全国平均"两税"增长水平挂钩，而与本省上划"两税"增长挂钩。为了突出德宝会议的同心同德精神，1994年8月4日，《中国财经报》头版头条以《同心同德，确保财税改革成功和预算任务完成》为标题，强调了财政部长刘仲藜在全国财政工作会议上的讲话要求。如果历史可以假设，当年真的动手挤干水分，削减各省返还基数300亿元，那么各省财政又走向"做小"的老路，不可能有1994年至1997年每年1000多亿元的税收增长，中国财政乃至整个财税体制改革将是另一副面孔。

2008年刘仲藜同志在《历史的机遇》一文中回忆："1994年分税制实施过程中有两项重大调整，一是确定增长目标，完不成基数的地区要扣减基数；二是'两税返还'由与全国平均增长率挂钩改为与各地区增长率挂钩。

"第一个调整的起因是收入增幅的变化。分税制实行后的1994年第一个月，1月份税收比上年同期增长61%。但是，2、3、4月的增长率逐月下降。联想到1993年的最后四个月超常增长

（地方财政收入后四个月分别比上年同期增长60%、90%、110%、150%），如果这样下去，下半年收入必然增长缓慢，甚至可能出现负增长。结果中央不仅集中不了收入，可能还要赔上对地方的税收返还基数。简单的处理办法是，组织核查组核实基数，或者削减1/3的基数，实现预算平衡。但是，大检查组从年初到4月底陆续回来，都未能发现有虚增收入、提高基数的情况。后来，我们请了部分地区财政厅（局）长座谈，专门研究应对减收的方案。当时共有三种选择：一是税收增长与各地方GDP增长率挂钩，调减1993年基数；二是从上年增加的绝对额中，拿出一部分按照各省的基数增长率进行相应的抵扣；三是向前看，承认上报的1993年基数，但下达收入增长目标，通过收入增长来解决潜在赤字问题。座谈中，时任浙江省财政厅厅长的翁礼华同志提出，应当采取同心同德向前看的办法，通过确定各省两税增收目标来解决问题，得到了与会人员的一致赞同。至于如何下达中央'两税'增长指标问题，有两种不同的意见：一种是与各省GDP增长比例挂钩；另一种是与各省1993年'两税'增长幅度挂钩。对第一种意见，大家认为，如一挂钩，为了

萝北县人民委员会财贸系统六好职工奖章

国家税务局颁发的全国税务系统劳动模范奖章

追求财政利益，GDP的绝对额将会出现'缩水'问题，其副作用太大。而认为第二种意见较为合理，1993年得益多的省市增幅相对高一点，应该多承担把财政收入蛋糕做大的任务，对中央多贡献一点。

"我将座谈情况向国务院领导作了

汇报，国务院领导原则同意了大家的意见。1994年8月召开全国财政工作会议，朱镕基副总理到会做了一个非常鼓舞人心的讲话，号召大家同心同德，上下一致，完成改革目标。并在会上宣布了国务院关于两项重大调整的决定。经过会议不断深入讨论，具体形成了三条意见：一是全国以1993年当年'两税'增幅的1/3、即16%作为1994年增长目标，各省以本省上年增幅的1/3为目标。二是完不成'两税'增收任务的省市以地方收入赔补，完不成上年基数的要扣减返还基数。三是凡完成'两税'增长目标的地区，中央对其税收返还基数按当年本地区'两税'增长率的1：0.3返还。凡'两税'收入超过增长目标的地区，其超过部分给予一次性奖励，返还系数由1：0.3提高为1：0.6。现在想来，如果当年动手'挤干水分'，削减各省返还基数300亿元，那么就不可能有每年1000多亿元，到每年2000多亿元，乃至后来每年几千亿元税收的增收，整个财税体制改革可能将是另一种情形。

"关于与各地增长率挂钩的问题。1994年开始实施的方案是，按照全国'两税'收入增长幅度，在全国范围内按统一的系数返还给各省（区）市。当时的出发点：按统一系数，对发展速度快、增收幅度高的地区返还可以减少一些，而对增长慢的地区可以拔高一点，有均贫富的因素。后来地方同志在座谈中提出'两税'返还系数与本省（区）市增长率挂钩计算。其理由是：第一，与本省'两税'挂钩能体现效益原则，地方增长速度高，中央返还给地方的就多，增长低，中央返还少，不是吃大锅饭。第二，有利于地方政府关心生产和流通，关心增值税的征收工作。第三，地方多返还的同时，中央增收也增加，中央将这部分收入通过转移支付方式支援增长慢的地方，也可以达到均贫富的目的。我们认为这个意见有一定的道理，并做了调整。这是在改革方案执行过程中第二项重大调整。"

2008年6月19日，项怀诚同志在回忆当年分税制财政体制改革成果时，欣喜地说："财政收入数据显示，1994年每个月的财政收入都比上年同期增加，全年财政收入增长了869亿元，比上年增加20%，是以前历史上少有的。自1994年实施财政改革以来，到2007年已经14年了，财政工作发生了天翻地覆的变化。财政收入由1993年的4349亿元，增加到2007年的51300亿元，14年平均年增3354亿元，平均年增长19.3%。这一切充分说明了1994年的分税制改革功不可没。可以毫不夸张地说，这是一次广泛而深刻的改革，它奠定了中国特色财政改革的基础。"

为了提高税务工作的地位，1993年12月，中央决定国家税务局升格为正部级，改称为国家税务总局。1994年4月，财政部长刘仲藜兼任国家税务总局局长，原国家税务局局长金鑫任国家税务总局党组书记、副局长。7月，财政部项怀诚副部长改任国家税务总局党组副书记、副局长（主持工作），次年2月任党组书记。为了分清中央和地方收入，避免混库，1994年8月，税务机构分设为国税、地税两套机构。这

1993年12月，中央决定将国家税务局升格为正部级，改称为国家税务总局。图为国家税务总局印章第一次启用。

是中国继清末动议国地税机构分设以来，第三次进行国地税机构分设，其中第一次是民国初年，第二次是国民政府时期。

2008年8月刘仲藜同志在《历史的机遇》一文中回忆国税局和地税局分设时说："1994年财税改革前，税法约束软化。省、市、县各级政府都有权减免税。除地方有意藏富于民的体制性原因外，征管体制也存在缺陷。当时全国是一个税务系统，实行属地化管理。在这种体制背景下，一些地方官员可以得心应手地大量减免税收。减免的税收中很大一部分实际上为应当上缴中央的收入。地方'请客'，国家'埋单'。企业减免税多了，财政就没有钱了，中央财政更没钱了。财政体制已实行分税制改革，如果在征收上不实行分开征收，不建立起一个合理的征管机制，就没有组织保证，税种划分再合理，执行中也会大打折扣。

"在发达的市场经济国家，大都分设国家税务局和地方税务局两套机构。如美国就设有联邦、州甚至地方税务局；

1994 年 8 月 31 日，北京市朝阳区国家和地方税务局举行挂牌仪式，即日起两局正式挂牌办公。

日本不仅分设有中央税务局、地方税务局，还设有专门的税务警察局。这些国家都是总结了多年的经验才这样做的。所以说，分设中央税务局和地方税务局两套机构、建立两套税收体系是经过上百年历史肯定的，是符合实行分税制体制要求的。我国按照分税制体制要求，分别设置了两个税务局，一个是国家税务局，一个是地方税务局。国税局实行垂直领导，地方税务局实行双重领导，以地方为主。

"当时也有不同意见，认为会增加税收人员。现在 13 年过去了，情况如何？1995 年全国税收人员共 73.4 万人，其中国税 43.9 万人，地税 29.5 万人。到 2007 年底，全国税务系统 74.8 万人，增加了 1.4 万人。其中，地税 35.2 万人，增加 4.7 万人，国税 39.6 万人，还

减少了 3.3 万人。即使地税系统增加 4.7 万人，也有其相当的合理性。1995 年决定，将原由财政部门征管的农业税，划给地方税务系统，由此，随业务划转，有的地方将一部分农税人员转入了地税系统，没有划转的地方招聘了一些农税工作人员。"

"分设税务局是一个十分重要的举措。如果没有分设两个税务局，现在根本不可能每年征收到数以万亿计的财政收入。因为分设，多盖了一些办公楼，这是事实。但它们的得失之间是不言而喻的。更为重要的是，分设税务局

国家税务总局颁发的全国税务系统先进教育工作者奖章。

大道之行
中国财政史

从制度上杜绝了拿别人的钱请客这一极不正常的现象，规范了税收征管秩序，净化了市场经济运行环境。"

1994 年在研究对国地税机构分设时，还有一种意见是缓行，即先推行新税制，处理好国家与企业的关系，然后再处理中央与地方的关系，实行国、地税机构分设。然而，尽管这一意见是前国家税务局主要领导提出的，但没有被采纳。客观上讲，只要中央同意让机构分设，绝大多数基层领导干部都会举双手赞成，因为只有机构分设才能产生很多领导岗位，他们才得到了在原有框架下得不到的晋升机会。

1994 年，有 6 个省没有完成"两税"收入增长指标，总量高达 35 亿元，其中北京市就有 6 亿元，主要是首钢流动资金短缺产生欠税。当时分管这一工作的财政部常务副部长金人庆了解情况后，发现这些省不是没有税源，而是企业缺少流动资金，只要解决相关企业的银行贷款问题都能完成下达指标。于是在与银行沟通后，主动去主管副总理处汇报，开始领导不同意，由于人庆同志摸透了领导的脾气，继续不断地说服，最后领导不耐烦了，便说"你去办吧。"1994 年年终财政结算，没有一个省被扣减基数。

由于浙江省财政厅厅长在德宝会议上做出了"金点子"贡献，金人庆常务副部长对 1994 年浙江省上划"两税"指标给予了照顾，本来应该是 65.8% 的 1/3，即 21.66%，后来发文指标降为 19%，到实际结算时优惠为 18%，差不多优惠了近 4 个百分点。由于 1994 年浙江两税只增长 10.2%，按 18% 结算还要赔补 7 亿多，最后金副部长高抬贵手照顾了 5 亿元。

对于德宝会议，金人庆同志记忆犹新。直到 2000 年，时任国税总局局长的他在《中国当代税收要论》一书的《自序》里还写下了这样一段话："一位来自沿海地区的财政厅长出了个好点子，与其'争'基数、'砍'基数，不如'同心同德向前看'。我很受启发。看起来，解决财政税收问题，还得从做大'蛋糕'入手。于是大家注意力转向如何做大'蛋糕'保基数上来了。"2003 年 3 月，十一届全国人民代表大会一次会议后，重新回到财政部担任部长的金人庆就把做大财政"蛋糕"作为他的施政纲领。2008 年 11 月 17 日，金人庆部长与馆长翁礼华回顾这段历史时说："我就抓住你这句话不放，最后还是'团结起来向前看'，做大蛋糕，解决了问题，包括后来出了几条政策：达值挂钩，调减一九九三年基数；二是从上年的绝对额中，拿出一部分按照各省好基数国长年进少相应的抵扣；三是向有关，承认上报的一九九三年基数，但下达收入场目标，通过收入场长来解决汴立来字问题。座谈中，时任浙江省财政厅厅长翁礼华同志提名，应当采取月或同缘各省两税场收目标来待决问题，有两种不同意见。一种是也多省国内生产总值增问题，有两种不同意见。一种是……另一种是……一九九三年"两税"场长幅绝挂钩，对第一种意见，大家认为，如一瓶挂钩，为了追求改利益，国内生产总值绝对欲将会出现"缩水"问题，其到作用太大。而次为第二种意见，较为合理，一九九三年降益多的省市场幅相对了一头，应该多徵把财政收入蛋糕做大的任务，对中央多贡献一点。

我将座谈情况向国务院领导作了汇报，国务院领导原则同意了大家的意

财政部原部长刘仲藜回忆"德宝会议"的手稿。

到基数保基数，超过基数奖基数，达不到基数减基数，最后他们说：金部长，还是轮到我们去吃苦了，到最后大家都完成了，到年底只6个省差35亿。实际上，这35亿它是有税的，它没有缴税，而是把税款拿去抵流动资金了。如

北京首钢就欠了8个亿，首钢有税，但它没有资金，主要银行贷不了款，就把税拿去抵流动资金，不是税去占银行的钱。原来银行老讲，你贷了款来缴税，我说不对，是倒过来，是你流动资金没有保证企业，企业当然就把税款拿去抵流动资金，这样既不要缴税，又不要付利息，变成欠税有理，我没有钱，欠税有利，我可以省利息。最后，我给总理报告，请银行放点水，最后银行放35亿，就把税缴了。最后大家也没有扣，皆大欢喜，打了漂亮的一仗。"

金人庆还说："财政要支持经济发展，把经济蛋糕做大；支持企业发展，把企业蛋糕做大；最后把国家财政做大。这不是什么新发明，这是马克思主义经济学的最基本原理。经济决定财

政，但财政有也反过来促进经济的发展，这不是什么发明创造。但后来我们搞社会主义市场经济，理论界有些不同的观点，其中有一种观点，就是你财政不要管经济，政府应从所有的经济领域退出去，我认为这种观点不是很全面。财政要支持经济发展，你没有经济基础，没有企业发展的基础，那有财政收入，那有税收？所以做大蛋糕的思想是我一贯支持的观点。但要做大蛋糕，不一定非要财政亲自拿钱去办企业，除了少数涉及到国计民生的，原来国有经济控股的，或国有经济占控制权的，财政可以继续给予支持。财政支持经济发展，一条是为经济发展创造稳定的、持续的经济环境，属于宏观调控。宏观调控是我们财政很重要的工具，宏观调控主要有两个：一个是财政政策，一个是货币政策，财政政策可以在结构上起比较大的作用，货币政策在总量控制上起很大作用，这两个政策能配合好就能保持市场经济自身带来的缺陷，也就是经济反周期性的过高的起伏，保持经济稳定发展。第二是，财政要有支持经济发展和企业发展的良好税收政策和财政支持，从政策上支持经济发展。第三是，搞好服务，公共财政要为经济发展创造良好

的社会环境，这也很重要。特别是社会保障，只有很多民生工程做好了，才能保证、鼓励老百姓消费，这跟财政没有什么矛盾。事实证明，这没有错，你可回忆 1994 年的分税制改革。94 年分税制改革开始时，一个最大的难题就是 300 多亿返还基数没有着落，按你们算要返还 900 多亿，中央财政只打了 600 多亿的返还，还差 300 多亿，怎么办？无非是两种：一种就是砍，今天你送给我一本你的新作，叫砍基数还是保基数，最后你老兄说'团结起来向前看'，我就抓住你的这句话不放，那就是要做大蛋糕吗！原来计划那年财政收入增长 8%，高强同志算出来要增长 18% 财政才能打平，你们又觉得太高了，最后叫老高再算，最后彻底交帐是增长 16%，并把它作为平均增量的基础，有的高一点，有的低一点，你浙江就高一点。最后，'团结起来向前看'，总算艰难地把这次分税制改革搞下来，否则找不到有效办法，那是很危险的。所以还是'团结起来向前看'，团结起来把蛋糕做大，这也符合邓小平同志"发展是硬道理"。这两年你可以看出，94 年分税制改革时，中央财政收入才 4000 亿，从 94 年以后每年增 1000 多亿，98 年后每年增 2 千多亿、3 千多亿，现在

每年增1万多亿，今年的国家财政收入可以超过6万亿。有了蛋糕，中央就可长袖善舞，到处去做有利国计民生的事。现在大家都统一思想了，所以我们还是要做大蛋糕，服务大局，以人为本，主动买单，我看这几年大家也总觉得这个思路还是可以的。"

在中国，用自己的钱做自己的事，会比用别人的钱珍惜。在中央与地方的财权与事权的关系中，也会涉及这一问题。因为过多的转移支付会增加操作过程中的成本，尤其是很难避免中间环节上的寻租行为。对此，2007年3月4日，时任财政部长的金人庆在财政部餐厅请来京参加全国人大会议的财政系统代表吃饭时，曾对浙江省人大代表翁礼华说，2006年中央财政收入占全部财政收入近53%，其中转移支付为28个百分点，中央本级支出为25个百分点，这一比例基本合理。他还强调，在他任内绝不会再提高中央财政收入占全部财政收入的比例，让地方用自己的钱做自己的事，以便降低成本、提高效率。

2008年8月刘仲藜同志在《组织实施新财税体制的前前后后》一文中回忆："中央审时度势对财税改革的问题拍了板，各地区、各部门的思想已经统一到了中央的重大决策和部署上。下一步工作就是把中央的决策付诸实践，把文件中的方案变为现实体制，实现中央的改革意图。完成具体组织实施的任务，财政、税务部门责无旁贷。我时任财政部长，1994年初又兼任国家税务总局局长，应当说是这项工作的第一责任人。

"组织实施过程中，我的心情就像等待卫星升空时一样。从当时宏观经济来讲，正处于经济发展过热的时期，固定资产投资失控，金融秩序混乱，通货膨胀严重，经济环境并不宽松。从改革方案来讲，尽管经过反复研究、调整，力求万无一失，但不到成功那一刻，心里始终没底。我担心方案中存在遗漏的问题或者不切合实际的问题，而财政制度、财政政策、税收政策又与经济发展密切相关，这些问题如果不能被及时解决，堆积起来引发更大的问题，包括：新财税体制把经济搞下来啦，新税制推动通货膨胀啦，税金收不上来，国家出现支付危机啦。这几个问题无论那一个都是天大的事，都会造成财税改革胎死腹中，都会对党的执政能力和我国经济发展、社会稳定带来极大的消极影响。发生这种情况，第一个承担责任的人应当是我。

"重大改革举措和千头万绪的组织实施工作使我感到巨大的精神压力。《礼记·中庸篇》讲：'戒慎乎其所不闻，恐惧乎其所不睹'。我们当时坚持的就是'戒慎恐惧'。思想上奉行办实事，说实话，增实效；各项工作力求精益求精，周密细致，一丝不苟；所有微调措施力争瞻前顾后，谨思慎行，不轻举妄动；总之是如履薄冰，如临深渊，不敢有丝毫麻痹大意。

"财税体制改革实施前后，我非常注意深入基层和实际，开展调查研究。目的主要是了解实际情况，掌握工作主动权；发现新问题不断完善改革方案；寻找解决问题的关键；总结经验和规律指导面上的工作。由于身兼两职，好多改革的具体事务需要及时研究处理，加之投资、外贸和金融等体制改革同时启动，中央、国务院召开的各种会议不断，财税部门的负责同志又逢会必到，因此我自己很难抽身远出调研。焦虑的心情至今难以忘怀！在没有办法远行的情况下，我采取了'短、平、快'的调研方式，经常带两三名同志，利用周末

到北京所属各县（现改称区）及附近的保定、涿州、武清等地转一转。往往是早上七点不到就出去，很晚才回来。

"调查研究中的事情，我印象深刻的一件事是解决地方财政资金留用比例。分税制办法规定，将75％增值税和全部消费税等收入上划中央，同时中央对地方实行税收返还。税收返还制度使财政资金在中央与地方之间大量流动。为了保证地方正常用款需要，避免资金无效流动，财政部制定了各地区的资金留用比例。地方财政每日按中央核定的资金留用比例从应缴税收中预留一部分，作为'预抵中央税收返还收入'划入地方金库，用于地方财政日常支出，年底中央与地方之间再统一结算。我在河北调研时，涿州提出富裕地区执行中央的办法没有问题，但困难地区留用比例偏低，资金在途时间长，不能及时保证基层运转需要。

他们提出的问题引起了我的注意。

手摇计算机
中国财税博物馆藏

我在想其他困难地方会不会也存在同样的问题。回京后我请财政部地方预算司的同志马上了解面上的情况，并要求他们根据各地区实际收入重新进行测算，合理确定地方留用比例。地方预算司的同志非常努力，几天后就将文件发了出去。至1994年底，全国初步建立了新的财政资金调度机制。现在看来，当时通过调查研究确定的调配资金的比例是有效的。它确保了分税制体制的顺利运行。

"改革准备工作非常丰富，包括新税票的印制、运输和保管，计算机系统的添置和调试等等，其中培训相关人员掌握新财税知识是最重要和最困难的一项工作，也是一件我心中不安的事情。

"1993年7月22日，国务院总理办公会议决定，原定分步实施的改革改为一步到位，新财税体制1994年1月1日起施行。当时改革方案正在各地征求意见，尚未最终确定。这使我们面临两个问题：一是人员培训至少需要几个月，如果等方案确定后再开展培训肯定会耽误改革进程，这是不能允许的，因此只能一边设计和完善方案，一边培训人员；二是改革草案是不断变化的，培训内容必须随着草案变化而变化，不断实行再培训。为落实国务院决定，总理办公会议后第二天，财政部和国家税务总局联合召开全国财政税务工作会议部署财政改革的具体实施工作。特别要求在方案出台之前，各地财税机构要根据改革草案抓紧开展培训工作。此后，随着草案的不断调整，财政部和国家税务总局又多次召开全国性工作会议和电话会议，进行再动员和再部署，不断敦促各地财税机构做好培训等各项准备工作，确保新财税体制顺利实施。

"新税制无论对征管员和纳税人来说，都是全新的内容。纳税人懂不懂，税收征管人员掌握了没有？特别是新的增值税需要抵扣包含在存货成本中的已征税款，过程比较复杂，如果征管人员对业务不熟练，操作不得当，很可能引起重复征税，而企业转嫁成本，进

金财工程示意图

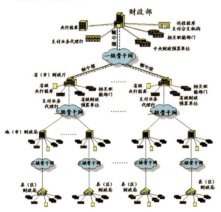

而推动价格上涨。分税制也是一种完全不同于过去的财政预算制度，基层财政人员能否实现新税制和新预算体制的结合，正确分配中央与地方财政收入？

"当时我调查了解这方面问题的情景现在还历历在目。在天津武清县一个企业，一位年轻的会计人员把台账拿出来，逐笔说明销项税和进项税的抵扣情况，税收政策把握很清楚，我心里有底了。我还利用随国务院领导出差机会，抽空到宜昌市国税局了解情况。当我问及新增值税征收规则时，局长回答得十分圆满，当时大家热烈鼓掌，我也特别高兴。令人非常感动的是，当时全国各地、各行各业兴起一股学习新财税知识的热潮，许多省的主要负责同志在百忙之中，主动学习和研究新的财税体制，他们把财税改革方案内容搞得很清楚。比如，安徽省委省政府领导同志来京，我借机向他们了解省里新财税体制的执行情况，在交谈中我惊奇地发现，他们对新税制和分税制的内容弄得比有些财税人员还明白，讲起来头头是道。但是喜中也有忧，比如我深入到北京郊区基层税务所时，征管员的回答却不尽人意。我还记得在北京通县调研时，百货公司的财务人员反映说企业税负比以前有所加重，我心中忐忑不安，问明情况后，原来他还不清楚期初库存商品可以抵扣的政策，一场虚惊！总的说，尽管财税改革草案其间进行了多次调整，但绝大部分同志都能够随着草案的变化而不断更新自己的知识，基本掌握了新财税体制的基本内容，这说明我们的准备工作是扎实有效的。

"改革方案是经过了反复研究和模拟测算的，但它是否符合实际，需要经过实践的检验，并在实施过程中，对不切合实际的进行调整，对遗漏的作补充，对错误的加以修改。为了实现改革方案与实际情况的对接，财政部和国家税务总局做了大量艰苦细致的工作。

"有些比较大的政策性调整，我至今记忆犹新。比如，设计方案时认为，水电企业依靠作为天然资源的水力发电，直接按售电收入计征17％的增值税是合理的。后来，小水电企业反映税制改革后增值税负担增加较多，要求能够予以解决。我们及时进行了研究，发现税制改革前对小水电企业征收的是5％的产品税，新税制按17％征收增值税，又几乎没有进项税可扣，税负的确增加较多。根据实际情况，我们进行了调整，规定县以下小型水力发电单

第十三章　继往开来的新中国财政

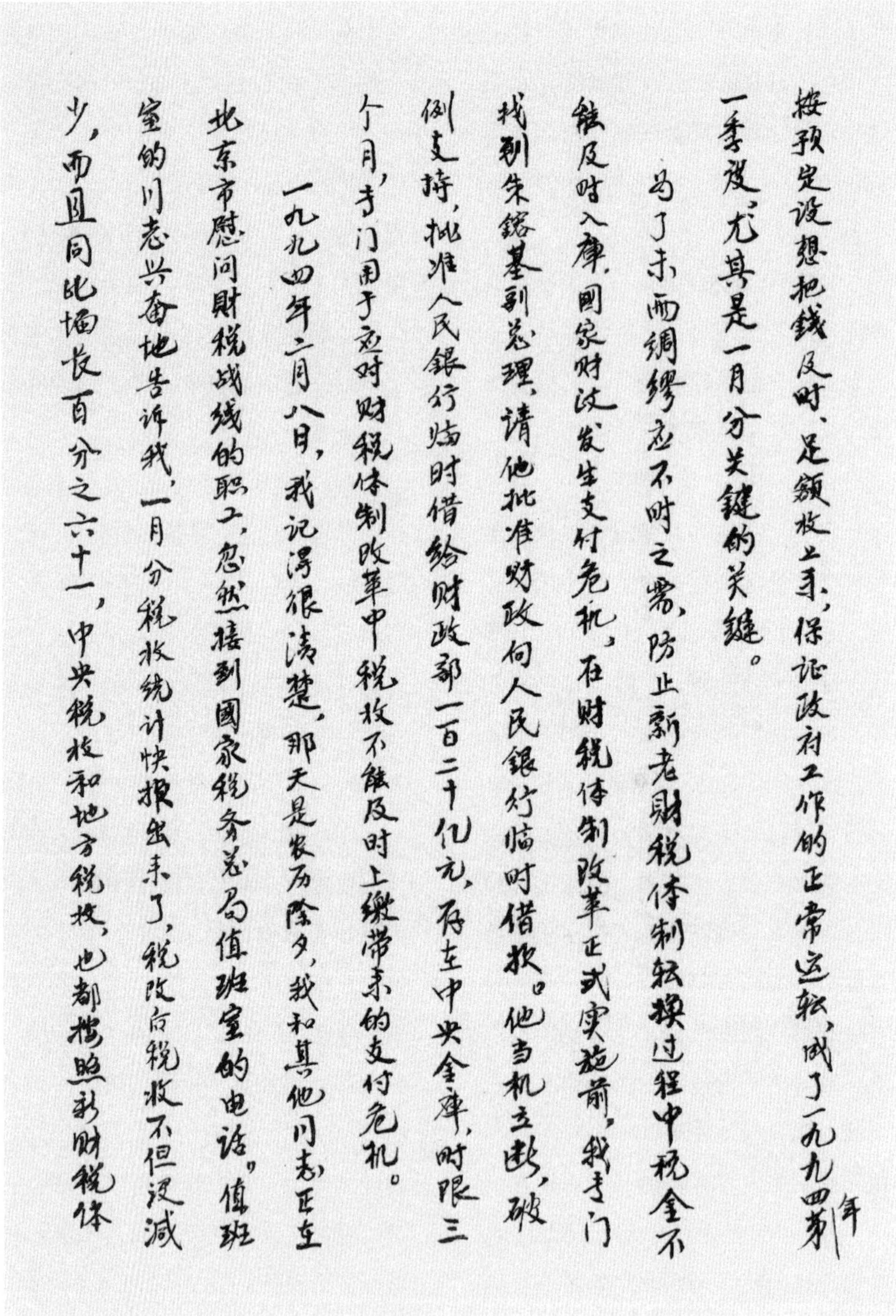

按预定设想把钱及时、足额收上来，保证政府工作的正常运转，成了一九九四年一季度，尤其是一月分关键的关键。

为了未雨绸缪，以不时之需，防止新老财税体制转换过程中税金不能及时入库，国家财政发生支付危机，在财税体制改革正式实施前，我专门找到朱镕基副总理，请他批准财政向人民银行临时借款。他当机立断，破例支持，批准人民银行临时借给财政部一百二十亿元，存在中央金库，时限三个月，专门用于交时财税体制改革中税收不能及时上缴带来的支付危机。

一九九四年二月八日，我记得很清楚，那天是农历除夕，我和其他同志正在北京市慰问财税战线的职工，忽然接到国家税务总局值班室的电话，值班室的同志兴奋地告诉我，一月分税收统计快报出来了，税改后税收不但没减少，而且同比增长百分之六十二，中央税收和地方税收，也都按照新财税体

财政部原部长刘仲藜回忆分税制财政体制改革的手稿。

大道之行
中国财政史

1022

要我们积极主动地把中央改革方略层层分解为实施策略、计划和任务，并且很苦细缴地去工作；需要在实践中检验并完善改革方案，处理好整体与个别、普遍与特殊的关系；实现文件与实际的结合；将长远目标和当前情况有效结合起来；必要时采取渐进性和过渡性措施，确保改革具有较强的可行性和操作性。

刘仲藜

二〇〇八年八月

此文为纪念改革开放三十年应约而作.

定稿于二〇〇八年八月北京奥运会闭幕之际

财政部原部长刘仲藜回忆分税制财政体制改革的手稿。

位生产的电力，可按简易办法依照6%征收率计算缴纳增值税，并以财政部、国家税务总局1994年财税字第4号文件发布。同样，科技部门反映有些科技产品的进项成本主要是无形资产投入，虽然难以量化，但也需从中抵扣部分税款。如果直接按销售收入征税，会加重科技企业税负。我们专门发文解决了这个问题。

"又比如，改革方案中曾提出取消对农民征收农林特产税。尽管大家一致认为应该减轻农民负担，但改革方案出来后，许多地方表示实施起来有困难。记得朱镕基同志曾告诉我，至少有4个省的省委书记给他打电话反映，如果马上取消农林特产税，地方财政特别是农业县的财政将出现较大困难。经过反复权衡和综合分析，最终还是采取了两头兼顾的办法。一方面，充分考虑部分地区，尤其是农业县市70%—80%的财政收入来自农业税的实际情况，否决了取消农林特产税的方案；另一方面，为了减轻农民负担，促进农业生产全面发展，将原产品税中农林牧水产品税与原农林特产税归并，统一征收农业特产税。另外还规定农业产品增值税税率由17%降为3%。十几年前财政状况非常困难的时期，中央就已经开始谋划减轻农民的负担，而农林特产税一直到2006年我国财政收入大幅提高后，全面取消农业税时才得以实施。"

2008年8月刘仲藜同志在《历史的机遇》一文中说："中央与地方之间分税，最终目标是中央集中60%左右的收入。中央本级支出30%左右，余下30%左右的收入通过转移支付方式分配到地方，重点是经济不发达地区。实行分税制以后的第一年，中央集中了全国财政收入的57%左右。但这次分税制方案的设计原则之一，是保地方1993年的既得财力。以1993年为基期年计算，消费税上划的部分，增值税的75%部分，减掉分税后中央下划给地方的收入，即中央净上划部分当年通过'税收返还'的方式返还地方，以后年度按照一定比例增长。这样，假以时日，在以后的收入增量分配中，中央财政比重逐年提高，地方逐年减少。事实上，直到现在，中央财政集中度尚不到60%，而中央本级支出占全国支出的比重也与改革前大致相同，说明中央并没有将从地方集中的收入用于安排本级支出，而是一部分用于欠发达地区的一般性转移支付，一部分用于对地方的专项支出，按照中央的意图在地区间实行了再分配。

"国家与企业之间的分配关系是1993年财税改革又一重要内容。改革开放前的我国经济主体是以国有企业为骨干的公有制企业，非国有企业是在改革开放后逐渐发展起来，当时数量还不大，但其市场化特征比较明显。因而，处理国家与企业之间分配关系改革，核心是处理好国家与国有企业之间的分配关系。

"我国国有企业改革是从减税让利、逐步扩大自主权开始的。后来受到农村实行联产承包责任制取得巨大成功的启示，探索将'包'字引进城市改革，初期，只是部分国有企业开始实行'承包经营责任制'试点，1986年全国推行。

"说起来承包制有一定合理性。但是，承包制也有许多缺陷：首先，对企业的承包方案是一对一谈判确定的，没有统一标准，人为因素较多，企业之间难免苦乐不均；其次，企业经营环境年度之间变化大，情况好的时候偷着乐，不好的时候就不执行合同，政府没有制约手段。结果，企业多挣了财政拿不到，企业亏损了财政又要受损，永远是包盈不包亏。第三，也是最大的问题，由于当时私营企业、'三资'企业等各种所有制并存，除了国有企业以外，其他所有制企业大都市场化了。在国家与企业的分配关系上，国有企业另搞一套，显然不符合市场经济要求的公平、公正和法治原则。这也是当时社会各方面议论较多的问题。

"改革国家与国有企业的分配关系，首先要客观分析实际情况。与非国有企业相比，国有企业所得税率高达55%，税后利润必须上缴；由于社会保障制度尚未建立，还要承担相当大一部分社会职能，如职工养老、公费医疗等。这些负担如果降不下来，国有企业与非国有企业难以平等竞争，而承包制又面临诸多矛盾，诸多不平衡。

"为了合理处理政府与国有企业的分配关系，增强国有企业的活力，1993年在财税改革的同时采取了六项措施：一是普遍提高折旧率，并允许企业加速折旧；二是国家鼓励企业增加研究开发和技术创新的投入，企业的技术开发费按实际发生额，进入成本费用；三是用于技术开发研究的设备购置，5万元（当时价）以下的进成本，5万元以上的分年摊销进成本；四是企业固定资产贷款的利息可以列成本；五是降低企业所得税率，由原来的55%降为33%；六是作为过渡措施，近期可根据具体情况，对1993年前注册的多数国有全资老企业实行税后利润不上缴的办法，同时，微利企业缴纳的所得税也不退库。

"上述措施中的最后一条是时任国务院副总理的朱镕基同志说服我接受的。我当时认为，出资人（即老板）应当有回报。税是公共收入，利润才是出资人的红利。朱镕基副总理的理由是，当时国有企业承担了相当大一部分社会服务职能，而我们的社会保障制度还未建立，税后利润留给企业可以适当减轻企业负担。他的理由是正确的，我接受了。近几年，随着社会保障制度日臻完善；公共的社会职能（如子弟学校、幼儿园等）逐步移交给当地政府；企业的利润水平大幅提高，国家开始正式编制资本预算，规范出资人与经营者的关系。实施上述措施后，国有企业终于可以与非国有企业具有同样的市场地位，这也是建立现代企业制度的重要起点。"

他还说："1993年的税制改革是按照系统设计，通盘考虑的原则进行的。改革的指导思想非常明确，就是要统一税法、公平税负、简化税制、合理分权，理顺分配关系，保障财政收入，建立符合社会主义市场经济要求的税制体系。流转税是整个税制改革的关键，因为它是收入的大头。改革后的流转税由增值税、消费税和营业税组成。流转税改革中，增值税改革是核心。改革后实行统一的生产型增值税，取消旧的多环节重复征收的产品税。"

在总结分税制改革的成功实践时，刘仲藜同志在《历史的机遇》一文中说："在党中央、国务院的正确领导下，以及各地的大力支持和配合下，1994年1月1日，我国顺利推出了财税体制改革。尽管执行中还有过不少微调、完善，但总的来说改革既积极又稳妥，达到了预期目标。以分税制为核心的财税改革初步规范了国家与企业、个人关系，以及中央和地方的分配关系，调动了各方面积极性。改革以来财政收入先后上了几个台阶，建立了财政收入稳定增长的机制。财政收入1999年迈上万亿元台阶，2003年、2005年相继突破2万亿元和3万亿元大关，现在已达到5—6万亿元。2007年达到5.13万亿元，占GDP的比重从1993年的12.3%提高到2007年的20.6%。分税制扭转了中央财政收入比重下滑势头，1993年—2007年，中央财政收入比重由22%提高到54.1%。中央财政实力增强后，对地方特别是中西部地区的转移

大道之行
中国财政史

支付力度不断加大。目前，中央财政对中西部地区的转移支付资金已占这些地区财政支出的1/3到1/2。十几年来的改革实践证明，党中央、国务院的决策是正确的。

"当然，由于种种原因，财税体制还存在这样那样的问题，如地方税收入体系尚未建立，资源税等还需要进一步改革，政府间事权划分与财力配置还不配套，省以下财政管理体制还不够完善，部分地区县级财政仍然有困难，等等，这些都有待在未来的改革中继续完善。

"中国是一个地区间差异大，情况十分复杂的大国，制度与政策的统一性与各地情况的差异性之间的矛盾在所难免。如何根据我国的实际情况，认真总结十几年来财税改革经验，进一步完善现行财税体制，规范政府间财政分配关系，优化资源配置，仍然是我们改善民生，构建和谐社会过程中必须认真面对的挑战。"

第八节　所得税共享改革过程中，上有政策下有对策的利益博弈

有人就不同文化背景下的领导、群众与法律的关系，打了这样一个比喻：在西方文化背景下，由于法律事先都经过各方利益群体的博弈，已平衡了方方面面的利益，所以在实施时领导与群众的关系，相当于一个聪明人领着一群一板一眼的"傻瓜"干活；而在中国文化背景下，由于没有事先安排各方的利益均衡，因此在执行时就会用利益博弈的办法来"补课"，从而出现一个聪明人领着一群比他更聪明的人一起干活的景象，干活的下属为了调整自己的利益就会不断地进行变通。这就是说，在西方按法律办事才能获得自身利益，是聪明人；而在中国，上有政策下有对策，才能获得利益，是聪明人，上有政策下无对策，则是傻瓜一个。2001年所得税共享改革过程中上有政策下有对策的利益博弈，就充分反映了中国这一典型的文化特点。

1994年中国财政一改"分灶吃饭吃饭"的包干办法，实行分税制财政管理体制改革，当年就取得巨大成效，国家财政收入达到5071亿元，比1993年增长了953亿元，中央财政收入占全国财政收入的比重高达55.7%，比上年净增33.7个百分点。

由于中央财政在分税制改革的博弈中取得了较多的利益，地方不甘心落后，就开始动脑筋，千方百计

增加自己的收入。其措施有：一是挖掘地方税潜力，如强化对所得税、营业税、契税等地方税种的征收；二是对那些亏损的国营、集体企业进行转制破产，减轻财政包袱；三是从经营城市着手，开辟以卖地作为第二财政的房地产业财源；四是继续在非税收入中挖掘潜力，扩大财源。上有政策，下有对策，自古如此。因此，从1995年开始，到2001年的7年间，中央财政收入占全国财政收入的比重不增反降，一直徘徊在50%上下。于是，发现自己失利的中央政府在2001年10月再次进行了集中财力的"所得税共享改革"，以保证实施西部大开发战略的财力需要。

其实，早在1996年财政部就着手研究所得税的规范问题，不过当时研究的目的仅仅是以理顺关系为目标，并无丝毫提高分享比例的利益念头。后来随着国家经济的发展，企业效益的提高和个人收入的不断增加，两种所得税收入与日俱增，尤其是全国个人所得税和地方企业所得税增长得更快，2000年分别达到510.2亿元和1005.5亿元，与1993年的25.5亿元和293.3亿元的实现数相比，增长比例分别为2000.78%和342.8%。浙江省2000年分别达到29.22亿元和87.9亿元，与1993年的3.7亿元和12.4亿元相比增长比例分别为789.73%和708.87%。在如此迅猛增长的势头面前，中央财政开始"见利起意"，出现了分肥的念头。其第一个动作就是通过拉动内需，促进消费。从1999年11月1日起征收个人储蓄存款利息税，并将这一本属地方的个人所得税税目列为中央收入，使个人所得税成了事实上的共享税。紧接着财政部拟就了包括提高中央财政分享比例内容在内的划分所得税收入的改革方案，并报送国务院。

2001年10月初的国庆长假刚刚过去，国务院常务副总理李岚清就召财

1999年11月1日，是对储蓄存款利息所得征收个人所得税的第一天。国家税务总局副局长卢仁法在北京市国税局局长孙志强等陪同下，到工商银行新街口储蓄网点看望正在紧张工作的银行职工。

政部常务副部长楼继伟到中南海，告诉他国务院原则同意财政部报送的改革方案并决定从 2002 年 1 月 1 日起实施这项改革。于是 10 月 15 日财政部便发出通知，10 月 17 日在北京召开 30 个省、市、自治区和 6 个计划单列市的财政厅局长会议，通报改革的主要内容及有关政策。

财政部部长项怀诚在长达 16 页的会议报告中明确指出：以 2000 年为基期，分享比例有两个方案：第一方案，中央分享 75%，地方分享 25%；第二方案，中央分享 70%，地方分享 30%。按现行财政体制，中央与地方分享所得税的比例分别为 38% 和 62%。改革后，中央分享比例按两个方案分别提高了 37 和 32 个百分点，如果再考虑少数特殊行业或企业的所得税全部作为中央收入的因素，中央分享所得税的比例分别提高了 39 和 34 个百分点。会议要求厅局长们回去以后务必及时向当地党政领导汇报，在限期内以书面形式反馈意见。

各省、市、自治区及单列市经研究后基本上都于 10 月 22 日前后如期向财政部反馈了意见。意见大致都是在原则上赞成和支持中央的决策，在具体问题上都提出了一些要求，这些要求

归纳起来无非是提高分成比例和以 2001 年实际执行数为基数。朱镕基总理为了进一步调动地方支持中央实行改革的积极性，根据 1993 年分税制财政体制改革的历史经验，打算以 2001 年当年实际执行数为基数。项怀诚部长鉴于所得税弹性过大和 1993 年在改革过程中产生的人为做大基数的严峻问题，提出了不同意见。大约在 11 月 10 日前后，国务院会议会间休息时，朱镕基总理让秘书找到在草坪上散步的项怀诚部长，说他打算同意地方上以 2001 年当年为基期年的要求。他的理由是 1993 年以当年为基数都搞成改革，今天我们的干部经过"三讲"，思想觉悟和实际水平都比 1993 年有所提高，更能搞成改革。紧接着在 11 月 14 日国家税务总局副司以上的干部座谈会上，朱镕基总理在讲话中首次披露了以 2001 年为基数的消息，并且要求国家税务总局把好关，不要帮助地方人为做大基数。随后中央正式通过了以 2001 年为基期的决定，于是财政部在 11 月 23 日立即召开会议，由预算司张弘力司长出面布置有关工作。

会上，张司长指出，考虑到按现行体制 2000 年中央分享所得税的比例已达 38% 的实际情况，现方案规定 2002

年中央与地方按"五五"分享，2003年按"六四"分享，以后年度的分享比例根据实际收入情况再行考虑。关于所得税的征管体制，在原方案中，从降低征收成本和规范税收征管考虑，拟在改革后将企业所得税由国家税务局征收，个人所得税由地方税务局征收。根据税务部门的建议，为了稳定税制，加强征管，现方案规定：除新注册企业的所得税由国家税务局征收外，其余所得税的征管体制暂不作变动，原来由谁征管继续由谁征管。同时，张司长还就若干政策问题作了说明。

会后不到一个月，即12月21日，国务院便正式发布了国发[2001]37号《国务院关于印发所得税收入分享改革方案的通知》，通知进一步明确了以2001年为基期年和中央与地方2002年按"五五"分享、2003年按"六四"分享的比例关系。

11月23日会议以后，确切说，实际上是11月14日消息披露以后，再加上国务院[2001]37号文件的正式发布，全国不少地方在利益驱使下，闻风而动，纷纷挖空心思千方百计上基数，急得国家税务总局在12月3日发出《关于做好2001年12月份所得税征收管理的紧急通知》，通知要求：首先各级税

务机关要切实坚持"依法征税，应收尽收，坚决不收过头税"的组织收入原则，任何地方和任何机关都不得违反税法规定多征、虚征、有税不征或者混淆税款入库级次，如发现有上述问题的，将按有关规定严肃处理。其次，要严格遵守企业所得税征收规定，保持政策的连续性和统一性。前10个月按季征收的，原则上不能改为按月征收；预缴税款约数额也要按前10个月已经确定的办法计算缴纳；对按照税法规定应该在2002年征收的税款，不得在今年提前征收入库。再次，各地要从税源上对下进行监控。根据税收会计核算资料，并将国家税务总局掌握的地方级企业所得税的税源情况作为会议材料发放，要求各级税务机关严格按照税源情况逐级监控管理，及时掌握所得税收入情况，对超出税源较多的地区要进行研究分析，发现问题，及时处理。尽管《紧急通知》措辞严厉、发布及时，但是在向来以基数治天下的中国，面对一劳永逸的厚利，不少地区还是有令不行，有禁不止，为了扩大基数，不惜为之一搏，尤其是有人竟以国税总局《紧急通知》中"前10个月按季征收的原则上不能改为按月征收"的"原则上"三个字大做文章，作为变

通的突破口，扩大了全年的收入基数。对此，国家税务总局金人庆局长高度重视，12月10日总局选择了所得税总量大、增幅高的10个省市及部分计划单列市的有关负责同志座谈，要求各级税务机关依法治税，制止人为抬高基数的违纪行为。会上金局长作了重要讲话，他深有感触地说，1993年基数问题记忆犹新，我经历了当年的全过程，包括擦屁股也是我，今年虚，明年怎么办？要多少年才能消化掉水分呵！我们要实事求是地处理好2001年的基数，不要搞人为的虚增和扩大基数。这样做的结果只能是贪图一时之小利，带来长期的祸害，一些地区不惜用寅吃卯粮、查账改定额、按季变按月、假盈真亏等非正常手段扩大基数只会搬起石头砸自己的脚。朱镕基总理来总局时说过，以2001年为基数，还有一个多月，有人还可以造假，但是等待他们的将是严厉的打击。目前，有些地方一个月增长100%多、甚至200%多，11月份全国增167%。都想占便宜，你想想，财政部会不会让你占便宜，你今年上去，明年会扣你基数。作为税务干部大家要有清醒的头脑，不能光顾今天，不顾明天，要瞻前顾后，依法治税，绝不能收过头税。

在利益为诱导的市场经济条件下起作用的毕竟是价值规律，并不是"孔融让梨"一类的高风亮节。2001年12月全国各地风起云涌的扩大基数热潮方兴未艾，一浪高过一浪，势不可当。对于这种异乎寻常的增长，财政部领导十分震惊，不得不在12月29日向国务院发出了《关于2001年11月和12月上中旬地方企业所得税增长情况的报告》，要求批转，以扭转全国各地烽烟四起上基数的危急局面。

《报告》指出：2001年11月份地方企业所得税完成170.44亿元，比上年同期增收99.23亿元，增长139.4%；12月上中旬完成137.82亿元，增收89.82亿元，增长187.1%。其中，12月上旬完成35.29亿元，比上年同期增收21.6亿元，增长157.8%；12月中旬完成102.53亿元，比上年同期增收68.22亿元，增长198.8%。12月上中旬增幅超过100%的地区依次为：

江西省增长816%、宁波市增长708.7%、河南省增长609%、广西壮族自治区增长597.7%、青岛市增长577.2%、内蒙古自治区增长496.9%、浙江省(不含宁波市)增长467.5%、宁夏回族自治区增长462.2%、安徽省增长404.5%、贵州省增长376.5%、新疆维吾尔自治区增长352.9%、吉林省增长314.8%、山东省(不含青岛市)增长235.6%、天津市增长230.1%、江苏省增长223.5%、重庆市增长197.5%、湖北省增长179.2%、河北省增长173.3%、甘肃省增长167.4%、大连市增长164%、山西省增长155.7%、云南省增长142.8%、湖南省增长128.6%、陕西省增长104.6%。

国务院办公厅接到报告后,立即在2002年元旦以1号文件转发了财政部的报告,并强调所得税收入分享改革是中央做出的一项重大战略决策,对于进一步规范中央和地方之间的分配关系,建立合理的分配机制,防止重复建设,减缓地区间财力差距的扩大,支持西部大开发,逐步实现共同富裕具有重大意义。为确保此项改革顺利进行,地方各级人民政府要从讲政治的高度,进一步提高认识,严格依法治税,严禁弄虚作假。2002年1月国务院有关部门将组织专项检查,严厉查处做假账和人为抬高基数的行为。对采取弄虚作假手段虚增基数的地方,相应扣减中央对地方的基数返还,依法追究当地主要领导和有关责任人员的责任。要求各地务必根据本通知精神,对地方企业所得税收入中出现的问题

认真进行检查,坚决杜绝和纠正一些地区人为抬高基数的错误做法。

但是人毕竟是追求利益的动物,不仅个体追求利益,群体也追求利益。作为一个地区、一个单位也是人格化的利益群体,他们追求利益与个体相比,常常有过之而无不及,因为在具有集体主义文化传统的中国,追求群体利益可以比个体利益更为冠冕堂皇。尤其在财税体制改革过程中,这种追求群体利益的表现更是琳琅满目:既有一反常态的变通,也有张冠李戴的虚增,更有弄虚作假的冒险……为了在改革中提高返还基数,职能部门领导不惜施展各种手段,甚至以身试法,因为他相信为了当地利益挺身而出,地方党政领导在最后关头一定能保其过关,不会让他白白牺牲。

在这种"赴汤蹈火,在所不惜"拉高基数的浪潮中,2001年四季度全国企业所得税平均增长111.4%,增幅最高的省市竟达700%,全年平均增长62.7%。2002年1月上旬收到财政部关于2001年全年所得税增长汇总报表的国务院总理朱镕基终于被极端离谱的增长率震怒了,他立即下令审计署派员赶赴各地专项检查2001年企业所得税征收情况,并要求对弄虚作假人员

严惩不贷。审计署在征得财政部等有关部门的同意后，于1月14日以财政部、审计署、中国人民银行、国家税务总局的名义发出《关于对2001年地方企业所得税入库情况进行专项检查的通知》（财预明电〔2002〕1号），财政和审计两部门从1月15日开始先后派出16个审计特派办检查组和19个财政专员办检查组，共1500余人赶赴除西藏以外的35个省、市、自治区和计划单列市进行为时长达近一个月的检查。由于检查属于重点抽查性质，国务院总理朱镕基听取汇报后并不满意，于是35个检查组又在3月中旬重新集结再次分赴35个省、市、自治区再次进行了为时半个月左右的全面检查。在前后长达40天的检查中，估计也有不少于1万名的财政、地税干部参与其中配合核查。检查结束后，面对浩如烟海的检查材料，审计和财政两个部门经过数十天的认真梳理后，终于排查出了不正常收入256亿元，其中28亿元属于中央收入混入地方库，228亿元被认定为地方人为抬高的基数，两者占全部企业所得税超收总量631.2亿元的40.6%。

5月中旬国务院总理朱镕基在听取汇报后，对财政部的处理建议仍不满

意，认为这是一起严重的作风问题，必须处理到人并要求进一步扣减基数。财政部部长项怀诚认为，经济问题不宜政治化，还是用经济手段处理为好。于是财政部的有关业务部门根据领导指示着手草拟了八个方案，进行一一比较，并以十分密集的频率接二连三地上报给国务院总理朱镕基作为决策参考。其中以2000年地方企业所得税的实绩加上一定的增长率，然后推算出2001年基数的原则，体现了与国务院文件相衔接的精神。这一基本原则于2002年6月12日晚，在安徽省铜陵市铁山宾馆得到朱镕基总理首肯后，随同视察长江防洪大堤质量的项部长当即提笔，用计算器进行试算。开始时，项部长以各省、市、自治区2001年1月—9月的增长率（扣除混库，全国平均为32.1%），推算出2001年全年的基数，即2001年地方企业所得税基数=2000年地方企业所得税实绩数×（1+2001年1月—9月的增长率），后来由于内蒙古自治区2001年1月—9月为负增长（-15.7%）致使这个方案无法成为唯一的方案，于是又改用前3年的平均增长率推算出2001年的基数形成第二方案，鉴于1998年全国地方企业所得税为负增长（-0.2%），不得不改为以前2年的

来·历·分税制改革

项怀诚

一九九四年进行的财税体制改革是成功的、对形成当前经济的好形势发挥了重要作用，对财税体制取得的成功应给予评价都不过分。

一九九八年时任国务院总理的朱镕基曾对分税制改革作出这样的评价，一九九四年我国实施的财税体制改革在新中国财政史上具有里程碑意义，通过改革建立了分税制财政体制，财政取得了长足的发展，中央与地方财政收入有了稳定的渠道，财政收入保持了较快的增长速度，增强了财政的宏观调控能力，促进了经济结构的调整，基本形成了一个适应社会主义市场经济作要求的财税体制框架，

十四届三中全会拉开了分税制改革序幕，

一九九二年初邓小平南巡讲话发表，澄清了长期困扰人们思想的若干重大理论问题。一九九二年十月，党的十四

（1.）

大明确提出了我国经济体制改革的目标是建立社会主义市场经济体制，一九九三年十二月党的十四届三中全会通过的《中共中央关于建立社会主义市场经济体制若干问题的决定》有一段专门论述财税体制改革，设计了八百多字，包括三项内容：一是把现行地方财政包干制改为分税制，建立中央税收和地方税收作系，二是改革和完善税收制度，推行以增值税为主体的流转税制度，三是改革企业和规范式预算制度。

十四届三中全会决议公布以后分税制改革就在全党动员起来了。此前，我已把改革曾作为一系列准备工作，一是设计上的准备工作。财税体制改革是国家与企业之间、中央与地方之间是国家与企业之间、地区之间是非经负也要平衡很很复杂。地区之间关系也要平衡很复杂处说，一是要设计税种，确定哪些税种归谁，税负的调整要保证方方面面，一是要设计税率，税负的调整要保证方方面面满意。三是要介绍分税制国力上上下下不熟悉。财任财政部长

的制付税在此未搬泉清楚主持是开了一次体制改革产法会，我当时是常务副部长，在会上有个发言第一次

（2.）

此致全面地介绍了分税制龙泉宾馆会议的一些思想

非市有关这通过工商税制改革和分税制改革就开始

紧锣密鼓地进行。一九九三年下半年，无论财政部区

走技方案为两个区公接晚上经常挑灯夜战，那时已

普遍使用计算机，大大提高了效率。税务总局出了很

多政策方案，还市可能是历史上最充分的一次。

政府的专家学者们的论工商税制财政改革听

取各方意见，海外一些人的批工商税制财政改革听

我认为在个税制财政改革中当时的国家税方总局做了

大量工作。

镕基同志东奔西走做工作

对于税制改革，吾级领导特别是高层领导非

常关心和支持。现在回想起来我心存感激。我知道

小平同志始终关心和支持税制改革支持中央

雷景中财权，特别是中共中央总书记的江泽民同志。一

九九三年，江泽民同志在广州的珠岛宾馆召开中南和西南

五省宣财政菜听取意见，消除误会，记为九三年

两大区十个有的书记省长座谈会，原先财政部没有

随行任命，会上有位省长对分税制提出一些意见，因

为没有许多具体选案，常庆红同志当晚电话通去我

才以会说，我就到电海就连夜赶到广州师

生先后走了十个有两村南地菜珠保入但做地做思

想工作。每次去都是乘机一般是五六十人，最多的一次八多

人，镕基同志派进，到地方去征求意见，做心问题是财政厅

以他对财政部特别定案，在开始没到随行人员的前提

下部对财政部问开一届去儿住就去几位，先后随镕基

同志到各有去征求意见的同志，有刘仲藜、谢旭人、刘克

崮、姜永华、主王峰许容丰莱。除了广东、海南其他地方

我都去了，每次随行都不经松，任常水湖如惠有时候

通宵达三年忙大战。事后镕基同志当住车开玩笑

地说进自己那段日子走走奔西走，南征北战，苦江婴心

财政部原部长项怀诚回忆分税制财政体制改革的手稿。

我曾经对一九九三年为基数有疑义……第一站是广东，财政部由时任部长的刘仲藜同志带队……因为以一九九三年的财政收入为税收返还基数的……后来中央政府决定以一九九三年为税收返还基数……

现在我对于一九九三年为基数的政策已经心悦诚服，这个政策……这是实实在在的……这一改革……

……推动了分税制改革的顺利推行……为社会主义市场经济奠定了财政基础……为中国未来长治久安打下经济发展长治久安的基础。

财政部原部长项怀诚回忆分税制财政体制改革的手稿。

財政部原部長項懷誠回憶分稅制財政體制改革的手稿。

平均增長率（全國為23.5%）推算出2001年基數的方案，即2001年的地方企業所得稅基數＝2000年地方企業所得稅的實績數$\times\sqrt{\dfrac{2000年地方企業所得稅實績數}{1998年地方企業所得稅實績數}}$。

由於在試算過程中發現青海省2001年全年實績數只比2000年增長30%，而用上述兩年平均增長率的辦法計算卻能達到增長36%的基數，超過2001年實績數6個百分點，於是就確定了一個推算數字不得超過2001年實績數的封頂規定。上述兩個方案於6月12日得到朱鎔基總理的原則同意後，很快在6月14日召開的總理辦公會議上通過。緊接著財政部便按照基數最大化的原則對各省市分別進行兩個方案的優選，通過分析比較，適用第一方案的省市有22個，適用第二方案的省市有13個，兩個方案出台後能扣除基數301億元，比原來通過檢查僅僅扣除228億元的基數要多出73億元，與2000年實績數相比全國平均基數增長率僅為35.6%，不但與2001年1月—9月平均增長率32.1%相仿，而且還高於前兩年平均增長率23.5%。由此可見，兩個互補的方案具有相當的合理性。財政部對浙江省寧波市選用2001年1月—9月的增長率70.8%，換算成基數為29.66億元，浙江其他地区即所谓小浙江选用前2年平均年增长率42.7%，换算成基数为101.38亿元，两者合计基数为131.04亿元，折合全省平均增长率为48.2%，比全国平均增长率高12.6个百分点。2001年财政总收入856亿元的浙江省比2001年财政总收入1748亿元的广东省、1019亿元的上海市、1016亿元的江苏省的234.91亿元、131.06亿元、125.91亿元基数比例为高。

6月21日财政部又一次召开各省、市、自治区财政厅局长会议，会上首先明确各省、市、自治区个人所得税如无特殊情况均按2001年实绩确定基数，其中手续费提退部分只按2%比例调整基数，其计算公式为：2001年个人所得税基数＝2001年个人所得税入库数＋（2001年个人所得税入库数／98%）×2%，原各省、市、自治区自定提退率超过2%部分，皆不予承认（2001年浙江省仅为5%已比2000年的15%减少了10个百分点），同时强调地方企业所得税必须重新核定，会上对推算办法作了详细说明，也许由于变化太多的缘故，财政部不再像前两次那样给与会代表发放书面讲话材料，而是在部领导作讲话后，给每一个省、市、自治区发一张仅供参考的算账表格。因为6月底7月初还要进一步与各省、市、自治区对账才能最终确定具体数字，至于回去如何汇报，也只好让大家发挥主观能动性用自己的理解去自圆其说地传达体制改革的戏剧性演变过程和2001年基数的推算方法。会上有人欢喜有人愁，如以2001年地方企业所得税实绩为封顶基数的青海省喜不自胜，而江西省则悲从中来欲哭无泪：2000年实绩只有9亿多元的地方企业所得税好不容易在2001年做到了22亿多元，扩大了基数逾13亿元之巨，结果一夜之间按财政部两种方案中最大增长率19%推算，全省基数为11.33亿元，被一刀砍掉基数高达11亿多！多少人在2001年4季度扩大基数和2002年1季度核查基数的烽火中感受到的建功立业和委曲求全都在弹指间消失于无形。至于那些为了地方利益，不惜通过做假来提高基数的财政局长们，也终于有机会从被检查组填了表格等待处理的痛苦煎熬中获得了解脱。为此，曾有不少财政局长感激万分地说：想出这两个方案的项怀诚部长堪称观音菩萨，救苦救难，普度众生，真是功德无量啊！

尽管围绕着上基数和查基数的利益之争的烽烟，随着财政部2002年6月

21日会议的召开，已经烟消云散了，但它留给人们的思考却远远没有结束。中国人思维重悟性，西方人重逻辑，悟性是一种境界，只有少数人才能达到，而逻辑讲究推演，每个正常人都能做到。因此在市场经济条件下，处置各种利益关系是依靠人，还是依靠机制，将永远是摆在我们面前的重大课题，上至宰辅下及黎民谁都回避不了！

对于企业所得税的征收，项怀诚部长的意见是改革完成后统一由各地国家税务局征收，结果讲话一经传达，各地地税局反映十分强烈，南方一个发达省份的地税局长竟直面总局，提出如果不让地税局征收他就要愤然辞职。而作为地方国家税务局和地方税务局两个税局的主管机关　国家税务总局的局长金人庆，为了平衡地方国税局和地税局的关系，不得不运用中庸之道，明确老企业继续由地税征收，新办企业由国税局征收，让国地税征收机构在征收业务上获得均衡，从而平息了这场平地波澜。

境外的货物免征其在本国境内消费时应缴纳的税金或退还其已按本国税法规定缴纳税金的制度被简称为出口退税制度。

中国由于20世纪50年代开始实行计划经济体制，并通过"一化三改造"的措施，相继在国内消灭了农业、手工

1956年《陈云同志对于全国私营工商业改造汇报会议的总结》　中国财税博物馆藏

业和工商业的私有制，再加上受苏联非税思想的影响，税种逐渐减少，利润上缴成了公有制企业与国家的主要经济关系。因此，在当时的中国的确没有必要建立国际上通行的出口退税制度。

第九节　中央与地方在出口退税财政负担比例上的若干次博弈

在世界贸易的发展中，为了避免国与国之间的重复征税，出口国输出

改革开放以后，中国的税制逐步健全，1984年又在国有企业推行第一步利改税，再加上多种经济成分在外贸领域中的出现，与国际接轨，实行外贸出口退税制度便提到了议事日程。于是国家在1983年9月对钟表、自行车等17种出口产品退还生产环节的增值税和最后环节的工商税的基础上，1985年4月把外贸贴息改为退税，扩大到除原油、成品油以外的所有出口商品，并规定按企业隶属关系，中央外贸退中央国库，地方外贸退地方国库；1986年又对卷烟、服装等10种出口产品的中间环节实行退税。1988年开始核定综合退税率对出口商品的生产和流通环节实行征多少，退多少。从1991年开始中央财政为了给地方压担子，明确规定计划内出口退税除中央负担90%外，地方负担10%，超计划部分地方100%自负。1992年为了调动地方出口的积极性，中央财政又改定出口退税无论计划内外均由地方和中央按"2∶8"比例分担。1993年综合退税率为7%—11%，加权平均为10.7%。

1994年实行分税制财政体制改革后，财政部指令各地将1993年外贸出口退税中地方负担的20%部分作为基数上划，此后出口退税100%由中央财政负担，当年浙江省上划3.3亿元（其中宁波0.6亿元）。1994年工商税制全面改革时，对出口退税进行了完善，《增值税暂行条例》规定对出口货物实行国际通行的零税率征收，将出口货物所缴纳的增值税，还有出口货物所缴纳的消费税，都退还给出口商，使我国出口货物以不含税的价格进入国际市场，以提高我国出口货物在国际市场的竞争力。据测算，1994年1月1日至1995年6月30日的平均出口退税率为16.13%。但由于财政部对自身财力估计不足，以致1995年7月1日起不得不将出口退税率调整为14%和10%，测算结果1995年7月1日至1995年底平均退税率降为12.90%；到1996年1月1日又调整为3%、6%和9%，平均退税率进而降为8.29%；1998年1月1日起至1999年7月1日为应对亚洲金融风暴引发周邻各国货币大幅度贬值的冲击、启动国内经济，我国除决定人民币盯住美元，汇率不变以外，又连续7次上调出口货物退税率。其中1998年平均出口退税率为9.32%，现行出口退税率为：17%、15%、13%、6%和5%，平均退税率约15%。

我国1985年开始全面实行出口退税制度时，全年出口退税额仅为17.9

亿元，1993 年上升到 299 亿元；1994 年分税制财政体制改革时跃升为４５０亿元；2002 年达到了 1259 亿元，比 1985 年增加 69 倍，比 1994 年也增加了 1.8 倍。作为外向型经济发展势头迅猛的浙江省增幅特别显著，2002 年出口退税达到 166 亿元，比 1994 年的 30.8 亿元增加了 4.4 倍，名列全国前茅。

由于国家财政实行补贴的出口退税政策，使出口商能够利用国内廉价的劳动力制造大量中国具有优势的外销产品，从而推动了我国国民经济的快速发展。1978 年，我国出口额为 97.5 亿美元（折合人民币１６７亿元），占当年 GDP3624 亿的 4.6%，如加上当年进口额，外贸依存度仅为 9.8%；2001 年出口额增加到 2661 亿美元（折合人民币 22029 亿元），占当年 GDP95933 亿元的 22.9%，加上进口额，外贸依存度为 44%；2002 年出口额增加到 3256 亿美元（折合人民币 26950 亿元），占当年 GDP102000 亿元的 26.4%，加上进口额，外贸依存度高达 50%。2002 年中国已是世界上排行第六的贸易大国了。

从 1994 年开始，中央财政根据年度财力情况安排退税计划，并规定各省、市、自治区的出口退税在总财力盘子内实行指令性计划指标管理，即无论出口增长幅度大小，都只能在中央下达的计划指标额度内退税，由于应退和实退相脱节的制度安排，使欠税情况越来越严重，尽管 2001 年开始在全国范围内对生产企业直接出口货物改"先征后退"为"免、抵、退"的办法，即直接出口货物销售时免征增值税、消费税、城市维护税及教育费附加；出口货物的进项税额在内销商品应纳税额中抵扣，未抵扣完的税额允许留作下期抵扣，或报经国税局批准给予退税，客观上减少了由于国家不

出口退税是指对出口商品已征收的国内税部分或全部退还给出口商的一种措施，这也是国际惯例。我国从 1985 年开始实行出口退税政策。1994 年分税制改革后，出口退税制度也随之改革，建立了以新的增值税、消费税制度为基础的出口货物退（免）税制度。图为 1985 年—2007 年出口退税额情况。

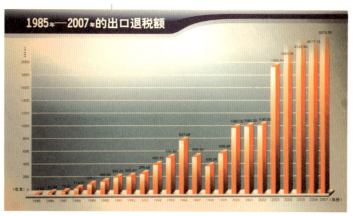

能及时退税对生产企业的资金占用，也避免了先征税、再办退税手续的复杂过程，而且由于中央财政在免征增值税、消费税的同时也免征了属于地方财政收入的城市维护建设税和教育费附加，在减少地方收入的同时也减轻了企业负担，一定程度上调动了生产企业直接出口的积极性。但是，中央对地方在"免、抵、退"中地方财力的调库返还仍然乏力，变相"欠退"仍然继续出现；而且，中央财政面对退税额远远超过生产企业的外贸企业"欠退"问题，更是束手无策。其根本原因不是方法问题，而是财力问题。1999年到2002年，中央财政收入年均增长率仅18.2%，而同期出口退税额年均增长却达到了36.3%，是财政增幅的2倍之多，这就是说中央财政按现行15%的出口退税率和财政体制难以承受来势汹汹的出口退税。中国人口多、就业竞争激烈，劳动力特别廉价，为外向型的制造业发展提供了极其有利的条件，因此优惠的出口退税政策在中国所产生的效应特别显著。截至2002年，全国拖欠出口退税已高达2477亿元。

在全国人大十届一次会议期间，不少对财政有所了解的代表对项怀诚部长的财政预决算报告提出了强烈的质疑，认为全国财政赤字应再加上2477亿元的拖欠退税款。同时与会的企业家也对企业与国家在法律上不能站在同一条起跑线上表示了强烈不满，他们说企业拖欠国家税款要缴纳滞纳金，甚至罚款；而国家拖欠企业的出口退税款却置若罔闻，这不符合现代国家公民与政府之间关系的平等原则。

2003年3月，在全国人大十届一次会议上选举产生的新政府，上任伊始就十分重视这一涉及政府信誉和外贸发展的挠头问题，在很短时间里组织了以财政部牵头，国家税务总局、发展和改革委员会、商务部参加的专题小组，着手调查研究，提出解决方案。9月17日，国务院领导听取了调整方案的汇报，次日（9月18日）政治局常委听取汇报，并原则同意了上报的方案。此后，财政部又分别征求了有关部门对方案的意见，并将综合意见向国务院领导作了汇报。10月10日，国务院在北京召开了有各省、市、自治区的政府领导和财政、外经贸、国税负责人参加的出口退税机制改革工作座谈会议，对出口退税办法作适当调整。

这次方案的大原则是"新账不欠，老账要还；改革机制，共同负担；推动改革，促进发展"。一是对出口退税率进行结构性调整。从2004年1月1日开始,将目前平均约15%的退税率调低2.946个百分点;二是建立中央财政和地方财政共同负担出口退税增量的新机制。对截至2003年年底累计欠退部分由中央财政全额负担,其中出口退税免抵未调库影响地方财政收入部分,由中央财政在2004年归还,2004年起出口退税超基数部分由中央和地方分别按75%和25%比例分担;三是新增加的进口环节增值税和消费税收入,首先用于出口退税,例如2003年预计收入2650亿元,比计划1950亿元超收700亿元,其中500亿元用于2003年的追加退税指标,200亿元用于2004年,使2004年出口退税预算在2003年1650亿元(其中计划1150亿元,追加指标500亿元,不包括2002年结转2003年的139亿元)的基础上达到1850亿元;四是累计欠企业的退税款由中央财政解决。为不影响企业资金周转,从2004年起中央财政按1年期贷款利率5.39%给企业贴息,2004年全国约需贴息130亿元,其中东部地区为115亿元,占88.46%。

对于基数的确定,开始的第一方案以2002年1259亿元的实际退税数为全国总基数,考虑到出口退税在地区

间、年度间分布不均衡,各地按2000年2002年应退数在全国的份额推算,考虑到2003年增长情况,在2002年基数的基础上给基数一定增长,增长率为25%。随着上半年财政部召开厅局长座谈会,把行将改革之风吹出去以后,东部沿海地区不少省市一方面开始猛增基数;另一方面提出以2003年为基数的要求。曾经吃足1993年以当年为基数苦头的财政部主要领导在坚持绝对不以2003年当年为基数的前提下,重新设计了第二方案,该方案把2003年包括上年结转139亿元、当年计划1150亿元以及追加退税额500亿元在内的1789亿元实际退税数作为全国总基数。地方所占份额数改按2000年2003年四年应退数在全国所占份额计算,全国2003年应退税额则按1月8月比上年增长33.6%推算出全年为2694.58亿元加上2002年的2155.69亿元、2001年的1704.27亿元、2000年的1384.89亿元,合计为7939.43亿元。由于中央确定今年只能按比去年增长25%拿钱增基数,所以在推算各地2003年基数时要乘上0.744的系数(k=25%÷33.6%=0.744),于是便得出地方2003年的出口应退税额的计算公式为:

△本地2003年应退税额(亿元)

=2002年应退税额（亿元）×（1+1—8月增长率）×0.744

△基数（亿元）＝本地2000年—2003年应退税额合计／全国2000年—2003年应退税额合计×1789（亿元）

运用上述公式进行计算可得出小浙江（不包括宁波）基数为196.97亿元，宁波为77.33亿元。如果2004年出口增幅10%，根据财政部测算地方负担将增加148.38亿元，相当于2002年全国地方财政可用财力12733.4亿元的1.17%，其中上海13.81亿元，小浙江为18.02亿元，宁波为6.75亿元（根据宁波市2003年1月8月外贸实际增长率46.3%测算为6.99亿元）。这对推动出口比例比较高的沿海经济及地方财政将产生重大影响。

由于在2004年执行中发现外向型经济发达地区的负担过重，以至于地方收入增长还不如出口退税负担增长来得快，最典型的是浙江省宁波市2004年地方可用财力只增加40亿元，而外贸出口退税（折算为四个季度）负担竟增加19亿元，负担占增收的比例差不多1/2。不堪重负的地方政府不得不开始以各种手段限制和驱逐纯外贸企业。为了维持博弈的平衡，财政部及时调整了2005年中央财政与地方财政的负担比例：中央财政增负到92.5%，地方减负为7.5%。中央与地方财政的负担比例基本上回归到1991年计划内出口退税中央负担90%，地方负担10%，超计划部分地方100%自负的水平。这一并不沉重的负担，不但有效地保持了共赢的格局，并且也带来了中国对外贸易的持久发展。

2008年11月17日，原财政部长金人庆在中国财税博物馆对馆长翁礼华说："出口退税这件事的确是我2003年当财长时最棘手的一件事。因为我在任财长以前，担任国家税务总局局长时，也是感到非常棘手。为什么我们税务一直在讲要做好'一加三'的文章，第一是支持经济的发展；二是写好三篇文章：第一篇文章是依法纳税，第二篇文章是从严治税，第三篇文章是科技加管理，就是金穗工程。到人大，人大的代表、委员、领导就指着我说：你老金要人家依法纳税，为什么你不依法给人家退税？我无言以对。尽管我也想退，但没有指标，财政部没把指标足额给我，我退不够。到2003年，经清理后，原来说是3000多个亿，最后经清理、落实责任还欠2640亿。在国家税务总局时有切肤之痛，从内心讲也觉得这个问题需解决。如不解决，你政府就失去公信度，就没有信誉。政府欠企业的钱，当然有的人说马马虎虎算了，但我是不太主张。这个要是马马虎虎的话，将来我们国家还有信用吗？但要还这笔钱，财政也有很大压力，哪里来这笔钱，要么扩大赤字，一下要扩这么多也很难，人大能不能通过？但这个事情不解决看来是不行的。后来，财政部、国家税务总局、海关我们三家索性联手把这个问题弄清楚，到底欠多少钱。第二，在这个基础上，要拿出一个改革的方案来解决好这个问题，并从制度上杜绝今后不再发生这个问题。所以经过一层一层落实责任制，最后清查下来大概是2462亿。那查清楚以后怎么办？我们党组讨论，我记得是提了四句话：第一句话叫新帐不欠。保证从2003年，当年发生的退税，一点都不欠。从2003年开始恢复国家信用，以支持外贸发展。第二句话是老帐要还。对这句话呢，大家心里还有点不踏实，有点嘀咕，特别是企业感到你怎么还，能不能还？包括有的领导也捏了一把汗。但是，我心里想，说了就要做，至于分一年、二年还是几年还，咱们可以再商量。包括能不能先付点利息给企业，晚一年就多付一年利息，最后慢慢还清。第三句话，是要建立机

制，建立新的机制。包括出口退税与财政收入的关系，中央与地方的关系，国家与企业的关系，这种机制要建立。最后一句话，我印象是深化改革，要从外贸体制上去深化改革。我们外贸出口确实有不尽人意的地方，要提高出口机制，使制度更加完善、更加严谨，应该提高档次。最后，要做到当年不欠，我们在预算中打进去了，我记得2003年国家安排出口退税2000多亿。老帐要还，何非是这几个方案：一是发债来还，第二一次发2460多亿太大，只能分若干年，当时想分个三年、五年来还。但这又不是白白占用企业资金吗，这也没有道理，当时就想我欠你按银行的利息付给你，这样何非你先向银行贷款，这也是一种解决办法。这是当年想到过的一个方案。但最后是怎么处理的呢？实际上也没按这两个方案。最后的方案是：第一，因为那几年我们财政搞了预算改革，在国库集中支付后，把小金库里的钱放到大金库里面，所以大金库（国库）里面每年都有几千亿元的余额。

"后来就给国务院报告，把几千亿的余额，而且都有均衡的余额，每年都在5000亿元以上，就干脆从国库里的余额中拿出2462亿一次性给企业兑现

了。这样，企业也高兴了，本来那年企业外贸很困难，企业白白得了一块资金后，既增加了利润，又增加了流动资金；而财政也不要付

利息了，原来存在中央银行的利息很低，我们每年还要给企业付八、九十亿元的利息，现在不用再付了，所以就当年解决了。解决之后还有个本怎么办，2462亿在账务上怎么处理？那只能发债务、增加赤字，当年又感到这么大的数字在国内外的影响很大，所以后来说，先把企业解决好，财政赤字、国债再想办法。但从那年开始，财政又不错，增长很快，增量很大，我记得那年增收三、四千亿，超收的就有1000多亿。但我们给党中央、国务院建议：超收又不能乱化，有的人说，超收用来取消赤字，我们说取消赤字也不能着急，只能逐步降低，把超收的必须保证当年要追加的如救灾，年底帮助困难群体、困难企业及国防要开支的外，剩下的钱，我记得第一年就拿出几百亿来

还2462亿，我印象只化了三年时间，就把2460亿处理了，又没有增加赤字，又没有增加发债，这件事现在想想当年开头是很脑痛的，但最后处理得方方面面都比较满意，方方面面的反响都比较好，也比较得体。同时，新的机制也建立起来了。第一，保证出口环节的增值税、消费税首先用于出口退税，不能把出口环节两税拿去作别的预算，这在道理上是对的。进出口税应当平衡，只能有了结余再安排其它方面的开支，这个机制现在大家都建立起来了。第二，中央、地方各拿一点。我记得第一年地方负担25%。为什么要地方负担25%呢？说白了不是中央要地方拿这点钱，主要是要求大家都承担点

责任，不然企业与地方串通好来骗税，最怕是化别人的钱去办自己的事，还得化自己的钱办自己的事。这样，中央、地方都有点压力。但第二年，有的地方特别是东南沿海感到压力太大了，我们也实事求是，因此第二年降到7.5%，这样地方拿的也很少，大家皆大欢喜。现在这个制度就建立起来了，关系也处理得比较好。原来我们还寄希望于深化外贸体制改革，第一搞自营出口，零税点，就不存在出口退税了；还有搞代理制，代理出口，这就不存在缴了税后又要搞出口退税。但这件事还没完成全落实好，下一步还要继续努力。但不管怎样，这个历史欠帐彻底还清了。这几年外贸增长很快，同出口退税确实起了很大的推动作用。"

第十节　农村税费兴废改革中的诸多利益博弈

随着岁月的推移，农村税费的不断增加成了中国历史的基本规律。为了缓解社会矛盾，历代王朝都试图通过改革农村赋税制度来减轻农民负担，巩固自身统治。除了汉初和曹魏两次减负改革取得实质性成效以外，其余几次并税改制都催生了若干年后的"杂派"高潮。这种现象是南宋自学成才的思想家李心传（公元1167年—1244年）最早发现，他在其《建炎以来朝野杂记甲集·身丁钱》中指出："唐之庸税，杨炎已均入两税，而后差役复不免焉，是力役之征既取其二也。本朝王安石令民输钱已免役，而绍兴（南宋赵构年号）以后，所谓耆户长、保长雇钱不复给焉是取其三也。合丁钱论之，力役之征盖取其四也。而一边有事，则免夫之令又不得免焉，是取其五也。"

明末清初浙江余姚籍的著名思想家、史学家黄宗羲（公元1610年—1695年）在《明夷待访录·田制三》又中作了进一步的论述。他说，唐初的租庸调制度本来分为租，征收谷物为土地税；

黄宗羲像

庸，征收绢帛为人头税；调，征收麻布为户税。唐代杨炎改革为两税法，全都以贫富为标准（主要是拥有土地多寡）来征收，虽然没有了户税和人头税的名目，其实这两项征收已经并入土地税中。相沿至宋代，一直没有从中减去户税和人头税，然而却在此之外重又开征新人头税目（丁身钱米）。后人习以为常，认为"两税"只是土地税，"丁身"才是户税和人头税，其实那是重复征收的。如果当初不把庸调之名目取消，何至于此？所以杨炎税制改革一时有小利，给后世却留下大害。到明代，在两税、丁口税之外，又征役（力差）和代役租（银差），本来是10年轮一次的，到嘉靖末年改革为"一条鞭法"，把两税、丁口、差役和各项杂派全都归并到一起征收，原来每10年中轮值1年的差役负担，如今分摊到10年里征收了。这实际上是把银、力二差又归并到两税中。但不久每到轮值之年，各种杂役又派了下来，后人习以为常，认为"一条鞭"只是两税，而杂役则是该轮流当差的，谁知道那是重复征收的。如果当初不取消银差、力差的名目，何至于此？所以"一条鞭法"也是一时有小利，却给后世留下大害。到明末，朝廷又先后加派旧饷（辽饷）500

万两，新饷（剿饷）900万两和练饷730万两。户部尚书倪元璐要改革，又把三饷归一，实际上是把这些杂派又并入正税（两税）。如今人们以为两税之征理所当然，岂知其中包含的三饷加派正是导致明朝灭亡的原因之一！设若三饷之名目不改，人们或许还会顾其名思其义，知道这是税外的加派。

1958年6月3日，全国人大常委会96次会议通过《中华人民共和国农业税条例》，并以中华人民共和国主席毛泽东名义颁行全国（在后来农村税费改革中，有关部门在历史档案中始终查不到毛泽东当年的签发原件，猜测

1951年中央人民政府财政部农业税司编写的《农业税查田定产经验汇集》第三集。　中国财税博物馆藏

農業稅查田定產經驗彙集　第三集

中央人民政府財政部農業稅司編

一九五一年八月

1958年9月10日，《人民日报》头版头条发表了《中共中央关于在农村建立人民公社问题的决议》。从此，人民公社化运动在广大的农村蓬勃发展起来。

也许当年就没有交毛泽东签发）。条例规定：全国农业税平均税率为15.5%。随着大跃进期间"政社合一"的人民公社制度的建立，确立了生产队、生产大队、公社三级集体所有制。生产队除了要按规定上缴农业税外，还要按上年纯收入的3%向公社上缴管理费，本来税率为15.5%的农业税在历史上属于较高的税率，加收3%管理费后则达到18.5%。远远超过儒家鼻祖们所津津乐道的"什一税"，即10%税率。这么高的税率，中国农民之所以能承受，要感谢当年的征收者把比例税换算固化为定量税。因为，随着农业科技的进步，诸如优良品种的推广、农药、化肥的使用，农业机械化水平的提高，促进了农业单位面积的产量大幅度提高，而定

量税则从1958年核定后维持数十年不变，所以，到20世纪90年代末，江浙两省农业税负担的实际水平仅为3%左右，比西汉文帝以后"三十税一"的负担水平还要低一些。

改革开放后，人民公社改为乡镇政府，生产大队改为行政村，生产队成了自然村。原来公社的管理费也就随之演变成乡镇的"五统筹"，村里的开支则成了村级的"三提留"。"五统筹"指的是向农民收取的农村教育费附加、民兵预备役费、计划生育费、民政优抚费和乡村道路建设费。"三提留"指的是向农民收取的公积金、公益金和管理费。随着乡镇村人员的膨胀和支出的扩大，"五统筹"和"三提留"的比例也在不断扩大。农民的负担日益加重，一些地方因此出现了摩擦和纠纷，严重影响了干群关系。为了减轻农民负担，1992年国务院发布了《关于农民承担费用和劳务管理的通知》，规定农民负担必须控制在上年人均纯收入5%的范围内。

由于农民纯收入是一个很难界定的数字，有些乡镇村为了多收费，不惜人为地放大纯收入的基数，从而使5%

成了向农民收费的最低比例。因此，2000年3月2日中共中央、国务院发布了《关于进行农村税费改革试点工作的通知》（中发〔2000〕7号）。《通知》指出农村税费改革试点的主要内容是：取消乡统筹费、农村教育集资等专门面向农民征收的行政事业性质收费和政府性基金、集资；取消屠宰税；取消统一规定的劳动积累工和义务工；调整农业税和农业特产税政策；改革村提留征收使用办法，并首先在安徽省试点。在试点的基础上，2001年3月24日国务院又发布了《关于进一步做好农村税费改革试点工作的通知》（国发〔2001〕5号），在农业税及其附加总体水平不超过8.4%的前提下征税。其中，7%是农业税正税，1.4%是相当于农业税20%比例的附加税。土地面积以二轮承包土地面积为依据，常年产量以1998年前5年农作物实际平均产量计算。

随着岁月的推移，良种的推广，农药、化肥的使用和农业生产技术的不断改进，我国农作物实际产量1958年后有了大幅度提高，但是各地的农业税仍然按1958年的实物量固定征收。因此，按当期产量计算全国农业税平均征收率很低，正如2000年4月13日时任国务院副总理的温家宝同志在安徽农村税费改革试点动员会议上所指出的，仅为实际产量的2.5%。显然安徽试点方案有了"并税改革"之嫌，历史上并不引人注目的黄宗羲定律也随之成了人们议论的热点。

本来，农村税费改革是基层地方政府与农民的博弈，随着2000年3月2日中共中央、国务院《关于进行农村税费改革试点工作的通知》（中发〔2000〕7号）的发布，中西部一些省的农税部门也参与博弈，而且还成了这

1955年财政部《关于农林特产的农业税征收情况和今后意见》的草拟报告。中国财税博物馆藏

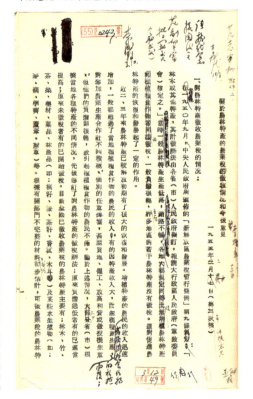

场博弈的胜出者：为了表示对农税工作的重视，原来的省农税部门升格为副局级，于是，县级农税部门从股级升格为副科级、地市级的农税部门从科级升格为副处级。官员们乘改革之风获得了水涨船高的大好机会。可见，在中国，基层不怕上级有动作，就怕上级没有动作，因为有动作他们才有获得好处的机会，而没有动作他们什么机会都没有了。

农业税收的征收基础，是土地的面积和单位面积的产量。要通过继续征收农业税来推进农村税费改革，就有必要组织人员下乡，清丈土地，评估产量，以明晰税基。而中国自古以来"瞒田隐产"十分严重，很多地区农民实际拥有的耕地面积往往都超过纳税登记面积；再加上估算产量也常常会发生毗邻地区的不平衡，引发新的矛盾。考虑到浙江省每年名义上的农业税额为8.7亿元，实际常年征收仅5.9亿元，不足全省财政收入的1%（2001年浙江省财政总收入856亿元）。若按试点方案执行不仅事倍功半，而且还会进一步加重农民的实际负担。因为浙江省实际农业税征收率，仅仅为常年产量的3%左右。同时，早在20世纪90年代，浙江省考虑到农业税在整个

税收收入中所占的比例越来越小的实际情况，已对征收人员进行清理，凡考试合格者正式录用为税务干部，不合格者遣散，不存在队伍的生存问题。于是，浙江省财政厅厅长翁礼华建议省委、省政府暂时动口不动手，先停征农特税，待时机成熟全面取消浙江全省的农业税。

农业特产税是"以粮为纲"的年代为保证粮食生产而出台的税收。浙江省是一个人多地少的省份，在市场经济的条件下，只有鼓励多种经营才能促进农民增收。为此，浙江省在2001年就决定在25个欠发达县市和9个沿海县市停征农业特产税以鼓励农民走上增收之路，取得了良好的效果。于是，浙江省打算从2002年1月起在全省范围内全面停征农业特产税。由于这一消息被一个姓"慎"的新华社记者在1月16日"不慎"报道出去了，当晚新华社向全国发布通稿，第二天《经济日报》、《农民日报》、《新华每日电讯》等50多份报纸都报道了这一消息，结果引发了轩然大波。不仅很多报纸都发表了诸如《谁有权停征农业特产税》、《农业特产税目前不会停征》、《农业特产税不会停征》等文章表示坚决反对和强烈谴责，有一个省级政府还

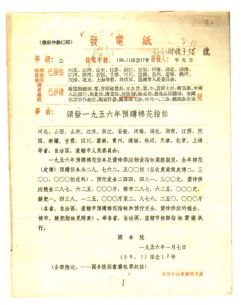

国务院《颁发一九五六年预购棉花指标》文件

向新华总社状告这位姓"慎"的记者。"慎"记者知道后不但不思"悔改",反而在1月24日拉了新华社一位张姓部门领导一起署名发表了一篇题为《顾大局算大账》的新华时评,将论战推向了高潮。随着论战的深入,影响面和波及面扩大。浙江省早在2001年停征农特税的34个县市的农村运销户,也因此遭到了周边省市地方政府的阻击,他们设卡检查从浙江省出境的农产品是否持有农特税纳税凭证,如拿不出凭证,就以逃税为名加以打击。为了打破僵局,浙江省对农特税采取了先征后返的办法,即对运销到外省的农特产品先征税取得农特税纳税凭证,以便通过关卡,运销结束后当地农税征收机关再如数返回所征税款。

2001年12月浙江省财政厅厅长翁礼华给省委省府主要领导呈报了《关于在全省农村实行"减、停、免"税费改革的建议》,建议2002年1月1日开始在全省范围内停征农业税和农业特产税,取消农村屠宰税,取消农村各种政策外的乱收费,从2003年1月1日起每年减少"三提五统"总额的1/3。由于这一建议只获得了主要领导的个人支持,没有取得相关部门和领导的整体支持而难以实施。

2001年浙江省财政厅厅长翁礼华向省委省政府呈报的《关于在全省农村"减、停、免、稳"税费改革的意见》,上面有当时省委书记张德江、省长柴松岳的批示。

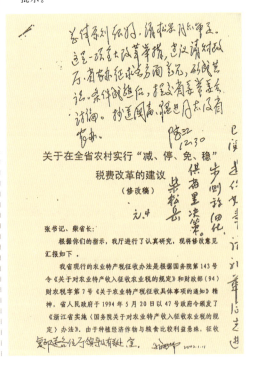

为了取消占全国财政收入不足1%、而且其中相当部分被征收人员作为成本消耗掉的农业税，浙江省财政厅厅长翁礼华曾做通财政部税政司解学智司长的工作，鼓动解司长斗胆去做领导的工作。领导说，从收入规模来说，你讲得有道理，但一旦取消农业税，岂不是与西藏自治区取消牧业税一样，农民与政府就没有了义务纳税的关系了。天下之大，无奇不有，持有皇粮国税是维系百姓与政府关系的纽带观点的人真是不少，当时在浙江省所遇到的不同意见，亦不外乎这一观点。

由于"皇粮国税是维系国家与百姓关系的纽带"这一思想束缚了浙江省取消农业税的改革，浙江省财政厅不得不改"取消"农业税为建议"稳定"农业税、调整（停征）特产税、取消"五统筹"、取消屠宰税的办法，并以省政府的名义向国务院呈报。2002年1月12日，在听取了翁礼华的电话汇报后，财政部项怀诚部长表示原则支持这一方案。在3月5日召开的全国人代会上朱镕基总理请浙江省主要领导就方案的具体内容直接向温家宝副总理作一次详细汇报。3月11日下午，翁礼华随省委书记、省长去中南海。在小会议室

里，温家宝副总理听取浙江省委书记、省长的汇报后表示："浙江农民转移到第二、第三产业的比重大，地方财政实力强，与中西部情况大不相同，浙江可以根据本省实际情况制订农村税费改革方案。"根据温家宝副总理的指示，3月29日至4月1日国务院农村税费改革工作小组办公室领导亲自来浙作了实地调研和协调，6月8日国务院办公厅以国办函〔2002〕60号正式批复《浙江省扩大农村税费改革试点实施方案》的报告。当年7月，具有浙江特色的农村税费改革在全省全面推开，2004年免除了全省种粮农民的农业税，2005年全面免除农业税。

2003年7月财政部、国家税务总局发文将农特税并入农业税，在全国范围内改征收税额较高的农特税为征收税额较低的农业税。在十届人大二次会议召开以前，财政部金人庆部长向温家宝总理积极建议从2004年开始三年内在全国范围免除农业税，温家宝总理在政府工作报告中采纳了这一建议，在中国存在了数千年之久的农业税终于在2006年走到了尽头。

2008年11月17日，原财政部长金人庆在中国财税博物馆深情地回顾这段历史："2003年，以温家宝同志为

总理的新一届国务院成立了。当时，在总理的脑子里给我的印象，他最最担忧的是农业问题、粮食问题。因为当时农业的形势是，连续几年粮食产量下降，我的印象当年是9000多亿斤。粮食的种植面积在缩小，农民的种粮积极性在下降，国家的粮食储备在减少，而粮价则在往上涨。我们大家都知道，'民以食为先'，在中国，粮食是最核心的价格问题。因为粮价一涨，猪价也要涨；粮、猪一涨，整个食品就要涨价。所以，当年大家很担心会不会引起通货膨胀。因此，怎么来提高农民的种粮积极性，怎么来恢复整个农业特别是粮食生产，就成为当时总理脑子里考虑的头等大事。所以，他多次与国务院的领导和国务院的部长们商量，大家也出了很多主意，包括增加对农业的投入、给农民一些补贴、兴修农田水利、增加粮食储备，可以说是大家能想到的方方面面，都千方百计地去考虑了。但是总理总感到还不够，还是担心。我记得有一天总理给我打了一个电话说：'老金，你算算账，要是取消农业税，大概财政每年要拿多少钱，给我一个信号。'说明总理在研究这个问题。当时，我就跟总理说，'我们马上认真算

算，给你报告。我们财政部党组也认真研究一下，给你报告我们的想法。'总理说，'那很好，你们抓紧把帐算一下。'实际上这个帐在财政部是现成的，很容易找到。因为我印象98年开始搞一件事，就是农村税费改革，先在安徽开始搞，后来浙江也在搞。当年就是想把农民的许多杂费统统取消，归并到正税，减费和取消税，叫农村税费改革。搞了后农民的负担虽有所减轻，但还未解决问题。当年许多农村干部为征收农业税，与群众的关系搞得很紧张，每年都有一些死人的事件发生，每年都要通报一次，甚至有的干部还受到处分。因此，怎么从根本上解决这个问题，取消农业税确实是一个办法。在取消农业税问题上，虽然过去也研究过，但意见不大统一。有的人认为，总还得保持一点农民与国家的关系，纳税是公民意识，农民也得有点国家观念，有点纳税意识，所以不太主张。当然，也有的考虑农业税取消后，农村基层政权运作怎么办？我一算账，全部取消农业税要1450亿，这1450亿基本上就是要中央财政拿出，那农村义务教育怎么办，农村的乡政府还得运转，农村还有这个所那个所，这七所八店还

得给他一些费用。后来，我们党组研究，如果党中央、国务院下决心做这件事，当年我们是从内心极力支持的。我总感到中国的农民确实太苦了，因我在农村生活的时间比较长，对农民确实有一种朴素的感情，觉得中国的农民太可爱了，也太勤劳了，当然也太苦了。所以，怎么让公共财政的阳光能够逐步照到农村，作为我们搞财政的人确实应当考虑。假如能够把农业税取消掉，尽管要1450亿，但可以做到农民不会因为从事农业生产而单独对他征税，尽管这个税已征收了2600多年了，皇粮国税大家也认为是天经地义的，农民也没想过要取消农业税，只是希望少交一点。当年，我给总理报告，我们已经算过帐，全部取消农业税大概是1450亿，当时总理问了我一句：'你感到有困难吗？'我说，'总理，2003年的预算是没有作这个安排，但如果党中央、国务院下了决心，我们财政部党组及全国财政干部、税务干部也会千方百计支持党中央、国务院的决策，特别是可以分若干年来完成。'所以，我又对总理说，'总理，关键是党中央、国务院怎么下决心，我们一定会运筹好资金。'这时，总理给我说：'老金，我心中有

数了。'后来，党中央、国务院就作了一个决定，准备在全国人大第一次会议上宣布：'力争在五年内取消农业税。'最后，总理告诉了我这个消息，并将写到政府报告中去。当年，在起草政府报告时，原来没有这个内容，讨论了若干稿，也没有这个内容。

"后来，我专门又给总理打了一个电话，建议不要写'力争'两个字，就是五年内取消农业税，痛痛快快。总理说：'我考虑考虑'，最后他还是下了决心。所以你记得当年向人大作政府报告时，在所有政府报告内容中代表们掌声最多的就是取消农业税，起码有几分钟。第二，总理当年宣告这个决定时，也是非常有演讲的艺术，我记得当年稿子写完后，这段话插到那里去？再说，念稿子时往往开头和结尾容易引起大家注意，中间的话听的人往往不大注意，而当年总理报告时，有一个非常精彩的表现，他用了'我，郑重宣布五年内取消农业税'，引起大家长时间雷鸣般的鼓掌。这件事情从当年来说，还是比较谨慎的，开始提议五年内取消，第一年减了1%，后来代表们讨论时感到不大过隐，提出三年内取消，实际上两年就基本取消了，各省都自己提前了，只要中央承认这个

钱，都愿意自费，愿意先拿。看来这件事得民心、顺民意，上上下下都高兴。2600多年的农业税，在党中央、国务院的领导下，上届政府取消了，这对农民来说，是实实在在的减少了1450亿的负担。其中，中央财政拿出了1000多亿，地方财政也派了一点头，确实解决得挺好。这个问题的解决，现在看来意义非常重大，一个是农民真正从心底里高兴，想不到几千年的皇粮国税现在不用交了，这是非常高兴的事。第二，公共财政的阳光照到农村，紧跟着又来了给种粮一点补贴，给农机一点补贴，给肥料一点补贴，给油料一点补贴，一亩田又是几十元块钱。农民感到，我种地不但不用交税，还能拿补贴，尽管钱不是很多，但农民很高兴。所以，现在农村中党群关系、干群关系我认为是大大改善了，我们再也没有听说为农业税问题引起农民抗税、干部犯错误，干群关系大大改善。特别是这几年我们又进一步把公共财政阳光扩大到农村，实行义务教育全部免费，现在农民小孩上学，书本不用交钱，家庭困难的学生住校有生活补贴；现在农村还搞了合作医疗，八亿农民基本参加了农村合作医疗，每人交十元、二十来元钱，国家补贴八、

九十元，共百来元钱，农民就有了基本的医疗保险。再加上农村困难户又搞了低保，这几年还搞了'六小'基础设施建设，围绕水、路、沼气等，搞新农村建设。我看，公共财政真正跟农民挂起钩来了。尽管我们还是初级阶段，公共财政的阳光还是逐步在普照大地，但我想这个方向是对的。现在回过头来想想这段历史，感到很有意义。"

第十一节　内外资企业所得税的分立与合并

所得税是西方发达国家的主要税种，公元1799年始创于英国。中国所得税制度的创建受欧美和日本等国影响，动议于20世纪初。清末宣统年间（约公元1910年），清朝政府有关部门曾草拟出《所得税章程》，包括对企业所得和个人所得征税的内容，但因社会动荡等原因未能公布施行。

1912年中华民国成立后，以清末《所得税章程》为基础制定了《所得税条例》，并于1914年初公布，但因社会动乱，企业生产经营不稳定，以及税收征管条件差等原因，在此后二十多年间未能真正施行。

1936年，国民政府公布《所得税

暂行条例》，自同年 10 月 1 日起施行。这是中国历史上第一次实质性地开征所得税。1943 年，国民政府公布了《所得税法》，进一步提高了所得税的法律地位，并成为政府组织财政收入的重要方式之一。

1950 年 1 月，中央人民政府政务院发布《全国税政实施要则》规定全国设置 14 种税收，其中涉及对所得征税的有工商业税（所得税部分）、存款利息所得税和薪给报酬所得税等三种税收。工商业税（所得税部分）自 1950 年开征以后，主要征税对象是私营企业、集体企业和个体工商户的应税所得。国营企业因由政府有关部门直接参与经营和管理，其财务核算制度也与一般企业差异较大，国营企业实行利润上缴国家财政的制度，而不缴纳所得税。这种制度设计适应了当时中国高度集中的计划经济管理体制的需要。1958 年和 1973 年，我国进行了两次重大的税制改革，核心是简化税制。其中工商业税（所得税部分）主要还是对集体企业征收，国营企业只征一道工商税，不征所得税。

改革开放后，为适应引进国外资金、技术和人才，开展对外经济技术合作的需要，根据党中央统一部署，我国

的企业所得税制度改革在"七五"计划期间逐步推开。1980 年 9 月，第五届全国人民代表大会第三次会议通过了《中华人民共和国中外合资经营企业所得税法》并公布施行。针对中外合资经营企业开征企业所得税，税率确定为 30%，另按应纳所得税额附征 10% 的地方所得税。1981 年 12 月，第五届全国人民代表大会第四次会议通过了《中华人民共和国外国企业所得税法》，针对外国企业开征企业所得税，实行 20%—40% 的五级超额累进税率，另按应纳所得税额附征 10% 的地方所得税。

1983 年，作为企业改革和城市经济体制改革的一项重大措施，国务院决定在全国试行国营企业"利改税"，即将新中国成立后实行了三十多年的国营企业向国家上缴利润的制度改为缴纳企业所得税的制度。

1984 年 9 月，国务院发布了《中华人民共和国国营企业所得税条例（草案）》和《国营企业调节税征收办法》，将国营企业所得税的纳税人确定为实行独立经济核算的国营企业，其中，大中型企业实行 55% 的比例税率，小型企业等适用 10%—55% 的八级超额累进税率；将国营企业调节税的纳税人确定为大中型国营企业，税率由

财税部门商企业主管部门核定。

1985年4月，国务院发布了《中华人民共和国集体企业所得税暂行条例》，实行10%至55%的八级超额累进税率，原来对集体企业征收的工商税（所得税部分）同时停止执行。

1988年6月，国务院发布了《中华人民共和国私营企业所得税暂行条例》，针对私营企业开征企业所得税，税率为35%。国营企业"利改税"和集体企业、私营企业所得税制度的出台，重新确定了国家和企业之间的分配关系，使我国的企业所得税制度建设进入健康发展的新阶段。

为适应中国建立社会主义市场经济体制的新形势，进一步扩大改革开放，努力把国有企业推向市场，按照"统一税法、简化税制、公平税负、促进竞争"的原则，国家先后完成了外资企业所得税的统一和内资企业所得税的统一。

1991年4月，第七届全国人民代表大会将《中华人民共和国中外合资经营企业所得税法》和《中华人民共和国外国企业所得税法》予以合并，制定了新的《中华人民共和国外商投资企业和外国企业所得税法》，并于同年7月1日起开始施行。

1993年12月13日，国务院将《中华人民共和国国营企业所得税条例（草案）》、《国营企业调节税征收办法》、《中华人民共和国集体企业所得税暂行条例》和《中华人民共和国私营企业所得税暂行条例》进行整合，制定了《中华人民共和国企业所得税暂行条例》，自1994年1月1日起开始施行。

2008年8月刘仲藜同志在《历史的机遇》一文中回忆："1993年的企业所得税改革，只涉及国内企业，没有考虑涉外企业。企业所得税税率为什么定为33%，这也是有原因的。记得姚依林同志曾经问我是否还可以定得更低一些，我作了汇报。因为当时的外资企业所得税率为30%，另外地方可以有10%（即3个百分点）的附加，合起来为33%。如果国内企业再降，就不符合企业公平税负这一市场经济的基本原则了。现在想来，正是当时合理确定了企业所得税税率，才使得我们去年（注：指2007年）推出的企业所得税两法合一改革具有了税率上的法理基础。"

2003年10月11日至14日，中国共产党第十六届中央委员会第三次全体会议召开，会议审议通过了《中共中

大道之行
中国财政史

央关于完善社会主义市场经济体制若干问题的决定》，决定分步实施税收制度改革，确定了"统一各类企业税收制度"的改革目标，而统一各类企业税收制度最主要的内容就是统一内外资企业所得税制。

统一内外资企业所得税是又一场博弈，它意味着不同资金性质企业的利益格局会发生新的调整。1994年推行分税制财政体制改革时，企业所得税税率统一为33%，对微利的内资企业分别实行27%和18%的两档照顾税率；对一些特殊区域的外资企业实行24%和15%的优惠税率。由于在实施中，地方政府为吸引外资、发展经济，对外资企业采取了有别于内资企业的税收政策，如外资企业在开发区享受"二免三减半"的优惠政策等，因此内资企业平均实际税负为25%左右，外资企业平均实际税负为15%左右，内资企业高于外资企业近10个百分点。而且，同样作为企业，由于资金来源不同而税负不同，显然有失公平。

2004年12月7日，财政部部长金人庆在《人民日报》上发表文章，提出2005年的税制改革要积极推进内外资企业所得税合并，为企业公平竞争创造良好的税收环境。对此，内资企业欢欣鼓舞，而外资企业则十分紧张。2005年1月13日，《中华工商时报》发表题为《内外资企业所得税并轨 54家跨国公司上书国务院》的文章，报道54家在华跨国公司针对内外资企业所得税并轨可能对跨国公司产生的影响，准备联合向国务院法制办提交一份报告。至于国内的不同利益群体也做出了不同反响。相比之下，商务部的态度要"暧昧"些。有关人士说："我们并没有阻挠两税并轨的步伐，商务部只是出于保护吸引外资的立场，提出要暂缓并轨，因为现在对外商投资的优惠政策只有税率的优惠，在中国还需要外资的今天，这种最后的优惠有必要维持下去。"主管港台事务的部门则担心统一后税率提高，会引起港商、台商的不满，进而引发包括香港特首和台湾地区领导人选举在内的政治问题；主管侨务的怕影响华侨和外国华人的投资热情，影响侨务工作的开展；西部地区怕取消刚发布不久的大开发优惠政策，影响地区经济发展；还有些地方政府怕统一后内资企业所得税从33%下降到25%，收入一下子减少，影响当地财政平衡。总之，得益者拥护，利益受损者反对，假外资者沮丧。

统一内外资企业所得税，不但是税收国民待遇的基本原则，也是国际上通行的做法，对如此明白的问题之所以会产生纷纭意见，难以统一，皆缘于"屁股"所坐位置的不同。诚如人们所知，屁股构造不如脑袋复杂，简单的屁股之所以能指挥复杂的脑袋，其根本原因在于人是追求利益最大化的动物，利益往往会超越理智，冲垮公平和正义。

为了完善《中华人民共和国企业所得税法（草案）》，全国人大常委会多次在不同地区召开不同形式、不同范围的座谈会，听取不同意见。作为全国人大代表，中国财税博物馆馆长翁礼华曾在2006年8月初，出席了全国人大常委会预算工委冯淑萍副主任在新疆召开的座谈会，与会的有包括香港在内的企业界、经济界、会计界、高等院校、科研机构、财政、税务部门、地方人大常委会、地方政府等各方面人士。与会者畅所欲言，各抒己见，仁者见仁，智者见智，真可谓众说纷纭。全国人大常委会有关领导分析了各方诉求后，会同财政部对《草案》作了多次修改，让《草案》尽可能体现不同利益的意见，包容不同利益的诉求，最终使原体制得益者延缓利益损失，以换取他们对改革的支持。

《草案》将内外资企业所得税税率统一为25%，在成本扣除方面，除保留企业公益性支出在年度利润总额10%以内部分准予扣除外，广告支出、研发支出由国务院制定实施条例予以明确。《草案》规定了一个过渡期，在这个过渡期内允许原来实行低税率的这些企业，在一定的期限之内逐步过渡到25%的名义税率，而且所享受的一些减免措施在一定期限之内还可以继续享受。

博弈各方在几经较量后，终于经妥协走向认同。2006年12月24日，水到渠成的《中华人民共和国企业所得税法（草案）》正式提交第十届全国人大常委会第二十五次会议进行首次审议，会议最终以155票赞成，1票弃权，高票通过同意将企业所得税法草案提请十届全国人大五次会议审议。

2007年3月16日，十届全国人大五次会议表决通过了《中华人民共和国企业所得税法》，该法于2008年1月1日起正式开始施行。届时，1991年4月9日第七届全国人民代表大会第四次会议通过的《中华人民共和国外商投资企业和外国企业所得税法》和

1993 年 12 月 13 日国务院发布的《中华人民共和国企业所得税暂行条例》同时废止。

第十二节 新中国建立后征管模式的进步

新中国建立后税收征管模式经历了四个不同阶段，进行了三次变革：一是专管员管户阶段；二是征收、管理、检查"三分离"改革；三是"以纳税申报和优化服务为基础，以计算机网络为依托，集中征收，重点稽查"改革；四是以税收信息化为支撑的税收征管改革。

云南省保山县税务局检查证袖章。

自 20 世纪 50 年代至 80 年代，一直实行专管员管户的征管模式。各地税务局根据纳税户规模和税收工作繁简配置人员，对纳税户进行专责管理。其特点是"一员进户，各税统管，集征管查于一身"。

1952 年重庆市第六区人民政府摊租稽征证袖章。

1988 年，为了适应国家实施两步利改税和建立多税种、多层次、多环节复合税制的需要，国家税务局决定在吉林、河北、湖北、武汉三省一市进行以征收、管理、检查"三分离"为主要内容的税收征管改革试点，并从 1991 年起在全国全面推行。将全国基层税收征管由传统的专管员管户模式，向相互制约、相互协调的征收、管理、检查"三分离"或征收、检查"两分离"的征管新模式转换。与此同时，各地开始设立具有相应职能的稽查队，实行纳税人申报纳税制度。

1995 年，国家税务总局提出了"以纳税申报和优化服务为基础，以计算机网络为依托，集中征收、重点稽查"的新模式。1997年1月23日国务院办公厅以国办发〔1997〕第1号文转发了国家税务总局《关于深化税收征管改革的方案》，在全国税务系统全面推行了这一新模式。各地税务机关在推行这一模式过程中，普遍取消了专管员管户制度，建立了办税服务厅，纳税人的涉税事宜通过办税服务厅内集中办理，计算机及计算机网络体系在税收征管中得到了更普遍的运用。

鉴于税收征收成本偏高，装备和人员素质偏低的问题，1995年浙江省提出以"两少三高"为主要目标的征管改革。所谓"两少三高"就是税收征收机构个数少，税务人员编制少；通过不断提高税收征管效率，降低税收征收成本来提高税务机关的装备水平，提高税务人员工作条件和生活待遇，从而提高税务队伍的素质。

2000年12月，在全国税务工作会议上，国家税务总局提出了"科技加管理"的工作方针，对以信息化建设为依托，整体推进征管改革、机构改革、人事制度改革作出了总体部署。接着，国家税务总局又提出了建设全国统一的税收征管信息系统，以实现信息化为基础，建立以专业化为主、综合性为辅、流程化、标准化、分工合理、联系紧密、相互制约的征管工作新格局的要求。从此，大力推进信息化建设为支撑，以信息化加专业化为主要内容的税收征管改革在全国各地税务系统全面展开并取得了显著成效，网上申报和缴纳逐渐成了税收征收的主要渠道，办税服务厅也渐失其原有功能，逐步演变成咨询服务厅。

第十三节　各具风范的共和国十任财长

新中国从1949年10月1日建国以来，走过了整整60年。在60年风雨历程中，掌控中国财政的先后有薄一波、邓小平、李先念、张劲夫、吴波、王丙乾、刘仲藜、项怀诚、金人庆、谢旭人共十任财政部长。他们当中有以高职兼任财长的老一辈无产阶级革命家：邓小平、李先念、薄一波；有早在战争年代就投身革命的老前辈：张劲夫、吴波、王丙乾；也有新中国培养起来的财政专家：刘仲藜、项怀诚、金人庆、谢旭人。在这十位财政部长中，四川省籍的一位，为邓小平同志；山西省籍的一位，为薄一波同志；安徽省籍的两位，分别为张劲夫、吴波同志；河北省籍的一位，为王丙乾同志；浙江省籍的两位，分别为刘仲藜、谢旭人同志；江苏省籍的两位，分别为项怀诚、金人庆同志。就任财政部长时年纪最轻的是李先念同志，时年45岁；年纪最大的是吴波同志，时年73岁。从经历看，除吴波、王丙乾和项怀诚三位同志，从青年时代开始一直在财政部工作，并且在财政专业岗位上逐级晋升为部长以外，其余七位都是有了各种不同经历后，兼任或调任财政部长的。

人，是时代的产物，领导干部也不例外。由于部长们所处的历史时期不同，他们的所作所为首先是历史发展的需要，同时也是他们个人特点的反映。他们以各自不同的从政风格推动着中国财政不断向前发展。

一、统一财税的薄一波

杰出的无产阶级革命家、我党经济工作的卓越领导人薄一波同志于1949年10月19日以中央人民政府委员、政务院委员兼财政经济委员会副主任的职务兼任财政部部长。

面对建国之初满目疮痍、国民经济百废待举的严峻形势，为安定百姓生活，打稳新中国经济基础，薄一波配合财政经济委员会主任陈云，从平抑物价入手，抓住关乎国计民生的大米、棉纱、煤炭，即"两白一黑"的牛鼻子，

1949年9月，薄一波作为华北解放区的首席代表在中国人民政治协商会议第一届全体会议上讲话。

调集数量足够的物资，各大城市统一行动，大量抛售，很快打垮了投机分子，到12月10日物价上涨风便告一段落。上海一位有影响的民族资本家事后说："6月银元风潮，中共是用政治力量压下去的，这次仅用经济力量就能压住，是上海工商界所料想不到的。"

物价逐步平抑之后，统一全国财经成了当务之急。这一工作的重点是统一财政收支，而其关键则是加强税收工作，建立统一的税收。回顾这一段历史，最精彩的要数薄一波筹备召开第一次全国税务会议。

第一次全国税务会议于1949年11月在北京前门的一个旅馆里召开，历

时半个多月。参加会议的中央各有关部门的领导同志48人，各行政大区、各省市税务局的代表34人。到会作报告的领导人有：中共中央政治局委员、中央人民政府副主席朱德，中共中央政治局委员、中央人民政府政务院副总理兼财经委员会主任陈云，政务院财经委员会副主任兼财政部部长薄一波。

财政部第一副部长戎子和、财政部税务总局负责人李予昂主持会议。

朱德同志在报告中强调：税务部门不光是收钱机关，也是计划生产机关，要变成调查统计局、生产指导局，不能只限于打算盘。

陈云同志在会上指出，摆在我们面前的只有两条路：一为增加税收，二为发行票子。发行票子要引起通货膨胀，物价上涨，老百姓叫苦，投机商人乘机发财，社会经济紊乱，票子是多发不得的。所以，只有一条路可走，那就

20世纪80年代，薄一波与陈云就经济工作交换意见。

是增加税收。税收增加了，不但可以满足财政需要，还可以经常回笼货币。

薄一波在统一税政方面提出了三项原则：第一，确定税收问题要注意到国家财政的需要；第二，确定税目、税率要注意政策，不能单纯地为解决财政收入，要注意通过税收打击哪些、限制哪些、发展与保护哪些；第三，简化税制，实行合理负担。

会议强调，全国税收立法权由中央人民政府政务院统一行使，任何地区或部门都不得变更、自定。会议拟定并讨论了《全国税政实施要则》、《工商业税暂行条例》、《货物税暂行条例》等草案，这些草案经政务院审查批准后于1950年1月27日由中央人民政府政务院颁布。在五种经济成分并存，尤其是私营工商业大量存在的情况下，作为新中国第一个综合性税收法规和税政统一准则的《全国税收实施要则》明确规定：实行多种税、多次征的复合税制。

会议讨论了《全国各级税务机关暂行组织规程》草案，一致同意从中央到地方建立由上而下统一的六级税务机构。1949年12月17日，政务院任命李予昂为财政部税务总局局长，崔敬伯为副局长。税务总局于1950年1月1日正式成立，从此，全国的税收工

作有了统一的领导机构。同时，会议还制定了1950年度全国税收收入计划。

由于统一全国财政工作部署有力，措施得当，进展非常顺利，曾经四分五裂的中国，在不太长的时间里，就实现了财政经济的统一。毛泽东曾评价它的意义"不下于淮海战役"。

二、归口包干的邓小平

邓小平同志是伟大的马克思主义者，无产阶级革命家、政治家、军事家、外交家，中国共产党、中国人民解放军、中华人民共和国的主要领导人之一，中

1983年，邓小平在办公室工作。

国社会主义改革开放和现代化建设的总设计师，邓小平理论的创立者。

1949年9月，邓小平同志当选为中央人民政府委员，10月参加了开国大典。随后，与刘伯承率部向西南进军，占领了云、贵、川、西康诸省，参加领导了进军西藏和西藏和平解放的工作，实现了中国大陆的完全解放。此

间，邓小平同志任中共中央西南局第一书记、西南军政委员会副主席、西南军区政治委员。

1952年7月，邓小平同志调往中央工作，任中央人民政府政务院副总理兼财经委员会副主任。税改风波发生后，鉴于当时的特殊形势，1953年9月18日中央决定由邓小平同志兼任财政部长。

从1953年9月到1954年6月，虽然只有短暂的9个月时间，在错综复杂的政治经济形势下，邓小平同志表现出政治上的洞察力和经济上的务实精神。邓小平同志认为，财政是调节经济利益关系和解决政治问题的重要手段，财政工作要集中体现国家政策。1954年1月13日，他在全国财政厅局长会议上提出了财政工作六条方针：第一，归口；第二，包干；第三，自留预备费，结余留用不上缴；第四，精减行政人员，严格控制人员编制；第五，动用总预备费须经中央批准；第六，加强财政监察。这六条方针以"归口包干"为核心，不仅强化了用款单位的责任心，也平衡了诸多方面的关系，高度体现了邓小平一向抓大放小、举重若轻的工作作风。

在反对高岗、饶漱石借税改风波发难，阴谋分裂党、篡夺党和国家最高

权力的重大斗争中，邓小平同志做出重要贡献。1954年中央决定，邓小平同志任中共中央秘书长、组织部部长，国务院副总理，国防委员会副主席。1955年4月在中国共产党七届五中全会上，邓小平同志被增选为中央政治局委员。

三、服务经济的李先念

1954年6月19日，在陈云推荐下，时任中共中央中南局副书记、中南行政委员会副主席、湖北省党政军一把手的李先念被任命为中央人民政府政务院财政经济委员会副主任兼财政部长，9月被任命为国务院副总理兼财政部长。

陈云之所以向毛泽东、周恩来鼎力推荐李先念，是因为此前李先念在稳定中南地区各省的财经工作中曾做出过突出贡献。李先念在主持湖北省工作的同时，也分管中南地区各省的财经工作。刚解放时，中南地区各省经济十分萧条，生产停滞不前，物价飞涨，粮食奇缺。不法分子趁经济混乱之机，囤积居奇，操纵市场，企图在乱中发财。广大人民群众一时生活十分困难。李先念本来不懂经济，但他善于学习，善于调查研究，善于从群众中总结经验。在他的领导下，中南地区各省连

打了几个经济仗，打退了不法资本家的猖狂进攻，稳住了市场，控制了物价，恢复了经济，发展了生产，解决了当时中南地区各省的粮食问题。陈云在上海与资本家打经济仗时，李先念也在中南各省同资本家打经济仗，而且两人经济仗的打法竟不谋而合，李先念在工作中的做法也多与陈云的思路相似，获得了陈云的赏识。

1954年5月，陈云见到了刚到北京的李先念，他开门见山地说，中央的意见，是调你到北京来，出任国家财政部长。李先念听后诚恳地表示，我过去长期打仗，文化不高，没有学过经济，难以胜任财政部长这样重要的职务。他建议中央理解他，另外考虑人选。陈云耐心听完李先念解释后，坚定地说，中央是经过慎重考虑的，相信你一定能胜任。李先念和陈云谈话后不久，邓

1959年李先念亲临漳河水库工地视察。

大道之行
中国财政史

小平又把他请到了自己的办公室。他告诉李先念，我过去也没有学过经济，也没有当过财政部长，这不是也当了吗？你还是当吧，我相信你。李先念仍对邓小平解释说，我长期在军队工作，虽然也在地方工作过，但对经济工作还是外行。这样重要的职务，我恐怕干不了，希望小平同志理解我，同意我的意见，另选更合适的人当财政部长。邓小平说，我们认为你就是最合适的人选，你要做好上任的准备。

和陈云、邓小平谈话之后，李先念感到思想压力很大。他说自己难以胜任财政部长并不是谦虚，而是发自内心的担忧。李先念幼年时只读过两年私塾，后来虽然在艰苦劳动中自学一些文化知识，但文化水平总体上还不算高。参加革命后，他常年带兵打仗，没有机会集中学习。在新疆时，他曾补习过半年文化，在延安的马列学院，他又学习了半年，但当时李先念一心一意想着到前线去带兵打仗，最关心的是前方的战事，对有的课程，特别是经济方面的课程，听不进去。现在让他当财政部长，不懂得经济理论知识的他，确实感到压力很大。

这时，毛泽东听邓小平说李先念已经来北京了，非常高兴，又听邓小平介绍了李先念的顾虑，就想马上找李先念谈一谈。6月1日，李先念应邀来到中南海毛泽东的住处，他一见到毛泽东就提出：我当不了财政部长，没有那个能力和水平，请中央再考虑由其他更合适的人当财政部长。毛泽东面带微笑，听完李先念的话，缓缓地说，先念同志，你说你干不了，不想干，那只好把国民党的财政部长宋子文从台湾请回来，让他干好了。毛泽东的这番话，对李先念触动很大，也使他再也说不出什么话了。他向毛泽东表示，既然中央已经决定了，就坚决去干，还要争取干好。

李先念给自己订了一个学习计划：用一年读遍读懂革命导师和领袖关于财政经济工作方面的著作和中央有关文件；再用一年时间，系统掌握财政、经济方面的专业知识，熟悉有关政策和法规。但艰巨而又紧迫的财政经济工作的需要，促使李先念加快了学习的进度。他仅用了半年多一点的时间，就仔细读完了领袖们关于经济方面的所有著作，并且对这些著作有了深刻而又系统的把握。

除了读书之外，李先念另一个学习途径，就是在开会时向财政经济专家学习。他在主持召开财政经济工作

1977年8月12—18日，中共第十一次全国代表大会在北京召开，宣告"文化大革命"结束。图为李先念等在大会主席台上。

知识和经验。尤其是陈云在实际工作中所表现出来的实事求是的作风，对他的影响很大。

邓小平作为前任国家财政部长，富有理财经验。李先念也经常向邓小平请教，他对邓小平提出的理财方针十分信服，在工作中也认真贯彻执行。特别对邓小平提出的统一领导、分级管理、归口包干、结余不上交的理财方针，理解很深。他常说：如果没有这些方针，钱再多也可以花掉。

会议时，总是有许多财政经济方面的专家参加。他把这些会议当作向这些专家学习的一个好机会。开会时，他总是让专家们把自己的意见说完说透，他静静地听，认真地记，反复进行思索。听不懂时，就反复地请教，在比较中获取启迪。

李先念对我党著名经济专家陈云和财政部前任部长邓小平十分尊重，真心拜他们为师，虚心地向他们学习。当时，陈云在中央分管财政经济工作，二人在工作中接触比较多。在实际工作中，李先念经常打电话或登门向陈云请教，陈云也真诚无私地把自己的知识、经验介绍给李先念。有问题，两个人就共同商量。李先念从陈云那里学到了不少管理财政经济的

李先念还经常虚心地向他的下级学习。李先念在任期间，财政部上下凡与他有过接触的人都知道，先念同志没有架子，平易近人，尊重每一个干部。在先念同志看来，财政部的干部都是财政经济工作方面的业务内行，有丰富的知识和工作经验。所以，凡是遇到搞不懂的问题，他就抓紧时间向别人请教，不管对方是什么级别的干部，他都要向人家讨教明白。

由于李先念刻苦自学，虚心请教，再加上记忆力强，悟性高，他不仅很快

就担起了财政部长这副重担，而且成为中央领导财政经济工作的专家。在中央高层研究重大经济问题、拟定重要经济决策的会议上，李先念的发言总是包含着深刻的经济理论观点。国家许多重要的财政经济方面的数字都装在他的脑子里，在会上，他能脱口说出许多重要的数字，并对这些数字进行分析对比。他提出的意见、方案，总是站在全局的高度，具有长远打算。毛泽东、周恩来、陈云、邓小平，都对李先念的这种迅速而巨大的进步感到十分高兴。毛泽东就说过这样的话：我们党，在经济方面也有"四大名旦"，周恩来算一个，陈云算一个，李先念算一个，薄一波算一个。

李先念不仅大事清楚，对小事也能见微知著，目光敏锐。例如，他发现四川有个供销社，在外贸出口猪皮和羊皮之前，先将毛皮里面的猪油和羊油刮下来，加工成商品油脂，这样又可以多卖一笔钱。李先念觉得这个方法很好，便发文向全国推广。

在长达21年的财政部长生涯中，李先念在经济工作中继续学习，不断积累财政工作经验，大力筹集经济建设所需资金，在服务经济建设的前提下积极实现国家财政预算的平衡，为我国社会主义经济建设事业立下了不朽功勋。

四、守成不易的张劲夫

1975年1月17日，时任中国科学院副院长兼国家科学技术委员会副主任的张劲夫被任命为财政部部长。据说，在张劲夫被任命为财政部长以前，周恩来总理在一次讲话中曾说：我给你们财政部派一位能干的人来当部长。

1978年，中央财经大学复校，张劲夫在复校后的首届开学典礼上讲话。

张劲夫为安徽行政学院安徽经济管理学院的题词。

后来大家才知道这个人就是张劲夫。

张劲夫同志于1975年1月17日至1979年8月17日担任财政部长。这一历史时期，正好是中国重大事件连续发生的重大转折时期：1975年邓小平副总理狠抓各项工作整顿，1976年7月唐山大地震，9月毛泽东主席逝世，10月我党一举粉碎"四人邦"。1978年12月中共中央召开十一届三中全会，从此，国家进入了解放思想，实事求是，以经济工作为中心的新的历史时期。

在这样一个承前启后的转折时期，既要在改革前夜的黑暗里守住国家财政的基本"摊子"，又要在改革黎明的朦胧中维持国家财政的有序运转，的确不是一件容易的事。张劲夫在任部长期间，领导财政部按照党中央、国务院的部署，开展了一系列工作：1975年1月代国务院起草《关于进一步加强财政工作和严格审查1974年财政收支的通知》；1975年8月制定《关于整顿财政金融的意见》（即"财政十条"）；1976年3月实行"收支挂钩、总额分成、一年一变"的财政体制；1977年11月经国务院批转各地执行《关于税收管理体制的规定》；1978年2月发出《关于试行"增收分成、收支挂钩"财政体制的通知》；1979年7月代国务院起草《关于试行"收支挂钩、总额分成、比例包干、三年不变"财政管理办法的若干规定》。

这一时期所实行的收入分成型财政体制，是通过中央对地方财政收入或其超收部分另行确定分成比例，来鼓励地方超收。其中，多收少支的省市可以得到较多的分成收入，以适当缓和收支挂钩型财政体制所带来的矛盾。同时，这一办法也使财政收入与财政支出脱钩；通过财政支出包干，有利于地方安排财政开支。这一时期的主要工作目标就是：维持国家机器的正常运转，确保财政收支平衡。

张劲夫是一个思想敏锐，记忆力超群的人。他给人讲解放上海的过程，可以讲清每天的变化。在组织务虚会时，为了听取青年干部的意见，竟然会吸收当时既不是党员也不是领导的年轻人项怀诚参加。他长于演说，讲话颇富鼓动性。坐在主席台上作报告时，每当激情奔放，他不仅会站起来讲，还会沿着主席台周边手舞足蹈，边走边讲。同时，张劲夫同志也是一个关心群众、平易近人的部长。1976年夏，北京抗震期间，他深入财政部家属院视察，正巧遇到一群孩子在下围棋。他兴味盎然地凑过去"观战"。几天后，他竟把围棋下得好的一个孩子找到自己家里下棋。孩子的父亲是当时财政部工交财务司的一位干部，每当谈及此事都感动有加。

由于前几任部长都是在担负党和国家领导职务的同时兼任财政部长的，张劲夫同志就成了新中国财政史上第一个在财政部有办公室、同时也在财政部办公的部长。就这一条，也着实让当时财政部全体干部职工兴奋了好长一阵子。

五、克己奉公的吴波

吴波同志自建国之初便在财政部担任领导职务，经历过著名的"税改风波"，在这场风波中，吴波同志的政治品德至今为人称道。从1979年8月17日由财政部副部长升任部长，到1980年8月6日卸任，吴波同志担任了一年的财政部长。其间，时任国务院总理的赵紫阳同志主张地方财政包干，而吴波则力主中央与地方分税。为此，两人曾发生过激烈的争论。之后，有人把这

20世纪80年代末王丙乾部长和项怀诚副部长探望吴波同志。

件事称作"赵吴大战"，并向吴波求证。吴波严肃而平静地回答说：不是大战，而是财政部向国务院领导汇报工作。吴波同志实事求是，襟怀坦荡的高风亮节，由此可见一斑。

在财政部任职期间，吴波官声清明，倍受敬重，克己奉公的形象深入人心。唯一一次回乡休假的经历，就是他廉洁自律的生动写照。

吴波是安徽人。为了避嫌，他因公因私没有到自己的故乡安徽省去过一次，他出差到江西、福建、上海路过安徽，从不下车，是名副其实的"过家门而不入"。

1982年初，前任财政部长张劲夫时任安徽省委第一书记，吴波当时是财政部的顾问，二人是同乡。张劲夫知道吴波40年没有回过安徽，便借黄山脚下三星级的桃园饭店落成的机会，请吴波和夫人一同去黄山看看。盛情难却，吴波答应了张劲夫的邀请。

吴波和夫人乘火车到达合肥时，省委办公厅主任带车到火车站去迎接，从黄山回北京时，省委又派车把他送到火车站。上火车前，吴波委托省委办公厅主任将50元车费转交汽车队。他认为这次到安徽是私人的事，私事不应该享受因公出差的待遇，否则就是

公私不分了。

　　吴波这次去安徽休养，是给财政部党组写了请示报告的，财政部党组讨论认为：吴老40多年未曾去过安徽，应当回去看看家乡的变化。因此，财政部办公厅通知行政司，要给吴波报销往返的火车费。但他郑重声明，这次回安徽探望是私事，往返火车费坚持不肯拿去报销。

　　吴波常说："搞财政的人一定要做老实人，做人要正。"国家每个月给他的保姆费，他全交了党费，保姆费则从自己工资里扣。他经常给社会捐款。吴老家乡的人有困难，只要给他写信，他就从自己的工资中拿出一部分救济父老乡亲。吴波逝世后，留下的存款不到3万元。除去丧葬的费用，几乎没有什么剩余。就连他生前住过的房子在他"走"后也交还给国家。留给几个孩子的就是几大柜子书籍：二十四史，财政学书籍……

　　吴波晚年时曾有领导建议他写一个20世纪50年代初期税改风波的回忆录，他淡然婉拒说：都过去这么多年了，不用写了，让历史去评说罢！

六、分灶吃饭的王丙乾

　　由于老部长吴波的让贤和推荐，1980年8月6日，财政部副部长王丙乾

2003年，王丙乾在翁礼华陪同下，视察正在筹建中的中国财税博物馆工地。

被任命为财政部部长。在长达12年的部长生涯中，王丙乾紧紧与财政包干为主要特征的"分灶吃饭"体制联系在一起，同时，在他任内也为税收杠杆作用的发挥和分税制的试点工作做了准备。

　　1980年由于农村家庭联产承包责任制改革的带动，财政体制的改革走上了"分灶吃饭"之路。改革不但改变了以往中央财政"一灶吃饭"的大一统局面，地方财政的收支平衡由中央财政一家平衡改为各地自求平衡，而且各项财政支出，由部门对口下达改为"块块"安排；同时，包干比例和补助数也由一年一定改为五年不变。它运用农村改革"一包就灵"的经验，将原本统收统支的大锅饭体制改为"划分收支，分级包干"的分灶吃饭体制，极大地调动了地方发展经济，增加财政收入的积极性。在实行分税制财政体

制改革前，全国有了"收入递增包干"、"总额分成"、"总额分成加增长分成"、"上解递增包干"、"定额上解"和"定额补助"等6种不同的包干形式。

这一时期，随着对内改革、对外开放政策的实施，我国进入了经济管理体制重构时期。原有的单一税收制度难以适应多种经济成分和多种经营方式并存的新形势，因此，"利改税"以及工商税制大规模恢复和重建被提上议程。在王丙乾的积极推动下，第一步"利改税"自1983年开始。其主要内容是凡有盈利的国营大中型企业按55%的税率纳税，并以1982年为基数采取递增包干上缴、定额上缴等办法将税后利润部分上交国家；国营小企业按8级超额累进税率缴纳所得税。第二步"利改税"从1984年开始，这次税制改革健全了所得税制度，进行了增值税改革的试点工作，调整了财产税和资源税并针对某些特定行为开征了建筑税、国营企业工资调节税和城市维护建设税等新税种。同时为适应对外开放的需要建立健全了涉外税制，对涉外企业的企业所得税、个人所得税、工商统一税、城市房地产税和车船使用牌照税等做了详细的规定。农业税也在这一时期开始发展并不断完善。王

丙乾这一时期税制改革的指导思想是利用各税种的不同功能充分发挥税收杠杆对有计划商品经济的调节作用。到1992年，我国已初步建立起了一个由20多个税种组成的多税种、多环节课征，适应有计划商品经济体制发展要求的税制体系。

正如任何一种政策随着时间的推移都会产生弊端一样，从20世纪80年代中期开始，包干制的弊端日益显现，财政收入占GDP的比重和中央财政收入占财政总收入的比重持续下降。为缓解中央财政困难，王丙乾部长想了不少办法。一是以费补税，开征"能源交通重点建设基金"；1989年又出台了"预算调节基金"，直接以平衡预算为目标。二是中央财政向地方借钱。为了弥补中央财政支出缺口，要求各省作"贡献"，先后三次向地方财政借钱。

王丙乾工作认真细致，谨慎敬业，他与长期在财政部任职的吴波部长一起，给财政部带来了勤勉细致的传统。王丙乾曾因为对有关数据有问必答，且精准确切，被周恩来总理称为"数字篓子"。

七、分税制改革的刘仲藜

1992年9月4日，曾担任过财政部副部长的国务院副秘书长刘仲藜被

任命为财政部部长。中国特色社会主义建设的伟大时代，把在财政舞台上一展拳脚的机会赋予了刘仲藜，分税制——这一新中国30年来最大的一次财政改革的重任，历史地落在了他的肩上。对于这段难忘的经历，刘仲藜在2009年1月5日上午与中国财税博物馆馆长翁礼华的谈话中表示，仍然历历在目，清晰可见。

2009年1月5日刘仲藜在财政部办公室。

翁礼华：刘部长，在您当部长期间，当时的分税制改革也是中国30年来最大的一次财政改革，您是领导者，请您谈谈过程好不好。

刘仲藜：这件事现在各方面都很关注。其实分税制改革，应该说在王丙乾当部长的时候就提出过，还在九个省区进行过试点，但当时没有全面推行的机会，大环境还不允许。因为那时候承包还是主导思想。在农村承包制成功之后，把它移到城市，企业承包，财政也承包，所以没有这个条件。我现在回想起来，真正有条件可以推行分税制，还是在邓小平南巡讲话之后。他在南巡讲话中说，社会主义有市场，资本主义也可以搞计划，市场和计划只是个工具，并不取决社会性质。这个结论一下，大家思想上解放了，许多重大问题也迎刃而解。紧接着当年就召开了中国共产党第十四次代表大会，江泽民同志在十四大政治报告中提出，中国经济体制改革的目标是建立社会主义市场经济体制。这个目标一提出，从大环境上解决了认识问题，也就是从理论上、指导思想上做了准备。从客观上讲，1980年改革开放以后，外资企业、合资企业、私营企业都已经发展很快。在这种情况下，国有企业和地方还在搞承包就不行了，必须在市场经济条件下形成平等竞争的经济、税收等相关制度环境，才能推动和适应新的经济制度，这就给税制改革提供了条件。同时，也使中央和地方、国家和企业这两个关系在分税制中同时解决。这次改革实际上解决了分配上的两大问题：一是中央和地方的关系，二是国家和企业的关系，使企业之间平等竞争。也只有在企业之间形成平等竞争的机制，才有税制改革的条件，否则是很困难的，这是最基本的。分税制尽管是财政部提出建议的，但做决定的是党中央和国务院。所以说，1993年能够推行这项改革，一个是客观上有基础，一个是客观上有要求。

这项改革现在大家都讲是成功的，之所以能取得成功，应归功于四个方面：一是党中央、国务院决策的果断、正确、及时。二是各级政府的理解和支持，特别是发达省份，如广东、上海、江苏、浙江等这些省份的收入都比较高，尽管这中间也有碰撞和博弈，但大家都有理解和妥协，最后都支持中央的决策。因此，中央政令一下，各省、市都能认真地贯彻实施。三是社会各界的支持，理论界、学术界、企业界，特别是企业界对新税制的拥护和支持。四是广大财政人员的努力。新税制、新税法都是在很短时间内培训，一边出方案，一边办讲座、做准备。开始，大

刘仲藜在财政部办公室与中国财税博物馆馆长翁礼华合影。

家对新的增值税都不太懂。过去产品税很简单，征百分之几就完了，现在销项要扣进项，增加了上游、中游、下游等很多环节，不仅要在很短的时间内掌握，而且说实在的，一分钱一分钱都要靠他们去征收，很多账都要靠他们去做，这不容易。所以，我讲成绩要归功于中央、各级政府、社会各界和广大财税干部，财政部和我个人只是做了应做的工作，主要是组织实施好。

财政，财政，有了财才能行政，有了钱行政能力就大了。过去财政收入占GDP的10%左右，现在提高到20%左右，解决困难群众补助、灾区救灾、义务教育、社会保障等民生问题就有了力量。国家行政能力的提高，国家再分配能力的增长，对于平衡不同阶层之间的贫富差距，解决东、西部地区之间的不平衡能力就大了。这对国家长治久安非常有意义。

翁礼华：刘部长，原来分灶吃饭的包干政策，是把财政总收入"做小"的政策。而分税制，特别是德宝会议以后则是"做大"的政策，你完不成任务就要扣减你的基数，扣你的返还，因此大家都去做大，所以从德宝会议后就产生了一个很大变化：中国的财政前几年的承包都是做小，不让收入增加很

多，只增加百分之几，然后他得最大的利益。从这次会议以后，大家都去做大了，今年国家的财政收入已突破6万亿，所以当年的德宝会议功不可没。

刘仲藜：德宝会议是很重要的。1994年财税改革方案正式启动。方案一实施，当年一月份增长是比较高的，同比增长了61%，二、三、四月份同样在增长，但增长幅度在下降，联想到改革方案是以1993年为基数，1993年9月份后是超常增长，9月份是增长50%，10月份增长60%，11月份增长90%，12月份增长120%，这四个月是超常增长。这时你可想象，到1994年下半年，曲线就要起变化了，对改革的成功带来了不确定性。于是，我们召开了十二个省市财政厅局长会议，是在德宝饭店召开的，我们简称德宝会议。在这次会议上，十二个省市财政厅局长广泛发表了意见，怎么保证政策出台，当年怎么能够实施得更好，怎么能够完成任务。在这次会议上，大家集思广益，你提出"同心同德向前看"，这是精神上的。在具体方案上，我们也做了相应的调整，主要有四项调整，其中最重要的有两条：

第一，原来增值税按1：0.3%返还是按全国平均的，当时为什么这样

呢？有点"均贫富"的意思，有转移支付的意思，就是增长快的地方可以帮助增长慢的地方。后来经过研究，把它改了，改为增长返还与各省挂钩，也就是哪个省增长快，给你的返还也多；你增长慢，返还给你的就少。会上有的省觉得自己增长慢不太赞成，但大多数省是赞成的（翁：黑龙江的同志当时就是不赞成的），后来我们给他说明：你增长快，交给中央多，返还也多；交给中央少，返还也少，将来中央可以通过从上缴得多的部分再转移给你，道理是一样的。虽然方法不一样，但是更能调动大家各自的积极性，这个非常重要。

第二，如果说今年达不到一定的目标，要扣减去年的基数。当年给了一个任务是增长17%就可以了，因上一年增长51%，我只要求增长1/3，给各省挂钩，大家都同意。

我们把四项政策报告国务院领导，国务院领导听了后觉得有道理，就在七月份召开了全国财政工作会议，当时的常务副总理朱镕基在会上讲："同心同德向前看"，讲得非常好，把大家士气鼓舞起来了，上下共同努力完成任务。这以后的进展很顺利，到年底增长了18%多，比我们的目标还超过了

0.7%。因此，第一年就非常顺利地度过了。对此李鹏总理曾说："政策的威力真是不小啊！"这是因为跟各自利益挂钩了。第二年开始，财政收入增长就比较快了。那次德宝会议实际上是年中财政会议的预备会议。我有一篇文章给了你博物馆，都是"两两两"，这是最后一段，叫重大利益的调整：第一个是中央与地方两者的关系，第二个是国家与企业两者的关系，第三是两个重要税率的确定，第四是两个税务局的分设，第五是两项重大政策的调整。

翁礼华：分税制非常重要，我们国家最近几年经济突飞猛进，在国际上的地位大大提高，分税制起了非常重要的作用，它实际上是把各方面的积极性都调动起来了。

刘仲藜：其实财政部也是在考察了很多发达国家以后，提出的这种办法，采用这种办法的是联邦制国家更多一些。我们虽然不是联邦制国家，但我们发挥两个积极性。实行分税制后，中央税、地方税、共享税，各有各的道，税制非常清楚。

毛主席说："发展经济，保障供给。"财政不是财政本身的，财政要建立在经济健康发展的基础上，这是基本的。财政蛋糕要做大，首先经济规模要做大，效益要提高。但光有经济规模，没有效益也不行。这几年财政之所以增长快，有很多因素，其中很重要的是企业的所得税增长很快。而过去实行计划经济时，主要靠流转税，直接税、所得税比较少。一个蛋糕大，一个效益好，科学发展观嘛，科学发展里面包含着要讲合理的、快速的、适度的、健康的、有效益的发展。如果没有效益，光讲GDP没意思。

翁礼华：根据我的观察，分税制改革以后，它实际上推动了国有企业的改革。为什么呢？因为在以前承包制的条件下，很多地方政府都办了许多

原财政部长刘仲藜（中）、项怀诚（左）、金人庆（右）出席"纪念中国财税改革30年"座谈会。

地方国有企业，这些地方国有企业很多效益都不好，怎么办呢？只好用财政去补贴它，以前用财政去补贴是有条件的，因为财政是承包的，尽管效益不好，但在扣除补贴的钱后，还是有点盈余的。实行分税制以后，中央税和地方税分开了，补贴的钱再要地方财政拿，地方就没办法了，这就推动了地方国有企业的改革。

刘仲藜：这也是一个过程。国有企业在当时计划经济体制下，还没有建立社会保障制度，不交养老金，不交社会保险，叫企业退休职工。同时企业办社会，什么子弟学校、职工医院、职工托儿所，这些本来应是社会办的，结果企业都在办，企业负担重，而效益又不好，管理又落后，后来跟企业搞承包的时候，又是进行一对一的谈判，很不规范。会叫会要的基数就低，增长率就小，就得便宜了；不会叫不会要的就吃亏了。反过来，在执行当中又包赢不包亏，赢了他落下了，亏了就说我没有钱，你拿他如何？不能如何。因为你真要他还，又确实有困难：在职职工要养，退休职工要养，回城的下乡青年要安排，还有办"社会"的，确实他有他的实际困难。但以往的改革没有创造一条好的路子，只是外部改革，而内部

机制没有转换。后来随着市场经济的建立，外资企业进来了，人家的模式对我们有启发，再加上社会保障制度的建立，公用部分（所谓"企业办社会"）慢慢的剥离，国有企业跟其他所有制企业有同样的条件可以平等竞争了。这是一个历史过程。现在可以证明：财政的改革，税制的改革，国有企业的改革，市场经济的建立，这都是一连串的、互相影响的。现在它（企业）已经明白，必须走市场的路子，再靠国家没有用了，谁都不给它补贴了，盈利多就多发奖金，盈利少就少发奖金；走得下去就走，走不下去只得关门。

翁礼华：分税制改革以后，有个很重要的作用就是推动了国有企业的改革（刘：对，其中有一条就是国家跟企业的关系）。我们浙江省为什么后来经济发展很快呢？分税制以后，我们跟县市的关系比较明确了，我们实行的是超收分成的政策，实际上是分税制的一种变通。实行这一政策后，很多城市一看国有企业赔钱，都改为在转换企业经营机制上下功夫了。

刘仲藜：要说所得税，想当年对国有企业也是高税率，所得税的税率高到55%，后来要跟市场拉平，降为33%。当时国务院领导问过我，能不能再低

大道之行
中国财政史

一点，我说不好再低了。因为当时对外资企业，除了特区外是30%的税率，另外地方可以附加10%，总税率是33%。如果再低，对外资不公平。特区是另外一种税，15%的税率，所以国有企业的所得税也是33%。一直到了前两三年条件成熟了，把企业所得税降为25%，这是全社会的，也是公平的。这是当时确定所得税税率的背景。增值税现在实行的是17%，还有些品种如农产品是13%。当时财政部提出的方案是税率18%，这是有根据的，就是1993年我们测算了前三年38000户企业，涵盖税额80%，应该说是有代表性的。经测算、模拟，合理的税率应是18%，这比原来8%的产品税是降低了。税制改革，你要是增税，是很难推出去的，搞不好要影响生产，影响企业的积极性。增值税销项扣除进项，不重复征税，比原来征收产品税的8%的税率是低了。我们财政、税务是收税的，希望高一点；而纳税者，还有经贸委、各个工业部门都希望低一点，他们提出16%，于是在国务院办公会议上、在领导面前，我们就争论不休，18讲18的理由，16讲16的道理。最后，当时国务院常务副总理朱镕基说："我们不扯了，刘仲藜你当召集人，经贸委主任王忠禹一

个，国家税务局金鑫一个，你们三人小组去商量后报给我，我再拍板决定。"因此，我就把他们两人请到我办公室商量，我说，"这个不要争论了，把复杂问题简单化，我退一步降到17%，你们也退一步，由16%增到17%。"他们两人同意说，"好吧！"第二天就报给朱副总理。朱副总理说，"你们三人都通过了，我没意见。"然后将这17%的税率征求各地的意见，上海反馈最晚，当时的财政局长周有道给我打电话说是因为市领导要他们拿我们的17%税率到企业去模拟一下，与原来的产品税相比是高了还是低了？产品税平均税率是8%，结果模拟下来是6.7%左右，是降低了。因此，他们就回复财政部表示上海对17%的税率没有意见。当时，我就觉得上海工作做得细，也正因为他们工作做得细，我们向国务院领导汇报时也就更有说服力。这样，17%的所得税税率就正式确定推行了。这两个税率很重要，第一个产品税是比较直接的，百分之几就是百分之几，而增值税变化比较大，有销项、进项扣除问题，一听17%就吓一跳，实际上扣除进项后并没有多少。尽管我们这样测算，还有千虑一失、照顾不到的地方。当时，电力部门就提出，水力发电

的水不是买来的，是天上落下来的资源，没有进项，没有发票，扣不了。这样，销的时候征17%的增值税等于100%的负担。我们一听觉得有道理，后来就出了一个政策，对县以下的小水电企业，专门发了文件。当年做方案是夜以继日，38000户企业，涵盖80%的税额，统计的数据非常复杂，应该说工作是做得很细的。但毕竟中国东西部之间、行业之间的差距很大，非常有个性，非常有特殊性。还有当时改革开放后对外资企业的税收政策，以及地方出台的减免税政策等，都要想到。因此，1994年一季度，我们对很多想象不到的，如小水电之类的问题进行了微调。税政司统计了一下，那年一个季度，财政部或财政部和国家税务总局联合发文的微调文件就有83或者84个，几乎是一天一个文件。用外交辞令说，叫利益相关方，各方面都要照顾到。通过不断的微调，才保证了一季度新的财税制度顺利推行，这以后的调整也就少了。比如，为保证县以下单位的正常开支，我们当时确定了一个留用比例，也就是允许地方应属中央的资金有多少钱可以先归地方留用。大政方针确定后，我抽空出去走走，就利用星期天到附近去，通过对河北涿州

县等地调研，觉得富裕地区的留用比例够了，不富裕地区的留用比例不行，于是就发文提高不富裕地区的留用比例，这也是当时84个文件之一。不然，你钱不能及时下去，有的地方连工资都发不出去。类似这样的问题，只有通过微调的办法来解决。

翁礼华：留用比例是很复杂的，我们一个省的不同地区比例就相差很多。

刘仲藜：浙江省的体制跟全国不一样，全国都是省管到地、市，浙江省是省管到县。

翁礼华：这也是你支持的。

刘仲藜：我支持这个体制。这中间等于少了一个层次，资金调度就快，当时还没有想到政府的架构，后来事实证明浙江省的经济发展快，这个体制有道理。大概运行几年后，很多省和许多县都欠工资，工资不能及时到位，唯一不欠工资的是浙江省，浙江有一个办法（翁：叫"两保两挂"），因此调度就快，中间没有雁过拔毛的，它能直接下去，如果经过地、市，可能有打折扣。当时分管财政的副总理李岚清对浙江省的做法还有过批示（翁：批给项怀诚部长和金人庆局长的），现在已有很多省在推行这一管理体制（翁：有十来个省）。财政是再分配，利益攸关，处理

大道之行
中国财政史

得好，可以调动大家的积极性。你要干事，后面要有财力跟着。文化大革命那么乱，但有一条：党政财文大权不能夺，里面就包含财权的问题，这也说明财政非常重要。我们现在也是财政政策和货币政策在共同作用，但在目前情况下，财政政策力度比较大，一个是保民生，这只能是财政拿钱，这完全是国家开支，银行贷款贷不来；另一个是企业发展，这可以靠银行贷款。说到基础设施建设，也是要靠财政发债的。

总起来说，回顾分税制改革的历史，我还是很欣慰的。

八、倡行公共财政的项怀诚

1998 年 3 月 18 日，国家税务总局党组书记、副局长项怀诚被任命为财政部部长。1960 年 9 月，他于山东大学毕业后，被分配在中国科学院工作。2 年零 3 个月后，即 1963 年 1 月，调入财政部工作。从那时起，到担任财政部长，在长达 35 年的财政工作生涯中，他对于国家财政的本质有了越来越深刻的体会和认识。项怀诚认为，财政不能总是在集权和分权中打转，要跳出怪圈，从制度改革着手，建立公共财政新体制。项怀诚敏锐地觉察到，完成了分税制改革以后，围绕构建公共财政体系来推进财政体制改革的深

化，时机已经成熟。所以在任期内，项怀诚大力倡行公共财政，并取得了显著成效。

2002 年 11 月，项怀诚部长出席了在香港召开的世界会计师代表大会。会议期间，项怀诚于 11 月 21 日应邀在香港中文大学发表演讲并接受了记者的采访。他的演讲和答记者问，基本概括了他在任期内为之不懈努力的奋斗目标。

项怀诚在演讲中表示，我国目前已经基本建立起增长稳定的财政收入体系和灵活有效的财政宏观调控体系，正在构建管理规范的财政支出体系，这标志着一个符合社会主义市场经济发展要求的公共财政体制框架已初步形成。

项怀诚在演讲中说，改革开放以后，我国财政体制改革作为整个经济体制改革的突破口，率先打破与高度

2005 年 6 月 9 日项怀诚在中国财税博物馆报告厅做报告。

集中的计划经济相适应的统收统支体制，在中央与地方政府的财政关系、政府与国有企业的财政关系以及税收制度等方面进行了一系列改革。特别是1992年确立社会主义市场经济体制的改革目标后，我国政府逐步明确了财政体制改革的目标是建立公共财政体制，并为此在财政收入体系、财政支出体系和财政宏观调控体系三大方面进行了一系列全方位、根本性的改革。

他进一步解释说，财政收入管理制度的改革主要包括财税体制改革、所得税收入分享改革、税费改革、深化"收支两条线"管理改革等，这些改革各有侧重，相辅相成，致力于构建适应社会主义市场经济发展要求的以税收为主、少量收费为辅的规范化的公共财政收入体系。

关于支出管理制度改革，项怀诚说，本届政府推行的主要改革措施有十多项，概括起来可分为四类：基础性改革、技术性改革、机制性改革和结构性改革。其中，机制性改革主要包括实行部门预算、推行国库集中支付制度、推进政府采购制度；结构性改革的核心就是按照公共财政的要求，调整和优化支出结构，逐步减少对竞争性领域的直接投资，增加社会公共领域方面的支出，包括增加社会保障支出、提高机关事业单位职工工资水平、增加对教育与科技的财政投入、加大生态建设和环境保护投入等。

在香港接受记者采访时，项怀诚进一步强调：公共财政的灵魂，最最核心的是什么呢？第一，是部门预算。部门预算最最重要的是全面、细致、公开、透明，人人都可以查，它的重要作用有些可能现在看不到，等到你把部门预算全部公开的时候可就厉害了。你这个部长一年能干多少事，你这个部长一年事情干得怎么样，你这个部长一年花了国家多少钱，你这个部长一年给国家贡献多少，这些是必须跟人大报告的，这个时候人大的立法机构的作用就体现出来了，人大的这种政治改革的推动力就体现出来了。第二，我们搞的公共财政的改革，就叫作国库集中收付制度。财政部门管资金的支付，预算成立了以后，你是这个部门的首长，你可以决定预算的使用方向，不削你的权，不减你的权，但是钱不到你这儿。你的商品谁提供的，我就拨给谁；劳务谁提供的，我就拨给谁，不经过任何中间环节，直接到达，这样资金效益就高了。

项怀诚不无自豪地说，李岚清、尉

健行同志可是非常欣赏这一条，我的这些领导对我的这些工作不能说不支持，是太支持了；不能说不重视，是太重视了。他针对记者的提问，实话实说：我们中国最大的问题不就是水到田头使嘛，不就是雁过拔毛嘛，叫作截留嘛，叫挪用嘛，背后就是腐败嘛。你讲反腐败，我就说开一百个会，不如推动一个制度的建立。这个过程中间，有的人老觉得是财政部这个权利太大，财政部在剥夺人家的权利，实际上这个剥夺权利的过程是中国政治民主化的过程。

项怀诚在平时工作中善于将数字列表说明，凸显简明扼要之精妙，被财政部同事称为"一表人才"。

九、做大蛋糕主动埋单的金人庆

2003 年 3 月 17 日，国家税务总局局长金人庆被任命为财政部部长。金人庆曾担任过财政部常务副部长，主持过 1994 年 7 月的德宝会议，对于会议提出的"与其争基数，不如保基数，同心同德把蛋糕做大"思想深表赞同。所以上任伊始，金人庆就提出了"做大蛋糕，主动埋单"的财政工作思路。

为了清晰生动地了解金人庆所说的"做大蛋糕，主动埋单"，我们不妨

金人庆获"亚洲最佳财长"称号

摘录中央电视台播出的一档访谈节目中，金人庆与主持人的对话。

主持人：金部长，您一直强调做大蛋糕。为什么要不断地这么来挑战自己呢？我觉得这是给自己出难题的一句话。

金人庆：财政部长，一般人都认为他是切蛋糕的，只负责分蛋糕，是分钱的。但是分钱，巧妇难为无米之炊。你没有米，谁来当财政部长？姓金也好、姓铁也好都没用，就是姓金刚钻也没用。所以这个关键在于，你当财政部长，你要有切蛋糕的本事，更重要在切蛋糕的过程里，你要想办法能够把蛋糕做得更大，蛋糕大了就好商量了。

主持人：以前我们在做《对话》节目的时候我就知道，您在当国税局局长的时候，被大家称为是最怕见的人。现在不一样了，您是财政部部长，是大家最爱见的人。所以听说很多人都要争相约您吃饭谈点儿事儿，此话当

真？

金人庆：不瞒你讲，现在约我吃饭的人真还不太多。

主持人：真的？我的情报有误？

金人庆：对了，这个就是你凭概念来看问题了。

主持人：现在请您吃饭的人少了，您是高兴呢？还是不高兴。

金人庆：那应该是好事啊，过去你得"跑部钱进"，现在我是主动买单。

主持人：主动买单？

金人庆：比如说，我根据我公共财政资金支出范围，看你这件事该不该办。假如我认为这是属于我公共财政支持范围内的事情，我们就会主动地提出来。

主持人：但是如果大家都要你们买单的话，你这些单真的都能买得起吗？

金人庆：主动买单不等于什么单子都得买。

主持人：那什么单您不会买呢？

金人庆：你比如说，现在再叫我拿钱去办企业，我就不会去办。

主持人：有没有什么单您特别想买？

金人庆：我现在想买的单就是能够解决老百姓民生问题的，你比如说

办教育，义务教育、公共卫生、社会保障、科学技术、加强国防，这种单我愿意买，只要有钱我很痛快。有些单我就不太想买。今年我跟卫生部说，我们已经准备买几个单，比如说城市社区，公共卫生体系的建立，15 种传染病实行免费的预防诊断，也包括免费地打预防针，我们今年安排了 25 个亿。你不要等到这个传染病传染开来以后，你再去看病，那花的钱就大了。

主持人：关于社会保障方面主动买单的情况，您能谈一谈吗？

金人庆：现在我们的城市社会保障也叫三条线，一个叫基本养老保险；第二个叫失业保险，比如你假如没有工作，你一下子暂时也找不到工作，那你可以去领失业保险，保证你的基本生活；还有一条是保底的，叫最低生活保险（障）。去年，我记得的全国大概有 2233 万人享受，财政大概拿了 200 多个亿。但是我们在农村还有 3000 万的低保人群，农村的社会保障情况呢？就我知道，去年有 20 多个省已经在农村实行了最低生活保障。

主持人：农村的情况呢，比如说教育方面？

金人庆：每一个中国孩子，不论是城市的孩子，还是农村的孩子，不论是

家庭条件比较好的孩子，还是家庭比较困难的孩子，都应该有享受同等教育的权利。这是我们公共财政要力求去尽快做到的一个目标。今年中央财政跟地方财政，大概要安排2230多个亿资金。

主持人：其他方面呢，您的主动买单还为农民做了什么？

金人庆：取消农业税是这几年党中央、国务院送给农民第一个大红包。去年国庆节，我陪温总理去四川看望老百姓，有一个农民兄弟就说，感谢总理给我们送了一个大红包。总理说，什么大红包？他说，就是取消了农业税啊，种田再也不需要交税了。

十、精细化管理的谢旭人

2007年8月30日国家税务总局局长谢旭人被任命为财政部部长。早在数十年前，谢旭人还在工厂里从事技术工作时，就以认真细致、谨慎踏实著称。此后，无论在国税总局局长任上，还是在财政部长任上，大力推进精细化管理，便成了他施政的特色。

谢旭人认为，财政管理的科学化和精细化是有机的整体，实施科学化、精细化管理要转变管理观念，加强管理意识，牢固树立全局观念、法制观念、创新观念、服务观念、效率

谢旭人在湖北加强财政科学化、精细化管理座谈会上作重要讲话。

观念、责任观念。他反复强调，要着重从七个方面推进财政科学化、精细化管理。

首先是建立完整的国家财政预算体系。进一步完善公共财政预算、国有资本经营预算、政府性基金预算的编制，在建立社会保险基金预算的基础上逐步建立社会保障预算，形成有机衔接、完整的国家财政预算体系。规范非税收入管理。在清理整顿非税收入的基础上，将保留的收费、基金全部纳入预算管理，未纳入预算管理的收费、基金要予以取消。全面实施非税收入国库集中收缴，规范收缴程序，实施动态监控，取消执收单位过渡性账户，使所有非税收入直接缴入国库或财政专户。各级政府的全部收入和支出，都要按照上述国家财政预算体系框架列入本级政府预算。

其次是严格预算管理。认真落实

预算编报的有关要求，在科学编报本级预算收入的同时，上级财政要提前告知对下一般性和专项转移支付预计数。下级财政要完整编报上级的各项补助收入，进一步提高地方各级特别是县级预算编报的完整性。严格执行预算编报、批复时限和程序规定，控制代编预算规模，提高年初批复预算的到位率。建立健全机构编制与经费预算衔接机制，完善行政开支定员定额标准。建立重大项目支出预算事前评审机制，将项目预算做实做细做准。完善预算拨款结余管理方式，促进结余资金管理与预算编制有机结合。建立健全资产管理和预算管理有机结合的工作机制。狠抓预算执行。健全覆盖各级财政的动态监控机制，提高预算执行的均衡性和效率。进一步加强国库集中支付、会计集中核算、公务卡结算、绩效考核等方面的管理。严格地方政府性债务管理，防范财政风险。

再次是积极推行预算支出绩效考评。要加快建立预算支出的绩效考评机制，完善预算支出绩效考评指标体系，选择有关重点项目、民生项目，积极推行预算支出绩效考评试点。规范绩效考评管理办法，将绩效考评结果作为以后年度编制和安排预算的重要参考依据。逐步建立绩效考评结果公开制度，提高绩效考评的透明度。

第四是严格财政监督管理。建立健全覆盖所有政府性资金和财政运行全过程的监督机制，强化事前和事中监督，促进监督与管理的有机融合。严格执行《财政违法行为处分条例》，强化财政违法责任追究。建立健全行政问责制和部门、地区及单位的利益追究机制，加大对违规问题的处理处罚和信息披露力度。

第五是进一步增强预算透明度。深化政府收支分类改革，建立统一规范、各级财政共同执行的政府收支科目体系，既体现公共财政要求，又满足实际需要。进一步扩大向人大报送部门预算的范围，逐步细化报送人大审议的预算。依法接受审计监督。按照《政府信息公开条例》的要求，及时公布财政收支统计数据，以及经人大审议通过的政府预决算、部门预决算和转移支付预算安排情况，公开财政规范性文件以及政策、发展规划等。

第六是加强管理基础工作和基层财政建设。强化基本数据信息统计、收支科目体系、支出标准、项目库、会计等各个方面的管理基础建设。转变和充实乡镇财政职能，充分发挥基层财政监管作用，充分发挥基层财政就地和就近实施监管的优势，切实保障各项民生政策的落实，发挥好政策的作用。乡镇财政管理工作要突破过去狭隘的"小财政"观念，树立"大财政"观念，对本级和上级财政安排的资金以及其他部门、渠道下达的财政资金都要加强监管，及时向上级财政反馈信息。同时要加强乡镇财政所的日常管理工作。

第七，要加快推进财政管理信息化建设。这既是加强科学化、精细化管理的手段，也是管理工作本身的重要内容。要依靠计算机、网络系统提高管理效能。按照系统工程和一体化建设的指导思想，坚持统一领导、统一规划、统一管理、统一协调，尽快建成财政管理各环节畅通、业务标准统一、操作功能完善、网络安全可靠、覆盖所有财政性资金、辐射各级财政部门和预算单位的政府财政管理信息系统，为加强财政管理提供技术支撑。

谢旭人的精细十分惊人，他可以给下属演示税收征收的数学计算，讲解相关关系。在召开座谈会时，他的提问细及只有第一线征管人员才搞得

清楚的具体细节，以至于不少平时大而化之的省市厅局长听说他要来开会都会胆战心惊。一次，谢旭人在北方的一个城市听土地使用税征收汇报时，一听数字他就觉得不对头，漏征太多。于是他让这个城市的市长请测绘系统利用航拍手段准确测定每个企业、单位和个人所实际占用的土地，结果所征收的土地使用税竟然翻了好几番！

第十四节　行成于思的中国财税博物馆

由于理财是一种抽象的思想，往往以制度的形式出现，很难运用生动的具象形式向人们展示其内在联系，因此，时至今日全世界除个别国家和地区有学校、个人举办的小型税收博物馆外，尚无全面涵盖一国财税之博物馆。为能以史为鉴，博古通今，推进财税改革，让历史上的理财思想走向社会，普及于大众，弘扬财税文化，浙江省财政厅长兼地税局长翁礼华早在1998年元旦就萌发了在杭州建立中国财税博物馆的念头。

1998年1月4日上午早餐后，翁礼华特地陪同时任国家税务总局党组书记、主持工作的副局长项怀诚去吴

山时，表达了在杭州建财税博物馆的想法。同年3月，第九届全国人大一次会议结束后，新任国家税务总局局长金人庆来杭州金溪山庄召开部分省市国地税局长会议时，翁礼华正式向金局长提出了建议。金局长赞同翁礼华的建议，但对税务总局的投资实力心中无底，不敢拍板。到了1998年年底，已于3月15日改任财政部长的项怀诚来杭调研燃油税如何在舟山渔业地区推行的问题。当时，翁礼华向项部长正式提出了在杭州市吴山山坡上筹建中国财政博物馆的建议，项部长说，你办博物馆一定能成，当时便满口答应了。由于当时整个吴山广场在拆迁之中，难以现场踏勘，实地选址，于是约定正月初三正式来杭选址。

中国财税博物馆夜景

1999年2月18日上午，项部长如期来杭。午餐前项部长签发了翁礼华以省财政厅名义上报的关于建立中国财政博物馆的报告，报告全文为："项部长：财政是国家宏观调控的重要手段，具有五千年的文明史的中国财政历史十分丰富。为此，我厅近几年收集和整理了不少中国古代、近代和现代的财政、赋税资料和实物，构思和筹备建立'中国财政博物馆'。具体审批程序由浙江省和杭州市负责办理。在浙江省和杭州市领导的支持下，我们初步打算馆址放在杭州吴山，其中著名的'三茅观'作为预选的地点之一，并

打算建立中国财政博物馆筹建领导小组。组长请您担任，副组长由翁礼华、马时雍（杭州市政府常务副市长）担任，其他成员为王彩琴、黄旭明、范广照（杭州市财政局长），筹建小组下设办公室，负责日常工作。以上报告妥否，请批示。浙江省财政厅　一九九九年二月十二日"。项部长当即提笔批示："原则同意。浙江同志已做了不少工作，所选地址也好，可积极准备，广为收集财税历史资料和实物。下一步

1998年2月18日下午财政部部长项怀诚、浙江省财政厅厅长兼浙江省地税局局长翁礼华、杭州市常务副市长马时雍、浙江省财政厅副厅长王彩琴、浙江省地税局副局长黄旭明、杭州市财政局局长范广照在吴山考察和确定中国财政博物馆馆址。

还要取得其他地区的支持配合，共同做好这件事。项怀诚　二月十八日"。

随后省委书记张德江、省长柴松岳都相继签署意见，表示支持。张德江的批示为："筹备中国财政博物馆是一件大事情，省里积极支持，并要建好管好。德江　2月24日"。柴松岳的批示为："请财政厅抓紧进行，为早日建成中国财税博物馆作出努力。柴松岳99年2月18日"。

2月18日午后，在杭州市政府常务副市长马时雍，上城区常务副区长童新，浙江省财政厅长兼省地税局长翁礼华、副厅长王彩琴，省地税局常务副局长黄旭明，杭州市财政局长范广照等领导的陪同下，项部长翻山越岭从吴山地区五块可供选择的地块中挑中了西北麓占地约30亩的馆址（现址面积为27亩），并于下午16：45在吴山药王庙右厢房二楼简陋而破旧的小房间里拍板确定。

回京后，项部长于1999年3月8日亲笔给部党组成员写下如下内容的一封信："党组诸同志：关于筹建中国财政博物馆的设想，是去年底我去杭州就燃油税开征后渔民负担增加一事作调查开座谈会时，浙江翁礼华同志提出来的。浙江财政厅已经收集了一批历史资料和实物，包括明清时代的鱼鳞册，各种算盘、地契、印花、古钱币等。翁厅长对财税史的典籍涉猎甚广，研究有素，谈起来广征博引，头头是道。他这两年来已先后写了三本书。我觉得，如果要搞财政博物馆，必须有像翁礼华这样有兴趣、有研究的人来主持才行。春节期间，我利用两天时间与浙江和杭州同志作了一点调查和研究。事有凑巧，杭州市正在开发吴山风景区，吴山是杭州城内的小山，历史上是颇负盛名的。红顶商人胡雪岩发迹前把收账收回来的五百两银子借给王有龄到北京去买官，就发生在吴山的茶馆里。现在已成大药店的胡庆余堂和河坊街上的胡雪岩旧宅就在山脚下。杭州市马副市长让我挑选馆址，开出五块地方，我选了一处沿马路背靠吴山的地块。马副市长说因属文化建筑，市里不收地价，只收居民的拆迁费。30亩地大概要1500万左右，当时省里和杭州同志都不肯说具体数字。这块地方，已经拆迁完毕，连地下停车场都已浇铸混凝土。如果党组同志原则同意，下一步设计施工和建设要比其他地方快。现将今天收到的浙江省财政厅以筹建小组办公室名义编写的第一期财博简报和浙江省委书记张德江、省长

大道之行
中国财政史

1090

1998 年 12 月 30 日财政部部长项怀诚在杭州召开座谈会并研究建立中国财政博物馆事宜。

柴松岳和我批的意见一并送请审阅。请提出意见。项怀诚 三月八日"。

　　紧接着项部长给国务院副总理李岚清打了报告，请求批准财政部建立中国财政博物馆，但报告被压了下来，一直没有批复。直到 2000 年 8 月在西安召开部分财政厅局长座谈会前，项部长沮丧地把翁礼华厅长找到他的房间，告诉翁礼华报告被原封不动地退了回来，这是他担任领导职务以来从未遇到过的。不过，他坚定地告诉翁礼华，他会尽最大努力把中国财政博物馆批出来。其实，早在 1999 年，翁礼华为了便于运作，早已请杭州市政府给杭州市财政局批了一个"中国财政

博物馆（筹）"的户头，并于 1999 年请省地税局给杭州市地税局拨了 100 万元，用于购置红砖，把吴山的土地用砖墙圈起来。

　　2000 年初，由杭州市财政局出面，中国财政博物馆（筹）进行建筑设计招标，国内参与投标者有 7 家，经过激烈竞争，上海同济大学郑时龄教授领衔设计的方案胜出，当年 7 月项部长来杭拍板，上海同济大学的设计方案正式中标。

　　为解决建馆资金问题，1999 年 6 月根据项部长的指示，翁礼华与副厅长王彩琴到财政部常务副部长楼继伟处

汇报，翁礼华说资金至少要9800万元（因财政部审批权限不能超过1亿元），楼副部长说只能给4800万元，分别纳入1999年6月拨款的1998年决算和2000年6月拨款的1999年决算中，每年拨款2400万元，作为对浙江省财政的补助处理。第一笔款到账后，由于没有开列中国财政博物馆拨款字样，省财政厅感到对省领导很难交待，于是翁礼华要求预算司长张弘力另以预算司的公章开具证明。当时张司长很小心，说单子到省领导处用过后，原件请奉还云云。不过第二年决算时，细心的张司长便正式以财博馆的名义下达，解了我们一难。由于当时中央财政收入不错，经过浙江省财政厅的争取，部里也考虑到要建设中国财税博物馆的特殊情况，特别开恩，多给了浙江省财政一点补助，于是翁礼华就请柴松岳省长从财政部下达的补助款中批了1500万元给杭州市财政局用于财博馆建设。

由于工程正式开工在即，建设资金又明显不足，心事重重的翁礼华多次向项部长要求再增加拨款。心领神会且早有打算的项部长终于在2001年

2001年3月17日晚，在杭州金溪山庄会议室，浙江省财政厅厅长兼财政部中国财政博物馆筹建领导小组副组长翁礼华向财政部部长项怀诚、中共浙江省委书记张德江、浙江省省长柴松岳、财政部常务副部长楼继伟、副部长张佑才介绍中国财政博物馆设计模型。

坐落在杭州吴山广场上的中国财税博物馆。

3月2日晚告诉翁礼华,九届全国人大四次会议结束后他与常务副部长楼继伟、副部长张佑才就来浙江省解决资金问题。半个月后,即3月17日,项部长如诺率领楼继伟、张佑才两位副部长,国家文物局领导以及有关司局长来到杭州,下榻金溪山庄。3月18日在金溪山庄会议厅召开自筹建以来规模最大的专题会议,会议解决了资金缺口、建设定位、今后隶属关系等一系列重大问题,决定分两年再拨款5000万元,分别入2001年6月拨款的2000年决算和2002年6月拨款的2001年决算中,为直属财政部的中国财政博物馆最终建成打下了基础。

上海同济大学郑时龄、章明等设计师通过设计的细化,终于达到了可以"弄假成真"的阶段。2001年6月26日上午,建筑面积为12000多平方米的博物馆工程正式在吴山西北麓奠基开工,恭奉其盛并剪彩者有财政部副部长高强及诸多省市领导。

在提出建博物馆之初,翁礼华就打算建五个展厅,分别是:中国民间财富崇拜、中国古代财税历史陈列、中国近现代财税历史陈列、中国现当代财税历史陈列、世界主要国家财税历史陈列,而第一期则先建设中国古代财税历史陈列展厅和中国民间财富崇拜展厅。

在硬件有了着落后，翁礼华为了尽快起动软件建设，与财政部科学研究所所长何盛明商定，延请国内财税史专家来浙编写中国古代财税历史陈列展厅的布展大纲。2000年10月8日原财政科学研究所历史室主任吴才麟先生，先期到达杭州。接着，国内诸多知名财税史专家也陆续参与中国古代财税历史陈列展厅的布展大纲编写工作。根据翁礼华的建议，《大纲》以经济视角面对历史为主线进行编写。经过一年的紧张工作，《大纲》基本形成，2001年12月在北京举行会议，延请国内文博、财经两界专家审议，根据与会专家的意见大纲又作了修改，最后于2002年2月定稿并付诸实施。由于当时参与的专家大多对中国通史比较熟悉，对财政税收及其运作比较生疏，所以整个布展《大纲》通史味极浓，财税味略显不足。为了表达对专家们辛勤劳动的尊重，翁礼华对《大纲》没有作大幅度的修改，决定在今后改陈时与文物的充实一并考虑。由于财政源于民间财富，没有老百姓创造财富就不可能有国家财政，所以当时就考虑将中国民间财富崇拜展厅作为第一展厅，然后再按年代顺序排列，最后一

个才是世界主要国家财税历史陈列展厅。在筹建期间，博物馆得到了国家文物局、浙江省文物局和浙江省博物馆的不少帮助，至今大家仍铭记在心，难以忘怀。

2003年1月下旬，翁礼华眼看项部长和自己都将离岗，希望项部长在离岗前能完成馆的审批和馆名题字。满口答应的项部长果然行动迅速，3月3日薄一波答应题字，2月27日国务院副总理李岚清在项部长2月21日要求建立中国财政博物馆的报告上批了"同意"两字，同年7月30日中央编制委员会办公室同意建馆并下达正式编制。翁礼华多年来的一桩心事，终于重重地放了下来。

2003年6月，财政部常务副部长楼继伟打电话通知翁礼华，部党组决定：将中国铸造协会准备赠送给财政部的青铜鼎安放在中国财政博物馆。此后，协会的代表谭德睿先生多次来杭州研究确定青铜鼎的铸造形制、规格和安放地点，在2004年开馆前夕，由薄一波2003年3月10日题写"实事求是，依法理财"字样、重约3吨的青铜"财鼎"，在山西运城正式铸成并运抵杭州吴山，安放在博物馆东侧的学术楼东北角，与后来建成于2007年的开馆碑

大道之行
中国财政史

亭互为倚角，遥相呼应。

今天，在铜鼎的基做座上正准备镶嵌一块由金人庆题写的《开馆宝鼎》碑记："为纪念一九九四分税制财政体制改革成功并感谢财税干部对中国铸造业的支持，中国铸造协会精心铸作了重达三吨的精美宝鼎，名曰'财鼎'。由薄一波同志亲书'实事求是，依法理财'作为铭文。二○○三年六月，财政部决定将此宝鼎赠存于中国财税博物馆，作为'开馆宝鼎'，以示祝贺与纪念。金人庆　谨记　二○○八年十一月一日晨。"

2003年11月前国务委员兼财政部长王丙乾专程自沪来杭视察。在建期间，刘仲藜等诸多前任和现任部领导也先后陆续深入现场，有力地促进了建馆工作在排除万难中勉力前行。

2003年11月16日下午2时，财政部部长金人庆专程来杭研究博物馆更名问题。他说，在他任国家税务总局局长期间，总局很多老干部听说财政部建中国财政博物馆，他们也动议建立中国税务博物馆。为进一步体现财税一家、资源共享的精神，他建议将中国财政博物馆更名为中国财税博物馆，由部、局两家共同管理。翁礼华表示，只要部局商定，他本人举双手赞成，因

2003年11月4日原全国人大副委员长、前国务委员兼财政部部长王丙乾与中国财税博物馆馆长翁礼华在杭州西子国宾馆讨论财税文化。

2003 年 11 月 17 日财政部长金人庆在杭州视察建设中的财
政博物馆，并同时研究更名为中国财税博物馆的问题。

中国财税博物馆组建工作会议

2004 年 2 月 22 日财政部部长助理张少春在杭州金溪
山庄主持中国财税博物馆组建会议后合影留念。

为世界上财政都涵盖税收，确实没有必要再花费精力和财力去另外建设一个中国税务博物馆。

金人庆部长回京后即与国税总局谢旭人局长谈妥。紧接着国税总局党组作了研究并提出四条意见：一是同意与财政部合办博物馆，定名为中国财税博物馆；二是经费由财政部安排；三是部局两家共同管理，以财政部为主；四是国税总局要派系统干部担任副馆长。上述意见在与财政部沟通后，由谢旭人局长亲自打电话告诉翁礼华。当年年底中国财政博物馆正式更名为中国财税博物馆。

2004年春节前夕金人庆部长利用例行拜访历届老部长的机会，敬请97高龄的薄一波将"政"字改写为"税"字，以适应新馆名的需要。在这一过程中产生了一个十分有趣的故事。进门时金人庆部长说："薄老，我们决定把财政博物馆改名为中国财税博物馆，请您改题。"薄一波不但满口答应，还立即动手从旁边拿来一枝硬笔，说现在就写，秘书焦急地说上次是用毛笔写的，如果这次改用硬笔写，字体会不一样。他说："有什么不一样，字都是我写的，你写还是我写？"当薄一波认真地写完"中国"两字时，金人庆部长

2004年11月9日财政部部长金人庆和国家税务总局局长谢旭人主持中国财税博物馆开馆仪式。

为了营造气氛，带头鼓掌，结果薄一波脸色一沉，说："鼓什么掌，你这不是影响我写字吗？"

2004年2月20日财政部部长助理张少春偕人事司司长俞二牛、教科文司司长李萍等相关司局领导于杭州金溪山庄召开中国财税博物馆组建工作会议，宣布以翁礼华为馆长的首届馆领导班子正式组成。

2004年11月9日上午，中国财税博物馆初步建成"中国民间财富崇拜馆"和"中国古代财税历史陈列馆"两个展厅并隆重开馆，财政部部长金人庆、国家税务总局局长谢旭人、文化部

副部长周和平、国家文物局局长单霁翔、财政部部长助理张少春以及浙江省省长吕祖善等省市领导出席仪式并剪彩，部分省市财政、国税、地税厅局长也应邀与会庆贺。庆典上财政部和国家税务总局领导对多年来不遗余力地支持中国财税博物馆建设的各有关部门、地区、单位和个人表达了他们极其诚挚的谢意！

由于中国财税博物馆展示区域有限，翁礼华发现一个高度超过15米的三层圆形光厅可供利用，于是以四川广汉出土的馆藏汉代摇钱树为蓝本，耗用8吨青铜做了一株高达15米的摇钱树。2005年11月9日，中国财税博

2004年11月9日财政部部长金人庆和国家税务总局局长谢旭人主持中国财税博物馆揭牌仪式后留影。

大道之行
中国财政史

矗立在中国财税博物馆光厅中的摇钱树顶部。

物馆一周年馆庆时，青铜摇钱树正式落成；2006年11月9日二周年馆庆时，完成了"近现代中国财税历史陈列馆"建设；2007年11月9日三周年馆庆时，完成了八块历代理财家青铜深浮雕工程；为体现中国财税博物馆古为今用的办馆宗旨，2008年6月翁礼华请刘仲藜部长手书"博古通今"四个大字镌刻于近40吨的巨石之上；2008年11月9日，四周年馆庆时，将完成"现当代中国财税历史陈列馆"建设，以及清代公开、透明纳税的自封投柜青铜圆雕工程和开馆碑亭建设。

　　内钢外铜的开馆碑亭，其匾额为："开馆碑亭"。碑名为："中国财税博物馆建馆记"。碑文为："中国从治水专家大禹立国建夏朝开始，就产生了保证国家机器正常运转的财政与税收制度，至今已逾四千年之久。随着岁月的推移，历夏、商、周、秦、汉、三国魏晋南北朝、隋、唐、五代、宋、元、明、清、民国等诸多朝代的更替，聚财、用财的理财思想日臻完善，无数利弊得失亟需昭示后人，或使之发扬光大，或用于防微杜渐，其作用之大，不言而喻。

　　"由于理财是一种抽象的思想，往往以制度的形式出现，很难运用生动的具象形式向人们展示其内在联系，因此，直至今日全世界除个别国家和地区有学校、个人举办的小型税收博物馆外，尚无全面涵盖一国财税之博

中国财税博物馆开馆碑亭。

物馆。

"为能以史为鉴，推进财税改革，让历史上的理财思想走向社会，普及于大众，一九九八年底财政部部长项怀诚采纳了浙江省财政厅厅长兼地方税务局局长翁礼华的建议，决定在杭州吴山创办中国财政博物馆。由于当时吴山地区尚在拆迁之中，难以现场踏勘，项部长不得不迨至一九九九年二月十八日再次来杭。是日午后，在杭州市、上城区、浙江省财政厅、杭州市财政局领导的陪同下项部长翻山越岭从五块可供选择的地块中挑中了西北麓占地约三十亩的馆址（现址面积为二十七亩），并于同日成立了筹建领导小组。紧接着浙江省委书记张德江、省长柴松岳先后在成立筹建领导小组的文件上签署意见，亟表支持；此后为解决建馆资金、定位及建成后归属等一系列问题项部长又多次来杭协调，尤以二〇〇一年三月与常务副部长楼继伟、副部长张佑才偕同国家文物局领导来杭于金溪山庄召开的专题会议规模最大、所解决的问题最多；再加上在建期间，王丙乾、刘仲藜等诸多前任和现任部领导陆续深入现场视察，以及杭州市、上城区各级领导自始至终的支持，都有力地促进了建馆工作在排除万难中勉力前行。

"二〇〇〇年初，博物馆进行建筑设计招标，投标者有七，经激烈竞争，同济大学郑时龄教授领衔设计的方案于七月胜出中标，通过设计的细化，建筑面积为一万二千多平方米的博物馆工程终于在二〇〇一年六月二十六日上午奠基开工，恭逢其盛并剪彩者有财政部副部长高强及省市领导。二〇〇〇年十月起，筹建领导小组组织诸多知名财税史专家编写布展大纲，写就后于次年十二月在北京举行会议，延请国内文博、财经两界专家审议，根据与会专家的意见大纲又作了修改，最后于二〇〇二年二月定稿并付诸实施。

"二〇〇三年二月，国务院常务副总理李岚清批准了财政部建馆报告，同年七月中央编办批办了博物馆正式列编手续。二〇〇三年十一月，财政部部长金人庆为进一步体现财税一家，资源共享的精神，与国家税务总局商定将中国财政博物馆更名为中国财税博物馆，由部、局两家共同管理。二〇〇四年二月二十日财政部部长助理张少春偕人事司司长俞二牛、教科文司司长李萍等相关司局领导于杭州金溪山庄召开中国财税博物馆组建工作会议，宣布以翁礼华为馆长的首届馆领导班子正式组成。

"二〇〇四年十一月九日上午，博物馆初步建成并隆重开馆，财政部部长金人庆、国家税务总局局长谢旭人、文化部副部长周和平、国家文物局局长单霁翔、财政部部长助理张少春以及浙江省省长吕祖善等省市领导出席仪式并剪彩，部分省市财政、国税、地税厅局长也应邀与会庆贺。庆典上财政部和国家税务总局领导对多年来不遗余力地支持中国财税博物馆建设的各有关部门、地区、单位和个人表达了他们极其诚挚的谢意！翁礼华撰于2004年11月9日，项怀诚书于2007年12月25日。"

碑亭对联为："缅怀艰难起步变抽象为具象；至诚挑战未来化方寸成大千。丁亥春月吴江项怀诚书 翁礼华撰。"

馆长翁礼华为清代自封投柜青铜圆雕撰写了说明："为防止不法税吏重复征税，早在宋代朝廷就给纳户发放称为'户钞'的纳税凭证。到了明初，朱元璋在废除元代商包征税的基础上，为了避免税吏下乡征税扰民，设置粮长，实行'以良民治良民'的'民收民解'。随着万历九年（公元1581年）张居正推行'一条鞭法'，货币税取代了实物税，为清顺治十六年（公元1659年）进一步实行公开、透明的自封投柜纳税方式创造了条件。自封投柜是纳税花户持串票到衙门指定柜仓按标准缴纳银两。由于银两纯度不一，专业人员要当场加以鉴定、折算和称量，再由花户自封税银，投入柜仓。然后书吏在花户的串票上盖戳注销作为纳税凭证。自封投柜结束后，钱谷师爷当晚会同钱漕门上监督书吏开柜取银，核对串票存底联，并将核对无误的正项、杂项登入'实征簿'，最后到倾银房监督银匠把花户缴纳的碎银熔铸为标准银锭。自封投柜是封建社会晚期税收征管方式的一次重大变革，它把税吏下乡直接征税改为由州县衙门发布布告，乡间里甲催征，纳税花户亲赴柜仓投纳，不仅有效避免了重复征税，也杜绝了税吏下乡勒索的门路，不失为廉政建设的一项措施。"

2006年4月25日下午，原中共中央政治局常委、国务院副总理李岚清在中共浙江省委书记习近平、省长吕祖善的陪同下来馆参观，对博物馆的展出表示出极大的兴趣，并说没想到财税博物馆也那么好看。因为当年李岚清副总理曾跟项部长说过，你这个财政博物馆建到大学里去好了。

大道之行
中国财政史

2008年5月9日国家政协副主席、原家审计署长李金华在中国财税博物馆参观。

项部长在任时，有两件被人盯着的事，使他颇感头痛：一是北京晾果厂在建的财政部和国税总局宿舍；二是在建的中国财政博物馆。无独有偶，当年盯着项怀诚部长建博物馆的审计署也于2005年、2006年、2007年先后多次派员来馆交流，了解情况，筹建中国审计博物馆。最早来馆的是南京审计学院王院长率领的全套班子，后来改为审计署办公厅与南通市的有关负责同志，听说中国审计博物馆最近已在南通正式建成，2008年5月9日下午来馆参观的全国政协副主席、原审计署署长李金华先生证实了这一消息。

俗话说："助人就是助己。"在财税界有两件事至今仍传为佳话；一是当年金人庆担任财政部常务副部长时负责与主持国家税务总局工作的项怀诚商谈国税经费，由于金人庆比较宽容确定了"两税"收入与经费以2.5%挂钩（总局再与各省挂钩，浙江省局为2.75%），结果过了几年他转任国税总局长时便享受了自己的政策效果，直至2002年列入财政支出、不再挂钩为止；二是金人庆在任北京市常务副市长时批准将晾果厂的土地给财政部和国税总局盖宿舍，当宿舍建成时他又调入国税总局担任局长，按规定得以入住，这两件事不但是巧合，更是一种"善报"的禅意、一种必然的结果。

中国当代财税改革大事年表(1949年—2007年)

1949 年	
10月1日	中华人民共和国财政部成立
10月18日	中央人民政府任命薄一波为财政部部长
11月24日至12月9日	首届税务工作会议在北京召开
12月12日	中央人民政府委员会第四次会议通过《关于发行人民胜利折实公债的决定》
1950 年	
1月1日	财政部税务总局正式成立
1月27日	《暂行海关法》和《海关进出口税暂行实施条例》制定
1月30日	《全国税政实施要则》颁布
1月30日	政务院发布《工商税暂行条例》
3月3日	政务院通过《关于统一国家财政经济工作的决定》
4月2日	财政部下达试行《五种税暂行条例》草案的指令
5月30日	政务院发布实施《货物税暂行条例》
9月5日	政务院公布《新解放区农业税暂行条例》
12月1日	政务院发布《屠宰税暂行条例》、《利息所得税暂行条例》、《印花税暂行条例》
1951 年	
1月16日	政务院发布《特种消费行为税暂行条例》
3月23日	政务院第77次会议通过《中华人民共和国暂行海关法》，自5月1日起施行
5月4日	政务院第83次政务会议通过《关于划分中央与地方在财政经济工作上管理职权的决定》。批准了《中华人民共和国海关进出口税则》和《中华人民共和国海关进出口税则暂行实施条例》。自5月16日起施行
7月20日	政务院通过《预算决算暂行条例》
8月8日	政务院公布《城市房地产税暂行条例》
9月20日	政务院公布《车船使用牌照税暂行条例》
1952 年	
11月2日	财政部召开第四次全国税务工作会议。着重讨论税制改革问题
12月31日	中财委发布《关于税制若干修正及实行日期的通告》和《商品流通税试行办法》。决定从1953年1月1日起试行商品流通税，并对货物税、工商业税、交易税等进行修订

1953 年	
9 月 18 日	中央人民政府任命邓小平兼任财政部长
12 月 9 日	中央人民政府通过《1954 年国家经济建设公债条例》
1954 年	
6 月 19 日	中央任命李先念兼任财政部长
12 月 20 日	国务院决定发行 1955 年国家建设公债
1955 年	
11 月 1 日	财政部发布《手工业合作组织交纳工商业税暂行办法》
11 月 10 日	第一届全国人大常委会第二十六次会议通过《1956 年国家经济建设公债条例》
1956 年	
12 月 17 日	财政部发布《关于农林工商税收的暂行规定》
12 月 19 日	全国人大常委会举行第五十二次会议同意国务院对 1956 年国家预算所作的调整,通过了《1957 年国家经济建设公债条例》
1957 年	
11 月 6 日	第一届全国人大常委会第八十三次会议通过《1958 年国家经济建设公债条例》
11 月 14 日	第一届人大常委会第八十四次会议原则批准国务院《关于改进财政管理体制的规定》
12 月 13 日	财政部发出《关于 1958 年对地方财政划分收入的几项规定的通知》
1958 年	
3 月 3 日	财政部、中国人民银行总行联合发出通知,决定将中央各工业部门所属企业的定额流动资金改为 70% 由财政拨款,30% 由银行贷款
4 月 2 日	中共中央作出《关于发行地方公债的决定》
4 月 11 日	国务院发出《关于地方财政收支范围、收入项目和分成比例改为基本上固定五年不变的通知》,取消原定基本三年不变的规定
5 月 29 日	国务院决定,从 1959 年起,停止发行国家经济建设公债
6 月 3 日	第一届人大常委会通过《中华人民共和国农业税条例》
6 月 5 日	人大常委会批准公布《中华人民共和国地方经济建设公债条例》
6 月 9 日	国务院发布《关于改进税收管理体制的规定》
6 月 13 日	国务院发布《民族自治地方财政管理暂行办法》
9 月 13 日	国务院发布试行《工商统一税条例(草案)》将货物税、商品流通税、营业税、印花税合并简化为工商统一税

1959 年	
5 月 18 日	财政部召开全国税务局长会议,讨论对农村人民公社恢复征税,停办税利合一工作试点
1960 年	
3 月 30 日至 4 月 10 日	第二届人大二次会议在京举行。会议通过《1956 年到 1967 年全国农业发展纲要》
1961 年	
1 月 15 日	中共中央批转财政部《关于改进财政体制加强财政管理的报告》
6 月 23 日	中共中央批准财政部《关于调整农业税负担的报告》,使农业税负全国平均不超过 10%
1962 年	
4 月 21 日	国务院发出《关于严格控制财政管理的决定》(即财政六条)
12 月 20 日	国家计委、财政部发出《关于 64 个大中城市的房地产税划给市财政用于城市建设和维护费用的通知》
1963 年	
12 月 14 日	国务院批转财政部、民族事务委员会《关于改进民族自治地方财政管理的规定(草案)》
1964 年	
8 月 17 日	中共中央、国务院决定在工业、交通部门分行业试办托拉斯。这是中国工业管理体制改革的重要探索,后因"文革"发动而中断
1965 年	
1 月 1 日	《人民日报》发表《新年献词》指出,中国已基本完成了从 1961 年开始的国民经济调整工作
1 月 19 日	中共中央发布《关于调整当前市场物价的决定》
3 月 31 日	人大常委会决定成立国家基本建设委员会
1966 年	
7 月 17 日	国家计委、财政部发出《1967 年固定资产更新和技术改造资金的管理办法和分配计划(草案)》
1967 年	
7 月 1 日	中共中央、国务院、中央军委发布《关于对财政部实行军事管制的决定》
1968 年	
9 月 27 日	财政部军管会发出《关于改革财政报表的通知》
1969 年	
5 月 23 日	财政部发布《关于在八省、市下放工商税收管理权限试

	点的通知》
6 月 11 日	在天津召开全国税制改革座谈会
1970 年	
4 月 13 日	国务院批准《关于下放工商税收管理权的报告》
1971 年	
3 月 1 日	财政部发出《关于实行财政收支包干的通知》
1972 年	
3 月 30 日	国务院发布《中华人民共和国工商税条例（草案）》，扩大税制改革试点
3 月 31 日	财政部发出《关于改进财政收支包干办法的通知》
9 月 6 日	财政部决定在华北、东北、江苏省试行新的财政体制
1973年	
11 月 16 日	财政部发出《关于改进财政管理体制的意见》
1974 年	
9 月 30 日	国务院批准国家计委关于外汇收支平衡问题的报告
1975 年	
1 月 17 日	张劲夫任财政部部长
1 月 19 日	国务院发出关于进一步加强财政工作和严格审查1974年财政收支的通知
8 月	财政部制定《关于整顿财政金融的意见》（即"财政十条"）
1976 年	
3 月 3 日	实行"收支挂钩、总额分成、一年一变"的财政体制
1977年	
11 月 13 日	国务院批转各地执行《关于税收管理体制的规定》
1978 年	
2 月 17 日	财政部发出《关于试行"增收分成、收支挂钩"财政体制的通知》
1979 年	
3 月 14 日	国务院财政经济委员会成立
7 月 13 日	国务院发布《关于试行"收支挂钩、总额分成、比例包干、三年不变"财政管理办法的若干规定》
8 月 17 日	吴波任财政部部长
1980 年	
2 月 1 日	实行"划分收支、分级包干"财政管理体制
8 月 6 日	王丙乾任财政部部长
8 月 26 日	调整农业税起征点
9 月 10 日	第五届全国人民代表大会第三次会议通过《中华人民共

	和国所得税法》
1981 年	
1 月 16 日	国务院通过《中华人民共和国国库券条例》
1 月 26 日	国务院发布《关于平衡财政收支，严格财政管理的决定》
1 月 29 日	国务院发出《关于切实加强信贷管理，严格控制货币发行的指示》
1 月 30 日	国务院发布《关于调整农村社队企业工商税收负担的若干规定》
3 月 10 日	财政部发布《关于国营工业企业试行以税代利的几项规定》
7 月 11 日	财政部发出《关于对工业公司试行增值税和改进工商业税办法的通知》
1982 年	
1 月 8 日	国务院常务会议通过《1982 年国库券条例》
8 月 6 日	财政部发出《对银行征收工商税有关事项的通知》
8 月 7 日	国务院决定成立中国海洋石油税务局
12 月 4 日	国务院发出《关于改进"划分收支、分级包干"财政管理体制的通知》
1983 年	
4 月 24 日	国务院批转财政部《关于全国利改税工作会议报告》和《关于国营企业利改税试行办法》
9 月 2 日	第六届人大常委会修改《中华人民共和国中外合资企业所得税法》
9 月 23 日	国务院常务会议通过《中华人民共和国 1984 年国库券条例》
1984 年	
6 月 28 日	国务院发布《国营企业奖金税暂行规定》
9 月 18 日	国务院发布产品税、增值税、盐税、营业税、资源税、所得税条例和国营企业调节税征税办法
10 月 27 日	国务院发布《中华人民共和国 1985 年国库券条例》
11 月 15 日	国务院发布《关于经济特区和沿海十四个港口城市减征、免征企业所得税和工商统一税的暂行规定》
11 月 27 日	国务院重新发布《1985 年国库券条例》，提高了国库券利率，并规定可在银行抵押贷款或贴现
1985 年	
2 月 8 日	国务院发布《中华人民共和国城市建设税暂行条例》
2 月 28 日	国务院发布《进出口关税条例》和《海关进出口税则》
'3 月 13 日	国务院发布《关于实行"划分税种、核定收支、分级包

大道之行
中国财政史

	干"财政管理体制的通知》
4月11日	国务院发布《中华人民共和国集体企业所得税条例》
6月28日	国务院发布《奖金税暂行规定》
7月3日	国务院发布《国营企业工资调节税暂行规定》
8月24日	国务院发布《集体企业奖金税暂行条例》
11月22日	国务院发布《中华人民共和国1986年国库券条例》
1986年	
1月7日	国务院发布《城乡个体工商业户所得税暂行条例》
3月27日	财政部颁布《关于促进横向经济联合若干税收问题的暂行办法》
4月21日	国务院发布《税收征收管理暂行条例》
9月25日	财政部发布《个人收入调节税暂行条例》
1987年	
2月17日	财政部关于征收奖金税、工资调节税有关问题的通知
4月1日	国务院发布《耕地占用税暂行条例》
10月29日	财政部、审计署关于发布《违反财政法规处罚的暂行规定施行细则》的通知
12月24日	全国财政管理体制研讨会在西安市召开
1988年	
3月7日	财政部颁布《财政支农周转金占用费管理试行办法》的通知
5月31日	财政部关于切实做好耕地占用税征收管理工作的通知
1989年	
3月2日	国务院发布《中华人民共和国1989年国库券条例》和《中华人民共和国特种国债条例》
4月24日	财政部关于颁发《国家预算调节基金征集办法实施细则》的通知
7月1日	国务院发行1989年保值公债
1990年	
4月15日	国务院批准今日起降低部分存款利率
5月5日	全国税务工作会议提出大力促产增收
6月9日	《中华人民共和国1990年国库券条例》和《中华人民共和国1990年特种国债条例》公布
7月9日	全国财政会议强调坚持"双紧"方针
8月21日	经国务院批准,下调存款贷款利率
9月12日	我国税务系统推进征管改革
1991年	
3月16日	**国家调整私营企业税收政策**

4月9日	《中华人民共和国外商投资企业和外国企业所得税法》通过
4月22日	《中华人民共和国1991年特种国债条例》通过
4月23日	《中华人民共和国1991年国库券条例》通过
5月19日	《中华人民共和国固定资产投资方向调节税》通过
9月7日	国务院通过《国家预算管理条例（草案）》
11月1日	国务院批准新的《海关进出口税则》
1992 年	
1月20日	财政部在昆明召开全国国债工作会议
3月13日	国务院关税税则委员会决定，从1992年4月1日起，全国取消进口调节税
4月1日	1992年4月1日开始，全年计划向社会公开发行国库券310亿元
5月16日	中共中央指出实行税利分流是国家与企业分配关系的方向
6月9日	财政部决定从1992年起，在浙江省、辽宁省、新疆维吾尔自治区、天津市、武汉市、青岛市、大连市、沈阳市、重庆市等9省区市率先实行分税制财政体制
9月4日	《中华人民共和国税收征收管理法》颁布，1993年1月1日施行。刘仲藜任财政部长
1993 年	
2月20日	国务院发出通知，决定调整农业特产税税率
4月12日	国务院发出《关于提高商品零售营业税税率的通知》
5月14日	财政部发出通知，决定提高1993年国库券利率
6月24日	国家税务总局发出《关于增值税若干问题规定的通知》，
8月4日	1993年7月1日起执行
8月25日	国务院发布《中华人民共和国税收征收管理法实施细则》
9月7日	刘仲藜在第八届人大三次会议作关于《中华人民共和国个人所得税法修正案（草案）》的说明
9月29日	财政部发出《关于进一步加强农业税征收管理工作的通知》
10月31日	财政部发出《关于做好1993年农业税征收粮食实物（公粮）工作的通知》
12月13日	八届人大四次会议通过《全国人民代表大会常务委员会关于修订〈中华人民共和国个人所得税法〉的决定》国务院发出《中华人民共和国增值税暂行条例》、《中华人民共和国消费税暂行条例》、《中华人民共和国营业税暂行条例》、《中华人民共和国企业所得税暂行条例》、

	《中华人民共和国土地增值税暂行条例》。上述条例均自1994年1月1日起施行
12月15日	国务院发布《中华人民共和国资源税暂行条例》，自1994年1月1日起施行。同日，国务院发布《关于实行分税制财政管理体制的决定》
12月23日	国家税务总局为就流转税改革以及经济特区征免流转税问题发出通知
1994年	
1月14日	财政部首次发行全球债券，金额达10亿美元
1月23日	国务院发出通知，1994年1月1日起，取消集市交易税、牲畜交易税、烧油特别税、奖金税、工资调节税，同时将屠宰税和筵席税下放给地方管理
1月28日	国务院令第142号发布《中华人民共和国个人所得税法实施条例》
1月30日	国务院发出《关于对农业特产税收入征收农业税的规定》
2月4日	财政部印发《中华人民共和国企业所得税暂行条例实施细则》
3月22日	第八届人大二次会议审议通过《中华人民共和国预算法》
4月23日	国家税务总局印发《增值税小规模纳税人征收管理办法》
8月24日	国务院发出《关于分税制财政管理体制税收返还改为与本地区增值税和消费税增长挂钩的通知》
12月6日	财政部、国家税务总局发出通知，决定将减免及返还的流转税并入企业利润征收所得税
1995年	
1月16日	国务院第29次常务会议原则通过《中华人民共和国税收征收管理法修正案（草案）》
2月28日	第八届人大常委会十二次会议通过《关于修改中华人民共和国税收征收管理法的决定》
11月22日	国务院发布《中华人民共和国预算法》
1996年	
1月22日	国务院办公厅转发国家税务总局《关于调整国家税务局、地方税务局税收征管范围意见的通知》
2月16日	财政部、国家税务总局联合发出《关于对部分农业生产资料免征增值税的通知》
8月2日	《中华人民共和国税法》（中央卷）正式出版发行
11月21日	中央经济工作会议在北京召开
1997年	
2月18日	国务院批转国家税务总局《关于加强个体私营经济税收

	征管强化查账征收工作的意见》
3月14日	财政部、国家税务总局联合发出《关于调整金融保险业税收政策的通知》
6月2日	财政部宣布，继1996年6月成功发行10亿美元全球债券之后，中国财政部代表政府将进入欧洲资本市场，发行一笔欧洲马克债券
6月18日	国家税务总局发布《企业所得税减免税管理办法》
10月21日	财政部、国家税务总局联合发出《关于事业单位社会团体征收企业所得税有关问题的通知》
1998 年	
1月19日	财政部发布《行政单位财务规则》
3月4日	财政部、国家税务总局联合发出《关于对福利企业、学校办企业征收流转税问题的通知》
3月18日	项怀诚任财政部部长
4月6日	财政部和国家税务总局发出《关于制止越权减免企业所得税的通知》
7月20日	全国财政工作会议在北京召开
12月7日	中央经济工作会议在北京召开
1999 年	
1月1日	国务院办公厅转发财政部《整顿财政周转金方案》
7月21日	全国财政工作会议在北京召开
9月5日	财政部发出紧急通知，要求各地认真落实调整收入分配政策的各项措施
12月14日	财政部、国家税务总局和建设部发出《关于对城市居民出售个人住房应如何缴纳个人所得税的问题通知》
12月22日	全国税务工作会议在北京召开
2000 年	
4月11日	中共中央、国务院发出通知，决定在安徽全省和由其他省、自治区、直辖市选择少数县（市）进行农村税费改革试点
7月25日	全国财政工作会议在北京召开
10月31日	财政部将发行500亿元建设公债，主要由国有四大商业银行承购，不面向社会
11月29日	财政部、国家税务总局联合下发《关于公有制单位职工首次购买住房免征契税的通知》
12月13日	财政部、国家税务总局发出《关于对老年服务机构有关税收政策问题的通知》
2001 年	

大道之行
中国财政史

2月17日	全国农村税费改革试点工作会议在安徽省合肥市召开
3月16日	财政部、中国人民银行发出《关于财政国库管理制度改革试点方案的通知》
5月28日	财政部税政工作会议在浙江省杭州市召开
9月8日	第八届 APEC 财长会在中国江苏省苏州市举行
11月16日	财政部决定调整证券（股票）交易印花税税率
2002 年	
3月6日	财政部部长在第九届人大五次会议上指出，2001 年财政收入为 16371 亿元，支出 18834 亿元
5月26日	APEC 金融与发展项目 2002 年度论坛在北京钓鱼台国宾馆举行
7月2日	财政部印发《农业税收征管经费管理办法》
8月14日	"财政改革与发展重大问题研究"工作座谈会在河北省涿州市召开
10月24日	全国农村税费改革试点工作座谈会在河南省郑州市召开
2003年	
3月18日	金人庆任财政部部长
4月3日	国务院在北京召开全国农村税费改革试点工作电视电话会议
6月3日	财政部、国家税务总局就 2003 年农村税费改革试点地区农业特产税有关问题发出通知
7月11日	财政部与国家税务总局联合发出《关于农村税费改革试点地区个人取得农业特产所得免征个人所得税问题的通知》
10月13日	国务院发布关于改革现行出口退税机制的决定
2004 年	
2月18日	财政部、国家税务总局联合下发《关于家禽行业有关税收优惠政策紧急通知》
3月23日	财政部、海关总署、国家税务总局联合下发《关于进口货物进口环节海关代征税税收政策问题的规定》
4月6日	经国务院批准，财政部、农业部、国家税务总局联合颁布《关于 2004 年降低农业税税率和在部分粮食主产区进行免征农业税改革试点有关问题的通知》
7月23日	财政部发出《关于加强政府非税收入管理的通知》
9月7日	财政部、国家税务总局联合下发《关于国有土地使用权出让等有关契税问题的通知》和《关于企业再就业专项补贴收入免征企业所得税问题的通知》
10月1日	财政部、国家税务总局联合下发通知，决定自 2004 年 10

	月1日起对农用三轮车免征车辆购置税
11月9日	"中国财税博物馆"在杭州正式开馆
2005 年	
1月24日	财政部、国家税务总局联合下发《关于调整证券（股票）交易印花税税率的通知》
3月8日	财政部、国家税务总局联合发出《出口货物退（免）税补充通知》
3月28日	财政部、国家税务总局联合发出《关于个人股票期权所得征收个人所得税问题的通知》
4月29日	财政部、国家税务总局联合发出《关于调整部分产品出口退税率的通知》
5月25日	财政部、国家税务总局联合发出《关于增值税营业税消费税实行先征后返等办法有关城建税和教育费附加政策的通知》
6月24日	财政部、国家税务总局联合发出《关于股息红利等有关个人所得税政策的补充通知》
7月1日	财政部、国家税务总局和国土资源部联合发出《关于加强土地税收管理的通知》
11月28日	财政部、国家税务总局发出《关于增值税若干政策的通知》
2006 年	
1月1日	根据第十届全国人民代表大会常务委员会第十九次会议的决定，第一届全国人民代表大会常务委员会第十九次会议于1958年6月3日通过的《中华人民共和国农业税条例》自即日起废止
1月8日	全国税务工作会议在北京召开
2月20日	财政部、国家税务总局下发《关于信贷资产证券化有关税收政策问题的通知》
3月20日	财政部、国家税务总局下发《关于调整和完善消费税政策的通知》
4月11日	财政部、国家税务总局下发《关于调整个体工商户业主个人独资企业和合伙企业投资者个人所得税费用扣除标准的通知》
4月28日	《中华人民共和国烟叶税暂行条例》公布
4月30日	财政部、国家税务总局下发《关于集体土地、城镇土地使用税有关政策的通知》
6月16日	财政部、国家税务总局联合发布《关于调整房地产营业税有关政策的通知》

7月18日	国家税务总局下发《关于个人住房转让所得征收个人所得税有关问题的通知》
11月6日	国家税务总局发出《关于印发个人所得税自行纳税申报办法（试行）的通知》
12月25日	财政部、国家税务总局发出《关于房产税城镇土地使用税有关政策的通知》
2007年	
1月1日	由财政部制定的《企业会计准则　基本准则》、《企业财务通则》和《金融企业财务规则》三部规范企业财务会计行为的规章正式执行
2月3日	财政部、国家税务总局发布《中华人民共和国车船税暂行条例实施细则》
2月7日	国家税务总局下发《关于促进创业投资企业发展有关税收政策的通知》
3月22日	国家税务总局下发《关于纳税人进口货物增值税进项税额抵扣有关问题的通知》
3月26日	财政部、国家税务总局下发《关于外国银行分行改制为外商独资银行有关税收问题的通知》
4月4日	国家税务总局下发《关于加强和规范个人取得拍卖收入征收个人所得税有关问题的通知》
5月11日	财政部、国家税务总局出台《中部地区扩大增值税抵扣范围暂行办法》
5月29日	财政部、国家税务总局发布《关于调整证券（股票）交易印花税税率的通知》
6月29日	第十届全国人民代表大会常务委员会第二十八次会议通过关于修改《中华人民共和国个人所得税法》的决定
7月23日	全国财政厅（局）长座谈会召开
8月30日	第十届全国人民代表大会常务委员会第二十九次会议决定，任命谢旭人为财政部部长
11月2日	国家税务总局下发《关于修改年所得12万元以上个人自行纳税申报表的通知》
11月22日	国家税务总局下发《关于外贸企业申报出口退税期限问题的通知》
11月28日	国务院第197次常务会议通过《中华人民共和国企业所得税法实施条例》，自2008年1月1日起施行
12月19日	全国财政工作会议在北京召开

浙江经验 附录

《附录》浙江经验：

附录一：以人为本，四两拨千斤，把蛋糕做大

　　1994 年的分税制财政体制改革，有效地提高了中央财政进行转移支付的力量。1993 年中央财政自给能力只有 73%，到 2006 年增加到 205%，13 年间净增 132%，年均增幅 10%。

　　正如人世间一切事物都要"一分为二"那样，分税制财政体制改革也出现了各级政府财权和事权不对称的问题。这就是说，在中央把各省的一部分财力上收时，各省也依葫芦画瓢把地市政府的财力上收，地市一级则把县乡财力上收。上行下效，上收财力的结果是大大削弱了处于低层的县乡一级的财力，基层政府越来越感觉财政捉襟见肘。地方财政自给能力由 1993 年的 102% 下降至 2006 年 61%，年均下降 3.2%。2005 年全国赤字县、市达 556 个，赤字面 27.5%，赤字额 127.4 亿元。据国务院农村税费改革工作小组办公室与国务院发展研究中心农村经济研究部"深化农村税费改革政策走向研究"课题组在《建设新农村背景下的农村改革》报告中提供的数字显示：2002 年，全国乡镇财政净债务 1770 亿元，乡镇财政平均净负债 400 万元。全国有 65% 的乡村负债，其中中西部不发达地区的负债面更大。比如河南 90% 以上的乡镇都有负债，湖南全省 2000 多个乡镇中的负债率达到 88.2%，湖北乡级负债面在 95% 以上。

中国历史上从春秋战国产生直隶中央的县以来，经过秦始皇郡县制的进一步强化，县的建制和称谓两千多年来一直恒久不变，从秦到清历代县官还都由皇帝直接任命。直至今天，中国广大农村仍由县来管辖，而且农村建设的好坏很大程度上取决于县的管理能力和财政实力。县管理能力的提高需要云集一批精英，而不是让精英都离乡背井流向大城市。因此，要着手建立一种面向基层的人才流动机制：让当过国务总理的唐绍仪能自愿回原籍当县长；让陶行知那样的大知识分子能投身平民教育。至于县级财政能力的提高则要取消市管县，实行省直接管县的体制，让县级政府拥有更多的财权和财力为广大基层群众服务、为"三农"服务。

正因为县级政府在国家管理体制中起着十分重要的承上启下作用，分税制财政体制改革后，浙江省财政厅决定从实际出发，不按一级政府一级财政的文件要求实行市管县，而是继续实行扁平化的省直接管县的体制，以简化中间层级，避免其中的"雁过拔毛"。同时，曾有县市长任职经历的财政厅长翁礼华深知，县一级产业单一、企业稳定性较差，如果省对县市实施分税制财政体制，势必产生由于产业波动而大起大落，出现基层财政收入极不稳定的局面。中国传统文化与西方文化存在着一定的差别，西方文化中你的就是你的，我的就是我的，犹如通过圆心画一条垂线，分成两个半圆，一边是"NO"，另一边则是"YES"，以这条垂线为界，是非十分分明。中国文化则是你中有我，我中有你，对中有错，错中有对的"中庸"，犹如通过圆心画一条"S"线，形成太极图，产生阴阳两条鱼，其中阴鱼有阳眼睛，阳鱼有阴眼睛，如果说阳鱼是对的，则阴眼睛是错的；如果说阴鱼是错的，则阳眼睛是对的，说明对中有错，错中有对。因此，省对县实行中庸文化范畴的"超收分成"财政体制，不但有利于保持县乡财政的稳定，也容易被人们所接受。于是，省财政厅根据市县所处地理位置、经济基础、发展潜力的不同，进行测算，将它们划分为国家级贫困县、省级贫困县，以及海岛县、半海岛县、一般县等不同类型，实行以1993年为基数，地方收入超收分别按20%、15%、10%、5%、0%上交的体制。

20世纪90年代初期浙江省财政就比较困难，1993年财政预算不仅47个县市打赤字，甚至连省会杭州市都要每月借钱才能发放工资，最困难的时候省级机关工资发放也不得不到处筹措资金。随着1994年分税制财政体制改革的推行，事权未减，财力上行，犹如雪上加霜，更加剧了浙江省市县级财政困难。尤其是贫困县的财政困难，可谓捉襟见肘，工资不能正常发放成了家常便饭。

1994年省财政厅对17个贫困县按原体制每年分别递增5%—10%补助的基础上再增补5500万元，结果还是出现了12220万元的赤字。在当时既无激励也无约束的体制条件下，省财政厅对如何挖掘各县市增收节支的潜在能力，可以说摸不到底。

为了寻找出路，谋求解决方案，浙江省财政厅厅长翁礼华提出"以人为本，四两拨千斤，开创理财新机制"的理财思想，带领预算处干部走访了二十多个县，调查摸底、听取意见，尤其是听取县级领导发自内心的意见。通过大家推心置腹的沟通，既了解人追求自身利益最大化的理性，也统一了对做好财政工作的认识。财政问题看上去是经济问题，其实是一个理财思想问题，其关键在于如何调动人们追求正当利益的积极性。

以前，财政部门扶贫的传统做法是，定额补助几年，几年后不再补助；或者是确定补助基数，每年增长百分之几；或者是年初确定体制补助数，到年底再根据县市困难程度和省级自身财力状况给予临时性补助。其结果都会造成"会哭的孩子多吃奶"，越是困难的县补助越多，赤字越大的县补助越多，助长了"等、靠、要"思想，造成了谁都不想把"蛋糕"做大。因为谁做大"蛋糕"，谁就会被摘掉贫困县的帽子，谁的补助就会减少，县委书记、县长就会成为当地减少补助的罪魁祸首。更要命的是平衡财政收支，县领导不但一点好处都没有，而且由于要平衡财政势必要减少政绩工程支出，从而搬起石头砸自己的脚，影响了自己的仕途。话说回来，即使书记、县长思想通了，采取切实可行的措施平衡财政收支，常委、副县长等领导干部的思想也难以统一，他们还是会从自己的仕途出发搞看得见、摸得着的政绩工程。说到底，领导干部也是人，不是不食人间烟火的神仙，他们总要有所图，不是图名就是图利。按平衡财政、做大蛋糕的要求去做，省财政厅能给什么回报？这是问题的实质所在！

名和利是人类社会永恒的追求。组织人事部门管"帽子"可以以升官之"名"来鼓励；财政部门管"票子"，只能用财政政策的"利"来激励。按"会干活的孩子多吃奶"的思路设计人性化的政策，让县市的整体以及县市领导个体都能从做大财政蛋糕，实现收支平衡中得到好处，财政工作才能越做越好。于是，省财政厅就

选择一个贫困县 景宁县为"麻雀"，进行解剖、试算和谈判。景宁县不仅是一个山区小县，而且也是华东地区唯一的少数民族县，更重要的是该县财政局局长和县领导具备较高的思辨能力，比较"通情达理"。

通过一系列工作和讨价还价之后，产生了一个能够被贫困县接受的"激励与约束相结合"的"两保两挂"政策。所谓"两保"是约束：一保收支平衡，二保消化历年赤字（起先，中央实行赔补政策时，"两保"为保"两税"上交任务）；所谓"两挂"是激励：一挂体制补助随地方收入增长以 $1:0.5$ 比例增长，二挂个人奖励为地方收入增长的 5%。这一政策于 1995 年率先在全省以丽水地区为重点的 17 个贫困县推行。作为地级的丽水地区财政，实行与全区 9 个县挂钩的政策。在 9 个县财政都实现"两保"的前提下，省对其财政拨款为全区地方财政总和的 14%，奖励为全区各县奖励总和的 5%。

从 1995 年实行的结果看，效果显著，17 个县财政收入比上年递增 34%，不仅县县收支平衡，还有了节余。尤其是国家级贫困县——文成县，以前每年财政收入总是在七八百万元间徘徊，1995 年竟增长了 125%，不仅消除了历年赤字，还将 300 万元用于财源建设。由于县领导千方百计动脑筋，通过规划水电资源，让在欧洲各国开饭馆的温州籍华侨来投资开发，文成县 1996 年财政又比上年递增 75%，创造了令人难以想象的奇迹。原来总是以帮助各县反映财政困难，给财政厅施加压力，增加属县补助为己任的丽水地区党政领导机关，也一反常态，千方百计帮助各县实现"两保"，成了财政厅和各县财政的共同朋友。如 1994 年地区下辖的松阳县只差 200 万元就能平衡，为了大家的利益，也为了地区自身的利益，地区财政不惜拿钱，让该县实现当年财政平衡以享受政策，实现共赢。

由于省财政没有多少直属企业，其财源十分有限，让"会干活的孩子多吃奶"，这个"奶"除了贫困县自己能创造一部分外，还有相当一部分得靠其他发达市县增收上交来解决，从而就产生了如何让发达市县多增收、向省财政多上交的问题。调动发达县市多上交，不能以体制返还为重点，而是要以调控对县市领导的奖励为出发点，作为考虑地方整体利益的体制返还只能作为给领导干部个人奖励的一种必要掩饰而已。这就意味着省财政要以"四两拨千斤"为手段，拿小钱来奖励领导干部，然后让他们心甘情愿地把不断增收的县市财政大钱自觉地交上来。

在"以人为本，四两拨千斤，开创理财新机制"的理财思想指导下，浙江省财政厅对发达市县从1994年开始实行每超过亿元给财税部门和市县领导干部集体奖励30万元、每增收3000万元奖励20万元的基础上，从1997年开始对发达市县统一实施"两保两联"财政政策。作为约束的"两保"内容与贫困县的"两保"相同，作为激励的"两联"：一是按增收额，环比奖励发展资金（4%—4.5%）；二是环比奖励个人（1%—0.5%）。从2003年开始归并改称为"两保一挂"。

追求利益最大化是人的天性，财政增收奖励与个人挂钩起着"四两拨千斤"的作用，而且由于与个人挂钩的奖励系数县市正职领导是3.0，远高于财税干部1.0的平均数，这对调动县市领导做好财政工作和促进本人的廉洁奉公起到了举足轻重的作用。

一省之财政，除了有激励与约束相结合的政策以外，还要让县市领导具备现代的理财思想，于是让县市领导走上财政讲台，则是浙江省财政颇具特色的创举。从1994年开始，浙江省每年分上、下半年举办两次县市领导理财论坛，一次贫困县县长（书记）参加，另一次经济发达县县长（书记）参加，根据不同目标就如何理财进行有的放矢的研讨。根据行政隶属关系，财政部门无权召集县市党政领导开会，当过省政府副秘书长的翁礼华厅长就让一个县先做桩，邀请其他县市领导参加。第二次会则仿照奥林匹克运动会的模式进行竞争，让取得举办权的县市筹办下一次会议。每次会议在半年前就确定专题，事先准备材料，材料由厅财政科学研究所负责审查通过后，方可上会。会上，县市领导不能拿书面材料照本宣科，必须脱稿限时演讲。县市领导发言结束后由财政厅长（兼地税局长）作一次具有指导性的发言。会后，县市领导的书面材料经本人进一步修改后交厅财政科学研究所，以便及时将所有文字材料汇总出书，并按标准支付稿费。

由于每年的内容不同，促使县市领导事先进行调研，做好充分准备，从而提高了他们理财的理论水平和实际能力。在会议结束时还要举行上下次会议交接仪式，在仪式上互存信物作为纪念，犹如奥林匹克运动会的会旗传递，引发了人们极大兴趣，许多县市领导都以在任时能争得举办权为荣。

1998年秋天，时任国家体改办主任的前财政部部长刘仲藜带领一批司局干部来浙江省贫困的丽水地区召开县市领导财政工作座谈会时，对他们的发言大加赞赏说：在全国其他省市很难看得到像浙江省县市领导如此熟悉和理解财政工作，如果说中医针灸要把银针扎在穴位上才有治疗效果，浙江省财政的管理体制的确把功夫下在了关键部位，下在了调动县市领导的积极性的穴位上才有了这样的成效。

由于浙江省坚持从实际出发实行省管县的财政体制和"以人为本，四两拨千斤，开创理财新机制"的理财思想，推行"抓两头，带中间，还财政于政府，赋权力为制度"的工作方法，建立了一整套"激励与约束相结合"的财政体制，财政面貌大为改观，取得了卓著成效。首先，从1995年开始浙江省财政年年平衡无赤字。其次，全省没有出现过公教人员欠发工资事例。再次，促进了贫困县的经济发展和财政增收。1994年17个贫困县财政总收入为67459万元，1995年达到84981万元；而省财政补助亦从20278万元增加到26390万元，不仅地方可用财力大大提高，而且消灭了长期消灭不了的赤字。同时，省管县促进了经济发展和财政收入规模的不断扩大，浙江省财政收入在全国的位置不断往前移动，地方财政收入从1994年全国第8位，前移到2001年的全国第4位，成为典型的地域小省，经济大省。

改革意味着对常规的超越，循规蹈矩就永远不会有开创性的突破，浙江省财政厅实行上述改革措施同样是在超常规的情况下运作并取得卓著成效的。首先，在全省贫困县实行"两保两挂"政策没有发过文件，厅长翁礼华事先只跟常务副省长柴松岳打了个招呼，说：如果失败了，你就说不知道，这是翁礼华干的！如果成功了，我们再写材料总结也不晚。由于"两保两挂"实施一年便使全省贫困县改变面貌，浙江省成了全国唯一能实现县县财政平衡的省份，在全国近四成县乡都欠发工资的情况下，浙江的这一举措不免令人瞩目，因为当时连以富裕著称的广东、江苏都有不少发不出工资的县。得悉这一情况的新华社记者写了一个内参，中央领导看了便要求中央政策研究室了解浙江省的具体做法。于是，浙江省财政厅替省里拟写了上报材料的初稿，从此"两保两挂"政策进入了浙江省委、省政府、省人大的相关文件和决议，成了一个有特殊内涵的专用名词。随着次年全国人大常委会财政经济委员会印发了一期有关浙江省"两保两挂"的专题简报，"两保两挂"便成了财政扶贫的代名词。至于紧接着在1997年对发达市县推出的"两保两联"政策，也只是请柴松岳以代省长的名义在请示报告上签署同意字样而已。

此外，浙江省实行财政省管县和财政与地税合署办公也经历了风风雨雨，才坚持到现在。浙江省财政实行省管县之初，国务院领导并不知情，直到1995年，朱镕基副总理到千岛湖（即新安江水库）现场办公解决20世纪50年代移民遗留问题时才发现。当时，要建造环湖公路，改善上迁移民的生产和生活问题时，朱镕基副总理提出由中央、浙江省、杭州市三方各出资6000万元建造这条公路，在场的杭州市领导说，浙江省实行省管县，杭州市财政出不了这笔钱时，他才知道浙江省没有按国务院文件精神，实行市管县。当时，朱镕基副总理立即要求省委书记李泽民改变财政管理体制，实行市管县。

为了继续实行省管县，财政厅翁礼华厅长在省委副书记、常务副省长柴松岳的支持下，找了一些老领导到李泽民书记处做工作，说只要坚持几年，就能证明我们的财政体制的合理性。就这样翻来覆去折腾了一年多，直到后来全国各地普遍欠发工资，连江苏的苏北、广东的西北部等地区都不能保证工资正常发放，朱镕基副总理才没有继续催促李泽民书记实行市管县。而让李泽民书记真正放下心来的则是以后刘仲藜任国家体改办兼专题办主任时所作的调研报告，这一报告肯定了浙江省财政省管县的成效，并提出在全国范围内实行省管县，包括国务院总理朱镕基、政治局常委胡锦涛在内的中央领导都在上面作了批示。当翁礼华从刘仲藜主任处拿到复印件，送给李泽民书记审视时，他才长长地叹了一口气说，我这就放心了。

1994年国务院决定省及省以下税务局分设为国税局和地税局，国家税务总局规定各省最迟必须在当年8月15日分设挂牌。浙江省考虑到分设带来机构增加，人员膨胀，税征收成本迅速增加的现实问题，决定挂牌不分家，以减省局际协调，提高工作效率，降低征收成本。因此，直到1997年8月浙江省国地税都合署办公。由于1997年春浙江省金华发生虚开增值税发票案，在国税总局主要领导的强大压力下，同年6月省委、省政府才决定由省委副书记、代省长柴松岳打电话要求正在中央党校学习的省财政厅厅长兼省地税局局长翁礼华学习期满后，负责组织国地税两局分家的工作。同年7月中旬，在北京学习结束的翁礼华直接赴长春参加全国财政工作会议，回杭后即以省财政厅长、党组书记和省地税局长的身份部署由钱宝荣（时任省财政厅副厅长、财政厅党组成员、省国税局长）代表省国税局，黄旭明（时任省财政厅党组成员、省地税局副局长）代表省地税局，双方友好协商国地税彻底分设方案。8月完成了省局分设，9月完成了省以下的市、县、区局分设。翁礼华考虑到分设后地税与财政仍然是一家，应对单独分开的国税局有所照顾，因此方案确定省局人员按国税60%、地税40%，经费按国税70%、地税30%比例划分；在国税两局合署办公的三年间，所有国税征收成本都由浙江省地方财政开支，对分家后国税总局补发的3亿元办公经费，省地税局也没有提出任何要求，表现了互相支持的良好风尚。

浙江省国地税机构分设后，地税和财政在市县一级仍然合署办公，没有进行实质性的分设，地税局局级领导实行系统和地方双重管理体制，因此能够继续保持人员少、费用低、协调容易、办事效率高的特点，并且也有利于干部流动，避免出现进得来出不去的死水一潭的局面。省一级财政厅与省地税局也同样继续实行党组合一，行政分设，一把手身兼两职，干部统一调配的格局。

浙江省从1994年8月开始，实行国税局和地税局合署办公，两套班子、两块牌子、一套人马。到1997年9月市县地税与财政局继续合署办公的做法，尽管有利于大局，但毕竟不利于机构内部个人的晋升，所以从1994年8月以来，就浙江省在财税机构分设中没有与中央保持一致的问题，向中央和国务院控告柴松岳和翁礼华的告状信不绝于途，被国务院领导在北戴河会议上点了名，以至于柴松岳对翁礼华说：北京有人给我打招呼说，你们真犯不着硬着头皮这样顶下去！翁礼华呀，我们如果继续这样做，得有丢掉乌纱帽的思想准备啊！

时过境迁，远去的历史让人们看得更清楚。对于全国国地税机构分设以及浙江省财政和地税不分家的问题，项怀诚同志2008年6月19日在中国财税博物馆对此作了这样的评价，他说："新的工商税制执行以后，中央和地方实行分税制，按照中央的要求税务系统要分设，原来一个税务系统一分为二，一个是由中央直接管理的国家税务局系统，一个是归地方政府管理的地方税务局系统。严格地说，这是中国税务史上的第一次。回过头来看，中央政府和地方政府在处理税务分家问题上是非常谨慎的，税务系统内部也是非常通情达理的。分家很容易造成矛盾。瓶瓶罐罐，油盐酱醋，财产物资，争多论少，引起争执也是情理之中。但这次税务分家应该说非常顺利，个别地方有点小意见难免。分设以后当然也有一些问题，但事实已经证明，分设以后对于加强税务工作起了非常好的作用。特别是以前对地税的小税种是忽视的，因为以前税务局往往就盯住几个大税种，对小税种难免不够重视。后来有了地税局以后，不得不重视小税种，不重视小税种就没税了，这方面的作用是非常明显的。分设的最后期限是 8 月 15 日，实际上在分设问题上地方政府是有一点保留的，比较有代表性的是上海、浙江和海南。这件事情应当是要统一的，但中国之大也不要强求大一统，有个别省市保留一点他们自己认为比较好的管理方式也不见得就是坏事。这就是从实际出发，通情达理，通过实践来总结经验。后来全国基本上都分设了，但是上海保留了一点上海特色，浙江保留了一点浙江特色。从后来十几年的历史来看，由于这样一种不同的方式和这两个省市同志的努力，税收征管工作没有削弱，可以拿出这两个省市的税收增长率来佐证。税收永远不可能完全收上来，但是这些年来，不管上海也好，浙江也好，财政收入在全国各个省市属于增长比较快的，高于平均水平的。所以在国地税分设问题上也不能一概而论，当然也有人说分久必合，合久必分，这是见仁见智的事。我觉得各有利弊，不要简单而论，由历史鉴定。"

　　为了解决浙江省财政税务系统分税制财政体制改革以前硬件建设一直滞后的问题，改革后浙江省财政厅对税务经费继续实行与收入钩挂的办法进行结算。具体做法是将各县市 1993 年与集贸税收收入挂钩的绝对额换算成与当年全部地方收入挂钩的比例，从 1994 年起按率结算。全省平均为 6.8%。在此基础上，省财政厅对比率畸高畸低的市县作了适当调整：如个别小县算下来有超过 12% 的，一律以 12% 为最高限；杭州市只有 1.8%，显然太低，增为 2%。由于分税制改革后，地方收入增长很快，使各县市有了一笔可观的建设经费，这对迅速改变全省各地财政税务机关的硬件建设起到了重要作用。这笔经费开始走国营企业退库渠道，1997 年国家审计署上海特派员办事处审计时认为不妥，紧接着全省普遍以 1997 年为基数改为走财政支出，从此税务经费纳入了正常渠道，不再快速增长了。

2000 年—2005 年浙江省全国百强县(区市)排名情况

地方名称	2000 年	2001 年	2002 年	2003 年	2004 年	2005 年
萧山区	9	7	7	7	7	7
绍兴县	15	10	8	10	9	10
鄞州区	16	12	11	13	12	11
义乌市	20	19	17	17	15	12
慈溪市	22	17	16	16	17	14
余杭区	23	21	21	20	16	15
余姚市	25	20	20	19	20	18
海宁市	29	22	25	23	19	23
诸暨市	66	45	39	32	27	24
嘉善县	34	31	31	29	26	27
平湖市	44	34	33	31	28	28
桐乡市	37	30	34	34	23	29
富阳市	54	38	38	30	29	30
海盐县	50	42	43	35	30	32
玉环县	36	29	29	28	31	33
温岭市	28	27	32	33	32	34
德清县	93	59	48	45	36	39
乐清市	40	33	35	40	35	40
瑞安市	38	36	36	44	39	42
上虞市	43	43	44	46	42	45
永康市	70	46	46	47	44	46
长兴县			107	63	51	56
奉化县		78	83	62	55	58
象山县		75	71	68	65	63
新昌县		100	90	82	69	78
桐庐县				92	72	82
东阳市		84	68	65	66	85
宁海县				94	82	89
临安市				86	75	92
嵊州市						96
嵊泗县	52	50	56	74	63	

在第七届全国县域经济基本竞争力百强县（市）中浙江省各县市排名表

排序	县域经济单位	中郡指数	竞争力动态	竞争力等级	居民收入水平	科学发展环境
国3	慈溪市	R3T2002	相对稳定	A级	A+级	A级
国4	绍兴县	R4T2002	相对稳定	A级	A+级	A级
国8	义乌市	R8T2002	相对稳定	A级	A+级	A级
国9	余姚市	R9T2002	相对稳定	A级	A+级	A级
国12	诸暨市	R12T2002	相对稳定	A级	A+级	A级
国14	温岭市	R14T2002	相对稳定	A级	A+级	A级
国17	乐清市	R17T2002	相对稳定	A级	A+级	A级
国19	瑞安市	R19T2002	相对稳定	A级	A+级	A级
国22	海宁市	R22T2002	相对稳定	A级	A+级	A级
国23	富阳市	R23T2002	相对稳定	A级	A+级	A级
国26	桐乡市	R26T2002	相对稳定	A级	A+级	A级
国35	上虞市	R35T2002	相对稳定	A级	A+级	A级
国43	平湖市	R43T2002	相对稳定	A级	A+级	A级
国54	玉环县	R54T2002	相对稳定	A级	A+级	A级
国58	临海市	R58T2002	相对稳定	A级	A+级	A级
国59	永康市	R59T2002	相对稳定	A级	A级	A级
国65	长兴县	R65T2002	相对稳定	A级	A+级	A级
国68	宁海县	R68T2002	相对稳定	A级	A+级	A级
国73	嘉善县	R73T2002	相对稳定	A级	A+级	A级
国75	东阳市	R75T2002	相对稳定	A级	A+级	A级
国76	象山县	R76T2002	相对稳定	A级	A+级	A级
国77	临安市	R77T2002	相对稳定	A级	A+级	A级
国78	德清县	R78T2002	相对稳定	A级	A+级	A级
国82	奉化市	R82T2002	相对稳定	A级	A+级	A级
国89	海盐县	R89T2002	相对稳定	A级	A+级	A级

注：由于全国百强县（市）2005年后不再排名，因此改用《在第七届全国县域经济基本竞争力百强县（市）中浙江省各县市排名表》代替。本排名表根据2006年数据评定。

在第八届全国县域经济竞争力百强县（市）中浙江省各县市排名表

排　位	县域经济单位	排　位	县域经济单位
国3	慈溪市	国52	玉环县
国4	绍兴县	国54	临海市
国8	义乌市	国58	永康市
国9	余姚市	国65	长兴县
国11	诸暨市	国67	宁海县
国14	温岭市	国73	象山县
国17	乐清市	国74	德清县
国21	瑞安市	国75	嘉善县
国22	海宁市	国80	奉化市
国26	富阳市	国82	东阳市
国28	桐乡市	国83	临安市
国40	上虞市	国85	海盐县
国49	平湖市	国100	嵊州市

注：本排名表根据2007年数据评定。

附录二：

浙江财政改革综述：新人本主义实践、第三种经济学、大写一个"政"字

新人本主义实践

——浙江财政改革综述之一

引子　新中国成立 50 多年来，标明政府理财要"以人为本"的，浙江省是第一家。这是一个实实在在的第一。作表面文章，招摇过市，眩人耳目，历史上，有关浙江这方面的纪录不多。浙江财政乃至浙江经济蒸蒸日上的劲头，为这个第一提供了绝好的注脚。"以人为本"本身并不新鲜。浙江复提这个口号居然成为第一，是因为它用旧瓶子装了新酒。为着解释新酒和旧瓶子之间关系的便利，我们将它改写成"新人本主义"。

人是根本，理财先育人

1993 年 7 月，浙江省财政厅在莫干山开办了第一期处长学习班，主题看起来有点淡，不是讨论抓收入，而是讨论处长如何抓好工作。会上，厅长翁礼华作了《管人管事管协调》的报告，主要篇幅大谈学习，味道也不浓。

与此形成强烈反差，浙江财政其时正处在四面楚歌声中。全省县和县级市 64

个，47个赤字。财政厅门口，要钱的人终日络绎不绝。地市一级也不好过。杭州素为浙江龙头，此时也失去了老大的矜持，发工资不得不求告于省财政厅。财政厅的办法多吗？不是，其招数无非一个"借"字。不借，他们也无从解省级机关工资发放的燃眉之急。

不是浙江人不会理财。说近的吧，清代与山西票号并称双雄的宁绍钱庄，以及由此繁衍而大的民国浙江财团，决非不善理财者所能成就。改革开放以来民间财富的快速膨胀，更是突出地表明了浙江人理财艺术的胜出一筹。有人研究过浙江地域文化中的财神崇拜现象，认为作为外来户的范蠡之所以在浙江影响明显，以至于其人虽终老于陶，而鄞县诸暨等县却争相流传他退隐其地教人致富的故事，更多地与范氏精于理财而又仗义疏财有关。财神崇拜所折射的，其实是这一特定观念元素。所以，浙江地域文化，重理财善理财可谓一大特色。

民间理财有术而政府理财无方，只能说明当局在这个问题上有所蒙蔽，不求有所学而导致理财能力不断退化，对蕴藏在地域文化传统中的理财术的开发，远不及民间来得有力。财政问题，实际上是人与钱的矛盾问题。财富靠人创造，在这对矛盾中，人显然是矛盾的主要方面。不能指望不会理财的人能够创造出更多的财富，唯有从人入手，强化学习，激发其理财潜能，提高其理财水平，财政困难才有可能尽快得到有效缓解。浙江财政厅在形势吃紧的情况下却悠闲地办处长学习班，翁礼华不厌其烦地谈学习，决不是他们理财不得要领，而恰恰应该归结为他们对人钱矛盾关系的准确把握。如同庖丁解牛，所用的不是刀，而是神。理财，不提高人的理财水平而先抓财，必将欲速则不达。这就使得浙江财政改革，从一开始就表现出注重"人"的因素，特别是注重通过学习激发人的理财潜能这一特色来。

事实也正是如此。自本届学习班后，重视理财知识的学习，在浙江财税系统内蔚为风气。1997年金华增值税发票案发生后，强化学习更是摆在了系统内的重要议事日程上。有统计为证：从1997年到2001年的几年间，省财政厅和省地税局联手开展基础业务培训，培训人数在2000人次以上。而各市县的自行培训人数，则又当数倍于此。据相关人士介绍，这次基础业务培训，其普及面之广，持续时间之长，在浙江历史上堪称空前。

政府理财水平如何，还有一个环节。1990年，以生产低压电器著名的乐清柳市镇，制假售假猖獗。中央六部委联合发文查处，翁礼华出任省政府工作组组长，当时，他还是财政圈外人。经过整顿，柳市的电器销售秩序大有好转，而生产形势则严重萎缩。这当然不是整顿查处的目的，工作组当即提出详细的建议。按照这一建议，地方政府采取积极措施，柳市经济才得以恢复发展。这段经历给翁礼华以后的工作以深刻的教训：政府决策者疏于理财，其对财政经济状况的影响更大。从某种意义上说，这种影响甚至具有决定性作用。因为他们是政策制订者，是当家人，而财税系统不过是政策执行者，充其量只能是参谋，是伙计。理财问题，只有伙计的学，而没有当家人的学，不行。

自1986年以来，浙江财政系统有一个每年必开的会议，叫"财政收入亿元县(市)会"，几年来的与会者一直是各相关县（市）财政局长。在1994年5月20日召开于乐清的第九次亿元县市会上，与会主角变成了相关县(市)的党政领导，财政局长只作为随员参加，会议遂成为县(市)长理财论坛。随后，这一办法又推广至所有相关会议，并成为定例。1998年8月5日，《光明日报》以《让县市长成为理财的行家》为题，头版头条报道了浙江这一经验。

用定量法分析其学习效果是困难的，但浙江财政10年改革成绩不俗，不能不说与此密切相关。1998年底，国家体改办主任刘仲藜前往丽水调研。8个县市长的汇报，着实让这位前财长吃了一惊：说起财政工作，无一人不侃侃而谈，大有专家之风。仲藜同志很感慨地对随行人员说，这种现象，其他地方少见。

捅破一层窗户纸

在触动和打开新人本主义改革思路的标志性事件中，有一件事特别值得一提。

1992年下半年出任财政厅长不久，浙江省委办公厅主管财务的副主任向翁礼华谈了自己的很多疑惑，包括：为什么机关行政经费支出增幅每年居高不下？为什么支出结构中公用经费的比例不断扩大，而人员经费比例却不断缩小？为什么财务制度变相鼓励浪费，却不愿适当提高个人收入？等等。潜台词可以归结为一句话：为什么财政资金用在行政开支上，浪费了也视为合理，而不肯将浪费的钱节省下来用于个人收入的提高？其后，不少省级机关负责人相继对翁礼华提出了类似的意见。

症结何在呢？财政厅得出的调查结论表明，现行财务制度对单位，尤其是干部个人毫无利益可言，是诱发上述现象的现实因素之一。财政厅为此修改了相关制度，单位行政经费全年包干结余部分，一律不上交，1/2 用于干部福利和奖励一条，在新制度中有了明确规定。

今天看来，这一规定可能新意无多，当时却有惊世骇俗的意味。决策者也很开明，浙江省委书记办公会用会议纪要的形式颁布了新制度。省财政厅就 1993～1997 年的情况统计证实，这一措施理财效果明显。如，行政经费增幅比例逐年下降，1993 年为 21.65%；1994 年为 33.65%；扣除工资上涨因素，实为 13.46%；1995 和 1996 两年同为 14.9%；1997 年为 11.62%。5 年间，省级机关行政经费节约数达 3000 多万元。与此相反，个人收入则逐年上升。1997 年，省财政用于省级机关个人部分的人均支出，为 11193 元，比 1992 年的 3432 元增加了 7761 元，增幅为 226.14%。更为可贵的是，各单位民主理财风气日盛，财政工作环境渐趋好转，浙江驻京办事处一负责人例行返杭乘飞机而不坐火车，受到办事处工作人员的同声批评，就是一例。

这项改革留下了极可贵的经验。承认政府官员个人的合理利益，不仅必要，而且有利。在对县(市)的改革政策中，这一原则很快就一一得到了实行。

最先运用这一原则的政策是针对发达县的。在前文已经提及的乐清会议上，省财政厅修改了对亿元县的奖励政策。此前的规定，是凡上亿元台阶，奖励奥迪小车一部，价值 30 万元。修改后的政策有两大变化，一是变奖车为奖钱，在上台阶的基础上，每增加 3000 万元，加奖 20 万元。二是扩大奖励范围，变一人坐车为县市领导和财税系统全体工作人员一起享受。理由很简单，奖车，只有坐车的人一个人有感觉，而财政工作孤掌难鸣。奖励面的扩大，会让很多人找到感觉。

接着对欠发达县和贫困县实施类似政策。为进一步证实其可行性，省财政厅曾试探性地征求了意见。1994 年下半年，翁礼华亲自带队，就已拟就的"两保两挂"方案在衢州、丽水等地进行调查。在 17 个县的调查过程中，翁礼华不止一次发问，你们要什么？就是要奖金也行嘛！终于，有些坦率的人说了，我们的工资待遇太差，做这么大的官，拿这么点钱，比电力局、银行的人都拿得少，实在太可怜了。调查结论坚定了省财政厅的改革思路，从第二年起至今，在长达 8 年的"两保两挂"政策实施过程中，有关增收部分的 5% 用于个人奖励的规定始终未变。据介绍，在新一轮为期 5 年的财政体制中，这个规定继续有效。

有人认为，承认政府官员个人的合理利益一条，取自新制度经济学派的制度理性选择学说，此说不假。作为针对县市转移支付的一种制度设计，两保两挂政策在研究变输血型扶贫为造血型扶贫的最佳方法上的确颇见功力，从中不难发现它与这一学派的有意理性、有限理性诸论之间的线索。比如，有限理性论认为，人的理性是有限的，本性应该假定为自私自利，存在追求自身最大化的动力。一旦有机会，人就会实施规避责任、寻租等等有利于个人利益而不利于公共利益的行为。而翁礼华谈及其对人的认识时，用的正好是"有限理性"一说，这不能以偶然来解释。

但仅强调新人本主义与新制度学派之间的联系，则有抹杀浙江决策者认识人和观察人的能力，进而否定他们对中国传统文化所进行的深刻批判之嫌。而在国家已经明确提出建立社会主义市场经济体制的1994年，所谓解放思想、转变观念，其实质内容，不仅包含要破除计划经济观念的束缚，更包含要破除几千年来根深蒂固的小农经济思想束缚的内容，非如此不能加快改革开放的进程。新人本主义在个人利益问题上表现得颇为通脱。其理论认为，人是一切工作的出发点和归宿，世界上一切学问，皆为人学或为人学服务之学，财政管理学也不例外。制定政策，必须认识人，研究人，了解人。要认识到，如同世界上一切事物一样，人也有两重性。人既是利益的动物，又是有理性的，由此决定人的理性是有限理性，即人既有属于思想范畴的理智修养和道德，又有为追求利益最大化的难填欲壑。但以儒家思想占主导地位的中国传统文化，只突出强调了人的理性一面，而避免承认和限制理性的有限性一面，由此造成了中国人人格的习惯性分裂。比如，到人家家里做客，主人请茶，明明想喝，客人嘴里却不说，以示谦恭有礼。明明客人说不喝，主人却一定要斟上，以示待客热情，就是最常见的现象。这种人格习惯性分裂渐次演进，发展成普遍的社会心理，进而发展成制度文化的一部分。中国制度文化中认认真真搞形式主义的痼疾，即来源于此。自秦汉以来，政府官员名义上的俸禄较少，而制度外收入很多，也根源于此。正是从这个理论出发，翁礼华不仅没有批评贫困县部分领导同志关于钱的内心期待，反而将这种个人利益诉求通过制度予以肯定和固定。在这个问题上，浙江财政改革捅破了一层窗户纸——人其实是追求利益最大化的，在合理的限度内，公开给他就是了，何必遮遮掩掩。

承认并保护个人的合理利益的政策，如果仅限施用于政府官员的层次，新人本主义可称道的价值将不多。事实上，新人本主义的内容不止于此。近5～6年来，浙江财政改革致力于建立城乡一体化的最低生活保障体系，并在这方面再开全国风气之先，即可证明这一思想的民主精华所在。关于这一点，下文将陆续有所述及。

制度第一，权利更需要规范

10年前上任伊始，翁礼华就得到一个外号，叫铁公鸡。受赠者付之一笑，以至10年后其名依旧。

这件事大有可究之处。至少，它从一个侧面反映着新人本主义实践的方向。人的理性是有限的，约束经济人行为中的利益最大化追求，制度是最有效的工具，舍此别无他法。重视规范，强调制度建设，由此成为浙江财政10年改革的主旋律，须臾未曾放松。

发轫之作是周转金管理改革，其初衷，大体出于堵塞漏洞和防范风险的需要，而无更多理论上的考虑。据有关人士回忆，和全国绝大多数地方一样，改革前浙江周转金管理相当混乱。看着科长、处长手里有几十万乃至几百万资金的审批权而制度无力约束，翁礼华极为不安。10年后，他用两个比方向记者描述了当时的恐惧感。一比，一群人在没有窨井盖的马路上赛跑，处处是陷阱，随时有可能掉下去，甚至随时会有手从井里伸出来，拉人下去。另一比更形象，大家在没有栏杆的楼梯上奔跑，无人掉下去，反倒是怪事。作为一种防范措施，1994年7月1日，浙江新的周转金管理制度付诸实施。其时，国家关于清理整顿周转金的计划和方案，尚在酝酿讨论过程中。

作为政府主管部门，财政的一项核心工作，是处理好财政资金纵横两个方向上的预算分配关系，即上下级政府间和同级政府各部门间的分配关系。分配即意味着权力。和理论上表现为对人的有限理性的约束相联系，新人本主义制度建设实践上的内容，则表现为对特定权力即预算分配权的制约。浙江财政系统向来引其"还权力于制度"之举为自豪，原因在于这很难。削除自身权力，革自己的命，非有绝大勇气，不能成行。

浙江财政系统的自我革命，在纵向分配关系上取得了辉煌的成功，标志性事件，是1998年初以两保两挂政策为基础的新一轮5年财政体制投入运转。此前，浙江纵向分配制度还是有缺口的，进入规范管理的财政资金，除体制本身的内容外，还只限于省对下的补助与奖励，为数不小的专项尚在制度框架之外。新体制实施后，林林总总的专项资金，能纳入体制分配的，悉数纳入。不能纳入，纳入后有损体制科学性的，如天然林保护专项等，由省财政厅根据实际情况决定，但数目极少，不过几项。至此，浙江财政的纵向分配关系基本理清，就财政厅自身而言，还权力于制度的任务完成大半，办公室内一度人来人往你求我拜的热闹不复存在，门前冷落车马稀成为一大景观。

分税制后，浙江第二轮财政体制今年到期。从时间上看，这一时期恰与近5年间国家部署的公共财政制度改革相始终。因此，在理清纵向分配关系的同时，浙江财政同样面临着横向分配关系上的制度改革。

此项改革任务更为艰巨。如果说，纵向分配制度的改革，毕竟转移支付资金的运动途径是自上而下而不是自下而上，主动权在我，那么，横向改革就不是财政一家所能独掌机衡的了。其难有三：第一，分配改革同时涉及预算内外两大领域，情况更加复杂，特别是预算外；第二，这次改革在翁礼华称之为"脚碰脚"的同级单位间展开。要在权力相当的对象间实施切割，调整其业经20年来积累而成的利益格局，和与虎谋皮无大异；第三，中国行政管理体制的条块结合，决定了脚碰脚单位之上往往有上级，改革不可能不对上级有所触动。一旦处理失当，局面不可收拾。历史上王安石"熙宁新政"所以失败，就是由变法组织者对各阶层利益调整斟酌得不够，变法操之过急等等原因引起来的。殷鉴在前，不得不慎。

新人本主义在处理横向分配关系问题上有非常明确的指导思想：着眼于以部门预算为中心的制度建立，不强求利益的剥夺。一味强求利益的剥夺，在新人本主义那里被视为改革的异化。如同一条凳子，不平，是因为凳脚有长短。解决不平的办法有二，一是锯掉长脚，使之与短脚齐；一是垫短脚，让短脚逐步达到与长脚一样的高度。两种办法各有优劣，锯长法快，但损失大，垫短法慢，但阻力小。新人本主义选择了后者，并把这一方法叫"垫凳脚"政策。要垫凳脚，改革进展势必相对迟缓。以省级改革为例，"抓大放小、包奖结合"的财务管理制度自1993年初实行以来，迄未做大的调整，至2002年方才出台"削峰填谷"法，用部门预算原则平衡各机关间不均等的福利待遇。但强调稳妥并不意味着犹豫。从现实情况看，以收支两条线，部门预算，国库集中收付等为内容的横向分配关系改革，正在浙江各级政府间坚决而有力地展开着。尤其是市县两级，不少经验在全国产生影响，如金华预算外管理改革，等等。限于篇幅，这里不一一叙述了。有专家认为，多年来的制度化建设成就，为其横向分配关系改革奠定了坚实的基础，浙江的公共财政改革，此后可望快速得到推进。

对别人送来的铁公鸡外号，在付之一笑的同时，翁礼华常常自我解嘲。很有趣，不妨抄录博读者一乐。翁礼华说，本姓翁。翁者，上面一个公家的公，下面一个羽毛的羽。公家的羽毛，岂容乱拔。毛不可拔，不是铁公鸡，又是什么。

（原载：《中国财经报》2002年9月18日　记者　闫采平　蒋晓波）

第三种经济学

——浙江财政改革综述之二

一条红线贯串了浙江财政10年改革。10年间，用"四两拨千斤"之法，浙江财政走出了一条效率和公平并重的改革之路。

"四两拨千斤"论的由来

小平同志南巡讲话发表后，"发展才是硬道理"成为全国人民的共识。新一轮发展高潮勃然而起，浙江也不例外。

新的形势需要有新的发展战略。1993年11月，中共十四届三中全会开始讨论"九五"规划，并确立了"效率优先、兼顾公平"的发展原则。次月，中共浙江省委召开第九次代表大会。会议的一个成果，是提出了"依托中心城市和交通干线，逐步形成各具特色的经济区域"这一新的发展思路，以取代10年前制定但已不合时宜的发展计划。两年后，突出区域经济发展的这个新思路具体化为"中心集聚、轴线拓展、内外接轨、分类推进"的发展战略，并最后在分别召开于1995年底和1996年初的中共浙江省委九届五次会议和浙江省八届人大四次会议上得到确认。

新发展战略必然涉及到财政政策特别是转移支付政策问题。在新战略酝酿成型的几年间，浙江省的县域经济呈现出两头大中间小的不对称哑铃状。大的一头是发达县，另一头是欠发达和贫困县。如果以财政收入过亿元为标准，则1993年的发达县是37个，1994年是38个，大体上占浙江总县数的60%。"两保两挂"政策的适用对象是欠发达和贫困县，1995年圈定的范围是17个县，约占全省总县数的30%。大的两极相加，所占总县数的比例为90%。针对这一现状，浙江财政厅确立了"抓两头、带中间、分类指导"的政策制定原则，以呼应省委省政府的新发展战略。所谓抓两头，即指抓发达县一头和欠发达及贫困县一头。所谓带中间，即指带动介于二者之间的那个10%。所谓分类指导，即指针对不同的情况，实行不同的政策，如亿元县上台阶、两保两挂、两保两联、三保三挂、三保三联，等等，不搞"一刀切"。各项政策中，以针对欠发达和贫困县的政策为重点。

上述几项政策，都渗透着一个基本观念，即"四两拨千斤"。

"四两拨千斤"论其实非常简单，以最小的代价换取最大的收益，一句话就可以概括。简单归简单，却是对财政基本职能特别是分配职能的准确表达。财政分配包括两次分配。在第一次分配中，相对于社会所创造的财富，国家汲取的只是四两，财政必须以这个四两，去拨动社会再生产能力这个千斤。在第二次分配中，相对于有限的国家财力，国家机器和社会事业的发展对国家财力的需求态势是无限的，财政必须以有限财力的四两，去平衡需求无限的千斤。表面上，"四两拨千斤"论体现了一种商业精神，实质上，却凝结着政府理财观念的要害。二者的相同之处，在于追求收益最大化。不同的是，政府理财的收益，着眼于社会发展和社会公平，远不是商业眼中的利润。即就利字而言，市场经济条件下的公共财政，也决不准备与民相争。

转化为财政体制的实践表明，"两保两挂"政策，是"四两拨千斤"论的集大成之作，其精髓，是约束与激励并重机制的建立。

约束与激励并重之法，在此前的改革中已经有所实验。省级机关行政经费包奖结合政策是一例，亿元县收入上台阶政策又是一例。各单位只有确保经费不超预算，结余部分才可以不上交，以各50%的比例用于结转下一年度和奖励给个人。亿元县也只有在收入不断上台阶的基础上才可能得到奖励，包括对财政和对个人的奖励。在这里，约束和激励构成有机的整体，一切为着以小钱换来大效益，账算得非常明白。比如，亿元县收入上台阶政策，过亿之后，每超3000万，加奖20万，两者的比例为150：1。前者绝对是大钱，后者绝对是小钱。

"两保两挂"政策当然有其特殊处。奖励包干结余，奖励发达县，都是可以理解的作法，唯独对贫困县，历来只有补助，现在却要加以奖励，尤其是还要把二者与完成任务挂起钩来，这是一个突破。既为突破，就要冒风险。在政策确定之前，翁礼华为此向当时的主管副省长柴松岳作了专题汇报。翁对省长说，我们先去干，干一年试试看，行，你肯定，不行，你就说是我们干的，也就了了。可见，事前决策者也无把握，难以断定效果如何。市县一级也是如此。在可行性调查过程中，能对这一政策内涵及其价值作出准确判断的人不多。听了省里的解释和说明后，半信半疑者有之，感觉大限将至者有之。只有丽水地区副专员吕子春看出了道道，劝告其所属的几个县市负责人说，这个对策是好的，不要弄不明白。

弄不明白者，在于只知其一，而未知其二。所谓其一，是贫困地区已经习惯了补助，学会了在争补助问题上的斤斤计较和千方百计。现在，政策把补助和"两保"目标挂起钩来，粗想想，完成任务谈何容易！完不成，别说奖励，连正常的补助也拿不到了，岂不坏大事！所谓其二，则有几方面的意义。首先，传统的扶贫办法，已经走入越穷越补，越补越穷的死胡同。受补者双手向上，相沿成习，很少考虑眼睛向内，加快自身发展。而着眼于发展，用经济的办法开发人的潜力，调动多方发展经济的积极性，正是政策设计者的目标之一。其次，传统的扶贫办法，助长了会哭的孩子多吃奶，在补助问题上，分配严重不公。在促进发展的同时，实现必需的公平，不仅是分税制财政体制改革的精神，也是浙江财政改革一以贯之的价值取向。至于补助，当然还是要补的，两保两挂政策，不是补助数量的减少，随着经济的发展，数量只会越来越多。所不同的是，补助方式来了个大幅度的改变，受补者只能跳将起来，才可以摘着果子。

兼顾发展和公平

先看发展。

1994年，浙江省财政对17个县的补助总数为5500万元，换来的是赤字1.2222亿元。"两保两挂"政策实施的1995年，补助额度是5095万元，17个县，当年全部收支平衡。最突出的是文成县，即明朝开国宰相刘基原籍，后来以其谥号命名的那个浙东南山区县，财政收入增长124.7%，不仅实现了财政收支平衡，还一举削掉累积赤字700余万，使历史欠账的剩余额仅为300万元。再把衡量的尺度拉长6年，按最初老口径计算，到2001年底，当年的17个县，已经有14个县进入亿元县行列。浙江亿元县(市)的总数，因此达到52个，占全省总县(市)数的比例为近90%。增长幅度最高的，如景宁县，1994年的财政收入是1300万元，而2001年达到1.134亿元，增长了7倍多。亿元县(市)队伍的持续扩大，使得亿元县(市)年度会议的主办者不得不一再提高准入资格。继1995年改为地方财政收入过亿元后，1998年，再改为地方财政收入过双亿元，当年参加会议的正式成员单位是12个，另有接近这一标准的非正式成员3个。2002年，三改为地方财政收入过4亿元，会议成员单位12个，另有非正式成员单位5个。到2001年末，地方财政收入上亿元的县(市)为48个，占全省县(市)总数的77%，同口径比1994年增加了31个。

说"两保两挂"政策是"四两拨千斤"，这有数据支持。据统计，1994年，17个县的财政收入总额为6.75亿元，1997年增至11.27亿元，绝对值增加4.52亿元。省的转移支付补助也有增长，1994年为2.02亿元，1997年增至3.42亿元，绝对值增加近1.4亿元。对于贫困县来说，三年间可用财力增加了5.92亿元，即自身增长的4.52亿元加上转移支付增长的近1.4亿元之和。这5.92亿元中，省补助只有1.4亿元，占贫困县增长财力的23.53%。另外的76.47%依靠贫困县自身发展得来。

应该指出，"两保两挂"政策实施之初，其宗旨在于改变扶贫方式，即强调发展。就是时至今日，浙江财政改革决策者仍然认为，发展为第一要务，文明史的发展，就是财富的绝对增长和相对集中。在这个意义上，他们对小平同志"发展才是硬道理"的主张极为推崇。他们认为，没有这一条，就没有今天改革开放的大好局面。几千年来，中国历史上，小平同志之前，提出过类似口号的，唯宋朝开国皇帝赵匡胤一人而已。

强调发展，并不意味着忽视公平。公平的实现途径有二，一是结果公平，一是机会公平。前者表现为绝对地均贫富，后者表现为重视制度建设，用制度保证条件公平。绝对平均主义是小农经济的产物，它不仅与市场经济凿枘不合，而且是逆潮流而动，开历史的倒车。浙江财政改革选择了第二条路。以1998年为界，此前，虽然浙江政策的目标主要是为促进发展，但借政策本身设计的科学合理，公平随之成为政策题中应有之义。此后，随着"两保两挂"政策演变为财政体制和全国性公共财政改革的推进，公平问题越来越得到凸现。浙江财政改革对于公平的重视，也因此呈现出由政府而企业而个人这样三个层次来。

话题再回到省级机关行政经费实行包奖结合的办法上来。当年的这项改革，当然未尽公平。包奖结合的部分，只涉及预算内，而大头恰恰在预算外，不公平主要是由这部分引起的。所以，包奖结合法并不能认定为公平分配法。但它又实实在在地包含着公平的因素，那就是对预算刚性的强调。所以，这一办法所实现的公平目标，达到了包干制财政体制所能达到的最大限度。正是因为这一政策具有突出了预算刚性的制度要义，它的生命才得以延续了近10年。

如前所言，"两保两挂"政策虽然是一种鼓励发展的政策，同时也是一种重视公平的政策，其公平体现在它保证了竞争条件的公平，没有例外。1998年，磐安县遭受特大洪灾，"两保"任务未能完成。决算会议上，磐安提出要照顾，办法为三，即动基数、动系数和发红包。经过再三研究，省财政采取了第三种办法。理由是，基数和系数决不能动，动，就是对制度的破坏，也是对公平的破坏。但由于磐安的未完成任务归结于不可抗拒的自然因素，不补，于情不合，于理也有欠公允。磐安是省财政厅的扶贫联系点，在磐安县委书记刘树枝的记忆中，多年来，这是省财政厅发给的唯一一次红包。

"两保两挂"政策对于第一次分配过程中公平的保障作用，也是值得书上一笔的。

"两保两挂"政策实施的第一年，贫困县(市)收入形势陡然改观。17个县(市)，平均增长率为39%，高的超过100%。有人说话了，说这是挖地三尺，企业将不堪重负。有一组数据可以证明这个结论之为武断。论财政收入、地方财政收入和人均财政收入三项指标，近5年来，浙江排序不断前移，2001年均进入全国前5名之内，年增长率在20%以上。毫无疑问，连续多年的高增长决不可能靠挖地三尺所得。绍兴县的情况更可以作为分析的案例。在60多个县(市)中，绍兴财政收入和地方财政收入均列全省第三，2001年分别达到18亿和9.8亿元。在收入问题上，绍兴坚持两条，一是杜绝减免税，二是预算外收入准税收化。对这两条，县财政局长兼地税局长鲍永明的解释是，杜绝减免税，既是《税法》的规定，也是现行税收征管体制的要求，不存在在这上面做手脚开口子的问题。为什么?得不偿失，开口子者个人冒的风险太大。既然不能减免税，政府给企业的优惠，就只能在预算外收入上作文章。所谓准税收化，说穿了，就是在规范征管的同时，坚决削减和取消对企业的收费，以为企业创造一个公平的竞争和发展环境。从1998年以来，绍兴一直在致力于做这个工作。每年削减和取消的量是多少呢?鲍永明说，2001年的数量大致为3个多亿，占当年财政收入总量的18%，地方财政收入的30%。

将公平目标的实现范围扩展到全社会特别是农村，是浙江财政改革的最大闪光点。1998年，浙江提出建立城乡一体化的养老保险体系，成为全国此项改革的开路先锋。几年间，纳进保障范围的低保对象逐年增加，1998年为46000人，2001年达到30万，今年可望达到40万，基本实现应保尽保。为实现这一目标，浙江一条重要措施开始付诸实施，即在全省自费推行农村税费改革，一举减轻农民负担63%的同时，将社会保障纳入新一轮财政体制之中，用"两保两挂"政策来提高基金的征缴筹集力度。有意思的是，今年7月中召开的浙江省第15次财政收入亿元县(市)会议不仅名称变了，变为浙江省第一次地方财政收入4亿元县(市)会议，主题也由近年来的泛论公共财政改革，改为集中讨论社会保障问题。

均衡的意义

为公共权力服务，是国家对财政的本质要求。有史以来，有两个基本目标都是任何国家所希望同时实现的，这就是效率和公平，而这两个目标之间永远都存在着矛盾。强调效率和发展，必然损害公平，导致社会的不稳定。追求公平和稳定，又注定要以牺牲效率放慢发展为代价。从经济学的角度看，人类文明史的发展过程，实质上表现为这对矛盾的运动过程。国家的兴衰存亡，无一不与其对这对矛盾的处理程度如何密切相关。所以，经济学研究要解释和回答的基本问题无非为二，即效率和公平。所谓世界上只有两种经济学，即效率经济学和公平经济学云云，乃由此而来。人类文明史的实践同时证明，矛盾无望得到根本的解决，只可以在一定程度上得到缓和，实现二者之间的理想均衡。中共十四届三中全会确立效率优先、兼顾公平的原则，出发点和理由即在于此。浙江财政改革的实践，对这个原则的可行性作了生动有力的演绎和证明。

（原载:《中国财经报》2002年9月21日　记者 闫采平 蒋晓波）

大写一个"政"字

——浙江财政改革综述之三

探索"省管县"

浙江财政改革，省管县一条曾经备受质疑。

财政管理体制上的省管县，并不是浙江近10年来的创新，改革开放以来，这一制度格局一直稳固未变。分税制财政体制改革以前，各地自行确定管理框架不足为怪。此后，从国家相关制度的角度考察，这一管理体制可能有所省略。浙江因袭这一格局，客观上反倒使其体制有些卓尔不群的味道，透露出一些创新的意思来。

质疑者的理由大体有二。一是与"一级政府一级财政"的《预算法》规定不合，于市级政府的宏观管理权限有所削弱。二是不利于中心城市的城市化进程。比较而言，第一条理由言之凿凿，非有充分的把握，不能应答。

实事求是地说，对于"一级政府一级财政"这一条，浙江改革决策者采取了不争论的态度。也正因为如此，在制定对地级市的政策，即"三保三挂"政策时，省财政更多地表现出了让步，这种让步体现在加大了对地级市城市化建设的支持力度上。

不能说浙江实行省管县体制是武断决策的产物，其根据至少有下面几条。第一，浙江地域相对狭小，全省国土面积10.18万平方公里，列不包括港澳台在内的全国各省(区)的第29位。即便不考虑交通通讯因素，其省会杭州与各县市之间的空间距离都较其他省(区)为小，这意味着省政府的行政权力覆盖范围相对较小。第二，经过改革开放以来一段时期的发展，县域经济实力已经颇为强大。据统计，1993年，30多个发达县(市)的财政收入，已占全省财政收入总量的70%，比较而言，地级市在全省经济总盘子中的份量，反不如其他省(区)那样重要。在财政管理体制的链条中将(地)市与县(市)放在相同位置，固然有可能削弱(地)市的城市化扩展能力，但也有可能强化其发展自身经济的积极性，把蛋糕做得更大。第三，也是最为重要的一点，随着经济民主化进程的推进，浙江决策者越来越清醒地认识到，在市场经济条件下，行政区域间的关系，实质上是一种空间格局上的竞争关系。在这种关系中，起决定作用的是各行政主体的自身利益。这种建立在利益基础上的竞争关系，就是在上下级政府之间也不能避免。二者之间，既有行政上的领导与被领导关系，又有利益的竞争关系。因此，各行政主体在制定政策时，就难免不出现使政策向有利于自己一边倾斜的情况，从而产生(地)市与县(市)之间的矛盾，影响县级经济的发展。

在中国经济问题主要是县级经济不发达，财政困难主要是县级财政困难的情况下，要解决县(市)一级的问题，作出维持省管县体制的决定，其实也是有充分理由的。

由此看来，实施省管县体制所带来的客观问题有三：一、对行政权力结构的影响；二、对城市化进程的影响；三、对县域经济发展的影响。

回答第一条，非本文力所能及，留待政治学研究去解决。这里要说的是，自秦汉立郡县制以来，中国地方行政权力结构的沿革，有常有变。通常是两级为常，三级为变，县治为最基本的行政单位，2000多年来迄无变化。而(地)市一级，往往多由监察单位演变成行政单位，这是史实，可留与研究者作为参考。

还需要指出，省管县体制没有否定现行行政权力结构，也没有取消市一级财政。从后一个方面来看，浙江的11个(地)市政府，除一块外，其财政基本上是完整的。缺的一块，或者说省政府从市政府手中所接管的一块，是本应由市政府所承担的转移支付任务。现实表明，这个任务在很多地方是(地)市一级政府所难以承担或承担得不够理想的任务，否则，就不会出现县一级财政的普遍困难。今年5月，财政部科研所、浙江省社科联和《光明日报》联合召开浙江省财政改革研讨会。会上，前财政部长刘仲藜就此发表了自己的看法。他认为，"全国各省(区)的财政大体上都是省管到市(地)，市管到县，中央转移支付给省，省转移支付给市，市再分配到县。我调查过一些县，普遍反映是不足的。"可见，县级财政困难是当前财政状况的现实，而这一困难，不能说与转移支付的形式没有关系。所以，说省管县体制与"一级政府一级财政"的规定不完全合拍，最多只能说到这个地步。至于这一改革对现行地方行政权力机构和政治体制改革产生了何种影响，或在多大程度上产生着影响，那完全是由改革引出来的客观效果，而非决策者的初始动机和本意。关于第二条，也是仁智各见。历史不能假设，究竟这一体制对地级市的城市化扩张影响多大，不便妄测。退一步说，如果是负面影响，也不妨碍浙江全省城市化进程在全国处于领先地位。到2001年底，浙江全省的城市化程度已达42%，高于全国平均水平。不少县(市)的发展规模已经十分可观。如金华市属下的义乌，其城市规模，已达到了40万人的水平，其财政收入也有了12.4亿元的总量，总体上呈现出追赶金华的趋势。换句话说，浙江省管县的体制，可能影响了地级市的城市化进程，但却大大加速了县级市的城市化步伐。全面地看，也是得大于失。

关于第三条，浙江省内的公认结论是省管县比市管县有利。当事者最有发言权。杭州市政协副主席马时雍曾任杭州市常务副市长多年。当年，他一度是省管县的持异议者之一。而现在他对这一体制的评价则是，省级财政的宏观调控能力强，调控余地大，更有利于县级经济发展。欠发达地区更持相同看法，丽水市财政局长何赤峰可以作为代表。何赤峰说，省管县体制有力地改变了贫困地区的面貌。没有这一条，贫困县居多的丽水，日子肯定难过。无论是市委市政府，还是市财政局，对这一点的体会都很深。

和中央保持一致

如果说，在财政管理体制的问题上，浙江改革走了一条比较特殊的路，那么，在更多的方面，浙江财政坚持了和中央保持一致及为中央财政分忧的大局观。

工资发放问题就是一例。

浙江决策者是从两个方面来认识这一问题的。

首先，工资统发是消灭拖欠，进而消除不稳定因素的必要措施。有关方面统计，到2001年7月，全国不能正常发放工资的县已达1200余个，欠发数额超过250亿元。若不及时采取措施，情形会更加严重。迁延不决，危及稳定并不是耸人听闻。在这个问题上，可资援引的历史成例很多，最有代表意义的，是明王朝和李自成大顺政权的垮台，均与其包括薪饷制度在内的赋税政策举措失当极有关系。翁礼华曾著《财政·赋税·官吏·俸禄》一书，对包括此一节史实在内的历史进行了研究。据他的研究，明末，随着土地兼并加剧，赋税来源日见枯竭。明王朝无以维持浩繁的军费开支，致使欠饷严重。如崇祯元年，陕西欠兵饷30个月。崇祯二年，延绥、宁夏、固原三镇欠饷36个月。计穷力尽的明王朝用加派辽饷、剿饷和练饷的办法应付财政支付危机，加征总数达2300万两之巨。农民无法忍受沉重的苛捐杂税负担，纷纷流亡，致趁食人数高达600万，占全国总人口的1/8，农民起义随之爆发。大顺政权走了另一个极端。即便在政权建立后，李自成仍实行均田免税的赋税政策，一如既往地用追赃助饷法来支付军饷。史载大顺军仅在进入北京后的10天内，就劫掠7000多万两，终致民怨沸腾，不得已仓惶退出北京。由此可见，薪饷通过正常渠道筹集并且保证发放，实在是一个政权保持稳定的基本条件。国家之所以把确保工资发放当作一件大事来抓，决不是小题大作。

其次，工资统发也是公共财政改革的必要措施。自秦汉以来，政府官员的薪俸即已成为问题，其收入，更多地来自制度外，即来自对民众利益的侵夺。所谓"三年清知府，十万雪花银"之类民谣，不仅是对历史上大大小小的贪官污吏的讽刺，也是对造成这些贪官污吏的制度的嘲弄。如前所言，人的有限理性，表明腐败现象的产生有着内在的心理动力。扼制它，只能靠制度。这就是中国的公共财政改革，何以在相当长的一段时期内须承担反腐败任务的原因，也是公共财政改革所以要包含工资统发内容的原因。当然，在市场经济条件下，不能指望一个工资统发制度就能杜绝权力寻租等等腐败行为的产生，但这一制度毕竟是整个反腐败制度中的重要环节，它不仅有助于说明公职人员的合法收入，更有助于将部门之间单位之间待遇的不均衡现象公开化，进而使之逐步得到规范和公平。

工资问题在浙江本来不存在困难。实行工资统发制度以前，浙江消灭工资拖欠现象已经多年了。分税制财政体制改革以来，浙江财政实力迅速壮大。1993年，其财政总收入是166.6亿元，2001年，激增至855亿元，8年间增长了4倍多。随着财政实力的壮大，从1994年，特别是"两保两挂"政策实施以来，浙江就已经用自身财力确保了工资的正常发放。在全国各省（区）中，像浙江这样不借外力消灭工资拖欠的，并不多见。所以，当2000年7月浙江财政厅按中央统一部署，布置工资统发工作时，省内不少人对此不理解，认为是多此一举。正是基于上述认识，浙江财政厅力排众议，坚决推行了这一改革。

"社保"问题又是一例。在社保工作上，浙江决策者的认识十分清醒，行动也相当有力。

"社保"工作的突出问题是资金来源不足。就是在财力相对充裕的浙江，不少县（市）财政本质上还是吃饭财政，要实现公共财政包括社会保障在内的全部目标，目前条件下远非易事。所以，一些县（市）政府也曾不同程度地流露出畏难情绪来。

资金来源不足固然是现实，认识错位更是问题的关键所在。浙江决策者认为，所谓认识错位，主要表现为中央和地方政府间对社保工作重视程度的差异，而这种差异，根源于中央政府和地方政府间不同的行政目标。比较而言，中央政府更重视社会公平，以保持稳定为其第一位的任务。而地方政府更重视经济发展，视经济繁荣为其最大的政绩。就现实情况看，重视社会公平的中央政府因为财力不够，一时拿不出更多的资金用于社保，不得已将社保任务分解到地方政府头上。在实现社会公平目标上内在动力不强的地方政府，恰恰又被要求将一部分本可以用于发展的资金用到社保上，认识错位由此而生。在浙江决策者看来，解决认识错位的办法，一是要加快发展，更重要的是，地方政府应该毫不犹豫地摒弃利益问题上的本位主义，从大局出发，高度重视公平对于维护社会稳定和保持国家长治久安的巨大作用，为中央政府分忧，抓好社会保障工作。就是对发展而言，公平的实现也是必不可少的，二者互为因果，相辅相成。浙江5年前就率先提出在全省建立城乡一体化的最低生活保障体系，继去年9月以省长令的形式颁布《浙江省最低生活保障条例》，再次率先推出相关法规后，今年7月，常务副省长吕祖善又与13个贫困县(市)长签订责任状，将社保工作纳入政绩目标考核范围。浙江社保工作的力度如此之大，没有和中央保持一致的大局观，是断乎不可能的。

认识问题解决了，钱的问题也可以找到办法解决。今年，浙江省财政仅用于低保的专项补助资金就有5000多万元，比去年的1460万元增加3000多万元。此外，两项相关措施将在社会保障工作中得到实施。一是社保基金的征缴任务，由地税系统承担，目前，这一措施已在全省推开。另外一个，是新一轮财政体制于2003年投入运转后，社保资金的筹集发放，将实行"两保两挂"政策，为全面强化社会保障工作提供可靠的制度保证。

几句结语

财与政的关系是一个大题目。大就大在，财政之财，任何情况下都必须服从并服务于国家的政治制度、政治目标和政治任务，舍此并无其他。财政的这个特点，决定了我们当前正在推进的公共财政改革，必然会对政治和政治体制改革产生或大或小的影响。这是事实，无法回避，客观上也是回避不了的。浙江财政改革没有回避。他们按照国家的总体部署，坚持"实事求是"、"实践是检验真理的唯一标准"的认识论原则，积极地、稳妥地推行了公共财政改革。整个改革历程，无不呈现出他们大写一个"政"字的努力。限于篇幅和水平，本文不能对这一历程进行全面的描述，而只能作一两个点的观察。

(原载《中国财经报》2002年9月24日　　　记者　闫采平　蒋晓波)

注：政治局常委、国务院副总理李岚清2002年9月27日批示：

(项)怀诚同志：

《中国财经报》这篇文章不知你看过否，我仔细阅读后感到作为记者对国家重大政策作比较深入的探讨提出自己的见解，这种精神值得提倡。浙江实行省管县的财政体制有创新的思路，值得深入研究。请你们将研究的结果告我。

李岚清

九月廿七日

后　记

　　人类是自然界的产物，财政则是人类社会的产物，生动的财政史足以反映一个国家惊心动魄的历史。

　　观今宜鉴古，无古不成今。任何历史都是当代史，是当代人对历史的认识，其意义在于以古为鉴，古为今用。由于传统意义上的财政史作为一种书斋里的学问，摘编史料，就事论事，既缺乏生动而有见地的背景，又罕见鲜活而无所掩饰的人性。这样的财政史，不仅行文生涩难懂，缺少趣味，且以定势思维去描述古代财税政策，结果既难以准确反映当时社会实际，更难以与当今社会融会贯通，以至于一部数十万字乃至数百万字的财政史成书不易，发行艰难，购书者远不如财经散文广泛，读者亦仅限于专业工作者的狭小范围而已。

　　因此，早在十多年前，我就萌发了这样一个念头：以人性为切入点，历史潮流为背景，古为今用为目标，以散文形式撰写图文并茂的中国财政史，使财政史既能作为专业工作者的学术性读物，也能够成为一般民众学习中国历史、理解不同阶层如何博弈利益的通俗读物。

　　伴随着中国财税博物馆的建设步伐，这一念头也就毫无疑问地成了我写作计划的一部分。多年来，在财政、税务系统的领导、专家、学者的支持下，我阅读了海峡两岸诸多版本的财政史、税务史、海关史，参考了不少学者、专家倾注了毕生心血写就的专著和论文。经过两年多的笔耕终于写就了《大道之行——中国财政史》一书，在中华人民共和国建国60周年前夕付印、出版。

　　本书之所以没有直接称为《中国财政史》，是因为其写作方式、内容编排有别于传统做法，是学术著作中的另类，因此只能用一般散文书名《大道之行》作为主标题，而用《中国财政史》作为副标题。如果说本书尚有可取之处，那便是博古通今，利于阅读和理解，具有一定的实用价值。最具特色的是全书大量采用了中国财税博物馆的馆藏文物图片，尤其是民国部分采用量占80%以上，传达了人们并不常见、且颇具价值的历史信息。

由于本书成书过程比较长，得到过很多朋友、同事的帮助，尽管我难以做到滴水之恩，涌泉相报，但表达谢意却是情理所在。所以，值此《大道之行——中国财政史》付梓出版之际，我向所有参考书籍资料的作者，向为成书做过积极贡献的刘佳、陈阳、汪炜、蓝益祥、黄胜达、孙继亮、邱凡以及其他朋友，向支持和关心我写作的夫人聂红彬女士一并表示谢意！

翁礼华

2009年6月16日